해커스PSAT

5급 PSAT
김용훈 자료해석
13개년 기출문제집

해커스

김용훈

이력

- 서울시립대 법학부 졸업
- 서울대 행정대학원 행정학 전공 석사과정 재학중
- 2012~2014년 5급 공채 행시 PSAT 합격
- (현) 해커스 7급 공채 PSAT 자료해석 대표강사
- (전) 베리타스 법학원 5급 공채 PSAT 자료해석 대표강사
- (전) 위포트 NCS 필기 대표강사
- (전) 강남대 공공인재론/공공인재실무와 역량 출강 교수
- (전) 법률저널 PSAT 전국모의고사 출제 및 검수위원
- (전) 중앙대 정보해석 출강 교수
- 2014~2018년 PSAT 자료해석 소수 그룹지도
- 강원대, 건국대, 경상대, 공주대, 서울시립대, 충북대 등 전국 다수 대학 특강 진행

저서

- 해커스PSAT 5급 PSAT 김용훈 자료해석 13개년 기출문제집
- 해커스PSAT 7급 PSAT 김용훈 자료해석 실전동형모의고사
- 해커스공무원 7급 PSAT 기출문제집
- 해커스공무원 7급+민경채 PSAT 15개년 기출문제집 자료해석
- 해커스공무원 7급 PSAT 유형별 기출 200제 자료해석
- 해커스공무원 7급 PSAT 기본서 자료해석
- 해커스공무원 7급 PSAT 입문서
- EBS 와우패스 NCS 한국전력공사
- EBS 와우패스 NCS 한국수력원자력
- EBS 와우패스 NCS NH농협은행 5급
- EBS 와우패스 NCS 고졸채용 통합마스터
- EBS 와우패스 NCS 근로복지공단
- PSAT 자료해석의 MIND 기본서 실전편
- PSAT 초보자를 위한 입문서 기초편

5급 PSAT 자료해석,
어떻게 대비해야 하나요?

PSAT는 기출 유형 문제 풀이가 핵심입니다. 『해커스PSAT 5급 PSAT 김용훈 자료해석 13개년 기출문제집』은 5급 공채 및 7급 공채를 준비하는 수험생들이 기출문제를 효과적으로 학습하는 데 도움이 되고자 제작하였습니다. 제가 PSAT 공부 및 연구를 2008년부터 하면서 '어떻게 하면 자료해석에 쉽게 다가갈 수 있을까?'라는 근본적인 물음을 가지고 접근한 결과의 노력물이라고 할 수 있습니다.

저는 지금 이 책을 보고 있는 여러분들과 마찬가지로 수험생이라는 신분으로 긴 시간동안 수험생활을 하였습니다.
3년 연속 불합격의 아픔을 겪고 난 후 다시 3년 연속 1차 PSAT 합격의 기쁨을 경험하면서 확실하게 한 가지 깨달은 점이 있습니다.
PSAT 점수, 특히 자료해석의 점수를 안정적으로 유지해야 최종 합격에 빠르게 도달할 수 있다는 것입니다.

자료해석의 점수를 안정적으로 유지하는 데 도움을 줄 수 있도록
『해커스PSAT **5급 PSAT 김용훈 자료해석** 13개년 기출문제집』은 다음과 같이 구성하였습니다.

01 2025년 5급 PSAT 자료해석에 효과적으로 대비할 수 있도록 2024~2012년에 출제된 최근 13개년 기출문제의 유형을 철저히 분석하여 **유형별 접근법**을 확실하게 학습할 수 있습니다.

02 유형별 출제 경향과 PSAT 전문가의 **Tip**으로 기출 유형에 전략적으로 대비할 수 있습니다.

03 상세한 해설과 **빠른 문제 풀이 Tip**으로 실전에서 적용할 수 있는 풀이 전략까지 완벽하게 분석할 수 있습니다.

5년 이상 PSAT 자료해석 문제를 고민하고 직접 부딪쳤던 수험생으로서의 제 경험치와
11년 이상 PSAT 자료해석 전문가로서 문제를 연구하고 제작하여 완성한 문제해결능력 노하우가 담겨 있습니다.
'인생은 속도가 아니라 방향이다.'라는 격언을 자주 접해봤을 겁니다.
자료해석도 마찬가지입니다. 접근 방향이 잘못되었다면 계산 속도만 빠른 것은 무의미합니다.
이 책을 통해 여러분들의 올바른 자료해석 방향성을 제시해 드리겠습니다.
부디 올바른 방향으로 나아가서 그에 걸맞는 공직자가 되길 기원합니다.

김용훈

목차

| 자료해석 고득점을 위한 이 책의 활용법 | 6 |

PART 1 |
5급 PSAT 자료해석 기출유형공략

출제경향분석

01 자료비교	12
02 자료판단	14
03 자료검토·변환	16
04 자료이해	18

PART 2 |
5급 PSAT 자료해석 기출문제

2024년 기출문제	24
2023년 기출문제	66
2022년 기출문제	110
2021년 기출문제	152
2020년 기출문제	196
2019년 기출문제	238
2018년 기출문제	282
2017년 기출문제	326
2016년 기출문제	368
2015년 기출문제	412
2014년 기출문제	456
2013년 기출문제	498
2012년 기출문제	540

[온라인 제공] 해커스공무원 gosi.Hackers.com
실전 연습 OCR 답안지 (PDF)

자료해석 고득점을 위한 이 책의 활용법

1 기출유형공략으로 유형별 접근법을 파악한다!

· 최근 13개년 기출문제에 대한 출제 경향 분석으로 자료해석 출제 경향을 확인하고, 최신 경향에 따른 학습 전략을 파악할 수 있습니다. 또한 빠른 문제 풀이 전략과 PSAT 전문가의 Tip으로 유형별 학습법과 풀이법을 익힐 수 있습니다.

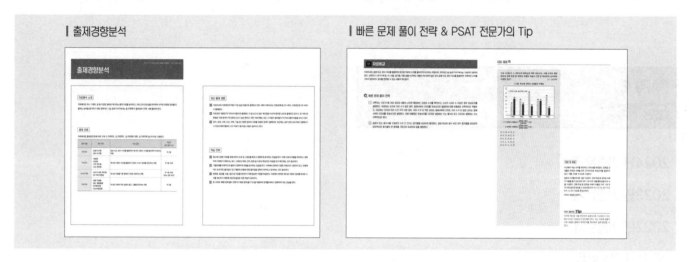

출제경향분석 | 빠른 문제 풀이 전략 & PSAT 전문가의 Tip

2 기출문제 풀이로 문제풀이 능력을 향상시킨다!

· 최근 13개년 기출문제를 실전처럼 풀어보면서 문제풀이 능력을 향상시키고 실전 감각을 기를 수 있습니다.

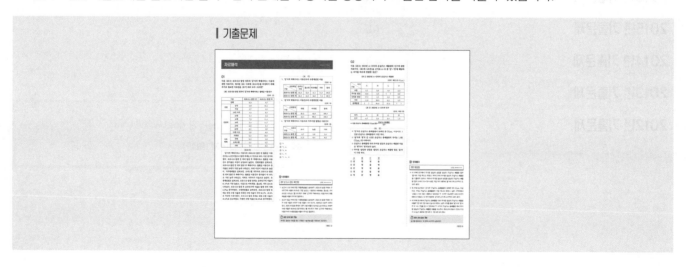

기출문제

3 총평과 상세한 해설로 기출문제를 완벽하게 정리한다!

· PSAT 전문가의 총평으로 연도별 출제 경향을 파악할 수 있습니다. 또한 모든 문제에 제시된 유형과 난이도로 문제의 특성을 확인하고, 빠른 문제 풀이 Tip으로 빠르고 정확한 풀이법을 익힐 수 있습니다.

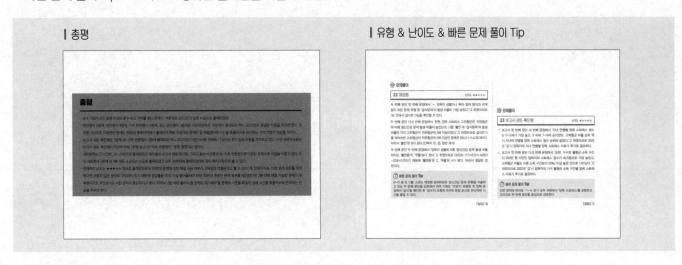

| 총평

| 유형 & 난이도 & 빠른 문제 풀이 Tip

4 무료 자료를 활용하여 실전 감각을 극대화한다!

· 실전 연습 OCR 답안지로 답안지 작성 시간까지 고려하여 실전처럼 문제 풀이를 연습할 수 있습니다.

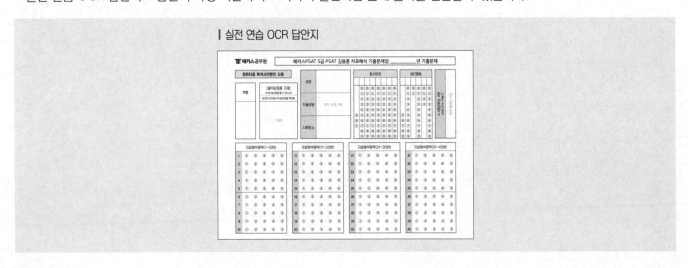

| 실전 연습 OCR 답안지

해커스PSAT **5급 PSAT 김용훈 자료해석** 13개년 기출문제집

PSAT 교육 1위, 해커스PSAT **psat.Hackers.com**

PART 1

5급 PSAT 자료해석
기출유형공략

01 자료비교

02 자료판단

03 자료검토·변환

04 자료이해

출제경향분석

자료해석 소개

자료해석은 표나 그래프, 글 등 다양한 형태로 제시되는 통계 자료를 분석하고, 자료 간의 연관성을 파악하여 수치와 관련된 정보를 도출하는 능력을 평가하기 위한 영역이다. 5급 공채 PSAT에서는 총 **40문항**이 출제되며, **90분** 내에 풀어야 한다.

출제 유형

자료해석은 출제포인트에 따라 크게 ① **자료비교**, ② **자료판단**, ③ **자료검토·변환**, ④ **자료이해** 총 4가지로 구분된다.

출제 유형	세부 유형	유형 설명	문항당 권장 풀이 시간
자료비교	· 곱셈 비교형 · 분수 비교형	곱셈 비교, 분수 비교를 활용하여 제시된 자료의 수치를 올바르게 비교하는 유형	약 2분
자료판단	· 매칭형 · 빈칸형 · 각주 판단형 · 조건 판단형	제시된 자료와 조건을 활용하여 자료의 수치나 항목을 판단하는 유형	약 2분 30초
논리의 체계	· 보고서 검토·확인형 · 표-차트 변환형	제시된 자료를 다른 형태의 자료로 변환하는 유형	약 1분 30초 (또는 2분 30초)
자료이해	· 평균 개념형 · 분산·물방울형 · 반대해석형 · 최소여집합형	제시된 자료에 대한 설명의 옳고 그름을 판단하는 유형	약 2분

최신 출제 경향

01 자료비교와 자료판단이 매년 가장 높은 비중으로 출제되고 있다. 특히 자료비교는 전체 문제 중 25~40%, 자료판단은 35~60% 가 출제된다.

02 자료검토·변환은 약 10%의 비중으로 출제된다. 이 중 보고서 검토·확인형은 비교적 평이한 난도로 출제되고 있으나, 표−차트 변환형은 자료 분석이 까다로워 난도가 높은 편이다. 또한 자료이해는 최근 그 비중이 줄어들어 약 5%의 출제 비중을 보이고 있다.

03 정치, 경제, 사회, 보건, 과학, 기술 등 다양한 분야의 자료를 포함한 문제가 출제되며, 최근에는 실무 관련 보도자료가 출제되거나 인포그래픽 형태의 시각 자료가 제시되는 비중이 높아지고 있다.

학습 전략

01 평소에 다양한 자료를 접해 보면서 도표 및 그래프를 빠르고 정확하게 분석하는 연습을 한다. 이때 자료의 흐름을 파악하고, 정확하게 이해하기 위해서는 표나 그래프의 제목, 단위, 항목 등 자료의 특징적인 부분을 먼저 확인하는 것이 중요하다.

02 기출문제를 반복적으로 풀면서 정확하게 유형을 분석하는 연습을 한다. 자료해석 영역은 다양한 유형으로 구분되어 있고, 유형에 따라 효과적인 풀이법이 있기 때문에 유형에 따른 풀이법을 정확히 파악하고 준비하는 것이 중요하다.

03 변화량, 증감률, 비중, 평균 등 자료를 해석하기 위해 필요한 이론을 학습한다. 자료해석 영역은 제시된 자료와 정보를 토대로 수치를 계산하기 때문에 계산에 필요한 이론 학습이 중요하다.

04 본 교재의 '빠른 문제 풀이 전략'과 '빠른 문제 풀이 Tip'을 적용하여 문제를 빠르고 정확하게 푸는 연습을 한다.

01 자료비교

자료비교는 곱셈 비교, 분수 비교를 활용하여 제시된 자료의 수치를 올바르게 비교하는 유형으로, 2024년 5급 공채 PSAT에서는 14문제가 출제되었다. 선택지나 <보기>에 합, 차, 비율, 증가율, 비중 등을 비교하는 내용이 제시되며 많은 경우 곱셈 비교, 분수 비교를 활용하면 구체적인 수치를 구하지 않더라도 정오를 판단할 수 있는 내용이 제시된다.

빠른 문제 풀이 전략

1 선택지나 <보기>에 자료 비교의 내용이 나오면 해당하는 자료의 수치를 확인하고, 수치가 4자리 수 이상인 경우 유효숫자를 설정한다. 비교하는 숫자의 자리 수가 같은 경우, 앞에서부터 3자리를 유효숫자로 설정하며 이때 반올림은 선택적으로 적용하고, 비교하는 숫자의 자리 수가 각각 다른 경우, 자리 수가 더 적은 숫자는 앞에서부터 2자리, 자리 수가 더 많은 숫자는 앞에서부터 3자리를 유효숫자로 설정한다. 이때 반올림은 유효숫자를 2자리로 설정하는 수는 필수로 하고 3자리로 설정하는 수는 선택적으로 한다.

2 곱셈식 또는 분수식을 구성하고 수치 간 크기나 증가율을 비교하여 풀이한다. 곱셈 비교와 분수 비교 모두 증가율을 비교하여 상대적으로 증가율이 큰 항목을 기준으로 비교하여 답을 결정한다.

다음 〈그림〉은 A~E학교의 장학금에 대한 자료이다. 이를 근거로 해당 학교의 전체 학생 중 장학금 수혜자 비율이 가장 큰 학교부터 순서대로 나열한 것은?

[21 5급공채]

〈그림〉 학교별 장학금 신청률과 수혜율

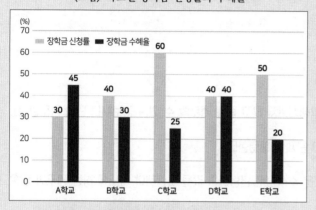

※ 1) 장학금 신청률(%)= $\dfrac{\text{장학금 신청자}}{\text{전체 학생}} \times 100$

2) 장학금 수혜율(%)= $\dfrac{\text{장학금 수혜자}}{\text{장학금 신청자}} \times 100$

① A, B, D, E, C
② A, D, B, C, E
③ C, E, B, D, A
④ D, C, A, B, E
⑤ E, D, C, A, B

정답 및 해설

비교해야 하는 수치를 확인하고 자리수를 체크한다. 장학금 신청률과 장학금 수혜율 모두 2자리이므로 유효숫자를 설정하지 않고, 이를 그대로 수식으로 구성한다.

발문과 각주를 토대로 식을 구성한다. 전체 학생 중 장학금 수혜자 비율을 묻고 있으므로 각주 1)과 각주 2)를 통해 곱셈 비교 식을 구성한다. 전체 학생 중 장학금 수혜자 비율은 각주 1)과 각주 2)의 곱으로 판단할 수 있으므로 D가 16, C가 15, A가 13.5, B가 12, E가 10으로 큰 순서이다.

따라서 정답은 ④이다.

PSAT 전문가의 *Tip*

각주에 제시된 식을 판단하여 곱셈식으로 구성되는지 또는 분수식으로 구성되는지 판단해야 한다. 이는 각주에 공통적으로 포함된 항목이 무엇인지를 확인하여 쉽게 판단할 수 있다.

02 자료판단

자료판단은 제시된 자료와 조건을 활용하여 올바르게 항목을 매칭하거나, 자료의 빈칸에 누락된 수치를 올바르게 유추하거나, 각주를 해석하여 계산하는 유형으로, 기본적으로 제시되는 표나 그림 등의 자료 외 새로운 조건을 토대로 선택지나 <보기>의 정오를 판단하거나 계산할 수 있는지를 평가하기 위한 유형이다. 2024년 5급 공채 PSAT에서는 18문제가 출제되었다.

빠른 문제 풀이 전략

1 자료의 항목을 제시된 정보와 매칭할 때, 경우의 수를 발생시키지 않고 쉽게 검토할 수 있는 정보부터 먼저 검토한다.

2 자료에 빈칸이 제시되더라도 최대한 빈칸을 채우지 않고 문제를 해결한다.

3 각주로 식이 2개 이상 제시된 경우, 문제에서 이를 새로운 수식으로 변형하여 값을 도출해야 하도록 하는 경우가 많으므로 제시된 계산식을 다양하게 변형하고 정리한다.

4 제시된 정보에서 공통적으로 적용되는 계산식이 있다면 공통적인 부분은 제외하고, 차이가 나는 부분만 계산하여 비교한다.

다음 〈표〉는 2020년 '갑'국의 가구당 보험료 및 보험급여 현황에 대한 자료이다. 〈표〉와 〈보고서〉를 근거로 A, B, D에 해당하는 질환을 바르게 나열한 것은? [21 5급공채]

〈표〉 2020년 가구당 보험료 및 보험급여 현황

(단위: 원)

구분 보험료 분위	보험료	전체질환 보험급여 (보험혜택 비율)	4대 질환별 보험급여 (보험혜택 비율)			
			A 질환	B 질환	C 질환	D 질환
전체	99,934	168,725 (1.7)	337,505 (3.4)	750,101 (7.5)	729,544 (7.3)	390,637 (3.9)
1분위	25,366	128,431 (5.1)	327,223 (12.9)	726,724 (28.6)	729,830 (28.8)	424,764 (16.7)
5분위	231,293	248,741 (1.1)	322,072 (1.4)	750,167 (3.2)	713,160 (3.1)	377,568 (1.6)

※ 1) 보험혜택 비율 = $\dfrac{보험급여}{보험료}$

2) 4대 질환은 뇌혈관, 심장, 암, 희귀 질환임.

〈보고서〉

2020년 전체 가구당 보험료는 10만 원 이하였지만 전체질환의 가구당 보험급여는 16만 원 이상으로 전체질환 보험혜택 비율은 1.7로 나타났다.

4대 질환 중 전체 보험혜택 비율이 가장 높은 질환은 심장 질환이었다. 뇌혈관, 심장, 암 질환의 1분위 보험혜택 비율은 각각 5분위의 10배에 미치지 못하였다. 또한, 뇌혈관, 심장, 희귀 질환의 1분위 가구당 보험급여는 각각 전체질환의 1분위 가구당 보험급여의 3배 이상이었다.

	A	B	D
①	뇌혈관	심장	희귀
②	뇌혈관	암	희귀
③	암	심장	희귀
④	암	희귀	심장
⑤	희귀	심장	암

정답 및 해설

4대 질환 중 전체 보험혜택 비율이 가장 높은 질환은 심장 질환이었다고 했고, B가 7.5%로 가장 높으므로 심장이다.

B로 판별된 심장을 제외하고 뇌혈관, 암 질환의 1분위 보험혜택 비율은 각각 5분위의 10배에 미치지 못하였다고 했고, 심장을 제외한 1분위 < 5분위×10을 만족하는 것은 A와 C이므로 D가 희귀이다.

B로 판별된 심장과 D로 판별된 희귀를 제외하고 뇌혈관 질환의 1분위 가구당 보험급여는 각각 전체질환의 1분위 가구당 보험급여의 3배 이상이었다고 했고, A와 C 중 1분위 전체의 3배에 미치지 못하는 것은 A이므로 뇌혈관이 될 수 없다.

따라서 C가 뇌혈관이고 A는 암이므로 정답은 ③이다.

PSAT 전문가의 Tip

매칭형 문제이므로 선택지의 배열을 적극적으로 활용한다.

03 자료검토·변환

자료검토·변환은 자료와 함께 보고서를 제시하고 보고서의 내용을 토대로 사용된 자료 및 추가로 이용한 자료를 찾거나, 자료로 제시된 표를 그래프로 올바르게 변환하는 유형이다. 2024년 5급 공채 PAST에서 6문제가 출제되었다.

빠른 문제 풀이 전략

1. <보고서>를 해석하기 위해 자료의 제목, 선택지나 <보기>에서 요구하는 항목을 키워드로 체크한다.

2. 제시된 자료를 토대로 <보고서>를 작성할 때 추가로 필요한 자료인지 판단하기 위해 자료가 <보고서>에서 도출될 가능성이 있는지를 중점적으로 검토한다.

3. 제시된 자료를 토대로 <보고서>를 작성할 때 <보고서>에서 사용된 자료가 있는지를 판단하기 위해 선택지나 <보기>의 키워드를 중심으로 보고서의 내용과 매칭한다.

4. <표>를 그래프로 변환하는 문제의 경우 문제 풀이에 시간 소요가 크므로 실전에서는 후순위로 풀이하되, 학습할 때는 판단이 용이한 선택지나 <보기>를 먼저 풀이한다.

다음 〈표〉는 '갑'국의 택배 물량, 평균단가 및 매출액에 관한 자료이다. 〈보고서〉를 작성하기 위해 〈표〉 이외에 추가로 필요한 자료만을 〈보기〉에서 모두 고르면? [20 5급공채]

〈표〉 택배 물량, 평균단가 및 매출액

(단위: 만 박스, 원/박스, 억 원)

연도 \ 국가	물량	평균단가	매출액
2015	181,596	2,392	43,438
2016	204,666	2,318	47,442
2017	231,946	2,248	52,141
2018	254,278	2,229	56,679

〈보고서〉

'갑'국의 택배 물량은 2015년 이후 매년 증가하였고, 2018년은 2017년에 비해 약 9.6% 증가하였다. 2015년 이후 '갑'의 경제활동인구 1인당 택배 물량 또한 매년 증가하고 있는데, 이와 같은 추세는 앞으로도 계속될 것으로 예측된다.

2018년 '갑'국의 택배업 매출액은 2017년 대비 약 8.7% 증가한 5조 6,679억 원이었다. '갑'국 택배업 매출액의 연평균 성장률을 살펴보면 2001~2010년 19.1%, 2011~2018년 8.4%를 기록하였는데, 2011년 이후 성장률이 다소 둔화하였지만, 여전히 높은 성장률을 유지하고 있음을 알 수 있다. 2011~2018년 '갑'국 유통업 매출액의 연평균 성장률은 3.5%로 동기간 택배업 매출액의 연평균 성장률보다 매우 낮다고 할 수 있다. 한편, 택배의 평균단가는 2015년 이후 매년 하락하고 있다.

〈보 기〉

ㄱ. 2001~2014년 연도별 택배업 매출액
ㄴ. 2011~2018년 연도별 유통업 매출액
ㄷ. 2012~2014년 연도별 택배 평균단가
ㄹ. 2015~2018년 연도별 경제활동인구

① ㄱ, ㄴ
② ㄱ, ㄹ
③ ㄴ, ㄷ
④ ㄱ, ㄴ, ㄹ
⑤ ㄴ, ㄷ, ㄹ

정답 및 해설

〈보고서〉 첫 번째 문단 두 번째 문장에서 '2015년 이후 '갑'국의 경제활동인구 1인당 택배 물량'이 언급되고 있으므로 ㄹ. 2015~2018년 연도별 경제활동인구가 추가로 필요함을 알 수 있다.

〈보고서〉 두 번째 문단 두 번째 문장에서 "'갑'국 택배업 매출액의 연평균 성장률을 살펴보면 2001~2010년 19.1%, 2011~2018년 8.4%를 기록하였는데,'라고 언급되고 있으므로 ㄱ. 2001~2014년 연도별 택배업 매출액이 추가로 필요함을 알 수 있다.

〈보고서〉 두 번째 문단 세 번째 문장에서 '2011~2018년 '갑'국 유통업 매출액의 연평균 성장률'이 언급되고 있으므로 ㄴ. 2011~2018년 연도별 유통업 매출액이 추가로 필요함을 알 수 있다.

〈보고서〉 두 번째 문단 마지막 문장에서 '한편, 택배의 평균단가는 2015년 이후 매년 하락하고 있다.'고 언급되고 있으나, 이는 〈표〉의 평균단가를 통해 작성할 수 있다. 즉, ㄷ.2012~2014년 연도별 택배 평균단가는 추가로 필요하지 않다.

따라서 추가로 필요한 자료는 ㄱ, ㄴ, ㄹ이다.

PSAT 전문가의 **Tip**

〈표〉를 통해 〈보고서〉를 작성할 수 있는지 도출가능성을 기준으로 삼아 〈표〉에 직접 언급되지 않은 구분항목 또는 연도를 중심으로 검토하자.

04 자료이해

자료이해는 제시된 자료와 조건에 평균 개념, 반대해석, 최소여집합을 적용하거나 분산·물방울 차트의 특성을 활용하여 정보를 올바르게 추론할 수 있는지를 평가하기 위한 유형이다. 2024년 5급 공채 PSAT에서 2문제가 출제되었다.

빠른 문제 풀이 전략

1. 분산·물방울형 차트가 제시되는 경우 제시된 항목의 의미와 항목 간 상관관계를 빠르게 파악한다.

2. 두 가지 이상의 자료에서 한 항목이 공통적인 속성을 모두 만족하는 경우, 항목의 최솟값과 최댓값을 가정하여 해당 항목의 범위를 파악한다.

3. 자료에서 항목의 기준, 합계 등을 먼저 체크하고, 문제에서 제시되는 항목을 반대로 해석한다.

4. 문제 풀이에 필요한 이론적인 부분을 학습하기 위해 각 유형에서 제시되는 기초적인 이론을 숙지하고 반복하여 기억한다.

다음 〈그림〉을 바탕으로 건설업의 재해건당 재해손실일수가 가장 큰 연도와 가장 작은 연도를 바르게 나열한 것은?　　　　　　[20 5급공채]

〈그림〉 연도별 건설업의 환산도수율과 환산강도율

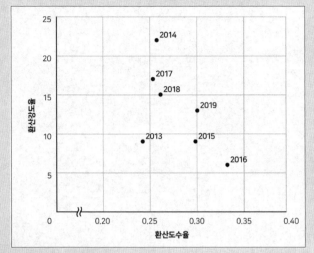

※ 1) 환산도수율 = $\dfrac{재해건수}{총 근로시간} \times 100{,}000$

　 2) 환산강도율 = $\dfrac{재해손실일수}{총 근로시간} \times 100{,}000$

	가장 큰 연도	가장 작은 연도
①	2013년	2014년
②	2013년	2016년
③	2014년	2013년
④	2014년	2016년
⑤	2016년	2014년

정답 및 해설

문제에서 구해야 하는 것을 파악하고, 그래프에 제시된 각 항목의 의미와 항목 간 상관관계를 확인한다. x축의 일부가 생략되어 있지만 제시된 각주를 통해 재해건당 재해손실일수는 x축 변수인 환산도수율 대비 y축 변수인 환산강도율의 비율임을 알 수 있다.

x축 대비 y축은 원점에서 각 점을 잇는 선분의 기울기이므로 재해건당 재해손실일수는 기울기가 가장 큰 2014년에 가장 크고 기울기가 가장 작은 2016년에 가장 작다.

따라서 정답은 ④이다.

PSAT 전문가의 *Tip*

분산형 그래프가 제시되었으므로 x축과 y축 변수가 무엇인지 체크하여 발문에서 묻는 식의 구조를 구성할 수 있다면 답을 빠르게 도출할 수 있다.

PART 2

5급 PSAT 자료해석 기출문제

2024년 기출문제   2017년 기출문제
2023년 기출문제   2016년 기출문제
2022년 기출문제   2015년 기출문제
2021년 기출문제   2014년 기출문제
2020년 기출문제   2013년 기출문제
2019년 기출문제   2012년 기출문제
2018년 기출문제

▌해커스PSAT **5급 PSAT 김용훈 자료해석** 13개년 기출문제집

PSAT 교육 1위, 해커스PSAT **psat.Hackers.com**

2024년 기출문제

총평

- 순수 자료비교인 곱셈 비교와 분수 비교 자체를 묻는 문제가 14문제로 2023년과 같은 비중으로 출제되었다.

- 매칭형이 5문제, 빈칸형이 4문제, 각주 판단형이 6문제, 조건 판단형이 3문제로 자료판단에서 18문제가 출제되어 역시 2023년과 동일한 비중을 차지하였다. 대부분 고난도인 자료판단 문제는 30번대 중후반대에서 출제되어 해당 번호대의 문제만 잘 해결했다면 시간을 효율적으로 관리하는 것이 어렵지 않았을 것이다.

- 보고서 검토·확인형은 3문제, 표-차트 변환형이 3문제 출제되어 역시 2023년과 마찬가지로 전체의 15%라는 적지 않은 비중을 차지하고 있다. 다만 세부적으로는 보고서 검토·확인형이 작년에 비해 1문항 늘고 표-차트 변환형이 1문항 줄었다는 점이다.

- 세트문제는 22-23번, 28-29번으로 출제되었고 매칭형과 보고서 검토·확인형, 그리고 분수 비교형과 표-차트 변환형으로 다양한 유형으로 조합을 이루고 있다. 각각 세트문제 2문제 당 4분 정도 소요되는 난도로 출제되었고 모두 20번대에 출제되었다는 점이 특이사항으로 볼 수 있다.

- 전체적인 난도는 ★★★☆☆ 정도로 출제되었으며 30번대 문제에 대한 해결 가능 여부가 고득점과 연결된다고 볼 수 있다. 즉 30번까지는 16번 문제 정도를 제외한다면 어렵지 않은 문제로 구성되어 있기 때문에 정답률을 90% 이상 끌어올려야 하며 30번대 중후반 문제 일부를 제외한다면 3분 내에 해결 가능한 문제가 대부분이므로 무엇보다도 시간 관리가 중요하다고 본다. 따라서 2분 내에 풀어야 할 문제와 패스해야 할 문제의 기준을 확실히 정해 시간을 효율적으로 관리하는 연습을 하여야 한다.

01

다음 〈표〉는 코로나19 발생 전후의 '갑'지역 택배서비스 이용에 관한 자료이다. 제시된 〈표〉 이외에 〈보고서〉를 작성하기 위해 추가로 필요한 자료만을 〈보기〉에서 모두 고르면?

〈표〉 코로나19 발생 전후의 '갑'지역 택배서비스 월평균 이용건수

(단위: 건)

구분		코로나19 발생 전	코로나19 발생 후
전체		6.2	9.7
성별	남성	6.8	10.3
	여성	5.7	9.2
연령대	10대 이하	4.2	6.4
	20대	5.4	9.5
	30대	7.2	11.4
	40대	7.4	11.7
	50대	6.2	9.4
	60대	6.1	9.0
	70대 이상	5.0	8.2
거주형태	아파트	6.3	10.0
	주택	6.3	9.0
	오피스텔	5.7	9.7
	기타	4.4	6.4

〈보고서〉

'갑'지역 택배서비스 이용자의 코로나19 발생 전 월평균 이용건수는 6.2건이었으나 발생 후에는 9.7건으로 50% 이상 증가하였다. 코로나19 발생 전 대비 발생 후 택배서비스 월평균 이용건수 증가율은 여성이 남성보다 높았다. 연령대별로 살펴보면, 코로나19 발생 전 대비 발생 후 택배서비스 월평균 이용건수 증가율은 20대가 가장 높게 나타났고, 70대 이상이 다음으로 높았다. 거주형태별로 살펴보면, 오피스텔 거주자의 코로나19 발생 전 대비 발생 후 택배서비스 월평균 이용건수 증가율이 약 70%로 가장 높게 나타났고, 아파트 거주자가 다음으로 높았다. 유통채널별로 살펴보면, 코로나19 발생 전에는 온라인구매 비율이 61.0%로 가장 높았고, 다음으로 마트배송, 홈쇼핑, 기타 순으로 나타났다. 코로나19 발생 후 온라인구매 비율은 발생 전에 비해 3.3%p 증가하였다. 수령방법별로 살펴보면, 코로나19 발생 전에는 대면 수령 비율과 비대면 수령 비율이 각각 50.2%, 49.8%로 비슷한 수준이었다. 코로나19 발생 후에는 대면 수령 비율이 19.4%로 감소하였고, 비대면 수령 비율은 80.6%로 증가하였다.

〈보 기〉

ㄱ. '갑'지역 택배서비스 이용건수의 유통채널별 비율

(단위: %)

구분 \ 유통채널	온라인구매	홈쇼핑	마트배송	기타	합계
코로나19 발생 전	61.0	12.9	15.1	11.0	100.0
코로나19 발생 후	64.3	12.5	16.0	7.2	100.0

ㄴ. '갑'지역 택배서비스 이용건수의 수령방법별 비율

(단위: %)

구분 \ 수령방법	대면	비대면	합계
코로나19 발생 전	50.2	49.8	100.0
코로나19 발생 후	19.4	80.6	100.0

ㄷ. '갑'지역 택배서비스 이용자의 거주지별 월평균 이용건수

(단위: 건)

구분 \ 거주지	도시	농촌	기타
코로나19 발생 전	6.7	5.8	5.9
코로나19 발생 후	11.2	8.4	8.5

① ㄱ
② ㄱ, ㄴ
③ ㄱ, ㄷ
④ ㄴ, ㄷ
⑤ ㄱ, ㄴ, ㄷ

📝 문제풀이

01 보고서 검토·확인형

난이도 ★☆☆☆☆

ㄱ. 보고서 다섯 번째 문장 '유통채널별로 살펴보면, 코로나19 발생 전에는 온라인구매 비율이 61.0%로 가장 높았고, 다음으로 마트배송, 홈쇼핑, 기타 순으로 나타났다.'를 판단하기 위해 ['갑'지역 택배서비스 이용건수의 유통채널별 비율]이 추가로 필요하다.

ㄴ. 보고서 일곱 번째 문장 '수령방법별로 살펴보면, 코로나19 발생 전에는 대면 수령 비율과 비대면 수령 비율이 각각 50.2%, 49.8%로 비슷한 수준이었다. 코로나19 발생 후에는 대면 수령 비율이 19.4%로 감소하였고, 비대면 수령 비율은 80.6%로 증가하였다.'를 판단하기 위해 ['갑'지역 택배서비스 이용건수의 수령방법별 비율]이 추가로 필요하다.

⏱ 빠른 문제 풀이 Tip

추가로 필요한 자료를 찾는 유형은 도출가능성을 기준으로 판단한다.

[정답] ②

02

다음 〈표〉는 2023년 A~D국의 온실가스 배출량과 인구에 관한 자료이다. 〈표〉와 〈조건〉을 근거로 A~D 중 '갑'~'정'에 해당하는 국가를 바르게 연결한 것은?

〈표 1〉 2023년 A~D국의 온실가스 배출량

(단위: 백만 톤 CO_2eq.)

국가 \ 구분	A	B	C	D
교통	9.7	5.0	4.0	2.5
주거용 빌딩	14.0	4.5	( )	2.0
상업용 빌딩	17.0	4.5	3.5	2.8
기타	11.0	50.0	6.3	3.5
총배출량	( )	64.0	17.3	( )

〈표 2〉 2023년 A~D국의 인구

(단위: 백만 명)

국가	A	B	C	D
인구	9.7	2.9	2.4	1.5

※ 1인당 온실가스 총배출량(톤 CO_2eq./명) = $\dfrac{온실가스\ 총배출량}{인구}$

─〈조 건〉─

○ '갑'국은 온실가스 총배출량이 50백만 톤 CO_2eq. 이상이고, 1인당 온실가스 총배출량이 가장 적다.
○ '을'국과 '병'국 간 1인당 온실가스 총배출량의 차이는 1.0톤 CO_2eq./명 이하이다.
○ 온실가스 총배출량 대비 주거용 빌딩의 온실가스 배출량 비율은 '병'국이 '정'국보다 높다.
○ 주거용 빌딩과 상업용 빌딩의 온실가스 배출량 합은 '을'국이 가장 적다.

	<u>A</u>	<u>B</u>	<u>C</u>	<u>D</u>
①	갑	병	정	을
②	갑	정	을	병
③	갑	정	병	을
④	정	갑	을	병
⑤	정	갑	병	을

📝 **문제풀이**

02 매칭형

난이도 ★★☆☆☆

○ 네 번째 조건에서 주거용 빌딩과 상업용 빌딩의 온실가스 배출량 합은 '을'국이 가장 적다고 하였다. 먼저 C국의 주거용 빌딩의 온실가스 배출량을 도출하면 3.5이다. 따라서 주거용 빌딩과 상업용 빌딩의 온실가스 배출량 합은 D국이 2.0+2.8=4.8로 가장 적기 때문에 '을'국이 된다.(선택지 ②, ④번 제거)

○ 첫 번째 조건에서 '갑'국은 온실가스 총배출량이 50백만 톤 CO_2eq. 이상이고, 1인당 온실가스 총배출량이 가장 적다고 하였다. 남은 선택지에서 '갑'을 A 또는 B로 나열하고 있으므로 두 국가만 비교하면 A(51.7/9.7)가 B(64.0/2.9)보다 더 작기 때문에 '갑'국은 A가 된다.(선택지 ⑤번 제거)

○ 세 번째 조건에서 온실가스 총배출량 대비 주거용 빌딩의 온실가스 배출량 비율은 '병'국이 '정'국보다 높다고 하였다. 남은 선지를 통해 '병'국과 '정'국은 B 또는 C임을 알 수 있으므로 두 국가의 온실가스 총배출량 대비 주거용 빌딩의 온실가스 배출량 비율을 비교한다. B(4.5/64.0)보다 C(3.5/17.3)가 더 높기 때문에 '병'국은 C, '정'국은 B가 된다.

⏱ **빠른 문제 풀이 Tip**

순서를 알려주는 네 번째 조건부터 검토한다.

[정답] ③

03

다음 〈보고서〉는 2021~2023년 '갑'국 고등학교 간 공동교육과정 개설 과목 수 추이에 관한 자료이다. 〈보고서〉의 내용에 부합하지 않는 자료는?

〈보고서〉

2021~2023년 '갑'국 고등학교 간 공동교육과정은 오프라인 및 온라인 각각 개설 과목 수가 매년 증가하였으며, 개설 과목 수의 전년 대비 증가율은 온라인 공동교육과정이 오프라인 공동교육과정보다 매년 높았다.

오프라인 공동교육과정의 경우, 학교 규모별로 보면 각 규모의 학교에서 개설한 과목 수가 매년 증가하였고, 대규모 학교의 개설 과목 수가 해당연도 전체 개설 과목 수에서 차지하는 비율이 매년 가장 높게 나타났다. 지역을 대도시, 중소도시, 읍면지역으로 구분하여 살펴보면, 각 지역의 학교에서 개설한 과목 수가 매년 증가하였다. 또한, 대도시에서 개설된 과목 수가 해당연도 전체 개설 과목 수에서 차지하는 비율이 매년 가장 높게 나타났다. 이는 전체 고등학교 중 대규모이거나 대도시에 소재한 고등학교의 수가 많고, 그 학교에 소속된 학생 수 역시 다른 규모나 지역에 비해 많기 때문이다.

온라인 공동교육과정의 경우, 학교 규모별로 보면 각 규모의 학교에서 연도별로 개설 과목의 수가 증가하였고, 대규모 학교의 개설 과목 수가 해당연도 전체 개설 과목 수에서 차지하는 비율이 매년 가장 높았다. 지역별로 보면 개설된 과목 수가 해당연도 전체 개설 과목 수에서 차지하는 비율은 2022년 이후 중소도시가 매년 가장 높았다.

① 오프라인 및 온라인 공동교육과정의 연도별 개설 과목 수

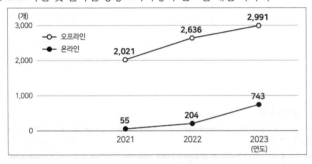

② 오프라인 공동교육과정의 학교 규모별 개설 과목 수

(단위: 개)

학교 규모 \ 연도	2021	2022	2023
대규모	1,547	1,904	2,056
중규모	431	674	827
소규모	43	58	108
전체	2,021	2,636	2,991

③ 오프라인 공동교육과정의 지역별 개설 과목 수

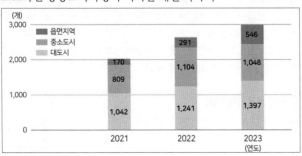

④ 온라인 공동교육과정의 학교 규모별 개설 과목 수

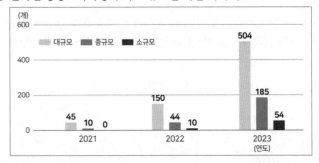

⑤ 온라인 공동교육과정 개설 과목 수의 지역별 구성비

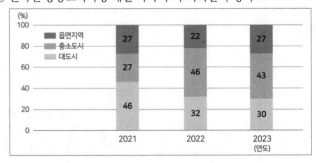

📝 문제풀이

03 분수 비교형   난이도 ★★★☆☆

① 첫 번째 문단에서 확인할 수 있다.

② 두 번째 문단에서 확인할 수 있다.

③ 두 번째 문단에서 각 지역의 학교에서 개설한 과목 수가 매년 증가하였다고 서술하였지만 그림에서는 중소도시의 과목수가 2022년 1,104개에서 2023년 1,048개로 감소하였다.

④ 세 번째 문단에서 확인할 수 있다.

⑤ 세 번째 문단에서 확인할 수 있다.

[정답] ③

04

다음 〈표〉는 소음 환경에 따른 A~E집단의 주의력 및 공간지각력 점수에 관한 자료이다. 이를 근거로 A~E 중 〈조건〉을 모두 만족하는 집단을 고르면?

〈표〉 소음 환경에 따른 주의력 및 공간지각력 점수

(단위: 점)

구분 집단\성별	저소음 환경				고소음 환경			
	주의력		공간지각력		주의력		공간지각력	
	남성	여성	남성	여성	남성	여성	남성	여성
A	7.2	6.9	8.0	6.6	3.6	3.3	4.1	3.0
B	6.8	7.3	6.5	8.1	2.5	3.0	3.1	3.6
C	8.3	7.9	7.8	7.6	4.4	4.1	3.5	3.4
D	6.5	6.8	6.7	6.5	3.2	3.5	3.2	3.3
E	7.7	8.0	7.9	7.9	3.7	4.0	3.9	3.6

〈조 건〉

○ 저소음 환경과 고소음 환경에서의 주의력 점수 차이는 남성과 여성이 동일하다.
○ 고소음 환경에서, 주의력 점수가 더 높은 성별이 공간지각력 점수도 더 높다.
○ 남성과 여성 모두 저소음 환경에서의 주의력 점수가 고소음 환경에서의 주의력 점수의 2배 이상이다.
○ 저소음 환경에서, 남성은 공간지각력 점수가 주의력 점수보다 높고 여성은 주의력 점수가 공간지각력 점수보다 높다.

① A
② B
③ C
④ D
⑤ E

문제풀이

04 매칭형

난이도 ★☆☆☆☆

○ 저소음 환경과 고소음 환경에서의 주의력 점수 차이는 남성과 여성이 동일하다.
  → C의 경우 저소음 환경과 고소음 환경에서의 주의력 점수 차이는 남성이 8.3−4.4=3.9이고 여성이 7.9−4.1=3.8이므로 동일하지 않다.(선택지 ③번 제거)

○ 고소음 환경에서, 주의력 점수가 더 높은 성별이 공간지각력 점수도 더 높다.
  → E의 경우 고소음 환경에서 주의력 점수는 3.7인 남성보다 4.0인 여성이 더 높지만 공간지각력 점수는 3.9인 남성이 3.6인 여성보다 높다.(선택지 ⑤번 제거)

○ 남성과 여성 모두 저소음 환경에서의 주의력 점수가 고소음 환경에서의 주의력 점수의 2배 이상이다.
  → D의 경우 저소음 환경에서 여성의 주의력 점수 6.8은 고소음 환경에서의 여성 주의력 점수 3.5의 2배 이상이 아니다.(선택지 ④번 제거)

○ 저소음 환경에서, 남성은 공간지각력 점수가 주의력 점수보다 높고 여성은 주의력 점수가 공간지각력 점수보다 높다.
  → B의 경우 저소음 환경에서 남성의 공간지각력 점수 6.5가 주의력 점수 6.8보다 높지 않고 여성 역시 주의력 점수 7.30이 공간지각력 점수 8.1보다 높지 않다.(선택지 ②번 제거)

⏱ 빠른 문제 풀이 Tip

A~E 중 조건을 모두 만족하는 집단 하나를 고르는 문제이므로 소거법으로 접근한다.

[정답] ①

05

다음 〈표〉는 2021~2023년 '갑'국 A~F제조사별 비스킷 매출액에 관한 자료이다. 이에 대한 〈보기〉의 설명 중 옳은 것만을 모두 고르면?

〈표 1〉 2021~2023년 제조사별 비스킷 매출액

(단위: 백만 원)

연도 제조사	2021 상반기	2021 하반기	2022 상반기	2022 하반기	2023 상반기
A	127,540	128,435	132,634	128,913	128,048
B	138,313	132,807	131,728	120,954	119,370
C	129,583	124,145	132,160	126,701	116,864
D	83,774	84,170	85,303	85,266	79,024
E	20,937	28,876	24,699	24,393	21,786
F	95,392	89,461	90,937	107,322	112,410
전체	595,539	587,894	597,461	593,549	577,502

〈표 2〉 2023년 상반기 유통채널별 비스킷 매출액

(단위: 백만 원)

유통채널 제조사	백화점	할인점	체인 슈퍼	편의점	독립 슈퍼	일반 식품점
A	346	28,314	23,884	26,286	33,363	15,855
B	253	24,106	24,192	21,790	30,945	18,084
C	228	30,407	22,735	21,942	25,126	16,426
D	307	22,534	17,482	9,479	19,260	9,962
E	45	5,462	2,805	8,904	2,990	1,580
F	2,494	39,493	13,958	33,298	14,782	8,385
전체	3,673	150,316	105,056	121,699	126,466	70,292

※ 1) '갑'국의 비스킷 제조사는 A~F만 있음.
2) '갑'국의 비스킷 유통채널은 제시된 6개로만 구분됨.

─── 〈보 기〉 ───

ㄱ. 2021년 상반기 전체 매출액 중 제조사별 매출액 비중이 20% 이상인 제조사의 수는 3개이다.

ㄴ. 2022년 하반기에 전년 동기 대비 매출액 감소율이 가장 큰 제조사는 E이다.

ㄷ. 전년 동기 대비 매출액이 증가한 제조사의 수는 2022년 상반기와 2023년 상반기가 동일하다.

ㄹ. 2023년 상반기의 경우, 각 제조사의 백화점, 할인점, 체인슈퍼 매출액의 합은 해당 제조사 매출액의 50% 미만이다.

① ㄱ, ㄴ
② ㄱ, ㄹ
③ ㄴ, ㄷ
④ ㄷ, ㄹ
⑤ ㄱ, ㄴ, ㄹ

📝 문제풀이

05 분수 비교형

난이도 ★★☆☆☆

ㄱ. (O) 2021년 상반기 전체 매출액은 595,539백만 원이므로 비중이 20% 이상인 제조사는 약 119,108백만 원 이상인 제조사이다. 따라서 2021년 상반기 전체 매출액 중 제조사별 매출액 비중이 20% 이상인 제조사는 A, B, C로 3개이다.

ㄴ. (O) 2022년 하반기에 전년 동기 대비 증가한 A, C, D, F를 제외하면 감소한 제조사는 B와 E이다. 매출액 감소율은 B가 8.9%, E가 15.5% 감소하여 감소율이 가장 큰 제조사는 E이다.

ㄷ. (X) 전년 동기 대비 매출액이 증가한 제조사의 수는 2022년 상반기는 A, C, D, E로 4개지만 2023년 상반기는 F 1개로 동일하지 않다.

ㄹ. (X) 2023년 상반기에 D의 백화점, 할인점, 체인슈퍼 매출액의 합은 40,323백만 원으로 해당 제조사 매출액 79,024백만 원에서 차지하는 비중이 51.0%로 50% 미만이 아니다.

⏱ 빠른 문제 풀이 Tip

ㄱ. 전체가 약 60만 정도이므로 12만 이상이라면 20% 이상이라고 판단할 수 있다.

ㄴ. E가 유일하게 10% 이상 감소하여 가장 큰 제조사이므로 10% 감소율을 기준으로 판단한다.

ㄹ. 백화점+할인점+체인슈퍼 매출액의 합이 편의점+독립슈퍼+일반식품점의 합보다 더 작은지 판단할 수도 있다.

[정답] ①

06

다음 〈표〉는 2012~2021년 우리나라 D부처 정보공개 청구에 관한 자료이다. 이에 대한 〈보기〉의 설명 중 옳은 것만을 모두 고르면?

〈표 1〉 2012~2021년 정보공개 청구건수 및 처리건수

(단위: 건)

구분 연도	청구 건수	처리건수						
		전부 공개	부분 공개	비공개	타기관 이송	취하	민원 이첩	기타
2012	1,046	446	149	161	44	79	60	107
2013	1,231	550	156	137	46	150	66	126
2014	1,419	572	176	149	77	203	35	207
2015	1,493	522	183	198	104	152	88	246
2016	1,785	529	184	215	207	134	222	294
2017	3,097	837	293	334	511	251	0	871
2018	2,951	1,004	333	386	379	232	0	617
2019	3,484	1,296	411	440	161	250	0	926
2020	4,006	1,497	660	502	170	327	0	850
2021	5,708	2,355	950	656	188	653	0	906

※ 정보공개 청구건은 해당연도에 모두 처리됨.

〈표 2〉 2012~2021년 청구방법별 정보공개 청구건수

(단위: 건)

청구방법 연도	직접출석	우편	팩스	정보 통신망	기타
2012	47	24	5	968	2
2013	49	46	7	1,124	5
2014	111	54	13	1,241	0
2015	82	68	16	1,324	3
2016	51	55	9	1,669	1
2017	87	80	7	2,918	5
2018	162	75	27	2,687	0
2019	118	86	11	3,269	0
2020	134	94	13	3,758	7
2021	130	65	17	5,495	1

〈보 기〉

ㄱ. 정보공개 청구건수는 매년 증가한다.
ㄴ. '타기관이송' 처리건수가 가장 많은 해와 정보공개 청구건수 대비 '전부공개' 처리건수의 비율이 가장 낮은 해는 같다.
ㄷ. 연도별 '비공개' 처리건수와 '취하' 처리건수의 합은 해당연도 정보공개 청구건수의 20%를 매년 초과한다.
ㄹ. 2021년 '전부공개' 처리건수 중 청구방법이 '정보통신망'인 처리건수는 2,100건 이상이다.

① ㄱ, ㄴ
② ㄱ, ㄷ
③ ㄴ, ㄷ
④ ㄴ, ㄹ
⑤ ㄷ, ㄹ

📑 문제풀이

06 최소여집합형

난이도 ★☆☆☆☆

ㄱ. (X) 정보공개 청구건수는 2017년 3,097건에서 2018년 2,951건으로 매년 증가하지 않았다.

ㄴ. (O) '타기관이송' 처리건수는 2017년이 511건으로 가장 많고 정보공개 청구건수 대비 '전부공개' 처리건수의 비율 역시 837/3,097≒27.0%로 가장 낮다.

ㄷ. (X) 2017년 '비공개' 처리건수와 '취하' 처리건수의 합은 334+251=585건으로 해당연도 정보공개 청구건수 3,097건의 20%인 619건보다 작다.

ㄹ. (O) 2021년 '전부공개' 처리건수는 2,355건이고 청구방법이 '정보통신망'인 처리건수는 5,495건이다. 청구방법이 정보통신망이 아닌 나머지 직접출석, 우편, 팩스, 기타의 합을 도출하면 213건이므로 이들이 모두 '전부공개' 처리건수라고 하더라도 2,355-213=2,142건은 '전부공개' 처리건수 중 청구방법이 '정보통신망'인 처리건수의 최솟값이 된다. 따라서 2,100건 이상이다.

⏱ 빠른 문제 풀이 Tip

ㄴ. 정보공개 청구건수 대비 '전부공개' 처리건수의 비율은 2016년과 2017년 두 해만 30% 미만이므로 실질적으로 2017년과 2016년만 비교하면 된다.
ㄷ. 2017년 청구건수가 3천 건 이상이므로 '비공개' 처리건수와 '취하' 처리건수의 합이 600건을 넘는지 확인한다.
ㄹ. A=2,355, B=5,495, U=5,708로 설정하고 A+B-U≧2,100이 성립하는지 확인한다.

[정답] ④

07

다음 〈표〉는 2019~2023년 '갑'지역의 여행객 현황에 관한 자료이다. 이를 이용하여 작성한 자료로 옳지 않은 것은?

〈표 1〉 여행 목적별 여행객 수

(단위: 명)

목적	구분	2019	2020	2021	2022	2023
전체	총계	9,315	10,020	10,397	10,811	10,147
	개별여행	6,352	6,739	7,410	7,458	7,175
	단체여행	2,963	3,281	2,987	3,353	2,972
여가	소계	4,594	5,410	6,472	6,731	6,526
	개별여행	2,089	2,749	3,931	3,865	4,085
	단체여행	2,505	2,661	2,541	2,866	2,441
종교	소계	125	114	104	80	50
	개별여행	99	64	58	56	31
	단체여행	26	50	46	24	19
쇼핑	소계	981	1,044	1,030	1,148	1,328
	개별여행	683	701	748	776	919
	단체여행	298	343	282	372	409
사업	소계	2,880	2,746	2,366	2,389	1,768
	개별여행	2,774	2,585	2,284	2,317	1,682
	단체여행	106	161	82	72	86
교육	소계	735	706	425	463	475
	개별여행	707	640	389	444	458
	단체여행	28	66	36	19	17

〈표 2〉 여행지출액 및 여행횟수별 여행객 수

(단위: 백만 원, 명)

연도	여행 지출액	여행횟수			
		1회	2회	3회	4회 이상
2019	18,760	5,426	1,449	792	1,648
2020	18,710	6,046	1,395	802	1,777
2021	20,953	6,773	1,341	686	1,597
2022	19,060	5,834	1,759	851	2,367
2023	19,392	6,237	1,268	677	1,965

① 여행객 1명당 여행지출액

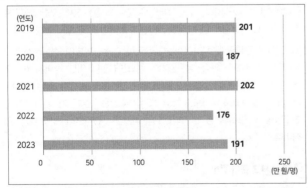

※ 여행객 1명당 여행지출액(만 원/명) = 여행지출액 / 전체 여행객 총계

② 전체 개별여행객 중 '사업' 목적 개별여행객 비율 및 전체 단체여행객 중 '사업' 목적 단체여행객 비율

(단위: %)

구분	2019	2020	2021	2022	2023
개별여행	44	38	31	31	23
단체여행	4	5	3	2	3

③ 전체 개별여행객 수 및 전체 단체여행객 수

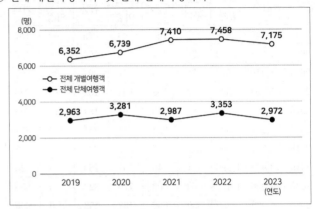

④ '종교' 목적 여행객 중 개별여행객 비율

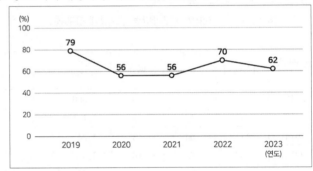

⑤ 전체 여행객 중 여행횟수가 3회 이하인 여행객 비율

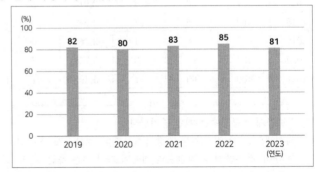

08

다음 〈표〉는 '갑'국 종사상지위별 종사자 수 동향에 관한 자료이다. 제시된 〈표〉 이외에 〈보고서〉를 작성하기 위해 추가로 필요한 자료만을 〈보기〉에서 모두 고르면?

〈표〉 종사상지위별 종사자 수 동향

(단위: 천 명)

종사상지위 \ 시기	2022년 7월	2023년 6월	2023년 7월
상용근로자	16,403	16,680	16,675
임시일용근로자	1,892	2,000	2,020
기타종사자	1,185	1,195	1,187

〈보고서〉

'갑'국 고용노동부는 2023년 7월 사업체노동력조사를 통해 종사자 및 입·이직자 현황을 파악하였다. 2023년 7월 상용근로자는 전년 동월 대비 27만 2천 명 증가하였으며, 임시일용근로자는 전년 동월 대비 12만 8천 명 증가하였다. 사업체 규모별 종사자 수 동향을 살펴보면, 2023년 7월 300인 미만 사업체의 경우 전년 동월 대비 33만 3천 명 증가하였으며, 300인 이상 사업체는 전년 동월 대비 6만 9천 명 증가하였다. 한편, 2023년 7월 입직자는 전년 동월 대비 2만 6천 명 증가하였고 전월 대비 5만 8천 명 증가하였다. 2023년 7월 이직자는 전년 동월 대비 약 4.0% 증가하였고 전월 대비 약 7.0% 증가하였다. 또한, 2023년 7월 전체 입직자 중 채용을 통한 입직자는 전년 동월 대비 2만 5천 명 증가하였으며, 기타 입직자는 전년 동월 대비 1천 명 증가하였다.

〈보 기〉

ㄱ. 사업체 규모별 종사자 수 동향

(단위: 천 명)

사업체 규모 \ 시기	2022년 7월	2023년 6월	2023년 7월
300인 미만	16,216	16,555	16,549
300인 이상	3,264	3,320	3,333

ㄴ. 주요산업별 종사자 수 동향

(단위: 천 명)

주요사업 \ 시기	2022년 7월	2023년 6월	2023년 7월
제조업	3,696	3,740	3,737
건설업	1,452	1,463	1,471
도매 및 소매업	2,274	2,308	2,301

ㄷ. 입직자 및 이직자 수 동향

(단위: 천 명)

구분 \ 시기	2022년 7월	2023년 6월	2023년 7월
입직자	1,001	969	1,027
이직자	973	946	1,012

ㄹ. 입직유형별 입직자 수 동향

(단위: 천 명)

입직유형 \ 시기	2022년 7월	2023년 6월	2023년 7월
채용	892	925	917
기타	109	44	110
합계	1,001	969	1,027

① ㄱ, ㄷ
② ㄴ, ㄷ
③ ㄴ, ㄹ
④ ㄱ, ㄴ, ㄹ
⑤ ㄱ, ㄷ, ㄹ

📝 문제풀이

08 보고서 검토·확인형   난이도 ★☆☆☆☆

ㄱ. 보고서 세 번째 문장에서 '사업체 규모별 종사자 수 동향을 살펴보면, 2023년 7월 300인 미만 사업체의 경우 전년 동월 대비 33만 3천 명 증가하였으며, 300인 이상 사업체는 전년 동월 대비 6만 9천 명 증가하였다.'고 하였으므로 [사업체 규모별 종사자 수 동향]이 추가로 필요하다.

ㄷ. 보고서 네 번째 문장과 다섯 번째 문장에서 '한편, 2023년 7월 입직자는 전년 동월 대비 2만 6천 명 증가하였고 전월 대비 5만 8천 명 증가하였다. 2023년 7월 이직자는 전년 동월 대비 약 4.0% 증가하였고 전월 대비 약 7.0% 증가하였다.'고 하였으므로 [입직자 및 이직자 수 동향]이 추가로 필요하다.

ㄹ. 보고서 여섯 번째 문장에서 '또한, 2023년 7월 전체 입직자 중 채용을 통한 입직자는 전년 동월 대비 2만 5천 명 증가하였으며, 기타 입직자는 전년 동월 대비 1천 명 증가하였다.'고 하였으므로 [입직유형별 입직자 수 동향]이 추가로 필요하다.

⏱ 빠른 문제 풀이 Tip

표의 분류는 종사상지위별 구분이고 ㄱ은 사업체 규모별, ㄴ은 주요산업별, ㄷ은 입직자 및 이직자, ㄹ은 입직유형별 입직자가 키워드이므로 보고서를 빠르게 읽어나가면서 해당 키워드를 중점적으로 판단한다.

[정답] ⑤

09

다음 〈표〉는 2022년 '갑'모터쇼에 전시된 전기차 A~E의 차량가격 및 제원에 관한 자료이다. 이에 대한 〈보기〉의 설명 중 옳은 것만을 모두 고르면?

〈표〉 전기차 A~E의 차량가격 및 제원

(단위: 만 원, 분, km, kWh)

구분 전기차	차량가격	완충시간	완충시 주행거리	배터리 용량
A	8,469	350	528	75.0
B	5,020	392	475	77.4
C	17,700	420	478	112.8
D	14,620	420	447	111.5
E	6,000	252	524	77.4

〈보 기〉

ㄱ. '배터리 용량'당 '차량가격'은 C가 가장 높다.
ㄴ. '차량가격'이 가장 낮은 전기차는 '완충시간' 대비 '배터리 용량'의 비율도 가장 낮다.
ㄷ. '완충시 주행거리' 대비 '완충시간'의 비율은 D가 E의 2배 이상이다.
ㄹ. '차량가격'이 높을수록 '배터리 용량'도 크다.

① ㄱ, ㄴ
② ㄱ, ㄷ
③ ㄷ, ㄹ
④ ㄱ, ㄴ, ㄹ
⑤ ㄴ, ㄷ, ㄹ

📝 문제풀이

09 분수 비교형	난이도 ★☆☆☆☆

ㄱ. (O) '배터리 용량'당 '차량가격'은 A가 112.9, B가 64.9, C가 156.9, D가 131.1, E가 77.5로 C가 가장 높다.

ㄴ. (O) '차량가격'이 가장 낮은 전기차는 B이고 '완충시간' 대비 '배터리 용량'의 비율도 77.4/392≒0.197로 유일하게 0.2미만으로 가장 낮다.

ㄷ. (X) '완충시 주행거리' 대비 '완충시간'의 비율은 D가 420/447≒0.94로 E의 2배인 504/524≒0.96보다 작다.

ㄹ. (X) A의 차량가격은 B보다 높지만 A의 배터리용량은 B보다 작다. 따라서 '차량가격'이 높을수록 '배터리 용량'이 크지는 않다.

⏱ 빠른 문제 풀이 Tip

표에 직접 주어진 구분항목을 비교하는 ㄹ부터 판단한다면 답 고르는 시간을 단축할 수 있다.

[정답] ①

10

다음 〈표〉는 '갑'국 공공기관 A~C의 경영실적 및 평가점수에 관한 자료이다. 이에 대한 〈보기〉의 설명 중 옳은 것만을 모두 고르면?

〈표〉 공공기관 A~C의 경영실적 및 평가점수

(단위: 백만 원, 점)

구분 \ 공공기관	A	B	C
매출액	( )	4,000	( )
영업이익	400	( )	( )
평균총자산	2,000	( )	6,000
자산회전지표	0.50	0.80	( )
영업이익지표	( )	0.15	0.50
평가점수	( )	( )	1.50

※ 1) 자산회전지표 $= \dfrac{\text{매출액}}{\text{평균총자산}}$

2) 영업이익지표 $= \dfrac{\text{영업이익}}{\text{매출액}}$

3) 평가점수(점) = (자산회전지표 × 1점) + (영업이익지표 × 2점)

〈보 기〉

ㄱ. 매출액은 A가 가장 크다.
ㄴ. 영업이익은 C가 A의 4배 이상이다.
ㄷ. 평가점수는 B가 가장 낮다.

① ㄴ

② ㄷ

③ ㄱ, ㄴ

④ ㄱ, ㄷ

⑤ ㄱ, ㄴ, ㄷ

2024
2023
2022
2021
2020
2019
2018
2017
2016
2015
2014
2013
2012

📝 문제풀이

10 빈칸형

난이도 ★★☆☆☆

각주를 통해 빈칸을 채우면 아래와 같다.

구분 \ 공공기관	A	B	C
매출액	1,000	4,000	3,000
영업이익	400	600	1,500
평균총자산	2,000	5,000	6,000
자산회전지표	0.50	0.80	0.50
영업이익지표	0.40	0.15	0.50
평가점수	1.30	1.10	1.50

ㄱ. (X) 매출액은 A가 1,000백만 원이고 B가 4,000백만 원이므로 A가 가장 크지 않다.

ㄴ. (X) 영업이익은 C가 1,500백만 원으로 A 400백만 원의 4배 이상이 되지 못한다.

ㄷ. (O) 평가점수는 B가 1.10으로 가장 낮다.

[정답] ②

11

다음 〈표〉와 〈그림〉은 2018~2022년 우리나라 친환경차 유형별 등록대수 및 수출대수와 2019년 친환경차 수출액 상위 10개 수출국 현황에 관한 자료이다. 이를 근거로 작성한 〈보고서〉의 내용 중 옳지 않은 것은?

〈표 1〉 2018~2022년 우리나라 친환경차 유형별 등록대수

(단위: 대)

유형＼연도	2018	2019	2020	2021	2022
하이브리드차	399,464	497,297	652,876	888,481	1,157,940
플러그인 하이브리드차	5,620	8,350	21,585	19,759	12,567
전기차	55,756	89,918	134,962	231,443	389,855
수소차	893	5,083	10,906	19,404	29,623
전체	461,733	600,648	820,329	1,159,087	1,589,985

〈그림〉 2018~2022년 우리나라 친환경차 유형별 수출대수

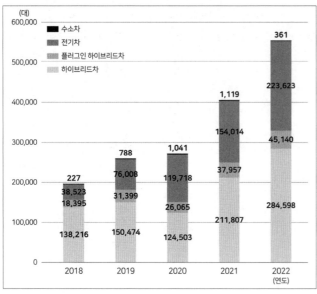

※ 친환경차 유형은 '하이브리드차', '플러그인 하이브리드차', '전기차', '수소차'로만 구분됨.

〈표 2〉 2019년 하이브리드차, 플러그인 하이브리드차 및 전기차의 수출액 상위 10개 수출국 현황

(단위: 백만 달러)

순위	하이브리드차 국가	하이브리드차 수출액	플러그인 하이브리드차 국가	플러그인 하이브리드차 수출액	전기차 국가	전기차 수출액
1	일본	16,311	독일	4,818	미국	7,648
2	독일	6,172	일본	2,588	벨기에	5,018
3	벨기에	3,674	스웨덴	1,762	독일	3,913
4	터키	3,125	미국	1,008	한국	2,354
5	영국	2,762	한국	939	오스트리아	1,220
6	한국	2,691	영국	839	프랑스	1,166
7	슬로바키아	1,876	중국	523	영국	1,097
8	캐나다	1,845	슬로바키아	502	네덜란드	902
9	프랑스	1,227	스페인	271	중국	438
10	스웨덴	828	벨기에	199	일본	431

〈보고서〉

최근 이산화탄소 배출 및 연비에 대한 환경 규제가 강화되고 친환경차 수요가 증가함에 따라 자동차 기업들이 친환경차 시장에 본격적으로 진출하였다. 우리나라 친환경차 시장은 정부의 적극적인 보급 정책으로 급성장하여 ① 2018~2022년 전체 친환경차 등록대수는 매년 30% 이상 증가하였다. 친환경차의 유형별로 살펴보면, 2018년 대비 2022년에 등록대수가 가장 많이 증가한 친환경차 유형은 '하이브리드차'였으나, ② 2018년 대비 2022년 등록대수의 증가율이 가장 높은 친환경차 유형은 '수소차'였다. ③ 친환경차 수출대수는 2018년 195,361대에서 매년 증가하여 2022년에는 553,722대가 되었다. ④ 2018~2022년 친환경차 유형별 수출대수는 '전기차'와 '수소차'만 매년 증가하였다.

세계 친환경차 시장에서 우리나라의 수출 순위는 2019년 수출액 기준 '하이브리드차' 6위, '플러그인 하이브리드차' 5위, '전기차' 4위로 나타났다. 이는 우리나라가 세계 친환경차 시장에서 경쟁력을 확보하고 있음을 보여준다. ⑤ 2019년 '하이브리드차', '플러그인 하이브리드차', '전기차' 각각의 수출액 상위 10개 수출국에 모두 들어가는 국가는 한국을 포함하여 5개국이었다.

📝 문제풀이

11 분수 비교형 　　　　　　　난이도 ★★☆☆☆

① (O) 2018~2022년 전체 친환경차 등록대수는 2019년 30.1%, 2020년 36.6%, 2021년 41.3%, 2022년 37.2%로 매년 30% 이상 증가하였다.

② (O) 2018년 대비 2022년 등록대수의 증가율은 '수소차'가 유일하게 30배 이상으로 가장 높다.

③ (O) 친환경차 수출대수는 2018년 195,361대에서 매년 증가하여 2022년에는 553,722대가 되었다.

④ (X) 수소차의 경우 2021년 1,119대에서 2022년 361대로 감소하여 2018~2022년 '수소차' 수출대수는 매년 증가하지 않았다.

⑤ (O) 2019년 '하이브리드차', '플러그인 하이브리드차', '전기차' 각각의 수출액 상위 10개 수출국에 모두 들어가는 국가는 한국을 포함하여 일본, 독일, 벨기에, 영국으로 5개국이었다.

⏱ 빠른 문제 풀이 Tip

보고서 부합형이므로 역순으로 접근하여 판단한다.

[정답] ④

12

다음 〈표〉는 2023년 '갑'기업 전체 임원(A~J)의 보수 현황에 관한 자료이다. 이에 대한 설명으로 옳은 것은?

〈표〉 '갑'기업 전체 임원의 보수 현황

(단위: 십만 원)

임원	사업부	등기여부	보수총액	급여	상여
A	가	미등기	7,187	2,700	4,487
B	나	등기	6,497	2,408	( )
C	다	등기	4,068	( )	2,000
D	라	미등기	( )	1,130	2,598
E	마	등기	3,609	1,933	1,676
F	마	등기	3,069	1,643	1,426
G	나	미등기	3,050	1,633	1,417
H	바	미등기	3,036	1,626	1,410
I	사	등기	3,000	2,000	1,000
J	다	미등기	2,990	2,176	814
합계	−	−	40,234	19,317	20,917

※ 보수총액=급여+상여

① 보수총액이 많은 임원일수록 상여도 많다.
② '마'사업부 임원의 보수총액 합에서 급여 합이 차지하는 비중은 60% 미만이다.
③ 임원 1인당 보수총액이 가장 적은 사업부는 임원 1인당 급여도 가장 적다.
④ 보수총액에서 상여가 차지하는 비중이 가장 큰 임원은 B이다.
⑤ 미등기 임원의 급여 합은 등기 임원의 급여 합보다 많다.

📝 문제풀이

12 빈칸형 난이도 ★☆☆☆☆

① (X) C의 보수총액은 4,068십만 원으로 D의 3,728십만 원보다 많지만 상여는 C의 2,000십만 원보다 D의 2,598십만 원이 더 많다. 따라서 보수총액이 많은 임원일수록 상여가 많지는 않다.

② (O) '마'사업부 임원의 보수총액 합에서 급여 합이 차지하는 비중은 3,576/6,678 ≒ 53.5%로 60% 미만이다.

③ (X) 임원 1인당 보수총액은 '사'사업부가 3,000십만 원으로 가장 적지만 임원 1인당 급여는 '사'사업부의 2,000십만 원보다 '바'사업부의 1,626십만원이 더 적다.

④ (X) 보수총액에서 상여가 차지하는 비중은 B가 4,089/6,497 ≒ 62.9%이지만 D가 2,598/3,728 ≒ 69.7%로 더 높다.

⑤ (X) 미등기 임원의 급여 합은 9,265십만 원으로 등기 임원의 급여 합 10,052십만 원보다 적다.

⏱ 빠른 문제 풀이 Tip

주어진 표는 보수총액이 많은 임원부터 순서대로 정리한 자료이므로 보수총액 크기를 검토할 때 이를 고려하여 판단한다.
① D의 보수총액을 구체적으로 더하지 않아도 C의 약 4천만원보다 작다는 정도로 판단한다.
② '마' 사업부 임원은 E와 F 두 명인데 보수총액 대비 급여 비율은 E가 1,933/3,609 ≒ 53.6%이고 F가 1,643/3,069 ≒ 53.5%로 둘 다 60% 미만이다. 따라서 두 임원의 합으로 보수총액 대비 급여 비중을 판단하더라도 당연히 60% 미만이 된다.
③ 임원이 1명이면서 보수총액 또는 급여가 적은 사업부를 중심으로 판단한다.
④ 보수총액은 급여와 상여의 합으로 구성되어 있으므로 보수총액에서 상여가 차지하는 비중을 상대인 급여 대비 상여의 비율로 판단할 수 있다.

[정답] ②

13

다음 〈표〉는 1995~2020년 '갑'지역의 농가구조 변화에 관한 자료이다. 이에 대한 설명으로 옳지 않은 것은?

〈표 1〉 '갑'지역의 가구원수별 농가수 추이

(단위: 가구)

조사연도 가구원수	1995	2000	2005	2010	2015	2020
1인	13,262	15,565	18,946	18,446	17,916	20,609
2인	43,584	52,394	56,264	57,023	52,023	53,714
3인	33,776	27,911	24,078	19,666	17,971	13,176
4인	33,047	23,292	17,556	13,122	11,224	7,176
5인 이상	64,491	33,095	20,573	13,492	10,299	5,687
전체	188,160	152,257	137,417	121,749	109,433	100,362
농가당 가구원수(명)	3.8	3.2	2.8	2.6	2.5	2.3

〈표 2〉 '갑'지역의 경영주 연령대별 농가수 추이

(단위: 가구)

조사연도 연령대	1995	2000	2005	2010	2015	2020
30대 이하	23,891	12,445	8,064	3,785	3,120	1,567
40대	39,308	26,471	20,851	15,750	12,131	7,796
50대	61,989	44,919	34,927	28,487	24,494	21,126
60대	46,522	48,747	49,496	42,188	34,296	30,807
70대 이상	16,450	19,675	24,079	31,539	35,392	39,066
전체	188,160	152,257	137,417	121,749	109,433	100,362

① '5인 이상'을 제외하고, 1995년 대비 2020년 가구원수별 농가수 증감률은 '2인'이 가장 작다.

② 매 조사연도에서 '3인' 농가수는 그 외 농가수 합의 25% 이하이다.

③ 2000년 전체 농가 가구원수는 2020년 전체 농가 가구원수의 2배 이상이다.

④ 2020년 전체 농가수 중 경영주 연령대가 40대 이하인 농가수가 차지하는 비중은 10% 이하이다.

⑤ 경영주 연령대가 30대 이하인 농가수는 1995년 대비 2020년에 95% 이상 감소하였다.

14

다음 〈표〉와 〈그림〉은 A미술전 응모 및 수상 결과에 관한 자료이다. 이에 대한 〈보기〉의 설명 중 옳은 것만을 모두 고르면?

〈표〉 2023년 A미술전 응모 및 수상 결과

(단위: 개, 명)

구분 \ 부문	초등부		중등부		고등부	
	팀	인원	팀	인원	팀	인원
응모	268	502	232	446	306	624
수상	56	88	30	59	43	68

※ A미술전의 부문은 초등부, 중등부, 고등부로만 구성됨.

〈그림〉 연도별 A미술전 응모인원

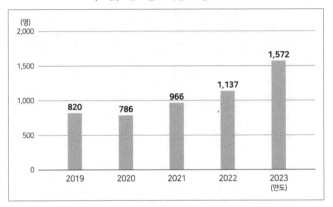

─〈보 기〉─

ㄱ. 2023년 응모인원 대비 수상인원이 가장 많은 부문은 초등부이다.

ㄴ. 2023년 팀별 인원이 1~3명이라면, 3명으로 구성된 초등부 수상팀은 15개 이하이다.

ㄷ. 2020년 응모인원의 부문별 구성비가 2023년과 동일하다면, 2020년 중등부 응모인원은 200명 이상이다.

ㄹ. 2024년부터 매년 응모인원이 전년 대비 30%씩 증가한다면, 응모인원이 2019년의 3배를 처음 초과하는 해는 2026년이다.

① ㄱ, ㄴ
② ㄱ, ㄷ
③ ㄴ, ㄷ
④ ㄴ, ㄹ
⑤ ㄱ, ㄷ, ㄹ

📝 문제풀이

14 분수 비교형
난이도 ★★★☆☆

ㄱ. (O) 2023년 응모인원 대비 수상인원은 초등부 88/502 ≒ 0.18, 중등부 59/446 ≒ 0.13, 고등부 68/624 ≒ 0.11로 초등부가 가장 많다.

ㄴ. (X) 2023년 3명으로 구성된 초등부 수상팀이 16개라면 3명으로 구성된 팀의 인원 합은 총 48명이다. 이 경우 남은 인원 88-48=40명을 1명씩 팀으로 하면 나머지 팀 56-16=40개 팀 구성이 가능하다. 따라서 3명으로 구성된 초등부 수상팀이 16개가 될 가능성이 있으므로 반드시 15개 이하가 아니다.

ㄷ. (O) 2020년 응모인원의 부문별 구성비가 2023년과 동일하다면 2023년 응모인원의 구성비는 초등부가 31.9%, 중등부가 28.4%, 고등부가 39.7%이다. 2020년 응모인원은 786명이므로 2020년 중등부 응모인원은 786 × 0.284 ≒ 223명으로 200명 이상이다.

ㄹ. (X) 2024년부터 매년 응모인원이 전년 대비 30%씩 증가한다면, 2024년은 1,572 × 1.3 ≒ 2,044명, 2025년은 2,657명으로 응모인원이 2019년 820명의 3배인 2,460명을 처음 초과하는 해는 2026년이 아니라 2025년이다.

⏱ 빠른 문제 풀이 Tip

ㄱ. 초등부가 유일하게 0.15를 초과한다.

ㄷ. 비례식을 구성하면 1,572:446=786:X이므로 X가 200명 이상인지 판단하면 된다. 1,572가 786의 2배이므로 X는 446의 절반인 223명이라는 것을 쉽게 판단할 수 있다.

[정답] ②

15

다음 〈표〉는 '갑'국의 빈집 철거 및 활용을 위한 빈집정비기준이고, 〈그림〉은 '갑'국의 '가'~'자' 구역 및 빈집의 정보에 관한 자료이다. 이에 대한 설명으로 옳은 것은?

〈표 1〉 빈집 철거 및 활용을 위한 빈집정비기준

구역 종류	항목		철거	활용
	공가기간	건축물 연령		
일반구역	20년 이하	건축구조의 사용연한 이하	불가능	가능
		건축구조의 사용연한 초과	가능	불가능
	20년 초과	–	가능	불가능
정비구역	–	–	불가능	불가능

※ 1) 공가기간: 빈집이 된 이후부터 현재까지의 기간
2) 건축물 연령: 건축물의 완공부터 현재까지의 기간
3) '–'는 해당 항목을 고려하지 않음을 의미함.

〈표 2〉 건축구조별 사용연한

건축구조	사용연한
목구조	20년
조적조	30년
철골구조	40년

〈그림〉 '가'~'자' 구역 및 빈집의 정보

※ 각 구역에는 빈집이 1개씩만 존재함.

① 철거가 가능한 빈집은 3개이다.
② '가', '바', '사' 구역의 빈집은 철거가 가능하다.
③ '다' 구역의 빈집은 활용이 불가능하다.
④ 활용이 가능한 빈집은 4개이다.
⑤ '마' 구역의 빈집은 철거가 가능하다.

📝 문제풀이

15 조건판단형   난이도 ★★★☆☆

〈표 1〉의 구조를 통해 철거가 가능한 구역은 활용이 불가능하고 활용이 가능한 구역은 철거가 불가능함을 파악할 수 있다. 또한 정비구역은 둘 다 불가능하므로 먼저 가, 바, 사 구역은 철거와 활용 둘 다 불가능한 구역이다.(선택지 ②번 제거). 따라서 위 3개 구역을 제외한 나머지 구역은 철거 또는 활용이 가능한 구역이므로 먼저 활용이 가능한 구역부터 검토한다. 공가기간이 20년 이하이면서 건축물 연령이 건축구조의 사용연한 이하인 구역은 나(20년 ≥ 10년 초과 20년 이하), 다(40년 ≥ 20년 초과 30년 이하), 마(40년 ≥ 10년 이하), 아(30년 ≥ 10년 초과 20년 이하)로 4개 구역의 빈집이 활용 가능하다. 나머지 구역은 철거가 가능한 구역이므로 공가기간이 20년 이하이면서 건축물 연령이 건축구조의 사용연한 초과인 구역은 라(30년 < 30년 초과), 자(20년 < 30년 초과)로 2개 구역의 빈집이다.

① (X) 철거가 가능한 빈집은 라, 자 구역의 2개이다.

② (X) '가', '바', '사' 구역의 빈집은 철거가 불가능하다.

③ (X) '다' 구역의 빈집은 활용이 가능하다.

④ (O) 활용이 가능한 빈집은 나, 다, 마, 아 4개이다.

⑤ (X) '마' 구역의 빈집은 철거가 불가능하다. 활용만 가능한 빈집이다.

⏱️ 빠른 문제 풀이 Tip

정비구역으로 철거와 활용이 둘 다 불가능한 사 지역을 제외하면 공가기간은 모든 구역에서 20년 이하이므로 건축물 연령이 건축구조의 사용연한 이하라면 활용이 가능, 사용연한 초과라면 철거가 가능하다는 단일기준으로 판단한다.

[정답] ④

16

다음 〈표〉와 〈정보〉는 '갑'회사의 승진후보자별 2021~2023년 근무성적점수 및 승진대상자 선정에 관한 자료이다. 이에 대한 〈보기〉의 설명 중 옳은 것만을 모두 고르면?

〈표 1〉 승진후보자별 2021~2023년 근무성적점수

(단위: 점)

연도 승진후보자	2023	2022	2021
정숙	85	65	65
윤호	70	85	75
찬희	75	75	65
상용	80	60	65

〈표 2〉 평가방법별 2021~2023년 가중치

연도 평가방법	2023	2022	2021
A	0.5	0.3	0.2
B	0.6	0.4	0.0
C	1.0	0.0	0.0

※ 평가방법별 가중치 합은 1.0임.

─〈정 보〉─
○ 평정점수는 2021~2023년 근무성적점수에 해당연도의 가중치를 곱한 값의 합임.
○ 평정점수가 가장 높은 승진후보자만 승진대상자로 선정함.

─〈보 기〉─
ㄱ. 모든 승진후보자의 평정점수는 평가방법 A를 적용할 때보다 평가방법 B를 적용할 때가 더 높다.
ㄴ. 평가방법 A를 적용할 때와 평가방법 C를 적용할 때의 승진대상자는 같다.
ㄷ. '상용'의 2023년 근무성적점수만 90점으로 변경된다면, 평가방법 A~C 중 어떤 평가방법을 적용하더라도 '상용'이 승진대상자가 된다.

① ㄱ
② ㄷ
③ ㄱ, ㄴ
④ ㄱ, ㄷ
⑤ ㄴ, ㄷ

📝 문제풀이

16 조건판단형

난이도 ★★★★☆

각 평가방법별 가중치를 고려한 평정점수의 합은 아래 표와 같다.

A	2023	2022	2021	합
정숙	42.5	19.5	13	75
윤호	35	25.5	15	75.5
찬희	37.5	22.5	13	73
상용	40	18	13	71
B	2023	2022	2021	합
정숙	51	26	0	77
윤호	42	34	0	76
찬희	45	30	0	75
상용	48	24	0	72
C	2023	2022	2021	합
정숙	85	0	0	85
윤호	70	0	0	70
찬희	75	0	0	75
상용	80	0	0	80

ㄱ. (O) 위 표에서 확인할 수 있듯이 모든 승진후보자의 평정점수는 평가방법 A를 적용할 때보다 평가방법 B를 적용할 때가 더 높다.

ㄴ. (X) 평가방법 A를 적용할 때의 승진대상자는 윤호지만 평가방법 C를 적용할 때의 승진대상자는 정숙으로 서로 다르다.

ㄷ. (O) '상용'의 2023년 근무성적점수만 90점으로 변경된다면, 상용의 평정점수는 평가방법 A의 경우 76점, B의 경우 78점, C의 경우 90점으로 가장 높다. 따라서 A~C 중 어떤 평가방법을 적용하더라도 '상용'이 승진대상자가 된다.

⏱ 빠른 문제 풀이 Tip

ㄱ. B의 가중치 구조는 A의 2021년 가중치 0.2가 각각 0.1씩 2022년과 2023년에 더해진 것과 같으므로 실제로 해당 보기를 판단할 때 각 승진후보자의 21년 점수보다 22년과 23년 점수의 평균이 더 높은지 확인한다.

ㄴ. 평균개념을 적용하여 A를 판단한다면 먼저 22:21의 가중치를 3:2로 두고 가중평균으로 도출한 값을 토대로 23:(22+21)=5:5의 산술평균을 적용하여 도출할 수도 있다. 정리한 값은 아래와 같다.

A평가방법	23	22+21	합
정숙	85	65	75
윤호	70	81	75.5
찬희	75	71	73
상용	80	62	71

[정답] ④

17

다음 〈표〉는 2021~2023년 '갑'국 공무원의 교육방법별 교육시간에 관한 자료이다. 〈표〉와 〈정보〉에 근거하여 A~C에 해당하는 교육방법을 바르게 연결한 것은?

〈표〉 2021~2023년 '갑'국 공무원의 교육방법별 교육시간

(단위: 시간)

연도 교육방법	2021	2022	2023
A	671	1,106	557
B	3,822	2,614	2,394
C	717	204	191
D	392	489	559
사례연구	607	340	385
세미나	80	132	391
역할연기	864	713	97
전체	7,153	5,598	4,574

※ 교육방법은 '강의', '분임토의', '사례연구', '세미나', '실습', '역할연기', '현장체험' 중 1개로만 구분됨.

〈정 보〉

○ 매년 교육시간이 감소하는 교육방법은 '강의', '실습', '역할연기'이다.
○ 2023년 전체 교육시간 중 교육방법별 교육시간 비중이 전년 대비 감소한 교육방법은 '분임토의'와 '역할연기'이다.
○ 2023년 교육시간의 전년 대비 감소율이 세 번째로 큰 교육방법은 '실습'이다.

	A	B	C
①	강의	실습	현장체험
②	분임토의	강의	실습
③	분임토의	실습	강의
④	실습	강의	현장체험
⑤	현장체험	강의	실습

📑 **문제풀이**

17 매칭형   난이도 ★★☆☆☆

○ 세 번째 정보에서 2023년 교육시간의 전년 대비 감소율이 세 번째로 큰 교육방법은 '실습'이라고 하였으므로 감소율이 가장 큰 것부터 도출하면 역할연기(−86.4%), A(−49.6%), B(−8.4%), C(−6.4%)순이다. 따라서 '실습'은 B가 된다.(선택지 ②, ④, ⑤제거)

○ 첫 번째 정보에서 매년 교육시간이 감소하는 교육방법은 '강의', '실습', '역할연기'라고 하였고 실습은 B, 역할연기는 주어진 항목이므로 매년 감소하는 C가 강의이다.(선택지 ① 제거)

⏱ **빠른 문제 풀이 Tip**

순서를 알려주는 세 번째 정보부터 검토해야 한다. 또한 세 번째 정보에서는 검토해야 하는 항목을 A~D 네 가지로 한정하지 않았기 때문에 사례연구, 세미나, 역할연기까지 포함한 전체 교육방법 중 감소율 순서를 판단해야 한다.

[정답] ③

18

다음 〈표〉는 2022년 '갑'국 A전력회사의 월별 및 용도별 전력판매 단가에 관한 자료이다. 이에 대한 설명으로 옳지 않은 것은?

〈표〉 2022년 A전력회사의 월별 및 용도별 전력판매 단가

(단위: 원/kWh)

용도 월	주택	일반	교육	산업	농사	가로등	심야
1	119.1	134.2	97.9	113.8	48.2	108.1	75.3
2	118.9	131.7	101.4	115.5	48.1	113.2	75.3
3	109.3	122.6	98.5	95.2	48.8	114.3	66.9
4	112.9	119.4	95.7	100.7	52.3	121.3	57.9
5	112.2	124.4	99.0	100.9	56.0	128.9	63.6
6	115.0	139.3	118.7	122.0	54.5	132.6	66.9
7	127.1	154.4	127.3	129.8	60.7	137.6	76.3
8	129.6	151.8	133.6	130.7	59.9	133.4	77.8
9	122.3	137.5	117.3	109.6	60.4	129.8	74.7
10	123.0	133.7	110.8	117.9	65.6	127.4	74.3
11	129.0	154.5	125.2	145.1	64.1	128.9	83.3
12	131.9	158.1	118.1	143.0	68.4	125.9	94.3

※ 전력판매 용도는 제시된 7가지로만 구분됨.

① 7~12월 전력판매 단가는 '농사'가 매월 가장 낮고, '일반'이 매월 가장 높다.

② 2월 '심야' 전력판매 단가는 2월 '주택' 전력판매 단가의 60% 이상이다.

③ 전력판매 단가의 전월 대비 증가율은 11월 '교육'이 4월 '가로등'의 2배 이상이다.

④ 전력판매 단가는 매월 '주택'이 '농사'의 1.5배 이상이다.

⑤ 7~12월 '교육' 전력판매 단가와 '산업' 전력판매 단가의 전월 대비 증감 방향은 동일하다.

📝 문제풀이

18 분수 비교형
난이도 ★★☆☆☆

① (O) 7~12월 전력판매 단가는 '농사'가 매월 유일하게 70미만으로 가장 낮고, '일반'이 유일하게 7, 8, 11, 12에는 150이상으로, 9, 10에는 130이상으로 매월 가장 높다.

② (O) 2월 '심야' 전력판매 단가 75.3은 2월 '주택' 전력판매 단가 118.9의 60%인 71.3 이상이다.

③ (O) 전력판매 단가의 전월 대비 증가율은 11월 '교육' 14.4/110.8 ≒ 13.0%가 4월 '가로등' 7.0/114.3 ≒ 6.1%의 2배 이상이다.

④ (O) 전력판매 단가는 매월 '주택'이 '농사'의 1.5배 이상이다.

⑤ (X) 9월 대비 10월의 '교육' 전력판매 단가는 감소하였지만 '산업' 전력판매 단가는 증가하였다. 따라서 7~12월 '교육' 전력판매 단가와 '산업' 전력판매 단가의 전월 대비 증감 방향은 동일하지 않다.

⏱ 빠른 문제 풀이 Tip

② 주택의 크기를 대략 120으로 하면 60%는 72이므로 심야 75.3이 이보다 크기 때문에 옳은 선택지임을 쉽게 판단할 수 있다.

③ 유효숫자로 식을 구성하면 (7/114) × 2 ≤ 14/1110이므로 쉽게 판단할 수 있다.

④ 1~12월 전력판매 단가 중 '주택'의 최솟값은 3월의 109.3이고 '농사'의 최댓값은 12월의 68.4이다. 109.3은 68.4의 1.5배 이상이므로 매월 1.5배 이상이라고 판단할 수 있다.

[정답] ⑤

19

다음 〈표〉는 A~D지방자치단체의 재정 현황에 관한 자료이다. 이에 대한 〈보기〉의 설명 중 옳은 것만을 모두 고르면?

〈표〉 지방자치단체별 재정 현황

(단위: 억 원, %)

구분 지방자치단체	자체 수입	자주 재원	세입 총계	재정 자립도	재정 자주도
A	5,188	1,240	9,966	( )	( )
B	2,792	( )	10,080	27.70	69.67
C	1,444	3,371	6,754	21.38	( )
D	2,176	4,143	9,696	22.44	65.17

※ 1) 재정자립도(%)= $\frac{자체수입}{세입총계}$ ×100

2) 재정자주도(%)= $\frac{자체수입+자주재원}{세입총계}$ ×100

3) 세입총계＝자체수입＋자주재원＋기타

―〈보 기〉―

ㄱ. 재정자주도는 A가 C보다 높다.
ㄴ. 세입총계에서 자주재원이 차지하는 비중은 A가 B보다 작다.
ㄷ. C는 D보다 재정자립도는 낮고 재정자주도는 높다.
ㄹ. 자주재원은 D가 가장 많다.

① ㄱ, ㄴ
② ㄴ, ㄷ
③ ㄷ, ㄹ
④ ㄱ, ㄴ, ㄹ
⑤ ㄴ, ㄷ, ㄹ

📝 문제풀이

19 각주판단형 　　　　　　　　　　난이도 ★★★☆☆

각주의 식을 토대로 빈칸을 채우면 다음과 같다.

구분 지방자치단체	자체 수입	자주 재원	세입 총계	재정 자립도	재정 자주도
A	5,188	1,240	9,966	52.06	64.50
B	2,792	4,231	10,080	27.70	69.67
C	1,444	3,371	6,754	21.38	71.29
D	2,176	4,143	9,696	22.44	65.17

ㄱ. (X) 재정자주도는 A가 64.50%로 C의 71.29%보다 낮다.

ㄴ. (O) 세입총계에서 자주재원이 차지하는 비중은 A가 1,240/9,966≒12.4%로 B의 4,231/10,080≒42.0%보다 작다.

ㄷ. (O) C는 D보다 재정자립도는 낮고 재정자주도는 71.29%로 65.17%보다 높다.

ㄹ. (X) 자주재원은 D가 4,143억 원으로 B의 4,231억 원보다 적기 때문에 가장 많지 않다.

⏱ 빠른 문제 풀이 Tip

ㄱ. 재정자주도 식을 유효수치로 구성하면 A는 640/1,000으로 70% 미만, C는 480/675로 70% 이상이다.

ㄴ, ㄹ. B의 자주재원을 구체적으로 구하지 않고 판단할 수 있다. 즉 B의 세입총계가 10,080으로 10,000보다 크기 때문에 여기서 자체수입 2,792가 차지하는 비중인 재정자립도는 27.700이다. 분모가 10000보다 크기 때문에 당연하게도 자체수입과 재정자립도의 네 자리 숫자를 비교하면 2792＞27700이다. 따라서 재정자주도가 69.67%이므로 자체수입과 자주재원의 합은 6,967보다 크다는 것을 알 수 있고 여기서 자체수입 2,792를 빼면 자주재원은 6,967－2,792＝4,175보다 크다는 것을 알 수 있다.

[정답] ②

20

다음 〈표〉는 2023년 '갑'국 8개 도시(A~H)의 상수도 관련 자료이다. 이에 대한 설명으로 옳지 않은 것은?

〈표〉 '갑'국 A~H도시의 상수도 통계

(단위: %)

도시	유수율	무수율	누수율	계량기 불감수율	수도사업 용수량 비율
A	94.2	5.8	5.4	0.1	0.0
B	91.6	8.4	3.6	4.5	0.3
C	90.1	9.9	4.5	2.3	0.1
D	93.4	6.6	4.3	2.0	0.1
E	93.8	6.2	4.2	1.9	0.1
F	92.2	7.8	5.1	2.6	0.1
G	90.9	9.1	5.1	3.8	0.1
H	94.6	5.4	2.6	2.3	0.2

※ 1) 무수율 = 누수율 + 유효무수율
 2) 유효무수율 = 계량기 불감수율 + 수도사업 용수량 비율 + 부정사용률

① 유효무수율이 가장 낮은 도시는 누수율이 가장 높다.

② 유수율이 가장 낮은 도시의 부정사용률은 유수율이 세 번째로 높은 도시의 부정사용률보다 높다.

③ 무수율과 부정사용률의 차이가 가장 큰 도시는 G이다.

④ 계량기 불감수율이 가장 높은 도시는 유효무수율도 가장 높다.

⑤ 부정사용률이 가장 높은 도시는 무수율도 가장 높다.

📝 문제풀이

20 각주판단형   난이도 ★★★☆☆

각주의 식을 통해 유효무수율과 부정사용률을 도출하면 아래 표와 같다.

도시	유수율	무수율	누수율	계량기 불감수율	수도사업 용수량 비율	유효 무수율	부정 사용률
A	94.2	5.8	5.4	0.1	0.0	0.4	0.3
B	91.6	8.4	3.6	4.5	0.3	4.8	0.0
C	90.1	9.9	4.5	2.3	0.1	5.4	3.0
D	93.4	6.6	4.3	2.0	0.1	2.3	0.2
E	93.8	6.2	4.2	1.9	0.1	2.0	0.0
F	92.2	7.8	5.1	2.6	0.1	2.7	0.0
G	90.9	9.1	5.1	3.8	0.1	4.0	0.1
H	94.6	5.4	2.6	2.3	0.2	2.8	0.3

① (O) 유효무수율은 A가 0.4%로 가장 낮은 도시지만 누수율은 5.4%로 가장 높다.

② (O) 유수율이 가장 낮은 도시는 90.1%인 C이고 부정사용률은 3.0%이다. 유수율이 세 번째로 높은 도시는 93.8%인 E이고 부정사용률은 0%이다. 따라서 전자는 후자보다 높다.

③ (O) 무수율과 부정사용률의 차이는 G가 9.0%로 가장 높다.

④ (X) 계량기 불감수율은 B가 4.5%로 가장 높은 도시지만 유효무수율은 4.8%로 C의 5.4%보다 낮다.

⑤ (O) 부정사용률은 C가 3.0%로 가장 높은 도시이고 무수율도 9.9%로 가장 높다.

⏱ 빠른 문제 풀이 Tip
③ 무수율과 부정사용률의 차이를 정리하면 누수율 + 계량기 불감수율 + 수도사업 용수량 비율의 합이다.

[정답] ④

21

다음 〈표〉는 2023년 '갑'국의 농산물 가공식품 품목별 수입 현황에 관한 자료이다. 〈표〉와 〈조건〉에 근거하여 A~C에 해당하는 농산물 가공식품을 바르게 연결한 것은?

〈표〉 2023년 '갑'국의 농산물 가공식품 품목별 수입 현황

(단위: 톤, 원/kg, %)

품목	수입중량	수입단가	전년 대비 증가율
A	217	2,181	20.3
B	61	16,838	−16.1
C	2,634	1,174	24.1
D	43	1,479	−22.3
E	2,238	1,788	−37.0
김치	6,511	969	2.2
두부	86	3,848	8.4
밀가루	343	1,489	26.0

※ 1) A~E는 '간장', '고춧가루', '된장', '설탕', '식용유' 중 하나임.
2) 수입금액(천 원)＝수입중량(톤)×수입단가(원/kg)

〈조 건〉

○ 2023년 '간장'과 '고춧가루'의 수입중량 합은 '식용유' 수입중량의 15% 이하이다.
○ 2023년 수입금액이 가장 낮은 품목은 '된장'이다.
○ 2022년 수입단가가 2,000원/kg 이상인 품목은 '고춧가루', '두부', '식용유'이다.
○ 2023년 수입중량이 2,000톤 이상인 품목은 '김치', '설탕', '식용유'이다.

	A	B	C
①	간장	고춧가루	설탕
②	간장	고춧가루	식용유
③	간장	설탕	식용유
④	고춧가루	간장	식용유
⑤	된장	고춧가루	설탕

문제풀이

21 매칭형	난이도 ★★☆☆☆

○ 두 번째 조건에서 2023년 수입금액이 가장 낮은 품목은 '된장'이라고 하였으므로 217×2,181＝473,277인 A는 제외한다. 가장 낮은 품목은 43×1,479＝63,597인 D이다.(선택지 ⑤번 제거)

○ 세 번째 조건에서 2022년 수입단가가 2,000원/kg 이상인 품목은 '고춧가루', '두부', '식용유'라고 하였으므로 제시된 두부를 제외하면 '고춧가루', '식용유'는 16,838/0.839≒20,069인 B와 1,788/0.63≒2,838인 E이다. 따라서 C는 식용유가 될 수 없으므로 선택지 ②, ③, ④를 모두 제거하면 답은 ①번으로 쉽게 도출된다.

⏱ 빠른 문제 풀이 Tip

'가장' 키워드가 포함된 두 번째 조건을 1순위로 판단하고 출제 의도를 고려한다면 전년 대비 증가율을 고려해야 하는 세 번째 조건을 2순위로 판단한다.

[정답] ①

[22~23] 다음은 2022년 '갑'시 양육자의 양육 스트레스 및 정신 건강 문제 실태에 관한 자료이다. 다음 물음에 답하시오.

⟨표 1⟩ 양육자의 성별 및 연령대별 양육 스트레스

(단위: 점, %)

구분		양육 스트레스 점수	고위험군 비율
성별	여성	37.3	62.3
	남성	33.6	46.5
연령대	20대 이하	38.1	56.0
	30대	36.0	53.3
	40대	34.3	54.2
	50대 이상	35.1	51.8

⟨표 2⟩ 양육자의 정신건강 문제 유형별 발생 비율

(단위: %)

구분	유형	A	B	C	D
성별	여성	28.5	21.5	23.6	12.3
	남성	22.8	14.5	17.1	8.7
육아 참여 방식	육아 미참여	34.0	24.5	24.4	13.7
	양육자 혼자 육아 참여	33.3	22.2	24.0	15.3
	배우자와 함께 육아 참여	19.2	13.5	16.9	7.1
양육 스트레스 위험 수준	저위험군	9.6	4.2	8.1	3.1
	고위험군	39.0	29.3	30.3	16.5

⟨보고서⟩

2022년 '갑'시에 거주하는 양육자를 대상으로 양육 스트레스 및 정신건강 문제 실태를 조사하였다. 양육자의 성별에 따른 양 육 스트레스를 살펴본 결과, 여성의 양육 스트레스 점수가 남성 의 양육 스트레스 점수보다 높은 것으로 나타났다. 다음으로 양 육자 연령대별로 양육 스트레스를 살펴본 결과, 20대 이하가 양 육 스트레스 점수와 고위험군 비율이 모두 가장 높았다. 자녀 연 령별 양육 스트레스 점수는 0~2세가 가장 높고, 3~6세, 7~9세 순이었다. 고위험군 비율 순위 역시 자녀의 연령별 양육 스트레 스 점수 순위와 같았다. 또한, 가구의 월평균 소득 구간이 200 만 원 미만인 양육자의 스트레스 점수가 40.5점으로 가장 높았 고, 고위험군 비율도 다른 소득 구간보다 25%p 이상 높은 것으 로 나타났다.

다음으로 '갑'시에 거주하는 양육자의 정신건강 문제를 4가지 유형으로 구분하여 조사한 결과를 살펴보면, 양육자 성별이나 육 아 참여 방식과 관계없이 모든 문제 유형 중 '섭식문제'의 발생 비 율이 가장 낮았다. 양육자 성별에 따른 정신건강 문제 발생 비율 차이는 '불면증'이 '우울'보다 컸다. 육아 참여 방식에 따라서는 '배우자와 함께 육아 참여'일 때, 모든 유형에서 정신건강 문제 발 생 비율이 가장 낮았다. 일례로 '우울' 발생 비율은 '배우자와 함 께 육아 참여'일 때가 '양육자 혼자 육아 참여'일 때보다 14.1%p 낮게 나타났다. 한편, 양육 스트레스 고위험군은 저위험군에 비 해 정신건강 문제 발생 비율이 높았는데, 그중 '불안'과 '섭식문 제'의 발생 비율은 각각 고위험군이 저위험군의 5배 이상이었다.

22

위 ⟨표⟩와 ⟨보고서⟩를 근거로 B와 C에 해당하는 정신건강 문제 유형을 바르게 연결한 것은?

	B	C
①	불면증	불안
②	불면증	우울
③	불안	불면증
④	불안	우울
⑤	우울	불면증

23

제시된 ⟨표⟩ 이외에 ⟨보고서⟩를 작성하기 위해 추가로 필요한 자료만을 ⟨보기⟩에서 모두 고르면?

─── ⟨보 기⟩ ───

ㄱ. 2022년 '갑'시 양육자의 자녀 연령별 양육 스트레스

구분	자녀 연령	0~2세	3~6세	7~9세
양육 스트레스 점수(점)		36.3	35.1	34.5
고위험군 비율(%)		58.3	52.4	50.7

ㄴ. 2022년 '갑'시 양육자의 가구 월평균 소득 구간별 양육 스트 레스

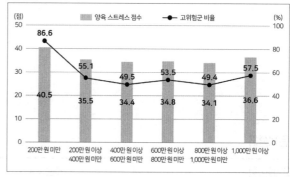

ㄷ. 2022년 '갑'시 양육자의 경제활동 여부별 양육 스트레스

구분 경제활동 여부	양육 스트레스 점수(점)	고위험군 비율(%)
양육자 모두 경제활동	34.9	53.1
남성 양육자만 경제활동	35.4	53.4
여성 양육자만 경제활동	36.4	54.9
양육자 모두 비경제활동	46.0	100

ㄹ. 2022년 '갑'시 양육자의 자녀수별 양육 스트레스 점수

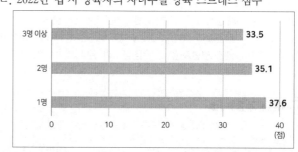

① ㄱ, ㄴ ② ㄱ, ㄷ ③ ㄷ, ㄹ

④ ㄱ, ㄴ, ㄹ ⑤ ㄴ, ㄷ, ㄹ

22 매칭형   난이도 ★★☆☆☆

두 번째 문단 첫 번째 문장에서 '~, 양육자 성별이나 육아 참여 방식과 관계 없이 모든 문제 유형 중 '섭식문제'의 발생 비율이 가장 낮았다.'고 하였으므로 〈표 2〉에서 섭식은 D임을 확인할 수 있다.

두 번째 문단 다섯 번째 문장에서 '한편, 양육 스트레스 고위험군은 저위험군에 비해 정신건강 문제 발생 비율이 높았는데, 그중 '불안'과 '섭식문제'의 발생 비율은 각각 고위험군이 저위험군의 5배 이상이었다.'고 하였으므로 섭식인 D를 제외하면 고위험군이 저위험군의 5배 이상인 항목은 B(4.2 × 5 ≤ 29.3)이다. 따라서 '불안'은 B가 된다.(선택지 ①, ②, ⑤번 제거)

두 번째 문단 두 번째 문장에서 '양육자 성별에 따른 정신건강 문제 발생 비율 차이는 '불면증'이 '우울'보다 컸다.'고 하였으므로 C(23.6−17.1=6.5) > A(28.5−22.8=5.7)이기 때문에 '불면증'은 C, '우울'은 A가 된다. 따라서 정답은 ③번이다.

⏱ 빠른 문제 풀이 Tip

A~D 중 B, C를 고르는 매칭형 문제이므로 정신건강 문제 유형을 서술하고 있는 두 번째 문단을 검토해야 하며 키워드 '가장'이 포함된 첫 번째 문장에서 '섭식'을 확인한 후 '섭식'이 포함된 마지막 문장 순으로 판단하면 시간을 줄일 수 있다.

[정답] ③

📝 문제풀이

23 보고서 검토·확인형   난이도 ★☆☆☆☆

ㄱ. 보고서 첫 번째 문단 네 번째 문장에서 '자녀 연령별 양육 스트레스 점수는 0~2세가 가장 높고, 3~6세, 7~9세 순이었다. 고위험군 비율 순위 역시 자녀의 연령별 양육 스트레스 점수 순위와 같았다.'고 하였으므로 [2022년 '갑'시 양육자의 자녀 연령별 양육 스트레스] 자료가 추가로 필요하다.

ㄴ. 보고서 첫 번째 문단 다섯 번째 문장에서 '또한, 가구의 월평균 소득 구간이 200만 원 미만인 양육자의 스트레스 점수가 40.5점으로 가장 높았고, 고위험군 비율도 다른 소득 구간보다 25%p 이상 높은 것으로 나타났다.'고 하였으므로 [2022년 '갑'시 양육자의 가구 월평균 소득 구간별 양육 스트레스] 자료가 추가로 필요하다.

⏱ 빠른 문제 풀이 Tip

22번 문제와 반대로 ㄱ~ㄹ 보기 모두 제목에서 '양육 스트레스'를 포함하고 있으므로 첫 번째 문단을 중심으로 검토한다.

[정답] ①

24

다음 〈보고서〉는 2016~2022년 '갑'국의 지주회사 및 소속회사에 관한 자료이다. 〈보기〉의 자료 중 〈보고서〉의 내용에 부합하는 것만을 모두 고르면?

― 〈보고서〉 ―

　지주회사는 주식의 소유를 통하여 다른 회사의 사업활동을 지배하는 것을 주된 사업으로 하는 회사이다. 지주회사 체제란 지주회사가 수직적 출자를 통해 계열사를 소속회사(자, 손자, 증손회사)로 편입하여 지배하는 소유구조를 의미한다.

　'갑'국의 지주회사 자산요건이 2017년에 상향됨에 따라 2018년 이후 지주회사 수는 2017년 지주회사 수의 90% 이하를 유지하고 있다. 하지만 2022년 지주회사 수는 168개로 전년 대비 증가하였다. 편입률은 지주회사 전체 계열사 중 지주회사 체제 안에 편입되어 있는 계열사 비율을 나타내는데, 2018년 80%를 초과하였고 2019년 이후 70% 이상을 유지하고 있다. 2022년에는 지주회사의 전체 계열사 1,281개 중 915개가 지주회사 체제 안에 편입되어 있는 것으로 나타났고, 편입률은 전년 대비 증가하였다.

　지주회사의 평균 소속회사 수 추이를 보면, 자, 손자, 증손 회사 각각 2017년 이후 매년 증가하였다. 특히, 2022년에는 전체 소속회사 수가 200개 이상 증가하였다.

　자산규모별로 보면 2022년 자산규모 1천억 원 이상 5천억 원 미만인 지주회사 수는 2017년 대비 30% 이상 감소한 반면, 5천억 원 이상인 지주회사 수는 30% 이상 증가하였다.

― 〈보 기〉 ―

ㄱ. 연도별 지주회사 수

ㄴ. 지주회사의 평균 소속회사 수 추이

(단위: 개)

연도 구분	2016	2017	2018	2019	2020	2021	2022
자	4.9	4.8	5.0	5.3	5.4	5.5	5.8
손자	5.0	4.8	5.2	5.6	5.9	6.2	6.9
증손	0.5	0.6	0.5	0.5	0.8	0.7	0.8
전체	10.4	10.2	10.7	11.4	12.1	12.4	13.5

ㄷ. 연도별 지주회사 편입률

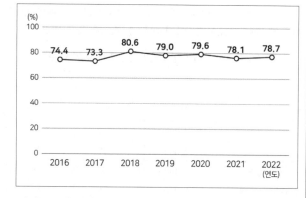

ㄹ. 자산규모별 지주회사 수

(단위: 개)

연도 자산규모	2016	2017	2018	2019	2020	2021	2022
1천억 원 미만	64	84	79	76	78	76	86
1천억 원 이상 5천억 원 미만	88	97	82	83	74	72	66
5천억 원 이상	10	12	12	14	15	16	16

① ㄱ, ㄴ
② ㄱ, ㄷ
③ ㄱ, ㄹ
④ ㄴ, ㄷ
⑤ ㄴ, ㄹ

📝 문제풀이

24 분수 비교형
난이도 ★★★☆☆

ㄴ. (X) 세 번째 문단 첫 번째 문장에서 '지주회사의 평균 소속회사 수 추이를 보면, 자, 손자, 증손 회사 각각 2017년 이후 매년 증가하였다.'고 하였는데 증손의 경우에는 2017년 0.6개에서 2018년 0.5개로 감소하고 있다.

ㄷ. (X) 두 번째 문단 네 번째 문장에서 '2022년에는 지주회사의 전체 계열사 1,281개 중 915개가 지주회사 체제 안에 편입되어 있는 것으로 나타났고, 편입률은 전년 대비 증가하였다.'고 하였는데 2022년 915/1,287 ≒ 71.1%이므로 78.7%가 아니다.

⏱ 빠른 문제 풀이 Tip

보고서 부합형이므로 역순으로 판단한다. ㄹ을 먼저 검토한 다음 비교적 판단하기 쉬운 ㄱ을 검토한다면 답 도출 시간을 단축할 수 있다.

[정답] ③

25

다음 〈표〉는 2023년 '갑'국 9개 콘텐츠 공모전의 상금총액 및 작품 현황에 관한 자료이다. 이에 대한 설명으로 옳은 것은?

〈표〉 '갑'국 9개 콘텐츠 공모전의 상금총액 및 작품 현황

(단위: 만 원, 개)

구분 공모전	상금총액	응모작품 수	수상작품 수
청렴사회	4,980	1,507	50
평화통일	4,500	177	21
평화정책	3,400	368	65
문화 다양성	2,000	79	13
문화체험 메타버스	1,200	97	10
장애인 고용	1,100	134	14
평등가족 실천	850	155	21
적극행정 홍보	730	151	15
문화재 재난안전	670	118	12
전체	19,430	2,786	221

※ 수상률(%)= $\dfrac{수상작품 수}{응모작품 수} \times 100$

① 수상작품 수가 50개 미만인 공모전은 상금총액이 많을수록 수상작품 수도 많다.
② 수상률이 가장 높은 공모전은 '문화 다양성'이다.
③ 공모전 전체 상금총액 중 '평화통일' 상금총액이 차지하는 비중은 25% 이상이다.
④ 상금총액 대비 응모작품 수 비율이 두 번째로 높은 공모전의 수상작품 수는 20개 이상이다.
⑤ 수상률 하위 2개 공모전의 상금총액 합은 6,000만 원 이하이다.

문제풀이

25 분수 비교형
난이도 ★★★☆☆

① (X) 수상작품 수가 50개 미만인 공모전은 '청렴사회'와 '평화정책'을 제외한 나머지 공모전이다. '문화체험 메타버스'와 '장애인 고용'을 비교하면 상금총액은 '문화체험 메타버스'가 더 많지만 수상작품 수는 '장애인 고용'이 더 많다. 따라서 상금총액이 많을수록 수상작품 수가 많지 않다.

② (X) '문화 다양성'의 수상률은 13/79 ≒ 16.5%지만 '평화정책'의 수상률은 65/368 ≒ 17.7%로 더 높다. 따라서 수상률이 가장 높은 공모전은 '문화 다양성'이 아니다.

③ (X) 공모전 전체 상금총액 중 '평화통일' 상금총액이 차지하는 비중 4,500/19,430 ≒ 23.2%는 25% 이상이 아니다.

④ (X) 상금총액 대비 응모작품 수 비율은 '청렴사회'가 0.30으로 가장 높고 '적극행정 홍보'가 0.21로 두 번째로 높다. '적극행정 홍보'의 수상작품 수는 15개로 20개 이상이 아니다.

⑤ (O) 수상률 하위 2개 공모전은 '청렴사회(3.3%)'와 '적극행정 홍보(9.9%)'이다. 이 2개 공모전의 상금총액 합은 4,980+730=5,710만 원으로 6,000만 원 이하이다.

⏱ 빠른 문제 풀이 Tip

② 수상률의 분자인 수상작품 수는 '평화정책' 65개가 '문화 다양성' 13개의 5배지만 수상률의 분모인 응모작품 수는 '평화정책' 368개가 '문화 다양성' 79개의 5배 미만이므로 분수비교로 쉽게 판단 가능하다.
③ 전체 19,430만 원이 '평화통일' 4,500의 4배인 18,000만 원 이하인지 확인한다.
④ 상금총액 대비 응모작품 수 비율은 '청렴사회'가 유일하게 0.3 이상으로 가장 높고 '적극행정 홍보'가 유일하게 0.2~0.3으로 두 번째임을 어렵지 않게 판단할 수 있다.
⑤ 수상률이 10%미만인 공모전은 '청렴사회(3.3%)'와 '적극행정 홍보(9.9%)'로 유일하다.

[정답] ⑤

26

다음 〈표〉는 2017~2022년 원인별 연안사고 건수에 관한 자료이다. 〈표〉를 이용하여 작성한 〈보기〉의 자료 중 옳은 것만을 모두 고르면?

〈표〉 2017~2022년 원인별 연안사고 건수

(단위: 건)

연도 원인	2017	2018	2019	2020	2021	2022
기상불량	20	32	25	14	18	20
부주의	340	391	411	322	426	342
수영미숙	35	39	25	11	21	19
안전미준수	44	46	28	20	13	6
음주	91	108	79	89	79	72
조석미인지	114	100	105	83	90	72
기타	54	43	48	63	70	44
전체	698	759	721	602	717	575

〈보 기〉

ㄱ. 연도별 부주의 및 조석미인지로 인한 연안사고 건수

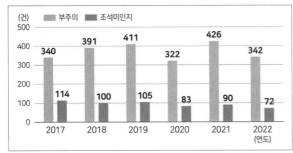

ㄴ. 연도별 전체 연안사고 건수 중 음주로 인한 연안사고 건수 비중

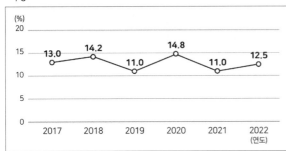

ㄷ. 2021년 연안사고 건수의 원인별 구성비

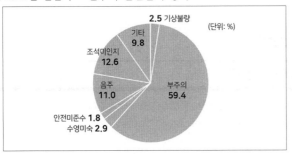

ㄹ. 2020~2022년 조석미인지 및 안전미준수로 인한 연안사고 건수의 전년 대비 증가율

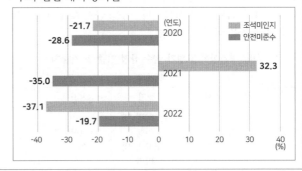

① ㄱ, ㄴ
② ㄱ, ㄷ
③ ㄱ, ㄴ, ㄷ
④ ㄱ, ㄷ, ㄹ
⑤ ㄴ, ㄷ, ㄹ

📝 **문제풀이**

26 표-차트 변환형

난이도 ★★★☆☆

ㄹ. (X) '조석미인지'의 2020년 대비 2021년 증가율은 83에서 90으로 7증가했으므로 10% 미만이지만 그래프에서는 32.3% 증가율로 잘못 표시하고 있다. 실제로 ㄹ의 그래프는 '조석미인지' 대신 '부주의'를 그려 넣은 것이다.

[정답] ③

27

다음 〈표〉와 〈그림〉은 '갑'국제기구가 A~E국 농업기술센터 건립을 지원하기 위한 평가 자료이다. 이를 근거로 A~E 중 합산 점수가 가장 높은 국가를 고르면?

〈표〉 평가항목별 평가 점수 산정 기준 및 가중치

평가항목	평가 점수			가중치
	1점	2점	3점	
농업종사자 수	1,000만 명 미만	1,000만 명 이상 3,000만 명 미만	3,000만 명 이상	2
1인당 국내총생산	3,000달러 이상	1,000달러 이상 3,000달러 미만	1,000달러 미만	1
옥수수 경작면적당 생산량	3,000kg/ha 이상	1,000kg/ha 이상 3,000kg/ha 미만	1,000kg/ha 미만	3

※ 합산 점수는 평가항목별 평가 점수에 가중치를 곱한 값의 합임.

〈그림〉 A~E국의 위치 및 평가항목별 현황

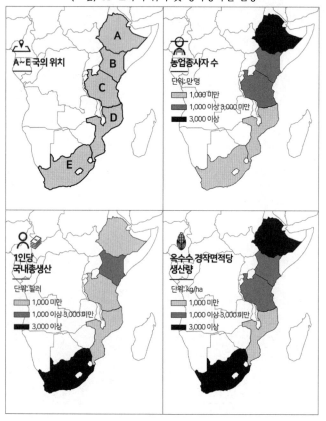

① A
② B
③ C
④ D
⑤ E

📝 **문제풀이**

27 단순판단형　　　　　　　　　　　　난이도 ★★★☆☆

가중치를 적용하여 합산점수를 도출하면 아래와 같다.

A=6+3+3=12점

B=4+2+6=12점

C=4+3+6=13점

D=2+3+9=14점

E=2+1+3=6점

따라서 가장 높은 국가는 D이다.

[정답] ④

[28~29] 다음 〈표〉는 2019~2023년 '갑'국의 과일 생산 현황에 관한 자료이다. 다음 물음에 답하시오.

〈표 1〉 연도별 과일 생산액

(단위: 십억 원)

연도 과일	2019	2020	2021	2022	2023
전체	2,529	2,843	4,100	4,159	4,453
6대 과일	2,401	2,697	3,810	3,777	3,858
사과	497	467	802	1,448	1,100
감귤	634	811	931	637	990
복숭아	185	200	410	456	601
포도	514	496	793	586	693
배	387	339	550	426	276
단감	184	384	324	224	198
기타	128	146	290	382	595

〈표 2〉 연도별 6대 과일 재배면적과 생산량

(단위: 천 ha, 천 톤)

6대 과일	구분	2019	2020	2021	2022	2023
사과	재배면적	29.1	26.9	31.0	31.6	31.6
	생산량	489	368	460	583	422
감귤	재배면적	26.8	21.5	21.1	21.3	21.1
	생산량	563	638	615	640	668
복숭아	재배면적	13.9	15.0	13.9	16.7	20.5
	생산량	170	224	135	154	173
포도	재배면적	29.2	22.1	17.6	15.4	13.2
	생산량	476	381	257	224	136
배	재배면적	26.2	21.7	16.2	12.7	9.1
	생산량	324	443	308	261	133
단감	재배면적	23.8	17.2	15.2	11.8	8.4
	생산량	227	236	154	158	88
합계	재배면적	149.0	124.4	115.0	109.5	103.9
	생산량	2,249	2,290	1,929	2,020	1,620

28

위 〈표〉에 대한 〈보기〉의 설명 중 옳은 것만을 모두 고르면?

〈보 기〉

ㄱ. 2022년 재배면적당 생산액은 복숭아가 감귤보다 많다.

ㄴ. 6대 과일 중 2021년 생산량의 전년 대비 증감률이 가장 큰 과일은 복숭아이다.

ㄷ. 6대 과일 생산액의 합에서 배의 생산액이 차지하는 비중이 10% 이상인 연도는 4개이다.

① ㄱ

② ㄴ

③ ㄷ

④ ㄱ, ㄴ

⑤ ㄴ, ㄷ

29

위 〈표〉를 이용하여 작성한 〈보기〉의 자료 중 옳은 것만을 모두 고르면?

〈보 기〉

ㄱ. 연도별 사과 재배면적당 생산량

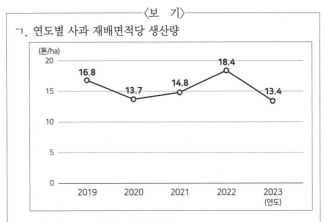

ㄴ. 연도별 감귤, 복숭아, 배 생산량

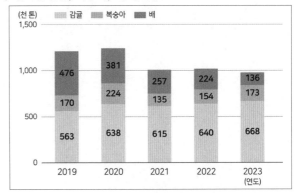

ㄷ. 2022년 전체 과일 생산액 중 과일별 생산액 비중

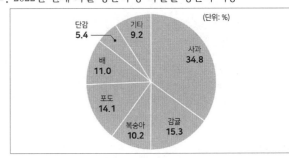

ㄹ. 연도별 포도와 단감의 재배면적

① ㄱ, ㄴ

② ㄱ, ㄹ

③ ㄴ, ㄷ

④ ㄴ, ㄹ

⑤ ㄷ, ㄹ

28 분수 비교형
난이도 ★★★☆☆

ㄱ. (X) 2022년 재배면적당 생산액은 복숭아 456/16.7 ≒ 27.3이 감귤 637/21.3 ≒ 29.9보다 적다.

ㄴ. (O) 6대 과일 중 2021년 생산량의 전년 대비 증감률은 25.0%인 사과, −3.6% 인 감귤, −39.7%인 복숭아, −32.5%인 포도, −30.5%인 배, −34.7%인 단감 중 가장 큰 과일은 복숭아이다.

ㄷ. (O) 6대 과일 생산액의 합에서 배의 생산액이 차지하는 비중이 10% 이상인 연도는 16.1%인 2019년, 12.6%인 2020년, 14.4%인 2021년, 11.3%인 2022년 으로 4개이다. 2023년은 7.2% 미만으로 10% 이상이 되지 못한다.

⏱ 빠른 문제 풀이 **Tip**

ㄱ. 유효숫자로 판단하면 복숭아는 456/167이고 감귤은 637/213이므로 3을 기준으로 판단한다.

ㄴ. 증감률은 복숭아가 약 40%로 가장 크다. 따라서 나머지 과일의 증감률 역시 40%를 기준으로 판단한다.

[정답] ⑤

29 표-차트 변환형
난이도 ★★☆☆☆

ㄴ. (X) 〈표 2〉를 참고하였을 때, 포도의 생산량을 배로 잘못 표시하였다.

ㄷ. (X) 〈표 1〉에서 2022년 복숭아는 456, 배는 426으로 복숭아가 배보다 생산 액이 더 많지만 그래프에서는 복숭아 10.2%, 배 11.0%로 복숭아보다 배의 비중이 더 크게 잘못 표시하였다.(비중이 서로 바뀌었다.)

[정답] ②

30

다음 〈표〉는 2022년 '갑'국에서 방영된 드라마 시청점유율 순위에 관한 자료이다. 이에 대한 〈보기〉의 설명 중 옳은 것만을 모두 고르면?

〈표〉 드라마 시청점유율 순위

(단위: %, 분)

순위	드라마	장르	시청점유율	1인당 시청시간	제작사
1	장수왕	사극	39.15	151	정림
2	하늘정원의 비밀	추리	11.10	54	신사제작
3	화성의 빛	SF	9.90	52	신사제작
4	기습	사극	4.20	78	폭풍
5	아이스	로맨스	3.60	89	퍼시픽
6	아프로디테	로맨스	2.90	45	신사제작
7	구름의 언덕	로맨스	2.50	34	퍼시픽
8	나만의 오렌지	로맨스	2.40	30	퍼시픽
9	함께 달리자	로맨스	2.30	26	폭풍
10	메피스토	액션	1.90	37	폭풍
⋮	⋮	⋮	⋮	⋮	⋮

※ 1) 시청점유율(%) = $\dfrac{\text{전체 시청자의 해당 드라마 시청시간 총합}}{\text{전체 시청자의 드라마 시청시간 총합}} \times 100$

2) 1인당 시청시간(분) = $\dfrac{\text{전체 시청자의 해당 드라마 시청시간 총합}}{\text{해당 드라마 시청자 수}}$

─── 〈보 기〉 ───

ㄱ. 장르가 '액션'인 드라마 시청점유율의 평균은 2% 이하이다.
ㄴ. 제작사가 '퍼시픽'인 드라마의 시청점유율 총합은 제작사가 '폭풍'인 드라마의 시청점유율 총합보다 높다.
ㄷ. 드라마 수는 21개 이상이다.
ㄹ. 5위 드라마의 시청자 수는 8위 드라마의 시청자 수보다 적다.

① ㄱ, ㄴ
② ㄱ, ㄷ
③ ㄴ, ㄷ
④ ㄴ, ㄹ
⑤ ㄱ, ㄷ, ㄹ

📑 문제풀이

30 각주판단형
난이도 ★★★☆☆

ㄱ. (O) 1~10위 중 장르가 '액션'인 드라마는 10위 '메피스토' 1개이고 시청점유율은 1.90%이므로 11위 이하에 장르가 '액션'인 드라마가 존재한다고 하더라도 시청점유율은 1.90% 미만이다. 따라서 장르가 '액션'인 드라마 시청점유율의 평균은 2% 이하이다.

ㄴ. (X) 1~10위 중 제작사가 '퍼시픽'인 드라마의 시청점유율 총합은 8.500이고 제작사가 '폭풍'인 드라마의 시청점유율 총합은 8.40으로 전자가 후자보다 높아 보이지만 11위 이하 드라마 중 시청점유율이 최대 1.90%미만인 드라마가 존재할 가능성이 있으므로 어느 제작사의 시청점유율 총합이 더 높은지는 판단할 수 없다.

ㄷ. (O) 1~10위 드라마의 시청점유율 합은 79.95%이므로 11위 이하 드라마의 시청점유율 합은 20.05%이다. 11위 드라마의 시청점유율이 1.90% 미만이므로 최대 1.90% 크기의 시청점유율을 갖는 드라마가 존재한다고 가정하면 20.05/1.90 ≒ 10.5, 즉 11개 이상의 드라마가 존재한다고 판단할 수 있다.(10개와 0.5의 시청점유율도 1개로 취급) 따라서 상위 10개의 드라마와 11위 이하 드라마의 최솟값인 11개를 포함하여 전체 드라마 수는 21개 이상이라고 판단할 수 있다.

ㄹ. (O) 시청점유율/1인당 시청시간은 '해당 드라마 시청자 수/전체 시청자의 드라마 시청시간 총합'이고 전체 시청자의 드라마 시청시간 총합은 주어진 수치는 아니지만 일정한 값이므로 시청자 수는 시청점유율/1인당 시청시간의 크기로 판단할 수 있다. 5위 드라마의 시청자 수 크기는 3.60/89 ≒ 0.040이고 8위 드라마의 시청자 수 크기는 2.40/30 = 0.080이므로 전자는 후자보다 적다.

⏱ 빠른 문제 풀이 Tip
ㄹ. 각주 1)의 식과 2)의 분자가 같은 점을 이용하여 식을 변형한 다음 판단한다.

[정답] ⑤

31

다음 〈표〉는 2016~2021년 '갑'국의 연금 가입 및 연금 계좌 보유 현황에 관한 자료이다. 이에 대한 〈보기〉의 설명 중 옳은 것만을 모두 고르면?

〈표〉 '갑'국의 연금 가입 및 연금 계좌 보유 현황

(단위: 천 명, 천 개, %)

연도	인구	연금 가입자 수	연금 계좌 수	가입률	중복 가입률
2016	31,523	21,754	30,265	69.0	27.0
2017	31,354	( )	( )	69.8	28.0
2018	31,183	22,296	31,432	71.5	( )
2019	30,915	( )	31,538	( )	30.0
2020	30,590	23,793	33,459	77.8	( )
2021	30,128	23,727	33,458	78.8	( )

※ 1) '갑'국 연금 가입자는 연금 계좌를 1개 또는 2개 보유함.
2) 연금 계좌 수: 해당연도 '갑'국 전체 연금 가입자가 보유한 연금 계좌 수의 합
3) 가입률(%) = $\dfrac{\text{연금 가입자 수}}{\text{인구}} \times 100$
4) 중복 가입률(%) = $\dfrac{\text{연금 계좌를 2개 보유한 연금 가입자 수}}{\text{인구}} \times 100$

─────〈보 기〉─────

ㄱ. 2017년 연금 계좌 수는 전년보다 증가하였다.
ㄴ. 2018년과 2019년의 중복 가입률 차이는 1%p 이상이다.
ㄷ. 2020년 연금 가입자 수는 전년 대비 5% 이상 증가하였다.
ㄹ. 2021년 중복 가입률은 전년보다 증가하였다.

─────────────────────

① ㄱ, ㄴ
② ㄱ, ㄷ
③ ㄴ, ㄹ
④ ㄱ, ㄷ, ㄹ
⑤ ㄴ, ㄷ, ㄹ

📝 문제풀이

31 각주판단형

난이도 ★★★☆☆

각주의 식을 분석하여 빈칸을 채우면 아래와 같다.

연도	인구	연금 가입자 수	연금 계좌 수	가입률	중복 가입률
2016	31,523	21,754	30,265	69.0	27.0
2017	31,354	21,885	30,664	69.8	28.0
2018	31,183	22,296	31,432	71.5	29.3
2019	30,915	22,264	31,538	72.0	30.0
2020	30,590	23,793	33,459	77.8	31.6
2021	30,128	23,727	33,458	78.8	32.3

ㄱ. (O) 연금 계좌 수는 2016년 30,265천 개에서 2017년 30,664천 개로 증가하였다.

ㄴ. (X) 2018년과 2019년의 중복 가입률 차이는 30.0-29.3=0.7%p차이로 1%p 이상이 되지 못한다.

ㄷ. (O) 연금 가입자 수는 2019년 22,264천 명에서 2020년 23,793천 명으로 1,530천 명 증가하여 1,530/22,264 ≒ 6.9% 증가하였다. 따라서 전년 대비 5% 이상 증가하였다.

ㄹ. (O) 중복 가입률은 2020년 31.6%에서 2021년 32.3%로 증가하였다.

⏱ 빠른 문제 풀이 **Tip**

연금 가입자 수는 연금 계좌를 1개만 보유한 사람 수와 같고 연금 계좌 수는 연금 계좌를 1개만 보유한 사람과 2개를 보유한 사람의 합과 같다. 따라서 가입률과 중복 가입률을 합하면 연금 계좌 수를 인구로 나눈 비율과 동일하다.

ㄴ. 2019년 중복 가입률이 30%이므로 2018년과 1%p 이상 차이가 나려면 2018년 중복 가입률이 29% 이하가 되어야 한다. 2018년 연금 계좌 수와 연금 가입자 수의 차이는 31,432-22,296 ≒ 9,100정도이고 인구 수치와 함께 유효숫자로 도출한 중복 가입률은 91/3120이므로 이는 29%를 초과한다.

ㄷ. 2019년 중복 가입률은 30%이므로 계좌를 2개 보유한 사람 수는 약 30,915의 30%인 약 9,300명 정도이다. 이를 연금 계좌 수에서 빼 준 값이 31,538-9,300 ≒ 22,200정도이므로 이를 기준으로 판단한다.

ㄹ. 2020년 대비 2021년 인구는 감소하였다. 연금 계좌 수는 거의 불변인 반면 연금 계좌 수와 연금 가입자 수의 차이인 연금 계좌를 2개 보유한 사람의 수는 증가하였기 때문에 중복 가입률의 분모인 인구 감소, 분자인 2개 보유한 사람 수 증가로 중복 가입률은 증가했다고 판단한다.

[정답] ④

32

다음 〈표〉는 2022년 3~6월 '갑'국 연안에서의 3개 어종 어업 현황에 관한 자료이다. 이에 대한 설명으로 옳은 것은?

〈표 1〉 어종별 어획량

(단위: kg)

월 \ 어종	우럭	광어	고등어
3	10,203	5,410	21,910
4	15,029	5,700	23,480
5	14,330	7,198	22,333
6	17,800	6,750	24,051

〈표 2〉 우럭과 광어의 도·소매단가

(단위: 원/kg)

월 \ 어종	우럭		광어	
	도매	소매	도매	소매
3	17,700	28,500	13,500	32,500
4	16,000	26,000	12,000	28,500
5	14,500	25,250	11,250	26,250
6	12,250	22,100	10,500	24,000

〈표 3〉 조업선박 수

(단위: 척)

월	3	4	5	6
조업선박 수	45	50	60	70

① 우럭 소매단가의 전월 대비 감소율이 가장 큰 달과 광어 소매단가의 전월 대비 감소율이 가장 큰 달은 같다.

② 3개 어종 어획량의 합은 매월 증가하였다.

③ 조업선박 1척당 3개 어종 어획량의 합은 3월과 비교해 6월에 20% 이상 감소하였다.

④ 우럭의 도매단가 대비 소매단가 비율은 매월 증가하였다.

⑤ 고등어 어획량은 우럭과 광어의 어획량 합보다 매월 많다.

2024
2023
2022
2021
2020
2019
2018
2017
2016
2015
2014
2013
2012

해커스PSAT 5급 PSAT 김용훈 자료해석 13개년 기출문제집

📝 문제풀이

32 분수 비교형   난이도 ★★★★☆

① (X) 우럭 소매단가의 전월 대비 감소율은 6월이 12.5%로 가장 큰 달이지만 광어 소매단가의 전월 대비 감소율은 4월이 12.3%로 가장 크다.

② (X) 3개 어종 어획량의 합은 4월 44,209에서 5월 43,861로 감소하였기 때문에 매월 증가하지 않았다.

③ (X) 조업선박 1척당 3개 어종 어획량의 합은 3월 37,523/45≒833.8과 비교해 6월 48,601/70≒694.3으로 139.5/833.8≒16.7% 감소하여 20% 이상 감소하지 않았다.

④ (O) 우럭의 도매단가 대비 소매단가 비율은 3월 161.0, 4월 162.5, 5월 174.1, 6월 180.4로 매월 증가하였다.

⑤ (X) 6월 고등어 어획량은 24,051로 우럭과 광어의 어획량 합인 17,800+6,750=24,550보다 적다.

⏱ 빠른 문제 풀이 Tip

④ 도매단가와 소매단가 모두 감소하고 있기 때문에 역으로 도매단가 대비 소매단가 비율은 감소하는지 판단한다. 즉 역순으로 검토하여 도매단가의 증가율이 소매단가의 증가율보다 큰지 판단한다.

[정답] ④

33

다음 〈표〉와 〈그림〉은 2020~2023년 '갑'국 교통사고 현황에 관한 자료이다. 이에 대한 〈보고서〉의 설명 중 옳은 것만을 모두 고르면?

〈표〉 교통사고 발생건수와 인명피해

(단위: 천 건, 백 명)

구분	연도	2020	2021	2022	2023
발생건수		232.0	220.8	217.1	215.9
인명피해	사망자수	46.2	42.9	39.9	37.8
	부상자수	3,504.0	3,317.2	3,228.3	3,230.3
	중상자수	925.2	824.7	782.1	742.5
	경상자수	2,578.8	2,492.5	2,446.2	2,487.8

〈그림〉 도로종류별 교통사고 발생건수 비율

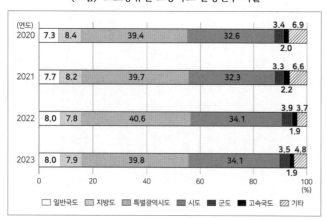

〈보고서〉

2020~2023년 '갑'국의 교통사고 발생건수는 매년 감소하였다. ㉠ 2020~2023년 교통사고 발생건수당 사망자수 역시 매년 감소하여 2023년 교통사고 발생건수 100건당 사망자수는 1.8명 이하였다. 또한, ㉡ 2020~2023년 부상자수 중 중상자수의 비율도 매년 감소하여 2023년에는 부상자수 중 중상자수의 비율이 25% 이하였다. 2020~2023년 도로종류별 교통사고 발생건수를 살펴보면, 특별광역시도의 교통사고 발생건수가 매년 가장 많았다. 하지만 ㉢ 2020~2023년 특별광역시도의 교통사고 발생건수는 매년 감소하였다. 한편, 2022년과 2023년 일반국도의 교통사고 발생건수는 특별광역시도와 시도 다음으로 많았다. 하지만 ㉣ 일반국도의 교통사고 발생건수는 2022년과 2023년 각각 16,000건을 넘지 않았다.

① ㄱ, ㄴ
② ㄴ, ㄷ
③ ㄷ, ㄹ
④ ㄱ, ㄴ, ㄹ
⑤ ㄱ, ㄷ, ㄹ

📑 **문제풀이**

33 분수 비교형   난이도 ★★★☆☆

ㄱ. (O) 2020~2023년 교통사고 발생건수당 사망자수는 2020년 0.199, 2021년 0.194, 2022년 0.184, 2023년 0.175로 매년 감소하여 2023년 교통사고 발생건수 100건당 사망자수는 1.8명 이하였다

ㄴ. (O) 2020~2023년 부상자수 중 중상자수의 비율은 2020년 0.264, 2021년 0.249, 2022년 0.242, 2023년 0.230으로 매년 감소하여 2023년에는 부상자수 중 중상자수의 비율이 약 23%로 25% 이하였다.

ㄷ. (X) 특별광역시도의 교통사고 발생건수는 2021년 220.8 × 0.397 ≒ 87.6에서 2022년 217.1 × 0.406 ≒ 88.1로 증가하였다. 따라서 2020~2023년 특별광역시도의 교통사고 발생건수는 매년 감소하지 않았다.

ㄹ. (X) 일반국도의 교통사고 발생건수는 2022년 217.1 × 0.08 ≒ 17.4천 건과 2023년 215.9 × 0.08 ≒ 17.3천 건으로 각각 16,000건을 넘었다.

⏱ **빠른 문제 풀이 Tip**

ㄹ. 2022년과 2023년 일반국도의 비율이 8.0%로 동일하므로 전체 발생건수가 200천 건 미만이어야 16천 건을 넘지 않았다고 판단할 수 있다.

[정답] ①

34

다음 〈표〉는 2015~2022년 '갑'국의 논벼 소득에 관한 자료이다. 이에 대한 설명으로 옳은 것은?

〈표〉 2015~2022년 '갑'국의 논벼 소득 현황

(단위: 백만 원, %)

연도	총수입	전년 대비 증가율	경영비	전년 대비 증가율	소득	소득률
2015	993,903	−6.1	( )	−2.2	560,966	56.4
2016	856,165	( )	( )	−1.5	429,546	50.2
2017	974,553	13.8	433,103	1.5	541,450	55.6
2018	1,178,214	20.9		10.2	( )	59.5
2019	1,152,580	−2.2	( )	1.7	667,350	57.9
2020	1,216,248	5.5	484,522	( )	( )	60.2
2021	1,294,242	6.4	508,375	4.9	785,867	60.7
2022	1,171,736	( )	566,121	11.4	605,615	51.7

※ 1) 소득＝총수입−경영비

2) 소득률(%)＝$\dfrac{소득}{총수입} \times 100$

① 2018년 소득은 전년 대비 25% 이상 증가하였다.

② 2016년부터 2021년까지 소득은 매년 증가하였다.

③ 2017년 대비 2021년 경영비 증가율은 20% 이상이다.

④ 2020년 총수입과 경영비의 전년 대비 증감 방향은 동일하다.

⑤ 총수입의 전년 대비 증가율이 가장 낮은 해와 소득의 전년 대비 감소폭이 가장 큰 해는 같다.

📝 문제풀이

34 빈칸형

난이도 ★★★★★

각주의 식을 토대로 〈표〉의 빈칸을 채우면 아래와 같다.

연도	총수입	전년 대비 증가율	경영비	전년 대비 증가율	소득	소득률
2015	993,903	−6.1	432,937	−2.2	560,966	56.4
2016	856,165	−13.9	426,619	−1.5	429,546	50.2
2017	974,553	13.8	433,103	1.5	541,450	55.6
2018	1,178,214	20.9	477,280	10.2	701,037	59.5
2019	1,152,580	−2.2	485,230	1.7	667,350	57.9
2020	1,216,248	5.5	484,522	−0.1	731,726	60.2
2021	1,294,242	6.4	508,375	4.9	785,867	60.7
2022	1,171,736	−9.5	566,121	11.4	605,615	51.7

① (O) 소득은 2017년 541,450백만 원에서 2018년 701,037(1,178,214 × 0.595)백만 원으로 159,587백만 원 증가하여 160/541 ≒ 29.5%로 전년 대비 25% 이상 증가하였다.

② (X) 소득은 2018년 701,037백만 원에서 2019년 667,350백만 원으로 감소하여 2016년부터 2021년까지 매년 증가하지 않았다.

③ (X) 경영비는 2017년 433,103백만 원 대비 2021년 508,375백만 원은 75,272백만 원 증가하여 75/433 ≒ 17.3% 증가하였다. 따라서 증가율은 20% 이상이 아니다.

④ (X) 2020년 총수입은 증가한 반면 경영비는 감소하였기 때문에 전년 대비 증감 방향은 동일하지 않다.

⑤ (X) 총수입의 전년 대비 증가율은 2016년이 −13.9%로 가장 낮은 해지만 소득의 전년 대비 감소폭은 2016년 131,420백만 원보다 2022년 180,252백만 원이 더 크다.

⏱ 빠른 문제 풀이 Tip

① 소득은 총수입 약 1,180천에 소득률 약 60%를 곱하여 708천으로 도출한 다음 541천과의 증가율로 판단한다.

② 2019년 소득률은 57.9%로 전년 대비 감소하였는데 분모인 총수입이 전년대비 −2.2% 감소하였기 때문에 분자인 소득 역시 반드시 감소하였다는 것을 파악할 수 있다.

④ 2019년 총수입의 전년 대비 증가율은 −2.2%로 감소하였고 경영비의 전년 대비 증가율은 1.7%로 증가한 것을 쉽게 판단할 수 있다.

[정답] ①

35

다음 〈표〉는 2021년 국군의 장서 보유량별 병영도서관 수에 관한 자료이다. 이에 대한 설명으로 옳지 않은 것은?

〈표〉 2021년 장서 보유량별 병영도서관 수

(단위: 개소)

보유량 구분	500권 이하	501~ 1,000권	1,001~ 2,000권	2,001~ 3,000권	3,001~ 5,000권	5,001권 이상	합
육군	60	158	( )	354	257	104	1,328
해군	67	49	52	39	34	21	262
공군	0	2	22	18	33	36	111
국직	1	5	17	19	13	9	64
전체	128	214	486	( )	337	170	1,765

① 1,001~2,000권의 장서를 보유한 병영도서관 수는 2,001~3,000권의 장서를 보유한 병영도서관 수보다 많다.

② 육군 이외 모든 국군 병영도서관 수의 합은 2,001권 이상의 장서를 보유한 육군 병영도서관 수의 70% 이하이다.

③ 해군 병영도서관 중 장서 보유량 상위 50개소의 장서 보유량 합이 20만 권이라면, 해군 병영도서관당 장서 보유량은 2,000권 이상이다.

④ 공군 병영도서관의 장서 보유량 합은 30만 권 이상이다.

⑤ 국직 병영도서관의 장서 보유량 합이 21만 권이라면, 5,300권 이상의 장서를 보유한 국직 병영도서관은 1개소 이상이다.

📝 문제풀이

35 빈칸형 난이도 ★★★★☆

① (O) 1,001~2,000권의 장서를 보유한 병영도서관 수는 486개소로 2,001~3,000권의 장서를 보유한 병영도서관 수 430개소보다 많다.

② (O) 육군 이외 모든 국군 병영도서관 수의 합은 437개소로 2,001권 이상의 장서를 보유한 육군 병영도서관 수 715개소의 70%인 약 501개소 이하이다.

③ (X) 해군 병영도서관당 장서 보유량이 2,000권 이상이라면 해군 병영도서관의 장서 보유량 합은 262×2000=524,000권 이상이다. 이 중 장서 보유량 상위 50개소(5,001권 이상 21개소와 3,001~5,000권 29개소가 여기에 포함된다.)의 장서 보유량 합이 20만 권이라면 상위 50개소를 제외한 나머지 병영도서관의 장서 보유량 합은 324,000권 이상이어야 한다. 해군 병영도서관의 보유량 각 구간의 최솟값을 기준으로 판단하면 24,549+52,052+78,039+15,005=169,645권이므로 324,000권에 미치지 못할 가능성이 있다. 따라서 이 경우 169,645+200,000=369,645권으로 524,000권 이상이 되지 못하기 때문에 해군 병영도서관당 장서 보유량은 2,000권 이상이 되지 못한다.

④ (O) 공군 병영도서관의 장서 보유량 합은 보유량 구간의 최솟값을 기준으로 판단하면 0+1,002+22,022+36,018+99,033+180,036=338,111권으로 30만 권 이상이다.

⑤ (O) 국직 병영도서관의 보유량 각 구간의 최댓값을 기준으로 판단하면 보유량이 5,000권 이하의 보유량 합은 500+5,000+34,000+57,000+65,000=161,500권이다. 국직 병영도서관의 장서 보유량 합이 21만 권이라고 하였으므로 5,001권 이상인 9개소의 장서 보유량 합은 210,000−161,500=48,500권이다. 따라서 48,500/9≒5,389이므로 5,300권 이상의 장서를 보유한 국직 병영도서관은 1개소 이상이다.

[정답] ③

36

다음 〈표〉는 2020~2023년 '갑'국 직업학교 A~E의 모집정원 및 지원자 수에 관한 자료이다. 이에 대한 설명으로 옳은 것은?

〈표 1〉 '갑'국 직업학교 A~E의 모집정원

(단위: 명)

직업학교 \ 성별	전체	남성	여성
A	330	290	40
B	170	144	26
C	235	199	36
D	90	9	81
E	550	490	60

※ 2020~2023년 동안 '갑'국 직업학교 A~E의 성별 모집정원은 변동 없음.

〈표 2〉 2020~2023년 '갑'국 직업학교 A~E의 지원자 수

(단위: 명)

직업학교 \ 연도 성별	2020 전체	남성	여성	2021 전체	남성	여성	2022 전체	남성	여성	2023 전체	남성	여성
A	11,273	8,149	3,124	14,656	10,208	4,448	8,648	6,032	2,616	8,073	5,713	2,360
B	6,797	4,824	1,973	3,401	2,434	967	3,856	2,650	1,206	3,686	2,506	1,180
C	9,957	6,627	3,330	12,406	8,079	4,327	5,718	4,040	1,678	5,215	3,483	1,732
D	4,293	559	3,734	3,994	600	3,394	2,491	336	2,155	2,389	275	2,114
E	2,965	2,107	858	3,393	2,205	1,188	2,657	1,715	942	2,528	1,568	960

① 직업학교 A~E의 전체 지원자 수의 합이 가장 많은 연도는 2020년이다.

② 2020년 전체 지원자 수 대비 2023년 전체 지원자 수 비율이 가장 낮은 직업학교는 D이다.

③ 직업학교 E에서 성별 모집정원 대비 지원자 수 비율이 가장 낮은 연도는 남성과 여성이 동일하다.

④ 직업학교 A는 남성 지원자 수의 전년 대비 증감률이 가장 큰 연도에 여성 지원자 수의 전년 대비 증감률도 가장 크다.

⑤ 직업학교 B에서 여성 모집정원 대비 여성 지원자 수 비율이 가장 낮은 연도와 직업학교 C에서 여성 모집정원 대비 여성 지원자 수 비율이 가장 높은 연도는 동일하다.

📝 문제풀이

36 분수 비교형　　　　　　　　　난이도 ★★★★★

① (X) 직업학교 A~E의 전체 지원자 수의 합은 2020년 35,285명보다 2021년 37,850명이 더 많다.

② (X) 2020년 전체 지원자 수 대비 2023년 전체 지원자 수 비율은 A가 0.72, B가 0.54, C가 0.52, D가 0.56, E가 0.85로 가장 낮은 직업학교는 D가 아닌 C이다.

③ (X) 직업학교 E에서 성별 모집정원 대비 지원자 수 비율이 가장 낮은 연도는 남성이 2023년이고 여성이 2020년으로 동일하지 않다.

④ (X) 직업학교 A는 남성 지원자 수의 전년 대비 증감률이 가장 큰 연도는 2022년이고 여성 지원자 수의 전년 대비 증감률은 2021년이 가장 크다.

⑤ (O) 직업학교 B에서 여성 모집정원 대비 여성 지원자 수 비율이 가장 낮은 연도와 직업학교 C에서 여성 모집정원 대비 여성 지원자 수 비율이 가장 높은 연도는 2021년으로 동일하다.

⏱ 빠른 문제 풀이 Tip

③번과 ⑤번에서 모집정원 대비 지원자 수 비율을 묻고 있지만 〈표 1〉에서 모집정원 변동이 없다는 점을 각주에서 안내하고 있으므로 실제로 검토할 때에는 지원자 수 크기로 판단한다.

[정답] ⑤

37

다음 〈그림〉은 '갑'지역 전세 사기 피해자 765명의 피해자 연령 대별, 피해금액대별 현황에 관한 자료이다. 이에 대한 〈보기〉의 설명 중 옳은 것만을 모두 고르면?

〈그림〉 '갑'지역 전세 사기 피해자 현황

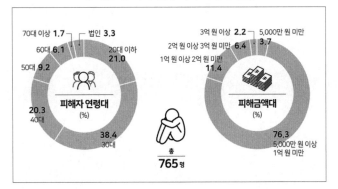

※ 각 피해 법인 1개는 피해자 1명으로 산정하고, 법인의 연령은 고려하지 않음.

─〈보 기〉─

ㄱ. 피해금액이 5,000만 원 이상 1억 원 미만인 피해자 중 30대 이하인 피해자가 차지하는 비중은 40% 미만이다.

ㄴ. 피해금액 총액은 500억 원 이상이다.

ㄷ. 피해금액이 3억 원 이상인 피해자가 모두 법인이고 40대 이 하인 피해자의 피해금액이 모두 1억 원 미만이라면, 피해금 액이 1억 원 미만인 법인은 없다.

① ㄱ
② ㄴ
③ ㄷ
④ ㄱ, ㄴ
⑤ ㄴ, ㄷ

📝 문제풀이

37 최소여집합형	난이도 ★★★★★

ㄱ. (X) 피해금액이 5,000만 원 이상 1억 원 미만인 피해자는 76.3%를 차지하고 있고 30대 이하인 피해자는 59.4%를 차지하고 있다. 따라서 피해금액이 5,000만 원 이상 1억 원 미만인 피해자 중 30대 이하인 피해자가 차지하는 비중은 35.7/76.3≒46.8%로 40% 미만이 아니다.

ㄴ. (O) 피해금액대 최소구간으로 판단하면 (0.5억×584명)+(1억×87명)+(2억×49명)+(3억×17명)=528억 원 이상으로 피해금액 총액은 500억 원 이상이다.

ㄷ. (X) 피해금액이 3억 원 이상인 피해자가 차지하는 비중은 2.2%이고 법인이 차지하는 비중은 3.3%이므로 법인 중 피해금액이 3억 원 미만인 비중은 1.1%이다. 피해금액이 1억 원 미만인 비중은 76.3+3.7=80.0%이고 40대 이하인 피해자 비중은 79.7%이므로 1억 원 미만 중 50대, 60대, 70대 이상, 법인이 차지하는 비중은 0.3%이므로 피해금액이 1억 원 미만인 법인이 존재할 가능성이 있다.

⏱ 빠른 문제 풀이 **Tip**

ㄱ. A=76.3, B=59.4, U=100이므로 A+B−U=35.7이다.

[정답] ②

38

다음 〈표〉는 2022년 '갑'대학 학생 A~J의 학기별 봉사 점수에 관한 자료이다. 이에 대한 설명으로 옳은 것은?

〈표 1〉 학생 A~J의 학기별 점수

(단위: 점)

학생＼학기	1학기	2학기
A	4.3	4.2
B	3.7	3.6
C	4.0	3.8
D	2.8	2.7
E	3.4	( )
F	0.4	0.2
G	3.9	3.6
H	2.8	1.8
I	( )	2.2
J	1.2	1.1

〈표 2〉 학기별 · 등급별 평균점수(학생 A~J)

(단위: 점)

등급＼학기	1학기	2학기
상	3.98	3.80
중	3.10	2.45
하	( )	1.25

※ 1) 학기별로 점수가 3.5점 이상이면 '상'등급, 2.0점 이상 3.5점 미만이면 '중'등급, 2.0점 미만이면 '하'등급으로 학생을 구분함.

2) 평균점수(점) = (해당학기 해당등급 학생 점수의 합) / (해당학기 해당등급 학생 수)

3) 평균점수는 소수 셋째 자리에서 반올림한 값임.

① '상'등급에 해당하는 학생 수는 1학기가 2학기보다 많다.

② 1학기와 2학기의 점수 차이가 가장 큰 학생은 H이다.

③ 학생 E의 2학기 등급은 '중'이다.

④ '하'등급의 평균점수는 1학기가 2학기보다 높다.

⑤ 학생 A~J는 모두 1학기 점수가 2학기 점수보다 높다.

📝 문제풀이

38 빈칸형　　　　　　　　　난이도 ★★★★★

학생＼학기	1학기	2학기
A	4.3	4.2
B	3.7	3.6
C	4.0	3.8
D	2.8	2.7
E	3.4	1.9
F	0.4	0.2
G	3.9	3.6
H	2.8	1.8
I	3.4	2.2
J	1.2	1.1

등급＼학기	1학기	2학기
상	3.98	3.80
중	3.10	2.45
하	0.80	1.25

① (X) '상'등급에 해당하는 학생 수는 1학기가 A, B, C, G 4명이고 2학기 역시 A, B, C, G 4명으로 같다.

② (X) 1학기와 2학기의 점수 차이는 H가 2.8-1.8=1.00이고 E가 3.4-1.9=1.5로 H보다 E가 더 크다.

③ (X) 학생 E의 2학기 점수는 1.9로 등급은 '하'이다.

④ (X) '하'등급의 평균점수는 1학기가 0.80으로 2학기 1.25보다 낮다.

⑤ (O) 위 정리된 〈표〉에서 확인할 수 있듯이 학생 A~J는 모두 1학기 점수가 2학기 점수보다 높다.

⏱ 빠른 문제 풀이 Tip

2학기부터 검토하면 E를 제외한 '하'등급을 받은 F 0.2, H 1.8, J 1.1의 점수 합이 3.1로 2학기 '하'등급 평균점수 1.25의 3배인 3.75와 일치하지 않기 때문에 E의 점수가 '하'등급인 1.9점이 되어야 한다.

마찬가지로 1학기의 I를 제외한 '중'등급을 받은 D 2.8, E 3.4, H 2.8의 점수 합이 9.0으로 1학기 '중'등급 평균점수 3.10의 3배인 9.30과 일치하지 않기 때문에 I의 점수가 '중'등급인 3.4점이 되어야 한다.

[정답] ⑤

다음 〈정보〉와 〈표〉는 '갑'초등학교 6학년 1~6반 학생이 받은 상에 관한 자료이다. 이를 근거로 개근상을 받은 학생 수와 우등상을 받은 학생 수를 바르게 연결한 것은?

─〈정 보〉─
○ 상의 종류는 개근상, 우등상, 봉사상만 있다.
○ 학생 1명은 동일한 종류의 상을 중복해서 받을 수 없다.
○ 개근상, 우등상, 봉사상 3개를 모두 받은 학생은 1반, 2반, 5반에서 각각 2명이고, 3반, 4반, 6반에서 각각 1명이다.
○ 우등상을 받은 학생 수가 봉사상을 받은 학생 수보다 많다.

〈표 1〉 1~6반 수상 현황

(단위: 명, 개)

반	1	2	3	4	5	6
상 받은 학생 수	5	4	4	5	3	1
받은 상 개수	9	8	9	8	8	3

〈표 2〉 상별 상위 2개 반과 상을 받은 학생 수

(단위: 명, 개)

순위 \ 상 구분	개근상 반	개근상 학생 수	우등상 반	우등상 학생 수	봉사상 반	봉사상 학생 수
1	2	4	1	5	4	5
2	5	3	3	4	3	4

※ 1) 상을 받은 학생 수 기준으로 순위를 정함.
  2) 공동 2위는 없음.

	개근상을 받은 학생 수	우등상을 받은 학생 수
①	12	15
②	12	16
③	12	17
④	13	16
⑤	13	17

📝 **문제풀이**

39 조건판단형 난이도 ★★★★☆

〈정보〉와 〈표 1〉, 〈표 2〉를 토대로 상을 받은 학생 수를 정리하면 아래와 같다.

반	1	2	3	4	5	6	계
상 받은 학생 수	5	4	4	5	3	1	
3개 모두 받은 학생 수	2	2	1	1	2	1	
받은 상 개수	9	8	9	8	8	3	
개근상 받은 학생 수	2	4	1	1	3	1	12
우등상 받은 학생 수	5	2	4	2	3	1	17
봉사상 받은 학생 수	2	2	4	5	2	1	16

따라서 개근상을 받은 학생 수는 12명이고 우등상을 받은 학생 수는 17명이다.

[정답] ③

40

다음 〈표〉는 '갑'국의 유종별 소비자 판매가격 산정에 관한 자료이다. 이에 대한 〈보기〉의 설명 중 옳은 것만을 모두 고르면?

〈표〉 유종별 원가, 유류세 및 판매부과금

(단위: 원/L)

| 유종 | 원가 | 유류세 | | | | 판매부과금 |
		교통세	개별소비세	교육세	주행세	
보통 휘발유	670	529	0	교통세의 15%	교통세의 26%	0
고급 휘발유	760	529	0			36
선박용 경유	700	375	0			0
자동차용 경유	760	375	0			0
등유	820	0	63	개별소비세의 15%	0	0

※ 1) 유종은 '보통 휘발유', '고급 휘발유', '선박용 경유', '자동차용 경유', '등유'로만 구분됨.
2) 소비자 판매가격 = 원가 + 유류세 + 판매부과금 + 부가가치세
3) 유류세 = 교통세 + 개별소비세 + 교육세 + 주행세
4) 부가가치세 = (원가 + 유류세 + 판매부과금) × 0.1

〈보 기〉
ㄱ. 유류세는 '보통 휘발유'가 '자동차용 경유'의 1.3배 이상이다.
ㄴ. 소비자 판매가격 대비 유류세의 비율이 세 번째로 높은 유종은 '자동차용 경유'이다.
ㄷ. 원가와 판매부과금의 변동없이 유류세가 10% 인하된다면, '보통 휘발유'의 소비자 판매가격은 80원/L 이상 인하된다.
ㄹ. 원가와 판매부과금의 변동없이 유류세가 15% 인하될 때보다 유류세와 판매부과금의 변동없이 원가가 10% 인하될 때, '선박용 경유'의 소비자 판매가격 인하 폭이 더 크다.

① ㄱ, ㄴ
② ㄱ, ㄷ
③ ㄱ, ㄹ
④ ㄴ, ㄷ
⑤ ㄴ, ㄹ

📝 문제풀이

40 각주판단형   난이도 ★★★★★

ㄱ. (O) 유류세는 '보통 휘발유'가 745.9원으로 '자동차용 경유' 528.8원의 1.3배인 687.44원 이상이다.

ㄴ. (X) 소비자 판매가격 대비 유류세의 비율은 '보통 휘발유'가 0.48, '고급 휘발유'가 0.44, '선박용 경유'가 0.39, '자동차용 경유'가 0.37, '등유'가 0.070이므로 세 번째로 높은 유종은 '자동차용 경유'가 아니라 '선박용 경유'이다.

ㄷ. (O) 원가와 판매부과금의 변동없이 유류세만 10% 인하된다면, '보통 휘발유'의 소비자 판매가격은 1,557.5원에서 1,475.4원으로 82.1원 인하되어 80원/L 이상 인하된다.

ㄹ. (X) '선박용 경유'의 소비자 판매가격은 원가와 판매부과금의 변동없이 유류세가 15% 인하될 때에 유류세 합인 528.8×1.1≒582의 15%인 87원이 인하 폭이고 유류세와 판매부과금의 변동없이 원가가 10% 인하될 때에 원가 700×1.1≒770의 10%인 77원이 인하 폭이다.

⏱ 빠른 문제 풀이 Tip

각주의 식을 정리하면 소비자 판매가격 = 1.1(원가 + 유류세 + 판매부과금)이다.
ㄱ. 유류세 중 교육세와 주행세는 교통세의 각각 15%, 26%이므로 유류세는 교통세의 1.4배이다. 따라서 유류세가 1.3배 이상인지 여부를 교통세가 1.3배 이상인지 여부로 판단할 수 있다.
ㄴ. 유류세는 소비자 판매가격에 포함되므로 소비자 판매가격 대비 유류세의 비율은 교통세/(원가 + 판매부과금)이라는 상대비 구조로 판단할 수 있다.
ㄷ. 유류세는 529×1.41≒530×1.4≒740원 정도이고 유류세의 부가가치세를 고려하면 740×1.1=814원이 소비자 판매가격에서 유류세가 차지하는 금액이다. 따라서 814원의 10%가 인하된다면 80원 이상 인하된다고 판단할 수 있다.

[정답] ②

2023년 기출문제

총평

· 순수 자료비교인 곱셈 비교와 분수 비교 자체를 묻는 문제가 14문제 출제되었다.

· 매칭형이 5문제, 빈칸형이 6문제, 각주 판단형이 4문제, 조건 판단형이 3문제로 자료판단에서 18문제가 출제되어 가장 큰 비중을 차지하였다. 특히 자료판단에서 고난도 문제 비중이 낮아서 해당문항(16, 31, 38, 39, 40번)을 2턴으로 넘겨 1턴에 풀 수 있는 문제에 집중했다면 시간을 효율적으로 관리할 수 있다.

· 보고서 검토 확인형은 2문제, 표-차트 변환형이 4문제 출제되어 전체의 15%인 적지 않은 비중을 차지하고 있다. 특히 보고서 검토 확인형은 접근법을 완성하여 확실히 맞혀야 하고 표-차트 변환형 역시 상대적으로 까다로운 11, 36번을 제외한 나머지 19, 25번은 충분히 해결할 수 있는 난도이므로 맞힐 수 있다.

· 세트문제는 18~19번, 31~32번으로 출제되었고 분수 비교형과 표-차트 변환형 그리고 빈칸형과 조건 판단형으로 각각 세트문제 2문제 당 5분 정도 소요되는 난도로 출제되었다.

· 전체적인 난도는 ★★☆☆☆ 정도로 출제되었으며 일부 고난도 문항만 잘 처리했다면 고득점도 가능하며 2017년, 2013년과 함께 자료해석영역 기출문제로는 쉬운 연도로 평가받고 있다. 실제로 90점 이상 고득점자가 많았던 연도이기도 하다.

01

다음 〈표〉와 〈보고서〉는 2022년 A~E국의 우편 서비스 현황에 관한 자료이다. 이를 근거로 판단할 때, A~E 중 '갑'국에 해당하는 국가는?

〈표 1〉 2022년 A~E국 우편 서비스 제공 방법별 인구 비율

(단위: %)

제공 방법 \ 국가	A	B	C	D	E	세계 평균
집으로 우편물 배달	19.2	88.4	94.0	97.3	96.6	85.8
우체국에서 우편물 배부	80.8	11.6	6.0	2.7	3.4	14.2

〈표 2〉 2022년 A~E국 우편 시장 및 우체국 현황

(단위: %, 명, 개)

구분 \ 국가	A	B	C	D	E	세계 평균
2012년 대비 국내우편 시장 규모 성장률	−20.6	−12.0	−10.3	−1.1	1.8	−
우체국 직원 1인당 인구	17,218	3,606	2,364	2,673	387	1,428
인구 10만 명당 우체국 수	1.1	3.3	8.2	21.2	12.4	12.7

〈보고서〉

'갑'국의 우편 서비스 보급 현황 및 성장률, 서비스 품질을 알아보기 위해 2022년 우편 서비스 제공 방법별 인구 비율, 2012년 대비 국내우편 시장 규모 성장률, 우체국 직원 1인당 인구 및 인구 10만 명당 우체국 수를 조사하였다.

먼저 2022년 우편 서비스 제공 방법별 인구 비율을 살펴보면, '갑'국은 '집으로 우편물 배달' 비율이 세계 평균 및 '우체국에서 우편물 배부' 비율보다 높았다. 한편 '갑'국의 2012년 대비 2022년 국내우편 시장 규모는 감소하였다.

'갑'국의 우체국 직원 1인당 인구는 세계 평균인 1,428명보다 70% 이상 많아 직원들이 서비스를 제공해야 할 인구가 많았다. 또한 '갑'국의 인구 10만 명당 우체국 수를 살펴보면 세계 평균보다 적어 우체국 접근성이 낮은 것으로 나타났다.

① A

② B

③ C

④ D

⑤ E

📝 문제풀이

01 매칭형   난이도 ★☆☆☆☆

발문에서 A~E 중 '갑'국에 해당하는 국가 하나를 고르라고 하였으므로 〈보고서〉의 내용을 검토하면서 소거법으로 해당되지 않은 국가를 지우가면서 답을 도출한다.

- 두 번째 문단 첫 번째 문장에서 [2022년 우편 서비스 제공 방법별 인구 비율을 살펴보면, '갑'국은 '집으로 우편물 배달' 비율이 세계 평균 및 '우체국에서 우편물 배부' 비율보다 높았다.]고 하였으므로 '집으로 우편물 배달' 비율 19.2%로 세계 평균 85.8%나 '우체국에서 우편물 배부' 비율 80.8%보다 더 낮은 A는 제외한다. → 선지 ① 삭제

- 두 번째 문단 두 번째 문장에서 ['갑'국의 2012년 대비 2022년 국내우편 시장 규모는 감소하였다.]고 하였으므로 2012년 대비 2022년 국내우편 시장 규모 성장률이 1.8%로 증가한 E는 제외한다. → 선지 ⑤ 삭제

- 세 번째 문단 첫 번째 문장에서 ['갑'국의 우체국 직원 1인당 인구는 세계 평균인 1,428명보다 70% 이상 많아 직원들이 서비스를 제공해야 할 인구가 많았다.]고 하였으므로 세계 평균 1,428명의 1.7배인 약 2,428명보다 적은 C(2,364명)는 제외한다. → 선지 ③ 삭제

- 세 번째 문단 두 번째 문장에서 ['갑'국의 인구 10만 명당 우체국 수를 살펴보면 세계 평균보다 적어 우체국 접근성이 낮은 것으로 나타났다.]고 하였으므로 세계 평균 12.7%보다 높은 D(21.2%)는 제외한다. → 선지 ④ 삭제

따라서 '갑'국에 해당하는 국가는 B이다.

⏱ 빠른 문제 풀이 Tip

세 번째 문단 첫 번째 문장의 70% 계산을 하고 싶지 않다면 세 번째 문단 두 번째 문장을 먼저 검토하여 ①, ⑤, ② 순으로 선지를 삭제하고 남은 ③, ④ 중 세 번째 문단 첫 번째 문장으로 답을 결정해야 하므로 둘 중 우체국 직원 1인당 인구가 적은 C를 지워서 답을 결정한다.

[정답] ②

02

다음 〈표〉는 2020년과 2021년 각각 '갑'국의 교원 2,000명(중학교 1,000명, 고등학교 1,000명)을 대상으로 진로체험 편성·운영 시 학생 의사 반영에 관해 조사한 자료이다. 이를 근거로 작성한 〈보고서〉의 내용 중 옳은 것만을 모두 고르면?

〈표 1〉 진로체험 편성·운영 시 학생 의사 반영 정도별 응답 비율

(단위: %)

학생 의사 반영 정도 \ 학교급 / 연도	중학교 2020	중학교 2021	고등학교 2020	고등학교 2021
전부 반영	13.0	15.4	26.4	29.2
일부 반영	72.1	70.8	59.0	58.3
미반영	14.9	13.8	14.6	12.5
계	100.0	100.0	100.0	100.0

※무응답과 중복 응답은 없음.

〈표 2〉 2021년 진로체험 편성·운영 시 학생 의사 미반영 이유별 응답 비율

(단위: %)

미반영 이유 \ 학교급	중학교	고등학교
수요 기반 체험처 미확보	26.1	38.4
체험처 수용 인원 규모 초과	27.5	18.4
운영 인력 부족	18.1	16.8
이동 시간 부족	8.0	8.0
예산상의 제약	11.6	8.0
기타	8.7	10.4
계	100.0	100.0

※ 1) 2021년 조사에서 학생 의사 반영 정도를 '미반영'으로 응답한 교원을 대상으로 조사함.
  2) 무응답과 중복 응답은 없음.

─〈보고서〉─

2021년 조사 결과 진로체험 편성·운영 시 학생 의사 반영 정도를 살펴보면, ㉠ '일부 반영'으로 응답한 비율이 중학교와 고등학교 각각 70.8%, 58.3%로 가장 높았다. ㉡ '전부 반영'으로 응답한 비율은 전년 대비 중학교가 2.8%p, 고등학교가 2.4%p 증가하였다.

2021년 진로체험 편성·운영 시 학생 의사 미반영 이유를 살펴보면, ㉢ 중학교는 '체험처 수용 인원 규모 초과', 고등학교는 '수요 기반 체험처 미확보'로 응답한 비율이 가장 높았다. 기타를 제외하고, '이동 시간 부족'이라고 응답한 비율은 중학교와 고등학교 모두 가장 낮게 나타났다. 한편, ㉣ 학생 의사 미반영 이유를 '이동 시간 부족'으로 응답한 교원의 수는 중학교와 고등학교가 동일하였다.

① ㄱ, ㄷ

② ㄱ, ㄹ

③ ㄴ, ㄷ

④ ㄴ, ㄹ

⑤ ㄱ, ㄷ, ㄹ

📝 **문제풀이**

02 곱셈 비교형

난이도 ★☆☆☆☆

〈표 1〉과 〈표 2〉의 관계를 토대로 각 표가 제시하는 비율의 의미를 확실하게 판단한 다음 답을 도출한다.

ㄱ. (O) 2021년 조사 결과 진로체험 편성·운영 시 학생 의사 반영 정도를 살펴보면, '일부 반영'으로 응답한 비율이 중학교와 고등학교 각각 70.8%, 58.3%로 가장 높았다. (전부 반영, 일부 반영, 미반영의 비율 합은 100%이므로 일부 반영의 비율이 50%를 초과한다면 가장 높은 비율이 된다)

ㄴ. (X) '전부 반영'으로 응답한 비율은 전년 대비 중학교가 2.4%p, 고등학교가 2.8%p 증가하였다.

ㄷ. (O) 중학교는 '체험처 수용 인원 규모 초과'가 27.5%, 고등학교는 '수요 기반 체험처 미확보'가 38.4%로 응답한 비율이 가장 높았다.

ㄹ. (X) 학생 의사 미반영 이유별 '이동 시간 부족'의 응답 비율은 중학교와 고등학교가 8.0%로 동일하지만 미반영 응답자 수는 중학교가 138명, 고등학교가 125명으로 서로 다르기 때문에 학생 의사 미반영 이유를 '이동 시간 부족'으로 응답한 교원의 수는 중학교가 138명의 8.0%, 고등학교가 125명의 8.0%로 동일하지 않다.

[정답] ①

03

다음 〈표〉는 2021년과 2022년 '갑'국의 학교급별 사교육비에 관한 자료이다. 제시된 〈표〉 이외에 〈보고서〉를 작성하기 위해 추가로 필요한 자료만을 〈보기〉에서 모두 고르면?

〈표 1〉 학교급별 사교육비 총액 및 학생 1인당 월평균 사교육비

학교급 \ 구분 \ 연도	사교육비 총액(억 원)		학생 1인당 월평균 사교육비(만 원)	
	2021	2022	2021	2022
전체	194,851	209,968	29.1	32.1
초등학교	85,531	95,596	26.3	29.0
중학교	49,972	52,555	31.2	33.8
고등학교	59,348	61,817	32.1	36.5

〈표 2〉 분야별 사교육비 총액 현황

(단위: 억 원)

분야 \ 연도	2021	2022	초등학교	중학교	고등학교
일반교과	142,600	154,051	56,545	46,192	51,314
예체능 및 취미·교양	50,707	54,273	38,814	6,210	9,249
취업	929	910	0	0	910
진로·진학 학습상담	615	734	237	153	344

〈보고서〉

2022년 학교급별 사교육비 총액은 약 21조 원으로, 2021년 대비 1조 5천억 원 이상 증가하였다. 2022년 사교육비 총액을 학교급별로 보면, 초등학교 약 9조 6천억 원, 중학교 약 5조 3천억 원, 고등학교 약 6조 2천억 원이었다.

2022년 사교육비 총액을 분야별로 살펴보면, '일반교과'는 약 15조 4천억 원으로 전년 대비 1조 1천억 원 이상 증가하였고, '예체능 및 취미·교양'은 약 5조 4천억 원으로 전년 대비 3천 5백억 원 이상 증가하였다.

2022년 사교육비 총액 중 '예체능 및 취미·교양' 사교육비가 차지하는 비중은 2017년 대비 6%p 이상 상승하였다. 이는 예체능에 대한 관심 증대, 취미·교양·재능계발 및 보육 등 사교육 목적의 다양화가 주요 원인으로 분석된다.

2022년 학생 1인당 월평균 사교육비는 32만 1천 원으로 전년 대비 3만 원 증가하였다. 학교급별로 학생 1인당 월평균 사교육비 증가액을 살펴보면 초등학교 2만 7천 원, 중학교 2만 6천 원, 고등학교 4만 4천 원이었다.

2022년 학생 1인당 주당 사교육 참여시간은 6.5시간으로 전년 대비 0.3시간 증가하였다. 학교급별로는 초등학교 5.7시간, 중학교 6.8시간, 고등학교 6.8시간으로 각각 전년 대비 0.4시간, 0.3시간, 0.3시간 증가하였다.

〈보기〉

ㄱ. 전년 대비 2022년 학교급별 학생 1인당 월평균 사교육비 증가액

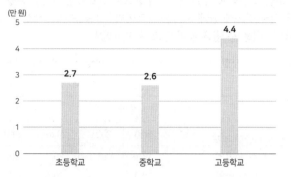

ㄴ. 2021년과 2022년 분야별 학생 1인당 월평균 사교육비

(단위: 만 원)

분야 \ 연도	2021	2022
일반교과	21.3	23.6
예체능 및 취미·교양	7.6	8.3
취업	0.1	0.1
진로·진학 학습상담	0.1	0.1

ㄷ. 2017년 분야별 사교육비 총액 구성비

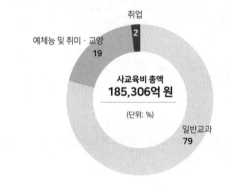

ㄹ. 2021년과 2022년 학교급별 학생 1인당 주당 사교육 참여시간

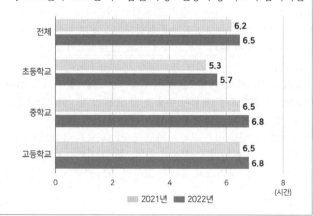

① ㄱ, ㄴ

② ㄱ, ㄷ

③ ㄴ, ㄷ

④ ㄴ, ㄹ

⑤ ㄷ, ㄹ

📑 문제풀이

03 보고서 검토·확인형   난이도 ★☆☆☆☆

제시된 〈표〉의 내용과 〈보고서〉의 내용을 비교하면서 누락된 항목이 〈보기〉에 제시되어 있다면 추가로 필요한 자료로 골라서 답을 도출한다.

ㄷ. 세 번째 문단에서 '2022년 사교육비 총액 중 '예체능 및 취미·교양' 사교육비가 차지하는 비중은 2017년 대비 6%p 이상 상승하였다. 이는 예체능에 대한 관심 증대, 취미·교양·재능계발 및 보육 등 사교육 목적의 다양화가 주요 원인으로 분석된다.'고 하였으므로 〈보고서〉를 작성하기 위해 [2017년 분야별 사교육비 총액 구성비]가 추가로 필요하다.

ㄹ. 다섯 번째 문단에서 '2022년 학생 1인당 주당 사교육 참여시간은 6.5시간으로 전년 대비 0.3시간 증가하였다. 학교급별로는 초등학교 5.7시간, 중학교 6.8시간, 고등학교 6.8시간으로 각각 전년 대비 0.4시간, 0.3시간, 0.3시간 증가하였다.'고 하였으므로 〈보고서〉를 작성하기 위해 [2021년과 2022년 학교급별 학생 1인당 주당 사교육 참여시간]이 추가로 필요하다.

⏱ 빠른 문제 풀이 Tip

ㄱ. 〈표 1〉을 토대로 도출할 수 있기 때문에 추가로 필요한 항목이 아니다.

[정답] ⑤

04

다음 〈표〉는 2014년과 2019년 A~E국의 3대 사망원인별 연령표준화사망률에 관한 자료이고, 〈보고서〉는 '갑'국의 연령표준화사망률을 분석한 자료이다. 이를 근거로 판단할 때, A~E 중 '갑'국에 해당하는 국가는?

〈표〉 2014년과 2019년 A~E국의 3대 사망원인별 연령표준화사망률

(단위: 명/10만 명)

국가	연도 / 성별 / 사망원인	2014 남자	2014 여자	2019 남자	2019 여자
A	암	233.9	151.9	223.5	145.5
	순환기계	219.3	165.1	185.4	136.1
	호흡기계	73.0	48.8	66.3	47.3
B	암	278.5	201.8	255.6	186.0
	순환기계	233.9	153.7	217.0	140.0
	호흡기계	102.7	75.9	113.3	83.2
C	암	265.8	125.9	254.7	125.3
	순환기계	220.7	155.6	214.5	150.0
	호흡기계	102.9	46.1	107.8	52.3
D	암	279.1	133.9	278.5	133.5
	순환기계	272.5	194.8	254.3	178.0
	호흡기계	121.2	63.5	118.5	62.1
E	암	272.3	113.9	229.0	100.9
	순환기계	187.1	133.5	148.6	105.5
	호흡기계	113.7	48.4	125.3	54.3

───────〈보고서〉───────

'갑'국의 3대 사망원인별 연령표준화사망률을 살펴보면, 남자는 2014년과 2019년 모두 암이 가장 높았고, 순환기계가 다음으로 높았다. 그에 반해, 여자는 2014년과 2019년 모두 순환기계가 가장 높았고, 암이 다음으로 높았다.

남자와 여자 모두, 2014년 대비 2019년 암과 순환기계의 연령표준화사망률은 낮아졌으나 호흡기계의 연령표준화사망률은 높아졌다. 2014년에는 호흡기계의 연령표준화사망률이 남자와 여자 모두 암의 연령표준화사망률의 절반에 미치지 못했으나, 2019년에는 절반을 넘었다.

① A
② B
③ C
④ D
⑤ E

📝 문제풀이

04 매칭형
난이도 ★★☆☆☆

발문에서 A~E 중 '갑'국에 해당하는 국가 하나를 고르라고 하였으므로 〈보고서〉의 내용을 검토하면서 소거법으로 해당되지 않은 국가를 지워가면서 답을 도출한다.

• 첫 번째 문단 두 번째 문장에서 [여자는 2014년과 2019년 모두 순환기계가 가장 높았고, 암이 다음으로 높았다.]고 하였으므로 2019년 암이 가장 높은 A와 B는 제외한다. → 선택지 ①, ② 삭제

• 두 번째 문단 첫 번째 문장에서 [남자와 여자 모두, 2014년 대비 2019년 암과 순환기계의 연령표준화사망률은 낮아졌으나 호흡기계의 연령표준화사망률은 높아졌다.]고 하였으므로 2014년 대비 2019년 여자의 호흡기계 연령표준화사망률이 63.5에서 62.1로 낮아진 D는 제외한다. → 선택지 ④ 삭제

• 두 번째 문단 두 번째 문장에서 [2014년에는 호흡기계의 연령표준화사망률이 남자와 여자 모두 암의 연령표준화사망률의 절반에 미치지 못했으나, 2019년에는 절반을 넘었다.]고 하였으므로 2019년 남자와 여자 모두 호흡기계의 연령표준화사망률이 남자와 여자 모두 암의 연령표준화사망률의 절반에 미치지 못한 C는 제외한다. → 선택지 ③ 삭제

따라서 '갑'국에 해당하는 국가는 E이다.

[정답] ⑤

05

다음 〈표〉는 2016~2020년 '갑'국의 난민심사 현황에 관한 자료이다. 이에 대한 설명으로 옳지 않은 것은?

〈표〉 2016~2020년 '갑'국 난민심사 현황

(단위: 명)

구분 연도	신규 신청자	신청 철회자	심사 완료자	난민 인정자	인도적 체류자	난민 불인정자	심사 인력
2016	1,574	208	523	57	206	260	20
2017	2,896	358	1,574	93	533	948	20
2018	5,268	603	2,755	105	198	2,452	30
2019	7,541	1,045	5,668	98	252	5,318	40
2020	9,942	1,117	5,890	121	317	5,452	50

※ 난민인정률(%) = $\dfrac{\text{난민인정자}}{\text{심사완료자}} \times 100$

① 심사완료자 중 인도적체류자의 비중은 매년 감소한다.

② 전년 대비 신규신청자 증가율이 가장 낮은 해는 2020년이다.

③ 난민인정률이 가장 낮은 해는 2019년이다.

④ 신규신청자가 가장 많은 해와 신청철회자가 가장 많은 해는 같다.

⑤ 심사인력 1인당 신규신청자는 매년 증가한다.

📝 **문제풀이**

05 분수 비교형　　　　　　　　　난이도 ★★★☆☆

분수 비교 시 정확한 분수의 비율을 도출하지 말고 분자와 분모의 증가율을 통해 대소 비교를 하여 정답을 도출한다.

① (X) 심사완료자 중 인도적체류자의 비중은 2019년 252/5,668≒4.4%에서 2020년 317/5,890≒5.4%로 증가하여 매년 감소하지 않았다.

② (O) 전년 대비 신규신청자 증가율은 2020년이 31.8%로 가장 낮다.

③ (O) 난민인정률은 2019년이 98/5,668≒1.7%로 가장 낮다.

④ (O) 신규신청자가 가장 많은 해와 신청철회자가 가장 많은 해는 2020년으로 동일하다.

⑤ (O) 심사인력 1인당 신규신청자는 2016년 78.7명, 2017년 144.8명, 2018년 175.6명, 2019년 188.5명, 2020년 198.8명으로 매년 증가한다.

⏱ **빠른 문제 풀이 Tip**

② 2020년의 전년 대비 증가율은 대략 7,500에서 9,900 정도로 증가폭이 2,500 미만이기 때문에 그 증가율은 1/3보다 작다는 것을 알 수 있고 나머지 연도의 전년 대비 증가율은 그보다 크기 때문에 2020년이 가장 작다는 것을 파악할 수 있다.

③ 2019년은 98이 56의 2배 미만으로 유일하게 2% 미만임을 판단할 수 있다.

⑤ 2016년 대비 2017년은 심사인력이 동일하고 신규신청자는 증가하였으므로 심사인력 1인당 신규신청자는 증가하였고 2017년 이후 심사인력은 매년 10명씩 증가하여 2018년 이후 전년 대비 증가율은 50%, 33.3%, 25%이고 신규신청자는 매년 증가율이 그보다 높기 때문에 심사인력 1인당 신규신청자는 매년 증가하고 있다.

[정답] ①

06

다음 〈표〉는 2022년 A시를 방문한 내국인 및 외국인 대상 업종별 매출액에 관한 자료이다. 이에 대한 설명으로 옳은 것은?

〈표〉 내국인 및 외국인 대상 업종별 매출액

(단위: 백만 원)

업종 \ 구분	내국인 대상	외국인 대상
쇼핑업	1,101,480	32,879
숙박업	101,230	11,472
식음료업	1,095,585	9,115
여가서비스업	92,459	1,233
여행업	958	2,000
운송업	31,114	141

※ 업종은 쇼핑업, 숙박업, 식음료업, 여가서비스업, 여행업, 운송업으로만 구성됨.

① 내국인 대상 전체 매출액에서 차지하는 비중이 큰 업종일수록 외국인 대상 전체 매출액에서 차지하는 비중도 크다.

② 내국인 대상 전체 매출액 중 식음료업이 차지하는 비중은 40% 이하이다.

③ 외국인 대상 전체 매출액은 내국인 대상 전체 매출액의 20% 이상이다.

④ 내국인 대상 매출액과 외국인 대상 매출액의 차이가 가장 큰 업종은 쇼핑업이다.

⑤ 외국인 대상 전체 매출액 중 쇼핑업이 차지하는 비중은 50% 이상이다.

📝 문제풀이

06 분수 비교형   난이도 ★★☆☆☆

각 구분항목별 합계가 구체적으로 주어지지 않았으므로 이를 도출하여 비교해야 하는 선택지는 최대한 후순위로 접근하여 답을 도출한다.

① (X) 동일 구분 항목 내에서 전체 매출액에서 차지하는 비중이 큰 순서는 매출액이 많은 순서와 동일하다. 숙박업과 식음료업을 비교하면 내국인 대상 매출액은 식음료업이 더 많지만 외국인 대상 매출액은 숙박업이 더 많다. 따라서 내국인 대상 전체 매출액에서 차지하는 비중이 큰 업종일수록 외국인 대상 전체 매출액에서 차지하는 비중도 크지 않다.

② (X) 내국인 대상 전체 매출액 중 식음료업이 차지하는 비중은 1,095,585/2,422,826 ≒ 45.2%로 40% 이상이다.

③ (X) 외국인 대상 전체 매출액 56,840백만 원은 내국인 대상 전체 매출액 2,422,826백만 원의 20%인 약 484,565백만 원 이상이 되지 못한다.

④ (X) 내국인 대상 매출액과 외국인 대상 매출액의 차이는 쇼핑업이 1,068,601백만 원이지만 식음료업이 1,086,470백만 원으로 더 크다. 따라서 쇼핑업의 차이가 가장 크지 않다.

⑤ (O) 외국인 대상 전체 매출액 중 쇼핑업이 차지하는 비중은 32,879/56,840 ≒ 57.8%로 50% 이상이다.

⏱ 빠른 문제 풀이 Tip

② 식음료업이 차지하는 비중이 40% 이하가 되려면 나머지 업종이 차지하는 비중의 합은 60% 이상이 되어야 하므로 나머지 업종의 매출액 합은 식음료업 매출액의 1.5배 이상이 되어야 한다. 식음료업은 약 110백만 원이기 때문에 나머지 합은 165백만 이상이 되어야 하지만 대략 합해도 그보다 작기 때문에 식음료업이 차지하는 비중은 40% 이상이 됨을 알 수 있다.

④ 쇼핑업과 식음료업의 내국인 대상 매출액 차이는 10,000백만 원 미만이 나지만 외국인 대상 매출액 차이는 20,000백만 원 이상 나기 때문에 쇼핑업보다 식음료업의 차이가 더 크다고 판단할 수 있다.

⑤ 쇼핑업 매출액이 나머지 업종의 매출액 합보다 많기 때문에 50% 이상이라고 판단할 수 있다.

[정답] ⑤

07

다음 〈표〉는 일제강점기 1933년과 1943년 한국인과 일본인의 고등교육기관 재학생 현황에 관한 자료이다. 이에 대한 〈보기〉의 설명 중 옳은 것만을 모두 고르면?

〈표〉 1933년과 1943년 한국인과 일본인의 고등교육기관 재학생 현황

(단위: 명)

연도 구분 고등교육기관	1933			1943		
	전체	한국인	일본인	전체	한국인	일본인
전문학교	3,787	2,046	1,741	7,051	4,054	2,997
관공립	1,716	553	1,163	3,026	802	2,224
사립	2,071	1,493	578	4,025	3,252	773
대학예과	314	97	217	697	200	497
대학	609	202	407	779	335	444

〈보 기〉

ㄱ. '대학' 재학생은 한국인과 일본인 모두 1943년이 1933년보다 많다.

ㄴ. '전문학교' 한국인 재학생 중 '사립' 전문학교 한국인 재학생의 비중은 1943년이 1933년보다 작다.

ㄷ. '대학예과'의 경우, 1933년 대비 1943년 재학생의 증가율은 한국인이 일본인보다 높다.

ㄹ. '관공립' 전문학교 재학생 중 한국인이 차지하는 비중은 1943년이 1933년보다 작다.

① ㄱ, ㄴ
② ㄱ, ㄷ
③ ㄱ, ㄹ
④ ㄴ, ㄹ
⑤ ㄷ, ㄹ

📝 문제풀이

07 분수 비교형 　　　　　　　　　　난이도 ★★☆☆☆

연도와 구분항목, 그리고 교육기관을 정확히 매칭하여 분수 비교로 판단하여 답을 도출한다.

ㄱ. (O) 한국인과 일본인 '대학' 재학생은 각각 1943년이 335, 444명으로 1933년 202, 407명보다 모두 많다.

ㄴ. (X) '전문학교' 한국인 재학생 중 '사립' 전문학교 한국인 재학생의 비중은 1943년 3,252/4,054≒80.2%가 1933년 1,493/2,046≒73.0%보다 크다.

ㄷ. (X) '대학예과'의 경우, 1933년 대비 1943년 재학생의 증가율은 한국인이 97에서 200으로 증가율이 106%이고 일본인은 217에서 497로 증가율이 129%이므로 한국인이 일본인보다 낮다.

ㄹ. (O) '관공립' 전문학교 재학생 중 한국인이 차지하는 비중은 1943년 802/3,026≒26.5%로 1933년 553/1,716≒32.2%보다 작다.

> ⏱ **빠른 문제 풀이 Tip**
>
> ㄴ. 상대비인 관공립/사립 비율로 판단하면 1943년이 3,252/802, 1933년이 1,493/553으로 분자가 분모의 4배 정도인 1943년이 분자가 분모의 3배 정도인 1933년보다 크다.
>
> ㄹ. 상대비인 한국인/일본인 비율로 판단하면 1933년이 553/1,163, 1943년이 802/2,224이므로 분모가 분자의 3배 정도인 1943년이 분모가 분자의 2배 정도인 1933년보다 작다.

[정답] ③

08

다음 〈표〉는 '갑'국 △△고속도로의 A~I휴게소 현황에 관한 자료이다. 이에 대한 〈보기〉의 설명 중 옳은 것만을 모두 고르면?

〈표〉 △△고속도로 휴게소 현황

(단위: m², 면, 백만 원)

진행 방향	휴게소	준공년월	면적	주차면수	사업비
동쪽	A	1997년 6월	104,133	313	9,162
	B	2003년 12월	88,196	292	9,800
	C	1999년 9월	63,846	283	15,358
	D	2008년 10월	39,930	193	14,400
서쪽	E	2003년 12월	53,901	277	9,270
	F	1999년 12월	9,033	145	9,330
	G	2010년 8월	40,012	193	14,522
	H	1997년 12월	85,560	313	11,908
	I	2004년 1월	72,564	225	10,300

〈보 기〉

ㄱ. 2000년 이후 준공된 휴게소 중 면적당 사업비가 가장 큰 휴게소는 E휴게소이다.
ㄴ. 진행 방향별 휴게소 주차면수의 합은 '동쪽'이 '서쪽'보다 적다.
ㄷ. 면적당 주차면수가 가장 많은 휴게소는 F휴게소이다.
ㄹ. 주차면수당 사업비는 G휴게소가 A휴게소의 2배 이상이다.

① ㄱ, ㄴ
② ㄱ, ㄹ
③ ㄴ, ㄷ
④ ㄷ, ㄹ
⑤ ㄴ, ㄷ, ㄹ

📝 문제풀이

08 분수 비교형	난이도 ★★☆☆☆

항목의 수가 많기 때문에 〈보기〉에서 묻는 항목을 정확하게 매칭하여 분수 비교한다.

ㄱ. (X) 2000년 이후 준공된 휴게소는 B, D, E, G, I이고 이 중 면적당 사업비는 E휴게소 9,270/53,901 ≒ 0.17보다 G휴게소 14,522/40,012 ≒ 0.36이 더 크다.

ㄴ. (O) 진행 방향별 휴게소 주차면수의 합은 '동쪽'이 313+292+283+193=1,081면으로 '서쪽' 277+145+193+313+225=1,153면보다 적다.

ㄷ. (O) 면적당 주차면수는 F휴게소가 0.0161로 유일하게 0.01을 초과한다. 따라서 가장 많다.

ㄹ. (O) 주차면수당 사업비는 G휴게소가 14,522/193 ≒ 75.2로 A휴게소 9,162/313 ≒ 29.3의 2배 이상이다.

⏱ 빠른 문제 풀이 Tip

ㄱ. 분모인 면적은 E보다 G가 더 작지만 분자인 사업비는 E보다 G가 더 크기 때문에 면적당 사업비는 E보다 G가 더 크다.

ㄷ. 주차면수보다 면적의 수치가 크기 때문에 반대해석하여 F가 주차면수당 면적의 크기가 가장 적은지 판단한다. F의 면적은 9천대로 두 번째로 작은 D가 4배 이상인 반면 주차면수는 F를 기준으로 4배 이상인 휴게소가 없기 때문에 F의 주차면수당 면적이 가장 작다.

[정답] ⑤

09

다음 〈그림〉은 갈라파고스 군도 A∼F섬의 서식종 수, 토속종 수, 면적을 나타낸 자료이다. 이에 대한 〈보기〉의 설명 중 옳은 것만을 모두 고르면?

〈그림〉 갈라파고스 군도 A∼F섬의 서식종 수, 토속종 수, 면적

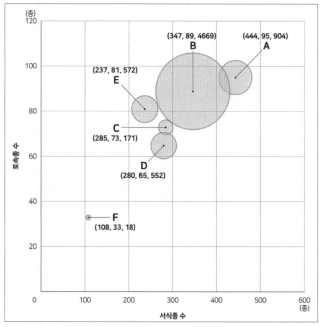

※ 원의 크기는 섬의 면적(km²)에 비례하고, 괄호 안의 수치는 (서식종 수, 토속종 수, 면적)을 나타냄.

─〈보 기〉─
ㄱ. '면적당 서식종 수'가 가장 많은 섬이 '면적당 토속종 수'도 가장 많다.
ㄴ. '면적당 토속종 수'가 가장 적은 섬이 '서식종당 토속종 수'도 가장 적다.
ㄷ. C섬의 '면적당 서식종 수' 순위는 F섬의 '서식종당 토속종 수' 순위와 같다.
ㄹ. '면적'이 세 번째로 큰 섬이 '서식종 수'도 세 번째로 많다.

① ㄱ, ㄴ
② ㄱ, ㄷ
③ ㄴ, ㄷ
④ ㄴ, ㄹ
⑤ ㄷ, ㄹ

📝 문제풀이

09 분산·물방울형	난이도 ★★★☆☆

물방울 차트이므로 X축 변수인 서식종 수와 Y축 변수인 토속종 수의 비교로 판단할 수 있는 〈보기〉부터 검토한 후 물방울 중심점을 지나는 선분의 기울기로 판단 가능한 〈보기〉를 이어서 판단하여 답을 도출한다.

ㄱ. (O) '면적당 서식종 수'는 108/18인 F가 가장 많고 '면적당 토속종 수'도 33/18인 F가 가장 많다.

ㄴ. (X) 먼저 '서식종당 토속종 수'는 원점과 각 섬의 원 중심을 잇는 선분의 기울기이므로 가장 적은 섬은 기울기가 가장 낮은 A이다. '면적당 토속종 수'는 95/904인 A보다 89/4,669인 B가 더 적기 때문에 '면적당 토속종 수'가 가장 적은 섬이 '서식종당 토속종 수'도 가장 적지 않다.

ㄷ. (O) '면적당 서식종 수'가 많은 섬부터 순서대로 나열하면 E, C, D, A, F, B 순으로 C섬의 순위는 2위이고 '서식종당 토속종 수'가 많은 섬부터 순서대로 나열하면 E, F, B, C, D, A 순이므로 F섬의 순위는 2위이다. 따라서 순위가 같다.

ㄹ. (X) '면적'이 큰 섬부터 순서대로 나열하면 B, A, E 순이므로 E가 세 번째로 큰 섬이지만 '서식종 수'가 많은 섬부터 순서대로 나열하면 A, B, C 순이므로 세 번째로 많은 섬은 C이다. 따라서 서로 동일하지 않다.

⏱ 빠른 문제 풀이 Tip

ㄱ. 괄호 안의 수치를 토대로 판단하면 F는 유일하게 면적의 수치가 서식종 수나 토속종 수에 비해 작다.

[정답] ②

무료특강
2024
2023
2022
2021
2020
2019
2018
2017
2016
2015
2014
2013
2012
해커스PSAT 5급 PSAT 김용훈 자료해석 13개년 기출문제집

10

다음 〈표〉는 '갑'국의 면적직불금 지급단가에 관한 자료이다. 이에 대한 〈보기〉의 설명 중 옳은 것만을 모두 고르면?

〈표〉 농지유형별 면적구간별 면적직불금 지급단가

(단위: 만 원/ha)

면적구간＼농지유형	진흥지역 논·밭	비진흥지역 논	비진흥지역 밭
0ha 초과 2ha 이하분	205	178	134
2ha 초과 6ha 이하분	197	170	117
6ha 초과분	189	162	100

※ 면적직불금은 면적구간별 해당 면적에 농지유형별 지급단가를 곱한 금액의 총합임. 예를 들어, '비진흥지역 밭'이 3ha인 경우, 면적직불금은 385만 원(=134만 원/ha×2ha+117만 원/ha×1ha)임.

─────〈보 기〉─────

ㄱ. 동일한 면적에 대한 면적직불금은 '비진흥지역 논'이 '비진흥지역 밭'보다 많다.

ㄴ. 면적이 2ha로 같더라도 면적직불금은 '비진흥지역 논'과 '비진흥지역 밭'이 각각 1ha인 경우가 '진흥지역 논·밭'만 2ha인 경우보다 많다.

ㄷ. '진흥지역 논·밭', '비진흥지역 논', '비진흥지역 밭'이 각각 10ha인 총면적 30ha의 면적직불금은 4,500만 원 이상이다.

ㄹ. '비진흥지역 논' 5ha와 '비진흥지역 밭' 5ha의 면적직불금 차이는 250만 원 이상이다.

① ㄱ, ㄴ

② ㄱ, ㄷ

③ ㄴ, ㄷ

④ ㄴ, ㄹ

⑤ ㄱ, ㄷ, ㄹ

📋 문제풀이

10 각주 판단형   난이도 ★★★☆☆

면적구간별로 지급단가가 다르기 때문에 구간별 면적에 지급단가를 곱해서 비교한다.

ㄱ. (O) 면적직불금 지급단가는 모든 면적구간에서 '비진흥지역 논'이 '비진흥지역 밭'보다 높기 때문에 동일한 면적에 대한 면적직불금은 '비진흥지역 논'이 '비진흥지역 밭'보다 많다는 것을 쉽게 판단할 수 있다.

ㄴ. (X) 면적이 2ha로 같을 경우 면적직불금은 '비진흥지역 논'과 '비진흥지역 밭'이 각각 1ha인 경우가 178+134=312만 원이고 '진흥지역 논·밭'만 2ha인 경우는 205×2=410만 원이므로 전자가 후자보다 적다.

ㄷ. (O) '진흥지역 논·밭', '비진흥지역 논', '비진흥지역 밭'이 각각 10ha인 총면적 30ha의 면적직불금은 (205+178+134)×2+(197+170+117)×4+(189+162+100)×4=4,774만 원으로 4,500만 원 이상이다.

ㄹ. (X) 면적직불금은 '비진흥지역 논' 5ha가 178×2+170×3=866만 원이고 '비진흥지역 밭' 5ha가 134×2+117×3=619만 원이므로 차이는 866-619=247만 원이 되어 250만 원 이상이 되지 못한다.

[정답] ②

11

다음 〈표〉는 A가계의 2019년과 2020년 가계지출에 관한 자료이다. 〈표〉를 이용하여 작성한 자료로 옳지 않은 것은?

〈표 1〉 A가계의 2019년 항목별 가계지출

(단위: 천 원)

분기 항목	1	2	3	4	합
식비	1,896	2,113	1,770	1,920	7,699
교통비	227	233	327	329	1,116
주거비	961	1,186	929	919	3,995
생활용품비	643	724	536	611	2,514
여가생활비	599	643	496	325	2,063
기타	326	734	682	232	1,974
계	4,652	5,633	4,740	4,336	19,361

〈표 2〉 A가계의 2020년 항목별 가계지출

(단위: 천 원)

분기 항목	1	2	3	4	합
식비	1,799	2,202	2,305	1,829	8,135
교통비	387	382	451	379	1,599
주거비	977	1,161	1,039	905	4,082
생활용품비	506	601	705	567	2,379
여가생활비	442	526	285	359	1,612
기타	203	412	267	561	1,443
계	4,314	5,284	5,052	4,600	19,250

① 2020년 분기별 '식비'의 직전 분기 대비 증가율

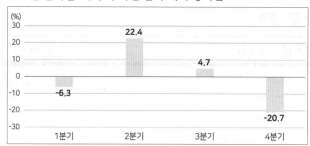

② 2019년과 2020년 연간 '교통비'의 분기별 구성비

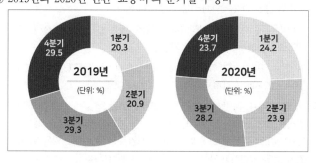

③ 2019년과 2020년 분기별 '여가생활비'

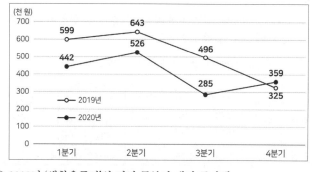

④ 2020년 '생활용품비'의 전년 동분기 대비 증가액

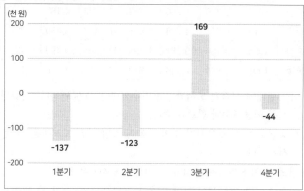

⑤ 2019년 4분기 가계지출 항목별 구성비

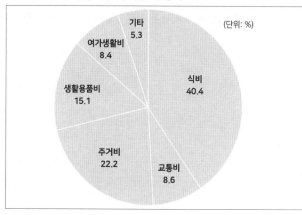

📝 문제풀이

11 표-차트 변환형　　　　　난이도 ★★★★★

표-차트 변환형 문제이므로 〈표〉의 수치를 그대로 이용한 자료 또는 차이를 나타내는 ③, ④번 그래프를 먼저 검토한 후 증가율 또는 구성비 그래프를 판단한다.

⑤ (X) 2019년 4분기 가계지출 항목별 구성비를 도출하면 식비는 44.3%, 교통비는 7.6%, 주거비는 21.2%, 생활용품비는 14.1%, 여가생활비는 7.5%, 기타는 5.4%로 그림의 비율과 일치하지 않는다.

⏱ 빠른 문제 풀이 Tip

⑤ 원그래프 구성비를 판단하는 선택지를 검토하는 것이 유리한 점은 일반적으로 틀린 선택지인 경우에는 2개 이상 잘못 표시한 경우가 대다수이기 때문에 틀린 부분을 찾기 용이하다. ⑤번 선택지의 경우 가장 큰 비중을 차지하는 식비가 약 40%이므로 이를 통해 판단한다.

[정답] ⑤

12

다음 〈표〉는 2022년 '갑'시 6개 공공도서관 운영 현황에 관한 자료이다. 이에 대한 설명으로 옳은 것은?

〈표〉 2022년 '갑'시 6개 공공도서관 운영 현황

도서관명	설립년도	규모			이용 현황		직원(명)
		부지 (m^2)	건물 (m^2)	열람석 (석)	이용건수 (건)	보유서적 (권)	
꿈밭	2006	18,082	10,553	1,528	50,863	17,304	11
들풀	1989	5,048	3,461	812	71,675	21,937	23
새벗	1973	2,306	1,306	263	16,475	4,182	11
샛별	2019	8,211	4,600	901	61,144	36,450	22
숲길	1995	10,260	9,181	1,798	115,908	39,499	49
한빛	1991	3,840	2,140	520	14,451	4,356	10

① 1990년대에 설립된 도서관 이용건수의 합은 2000년 이후 설립된 도서관 이용건수의 합보다 적다.

② 이용건수 대비 보유서적 수의 비율이 가장 낮은 도서관은 '새벗' 도서관이다.

③ 건물 규모가 부지 규모의 60% 이상인 도서관은 3개이다.

④ 건물 1m^2당 열람석이 가장 많은 도서관은 직원 수가 두 번째로 많다.

⑤ 2000년 이전에 설립된 도서관은 설립년도가 이를수록 이용건수가 적다.

📑 문제풀이

12 분수 비교형   난이도 ★★★☆☆

분수 비교를 묻는 선택지를 검토하기 전 단순하게 합계 또는 순서를 확인하여 정오를 판단할 수 있는 ①, ⑤번을 선제적으로 빠르게 검토한 후 분수 비교 판단을 하여 답을 도출한다.

① (X) 1990년대에 설립된 도서관 '숲길'과 '한빛'의 이용건수의 합은 115,908+14,451=130,359건이고 2000년 이후 설립된 도서관 '꿈밭'과 '샛별'의 이용건수의 합 50,863+61,144=112,007건보다 많다.

② (O) 이용건수 대비 보유서적 수의 비율은 '새벗' 도서관이 4,182/16,475 ≒ 0.25로 유일하게 0.3 미만으로 가장 낮다.

③ (X) 건물 규모가 부지 규모의 60% 이상인 도서관은 '들풀'(3,461 ≥ 5,048 × 0.6 ≒ 3,029)과 '숲길'(9,181 ≥ 10,260 × 0.6 ≒ 6,156) 2개이다.

④ (X) 직원 수가 두 번째로 많은 도서관은 23명인 '들풀'이고 건물 1m^2당 열람석은 812/3,461 ≒ 0.230이다. '한빛'의 경우 건물 1m^2당 열람석은 520/2,140 ≒ 0.24로 '들풀'보다 많기 때문에 직원 수가 두 번째로 많은 도서관과 건물 1m^2당 열람석이 가장 많은 도서관은 동일하지 않다.

⑤ (X) '새벗'은 '한빛'보다 먼저 설립되었지만 이용건수는 더 많다. 따라서 2000년 이전에 설립된 도서관은 설립년도가 이를수록 이용건수가 적지 않다.

⏱ 빠른 문제 풀이 Tip
② 이용건수가 보유서적의 몇 배인지 판단하여 그 배수가 클수록 이용건수 대비 보유서적 수의 비율이 낮다. '새벗'의 경우 4배 정도로 가장 크다.

[정답] ②

13

다음 〈보고서〉는 2015~2020년 한국의 항공기 및 부품 산업 현황에 관한 자료이다. 〈보고서〉의 내용에 부합하지 않는 자료는?

〈보고서〉

한국의 항공기 및 부품 산업 '무역수지'는 2017년을 제외하고 2015년 이후 적자를 기록하고 있으며, 2017년 이후 수출액의 감소세가 이어지고 있다. 2017년 항공기 및 부품 산업 수출액은 전기차 산업 수출액의 2배 이상이었으나, 2020년에는 전기차 산업 수출액의 1/3 이하인 14.32억 달러를 기록하였다.

2020년 한국은 항공기 및 부품 산업의 수출규모와 기술수준 면에서 세계 주요국 대비 경쟁력이 낮은 것으로 분석된다. 2020년 한국의 항공기 및 부품 산업 수출규모는 미국의 1/50에도 미치지 못할 뿐 아니라 한국과 마찬가지로 '무역수지'가 적자인 일본 수출규모의 절반에도 미치지 못한다. 또한 2020년 한국의 우주·항공·해양 분야의 기술수준은 미국의 68.4% 수준으로 중국(81.6%)과 일본(83.5%)에 비해서도 뒤처져 있으며, 미국과의 기술격차에서 한국은 일본에 비해 4년 이상 뒤처지는 것으로 나타났다.

하지만 한국의 항공기 및 부품 산업의 제품 차별화 수준을 나타내는 '산업내 무역지수'를 살펴보면, 2015년 0.662에서 2020년 0.785로 개선되었음을 알 수 있다. 특히 미국, 영국 등 완제기 부문에서 다양한 제품으로 특화된 항공선진국과 비교할 때, 2020년 한국의 항공기 및 부품 분야의 제품 차별화 수준은 미국, 독일, 영국보다도 높았다.

그럼에도 불구하고, 2020년 한국의 경량항공기 산업은 여전히 대부분 수입에 의존하면서 수입액이 수출액의 4배 이상이었다. 그렇지만 수출액은 2018년 이후 구준히 증가하고 있다.

① 2015~2020년 한국의 항공기 및 부품 산업 '무역수지' 현황

※ 무역수지(=수출액−수입액) 값이 음수이면 적자이고 양수이면 흑자임

② 2017~2020년 한국의 전기차 산업과 항공기 및 부품 산업 수출액

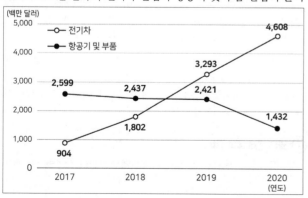

③ 2020년 우주·항공·해양 분야 기술수준 및 기술격차 비교

(단위: %, 년)

구분	미국	한국	중국	일본	EU
기술수준	100.0	68.4	81.6	83.5	93.3
기술격차	0.0	8.6	5.1	4.8	1.9

※ 미국의 기술수준(100%)과 기술격차(0년)를 기준으로 산정한 값임.

④ 한국의 항공기 및 부품 산업 '산업내 무역지수'

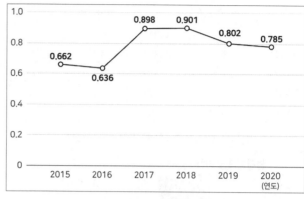

⑤ 2015~2020년 한국의 경량항공기 산업의 수출액과 수입액

(단위: 천 달러)

연도	수출액	수입액	무역수지
2015	1,125	28,329	−27,204
2016	1,722	23,018	−21,296
2017	2,899	18,424	−15,525
2018	1,352	14,442	−13,090
2019	2,114	14,905	−12,791
2020	4,708	20,279	−15,571

📝 문제풀이

13 분수 비교형
난이도 ★★☆☆☆

〈보고서〉의 내용이 많기 때문에 선택지 제목의 키워드와 각 문단의 키워드를 비교하여 연도나 수치가 주어진 항목 위주로 판단하여 답을 도출한다.

① (O) 〈보고서〉 첫 번째 문단 첫 번째 문장에서 확인할 수 있다.

② (O) 〈보고서〉 첫 번째 문단 두 번째 문장에서 확인할 수 있다.

③ (X) 〈보고서〉 두 번째 문단 마지막 문장에서 [미국과의 기술격차에서 한국은 일본에 비해 4년 이상 뒤처지는 것으로 나타났다.]고 하였지만 한국은 8.6년으로 일본의 4.8년에 비해 3.8년 뒤처지고 있으므로 4년 이상이 아니다.

④ (O) 〈보고서〉 세 번째 문단에서 확인할 수 있다.

⑤ (O) 〈보고서〉 네 번째 문단에서 확인할 수 있다.

[정답] ③

14

다음 〈표〉와 〈그림〉은 '갑'국의 전국 학교급식 운영 및 예산 현황에 관한 자료이다. 제시된 〈표〉와 〈그림〉 이외에 〈보고서〉를 작성하기 위해 추가로 필요한 자료만을 〈보기〉에서 모두 고르면?

〈표〉 전국 학교급별 학교급식 현황

(단위: 천 명, 개교)

학교급	학교급식 참여 학생 수	학교급식 운영 학교 수		
			직영운영	위탁운영
초등학교	2,688	6,044	6,042	2
중학교	1,384	3,213	3,179	34
고등학교	1,646	2,373	2,154	219
특수학교	24	170	167	3
전체	5,742	11,800	11,542	258

〈그림〉 전국 학교급식 예산 재원별 구성비

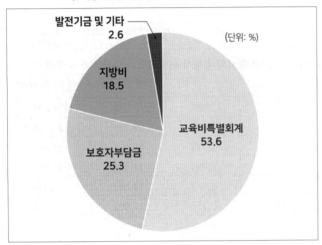

(단위: %)

- 발전기금 및 기타 2.6
- 지방비 18.5
- 보호자부담금 25.3
- 교육비특별회계 53.6

〈보고서〉

'갑'국에서 급식에 참여하는 학생은 초등학생 268만 8천 명, 중학생 138만 4천 명, 고등학생 164만 6천 명, 특수학교 학생 2만 4천 명으로, 학교급별 총학생 중 학교급식에 참여하는 학생의 비중은 각각 초등학생 99.9%, 중학생 100%, 고등학생 99.5%, 특수학교 학생 98.5%였다.

학교급식 운영형태는 직영운영 또는 위탁운영으로 구분되는데, 전체 학교급식 운영 학교 11,800개교 중 학교급식을 직영으로 운영하는 학교는 11,542개교였다. 학교급식을 운영하는 학교 중 직영으로 운영하는 학교의 비율을 학교급별로 알아보면, 초등학교는 99.9%(6,042개교), 중학교는 98.9%(3,179개교), 고등학교는 90.8%(2,154개교), 특수학교는 98.2%(167개교)로 고등학교의 학교급식 직영운영 비율이 상대적으로 낮았다. 학교급식을 위탁으로 운영하는 학교는 258개교였다.

학교급식 조리 형태는 단독조리 또는 공동조리로 구분되는데, 단독조리 학교급식 운영 학교가 78.1%로 공동조리 학교급식 운영 학교의 3배 이상이었다.

전체 학교급식 예산액은 5조 9,088억 원으로 재원별로는 교육비특별회계 3조 1,655억 원, 보호자부담금 1조 4,972억 원, 지방비 1조 925억 원, 발전기금 및 기타 1,536억 원이었다.

〈보 기〉

ㄱ. 전국 학교급식 재원별 예산액
ㄴ. 전국 학교급별 학교급식 직영운영 학교 수
ㄷ. 전국 학교급별 총학생 수
ㄹ. 전국 학교급별 단독조리 학교급식 운영 학교 수

① ㄱ
② ㄱ, ㄴ
③ ㄷ, ㄹ
④ ㄱ, ㄷ, ㄹ
⑤ ㄴ, ㄷ, ㄹ

📝 문제풀이

14 보고서 검토·확인형   난이도 ★★☆☆☆

〈표〉는 참여 학생 수와 학교 수를 구체적인 수치로 제시하고 〈그림〉은 예산 재원을 구성비인 비율로만 제시했다는 점을 고려하여 추가로 필요한 자료를 〈보기〉에서 찾아 답을 도출한다.

ㄱ. 네 번째 문단에서 '전체 학교급식 예산액은 5조 9,088억 원으로 재원별로는 교육비특별회계 3조 1,655억 원, 보호자부담금 1조 4,972억 원, 지방비 1조 925억 원, 발전기금 및 기타 1,536억 원이었다.'고 하였으므로 [전국 학교급식 재원별 예산액]이 추가로 필요하다.

ㄷ. 첫 번째 문단에서 "갑'국에서 급식에 참여하는 학생은 초등학생 268만 8천 명, 중학생 138만 4천 명, 고등학생 164만 6천 명, 특수학교 학생 2만 4천 명으로, 학교급별 총학생 중 학교급식에 참여하는 학생의 비중은 각각 초등학생 99.9%, 중학생 100%, 고등학생 99.5%, 특수학교 학생 98.5%였다.'고 하였으므로 [전국 학교급별 총학생 수]가 추가로 필요하다.

ㄹ. 세 번째 문단에서 '학교급식 조리 형태는 단독조리 또는 공동조리로 구분되는데, 단독조리 학교급식 운영 학교가 78.1%로 공동조리 학교급식 운영 학교의 3배 이상이었다.'고 하였으므로 [전국 학교급별 단독조리 학교급식 운영 학교 수]가 추가로 필요하다.

⏱ 빠른 문제 풀이 Tip

ㄱ. 마지막 문단에서 구체적인 예산 금액이 제시되고 있는데 이는 〈그림〉의 예산 재원별 구성비만 가지고는 작성할 수 없는 내용이기 때문에 구체적인 재원별 예산액 항목이 추가로 필요하다.

[정답] ④

15

다음 〈표〉는 2020년 '갑'지역 수산물 생산 현황에 관한 자료이다. 〈표〉와 〈조건〉을 근거로 A~E에 해당하는 수산물을 바르게 연결한 것은?

〈표〉 2020년 '갑'지역 수산물 생산 현황

(단위: 톤, %, 억 원)

구분 수산물	갑				전국	
	생산량	전국 대비 비중	생산액	전국 대비 비중	생산량	생산액
A	660,366	97.8	803	92.3	675,074	870
B	482,216	95.2	1,181	82.1	506,620	1,439
C	394,111	73.5	3,950	77.7	536,341	5,084
D	46,631	14.3	428	14.6	325,889	2,940
E	27,730	99.0	146	98.6	28,017	148

※ 1) '갑'지역에서 수산물은 굴, 김, 다시마, 미역, 톳만 생산됨.

2) 시장지배력지수 = $\dfrac{\text{지역 생산량} \times \text{지역 생산액}}{\text{전국 생산량} \times \text{전국 생산액}}$

〈조 건〉

○ 생산량의 전국 대비 비중이 생산액의 전국 대비 비중보다 큰 수산물은 다시마, 미역, 톳이다.

○ '갑'지역에서 생산량 순위와 생산액 순위가 같은 수산물은 굴, 미역, 톳이다.

○ '시장지배력지수'가 가장 높은 수산물은 톳이다.

	A	B	C	D	E
①	다시마	미역	굴	김	톳
②	다시마	미역	김	굴	톳
③	다시마	톳	굴	김	미역
④	다시마	톳	김	굴	미역
⑤	미역	다시마	굴	김	톳

📑 문제풀이

15 매칭형
난이도 ★★★☆☆

〈조건〉 중 검토하지 않아도 되는 조건이 있는지 확인한 후 가장 먼저 검토해야 하는 순서 제시 〈조건〉부터 판단하여 답을 도출한다.

• 생산량의 전국 대비 비중이 생산액의 전국 대비 비중보다 큰 수산물은 다시마, 미역, 톳이다.

→ 생산량의 전국 대비 비중이 생산액의 전국 대비 비중보다 큰 A, B, E가 다시마, 미역, 톳 중 하나이다.

• '갑'지역에서 생산량 순위와 생산액 순위가 같은 수산물은 굴, 미역, 톳이다.

→ '갑'지역에서 생산량 순위와 생산액 순위가 같은 수산물은 B(2위), D(4위), E(5위)이고 굴, 미역, 톳 중 하나이다. (선택지 ①, ③, ⑤ 삭제)

• '시장지배력지수'가 가장 높은 수산물은 톳이다.

→ 선택지 ②번과 ④번을 비교하면 톳은 B와 E 중 하나이므로 시장지배력지수는 E가 0.98로 B의 약 0.78보다 더 크다. 따라서 톳은 E이므로 정답은 ②번이다.

⏱ 빠른 문제 풀이 Tip

첫 번째 조건과 선지의 배열을 비교하면 다시마, 미역, 톳은 A, B, E 중 하나이므로 굳이 검토할 필요가 없다. 세 번째 조건의 시장지배력지수 식을 정리하면 $\dfrac{\text{지역 생산량}}{\text{전국 생산량}} \times \dfrac{\text{지역 생산액}}{\text{전국 생산액}}$ 이므로 이는 갑 지역 생산량의 전국 대비 비중과 갑 지역 생산액의 전국 대비 비중을 곱해서 도출할 수 있다. 따라서 B는 95.2×82.1이고 E는 99.0×98.6이므로 B보다 E가 더 크다.

[정답] ②

16

다음 〈표〉는 2022년 '갑'부처 기금 A~E의 예산과 기금건전성 평가 결과 및 2023년 기금예산 결정방식에 관한 자료이다. 이에 대한 〈보기〉의 설명 중 옳은 것만을 모두 고르면?

〈표 1〉 2022년 기금별 예산과 기금건전성 평가 결과

(단위: 백만 원, 점)

구분 기금	2022년 예산	평가항목별 점수			기금건전성 총점
		사업 적정성 점수	재원구조 적정성 점수	기금존치 타당성 점수	
A	200,220	30	18	( )	76
B	34,100	24	30	13	( )
C	188,500	( )	14	15	82
D	9,251	25	17	13	( )
E	90,565	18	15	6	45

※ 기금건전성 총점 =
사업 적정성 점수 + 재원구조 적정성 점수 + 기금존치 타당성 점수 × 2

〈표 2〉 2023년 기금예산 결정방식

2022년 기금건전성 총점	2023년 예산
60점 미만	2022년 예산의 80%
60점 이상 80점 미만	2022년 예산의 100%
80점 이상	2022년 예산의 110%

〈보 기〉

ㄱ. 2022년 기금건전성 총점이 가장 높은 기금은 C이다.
ㄴ. 기금존치 타당성 점수는 A가 B보다 낮다.
ㄷ. 2023년 A~E예산의 합은 전년 대비 2% 이상 증가한다.
ㄹ. 2022년 사업 적정성 점수가 가장 높은 기금은 2023년 예산이 가장 많다.

① ㄱ, ㄴ
② ㄱ, ㄹ
③ ㄴ, ㄷ
④ ㄷ, ㄹ
⑤ ㄱ, ㄷ, ㄹ

📝 **문제풀이**

16 빈칸형
난이도 ★★★★☆

기금건전성 총점 60점 이상 80점 미만은 2022년 예산과 2023년 예산이 동일하므로 차이가 나는 기금을 위주로 판단한다.

ㄱ. (O) 2022년 기금건전성 총점은 C가 82점으로 가장 높다.

ㄴ. (X) 기금존치 타당성 점수는 14점인 A가 13점인 B보다 높다.

ㄷ. (X) A~E예산의 합은 2022년 522,636백만 원에서 2023년 526,783백만 원으로 증가하여 0.8% 증가하였으므로 전년 대비 2% 이상 증가하지 않았다.

ㄹ. (O) 2022년 사업 적정성 점수는 38점으로 C가 가장 높고 2023년 예산 역시 207,350백만 원으로 가장 많다.

⏱ **빠른 문제 풀이 Tip**

ㄷ. A와 D의 예산은 동일하므로 B와 C의 증가폭인 3,410+18,850백만 원과 E의 감소폭인 18,113백만 원과 비교하여 판단한다.
ㄹ. A의 예산은 2022년과 동일하므로 C의 예산 188,500과의 차이인 200,220−188,500=11,720백만 원이 188,500백만 원의 10%보다 작은지 판단하면 된다.

[정답] ②

17

다음 〈표〉와 〈그림〉은 '갑'국의 1925~1940년 산업별 공장 수에 관한 자료이다. 이에 근거하여 〈그림〉의 A~D에 해당하는 산업을 바르게 연결한 것은?

〈표〉 1934년과 1940년의 산업별 공장 수

(단위: 개소)

구분 / 산업	1934년 공장 수	1925년 대비 증가	1940년 공장 수	1934년 대비 증가
가스전기	52	2	( )	0
금속기계	524	−14	( )	( )
목제품	206	13	( )	( )
방직	( )	128	( )	332
화학	( )	605	( )	( )

〈그림〉 1925년과 1940년 산업별 공장 수 변화 추이

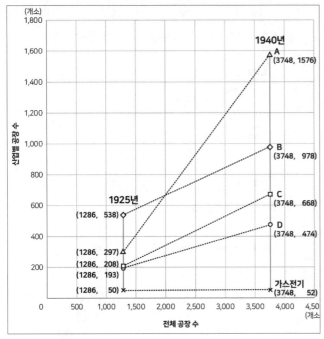

※ A~D는 각각 금속기계, 목제품, 방직, 화학 산업 중 하나임.

	A	B	C	D
①	금속기계	방직	화학	목제품
②	금속기계	화학	목제품	방직
③	목제품	금속기계	방직	화학
④	화학	금속기계	방직	목제품
⑤	화학	방직	금속기계	목제품

📝 문제풀이

17 매칭형
난이도 ★★☆☆☆

빈칸이 주어진 매칭형이므로 모든 빈칸을 굳이 채우려 하지 말고 〈표〉와 〈그림〉을 비교해서 공장 수를 정확하게 판단할 수 있는 항목부터 검토한다.

〈그림〉에서 1925년과 1940년 산업별 공장 수를 직접 제시하고 있으므로 〈표〉에서 1925년 산업별 공장 수를 도출할 수 있는 금속기계와 목제품을 비교한다. 금속기계의 경우 1925년 대비 1934년 증가폭이 −14이므로 1925년 공장 수는 538개소이다. 또한 목제품의 경우 1925년 대비 1934년 증가폭이 13이므로 1925년 공장 수는 193개소이다. 따라서 금속기계는 B이고 목제품은 D이므로 정답은 ④번이다.

[정답] ④

[18~19] 다음 〈표〉는 '갑'국의 2020년 6~11월 마스크 생산량 및 가격, 6월과 11월의 마스크 제조업체 수 및 품목별 허가제품 수에 관한 자료이다. 다음 물음에 답하시오.

〈표 1〉 마스크 생산량

(단위: 만 개)

월 \ 품목	보건용	비말차단용	수술용
6	10,653	1,369	351
7	9,369	8,181	519
8	15,169	10,229	1,970
9	19,490	5,274	1,590
10	13,279	3,079	1,023
11	10,566	2,530	950

※ '갑'국의 마스크 품목은 보건용, 비말차단용, 수술용으로만 분류됨.

〈표 2〉 마스크 가격

(단위: 원/개)

월 \ 구분	보건용		비말차단용	
	오프라인	온라인	오프라인	온라인
6	1,685	2,170	1,085	1,037
7	1,758	1,540	725	856
8	1,645	1,306	712	675
9	1,561	1,027	714	608
10	1,476	871	696	572
11	1,454	798	686	546

〈표 3〉 마스크 제조업체 수 및 품목별 허가제품 수

(단위: 개)

구분 \ 월		6	11
마스크 제조업체		238	839
허가제품	보건용	1,525	2,098
	비말차단용	120	851
	수술용	72	300

18

위 〈표〉에 대한 〈보기〉의 설명 중 옳은 것만을 모두 고르면?

─〈보 기〉─

ㄱ. 전월 대비 보건용 마스크의 온라인 가격 감소율이 가장 큰 달과 전월 대비 비말차단용 마스크의 온라인 가격 감소율이 가장 큰 달은 같다.
ㄴ. 제조업체당 마스크 생산량은 11월이 6월의 40% 이상이다.
ㄷ. 월별 마스크 총생산량은 8월 이후 매월 감소하였다.
ㄹ. 6월에는 생산량이 많은 품목일수록 허가제품 수도 많다.

① ㄱ, ㄴ
② ㄱ, ㄷ
③ ㄴ, ㄹ
④ ㄷ, ㄹ
⑤ ㄴ, ㄷ, ㄹ

19

위 〈표〉를 이용하여 작성한 자료로 옳지 않은 것은?

① 8~10월 품목별 마스크 생산량 비중

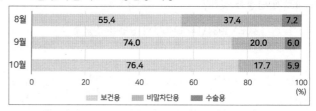

② 6~9월 보건용 마스크의 오프라인 가격 대비 온라인 가격 비율

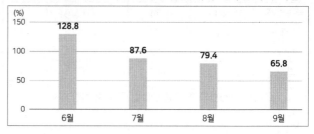

③ 6~9월 보건용 마스크와 비말차단용 마스크의 온라인 가격

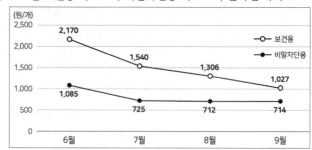

④ 품목별 마스크 허가제품 현황

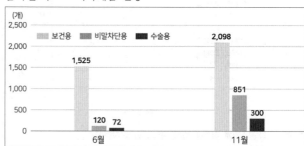

⑤ 6~10월 비말차단용 마스크의 온라인 및 오프라인 가격

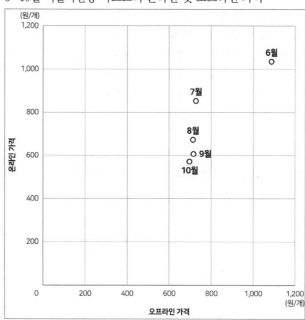

📝 문제풀이

18 분수 비교형   난이도 ★★★☆☆

각 표에서 알려주는 정보가 생산량, 가격, 업체 및 허가제품 수이므로 〈보기〉에서 묻는 항목을 정확하게 매칭해서 답을 도출한다.

ㄱ. (X) 전월 대비 보건용 마스크의 온라인 가격 감소율은 7월이 630/2,170 ≒29.0%로 가장 크지만 전월 대비 비말차단용 마스크의 온라인 가격 감소율은 8월이 181/856≒21.1%로 가장 크다.

ㄴ. (X) 제조업체당 마스크 생산량은 11월 14,046/839≒16.7만 개가 6월 12,373/238≒52.0만 개의 40%인 약 20.8만 개 이상이 되지 못한다.

ㄷ. (O) 월별 마스크 총생산량은 8월 27,368만 개, 9월 26,354만 개, 10월 17,381만 개, 11월 14,046만 개로 매월 감소하였다.

ㄹ. (O) 6월의 생산량은 보건용 10,653만 개, 비말차단용 1,369만 개, 수술용 351만 개 순이고 허가제품 수 역시 보건용 1,525개, 비말차단용 120개, 수술용 72개로 생산량이 많은 품목일수록 허가제품 수도 많다.

⏱ 빠른 문제 풀이 Tip

ㄴ. 11월이 6월의 40% 이상이려면 6월×0.4≤11월로 식을 구성하여 분수 비교한다. 즉 3자리로 유효설정해서 식을 세우면 (124/238)×2/5≤140/839가 성립하는지 판단하면 된다.

[정답] ④

📝 문제풀이

19 표-차트 변환형   난이도 ★★★☆☆

〈표〉의 수치를 그대로 그림에 적용한 ③, ④, ⑤를 먼저 판단하여 답을 도출한다.

③ (X) 6월의 비말차단용 마스크의 온라인 가격은 〈표 2〉에서 1,037원/개지만 그림에서는 오프라인 가격인 1,085로 잘못 표시되어 있다. 7~9월 역시 온라인이 아닌 오프라인 가격으로 표시하였다.

[정답] ③

20

다음 〈표〉와 〈그림〉은 '갑'국의 2019~2021년 신재생 에너지원별 발전소 현황 및 2022년 A~Q지역별 신재생 에너지 발전소 현황에 관한 자료이다. 이에 대한 설명으로 옳지 않은 것은?

〈표〉 에너지원별 발전소 현황

(단위: 개소, MW)

에너지원 \ 연도		2019 발전소 수	발전 용량	2020 발전소 수	발전 용량	2021 발전소 수	발전 용량
태양광		1,901	386	5,501	869	6,945	986
비태양광	풍력	6	80	7	66	14	227
	수력	7	3	17	18	10	3
	연료전지	14	104	5	35	4	14
	바이오	14	299	26	705	12	163
	기타	3	26	13	53	10	31
전체		1,945	898	5,569	1,746	6,995	1,424

〈그림 1〉 2022년 지역별 태양광 발전소 현황

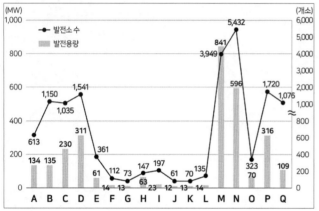

※ '갑'국에는 A~Q지역만 있음.

〈그림 2〉 2022년 지역별 비태양광 발전소 현황

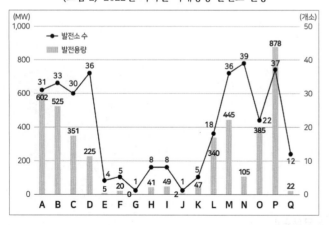

① 2022년 발전용량이 가장 큰 지역은 M이다.
② 태양광 발전소 수는 2022년이 2021년의 2배 이상이다.
③ 전체 발전용량 중 태양광이 차지하는 비중은 2019~2021년 동안 매년 증가하였다.
④ 2021년 발전소 수의 전년 대비 증가율은 풍력이 태양광의 3배 이상이다.
⑤ 기타를 제외하고, 2021년 발전소 1개소당 발전용량이 큰 에너지원부터 순서대로 나열하면 풍력, 바이오, 연료전지, 태양광, 수력이다.

📝 문제풀이

20 분수 비교형

난이도 ★★★☆☆

제시된 자료의 양이 많기 때문에 필요한 정보를 정확하게 체크하여 선택지에서 묻는 식을 구성한 다음 비교하여 답을 도출한다.

① (O) 〈그림 1〉에서 2022년 발전용량은 M지역이 841+445=1,286MW로 가장 크다.

② (O) 태양광 발전소 수는 2022년 17,995개소가 2021년 6,945의 2배인 13,890개소 이상이다.

③ (O) 전체 발전용량 중 태양광이 차지하는 비중은 2019년 43.0%, 2020년 49.8%, 2021년 69.2%로 매년 증가하였다.

④ (O) 2021년 발전소 수의 전년 대비 증가율은 풍력이 2배 증가하여 100%이고 태양광은 5,501에서 6,945로 1,444개소 증가하여 증가율은 1,444/5,501≒26.2%이다. 따라서 증가율은 3배 이상이다.

⑤ (X) 기타를 제외하고, 2021년 발전소 1개소당 발전용량이 큰 에너지원부터 순서대로 나열하면 풍력 16.2, 바이오 13.6, 연료전지 3.5, 수력 0.3, 태양광 0.1이다.

⏱ 빠른 문제 풀이 Tip

② 2021년 태양광 발전소 수는 7천 개소 미만이므로 2022년 태양광 발전소 수가 많은 것부터 더했을 때 15,000개소를 넘는지 대략적으로 판단한다.

③ 2020년 대비 2021년은 전체 발전량은 감소하고 태양광 발전용량은 증가했으므로 그 비중은 증가하였기 때문에 2019년 대비 2020년 비중만 분수 비교로 판단한다. 2019년 대비 2020년 분자인 태양광 발전용량은 2배 이상, 분모인 전체 발전용량은 2배 미만 증가하였기 때문에 역시 그 비중은 증가했다고 어렵지 않게 판단 가능하다.

④ 풍력의 증가율이 정확히 100%이므로 태양광의 증가율은 33.3% 미만인지 판단한다. 2020년 태양광 발전소는 5,501개소로 증가폭 1,444개소의 3배 이상이기 때문에 증가율은 1/3 미만임을 쉽게 판단할 수 있다.

⑤ 수력은 정확히 0.3MW지만 태양광은 0.2MW에도 미치지 못한다.

[정답] ⑤

21

다음 〈표〉와 〈정보〉는 2016년과 2021년 '갑'국 일평균 농식품 폐기량에 관한 자료이다. 이를 근거로 〈보기〉의 설명 중 옳은 것만을 모두 고르면?

〈표〉 일평균 농식품 폐기량

(단위: 톤/일)

연도	분야		A	B	C	D	기타	합계
2016	제조		12.7	5.6	24.3	4.6	7.5	54.7
	유통		29.5	22.2	18.4	27.2	14.3	111.6
	소비	가정	52.3	40.7	29.9	19.8	24.0	166.7
		음식점업	280.6	112.9	184.4	156.2	148.2	882.3
		숙박업	113.0	55.4	52.2	47.5	46.6	314.7
		교육기관	66.5	34.2	41.9	30.7	23.4	196.7
2021	제조		16.9	5.1	10.9	5.8	6.0	44.7
	유통		64.8	35.2	55.5	30.4	40.1	226.0
	소비	가정	55.1	33.8	35.4	29.1	27.3	180.7
		음식점업	324.4	98.0	251.2	189.9	122.2	985.7
		숙박업	97.3	46.4	82.5	48.4	42.3	316.9
		교육기관	69.8	25.9	55.9	35.3	23.2	210.1

※소비 분야는 가정, 음식점업, 숙박업, 교육기관으로만 구성됨.

〈정 보〉

○ A~D는 과일류, 곡류, 어육류, 채소류 중 하나이다.
○ 기타를 제외하고, 2016년 대비 2021년 제조 분야의 농식품 폐기량에서 차지하는 비중이 가장 많이 증가한 농식품은 채소류이다.
○ 기타를 제외하고, 2016년 대비 2021년 제조, 유통 분야와 소비의 각 분야에서 일평균 폐기량이 모두 증가한 농식품은 어육류이다.
○ 기타를 제외하고, 2021년 소비 분야의 연간 폐기량이 가장 적은 농식품은 과일류이다.

〈보 기〉

ㄱ. 2021년 소비 분야 일평균 어육류 폐기량은 300톤보다 많다.
ㄴ. 2016년 유통 분야에서 연간 폐기량은 채소류가 과일류보다 많다.
ㄷ. 기타를 제외하고, 2016년 대비 2021년 가정의 일평균 농식품 폐기량은 모두 증가하였다.
ㄹ. 숙박업의 일평균 채소류 폐기량은 2021년이 2016년보다 적다.

① ㄱ
② ㄷ, ㄹ
③ ㄱ, ㄴ, ㄷ
④ ㄱ, ㄴ, ㄹ
⑤ ㄴ, ㄷ, ㄹ

2024
2023
2022
2021
2020
2019
2018
2017
2016
2015
2014
2013
2012
해커스PSAT 5급 PSAT 김용훈 자료해석 13개년 기출문제집

📝 문제풀이

21 매칭형 　　　　　　　　　　난이도 ★★★☆☆

A~D를 농식품 종류로 매칭하여 도출한 다음 〈보기〉의 내용을 판단해야 하는 유형이므로 충분한 시간이 필요할 것을 고려하여 답을 도출한다.

두 번째 정보에서 기타를 제외하고, 2016년 대비 2021년 제조 분야의 농식품 폐기량에서 차지하는 비중이 가장 많이 증가한 농식품은 채소류이기 때문에 감소한 B와 C를 제외한 A와 D를 비교한다. 합계가 감소했기 때문에 구체적인 비중을 도출하는 것보다 A와 D의 증가율을 비교하여 더 큰 것을 채소류로 판단한다. A는 12.7에서 16.9로 4.2 증가하여 30% 이상 증가율을 보이는 반면 D는 4.6에서 5.8로 1.2 증가하여 30% 미만 증가율을 보이기 때문에 채소류는 A가 된다.

세 번째 정보에서 기타를 제외하고, 2016년 대비 2021년 제조, 유통 분야와 소비의 각 분야에서 일평균 폐기량이 모두 증가한 농식품 종류는 D이므로 어육류가 된다.

네 번째 정보에서 기타를 제외하고, 2021년 소비 분야의 연간 폐기량은 B가 204.1톤×365로 가장 적기 때문에 과일류는 B이고 나머지 C가 곡류이다.

ㄱ. (O) 2021년 소비 분야 일평균 어육류(D) 폐기량은 302.7톤으로 300톤보다 많다.

ㄴ. (O) 2016년 유통 분야에서 연간 폐기량은 채소류 29.5×365가 과일류 22.2×365보다 많다.

ㄷ. (X) 과일류(B)의 일평균 농식품 폐기량은 2016년 40.7에서 2021년 33.8로 감소하였다. 따라서 기타를 제외하고, 2016년 대비 2021년 가정의 일평균 농식품 폐기량은 모두 증가하지는 않았다.

ㄹ. (O) 숙박업의 일평균 채소류 폐기량은 2021년 97.3톤이 2016년 113톤보다 적다.

⏱ 빠른 문제 풀이 **Tip**

A~D를 모두 도출하지 않아도 판단할 수 있는 ㄷ을 검토 후 채소류와 과일류를 언급하는 두 번째와 네 번째 정보를 토대로 답을 도출한다.

[정답] ④

22

다음 〈표〉는 2020년과 2021년 '갑'국의 발화요인별 화재발생 건수에 관한 자료이다. 이에 대한 설명으로 옳지 않은 것은?

〈표〉 2020년과 2021년 '갑'국의 발화요인별 화재발생 건수

(단위: 건)

연도 발화요인	2020	2021
전기적 요인	9,329	9,472
기계적 요인	4,053	4,038
제품 결함	101	168
가스 누출	141	146
화학적 요인	630	683
교통사고	458	398
부주의	19,186	16,875
자연적 요인	238	241
방화	1,257	1,158
미상	3,266	3,088
전체	38,659	36,267

※화재발생 1건에 대해 발화요인은 1가지로만 분류함.

① 2021년 화재발생 건수의 전년 대비 증가율이 가장 큰 발화요인은 '제품 결함'이다.

② 전체 화재발생 건수 중 발화요인이 '부주의'인 화재발생 건수가 차지하는 비중은 2021년이 2020년보다 크다.

③ 화재발생 건수가 많은 것부터 순서대로 나열했을 때, 상위 3개 발화요인은 2020년과 2021년이 같다.

④ 2021년 화재발생 건수가 전년 대비 감소한 발화요인은 5개이다.

⑤ 2021년 전체 화재발생 건수는 전년 대비 6% 이상 감소하였다.

📑 문제풀이

22 분수 비교형   난이도 ★★☆☆☆

발화요인 항목의 수가 많기 때문에 분수식을 정확히 구성하여 답을 도출한다.

① (O) 2021년 화재발생 건수의 전년 대비 증가율은 '제품 결함'이 101에서 168건으로 66.3% 증가하여 유일하게 50% 이상 증가율을 보이고 있기 때문에 가장 크다.

② (X) 전체 화재발생 건수 중 발화요인이 '부주의'인 화재발생 건수가 차지하는 비중은 2021년 16,875 / 36,267 ≒ 46.5%가 2020년 19,186 / 38,659 ≒ 49.6% 보다 작다.

③ (O) 화재발생 건수가 많은 것부터 순서대로 나열했을 때, 상위 3개 발화요인은 2020년과 2021년이 '부주의', '전기적 요인', '기계적 요인'으로 같다.

④ (O) 2021년 화재발생 건수가 전년 대비 감소한 발화요인은 '기계적 요인', '교통사고', '부주의', '방화', '미상'으로 5개이다.

⑤ (O) 전체 화재발생 건수는 2020년 38,659건에서 2021년 36,267건으로 2,392건 감소하여 전년 대비 2,392 / 38,659 ≒ 6.2% 감소하였다.

> ⏱ **빠른 문제 풀이 Tip**
>
> ② 유효숫자를 설정하여 분수비교하면 2020년은 192 / 3860이고 2021년은 169 / 3630이므로 둘의 차이인 23/23을 고려하면 2020년이 더 크다.

[정답] ②

23

다음 〈표〉는 2020년과 2021년 '갑'국 주요 축산물의 축종별 수익성 현황에 관한 자료이다. 이에 대한 설명으로 옳은 것은?

〈표〉 2020년과 2021년 '갑'국 주요 축산물의 축종별 수익성 현황

(단위: 천 원/마리)

연도 축종	2020			2021		
	총수입	소득	순수익	총수입	소득	순수익
한우번식우	3,184	1,367	518	3,351	1,410	563
한우비육우	9,387	1,190	58	10,215	1,425	292
육우	4,789	377	−574	5,435	682	−231
젖소	10,657	3,811	2,661	10,721	3,651	2,434
비육돈	362	63	47	408	83	68
산란계	31	4	3	52	21	20

※ 1) 소득＝총수입−일반비
　2) 순수익＝총수입−사육비
　3) 일반비＝사육비−내급비

① 2020년 대비 2021년 소득 증가율이 가장 높은 축종은 '육우'이다.
② 2021년 '한우번식우'의 사육비는 2020년보다 적다.
③ 2020년의 경우, 사육비가 총수입보다 많은 축종은 2개이다.
④ 2021년 일반비는 '젖소'가 '육우'의 2배 이상이다.
⑤ 2021년 내급비가 가장 많은 축종은 '젖소'이다.

📑 문제풀이

23 각주 판단형	난이도 ★★★☆☆

주어진 각주 식을 구성하는 요소 중 〈표〉에 직접 제시된 항목이 있는지 체크한 다음 체크되지 않은 항목을 선택지에서 묻는 경우 식을 변형하여 판단한다.

① (X) 2020년 대비 2021년 소득 증가율은 '육우' 305/377 ≒ 80.9%보다 '산란계' 17/4 ≒ 425%가 더 높다.

② (X) '한우번식우'의 사육비는 총수입−순수익이므로 2021년 2,788천 원/마리는 2020년 2,666천 원/마리보다 많다.

③ (X) 사육비가 총수입보다 많다면 순수익이 (−)이므로 2020년의 경우, 사육비가 총수입보다 많은 축종은 육우 1개이다.

④ (X) 일반비는 총수입−소득이므로 2021년 '젖소' 7,070천 원/마리가 '육우' 4,753의 2배인 9,506천 원/마리 이상이 되지 못한다.

⑤ (O) 내급비는 사육비−일반비이고 이는 소득−순수익이므로 2021년 '젖소'가 1,217천 원/마리로 가장 많다.

[정답] ⑤

24

다음 〈표〉는 A지역의 일평균 폐기물 발생량 및 재활용량에 관한 자료이다. 이에 대한 〈보기〉의 설명 중 옳은 것만을 모두 고르면?

〈표〉 A지역 일평균 폐기물 발생량 및 재활용량

(단위: 톤/일)

연도 유형 구분	2019		2020	
	발생량	재활용량	발생량	재활용량
생활폐기물	7,041.1	( )	9,673.4	( )
음식물폐기물	2,827.4	2,827.4	2,539.7	2,539.7
사업장폐기물	2,303.0	932.6	2,301.3	1,077.1
건설폐기물	35,492.5	34,693.0	39,904.0	38,938.3
지정폐기물	352.9	74.6	361.5	80.1
합계	48,016.9	42,256.9	54,779.9	46,503.9

※ 재활용률(%) = $\dfrac{\text{일평균 폐기물 재활용량}}{\text{일평균 폐기물 발생량}} \times 100$

─── 〈보 기〉 ───

ㄱ. 2020년 일평균 폐기물 발생량이 2019년보다 많은 유형은 2개이다.

ㄴ. 2020년 일평균 생활폐기물 재활용량은 2019년보다 많다.

ㄷ. 2020년 연간 음식물폐기물 재활용량은 100만 톤 이상이다.

ㄹ. 2019년에 건설폐기물 재활용률은 사업장폐기물 재활용률보다 50%p 이상 높다.

① ㄱ, ㄴ
② ㄱ, ㄷ
③ ㄴ, ㄷ
④ ㄴ, ㄹ
⑤ ㄷ, ㄹ

📝 문제풀이

24 빈칸형	난이도 ★★★☆☆

ㄴ을 제외하면 빈칸을 직접 채우지 않아도 판단 가능하므로 나머지 선택지의 분수 비교를 통해 답을 도출한다.

ㄱ. (X) 2020년 일평균 폐기물 발생량이 2019년보다 많은 유형은 생활폐기물, 건설폐기물, 지정폐기물 3개이다.

ㄴ. (O) 일평균 생활폐기물 재활용량은 2020년이 3,868.7톤/일로 2019년 3,729.3톤/일보다 많다.

ㄷ. (X) 2020년 일평균 음식물폐기물 재활용량은 2,539.7톤이므로 2020년 연간 음식물폐기물 재활용량은 2,539.7 × 365 ≒ 926,990.5톤으로 100만 톤 미만이다.

ㄹ. (O) 2019년에 건설폐기물 재활용률은 34,693/35,492.5 ≒ 97.7%로 사업장 폐기물 재활용률 932.6/2,303.0 ≒ 40.5%보다 50%p 이상 높다.

[정답] ④

25

다음 〈표〉는 '갑'국의 2016~2020년 보호관찰 접수 인원에 관한 자료이다. 〈표〉를 이용하여 작성한 〈보기〉의 자료 중 옳은 것만을 모두 고르면?

〈표〉 연도별 보호관찰 접수 인원 현황

(단위: 명)

구분 연도	소년	남성	여성	성인	남성	여성	전체
2016	25,162	21,025	4,137	69,456	63,460	5,996	94,618
2017	23,330	19,893	3,437	81,181	73,914	7,267	104,511
2018	22,039	18,369	3,670	103,606	94,438	9,168	125,645
2019	21,676	17,626	4,050	103,554	93,304	10,250	125,230
2020	20,319	16,205	4,114	95,148	85,566	9,582	115,467

─────〈보 기〉─────

ㄱ. 연도별 전체 보호관찰 접수 성별 인원

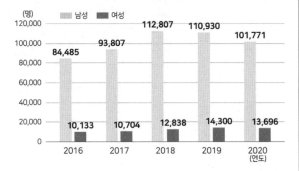

ㄴ. 연도별 소년 남성 및 성인 남성 보호관찰 접수 인원

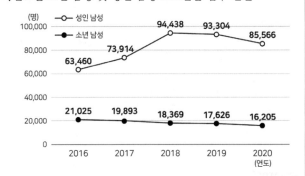

ㄷ. 2020년 보호관찰 접수 인원 구성비

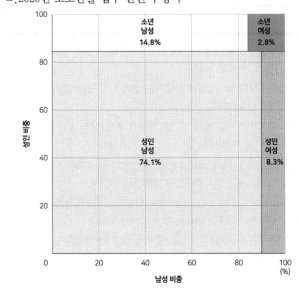

ㄹ. 연도별 소년 보호관찰 접수 인원의 전년 대비 증가율

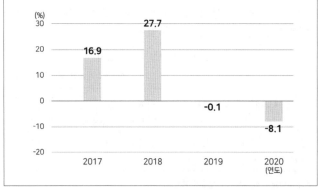

① ㄱ, ㄴ
② ㄴ, ㄷ
③ ㄷ, ㄹ
④ ㄱ, ㄴ, ㄷ
⑤ ㄴ, ㄷ, ㄹ

📝 문제풀이

25 표-차트 변환형   난이도 ★★★☆☆

〈표〉의 수치가 직접 적용된 ㄴ을 먼저 검토한 후 비율을 묻는 〈보기〉를 판단한다.

ㄷ. (X) 소년 남성 구성비 14.8%는 소년 여성 구성비 2.8%의 4배 이상으로 표시되어 있지만 실제 표에서 2020년 소년 남성 인원 16,205명은 소년 여성 인원 4,114명의 4배 미만이다. 따라서 잘못된 그림이다.

ㄹ. (X) 2016년 대비 2017년 소년 접수 인원은 감소하였지만 그림에서는 16.9% 증가한 것으로 표시되어 있기 때문에 틀린 그림이다. (성인의 증가율을 나타낸 그림이다)

[정답] ①

26

다음 〈표〉는 2021년 '갑'국 대학교의 자료구입비에 관한 자료이다. 이에 대한 설명으로 옳지 않은 것은?

〈표 1〉 '갑'국 대학교의 자료구입비

(단위: 개, 천 명, 백만 원)

구분	대학교 수	재학생 수	자료 구입비	전자자료 구입비	도서 구입비
4년제	256	1,910	227,290	( )	62,823
2년제	135	435	( )	2,679	8,196

※ '갑'국 대학교는 4년제와 2년제로만 구성됨.

〈표 2〉 '갑'국 대학교의 전자자료구입비 세부내역

(단위: 백만 원)

구분	전자자료 구입비	전자저널 구입비	웹자료 구입비	기타전자자료 구입비
4년제	164,467	( )	39,963	8,461
2년제	2,679	904	883	892

① 4년제는 전자자료구입비가 도서구입비의 2배 이상이다.

② 대학교 1개당 자료구입비는 6억 원 이하이다.

③ 재학생 1명당 자료구입비는 4년제가 2년제의 4배 이상이다.

④ 전자저널구입비가 자료구입비에서 차지하는 비중은 4년제가 2년제보다 크다.

⑤ 웹자료구입비와 기타전자자료구입비의 합은 2년제가 4년제의 5% 이하이다.

📝 문제풀이

26 빈칸형

난이도 ★★★☆☆

〈표 1〉과 〈표 2〉의 관계를 토대로 빈칸 3개 중 계산하지 않아도 채울 수 있는 것을 먼저 확인한 후 답을 도출한다.

① (O) 4년제는 전자자료구입비 164,467백만 원이 도서구입비 62,823의 2배인 125,646백만 원 이상이다.

② (X) 대학교 1개당 자료구입비는 (227,290＋10,875)/(256＋135)≒609.1백만 원이므로 6억 원 이상이다.

③ (O) 재학생 1명당 자료구입비는 4년제 227,290/1,910=119백만 원이 2년제 10,875/435=25백만 원의 4배인 100백만 원 이상이다.

④ (O) 전자저널구입비가 자료구입비에서 차지하는 비중은 4년제 116,043/227,290≒51.1%가 2년제 904/10,875≒8.3%보다 크다.

⑤ (O) 웹자료구입비와 기타전자자료구입비의 합은 2년제 883＋892=1,775백만 원이 4년제 39,963＋8,461=48,424백만 원의 5%인 2,421.2백만 원 이하이다.

[정답] ②

27

다음 〈표〉는 2022년 '갑'시의 시내버스 현황에 관한 자료이다. 이에 대한 〈보기〉의 설명 중 옳은 것만을 모두 고르면?

〈표 1〉 버스종류별 노선 수 및 인가차량 현황

(단위: 개, 대)

버스종류 \ 구분	노선 수	인가차량	운행차량	예비차량
간선	126	3,598	3,429	169
지선	223	3,454	3,258	196
광역	10	229	211	18
순환	1	12	10	2
심야	14	100	96	4
계	374	7,393	7,004	389

〈표 2〉 인가차량 대수 구간별 회사 수

(단위: 개)

대수 구간	1~40대	41~80대	81~120대	121~160대	161~200대	201대 이상	합
회사	5	8	28	10	10	4	65

───〈보 기〉───

ㄱ. 인가차량 중 운행차량의 비중은 '심야'가 가장 크다.
ㄴ. 노선 수 대비 예비차량 대수의 비율은 '광역'이 '지선'의 2배 이하이다.
ㄷ. 인가차량 대수 상위 4개 회사의 인가차량 대수 평균은 500 이하이다.

① ㄱ
② ㄴ
③ ㄷ
④ ㄱ, ㄴ
⑤ ㄱ, ㄷ

📝 문제풀이

27 분수 비교형   난이도 ★★★★☆

선택지에서 이하라고 묻는 경우에는 최댓값을 도출해야 하므로 특정 구간의 최댓값을 구하려면 나머지 구간의 최솟값을 이용해서 판단해야 한다.

ㄱ. (O) 인가차량 중 운행차량의 비중은 '심야'가 0.96으로 가장 크다.

ㄴ. (X) 노선 수 대비 예비차량 대수의 비율은 '광역' 18/10=1.800이 '지선' 196/223≒0.88의 2배 이상이다.

ㄷ. (O) 〈표 1〉에서 전체 인가차량의 합계는 7,393대이다. 〈표 2〉에서 인가차량 대수 구간별 회사 수가 제시되고 있으므로 상위 4개 회사는 201대 대수 구간임을 알 수 있다. 따라서 상위 4개 회사의 평균이 500 이하인지, 즉 최댓값이 500인지 판단하려면 나머지 대수 구간의 최솟값을 적용해서 회사 수에 곱한 값을 도출하면 5×1+8×41+28×81+10×121+10×161=5,421대이다. 201대 이상 구간의 인가차량 최댓값의 합은 7,393-5,421=1,972대이므로 인가차량 대수 상위 4개 회사의 인가차량 대수 평균은 1,972/4=493으로 500 이하이다.

⏱ 빠른 문제 풀이 Tip

ㄱ. 반대해석하면 인가차량 중 예비차량의 비중은 '심야'가 가장 작은지 판단해도 된다. 4%이므로 나머지 버스 종류가 4%를 넘는지 판단한다.

[정답] ⑤

28

다음 〈표〉는 A사 임직원 평균 연봉 현황에 관한 자료이다. 이에 대한 〈보기〉의 설명 중 옳은 것만을 모두 고르면?

〈표〉 A사 임직원 평균 연봉 현황

(단위: 만 원)

구분	평균 연봉
전체 임직원	6,000
과장 이하 직급	4,875
주임 이하 직급	3,750
사원 이하 직급	3,000
수습	2,000

※ 1) '평균 연봉'은 해당 임직원 연봉의 합을 해당 임직원 수로 나눈 값임.
　 2) 급을 높은 것부터 순서대로 나열하면 사장, 과장, 주임, 사원, 수습이고, A사의 전체 임직원은 사장 1명, 과장 2명, 주임 3명, 사원 5명, 수습 10명으로 구성됨.

〈보 기〉

ㄱ. 사장의 연봉은 3억 원 이상이다.
ㄴ. 주임 3명의 평균 연봉은 7천만 원 이상이다.
ㄷ. 사원 5명의 연봉의 합은 과장 2명의 연봉의 합보다 작다.

① ㄱ
② ㄷ
③ ㄱ, ㄴ
④ ㄴ, ㄷ
⑤ ㄱ, ㄴ, ㄷ

문제풀이

28 평균 개념형　　　　　　　　　　　난이도 ★★★★☆

〈표〉의 구분항목이 해당 직급 이하 임직원의 합으로 구성되어 있기 때문에 누적개념으로 보고 직급별 연봉의 합을 도출한다.

각주의 정보를 토대로 직급별 평균 연봉을 도출하면 아래와 같다.

구분	평균 연봉	직원 수	연봉 합	직급	연봉 합	수	평균 연봉
전체 임직원	6,000	21	126,000	사장	28,500	1	28,500
과장 이하 직급	4,875	20	97,500	과장	30,000	2	15,000
주임 이하 직급	3,750	18	67,500	주임	22,500	3	7,500
사원 이하 직급	3,000	15	45,000	사원	25,000	5	5,000
수습	2,000	10	20,000	수습	20,000	10	2,000

ㄱ. (X) 사장의 연봉은 2억 8,500만 원으로 3억 원 이하이다.

ㄴ. (O) 주임 3명의 평균 연봉은 7,500만 원이다.

ㄷ. (O) 사원 5명의 연봉의 합은 2억 5,000만 원으로 과장 2명의 연봉의 합 3억 원보다 작다.

[정답] ④

29

다음 〈표〉는 2011~2021년 '갑'복지재단의 수입, 지출 및 기금 적립 현황에 관한 자료이다. 이에 대한 〈보기〉의 설명 중 옳은 것만을 모두 고르면?

〈표〉 '갑'복지재단의 수입, 지출 및 기금 적립 현황

(단위: 백만 원)

연도 \ 구분	수입	지출	사업 부문	운영 부문	기금 적립
2011	13,930	3,818	( )	799	10,112
2012	14,359	3,575	3,194	381	10,784
2013	14,766	4,881	4,337	544	9,885
2014	15,475	8,989	7,931	1,058	( )
2015	12,266	( )	5,068	1,431	5,767
2016	10,988	( )	8,415	1,041	( )
2017	13,101	8,213	7,038	1,175	4,888
2018	17,498	8,390	6,977	1,413	9,108
2019	17,395	8,193	6,522	1,671	9,202
2020	14,677	7,894	6,435	1,459	6,783
2021	( )	8,291	6,813	( )	13,553

1) 기금 적립 = 수입 - 지출
2) 지출은 사업 부문과 운영 부문으로만 구성됨.

〈보 기〉

ㄱ. 수입이 2014년보다 많은 연도는 2개이다.
ㄴ. 수입이 가장 적은 연도와 기금 적립이 가장 적은 연도는 같다.
ㄷ. 2011년 대비 2021년 지출의 부문별 증가율은 사업 부문이 운영 부문보다 높다.
ㄹ. 지출 중 운영 부문이 차지하는 비중은 2011년이 가장 크다.

① ㄱ, ㄴ
② ㄱ, ㄷ
③ ㄴ, ㄷ
④ ㄴ, ㄹ
⑤ ㄷ, ㄹ

📑 문제풀이

29 빈칸형　　　　　　　　　　난이도 ★★★☆☆

빈칸의 수가 많기 때문에 선택지를 먼저 확인하여 필요한 수치만 채워서 답을 도출한다.

ㄱ. (X) 수입이 2014년 15,475백만 원보다 많은 연도는 2018년 17,498백만 원, 2019년 17,395백만 원, 2021년 21,844백만 원으로 3개이다.

ㄴ. (O) 수입은 2016년이 10,988백만 원으로 가장 적고 기금 적립도 2016년이 1,532백만 원으로 가장 적다.

ㄷ. (O) 2011년 대비 2021년 지출의 부문별 증가율은 사업 부문 (6,813-3,019)/3,019 ≒ 125.7%가 운영 부문 (1,478-799)/799 ≒ 85.0%보다 높다.

ㄹ. (X) 지출 중 운영 부문이 차지하는 비중은 2011년이 799/3,818 ≒ 20.9%이고 2015년이 1,431/6,499 ≒ 22.0%로 2011년보다 2015년이 더 크다.

⏱ 빠른 문제 풀이 Tip

ㄱ. 수입 = 지출 + 기금 적립이므로 구체적으로 더하지 않아도 8,291+13,553 > 15,475임을 판단할 수 있다.

ㄹ. 지출 = 사업 + 운영 부문이므로 지출 중 운영 부문이 차지하는 비중이 가장 큰 연도를 상대인 사업 대비 운영 부문 비율이 가장 큰 연도로 판단할 수 있다.

[정답] ③

30

다음 〈보고서〉는 21대 국회의원 당선자를 분석한 자료이다. 〈보고서〉의 내용과 부합하지 않는 자료는?

〈보고서〉

21대 국회의원 당선자는 지역구 253명, 비례대표 47명으로 총 300명이다. 평균 연령은 54.9세이며, 이 중에서도 50대가 177명으로 압도적으로 많았다. 50대 다음으로는 60대가 많았는데, 이 두 연령대만 합쳐도 246명으로 전체의 82%였다. 한편, 40대는 38명, 30대는 11명, 70대는 3명이었다. 최고령 당선자는 72세이고, 최연소 당선자는 27세이다.

여성 당선자는 57명으로 전체 당선자의 19%이며, 이는 20대 국회보다 2%p 상승한 것이다. 하지만 지역구 여성 당선자는 지역구 전체 당선자의 약 11.5%에 그쳤다. 반면 비례대표 여성 당선자는 28명으로 비례대표 전체 당선자의 약 60%였다. 지역구보다 비례대표에서 여성 당선자 비율이 높은 현상은 각 정당이 비례대표 후보의 절반 이상을 여성으로 공천하고 여성 후보를 홀수 순번으로 배치하도록 「공직선거법」을 개정한 결과로 분석된다.

당선자의 최종 학력은 대부분 대졸 이상이었다. 지역구 당선자는 전원이 대졸 이상이었으며 비례대표 당선자는 고졸, 대학교 재학, 대학교 중퇴, 대학교 수료가 각각 1명씩이었다. 당선자의 최종 학력 중 가장 큰 비중을 차지하는 것은 지역구 및 비례대표 당선자 모두 대학원 졸업일 정도로 고학력 당선자가 많았다. 특히, 비례대표의 경우 대학원을 졸업한 당선자가 30명으로 비례대표 전체 당선자의 63% 이상이었다. 대졸 이상의 당선자를 출신대학별로 살펴보면 A대학 63명, B대학 27명, C대학 22명 순으로 이 세 대학 출신이 대졸 이상 당선자의 30% 이상을 차지하였다.

당선자의 직업별 분포를 보면, 정치인이 217명으로 전체 당선자의 70%를 넘어선다. 다음으로 변호사가 20명, 교수가 16명 순이었고, 변호사와 교수 출신 당선자를 합하면 전체 당선자의 10% 이상을 차지하였다.

① 21대 당선자의 연령대별 분포

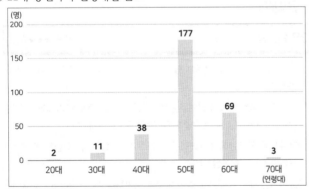

② 20대 및 21대 당선자의 성별 분포

(단위: 명)

구분	20대 선거		21대 선거	
	남성	여성	남성	여성
지역구	227	26	224	29
비례대표	22	25	19	28

③ 21대 대졸 이상 당선자의 최종 학력별 분포

(단위: 명)

구분	대졸	대학원 재학	대학원 수료	대학원 졸업	전체
지역구	101	1	23	128	253
비례대표	12	4	1	30	47

④ 17~21대 당선자의 직업별 분포

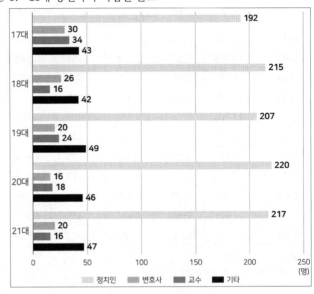

⑤ 21대 대졸 이상 당선자의 출신대학 구성비

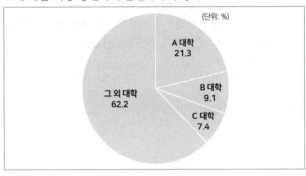

문제풀이

30 분수 비교형

난이도 ★★★☆☆

① (O) 첫 번째 문단에서 확인할 수 있다.

② (O) 두 번째 문단에서 확인할 수 있다.

③ (X) 세 번째 문단에서 확인할 수 있다. 두 번째 문장에서 [지역구 당선자는 전원이 대졸 이상이었으며 비례대표 당선자는 고졸, 대학교 재학, 대학교 중퇴, 대학교 수료가 각각 1명씩이었다.]고 하였지만 선택지에서 비례대표 당선자의 대졸 이상 학력 분포 합은 12+4+1+30=47명으로 전체 47명과 일치하기 때문에 고졸, 대학교 재학, 대학교 중퇴, 대학교 수료는 없다.

④ (O) 네 번째 문단에서 확인할 수 있다.

⑤ (O) 세 번째 문단에서 확인할 수 있다.

[정답] ③

[31~32] 다음 〈표〉는 A~D기업의 2022년 8월 첫째 주의 주간 소비자 불만 신고 건수에 대한 각 기업의 요일별 편차를 산출한 자료이다. 다음 물음에 답하시오.

〈표〉 A~D기업의 주간 소비자 불만 신고 건수의 편차

(단위: 건)

요일 기업	월	화	수	목	금	토	일
A	-1	0	(가)	-1	-1	1	-1
B	-1	2	0	-1	(나)	0	(다)
C	1	(라)	2	-1	-2	(마)	1
D	(바)	2	1	-5	1	0	-1

※ 1) 편차=해당 기업의 해당 요일 신고 건수－해당 기업의 8월 첫째 주 하루 평균 신고 건수
　2) 각 기업의 한 주간 편차의 합은 0임.
　3) 한 주간 편차 제곱의 합은 A기업과 B기업이 같고, C기업과 D기업이 같음.

31

위 〈표〉를 근거로 '가'~'바'에 들어갈 값 중 최솟값과 최댓값을 바르게 연결한 것은?

	최솟값	최댓값
①	-4	3
②	-4	4
③	-3	3
④	-3	4
⑤	-2	2

32

위 〈표〉와 아래 〈조건〉에 근거한 〈보기〉의 설명 중 옳은 것만을 모두 고르면?

〈조 건〉

○ A기업의 월요일 신고 건수는 2건이다.
○ B기업의 화요일 신고 건수는 A기업의 토요일 신고 건수의 2배이다.
○ C기업의 일요일 신고 건수와 D기업의 화요일 신고 건수는 같다.
○ D기업의 신고 건수가 가장 적은 요일의 신고 건수와 B기업의 목요일 신고 건수는 같다.

〈보 기〉

ㄱ. A기업의 신고 건수가 4건 이상인 날은 3일 이상이다.
ㄴ. B기업의 하루 평균 신고 건수는 6건이다.
ㄷ. 하루 평균 신고 건수는 D기업이 C기업보다 많다.
ㄹ. A기업과 B기업의 하루 평균 신고 건수의 합은 D기업의 하루 평균 신고 건수보다 적다.

① ㄱ, ㄴ　　　　② ㄱ, ㄷ　　　　③ ㄴ, ㄷ
④ ㄴ, ㄹ　　　　⑤ ㄷ, ㄹ

📝 문제풀이

31 빈칸형　　　　　　　　　　　　　　　　　난이도 ★★★★☆

빈칸에 들어갈 숫자를 각주의 해석을 통해 도출한다.

두 번째 각주에서 각 기업의 한 주간 편차의 합은 0이라고 하였으므로 먼저 A기업의 (가)를 제외한 편차를 모두 합하면 −3이기 때문에 (가)에 들어갈 숫자는 3이 된다.

D기업 역시 (바)를 제외한 편차의 합은 −2이므로 (바)에 들어갈 값은 2이다.

세 번째 각주에서 한 주간 편차 제곱의 합은 A와 B가 같고 A=1+9+1+1+1+1=14이므로 B 역시 편차 제곱 합이 14가 되어야 한다. 따라서 (나)와 (다)를 제외한 편차 제곱 합은 1+4+1=6이기에 (나)와 (다)의 제곱 합은 8이어야 하므로 (나)와 (다)에 들어갈 숫자는 모두 2가 된다.

C와 D의 한 주간 편차 제곱 합이 같기 때문에 D=4+4+1+25+1+1=36=C가 만족되어야 한다. (라)와 (마)를 제외한 C의 편차 제곱의 합은 1+4+1+4+1=11이므로 (라)와 (마)의 제곱합은 36−11=25가 되어야 한다. 동시에 C의 편차합을 0으로 하려면 (라)+(마)=−1이므로 이를 동시에 만족하는 (라) 또는 (마)에 들어갈 숫자는 3 또는 −4이다.

따라서 가~바에 들어갈 값 중 최솟값은 −4이고 최댓값은 3이다.

[정답] ①

📝 문제풀이

32 조건 판단형　　　　　　　　　　　　　　　　난이도 ★★★★☆

31번 문제에서 도출한 편차 값을 토대로 조건을 적용하여 실제 신고건수를 순차적으로 도출한다.

첫 번째 조건에서 A기업의 월요일 신고 건수는 2건이라고 하였고 이에 해당하는 편차는 −1이므로 A기업의 8월 첫째 주 하루 평균 신고 건수는 3건이다.

두 번째 조건에서 B기업의 화요일 신고 건수는 A기업의 토요일 신고 건수의 2배라고 하였고 A기업의 토요일 신고 건수 편차는 1이므로 신고 건수는 4건이다. 따라서 B기업의 화요일 신고 건수는 8건이고 B기업의 8월 첫째 주 하루 평균 신고 건수는 6건이다.

네 번째 조건에서 D기업의 신고 건수가 가장 적은 요일의 신고 건수와 B기업의 목요일 신고 건수는 같다고 하였기에 B기업의 목요일 편차는 −1이므로 신고 건수는 5건이다. 따라서 D기업의 신고 건수가 가장 적은 목요일의 −5 편차에 해당하는 값이 5건이므로 D기업의 8월 첫째 주 하루 평균 신고 건수는 10건이다.

세 번째 조건에서 C기업의 일요일 신고 건수와 D기업의 화요일 신고 건수는 같다고 하였기에 D기업의 화요일 신고 건수 편차는 2이므로 신고 건수는 12건이다. 따라서 C기업의 일요일 신고 건수는 12건이고 편차는 1이므로 C기업의 8월 첫째 주 하루 평균 신고 건수는 11건이다.

ㄱ. (X) A기업의 신고 건수가 4건 이상인 날은 편차가 1 이상인 날이므로 수요일(3), 토요일(1)로 2일이다.

ㄴ. (O) 두 번째 조건에서 판단했듯이 B기업의 하루 평균 신고 건수는 6건이다.

ㄷ. (X) 세 번째와 네 번째 조건에서 판단했듯이 하루 평균 신고 건수는 D기업 10건으로 C기업 11건보다 적다.

ㄹ. (O) 첫 번째와 두 번째 조건에서 판단했듯이 A기업과 B기업의 하루 평균 신고 건수의 합은 3+6=9건이고 이는 D기업의 하루 평균 신고 건수 10건보다 적다.

[정답] ④

33

다음 〈표〉는 2018~2021년 '갑'국의 가구수 및 반려동물 보유가구 현황과 관련 시장 매출액에 관한 자료이다. 이에 대한 〈보기〉의 설명 중 옳은 것만을 모두 고르면?

〈표 1〉 '갑'국 가구수 및 반려동물 보유가구 현황

(단위: 천 가구, %, 마리/가구, 천 마리)

구분	연도	2018	2019	2020	2021
가구수		17,495	18,119	19,013	19,524
개	보유가구 비중	16.3	16.0	19.1	24.2
	보유가구당 마릿수	1.47	1.38	1.28	1.34
	총보유 마릿수	4,192	( )	( )	6,318
고양이	보유가구 비중	1.7	3.4	5.2	8.5
	보유가구당 마릿수	1.92	1.70	1.74	1.46
	총보유 마릿수	571	1,047	1,720	2,425
전체	보유가구 비중	17.4	17.9	21.8	29.4
	보유가구당 마릿수	1.56	1.56	1.54	1.52
	총보유 마릿수	4,763	5,048	6,369	8,743

※ 1) '갑'국의 반려동물은 개와 고양이뿐임.

2) 반려동물 보유가구 비중(%)= $\dfrac{\text{반려동물 보유가구수}}{\text{가구수}}×100$

〈표 2〉 2018~2021년 반려동물 관련 시장 매출액

(단위: 백만 원)

구분	연도	2018	2019	2020	2021
사료		385,204	375,753	422,807	494,089
수의 서비스		354,914	480,696	579,046	655,077
동물 관련 용품		287,408	309,876	358,210	384,855
장묘 및 보호 서비스		16,761	19,075	25,396	33,848
보험		352	387	405	572
전체		1,044,639	1,185,787	1,385,864	1,568,441

─〈보 기〉─

ㄱ. 개의 총보유 마릿수는 2019년에 전년 대비 감소하였다가 2020년에 전년 대비 증가하였다.

ㄴ. 반려동물 보유가구수는 매년 증가하였다.

ㄷ. 2018년 대비 2021년 매출액 증가율이 가장 높은 반려동물 관련 시장은 '수의 서비스'이다.

ㄹ. 2019년 반려동물 한 마리당 '동물 관련 용품' 매출액은 7만 원 이상이다.

① ㄱ, ㄴ

② ㄱ, ㄹ

③ ㄴ, ㄷ

④ ㄱ, ㄷ, ㄹ

⑤ ㄴ, ㄷ, ㄹ

📝 문제풀이

33 빈칸형　　　　　　　　난이도 ★★★☆☆

빈칸이 2개뿐이므로 빈칸을 고려하지 않아도 판단 가능한 〈보기〉 위주로 검토한다.

ㄱ. (O) 개의 총보유 마릿수는 2019년 18,119 × 0.16 × 1.38 ≒ 4,001천 마리에 2018년 4,192천 마리에 비해 감소하였다가 2020년에 19,013 × 0.191 × 1.28 ≒ 4,648천 마리로 전년 대비 증가하였다.

ㄴ. (O) 반려동물 보유가구수는 2018년 3,044천 가구, 2019년 3,243천 가구, 2020년 4,145천 가구, 2021년 5,740천 가구로 매년 증가하였다.

ㄷ. (X) 2018년 대비 2021년 매출액 증가율은 '수의 서비스'가 (655,077−354,914) /354,914 ≒ 84.6%지만 '장묘 및 보호 서비스'가 (33,848−16,761)/16,761 ≒ 101.9%로 더 높다.

ㄹ. (X) 2019년 반려동물 한 마리당 '동물 관련 용품' 매출액은 309,876백만 원/ 5,048천 마리 ≒ 61.4천 원으로 7만 원 미만이다.

> ⏱ **빠른 문제 풀이 Tip**
> ㄷ. 수의 서비스는 약 3,500억에서 6,500억 정도로 2배 미만 증가했지만 장묘 및 보호 서비스는 167억에서 338억으로 2배 이상 증가했다.

[정답] ①

34

다음 〈표〉는 '갑'국 A~J지역의 시의원 후보자 및 당선자에 관한 자료이다. 이에 대한 설명으로 옳지 않은 것은?

〈표〉 '갑'국 시의원 지역별 성별 후보자 및 당선자 수

(단위: 명)

지역 \ 구분 성별	후보자 여성	후보자 남성	당선자 여성	당선자 남성
전체	120	699	17	165
A	37	195	8	36
B	12	64	1	18
C	7	38	1	11
D	9	50	2	12
E	5	34	0	10
F	4	19	0	6
G	34	193	4	47
H	7	43	0	12
I	3	50	1	10
J	2	13	0	3

※ 1) 여성(남성) 당선율 = $\frac{여성(남성)\ 당선자\ 수}{여성(남성)\ 후보자\ 수}$

　2) 후보자(당선자) 성비 = $\frac{남성\ 후보자(당선자)\ 수}{여성\ 후보자(당선자)\ 수}$

　3) 후보자(당선자) 성비는 여성 후보자(당선자)가 있는 지역만 대상으로 산출함.

① 전체 남성 당선율은 전체 여성 당선율의 2배 이하이다.
② 여성 당선율이 남성 당선율보다 높은 지역은 2개이다.
③ 당선자 성비가 가장 낮은 지역은 A이다.
④ 후보자 성비가 10 이상인 지역은 I뿐이다.
⑤ 여성 후보자가 가장 많은 지역의 여성 당선율은 남성 후보자가 가장 적은 지역의 남성 당선율보다 높다.

📝 **문제풀이**

34 각주 판단형　　　　　　　　　　　　난이도 ★★★☆☆

당선율과 성비에 관한 분수 비교 문제이므로 비교대상이 명확한 선택지부터 검토한다.

① (O) 전체 남성 당선율 165/699 ≒ 23.6%는 전체 여성 당선율 17/120 ≒ 14.2% 의 2배인 28.4% 이하이다.

② (O) 여성 당선율이 남성 당선율보다 높은 지역은 B(21.6 > 18.5), I(33.3 > 20.0) 으로 2개이다.

③ (O) 당선자 성비는 A지역이 36/8 = 4.5로 유일하게 5 미만으로 가장 낮다.

④ (O) 후보자 성비는 I지역이 50/3 ≒ 16.7로 유일하게 10을 넘는다.

⑤ (X) 여성 후보자가 가장 많은 지역은 37명인 A이고 여성 당선율은 8/37 ≒ 21.6%이다. 남성 후보자가 가장 적은 지역은 J이고 남성 당선율은 3/13 ≒ 23.1%이다. 따라서 전자가 후자보다 낮다.

[정답] ⑤

35

다음 〈표〉는 '갑'마을의 2013~2022년 인구 및 가구 변화에 관한 자료이다. 이에 대한 설명으로 옳지 않은 것은?

〈표〉 인구 및 가구 변화

(단위: 명, 가구)

구분 연도	남성 인구	여성 인구	외국인 인구	고령 인구	가구
2013	209	184	21	30	142
2014	249	223	22	34	169
2015	271	244	24	37	185
2016	280	252	26	38	190
2017	287	257	27	40	193
2018	289	261	25	42	196
2019	294	264	28	44	198
2020	303	270	32	46	204
2021	333	297	33	47	226
2022	356	319	35	53	246

※ 총인구＝남성 인구＋여성 인구

① 가구당 여성 인구는 2015년 이후 매년 감소하였다.
② 전년 대비 2022년 고령 인구 증가율은 전년 대비 2022년 총인구 증가율보다 높다.
③ 전년 대비 외국인 인구가 감소한 해와 전년 대비 총인구 증가폭이 가장 작은 해는 같다.
④ 전년 대비 총인구 증가율은 2014년이 가장 높다.
⑤ 전년 대비 가구 수 증가폭이 가장 큰 해와 전년 대비 남성 인구 증가폭이 가장 큰 해는 같다.

문제풀이

35 분수 비교형

난이도 ★★★☆☆

③, ⑤번을 제외하면 나머지 선택지는 분수 비교를 묻고 있으므로 비교대상을 명확히 한 선택지부터 검토한다.

① (X) 가구당 여성 인구는 2015년 244/185 ≒ 1.319에서 2016년 252/190 ≒ 1.326으로 증가하였다.

② (O) 전년 대비 2022년 고령 인구 증가율 (53−47)/47 ≒ 12.8%로 전년 대비 2022년 총인구 증가율 (356＋319−333−297)/(333＋297) ≒ 7.1%보다 높다.

③ (O) 전년 대비 외국인 인구가 감소한 해는 2018년이고 전년 대비 총인구 증가폭도 2018년이 6가구로 가장 작다.

④ (O) 전년 대비 총인구 증가율은 2014년이 (472−393)/393 ≒ 20.1%로 유일하게 10% 이상이다. 따라서 가장 높다.

⑤ (O) 전년 대비 가구 수 증가폭이 가장 큰 해는 27가구 증가한 2014년이고 전년 대비 남성 인구 증가폭도 40명 증가한 2014년이 가장 크다.

빠른 문제 풀이 Tip

① 244/185에서 252/190로 분자는 8 증가하여 분자 증가율은 3% 이상이고 분모는 5 증가하여 분모 증가율은 3% 미만으로 비율은 증가하였다고 판단할 수 있다.
② 남성인구와 여성인구 각각 333에서 23 증가, 297에서 22 증가하여 모두 증가율이 10% 미만이므로 고령인구 증가율보다 낮다고 판단할 수 있다.

[정답] ①

36

다음 〈표〉는 2017~2021년 '갑'국의 청년 창업 현황에 관한 자료이다. 〈표〉를 이용하여 작성한 자료로 옳지 않은 것은?

〈표 1〉 연도별 청년 창업건수 현황

(단위: 건)

연도	2017	2018	2019	2020	2021
청년 전체	228,460	215,819	208,260	218,530	226,082
남성	150,341	140,362	120,463	130,532	150,352
여성	78,119	75,457	87,797	87,998	75,730

〈표 2〉 2021년 청년 창업건수 상위 10개 업종의 성별 창업건수 현황

(단위: 건)

순위	업종	남성 창업건수	여성 창업건수	합
1	통신판매업	30,352	20,351	50,703
2	숙박·음식점업	29,352	9,162	38,514
3	상품중개업	18,341	6,365	24,706
4	온라인광고업	6,314	5,348	11,662
5	정보통신업	5,291	4,871	10,162
6	부동산업	5,433	4,631	10,064
7	운송 및 창고업	3,316	2,201	5,517
8	교육서비스업	3,021	2,472	5,493
9	여가 관련 서비스업	1,053	1,377	2,430
10	제조업	992	472	1,464
	계	103,465	57,250	160,715

〈표 3〉 2017~2020년 10개 업종별 청년 창업건수 현황

(단위: 건)

업종 \ 연도	2017	2018	2019	2020
통신판매업	42,123	51,321	55,123	47,612
숙박·음식점업	31,428	39,212	46,121	49,182
상품중개업	18,023	14,921	10,982	20,761
온라인광고업	9,945	8,162	9,165	8,172
정보통신업	8,174	7,215	6,783	6,943
부동산업	9,823	7,978	7,152	6,987
운송 및 창고업	7,122	6,829	6,123	5,931
교육서비스업	6,119	5,181	5,923	4,712
여가 관련 서비스업	3,089	2,987	3,621	4,981
제조업	1,891	1,523	2,012	1,723
합계	137,737	145,329	153,005	157,004

① 연도별 성별 청년 창업건수

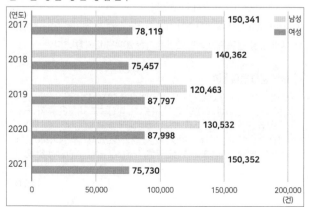

② 2021년 청년 창업건수 상위 10개 업종의 2017년 대비 창업건수 증감폭

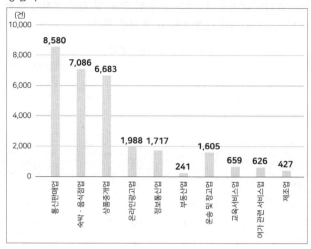

③ 여성 창업건수의 전년 대비 증가율 추이

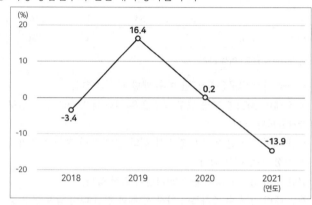

④ 2021년 청년 창업건수 상위 10개 업종의 성별 창업건수 구성비

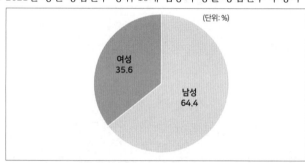

⑤ 2021년 청년 창업건수 상위 3개 업종의 성별 창업건수 구성비

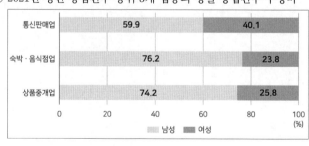

해커스PSAT 5급 PSAT 김용훈 자료해석 13개년 기출문제집

📝 **문제풀이**

36 표-차트 변환형
난이도 ★★★★☆

표-차트 변환형 문제이므로 자료 그대로 묻거나 차이를 판단하는 ①, ②번 선택지부터 검토한다.

〈표 2〉와 〈표 3〉을 토대로 2017년 대비 2021년 증감폭을 도출하면 온라인광고업이 1,717건, 정보통신업이 1,988건이고 교육서비스업은 626건, 여가 관련 서비스업이 659건이므로 틀린 선택지이다.

[정답] ②

37

다음 〈표〉는 '갑'국의 교역대상국(A~F)별 2022년 7월 해상 수출 및 수입 운송비용에 관한 자료이다. 이에 대한 〈보기〉의 설명 중 옳은 것만을 모두 고르면?

〈표〉 2022년 7월 해상 수출 및 수입 운송비용

(단위: 백만 원,%)

구분 교역 대상국	수출			수입		
	운송비용	전월 대비 증가율	전년 동월 운송비용	운송비용	전월 대비 증가율	전년 동월 운송비용
A	14,077	−0.1	9,734	3,298	−6.3	2,663
B	14,337	−5.2	8,744	3,141	14.7	1,762
C	13,103	−3.7	8,352	2,335	9.5	2,307
D	1,266	5.2	1,006	2,991	5.8	2,093
E	1,106	3.7	1,306	1,658	9.7	1,017
F	2,480	5.9	1,190	2,980	2.8	1,997

〈보 기〉

ㄱ. 2022년 7월 수입 운송비용은 각 교역대상국에 대해 전년 동월 대비 증가하였다.

ㄴ. 2021년 7월 수출 운송비용이 많은 교역대상국일수록 2022년 7월 수출 운송비용도 많다.

ㄷ. 2022년 7월, 수입 운송비용의 전월 대비 증가율이 가장 높은 교역대상국과 수입 운송비용의 전년 동월 대비 증가율이 가장 높은 교역대상국은 같다.

ㄹ. 2022년 6월, 수출 운송비용이 수입 운송비용보다 많은 교역대상국은 2개이다.

① ㄱ, ㄷ
② ㄱ, ㄹ
③ ㄴ, ㄷ
④ ㄴ, ㄹ
⑤ ㄷ, ㄹ

문제풀이

37 분수 비교형   난이도 ★★★☆☆

〈표〉에 전월 대비 증가율과 전년 동월 운송비용이 주어졌으므로 비교 대상 시점을 명확히 해서 답을 도출한다.

ㄱ. (O) 2022년 7월 수입 운송비용은 각 교역대상국에 대해 전년 동월 운송비용에 비해 모두 증가하였다는 것을 쉽게 판단할 수 있다.

ㄴ. (X) A와 B를 비교하면 2021년 7월 수출 운송비용은 A가 9,734백만 원으로 8,744백만 원인 B보다 더 많지만 2022년 7월 수출 운송비용은 B가 14,337백만 원으로 14,077백만 원인 A보다 많다.

ㄷ. (O) 2022년 7월, 수입 운송비용의 전월 대비 증가율이 가장 높은 교역대상국은 14.7% 증가한 B이다. B의 수입 운송비용 역시 전년 동월 대비 증가율은 (3,141−1,762)/1,762≒78.3%로 가장 높다.

ㄹ. (X) 2022년 6월, 수출 운송비용이 수입 운송비용보다 많은 교역대상국은 A, B, C 3개이다.

⏱ 빠른 문제 풀이 **Tip**

ㄹ. A, B, C만 고려하더라도 2022년 7월의 수출 운송비용은 수입 운송비용의 각각 4배 이상인데 수출의 전월대비 증가율은 모두 (−)이고 수입의 전월대비 증가율은 A를 제외하면 (+)이므로 2022년 6월 역시 수출 운송비용은 수입 운송비용보다 더 많다고 판단할 수 있다.

[정답] ①

38

다음 〈표〉는 1936~2022년 필즈상 수상자의 최종 박사학위 취득 대학에 관한 자료이다. 필즈상 수상자의 최종 박사학위 취득 대학 중 수상자가 1명인 대학의 수는?

〈표 1〉 필즈상 수상자의 최종 박사학위 취득 대학의 소속 국가별 현황

(단위: 개, 명)

순위	대학 소속 국가	대학 수	필즈상 수상자 수
1	미국	7	21
2	프랑스	7	12
3	영국	4	8
4	러시아	3	6
5	독일	2	4
6	스위스	1	3
⋮	⋮	⋮	⋮
전체		34	65

※ 1) 필즈상 수상자 수가 많을수록 순위가 높음.
2) 필즈상 수상자는 모두 박사학위자이며, 중복수상자는 없음.

〈표 2〉 최종 박사학위 기준 필즈상 수상자를 3명 이상 배출한 대학 현황

(단위: 명)

대학명	대학 소속 국가	필즈상 수상자 수
프린스턴	미국	7
하버드	미국	6
모스크바	러시아	4
케임브리지	영국	4
본	독일	3
제네바	스위스	3
ENS	프랑스	3

① 16
② 17
③ 18
④ 19
⑤ 20

📝 문제풀이

38 각주 판단형
난이도 ★★★★☆

〈표 1〉에 전체 대학 수와 수상자 수가 제시되고 〈표 2〉에서 3명 이상 배출한 대학 현황이 제시되므로 이를 연계하여 1명인 대학의 수를 판단한다.

〈표 1〉은 1~7위 필즈상 수상자의 최종 박사학위 취득 대학의 소속 국가별 현황을 제시하고 있으므로 34개 대학에서 65명의 수상자가 배출되었음을 알 수 있다. 〈표 2〉는 3명 이상 배출한 대학 현황이므로 7개 대학에서 30명의 수상자가 배출되었음을 알 수 있다. 또한 〈표 1〉의 6위 이내에 포함되지 못한 소속 국가의 대학 수는 24개이고 수상자 수는 54명이다. 따라서 2명 이하를 배출한 대학 수는 34-24=10개 대학이고 수상자 수는 11명이다. 즉 이 중 1개 대학에서 2명을 배출하고 나머지 9개 대학은 1명씩 배출했음을 알 수 있다.

국가별로 판단하면 미국은 7개 대학에서 21명이 배출되었고 그 중 프린스턴과 하버드 2개 대학에서 13명이 배출된 것이므로 나머지 5개 대학에서 8명이 배출되었음을 알 수 있다. 따라서 5개 대학은 1명 또는 2명 배출한 것이므로 조합을 고려하면 2개 대학에서 1명씩 배출하고 나머지 3개 대학에서 2명씩 배출했다는 것을 알 수 있다. (수상자가 1명인 미국의 대학은 2개)

프랑스의 경우 7개 대학에서 12명이 배출되었고 이 중 ENS에서 3명이 배출되었으므로 나머지 6개 대학에서 9명이 배출되었음을 알 수 있다. 따라서 6개 대학은 1명 또는 2명 배출한 것이므로 조합을 고려하면 3개 대학에서 1명씩 배출하고 나머지 3개 대학에서 2명씩 배출했다는 것을 알 수 있다. (수상자가 1명인 프랑스의 대학은 3개)

영국의 경우 4개 대학에서 8명이 배출되었고 이 중 케임브리지에서 4명이 배출되었으므로 나머지 3개 대학에서 4명이 배출되었음을 알 수 있다. 따라서 3개 대학은 1명 또는 2명 배출한 것이므로 조합을 고려하면 2개 대학에서 1명씩 배출하고 나머지 1개 대학에서 2명을 배출했다는 것을 알 수 있다. (수상자가 1명인 영국의 대학은 2개)

러시아의 경우 3개 대학에서 6명이 배출되었고 이 중 모스크바에서 4명이 배출되었으므로 나머지 2개 대학에서 2명이 배출되었음을 알 수 있다. 따라서 2개 대학 모두 1명씩 배출하였다. (수상자가 1명인 러시아의 대학은 2개)

독일의 경우 2개 대학에서 4명이 배출되었고 이 중 본에서 3명이 배출되었으므로 나머지 1개 대학에서 1명이 배출되었음을 알 수 있다. (수상자가 1명인 독일의 대학은 1개)

따라서 필즈상 수상자의 최종 박사학위 취득 대학 중 수상자가 1명인 대학의 수는 총 19개이다.

⏱ 빠른 문제 풀이 Tip

〈표 2〉에서 3명 이상 배출한 대학은 7개이고 30명을 배출하였다. 전체 34개 대학에서 65명을 배출하였으므로 나머지 27개 대학에서 35명을 배출한 셈이 된다. 27개 대학은 1명 또는 2명을 배출하였으므로 35-27=8개 대학은 2명씩 배출하였고 27-8=19개 대학이 1명씩 배출한 대학의 수가 된다.

[정답] ④

39

다음 〈표〉와 〈설명〉은 2020년 '갑'국 A~H지역의 코로나19 지원금에 관한 자료이다. 이에 근거하여 A~H지역 중 현금 방식의 지급 가구수가 세 번째로 많은 지역과 다섯 번째로 많은 지역을 바르게 연결한 것은?

〈표 1〉 A~H지역별 전체 가구수와 코로나19 지원금 지급총액

(단위: 천 가구, 억 원)

지역 구분	A	B	C	D	E	F	G	H
전체 가구수	4,360	1,500	1,040	1,240	620	640	470	130
지급총액	25,700	9,200	6,600	7,900	3,900	4,000	3,100	900

〈표 2〉 지급 방식별 코로나19 지원금 지급 가구수

(단위: 천 가구)

지급 방식 지역	상품권	선불카드	신용· 체크카드	현금	합
A	20	570	3,050	( )	( )
B	10	270	920	240	1,440
C	90	140	( )	( )	1,010
D	( )	0	810	( )	1,210
E	110	0	410	( )	( )
F	10	20	500	70	600
G	0	80	330	( )	450
H	0	10	( )	( )	130

※각 가구는 1가지 지급 방식으로만 코로나19 지원금을 지급받음.

〈설 명〉

○A는 전체 가구수 대비 코로나19 지원금 지급 가구수 비율이 92.9%이다.
○지역별 코로나19 지원금 지급 가구수 대비 신용·체크카드 방식의 지급 가구수 비율은 H가 84.6%로 가장 높고, C가 62.4%로 가장 낮다.
○D는 코로나19 지원금 지급 가구수 대비 상품권 방식의 지급 가구수 비율이 21.5%이다.
○E는 코로나19 지원금 지급 가구의 평균 지원금이 65만 원이다.

	세 번째로 많은 지역	다섯 번째로 많은 지역
①	B	E
②	B	F
③	C	E
④	C	F
⑤	D	E

📑 문제풀이

39 조건 판단형   난이도 ★★★★★

설명 중 확실한 내용부터 검토하고 빈칸에 들어갈 수치를 대략적인 비율로 도출해서 판단한다.

먼저 설명 없이 빈칸을 채울 수 있는 G의 지급방식이 현금인 가구 수는 40천 가구이다.

네 번째 설명에서 E는 코로나19 지원금 지급 가구의 평균 지원금이 65만 원이므로 코로나19 지원금 지급 가구 수는 3,900억 원/65만 원=600천 가구이다. 따라서 E의 지급방식이 현금인 가구 수는 80천 가구이다.

세 번째 설명에서 D는 코로나19 지원금 지급 가구 수 대비 상품권 방식의 지급 가구수 비율이 21.5%이므로 상품권 방식의 지급 가구수는 1,210×0.215≒260천 가구이다. 따라서 지급방식이 현금인 가구 수는 140천 가구이다.

첫 번째 설명에서 A는 전체 가구수 대비 코로나19 지원금 지급 가구수 비율이 92.9%이므로 코로나19 지원금 지급 가구수는 4,360×0.929≒4,050천 가구이다. 따라서 지급방식이 현금인 가구 수는 410천 가구이다.

두 번째 설명에서 H의 코로나19 지원금 지급 가구수 대비 신용·체크카드 방식의 지급 가구수 비율은 84.6%이므로 신용·체크카드 방식의 지급 가구수는 130×0.846≒110천 가구이다. 따라서 H의 지급방식이 현금인 가구 수는 10천 가구이다. C의 코로나19 지원금 지급 가구수 대비 신용·체크카드 방식의 지급 가구수 비율은 62.4%이므로 신용·체크카드 방식의 지급 가구수는 1,010×0.624≒630천 가구이다. 따라서 C의 지급방식이 현금인 가구 수는 150천 가구이다.

따라서 세 번째로 많은 지역은 C이고 다섯 번째로 많은 지역은 E이다.

⏱ 빠른 문제 풀이 Tip

92.9%는 −7%로, 84.6%는 약 85%로, 62.4는 약 62.5%인 5/8로, 21.5%는 약 22.2%인 2/9 정도로 판단한다. 위 설명을 토대로 빈칸을 채우면 아래와 같다.

지급 방식 지역	상품권	선불카드	신용· 체크카드	현금	합
A	20	570	3,050	410	4,050
B	10	270	920	240	1,440
C	90	140	630	150	1,010
D	260	0	810	140	1,210
E	110	0	410	80	600
F	10	20	500	70	600
G	0	80	330	40	450
H	0	10	110	10	130

[정답] ③

40

다음 〈표〉와 〈정보〉는 2021년과 2022년 A기업의 전체 직원 1,000명을 대상으로 갑질 발생 위험도를 설문조사한 결과이다. 이를 근거로 한 〈보기〉의 설명 중 옳은 것만을 모두 고르면?

〈표 1〉 종합위험도 평가 결과

(단위: 명)

구분	연도 갑질 발생 위험도	2021 매우 낮음	낮음	보통	높음	매우 높음	2022 매우 낮음	낮음	보통	높음	매우 높음
	전체	770	78	49	45	58	790	121	33	31	25
성별	남성	320	38	24	15	18	336	55	10	11	3
	여성	450	40	25	30	40	454	66	23	20	22
직급	관리자	180	11	4	2	3	185	15	4	4	2
	실무자	590	67	45	43	55	605	106	29	27	23
소속	본사	70	9	5	5	6	80	11	4	3	2
	공장	700	69	44	40	52	710	110	29	28	23

〈표 2〉 갑질 유형별 평가 결과

(단위: 명)

갑질 유형	연도 갑질 발생 위험도	2021 매우 낮음	낮음	보통	높음	매우 높음	2022 매우 낮음	낮음	보통	높음	매우 높음
언어		747	85	50	53	65	770	120	35	44	31
부당한 지시		788	78	43	38	53	810	127	25	21	17
불리한 처우		781	73	52	41	53	795	117	37	27	24

─〈정 보〉─

○ 2021년과 2022년 설문조사 대상자는 같으며, 무응답과 중복 응답은 없음.
○ 2021년 실무자의 절반은 여성임.
○ 각 설문조사에서 '부당한 지시'의 갑질 발생 위험도를 '높음' 또는 '매우 높음'으로 답변한 응답자는 '언어'와 '불리한 처우'에 대해서도 '높음' 또는 '매우 높음'으로 답변함.

─〈보 기〉─

ㄱ. 2021년 여성 관리자는 185명이다.
ㄴ. 소속이 본사인 직원은 2022년이 2021년보다 5명 많다.
ㄷ. '부당한 지시'의 갑질 발생 위험도를 '매우 낮음', '낮음' 또는 '보통'으로 답변한 응답자 중 '언어'의 갑질 발생 위험도를 '높음' 또는 '매우 높음'으로 답변한 응답자는 2021년이 2022년보다 많다.

① ㄴ
② ㄷ
③ ㄱ, ㄴ
④ ㄱ, ㄷ
⑤ ㄱ, ㄴ, ㄷ

2024
2023
2022
2021
2020
2019
2018
2017
2016
2015
2014
2013
2012
해커스PSAT 5급 PSAT 김용훈 자료해석 13개년 기출문제집

📝 문제풀이

40 조건 판단형

난이도 ★★★★☆

〈정보〉에서 제시하는 내용을 토대로 〈표 1〉과 〈표 2〉의 구분항목별 합을 더해서 〈보기〉를 판단한다.

ㄱ. (O) 2021년 실무자의 절반은 여성이므로 실무자 800명 중 400명은 여성이다. 따라서 남성 실무자는 400명이고 전체 남성 415명 중 남성 관리자는 15명이므로 전체 관리자 200명 중 여성 관리자는 185명이다.

ㄴ. (O) 소속이 본사인 직원은 2022년이 100명으로 2021년 95명보다 5명 많다.

ㄷ. (X) 각 설문조사에서 '부당한 지시'의 갑질 발생 위험도를 '높음' 또는 '매우 높음'으로 답변한 응답자는 '언어'와 '불리한 처우'에 대해서도 '높음' 또는 '매우 높음'으로 답변하였으므로 2021년 부당한 지시에서 높음 이상으로 응답한 91명은 모두 언어에서도 높음 이상으로 응답하였다. 즉 언어에서도 높음 이상으로 응답한 118명 중 91명을 제외한 27명은 '부당한 지시'의 갑질 발생 위험도를 '매우 낮음', '낮음' 또는 '보통'으로 답변한 응답자이다. 마찬가지로 2022년 부당한 지시에서 높음 이상으로 응답한 38명은 모두 언어에서도 높음 이상으로 응답하였기 때문에 언어에서도 높음 이상으로 응답한 75명 중 38명을 제외한 37명은 '부당한 지시'의 갑질 발생 위험도를 '매우 낮음', '낮음' 또는 '보통'으로 답변한 응답자이다. 따라서 '부당한 지시'의 갑질 발생 위험도를 '매우 낮음', '낮음' 또는 '보통'으로 답변한 응답자 중 '언어'의 갑질 발생 위험도를 '높음' 또는 '매우 높음'으로 답변한 응답자는 2021년 27명으로 2022년 37명보다 적다.

⏱ 빠른 문제 풀이 Tip

ㄴ. 갑질 발생 위험도가 동일한 항목끼리 증감폭으로 비교하면 매우 낮음부터 +10, +2, −1, −2, −4명이므로 증감폭의 합은 +5명이므로 이를 토대로 쉽게 판단 가능하다.

[정답] ③

2022년 기출문제

총평

- 순수 자료비교인 곱셈 비교와 분수 비교 자체를 묻는 문제가 14문제 출제되었다. 2021년에 비해 자료비교의 비중이 증가하여 기본기에 충실하다면 고득점이 가능한 수준으로 출제되었다.

- 매칭형이 5문제, 빈칸형이 8문제, 각주 판단형과 조건 판단형이 각각 4문제로 자료판단에서 21문제가 출제되어 절반 정도의 비중을 차지하였다. 특히 각주 판단형과 조건 판단형에서 초고난도 문제가 출제되어 체감 난도를 상승시키는 요인으로 작용하였다.

- 보고서 검토·확인형이 2문제, 표-차트 변환형이 2문제 출제되어 자료검토·변환 문제가 총 4문제로 전체의 10%를 차지하고 있다.

- 세트문제는 18-19번, 38-39번으로 대칭적인 출제 패턴을 보이며, 빈칸형과 각주 판단형으로 각각 세트문제 2문제당 5분 이상 소요되는 고난도로 출제되었다.

- 전체적인 난도는 ★★★★☆ 정도로 출제되었다. 나책형 기준 30번대 문제들이 고난도였다는 점에서 2021년과 마찬가지로 80점 이상 받기 힘든 난도라고 볼 수 있다. 상대적으로 쉬운 2분 이내에 해결되는 문제의 비중이 적지 않아 이들을 잘 해결했다면 시간 관리에 어려움이 없었겠지만 30번대 문제에서 시간을 많이 소모했다면 고득점이 어려운 문제 패턴이었다. 따라서 턴 관리를 효율적으로 하는 연습을 하여야 한다.

01

다음 〈표〉는 2020년 4분기(10~12월) 전국 아파트 입주 물량에 관한 자료이다. 제시된 〈표〉 이외에 〈보고서〉를 작성하기 위해 추가로 필요한 자료만을 〈보기〉에서 모두 고르면?

〈표 1〉 월별 아파트 입주 물량

(단위: 세대)

구분＼월	10월	11월	12월	합
전국	21,987	25,995	32,653	80,635
수도권	13,951	15,083	19,500	48,534
비수도권	8,036	10,912	13,153	32,101

〈표 2〉 규모 및 공급주체별 아파트 입주 물량

(단위: 세대)

구분	규모			공급주체	
	60m² 이하	60m² 초과 85m² 이하	85m² 초과	공공	민간
전국	34,153	42,528	3,954	23,438	57,197
수도권	21,446	24,727	2,361	15,443	33,091
비수도권	12,707	17,801	1,593	7,995	24,106

〈보고서〉

2020년 4분기(10~12월) 전국 아파트 입주 물량은 80,635세대로 집계되었다. 수도권은 48,534세대로 전년동기 및 2015~2019년 4분기 평균 대비 각각 37.5%, 1.7% 증가했고, 비수도권은 32,101세대로 전년동기 및 2015~2019년 4분기 평균 대비 각각 47.6%, 46.8% 감소하였다. 시도별로 살펴보면, 서울은 12,097세대로 전년동기 대비 7.9% 증가하였다. 그 외 인천·경기 36,437세대, 대전·세종·충남 8,015세대, 충북 3,835세대, 강원 646세대, 전북 0세대, 광주·전남·제주 5,333세대, 대구·경북 5,586세대, 부산·울산 5,345세대, 경남 3,341세대였다. 주택 규모별로는 60m² 이하 34,153세대, 60m² 초과 85m² 이하 42,528세대, 85m² 초과 3,954세대로, 85m² 이하 중소형주택이 전체의 95.1%를 차지하여 중소형주택의 입주 물량이 많았다. 공급주체별로는 민간 57,197세대, 공공 23,438세대로, 민간 입주 물량이 공공 입주 물량의 2배 이상이었다.

〈보 기〉

ㄱ. 2015~2019년 4분기 수도권 및 비수도권 아파트 입주 물량
ㄴ. 2015~2019년 공급주체별 연평균 아파트 입주 물량
ㄷ. 2019~2020년 4분기 시도별 아파트 입주 물량
ㄹ. 2019년 4분기 규모 및 공급주체별 아파트 입주 물량

① ㄱ, ㄴ
② ㄱ, ㄷ
③ ㄱ, ㄹ
④ ㄴ, ㄷ
⑤ ㄴ, ㄹ

📝 문제풀이

01 보고서 검토·확인형

난이도 ★☆☆☆☆

문제에 2020년 4분기 자료만 주어진 점을 먼저 확인한다. 또한 전국을 수도권과 비수도권으로 나누고 규모별, 공급주체별 자료가 주어진 점 역시 체크한다.

ㄱ. 〈보고서〉 두 번째 문장에서 '수도권은 48,534세대로 전년동기 및 2015~2019년 4분기 평균 대비 각각 37.5%, 1.7% 증가했고, 비수도권은 32,101세대로 전년동기 및 2015~2019년 4분기 평균 대비 각각 47.6%, 46.8% 감소하였다.'고 하였으므로 [2015~2019년 4분기 수도권 및 비수도권 아파트 입주 물량]이 추가로 필요하다.

ㄴ. 〈보고서〉에서 규모별 또는 공급주체별 입주물량은 2020년에 한정하여 설명하고 있으므로 [2015~2019년 공급주체별 연평균 아파트 입주 물량]은 추가로 필요하지 않다.

ㄷ. 〈보고서〉 세 번째 문장에서 '시도별로 살펴보면, 서울은 12,097세대로 전년동기 대비 7.9% 증가하였다. 그 외 인천·경기 36,437세대, 대전·세종·충남 8,015세대, 충북 3,835세대, 강원 646세대, 전북 0세대, 광주·전남·제주 5,333세대, 대구·경북 5,586세대, 부산·울산 5,345세대, 경남 3,341세대였다.'고 하였으므로 [2019~2020년 4분기 시도별 아파트 입주 물량]이 추가로 필요하다.

ㄹ. 〈보고서〉에서 규모별 또는 공급주체별 입주물량은 2020년에 한정하여 설명하고 있으므로 [2019년 4분기 규모 및 공급주체별 아파트 입주 물량]은 추가로 필요하지 않다.

[정답] ②

02

다음 〈표〉는 A~E 지점을 연이어 주행한 '갑'~'병'자동차의 구간별 연료 소모량 및 평균 속력에 관한 자료이다. 이에 대한 〈보기〉의 설명 중 옳은 것만을 모두 고르면?

〈표〉 '갑'~'병'자동차의 구간별 연료 소모량 및 평균 속력

(단위: km, L, km/h)

구간	자동차 (연료) / 구분 거리	갑 (LPG) 연료 소모량	평균 속력	을 (휘발유) 연료 소모량	평균 속력	병 (경유) 연료 소모량	평균 속력
A → B	100	7.0	100	5.0	100	3.5	110
B → C	50	4.0	90	3.0	100	2.0	90
C → D	70	5.0	100	4.0	90	3.0	100
D → E	20	2.0	100	1.5	110	1.5	100
전체	240	18.0	( )	13.5	( )	10.0	( )

※ 1) L당 연료비는 LPG 1,000원, 휘발유 1,700원, 경유 1,500원임.

2) 주행 연비(km/L) = $\dfrac{\text{주행 거리}}{\text{연료 소모량}}$

〈보 기〉

ㄱ. 전체 구간 주행 시간은 '병'이 가장 길다.
ㄴ. 전체 구간 주행 연료비는 '을'이 가장 많고, '병'이 가장 적다.
ㄷ. 전체 구간 주행 연비는 '병'이 가장 높고, '갑'이 가장 낮다.
ㄹ. '갑'의 A → B 구간 주행 연비는 '을'의 B → C 구간 주행 연비보다 높다.

① ㄱ, ㄴ
② ㄱ, ㄷ
③ ㄴ, ㄷ
④ ㄷ, ㄹ
⑤ ㄴ, ㄷ, ㄹ

📝 문제풀이

02 빈칸형　　　　　　　　　　　　　난이도 ★★★☆☆

ㄱ. (X) 전체 구간 주행 시간은 전체 구간 주행 거리를 전체 구간 평균 속력으로 나누면 도출할 수 있지만 자동차별 전체 구간 평균 속력은 주어져 있지 않기 때문에 (구간별 거리)/(평균 속력)으로 구간별 주행 시간을 모두 도출해서 더해야 한다. 이를 계산하면 '갑'은 약 2.5시간, '을'은 약 2.5시간, '병'은 약 2.4시간으로 전체 구간 주행 시간은 '병'이 가장 짧다. 소수점 아래 셋째자리까지 도출해보면 '갑'은 2.456시간, '을'은 2.460시간으로 '을'이 조금 더 길다.

ㄴ. (O) 전체 구간 주행 연료비는 '을'이 22,950원으로 가장 많고, '병'이 15,000원으로 가장 적다. '갑'은 18,000원이다.

ㄷ. (O) 전체 구간은 240km로 '갑', '을', '병'이 모두 동일하다. 즉 주행 거리가 동일하다면 연료 소모량이 적을수록 주행 연비가 높다. 따라서 연료 소모량이 가장 적은 '병'이 전체 구간 주행 연비는 가장 높고, 연료 소모량이 가장 많은 '갑'이 전체 구간 주행 연비는 가장 낮다.

ㄹ. (X) '갑'의 A→B 구간 주행 연비는 100/7.0≒14.30이고 '을'의 B→C 구간 주행 연비는 50/3.0≒16.70이므로 전자보다 후자가 높다.

⏱ 빠른 문제 풀이 Tip

ㄱ. 구간별 거리는 모두 동일하므로 각 구간별 평균 속력이 작을수록 구간별 주행 시간은 길게 된다. 따라서 '갑'과 '병'을 비교하면 A→B 구간에서 '갑'보다 '병'의 평균 속력이 크고, 나머지 구간은 모두 동일하므로 전체 구간 주행 시간은 '병'보다 '갑'이 더 길다고 쉽게 판단할 수 있다.

ㄴ. 연료 소모량과 연료비의 곱셈 비교이므로 유효숫자 3자리로 설정해서 식을 구성하면 '갑'은 180×100, '을'은 135×175, '병'은 100×1500이므로 '병'은 '갑'과 '을'보다 각각 더 작다는 것을 쉽게 비교할 수 있으므로 '갑'과 '을'의 곱셈 비교만 하면 된다. 180과 175는 거의 차이가 없고 100과 135는 135가 100 기준 35% 증가한 것이므로 '갑'보다 '을'이 더 크다.

ㄹ. '갑'의 A→B 구간 주행 연비는 100/7.00이고 '을'의 B→C 구간 주행 연비는 50/3.00이므로 100/7.0<50/3.0(=100/6.0)이다.

[정답] ③

03

다음 〈표〉는 A 질환 환자의 성별 흡연 및 음주 여부에 관한 자료이다. 이에 대한 〈보기〉의 설명 중 옳은 것만을 모두 고르면?

〈표〉A 질환 환자의 성별 흡연 및 음주 여부

(단위: 명, %)

음주 여부 \ 성별 흡연 여부 구분		남성		여성	
		흡연	비흡연	흡연	비흡연
음주	인원	600	( )	( )	( )
	비율	30	35	( )	20
비음주	인원	( )	( )	300	450
	비율	10	( )	( )	30

※ 비율(%)은 흡연 및 음주 여부에 따른 남(여)성 환자 수를 전체 남(여)성 환자 수로 나눈 값에 100을 곱한 것임. 예를 들어, 남성 환자 중 흡연과 음주를 모두 하는 비율은 30%임.

─── 〈보 기〉 ───
ㄱ. 흡연 비율은 남성 환자가 여성 환자보다 높다.
ㄴ. 비음주이면서 비흡연인 환자는 남성이 여성보다 많다.
ㄷ. 각 성별에서 음주 환자가 비음주 환자보다 많다.
ㄹ. 전체 환자 중 음주 환자 비중은 전체 환자 중 흡연 환자 비중보다 크다.

① ㄱ, ㄴ
② ㄱ, ㄷ
③ ㄴ, ㄹ
④ ㄷ, ㄹ
⑤ ㄴ, ㄷ, ㄹ

📝 문제풀이

03 빈칸형   난이도★★★☆☆

빈칸을 채우면 다음과 같다.

음주 여부 \ 성별 흡연 여부 구분		남성		여성	
		흡연	비흡연	흡연	비흡연
음주	인원	600	(700)	(450)	(300)
	비율	30	35	(30)	20
비음주	인원	(200)	(500)	300	450
	비율	10	(25)	(20)	30

ㄱ. (X) 흡연 비율은 남성 환자가 40%로 여성 환자 50%보다 낮다.

ㄴ. (O) 비음주이면서 비흡연인 환자는 남성이 500명으로 여성 450명보다 많다.

ㄷ. (X) 여성의 경우 음주 환자와 비음주 환자가 750명으로 동일하다. 따라서 각 성별에서 음주 환자가 비음주 환자보다 많지 않다.

ㄹ. (O) 음주 환자는 2,050명이고 흡연환자는 1,550명이므로 전체 환자 중 음주 환자 비중은 전체 환자 중 흡연 환자 비중보다 크다.

⏱ 빠른 문제 풀이 Tip

ㄹ. 음주와 흡연을 하는 환자 수가 공통이므로 음주+비흡연인 1,000명과 흡연+비음주인 500명을 비교하면 계산 과정을 줄일 수 있다.

[정답] ③

04

다음 〈표〉는 '갑'국 국세청의 행정소송 현황에 관한 자료이다. 제시된 〈표〉 이외에 〈보고서〉를 작성하기 위해 추가로 필요한 자료만을 〈보기〉에서 모두 고르면?

〈표 1〉 2017~2020년 행정소송 현황

(단위: 건)

구분 연도	처리대상 건수		처리완료 건수				처리미완료 건수		
	전년 이월	당년 제기	취하	각하	국가 승소	국가 패소	행정 법원	고등 법원	대법원
2017	2,093	1,679	409	74	862	179	1,279	647	322
2018	2,248	1,881	485	53	799	208	1,536	713	335
2019	2,584	1,957	493	78	749	204	2,043	692	282
2020	3,017	2,026	788	225	786	237	1,939	793	275

※ 미완료율(%)= $\dfrac{\text{처리미완료건수}}{\text{처리대상건수}} \times 100$

〈표 2〉 2020년 세목별 행정소송 현황

(단위: 건)

구분 세목	처리대상 건수		처리완료 건수				처리미완료 건수		
	전년 이월	당년 제기	취하	각하	국가 승소	국가 패소	행정 법원	고등 법원	대법원
종합소득세	305	249	85	7	103	33	227	74	25
법인세	443	347	54	6	108	44	396	123	59
부가가치세	645	405	189	13	162	42	400	183	61
양도소득세	909	447	326	170	240	39	378	167	36
상속세	84	52	14	1	28	9	50	20	14
증여세	429	282	70	12	96	49	272	157	55
기타	202	244	50	16	49	21	216	69	25

〈표 3〉 2020년 소송가액별 행정소송 현황

(단위: 건)

구분 소송가액	처리대상 건수		처리완료 건수				처리미완료 건수		
	전년 이월	당년 제기	취하	각하	국가 승소	국가 패소	행정 법원	고등 법원	대법원
3억 원 미만	1,758	1,220	599	204	540	102	1,028	414	91
3억 원 이상 10억 원 미만	542	375	129	15	133	56	374	156	54
10억 원 이상	717	431	60	6	113	79	537	223	130

〈보고서〉

2017~2020년 '갑'국 국세청의 연도별 행정소송 현황을 살펴보면 전년 이월 처리대상건수와 당년 제기 처리대상건수는 매년 증가하였다. 한편 2017~2019년 미완료율은 매년 증가하였으나, 2020년에는 미완료율이 전년 대비 감소하였다. 2017~2020년 처리대상건수 대비 국가승소 건수의 비율은 매년 감소하였는데, 특히 2017년에는 전년 대비 20%p 감소하여 가장 큰 폭으로 감소하였다. 2017~2020년 국가승소 건수 중 법인세 관련 행정소송 건수가 차지하는 비율 또한 매년 감소하였다.

2020년에 전년 이월 처리대상건수가 가장 많은 세목은 양도소득세였으며, 행정소송이 진행 중이어서 처리완료되지 못하고 2021년으로 이월된 행정소송 건수가 가장 많은 세목은 부가가치세였다.

2020년의 경우 소송가액 3억 원 미만인 국가승소 건수가 3억 원 이상인 국가승소 건수보다 많았다. 한편 2017~2020년 행정법원 소송 처리미완료건수 중 소송가액 10억 원 이상인 건수가 차지하는 비율은 2018년이 가장 높았으며 2020년이 가장 낮았다.

〈보 기〉

ㄱ. 2016년 행정소송 처리대상건수 및 국가승소 건수
ㄴ. 2021년 소송가액별 행정소송 처리대상건수
ㄷ. 2017~2019년 국가승소 건수 중 법인세 관련 행정소송 건수
ㄹ. 2017~2019년 소송가액이 10억 원 이상인 행정법원 소송 처리미완료건수

① ㄱ, ㄴ
② ㄱ, ㄷ
③ ㄴ, ㄹ
④ ㄱ, ㄷ, ㄹ
⑤ ㄴ, ㄷ, ㄹ

문제풀이

04 보고서 검토·확인형
난이도 ★☆☆☆☆

〈표 2〉와 〈표 3〉은 〈표 1〉의 2020년 현황을 세목별, 소송가액별로 세분화한 자료로 이해한다.

ㄱ. 〈보고서〉 첫 번째 문단 세 번째 문장에서 '2017~2020년 처리대상건수 대비 국가승소 건수의 비율은 매년 감소하였는데, 특히 2017년에는 전년 대비 20%p 감소하여 가장 큰 폭으로 감소하였다.'고 하였으므로 [2016년 행정소송 처리대상건수 및 국가승소 건수]가 추가로 필요하다.

ㄷ. 〈보고서〉 첫 번째 문단 네 번째 문장에서 '2017~2020년 국가승소 건수 중 법인세 관련 행정소송 건수가 차지하는 비율 또한 매년 감소하였다.'고 하였으므로 [2017~2019년 국가승소 건수 중 법인세 관련 행정소송 건수]가 추가로 필요하다.

ㄹ. 〈보고서〉 세 번째 문단 마지막 문장에서 '한편 2017~2020년 행정법원 소송 처리미완료건수 중 소송가액 10억 원 이상인 건수가 차지하는 비율은 2018년이 가장 높았으며 2020년이 가장 낮았다.'고 하였으므로 [2017~2019년 소송가액이 10억 원 이상인 행정법원 소송 처리미완료건수]가 추가로 필요하다.

[정답] ④

05

다음 〈표〉는 '갑'도매시장에서 출하되는 4개 농산물의 수송 방법별 운송량에 관한 자료이다. 이에 대한 〈보기〉의 설명 중 옳은 것만을 모두 고르면?

〈표〉 4개 농산물의 수송 방법별 운송량

(단위: 톤)

수송 방법 \ 농산물	쌀	밀	콩	보리	합계
도로	10,600	16,500	400	2,900	30,400
철도	5,800	7,500	600	7,100	21,000
해운	1,600	3,000	4,000	2,000	10,600

※ '갑'도매시장 농산물 수송 방법은 도로, 철도, 해운으로만 구성됨.

─────〈보 기〉─────

ㄱ. 농산물별 해운 운송량이 각각 100톤씩 증가하면 4개 농산물 해운 운송량의 평균은 2,750톤이다.

ㄴ. 보리의 수송 방법별 운송량이 각각 50%씩 감소하고 콩의 수송 방법별 운송량이 각각 100%씩 증가하더라도, 4개 농산물 전체 운송량에는 변동이 없다.

ㄷ. 도로 운송량이 많은 농산물일수록 해당 농산물의 운송량 중 도로 운송량이 차지하는 비중이 더 크다.

ㄹ. 해운 운송량이 적은 농산물일수록 해당 농산물의 운송량 중 해운 운송량이 차지하는 비중이 더 작다.

① ㄱ, ㄷ
② ㄱ, ㄹ
③ ㄴ, ㄷ
④ ㄴ, ㄹ
⑤ ㄷ, ㄹ

📑 문제풀이

05 분수 비교형	난이도 ★★★☆☆

ㄱ. (O) 농산물별 해운 운송량이 각각 100톤씩 증가하면 합계는 400톤이 증가한 11,000톤이므로 4개 농산물 해운 운송량의 평균은 11,000/4=2,750톤이다.

ㄴ. (X) 보리의 수송 방법별 운송량이 각각 50%씩 감소하면 총 12,000톤에서 6,000톤으로 6,000톤 감소하고 콩의 수송 방법별 운송량이 각각 100%씩 증가하면 총 5,000톤에서 10,000톤으로 5,000톤 증가한다. 따라서 4개 농산물 전체 운송량이 감소하므로 변동이 있다.

ㄷ. (O) 도로 운송량이 많은 농산물의 순서는 밀, 쌀, 보리, 콩 순이다. 해당 농산물의 운송량 중 도로 운송량이 차지하는 비중은 밀이 61.1%, 쌀이 58.9%, 보리가 24.2%, 콩이 8.0%이다. 따라서 도로 운송량이 많은 농산물일수록 해당 농산물의 운송량 중 도로 운송량이 차지하는 비중이 더 크다.

ㄹ. (X) 해운 운송량이 적은 농산물의 순서는 쌀, 보리, 밀, 콩 순이다. 해당 농산물의 운송량 중 해운 운송량이 차지하는 비중은 쌀이 8.9%, 밀이 11.1%, 보리가 16.7%, 콩이 80%이다. 따라서 순서가 다르므로 해운 운송량이 적은 농산물일수록 해당 농산물의 운송량 중 해운 운송량이 차지하는 비중이 더 작은 것은 아니다.

⏱ 빠른 문제 풀이 Tip

ㄱ. 100톤씩 증가하지 않은 현재 상태에서의 평균이 2,650톤이 되는지 판단하면 되므로 10,600/4=2,650인지 확인한다.

ㄹ. 밀과 보리의 경우, 해운이 차지하는 비중을 분수식으로 정리하면 밀은 3/27=1/9이고 보리는 2/12=1/6이다. 상대비로도 판단할 수 있는데 이 경우 밀은 3/24=1/8이고 보리는 2/10=1/5이다. 따라서 밀보다 보리가 더 높다.

[정답] ①

06

다음 〈그림〉은 2019~2021년 '갑'국의 건설, 농림수산식품, 소재 3개 산업의 기술도입액과 기술수출액 현황에 관한 자료이다. 이에 대한 설명으로 옳지 않은 것은?

〈그림〉 3개 산업의 기술도입액과 기술수출액 현황

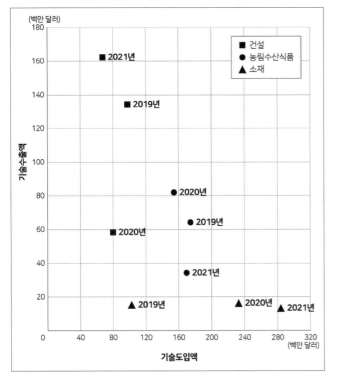

※ 1) 기술무역규모 = 기술수출액 + 기술도입액
2) 기술무역수지 = 기술수출액 − 기술도입액
3) 기술무역수지비 = $\dfrac{\text{기술수출액}}{\text{기술도입액}}$

① 2020년 3개 산업 중 기술무역수지가 가장 작은 산업은 건설 산업이다.
② 2021년 3개 산업 중 기술무역규모가 가장 큰 산업은 소재 산업이다.
③ 2019년 3개 산업의 전체 기술도입액은 3억 2천만 달러 이상이다.
④ 소재 산업에서 기술무역수지는 매년 감소한다.
⑤ 농림수산식품 산업에서 기술무역수지비가 가장 큰 해는 2020년이다.

📝 문제풀이

06 분산·물방울형   난이도 ★★☆☆☆

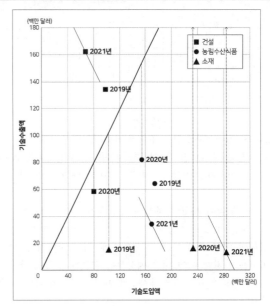

① (X) 기술무역수지는 Y−X이므로 Y=X인 보조선(진한 실선)을 그어 보조선과의 거리(점선)로 판단할 수 있다. 2020년 3개 산업은 보조선 우하방에 위치하므로 기술무역수지가 가장 작은 산업은 보조선과의 거리가 가장 큰 소재 산업이다. 따라서 2020년 3개 산업 중 기술무역수지가 가장 작은 산업은 건설 산업이 아니다.

② (O) 기술무역규모는 X+Y이므로 기울기가 −1인 선분(실선)을 그어 Y절편이 가장 큰 산업을 고르면 된다. 따라서 위 그림에서 Y절편 값이 가장 큰 산업은 소재 산업이므로 2021년 3개 산업 중 기술무역규모가 가장 큰 산업은 소재 산업이다.

③ (O) 2019년 건설과 소재의 기술도입액은 각각 8천만 달러 이상, 농림수산식품은 1억 6천만 달러 이상이므로 3개 산업의 전체 기술도입액은 3억 2천만 달러 이상이다.

④ (O) 기술무역수지는 ①에서 판단한 대로 보조선과의 거리로 판단할 수 있다. 소재 산업은 보조선 우하방에 위치하기 때문에 보조선과의 거리가 커질수록 기술무역수지는 감소한다고 판단할 수 있다. 따라서 소재 산업에서 기술무역수지는 매년 감소한다.

⑤ (O) 기술무역수지비는 원점과 각 점을 잇는 선분의 기울기이므로 농림수산식품 산업에서 기술무역수지비가 가장 큰 해는 2020년이다.

[정답] ①

07

다음 〈표〉는 2018~2021년 '갑'국의 여름철 물놀이 사고 사망자에 관한 자료이다. 이를 바탕으로 작성한 〈보고서〉의 내용 중 옳지 않은 것은?

〈표 1〉 연령대별 여름철 물놀이 사고 사망자 수

(단위: 명)

연령대 연도	10세 미만	10대	20대	30대	40대	50대 이상
2018	2	6	4	4	4	4
2019	2	13	9	2	2	8
2020	2	9	7	2	4	13
2021	0	5	3	5	5	19

〈표 2〉 4대 주요 발생 장소 및 원인별 여름철 물놀이 사고 사망자 수

(단위: 명)

구분 연도	4대 주요 발생 장소				4대 주요 원인			
	하천	해수 욕장	계곡	수영장	안전 부주의	수영 미숙	음주 수영	급류
2018	16	3	2	2	6	13	3	2
2019	23	3	5	4	9	14	5	6
2020	19	3	1	12	8	14	3	8
2021	23	7	2	5	9	12	6	2

※ 여름철 물놀이 사고 사망자의 발생 장소와 원인은 각각 1가지로만 정함.

─〈보고서〉─

물놀이 사고는 여름철인 6~8월에 집중적으로 발생한다. 연도별 사고 현황을 살펴보면, ㉠여름철 물놀이 사고 사망자는 2019년에 전년 대비 50% 이상 증가하였고, 이후 매년 30명 이상이었다.
㉡여름철 물놀이 사고 사망자 중 4대 주요 원인에 의한 사망자가 차지하는 비율이 가장 높은 해는 2018년이다. 한편, ㉢여름철 물놀이 사고 사망자 중 수영미숙에 의한 사망자가 매년 30% 이상을 차지해 이에 대한 예방책이 필요한 것으로 판단된다. 또 2019년과 2020년은 급류사고로 인한 사망자가 다른 해에 비해 많았다.
사고 발생 장소를 살펴보면, ㉣2018년부터 2021년까지 매년 여름철 물놀이 사고 사망자의 60% 이상이 하천에서 발생한 사고로 사망하였다. 따라서 하천에서의 사고를 예방하기 위해 물놀이 안전수칙 홍보를 강화할 필요가 있다. 여름철 물놀이 사고 사망자 수를 연령대와 장소 및 원인에 따라 세부적으로 살펴보면, 2020년 50대 이상 사망자 중 수영장 외의 장소에서 사망한 사망자가 1명 이상이고, ㉤2021년 안전부주의 사망자 중 30대 이상 사망자가 1명 이상이다.

① ㄱ
② ㄴ
③ ㄷ
④ ㄹ
⑤ ㅁ

📝 문제풀이

07 분수 비교형

난이도 ★★☆☆☆

ㄱ. (○) 여름철 물놀이 사고 사망자는 2019년이 36명으로 2018년 24명 대비 정확히 50% 증가하였고, 이후 2020년과 2021년 모두 37명으로 매년 30명 이상이었다.

ㄴ. (○) 여름철 물놀이 사고 사망자 중 4대 주요 원인에 의한 사망자가 차지하는 비율은 2018년이 100%, 2019년이 94.4%, 2020년이 89.2%, 2021년이 78.4%로 2018년이 가장 높다.

ㄷ. (○) 여름철 물놀이 사고 사망자 중 수영미숙에 의한 사망자가 차지하는 비중은 2018년이 54.2%, 2019년이 38.9%, 2020년이 37.8%, 2021년이 32.4%로 매년 30% 이상을 차지하고 있다.

ㄹ. (✕) 여름철 물놀이 사고 사망자 중 하천에서 발생한 사고 사망자가 차지하는 비중은 2018년이 66.7%, 2019년이 63.9%, 2020년이 51.4%, 2021년이 62.2%로 2020년의 경우 60% 이상이 아니다.

ㅁ. (○) 2021년 안전부주의 사망자는 9명이고 20대 이하 사망자가 8명이다. 따라서 20대 이하 사망자 8명의 사고 원인이 모두 안전부주의라고 해도 2021년 안전부주의 사망자 중 30대 이상 사망자는 최소 9-8=1명이다. 따라서 2021년 안전부주의 사망자 중 30대 이상 사망자는 1명 이상이다.

⏱ 빠른 문제 풀이 Tip

ㄹ. 하천이 60% 이상이 되려면 나머지 합이 40% 이하여야 하므로 하천이 나머지 합의 1.5배 이상이 되어야 한다. 하천은 19명이고 해수욕장, 계곡, 수영장 합이 16명이므로 16의 1.5배와 19만 비교해도 옳지 않다는 것을 알 수 있다. 실제로는 18의 1.5배와 19를 비교하면 된다.

[정답] ④

08

다음 〈표〉는 2020년 A~D 국의 어업 생산량에 관한 자료이다. 〈표〉와 〈조건〉을 근거로 A~D에 해당하는 국가를 바르게 나열한 것은?

〈표〉 2020년 A~D 국의 어업 생산량

(단위: 천 톤)

어업유형 국가	전체	해면어업	천해양식	원양어업	내수면어업
A	3,255	1,235	1,477	( )	33
B	10,483	3,245	( )	1,077	3,058
C	8,020	2,850	( )	720	1,150
D	9,756	4,200	324	( )	2,287

※ 1) 어업유형은 해면어업, 천해양식, 원양어업, 내수면어업으로만 구분됨.

2) 어업유형별 의존도 = $\dfrac{\text{해당 어업유형의 어업 생산량}}{\text{전체 어업 생산량}}$

〈조 건〉

○ 내수면어업 생산량이 원양어업 생산량보다 많은 국가는 '갑'과 '병'이다.
○ 해면어업 의존도는 '갑'~'정' 중 '정'이 두 번째로 높다.
○ '병'의 천해양식 생산량은 '을'의 원양어업 생산량의 1.1배 이상이다.

	A	B	C	D
①	을	갑	병	정
②	을	병	갑	정
③	병	을	정	갑
④	정	갑	병	을
⑤	정	병	갑	을

📑 문제풀이

08 매칭형

난이도 ★★★☆☆

- 순서 또는 순위를 제시하는 정보가 확실하므로 두 번째 〈조건〉부터 검토한다. 두 번째 〈조건〉에서 해면어업 의존도는 D가 0.43, A가 0.38, C가 0.36, B가 0.31이므로 A가 두 번째로 높다. 따라서 '정'은 A가 된다. 이에 따라 선택지 ①, ②, ③이 소거된다.

- 선택지 ④, ⑤가 남았으므로 '을'은 D로 확정되고, 이에 따라 '갑'과 '병'을 구별할 수 있는 세 번째 〈조건〉을 검토한다. '을'은 D로 확정이므로 세 번째 〈조건〉에 따라 D의 원양어업 생산량을 도출하면 2,945천 톤이다. 천해양식 생산량은 B가 3,103천 톤, C가 3,300천 톤이므로 D의 원양어업 생산량의 1.1배 이상인 국가는 C이다. 이에 따라 '병'은 C이다.

따라서 A~D에 해당하는 국가는 A가 '정', B가 '갑', C가 '병', D가 '을'이다.

⏱ 빠른 문제 풀이 Tip

- 두 번째 〈조건〉 검토 시, 해면어업 의존도가 유일하게 0.4 이상인 D를 제외한 나머지 A, B, C 중 가장 높은 국가를 골라내면 된다. 세 국가 모두 0.3을 넘지만 A의 경우 0.4에 근접한 0.3 후반대의 비율이므로 셋 중 가장 높다. B의 경우 0.3 초반대, C의 경우 0.3 중반대의 비율이다.

- 세 번째 〈조건〉 검토를 통해 '병'은 반드시 B 또는 C 중 하나로 확정되어야 하므로 B와 C 둘 중 천해양식 생산량이 더 많은 국가가 '병'이 된다. B를 기준으로 C보다 얼마나 더 많은지 차이값을 통해 대략적으로 판단하면 전체는 +2,400, 해면어업은 +400, 원양어업은 +350, 내수면어업은 +1,900이므로 천해양식은 +2400−(+400+350+1900)< 0이다. 따라서 천해양식 생산량은 B보다 C가 더 많다고 판단할 수 있다.

[정답] ④

09

다음 〈그림〉은 '갑'국 및 글로벌 e스포츠 산업 규모에 관한 자료이다. 이에 대한 〈보고서〉의 내용 중 옳지 않은 것은?

〈그림 1〉 2017~2021년 '갑'국 e스포츠 산업 규모

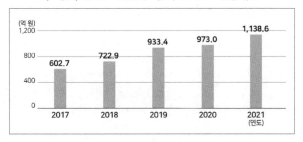

〈그림 2〉 2020년, 2021년 '갑'국 e스포츠 산업의 세부항목별 규모

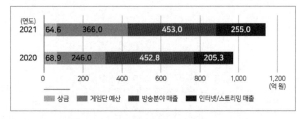

〈그림 3〉 2017~2021년 글로벌 e스포츠 산업 규모

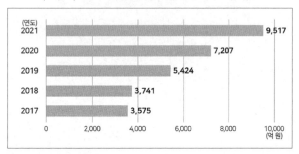

〈보고서〉

　2021년 '갑'국 e스포츠 산업 규모는 1,138억 6,000만 원으로 집계되었다. ㉠이는 2020년 973억 원에서 15% 이상 성장한 것이다. 세부항목별로 살펴보면 ㉡방송분야 매출이 453억 원으로 전체의 35% 이상을 차지하여 가장 비중이 큰 것으로 나타났다. 이외에 게임단 예산은 366억 원, 인터넷/스트리밍 매출은 255억 원, 상금은 64억 6,000만 원이었다. 게임단 예산은 전년 대비 45% 이상 증가한 것이고, 인터넷/스트리밍 매출 또한 전년 대비 20% 이상 증가한 것이다. 하지만 방송분야 매출은 큰 차이가 없었으며, 상금은 전년 대비 5% 이상 감소한 것으로 나타났다.

　한편 글로벌 e스포츠 산업 규모와 '갑'국 e스포츠 산업 규모의 성장세를 살펴보면, ㉢글로벌 e스포츠 산업 규모는 2019년부터 전년 대비 30% 이상 성장하였고, '갑'국 e스포츠 산업 규모도 매년 성장하였다. 그러나, ㉣'갑'국 e스포츠 산업 규모가 2020년에는 전년 대비 5% 미만의 성장에 그쳐 글로벌 e스포츠 산업 규모에서 차지하는 비중이 15% 미만이 되었다. 이는 ㉤글로벌 e스포츠 산업 규모 대비 '갑'국 e스포츠 산업 규모의 비중이 2017년 이후 매년 감소한 것으로, '갑'국 e스포츠 산업 규모가 꾸준히 성장하고는 있으나 글로벌 e스포츠 산업 규모의 성장세에는 미치지 못하고 있기 때문이다.

① ㉠　　　　　　　　　② ㉡
③ ㉢　　　　　　　　　④ ㉣
⑤ ㉤

📝 문제풀이

09 분수 비교형　　　　　　　　난이도★★★☆☆

㉠ (O) '갑'국 e스포츠 산업 규모는 2021년이 1,138억 6,000만 원으로 2020년 973억 원에서 165억 6,000만 원 증가하여 약 17.0% 상승하였으므로 15% 이상 성장하였다.

㉡ (O) 2020년 방송분야 매출이 453억 원으로 전체 1,138.6억 원 중 약 39.8%를 차지하고 있으므로 35% 이상을 차지하고 있으며 가장 비중이 크다.

㉢ (O) 글로벌 e스포츠 산업 규모의 전년 대비 증가율은 2019년이 45.0%, 2020년이 32.9%, 2021년이 32.1%로 매년 30% 이상 성장하였다.

㉣ (O) '갑'국 e스포츠 산업 규모는 2020년 973.0억 원으로 2019년 933.4억 원 대비 약 4.2% 증가하여 5% 미만 성장하였다. 또한 '갑'국 e스포츠 산업 규모가 글로벌 e스포츠 산업 규모에서 차지하는 비중은 973/7,207≒13.5%로 15% 미만이다.

㉤ (X) 글로벌 e스포츠 산업 규모 대비 '갑'국 e스포츠 산업 규모의 비중은 2017년이 16.9%, 2018년이 19.3%, 2019년이 17.2%, 2020년이 13.5%, 2021년이 12.0%로 2018년에는 전년 대비 증가하였다. 따라서 2017년 이후 매년 감소하지는 않았다.

⏱ 빠른 문제 풀이 Tip

㉡. 453은 1,140의 약 40%이므로 35%는 가볍게 넘는다고 봐도 된다.

㉤. 2017년 대비 2018년 규모를 비교하면 '갑'국의 경우 약 20% 증가한 반면 글로벌의 경우에는 10% 미만 증가하였다. 따라서 차지하는 비중이 증가하였다고 판단할 수 있다. 그림은 시각적인 자료이므로 구체적인 수치를 보기 전 그래프의 높이를 통해 비교 연도를 정해서 판단한다.

[정답] ⑤

10

다음 〈표〉는 2017~2021년 '갑'국의 불법체류외국인 현황에 관한 자료이다. 이에 대한 설명으로 옳은 것은?

〈표 1〉 연도별 체류외국인 현황

(단위: 명, %)

구분 / 연도	체류외국인	불법체류외국인	체류유형별 구성비			
			단기체류외국인	등록외국인	외국국적동포 국내거소 신고자	전체
2017	1,797,618	208,778	54.0	45.0	1.0	100.0
2018	1,899,519	214,168	59.8	39.7	0.5	100.0
2019	2,049,441	208,971	63.5	36.0	0.5	100.0
2020	2,180,498	251,041	66.6	33.0	0.4	100.0
2021	2,367,607	355,126	74.4	25.4	0.3	100.0

※ 체류외국인은 불법체류외국인과 합법체류외국인으로 구분됨.

〈표 2〉 체류자격별 불법체류외국인 현황

(단위: 명, %)

연도 / 체류자격	2017	2018	2019	2020	2021	구성비
사증면제	46,117	56,307	63,319	85,196	162,083	45.6
단기방문	45,746	47,373	46,041	56,331	67,157	18.9
비전문취업	52,760	49,272	45,567	46,618	47,373	13.3
관광통과	15,899	19,658	19,038	20,662	30,028	8.5
일반연수	4,816	4,425	4,687	7,209	12,613	3.6
기타	43,440	37,133	30,319	35,025	35,872	10.1
전체	208,778	214,168	208,971	251,041	355,126	100.0

※ 체류자격은 불법체류외국인의 입국 당시 체류자격을 의미함.

〈표 3〉 국적별 불법체류외국인 현황

(단위: 명, %)

연도 / 국적	2017	2018	2019	2020	2021	구성비
A	53,689	61,943	65,647	81,129	153,485	43.2
B	79,717	76,757	65,379	75,507	85,964	24.2
C	36,338	35,987	37,410	44,371	56,950	16.0
D	16,814	17,698	19,694	25,399	30,813	8.7
기타	22,220	21,783	20,841	24,635	27,914	7.9
전체	208,778	214,168	208,971	251,041	355,126	100.0

① 2020년 대비 2021년 불법체류외국인 증가인원 중에서 국적이 A인 불법체류외국인이 차지하는 비중은 60% 이상이다.

② 체류유형이 등록외국인인 불법체류외국인의 수는 매년 감소한다.

③ 불법체류외국인 수가 많은 상위 3개 체류자격을 그 수가 큰 것부터 순서대로 나열하면 사증면제, 단기방문, 비전문취업 순으로 매년 동일하다.

④ 체류외국인 대비 불법체류외국인 비중은 매년 증가한다.

⑤ 2021년 체류외국인은 전년 대비 10% 이상 증가하였다.

📝 문제풀이

10 분수 비교형
난이도 ★★☆☆☆

① (O) 2020년 대비 2021년 불법체류외국인 증가인원 104,085명 중에서 국적이 A인 불법체류외국인 72,356명이 차지하는 비중은 약 69.5%이므로 60% 이상이다.

② (X) 체류유형이 등록외국인인 불법체류외국인의 수는 2017년이 93,950명, 2018년이 85,025명, 2019년이 75,230명, 2020년이 82,844명, 2021년이 90,202명으로 2020년과 2021년에는 전년 대비 각각 증가한다. 따라서 매년 감소하지는 않는다.

③ (X) 불법체류외국인 수가 많은 상위 3개 체류자격을 그 수가 큰 것부터 순서대로 나열하면 2019~2021년 동안은 사증면제, 단기방문, 비전문취업 순으로 매년 동일하지만 2018년은 사증면제, 비전문취업, 단기방문 순이고, 2017년은 비전문취업, 사증면제, 단기방문 순이다.

④ (X) 체류외국인 대비 불법체류외국인 비중은 2017년이 11.6%, 2018년이 11.3%, 2019년이 10.2%, 2020년이 11.5%, 2021년이 15.0%로 2018년과 2019년은 전년 대비 감소하였다. 따라서 매년 증가하지는 않는다.

⑤ (X) 체류외국인은 2021년이 2,367,607명으로 2020년 2,180,498명에 비해 약 8.6% 증가하였기 때문에 전년 대비 10% 이상 증가하지 못했다.

⏱ 빠른 문제 풀이 Tip

② 2019년과 2020년을 유효숫자로 식을 구성하면 2019년이 209×360, 2020년이 251×330으로 증가했다는 것을 쉽게 판단할 수 있다.

④ 2018년 대비 2019년에 체류 외국인은 증가했지만 불법체류외국인은 감소하였다. 따라서 비중이 감소하였다는 것을 쉽게 판단할 수 있다.

⑤ 유효숫자로 판단하면 2020년 218에서 2021년 237로 19 정도 증가했기 때문에 증가율은 10% 미만이라고 쉽게 판단할 수 있다.

[정답] ①

11

다음 〈표〉는 2015~2021년 '갑'국 4개 대학의 변호사시험 응시자 및 합격자에 관한 자료이다. 〈표〉와 〈조건〉에 근거하여 A~D에 해당하는 대학을 바르게 나열한 것은?

〈표〉 2015~2021년 대학별 변호사시험 응시자 및 합격자

(단위: 명)

대학	구분	2015	2016	2017	2018	2019	2020	2021
A	응시자	50	52	54	66	74	89	90
	합격자	50	51	46	51	49	55	48
B	응시자	58	81	94	98	94	89	97
	합격자	47	49	65	73	66	53	58
C	응시자	89	101	109	110	115	142	145
	합격자	79	83	94	88	75	86	80
D	응시자	95	124	152	162	169	210	212
	합격자	86	82	85	109	80	87	95

───〈조 건〉───

○ '우리대'와 '나라대'는 해당 대학의 응시자 수가 가장 많은 해에 합격률이 가장 낮다.

○ 2021년 '우리대'의 합격률은 55% 미만이다.

○ '푸른대'와 '강산대'는 해당 대학의 합격자 수가 가장 많은 해와 가장 적은 해의 합격자 수 차이가 각각 25명 이상이다.

○ '강산대'의 2015년 대비 2021년 합격률 감소폭은 40%p 이하이다.

※ 합격률(%)= 합격자/응시자 ×100

	A	B	C	D
①	나라대	강산대	우리대	푸른대
②	나라대	푸른대	우리대	강산대
③	우리대	강산대	나라대	푸른대
④	우리대	푸른대	나라대	강산대
⑤	푸른대	나라대	강산대	우리대

📑 문제풀이

11 매칭형   난이도 ★★★☆☆

'가장'이라는 키워드는 첫 번째 〈조건〉에 있지만 이는 사실상 〈표〉 전체를 검토해야 하므로 후순위로 검토하고 하나의 대학만 언급하는 비교적 간단해 보이는 두 번째 〈조건〉부터 검토한다.

• 두 번째 〈조건〉에서 2021년 '우리대'의 합격률은 55% 미만이라고 하였으므로 2021년 합격률을 도출하면 A는 53.3%, B는 59.8%, C는 55.2%, D는 44.8%이다. 따라서 '우리대'는 A 또는 D이고, 이에 따라 선택지 ①, ②가 소거된다.

• 비교적 판단하기 쉬운 세 번째 〈조건〉을 이어서 검토한다. 세 번째 〈조건〉에서 '푸른대'와 '강산대'는 해당 대학의 합격자 수가 가장 많은 해와 가장 적은 해의 합격자 수 차이가 각각 25명 이상이라고 했고 선택지 ③, ④, ⑤에서 '푸른대'와 '강산대'는 B, D 조합 또는 A, C 조합인데 A의 경우 그 차이는 55−46=9명으로 25명 이상이 되지 못한다. 따라서 선택지 ⑤를 소거하면 결국 A는 '우리대', C는 '나라대'로 확정된다.

• '강산대'와 '푸른대'를 구별하려면 네 번째 〈조건〉을 검토해야 한다. 네 번째 〈조건〉에서 '강산대'의 2015년 대비 2021년 합격률 감소폭은 40%p 이하라고 하였고, B와 D의 합격률 감소폭은 B가 81.0−59.8=21.2%p, D가 90.5−44.8=45.7%p이다. 따라서 40%p 이하 차이가 나는 대학은 B이므로 B가 '강산대', D가 '푸른대'이다.

따라서 A가 '우리대', B가 '강산대', C가 '나라대', D가 '푸른대'이다.

> ⏱ **빠른 문제 풀이 Tip**
>
> • 두 번째 〈조건〉 검토 시 55%는 (50+5)%로 나누어 판단한다. 즉, 응시자 기준 합격자 수는 A가 45+4.5=49.5% 미만, B는 그냥 봐도 55% 초과, C는 72.5+7.25=79.75% 미만, D는 그냥 봐도 50% 미만이다.
>
> • 네 번째 〈조건〉 검토 시 B와 D 중 판단하기 쉬운 D를 검토한다. 86/95는 90% 이상이지만 95/212는 50% 미만이므로 두 비중의 차이는 40%p 이상이라는 것을 쉽게 판단할 수 있다.

[정답] ③

12

다음 〈표〉는 2019~2021년 '갑'국의 조세지출에 관한 자료이다. 이에 대한 〈보기〉의 설명 중 옳은 것만을 모두 고르면?

〈표〉 2019~2021년 항목별 조세지출 현황

(단위: 억 원, %)

연도 항목 구분	2019		2020		2021	
	금액	비중	금액	비중	금액	비중
중소기업지원	24,176	6.09	26,557	6.34	31,050	6.55
연구개발	29,514	7.44	29,095	6.95	28,360	5.98
국제자본거래	24	0.01	5	0.00	4	0.00
투자촉진	16,496	4.16	17,558	4.19	10,002	2.11
고용지원	1,742	0.44	3,315	0.79	4,202	0.89
기업구조조정	921	0.23	1,439	0.34	1,581	0.33
지역균형발전	25,225	6.36	26,199	6.26	27,810	5.87
공익사업지원	5,006	1.26	6,063	1.45	6,152	1.30
저축지원	14,319	3.61	14,420	3.44	14,696	3.10
국민생활안정	125,727	31.69	134,631	32.16	142,585	30.07
근로·자녀장려	17,679	4.46	18,314	4.38	57,587	12.15
간접국세	94,455	23.81	97,158	23.21	104,071	21.95
외국인투자	2,121	0.53	1,973	0.47	2,064	0.44
국제도시육성	2,316	( )	2,149	0.51	2,255	( )
기업도시	75	0.02	54	0.01	56	0.01
농협구조개편	480	0.12	515	0.12	538	0.11
수협구조개편	44	0.01	1	0.00	0	0.00
기타	36,449	9.19	39,155	9.35	41,112	8.67
전체	396,769	100.00	418,601	100.00	474,125	100.00

─〈보 기〉─

ㄱ. 기타를 제외하고, 전년 대비 조세지출금액이 증가한 항목 수는 2020년이 2021년보다 많다.

ㄴ. 기타를 제외한 항목 중 조세지출금액 상위 3개 항목이 전체 조세지출에서 차지하는 비중의 합은 매년 60%를 초과한다.

ㄷ. 기타를 제외하고, 조세지출금액이 매년 증가한 항목은 10개이다.

ㄹ. 국제도시육성 항목의 비중은 매년 감소한다.

① ㄱ, ㄷ
② ㄱ, ㄹ
③ ㄴ, ㄷ
④ ㄷ, ㄹ
⑤ ㄴ, ㄷ, ㄹ

📝 문제풀이

12 빈칸형

난이도 ★★☆☆☆

ㄱ. (X) 기타를 제외하고, 전년 대비 조세지출금액이 증가한 항목은 2020년이 연구개발, 국제자본거래, 외국인투자, 국제도시육성, 기업도시, 수협구조개편 6개를 제외한 11개이고 2021년이 연구개발, 국제자본거래, 투자촉진, 수협구조개편 4개를 제외한 13개이다. 따라서 2020년이 2021년보다 적다.

ㄴ. (O) 기타를 제외한 항목 중 조세지출금액 상위 3개 항목이 전체 조세지출에서 차지하는 비중의 합은 2019년이 국민생활안정 31.69%, 간접국세 23.81%, 연구개발 7.44%의 합인 62.94%, 2020년이 국민생활안정 32.16%, 간접국세 23.21%, 연구개발 6.95%의 합인 62.32%, 2021년이 국민생활안정 30.07%, 간접국세 21.95%, 근로·자녀장려 12.15%의 합인 64.17%이다. 따라서 매년 60%를 초과한다.

ㄷ. (O) 기타를 제외하고, 조세지출금액이 매년 증가한 항목은 중소기업지원, 고용지원, 기업구조조정, 지역균형발전, 공익사업지원, 저축지원, 국민생활안정, 근로·자녀장려, 간접국세, 농협구조개편으로 총 10개이다.

ㄹ. (O) 국제도시육성 항목의 비중은 2019년이 0.57%, 2020년이 0.51%, 2021년이 0.47%로 매년 감소한다.

⏱ 빠른 문제 풀이 Tip

ㄹ. 2019년에 비해 2020년은 전체 증가, 국제도시육성 감소로 비중은 감소한다. 2020년에 비해 2021년은 전체 10% 이상 증가, 국제도시육성 10% 미만 증가로 역시 비중은 감소한다.

[정답] ⑤

13

다음 〈표〉는 '갑'국의 2017~2021년 소년 범죄와 성인 범죄 현황에 관한 자료이다. 이에 대한 〈보기〉의 설명 중 옳은 것만을 모두 고르면?

〈표〉 소년 범죄와 성인 범죄 현황

(단위: 명, %)

구분\연도	소년 범죄			성인 범죄			소년 범죄자 비율
	범죄자수	범죄율	발생지수	범죄자수	범죄율	발생지수	
2017	63,145	1,172	100.0	953,064	2,245	100.0	6.2
2018	56,962	1,132	96.6	904,872	2,160	96.2	5.9
2019	61,162	1,246	106.3	920,760	2,112	94.1	( )
2020	58,255	1,249	( )	878,991	2,060	( )	6.2
2021	54,205	1,201	102.5	878,917	2,044	91.0	5.8

※ 1) 범죄는 소년 범죄와 성인 범죄로만 구분함.
2) 소년(성인) 범죄율은 소년(성인) 인구 10만 명당 소년(성인) 범죄자수를 의미함.
3) 소년(성인) 범죄 발생지수는 2017년 소년(성인) 범죄율을 100.0으로 할 때, 해당 연도 소년(성인) 범죄율의 상대적인 값임.
4) 소년 범죄자 비율(%) = $\left(\dfrac{\text{소년 범죄자수}}{\text{소년 범죄자수} + \text{성인 범죄자수}} \right) \times 100$

─〈보 기〉─

ㄱ. 2017년 대비 2021년 소년 인구는 증가하고 소년 범죄자수는 감소하였다.

ㄴ. 소년 범죄율이 2017년 대비 6.0% 이상 증가한 연도의 소년 범죄자 비율은 6.0% 이상이다.

ㄷ. 소년 범죄 발생지수와 성인 범죄 발생지수 모두 2021년이 2020년보다 작다.

ㄹ. 소년 범죄 발생지수가 전년 대비 증가한 연도에는 소년 범죄자수도 전년 대비 증가하였다.

① ㄱ, ㄴ
② ㄱ, ㄷ
③ ㄴ, ㄷ
④ ㄴ, ㄹ
⑤ ㄷ, ㄹ

📝 문제풀이

13 빈칸형　　　　　　　　　　난이도 ★★★☆☆

ㄱ. (X) 2017년 대비 2021년 소년 범죄자수는 감소하였고, 소년 인구 역시 2017년 5,387,799명에서 2021년 4,513,322명으로 감소하고 있다.

ㄴ. (O) 소년 범죄율이 2017년 대비 6.0% 이상 증가한 연도는 소년 범죄율이 106.3명인 2019년과 106.6명인 2020년이다. 소년 범죄자 비율은 2020년이 6.2%이고 2019년 역시 6.2%이므로 두 해 모두 소년 범죄자 비율은 6.0% 이상이다.

ㄷ. (O) 소년 범죄 발생지수는 2020년이 106.6, 2021년이 102.5이고 성인 범죄 발생지수는 2020년이 91.8, 2021년이 91.0이다. 따라서 2021년이 2020년보다 모두 작다.

ㄹ. (X) 소년 범죄 발생지수가 전년 대비 증가한 연도는 2019년과 2020년이지만 소년 범죄자수는 2020년에 전년 대비 감소하였다.

⏱ 빠른 문제 풀이 Tip

ㄱ. 인구는 범죄자 수를 범죄율로 나눈 값이고, 2017년에 비해 2021년에는 범죄자 수는 감소, 범죄율은 증가했으므로 인구는 감소하였다고 쉽게 판단할 수 있다.

ㄴ. 2019년 소년 범죄율 1,246에 비해 2020년 소년 범죄율 1,249가 더 크기 때문에 2020년 소년 범죄 발생지수는 2019년 106.3에 비해 더 높다고 판단할 수 있다. 또한 2019년 소년 범죄자수와 성인 범죄자수의 합이 98만 명 정도로 100만 명 미만인데 소년 범죄자수는 61,162명으로 6만 명 이상이므로 소년 범죄자 비율은 6% 이상이라고 판단하면 된다.

ㄷ. 소년(성인) 범죄 발생지수는 2017년 소년(성인) 범죄율을 100.0으로 할 때, 해당 연도 소년(성인) 범죄율의 상대적인 값이므로 발생지수의 대소 비교는 범죄율의 대소 비교로 가능하다. 따라서 2021년 소년 범죄와 성인 범죄 모두 2020년에 비해 각각 범죄율이 더 작기 때문에 범죄 발생지수 역시 각각 더 작다고 판단할 수 있다.

ㄹ. 소년 범죄 발생지수가 전년 대비 증가한 연도는 소년 범죄율이 전년 대비 증가한 연도와 동일하다.

[정답] ③

14

다음 〈표〉는 A~D 마을로 구성된 '갑'지역의 가구수에 관한 자료이다. 〈표〉를 이용하여 작성한 그래프로 옳은 것은?

〈표 1〉 마을별 1인 가구 현황

(단위: 가구, %)

연도＼마을	A	B	C	D
2018	90(18.0)	130(26.0)	200(40.0)	80(16.0)
2019	220(36.7)	60(10.0)	130(21.7)	190(31.7)
2020	305(43.6)	240(34.3)	80(11.4)	75(10.7)
2021	120(15.0)	205(25.6)	160(20.0)	315(39.4)

※ ( )안 수치는 연도별 '갑'지역 1인 가구수 중 해당 마을 1인 가구수의 비중임.

〈표 2〉 마을별 총가구수

(단위: 가구)

마을	A	B	C	D
총가구수	600	550	500	500

※ A~D 마을별 총가구수는 매년 변동 없음.

① 연도별 '갑'지역 1인 가구수

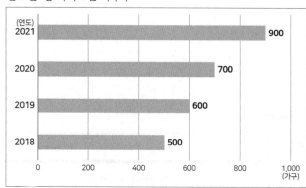

② 2021년 '갑'지역 2인 이상 가구의 마을별 구성비

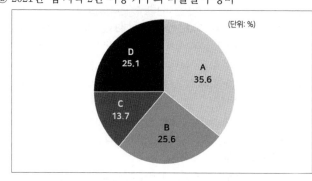

③ 연도별 A 마을의 총가구수 대비 1인 가구수 비중

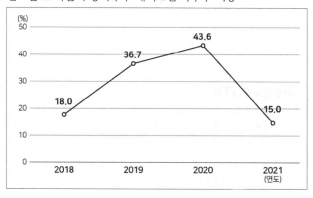

④ 연도별 B, C 마을의 2인 이상 가구수와 1인 가구수 차이

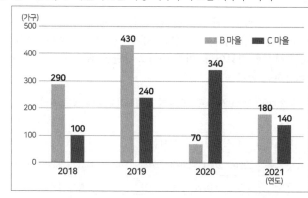

⑤ 연도별 D 마을의 전년 대비 1인 가구수 증가율

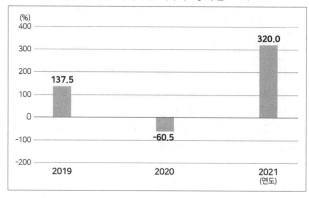

📝 문제풀이

14 표-차트 변환형 난이도★★★★☆

① (X) 2021년 '갑'지역 1인 가구수는 120+205+160+315=800가구이다.

② (X) 2021년 '갑'지역 2인 이상 가구수는 A가 480가구, B가 345가구, C가 340가구, D가 185가구이다. 따라서 C가 D보다 구성비가 더 커야 한다. 그래프에는 C와 D의 비중이 반대로 표시되어 있으므로 옳지 않다.

③ (X) 그림에 표시된 비율은 연도별 '갑'지역 1인 가구수 중 A 마을의 비중이다. 연도별 A 마을의 총가구수 대비 1인 가구수 비중은 2018년이 15.0%, 2019년이 36.7%, 2020년이 50.8%, 2021년이 20.0%이다.

④ (X) 2021년 2인 이상 가구수와 1인 가구수의 차이는 B 마을이 550−410=140가구, C 마을이 500−320=180가구이다. 그래프에는 B와 C의 가구수가 반대로 표시되어 있으므로 옳지 않다.

⏱ 빠른 문제 풀이 Tip

④ 2인 이상 가구수는 총가구수에서 1인 가구수를 뺀 값이므로 2인 이상 가구수와 1인 가구수의 차이는 총가구수에서 1인 가구수를 두 번 빼주면 된다.

[정답] ⑤

15

다음 〈표〉는 2020년과 2021년 A~E 국의 선행시간별 태풍예보 거리오차에 관한 자료이고, 〈보고서〉는 '갑'국의 태풍예보 거리오차를 분석한 자료이다. 이를 근거로 판단할 때, A~E 중 '갑'국에 해당하는 국가는?

〈표〉 2020년과 2021년 A~E 국의 선행시간별 태풍예보 거리오차

(단위: km)

선행시간 국가　연도	48시간		36시간		24시간		12시간	
	2020	2021	2020	2021	2020	2021	2020	2021
A	121	119	95	90	74	66	58	51
B	151	112	122	88	82	66	77	58
C	128	132	106	103	78	78	59	60
D	122	253	134	180	113	124	74	81
E	111	170	88	100	70	89	55	53

〈보고서〉

태풍예보 정확도 개선을 위해 지난 2년간의 '갑'국 태풍예보 거리오차를 분석하였다. 이때 선행시간 48시간부터 12시간까지 12시간 간격으로 예측한 태풍에 대해 거리오차를 계산하였고, 그 결과 다음과 같은 사실을 확인하였다.

첫째, 2020년과 2021년 모두 선행시간이 12시간씩 감소할수록 거리오차도 감소하였다. 둘째, 2021년의 거리오차는 선행시간이 36시간, 24시간, 12시간일 때 각각 100km 이하였다. 셋째, 선행시간별 거리오차는 모두 2020년보다 2021년이 작았다. 마지막으로 2020년과 2021년 모두 선행시간이 12시간씩 감소하더라도 거리오차 감소폭은 30km 미만이었다.

① A
② B
③ C
④ D
⑤ E

📝 문제풀이

15 매칭형　　　　　　　　　　　　난이도★★☆☆☆

A~E 중 '갑'국에 해당하는 국가를 1개 고르는 문제이므로 〈보고서〉의 내용에 부합하지 않는 국가를 제외하는 소거법으로 정답을 도출한다.

- 첫째, 2020년과 2021년 모두 선행시간이 12시간씩 감소할수록 거리오차도 감소하였다고 하였으므로 2020년 선행시간이 48시간에서 36시간으로 12시간 감소할 때 거리오차가 122km에서 134km로 증가한 D는 제외한다.

- 둘째, 2021년의 거리오차는 선행시간이 36시간, 24시간, 12시간일 때 각각 100km 이하라고 하였으므로 2021년 선행시간이 36시간에서 거리오차가 103km인 C는 제외한다.

- 셋째, 선행시간별 거리오차는 모두 2020년보다 2021년이 작았다고 하였으므로 선행시간이 48시간, 36시간, 24시간에서 각각 2020년에 비해 2021년이 더 큰 E는 제외한다.

- 마지막으로 2020년과 2021년 모두 선행시간이 12시간씩 감소하더라도 거리오차 감소폭은 30km 미만이었다고 하였으므로 2020년 선행시간이 36시간에서 24시간으로 12시간 감소할 때 거리오차가 122km에서 82km로 40km 감소한 B는 제외한다.

따라서 '갑'국에 해당하는 국가는 A이다.

⏱ 빠른 문제 풀이 Tip

첫째 사실을 판단하는 시간이 오래 걸릴 것으로 예상이 되면 둘째 사실부터 검토한다. C와 D를 제외할 수 있어 첫째 사실을 판단하는 시간을 줄일 수 있다. 또한 셋째 사실을 판단하면 C, D, E를 한꺼번에 제외시킬 수 있으므로 시간을 크게 줄일 수 있다. 넷째 사실부터 판단하더라도 B, D, E를 한꺼번에 제외시킬 수 있다. 따라서 이와 같은 보고서 소거법 매칭형 문제의 경우에는 역순으로 판단하는 것이 문제풀이 시간을 줄일 가능성이 높다.

[정답] ①

16

다음 〈그림〉과 〈표〉는 2016~2020년 '갑'국 대체육 분야의 정부 R&D 지원 규모에 관한 자료이다. 이에 대한 설명으로 옳은 것은?

〈그림〉 대체육 분야별 정부 R&D 지원 규모

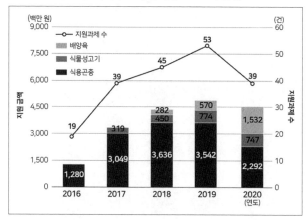

〈표〉 대체육 분야 연구유형별 정부 R&D 지원 금액

(단위: 백만 원)

분야	연구유형	2016	2017	2018	2019	2020
배양육	기초연구	–	–	–	8	972
	응용연구	–	–	67	( )	0
	개발연구	–	–	215	383	( )
	기타	–	–	–	40	0
식물성 고기	기초연구	–	–	–	–	100
	응용연구	–	78	130	221	70
	개발연구	–	241	320	553	577
	기타	–	–	–	–	–
식용 곤충	기초연구	( )	75	( )	209	385
	응용연구	250	1,304	1,306	1,339	89
	개발연구	836	1,523	1,864	1,915	( )
	기타	127	147	127	79	37
전체		1,280	3,368	4,368	4,886	4,571

※ 1) 대체육 분야는 배양육, 식물성고기, 식용곤충으로만 구분됨.
　2) '–'는 지원이 시작되지 않았음을 나타내며, 식용곤충 분야는 2016년부터 지원이 시작되었음.

① 지원과제당 지원 금액은 2019년이 2017년보다 적다.
② 배양육 분야 지원 금액에서 응용연구 지원 금액이 차지하는 비중은 2018년이 2019년보다 크다.
③ 대체육 전체 지원 금액에서 식물성고기 분야 지원 금액이 차지하는 비중은 2017년이 2018년보다 크다.
④ 식용곤충 분야 기초연구 지원 금액은 2018년이 2016년의 5배 이상이다.
⑤ 모든 분야에서 개발연구 지원 금액은 지원이 시작된 이후 매년 증가하였다.

📝 문제풀이

16 빈칸형　　　　　　　　　　난이도★★★★☆

① (X) 지원과제당 지원 금액은 2019년이 4,886/53≒92.2백만 원, 2017년이 3,368/39≒86.4백만 원으로 2019년이 2017년보다 많다.

② (X) 2019년 배양육 분야의 응용연구 지원 금액은 139백만 원이다. 배양육 분야 지원 금액에서 응용연구 지원 금액이 차지하는 비중은 2018년이 (67/282)×100≒23.8%, 2019년이 (139/570)×100≒24.4%로 2018년이 2019년보다 작다.

③ (X) 대체육 전체 지원 금액에서 식물성고기 분야 지원 금액이 차지하는 비중은 2017년이 (319/3,368)×100≒9.5%, 2018년이 (450/4,368)×100≒ 10.3%로 2017년이 2018년보다 작다.

④ (O) 식용곤충 분야 기초연구 지원 금액은 2018년이 339백만 원으로 2016년 67백만 원의 5배인 335백만 원 이상이다.

⑤ (X) 식용곤충 분야의 개발연구 지원 금액은 2019년 1,915백만 원에서 2020년 1,781백만 원으로 감소하였다.

⏱ 빠른 문제 풀이 Tip

① 유효숫자를 2자리로만 설정해서 판단하면 2019년은 49/53로 0.9 이상, 2017년은 34/39로 0.9 미만이므로 쉽게 판단할 수 있다.

② 2018년 분모, 분자에 각각 2배를 하면 67/282=134/564이고, 이를 2019년 139/570와 차이값 비교법으로 판단하면 134/564<5/60이므로 134/564<139/570임을 판단할 수 있다.

[정답] ④

17

다음 〈표〉는 2020년 기준 글로벌 전기차 시장 점유율 상위 10개 업체의 2015~2020년 전기차 판매량에 관한 자료이다. 이에 대한 〈보고서〉의 설명 중 옳은 것만을 모두 고르면?

〈표〉 2020년 기준 글로벌 전기차 시장 점유율 상위 10개 업체의 전기차 판매량 및 시장 점유율

(단위: 대, %)

연도 업체	2015	2016	2017	2018	2019	2020
T 사	43,840 (15.9)	63,479 (14.4)	81,161 (10.8)	227,066 (17.4)	304,353 (19.8)	458,385 (22.1)
G 사	2,850 (1.0)	3,718 (0.8)	39,454 (5.2)	56,294 (4.3)	87,936 (5.7)	218,626 (10.6)
V 사	5,190 (1.9)	12,748 (2.9)	18,424 (2.5)	24,093 (1.8)	69,427 (4.5)	212,959 (10.3)
R 사	60,129 (21.8)	78,048 (17.7)	85,308 (11.3)	140,441 (10.8)	143,780 (9.4)	184,278 (8.9)
H 사	1,364 (0.5)	6,460 (1.5)	26,841 (3.6)	53,138 (4.1)	98,737 (6.4)	146,153 (7.1)
B 사	9,623 (3.5)	46,909 (10.6)	42,715 (5.7)	103,263 (7.9)	147,185 (9.6)	130,970 (6.3)
S 사	412 (0.1)	1,495 (0.3)	10,490 (1.4)	34,105 (2.6)	52,547 (3.4)	68,924 (3.3)
P 사	1,543 (0.6)	5,054 (1.1)	4,640 (0.6)	8,553 (0.7)	6,855 (0.4)	67,446 (3.3)
A 사	–	–	–	15 (0.0)	40,272 (2.6)	60,135 (2.9)
W 사	–	–	–	5,245 (0.4)	38,865 (2.5)	56,261 (2.7)

※ 괄호 안의 수치는 글로벌 전기차 시장에서 해당 업체의 판매량 기준 점유율임.

〈보고서〉

2020년 글로벌 전기차 시장에서 판매량 기준 업체별 순위는 T 사, G 사, V 사, R 사, H 사 순이었다. ㉠H 사의 2020년 전기차 판매량은 2016년 대비 20배 이상이었으며, 시장 점유율은 7.1% 였다. ㉡H 사의 전기차 판매량 순위는 2015년 7위에서 2016년 5위로 상승하였으며, 2019년에는 4위로 오른 후 2020년에 다시 5위를 기록하였다. T 사는 2020년 약 45만 8천 대로 가장 많은 전기차를 판매한 업체였다. ㉢T 사의 전기차 판매량이 2016년 이후 전년 대비 가장 많이 증가한 해에는 시장 점유율도 전년 대비 가장 많이 증가하였다. 한편, G 사는 2020년 약 21만 9천 대의 전기차를 판매하였는데, 이 중 81.4%인 약 17만 8천 대가 중국에서 판매되었다. V 사는 2020년 다양한 모델을 출시하여 시장 점유율을 확대하였는데, ㉣V 사의 2020년 전기차 판매량은 전년 대비 14만 대 이상 증가하여 전기차 판매량 상위 10개 업체 중 판매량 증가율이 가장 높았다.

① ㄱ
② ㄱ, ㄴ
③ ㄱ, ㄹ
④ ㄴ, ㄷ
⑤ ㄴ, ㄷ, ㄹ

📑 **문제풀이**

17 분수 비교형   난이도★★★☆☆

ㄱ. (O) H 사의 2020년 전기차 판매량 146,153대는 2016년 전기차 판매량 6,460대 대비 20배인 129,200대 이상이다.

ㄴ. (X) 〈표〉에서는 2020년 기준 상위 10개 업체의 순위만 제시하고 있기 때문에 2015~2019년 순위는 정확하게 판단할 수 없다.

ㄷ. (X) T 사의 전기차 판매량이 2016년 이후 전년 대비 가장 많이 증가한 해는 154,032대 증가한 2020년이지만, 시장 점유율이 전년 대비 가장 많이 증가한 해는 6.6%p 증가한 2018년이다.

ㄹ. (X) V 사의 2020년 전기차 판매량은 전년 대비 143,532대 증가하여 14만 대 이상 증가하였으나, 전기차 판매량 상위 10개 업체 중 판매량 증가율은 P 사가 9배 이상으로 가장 높았다.

⏱️ **빠른 문제 풀이 Tip**

ㄴ. 순위는 2020년 기준이라는 점을 체크해야 한다. 따라서 2015~2019년 순위를 판단할 때 정확한 순위를 도출할 수 있는지 확인해야 한다.

[정답] ①

[18~19] 다음 〈표〉는 2021년 '갑'기관에서 출제한 1차, 2차 면접 문제의 문항별 점수 및 반영률과 면접에 참여한 지원자 A~F의 면접 점수 및 결과를 나타낸 자료이다. 다음 물음에 답하시오.

〈표 1〉 '갑'기관의 면접 문항별 점수 및 반영률

차수	평가항목	문항번호	문항점수	기본점수	명목반영률	실질반영률
1차	교양	1	20	10	( )	0.17
		2	30	10	0.25	( )
	전문성	3	30	20	( )	( )
		4	40	20	( )	( )
	합계		120	60	1.00	1.00
2차	창의성	1	20	10	0.22	( )
	도전성	2	20	10	0.22	( )
	인성	3	50	20	0.56	0.60
	합계		90	40	1.00	1.00

※ 1) 문항의 명목 반영률 = $\dfrac{\text{문항점수}}{\text{해당차수 문항점수의 합계}}$

2) 문항의 실질 반영률 = $\dfrac{\text{문항점수} - \text{기본점수}}{\text{해당차수 문항별 (문항점수} - \text{기본점수)의 합계}}$

〈표 2〉 지원자 A~F의 면접 점수 및 결과

차수	1차					2차				종합점수	결과
평가항목	교양		전문성			창의성	도전성	인성			
문항번호 지원자	1	2	3	4	합계	1	2	3	합계		
A	18	26	30	38	112	20	18	46	84	( )	( )
B	20	28	28	38	114	18	20	46	84	93.0	합격
C	18	28	26	38	110	20	20	46	86	( )	( )
D	20	28	30	40	118	20	18	44	82	( )	불합격
E	18	30	30	40	118	18	18	50	86	95.6	
F	18	28	28	40	114	20	20	48	88	( )	( )

※ 1) 종합점수 = 1차 합계 점수 × 0.3 + 2차 합계 점수 × 0.7

2) 합격정원까지 종합점수가 높은 지원자부터 순서대로 합격시킴.

3) 지원자는 A~F 뿐임.

18

위 〈표〉에 근거하여 결과가 합격인 지원자를 종합점수가 높은 지원자부터 순서대로 모두 나열하면?

① E, F, B
② E, F, B, C
③ F, E, C, B
④ E, F, C, B, A
⑤ F, E, B, C, A

19

위 〈표〉에 근거한 〈보기〉의 설명 중 옳은 것만을 모두 고르면?

〈보 기〉

ㄱ. 각 문항에서 명목 반영률이 높을수록 실질 반영률도 높다.

ㄴ. 1차 면접에서 문항별 실질 반영률의 합은 '교양'이 '전문성'보다 크다.

ㄷ. D가 1차 면접 2번 문항에서 1점을 더 받았다면, D의 결과는 합격이다.

ㄹ. 명목 반영률보다 실질 반영률이 더 높은 2차 면접 문항에서 지원자 중 가장 낮은 점수를 받은 지원자는 2차 합계 점수도 가장 낮다.

① ㄱ
② ㄹ
③ ㄱ, ㄹ
④ ㄴ, ㄷ
⑤ ㄷ, ㄹ

문제풀이

18 빈칸형   난이도 ★★★☆☆

합격자 수가 몇 명인지 구체적으로 판단할 수는 없지만 〈표 2〉에 주어진 정보를 토대로 종합점수가 93.0점 이상이면 합격이라는 사실을 가늠할 수 있다.

- 선택지 순서대로 먼저 E와 F의 종합점수를 비교하면 F가 114×0.3+88×0.7=95.8점으로 95.6점인 E보다 높다. 이에 따라 선택지 ①, ②, ④가 소거된다.
- 선택지 ③, ⑤가 남았으므로 B와 C를 비교하면 C의 종합점수는 110×0.3+86×0.7=93.2점으로 93.0점인 B보다 높다.

따라서 합격인 지원자를 종합점수가 높은 지원자부터 순서대로 모두 나열하면 F, E, C, B이다.

> ⏱ **빠른 문제 풀이 Tip**
> - E와 F를 비교할 때 E는 F보다 1차 점수가 4×0.3=1.2점 더 높고 F는 E보다 2차 점수가 2×0.7=1.4점 더 높다. 따라서 E보다 F가 더 높다고 쉽게 판단할 수 있다.
> - B와 C를 비교할 때 B는 C보다 1차 점수가 4×0.3=1.2점 더 높고 C는 B보다 2차 점수가 2×0.7=1.4점 더 높다. 따라서 B보다 C가 더 높다고 쉽게 판단할 수 있다.

[정답] ③

문제풀이

19 빈칸형   난이도 ★★★★☆

〈표 1〉의 각주 1)과 2)를 반영하여 〈표 1〉의 빈칸을 채우면 다음과 같다.

구분 차수	평가 항목	문항 번호	문항 점수	기본 점수	명목 반영률	실질 반영률
1차	교양	1	20	10	(0.17)	0.17
		2	30	10	0.25	(0.33)
	전문성	3	30	20	(0.25)	(0.17)
		4	40	20	(0.33)	(0.33)
	합계		120	60	1.00	1.00
2차	창의성	1	20	10	0.22	(0.20)
	도전성	2	20	10	0.22	(0.20)
	인성	3	50	20	0.56	0.60
	합계		90	40	1.00	1.00

위 표에 따르면 명목 반영률(실질 반영률)은 각 차수별 문항 점수(문항점수–기본점수)의 합계에서 해당 문항점수(문항점수–기본점수)가 차지하는 비중이다.

ㄱ. (X) 1차 면접 2번 문항과 3번 문항의 명목 반영률은 0.25로 동일하지만 실질 반영률은 0.33과 0.17로 다르기 때문에 각 문항에서 명목 반영률이 높을수록 실질 반영률도 높은 것은 아니다.

ㄴ. (X) 1차 면접에서 문항별 실질 반영률의 합은 '교양'과 '전문성' 모두 0.5로 동일하다.

ㄷ. (O) 1차 과목의 가중치는 0.3이므로 D가 1차 면접 2번 문항에서 1점을 더 받았다면 종합점수는 0.3점 상승하여 92.8+0.3=93.1점이 된다. 따라서 합격인 B의 93.0점보다 높기 때문에 D의 결과는 합격이다.

ㄹ. (O) 명목 반영률보다 실질 반영률이 더 높은 2차 면접 문항은 3번 인성 항목이다. 인성 항목에서 지원자 중 가장 낮은 점수를 받은 지원자는 D이고 2차 합계 점수도 82점으로 가장 낮다.

> ⏱ **빠른 문제 풀이 Tip**
> ㄷ. 18번 문제를 풀 때 종합점수를 도출하지 않았다면 B와 D의 차이값을 비교하여 D는 B보다 1차 점수가 5×0.3=1.5점 더 높고 B는 D보다 2차 점수가 2×0.7=1.4점 더 높기 때문에 B보다 D가 더 높다고 판단할 수 있다.

[정답] ⑤

20

다음 〈표〉는 2021년 12월 31일 기준 '갑'국 응급의료기관의 응급실 현황에 관한 자료이다. 이에 대한 설명으로 옳은 것은?

〈표〉 응급의료기관 유형별 응급실 현황

(단위: 개, 명)

구분 / 유형	응급의료기관 수	내원 환자 수	응급실 병상 수	응급실 전담 전문의 수	응급실 전담 간호사 수
전체	399	7,664,679	7,087	1,417	7,240
권역응급의료센터	35	1,540,393	1,268	318	1,695
지역응급의료센터	125	3,455,117	3,279	720	3,233
기초응급의료센터	239	2,669,169	2,540	379	2,312

※ 내원 환자 수는 2021년에 응급의료기관 응급실에 내원한 전체 환자 수임.

① 응급실 전담 전문의 1인당 응급실 전담 간호사 수가 가장 많은 응급의료기관 유형은 기초응급의료센터이다.
② 전체 응급의료기관당 응급실 전담 전문의 수는 4명 이상이다.
③ 내원 환자 수가 가장 많은 응급의료기관 유형과 응급의료기관당 응급실 전담 간호사 수가 가장 많은 유형은 동일하다.
④ 응급실 전담 전문의 1인당 내원 환자 수가 가장 적은 응급의료기관 유형은 권역응급의료센터이다.
⑤ 응급실 병상당 내원 환자 수는 모든 응급의료기관 유형에서 각각 1,200명 이하이다.

📝 문제풀이

20 분수 비교형   난이도★★★★☆

① (O) 응급실 전담 전문의 1인당 응급실 전담 간호사 수는 권역응급의료센터가 1,695/318≒5.3명, 지역응급의료센터가 3,233/720≒4.5명, 기초응급의료센터가 2,312/379≒6.1명으로 기초응급의료센터가 가장 많다.

② (X) 전체 응급의료기관당 응급실 전담 전문의 수는 1,417/399≒3.5명으로 4명 이상이 되지 못한다.

③ (X) 내원 환자 수는 지역응급의료센터가 3,455,117명으로 가장 많다. 응급의료기관당 응급실 전담 간호사 수는 권역응급의료센터가 1,695/35≒48.4명, 지역응급의료센터가 3,233/125≒25.9명, 기초응급의료센터가 2,312/239≒9.7명으로 권역응급의료센터가 가장 많다. 따라서 동일하지 않다.

④ (X) 응급실 전담 전문의 1인당 내원 환자 수는 권역응급의료센터가 1,540,393/318≒4,844명, 지역응급의료센터가 3,455,117/720≒4,799명, 기초응급의료센터가 2,669,169/379≒7,043명으로 지역응급의료센터가 가장 적다.

⑤ (X) 응급실 병상당 내원 환자 수는 권역응급의료센터가 1,540,393/1,268≒1,215명으로 1,200명 이상이다. 따라서 모든 응급의료기관 유형에서 각각 1,200명 이하인 것은 아니다.

⏱ 빠른 문제 풀이 Tip

② 응급실 전담 전문의 수가 응급의료기관 수의 4배 이상이 되는지 판단한다.
③ 권역응급의료센터의 응급의료기관 수와 응급실 전담 간호사 수의 10배를 비교하면 쉽게 판단할 수 있다.

[정답] ①

21

다음 〈표〉는 2016~2020년 '갑'국의 장기 기증 및 이식 현황에 관한 자료이다. 이에 대한 〈보기〉의 설명 중 옳은 것만을 모두 고르면?

〈표〉 연도별 장기 기증 및 이식 현황

(단위: 명, 건)

연도 구분	2016	2017	2018	2019	2020
기증 희망자	926,009	1,036,916	1,140,808	1,315,132	1,438,665
뇌사 기증자	268	368	409	416	446
이식 대기자	18,189	21,861	22,695	26,036	24,607
이식 건수	3,133	3,797	3,990	3,814	3,901
뇌사자장기이식	1,108	1,548	1,751	1,741	1,818
생체이식	1,780	1,997	2,045	1,921	1,952
사후각막이식	245	252	194	152	131

〈보 기〉

ㄱ. 2017년 이후 뇌사 기증자 수의 전년 대비 증가율은 기증 희망자 수의 전년 대비 증가율보다 매년 높다.

ㄴ. 뇌사 기증자 1인당 뇌사자장기이식 건수는 매년 4건 이상이다.

ㄷ. 이식 대기자 수와 이식 건수는 연도별 증감 방향이 같다.

ㄹ. 이식 건수 중 생체이식 건수가 차지하는 비중은 매년 감소한다.

① ㄱ
② ㄱ, ㄴ
③ ㄴ, ㄹ
④ ㄷ, ㄹ
⑤ ㄴ, ㄷ, ㄹ

📝 문제풀이

21 분수 비교형　　　　　　　　난이도★★☆☆☆

ㄱ. (X) 2019년의 전년 대비 증가율은 기증 희망자가 10% 이상이지만 뇌사 기증자는 10% 미만이다. 따라서 2017년 이후 뇌사 기증자 수의 전년 대비 증가율이 기증 희망자 수의 전년 대비 증가율보다 매년 높은 것은 아니다.

ㄴ. (O) 뇌사 기증자 1인당 뇌사자장기이식 건수는 2016년부터 2020년까지 각각 4.1건, 4.2건, 4.3건, 4.2건, 4.1건으로 매년 4건 이상이다.

ㄷ. (X) 2017~2020년의 전년 대비 이식 대기자 수 증감 방향은 증가, 증가, 증가, 감소이고 이식 건수 증감 방향은 증가, 증가, 감소, 증가이다. 2019년과 2020년의 전년 대비 증감방향이 동일하지 않으므로 이식 대기자 수와 이식 건수의 연도별 증감 방향은 같지 않다.

ㄹ. (O) 이식 건수 중 생체이식 건수가 차지하는 비중은 2016년부터 2020년까지 각각 56.8%, 52.6%, 51.3%, 50.4%, 50.0%로 매년 감소한다.

[정답] ③

22

다음 〈표〉는 '갑'국을 방문한 외국인 관광객을 관광객 국적에 따라 대륙별, 국가별로 정리한 자료이다. 이에 대한 〈보기〉의 설명 중 옳은 것만을 모두 고르면?

〈표 1〉 '갑'국 방문 외국인 관광객의 대륙별 현황

(단위: 명)

연도 대륙	2010	2015	2020
아시아	6,749,222	10,799,355	1,918,037
북미	813,860	974,153	271,487
유럽	645,753	806,438	214,911
대양주	146,089	168,064	30,454
아프리카	33,756	46,525	14,374
기타	408,978	439,116	69,855
전체	8,797,658	13,233,651	2,519,118

〈표 2〉 '갑'국 방문 외국인 관광객의 주요 국가별 현황

(단위: 명)

연도 국가	2010	2015	2020
일본	3,023,009	1,837,782	430,742
중국	1,875,157	5,984,170	686,430
미국	652,889	767,613	220,417

〈보 기〉

ㄱ. 2010년 대비 2015년 외국인 관광객 증가율은 '아프리카'가 '대양주'의 2배 이상이다.

ㄴ. 2015년 '일본'과 '중국' 관광객의 합은 같은 해 '아시아' 관광객의 75% 이상이다.

ㄷ. 2015년 대비 2020년 외국인 관광객 감소폭은 '북미'가 '유럽'보다 크다.

ㄹ. 2020년 전체 외국인 관광객 중 '미국' 관광객이 차지하는 비중은 8% 미만이다.

① ㄱ, ㄴ
② ㄱ, ㄷ
③ ㄱ, ㄹ
④ ㄴ, ㄷ
⑤ ㄴ, ㄹ

📝 문제풀이

22 분수 비교형   난이도★★☆☆☆

ㄱ. (O) 2010년 대비 2015년 외국인 관광객 증가율은 '아프리카'가 37.8%로 '대양주' 15.0%의 2배 이상이다.

ㄴ. (X) 2015년 '일본' 관광객 1,837,782명과 '중국' 관광객 5,984,170명의 합 7,821,952명은 같은 해 '아시아' 관광객 10,799,355명의 72.4%를 차지하므로 75% 이상이 되지 못한다.

ㄷ. (O) 2015년 대비 2020년 외국인 관광객 감소폭은 '북미'가 702,666명으로 '유럽' 591,527명보다 크다.

ㄹ. (X) 2020년 전체 외국인 관광객 2,519,118명 중 '미국' 관광객 220,417명이 차지하는 비중은 8.7%로 8% 이상이다.

⏱ 빠른 문제 풀이 Tip

ㄴ. 유효숫자를 '아시아'는 3자리, '일본'과 '중국'의 합은 2자리로 설정하면 78/1080이므로 75%인 75/100와 비교하면 쉽게 판단 가능하다.

ㄹ. 전체가 약 250+2만 명이므로 이의 8%는 20+0.16만 명이다.

[정답] ②

23

다음 〈표〉는 5개 구간(A ~E)의 교통수단별 소요시간 및 비용에 관한 자료이다. 이에 대한 설명으로 옳은 것은?

〈표〉 교통수단별 소요시간 및 비용

(단위: 분, 원)

구간	구분	고속열차	일반열차	고속버스	일반버스
A	소요시간	160	290	270	316
A	비용	53,300	40,700	32,800	27,300
B	소요시간	181	302	245	329
B	비용	48,600	39,300	29,300	26,500
C	소요시간	179	247	210	264
C	비용	36,900	32,800	25,000	22,000
D	소요시간	199	287	240	300
D	비용	41,600	37,800	29,200	25,400
E	소요시간	213	283	250	301
E	비용	42,800	39,300	29,500	26,400

① C 구간에서 비용이 35,000원 이하인 교통수단 중 소요시간당 비용이 가장 큰 교통수단은 고속버스이다.

② 고속열차와 일반버스 간 소요시간 차이가 가장 작은 구간과 고속열차와 일반버스 간 비용 차이가 가장 작은 구간은 동일하다.

③ 고속열차 이용 시 소요시간당 비용은 D 구간이 E 구간보다 작다.

④ 고속버스가 일반열차보다 소요시간과 비용이 모두 작은 구간은 4개이다.

⑤ A 구간에서 교통수단 간 소요시간 차이가 클수록 비용 차이도 크다.

📝 **문제풀이**

23 분수 비교형   난이도★★★☆☆

① (X) C 구간에서 비용이 35,000원 이하인 교통수단은 일반열차, 고속버스, 일반버스이다. 이 중 소요시간당 비용이 가장 큰 교통수단은 고속버스(119.0)가 아니라 일반열차(132.8)이다.

② (O) 고속열차와 일반버스 간 소요시간의 차이는 C 구간이 85분으로 가장 작고 고속열차와 일반버스 간 비용 차이 역시 C 구간이 14,900원으로 가장 작다.

③ (X) 고속열차 이용 시 소요시간당 비용은 D 구간이 41,600/199≒209.0원/분, E 구간이 42,800/213≒200.9원/분이므로 D 구간이 E 구간보다 크다.

④ (X) A~E 구간 모두 고속버스가 일반열차보다 소요시간과 비용이 모두 작다. 따라서 5개이다.

⑤ (X) 고속열차와 일반열차의 소요시간 차이는 130분이고 비용 차이는 12,600원이다. 반면 고속열차와 고속버스의 소요시간 차이는 110분이고 비용 차이는 20,500원이다. 따라서 A 구간에서 교통수단 간 소요시간 차이가 클수록 비용 차이가 큰 것은 아니다.

[정답] ②

24

다음 〈표〉는 A~D 지역의 면적, 동 수 및 인구 현황에 관한 자료이다. 〈표〉와 〈조건〉을 근거로 A~D에 해당하는 지역을 바르게 나열한 것은?

〈표〉 A~D 지역의 면적, 동 수 및 인구 현황

(단위: km², %, 개, 명)

구분\n지역	면적	구성비				동 수		행정동\n평균 인구
		주거	상업	공업	녹지	행정동	법정동	
A	24.5	35.0	20.0	10.0	35.0	16	30	9,175
B	15.0	65.0	35.0	0.0	0.0	19	19	7,550
C	27.0	40.0	2.0	3.0	55.0	14	13	16,302
D	21.5	30.0	3.0	45.0	22.0	11	12	14,230

※ 1) 각 지역은 용도에 따라 주거, 상업, 공업, 녹지로만 구성됨.
2) 지역을 동으로 구분하는 방법에는 행정동 기준과 법정동 기준이 있음. 예를 들어, A 지역의 동 수는 행정동 기준으로 16개이지만 법정동 기준으로 30개임.

─〈조 건〉─

○ 인구가 15만 명 미만인 지역은 '행복'과 '건강'이다.
○ 주거 면적당 인구가 가장 많은 지역은 '사랑'이다.
○ 행정동 평균 인구보다 법정동 평균 인구가 많은 지역은 '우정'이다.
○ 법정동 평균 인구는 '우정' 지역이 '행복' 지역의 3배 이상이다.

	A	B	C	D
①	건강	행복	사랑	우정
②	건강	행복	우정	사랑
③	사랑	행복	건강	우정
④	행복	건강	사랑	우정
⑤	행복	건강	우정	사랑

📝 문제풀이

24 매칭형
난이도★★★☆☆

- 인구가 15만 명 미만인 지역은 인구가 9,175×16=146,800명인 A와 7,550×19=143,450명인 B이다. 따라서 '행복'과 '건강'은 A 또는 B 중 하나이다.

- 주거 면적당 인구가 가장 많은 지역은 (14,230×11)/(21.5×0.3)≒24,268명인 D이다. 따라서 D가 '사랑'이다.

- C지역은 행정동 평균 인구 16,302명보다 법정동 평균 인구 17,556명이 더 많은 지역이다. 따라서 C는 '우정'이다.

- C가 '우정'이므로 '우정' 지역의 법정동 평균 인구는 17,556명이다. 이와 3배 이상의 관계가 되는 지역은 4,893명인 A이므로 A가 '행복' 지역이다.

따라서 A~D에 해당하는 지역은 A가 '행복', B가 '건강', C가 '우정', D가 '사랑'이다.

⏱ 빠른 문제 풀이 Tip

- '가장'이라는 키워드가 포함된 두 번째 〈조건〉부터 본다면 '사랑'을 확정할 수 있지만 식을 세우는 것이 복잡하기 때문에 주어진 표의 수치를 토대로 간단히 판단할 수 있는 세 번째 〈조건〉부터 검토한다. 세 번째 〈조건〉을 검토할 때 행정동보다 법정동의 수가 적은 지역을 고르면 된다.
- 네 번째 〈조건〉을 검토할 때 법정동 평균 인구의 식 구조는 (행정동의 수×행정동 평균인구)/법정동의 수이다.

[정답] ⑤

25

다음 〈표〉는 '갑'국의 재난사고 발생 및 피해 현황에 관한 자료이다. 이를 이용하여 작성한 것으로 옳지 않은 것은?

〈표 1〉 재난사고 발생 현황

(단위: 건, 명)

유형	구분	2017	2018	2019	2020	2021
전체	발생건수	14,879	24,454	17,662	15,313	12,413
	피해인원	9,819	13,189	14,959	16,109	16,637
화재	발생건수	1,527	1,296	1,552	1,408	1,594
	피해인원	138	46	148	111	178
붕괴	발생건수	2	8	2	6	14
	피해인원	4	6	2	4	14
폭발	발생건수	6	2	2	5	3
	피해인원	3	1	3	1	6
도로교통사고	발생건수	12,805	23,115	13,960	12,098	9,581
	피해인원	9,536	13,097	14,394	14,560	15,419
기타	발생건수	539	33	2,146	1,796	1,221
	피해인원	138	39	412	1,433	1,020

※ '피해인원'은 재난사고로 인해 인적피해 또는 재산피해를 본 인원임.

〈표 2〉 재난사고 피해 현황

(단위: 명, 백만 원)

연도	인적피해		재산피해액
	사망	부상	
2017	234	8,352	14,629
2018	224	10,873	20,165
2019	222	12,435	52,654
2020	215	14,547	20,012
2021	292	14,637	40,981

※ 인적피해는 사망과 부상으로만 구분됨.

① 연도별 전체 재난사고 인적피해 중 부상 비율

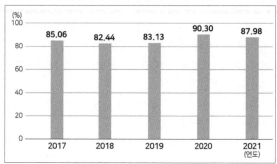

② 연도별 전체 재난사고 발생건수 및 피해인원

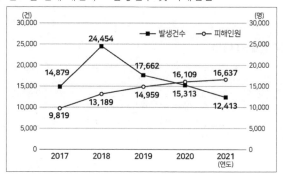

③ 연도별 전체 재난사고 발생건수 중 도로교통사고 발생건수 비중

(단위: %)

연도	2017	2018	2019	2020	2021
비중	86.06	94.52	79.04	79.00	77.19

④ 연도별 전체 재난사고 발생건수당 재산피해액

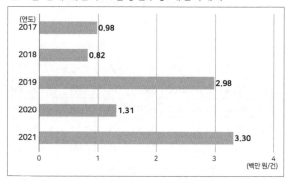

⑤ 연도별 화재 및 도로교통사고 발생건수당 피해인원

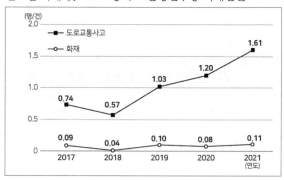

📝 문제풀이

25 표-차트 변환형

난이도 ★★★★☆

〈표 2〉에서 사망자는 매년 200명대를 유지하는데 부상자 수는 8,000~14,000 명대이다. 즉, 사망자 수를 고려하지 않더라도 부상자+사망자의 합 중 사망자가 차지하는 비중은 10% 미만이라는 것을 어렵지 않게 도출할 수 있다. 따라서 부상비율은 매년 90% 이상이 되어야 한다. 실제로 2017년부터 부상 비율을 도출하면 97.3%, 98.0%, 98.2%, 98.5%, 98.0%이다.

[정답] ①

26

다음 〈표〉는 2021년 A 시 자녀장려금 수급자의 특성별 수급횟수를 조사한 자료이다. 이에 대한 〈보기〉의 설명 중 옳은 것만을 모두 고르면?

〈표〉 자녀장려금 수급자 특성별 수급횟수 비중

(단위: 명, %)

수급자 특성		수급자 수	수급횟수			
대분류	소분류		1회	2회	3회	4회 이상
연령대	20대 이하	8	37.5	25.0	0.0	37.5
	30대	583	37.2	30.2	19.0	13.6
	40대	347	34.9	27.7	23.9	13.5
	50대 이상	62	29.0	30.6	35.5	4.8
자녀수	1명	466	42.3	28.1	19.7	9.9
	2명	459	31.2	31.8	22.2	14.8
	3명	66	27.3	22.7	27.3	22.7
	4명 이상	9	11.1	11.1	44.4	33.3
주택보유 여부	무주택	732	35.0	29.5	22.0	13.5
	유주택	268	38.4	28.7	20.5	12.3
전체		1,000	35.9	29.3	21.6	13.2

〈보 기〉

ㄱ. 자녀장려금 수급자의 전체 수급횟수는 2,000회 이상이다.

ㄴ. 자녀장려금을 1회 수령한 수급자 수는 30대가 40대의 1.5배 이상이다.

ㄷ. 자녀수가 2명인 수급자의 자녀장려금 전체 수급횟수는 자녀수가 1명인 수급자의 자녀장려금 전체 수급횟수보다 많다.

ㄹ. 자녀장려금을 2회 이상 수령한 수급자 수는 무주택 수급자가 유주택 수급자의 2.5배 이상이다.

① ㄱ
② ㄷ, ㄹ
③ ㄱ, ㄴ, ㄷ
④ ㄱ, ㄴ, ㄹ
⑤ ㄴ, ㄷ, ㄹ

📝 문제풀이

26 곱셈 비교형   관련문제: 2009년 7번   난이도★★★☆☆

ㄱ. (O) 자녀장려금 수급자의 전체 수급횟수는 359+(293×2)+(216×3)+(132×4)=2,121회 이상이므로 2,000회 이상이다.

ㄴ. (O) 자녀장려금을 1회 수령한 수급자 수는 30대가 217명으로 40대 121명의 1.5배인 181.5명 이상이다.

ㄷ. (X) 4회 이상 구간 때문에 자녀수가 2명인 수급자의 자녀장려금 전체 수급횟수와 자녀수가 1명인 수급자의 자녀장려금 전체 수급횟수는 구체적으로 비교할 수 없다.

ㄹ. (O) 자녀장려금을 2회 이상 수령한 수급자 수는 무주택 수급자가 476명으로 유주택 수급자 165명의 2.5배인 412.5명 이상이다.

⏱ 빠른 문제 풀이 Tip

ㄱ. 2,000회 이상, 즉 최소 2,000회인지를 묻고 있으므로 수급횟수 4회 이상 구간에서는 최소 4회를 기준으로 판단한다.

ㄴ. 곱셈식으로 판단하면 30대는 583×372이고 40대는 347×349이다. 일단 1회 수급횟수 비율은 30대 372가 40대 349보다 크고 연령대별 수급자 수는 40대가 347명에서 그 절반을 더한 347+173.5≒520이므로 30대 583이 더 크다. 따라서 1.5배 이상이라고 판단할 수 있다.

ㄹ. 먼저 2회 이상 비율을 더한 다음 곱셈식으로 비교하면 무주택은 732×650이고 유주택은 268×615이다. 2회 이상 수급횟수 비율은 무주택 650이 유주택 615보다 크고, 유주택 수급자의 수 2.5배는 268에 2배를 한 다음 절반을 더한 536+134=670이므로 무주택 732가 더 크다. 따라서 2.5배 이상이라고 판단할 수 있다.

[정답] ④

27

다음 〈표〉는 2020년 11월 '갑'국의 도로종류 및 기상상태별 교통사고 현황에 관한 자료이다. 이에 대한 설명으로 옳은 것은?

〈표〉 2020년 11월 도로종류 및 기상상태별 교통사고 현황

(단위: 건, 명)

도로종류	기상상태	발생건수	사망자수	부상자수
일반국도	맑음	1,442	32	2,297
	흐림	55	3	115
	비	83	6	134
	안개	24	3	38
	눈	29	0	51
지방도	맑음	1,257	26	1,919
	흐림	56	5	110
	비	73	2	104
	안개	14	1	18
	눈	10	0	20
고속국도	맑음	320	10	792
	흐림	14	1	23
	비	15	1	29
	안개	4	2	12
	눈	4	0	8

※ 1) 기상상태는 교통사고 발생시점을 기준으로 맑음, 흐림, 비, 안개, 눈 중 1가지로만 분류함.
2) 사상자수＝사망자수＋부상자수

① 각 도로종류에서 교통사고 발생건수 대비 사망자수 비율은 기상상태가 '안개'일 때 가장 높다.

② 각 도로종류에서 부상자수 대비 사망자수 비율은 기상상태가 '안개'일 때가 '맑음'일 때의 3배 이상이다.

③ 각 도로종류에서 기상상태가 '비'일 때와 '눈'일 때의 교통사고 발생건수 합은 해당 도로종류의 전체 교통사고 발생건수의 10% 이상이다.

④ 교통사고 발생건수당 사상자수가 2명을 초과하는 기상상태는 일반국도 1가지, 지방도 1가지, 고속국도 3가지이다.

⑤ 기상상태가 '흐림'일 때 교통사고 발생건수 대비 부상자수 비율은 일반국도가 지방도보다 낮다.

📝 문제풀이

27 분수 비교형   난이도★★★☆☆

① (X) 교통사고 발생건수 대비 사망자수 비율은 일반국도(12.5%)와 고속국도(50%)에서는 '안개'일 때 가장 높지만, 지방도에서는 '안개(7.1%)'보다 '흐림(8.9%)'이 더 높다. 따라서 모든 도로종류에서 교통사고 발생건수 대비 사망자수 비율은 기상상태가 '안개'일 때 가장 높은 것은 아니다.

② (O) 부상자수 대비 사망자수 비율은 일반국도의 경우 기상상태가 '안개'일 때(7.9%)가 '맑음'일 때(1.4%)의 3배 이상이고, 지방도의 경우 기상상태가 '안개'일 때(5.6%)가 '맑음'일 때(1.4%)의 3배 이상이며, 고속국도의 경우 기상상태가 '안개'일 때(16.7%)가 '맑음'일 때(1.4%)의 3배 이상이다.

③ (X) 전체 교통사고 발생건수 중 기상상태가 '비'일 때와 '눈'일 때의 교통사고 발생건수 합이 차지하는 비중은 일반국도 6.9%, 지방도 5.9%, 고속국도 5.3%이다. 따라서 모든 도로에서 10% 이상이 되지 못한다.

④ (X) 교통사고 발생건수당 사상자수가 2명을 초과하는 기상상태는 일반국도가 '흐림(2.1)' 1가지, 지방도가 '흐림(2.1)' 1가지, 고속국도가 '맑음(2.5)', '안개(3.5)'로 2가지이다.

⑤ (X) 기상상태가 '흐림'일 때 교통사고 발생건수 대비 부상자수 비율은 일반국도가 209.1%로 지방도 196.4%보다 높다.

⏱ 빠른 문제 풀이 Tip

② 사망자수 수치가 작기 때문에 0을 2개 붙여서 비교한다. 즉, 일반국도의 경우 '맑음'과 '안개'를 비교할 때 32/2,297과 3/38을 비교하는 것보다 3,200/2,297과 300/38을 비교하는 것이 더 쉽다.
③ 모든 도로에서 '비'와 '눈'의 합은 '맑음'의 10%에 미치지 못한다.
⑤ 일반국도는 지방도에 비해 '흐림'의 발생건수는 더 적고 부상자수는 더 많다.

[정답] ②

28

다음 〈표〉는 '갑'국의 6~9월 무역지수 및 교역조건지수에 관한 자료이다. 이에 대한 〈보기〉의 설명 중 옳은 것만을 모두 고르면?

〈표 1〉 무역지수

구분 월	수출		수입	
	수출금액 지수	수출물량 지수	수입금액 지수	수입물량 지수
6	110.06	113.73	120.56	114.54
7	103.54	106.28	111.33	102.78
8	104.32	108.95	116.99	110.74
9	105.82	110.60	107.56	103.19

※ 수출(입)물가지수 = $\dfrac{\text{수출(입)금액지수}}{\text{수출(입)물량지수}} \times 100$

〈표 2〉 교역조건지수

구분 월	순상품교역조건지수	소득교역조건지수
6	91.94	( )
7	( )	95.59
8	( )	98.75
9	91.79	( )

※ 1) 순상품교역조건지수 = $\dfrac{\text{수출물가지수}}{\text{수입물가지수}} \times 100$

2) 소득교역조건지수 = $\dfrac{\text{수출물가지수} \times \text{수출물량지수}}{\text{수입물가지수}}$

〈보 기〉

ㄱ. 수출금액지수와 수출물량지수는 매월 상승한다.

ㄴ. 수출물가지수는 매월 90 이상이다.

ㄷ. 순상품교역조건지수는 매월 100 이하이다.

ㄹ. 소득교역조건지수는 9월이 6월보다 낮다.

① ㄱ, ㄴ

② ㄴ, ㄷ

③ ㄴ, ㄹ

④ ㄱ, ㄷ, ㄹ

⑤ ㄴ, ㄷ, ㄹ

📝 문제풀이

28 각주 판단형 　　　　　　　　　　난이도★★★★☆

ㄱ. (X) 6월 대비 7월의 수출금액지수와 수출물량지수는 모두 하락하였다.

ㄴ. (O) 수출물가지수는 6월부터 9월까지 각각 96.77, 97.42, 95.75, 95.68로 매월 90 이상이다.

ㄷ. (O) 순상품교역조건지수는 7월이 89.94, 8월이 90.64로 매월 100 이하이다.

ㄹ. (O) 소득교역조건지수는 9월이 101.52로 6월 104.56보다 낮다.

⏱ 빠른 문제 풀이 Tip

ㄷ. 순상품교역조건지수가 100 이하가 되려면 수출물가지수≤수입물가지수를 만족하면 된다. 6~9월 모두 수출물가지수는 100 이하, 수입물가지수는 100 이상이므로 쉽게 판단할 수 있다.

ㄹ. 소득교역조건지수=순상품교역조건지수×수출물량지수이고, 6월이 9월보다 순상품교역조건지수도 높고 수출물량지수도 높다.

[정답] ⑤

29

다음 〈방법〉은 2021년 '갑'국의 건물 기준시가 산정방법이고, 〈표〉는 건물 A~E의 기준시가를 산정하기 위한 자료이다. 이에 근거하여 A~E 중 2021년 기준시가가 두 번째로 높은 건물을 고르면?

─────────〈방 법〉─────────

○ 기준시가＝구조지수×용도지수×경과연수별잔가율×
  건물면적(m²)×100,000(원/m²)

○ 구조지수

구조	지수
경량철골조	0.67
철골콘크리트조	1.00
통나무조	1.30

○ 용도지수

용도	대상건물	지수
주거용	단독주택	1.00
	아파트	1.10
상업용 및 업무용	여객자동차터미널	1.20
	청소년수련관	1.25
	관광호텔	1.50
	무도장	1.50

○ 경과연수별잔가율＝1－연상각률×(2021－신축연도)

용도	주거용	상업용 및 업무용
연상각률	0.04	0.05

※ 경과연수별잔가율 계산 결과가 0.1 미만일 경우에는 경과연수별잔가율을 0.1로 정함.

〈표〉 건물 A~E의 구조, 대상건물, 신축연도 및 건물면적

구분 건물	구조	대상건물	신축 연도	건물면적 (m²)
A	철골콘크리트조	아파트	2016	125
B	경량철골조	여객자동차터미널	1991	500
C	철골콘크리트조	청소년수련관	2017	375
D	통나무조	관광호텔	2001	250
E	통나무조	무도장	2002	200

① A
② B
③ C
④ D
⑤ E

📝 문제풀이

29 조건 판단형

난이도★★★★★

기준시가 산정방법에 따라 건물 A~E의 기준시가를 표로 정리하면 다음과 같다.

구분 건물	구조 지수	용도 지수	경과연수별 잔가율	건물면적 (m²)	－	기준시가
A	1.00	1.10	0.8	125	100,000	11,000,000
B	0.67	1.20	0.1	500	100,000	4,020,000
C	1.00	1.25	0.8	375	100,000	37,500,000
D	1.30	1.50	0.1	250	100,000	4,875,000
E	1.30	1.50	0.1	200	100,000	3,900,000

따라서 2021년 기준시가가 두 번째로 높은 건물은 A이다.

⏱ **빠른 문제 풀이 Tip**

• 식을 정리할 때 건물면적은 125의 배수 형태로 정리한다. 따라서 125는 1, 250은 2, 375는 3, 500은 4로 정하고 200은 1~2 정도로 본다. 100,000 역시 공통으로 곱해지는 수치이니 계산에서 제외한다.

• 경과연수별잔가율을 판단할 때 상업용 및 업무용은 신축연도가 2002년 이전일 경우 계산결과가 0.1 이하이다. 즉, 건물 B, D, E의 경과연수별잔가율은 0.1로 모두 동일하고 건물 A와 C만 경과연수별잔가율이 0.80이다. 구조지수나 용도지수가 건물별로 큰 차이가 없다는 점을 고려하면 기준시가가 두 번째로 큰 건물은 사실상 A와 C 중에서 결정된다.

[정답] ①

30

다음 〈표〉는 2017년 기준 농림어업 생산액 상위 20개국의 GDP 및 농림어업 생산액에 관한 자료이다. 이에 대한 설명으로 옳지 않은 것은?

〈표〉 2017년 기준 농림어업 생산액 상위 20개국의 GDP 및 농림어업 생산액 현황

(단위: 십억 달러, %)

연도 구분 국가	2017			2012		
	GDP	농림어업 생산액	GDP 대비 비율	GDP	농림어업 생산액	GDP 대비 비율
중국	12,237	( )	7.9	8,560	806	9.4
인도	2,600	( )	15.5	1,827	307	16.8
미국	( )	198	1.0	16,155	194	1.2
인도네시아	1,015	133	13.1	917	122	13.3
브라질	2,055	93	( )	2,465	102	( )
나이지리아	375	78	20.8	459	100	21.8
파키스탄	304	69	( )	224	53	( )
러시아	1,577	63	4.0	2,210	70	3.2
일본	4,872	52	1.1	6,230	70	1.1
터키	851	51	6.0	873	67	7.7
이란	454	43	9.5	598	45	7.5
태국	455	39	8.6	397	45	11.3
멕시코	1,150	39	3.4	1,201	38	3.2
프랑스	2,582	38	1.5	2,683	43	1.6
이탈리아	1,934	37	1.9	2,072	40	1.9
호주	1,323	36	2.7	1,543	34	2.2
수단	117	35	29.9	68	22	32.4
아르헨티나	637	35	5.5	545	31	5.7
베트남	223	34	15.2	155	29	18.7
스페인	1,311	33	2.5	1,336	30	2.2
전세계	80,737	3,351	4.2	74,993	3,061	4.1

① 2017년 농림어업 생산액 상위 5개국 중, 농림어업 생산액의 GDP 대비 비율이 전세계보다 낮은 국가는 미국뿐이다.

② 2017년 농림어업 생산액 상위 3개국의 GDP 합은 전세계 GDP 의 50% 이상이다.

③ 2017년 농림어업 생산액 상위 20개국 중, 2012년 대비 2017년 농림어업 생산액의 GDP 대비 비율이 증가한 국가는 모두 2012년 대비 2017년 GDP가 감소하였다.

④ 2017년 농림어업 생산액은 중국이 인도의 2배 이상이다.

⑤ 파키스탄은 농림어업 생산액의 GDP 대비 비율이 2012년 대비 2017년에 감소하였다.

문제풀이

30 빈칸형 난이도★★☆☆☆

① (O) 2017년 농림어업 생산액 상위 5개국은 중국, 인도, 미국, 인도네시아, 브라질이다. 브라질의 GDP 대비 비율은 4.5%이므로 이 중 농림어업 생산액의 GDP 대비 비율이 전세계보다 낮은 국가는 미국뿐이다.

② (X) 2017년 농림어업 생산액 상위 3개국은 중국, 인도, 미국이고, 이들의 GDP 합은 12,237+2,600+19,800=34,637십억 달러이다. 이는 전세계 GDP 80,737십억 달러의 50% 이상이 아니다.

③ (O) 2017년 농림어업 생산액 상위 20개국 중, 2012년 대비 2017년 농림어업 생산액의 GDP 대비 비율이 증가한 국가는 브라질, 러시아, 이란, 멕시코, 호주, 스페인이고, 이들 모두 2012년 대비 2017년 GDP가 감소하였다.

④ (O) 2017년 농림어업 생산액은 중국이 967십억 달러로 인도 403십억 달러의 2배 이상이다.

⑤ (O) 파키스탄은 농림어업 생산액의 GDP 대비 비율이 2012년 23.7%에서 2017년 22.7%로 감소하였다.

⏱ 빠른 문제 풀이 Tip

① 브라질의 GDP 앞 2자리 20과 농림어업 생산액 93만 비교하면, 농림어업 생산액의 GDP 대비 비율이 4.5를 넘는다는 것 정도는 쉽게 판단할 수 있다.

② 미국의 GDP 대비 비율이 1.0%이므로 GDP는 농림어업 생산액 198의 100배인 19,800임을 쉽게 판단할 수 있다. 전세계 GDP는 8만을 넘고 상위 3개국의 GDP 합은 4만 미만이므로 쉽게 틀렸다는 것을 판단할 수 있다.

④ 중국과 인도의 GDP 대비 비율이 2배 정도 차이가 나므로 인도의 농림어업 생산액 식을 2,600×15.5=5,200×7.75로 바꾼 다음 GDP끼리 비교한다. 중국의 GDP는 12,237로 인도 5,200의 2배 이상이다.

[정답] ②

31

다음 〈보고서〉는 '갑'국 아동 및 청소년의 성별 스마트폰 과의존 위험군에 관한 자료이고, 〈표〉는 A~E 국의 스마트폰 과의존위험군 비율에 관한 자료이다. 〈보고서〉의 내용을 근거로 판단할 때, A~E 중 '갑'국에 해당하는 국가는?

──〈보고서〉──

'갑'국은 전체 아동과 청소년 중 스마트폰 과의존위험군 비율을 조사하여 스마트폰 과의존위험군을 위험의 정도에 따라 고위험군과 잠재위험군으로 구분했다. '갑'국의 아동은 남자가 여자보다 고위험군과 잠재위험군 비율이 모두 높았으나, 청소년은 반대로 여자가 남자보다 모든 위험군에서 비율이 높았다.

다음으로, 남자와 여자 모두 아동에 비해 청소년의 과의존위험군 비율이 높았다. 아동의 경우 남자와 여자 각각 과의존위험군 비율이 20%에서 25% 사이이지만, 청소년의 경우 남자와 여자의 과의존위험군 비율은 각각 25%를 초과했다.

아동과 청소년 간 과의존위험군 비율 차이는 남자보다 여자가 컸지만, 여자의 해당 비율 차이는 10%p 이하였다. 잠재위험군 비율에서 아동과 청소년 간 차이는 남자가 5%p 이하였으나, 여자는 7%p 이상이었다.

〈표〉 A~E 국 아동 및 청소년의 성별 스마트폰 과의존위험군 비율 현황

(단위: %)

구분	성별	위험군	A	B	C	D	E
아동	남자	고위험	2.1	2.3	2.2	2.6	2.2
		잠재위험	20.1	20.0	20.2	21.3	21.2
	여자	고위험	2.0	2.2	1.8	2.0	2.4
		잠재위험	18.1	19.8	17.5	19.9	18.8
청소년	남자	고위험	3.1	3.3	3.2	3.6	3.2
		잠재위험	24.7	25.3	24.8	25.5	25.1
	여자	고위험	4.1	3.9	3.8	4.0	3.5
		잠재위험	28.2	28.1	25.2	27.4	27.7

① A
② B
③ C
④ D
⑤ E

📝 문제풀이

31 매칭형   난이도 ★★★☆☆

- '갑'국의 아동은 남자가 여자보다 고위험군과 잠재위험군 비율이 모두 높았다고 하였으나 E의 경우 아동 남자의 고위험 비율 2.2%보다 아동 여자의 고위험 비율 2.4%가 더 높기 때문에 제외한다.

- 아동의 경우 남자와 여자 각각 과의존위험군 비율이 20%에서 25% 사이라고 하였으나 C의 경우 여자 아동의 고위험+잠재위험 비율 합은 19.3%이므로 비율이 20%에서 25% 사이가 아니기 때문에 제외한다.

- 아동과 청소년 간 과의존위험군 비율 차이는 남자보다 여자가 컸지만, 여자의 해당 비율 차이는 10%p 이하라고 하였고 A의 경우 그 차이가 32.3-20.1=12.2%p이므로 차이가 10%p 이하가 아니기 때문에 제외한다. 잠재위험군 비율에서 아동과 청소년 간 차이는 남자가 5%p 이하였으나, 여자는 7%p 이상이라고 하였고 B의 경우 남자 아동과 청소년의 비율 차이는 25.3-20.0=5.3%p이다.

따라서 이를 제외하면 '갑'국에 해당하는 국가는 D이다.

[정답] ④

32

다음 〈그림〉과 〈표〉는 2021년 '갑'국 생물 갈치와 냉동 갈치의 유통구조 및 물량 현황에 관한 자료이다. 이에 대한 〈보기〉의 설명 중 옳은 것만을 모두 고르면?

〈그림 1〉 생물 갈치의 유통구조 및 물량비율

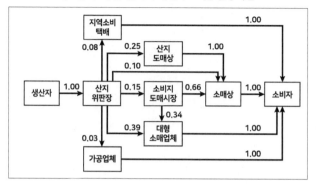

〈그림 2〉 냉동 갈치의 유통구조 및 물량비율

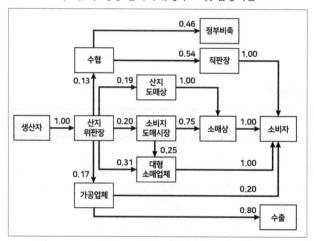

※ 유통구조 내 수치는 물량비율$\left(= \dfrac{\text{다음 유통경로에 전달되는 유통물량}}{\text{해당 유통경로에 투입되는 유통물량}} \right)$을 의미함. 예를 들어, 가 $\xrightarrow{0.20}$ 나 는 해당 유통경로 '가'에 100톤의 유통물량이 투입되면 이 중 20톤(=100톤×0.20)의 유통물량이 다음 유통경로 '나'에 전달되어 투입됨을 의미함.

〈표〉 생산자가 공급한 생물 갈치와 냉동 갈치의 물량

(단위: 톤)

구분	생물 갈치	냉동 갈치
물량	42,100	7,843

〈보 기〉

ㄱ. '생산자'가 공급한 냉동 갈치 물량의 85% 이상이 유통구조를 거쳐 '소비자'에게 전달되었다.
ㄴ. '소매상'을 통해 유통된 물량은 생물 갈치가 냉동 갈치의 6배 이상이다.
ㄷ. '대형소매업체'를 통해 유통된 생물 갈치와 냉동 갈치 물량의 합은 20,000톤 미만이다.
ㄹ. 2022년 냉동 갈치 '수출' 물량이 2021년보다 60% 증가한다면, 2022년 냉동 갈치 '수출' 물량은 2021년 '소비지 도매시장'을 통해 유통된 냉동 갈치 물량보다 많다.

① ㄱ, ㄴ
② ㄱ, ㄷ
③ ㄴ, ㄹ
④ ㄷ, ㄹ
⑤ ㄴ, ㄷ, ㄹ

📑 문제풀이

32 곱셈 비교형
난이도 ★★★★☆

ㄱ. (X) 〈그림 2〉의 냉동 갈치의 유통구조에 따르면 '소비자'에게 전달되지 않은 경로는 '정부비축'과 '수출'인 경우이다. 따라서 '산지위판장' 0.13 중 46%인 약 0.6과 '가공업체' 0.17 중 80%인 약 0.13을 더한 0.19가 '소비자'에게 전달되지 않았다. 즉, '생산자'가 공급한 냉동 갈치 물량의 19%가 '소비자'에게 전달되지 않았으므로 '생산자'가 공급한 냉동 갈치 물량의 81%가 유통구조를 거쳐 '소비자'에게 전달되었음을 알 수 있다. 따라서 '생산자'가 공급한 냉동 갈치 물량 중 유통구조를 거쳐 '소비자'에게 전달된 것은 85% 미만이다.

ㄴ. (O) '소매상'을 통해 유통된 물량은 생물 갈치가 42,100×0.45=18,945톤이고 냉동 갈치가 7,843×0.34≒2,667톤이다. 따라서 생물 갈치가 냉동 갈치의 6배 이상이다.

ㄷ. (X) '대형소매업체'를 통해 유통된 생물 갈치와 냉동 갈치 물량의 합은 42,100×0.44+7,843×0.36≒21,347톤이므로 20,000톤 미만이 아니다.

ㄹ. (O) 2022년 냉동 갈치 '수출' 물량이 2021년 '수출' 물량인 7,843×0.13≒1,020톤보다 60% 증가한다면, 2022년 냉동 갈치 '수출' 물량은 1,020×1.6=1,632톤이다. 이는 2021년 '소비지 도매시장'을 통해 유통된 냉동 갈치 물량 7,843×0.20≒1,569톤보다 많다.

⏱ 빠른 문제 풀이 Tip

ㄴ. 갈치 물량은 생물이 냉동의 5배 이상이고 '소매상' 유통 물량비율은 생물 0.45가 냉동 0.34의 약 1.3배 이상이다. 따라서 '소매상' 유통 물량은 1.3×5=6.5배 이상이다.
ㄷ. 42,100×0.44+7,843×0.36을 계산할 때 42,100×0.44는 대략 17,600은 넘을 테니 7,843×0.36이 2,400 미만인지 판단하면 된다.
ㄹ. 0.13×1.6＞0.2인지 판단하면 된다.

[정답] ③

33

다음 〈표〉는 총 100회 개최된 사내 탁구대회에 매회 모두 참가한 사원 A, B, C의 라운드별 승률에 관한 자료이다. 〈표〉와 〈탁구대회 운영방식〉에 근거한 〈보기〉의 설명 중 옳은 것만을 모두 고르면?

〈표〉 사원 A, B, C의 사내 탁구대회 라운드별 승률

(단위: %)

라운드 사원	16강	8강	4강	결승
A	80.0	100.0	( )	( )
B	100.0	90.0	( )	( )
C	96.0	87.5	( )	( )

─〈탁구대회 운영방식〉─

○ 매회 사내 탁구대회는 16강, 8강, 4강, 결승 순으로 라운드가 치러지고, 라운드별 경기 승자만 다음 라운드에 진출하며, 결승 라운드 승자가 우승한다.

○ 매회 16명이 대회에 참가하고, 각 라운드에서 참가자는 한 경기만 치른다.

○ 모든 경기는 참가자 1:1 방식으로 진행되며 무승부는 없다.

─〈보 기〉─

ㄱ. 사원 A, B, C 중 4강에 많이 진출한 사원부터 순서대로 나열하면 B, A, C 순이다.

ㄴ. A가 8번 우승했다면, A의 결승 라운드 승률 최솟값은 10%이다.

ㄷ. 16강에서 A와 B 간 또는 B와 C 간 경기가 있었던 대회 수는 24회 이하이다.

ㄹ. 사원 A, B, C가 모두 4강에 진출한 대회 수는 50회 이상이다.

① ㄱ, ㄷ
② ㄴ, ㄷ
③ ㄴ, ㄹ
④ ㄱ, ㄴ, ㄷ
⑤ ㄴ, ㄷ, ㄹ

문제풀이

33 조건 판단형 ··· 난이도 ★★★★☆

ㄱ. (X) 사원 A는 100회 출전한 16강의 승률이 80%이므로 8강에 80회 진출하였고 8강 승률이 100%이므로 4강에는 총 80회 진출하였다. 사원 B는 100회 출전한 16강의 승률이 100%이므로 8강에 100회 진출하였고 8강 승률이 90%이므로 4강에는 총 90회 진출하였다. 사원 C는 100회 출전한 16강의 승률이 96%이므로 8강에 96회 진출하였고 8강 승률이 87.5%이므로 4강에는 총 84회 진출하였다. 따라서 사원 A, B, C 중 4강에 많이 진출한 사원부터 순서대로 나열하면 90회 B, 84회 C, 80회 A 순이다.

ㄴ. (O) A는 4강에 80회 진출하였으므로 만약 A의 4강 승률이 100%라면 결승에 80회 진출한 것이 된다. 이 경우 A가 8번 우승했다면, A는 결승에 진출한 80회 중 8회 우승이므로 승률은 10%가 된다. 따라서 결승 라운드 승률 최솟값은 10%이다. 만약 A의 4강 승률이 10%라서 결승에 진출한 횟수가 8회라면 결승 라운드 승률은 100%가 되고 이는 최댓값이다.

ㄷ. (O) 16강 승률은 A가 80%, B가 100%, C가 96%이다. B가 16강에서 전승했기 때문에 만약 16강에서 A와 B 간 경기가 있었다면 대회 수는 최대 20회가 될 것이고 B와 C 간 경기가 있었다면 대회 수는 최대 4회가 될 것이다. 따라서 16강에서 A와 B 간 또는 B와 C 간 경기가 있었던 대회 수는 24회 이하이다.

ㄹ. (O) 4강에 진출한 대회 수는 사원 A가 80회, B가 90회, C가 84회이다. 반대로 4강에 진출하지 못한 대회 수는 사원 A가 20회, B가 10회, C가 16회이다. 만약 A, B, C 각각 4강에 진출하지 못한 대회가 모두 다른 대회라고 한다면 A, B, C 중 한 명이라도 4강에 진출하지 못한 대회 수는 최대 20+10+16=46회이다. 따라서 사원 A, B, C가 모두 4강에 진출한 대회 수는 54회 이상이므로 50회 이상이다.

⏱ 빠른 문제 풀이 Tip

ㄱ. 87.5%는 7/8이므로 96이 12의 8배라는 사실을 확인 후 96에서 12를 빼주면 된다.

ㄹ. 4강에 진출한 대회 수의 최소교집합으로 판단할 수도 있다. A는 80, B는 90, C는 84이므로 A+B+C-2U=80+90+84-200=54이다.

[정답] ⑤

34

다음 〈그림〉은 '갑'국의 급수 사용량과 사용료에 관한 자료이다. 이에 대한 〈보기〉의 설명 중 옳은 것만을 모두 고르면?

〈그림 1〉 2016~2021년 연간 급수 사용량

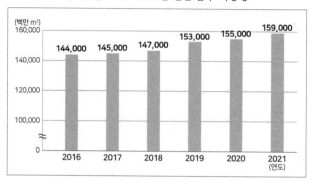

〈그림 2〉 2021년 용도별 급수 사용량과 사용료

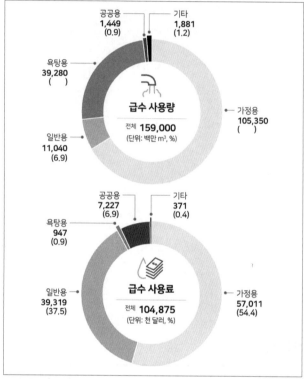

※ 1) 괄호 안의 수치는 전체에서 해당 용도가 차지하는 비중임.

2) 용도별 급수단가(달러/m³)= $\dfrac{용도별\ 급수\ 사용료}{용도별\ 급수\ 사용량}$

──────〈보 기〉──────

ㄱ. 2018년 이후 급수 사용량의 전년 대비 증가율은 매년 감소한다.
ㄴ. 2021년 급수 사용량의 60% 이상이 가정용이다.
ㄷ. 2016년 용도별 급수 사용량의 구성비와 용도별 급수단가가 2021년과 동일하다면, 2016년 전체 급수 사용료는 1억 달러 이상이다.
ㄹ. 2021년 공공용 급수단가는 가정용 급수단가의 9배 이상이다.

① ㄱ, ㄷ
② ㄴ, ㄷ
③ ㄴ, ㄹ
④ ㄱ, ㄷ, ㄹ
⑤ ㄴ, ㄷ, ㄹ

📝 **문제풀이**

34 분수 비교형

관련문제: 2014년 37번   난이도 ★★★☆☆

ㄱ. (X) 2019년의 전년 대비 증가율은 4.1%로 2018년의 전년 대비 증가율 1.4%에 비해 증가하였다. 따라서 2018년 이후 급수 사용량의 전년 대비 증가율은 매년 감소하지 않는다.

ㄴ. (O) 2021년 급수 사용량 159,000백만 m³ 중 가정용 105,350백만 m³가 차지하는 비중은 66.3%로 60% 이상이다.

ㄷ. (X) 2021년 전체 급수단가는 104,875/159,000≒0.66달러/천 m³이므로 2016년 용도별 급수 사용량의 구성비와 용도별 급수단가가 2021년과 동일하다면, 2016년 전체 급수 사용료는 0.66×144,000≒9,504만 달러로 1억 달러 이상이 아니다.

ㄹ. (O) 2021년 공공용 급수단가 7,227/1,449≒5.0달러/m³는 가정용 급수단가 57,011/105,350≒0.54달러/m³의 9배 이상이다.

⏱ **빠른 문제 풀이 Tip**

ㄱ. 2018년 이후 연간 급수 사용량은 매년 증가하고 전년 대비 증가폭은 +2,000, +6,000, +2,000, +4,000으로 증감을 반복하고 있으므로 전년 대비 증감폭이 늘어난 2019년과 2021년을 검토한다.

ㄴ. 159천을 기준으로 판단하므로 이보다 살짝 많은 160천의 60%인 96천과 가정용 105천 이상을 비교한다.

ㄷ. 용도별 급수단가가 동일하다면 2016년 대비 2021년 급수 사용량의 증가율과 2016년 대비 2021년 급수 사용료의 증가율이 동일해야 한다. 2016년 대비 2021년 급수 사용량의 증가율은 144천에서 159천으로 +15천 증가했기 때문에 증가율이 10% 이상이다. 따라서 2016년 급수 사용료가 1억 달러 이상이라면 증가율이 10% 이상이 되어야 하므로 2021년 급수 사용료는 1억 1,000만 달러 이상이 되어야 한다. 하지만 실제로는 104백만(=1억 4백만) 달러로 1억 1,000만 달러 미만이다.

ㄹ. 유효숫자 3자리로 설정하면 공공용 급수단가는 723/1450이고 가정용 급수단가는 57/1050이므로 가정용 분자의 57에 9배를 해서 513/105과 비교한다.

[정답] ③

유형분석
2024
2023
2022
2021
2020
2019
2018
2017
2016
2015
2014
2013
2012
해커스PSAT 5급 PSAT 김용훈 자료해석 13개년 기출문제집

35

다음 〈표〉는 A 지역 아파트 분양 청약 및 경쟁률에 관한 자료이다. 〈표〉와 〈청약 및 추첨 방식〉을 근거로 판단할 때, (가)에 해당하는 값은?

〈표 1〉 A 지역 아파트 분양 청약 결과

(단위: 세대, 명)

택형	공급세대수	청약자 주소지	청약자수
84	100	A 지역	600
		인근지역	420
		기타지역	5,020
99	200	A 지역	800
		인근지역	440
		기타지역	4,840

〈표 2〉 A 지역 아파트 추첨 단계별 경쟁률

(단위: 세대)

택형	공급세대수	단계	경쟁률
84	100	1단계	30
		2단계	(가)
		3단계	100
99	200	1단계	(나)
		2단계	30
		3단계	50

※ (해당 단계) 경쟁률 = $\dfrac{(해당 단계) 추첨 대상 청약자수}{(해당 단계) 당첨자수}$

─────〈청약 및 추첨 방식〉─────
○ 청약자는 한 개의 택형에만 청약이 가능함.
○ 청약자 주소지에 의해 'A 지역', '인근지역', '기타지역'으로 접수됨.
○ 84택형과 99택형의 추첨 방식은 동일함.
○ 다음 단계에 따라 택형별 당첨자를 뽑음.
  - (1단계) 'A 지역' 청약자 중 해당 택형 공급세대수의 □(다)□ %를 뽑은 후,
  - (2단계) 1단계에서 당첨되지 않은 'A 지역' 청약자와 '인근지역' 청약자 중 해당 택형 공급세대수의 □(라)□ %를 뽑고,
  - (3단계) 마지막으로 1~2단계에서 당첨되지 않은 청약자와 '기타지역' 청약자 중 해당 택형의 남은 공급세대수만큼 당첨자를 뽑음.

① 20
② 50
③ 60
④ 75
⑤ 80

📑 문제풀이

35 조건 판단형

난이도★★★★★

(가)는 2단계 경쟁률이므로 1단계인 (다)와 2단계 (라)를 먼저 판단한다.

- 84택형의 1단계에서 A 지역 청약자 수는 600명이고 경쟁률은 30세대이므로 1단계 당첨자 수는 20명이다. 1단계에서 'A 지역' 청약자 600명 중 20명을 뽑은 것이므로 해당 택형 공급세대수 100세대의 20%를 뽑은 셈이 된다. 이에 따라 (다)에 들어갈 수치는 20이다.

- 99택형에서 A 지역 청약자 800명 중 200세대의 20%인 40명을 뽑아야 하므로 1단계 경쟁률 (나)에 들어갈 수치는 800/40=20이다. 이어서 2단계에서는 1단계에서 당첨되지 않은 'A 지역' 청약자 800-40=760명과 '인근지역' 청약자 440명의 합 1,200명 중 해당 택형 공급세대수의 (라)%를 뽑는데 경쟁률이 30이므로 2단계 당첨자 수는 1,200/30=40명이다. 이에 따라 99택형 공급세대수 200세대 중 20%인 40명을 뽑았으므로 (라)에 들어갈 수치는 20이다.

- 84택형 2단계에서는 1단계에서 당첨되지 않은 'A 지역' 청약자 600-20=580명과 '인근지역' 청약자 420명의 합 1,000명 중 해당 택형 공급세대수 100세대의 20 %인 20명을 뽑으므로 경쟁률은 1,000/20=50세대이다. 따라서 (가)에 들어갈 수치는 50이다.

[정답] ②

36

다음 〈표〉는 '갑'국 국민 4,000명을 대상으로 공동인증서 비밀번호 변경주기를 조사한 자료이다. 이에 대한 〈보기〉의 설명 중 옳은 것만을 모두 고르면?

〈표〉 공동인증서 비밀번호 변경주기 조사 결과

(단위: 명, %)

구분		대상자 수	변경하였음					변경하지 않았음
			1년 초과	6개월 초과 1년 이하	3개월 초과 6개월 이하	3개월 이하		
전체		4,000	70.0	30.9	21.7	10.5	6.9	29.7
성별	남성	2,059	70.5	28.0	23.2	11.7	7.6	29.1
	여성	1,941	69.5	34.0	20.1	9.2	6.2	30.3
연령대	15~19세	367	55.0	22.9	12.5	12.0	7.6	45.0
	20대	702	67.7	32.5	17.0	9.5	8.7	32.3
	30대	788	74.7	33.8	20.4	11.9	8.6	24.5
	40대	922	71.0	29.5	25.1	10.1	6.4	28.5
	50대 이상	1,221	72.0	31.6	25.5	10.0	4.9	27.8
직업	전문직	691	70.3	28.7	23.7	11.4	6.5	29.2
	사무직	1,321	72.7	30.8	23.1	11.6	7.3	26.7
	판매직	374	74.3	32.4	22.2	11.5	8.3	25.4
	기능직	242	73.1	29.8	25.6	9.1	8.7	26.9
	농림어업직	22	81.8	13.6	31.8	18.2	18.2	18.2
	학생	611	58.9	27.5	12.8	11.0	7.7	41.1
	전업주부	506	73.5	36.4	24.5	7.5	5.1	26.5
	기타	233	63.5	35.6	19.3	6.0	2.6	36.1

※ 항목별로 중복응답은 없으며, 전체 대상자 중 무응답자는 12명임.

─── 〈보 기〉 ───

ㄱ. 변경주기가 1년 이하인 응답자수는 남성이 여성보다 많다.
ㄴ. 전체 무응답자 중 '사무직' 남성은 2명 이상이다.
ㄷ. 20대 응답자 중 변경주기가 6개월 이하인 비율은 40대 응답자 중 변경주기가 6개월 이하인 비율보다 높다.
ㄹ. 비밀번호를 변경한 응답자 중 변경주기가 1년 초과인 응답자 수는 '학생'이 '전업주부'보다 많다.

① ㄱ, ㄷ
② ㄱ, ㄹ
③ ㄴ, ㄹ
④ ㄱ, ㄴ, ㄷ
⑤ ㄴ, ㄷ, ㄹ

📝 문제풀이

36 곱셈 비교형   난이도 ★★★★☆

ㄱ. (O) 변경주기가 1년 이하인 응답자수는 남성이 2,059×0.425≒875명, 여성이 1,941×0.355≒689명으로 남성이 여성보다 많다.

ㄴ. (O) 전체 무응답자는 12명이고 '사무직' 무응답자는 1,321명의 0.6%인 8명이다. 여성 무응답자가 1,941명의 0.2%인 4명이므로 만약 여성 무응답자 모두 '사무직'이라고 하더라도 무응답자 중 '사무직' 남성은 최소 8-4=4명 이상이다. 따라서 전체 무응답자 중 '사무직' 남성은 2명 이상이다.

ㄷ. (O) 20대 응답자 중 변경주기가 6개월 이하인 비율은 (18.2/100.0)×100 =18.2%이고 40대 응답자 중 변경주기가 6개월 이하인 비율은 (16.5/99.5)×100≒16.6%이므로 전자가 후자보다 높다.

ㄹ. (X) 비밀번호를 변경한 응답자 중 변경주기가 1년 초과인 응답자수는 '학생'이 611×0.275≒168명, '전업주부'가 506×0.364≒184명으로 '학생'이 '전업주부'보다 많지 않다.

⏱ 빠른 문제 풀이 Tip

ㄱ. 대상자 수는 남성이 여성보다 많고 1년 이하 응답 비율도 남성 42.5%가 여성 35.5%보다 높다.
ㄴ. 대상자에 비율을 곱한 값이 소수점으로 도출되더라도 자연수인 사람 수를 묻는 〈보기〉이므로 도출된 결괏값의 가장 가까운 자연수로 판단한다. 예를 들어, 여성 무응답자는 1,941명의 0.2% 수준이므로 19의 2배인 38을 고려하면 3.8명보다 조금 큰 수치, 즉 4명으로 판단한다.
ㄷ. 40대 응답 비율의 합은 99.5%로 거의 100%이므로 그중 6개월 이하가 차지하는 비율 역시 16.5%에서 크게 벗어나지 않는 수치라고 판단한다.

[정답] ④

37

다음 〈표〉는 '갑'국 소프트웨어 A~C의 개발에 관한 자료이다. 〈표〉와 〈개발비 및 생산성지수 산정 방식〉에 근거한 〈보기〉의 설명 중 옳은 것만을 모두 고르면?

〈표 1〉 소프트웨어 A~C의 기능유형별 기능 개수

(단위: 개)

기능유형 소프트 웨어	내부논리 파일	외부연계 파일	외부입력	외부출력	외부조회
A	10	5	5	10	4
B	15	4	6	7	3
C	3	2	4	6	5

〈표 2〉 기능유형별 가중치

기능유형	내부논리 파일	외부연계 파일	외부입력	외부출력	외부조회
가중치	7	5	4	5	3

〈표 3〉 소프트웨어 A~C의 보정계수, 이윤 및 공수

구분 소프트 웨어	보정계수				이윤 (%)	공수
	규모 계수	언어 계수	품질 및 특성계수	애플리케이션 유형계수		
A	0.8	2.0	0.2	2.0	20	20
B	1.0	1.0	1.2	3.0	10	30
C	0.8	2.0	1.2	1.0	20	10

※ 공수는 1인의 개발자가 1개월 동안 일하는 노력의 양(man-month)을 의미함.

─〈개발비 및 생산성지수 산정 방식〉─

○ 개발비＝개발원가＋개발원가×이윤
○ 개발원가＝기준원가×보정계수
○ 기준원가＝기능점수×50만 원
○ 보정계수＝규모계수×언어계수×품질 및 특성계수×애플리케이션유형계수
○ 기능점수는 각 기능유형별 기능 개수에 해당 기능유형별 가중치를 곱한 값의 합으로 계산됨.
○ 생산성지수＝$\dfrac{\text{기능점수}}{\text{공수}}$

─〈보 기〉─

ㄱ. 기능점수는 B가 가장 높고 C가 가장 낮다.
ㄴ. 기준원가가 가장 낮은 소프트웨어와 개발비가 가장 적은 소프트웨어는 동일하다.
ㄷ. 개발원가와 기준원가의 차이는 B가 C의 5배 이상이다.
ㄹ. 기능점수가 가장 높은 소프트웨어가 생산성지수도 가장 크다.

① ㄱ, ㄴ
② ㄱ, ㄷ
③ ㄱ, ㄹ
④ ㄴ, ㄷ
⑤ ㄴ, ㄹ

📝 **문제풀이**

37 조건 판단형 난이도★★★★★

ㄱ. (O) 기능점수는 각 기능유형별 기능 개수에 해당 기능유형별 가중치를 곱한 값의 합이므로 A는 177, B는 193, C는 92로 기능점수는 B가 가장 높고 C가 가장 낮다.

ㄴ. (X) 기준원가는 기능점수×50만 원이므로 기준원가가 가장 낮은 소프트웨어는 기능점수가 가장 낮은 C이다. 개발비는 개발원가＋개발원가×이윤이므로 이를 정리하면 개발비＝개발원가(1＋이윤)이고 개발원가＝기준원가×보정계수이므로 결국 개발비는 (기준원가×보정계수)(1＋이윤)이다. 이에 따르면 개발비는 A가 6,796.8, B가 38,214, C가 10,598로 A가 가장 적다. 따라서 기준원가가 가장 낮은 소프트웨어와 개발비가 가장 적은 소프트웨어는 동일하지 않다.

ㄷ. (O) 개발원가－기준원가＝기준원가×보정계수－기준원가이고 이를 다시 정리하면 (기능점수×50만 원)(보정계수－1)이다. 이에 따르면 B는 25,090, C는 4,232이므로 개발원가와 기준원가의 차이는 B가 C의 5배 이상이다.

ㄹ. (X) 기능점수가 가장 높은 소프트웨어는 193인 B이고, 생산성지수는 B가 193/30, C가 92/10로 C가 B보다 더 크다.

⏱️ **빠른 문제 풀이 Tip**

ㄴ. 개발비＝(기준원가×보정계수)(1＋이윤)＝(기능점수×50×보정계수)(1＋이윤)이므로 공통 요소인 50을 제외하고 이윤의 차이가 크지 않다는 점을 고려하면 기능점수×보정계수의 값으로 판단할 수 있다. 여기서 B는 기능점수와 보정계수 모두 가장 큰 소프트웨어이기 때문에 A와 C를 비교하면 되고 이윤이 동일한 두 소프트웨어는 결국 A 177×0.64와 C 92×1,920이므로 이를 다시 정리하면 A는 177×64, C는 92×1920이다. 따라서 A가 C보다 작다는 것을 쉽게 판단할 수 있다.

ㄷ. 공통 요소 50을 제외하면 기능점수×(보정계수－1)이므로 B는 193×2.6이고 C는 92×0.920이다. 여기서 C의 0.92에 5배를 해서 92×4.6으로 식을 정리한 후 B와 비교한다. 193은 92의 2배 이상이지만 4.6은 2.6의 2배 미만이다.

[정답] ②

[38~39] 다음 〈표〉는 A~J 팀으로만 구성된 '갑'야구리그에 관한 자료이다. 다음 물음에 답하시오.

〈표 1〉 A~J 팀의 8월 15일 기준 순위 및 기록

순위	팀	전체 경기수	승수	패수	무승부수	승률 (%)	승차	최근 연속 승패 기록	최근 10경기 기록
1	A	99	61	37	1	62.24	0.0	3패	4승 6패
2	B	91	55	34	2	61.80	1.5	1패	6승 4패
3	C	98	54	43	1	55.67	6.5	1패	4승 6패
4	D	100	49	51	0	49.00	( )	1승	4승 6패
5	E	99	48	50	1	48.98	13.0	1패	8승 2패
6	F	97	46	51	0	47.42	14.5	1승	3승 7패
7	G	97	43	51	3	45.74	16.0	1승	6승 4패
8	H	96	43	52	1	45.26	16.5	3승	7승 3패
9	I	96	41	54	1	43.16	18.5	2승	4승 6패
10	J	95	38	55	2	40.86	20.5	2패	4승 6패

※ 1) 일자별 팀 순위 및 기록은 해당일 경기를 포함한 모든 경기결과를 반영한 값이며, 팀 순위는 승률이 높은 순서로 정함.
 2) 각 팀은 최근 10일 동안 매일 한 경기씩 참여하였고, 매 경기는 시작 당일에 종료됨.
 3) 승률(%) = $\frac{승수}{승수+패수} \times 100$
 4) 승차 = $\frac{(1위\ 팀\ 승수-해당\ 팀\ 승수)-(1위\ 팀\ 패수-해당\ 팀\ 패수)}{2}$

〈표 2〉 A~J 팀의 8월 16일 기준 최근 연속 승패 기록

팀	A	B	C	D	E	F	G	H	I	J
최근 연속 승패 기록	4패	1승	2패	2승	1승	2승	1패	4승	1패	3패

38

위 〈표〉를 근거로 판단한 내용으로 옳지 않은 것은?

① 8월 15일 기준 D 팀의 승차는 13.0이다.
② 8월 5일 기준 승차 대비 8월 15일 기준 승차가 가장 많이 증가한 팀은 F이다.
③ 8월 12일 경기에서 A 팀이 승리하였다.
④ 8월 13일 기준 E 팀과 I 팀의 승차 합은 35.0이다.
⑤ 8월 15일 기준 최근 연속 승수가 가장 많은 팀과 최근 10경기 승률이 가장 높은 팀은 다르다.

39

위 〈표〉에 대한 〈보기〉의 설명 중 옳은 것만을 모두 고르면?

─── 〈보 기〉───

ㄱ. 8월 15일과 8월 16일 경기의 승패 결과가 동일한 팀은 5개이다.
ㄴ. 8월 16일 기준 7위 팀은 H이다.
ㄷ. 8월 16일 기준 승차가 음수인 팀이 있다.
ㄹ. 8월 16일 기준 4위 팀 승차와 5위 팀 승차는 동일하다.

① ㄱ, ㄹ
② ㄴ, ㄷ
③ ㄴ, ㄹ
④ ㄱ, ㄴ, ㄷ
⑤ ㄴ, ㄷ, ㄹ

38 각주 판단형	난이도★★★★☆

① (O) 8월 15일 기준 D 팀의 승차는 {(61−49)−(37−51)}/2=13.0이다.

② (O) 승차가 증가하였다는 것은 1위 팀 기준 승차가 커지는 것이므로 최근 10 경기 기록에서 3승 7패로 성적이 가장 좋지 않은 F 팀이 8월 5일 기준 승차 대비 8월 15일 기준 승차가 가장 많이 증가하였다.

③ (O) A 팀은 8월 15일 기준 최근 10경기 기록이 4승 6패이고, 최근 연속 승패 기록이 3패이다. 이는 13, 14, 15일 경기에서 모두 패했다는 것이므로 8월 12 일 경기에서는 A 팀이 승리하였다고 판단할 수 있다.

④ (X) 8월 15일 기준 E 팀은 최근 2경기에서 1승 1패를 하였으므로 8월 13일 승패는 47승 49패이다. 8월 15일 기준 I 팀은 최근 2경기에서 2승을 하였으므로 8월 13일 승패는 39승 54패이다. 또한 기준이 되는 1위 팀은 A이고 8월 13일 승패는 61승 35패이다. 따라서 8월 13일 기준 E 팀의 승차는 {(61−47)−(35−49)}/2=14.0이고 I 팀의 승차는 {(61−39)−(35−54)}/2=20.5이므로 합은 34.5이다.

⑤ (O) 8월 15일 기준 최근 연속 승수는 H 팀이 3승으로 가장 많고 최근 10경기 승률은 E 팀이 80%로 가장 높으므로 서로 다르다.

⏱ 빠른 문제 풀이 Tip

① D 팀과 E 팀은 승수와 패수의 차이가 각각 10이므로 승차도 13.0으로 동일하다.

④ 승차 식을 다시 정리하면 {(1위 팀 승수−1위 팀 패수)−(해당 팀 승수−해당 팀 패수)}/2이다. 다른 상황이 변하지 않는다고 가정할 때 1위 팀 승수가 +1이거나 해당 팀 패수가 −1이라면 승차는 +0.5가 되고 1위 팀 승수가 −1이거나 해당 팀 승수가 +1이라면 승차는 −0.5가 된다. 13일 1위인 A는 15일에 비해 패수가 −2이므로 타 팀의 승차는 +2/2=+1만큼 커지게 된다. 여기서 E 팀은 1승 1패이므로 승차 변화는 없어 최종 승차는 13.0+1.0=14.0이다. 또한 I 팀은 15일에 비해 13일이 −2승이므로 최종 승차는 18.5+1.0+1.0=20.5이다.

[정답] ④

39 각주 판단형	난이도★★★★★

ㄱ. (X) 8월 15일과 8월 16일 경기의 승패 결과가 동일하려면 〈표 2〉의 최근 연속 승패 기록이 1승 또는 1패가 아니어야 한다. 따라서 8월 15일과 8월 16일 경기의 승패 결과가 동일한 팀은 A, C, D, F, H, J로 6개이다.

ㄴ. (O) 8월 16일 기준 G 팀은 43승 52패이고 H 팀은 44승 52패가 되므로 H 팀이 7위, G 팀이 8위가 된다.

ㄷ. (O) 8월 16일에 A 팀은 패배, B 팀은 승리하였으므로 승률은 A 팀의 (61/99)×100 ≒61.62%보다 B 팀의 (56/90)×100≒62.22%가 더 높다. 즉, 8월 16일 기준 1위는 B 팀이므로 B 팀을 기준으로 한 2위 A 팀의 승차는 {(56−61)−(34−38)}/2=−0.5이다. 따라서 승차가 음수인 팀이 있다.

ㄹ. (O) 38번 문제 ①에서 도출했듯이 8월 15일 기준 4위 팀 D와 5위 팀 E는 승차가 13.0으로 동일하다. 8월 16일에도 D 팀과 E 팀은 동일하게 1승을 추가하였으므로 8월 16일에도 4위 팀 승차와 5위 팀 승차는 동일하다.

⏱ 빠른 문제 풀이 Tip

ㄷ. 1위 팀이 A라면 승차가 음수가 될 수 없기 때문에 16일 승패 현황을 체크하여 1위 팀이 B로 바뀌었을 가능성을 염두에 두고 접근해야 한다. 실제로 무승부 경기수나 치렀던 경기수(분모)에 따라 승수가 더 적은데도 승률이 높은 경우가 종종 발생한다.

[정답] ⑤

40

다음 〈표〉는 2018~2020년 프랜차이즈 기업 A~E의 가맹점 현황에 관한 자료이다. 이에 대한 〈보기〉의 설명 중 옳은 것만을 모두 고르면?

〈표 1〉 2018~2020년 기업 A~E의 가맹점 신규개점 현황

(단위: 개, %)

구분 기업 연도	신규개점 수			신규개점률	
	2018	2019	2020	2019	2020
A	249	390	357	31.1	22.3
B	101	89	75	9.5	7.8
C	157	110	50	12.6	5.7
D	93	233	204	35.7	24.5
E	131	149	129	27.3	19.3

※ 해당 연도 신규개점률(%) = $\dfrac{\text{해당 연도 신규개점 수}}{\text{전년도 가맹점 수 + 해당 연도 신규개점 수}} \times 100$

〈표 2〉 2018~2020년 기업 A~E의 가맹점 폐점 수 현황

(단위: 개)

연도 기업	2018	2019	2020
A	11	12	21
B	27	53	140
C	24	39	70
D	55	25	64
E	4	8	33

※ 해당 연도 가맹점 수 = 전년도 가맹점 수 + 해당 연도 신규개점 수 − 해당 연도 폐점 수

〈보 기〉

ㄱ. 2018년 C의 가맹점 수는 800개 이상이다.
ㄴ. 2019년에 비해 2020년 가맹점 수가 감소한 기업은 B와 C이다.
ㄷ. 2020년 가맹점 수는 E가 가장 적고, A가 가장 많다.
ㄹ. 2018년 폐점 수 대비 신규개점 수의 비율은 D가 가장 낮고, A가 가장 높다.

① ㄱ, ㄴ
② ㄱ, ㄷ
③ ㄴ, ㄷ
④ ㄴ, ㄹ
⑤ ㄷ, ㄹ

📝 문제풀이

40 각주 판단형　　　　관련문제: 2020년 17번　난이도 ★★★★☆

ㄱ. (X) 신규 개점률 식을 정리하면 전년도 가맹점 수={(100/해당 연도 신규개점률)−1}×해당 연도 신규개점 수이다. 따라서 2018년 C의 가맹점 수는 {(100/0.126)−1}×110≒763개로 800개 이상이 되지 못한다.

ㄴ. (O) 〈표 2〉의 각주에서 해당 연도 가맹점 수=전년도 가맹점 수+해당 연도 신규개점 수−해당 연도 폐점 수라고 하였고, 이를 정리하면 해당 연도 가맹점 수−전년도 가맹점 수=해당 연도 신규개점 수−해당 연도 폐점 수이다. 즉, 2019년에 비해 2020년 가맹점 수가 감소하려면 2020년 신규개점 수보다 2020년 폐점 수가 많아야 한다. 따라서 이에 해당하는 기업은 B와 C이다.

ㄷ. (O) 2020년 가맹점 수는 2019년 가맹점 수+2020년 신규개점 수−2020년 폐점 수로 도출해야 한다. 2020년 가맹점 수는 A가 1,580개, B가 822개, C가 807개, D가 769개, E가 635개로 E가 가장 적고, A가 가장 많다.

ㄹ. (X) 2018년 폐점 수 대비 신규개점 수의 비율은 D가 1.7로 가장 낮고, A가 22.6, E가 32.8로 A보다 E가 더 높다.

⏱ 빠른 문제 풀이 Tip

ㄱ. C의 2019년 신규 개점률이 12.6%이므로 약 12.5%라고 보면, (100/해당 연도 신규개점)−1은 87.5/12.5이므로 약 7이다. 따라서 2019년 신규개점 수는 110×7≒770개로 보면 된다.

[정답] ③

2021년 기출문제

총평

- 순수 자료비교인 곱셈 비교와 분수 비교 자체를 묻는 문제가 10문제 출제되었다.

- 매칭형이 2문제, 빈칸형이 11문제, 각주 판단형이 4문제, 조건 판단형이 7문제로 자료판단에서 24문제가 출제되어 가장 큰 비중을 차지하였다. 특히 빈칸형 문제가 10문제 이상 출제되어 시간을 효율적으로 관리하기 까다로웠다고 볼 수 있다.

- 보고서 검토·확인형은 2문제, 표-차트 변환형이 3문제 출제되어 전체의 10% 이상이라는 적지 않은 비중을 차지하고 있다. 특히 보고서 검토·확인형은 접근법을 완성하여 확실히 맞혀야 한다.

- 세트문제는 16-17번, 30-31번으로 출제되었고 표-차트 변환형과 조건 판단형, 그리고 빈칸형으로 각각 세트문제 2문제당 4분 이상 소요되는 난이도로 출제되었다.

- 전체적인 난도는 ★★★★☆ 정도로 출제되었으며 빈칸형 문제에 대해 효율적인 시간 관리가 가능했다면 고득점도 가능하지만 그렇지 않다면 시간 내에 해결하지 못한 문제가 많아 80점 이상을 받기 힘든 난도라고 볼 수 있다. 따라서 2분 내에 풀어야 할 문제와 패스해야 할 문제의 기준을 확실히 정해 시간을 효율적으로 관리하는 연습을 하여야 한다.

01

다음 〈그림〉과 〈표〉는 지역별 고령인구 및 고령인구 비율에 대한 자료이다. 이에 대한 〈보기〉의 설명 중 옳은 것만을 고르면?

〈그림〉 2019년 지역별 고령인구 및 고령인구 비율 현황

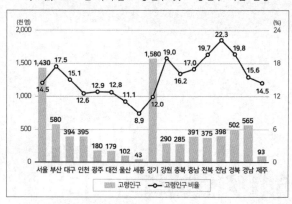

※ 고령인구 비율(%) = $\frac{고령인구}{인구} \times 100$

〈표〉 지역별 고령인구 및 고령인구 비율 전망

(단위: 천 명, %)

연도 구분 지역	2025 고령 인구	2025 고령 인구 비율	2035 고령 인구	2035 고령 인구 비율	2045 고령 인구	2045 고령 인구 비율
서울	1,862	19.9	2,540	28.4	2,980	35.3
부산	784	24.4	1,004	33.4	1,089	39.7
대구	494	21.1	691	31.2	784	38.4
인천	550	18.4	867	28.4	1,080	36.3
광주	261	18.0	377	27.3	452	35.2
대전	270	18.4	392	27.7	471	35.0
울산	193	17.3	302	28.2	352	35.6
세종	49	11.6	97	18.3	153	26.0
경기	2,379	17.0	3,792	26.2	4,783	33.8
강원	387	25.6	546	35.9	649	43.6
충북	357	21.6	529	31.4	646	39.1
충남	488	21.5	714	30.4	897	38.4
전북	441	25.2	587	34.7	683	42.5
전남	475	27.4	630	37.1	740	45.3
경북	673	25.7	922	36.1	1,064	43.9
경남	716	21.4	1,039	31.7	1,230	39.8
제주	132	18.5	208	26.9	275	34.9
전국	10,511	20.3	15,237	29.5	18,328	37.0

─〈보 기〉─

ㄱ. 2019년 고령인구 비율이 가장 낮은 지역은 2025년 대비 2045년 고령인구 증가율도 가장 낮다.

ㄴ. 2045년 고령인구 비율이 40% 이상인 지역은 4곳이다.

ㄷ. 2025년, 2035년, 2045년 고령인구 상위 세 개 지역은 모두 동일하다.

ㄹ. 2045년 충북 인구는 전남 인구보다 많다.

① ㄱ, ㄴ
② ㄱ, ㄷ
③ ㄴ, ㄷ
④ ㄴ, ㄹ
⑤ ㄷ, ㄹ

📝 문제풀이

01 분수 비교형

난이도 ★★☆☆☆

ㄱ. (X) 2019년 고령인구 비율이 가장 낮은 지역은 세종(8.9%)이고 세종의 2025년 대비 2045년 고령인구 증가율은 49에서 153으로 3배 이상이다. 하지만 바로 위의 울산(193→352)만 보더라도 2배 미만으로 울산이 세종보다 더 낮다. 따라서 가장 낮은 지역은 세종이 아니다.

ㄴ. (O) 2045년 고령인구 비율이 40% 이상인 지역은 강원, 전북, 전남, 경북으로 4곳이다.

ㄷ. (X) 고령인구 상위 세 개 지역은 2025년 경기, 서울, 부산이지만 2035년, 2045년은 경기, 서울, 경남으로 고령인구 상위 세 개 지역은 모두 동일하지 않다.

ㄹ. (O) 2045년 충북 인구는 646/39.1≒1,652천 명으로 전남 인구 1,633천 명보다 많다.

⏱ 빠른 문제 풀이 Tip

• ㄹ의 분수 비교는 후순위로 검토한다.
• 고령인구를 묻는지 고령인구 비율을 묻는지 정확하게 체크한다.

[정답] ④

02

다음 〈표〉는 2020년 '갑'국의 가구당 보험료 및 보험급여 현황에 대한 자료이다. 〈표〉와 〈보고서〉를 근거로 A, B, D에 해당하는 질환을 바르게 나열한 것은?

〈표〉 2020년 가구당 보험료 및 보험급여 현황

(단위: 원)

구분 보험료 분위	보험료	전체질환 보험급여 (보험혜택 비율)	4대 질환별 보험급여 (보험혜택 비율)			
			A 질환	B 질환	C 질환	D 질환
전체	99,934	168,725 (1.7)	337,505 (3.4)	750,101 (7.5)	729,544 (7.3)	390,637 (3.9)
1분위	25,366	128,431 (5.1)	327,223 (12.9)	726,724 (28.6)	729,830 (28.8)	424,764 (16.7)
5분위	231,293	248,741 (1.1)	322,072 (1.4)	750,167 (3.2)	713,160 (3.1)	377,568 (1.6)

※ 1) 보험혜택 비율 = $\frac{보험급여}{보험료}$

2) 4대 질환은 뇌혈관, 심장, 암, 희귀 질환임.

〈보고서〉

2020년 전체 가구당 보험료는 10만 원 이하였지만 전체질환의 가구당 보험급여는 16만 원 이상으로 전체질환 보험혜택 비율은 1.7로 나타났다.

4대 질환 중 전체 보험혜택 비율이 가장 높은 질환은 심장 질환이었다. 뇌혈관, 심장, 암 질환의 1분위 보험혜택 비율은 각각 5분위의 10배에 미치지 못하였다. 또한, 뇌혈관, 심장, 희귀 질환의 1분위 가구당 보험급여는 각각 전체질환의 1분위 가구당 보험급여의 3배 이상이었다.

	A	B	D
①	뇌혈관	심장	희귀
②	뇌혈관	암	희귀
③	암	심장	희귀
④	암	희귀	심장
⑤	희귀	심장	암

📝 문제풀이

02 매칭형   난이도★★☆☆☆

- 4대 질환 중 전체 보험혜택 비율이 가장 높은 질환은 심장 질환이었다.
  → B가 7.5%로 가장 높으므로 B는 심장이다. 따라서 선택지 ②, ④가 제거된다.

- B로 판별된 심장을 제외하고 뇌혈관, 암 질환의 1분위 보험혜택 비율은 각각 5분위의 10배에 미치지 못하였다.
  → 심장을 제외한 1분위<5분위×10을 만족하는 것은 A와 C이므로 D가 희귀이다. 따라서 선택지 ⑤가 제거된다.

- B로 판별된 심장과 D로 판별된 희귀를 제외하고 뇌혈관 질환의 1분위 가구당 보험급여는 각각 전체질환의 1분위 가구당 보험급여의 3배 이상이었다.
  → A와 C 중 1분위 전체의 3배에 미치지 못하는 것은 A이므로 뇌혈관이 될 수 없다. 따라서 C가 뇌혈관이고 A는 암이다.

⏱ 빠른 문제 풀이 Tip

- 〈표〉의 제목이 가구당 비율이라는 점 체크하자.
- 매칭형 문제이므로 선택지의 배열을 적극적으로 활용하자.

[정답] ③

03

다음 〈표〉는 2013~2020년 '갑'국 재정지출에 대한 자료이다. 이에 대한 설명으로 옳지 않은 것은?

〈표 1〉 전체 재정지출

(단위: 백만 달러, %)

연도 \ 구분	금액	GDP 대비 비율
2013	487,215	34.9
2014	466,487	31.0
2015	504,426	32.4
2016	527,335	32.7
2017	522,381	31.8
2018	545,088	32.0
2019	589,175	32.3
2020	614,130	32.3

〈표 2〉 전체 재정지출 중 5대 분야 재정지출 비중

(단위: %)

분야 \ 연도	2013	2014	2015	2016	2017	2018	2019	2020
교육	15.5	15.8	15.4	15.9	16.3	16.3	16.2	16.1
보건	10.3	11.9	11.4	11.4	12.2	12.5	12.8	13.2
국방	7.5	7.7	7.6	7.5	7.8	7.8	7.7	7.6
안전	3.6	3.7	3.6	3.8	4.0	4.0	4.1	4.2
환경	3.1	2.5	2.4	2.4	2.4	2.5	2.4	2.4

① 2015~2020년 환경 분야 재정지출 금액은 매년 증가하였다.

② 2020년 교육 분야 재정지출 금액은 2013년 안전 분야 재정지출 금액의 4배 이상이다.

③ 2020년 GDP는 2013년 대비 30% 이상 증가하였다.

④ 2016년 이후 GDP 대비 보건 분야 재정지출 비율은 매년 증가하였다.

⑤ 5대 분야 재정지출 금액의 합은 매년 전체 재정지출 금액의 35% 이상이다.

📝 문제풀이

03 곱셈 비교형
난이도★★★☆☆

① (X) 2016년과 2017년 환경의 비중은 동일하지만 금액이 감소하였으므로 계산하지 않아도 2015~2020년 환경 분야 재정지출 금액이 매년 증가하지 않는다는 것을 쉽게 알 수 있다.

② (O) 2020년 교육 분야 재정지출 금액은 약 98,875백만 달러로 2013년 안전 분야 재정지출 금액 약 17,540백만 달러의 4배 이상이다. 487×36×4≤614×161이 성립하는지 확인하면 수월하다.

③ (O) 2020년 GDP는 약 1,901,331백만 달러로 2013년 약 1,396,032백만 달러의 30% 이상 증가하였다.

④ (O) GDP 대비 보건 분야 재정지출 비율은 GDP 대비 전체 재정지출 비율과 전체 재정지출 중 보건 분야 비중의 곱으로 판단할 수 있다. 2017년 이후 두 가지 비율 중 적어도 하나 이상이 증가하고 있으므로 2016년 대비 2017년만 비교한다. 2016년 32.7×11.4에서 2017년 31.8×12.2로 1114에서 122로 8 증가하여 7% 이상 증가, 318에서 327로 9 증가하여 3% 미만 증가하였다. 따라서 2017년에도 전년대비 증가하였기 때문에 2016년 이후 GDP 대비 보건 분야 재정지출 비율은 매년 증가하였다.

⑤ (O) 5대 분야 재정지출 금액의 합은 매년 전체 재정지출 금액의 35% 이상이다. 이는 교육과 보건의 합이 25%를 넘고 나머지 3개 분야를 대략 더하면 10%를 넘기 때문에 쉽게 확인할 수 있다.

⏱️ 빠른 문제 풀이 Tip

• 〈표 1〉의 재정지출과 〈표 2〉의 비중을 곱해 5대 분야의 재정지출액을 판단할 수 있다.

• 〈표 1〉의 재정지출 금액을 GDP 대비 비율로 나눠 GDP를 도출할 수 있다.

[정답] ①

04

다음 〈표〉는 2020년 12월 '갑'공장 A~C제품의 생산량과 불량품 수에 대한 자료이다. 이에 대한 설명으로 옳지 않은 것은?

〈표〉 A~C제품의 생산량과 불량품수

(단위: 개)

구분 \ 제품	A	B	C	전체
생산량	2,000	3,000	5,000	10,000
불량품수	200	300	400	900

※ 1) 불량률(%)= $\frac{불량품수}{생산량} \times 100$

2) 수율(%)= $\frac{생산량 - 불량품수}{생산량} \times 100$

① 불량률이 가장 낮은 제품은 C이다.

② 제품별 생산량 변동은 없고 불량품수가 제품별로 100%씩 증가한다면 전체 수율은 82%이다.

③ 제품별 불량률 변동은 없고 생산량이 제품별로 100%씩 증가한다면 전체 수율은 기존과 동일하다.

④ 제품별 생산량 변동은 없고 불량품수가 제품별로 100개씩 증가한다면 전체 수율은 88%이다.

⑤ 제품별 불량률 변동은 없고 생산량이 제품별로 1,000개씩 증가한다면 전체 수율은 기존과 동일하다.

📝 문제풀이

04 각주 판단형
난이도 ★★★☆☆

① (O) 불량률은 A와 B가 10%로 동일하고 C만 유일하게 10% 미만이다. 따라서 불량률이 가장 낮은 제품은 C이다.

② (O) 수율의 식을 정리하면 1−(불량품수/생산량)이므로 수율이 82%가 되려면 생산량 중 불량품의 비중이 18%가 되어야 한다. 생산량 변동이 10,000 개로 변동이 없다면 불량품이 1,800개가 되어야 하므로 불량품 900개가 100%씩 증가하여 2배 증가한다면 1,800개가 된다. 따라서 제품별 생산량 변동은 없고 불량품수가 제품별로 100%씩 증가한다면 전체 수율은 82%이다.

③ (O) 제품별 불량률 변동은 없고 생산량이 제품별로 100%씩 증가한다면 불량품수 역시 100% 증가하므로 전체 수율은 기존과 동일하다.

④ (O) 제품별 생산량 변동은 없고 전체 수율이 88%라면 생산량 10,000개 중 불량품의 수가 1,200개가 되어야 한다. 현재 불량품수가 900개이므로 제품별로 100개씩 증가한다면 1,200개가 되므로 제품별 생산량 변동은 없고 불량품수가 제품별로 100개씩 증가한다면 전체 수율은 88%이다.

⑤ (X) 불량률이 A=B=10%, C=8%로 변동이 없으면서 생산량이 제품별로 1,000개씩 증가한다면 불량품 수는 A와 B는 각각 100개씩 증가하고 C는 80개 증가한다. 따라서 전체 생산량은 13,000개이고 전체 불량품수는 1,180 개가 되므로 전체 수율은 9%에서 약 9.1%로 상승하기 때문에 전체 수율은 기존과 동일하지 않다. A, B와 달리 C의 불량률이 다른 상황에서 분모인 생산량이 제품별로 1,000개씩 증가한다면 분자인 불량품수는 각 제품의 불량률에 비례하여 증가하기 때문에 전체 수율의 분모인 생산량 증가율과 분자를 구성하는 불량품수 증가율이 동일할 수 없다.

⏱ 빠른 문제 풀이 Tip

• 분수식이 주어질 때 분자와 분모를 구성하는 항목이 변할 때 분수 자체가 어떻게 변화하는지 구조를 이해하자.

• 불량률과 수율의 합이 100%임을 체크하자.

[정답] ⑤

05

다음 〈표〉는 '갑'국의 2019년과 2020년의 대학 교원 유형별 강의 담당학점 현황에 대한 자료이다. 이에 대한 〈보기〉의 설명 중 옳은 것만을 모두 고르면?

〈표〉 교원 유형별 강의 담당학점 현황

(단위: 학점, %)

연도 / 교원 유형 / 구분			2020년			2019년		
			전임교원	비전임교원	강사	전임교원	비전임교원	강사
전체 (196개교)		담당학점	479,876	239,394	152,898	476,551	225,955	121,265
		비율	66.7	33.3	21.3	67.8	32.2	17.3
설립주체	국공립 (40개교)	담당학점	108,237	62,934	47,504	107,793	59,980	42,824
		비율	63.2	36.8	27.8	64.2	35.8	25.5
	사립 (156개교)	담당학점	371,639	176,460	105,394	368,758	165,975	78,441
		비율	67.8	32.2	19.2	69.0	31.0	14.7
소재지	수도권 (73개교)	담당학점	173,383	106,403	64,019	171,439	101,864	50,696
		비율	62.0	38.0	22.9	62.7	37.3	18.5
	비수도권 (123개교)	담당학점	306,493	132,991	88,879	305,112	124,091	70,569
		비율	69.7	30.3	20.2	71.1	28.9	16.4

※ 비율(%) = $\dfrac{\text{교원 유형별 담당학점}}{\text{전임교원 담당학점 + 비전임교원 담당학점}} \times 100$

─────〈보 기〉─────

ㄱ. 2020년 전체 대학의 전임교원 담당학점 비율은 비전임교원 담당학점 비율의 2배 이상이다.

ㄴ. 2020년 전체 대학의 전임교원 담당학점은 전년 대비 1.1% 줄어들었다.

ㄷ. 사립대학의 경우, 비전임교원 담당학점 중 강사 담당학점 비중의 2019년과 2020년간 차이는 10%p 미만이다.

ㄹ. 2019년 대비 2020년에 증가한 비전임교원 담당학점은 비수도권 대학이 수도권 대학의 2배 미만이다.

① ㄱ, ㄴ
② ㄱ, ㄹ
③ ㄷ, ㄹ
④ ㄱ, ㄴ, ㄷ
⑤ ㄴ, ㄷ, ㄹ

📝 문제풀이

05 각주 판단형 난이도 ★★★☆☆

ㄱ. (O) 2020년 전체 대학의 전임교원 담당학점 비율은 66.7%로 비전임교원 담당학점 비율 33.3%의 2배 이상이다.

ㄴ. (X) 전체 대학의 전임교원 담당학점은 2019년 476,551학점에서 2020년 479,876학점으로 0.7% 증가하였다. 이 〈보기〉는 2020년 전체 대학의 전임교원 담당학점 비율이 전년 대비 1.1%p 줄어들었는데 이점을 노린 함정이다.

ㄷ. (X) 사립대학의 경우, 비전임교원 담당학점 중 강사 담당학점 비중은 2019년 14.7/31.0≒47.4%이고 2020년 19.2/32.2≒59.6%이므로 차이는 10%p 미만이 아니다. 강사 담당학점 비율 19.2%와 14.7%의 차이는 10% 미만이 맞지만 이는 전체 사립 교원 중 강사 담당학점의 비중임에 유의한다.

ㄹ. (O) 2019년 대비 2020년에 증가한 비전임교원 담당학점은 비수도권 대학이 132,991-124,091=8,900학점으로 수도권 대학 106,403-101,864 =4,539학점의 2배 미만이다.

⏱ 빠른 문제 풀이 Tip

%와 %p의 쓰임새를 구별하여 함정에 빠지지 않게 한다.

[정답] ②

06

다음 〈보고서〉는 세계 전기차 현황과 전망에 대한 자료이다. 〈보고서〉를 작성하기 위해 사용하지 않은 것은?

─〈보고서〉─

세계 각국이 내연기관차의 배기가스 배출을 규제하고, 친환경차 도입을 위한 각종 지원정책을 이어가면서 전기차 시장은 빠르게 성장하고 있다. '세계 전기차 전망' 보고서에 따르면, 전문가들은 2015년 1.2백만 대에 머물던 세계 전기차 누적 생산량이 2030년에는 2억 5천만 대를 넘어설 것으로 추정하고 있다. 전기차 보급에 대한 전망도 희망적이다. 2020년 5백만 대에 못 미치던 전 세계 전기차 연간 판매량이 2030년에는 2천만 대가 넘을 것으로 추정된다.

국내 역시 빠른 속도로 전기차 시장이 성장하고 있다. 정부의 친환경차보급로드맵에 따르면 2015년 산업수요 대비 비중이 0.2%였던 전기차는 2019년에는 2.4%까지 비중이 늘었고, 2025년에는 산업수요에서 차지하는 비중을 14.4%까지 끌어올린다는 목표를 가지고 있다.

전기차가 빠른 기간 내에 시장 규모를 키워나갈 수 있었던 것은 보조금 지원과 전기 충전 인프라 확충의 영향이 크다. 현재 전기차는 동급의 내연기관차에 비해 가격이 비싸지만, 보조금을 받아 구매하면 실구매가가 낮아진다. 우리나라에서 소비자는 2019년 3월 기준, 전기차 구매 시 지역별로 대당 최소 450만 원에서 최대 1,000만 원까지 구매 보조금을 받을 수 있다. 이는 전기차의 가격 경쟁력을 높이는 요인 중 하나다. 충전 인프라의 확충은 전기차 보급 확대의 핵심적인 요소로, 국내 전기 충전 인프라는 2019년 3월 기준 전국 주유소 대비 80% 수준으로 설치되어 있다.

① 세계 전기차 누적 생산량 현황과 전망

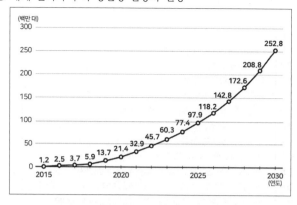

② 우리나라 지역별 전기차 공용 충전기 현황(2020년 3월)

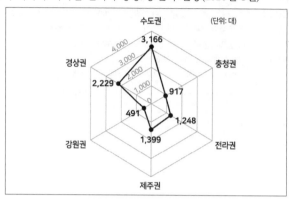

③ 우리나라 산업수요 대비 전기차 비중의 현황과 전망

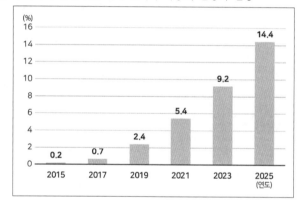

④ 세계 전기차 연간 판매량의 국가별 비중 현황과 전망

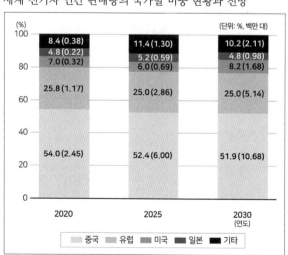

⑤ 우리나라 지역별 전기차 구매 보조금 현황(2019년 3월)

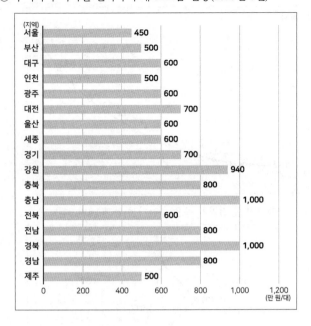

📝 문제풀이

06 보고서 검토·확인형 난이도★☆☆☆☆

<보고서> 순서대로 선택지 ①, ④, ③, ⑤가 직접 인용되었지만 ②는 언급되지 않은 내용이다.

⏱ 빠른 문제 풀이 Tip

2020년에 이어 최근 2년간 연속 출제되었다. <보고서>에 사용되지 않은 자료를 찾는 유형이다.

[정답] ②

07

다음 〈표〉는 '갑'국의 2021학년도 중등교사 임용시험 과목별 접수인원 및 경쟁률 현황에 대한 자료이다. 이에 대한 〈보기〉의 설명 중 옳은 것만을 고르면?

〈표〉 2021학년도 중등교사 임용시험 과목별 접수 현황

(단위: 명)

과목 \ 구분	모집정원	접수인원	경쟁률	2020학년도 경쟁률
국어	383	6,493	16.95	19.55
영어	( )	4,235	15.92	19.10
중국어	31	819	26.42	23.98
도덕윤리	297	1,396	4.70	( )
일반사회	230	1,557	6.77	7.06
지리	150	1,047	( )	6.83
역사	229	3,268	14.27	15.22
수학	( )	4,452	12.54	14.20
물리	133	( )	7.46	7.10
화학	142	1,122	7.90	8.10
생물	159	1,535	( )	11.14
지구과학	115	795	6.91	7.25
가정	141	1,048	7.43	8.03
기술	144	424	( )	2.65
정보컴퓨터	145	( )	6.26	5.88
음악	193	2,574	( )	11.33
미술	209	1,998	9.56	10.62
체육	425	4,046	9.52	9.46

※ 경쟁률 = $\frac{접수인원}{모집정원}$

〈보 기〉

ㄱ. 2021학년도 경쟁률이 전년 대비 하락한 과목 수는 상승한 과목 수보다 많다.

ㄴ. 2021학년도 경쟁률 상위 3과목과 접수인원 상위 3과목은 일치한다.

ㄷ. 2021학년도 경쟁률이 5.0 미만인 과목의 모집정원은 각각 150명 이상이다.

ㄹ. 2021학년도 과목별 모집정원은 수학이 영어보다 많다.

① ㄱ, ㄴ
② ㄱ, ㄷ
③ ㄱ, ㄹ
④ ㄴ, ㄷ
⑤ ㄴ, ㄹ

📝 문제풀이

07 빈칸형
난이도 ★★★☆☆

ㄱ. (O) 2021학년도 경쟁률이 전년 대비 하락한 과목 수는 국어, 영어, 일반사회, 역사, 수학, 화학, 생물, 지구과학, 가정, 미술로 10개이다. 상승한 과목 수는 나머지 중국어, 지리, 물리, 기술, 정보컴퓨터, 음악, 체육으로 7개이며 도덕윤리를 포함시킨다면 8개이다. 따라서 전자가 후자보다 많다.

ㄴ. (X) 2021학년도 경쟁률이 가장 높은 과목은 중국어지만 접수인원이 1,000명 미만으로 상위 3과목에 포함될 수 없다. 따라서 2021학년도 경쟁률 상위 3과목과 접수인원 상위 3과목은 일치하지 않는다.

ㄷ. (X) 2021학년도 기술 과목의 경쟁률은 5.0 미만이지만 모집정원은 144명이다. 따라서 경쟁률이 5.0 미만인 과목의 모집정원은 각각 150명 이상이 되지 않는다.

ㄹ. (O) 각주의 식을 변형하면 모집정원의 식은 접수인원/경쟁률이고 2021학년도 과목별 모집정원은 수학 4,452/12.54가 영어 4,235/15.92 보다 많다.

⏱ 빠른 문제 풀이 Tip

· 과목의 수가 많으므로 전체를 묻는 〈보기〉는 후순위로 두고 직접 개별과목을 비교하는 ㄹ부터 검토하자.

· 경쟁률 빈칸을 채우게 되는 경우 접수인원이 모집정원의 몇 배인지 대략적으로 판단하자.

[정답] ③

08

다음 〈표〉는 '조선왕조실록'과 '호구총수'에 따른 17세기 후반 현종에서 숙종 사이 5개 조사연도의 호구(戶口) 자료이다. 이에 대한 〈보기〉의 설명 중 옳은 것만을 모두 고르면?

〈표〉 17세기 후반 호구(戶口) 자료

(단위: 호, 명)

구분 / 조사연도	조선왕조실록		호구총수	
	호(戶)	구(口)	호(戶)	구(口)
현종 10년	1,342,274	5,164,524	1,313,652	5,018,744
현종 13년	1,176,917	4,695,611	1,205,866	4,720,815
숙종 원년	1,234,512	4,703,505	1,250,298	4,725,704
숙종 19년	1,546,474	7,188,574	1,547,237	7,045,115
숙종 25년	1,293,083	5,772,300	1,333,330	5,774,739

― 〈보 기〉 ―

ㄱ. '조선왕조실록', '호구총수'에 따른 호(戶)당 구(口)는 모든 조사연도마다 각각 3명 이상이다.

ㄴ. 현종 13년 이후, 직전 조사연도 대비 호(戶) 증가율이 가장 큰 조사연도는 '조선왕조실록'과 '호구총수'가 같다.

ㄷ. 숙종 원년 대비 숙종 19년 '조선왕조실록'에 따른 구(口) 증가율은 '호구총수'에 따른 구(口) 증가율보다 작다.

ㄹ. '조선왕조실록'과 '호구총수' 간 호(戶)의 차이가 가장 큰 조사연도는 구(口)의 차이도 가장 크다.

① ㄱ, ㄴ
② ㄱ, ㄹ
③ ㄴ, ㄷ
④ ㄱ, ㄷ, ㄹ
⑤ ㄴ, ㄷ, ㄹ

📝 문제풀이

08 분수 비교형   난이도 ★★★☆☆

ㄱ. (O) '조선왕조실록', '호구총수' 모두 구(口)의 수는 호(戶)의 3배 이상이다. 따라서 '조선왕조실록', '호구총수'에 따른 호당 구는 모든 조사연도마다 각각 3명 이상이다.

ㄴ. (O) 현종 13년 이후, 직전 조사연도 대비 호 증가율은 숙종 19년이 20% 이상으로 유일하다. 따라서 '조선왕조실록'과 '호구총수'가 같다.

ㄷ. (X) 숙종 원년 대비 숙종 19년 '조선왕조실록'에 따른 구 증가율은 '호구총수'에 따른 구 증가율보다 작지 않다. 숙종 원년의 구는 '조선왕조실록'이 '호구총수'보다 적지만 숙종 19년의 구는 '조선왕조실록'이 '호구총수'보다 많다.

ㄹ. (X) '조선왕조실록'과 '호구총수' 간 호의 차이가 가장 큰 조사연도는 숙종 25년이지만 구의 차이는 현종 10년이 가장 크다.

⏱ 빠른 문제 풀이 **Tip**

선택지플레이를 하지 않고, 차분히 〈보기〉를 모두 풀이하는 것이 오히려 빠르고 정확하다.

[정답] ①

09

다음 〈표〉는 작가 A의 SNS 팔로워 25,000명에 대한 자료이다. 이에 대한 설명으로 옳은 것은?

〈표 1〉 팔로워의 성별 및 연령대 비율

(단위: %)

연령대 / 성별	24세 이하	25~34세	35~44세	45~54세	55~64세	65세 이상	합
여성	12.4	11.6	8.1	4.4	1.6	1.1	39.2
남성	19.6	17.4	9.9	7.6	5.4	0.9	60.8
계	32.0	29.0	18.0	12.0	7.0	2.0	100.0

〈표 2〉 팔로워의 거주지역별 수

(단위: 명)

거주 지역	서울	부산	대구	인천	광주	대전	울산	기타	전체
팔로워	13,226	2,147	1,989	1,839	1,171	1,341	( )	( )	25,000

① 34세 이하 팔로워는 45세 이상 팔로워의 3배 이상이다.

② 서울에 거주하는 34세 이하 팔로워는 3,000명 이상이다.

③ 서울에 거주하는 팔로워는 다른 모든 지역에 거주하는 팔로워의 합보다 적다.

④ 팔로워 중 10% 이상이 기타 지역에 거주하면, 울산에 거주하는 팔로워는 750명 이하이다.

⑤ 기타 지역에 거주하는 팔로워 수는 변동이 없고 다른 지역에 거주하는 팔로워만 각각 100명씩 증가하면, 광주에 거주하는 팔로워는 전체 팔로워의 5% 이상이 된다.

📝 문제풀이

09 최소여집합형 난이도★★★☆☆

① (X) 34세 이하 팔로워 61%는 45세 이상 팔로워 21%의 3배 이상이 되지 못한다.

② (O) 서울(A)에 거주하는 팔로워는 13,226명이다. 35세 이상(BC) 팔로워의 비중은 39%이다. 만약 35세 이상 팔로워 모두 서울에 거주한다고 가정하더라도 그 차이(A−BC)는 서울에 거주하는 34세 이하 팔로워의 최솟값이 된다. 따라서 13,226−25,000×0.39이고 이는 충분히 3,000명 이상이 된다.

③ (X) 서울에 거주하는 팔로워는 전체 팔로워의 절반 이상이므로 다른 모든 지역에 거주하는 팔로워의 합보다 많다.

④ (X) 울산과 기타를 제외한 나머지 지역의 팔로워 수 합은 21,713명이므로 팔로워 중 10%인 2,500명 이상이 기타 지역에 거주하면, 울산에 거주하는 팔로워는 787명으로 750명 이상이다.

⑤ (X) 기타 지역에 거주하는 팔로워 수는 변동이 없으므로 다른 지역에 거주하는 팔로워만 각각 100명씩 증가하면, 전체 팔로워 수는 25,700명이고 광주에 거주하는 팔로워는 1,271명이 된다. 따라서 전체 팔로워의 5% 이상이 되지 못한다.

[정답] ②

10

다음 〈표〉는 성인 A~F의 일일 영양소 섭취량에 관한 자료이다. 〈표〉와 〈조건〉을 근거로 〈에너지 섭취 권장기준〉에 부합하는 남성과 여성을 바르게 나열한 것은?

〈표〉 성인 A~F의 일일 영양소 섭취량

(단위: g)

성인＼영양소	탄수화물	단백질	지방
A	375	50	60
B	500	50	60
C	300	75	50
D	350	120	70
E	400	100	70
F	200	80	90

─〈조 건〉─

○ 에너지 섭취량은 탄수화물 1g당 4kcal, 단백질 1g당 4kcal, 지방 1g당 9kcal이다.
○ 에너지는 탄수화물, 단백질, 지방으로만 섭취하며, 섭취하는 과정에서 손실되는 에너지는 없다.
○ 〈에너지 섭취 권장기준〉에 부합하는 남성과 여성은 1명씩 존재한다.

─〈에너지 섭취 권장기준〉─

○ 일일 총에너지 섭취량 중 55~65%를 탄수화물로, 7~20%를 단백질로, 15~30%를 지방으로 섭취한다.
○ 일일 에너지 섭취 권장량은 성인 남성이 2,600~2,800kcal이며, 성인 여성이 1,900~2,100kcal이다.

	남성	여성
①	A	F
②	B	C
③	B	F
④	E	C
⑤	E	F

📝 문제풀이

10 조건 판단형   난이도★★★★☆

- 경우의 수는 여성이 C 또는 F로 간단하므로 먼저 파악한다. C의 경우 1,950kcal이고 F의 경우 1,930kcal이므로 일일 에너지 섭취 권장량은 둘 다 만족한다. 탄수화물의 비중은 C가 1,200/1,930으로 60%가 살짝 넘고 F가 800/1,930으로 50% 미만이므로 C가 여성에 해당한다.

- 남성은 B(2,740) 또는 E(2,630)이므로 역시 탄수화물의 비중으로 판단하면 B는 2,000/2,740은 70% 초과라 해당하지 않고 E는 1,600/2,630으로 약 60%이다.

⏱ 빠른 문제 풀이 Tip

- 조건에 부합하는 사람을 먼저 선택지를 토대로 가려내자.
- 권장기준 2가지를 모두 만족해야 한다는 점을 체크하자.

[정답] ④

11

다음 〈표〉는 2024년 예상 매출액 상위 10개 제약사의 2018년, 2024년 매출액에 관한 자료이다. 이에 대한 〈보기〉의 설명 중 옳은 것만을 고르면?

〈표〉 2024년 매출액 상위 10개 제약사의 2018년, 2024년 매출액

(단위: 억 달러)

2024년 기준 매출액 순위	기업명	2024년	2018년	2018년 대비 2024년 매출액 순위변화
1	Pfizer	512	453	변화없음
2	Novartis	498	435	1단계 상승
3	Roche	467	446	1단계 하락
4	J&J	458	388	변화없음
5	Merck	425	374	변화없음
6	Sanofi	407	351	변화없음
7	GSK	387	306	5단계 상승
8	AbbVie	350	321	2단계 상승
9	Takeda	323	174	7단계 상승
10	AstraZeneca	322	207	4단계 상승
매출액 소계		4,149	3,455	
전체 제약사 총매출액		11,809	8,277	

※ 2024년 매출액은 예상 매출액임.

─〈 보 기 〉─

ㄱ. 2018년 매출액 상위 10개 제약사의 2018년 매출액 합은 3,700억 달러 이상이다.

ㄴ. 2024년 매출액 상위 10개 제약사 중, 2018년 대비 2024년 매출액이 가장 많이 증가한 기업은 Takeda이고 가장 적게 증가한 기업은 Roche이다.

ㄷ. 2024년 매출액 상위 10개 제약사의 매출액 합이 전체 제약사 총매출액에서 차지하는 비중은 2024년이 2018년보다 크다.

ㄹ. 2024년 매출액 상위 10개 제약사 중, 2018년 대비 2024년 매출액 증가율이 60% 이상인 기업은 2개이다.

① ㄱ, ㄴ
② ㄱ, ㄷ
③ ㄱ, ㄹ
④ ㄴ, ㄷ
⑤ ㄴ, ㄹ

📑 문제풀이

11 분수 비교형   난이도★★★★★

ㄱ. (O) 2018년 매출액 상위 1~6위와 10위는 정해져 있지만 7~9위는 드러나 있지 않다. 따라서 6위와 10위의 매출액으로 7~9위 매출액을 추정해야 하는데 2018년 기준 매출액 상위 1~6위와 10위의 합은 2,768억 달러이고 만약 7~9위의 매출액이 각각 10위 매출액인 321억 달러라고 가정하면 그 합이 963억 달러가 되어 적어도 2,768+963=3,731억 달러 이상이다. 따라서 2018년 매출액 상위 10개 제약사의 2018년 매출액 합은 3,700억 달러 이상이다.

ㄴ. (O) 2024년 매출액 상위 10개 제약사 중, 2018년 대비 2024년 매출액이 가장 많이 증가한 기업은 Takeda(149)이고 가장 적게 증가한 기업은 Roche(21)이다.

ㄷ. (X) 2024년 매출액 상위 10개 제약사의 매출액 합이 전체 제약사 총매출액에서 차지하는 비중은 2024년 4,149/11,809≒35.1%이 2018년 3,455/8,277≒41.7%보다 작다.

ㄹ. (X) 2024년 매출액 상위 10개 제약사 중, 2018년 대비 2024년 매출액 증가율이 60% 이상인 기업은 85% 이상인 9위 1개이다.

⏱ 빠른 문제 풀이 **Tip**

10개 합이 3,700억 달러 이상인지 묻고 있으므로 370을 기준으로 가평균을 이용해 판단할 수도 있다. 1~6위가 각각 +83, +65, +76, +18, +4, −19이고 10위는 −49이므로 7~9위 역시 각각 −49라고 가정하여 가평균과 관찰값과의 편차 합을 판단하면 +이다.

[정답] ①

12

다음 〈정보〉와 〈그림〉은 '갑'국의 2010년과 2020년 구획별 토지이용유형 현황을 보여주는 자료이다. 이에 대한 설명으로 옳지 않은 것은?

┌─────────────〈정 보〉─────────────┐
○ '갑'국은 36개의 정사각형 구획으로 이루어져 있고, 각 구획의
  토지면적은 동일함.
○ '갑'국 각 구획의 토지이용유형은 '도시', '산림', '농지', '수계',
  '나지'로만 구성됨.
└──────────────────────────────┘

〈그림〉 2010년, 2020년 구획별 토지이용유형 현황

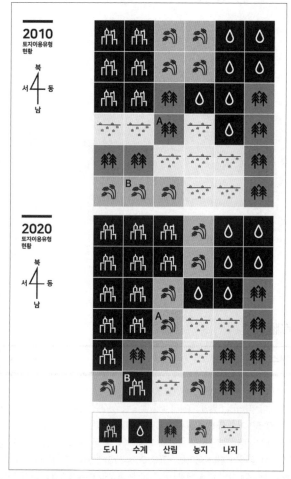

① 2010년 대비 2020년 토지이용유형별 토지면적 증감량은 가장 큰 유형이 두 번째로 큰 유형의 1.5배 이상이다.
② 2010년 '산림' 구획 중 2020년 '산림'이 아닌 구획의 토지면적은 2010년 '농지'가 아닌 구획 중 2020년 '농지'인 구획의 토지면적보다 작다.
③ 2010년 '농지' 구획의 개수는 2010년 '산림'이 아닌 구획 중 2020년 '산림'인 구획의 개수와 같다.
④ 2010년 전체 '나지' 구획 중 일부 구획은 2020년 '도시', '농지', '산림' 구획이 되었다.
⑤ 2021년 A구획과 B구획이 각각 '도시', '나지'이고 나머지 구획이 2020년의 토지이용유형과 동일하다면, 2020년과 2021년의 '도시' 구획의 토지면적은 동일하다.

📑 문제풀이

┌──┐
│ **12 조건 판단형**   난이도 ★★★★☆ │
└──┘

① (O) 2010년 대비 2020년 토지이용유형별 토지면적 증감량은 '도시'가 6개, '산림'이 1개, '농지'가 0개, '수계'가 1개, '나지'가 4개이다. 따라서 가장 큰 유형 '도시' 6개가 두 번째로 큰 유형 나지 4개의 1.5배 이상이다.

② (O) 2010년 '산림' 구획 중 2020년 '산림'이 아닌 구획의 토지면적은 3개이고 2010년 '농지' 7개를 제외한 '농지'가 아닌 구획 29개 중 2020년 '농지'인 구획은 4개보다 작다.

③ (X) 2010년 '농지' 구획의 개수는 7개이고 2010년 '산림' 8개 구획을 제외하면 '산림'이 아닌 구획 28개 중 2020년 '산림'인 구획의 개수는 2개이다.

④ (O) 2010년 전체 '나지' 구획 중 일부 구획은 2020년 '도시', '농지', '산림' 구획이 되었다.

⑤ (O) 2021년 A구획과 B구획이 각각 '도시', '나지'이고 나머지 구획이 2020년의 토지이용유형과 동일하다면, 2020년과 2021년의 '도시' 구획의 토지면적은 12개로 동일하다. A는 농지에서 도시로, B는 도시에서 나지로 변경되었으므로 결국 동일하다.

┌──┐
│ ⏱ **빠른 문제 풀이 Tip**   │
│ 〈그림 1〉과 〈그림 2〉의 차이가 나는 부분 위주로 검토하자.   │
└──┘

[정답] ③

13

다음 〈표〉는 A, B지역의 2020년 6~10월 돼지열병 발생 현황에 관한 자료이다. 이에 대한 설명으로 옳은 것은?

〈표 1〉 A지역의 돼지열병 발생 현황

(단위: 두, %, ‰)

구분 \ 월	6	7	8	9	10	전체
발병	( )	( )	1,600	2,400	3,000	( )
폐사	20	20	100	80	180	400
폐사율	10.0	2.5	6.3	3.3	6.0	( )
발병률	1.0	( )	( )	( )	15.0	( )

〈표 2〉 B지역의 돼지열병 발생 현황

(단위: 두, %, ‰)

구분 \ 월	6	7	8	9	10	전체
발병	600	800	2,400	1,400	600	5,800
폐사	( )	50	( )	20	40	( )
폐사율	5.0	6.3	2.5	1.4	6.7	( )
발병률	6.0	( )	( )	( )	6.0	( )

※ 1) (해당월) 폐사율(%) = $\frac{(해당월)\ 폐사\ 두수}{(해당월)\ 발병\ 두수} \times 100$

2) (해당월) 발병률(‰) = $\frac{(해당월)\ 발병\ 두수}{사육\ 두수} \times 1,000$

3) 사육 두수는 2020년 6월 두수임.

① 사육 두수는 B지역이 A지역보다 많다.
② 전체 폐사 두수는 A지역이 B지역의 3배 이상이다.
③ 전체 폐사율은 B지역이 A지역보다 높다.
④ B지역의 폐사 두수가 가장 적은 월에 A지역의 발병 두수는 전월 대비 40% 증가했다.
⑤ 전월 대비 11월 발병 두수가 A지역은 100%, B지역은 400% 증가하면, A, B지역의 11월 발병률은 같다.

📝 문제풀이

13 빈칸형
난이도 ★★★★☆

① (X) 사육 두수는 2020년 6월 두수라고 각주 3)에 제시되어 있으므로 일정한 값이다. 따라서 각주 2)를 토대로 발병 두수와 발병률이 모두 제시된 10월을 토대로 판단하면 되고 사육 두수는 B지역이 100,000두로 A지역 200,000두보다 적다.

② (X) 전체 폐사 두수는 A지역이 400두로 B지역 200두의 2배로 3배 이상이 되지 못한다.

③ (X) 전체 폐사율은 B지역이 3.4%로 A지역 5.0%보다 낮다.

④ (X) B지역의 폐사 두수가 가장 적은 월은 9월에 A지역의 발병 두수는 전월 대비 1,600두에서 2,400두로 50% 증가했다.

⑤ (O) 전월 대비 11월 발병 두수가 A지역은 100% 증가하면 6,000두가 되고, B지역은 400% 증가하면 3,000두가 된다. 따라서 A, B지역의 11월 발병률은 3%로 같다.

〈표 1〉 A지역의 돼지열병 발생 현황

(단위: 두, %, ‰)

구분 \ 월	6	7	8	9	10	전체
발병	(200)	(800)	1,600	2,400	3,000	(8,000)
폐사	20	20	100	80	180	400
폐사율	10.0	2.5	6.3	3.3	6.0	(5.0)
발병률	1.0	(4.0)	(8.0)	(12.0)	15.0	(40.0)

〈표 2〉 B지역의 돼지열병 발생 현황

(단위: 두, %, ‰)

구분 \ 월	6	7	8	9	10	전체
발병	600	800	2,400	1,400	600	5,800
폐사	(30)	50	(60)	20	40	(200)
폐사율	5.0	6.3	2.5	1.4	6.7	(3.4)
발병률	6.0	(8.0)	(24.0)	(14.0)	6.0	(58.0)

⏱ 빠른 문제 풀이 Tip

선택지에서 요구하는 필요한 빈칸을 골라 채우면서 접근하자.

[정답] ⑤

14

다음 〈표〉는 2019년 아세안 3개국 7개 지역별 외국투자기업의 지출 항목별 단가 및 보조금 지급기준에 관한 자료이다. 〈표〉와 〈정보〉에 근거하여 7개 지역에 진출한 우리나라 '갑'기업의 월간 순지출액이 가장 작은 지역과 가장 큰 지역을 바르게 나열한 것은?

〈표 1〉 지역별 외국투자기업의 지출 항목별 단가

(단위: 달러)

국가	지역	급여 (1인당 월지급액)	전력 사용료 (100kWh당 요금)	운송비 (1회당 운임)
인도네시아	자카르타	310	7	2,300
	바탐	240	7	3,500
베트남	하노이	220	19	3,400
	호치민	240	10	2,300
	다낭	200	19	4,000
필리핀	마닐라	230	12	2,300
	세부	220	21	3,500

〈표 2〉 국가별 외국투자기업의 지출 항목별 보조금 지급기준

국가	급여	전력 사용료	운송비
인도네시아	1인당 월 50달러	보조금 없음	1회당 50% 보조
베트남	1인당 월 30달러	100kWh당 5달러	보조금 없음
필리핀	보조금 없음	100kWh당 10달러	1회당 50% 보조

〈정 보〉

○ 지역별 외국투자기업의 월간 순지출액은 각 지역에서 월간 발생하는 총지출액에서 해당 국가의 월간 총보조금을 뺀 금액임.
○ 지출과 보조금 항목은 급여, 전력 사용료, 운송비로만 구성됨.
○ '갑'기업은 7개 지역에서 각각 10명의 직원에게 급여를 지급하고, 월간 전력 사용량은 각각 1만 kWh이며, 월간 4회 운송을 각각 시행함.

	가장 작은 지역	가장 큰 지역
①	마닐라	다낭
②	마닐라	하노이
③	자카르타	다낭
④	자카르타	세부
⑤	자카르타	하노이

📝 **문제풀이**

14 조건 판단형

난이도 ★★★☆☆

- 선택지 구성을 참고로 먼저 가장 작은 지역부터 검토한다. 마닐라와 자카르타를 비교하면 보조금을 고려한 급여는 +30×10만큼 자카르타가 더 많고 전력 사용료 역시 +5×100만큼 자카르타가 더 많으며 운송비는 동일하므로 가장 작은 지역은 마닐라이다.

- 하노이와 다낭을 비교할 때 국가가 베트남으로 동일하므로 보조금을 고려하지 않아도 된다. 급여는 하노이가 +20×10만큼 더 많고 운송비는 다낭이 +600만큼 더 많기 때문에 가장 큰 지역은 다낭이다.

- 실제 지역별 순지출액은 자카르타 7,900달러, 바탐 9,600달러, 하노이 16,900달러, 호치민 11,800달러, 다낭 19,100달러, 마닐라 7,100달러, 세부 10,300달러이다.

⏱ **빠른 문제 풀이 Tip**

- '갑'기업의 지역·항목별 지출액은 각각 급여×10, 전력 사용료×100, 운송비×4로 계산한다.
- 구체적인 계산을 하지 말고 동일한 부분을 제외한 차이가 나는 부분 위주로 비교하자.
- 비교 시 필요 없는 항목은 삭제하자.

[정답] ①

15

다음 〈표〉는 어느 학술지의 우수논문 선정대상 논문 I~V에 대한 심사자 '갑', '을', '병'의 선호순위를 나열한 것이다. 〈표〉와 〈규칙〉에 근거한 〈보기〉의 설명 중 옳은 것만을 모두 고르면?

〈표〉 심사자별 논문 선호순위

논문 심사자	I	II	III	IV	V
갑	1	2	3	4	5
을	1	4	2	5	3
병	5	3	1	4	2

※ 선호순위는 1~5의 숫자로 나타내며 숫자가 낮을수록 선호가 더 높음.

─────〈규 칙〉─────

○ 평가점수 산정방식

　가. [(선호순위가 1인 심사자 수×2)+(선호순위가 2인 심사자 수×1)]의 값이 가장 큰 논문은 1점, 그 외의 논문은 2점의 평가점수를 부여한다.

　나. 논문별 선호순위의 중앙값이 가장 작은 논문은 1점, 그 외의 논문은 2점의 평가점수를 부여한다.

　다. 논문별 선호순위의 합이 가장 작은 논문은 1점, 그 외의 논문은 2점의 평가점수를 부여한다.

○ 우수논문 선정방식

　A. 평가점수 산정방식 가, 나, 다 중 한 가지만을 활용하여 평가점수가 가장 낮은 논문을 우수논문으로 선정한다. 단, 각 산정방식이 활용될 확률은 동일하다.

　B. 평가점수 산정방식 가, 나, 다에서 도출된 평가점수의 합이 가장 낮은 논문을 우수논문으로 선정한다.

　C. 평가점수 산정방식 가, 나, 다에서 도출된 평가점수에 가중치를 각각 $\frac{1}{6}$, $\frac{1}{3}$, $\frac{1}{2}$을 적용한 점수의 합이 가장 낮은 논문을 우수논문으로 선정한다.

※ 1) 중앙값은 모든 관측치를 크기 순서로 나열하였을 때, 중앙에 오는 값을 의미함. 예를 들어, 선호순위가 2, 3, 4인 경우 3이 중앙값이며, 선호순위가 2, 2, 4인 경우 2가 중앙값임.
　2) 점수의 합이 가장 낮은 논문이 2편 이상이면, 심사자 '병'의 선호가 더 높은 논문을 우수논문으로 선정함.

─────〈보 기〉─────

ㄱ. 선정방식 A에 따르면 우수논문으로 선정될 확률이 가장 높은 논문은 I이다.

ㄴ. 선정방식 B에 따르면 우수논문은 II이다.

ㄷ. 선정방식 C에 따르면 우수논문은 III이다.

① ㄴ
② ㄱ, ㄴ
③ ㄱ, ㄷ
④ ㄴ, ㄷ
⑤ ㄱ, ㄴ, ㄷ

📑 **문제풀이**

15 조건 판단형　　　　　　　　난이도★★★★☆

- '가'에 의하면 결국 선호순위가 1인 항목의 가중치가 2배이므로 논문 I이 가장 크다.

- '나'에 의하면 중앙값이 가장 작은 논문이 1점을 받게 되므로 논문 I이 1점이다.

- '다'에 의하면 선호 순위의 합이 가장 작은 논문은 III이다.

ㄱ. (O) A에 따르면 각 산정방식이 활용될 확률이 동일하므로 산정방식 2가지에서 1점을 받게 되는 논문 I의 선정 확률이 가장 높다.

ㄴ. (X) B에 따르면 합이 가장 낮은 논문을 묻고 있지만 사실상 A와 동일하다.

ㄷ. (O) C에 따르면 가중치를 1:2:3의 비중으로 적용한다면 논문 I과 III의 점수가 같고 여기서 병의 선호가 더 높은 III이 우수논문이 된다.

⏱ **빠른 문제 풀이 Tip**
규칙이 복잡해 보이지만 일단 각 산정방식 모두 1가지 논문만 1점이 부여된다는 공통점에 주목하자.

[정답] ③

─────〈설 명〉─────

○ 광역지방자치단체는 특별시, 광역시, 특별자치시, 도, 특별자치도로 구분된다.
○ 기초지방자치단체는 시, 군, 구로 구분된다.
○ 특별시는 구를, 광역시는 구와 군을, 도는 시와 군을 하위 행정구역으로 둔다. 단, 도의 하위 행정구역인 시에는 하위 행정구역으로 구를 둘 수 있으나, 이 구는 기초지방자치단체에 해당하지 않는다.
○ 특별자치도는 하위 행정구역으로 시를 둘 수 있으나, 이 시는 기초지방자치단체에 해당하지 않는다.
○ 시와 구는 읍, 면, 동을, 군은 읍, 면을 하위 행정구역으로 둔다.

〈표〉 2019년 12월 31일 기준 우리나라 행정구역 현황

(단위: 개, km², 세대, 명)

행정구역	시	군	구	면적	세대수	공무원수	인구	여성
서울특별시	0	0	25	605.24	4,327,605	34,881	9,729,107	4,985,048
부산광역시	0	1	15	770.02	1,497,908	11,591	3,413,841	1,738,424
대구광역시	0	1	7	883.49	1,031,251	7,266	2,438,031	1,232,745
인천광역시	0	2	8	1,063.26	1,238,641	9,031	2,957,026	1,474,777
광주광역시	0	0	5	501.14	616,485	4,912	1,456,468	735,728
대전광역시	0	0	5	539.63	635,343	4,174	1,474,870	738,263
울산광역시	0	1	4	1,062.04	468,659	3,602	1,148,019	558,307
세종특별자치시	0	0	0	464.95	135,408	2,164	340,575	170,730
경기도	28	3	17	10,192.52	5,468,920	45,657	13,239,666	6,579,671
강원도	7	11	0	16,875.28	719,524	14,144	1,541,502	766,116
충청북도	3	8	4	7,406.81	722,123	10,748	1,600,007	789,623
충청남도	8	7	2	8,245.55	959,255	14,344	2,123,709	1,041,771
전라북도	6	8	2	8,069.13	816,191	13,901	1,818,917	914,807
전라남도	5	17	0	12,345.20	872,628	17,874	1,868,745	931,071
경상북도	10	13	2	19,033.34	1,227,548	21,619	2,665,836	1,323,799
경상남도	8	10	5	10,540.39	1,450,822	20,548	3,362,553	1,670,521
제주특별자치도	2	0	0	1,850.23	293,155	2,854	670,989	333,644
계	77	82	101	100,448.22	22,481,466	239,310	51,849,861	25,985,045

16

위 〈설명〉과 〈표〉를 이용하여 2019년 12월 31일 기준으로 작성한 〈보기〉의 그래프 중 옳은 것만을 고르면?

─────〈보 기〉─────

ㄱ. 남부지역 4개 도의 군당 거주 여성인구 수

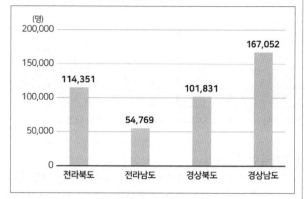

ㄴ. 도와 특별자치도의 세대당 면적

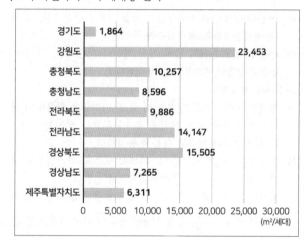

ㄷ. 서울특별시 공무원수 대비 6대 광역시 공무원수의 비율

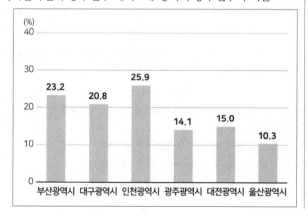

ㄹ. 전국 기초지방자치단체 구성 비율

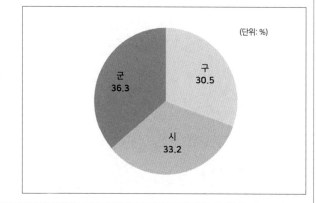

(단위: %)

군 36.3
구 30.5
시 33.2

① ㄱ, ㄴ
② ㄱ, ㄷ
③ ㄱ, ㄹ
④ ㄴ, ㄷ
⑤ ㄴ, ㄹ

17

위 〈설명〉, 〈표〉와 다음 〈우리나라 행정구역 변천사〉를 이용하여 2012년 6월 30일 광역지방자치단체의 하위 행정구역인 시, 군, 구의 수를 바르게 나열한 것은?

─────〈우리나라 행정구역 변천사〉─────
○ 2012년 1월 1일 당진군이 당진시로 승격하였다.
○ 2012년 7월 1일 세종특별자치시가 출범하였다. 이로 인하여 충청남도 연기군이 폐지되어 세종특별자치시로 편입되었다.
○ 2013년 9월 23일 여주군이 여주시로 승격되었다.
○ 2014년 7월 1일 청원군은 청주시와의 통합으로 폐지되고, 청주시에 청원구, 서원구가 새로 설치되어 구가 4개가 되었다.
○ 2016년 7월 4일 부천시의 3개 구가 폐지되었다.

※ 2012년 1월 1일 이후 시, 군, 구의 설치, 승격, 폐지를 모두 포함함.

	시	군	구
①	74	86	100
②	74	88	100
③	76	85	102
④	76	86	102
⑤	78	83	100

📝 문제풀이

17 조건 판단형	난이도★★★☆☆

- 2012년 1월 1일 당진군이 당진시로 승격하였으므로 변동사항에 포함되지 않는다.

- 2012년 7월 1일 세종특별자치시가 출범하였다. 이로 인하여 충청남도 연기군이 폐지되어 세종특별자치시로 편입되었다. 따라서 2012년 6월 30일에는 연기군이 존재했을것이므로 현재 군의 수에 +1을 해야 한다.

- 2013년 9월 23일 여주군이 여주시로 승격되었다. 따라서 2012년 6월 30일에는 현재와 비교해서 군이 +1, 시가 -1이 되어야 한다.

- 2014년 7월 1일 청원군은 청주시와의 통합으로 폐지되고, 청주시에 청원구, 서원구가 새로 설치되어 구가 4개가 되었다. 따라서 2012년 6월 30일에는 군이 +1, 구가 -2이다.

- 2016년 7월 4일 부천시의 3개 구가 폐지되었다. 따라서 2012년 6월 30일에는 구가 +3이 되어야 한다.

- 현재 시는 77개이므로 2012년 6월 30일에는 76개, 군은 82개이므로 2012년 6월 30일에는 85개, 구는 101개이므로 2012년 6월 30일에는 102개가 되어야 한다.

⏱ 빠른 문제 풀이 Tip
- 2012년 6월 30일 기준 시, 군, 구의 수를 판단해야 한다.
- 기초자치단체를 묻는게 아니라 발문 그대로 시, 군, 구 개수를 판단하자.

[정답] ③

📝 문제풀이

16 표-차트 변환형	난이도★★★★★

ㄱ. (X) 〈표〉에 제시된 여성인구는 도 전체에 거주하는 인구 현황이므로 군에 거주하는 여성인구 수는 판단할 수 없다.

ㄷ. (X) 광역시 중 부산의 공무원수가 가장 많지만 그림에서는 인천이 가장 높은 비율로 그려져 있다. 부산의 경우에는 30%를 넘어야 한다.

⏱ 빠른 문제 풀이 Tip
〈설명〉에서 기초자치단체에 해당하지 않는 단서를 체크하자.

[정답] ⑤

18

다음 〈그림〉은 2020년 A대학 6개 계열의 학과별 남·여 졸업생 월평균소득, 취업률을 인문계열 기준으로 비교한 자료이다. 이에 대한 〈보기〉의 설명 중 옳은 것만을 고르면?

〈그림〉 계열별 월평균상대소득지수와 취업률지수

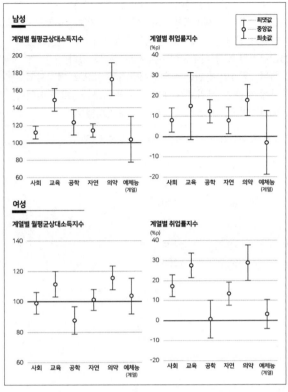

※ 1) 월평균상대소득지수는 학과 졸업생의 월평균소득 값을 인문계열의 월평균소득 기준(100)으로 환산한 값임.
2) 취업률지수(%p)는 학과의 취업률에서 인문계열 평균 취업률을 뺀 값임.
3) 계열별 월평균상대소득(취업률)지수는 해당계열 소속 각 학과의 월평균상대소득(취업률)지수 가운데 최댓값, 중앙값, 최솟값을 그래프로 표시함.

―――――〈보 기〉―――――

ㄱ. 인문계열을 제외하고 계열별 월평균상대소득지수의 최댓값이 네 번째로 큰 계열은 남성과 여성이 같다.
ㄴ. 교육계열 월평균상대소득지수의 최댓값과 최솟값의 차이는 여성이 남성보다 크다.
ㄷ. 취업률이 인문계열 평균 취업률과 차이가 가장 큰 학과가 소속된 계열은 남성과 여성이 다르다.
ㄹ. 취업률이 인문계열 평균 취업률보다 낮은 학과가 소속된 계열의 개수는 남성과 여성이 같다.

① ㄱ, ㄴ
② ㄱ, ㄷ
③ ㄴ, ㄷ
④ ㄴ, ㄹ
⑤ ㄷ, ㄹ

📝 문제풀이

18 각주 판단형   난이도★★☆☆☆

ㄱ. (X) 인문계열을 제외하고 계열별 월평균상대소득지수의 최댓값이 네 번째로 큰 계열은 남성이 예체능이고, 여성이 자연으로 서로 다르다.

ㄴ. (X) 교육계열 월평균상대소득지수의 최댓값과 최솟값의 차이는 여성이 20 미만이고 남성이 20 초과로 여성이 남성보다 작다.

ㄷ. (O) 취업률이 인문계열 평균 취업률과 차이가 가장 큰 학과가 소속된 계열은 남성이 교육, 여성이 의약으로 서로 다르다.

ㄹ. (O) 취업률이 인문계열 평균 취업률보다 낮으려면 취업률지수가 0보다 작아야 한다. 따라서 취업률이 인문계열 평균 취업률보다 낮은 학과가 소속된 계열은 남성이 교육, 예체능이고 여성이 공학, 예체능으로 2개이다.

⏱ 빠른 문제 풀이 Tip
〈그림〉과 각주의 의미를 정확하게 이해한다.

[정답] ⑤

19

다음 〈표〉는 2019년 금융소득 분위별 가구당 자산규모와 소득규모에 관한 자료이다. 제시된 〈표〉 이외에 〈보고서〉를 작성하기 위해 추가로 필요한 자료만을 〈보기〉에서 고르면?

〈표 1〉 금융소득 분위별 가구당 자산규모

(단위: 만 원)

자산 구분	가구 분류	1분위	2분위	3분위	4분위	5분위
자산 총액	전체	34,483	42,390	53,229	68,050	144,361
	노인	26,938	32,867	38,883	55,810	147,785
순 자산액	전체	29,376	37,640	47,187	63,197	133,050
	노인	23,158	29,836	35,687	53,188	140,667
저축액	전체	6,095	8,662	11,849	18,936	48,639
	노인	2,875	4,802	6,084	11,855	48,311

〈표 2〉 금융소득 분위별 가구당 소득규모

(단위: 만 원)

소득 구분	가구 분류	1분위	2분위	3분위	4분위	5분위
경상 소득	전체	4,115	4,911	5,935	6,509	9,969
	노인	1,982	2,404	2,501	3,302	6,525
근로 소득	전체	2,333	2,715	3,468	3,762	5,382
	노인	336	539	481	615	1,552
사업 소득	전체	1,039	1,388	1,509	1,334	1,968
	노인	563	688	509	772	1,581

※ 금융소득 분위는 금융소득이 있는 가구의 금융소득을 1~5분위로 구분하며, 숫자가 클수록 금융소득 분위가 높음.

〈보고서〉

2019년 금융소득 분위별 가구당 자산규모를 살펴보면, 금융소득 5분위 가구를 제외할 경우 각 금융소득 분위에서 노인가구당 자산총액은 전체가구당 자산총액보다 낮았다. 가구당 자산총액과 순자산액은 전체가구와 노인가구 모두에서 금융소득 분위가 높아짐에 따라 각각 증가하였다. 금융자산 역시 금융소득과 함께 증가하였는데 특히 전체가구 중 금융소득 1분위 가구당 금융자산은 자산총액의 약 35% 수준으로 나타났다. 이는 자산총액에 비해 금융자산의 불평등 정도가 심한 것으로 볼 수 있다. 저축액의 경우 노인가구 중 금융소득 1분위 가구당 저축액은 2,875만 원이고, 2분위 가구당 저축액은 4,802만 원으로 나타났다. 이는 금융소득 분위별로 구한 가구당 금융소득과 유사한 비율로 증가한 것이다.

2019년 금융소득 분위별 가구당 소득규모를 살펴보면, 금융소득 5분위를 제외한 가구당 경상소득은 각 금융소득 분위에서 노인가구가 전체가구 대비 60% 이하로 나타났다. 이는 노인가구의 경우 근로활동의 비중이 감소하므로 자산총액과는 다르게 전체가구의 경상소득과 노인가구의 경상소득 차이가 크게 나타난 결과로 볼 수 있다. 근로소득의 경우는 노인가구에서 금융소득 2분위보다 3분위의 가구당 근로소득이 더 작은 것으로 나타나 금융소득 분위가 높아짐에 따라 증가 추세를 보여준 가구당 금융자산과는 다른 형태를 보여주었다.

〈보 기〉

ㄱ. 2019년 금융소득 없는 가구의 자산, 소득
ㄴ. 2019년 금융소득 분위별 가구당 금융자산
ㄷ. 2019년 경상소득 분위별 가구당 금융소득
ㄹ. 2019년 금융소득 분위별 가구당 금융소득

① ㄱ, ㄴ
② ㄱ, ㄷ
③ ㄴ, ㄷ
④ ㄴ, ㄹ
⑤ ㄷ, ㄹ

📝 **문제풀이**

19 보고서 검토·확인형

난이도 ★★★☆☆

ㄴ. 첫 번째 단락에서 2019년 금융소득 분위별 가구당 자산규모를 살펴보면, '전체가구 중 금융소득 1분위 가구당 금융자산은 자산총액의 약 35% 수준으로 나타났다.'고 했으므로 [2019년 금융소득 분위별 가구당 금융자산]은 추가로 필요한 자료이다.

ㄹ. 첫 번째 단락에서 '이는 금융소득 분위별로 구한 가구당 금융소득과 유사한 비율로 증가한 것이다.'라고 했으므로 [2019년 금융소득 분위별 가구당 금융소득]은 추가로 필요한 자료이다.

⏱ **빠른 문제 풀이 Tip**

- '금융'이라는 단어가 전체적인 키워드이므로 이에 유의한다.
- 제시된 자료와 각 〈보기〉마다 차이가 나는 부분을 체크한다.

[정답] ④

20

다음 〈표〉는 2020년 1~4월 애니메이션을 등록한 회사의 애니메이션 등록 현황에 관한 자료이다. 이에 대한 〈보기〉의 설명 중 옳은 것만을 모두 고르면?

〈표 1〉 월별 애니메이션 등록 회사와 유형별 애니메이션 등록 현황

(단위: 개사, 편)

월 \ 회사 \ 유형	회사	국내단독	국내합작	해외합작	전체
1	13	6	6	2	14
2	6	4	0	2	6
3	( )	6	4	1	11
4	7	3	5	0	8

※ 애니메이션 1편당 등록 회사는 1개사임.

〈표 2〉 1~4월 동안 2편 이상의 애니메이션을 등록한 회사의 월별 애니메이션 등록 현황

(단위: 편)

회사 \ 유형 \ 월	유형	1	2	3	4
아트팩토리	국내단독	0	1	1	0
꼬꼬지	국내단독	1	1	0	0
코닉스	국내단독	0	0	1	1
제이와이제이	국내합작	1	0	0	1
유이락	국내단독	2	0	3	1
한스튜디오	국내합작	1	0	1	2

─────〈보 기〉─────

ㄱ. 1~4월 동안 1편의 애니메이션만 등록한 회사는 20개사 이상이다.

ㄴ. 1월에 국내단독 유형인 애니메이션을 등록한 회사는 5개사이다.

ㄷ. 3월에 애니메이션을 등록한 회사는 9개사이다.

① ㄱ
② ㄴ
③ ㄱ, ㄴ
④ ㄴ, ㄷ
⑤ ㄱ, ㄴ, ㄷ

📝 문제풀이

20 빈칸형 난이도★★★★★

ㄱ. (O) 〈표 2〉에서 2편 이상 등록 회사가 주어져 있으므로 1월의 경우 국내단독 3편과 국내 합작 2편을 제외한 나머지 14편 중 9편은 9개 회사가 1편의 애니메이션만 등록하였다. 이와 동일한 방법으로 접근하면 2월은 국내단독 2편을 제외한 4편은 4개 회사, 3월은 국내 단독 5편과 국내합작 1편을 제외한 5편이 5개 회사, 4월은 국내 단독 2편과 국내 합작 3편을 제외한 3편이 3개 회사가 각각 1편만 등록하였으므로 9+4+5+3=21개사가 1편의 애니메이션만 등록하였다. 따라서 1~4월 동안 1편의 애니메이션만 등록한 회사는 20개사 이상이다.

ㄴ. (O) 1월 국내단독 6편 중 2편 이상 등록한 회사인 꼬꼬지(1편)와 유이락(2편)을 제외한 나머지 3편은 각각 1개사가 등록하였다. 따라서 1월에 국내단독 유형인 애니메이션을 등록한 회사는 5개사이다.

ㄷ. (O) 3월 총 등록편수는 11편인데 이 중 국내 단독 6편 중 아트팩토리(1편)와 코닉스(1편), 그리고 유이락(3편)을 제외하면 1개 회사가 1편만 등록하였고 국내합작 4편 중 한스튜디오(1편)를 제외하면 3편을 각각 3개 회사가 등록하였다. 나머지 해외합작 1편을 등록한 1개 회사까지 고려하면 3월에 애니메이션을 등록한 회사는 4+4+1=9개사이다.

⏱ 빠른 문제 풀이 Tip
• 1편당 등록 회사가 1개사임 이라는 의미를 정확히 이해하자.
• 〈표 1〉과 〈표 2〉의 관계를 명확히 파악해야 풀 수 있다.

[정답] ⑤

21

다음 〈그림〉과 〈표〉는 한국의 방진용 마스크 수출·수입에 관한 자료이다. 이에 대한 〈보고서〉의 설명 중 옳은 것만을 고르면?

〈그림〉 한국의 방진용 마스크 수출액·수입액 변화

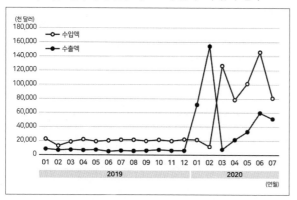

〈표 1〉 한국의 방진용 마스크 수출액 상위 5개국

(단위: 천 달러)

기간 구분 순위	2019년 1~7월		2020년 1~7월	
	국가	수출액	국가	수출액
1	일본	11,000	중국	90,000
2	베트남	5,000	미국	72,000
3	미국	4,900	일본	37,000
4	중국	4,500	홍콩	27,000
5	멕시코	3,000	아일랜드	17,000

〈표 2〉 한국의 방진용 마스크 수입액 상위 5개국

(단위: 천 달러)

기간 구분 순위	2019년 1~7월		2020년 1~7월	
	국가	수출액	국가	수출액
1	중국	93,000	중국	490,000
2	베트남	18,000	베트남	35,000
3	일본	4,900	미국	6,300
4	대만	2,850	일본	5,600
5	미국	2,810	싱가포르	4,600

―〈보고서〉―

한국의 방진용 마스크 수출·수입 변화를 살펴보면, 2019년 1월부터 2019년 12월까지는 한국의 월별 수출액이 수입액보다 작은 상황이었다. 코로나19의 확산으로 인해 방진용 마스크 수요가 늘어나면서 2020년 1월과 2월에는 한국의 수출액이 큰 폭으로 증가하였다. ㉠2020년 2월에는 수출액이 수입액의 7배 이상이 되었다. 한국 정부에서 방진용 마스크 공급을 조절하고 수출을 규제하기 시작한 2020년 3월 수출이 급감하였고, 이후 다시 상승세를 보이고 있다. 2020년 1~7월에는 코로나19가 전 세계적으로 확산하면서 국가별 수출액 변화가 나타났다. ㉡전년 동기간 대비 2020년 1~7월 한국에서 미국으로 수출한 방진용 마스크 수출액 증가율은 한국에서 중국으로 수출한 방진용 마스크 수출액 증가율보다 크다.

한국의 방진용 마스크 수입은 2020년 1, 2월까지도 큰 변화가 나타나지 않다가 한국의 코로나19 확산세가 두드러진 2020년 3월부터 급격한 변화가 나타났다. ㉢2019년 8월부터 2020년 7월까지의 월별 수입액 변화를 살펴보면, 방진용 마스크 수입액은 2020년 3월에 전월 대비 가장 높은 증가율을 보이고 있다. 2020년 1~7월 수입액 상위 5개 국가를 살펴보면, 중국으로부터의 방진용 마스크 수입액이 가장 많이 나타나고 있다. ㉣전년 동기간 대비 2020년 1~7월 한국이 베트남에서 수입한 방진용 마스크 수입액 증가율은 한국이 중국에서 수입한 방진용 마스크 수입액 증가율보다 크다.

① ㄱ, ㄴ
② ㄱ, ㄷ
③ ㄴ, ㄷ
④ ㄴ, ㄹ
⑤ ㄷ, ㄹ

📝 문제풀이

21 분수 비교형   난이도 ★★☆☆☆

ㄱ. (O) 2020년 2월에는 수출액이 14만천 달러 이상이고 수입액이 2만천 달러 미만이므로 7배 이상이다.

ㄴ. (X) 미국의 순위가 3위에서 2위로 상승한 반면 중국은 4위에서 1위로 상승하였으므로 전년 동기간 대비 2020년 1~7월 한국에서 미국으로 수출한 방진용 마스크 수출액 증가율은 한국에서 중국으로 수출한 방진용 마스크 수출액 증가율보다 작다.

ㄷ. (O) 2019년 8월부터 2020년 7월까지의 월별 수입액 변화를 살펴보면, 방진용 마스크 수입액은 2020년 3월에 전월 대비 가장 높은 증가율(6배 이상)을 보이고 있다

ㄹ. (X) 전년 동기간 대비 2020년 1~7월 한국이 베트남에서 수입한 방진용 마스크 수입액 증가율은 3배 미만이지만 한국이 중국에서 수입한 방진용 마스크 수입액 증가율은 4배 이상이므로 전자가 후자보다 작다.

[정답] ②

22

다음 〈표〉는 우리나라 7개 도시의 공원 현황을 나타낸 자료이다. 〈표〉와 〈조건〉을 바탕으로 '가'~'라' 도시를 바르게 나열한 것은?

〈표〉 우리나라 7개 도시의 공원 현황

구분	개소	결정면적 (백만 m²)	조성면적 (백만 m²)	활용률 (%)	1인당 결정면적 (m²)
전국	20,389	1,020.1	412.0	40.4	22.0
서울	2,106	143.4	86.4	60.3	14.1
(가)	960	69.7	29.0	41.6	25.1
(나)	586	19.6	8.7	44.2	13.4
부산	904	54.0	17.3	29.3	16.7
(다)	619	22.2	12.3	49.6	15.5
대구	755	24.6	11.2	45.2	9.8
(라)	546	35.9	11.9	33.2	31.4

〈조 건〉

○ 결정면적이 전국 결정면적의 3% 미만인 도시는 광주, 대전, 대구이다.
○ 활용률이 전국 활용률보다 낮은 도시는 부산과 울산이다.
○ 1인당 조성면적이 1인당 결정면적의 50% 이하인 도시는 부산, 대구, 광주, 인천, 울산이다.

	가	나	다	라
①	울산	광주	대전	인천
②	울산	대전	광주	인천
③	인천	광주	대전	울산
④	인천	대전	광주	울산
⑤	인천	울산	광주	대전

23

다음 〈그림〉과 〈표〉는 2014~2018년 A~C국의 GDP 및 조세부담률을 나타낸 자료이다. 이에 대한 설명으로 옳지 않은 것은?

〈그림〉 연도별 A~C국 GDP

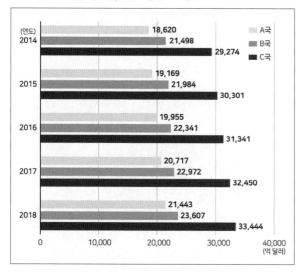

〈표〉 연도별 A~C국 조세부담률

(단위: %)

연도	국가 구분	A	B	C
2014	국세	24.1	16.4	11.4
	지방세	1.6	5.9	11.3
2015	국세	24.4	15.1	11.3
	지방세	1.6	6.0	11.6
2016	국세	24.8	15.1	11.2
	지방세	1.6	6.1	12.1
2017	국세	25.0	15.9	11.1
	지방세	1.6	6.2	12.0
2018	국세	25.0	15.6	11.4
	지방세	1.6	6.2	12.5

※ 1) 조세부담률=국세부담률+지방세부담률

2) 국세(지방세)부담률(%)= $\dfrac{\text{국세(지방세) 납부액}}{\text{GDP}} \times 100$

① 2016년에는 전년 대비 GDP 성장률이 가장 높은 국가가 조세부담률도 가장 높다.

② B국은 GDP가 증가한 해에 조세부담률도 증가한다.

③ 2017년 지방세 납부액은 B국이 A국의 4배 이상이다.

④ 2018년 A국의 국세 납부액은 C국의 지방세 납부액보다 많다.

⑤ C국의 국세 납부액은 매년 증가한다.

📑 문제풀이

23 각주 판단형   난이도★★☆☆☆

① (O) 2016년에는 전년 대비 GDP 성장률은 A가 4.1%, B가 1.6%, C가 3.4%로 A가 가장 높고 조세부담률도 A가 25% 이상으로 가장 높다.

② (X) B국은 GDP가 매년 증가했지만 조세부담률은 2015년에 전년대비 감소한다.

③ (O) 2017년 지방세 납부액은 B국이 약 1,421억 달러로 A국 약 331억 달러의 4배 이상이다.

④ (O) 2018년 A국의 국세 납부액은 25%×21,443이고 C국의 지방세 납부액은 12.5%×33,444이므로 전자가 후자보다 많다.

⑤ (O) C국의 국세 납부액은 3,337.2억 달러, 3,424.0억 달러, 3,510.2억 달러, 3,602.0억 달러, 3,812.6억 달러로 매년 증가한다.

[정답] ②

24

다음 〈그림〉은 A~E학교의 장학금에 대한 자료이다. 이를 근거로 해당 학교의 전체 학생 중 장학금 수혜자 비율이 가장 큰 학교부터 순서대로 나열한 것은?

〈그림〉 학교별 장학금 신청률과 수혜율

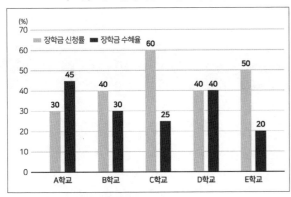

※ 1) 장학금 신청률(%)= $\dfrac{\text{장학금 신청자}}{\text{전체 학생}} \times 100$

2) 장학금 수혜율(%)= $\dfrac{\text{장학금 수혜자}}{\text{장학금 신청자}} \times 100$

① A, B, D, E, C
② A, D, B, C, E
③ C, E, B, D, A
④ D, C, A, B, E
⑤ E, D, C, A, B

📝 **문제풀이**

24 곱셈 비교형   난이도★★☆☆☆

전체 학생 중 장학금 수혜자 비율은 각주 1)과 각주 2)의 곱으로 판단할 수 있다. 따라서 D가 16%, C가 15%, A가 13.5%, B가 12%, E가 10%로 큰 순서이다.

[정답] ④

25

다음 〈그림〉은 4대 곡물 세계 수입 현황에 대한 자료이다. 이에 대한 설명으로 옳지 않은 것은?

〈그림〉 4대 곡물의 세계 총수입액 및 주요 수입국 현황

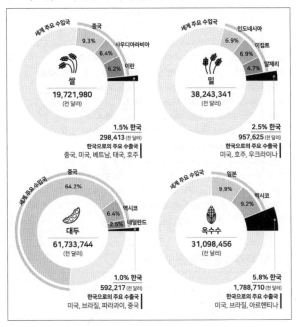

※ '세계 주요 수입국'은 세계 곡물 시장에서 한국보다 해당 곡물의 수입액이 큰 국가임.

① 한국의 밀 수입액은 쌀 수입액의 3배 이상이다.

② 중국이 수입한 4대 곡물 총수입액은 세계 밀 총수입액보다 크다.

③ 브라질은 4대 곡물 중 2개에서 '한국으로의 주요 수출국'이다.

④ 4대 곡물을 한국의 수입액이 큰 곡물부터 순서대로 나열하면 옥수수, 밀, 대두, 쌀 순이다.

⑤ 이란의 쌀 수입액은 알제리의 밀 수입액보다 크다.

📝 **문제풀이**

25 곱셈 비교형

난이도★★★☆☆

① (O) 한국의 밀 수입액은 957,625천 달러로 쌀 수입액 298,413의 3배 이상이다.

② (O) 중국이 수입한 4대 곡물 총수입액은 61×64.2%+19×9.3%로 세계 밀 총수입액 38십억 원보다 크다.

③ (O) 브라질은 4대 곡물 중 대두와 옥수수 2개에서 '한국으로의 주요 수출국'이다.

④ (O) 4대 곡물을 한국의 수입액이 큰 곡물부터 순서대로 나열하면 옥수수(1,788,710), 밀(957,625), 대두(592,217), 쌀(298,413) 순이다.

⑤ (X) 수입액은 밀이 쌀의 2배 정도인데 이란의 쌀 비율은 알제리의 밀 비율의 2배에 한참 미치지 못한다. 따라서 이란의 쌀 수입액은 알제리의 밀 수입액보다 작다.

[정답] ⑤

26

다음 〈표〉는 국내 건축물 내진율 현황에 관한 자료이다. 〈표〉를 이용하여 작성한 〈보기〉의 그래프 중 옳은 것만을 모두 고르면?

〈표〉 국내 건축물 내진율 현황

(단위: 개, %)

구분		건축물			내진율
		전체	내진대상	내진확보	
계		6,986,913	1,439,547	475,335	33.0
지역	서울	628,947	290,864	79,100	27.2
	부산	377,147	101,795	26,282	25.8
	대구	253,662	81,311	22,123	27.2
	인천	215,996	81,156	23,129	28.5
	광주	141,711	36,763	14,757	40.1
	대전	133,118	44,118	15,183	34.4
	울산	132,950	38,225	15,690	41.0
	세종	32,294	4,648	2,361	50.8
	경기	1,099,179	321,227	116,805	36.4
	강원	390,412	45,700	13,412	29.3
	충북	372,318	50,598	18,414	36.4
	충남	507,242	57,920	22,863	39.5
	전북	436,382	47,870	18,506	38.7
	전남	624,155	43,540	14,061	32.3
	경북	786,058	84,391	29,124	34.5
	경남	696,400	89,522	36,565	40.8
	제주	158,942	19,899	6,960	35.0
용도	주택 소계	4,568,851	806,225	314,376	39.0
	단독주택	4,168,793	445,236	143,204	32.2
	공동주택	400,058	360,989	171,172	47.4
	주택이외 소계	2,418,062	633,322	160,959	25.4
	학교	46,324	31,638	7,336	23.2
	의료시설	6,260	5,079	2,575	50.7
	공공업무시설	42,077	15,003	2,663	17.7
	기타	2,323,401	581,602	148,385	25.5

※ 내진율(%) = $\dfrac{\text{내진확보 건축물}}{\text{내진대상 건축물}} \times 100$

<보 기>

ㄱ. 지역별 내진율

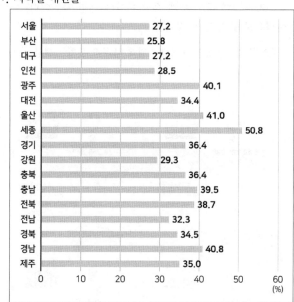

ㄴ. 용도별 내진대상 건축물 구성비

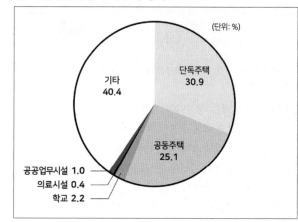

ㄷ. 주택 및 주택이외 건축물의 용도별 내진확보 건축물 구성비

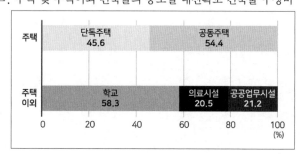

ㄹ. 주택이외 건축물 용도별 내진율

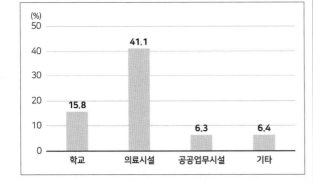

① ㄱ, ㄴ
② ㄱ, ㄷ
③ ㄴ, ㄷ
④ ㄴ, ㄹ
⑤ ㄱ, ㄴ, ㄷ

2024
2023
2022
2021
2020
2019
2018
2017
2016
2015
2014
2013
2012

해커스PSAT 5급 PSAT 김용훈 자료해석 13개년 기출문제집

27

다음 〈표〉는 12대 주요 산업별 총산업인력과 기술인력 현황에 관한 자료이다. 이에 대한 〈보기〉의 설명 중 옳은 것만을 고르면?

〈표〉 12대 주요 산업별 총산업인력과 기술인력 현황

(단위: 명, %)

부문	산업	총산업인력	기술인력 현원	비중	부족인원	부족률
제조	기계	287,860	153,681	53.4	4,097	( )
	디스플레이	61,855	50,100	( )	256	( )
	반도체	178,734	92,873	( )	1,528	1.6
	바이오	94,364	31,572	33.5	1,061	( )
	섬유	131,485	36,197	( )	927	2.5
	자동차	325,461	118,524	( )	2,388	2.0
	전자	416,111	203,988	( )	5,362	2.6
	조선	107,347	60,301	56.2	651	( )
	철강	122,066	65,289	( )	1,250	1.9
	화학	341,750	126,006	36.9	4,349	3.3
서비스	소프트웨어	234,940	139,454	( )	6,205	( )
	IT 비즈니스	111,049	23,120	20.8	405	( )

※ 1) 기술인력 비중(%)= $\frac{기술인력\ 현원}{총산업인력} \times 100$

2) 기술인력 부족률(%)= $\frac{기술인력\ 부족인원}{기술인력\ 현원+기술인력\ 부족인원} \times 100$

〈보 기〉

ㄱ. 디스플레이 산업의 기술인력 비중은 80% 미만이다.
ㄴ. 기술인력 비중이 50% 이상인 산업은 6개다.
ㄷ. 소프트웨어 산업의 기술인력 부족률은 5% 미만이다.
ㄹ. 기술인력 부족률이 두 번째로 낮은 산업은 반도체 산업이다.

① ㄱ, ㄴ   ② ㄱ, ㄷ
③ ㄴ, ㄷ   ④ ㄴ, ㄹ
⑤ ㄷ, ㄹ

📝 문제풀이

26 표-차트 변환형
난이도 ★★★☆☆

ㄷ. (X) 주택이외 건축물의 용도별 내진확보 건축물은 학교, 의료시설, 공공업무시설, 기타로 구성되어 있는데 기타가 누락되어 있다.

ㄹ. (X) 주택이외 건축물 용도별 내진율은 학교 23.2%, 의료시설 50.7%, 공공업무시설 17.7%, 기타 25.5%이다.

[정답] ①

📝 문제풀이

27 빈칸형
난이도 ★★★☆☆

ㄱ. (X) 디스플레이 산업의 기술인력 비중은 50,100/61,855≒81.0%로 80% 이상이다. 61,855보다 큰 62,000을 기준으로 판단하면 62×8=496이므로 80% 이상이 됨을 쉽게 판단할 수 있다.

ㄴ. (O) 기술인력 비중이 50% 이상인 산업은 직접 제시된 기계, 조선과 디스플레이, 반도체, 철강, 소프트웨어까지 포함해서 총 6개다.

ㄷ. (O) 소프트웨어 산업의 기술인력 부족률은 6,205/(139,454+6,205)≒4.3%로 5% 미만이다.

ㄹ. (X) 기술인력 부족률이 가장 낮은 산업은 디스플레이 0.5%이고, 기술인력 부족률이 두 번째로 낮은 산업은 반도체 산업이 아닌 조선이다.

[정답] ③

28

다음 〈표〉와 〈그림〉은 A국 게임시장에 관한 자료이다. 이에 대한 〈보기〉의 설명 중 옳은 것만을 고르면?

〈표〉 2017~2020년 A국의 플랫폼별 게임시장 규모

(단위: 억 원)

연도 플랫폼	2017	2018	2019	2020
PC	149	165	173	( )
모바일	221	244	256	301
태블릿	56	63	66	58
콘솔	86	95	78	77
기타	51	55	40	28

〈그림〉 2020년 A국의 플랫폼별 게임시장 점유율

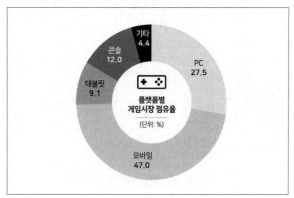

※ 플랫폼별 게임시장 점유율(%) = $\dfrac{\text{A국 해당 플랫폼의 게임시장 규모}}{\text{A국 게임시장 전체 규모}}$ ×100

〈보 기〉

ㄱ. A국 게임시장 전체 규모는 매년 증가하였다.
ㄴ. 2020년 PC, 태블릿, 콘솔의 게임시장 규모의 합은 A국 게임시장 전체 규모의 50% 미만이다.
ㄷ. PC의 게임시장 점유율은 2020년이 2019년보다 높다.
ㄹ. 기타를 제외하고 2017년 대비 2018년 게임시장 규모 증가율이 가장 높은 플랫폼은 태블릿이다.

① ㄱ, ㄴ
② ㄱ, ㄹ
③ ㄴ, ㄷ
④ ㄴ, ㄹ
⑤ ㄷ, ㄹ

📝 문제풀이

28 빈칸형	난이도★★★☆☆

ㄱ. (X) A국 게임시장 전체 규모는 2018년 622억 원에서 2019년 613억 원으로 감소하였다. 따라서 A국 게임시장 전체 규모는 매년 증가하지 않았다. 이는 플랫폼별 증감폭으로 판단할 수도 있다. 증감폭은 PC가 +8, 모바일이 +12, 태블릿이 +3, 콘솔이 −17, 기타가 −15로 증가폭 23보다 감소폭 32가 더 크기 때문에 감소하였다고 판단할 수 있다.

ㄴ. (O) 2020년 PC 27.5%, 태블릿 9.1%, 콘솔 12.0%의 게임시장 규모의 합은 46.6%로 A국 게임시장 전체 규모의 50% 미만이다.

ㄷ. (X) PC의 게임시장 점유율은 2020년이 27.5%로 2019년 173/613≒28.2% 보다 낮다.

ㄹ. (O) 기타를 제외하고 2017년 대비 2018년 게임시장 규모 증가율은 태블릿이 12.5%로 가장 높다. 태블릿이 정확히 1/80이므로 이를 기준으로 분수 비교하면, 증가폭에 8배를 하여 2017년 수치와 비교할 수 있다.

[정답] ④

29

다음 〈표〉는 2015~2019년 A국의 보유세 추이에 관한 자료이다. 이에 대한 〈보기〉의 설명 중 옳은 것만을 모두 고르면?

〈표〉 A국의 보유세 추이

(단위: 십억 원)

연도 구분	2015	2016	2017	2018	2019
보유세	5,030	6,838	9,196	9,856	8,722
재산세	2,588	3,123	3,755	4,411	4,423
도시계획세	1,352	1,602	1,883	2,183	2,259
공동시설세	446	516	543	588	591
종합부동산세	441	1,328	2,414	2,130	1,207
농어촌특별세	203	269	601	544	242

※ 보유세는 재산세, 도시계획세, 공동시설세, 종합부동산세, 농어촌특별세로만 구성됨.

〈보 기〉

ㄱ. '보유세'는 2017년이 2015년의 1.8배 이상이다.

ㄴ. '보유세' 중 재산세 비중은 2017년까지는 매년 감소하다가 2018년부터는 매년 증가하였다.

ㄷ. 농어촌특별세는 '보유세'에서 차지하는 비중이 매년 가장 작다.

ㄹ. 재산세 대비 종합부동산세 비는 가장 큰 연도가 가장 작은 연도의 4배 이상이다.

① ㄱ, ㄴ
② ㄱ, ㄷ
③ ㄷ, ㄹ
④ ㄱ, ㄴ, ㄹ
⑤ ㄴ, ㄷ, ㄹ

📝 문제풀이

29 분수 비교형

난이도★★★★☆

ㄱ. (O) '보유세'는 2017년 9,196이 2015년 5,030의 약 1.83배로 1.8배 이상이다. 9,196과 5,030의 차이는 4,166이고 이는 5,030의 80%인 4,024보다 크다.

ㄴ. (O) '보유세' 중 재산세 비중은 2017년까지는 51.5%, 45.7%, 40.8%로 매년 감소하다가 2018년부터는 44.8%, 50.7%로 매년 증가하였다.
2019년에는 전년 대비 보유세는 감소, 재산세는 증가하였으므로 비중이 증가하였다. 2018년에는 보유세 증가율보다 재산세 증가율이 더 높고 2015~2017년 동안에는 재산세 증가율보다 보유세 증가율이 더 높다.

ㄷ. (X) 보유세의 하위 항목 중 농어촌특별세가 매년 가장 작은지 판단하면 된다. 2017년에는 농어촌특별세 601십억 원보다 공동시설세 543십억 원이 더 작다. 따라서 농어촌특별세는 '보유세'에서 차지하는 비중이 매년 가장 작지는 않다.

ㄹ. (X) 재산세 대비 종합부동산세 비가 가장 큰 연도는 유일하게 0.5를 초과하는 2017년이고 가장 작은 연도는 유일하게 0.2 미만인 2015년이다. 유효숫자로 비교하면 2015년의 4배는 44×4/2590이고 2017년은 241/3750이므로 분자인 1760에서 241로 증가율(40% 미만)보다 분모인 2590에서 375로 증가율(40% 초과)이 더 크다. 따라서 재산세 대비 종합부동산세 비는 가장 큰 연도인 2017년이 가장 작은 연도인 2015년의 4배 이상이 되지 못한다.

[정답] ①

[30~31] 다음 〈표〉는 2014~2019년 '갑'지역의 월별 기상자료이다. 다음 물음에 답하시오.

〈표 1〉 2014~2019년 월별 평균기온

(단위: °C)

월 연도	1	2	3	4	5	6	7	8	9	10	11	12
2014	-4.5	1.4	4.3	9.5	17.2	23.4	25.8	26.5	21.8	14.5	6.5	-1.3
2015	-7.2	1.2	3.6	10.7	17.9	22.0	24.6	25.8	21.8	14.2	10.7	-0.9
2016	-2.8	-2.0	5.1	12.3	19.7	24.1	25.4	27.1	21.0	15.3	5.5	-4.1
2017	-3.4	-1.2	5.1	10.0	18.2	24.4	25.5	27.7	21.8	15.8	6.2	-0.2
2018	-0.7	1.9	7.9	14.0	18.9	23.1	26.1	25.2	22.1	15.6	9.0	-2.9
2019	-0.9	1.0	6.3	13.3	18.9	23.6	25.8	26.3	22.4	15.5	8.9	1.6

〈표 2〉 2014~2019년 월별 강수량

(단위: mm)

월 연도	1	2	3	4	5	6	7	8	9	10	11	12	합계 (연강수량)
2014	6	55	83	63	124	128	239	599	672	26	11	16	2,022
2015	29	29	15	110	53	405	1,131	167	26	32	56	7	2,060
2016	9	1	47	157	8	92	449	465	212	99	68	41	1,648
2017	7	74	27	72	132	28	676	149	139	14	47	25	1,390
2018	22	16	7	31	63	98	208	173	88	52	42	18	818
2019	11	23	10	81	29	99	226	73	26	82	105	29	794

〈표 3〉 2014~2019년 월별 일조시간

(단위: 시간)

월 연도	1	2	3	4	5	6	7	8	9	10	11	12	합계 (연일조시간)
2014	168	141	133	166	179	203	90	97	146	195	180	158	1,856
2015	219	167	240	202	180	171	80	94	180	215	130	196	2,074
2016	191	225	192	213	251	232	143	159	191	235	181	194	2,407
2017	168	187	256	213	238	224	101	218	191	250	188	184	2,418
2018	184	164	215	213	304	185	173	151	214	240	194	196	2,433
2019	193	180	271	216	290	258	176	207	262	240	109	178	2,580

30

다음 〈표 4〉는 '갑'지역의 2020년 월별 기상 관측값의 전년 동월 대비 변화량을 나타낸 자료의 일부이다. 위 〈표〉와 아래 〈표 4〉를 근거로 〈보기〉의 설명 중 옳은 것만을 모두 고르면?

〈표 4〉 2020년 기상 관측값의 전년 동월 대비 변화량

월 관측항목	1	2	3	4	5	6	7	8	9	10
평균기온	-2.3	-0.8	+0.7	+0.8	+0.7	0.0	+0.4	+1.7	+0.7	
강수량	-10	+25	+31	-4	+132	-45	+132	-6	+7	
일조시간	+3	+15	-17	+4	-10	-28	-16	+29	-70	

〈보 기〉

ㄱ. 8월 평균기온은 2020년이 가장 높다.
ㄴ. 2020년 7월 강수량은 2014~2019년 동안의 7월 평균강수량보다 많다.
ㄷ. 연강수량은 2020년이 2019년보다 많다.
ㄹ. 여름(6~8월)의 일조시간은 2020년이 2019년보다 적으나 2018년보다는 많다.

① ㄱ, ㄴ
② ㄱ, ㄹ
③ ㄴ, ㄷ
④ ㄱ, ㄷ, ㄹ
⑤ ㄴ, ㄷ, ㄹ

31

다음 〈그림〉은 2014~2019년 중 특정 연도의 '갑'지역 월별 일평균 일조시간과 누적 강수량에 대한 자료의 일부이다. 위 〈표〉와 아래 〈그림〉을 근거로 A, B에 해당하는 값을 바르게 나열한 것은?

〈그림〉 월별 일평균 일조시간과 누적 강수량

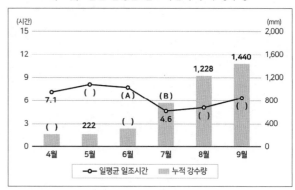

※ 1) 일평균 일조시간은 해당 월 일조시간을 해당 월 날짜 수로 나눈 값임.
2) 누적 강수량은 해당 연도 1월부터 해당 월까지의 강수량을 누적한 값임.

	A	B
①	7.5	763
②	7.5	779
③	7.5	794
④	7.7	763
⑤	7.7	779

📝 문제풀이

30 빈칸형
관련문제: 2020년 13, 14번 난이도 ★★★☆☆

ㄱ. (O) 8월 평균기온은 2020년이 26.3(2019년)+1.7=28.0℃로 가장 높다.

ㄴ. (X) 2020년 7월 강수량은 2019년의 +132이므로 358mm이다. 2014~2019년 7월 강수량과 2020년 7월 강수량의 편차를 도출하면 −119+773+91+318−150−132=+781이다. 따라서 2020년 7월 강수량은 2014~2019 동안의 7월 평균강수량보다 적다.

ㄷ. (O) 월별 강수량을 비교하면 1~9월까지 2020년의 전년 동월 대비 변화량 합은 −10+25+31−4+132−45+132−6+7=+262이다. 만약 2020년 10~12월 강수량이 하나도 없다고 가정해도 2019년 10~12월 강수량 합은 82+105+29=216mm이므로 연강수량은 2020년이 2019년보다 많다.

ㄹ. (O) 여름(6~8월)의 일조시간은 2020년의 전년 동월 대비 변화량 합 −28−16+29=−15이므로 2020년이 2019년보다 적다. 2019년에 비해 2018년은 −73−3−56=−132만큼 적기 때문에 2020년이 2018년 보다는 많다.

[정답] ④

📝 문제풀이

31 빈칸형
난이도 ★★★☆☆

(A) 일평균 일조시간×해당 월의 날짜 수를 곱해서 판단해야 한다. 4월의 일조시간은 7.1×30=213시간이고, 4월 일조시간이 213시간인 해는 2016~2018년 중 하나이다. 이때 7월의 일조시간이 4.6×31=142.6≒143시간이므로 〈그림〉은 2016년의 자료임을 알 수 있다. 월의 일평균 일조시간 4.6×31로 2016년임을 도출할 수도 있다. 따라서 2016년 6월의 일조시간 232를 30으로 나누면 (A)는 7.7이다.

(B) 7월까지 누적 강수량이므로 9+1+47+157+8+92+449=763이 도출된다.

⏱ **빠른 문제 풀이 Tip**

(A)가 7.7인 선택지의 (B)는 일의 자리 숫자가 3 또는 9이므로 이를 활용하여 시간을 줄일 수 있다.

[정답] ④

32

다음 〈표〉는 2020년 A지역의 가구주 연령대별 및 종사상지위별 가구 구성비와 가구당 자산 보유액 현황에 관한 자료이다. 이를 이용하여 작성한 〈보기〉의 그래프 중 옳은 것만을 모두 고르면?

〈표〉 가구 구성비 및 가구당 자산 보유액

(단위: %, 만 원)

구분	자산 유형 가구 구성비	전체	금융 자산	실물자산 부동산	거주주택	기타
가구 전체	100.0	43,191	10,570	30,379	17,933	2,242
가구주 연령대 30세 미만	2.0	10,994	6,631	3,692	2,522	671
30~39세	12.5	32,638	10,707	19,897	13,558	2,034
40~49세	22.6	46,967	12,973	31,264	19,540	2,730
50~59세	25.2	49,346	12,643	33,798	19,354	2,905
60세 이상	37.7	42,025	7,912	32,454	18,288	1,659
가구주 종사상 지위 상용근로자	42.7	48,531	13,870	32,981	20,933	1,680
임시·일용근로자	12.4	19,498	4,987	13,848	9,649	663
자영업자	22.8	54,869	10,676	38,361	18,599	5,832
기타(무직 등)	22.1	34,179	7,229	26,432	16,112	518

〈보 기〉

ㄱ. 가구주 연령대별 부동산 자산 중 거주주택 자산 비중

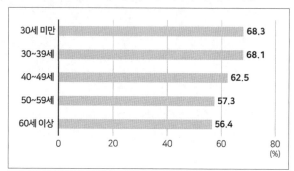

ㄴ. 상용근로자와 자영업자의 자산 유형별 자산 보유액 구성비 비교

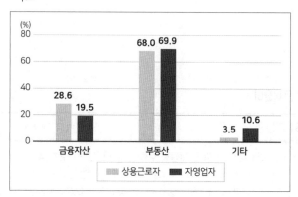

ㄷ. 전체 자산의 가구주 연령대별 구성비

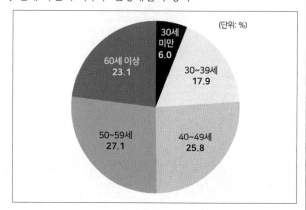

ㄹ. 가구주 종사상지위별 가구당 실물자산 규모

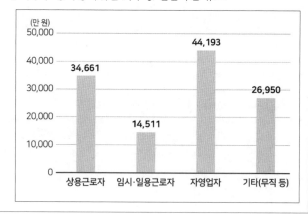

① ㄱ, ㄹ   ② ㄴ, ㄷ
③ ㄴ, ㄹ   ④ ㄷ, ㄹ
⑤ ㄱ, ㄴ, ㄹ

📝 문제풀이

32 표-차트 변환형   난이도 ★★★☆☆

ㄷ. (X) 30세 미만이 6.0%의 비중으로 나타냈는데 〈표〉에서 전체 43,191만 원 중 30세 미만은 10,994×2.0%≒220만 원으로 1% 미만이다. 따라서 옳지 않게 작성한 그래프이다.

⏱ **빠른 문제 풀이 Tip**
가구당 자산 보유액이라는 점을 체크하자.

[정답] ⑤

33

다음 〈표〉는 2020년 '갑'시의 오염물질 배출원별 배출량에 대한 자료이다. 이에 대한 〈보기〉의 설명 중 옳은 것만을 모두 고르면?

〈표〉 2020년 오염물질 배출원별 배출량 현황

(단위: 톤, %)

오염물질 / 구분 / 배출원	PM_{10} 배출량	PM_{10} 배출비중	$PM_{2.5}$ 배출량	$PM_{2.5}$ 배출비중	CO 배출량	CO 배출비중	NO_x 배출량	NO_x 배출비중	SO_x 배출량	SO_x 배출비중	VOC 배출량	VOC 배출비중
선박	1,925	61.5	1,771	64.0	2,126	5.8	24,994	45.9	17,923	61.6	689	1.6
화물차	330	10.6	304	11.0	2,828	7.7	7,427	13.6	3	0.0	645	1.5
건설장비	253	8.1	233	8.4	2,278	6.2	4,915	9.0	2	0.0	649	1.5
비산업	163	5.2	104	3.8	2,501	6.8	6,047	11.1	8,984	30.9	200	0.5
RV	134	4.3	123	4.5	1,694	4.6	1,292	2.4	1	0.0	138	0.3
계	2,805	( )	2,535	( )	11,427	( )	44,675	( )	26,913	( )	2,321	( )

※ 1) PM_{10} 기준 배출량 상위 5개 오염물질 배출원을 선정하고, 6개 오염물질 배출량을 조사함.

2) 배출비중(%)= $\dfrac{\text{해당 배출원의 배출량}}{\text{전체 배출원의 배출량}} \times 100$

〈보 기〉

ㄱ. 오염물질 CO, NO_x, SO_x, VOC 배출량 합은 '화물차'가 '건설장비'보다 많다.

ㄴ. $PM_{2.5}$ 기준 배출량 상위 5개 배출원의 $PM_{2.5}$ 배출비중 합은 90% 이상이다.

ㄷ. NO_x의 전체 배출원 중에서 '건설장비'는 네 번째로 큰 배출비중을 차지한다.

ㄹ. PM_{10}의 전체 배출량은 VOC의 전체 배출량보다 많다.

① ㄱ, ㄴ
② ㄱ, ㄷ
③ ㄴ, ㄹ
④ ㄱ, ㄴ, ㄷ
⑤ ㄴ, ㄷ, ㄹ

📝 문제풀이

33 빈칸형 　　　　관련문제: 14년 6번　난이도 ★★★★☆

ㄱ. (O) 오염물질 CO, NO_x, SO_x, VOC 배출량 합은 '화물차'가 10,903톤으로 '건설장비' 7,844톤보다 많다. 구체적으로 수치를 계산하지 않아도 NO_x에서 2,000톤 이상 차이가 나는 점을 기준으로 판단할 수 있다.

ㄴ. (O) PM_{10} 기준 배출량 상위 5개 오염물질 배출원의 $PM_{2.5}$ 배출비중 합은 91.7%이므로 하위 6위 이하의 합은 8.3%임을 알 수 있다. 따라서 선박, 화물차, 건설장비는 $PM_{2.5}$ 기준 배출량으로 보더라도 상위 3개임을 알 수 있다. 이들 셋의 배출비중 합은 83.4%이고 $PM_{2.5}$ 기준 배출량 상위 4위와 5위가 4.5%보다 크다면 상위 5개 배출비중 합은 당연히 90% 이상이 될 것이고 3.8보다 작다고 하더라도 91.7%이므로 $PM_{2.5}$ 기준 배출량 상위 5개 배출원의 $PM_{2.5}$ 배출비중 합은 90% 이상이라고 판단할 수 있다.

ㄷ. (X) PM_{10} 기준 배출량 상위 5개 오염물질 배출원의 NO_x 배출비중 합은 82%이므로 PM_{10} 기준 배출량 상위 6위 이하의 배출원 중 그 비중이 최대 18%까지 차지하는 배출원이 존재할 가능성이 있다. 따라서 오염물질 배출원 NO_x의 전체 배출원 중에서 '건설장비'는 네 번째로 큰 배출비중을 차지하는지 정확하게 판단할 수 없다.

ㄹ. (X) 〈표〉에 제시된 오염물질 배출량 계는 PM_{10} 기준 배출량 상위 5개 오염물질 배출원의 합이다. PM_{10}의 합 2,805톤은 전체의 89.7%이고 VOC의 합 2,321톤은 전체의 5.4%이므로 PM_{10}의 전체 배출량 2,805/0.897은 VOC의 전체 배출량 2,321/0.054보다 적다.

[정답] ①

34

다음 〈표〉는 '갑'국의 2020년 5월, 6월 음원차트 상위 15위 현황에 대한 자료이다. 이에 대한 〈보기〉의 설명 중 옳은 것만을 모두 고르면?

〈표 1〉 2020년 6월 음원차트 상위 15위 현황

순위	전월 대비 순위변동	음원	GA점수
1	–	( )	147,391
2	( )	알로에	134,098
3	( )	미워하게 될 줄 알았어	127,995
4	신곡	LESS & LESS	117,935
5	▽ [2]	매우 화났어	100,507
6	신곡	Uptown Baby	98,506
7	신곡	땅 Official Remix	91,674
8	( )	개와 고양이	80,927
9	▽ [2]	( )	77,789
10	△[100]	나에게 넌, 너에게 난	74,732
11	△ [5]	Whale	73,333
12	▽ [2]	( )	68,435
13	△ [18]	No Memories	67,725
14	△ [3]	화려한 고백	67,374
15	▽ [10]	마무리	65,797

〈표 2〉 2020년 5월 음원차트 상위 15위 현황

순위	전월 대비 순위변동	음원	GA점수
1	신곡	세븐	203,934
2	▽ [1]	알로에	172,604
3	△[83]	( )	135,959
4	신곡	개와 고양이	126,306
5	▽ [3]	마무리	93,295
6	△ [4]	럼더덤	90,637
7	△ [6]	좋은 사람 있으면 만나	88,775
8	▽ [5]	첫사랑	87,962
9	신곡	Sad	87,128
10	▽ [6]	흔들리는 풀잎 속에서	85,957
11	▽ [6]	아는 노래	78,320
12	–	Blue Moon	73,807
13	▽ [4]	METER	69,182
14	▽ [3]	OFF	68,592
15	신곡	미워하게 될 줄 알았어	66,487

※ 1) GA점수는 음원의 스트리밍, 다운로드, BGM 판매량에 가중치를 부여하여 집계한 것으로 GA점수가 높을수록 순위가 높음.
2) –: 변동없음, △[ ]: 상승[상승폭], ▽[ ]: 하락[하락폭], 신곡: 해당 월 발매 신곡

〈보 기〉

ㄱ. 2020년 4~6월 동안 매월 상위 15위에 포함된 음원은 모두 4곡이다.

ㄴ. 'Whale'의 2020년 6월 GA점수는 전월에 비해 6,000 이상 증가하였다.

ㄷ. 2020년 6월 음원차트 상위 15위 음원 중 6월 발매 신곡을 제외하고 전월 대비 순위 상승폭이 세 번째로 큰 음원의 GA점수는 전월 GA점수의 두 배 이상이다.

ㄹ. 2020년 6월 음원차트 상위 15위 음원 중 6월 발매 신곡을 제외하고 전월 대비 순위가 상승한 음원은 전월 대비 순위가 하락한 음원보다 많다.

① ㄱ, ㄴ
② ㄴ, ㄹ
③ ㄷ, ㄹ
④ ㄱ, ㄴ, ㄷ
⑤ ㄱ, ㄷ, ㄹ

📑 문제풀이

34 빈칸형　　　　관련문제: 2018년 20번　난이도★★★★☆

ㄱ. (O) 2020년 4~6월 동안 매월 상위 15위에 포함된 음원은 알로에(1위→2위→2위), 마무리(2위→5위→15위), 좋은사람 있으면 만나(13위→7위→9위), 흔들리는 풀잎 속에서(4위→10위→12위)로 모두 4곡이다.

ㄴ. (O) 'Whale'은 2020년 6월 순위가 11위인데 5월에는 전월에 비해 5위 상승했으므로 16위이다. 이에 따라 GA점수는 5월 15위의 66,487보다 적다. 따라서 'Whale'의 2020년 6월 GA점수 73,333은 전월에 비해 최소 6,847 이상 증가하였을 것이므로 6,000 이상 증가하였다고 판단할 수 있다.

ㄷ. (X) 2020년 6월 음원차트 상위 15위 음원 중 6월 발매 신곡을 제외하고 전월 대비 순위 상승폭이 가장 큰 음원은 10위 '나에게 넌, 너에게 난'이고 두번째로 큰 음원은 13위 'No Memories'이며 세 번째로 큰 음원은 12위가 상승 3위의 '미워하게 될 줄 알았어'이다. 6월의 GA점수 127,995는 전월 GA점수 66,487의 두 배 이상이 되지 못한다.

ㄹ. (X) 2020년 6월 음원차트 상위 15위 음원 중 6월 발매 신곡 4위, 6위, 7위를 제외하고 전월 대비 순위가 상승한 음원은 6월 순위 기준 3위, 10위, 11위, 13위, 14위로 5개이고 전월 대비 순위가 하락한 음원은 6월 순위 기준 5위, 8위, 9위, 12위, 15위로 5개이다. 따라서 전월 대비 순위가 상승한 음원과 전월 대비 순위가 하락한 음원의 수는 5개로 동일하다.

⏱ 빠른 문제 풀이 Tip

- 〈표 1〉이 6월이고 〈표 2〉가 5월이라는 점을 체크하자.
- 전월대비 순위변동이 주어졌으므로 5월을 통해 4월의 현황을 파악할 수 있다.

[정답] ①

35

다음 〈표〉는 A시의 2016~2020년 버스 유형별 노선 수와 차량 대수에 관한 자료이다. 이에 대한 〈보고서〉의 내용 중 옳은 것만을 고르면?

〈표〉 2016~2020년 버스 유형별 노선 수와 차량대수

(단위: 개, 대)

유형 구분 연도	간선버스		지선버스		광역버스		순환버스		심야버스	
	노선 수	차량 대수	노선 수	차량 대수	노선 수	차량 대수	노선 수	차량 대수	노선 수	차량 대수
2016	122	3,703	215	3,462	11	250	4	25	9	45
2017	121	3,690	214	3,473	11	250	4	25	8	47
2018	122	3,698	211	3,474	11	249	3	14	8	47
2019	122	3,687	207	3,403	10	247	3	14	9	70
2020	124	3,662	206	3,406	10	245	3	14	11	78

※ 버스 유형은 간선버스, 지선버스, 광역버스, 순환버스, 심야버스로만 구성됨.

─〈보고서〉─

ㄱ 2017~2020년 A시 버스 총노선 수와 총차량대수는 각각 매년 감소하고 있으며, ㄴ 전년 대비 감소폭은 총노선 수와 총차량대수 모두 2019년이 가장 크다. 이는 A시 버스 이용객의 감소와 버스 노후화로 인한 감차가 이루어져 나타난 결과로 볼 수 있다. ㄷ 2019년 심야버스는 버스 유형 중 유일하게 전년에 비해 차량대수가 증가하였고 전년 대비 차량대수 증가율은 45%를 상회하였다. 이는 심야시간 버스 이용객의 증가로 인해 나타난 것으로 볼 수 있다. ㄹ 2016~2020년 동안 노선 수 대비 차량대수 비는 간선버스가 매년 가장 크다. 이는 간선버스가 차량운행거리가 길고 배차시간이 짧다는 특성이 반영된 것으로 볼 수 있다. 마지막으로 ㅁ 2016~2020년 동안 노선 수 대비 차량대수 비는 심야버스가 순환버스보다 매년 크다.

① ㄱ, ㄴ, ㄷ
② ㄱ, ㄹ, ㅁ
③ ㄴ, ㄷ, ㄹ
④ ㄴ, ㄷ, ㅁ
⑤ ㄷ, ㄹ, ㅁ

📝 문제풀이

35 분수 비교형   난이도 ★★★☆☆

ㄱ (X) 2019년 대비 2020년의 노선 수는 간선버스가 +2, 지선버스가 −1, 심야버스가 +2로 총노선 수가 증가하였다. 따라서 2017~2020년 A시 버스 총노선 수와 총차량대수는 각각 매년 감소하고 있지 않다.

ㄴ (O) 전년 대비 감소폭은 2019년이 총노선 수(−4)와 총차량대수(−61) 모두 가장 크다.

ㄷ (O) 2019년 심야버스는 버스 유형 중 유일하게 전년에 비해 차량대수가 47대에서 70대로 증가하였고 전년 대비 차량대수 증가율은 23/47≒48.9%로 45%를 상회하였다.

ㄹ (O) 2016~2020년 동안 노선 수 대비 차량대수 비는 간선버스가 약 30으로 매년 가장 크다.

ㅁ (X) 2016년 노선 수 대비 차량대수 비는 심야버스가 45/9=5이고 순환버스가 25/4>5로 심야버스보다 순환버스가 더 크다. 따라서 2016~2020년 동안 노선 수 대비 차량대수 비는 심야버스가 순환버스보다 매년 크지 않다.

[정답] ③

36

다음 〈그림〉은 2020년 A기관의 조직 및 운영에 관한 자료이다. 이에 대한 〈보기〉의 설명 중 옳은 것만을 모두 고르면?

〈그림〉 2020년 A기관의 조직 및 운영 현황

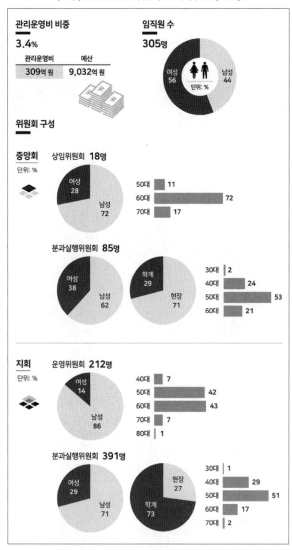

※ 중앙회는 상임위원회와 분과실행위원회로만 구성되고, 지회는 운영위원회와 분과실행위원회로만 구성됨.

〈보 기〉

ㄱ. 2020년 임직원당 관리운영비는 1억 원 이상이다.

ㄴ. 분과실행위원회의 현장 위원 수는 중앙회가 지회보다 많다.

ㄷ. 중앙회 상임위원회의 모든 여성 위원이 동시에 중앙회 분과실행위원회 위원이라면, 중앙회 여성 위원 수는 총 32명이다.

ㄹ. 지회 분과실행위원회의 50대 학계 위원은 80명 이상이다.

① ㄱ, ㄴ
② ㄱ, ㄹ
③ ㄴ, ㄷ
④ ㄴ, ㄹ
⑤ ㄱ, ㄷ, ㄹ

📑 문제풀이

36 곱셈 비교형
난이도 ★★★☆☆

ㄱ. (O) 2020년 임직원당 관리운영비는 309/305이므로 1억 원 이상이다.

ㄴ. (X) 분과실행위원회의 현장 위원 수는 중앙회 85×71이 지회 391×27보다 적다. 391은 85의 4배 이상, 71은 27의 3배 미만임을 적용하여 빠르게 비교한다.

ㄷ. (O) 중앙회 분과실행위원회 위원 중 여성은 85명×0.38≒32명이고 중앙회 상임위원회의 모든 여성 위원이 동시에 중앙회 분과실행위원회 위원이라면 32명에 포함되므로 중앙회 여성 위원 수는 총 32명이 된다.

ㄹ. (O) 지회 분과실행위원회 위원 수는 391명이고 학계는 73%, 50대는 51%이다. 따라서 지회 분과실행위원회의 50대 학계 위원은 최소 73+51-100=24%이므로 391×0.24≥800이다. 따라서 지회 분과실행위원회의 50대 학계 위원은 80명 이상이다. 391×24>400×20의 곱셈 비교로 판단해도 된다.

[정답] ⑤

37

다음 〈표〉는 2015~2019년 보호조치 아동의 발생원인 및 조치 방법에 관한 자료이다. 이에 대한 〈보기〉의 설명 중 옳은 것만을 모두 고르면?

〈표 1〉 보호조치 아동의 발생원인별 현황

(단위: 명)

연도 발생원인	2015	2016	2017	2018	2019
학대	2,866	3,139	2,778	2,726	2,865
비행	360	314	227	231	473
가정불화	930	855	847	623	464
유기	321	264	261	320	237
미아	26	11	12	18	8
전체	( )	( )	( )	( )	4,047

※ 보호조치 아동 한 명당 발생원인은 1개임.

〈표 2〉 보호조치 아동의 조치방법별 현황

(단위: 명)

연도 조치방법	2015	2016	2017	2018	2019
시설보호	2,682	2,887	2,421	2,449	2,739
가정위탁	1,582	1,447	1,417	1,294	1,199
입양	239	243	285	174	104
기타	0	6	2	1	5
전체	( )	( )	( )	( )	4,047

※ 보호조치 아동 한 명당 발생원인은 1개임.

─〈보 기〉─

ㄱ. 매년 전체 보호조치 아동은 감소한다.
ㄴ. 매년 전체 보호조치 아동 중 발생원인이 '가정불화'인 보호조치 아동의 비중은 10% 이상이다.
ㄷ. 2019년 조치방법이 '시설보호'인 보호조치 아동 중 발생원인이 '학대'인 보호조치 아동의 비중은 50% 이상이다.
ㄹ. 2016년 이후 조치방법이 '가정위탁'인 보호조치 아동의 전년 대비 감소율은 매년 10% 이하이다.

① ㄱ, ㄴ
② ㄱ, ㄷ
③ ㄴ, ㄹ
④ ㄱ, ㄷ, ㄹ
⑤ ㄴ, ㄷ, ㄹ

📝 문제풀이

37 빈칸형　　　　　　　　　　난이도 ★★★★☆

ㄱ. (X) 전체 보호조치 아동은 2015년부터 4,503명, 4,583명, 4,125명, 3,918명, 4,047명으로 2016년과 2019년에는 증가하였다. 따라서 매년 감소하지 않는다.

ㄴ. (O) 전체 보호조치 아동 중 발생원인이 '가정불화'인 보호조치 아동의 비중은 2015년부터 20.7%, 18.7%, 20.5%, 15.9%, 11.5%로 매년 10% 이상이다.

ㄷ. (O) 2019년 조치방법이 '시설보호'인 보호조치 아동 2,739명 중 발생원인이 '학대'인 보호조치 아동 2,865명을 더한 후 전체 4,047명을 빼면 1,557명이다. 따라서 2019년 조치방법이 '시설보호'인 보호조치 아동 중 발생원인이 '학대'인 보호조치 아동의 비중은 1,557/2,739≒56.8%로 50% 이상이다.

ㄹ. (O) 2016년 이후 조치방법이 '가정위탁'인 보호조치 아동의 전년 대비 감소율은 8.5%, 2.1%, 8.7%, 7.3%로 매년 10% 이하이다.

[정답] ⑤

38

다음 〈표〉는 영재학생 역량에 대한 과학교사와 인문교사 두 집단의 인식에 대한 자료이다. 이에 대한 설명으로 옳은 것은?

〈표 1〉 영재학생 역량별 요구수준 및 현재수준

(단위: 점)

집단 역량 구분	과학교사			인문교사		
	요구수준	현재수준	부족수준	요구수준	현재수준	부족수준
문해력	4.30	3.30	1.00	4.50	3.26	1.24
수리적 소양	4.37	4.00	0.37	4.43	3.88	0.55
과학적 소양	4.52	4.03	0.49	4.63	4.00	0.63
ICT 소양	4.33	3.59	0.74	4.52	3.68	0.84
경제적 소양	3.85	2.84	1.01	4.01	2.87	1.14
문화적 소양	4.26	2.84	1.42	4.46	3.04	1.42
비판적 사고	4.71	3.53	1.18	4.73	3.70	1.03
창의성	4.64	3.43	1.21	4.84	3.67	1.17
의사소통능력	4.68	3.42	1.26	4.71	3.65	1.06
협업능력	( )	3.56	( )	4.72	3.66	1.06
호기심	4.64	3.50	1.14	4.64	3.63	1.01
주도성	4.39	3.46	0.93	4.47	3.43	1.04
끈기	4.48	3.30	1.18	4.60	3.35	1.25
적응력	4.31	3.34	0.97	4.41	3.43	0.98
리더십	4.24	3.34	0.90	4.34	3.49	0.85
사회인식	4.32	3.05	1.27	4.48	3.24	1.24

※ 1) 부족수준＝요구수준－현재수준
2) 점수가 높을수록 해당 역량의 요구(현재, 부족)수준이 높음.

〈표 2〉 교사집단별 영재학생 역량 우선지수 순위

집단 순위 구분	과학교사		인문교사	
	역량	우선지수	역량	우선지수
1	문화적 소양	6.05	문화적 소양	6.33
2	( )	( )	( )	( )
3	( )	( )	창의성	5.66
4	비판적 사고	5.56	문해력	5.58
5	사회인식	5.49	사회인식	5.56
6	호기심	5.29	( )	( )
7	끈기	5.29	의사소통능력	4.99
8	협업능력	5.24	비판적 사고	4.87
9	문해력	4.30	호기심	4.69
10	적응력	4.18	주도성	4.65
11	주도성	4.08	경제적 소양	4.57
12	( )	( )	( )	( )
13	리더십	3.82	( )	( )
14	( )	( )	리더십	3.69
15	( )	( )	( )	( )
16	( )	( )	( )	( )

※ 우선지수＝요구수준×부족수준

① '끈기'에 대한 우선지수는 과학교사 집단이 인문교사 집단보다 높다.
② 각 교사집단에서 우선지수가 가장 낮은 역량은 모두 '수리적 소양'이다.
③ 두 교사집단 간 부족수준의 차이가 가장 큰 역량은 '경제적 소양'이다.
④ 각 교사집단이 인식하는 요구수준 상위 5개에 속한 역량은 다르다.
⑤ 각 교사집단이 인식하는 요구수준 하위 3개에 속한 역량은 같다.

📝 **문제풀이**

38 빈칸형 난이도★★★★★

① (X) '끈기'에 대한 우선지수는 과학교사 집단이 4.48×1.18로 인문교사 집단 4.60×3.35보다 낮다.

② (O) 각 교사집단에서 우선지수가 가장 낮은 역량은 모두 '수리적 소양'으로 과학교사 1.62, 인문교사 2.440이다. 수치를 직접 비교할 때는 수리적 소양을 기준으로 요구수준 또는 부족수준 중 하나라도 더 낮은 역량을 중심으로 판단한다.

③ (X) 두 교사집단 간 부족수준의 차이는 '경제적 소양' 0.13보다 '문해력' 0.24가 더 크다. 따라서 두 교사집단 간 부족수준의 차이가 가장 큰 역량은 '경제적 소양'이 아니다.

④ (X) 각 교사집단이 인식하는 요구수준 상위 5개에 속한 역량은 '비판적 사고' 4.71과 4.73, '창의성' 4.64와 4.84, '의사소통능력' 4.68과 4.71, '협업능력' 4.68과 4.72, '호기심' 4.64와 4.64로 같다.

⑤ (X) 각 교사집단이 인식하는 요구수준 하위 3개에 속한 역량은 과학교사의 경우 '경제적 소양' 3.85, '문화적 소양' 4.26, '리더십' 4.240이지만 인문교사의 경우 '경제적 소양' 4.01, '적응력' 4.41, '리더십' 4.34으로 서로 다르다.

[정답] ②

39

다음 〈표〉는 S시 공공기관 의자 설치 사업에 참여한 '갑'~'무' 기업의 소요비용에 대한 자료이다. 이에 대한 〈보기〉의 설명 중 옳은 것만을 모두 고르면?

〈표〉 기업별 의자 설치 소요비용 산출근거

기업	의자 제작비용 (천 원/개)	배송거리 (km)	배송차량당 배송비용 (천 원/km)		배송차량의 최대 배송량 (개/대)
			배송업체 A	배송업체 B	
갑	300	120	1.0	1.2	30
을	250	110	1.1	0.9	50
병	320	130	0.7	0.9	70
정	400	80	0.8	1.0	40
무	270	150	0.5	0.3	25

※ 1) 소요비용＝제작비용＋배송비용
2) '갑'~'무' 기업은 배송에 필요한 최소대수의 배송차량을 사용함.

〈보 기〉

ㄱ. 배송업체 A를 이용하여 의자 500개를 설치할 때, 소요비용이 가장 적은 기업은 '을'이다.

ㄴ. 배송업체 A를 이용하여 의자 300개를 설치할 때, 소요비용이 1억 원 미만인 기업이 있다.

ㄷ. 배송업체 B를 이용하여 의자 300개를 설치할 때, 소요비용이 가장 적은 기업은 '무'이다.

ㄹ. 배송업체 B를 이용하여 의자 590개를 설치할 때, 소요비용이 1억 5천만 원 미만인 기업이 있다.

① ㄱ, ㄴ
② ㄱ, ㄹ
③ ㄴ, ㄷ
④ ㄱ, ㄴ, ㄹ
⑤ ㄴ, ㄷ, ㄹ

📑 문제풀이

39 각주 판단형	난이도★★★★★

ㄱ. (O) 배송업체 A를 이용하여 의자 500개를 설치할 때, 소요비용은 '을'이 1억 2,621만 원으로 가장 적다.

ㄴ. (O) 을의 경우 배송업체 A를 이용하여 의자 300개를 설치할 때, 제작비용은 250×300=75,000천 원=7,500만 원이다. 배송차량의 최대 배송량이 50개/대이고 배송차량은 6대 필요하므로 배송비용은 1.1×110×6=726천 원=72.6만 원이다. 따라서 배송비용은 7572.6만 원으로 1억 원 미만이다.

ㄷ. (X) 배송업체 B를 이용하여 의자 300개를 설치할 때, 소요비용은 '무'가 8,154만 원이지만 '을'이 7,559.4만 원으로 더 적다. 따라서 소요비용이 가장 적은 기업은 '무'가 아니다.

ㄹ. (O) 을의 경우 배송업체 B를 이용하여 의자 590개를 설치할 때, 제작비용은 250×590=147,500천 원=1억 4,750만 원이다. 배송차량의 최대 배송량이 50개/대이고 배송차량은 12대 필요하므로 배송비용은 0.9×110×12=1,188천 원=118.8만 원이다. 따라서 제작소요비용이 1억 4,868.8만 원으로 1억 5천만 원 미만이다.

⏱ 빠른 문제 풀이 Tip

제작비용이 소요비용의 대부분을 차지하고 배송차량당 배송비용은 그 비중이 크지 않다는 점을 파악하자.

[정답] ④

다음 〈조건〉, 〈그림〉과 〈표〉는 2015~2019년 '갑'지역의 작물재배와 생산, 판매가격에 대한 자료이다. 이에 대한 설명으로 옳지 않은 것은?

─〈조 건〉─

○ '갑'지역의 전체 농민은 '가', '나', '다' 3명뿐이다.
○ 각 농민은 1,000m² 규모의 경작지 2곳만을 가지고 있다.
○ 한 경작지에는 한 해에 하나의 작물만 재배한다.
○ 각 작물의 '경작지당 연간 최대 생산량'은 A는 100kg, B는 200kg, C는 100kg, D는 200kg, E는 50kg이다.
○ 생산된 작물은 해당 연도에 모두 판매된다.
○ 각 작물의 판매가격은 해당 연도의 '갑'지역 작물별 연간 총생산량에 따라 결정된다.

〈그림〉 A~E작물별 '갑'지역 연간 총생산량에 따른 판매가격

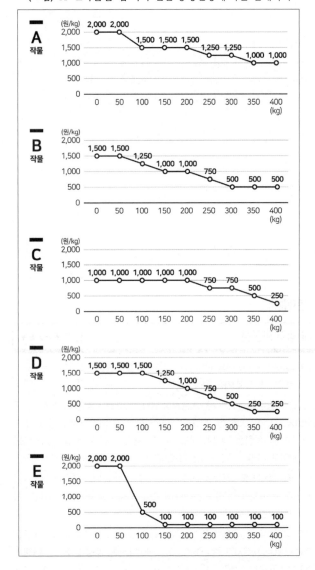

〈표〉 2015~2019년 경작지별 재배작물 종류 및 생산량

(단위: kg)

농민	경작지	연도									
		2015		2016		2017		2018		2019	
	구분	작물	생산량	작물	생산량	작물	생산량	작물	생산량	작물	생산량
가	경작지1	A	100	A	50	A	25	B	100	A	100
	경작지2	A	100	B	100	D	200	B	100	B	50
나	경작지3	B	100	B	50	C	100	C	50	D	200
	경작지4	C	100	A	100	D	200	E	50	E	50
다	경작지5	D	200	D	200	C	50	D	200	D	200
	경작지6	E	50	E	50	E	50	E	50	E	50

① 동일 경작지에서 동일 작물을 다년간 연속 재배하였을 때, 전년 대비 생산량 감소를 보인 작물은 A, B, C이다.
② 2016년 농민 '가'의 작물 총판매액은 225,000원이다.
③ E작물은 동일 경작지에서 다년간 연속 재배해도 생산량이 감소하지 않았다.
④ 동일 경작지에서 A작물을 3개년 연속 재배하고 B작물을 재배한 후 다시 A작물을 재배한 해에는 A작물이 '경작지당 연간 최대 생산량'만큼 생산되었다.
⑤ 2016년과 2019년의 작물 판매가격 차이는 D작물이 E작물보다 작다.

📝 문제풀이

40 조건 판단형   난이도★★★★☆

① (○) 동일 경작지에서 동일 작물을 다년간 연속 재배하였을 때, 전년 대비 생산량 감소를 보인 작물은 2015~2017년 '가'의 A, 2018~2019년 '가'와 2015~2016 '나'의 B, 2017~2018년 '나'의 C이다.

② (X) 2016년 A의 생산량은 150kg이므로 판매가격은 1,500원/kg이고 B의 생산량 역시 150kg이므로 판매가격은 1,000원/kg이 된다. 따라서 2016년 농민 '가'의 작물 총판매액은 5×1,500+100×1,000=175,000원이다.

③ (○) 2018~2019년 '나'와 2015~2019년 '다'를 보면 E작물은 동일 경작지에서 다년간 연속 재배해도 생산량이 감소하지 않았다.

④ (○) 동일 경작지에서 A작물을 3개년 연속 재배하고 B작물을 재배한 후 다시 A작물을 재배한 경우는 '가'의 경작지1이다. 다시 A작물을 재배한 해인 2019년에는 A작물이 '경작지당 연간 최대 생산량'인 100kg만큼 생산되었다.

⑤ (○) 2016년과 2019년의 작물 판매가격 차이는 D작물이 1,000-250=750원/kg이고 E 작물이 2,000-500=1,500원/kg이다.

[정답] ②

2020년 기출문제

총평

- 순수 자료비교인 곱셈 비교와 분수 비교 자체를 묻는 문제가 16문제 출제되어 전체 문제의 40%를 차지하였다. 따라서 기본적인 곱셈 비교와 분수 비교를 꾸준히 연습하여 숙달하였다면 고득점이 가능하다고 볼 수 있다.

- 매칭형이 3문제, 빈칸형이 2문제, 각주 판단형이 5문제, 조건 판단형이 5문제로 자료판단에서 15문제가 출제되었다. 각주 판단 및 조건 판단형이 10문제로 무난한 비중으로 출제되었고 빈칸형 문제의 비중이 적었다는 점에서 시간관리가 어렵지 않다고 볼 수 있다.

- 보고서 검토·확인형은 3문제, 표-차트 변환형이 1문제 출제되어 전체의 10% 비중을 차지하고 있다. 특히 보고서 검토·확인형은 3문제여서 때문에 접근법을 완성하여 확실히 맞혀야 한다.

- 세트문제는 13~14번, 33~34번으로 출제되었고 각주 판단형과 보고서 검토·확인형, 곱셈 비교형과 분산·물방울형으로 각각 세트문제 2문제당 4분 이내로 소요되는 난도로 출제되었다.

- 전체적인 난도는 ★★★☆☆ 정도로 출제되었으며 분수 비교를 자유자재로 활용할 수 있다면 고득점이 가능한 문제로 구성되어 있다. 시간이 3분 이상 소요되는 고난도 문제의 비중이 전체의 30% 수준이므로 80점 이상을 받아야 상위권에 포함될 수 있다.

01

다음 〈표〉와 〈보고서〉는 2014~2017년 IT산업 3개(소프트웨어, 인터넷, 컴퓨터) 분야의 인수·합병에 대한 자료이다. 이를 근거로 판단할 때, A~E국 중 '갑'국에 해당하는 국가의 2017년 IT산업 3개 분야 인수·합병 건수의 합은?

〈표 1〉 소프트웨어 분야 인수·합병 건수

(단위: 건)

연도＼국가	미국	A	B	C	D	E
2014	631	23	79	44	27	20
2015	615	47	82	45	30	19
2016	760	72	121	61	37	19
2017	934	127	118	80	49	20
계	2,940	269	400	230	143	78

〈표 2〉 인터넷 분야 인수·합병 건수

(단위: 건)

연도＼국가	미국	A	B	C	D	E
2014	498	17	63	68	20	16
2015	425	33	57	52	19	7
2016	528	44	64	61	31	14
2017	459	77	69	70	38	21
계	1,910	171	253	251	108	58

〈표 3〉 컴퓨터 분야 인수·합병 건수

(단위: 건)

연도＼국가	미국	A	B	C	D	E
2014	196	12	33	32	11	3
2015	177	17	38	33	12	8
2016	200	18	51	35	16	8
2017	240	24	51	58	18	9
계	813	71	173	158	57	28

〈보고서〉

'갑'국의 IT산업 3개(소프트웨어, 인터넷, 컴퓨터) 분야 인수·합병 현황은 다음과 같다. '갑'국의 IT산업 인수·합병 건수는 3개 분야 모두에서 매년 미국의 10% 이하에 불과했다. 또한, 연도별 인수·합병 건수 증가 추이를 살펴보면, 소프트웨어 분야와 컴퓨터 분야의 인수·합병 건수는 매년 증가하였고, 인터넷 분야 인수·합병 건수는 한 해를 제외하고 매년 증가하였다.

① 50

② 105

③ 208

④ 228

⑤ 238

📑 문제풀이

01 매칭형

난이도 ★★☆☆☆

- 3개 분야 모두 미국의 10% 이하이므로 10%를 초과하는 A, B, C는 제외한다.

- 나머지 D와 E 중 소프트웨어 분야에서 매년 증가하지 않는 E를 제외하면 소프트웨어 분야와 컴퓨터 분야의 인수·합병 건수는 매년 증가하였고, 인터넷 분야 인수·합병 건수는 한 해를 제외하고 매년 증가한 국가는 D뿐이다.

따라서 D국의 2017년 3개 분야 인수합병 건수의 합은 49+38+18=105이다.

⏱ 빠른 문제 풀이 Tip

- 문제에서 IT산업 3개 분야는 소프트웨어, 인터넷, 컴퓨터라고 명시하고 있으므로 IT산업 3개 분야의 합은 〈표〉 3개를 모두 더해야 한다.
- 매칭형 판단을 한 후 갑에 해당하는 국가의 2017년 건수 합을 도출하면 되는 쉬운 문제이다.

[정답] ②

02

다음 〈표〉와 〈정보〉는 5월 '갑'국의 관측날씨와 '가'~'라'팀의 예보날씨에 관한 자료이다. 〈표〉와 〈정보〉를 근거로 '정확도가 가장 높은 팀'과 '임계성공지수가 가장 낮은 팀'을 바르게 나열한 것은?

〈표〉 5월 '갑'국의 관측날씨와 팀별 예보날씨

구분 \ 날짜(일)	1	2	3	4	5	6	7	8	9	10	11	12
관측날씨	🌧	🌧	☀	☀	🌧	☀	☀	☀	☀	🌧	🌧	☀
예보날씨 가	🌧	🌧	☀	☀	☀	☀	☀	☀	🌧	☁	☀	☀
나	🌧	🌧	🌧	☀	🌧	☀	☀	🌧	🌧	🌧	☀	☀
다	🌧	🌧	☀	☀	☀	☀	☀	☀	☁	☀	☀	☀
라	🌧	☀	☀	☀	☀	☀	☀	☀	☀	☀	🌧	☀

〈정 보〉

○ 각 팀의 예보날씨와 실제 관측날씨 분류표

예보날씨 \ 관측날씨	🌧	☀
🌧	H	F
☀	M	C

※ H, F, M, C는 각각의 경우에 해당하는 빈도를 뜻하며, 예를 들어 '가'팀의 H 는 3임.

○ 정확도 $= \dfrac{H+C}{H+F+M+C}$

○ 임계성공지수 $= \dfrac{H}{H+F+M}$

	정확도가 가장 높은 팀	임계성공지수가 가장 낮은 팀
①	가	나
②	가	라
③	다	나
④	다	라
⑤	라	다

📑 문제풀이

02 조건 판단형　　　　　　　　　　난이도 ★★★☆☆

- 정확도는 예보를 맞힌 날짜가 가장 많은 팀을 고르면 되므로 선택지를 참고하여 나를 제외하고 비교한다. 정확도가 가는 10, 다는 9, 라는 9이므로 가 팀이 가장 높다. 대부분 예측을 한 경우이므로 예측이 틀린 개수가 가장 적은 팀을 골라도 된다.

- 선택지에서 임계성공지수가 가장 낮은 팀은 나 또는 라이므로 먼저 분자인 H를 보면 나는 4, 라는 1이다. 분모인 F+M, 즉 예측이 틀린 경우는 나가 4, 라가 3이다. 따라서 임계성공지수는 라가 가장 낮다. 라의 경우 사실상 흐림으로 예측한 날이 하루뿐이므로 라를 먼저 검토하여 이를 기준으로 나를 판단하면 시간을 줄일 수 있다.

> ⏱ 빠른 문제 풀이 Tip
> - 정확도의 경우 H+F+M+C의 합이므로 전체 기간인 12일로 모두 동일하다. 따라서 분자인 H+C의 합, 즉 예보를 맞힌 날짜의 수만 세면 된다.
> - 임계성공지수는 분모와 분자 모두 H가 포함이므로 전체비를 상대비로 바꿔 $\dfrac{H}{H+F+M}$를 $\dfrac{H}{H+F}$로 판단하자.

[정답] ②

03

다음 〈표〉는 '갑'국의 택배 물량, 평균단가 및 매출액에 관한 자료이다. 〈보고서〉를 작성하기 위해 〈표〉 이외에 추가로 필요한 자료만을 〈보기〉에서 모두 고르면?

〈표〉 택배 물량, 평균단가 및 매출액

(단위: 만 박스, 원/박스, 억 원)

연도 \ 국가	물량	평균단가	매출액
2015	181,596	2,392	43,438
2016	204,666	2,318	47,442
2017	231,946	2,248	52,141
2018	254,278	2,229	56,679

〈보고서〉

'갑'국의 택배 물량은 2015년 이후 매년 증가하였고, 2018년은 2017년에 비해 약 9.6% 증가하였다. 2015년 이후 '갑'국의 경제활동인구 1인당 택배 물량 또한 매년 증가하고 있는데, 이와 같은 추세는 앞으로도 계속될 것으로 예측된다.

2018년 '갑'국의 택배업 매출액은 2017년 대비 약 8.7% 증가한 5조 6,679억 원이었다. '갑'국 택배업 매출액의 연평균 성장률을 살펴보면 2001~2010년 19.1%, 2011~2018년 8.4%를 기록하였는데, 2011년 이후 성장률이 다소 둔화하였지만, 여전히 높은 성장률을 유지하고 있음을 알 수 있다. 2011~2018년 '갑'국 유통업 매출액의 연평균 성장률은 3.5%로 동기간 택배업 매출액의 연평균 성장률보다 매우 낮다고 할 수 있다. 한편, 택배의 평균단가는 2015년 이후 매년 하락하고 있다.

〈보 기〉

ㄱ. 2001~2014년 연도별 택배업 매출액
ㄴ. 2011~2018년 연도별 유통업 매출액
ㄷ. 2012~2014년 연도별 택배 평균단가
ㄹ. 2015~2018년 연도별 경제활동인구

① ㄱ, ㄴ
② ㄱ, ㄹ
③ ㄴ, ㄷ
④ ㄱ, ㄴ, ㄹ
⑤ ㄴ, ㄷ, ㄹ

📝 문제풀이

03 보고서 검토·확인형　　　　　　　　난이도★★☆☆☆

ㄱ. 〈보고서〉 두 번째 문단 두 번째 문장 "'갑'국 택배업 매출액의 연평균 성장률을 살펴보면 2001~2010년 19.1%, 2011~2018년 8.4%를 기록하였는데'에서 [2001~2014년 연도별 택배업 매출액]이 추가로 필요함을 알 수 있다.

ㄴ. 〈보고서〉 두 번째 문단 세 번째 문장 '2011~2018년 '갑'국 유통업 매출액의 연평균 성장률은 3.5%로 동기간 택배업 매출액의 연평균 성장률보다 매우 낮다고 할 수 있다.'에서 [2011~2018년 연도별 유통업 매출액]이 추가로 필요함을 알 수 있다.

ㄷ. 〈보고서〉 두 번째 문단 마지막 문장 '한편, 택배의 평균단가는 2015년 이후 매년 하락하고 있다.'는 〈표〉의 평균단가를 통해 작성할 수 있으므로 [2012~2014년 연도별 택배 평균단가]는 추가로 필요하지 않다.

ㄹ. 〈보고서〉 첫 번째 문단 두 번째 문장 '2015년 이후 '갑'국의 경제활동인구 1인당 택배 물량 또한 매년 증가하고 있는데'에서 [2015~2018년 연도별 경제활동인구]가 추가로 필요함을 알 수 있다.

⏱ 빠른 문제 풀이 Tip

• 〈표〉를 통해 〈보고서〉를 작성할 수 있는지 도출가능성을 중심으로 판단하자.
• 〈표〉에 직접 언급되지 않은 구분항목 또는 연도를 중심으로 검토하자.

[정답] ④

04

다음 〈표〉는 2020년 3월 1~15일 '갑'의 몸무게, 섭취 및 소비 열량, 만보기 측정값, 교통수단에 관한 자료이다. 이에 대한 〈보기〉의 설명 중 옳은 것만을 모두 고르면?

〈표〉 몸무게, 섭취 및 소비 열량, 만보기 측정값, 교통수단

(단위: kg, kcal, 보)

구분 날짜	몸무게	섭취 열량	소비 열량	만보기 측정값	교통수단
1일	80.0	2,700	2,800	9,500	택시
2일	79.5	2,600	2,900	11,500	버스
3일	79.0	2,400	2,700	14,000	버스
4일	78.0	2,350	2,700	12,000	버스
5일	77.5	2,700	2,800	11,500	버스
6일	77.3	2,800	2,800	12,000	버스
7일	77.3	2,700	2,700	12,000	버스
8일	79.0	3,200	2,700	11,000	버스
9일	78.5	2,300	2,400	8,500	택시
10일	79.6	3,000	2,700	11,000	버스
11일	78.6	2,200	2,400	7,700	택시
12일	77.9	2,200	2,400	8,200	택시
13일	77.6	2,800	2,900	11,000	버스
14일	77.0	2,100	2,400	8,500	택시
15일	77.0	2,500	2,500	8,500	택시

─── 〈보 기〉 ───

ㄱ. 택시를 이용한 날은 만보기 측정값이 9,500보 이하이다.
ㄴ. 섭취 열량이 소비 열량보다 큰 날은 몸무게가 바로 전날보다 1kg 이상 증가하였다.
ㄷ. 버스를 이용한 날은 몸무게가 바로 전날보다 감소하였다.
ㄹ. 만보기 측정값이 10,000보 이상인 날은 섭취 열량이 2,500 kcal 이상이다.

① ㄱ, ㄴ
② ㄱ, ㄷ
③ ㄴ, ㄹ
④ ㄱ, ㄷ, ㄹ
⑤ ㄴ, ㄷ, ㄹ

📑 문제풀이

04 분수 비교형

난이도 ★★☆☆☆

ㄱ. (O) 택시를 이용한 날의 만보기 측정값은 1일 9,500보, 9일 8,500보, 11일 7,700보, 12일 8,200보, 14일 8,500보, 15일 8,500보이다. 따라서 택시를 이용한 날은 만보기 측정값이 9,500보 이하이다.

ㄴ. (O) 섭취 열량이 소비 열량보다 큰 날은 8일(3,200>2,700), 10일(3,000>2,700)이고 몸무게는 7일 77.3kg에서 8일 79.0kg으로, 9일 78.5kg에서 79.6kg으로 각각 전날보다 1kg 이상 증가하였다. 따라서 섭취 열량이 소비 열량보다 큰 날은 몸무게가 바로 전날보다 1kg 이상 증가하였다.

ㄷ. (X) 6일과 7일 모두 버스를 이용하였지만 몸무게는 동일하다. 따라서 버스를 이용한 날 모두 몸무게가 바로 전날보다 감소하지는 않았다.

ㄹ. (X) 3일과 4일은 모두 만보기 측정값이 10,000보 이상인 날이지만 섭취 열량이 2,500kcal 이상이 되지 않는다.

⏱ 빠른 문제 풀이 Tip
- 열량을 언급하는 경우 섭취 열량인지 소비 열량인지 명확히 구분하자.
- 교통수단은 택시보다 버스를 탄 날짜가 더 많으므로 택시를 이용한 날짜 정도만 체크하자.

[정답] ①

05

다음 〈보고서〉는 스마트폰을 이용한 동영상 및 방송프로그램 시청 현황에 관한 자료이다. 〈보고서〉의 내용과 부합하지 않는 자료는?

─〈보고서〉─

스마트폰 사용자 3,427만 명 중 월 1회 이상 동영상을 시청한 사용자는 3,246만 명이고, 동영상 시청자 중 월 1회 이상 방송프로그램을 시청한 사용자는 2,075만 명이었다. 월평균 동영상 시청시간은 월평균 스마트폰 이용시간의 10% 이상이었으나 월평균 방송프로그램 시청시간은 월평균 동영상 시청시간의 10% 미만이었다.

스마트폰 사용자 중 동영상 시청자가 차지하는 비중은 모든 연령대에서 90% 이상인 반면, 스마트폰 사용자 중 방송프로그램 시청자의 비중은 '20대'~'40대'는 60%를 상회하지만 '60대 이상'은 50%에 미치지 못해 연령대별 편차가 큰 것으로 나타났다.

월평균 동영상 시청시간은 남성이 여성보다 길고, 연령대별로는 '10대 이하'의 시청시간이 가장 길었다. 반면, 월평균 방송프로그램 시청시간은 여성이 남성보다 9분 이상 길고, 연령대별로는 '20대'의 시청시간이 가장 길었는데 이는 '60대 이상'의 월평균 방송프로그램 시청시간의 3배 이상이다.

월평균 방송프로그램 시청시간을 장르별로 살펴보면, '오락'이 전체의 45% 이상으로 가장 길고, 그 뒤를 이어 '드라마', '스포츠', '보도' 순이었다.

① 스마트폰 사용자 중 월 1회 이상 동영상 및 방송프로그램 시청자 비율

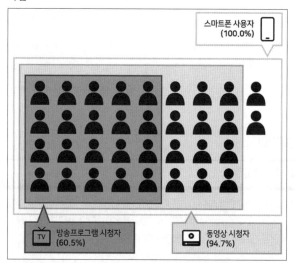

② 스마트폰 사용자의 월평균 스마트폰 이용시간, 동영상 및 방송프로그램 시청시간

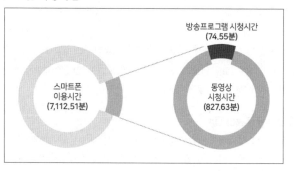

③ 성별, 연령대별 스마트폰 사용자 중 동영상 및 방송프로그램 시청자 비율

(단위: %)

| 구분 | 성별 | | 연령대 | | | | | |
	남성	여성	10대 이하	20대	30대	40대	50대	60대 이상
동영상	94.7	94.7	97.0	95.3	95.6	95.4	93.1	92.0
방송프로그램	59.1	62.1	52.3	68.0	67.2	65.6	56.0	44.5

④ 방송프로그램 장르별 월평균 시청시간

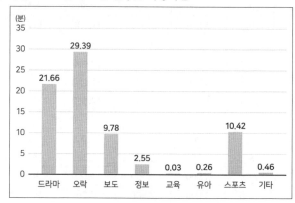

⑤ 성별, 연령대별 스마트폰 사용자의 동영상 및 방송프로그램 월평균 시청시간

(단위: 분)

| 구분 | 성별 | | 연령대 | | | | | |
	남성	여성	10대 이하	20대	30대	40대	50대	60대 이상
동영상	901.0	746.4	1,917.5	1,371.2	671.0	589.0	496.4	438.0
방송프로그램	70.0	79.6	50.7	120.5	75.5	82.9	60.1	38.6

📝 문제풀이

05 분수 비교형　　　　　　　　　　난이도★★★☆☆

- 〈보고서〉 첫 번째 문단은 ①, ②와 관련이 있는데 ①은 구체적으로 계산해야 하므로 ②를 먼저 확인한다. 만약 ①을 계산한다면, 3,427의 94.7%는 3,245.4이고 60.5%는 2,073.3임을 적용한다.

- 〈보고서〉 두 번째 문단은 ③과 비교하여 간단히 확인한다.

- 〈보고서〉 세 번째 문단은 ⑤와 비교하여 간단히 확인한다.

- 〈보고서〉 네 번째 문단은 ④와 관련이 있는데 전체의 45%를 판단할 때 ②의 74.55분을 기준으로 오락 29.39분이 45% 이상이 되는지 판단한다. 74분을 기준으로 45%는 (50−5)%=37−3.7=34.3분이므로 오락은 45% 이상이 되지 못한다.

⏱ 빠른 문제 풀이 Tip

〈보고서〉와 선택지 매칭형 문제이므로 계산이나 판단이 쉬운 선택지부터 검토한다.

[정답] ④

06

다음 〈표〉는 2019년 3월 사회인 축구리그 경기일별 누적승점에 대한 자료이다. 〈표〉와 〈조건〉에 근거한 설명으로 옳지 않은 것은?

〈표〉 경기일별 경기 후 누적승점

(단위: 점)

경기일(요일)	A	B	C	D	E	F
9일(토)	3	0	0	3	1	1
12일(화)	6	1	0	3	2	4
14일(목)	7	2	3	4	2	5
16일(토)	8	2	3	7	3	8
19일(화)	8	5	3	8	4	11
21일(목)	8	8	4	9	7	11
23일(토)	9	9	5	10	8	12
26일(화)	9	12	5	13	11	12
28일(목)	10	12	8	16	12	12
30일(토)	11	12	11	16	15	13

─〈조 건〉─

○ 팀별로 다른 팀과 2번씩 경기한다.
○ 경기일별로 세 경기가 진행된다.
○ 경기일별로 팀당 한 경기만 진행한다.
○ 승리팀은 승점 3점을 얻고, 패배팀은 승점 0점을 얻는다.
○ 무승부일 경우 두 팀 모두 각각 승점 1점을 얻는다.
○ 3월 30일 경기 후 누적승점이 가장 높은 팀이 우승팀이 된다.

① A팀과 C팀은 승리한 횟수가 같다.
② B팀은 화요일에는 패배한 적이 없다.
③ 모든 팀이 같은 경기일에 무승부를 기록한 적이 있다.
④ C팀은 3월 14일에 E팀과 경기하여 승리하였다.
⑤ 3월 30일 경기결과가 달라져도 우승팀은 바뀌지 않는다.

📝 문제풀이

06 조건 판단형

난이도 ★★★★☆

① (X) A팀은 9일과 12일 2경기 승리이고 C팀은 14일, 28일, 30일 3경기 승리이다. 따라서 A팀과 C팀은 승리한 횟수가 같지 않다. 구체적으로 A는 2승 5무 3패, C는 3승 2무 5패로 승점 11점 동률이다.

② (O) B팀은 12일 무승부, 19일 승리, 26일 승리로 B팀은 화요일에는 패배한 적이 없다.

③ (O) 23일은 모든 팀이 이전 경기일에 비해 승점을 1점씩 추가하였으므로 무승부를 기록한 날이 된다. 따라서 모든 팀이 같은 경기일에 무승부를 기록한 적이 있다.

④ (O) 14일은 A, B, D, F 팀은 모두 승점 1점씩 추가하여 무승부를 기록하였고 C팀은 승점 3점, E팀은 승점 0점이므로 C팀은 3월 14일에 E팀과 경기하여 승리하였다.

⑤ (O) 28일에 D의 승점이 16점이고 B, E, F의 승점이 12점으로 4점 차이가 난다. 따라서 30일 경기에서 B, E, F 중 누가 승리를 하더라도 D의 승점보다 클 수 없기 때문에 우승팀은 이미 28일에 결정된 것과 동일하다. 따라서 3월 30일 경기결과가 달라져도 우승팀은 바뀌지 않는다.

⏱ 빠른 문제 풀이 Tip

• 주어진 〈표〉의 제목이 누적승점이라는 것을 체크하자.
• 팀당 다른 팀 5개와 2경기씩 하므로 각 팀은 총 10경기씩 치르게 된다.
• 승리 +3, 무승부 +1, 패배 0점이다.

[정답] ①

해커스PSAT 5급 PSAT 김용훈 자료해석 13개년 기출문제집

07

다음 〈표〉는 A~E국의 최종학력별 근로형태 비율에 관한 자료이다. '갑'국에 대한 〈보고서〉의 내용을 근거로 판단할 때, A~E국 중 '갑'국에 해당하는 국가는?

〈표〉 A~E국 최종학력별 근로형태 비율

(단위: %)

최종학력	근로형태	A	B	C	D	E
중졸	전일제 근로자	35	31	31	39	31
	시간제 근로자	29	27	14	19	42
	무직자	36	42	55	42	27
고졸	전일제 근로자	46	47	42	54	49
	시간제 근로자	31	29	15	20	40
	무직자	23	24	43	26	11
대졸	전일제 근로자	57	61	59	67	55
	시간제 근로자	25	28	13	19	39
	무직자	18	11	28	14	6

─〈보고서〉─

'갑'국의 최종학력별 전일제 근로자 비율은 대졸이 고졸과 중졸보다 각각 10%p, 20%p 이상 커서, 최종학력이 높을수록 전일제로 근무하는 근로자 비율이 높다고 볼 수 있다. 또한, 시간제 근로자 비율은 고졸의 경우 중졸과 대졸보다 크지만, 그 차이는 3%p 이하로 시간제 근로자의 비율은 최종학력에 따라 크게 다르지 않다. 한편 '갑'국의 무직자 비율은 대졸의 경우 20% 미만이며 고졸의 경우 25% 미만이지만, 중졸의 경우 30% 이상이다.

① A
② B
③ C
④ D
⑤ E

📝 문제풀이

07 분수 비교형	난이도★★☆☆☆

• 〈보고서〉 마지막 문장에서 '갑'국의 무직자 비율은 대졸의 경우 20% 미만이며 고졸의 경우 25% 미만이지만, 중졸의 경우 30% 이상이라고 하였으므로 대졸이 20% 이상인 C, 고졸이 25% 이상인 D, 중졸이 30% 미만인 E는 제외한다.

• 〈보고서〉 두 번째 문장에서 시간제 근로자 비율은 고졸의 경우 중졸과 대졸보다 크지만, 그 차이는 3%p 이하로 시간제 근로자의 비율은 최종학력에 따라 크게 다르지 않다고 하였으므로 A와 B 모두 시간제 근로자 비율은 고졸의 경우 A(31), B(29)로 중졸 A(29), B(27)과 대졸 A(25), B(28)보다 크다는 점을 먼저 확인한다. 이어서 A의 경우에는 고졸 31%로 대졸 25%와 6%p 차이 나므로 3%p 이상 차이가 난다. 따라서 갑국에 해당하는 국가는 B이다.

⏱ 빠른 문제 풀이 Tip

이미 동일한 패턴을 갖는 문제가 두 번(2010년 28번, 2016년 36번)이나 출제되었다. 〈보고서〉의 내용 중 쉬운 것부터 보면서 국가를 지워나가자.

[정답] ②

08

다음 〈표〉는 '갑'국 신입사원에게 필요한 10개 직무역량 중요도의 산업분야별 자료이다. 이에 대한 〈보기〉의 설명 중 옳은 것만을 모두 고르면?

〈표〉 신입사원의 직무역량 중요도

(단위: 점)

산업분야 직무역량	신소재	게임	미디어	식품
의사소통능력	4.34	4.17	4.42	4.21
수리능력	4.46	4.06	3.94	3.92
문제해결능력	4.58	4.52	4.45	4.50
자기개발능력	4.15	4.26	4.14	3.98
자원관리능력	4.09	3.97	3.93	3.91
대인관계능력	4.35	4.00	4.27	4.20
정보능력	4.33	4.09	4.27	4.07
기술능력	4.07	4.24	3.68	4.00
조직이해능력	3.97	3.78	3.88	3.88
직업윤리	4.44	4.66	4.59	4.39

※ 중요도는 5점 만점임.

〈보 기〉

ㄱ. 신소재 산업분야에서 중요도 상위 2개 직무역량은 '문제해결능력'과 '수리능력'이다.

ㄴ. 산업분야별 직무역량 중요도의 최댓값과 최솟값 차이가 가장 큰 것은 '미디어'이다.

ㄷ. 각 산업분야에서 중요도가 가장 낮은 직무역량은 '조직이해능력'이다.

ㄹ. 4개 산업분야 직무역량 중요도의 평균값이 가장 높은 직무역량은 '문제해결능력'이다.

① ㄱ, ㄴ

② ㄱ, ㄷ

③ ㄷ, ㄹ

④ ㄱ, ㄴ, ㄹ

⑤ ㄴ, ㄷ, ㄹ

📝 **문제풀이**

08 평균 개념형

난이도★★★★☆

ㄱ. (O) 신소재 산업분야에서 중요도 상위 2개 직무역량은 '문제해결능력' 4.58과 '수리능력' 4.46이다.

ㄴ. (O) 산업분야별 직무역량 중요도의 최댓값과 최솟값 차이가 가장 큰 것은 '미디어' 4.59−3.68=0.91이다.
최댓값과 최솟값끼리 먼저 비교할 수도 있다. 미디어보다 최댓값이 더 작고 최솟값이 더 큰 신소재(4.58−3.97)나 식품(4.50−4.39)은 제외하고, 유일하게 비교대상이 되는 게임은 4.66−3.78로 미디어와 최솟값은 0.1 차이가 나는 반면 최댓값은 0.1보다 작게 차이가 난다. 따라서 최댓값과 최솟값 차이가 가장 큰 것은 '미디어'라고 볼 수 있다.

ㄷ. (X) 미디어의 경우 중요도가 가장 낮은 직무역량은 기술능력이다. 따라서 각 산업분야에서 중요도가 가장 낮은 직무역량은 '조직이해능력'이 아니다.

ㄹ. (X) 4개 산업분야 직무역량 중요도의 평균값이 가장 높은 직무역량은 '직업윤리'이다. 이때 평균값을 구체적으로 도출하지 않고 편차의 합으로 비교할 수 있다. 4.50을 기준으로 '문제해결능력'의 4가지 산업분야의 편차는 +8, +2, −5, 0으로 편차 합은 +5이고 '직업윤리'의 4가지 산업분야의 편차는 −6, +16, +9, −11로 편차 합은 +8이다. 따라서 '문제해결능력'보다 '직업윤리'의 평균이 더 크다.

⏱ **빠른 문제 풀이 Tip**

직무역량 10가지를 모두 고려하는 〈보기〉는 시간이 오래 걸리므로 후순위로 판단한다.

[정답] ①

09

다음은 2014~2018년 부동산 및 기타 재산 압류건수 관련 정보가 일부 훼손된 서류이다. 이에 대한 〈보기〉의 설명 중 옳은 것을 고르면?

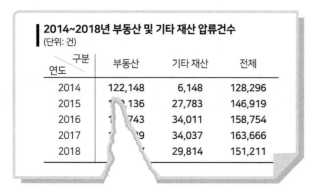

2014~2018년 부동산 및 기타 재산 압류건수
(단위: 건)

구분 연도	부동산	기타 재산	전체
2014	122,148	6,148	128,296
2015	1□□.136	27,783	146,919
2016	1□□.743	34,011	158,754
2017	1□□□9	34,037	163,666
2018		29,814	151,211

〈보 기〉

ㄱ. 부동산 압류건수는 매년 기타 재산 압류건수의 4배 이상이다.
ㄴ. 전체 압류건수가 가장 많은 해에 부동산 압류건수도 가장 많다.
ㄷ. 2019년 부동산 압류건수가 전년 대비 30% 감소하고 기타 재산 압류건수는 전년과 동일하다면, 전체 압류건수의 전년 대비 감소율은 25% 미만이다.
ㄹ. 2016년 부동산 압류건수는 2014년 대비 2.5% 이상 증가했다.

① ㄱ, ㄴ
② ㄱ, ㄷ
③ ㄴ, ㄷ
④ ㄴ, ㄹ
⑤ ㄷ, ㄹ

📝 문제풀이

09 빈칸형   난이도★★★★☆

ㄱ. (X) 2016년과 2017년 전체 건수는 기타 재산의 5배 이상이 되지 못한다. 따라서 부동산 압류건수는 매년 기타 재산 압류건수의 4배 이상이 아니다. 2016년과 2017년 모두 기타 재산은 34,000건 이상이므로 전체가 5배 이상인 17만 건 이상이 되어야 한다.

ㄴ. (O) 전체 압류건수가 가장 많은 해는 2017년이고 부동산 압류건수도 129,629건으로 가장 많다. 따라서 전체 압류건수가 가장 많은 해에 부동산 압류건수도 가장 많다.
2017년을 기준으로 전체 건수와 기타 재산의 건수를 연도별로 비교하면 2016년은 전체 건수가 5천 건 이상 차이가 나지만 기타 재산은 비슷하다. 그러나 2014, 2015, 2018년은 모두 전체 건수의 차이가 기타 재산의 차이보다 더 크므로 구체적으로 계산하지 않아도 부동산 압류건수도 2017년이 가장 많음을 알 수 있다.

ㄷ. (O) 2019년 부동산 압류건수가 2018년 121,397건에 비해 30% 감소하면 84,978건이고 기타 재산 압류건수는 29,814건으로 동일하다면, 전체 압류건수는 114,792건으로 2018년 151,211건 대비 감소율은 24.1%로 25% 미만이다.

ㄹ. (X) 2016년 부동산 압류건수는 124,743건으로 2014년 122,148건에 비해 2,595건 증가하였다. 12만 건의 25%인 $\frac{1}{4}$은 3만 건이고 2.5%는 3천 건이므로 2016년 부동산 압류건수는 2014년 대비 2.5% 이상 증가하지 않았다.

⏱ 빠른 문제 풀이 Tip

- 전체 = A+B이고 A가 구체적으로 주어져 있지 않은 상황에서 A가 B의 4배 이상인지 판단하려면 전체가 B의 5배 이상인지 확인하면 된다.
- 구체적으로 2.5%의 증가율을 묻는 〈보기〉는 고민하지 말고 패스하자.

[정답] ③

10

다음 〈표〉는 '갑'국의 국가기술자격 등급별 시험 시행 결과이다. 이에 대한 〈보기〉의 설명 중 옳은 것을 고르면?

〈표〉 국가기술자격 등급별 시험 시행 결과

(단위: 명, %)

구분 등급	필기			실기		
	응시자	합격자	합격률	응시자	합격자	합격률
기술사	19,327	2,056	10.6	3,173	1,919	60.5
기능장	21,651	9,903	( )	16,390	4,862	29.7
기사	345,833	135,170	39.1	210,000	89,380	42.6
산업기사	210,814	78,209	37.1	101,949	49,993	( )
기능사	916,224	423,269	46.2	752,202	380,198	50.5
전체	1,513,849	648,607	42.8	1,083,714	526,352	48.6

※ 합격률(%)= $\frac{합격자}{응시자}$ ×100

〈보 기〉

ㄱ. '기능장'과 '기사' 필기 합격률은 각각의 실기 합격률보다 낮다.
ㄴ. 필기 응시자가 가장 많은 등급은 필기 합격률도 가장 높다.
ㄷ. 실기 합격률이 필기 합격률보다 높은 등급은 3개이다.
ㄹ. 필기 응시자가 많은 등급일수록 실기 응시자도 많다.

① ㄱ, ㄴ
② ㄱ, ㄹ
③ ㄴ, ㄷ
④ ㄴ, ㄹ
⑤ ㄷ, ㄹ

해커스PSAT 5급 PSAT 김용훈 자료해석 13가지 기출문제집

📝 문제풀이

10 빈칸형 난이도★★★☆☆

ㄱ. (X) '기사'의 필기 합격률은 39.1%이고 실기 합격률은 42.6%이므로 옳지만 '기능장'의 필기 합격률은 정확하게 도출하지 않더라도 일단 40% 초과이므로 실기 합격률 29.7%보다 낮다.

ㄴ. (O) 필기 응시자가 가장 많은 등급은 기능사이고 필기 합격률도 46.2%로 가장 높다. 기능장의 필기 합격률은 45.7%로 기능사보다 낮으므로 이를 분수 비교로 해결할 수도 있다. 필기 합격률은 기능장이 $\frac{99}{216}$, 기능사가 $\frac{423}{916}$ 이다. $\frac{99}{216}=\frac{396}{864}$ 이고 $\frac{423}{916}$ 과 차이법으로 판단하면 $\frac{396}{864}<\frac{27}{52}$ 이므로 기능장보다 기능사의 합격률이 더 높다.

ㄷ. (X) 산업기사의 실기 합격률을 정확하게 도출하지 않아도 40%를 넘는다. 따라서 실기 합격률이 필기 합격률보다 높은 등급은 ㄱ에서 판단한 기능장을 포함해서 기사, 기능사, 산업기사로 총 4개이다.

ㄹ. (O) 필기 응시자가 많은 등급부터 순서대로 나열하면 기능사, 기사, 산업기사, 기능장, 기술사이고 실기 응시자 역시 그 순서가 동일하다. 따라서 필기 응시자가 많은 등급일수록 실기 응시자도 많다.

⏱ **빠른 문제 풀이 Tip**

빈칸이 주어진 문제이므로 직접 괄호안의 수치를 도출하는 〈보기〉는 후순위로 판단하자.

[정답] ④

11

다음 〈표〉는 2019년 화학제품 매출액 상위 9개 기업의 매출액에 대한 자료이다. 〈표〉와 〈조건〉에 근거하여 A~D에 해당하는 기업을 바르게 나열한 것은?

〈표〉 2019년 화학제품 매출액 상위 9개 기업의 매출액

(단위: 십억 달러, %)

구분 기업	화학제품 매출액	전년 대비 증가율	총매출액	화학제품 매출액 비율
비스프	72.9	17.8	90.0	81.0
A	62.4	29.7	( )	100.0
B	54.2	28.7	( )	63.2
자빅	37.6	5.3	39.9	94.2
C	34.6	26.7	( )	67.0
포르오사	32.1	14.2	55.9	57.4
D	29.7	10.0	( )	54.9
리오넬바셀	28.3	15.0	34.5	82.0
이비오스	23.2	24.7	48.2	48.1

※ 화학제품 매출액 비율(%) = $\dfrac{\text{화학제품 매출액}}{\text{총매출액}} \times 100$

──────〈조 건〉──────

○ '드폰'과 'KR화학'의 2018년 화학제품 매출액은 각각 해당 기업의 2019년 화학제품 매출액의 80% 미만이다.

○ '벡슨모빌'과 '시노텍'의 2019년 화학제품 매출액은 각각 총매출액에서 화학제품을 제외한 매출액의 2배 미만이다.

○ 2019년 총매출액은 '포르오사'가 'KR화학'보다 작다.

○ 2018년 화학제품 매출액은 '자빅'이 '시노텍'보다 크다.

	A	B	C	D
①	드폰	벡슨모빌	KR화학	시노텍
②	드폰	시노텍	KR화학	벡슨모빌
③	벡슨모빌	KR화학	시노텍	드폰
④	KR화학	시노텍	드폰	벡슨모빌
⑤	KR화학	벡슨모빌	드폰	시노텍

📝 문제풀이

11 매칭형　　　　　　　　　　난이도★★★★★

- 두 번째 〈조건〉 '벡슨모빌'과 '시노텍'의 2019년 화학제품 매출액은 각각 총매출액에서 화학제품을 제외한 매출액의 2배 미만이라고 했으므로 이를 식으로 나타내면 화학제품 매출액<(총매출액−화학제품 매출액)×2이다. 이를 정리하면 3×화학제품 매출액<2×총매출액이고 이를 다시 $\dfrac{\text{화}}{\text{총}}$ <$\dfrac{2}{3}$≒66.7%로 나타낼 수 있다. 즉 화학제품 매출액 비율이 66.7% 미만인 것을 찾으면 B와 D이므로 '벡슨모빌'과 '시노텍' 중 하나이다. 따라서 ③이 제거된다.

- 첫 번째 〈조건〉에서 '드폰'과 'KR화학'의 2018년 화학제품 매출액은 각각 해당 기업의 2019년 화학제품 매출액의 80% 미만이라고 하였으므로 이를 식으로 나타내면 다음과 같다.

2018년 화학제품 매출액<2019년 화학제품 매출액×0.8

→ $\dfrac{2019\text{년 화학제품 매출액}}{2018\text{년 화학제품 매출액}} > \dfrac{5}{4}$

→ $\dfrac{2019\text{년 화학제품 매출액}-2018\text{년 화학제품 매출액}}{2018\text{년 화학제품 매출액}} \times 100 > 25\%$

따라서 전년 대비 증가율이 25%를 초과하는 기업은 A, B, C이다. 다만 두 번째 〈조건〉부터 검토하였다면 A와 C 둘 중 하나가 각각 '드폰'과 'KR화학'임을 판단할 수 있다.

- 세 번째 〈조건〉에서 2019년 총매출액은 '포르오사'가 'KR화학'보다 작다고 했으므로 총매출액이 '포르오사' 55.9십억 달러보다 큰 기업이 'KR화학'이다. A는 비율이 100%이므로 62.4십억 달러이고 B($\dfrac{54.2}{0.632}$) 역시 약 80십억 달러 초과이므로 '포르오사'보다 크다. C($\dfrac{54.2}{0.67}$)는 0.67이 $\dfrac{2}{3}$임을 감안하여 도출하면 약 52십억 달러로 포르오사보다 작다. 따라서 KR화학은 A 또는 B이고, ①, ②가 제거된다.

- 네 번째 〈조건〉에서 2018년 화학제품 매출액은 '자빅'이 '시노텍'보다 크다고 했으므로 '자빅'의 화학제품 매출액 $\dfrac{37.6}{1.053}$ 십억 달러보다 작은 C($\dfrac{36.6}{1.267}$)와 D($\dfrac{29.7}{1.1}$) 둘 중 하나가 '시노텍'이다. 따라서 ④가 제거된다. A와 B는 전년대비 증가율이 약 30%이므로 2018년 화학제품 매출액이 약 40십억 달러라고 하여도 2019년 화학제품 매출액이 약 52십억 달러가 될 것이므로 2018년 화학제품 매출액은 40십억 달러를 초과할 것이라는 것을 판단할 수 있다.

⏱ 빠른 문제 풀이 Tip

- 빈칸이 포함된 매칭형 문제이므로 빈칸을 채우지 않고 판단할 수 있는 〈조건〉부터 검토하자.
- 모든 〈조건〉이 빈칸을 포함할 수밖에 없다면 A~D를 제외한 나머지 5개 기업 중 직접 언급하는 〈조건〉부터 검토하자.
- 총매출액이 빈칸으로 주어져 있으므로 각주의 식을 변형하여 총매출액은 화학제품 매출액 비율 대비 화학제품 매출액의 구조임을 파악하자.

[정답] ⑤

12

다음 〈표〉는 6개 지목으로 구성된 A지구의 토지수용 보상비 산출을 위한 자료이다. 이에 대한 〈보기〉의 설명 중 옳은 것만을 모두 고르면?

〈표〉 지목별 토지수용 면적, 면적당 지가 및 보상 배율

(단위: m², 만 원/m²)

지목	면적	면적당 지가	보상 배율	
			감정가 기준	실거래가 기준
전	50	150	1.8	3.2
답	50	100	1.8	3.0
대지	100	200	1.6	4.8
임야	100	50	2.5	6.1
공장	100	150	1.6	4.8
창고	50	100	1.6	4.8

※ 1) 총보상비는 모든 지목별 보상비의 합임.
2) 보상비＝용지 구입비＋지장물 보상비
3) 용지 구입비＝면적×면적당 지가×보상 배율
4) 지장물 보상비는 해당 지목 용지 구입비의 20%임.

〈보 기〉

ㄱ. 모든 지목의 보상 배율을 감정가 기준에서 실거래가 기준으로 변경하는 경우, 총보상비는 변경 전의 2배 이상이다.

ㄴ. 보상 배율을 감정가 기준에서 실거래가 기준으로 변경하는 경우, 보상비가 가장 많이 증가하는 지목은 '대지'이다.

ㄷ. 보상 배율이 실거래가 기준인 경우, 지목별 보상비에서 용지 구입비가 차지하는 비율은 '임야'가 '창고'보다 크다.

ㄹ. '공장'의 감정가 기준 보상비와 '전'의 실거래가 기준 보상비는 같다.

① ㄱ, ㄷ
② ㄱ, ㄹ
③ ㄴ, ㄷ
④ ㄴ, ㄹ
⑤ ㄱ, ㄴ, ㄹ

📝 문제풀이

12 각주 판단형 　　　　　　　　　　　　난이도 ★★★☆☆

ㄱ. (O) 전과 답을 제외하면 나머지 4개는 2배 이상이고 면적×면적당 지가 역시 전과 답이 작은 편이므로 구체적인 수치를 계산하지 않아도 2배 이상임을 판단할 수 있다. 수치를 계산하면 총보상비는 감정가 기준 99,000만 원이고 실거래가 기준 261,500만 원이다. 따라서 모든 지목의 보상 배율을 감정가 기준에서 실거래가 기준으로 변경하는 경우, 총보상비는 변경 전의 2배 이상이다.

ㄴ. (O) '대지'의 경우 면적×면적당 지가의 값이 가장 크고 감정가 기준 대비 실거래가 기준도 3배로 가장 높은 항목 중 하나이기 때문에 보상 배율을 감정가 기준에서 실거래가 기준으로 변경하는 경우, 보상비가 가장 많이 증가하는 지목은 '대지'이다.

ㄷ. (X) 각주 4)에서 지장물 보상비는 용지 구입비의 20%이므로 보상비 중 용지 구입비의 비율은 보상 배율 기준과 무관하게 항상 일정하다. 따라서 보상 배율이 실거래가 기준인 경우, 지목별 보상비에서 용지 구입비가 차지하는 비율은 '임야'가 '창고'보다 크지 않다.

ㄹ. (O) '공장'의 감정가 기준 보상비는 100×150×1.60이고 '전'의 실거래가 기준 보상비는 50×150×3.20이므로 서로 같다.

⏱ 빠른 문제 풀이 Tip

- 먼저 각주의 정보를 조합하면 2)에서 보상비는 용지 구입비와 지장물 보상비의 합이고 4)에서 지장물 보상비는 용지 구입비의 20%이므로 보상비는 용지 구입비의 1.2배로 볼 수 있다.
- 용지 구입비는 〈표〉에 주어진 3가지 항목의 곱으로 구성되어 있으므로 수치가 일정 배수 관계라면 간단히 하자. 즉, 면적은 50을 기준으로 50은 1, 100은 2로 바꾸고 면적당 지가 역시 50을 기준으로 50은 1, 100은 2, 150은 3, 200은 4로 변경하자.
- 보상 배율을 보면 실거래가 기준은 감정가 기준에 비해 1.6은 3배, 2.5는 2배 이상, 1.8은 2배 미만이다.

[정답] ⑤

[13~14] 다음 〈표〉는 '갑'국 5개 국립대학의 세계대학평가에 관한 자료이다. 〈표〉를 보고 물음에 답하시오.

〈표 1〉 2018년 '갑'국 국립대학의 세계대학평가 결과

대학	국내 순위	세계 순위	총점	부문별 점수				
				교육	연구	산학 협력	국제화	논문 인용도
A	14	182	29.5	27.8	28.2	63.2	35.3	28.4
B	21	240	25.4	23.9	25.6	42.2	26.7	25.1
C	23	253	24.3	21.2	19.9	38.7	25.3	30.2
D	24	287	22.5	21.0	20.1	38.4	28.8	23.6
E	25	300	18.7	21.7	19.9	40.5	22.7	11.6

〈표 2〉 2017~2018년 '갑'국 ○○대학의 세계대학평가 세부지표별 점수

부문 (가중치)	세부지표(가중치)	세부지표별 점수	
		2018년	2017년
교육 (30)	평판도 조사(15)	2.9	1.4
	교원당 학생 수(4.5)	34.5	36.9
	학부학위 수여자 대비 박사학위 수여자 비율(2.25)	36.6	46.9
	교원당 박사학위자 비율(6)	45.3	52.3
	재정 규모(2.25)	43.3	40.5
연구 (30)	평판도 조사(18)	1.6	0.8
	교원당 연구비(6)	53.3	49.4
	교원당 학술논문 수(6)	41.3	39.5
산학협력 (2.5)	산업계 연구비 수입(2.5)	(가)	43.9
국제화 (7.5)	외국인 학생 비율(2.5)	24.7	22.5
	외국인 교수 비율(2.5)	26.9	26.8
	학술논문 중 외국 연구자와 쓴 논문 비중(2.5)	16.6	16.4
논문인용도 (30)	논문인용도(30)	(나)	13.1

※ 1) ○○대학은 A~E대학 중 한 대학임.
2) 부문별 점수는 각 부문에 속한 세부지표별
$$\frac{세부지표별\ 점수 \times 세부지표별\ 가중치}{부문별\ 가중치}$$ 값의 합임.
3) 총점은 5개 부문별
$$\frac{부문별\ 점수 \times 부문별\ 가중치}{100}$$ 값의 합임.
4) 점수는 소수점 아래 둘째 자리에서 반올림한 값임.

13

위 〈표〉에 근거하여 '가'와 '나'에 들어갈 값을 바르게 나열한 것은?

	가	나
①	38.4	23.6
②	38.7	30.2
③	40.5	11.6
④	42.2	25.1
⑤	63.2	28.4

14

위 〈표〉를 이용하여 세계대학평가 결과에 대한 〈보고서〉를 작성하였다. 제시된 〈표〉 이외에 〈보고서〉 작성을 위하여 추가로 필요한 자료를 〈보기〉에서 모두 고르면?

〈보고서〉

최근 글로벌 대학평가기관이 2018년 세계대학평가 결과를 발표했다. 이 평가는 전 세계 1,250개 이상의 대학을 대상으로 교육, 연구, 산학협력, 국제화, 논문인용도 등 총 5개 부문, 13개 세부지표를 활용하여 수행된다.

2018년 세계대학평가 결과, 1~3위는 각각 F대학('을'국), G대학('을'국), H대학('병'국)으로 전년과 동일하였으나, 4위는 I대학('병'국)으로 전년도 5위에서 한 단계 상승했고 5위는 2017년 공동 3위였던 J대학('병'국)으로 나타났다. 아시아 대학 중 최고 순위는 K대학('정'국)으로 전년보다 8단계 상승한 세계 22위였으며, 같은 아시아 국가인 '갑'국에서는 L대학이 세계 63위로 '갑'국 대학 중 가장 높은 순위를 차지하였다.

2018년 '갑'국의 5개 국립대학 중에서는 A대학이 세계 182위, 국내 14위로 가장 순위가 높았는데, 논문인용도를 제외한 나머지 4개 부문별 점수에서 5개 국립대학 중 가장 높은 점수를 받았다. 한편, C대학은 연구와 산학협력 부문에서 2017년 대비 점수가 대폭 하락하여 순위 또한 낮아졌다.

〈보 기〉

ㄱ. 2017~2018년 세계대학평가 순위
ㄴ. 2017~2018년 세계대학평가 C대학 세부지표별 점수
ㄷ. 2017~2018년 세계대학평가 세부지표 리스트
ㄹ. 2017~2018년 세계대학평가 A대학 총점

① ㄱ, ㄴ
② ㄱ, ㄷ
③ ㄴ, ㄷ
④ ㄴ, ㄹ
⑤ ㄷ, ㄹ

📝 **문제풀이**

13 각주 판단형　　　　　　　　　난이도 ★★★☆☆

- 교육은 세부지표가 5개로 가장 많고, 세부지표별 가중치도 각각 다르며 연구는 C와 E 대학의 점수가 같기 때문에 세부지표별 가중치가 동일한 국제화로 판단한다.

- 국제화의 세부지표별 가중치가 모두 2.5로 동일하고 부문의 가중치 역시 7.5이므로 $\dfrac{2.5(24.7+26.9+16.6)}{2.5\times3}=22.7$이다.

따라서 E대학이므로 (가)는 40.5, (나)는 11.60이다.

⏱️ **빠른 문제 풀이 Tip**

〈표 2〉에 주어진 ○○대학이 A~E 중 어느 대학인지 매칭하는 문제이므로 교육, 연구 또는 국제화 중 하나를 선택하여 판단한다.

[정답] ③

📝 **문제풀이**

14 보고서 검토·확인형　　　　　　　난이도 ★★☆☆☆

ㄱ. 〈보고서〉 첫 번째 문단과 두 번째 문단에서 전 세계 대학들과 순위를 비교하는 내용이 등장하므로 [2017~2018년 세계대학평가 순위]가 추가로 필요하다.

ㄴ. 〈보고서〉 세 번째 문단 마지막 문장에서 C대학은 연구와 산학협력 부문에서 2017년 대비 점수가 대폭 하락하여 순위 또한 낮아졌다고 하였으므로 [2017~2018년 세계대학평가 C대학 세부지표별 점수]가 추가로 필요하다.

⏱️ **빠른 문제 풀이 Tip**

추가로 필요한 자료를 찾는 유형이므로 〈표〉를 토대로 〈보고서〉를 작성할 때 도출 가능성이 없는 항목 또는 연도를 검토하자.

[정답] ①

15

다음 〈표〉는 2015~2019년 '갑'국 음식점 현황에 관한 자료이다. 〈표〉를 이용하여 작성한 그래프로 옳지 않은 것은?

〈표〉 '갑'국 음식점 현황

(단위: 개, 명, 억 원)

구분	연도\n업종	2015	2016	2017	2018	2019
사업체	한식	157,295	156,707	155,555	158,398	159,852
	서양식	1,182	1,356	1,306	4,604	1,247
	중식	13,102	9,940	9,885	10,443	10,099
	계	171,579	168,003	166,746	173,445	171,198
종사자	한식	468,351	473,878	466,685	335,882	501,056
	서양식	17,748	13,433	13,452	46,494	14,174
	중식	80,193	68,968	72,324	106,472	68,360
	계	566,292	556,279	552,461	488,848	583,590
매출액		67,704	90,600	75,071	137,451	105,603
부가가치액		28,041	31,317	23,529	23,529	31,410

① 업종별 종사자

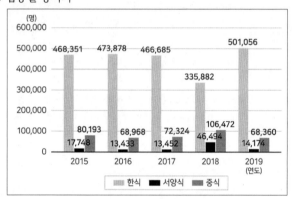

② 업종별 사업체 구성비

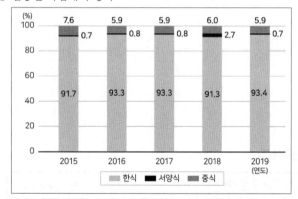

③ 업종별 사업체당 종사자

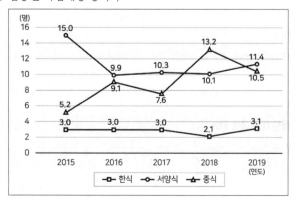

④ 한식, 중식 종사자의 전년 대비 증가율

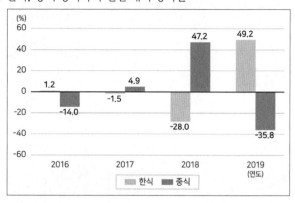

⑤ 매출액 대비 부가가치액 비율

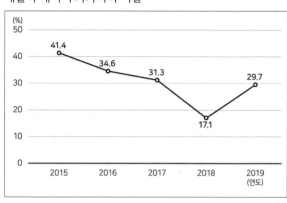

문제풀이

15 표-차트 변환형   난이도★★★★★

- ①부터 빠르게 확인하고 ②는 한식이 매년 90%를 넘는지, ④는 증가 또는 감소에 포인트를 두고 검토하고 ⑤는 대략적인 비율로 파악한다.

- ③의 경우 2019년 중식이 10.5라고 표시되어 있지만 〈표〉의 수치를 보면 종사자 68,360명은 사업체 10,099의 10배 미만이다. 따라서 옳지 않은 그래프임을 확인할 수 있다.

⏱ **빠른 문제 풀이 Tip**

선택지 중 간단하게 판단할 수 있는 것부터 확인 후 소거하자.

[정답] ③

16

다음 〈표〉는 A지역 물류산업 업종별 현황에 관한 자료이다. 이에 대한 〈보기〉의 설명 중 옳은 것만을 모두 고르면?

〈표〉 A지역 물류산업 업종별 현황

(단위: 개, 억 원, 명)

구분 \ 업종	종합물류업	화물운송업	물류시설업	물류주선업	화물정보업	합
업체 수	19	46	17	23	2	107
매출액	319,763	32,309	34,155	10,032	189	396,448
종업원	22,436	5,382	1,787	1,586	100	31,291
전문인력	3,239	537	138	265	8	4,187
자격증 소지자	1,830	316	80	62	1	2,289

※ 자격증 소지자는 모두 전문인력임.

〈보 기〉

ㄱ. 업체당 매출액이 가장 많은 업종은 '종합물류업'이다.
ㄴ. 종업원 중 자격증 소지자 비중이 가장 낮은 업종은 매출액당 전문인력 수가 가장 많은 업종과 동일하다.
ㄷ. 업체당 전문인력 수가 가장 적은 업종은 '물류시설업'이다.
ㄹ. 업체당 종업원 수가 가장 적은 업종은 종업원 중 전문인력 비중도 가장 낮다.

① ㄱ, ㄴ
② ㄱ, ㄹ
③ ㄴ, ㄷ
④ ㄱ, ㄷ, ㄹ
⑤ ㄴ, ㄷ, ㄹ

📝 문제풀이

16 분수 비교형	난이도 ★★★★★

ㄱ. (O) '종합물류업'의 경우 매출액이 다른 업종에 비해 약 10배 이상 많고, 업체 수는 10배 이상 차이가 나지 않으므로 업체당 매출액이 가장 많은 업종은 '종합물류업'이다.

ㄴ. (O) 종업원 중 자격증 소지자 비중이 가장 낮은 업종은 정확히 1%의 비율을 보이는 '화물정보업'이다. 전문인력의 수치가 작기 때문에 전문인력당 매출액의 비율이 가장 적은 업종이 매출액당 전문인력 수가 가장 많은 업종이다. 화물정보업은 매울책이 전문인력의 약 20배이고 나머지 업종은 모두 적어도 30배를 초과하기 때문에 종업원 중 자격증 소지자 비중이 가장 낮은 업종은 매출액당 전문인력 수가 가장 많은 업종과 동일하다.

ㄷ. (X) 업체당 전문인력 수는 '물류시설업'이 6명 이상인 반면 '화물정보업'은 4명이다. 따라서 업체당 전문인력 수가 가장 적은 업종은 '물류시설업'이 아니다.

ㄹ. (X) 업체당 종업원 수가 가장 적은 업종은 종업원 수가 50명인 '화물정보업'이다. 그러나 종업원 중 전문인력 비중은 '화물정보업'이 8%, '물류시설업'이 약 7.7%로 '물류시설업'이 더 낮다.

⏱ 빠른 문제 풀이 Tip

비율을 비교할 때 수치 구조의 자릿수가 다른 경우에는 0을 추가하는 방식으로 자릿수를 동일하게 만들어 비교하자.

[정답] ①

17

다음 〈표〉는 유통업체 '가'~'바'의 비정규직 간접고용 현황에 대한 자료이다. 이에 대한 〈보기〉의 설명 중 옳은 것만을 모두 고르면?

〈표〉 유통업체 '가'~'바'의 비정규직 간접고용 현황

(단위: 명, %)

유통업체	사업장	업종	비정규직 간접고용 인원	비정규직 간접고용 비율
가	A	백화점	3,408	74.9
나	B	백화점	209	31.3
다	C	백화점	2,149	36.6
	D	백화점	231	39.9
	E	마트	8,603	19.6
라	F	백화점	146	34.3
	G	마트	682	34.4
마	H	마트	1,553	90.4
바	I	마트	1,612	48.7
	J	마트	2,168	33.6
전체			20,761	29.9

※ 비정규직 간접고용 비율(%)=
$$\frac{\text{비정규직 간접고용 인원}}{\text{비정규직 간접고용 인원}+\text{비정규직 직접고용 인원}} \times 100$$

〈보 기〉

ㄱ. 업종별 비정규직 간접고용 총인원은 마트가 백화점의 2배 이상이다.
ㄴ. 비정규직 직접고용 인원은 A가 H의 10배 이상이다.
ㄷ. 비정규직 간접고용 비율이 가장 낮은 사업장의 비정규직 직접고용 인원은 다른 9개 사업장의 비정규직 직접고용 인원의 합보다 많다.
ㄹ. 유통업체별 비정규직 간접고용 비율은 '다'가 '라'보다 높다.

① ㄱ, ㄷ
② ㄴ, ㄹ
③ ㄷ, ㄹ
④ ㄱ, ㄴ, ㄷ
⑤ ㄱ, ㄴ, ㄹ

📝 문제풀이

17 각주 판단형 관련문제: 2018년 16번 난이도★★★★★

ㄱ. (O) 업종별 비정규직 간접고용 총인원은 마트 14,618명이 백화점 6,143명의 2배 이상이다. 전체 20,761명이 주어져 있으므로 백화점 합이 대략 6,100명이라는 것만 판단해서 33% 미만인지 판단하면 수월하게 풀이할 수 있다.

ㄴ. (X) 비정규직 직접고용 인원은 A가 1,142명으로 H 165명의 10배 이상이 되지 못한다. 각주를 정리한 식으로 판단하면 $\frac{100-비율}{비율}$은 A가 약 $\frac{1}{3}$이고 H가 약 $\frac{1}{9}$이다. 따라서 $3,408 \times \frac{1}{3} \geq 1,553 \times \frac{1}{9} \times 10$이 성립하는지 판단하면 된다.

ㄷ. (O) 비정규직 간접고용 비율이 가장 낮은 사업장은 E이고 비정규직 직접고용 인원은 8,603명의 약 4배인 34,000명이다. 전체 간접고용 인원은 20,761명이고 직접고용 인원은 약 7/3을 곱한 49,000명이므로 전체의 절반 이상을 차지한다. 따라서 비정규직 간접고용 비율이 가장 낮은 사업장의 비정규직 직접고용 인원은 다른 9개 사업장의 비정규직 직접고용 인원의 합보다 많다.

ㄹ. (X) '라'의 경우에는 34.3~34.4%이므로 거의 비슷한 수치가 도출되나, '다'의 경우에는 C는 D의 약 9배이므로 C+D는 약 37.0%, E는 C+D보다 약 4배 많기 때문에 평균은 20%대 초반이다. 이를 구체적으로 계산하면 유통업체별 비정규직 간접고용 비율은 '다'가 21.8%이고 '라'가 34.4%이므로 전자가 후자보다 높지 않다.

⏱ 빠른 문제 풀이 Tip
- 〈표〉에서 간접고용 인원과 비율이 주어져 있으므로 이를 직접 또는 간접적으로 묻는 〈보기〉부터 해결하는 것도 좋은 방법이다.
- 정답 도출을 위해 반드시 직접고용 인원을 판단해야 한다면 각주의 식을 변형하여 직접고용 인원=($\frac{100-비율}{비율}$)×간접고용 인원으로 판단하자.

[정답] ①

18

다음 〈그림〉과 〈정보〉는 A해역의 해수면온도 변화에 따른 α지수, 'E현상' 및 'L현상'에 관한 자료이다. 이에 대한 설명으로 옳은 것은?

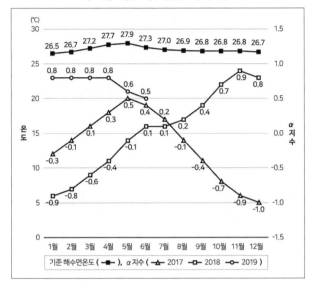

〈그림〉 기준 해수면온도와 α지수

〈정 보〉

○ '기준 해수면온도'는 1985~2015년의 해당월 해수면온도의 평균임.

○ '해수면온도 지표'는 해당월에 관측된 해수면온도에서 '기준 해수면온도'를 뺀 값임.

○ α지수는 전월, 해당월, 익월의 '해수면온도 지표'의 평균값임.

○ 'E현상'은 α지수가 5개월 이상 계속 0.5 이상일 때, 0.5 이상인 첫 달부터 마지막 달까지 있었다고 판단함.

○ 'L현상'은 α지수가 5개월 이상 계속 −0.5 이하일 때, −0.5 이하인 첫 달부터 마지막 달까지 있었다고 판단함.

① '기준 해수면온도'는 8월이 가장 높다.

② 해수면온도는 2019년 6월까지만 관측되었다.

③ 2018년에는 'E현상'과 'L현상'이 둘 다 있었다.

④ 'E현상'은 8개월간 있었고, 'L현상'은 7개월간 있었다.

⑤ 월별 '기준 해수면온도'가 1℃ 낮았더라도, 2017년에 'L현상'이 있었다.

📝 문제풀이

18 조건 판단형
난이도 ★★★★

① (X) '기준 해수면온도'는 5월이 가장 높다.

② (X) α지수는 전월, 해당월, 익월의 '해수면온도 지표'의 평균값으로 2019년 6월의 α지수 자료가 존재하므로 해수면온도는 2019년 7월까지 관측되었다고 판단할 수 있다.

③ (O) 2018년에는 'E현상'이 10~12월까지 있었고 'L현상'이 1~3월까지 있었으므로 둘 다 있었다고 판단할 수 있다.

④ (X) 'E현상'은 2018년 10월부터 2019년 6월까지 9개월간 있었고, 'L현상'은 2017년 10월부터 2018년 3월까지 6개월간 있었다.

⑤ (X) '해수면온도 지표'는 해당월에 관측된 해수면온도에서 '기준 해수면온도'를 뺀 값이므로 월별 '기준 해수면온도'가 1℃ 낮다면 전월, 해당월, 익월의 '해수면온도 지표'의 평균값인 α지수가 1.0 상승한다. 따라서 2017년에 'L현상'이 발생할 수 없다.

🕐 빠른 문제 풀이 Tip

• 생소한 개념이 등장하는 문제이므로 실전이라면 일단 패스해야 한다.

• 〈그림〉에서 '기준 해수면온도'와 3개년도 α지수가 주어졌으므로 이를 직접 묻는 선택지나 α지수를 통해 판단 가능한 'E현상' 또는 'L현상'을 묻는 선택지부터 해결하자.

[정답] ③

19

다음 〈표〉는 종합체전 10개 종목의 입장권 판매점수 관련 자료이다. 〈표〉와 〈조건〉에 근거한 〈보기〉의 설명 중 옳은 것만을 모두 고르면?

〈표〉 종합체전 종목별 입장권 판매점수

(단위: 점)

종목	국내 판매점수	해외 판매점수	판매율 점수	총점
A	506	450	290	1,246
B	787	409	160	1,356
C	547	438	220	1,205
D	2,533	1,101	( )	4,104
E	( )	( )	170	3,320
F	194	142	120	456
G	74	80	140	294
H	1,030	323	350	( )
I	1,498	638	660	( )
J	782	318	510	( )

※ 소수점 아래 첫째 자리에서 반올림한 값임.

―― 〈조 건〉 ――
○ 국내판매점수 = $\dfrac{\text{해당 종목 입장권 국내 판매량}}{\text{입장권 국내 판매량}} \times 10,000$

○ 해외판매점수 = $\dfrac{\text{해당 종목 입장권 해외 판매량}}{\text{입장권 해외 판매량}} \times 5,000$

○ 판매율점수 = $\dfrac{\text{해당 종목 입장권 (국내 + 해외) 판매량}}{\text{해당 종목 입장권 발행량}} \times 1,000$

○ 총점 = 국내판매점수 + 해외판매점수 + 판매율점수

―― 〈보 기〉 ――
ㄱ. E종목의 '국내판매점수'는 '해외판매점수'의 1.5배 이상이다.
ㄴ. '입장권 국내 판매량'이 14만 매이고 '입장권 해외 판매량'이 10만 매라면, 입장권 판매량이 국내보다 해외가 많은 종목 수는 4개이다.
ㄷ. '해당 종목 입장권 발행량'이 가장 적은 종목은 G이다.

① ㄱ
② ㄴ
③ ㄱ, ㄴ
④ ㄱ, ㄷ
⑤ ㄱ, ㄴ, ㄷ

📝 **문제풀이**

19 조건 판단형

난이도 ★★★★★

ㄱ. (O) E종목의 판매율점수는 170점이고 총점이 3,320점이므로 국내와 해외판매점수의 합은 3,150점이다. 나머지 항목과 고려한다면 E종목의 '국내판매점수'는 2,049점으로 '해외판매점수' 1,101점의 1.5배 이상이다.

ㄴ. (O) '입장권 국내 판매량'이 14만 매이고 '입장권 해외 판매량'이 10만 매라면 국내판매점수에 10,0000이 곱해지고 해외판매점수에 5,0000이 곱해진다는 것을 적용하여 실제 판매량은 국내 판매점수에 ×7, 해외 판매점수에 ×10을 한다. 이때 7과 10의 관계가 2배 미만이므로 국내 판매점수가 해외 판매점수의 2배 이상인 D, H, I, J는 제외되고, G와 같이 국내보다 해외 판매점수가 높은 종목은 포함된다. 따라서 입장권 판매량이 국내보다 해외가 많은 종목 수는 A, C, F, G 4개이다.

ㄷ. (O) 〈조건〉에서 주어진 '해당 종목 입장권 발행량'은 해당 종목 입장권 (국내+해외) 판매량을 판매율점수로 나눈 것이고 해당 종목 입장권 (국내+해외) 판매량은 결국 국내 판매점수와 해외 판매점수의 합과 비례하므로 '해당 종목 입장권 발행량'은 결국 (국내 판매점수+해외 판매점수)/판매율 점수가 된다. G의 경우 1을 겨우 넘는 비율이고 다른 종목의 경우 약 1인 종목은 하나도 없다. 따라서 '해당 종목 입장권 발행량'이 가장 적은 종목은 G이다.

⏱ **빠른 문제 풀이 Tip**
- 국내판매점수 식은 해외판매점수 식보다 2배 더 큰 수치가 곱해지는 점을 체크하자.
- 괄호가 다수 주어진 문제이므로 직접 묻지 않는 〈보기〉부터 해결하자.
- 입장권 국내 판매량과 해외 판매량은 사실상 고정된 수치이므로 고려하지 않아도 된다.

[정답] ⑤

20

다음 〈표〉는 '갑'국의 A지역 어린이집 현황에 대한 자료이다. 이에 대한 〈보기〉의 설명 중 옳은 것만을 모두 고르면?

〈표 1〉 A지역 어린이집 현재 원아수 및 정원

(단위: 명)

구분 / 어린이집	현재 원아수						정원
	만 1세 이하	만 2세 이하	만 3세 이하	만 4세 이하	만 5세 이하	만 5세 초과	
예그리나	9	29	71	116	176	62	239
이든샘	9	49	91	136	176	39	215
아이온	9	29	57	86	117	33	160
윤빛	9	29	50	101	141	40	186
올고운	6	26	54	104	146	56	210
전체	42	162	323	543	756	230	—

※ 각 어린이집의 원아수는 정원을 초과할 수 없음.

〈표 2〉 원아 연령대별 보육교사 1인당 최대 보육가능 원아수

(단위: 명)

연령대 / 구분	만 1세 이하	만 1세 초과 만 2세 이하	만 2세 초과 만 3세 이하	만 3세 초과 만 4세 이하	만 4세 초과
보육교사 1인당 최대 보육가능 원아수	3	5	7	15	20

※ 1) 어린이집은 최소인원의 보육교사를 고용함.
　2) 보육교사 1인은 1개의 연령대만을 보육함.

〈보 기〉

ㄱ. '만 1세 초과 만 2세 이하'인 원아의 33% 이상은 '이든샘' 어린이집 원아이다.

ㄴ. '올고운' 어린이집의 현재 보육교사수는 18명이다.

ㄷ. 정원 대비 현재 원아수의 비율이 가장 낮은 어린이집은 '아이온'이다.

ㄹ. '윤빛' 어린이집은 보육교사를 추가로 고용하지 않고도 '만 3세 초과 만 4세 이하'인 원아를 최대 5명까지 더 충원할 수 있다.

① ㄱ, ㄴ
② ㄱ, ㄷ
③ ㄴ, ㄹ
④ ㄱ, ㄷ, ㄹ
⑤ ㄴ, ㄷ, ㄹ

📑 문제풀이

20 분수 비교형

난이도 ★★★★★

ㄱ. (O) '만 1세 초과 만 2세 이하'인 원아는 120명이고 '이든샘' 어린이집 원아는 40명이므로 3분의 1이다. 따라서 '만 1세 초과 만 2세 이하'인 원아의 33% 이상은 '이든샘' 어린이집 원아이다.

ㄴ. (X) '올고운' 어린이집의 현재 보육교사수는 만 1세 이하 2명, 만 1세 초과 만 2세 이하 4명, 만 2세 초과 만 3세 이하 3명, 만 3세 초과 만 4세 이하 4명, 만 4세 초과 5명으로 '올고운' 어린이집의 현재 보육교사수는 19명이다.

ㄷ. (O) 현재 원아수는 만 5세 이하와 만 5세 초과의 합이므로 정원 대비 현재 원아수의 비율이 가장 낮은 어린이집은 '아이온' $\frac{150}{160}$ 이다. 특히 아이온은 정원이 가장 적은데 현원과 정원의 차이가 10명으로 가장 크므로 정원 대비 현원의 비율이 가장 낮다고 판단할 수 있다.

ㄹ. (O) '윤빛' 어린이집의 현재 보육교사수는 만 1세 이하 3명, 만 1세 초과 만 2세 이하 4명, 만 2세 초과 만 3세 이하 3명, 만 3세 초과 만 4세 이하 4명, 만 4세 초과 4명으로 18명의 보육교사가 고용되어 있다. 만 4세 초과 아동을 4명의 보육교사가 최대 80명까지 보육할 수 있으므로 정원 186명 중 80명을 제외한 106명은 만 4세 이하를 담당하는 보육교사가 필요하다. 따라서 현재 만 4세 이하의 원아수가 101명이므로 '만 3세 초과 만 4세 이하'인 원아를 최대 5명까지 더 충원할 수 있다. 만 3세 초과 만 4세 이하를 담당하는 4명의 보육교사가 51명을 담당하고 있으므로 최대 9명까지 충원할 수 있을 것 같지만 정원을 초과하면 안되므로 최대 5명이다.

⏱ 빠른 문제 풀이 Tip

- 〈표 1〉의 현재 원아수가 구간이 아닌 범위로 주어진 점을 고려해야 한다. 따라서 현재 원아수는 실질적으로 누적치이므로 해당 연령대 원아를 도출하려면 직전 연령대 범위의 원아수를 빼야 한다.
- 〈표 2〉의 연령대는 구간으로 주어졌다는 점을 파악해야 한다.

[정답] ④

21

다음 〈표〉는 2016~2018년 '갑'국의 공무원 집합교육 실적에 관한 자료이다. 이를 바탕으로 작성한 〈보고서〉의 B, C, D에 해당하는 내용을 바르게 나열한 것은?

〈표〉 공무원 집합교육 실적

(단위: 회, 명)

분류	과정	구분	2016 차수	2016 교육인원	2016 연인원	2017 차수	2017 교육인원	2017 연인원	2018 차수	2018 교육인원	2018 연인원
기본교육	고위		2	146	13,704	2	102	14,037	3	172	14,700
	과장		1	500	2,500	1	476	1,428	2	580	2,260
	5급		3	2,064	81,478	3	2,127	86,487	3	2,151	89,840
	6급 이하		6	863	18,722	6	927	19,775	5	1,030	22,500
	소계		12	3,573	116,404	12	3,632	121,727	13	3,933	129,300
가치교육	공직가치		5	323	1,021	3	223	730	2	240	800
	국정과제		8	1,535	2,127	8	467	1,349	6	610	1,730
	소계		13	1,858	3,148	11	690	2,079	8	850	2,530
전문교육	직무		6	395	1,209	9	590	1,883	9	660	2,100
	정보화		30	2,629	8,642	29	1,486	4,281	31	1,812	5,096
	소계		36	3,024	9,851	38	2,076	6,164	40	2,472	7,196
전체			61	8,455	129,403	61	6,398	129,970	61	7,255	139,026

※ 차수는 해당 교육과정이 해당 연도 내에 진행되는 횟수를 의미하며, 교육은 시작한 연도에 종료됨.

〈보고서〉

2017년 공무원 집합교육 실적을 보면, 연인원은 전년보다 500명 이상 증가하였으나, 교육인원은 전년 대비 20% 이상 감소하였다. 2017년 공무원 집합교육 과정별 실적을 보면, 교육인원과 연인원은 각각 [A]과정이 가장 많았으며, 차수당 교육인원은 [B]과정이 가장 많았다.

2018년 공무원 집합교육 실적을 보면, 전체 차수는 2017년과 같은 61회였으나, 교육인원과 연인원은 각각 전년보다 [C]. 한편, 기본교육 중 '과장'과정의 교육인원 대비 연인원 비율을 보면, 2018년은 2017년에 비해서는 [D]하였으나, 2016년에 비해서는 [E]하였다.

	B	C	D
①	5급	적었다	감소
②	5급	많았다	증가
③	5급	많았다	감소
④	과장	적었다	증가
⑤	과장	많았다	감소

22

다음 〈표〉는 일제강점기 8개 도시의 기간별 물가와 명목임금 비교지수에 관한 자료이다. 이에 대한 〈보기〉의 설명 중 옳은 것만을 모두 고르면?

〈표 1〉 일제강점기 8개 도시의 물가 비교지수

기간 \ 도시	경성	대구	목포	부산	신의주	원산	청진	평양
1910~1914년	1.04	0.99	0.99	0.95	0.95	1.05	1.06	0.97
1915~1919년	0.98	1.03	0.99	0.96	0.98	1.03	1.03	1.00
1920~1924년	1.03	1.01	1.01	1.03	0.96	0.99	1.05	0.92
1925~1929년	1.05	0.98	0.99	0.98	0.98	1.04	1.05	0.93
1930~1934년	1.06	0.96	0.93	0.98	1.06	1.00	1.04	0.97
1935~1939년	1.06	0.98	0.94	1.01	1.02	0.99	1.02	0.98

※ 기간별 각 도시의 물가 비교지수는 해당 기간 8개 도시 평균 물가 대비 각 도시 물가의 비율임.

〈표 2〉 일제강점기 8개 도시의 명목임금 비교지수

기간 \ 도시	경성	대구	목포	부산	신의주	원산	청진	평양
1910~1914년	0.92	0.83	0.89	0.96	1.01	1.13	1.20	1.06
1915~1919년	0.97	0.88	0.99	0.98	0.92	1.01	1.32	0.93
1920~1924년	1.13	0.93	0.97	1.05	0.79	0.96	1.32	0.85
1925~1929년	1.05	0.83	0.91	0.98	0.95	1.05	1.36	0.87
1930~1934년	1.06	0.86	0.84	0.96	0.96	1.01	1.30	1.01
1935~1939년	0.99	0.85	0.85	0.95	1.16	1.04	1.10	1.06

※ 기간별 각 도시의 명목임금 비교지수는 해당 기간 8개 도시 평균 명목임금 대비 각 도시 명목임금의 비율임.

─────〈보 기〉─────

ㄱ. 경성보다 물가가 낮은 도시는 '1910~1914년' 기간에는 5곳이고 '1935~1939년' 기간에는 7곳이다.

ㄴ. 물가와 명목임금 모두가 기간별 8개 도시 평균보다 매 기간에 걸쳐 높은 도시는 한 곳뿐이다.

ㄷ. '1910~1914년' 기간보다 '1935~1939년' 기간의 명목임금이 경성은 증가하였으나 부산은 감소하였다.

ㄹ. '1920~1924년' 기간의 명목임금은 목포가 신의주의 1.2배 이상이다.

① ㄱ, ㄷ
② ㄱ, ㄹ
③ ㄴ, ㄷ
④ ㄱ, ㄴ, ㄹ
⑤ ㄴ, ㄷ, ㄹ

📑 문제풀이

22 분수 비교형
난이도 ★★★☆☆

ㄱ. (O) 경성보다 물가가 낮은 도시는 '1910~1914년' 기간에는 대구, 목포, 부산, 신의주, 평양 5곳이고, '1935~1939년' 기간에는 대구, 목포, 부산, 신의주, 원산, 청진, 평양 7곳이므로 옳은 설명이다. 전체가 8개 도시이므로 경성보다 낮은 도시 5개는 경성보다 높은 도시 2개로 반대해석하고, 경성보다 낮은 도시 7곳은 경성보다 높은 도시가 없다고 반대해석하면 빠르게 판단할 수 있다.

ㄴ. (O) 물가와 명목임금 모두가 기간별 8개 도시 평균보다 매 기간에 걸쳐 높다는 의미는 항상 비교지수가 1.0을 초과한다는 의미와 동일하다. 따라서 물가와 명목임금 모두가 기간별 8개 도시 평균보다 매 기간에 걸쳐 높은 도시는 청진 한 곳뿐이므로 옳은 설명이다.

ㄷ. (X) 명목임금 비교지수는 동일한 기간 8개 도시 평균 명목임금을 기준으로 하고 있으므로 서로 다른 기간끼리 명목임금을 비교할 수 없다. 따라서 '1910~1914년' 기간보다 '1935~1939년' 기간의 명목임금이 경성은 증가했으나 부산은 감소했는지 알 수 없으므로 옳지 않은 설명이다.

ㄹ. (O) 동일 기간의 도시간 명목임금 비교는 명목임금 비교지수 크기로 판단할 수 있다. '1920~1924년' 기간의 명목임금 비교지수는 목포가 0.97이고, 신의주 명목임금 비교지수의 1.2배는 0.79×1.2=0.950이다. 따라서 '1920~1924년' 기간의 명목임금은 목포가 신의주의 1.2배 이상이므로 옳은 설명이다.

⏱ 빠른 문제 풀이 Tip

〈표 1〉과 〈표 2〉에서 지수가 제시되므로 비율 자료임을 확인한다. 이 문제의 경우 지수의 기준이 동일 기간이며 이때 다른 기간 간 물가 및 명목임금 비교는 불가능함을 유의한다.

[정답] ④

23

다음은 '갑'국의 일·가정 양립제도에 관한 〈보고서〉이다. 이를 작성하기 위해 사용하지 않은 자료는?

<보고서>

2018년 기준 가족친화 인증을 받은 기업 및 기관수는 1,828개로 2017년보다 30% 이상 증가하였고, 전년 대비 증가율은 중소기업 및 공공기관이 각각 대기업보다 높게 나타났다. 이와 함께 일·가정 양립제도 중 하나인 유연근로제도를 도입하고 있는 사업체의 비율은 2018년이 2017년보다 37.1%p 증가하였다.

2018년 유배우자 가구 중 맞벌이 가구의 비율은 2017년보다 1.0%p 증가하였으며, 6세 이하 자녀를 둔 맞벌이 가구 비율이 초·중학생 자녀를 둔 맞벌이 가구 비율보다 낮았다. 한편, 남녀 간 고용률 차이는 여전히 존재하여 2018년 기혼남성과 기혼여성의 고용률 차이는 29.2%p로 격차가 큰 것으로 나타났다.

2018년 육아휴직자 수는 89,795명으로 2013년부터 매년 증가하였는데, 남성 육아휴직자 수는 2017년보다 증가한 반면, 여성 육아휴직자 수는 2017년에 비해 감소하였다. 또한, 2018년 육아기 근로시간 단축제도 이용자 수는 2017년보다 30% 이상 증가한 2,761명으로 남녀 모두 증가하였다.

① 육아지원제도 이용자 현황

(단위: 명)

구분 \ 연도		2013	2014	2015	2016	2017	2018
육아 휴직자 수	여성	56,735	62,279	67,323	73,412	82,467	82,179
	남성	1,402	1,790	2,293	3,421	4,872	7,616
육아기 근로시간 단축제도 이용자 수	여성	37	415	692	1,032	1,891	2,383
	남성	2	22	44	84	170	378

② 2018년 혼인상태별 고용률

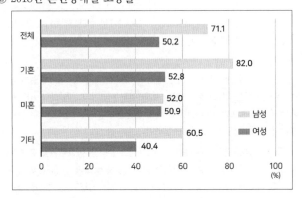

③ 가족친화 인증 기업 및 기관 현황

(단위: 개, %)

구분 \ 연도	2016	2017	2018	비율	전년 대비 증가율
대기업	223	258	285	15.6	10.5
중소기업	428	702	983	53.8	40.0
공공기관	305	403	560	30.6	39.0
전체	956	1,363	1,828	100.0	34.1

④ 기혼여성의 취업여부별 경력단절 경험 비율

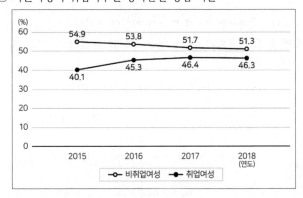

⑤ 유배우자 가구 중 맞벌이 가구 현황

📝 문제풀이

23 보고서 검토·확인형   난이도★☆☆☆☆

① [육아지원제도 이용자 현황]은 〈보고서〉 세 번째 문단에서 언급하고 있다.

② [2018년 혼인상태별 고용률]은 〈보고서〉 두 번째 문단에서 언급하고 있다.

③ [가족친화 인증 기업 및 기관 현황]은 〈보고서〉 첫 번째 문단에서 언급하고 있다.

④ [기혼여성의 취업여부별 경력단절 경험 비율]은 〈보고서〉에서 언급하고 있지 않다.

⑤ [유배우자 가구 중 맞벌이 가구 현황]은 〈보고서〉 두 번째 문단에서 언급하고 있다.

⏱ 빠른 문제 풀이 Tip

- 2010년 이후 10년만에 등장한 유형으로 〈보고서〉 작성 시 사용하지 않은 자료를 찾는 문제이다.
- 사용된 자료를 찾는 것이므로 선택지의 제목과 〈보고서〉의 내용을 비교하여 직접 언급하지 않은 선택지를 답으로 고르자.

[정답] ④

24

다음 〈표〉는 2014~2018년 A기업의 직군별 사원수 현황에 대한 자료이다. 이에 대한 〈보기〉의 설명 중 옳은 것을 고르면?

〈표〉 2014~2018년 A기업의 직군별 사원수 현황

(단위: 명)

연도 \ 직군	영업직	생산직	사무직
2018	169	105	66
2017	174	121	68
2016	137	107	77
2015	136	93	84
2014	134	107	85

※ 사원은 영업직, 생산직, 사무직으로만 구분됨.

─〈보 기〉─

ㄱ. 전체 사원수는 매년 증가한다.
ㄴ. 영업직 사원수는 생산직과 사무직 사원수의 합보다 매년 적다.
ㄷ. 생산직 사원의 비중이 30% 미만인 해는 전체 사원수가 가장 적은 해와 같다.
ㄹ. 영업직 사원의 비중은 매년 증가한다.

① ㄱ, ㄴ
② ㄱ, ㄷ
③ ㄴ, ㄷ
④ ㄴ, ㄹ
⑤ ㄷ, ㄹ

📝 **문제풀이**

24 분수 비교형

난이도★★★☆☆

ㄱ. (X) 전체 사원수는 2014년 134+107+85=326명에서 2015년 313명으로 감소했고 2017년 174+121+68=363명에서 2018년 169+105+66=340명으로 감소하였으므로 옳지 않은 설명이다.

ㄴ. (O) 영업직 사원수는 2018년이 169명, 2017년이 174명, 2016년이 137명, 2015년이 136명, 2014년이 134명이고, 생산직과 사무직 사원수의 합은 2018년이 105+66=171명, 2017년이 121+68=189명, 2016년이 107+77=184명, 2015년이 93+84=177명, 2014년이 107+85=192명이다. 따라서 영업직 사원수는 생산직과 사무직 사원수의 합보다 매년 적으므로 옳은 설명이다.

ㄷ. (O) 생산직 사원의 비중이 30% 미만인 해는 2015년 $\frac{93}{136+93+84}$≒29.7%이고, 전체 사원수가 136+93+84=313명으로 가장 적으므로 옳은 설명이다.

ㄹ. (X) 영업직 사원의 비중은 2015년 $\frac{136}{313}$≒43.5%에서 2016년 $\frac{137}{321}$≒42.7%로 감소했으므로 옳지 않은 설명이다. 상대비를 적용하여 풀이할 수도 있다. 상대비로 영업직 사원의 비중을 나타내면 2015년 $\frac{136}{177}$이고, 2016년 $\frac{137}{184}$이다. 분자의 증가율보다 분모의 증가율이 더 크므로 2016년 영업직 사원의 비중은 전년대비 감소했음을 알 수 있다.

⏱ **빠른 문제 풀이 Tip**

〈표〉의 단위가 명이므로 실수 자료임을 확인한다. 이 문제의 경우 연도의 순서가 역순임을 유의한다.

[정답] ③

25

다음 〈보고서〉는 2017년 '갑'국의 공연예술계 시장 현황에 관한 자료이다. 〈보고서〉의 내용과 부합하는 자료만을 〈보기〉에서 모두 고르면?

─〈보고서〉─

2017년 '갑'국의 공연예술계 관객수는 410만 5천 명, 전체 매출액은 871억 5천만 원으로 집계되었다. 이는 매출액 기준 전년 대비 100% 이상 성장한 것으로, 2014년 이후 공연예술계 매출액과 관객수 모두 매년 증가하는 추세이다.

2017년 '갑'국 공연예술계의 전체 개막편수 및 공연횟수를 월별로 분석한 결과, 월간 개막편수가 전체 개막편수의 10% 이상을 차지하는 달은 3월뿐이고 월간 공연횟수가 전체 공연횟수의 10% 이상을 차지하는 달은 8월뿐인 것으로 나타났다.

반면, '갑'국 공연예술계 매출액 및 관객수의 장르별 편차는 매우 심한 것으로 나타났는데, 2017년 기준 공연예술계 전체 매출액의 60% 이상이 '뮤지컬' 한 장르에서 발생하였으며 또한 관객수 상위 3개 장르가 공연예술계 전체 관객수의 90% 이상을 차지하는 것으로 조사되었다.

2017년 '갑'국 공연예술계 관객수를 입장권 가격대별로 살펴보면 가장 저렴한 '3만 원 미만' 입장권 관객수가 절반 이상을 차지하였고, 이는 가장 비싼 '7만 원 이상' 입장권 관객수의 3.5배 이상이었다.

─〈보 기〉─

ㄱ. 2014~2017년 매출액 및 관객수

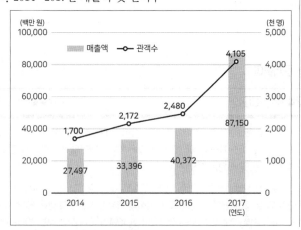

ㄴ. 2017년 개막편수 및 공연횟수

(단위: 편, 회)

구분 월	개막편수	공연횟수
1	249	4,084
2	416	4,271
3	574	4,079
4	504	4,538
5	507	4,759
6	499	4,074
7	441	5,021
8	397	5,559
9	449	3,608
10	336	3,488
11	451	3,446
12	465	5,204
전체	5,288	52,131

ㄷ. 2017년 장르별 매출액 및 관객수

(단위: 편, 회)

구분 장르	매출액	관객수
연극	10,432	808
뮤지컬	56,014	1,791
클래식	13,580	990
무용	5,513	310
국악	1,611	206
전체	87,150	4,105

ㄹ. 2017년 입장권 가격대별 관객수 구성비

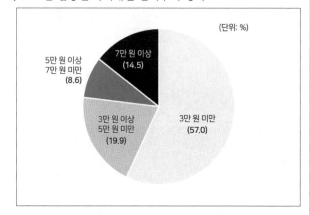

① ㄱ, ㄷ
② ㄴ, ㄷ
③ ㄴ, ㄹ
④ ㄱ, ㄴ, ㄹ
⑤ ㄱ, ㄷ, ㄹ

26

다음 〈표〉는 2019년 12월 호텔A~D의 운영실적에 대한 자료이다. 이에 대한 〈보기〉의 설명 중 옳은 것을 고르면?

〈표〉 2019년 12월 호텔A~D의 운영실적

(단위: 개, 만 원)

호텔	판매가능 객실 수	판매 객실 수	평균 객실 요금
A	3,500	1,600	40
B	3,000	2,100	30
C	1,250	1,000	20
D	1,100	990	10

※ 1) 객실 수입＝판매 객실 수×평균 객실 요금

2) 객실 판매율(%)＝$\dfrac{\text{판매 객실 수}}{\text{판매가능 객실 수}}$×100

―――――――〈보 기〉―――――――

ㄱ. 객실 수입이 가장 많은 호텔은 B이다.

ㄴ. 객실 판매율은 호텔C가 호텔D보다 낮다.

ㄷ. 판매가능 객실당 객실 수입이 가장 적은 호텔은 A이다.

ㄹ. 판매가능 객실 수가 많은 호텔일수록 객실 판매율이 낮다.

① ㄱ, ㄴ   ② ㄱ, ㄷ

③ ㄱ, ㄹ   ④ ㄴ, ㄷ

⑤ ㄴ, ㄹ

📝 문제풀이

25 분수 비교형   난이도★★☆☆☆

ㄱ. (O) 〈보고서〉 첫 번째 문단에서 확인할 수 있다. 100% 증가는 2배 증가했음을 의미한다.

ㄴ. (O) 〈보고서〉 두 번째 문단에서 확인할 수 있다. 개막편수가 전체 개막편수 5,288편의 10%에 해당하는 529편 이상인 달은 3월뿐이고 전체 공연횟수 52,131편에서 10%에 해당하는 5,214편 이상인 달은 8월뿐이다.

ㄷ. (X) 〈보고서〉 세 번째 문단에서 확인할 수 있다. 전체는 90,000백만 원 이하, 뮤지컬은 56,000 백만 원 이상이므로 뮤지컬이 전체 매출액의 60% 이상이지만, 관객수는 무용과 국악의 합이 전체 4,105천 명의 10% 이상이나 310+216=516천 명이다. 따라서 상위 3개 장르의 관객수가 90% 이상을 차지하고 있지 않다.

ㄹ. (O) 〈보고서〉 네 번째 문단에서 확인할 수 있다. 3만 원 미만이 57%를 차지하여 전체의 절반 이상이고, 7만 원 이상이 14.5%이므로 3.5배 이상이다.

⏱ 빠른 문제 풀이 Tip

〈보고서〉의 단순 일치 부합형 문제이므로 〈보기〉와 올바르게 매칭하여 해결하자.

[정답] ④

📝 문제풀이

26 각주 판단형   난이도★★★☆☆

ㄱ. (X) 곱셈 비교로 판단한다. 먼저 B보다 판매 객실 수와 평균 객실 요금이 모두 적은 C와 D는 제외한다. A와 비교하면 평균 객실 요금은 B보다 A가 33% 이상 많은 반면 판매 객실 수는 A보다 B가 30% 미만 많기 때문에 평균 객실 요금의 증가율이 더 높다. 따라서 객실 수입이 가장 많은 호텔은 B가 아니라 A이다. 구체적으로 수치를 계산하면 객실 수입은 A가 64,000만 원, B가 63,000만 원이다.

ㄴ. (O) 객실 판매율은 호텔C가 80%로 호텔D 90%보다 낮다.

ㄷ. (X) 판매가능 객실 수와 판매 객실 수는 십의 자리까지 버리고, 평균 객실 요금은 일의 자리 수치를 버리고 판단하면 판매가능 객실당 객실 수입 비율이 1을 넘지 못하는 호텔은 D뿐이다. 따라서 판매가능 객실당 객실 수입이 가장 적은 호텔은 A가 아니라 D이다.

ㄹ. (O) 판매가능 객실 수를 많은 것부터 순서대로 나열하면 A, B, C, D이다. 객실 판매율은 분모인 판매가능 객실 수가 더 적고 판매 객실 수가 많은 B가 A보다 많다. 비율이 70%인 B보다 80%인 C가 더 높고 90%인 D가 더 높다. 즉 객실 판매율이 낮은 것부터 순서대로 나열하면 A, B, C, D이다. 따라서 판매가능 객실 수가 많은 호텔일수록 객실 판매율이 낮다.

⏱ 빠른 문제 풀이 Tip

수치 구조가 간단하므로 직접 객실 수입이나 객실 판매율을 계산해도 된다.

[정답] ⑤

27

다음 〈표〉는 '갑'회사의 생산직 근로자 133명과 사무직 근로자 87명이 직무스트레스 조사에 응답한 결과이다. 이에 대한 〈보기〉의 설명 중 옳은 것만을 모두 고르면?

〈표 1〉 생산직 근로자의 직무스트레스 수준 응답 구성비

(단위: %)

항목 ＼ 스트레스 수준	상위		하위	
	매우 높음	높음	낮음	매우 낮음
업무과다	9.77	67.67	22.56	0.00
직위불안	10.53	64.66	24.06	0.75
관계갈등	10.53	67.67	20.30	1.50
보상부적절	10.53	60.15	27.82	1.50

〈표 2〉 사무직 근로자의 직무스트레스 수준 응답 구성비

(단위: %)

항목 ＼ 스트레스 수준	상위		하위	
	매우 높음	높음	낮음	매우 낮음
업무과다	10.34	67.82	20.69	1.15
직위불안	12.64	58.62	27.59	1.15
관계갈등	10.34	64.37	24.14	1.15
보상부적절	10.34	64.37	20.69	4.60

─〈보 기〉─

ㄱ. 항목별 직무스트레스 수준이 '상위'에 해당하는 근로자의 비율은 각 항목에서 사무직이 생산직보다 높다.
ㄴ. '직위불안' 항목에서 '낮음'으로 응답한 근로자는 생산직이 사무직보다 많다.
ㄷ. '관계갈등' 항목에서 '매우 높음'으로 응답한 생산직 근로자는 '매우 낮음'으로 응답한 생산직 근로자보다 11명 많다.
ㄹ. '보상부적절' 항목에서 '높음'으로 응답한 근로자는 사무직이 생산직보다 적다.

① ㄱ
② ㄹ
③ ㄱ, ㄷ
④ ㄴ, ㄷ
⑤ ㄴ, ㄹ

📝 문제풀이

27 곱셈 비교형
난이도★★☆☆☆

ㄱ. (X) '관계갈등' 항목의 경우 '상위'에 해당하는 근로자의 비율은 '매우 높음'과 '높음' 모두 사무직이 생산직보다 낮다. 따라서 항목별 직무스트레스 수준이 '상위'에 해당하는 근로자의 비율은 각 항목에서 사무직이 생산직보다 높지 않다.

ㄴ. (O) 생산직 근로자가 사무직 근로자보다 50% 이상 많지만 '직위불안' 항목에서 '낮음'으로 응답한 비율은 3%p 정도로 그 차이가 크지 않다. 따라서 '직위불안' 항목에서 '낮음'으로 응답한 근로자는 생산직이 약 32명, 사무직이 약 23명으로 생산직이 더 많다.

ㄷ. (X) '관계갈등' 항목에서 '매우 높음'으로 응답한 생산직 근로자는 14명으로 '매우 낮음'으로 응답한 생산직 근로자 2명보다 12명 많다.

ㄹ. (O) 생산직 근로자가 사무직 근로자보다 50% 이상 많지만 '보상부적절' 항목에서 '높음'으로 응답한 비율은 4%p 정도로 그 차이가 크지 않다. 따라서 '보상부적절' 항목에서 '높음'으로 응답한 근로자는 사무직이 약 55명, 생산직이 약 80명으로 사무직이 더 적다.

⏱ **빠른 문제 풀이 Tip**

문제에서 구체적인 수치를 주고 있기 때문에 〈표〉의 비율과 곱해 구체적인 항목의 값을 비교할 수 있다.

[정답] ⑤

28

다음 〈표〉는 산림경영인의 산림경영지원제도 인지도에 대한 설문조사 결과이다. 이에 대한 설명으로 옳지 않은 것은?

〈표〉 산림경영인의 산림경영지원제도 인지도

(단위: 명, %, 점)

구분	항목	응답자 수	인지도 점수별 응답자 비율					인지도 평균 점수
			1점	2점	3점	4점	5점	
경영 주체	독림가	173	2.9	17.3	22.0	39.3	18.5	3.53
	임업후계자	292	4.5	27.1	20.9	33.9	13.7	3.25
	일반산주	353	11.0	60.9	10.5	16.4	1.1	2.36
거주지 권역	경기	57	12.3	40.4	3.5	36.8	7.0	2.86
	강원	112	6.3	20.5	11.6	43.8	17.9	3.46
	충청	193	7.8	35.2	20.2	25.9	10.9	2.97
	전라	232	6.9	44.0	20.7	20.3	8.2	2.79
	경상	224	5.4	48.2	15.2	25.9	5.4	2.78
소유 면적	2ha 미만	157	8.9	63.7	11.5	14.0	1.9	2.36
	2ha 이상 6ha 미만	166	9.0	43.4	16.9	22.9	7.8	2.77
	6ha 이상 11ha 미만	156	7.7	35.3	16.7	32.7	7.7	2.97
	11ha 이상 50ha 미만	232	4.3	30.6	17.2	36.2	11.6	3.20
	50ha 이상	107	5.6	24.3	22.4	28.0	19.6	3.32
소재지 거주 여부	소재산주	669	5.8	41.0	15.7	28.4	9.1	2.94
	부재산주	149	12.1	33.6	20.8	23.5	10.1	2.86

※ 인지도 점수별 응답자 비율(인지도 평균점수)은 소수점 아래 둘째(셋째)자리에서 반올림한 값임.

① 소유면적별 인지도 평균점수는 '50ha 이상'이 '2ha 미만'의 1.4배 이상이다.

② 거주지 권역별 인지도 평균점수는 '강원'이 '경기'보다 높다.

③ 인지도 점수를 2점 이하로 부여한 응답자 대비 4점 이상으로 부여한 응답자의 비율이 가장 높은 거주지 권역은 '충청'이다.

④ 인지도 점수를 1점으로 부여한 '소재산주'는 5점으로 부여한 '부재산주'의 2배 이상이다.

⑤ 인지도 점수를 3점 이상으로 부여한 응답자가 가장 많은 경영주체는 '임업후계자'이다.

📝 문제풀이

28 곱셈 비교형

난이도 ★★★☆☆

① (O) 소유면적별 인지도 평균점수는 '50ha 이상' 3.32가 '2ha 미만' 2.36의 1.4배 이상이다.

② (O) 거주지 권역별 인지도 평균점수는 '강원' 3.46이 '경기' 2.86보다 높다.

③ (X) 인지도 점수를 2점 이하로 부여한 응답자 대비 4점 이상으로 부여한 응답자의 비율은 $\frac{36.8}{43.0}$로 '강원'의 비율 $\frac{61.7}{26.8}$보다 낮다. 이는 3점을 제외하고 판단하는 것이므로 비율을 비교하여 더 간단히 판단할 수도 있다. 충청은 3점의 비율 약 20%를 빼면 대략 80%에서 2점 이하가 40%를 초과하므로 2점 이하 대비 4점 이상은 50% 미만이 된다. 반면 강원의 경우 3점의 비율 약 11%를 제외하고 대략 90% 수준에서 2점 이하의 비율이 30% 미만이므로 2점 이하 대비 4점 이상은 50%를 초과한다고 어렵지 않게 판단할 수 있다. 따라서 가장 높은 거주지 권역은 '충청'이 아니다.

④ (O) 인지도 점수를 1점으로 부여한 '소재산주'는 669×5.8%이고 5점으로 부여한 '부재산주'는 149×10.1%이므로 2배 이상이다. 응답자 수가 4배 이상이고 비율은 2배 이상 차이가 나지 않는 점을 이용하여 판단할 수도 있다.

⑤ (O) 인지도 점수를 3점 이상으로 부여한 응답자가 가장 많은 경영주체는 '임업후계자' 292×68.5%≒200명이다. 독림가는 약 138명, 일반산주는 약 99명이다.

⏱ 빠른 문제 풀이 Tip

각 항목별로 응답자 수가 주어져있고 인지도 점수별로 응답자 비율이 구체적으로 제시된 자료이므로 두 항목을 곱해 구체적인 인지도 점수별 응답자 수를 비교할 수 있다.

[정답] ③

29

다음 〈표〉는 2014~2018년 '갑'국의 전력단가와 에너지원별 평균정산단가에 관한 자료이다. 이에 대한 〈보기〉의 설명 중 옳은 것만을 모두 고르면?

〈표 1〉 2014~2018년 전력단가

(단위: 원/kWh)

월 \ 연도	2014	2015	2016	2017	2018
1	143.16	140.76	90.77	86.31	92.23
2	153.63	121.33	87.62	91.07	90.75
3	163.40	118.35	87.31	92.06	101.47
4	151.09	103.72	75.38	75.35	90.91
5	144.61	96.62	68.78	79.14	87.64
6	136.35	84.54	65.31	82.71	89.79
7	142.72	81.99	67.06	76.79	87.27
8	128.60	88.59	71.73	76.40	91.02
9	131.44	90.98	71.55	73.21	92.87
10	132.22	98.34	73.48	72.84	102.36
11	133.78	94.93	75.04	81.48	105.11
12	144.10	95.46	86.93	90.77	109.95
평균	142.09	101.30	76.75	81.51	95.11

※ 1년을 봄(3, 4, 5월), 여름(6, 7, 8월), 가을(9, 10, 11월), 겨울(12, 1, 2월)의 4계절로 구분함.

〈표 2〉 2014~2018년 에너지원별 평균정산단가

(단위: 원/kWh)

에너지원 \ 연도	2014	2015	2016	2017	2018
원자력	54.70	62.69	67.91	60.68	62.10
유연탄	63.27	68.26	73.93	78.79	81.81
LNG	160.73	126.19	99.39	111.60	121.03
유류	220.78	149.85	109.15	165.45	179.43
양수	171.50	132.75	106.21	107.60	125.37

─────〈보 기〉─────

ㄱ. 계절별 전력단가의 평균은 여름이 가을보다 매년 높다.
ㄴ. 2017년 대비 2018년 평균정산단가 증가율이 가장 높은 에너지원은 '양수'이다.
ㄷ. 전력단가 평균과 '유류' 평균정산단가의 연도별 증감방향은 같다.
ㄹ. 에너지원별 평균정산단가 순위는 매년 동일하다.

① ㄱ, ㄴ
② ㄴ, ㄷ
③ ㄷ, ㄹ
④ ㄱ, ㄴ, ㄹ
⑤ ㄱ, ㄷ, ㄹ

📝 문제풀이

29 분수 비교형	난이도 ★★☆☆☆

ㄱ. (X) 2015년 각 월별 비교를 통해서 여름보다 가을이 높다는 것을 쉽게 알 수 있다. 따라서 계절별 전력단가의 평균은 여름이 가을보다 매년 높지 않다.

ㄴ. (O) 2017년 대비 2018년 평균정산단가 증가율이 가장 높은 에너지원은 '양수'로 유일하게 10%를 초과한다.

ㄷ. (O) 전력단가 평균과 '유류' 평균정산단가의 연도별 증감방향은 감소, 감소, 감소, 증가, 증가로 같다.

ㄹ. (X) 에너지원별 평균정산단가 순위는 2016년과 2017년이 동일하지 않다.

[정답] ②

30

다음 〈표〉는 '갑'지역 조사 대상지에 대한 A, B 두 기관의 토지 피복 분류 결과를 상호비교한 것이다. 이에 대한 설명으로 옳은 것은?

〈표〉 토지피복 분류 결과

(단위: 개소)

	대분류		농업지역		산림지역			수체지역	소계
		세부분류	논	밭	침엽수림	활엽수림	혼합림	하천	
A기관	농업지역	논	840	25	30	55	45	35	1,030
		밭	50	315	20	30	30	15	460
	산림지역	침엽수림	85	50	5,230	370	750	20	6,505
		활엽수림	70	25	125	3,680	250	25	4,175
		혼합림	40	30	120	420	4,160	20	4,790
	수체지역	하천	10	15	0	15	20	281	341
	소계		1,095	460	5,525	4,570	5,255	396	17,301

표 상단에 'B기관'이 전체 열을 묶는 대분류로 표기됨.

① A기관이 밭으로 분류한 대상지 중 B기관이 혼합림으로 분류한 대상지의 비율은, B기관이 밭으로 분류한 대상지 중 A기관이 혼합림으로 분류한 대상지의 비율과 같다.

② B기관이 침엽수림으로 분류한 대상지 중 10% 이상을 A기관은 다른 세부분류로 분류하였다.

③ B기관이 논으로 분류한 대상지 중 A기관도 논으로 분류한 대상지의 비율은, A기관이 논으로 분류한 대상지 중 B기관도 논으로 분류한 대상지의 비율과 같다.

④ 두 기관 모두 산림지역으로 분류한 대상지 중 두 기관 모두 활엽수림으로 분류한 대상지가 차지하는 비율은 30% 이상이다.

⑤ 두 기관 모두 농업지역으로 분류한 대상지 중 두 기관이 서로 다른 세부분류로 분류한 대상지가 차지하는 비율은, A 또는 B기관이 하천으로 분류한 대상지 중 두 기관 모두 하천으로 분류한 대상지의 비율보다 크다.

📝 문제풀이

30 분수 비교형
난이도 ★★☆☆☆

① (O) A기관이 밭으로 분류한 대상지 중 B기관이 혼합림으로 분류한 대상지의 비율은, B기관이 밭으로 분류한 대상지 중 A기관이 혼합림으로 분류한 대상지의 비율과 $\frac{30}{460}$으로 같다.

② (X) B기관이 침엽수림으로 분류한 대상지 5,525개소 중 A기관이 다른 세부분류로 분류한 개소의 합은 30+20+125+120<552이므로 10% 미만이다.

③ (X) B기관이 논으로 분류한 대상지 중 A기관도 논으로 분류한 대상지의 비율은 $\frac{840}{1,095}$이고, A기관이 논으로 분류한 대상지 중 B기관도 논으로 분류한 대상지의 비율은 $\frac{840}{1,030}$이므로 같지 않다. 분자인 8400이 공통이므로 분모가 같은지만 판단하자.

④ (X) 두 기관 모두 산림지역으로 분류한 대상지 중 두 기관 모두 활엽수림으로 분류한 대상지가 차지하는 비율은 $\frac{3,680}{15,105}$이므로 30% 이상이 되지 못한다. 두 기관 모두 활엽수림으로 분류한 대상지가 3,680개소이므로 두 기관 모두 산림지역으로 분류한 대상지 중 30% 이상이 되려면 두 기관 모두 산림지역으로 분류한 대상지의 수는 $\frac{3,630}{0.3}$≒12,100 이하가 되어야 한다.

⑤ (X) 두 기관 모두 농업지역으로 분류한 대상지 중 두 기관이 서로 다른 세부분류로 분류한 대상지가 차지하는 비율은 $\frac{75}{1,230}$이고, A 또는 B기관이 하천으로 분류한 대상지 중 두 기관 모두 하천으로 분류한 대상지의 비율은 $\frac{281}{456}$보다 작다.

⏱ 빠른 문제 풀이 Tip

짝표이므로 정확한 항목값을 읽을 수 있다면 답은 쉽게 도출된다.

[정답] ①

31

다음 〈그림〉은 옥외광고 시장 규모 및 구성비에 대한 자료이다. 이를 바탕으로 작성한 〈보고서〉의 내용 중 옳은 것만을 모두 고르면?

〈그림 1〉 옥외광고 시장 규모 추이

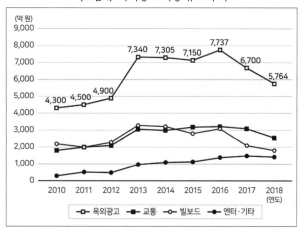

※ 옥외광고는 교통, 빌보드, 엔터·기타의 3개 분야로 구성됨.

〈그림 2〉 2018년 옥외광고 3개 분야 및 세부분야 시장 구성비

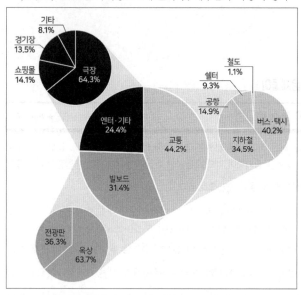

─〈보고서〉─

2010년부터 2018년까지의 옥외광고 시장 규모 추이를 살펴보면, 2010년 4,300억 원 규모였던 옥외광고 시장은 2016년 7,737억 원 규모까지 성장하였다. ㉠2018년 옥외광고 시장 규모는 2016년에 비해 30% 이상 감소하였다. 2018년 옥외광고 시장 규모를 분야별로 살펴보면, ㉡2018년 '교통' 분야 시장 규모는 2,500억 원 이상으로 옥외광고 시장에서 가장 큰 비중을 차지하고 있다. ㉢2018년 옥외광고 세부분야별 시장 규모는 '옥상'이 가장 크고, 그다음으로 '버스·택시', '극장', '지하철' 순이다. ㉣2018년 '엔터·기타' 분야의 시장 규모를 살펴보면 '극장', '쇼핑몰', '경기장'을 제외한 시장 규모는 120억 원 이상이다.

① ㄱ, ㄷ   ② ㄴ, ㄷ

③ ㄴ, ㄹ   ④ ㄱ, ㄴ, ㄹ

⑤ ㄱ, ㄷ, ㄹ

문제풀이

31 곱셈 비교형   난이도★★★★☆

ㄱ. (X) 2018년 옥외광고 시장 규모는 5,764억 원으로 2016년 7,737억 원에 비해 2,000억 원 미만 감소하였으므로 30% 이상 감소하지 않았다. 7,000억 원을 기준으로 30% 이상 감소하려면 2,100억 원 이상 감소해야 한다.

ㄴ. (O) 〈그림 2〉를 통해 2018년 '교통' 분야 시장 규모는 옥외광고 시장에서 가장 큰 비중을 차지하고 있다는 점을 쉽게 판단할 수 있고, 5,764억 원의 44.2%인 약 2,547억 원이므로 2,500억 원 이상이다. 이는 6천억 원의 44%는 2,640억 원이고 여기서 300억 원의 44%인 132억 원을 빼서 5,700억 원의 44%를 확인할 수도 있다. 따라서 그보다 큰 5,764억 원의 44.2%는 2,500억 원 이상이다.

ㄷ. (O) 2018년 옥외광고 세부분야별 시장 규모는 '옥상'이 31.4× 63.7%≒20억 원으로 가장 크고, 그 다음으로 '버스·택시'가 44.2× 40.2%≒17.8억 원, '극장'이 24.4×64.3%≒15.7억 원, '지하철'이 44.2× 34.5%≒15.2억 원 순이다. 이때 극장과 지하철만 곱셈 비교를 통해 비교하여 답을 도출할 수도 있다. 24의 2배인 48을 만들기 위해 44는 4가 부족하고, 34의 2배인 68을 만들기 위해 64도 4가 부족하다. 따라서 24에서 44로의 증가율보다 34에서 64로의 증가율이 더 크다.

ㄹ. (X) 2018년 '엔터·기타' 분야의 시장 규모는 5,764억 원의 24.4%인 1,406억 원이고 '극장', '쇼핑몰', '경기장'을 제외한 기타 8.1%의 시장 규모는 약 114억 원으로 120억 원 이상이 되지 못한다.

⏱ 빠른 문제 풀이 Tip

〈그림 1〉은 구체적인 시장 규모 추이이고 〈그림 2〉는 2018년 5,764억 원을 세부 분야별 구성비로 분류한 자료이다.

[정답] ②

32

다음 〈표〉는 '갑'대학교 정보공학과 학생A~I의 3개 교과목 점수에 관한 자료이다. 이에 대한 〈보기〉의 설명 중 옳은 것만을 모두 고르면?

〈표〉 학생A~I의 3개 교과목 점수

(단위: 점)

학생＼교과목	인공지능	빅데이터	사물인터넷	평균
A	( )	85.0	77.0	74.3
B	( )	90.0	92.0	90.0
C	71.0	71.0	( )	71.0
D	28.0	( )	65.0	50.0
E	39.0	63.0	82.0	61.3
F	( )	73.0	74.0	( )
G	35.0	( )	50.0	45.0
H	40.0	( )	70.0	53.3
I	65.0	61.0	( )	70.3
평균	52.4	66.7	74.0	( )
중앙값	45.0	63.0	74.0	64.0

※ 중앙값은 학생A~I의 성적을 크기순으로 나열했을 때 한가운데 위치한 값임.

─〈보 기〉─

ㄱ. 각 교과목에서 평균 이하의 점수를 받은 학생은 각각 5명 이상이다.

ㄴ. 교과목별로 점수 상위 2명에게 1등급을 부여할 때, 1등급을 받은 교과목 수가 1개 이상인 학생은 4명이다.

ㄷ. 학생D의 빅데이터 교과목과 사물인터넷 교과목의 점수가 서로 바뀐다면, 빅데이터 교과목 평균은 높아진다.

ㄹ. 최고점수와 최저점수의 차이가 가장 작은 교과목은 사물인터넷이다.

① ㄱ, ㄴ
② ㄴ, ㄷ
③ ㄴ, ㄹ
④ ㄱ, ㄴ, ㄷ
⑤ ㄱ, ㄷ, ㄹ

📝 문제풀이

32 평균 개념형　　　　　　　　　난이도★★★★★

ㄱ. (O) 각주에서 주어진 중앙값의 정의에 따라 중앙값은 학생A~I 9명의 성적을 크기순으로 나열했을 때 한가운데 위치한 값이므로 결국 중앙값이라는 것은 5등의 점수를 의미한다. 따라서 각 교과목에서 평균 이하의 점수를 받은 학생은 각각 5명 이상이라는 것은 평균≥중앙값의 관계를 묻고 있는 것이므로 옳은 설명이다.

ㄴ. (O) 교과목별로 점수 상위 2명에게 1등급을 부여한다면 인공지능은 B와 C, 빅데이터는 A와 B, 사물인터넷은 B와 I이므로 1등급을 받은 교과목 수가 1개 이상인 학생은 A, B, C, I 4명이다.

ㄷ. (O) 평균을 기준으로 편차를 판단했을 때 학생D의 인공지능은 -22점, 사물인터넷은 +15점이므로 빅데이터는 +7점이 되어야 한다. 따라서 빅데이터 교과목 +7점과 사물인터넷 교과목 +15점의 점수가 서로 바뀐다면, 빅데이터 교과목 평균은 높아진다.

ㄹ. (X) 최고점수와 최저점수의 차이는 사물인터넷이 92-50이고 빅데이터는 90-50이므로 빅데이터의 차이가 더 작다. 따라서 최고점수와 최저점수의 차이가 가장 작은 교과목은 사물인터넷이 아니다.
사물인터넷의 경우 92점이 가장 크고 C와 I는 평균과의 관계를 생각하면 최저점수인 50점보다 크기 때문에 최저점수는 50점이라고 판단할 수 있다. 또한 빅데이터의 경우 사실상 90점이 가장 크고 편차를 이용하면 D는 75점, G와 H는 모두 50점이므로 최저점수는 50점이다.

⏱ 빠른 문제 풀이 Tip

· 평균과 중앙값이 주어져 있기 때문에 이 둘의 관계를 이해할 필요가 있다.
· 괄호 안의 수치를 구체적으로 묻는 〈보기〉는 최대한 후순위로 판단하거나 패스하자.

[정답] ④

[33~34] 다음 〈표〉와 〈그림〉은 2013~2019년 '갑'국의 건설업 재해에 관한 자료이다. 〈표〉와 〈그림〉을 보고 물음에 답하시오.

〈표〉 연도별 건설업 재해 현황

(단위: 명)

연도	근로자 수	재해자 수	사망자 수
2013	3,200,645	22,405	611
2014	3,087,131	22,845	621
2015	2,776,587	23,323	496
2016	2,586,832	( )	667
2017	3,249,687	23,723	486
2018	3,358,813	( )	493
2019	3,152,859	26,484	554

〈그림 1〉 연도별 전체 산업 및 건설업 재해율 추이

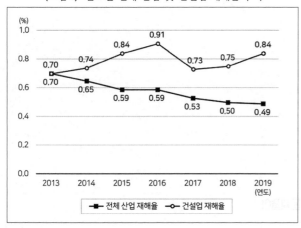

※ 재해율(%) = $\dfrac{재해자 수}{근로자 수}$ × 100

〈그림 2〉 연도별 건설업의 환산도수율과 환산강도율

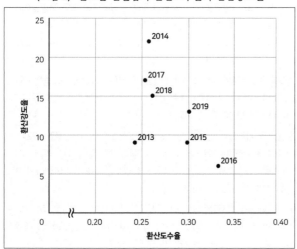

※ 1) 환산도수율 = $\dfrac{재해건수}{총 근로시간}$ × 100,000

2) 환산강도율 = $\dfrac{재해손실일수}{총 근로시간}$ × 100,000

33

위 〈표〉와 〈그림〉에 근거한 설명으로 옳은 것은?

① 건설업 재해자 수는 매년 증가한다.

② 전체 산업 재해율과 건설업 재해율의 차이가 가장 큰 해는 2016년이다.

③ 2020년 건설업 재해자 수가 전년 대비 10% 증가한다면, 건설업 재해율은 전년 대비 0.1%p 증가할 것이다.

④ 2013년 건설업 근로자 수가 전체 산업 근로자 수의 20%라면, 전체 산업 재해자 수는 건설업 재해자 수의 4배이다.

⑤ 건설업 사망자 수가 가장 많은 해는 건설업 환산강도율도 가장 높다.

34

위 〈표〉와 〈그림〉을 바탕으로 건설업의 재해건당 재해손실일수가 가장 큰 연도와 가장 작은 연도를 바르게 나열한 것은?

	가장 큰 연도	가장 작은 연도
①	2013년	2014년
②	2013년	2016년
③	2014년	2013년
④	2014년	2016년
⑤	2016년	2014년

📑 문제풀이

33 곱셈 비교형   난이도 ★★★★★

① (O) 재해자 수를 구체적으로 도출하는 것보다 각주를 이용하여 재해자 수= 재해율×근로자 수의 곱셈 비교 관계로 판단해야 한다. 2013~2015년 동안 재해자 수가 계속 증가하고 있으므로 2015년 이후를 판단해야 하는데 재해 율은 2017만 하락하고 나머지 연도는 모두 상승하고 있으므로 근로자 수 가 증가하는 2018년도 판단할 필요가 없다. 나머지 연도를 구체적으로 판 단하면 2015년에서 2016년 재해율은 84에%서 91%로 7%p 증가하여 8% 이 상 증가한 반면, 2016년에서 2015년 근로자 수는 259명에서 278명으로 19 명 증가하여 8% 미만 증가하였다. 2016년에서 2017년 근로자 수는 259명에 서 325명으로 66명 증가하여 증가율이 25% 이상이고, 2017년에서 2016년 재해율은 73%에서 91%로 18%p 증가하여 25% 미만 증가하였다. 마지막으 로 2018년에서 2019년 재해율은 75%에서 84%로 9%p 증가하여 10% 이상 증가하였고 2019년에서 2018년 근로자 수는 315명에서 336명으로 21명 증 가하여 증가율이 10% 미만이다.

② (X) 전체 산업 재해율과 건설업 재해율의 차이는 2016년이 0.91- 0.59=0.32%p이고 2019년이 0.84-0.49=0.35%p이다. 따라서 전체 산업 재 해율과 건설업 재해율의 차이가 가장 큰 해는 2016년이 아니다. 2019년과 2016년 전체 산업 재해율은 0.1%p 차이가 나고 건설업 재해율은 0.1%p 미 만 차이가 난다.

③ (X) 2020년 건설업 재해율은 근로자 수와 재해자 수를 모두 알아야 판단할 수 있으므로 2020년 건설업 재해자 수가 전년 대비 10% 증가한다고 해도 근로자 수가 제시되지 않는다면 건설업 재해율이 증가하는지 판단할 수 없 다.

④ (X) 2013년 전체 산업 재해율과 건설업 재해율이 0.70%로 동일하므로 2013 년 건설업 근로자 수가 전체 산업 근로자 수의 20%라면, 전체 산업 재해자 수는 건설업 재해자 수의 4배가 아닌 5배이다. 2013년 건설업 근로자 수가 전체 산업 근로자 수의 20%라면 전체 산업 근로자 수는 건설업 근로자 약 320만 명의 5배이다.

⑤ (X) 건설업 사망자 수가 가장 많은 해는 2016년이고 건설업 환산강도율은 2016년이 아닌 2014년에 가장 높다.

> ⏱ **빠른 문제 풀이 Tip**
> 빈칸을 구체적으로 채워야 하는 재해자 수를 묻는 선택지는 후순위로 판 단하자.

[정답] ①

📑 문제풀이

34 분산·물방울형   난이도 ★★☆☆☆

x축이 일부 생략되어 있지만 기본적으로 재해건당 재해손실일수는 x축 변 수인 환산도수율 대비 y축 변수인 환산강도율의 비율이므로 원점에서 각 점 을 잇는 선분의 기울기가 된다. 따라서 기울기가 가장 큰 2014년과 가장 작 은 2016년이 된다.

[정답] ④

35

다음 〈표〉는 감염자와 비감염자로 구성된 유증상자 1,000명을 대상으로 인공지능 시스템 A~E의 정확도를 측정한 결과이다. 〈표〉에 근거한 〈보기〉의 설명 중 옳은 것만을 모두 고르면?

〈표〉 인공지능 시스템 A~E의 정확도

(단위: 명, %)

시스템 판정 실제 감염 여부 시스템	양성		음성		음성 정답률	양성 검출률	정확도
	감염자	비 감염자	감염자	비 감염자			
A	0	1	8	991	( )	0.0	99.1
B	8	0	0	992	( )	100.0	100.0
C	6	4	2	988	99.8	75.0	99.4
D	8	2	0	990	100.0	( )	99.8
E	0	0	8	992	99.2	( )	99.2

※ 1) 정확도(%) = $\dfrac{\text{'양성' 판정된 감염자} + \text{'음성' 판정된 비감염자}}{\text{유증상자}} \times 100$

2) '양성(음성)' 정답률(%) = $\dfrac{\text{'양성(음성)' 판정된 감염(비감염)자}}{\text{'양성(음성)' 판정된 유증상자}} \times 100$

3) '양성(음성)' 검출률(%) = $\dfrac{\text{'양성(음성)' 판정된 감염(비감염)자}}{\text{감염(비감염)자}} \times 100$

─〈보 기〉─

ㄱ. 모든 유증상자를 '음성'으로 판정한 시스템의 정확도는 A보다 높다.

ㄴ. B, D는 음성 정답률과 '양성' 검출률 모두 100%이다.

ㄷ. B의 '양성' 정답률과 '음성' 정답률은 같다.

ㄹ. '양성' 검출률이 0%인 시스템의 '음성' 정답률은 100%이다.

① ㄱ, ㄴ
② ㄱ, ㄷ
③ ㄱ, ㄹ
④ ㄴ, ㄹ
⑤ ㄱ, ㄴ, ㄷ

📝 문제풀이

35 각주 판단형　　　　　　　　　　난이도 ★★★☆☆

ㄱ. (O) 모든 유증상자를 '음성'으로 판정한 시스템은 E이고 정확도는 99.2%로 A의 99.1%보다 높다.

ㄴ. (O) '음성' 정답률은 음성으로 판정된 유증상자 중 음성으로 판정된 비감염자의 비율이고 '양성' 검출률은 감염자 중 양성 판정된 감염자의 비율이다. B는 양성으로 판정한 8명 모두 감염자이고 음성으로 판정한 992명 모두 비감염자이므로 모두 100%이다. D 역시 음성으로 판정한 990명 모두 비감염자이므로 100%이고 감염자 8명 모두 양성으로 판정하였으므로 역시 100%이다.

ㄷ. (O) B의 '양성' 정답률과 '음성' 정답률은 100%로 같다.

ㄹ. (X) '양성' 검출률이 0%인 시스템은 A이고 '음성' 정답률은 음성으로 판정된 유증상자 999명 중 음성으로 판정된 비감염자 991명의 비율이므로 100%가 아니다.

⏱ **빠른 문제 풀이 Tip**

문제에서 주는 정보인 유증상자=감염자+비감염자 라는 점을 체크하자.

[정답] ⑤

36

다음 〈표〉는 A시 초등학생과 중학생의 6개 식품 섭취율을 조사한 결과이다. 이에 대한 설명으로 옳은 것은?

〈표〉 A시 초등학생과 중학생의 6개 식품 섭취율

(단위: %)

식품	섭취 주기	초등학교			중학교		
		남학생	여학생	전체	남학생	여학생	전체
라면	주 1회 이상	77.6	71.8	74.7	89.0	89.0	89.0
탄산음료	주 1회 이상	76.6	71.6	74.1	86.0	79.5	82.1
햄버거	주 1회 이상	64.4	58.2	61.3	73.5	70.5	71.7
우유	매일	56.7	50.9	53.8	36.0	27.5	30.9
과일	매일	36.1	38.9	37.5	28.0	30.0	29.2
채소	매일	30.4	33.2	31.8	28.5	29.0	28.8

※ 1) 섭취율(%) = $\frac{\text{섭취한다고 응답한 학생 수}}{\text{응답 학생 수}} \times 100$

　 2) 초등학생, 중학생 각각 2,000명을 대상으로 조사하였으며, 전체 조사 대상자는 6개 식품에 대해 모두 응답하였음.

① 라면을 주 1회 이상 섭취하는 중학교 남학생 수와 중학교 여학생의 수는 같다.

② 채소를 매일 섭취하는 중학교 남학생 수는 과일을 매일 섭취하는 중학교 남학생 수보다 적다.

③ 우유를 매일 섭취하는 중학교 여학생 수는 275명이다.

④ 과일을 매일 섭취하는 초등학교 남학생 중 햄버거를 주 1회 이상 섭취하는 학생 수는 4명 이하이다.

⑤ 채소를 매일 섭취하는 여학생 수는 중학생이 초등학생보다 많다.

📝 문제풀이

36 평균 개념형　　관련문제: 2015년 38번, 2016년 13번　　난이도★★★☆☆

① (X) 중학교 과일의 비율을 보면 남 28%, 여 30%인데 전체는 29%가 아닌 29.2%이므로 남학생보다 여학생이 더 많다는 것을 알 수 있다. 따라서 라면 섭취율이 89%로 동일하더라도 라면을 주 1회 이상 섭취하는 중학교 남학생 수와 중학교 여학생의 수는 같을 수가 없다. 구체적으로 수치를 계산하면, 중학교 남학생 : 여학생=2 : 3이므로 남학생 800명, 여학생 1,200명이다. 따라서 라면을 주 1회 이상 섭취하는 중학교 남학생 수는 800명의 89%이고 중학교 여학생의 수는 1,200명의 89%이다.

② (X) 채소를 매일 섭취하는 중학교 남학생 수는 남학생 중 28.5%이고 과일을 매일 섭취하는 중학교 남학생 수는 남학생 중 28%이므로 전자가 후자보다 많다.

③ (X) 우유를 매일 섭취하는 중학교 여학생 수는 1,200명의 27.5%이므로 275명보다 많다. 이를 구체적으로 계산하면 1,200×27.5%=600×55%=300×110%=330명이다.

④ (X) 각주 2)에서 전체 조사 대상자는 6개 식품에 대해 모두 응답하였다고 했고 과일을 매일 섭취하는 초등학교 남학생 36.1%와 햄버거를 주 1회 이상 섭취하는 학생 64.4%의 합은 100.5%이므로, 과일을 매일 섭취하는 초등학교 남학생 중 햄버거를 주 1회 이상 섭취하는 학생 수는 1,000명 중 0.5%인 5명 이상이다.

⑤ (O) 초등학생의 경우 전체 섭취율과 남녀 섭취율 차이가 동일하므로 남학생과 여학생의 수는 1,000명으로 동일하다. 따라서 채소를 매일 섭취하는 여학생 수는 중학생이 1,200×29%이고 초등학생이 1,000×33.2%이므로 전자가 후자보다 많다. 학생 수는 20% 더 많고 비율의 차이는 반대로 20% 미만 더 크다는 점을 이용하여 판단할 수도 있다.

⏱ 빠른 문제 풀이 Tip

- 가중평균의 개념을 명확하게 이해했다면 어렵지 않게 해결할 수 있다.
- 최소여집합을 묻는 경우 A+B−100%로 판단한다.

[정답] ⑤

37

다음 〈표〉는 4명의 응시자(민수, 영수, 철수, 현수)가 5명의 면접관으로부터 받은 점수에 관한 자료이다. 〈표〉와 〈조건〉을 근거로 '가'~'라'에 해당하는 응시자를 바르게 나열한 것은?

〈표〉 응시자의 면접관별 점수

(단위: 점)

면접관 응시자	면접관 1	면접관 2	면접관 3	면접관 4	면접관 5
가	10	7	5	9	9
나	8	5	( )	9	7
다	9	( )	9	( )	7
라	( )	5	8	8	9

※ 1) 각 면접관은 5점부터 10점까지의 정숫값을 면접 점수로 부여함.
2) 중앙값은 주어진 값들을 크기순으로 나열했을 때 한가운데 위치한 값임. 예를 들면, 주어진 값들이 9, 6, 7, 5, 6인 경우 이를 크기순으로 나열하면 5, 6, 6, 7, 9이므로 중앙값은 6임.

─〈조 건〉─
○ 평균이 8인 응시자는 민수와 현수뿐이다.
○ 현수의 최솟값이 철수의 최솟값보다 크다.
○ 영수의 중앙값은 8이며 철수의 중앙값보다 크다.

	가	나	다	라
①	민수	영수	현수	철수
②	민수	철수	현수	영수
③	현수	민수	철수	영수
④	현수	영수	민수	철수
⑤	현수	철수	민수	영수

📑 문제풀이

37 매칭형
난이도★★★★★

- 평균이 8점인 응시자는 민수와 현수뿐이므로 총점이 40점인 가는 민수 또는 현수가 된다. 나머지 중 나의 현재 점수는 29점이므로 최대 10점을 추가하더라도 평균 8점이 될 수 없다. 따라서 나는 민수나 현수가 될 수 없고, ③은 제거된다.

- 민수와 현수는 가 또는 다, 영수와 철수는 나 또는 라 이다. 영수의 중앙값은 8이라고 했고 점수는 5점 이상이므로 라의 면접관 1 점수와 무관하게 라의 중앙값은 반드시 8이 된다. 따라서 영수는 라이고 철수는 나이고, ①, ④가 제거된다.

- 철수의 최솟값이 5이므로 민수는 가가 되고 현수는 다가 된다.

- 면접관이 부여하는 점수의 최솟값은 5이므로 가, 나, 라의 최솟값은 모두 5이다. 따라서 현수는 다이다.

⏱ **빠른 문제 풀이 Tip**
- 면접관 점수가 모두 주어진 가를 중심으로 선택지를 참고하여 경우의 수를 좁혀가자.
- 다의 경우 괄호가 2개나 주어져 있으므로 가장 후순위로 고려해야 한다.

[정답] ②

38

다음 〈표〉는 2019년 '갑'국 13세 이상 인구의 독서 현황에 대한 자료이다. 이에 대한 〈보기〉의 설명 중 옳은 것을 고르면?

〈표〉 2019년 '갑'국 13세 이상 인구의 독서 현황

(단위: 권, %)

구분		1인당 연간 독서권수	독서인구 1인당 연간 독서권수	독서인구 비율
성별	남자	10.4	18.9	( )
	여자	8.1	14.2	57.0
연령대별	13~19세	15.0	20.2	74.3
	20~29세	14.0	( )	74.1
	30~39세	13.1	( )	68.6
	40~49세	9.6	15.2	63.2
	50~59세	5.9	12.6	46.8
	60~64세	2.8	10.4	26.9
	65세 이상	2.3	10.0	23.0
지역별	동부	4.5	17.4	25.9
	서부	5.5	12.8	43.0
	남부	8.1	14.9	54.4
	북부	14.0	18.3	76.5

※ '독서인구 비율'은 13세 이상 인구 중 독서인구(1년 동안 1권 이상 독서를 한 사람)의 비율임.

─── 〈보 기〉 ───

ㄱ. 남자의 독서인구 비율은 50% 이상이다.

ㄴ. 연령대가 높을수록 독서인구 1인당 연간 독서권수는 감소한다.

ㄷ. 서부지역과 남부지역의 13세 이상 인구비가 5:4라면, 독서인구는 서부지역이 남부지역보다 많다.

ㄹ. 독서인구 1인당 연간 독서권수가 16.8권이라면, 13세 이상 인구는 남자가 여자보다 많다.

① ㄱ, ㄴ
② ㄱ, ㄷ
③ ㄱ, ㄹ
④ ㄴ, ㄷ
⑤ ㄴ, ㄹ

📝 문제풀이

38 평균 개념형   난이도 ★★★★★

ㄱ. (O) 남자 1인당 연간 독서권수 10.4권의 2배는 독서인구 1인당 연간 독서권수 18.9권보다 많기 때문에 남자의 독서인구 비율은 50% 이상이다.

ㄴ. (X) 20대 18.9권, 30대 19.1권으로 증가하므로 연령대가 높을수록 독서인구 1인당 연간 독서권수는 감소하지 않는다. 20대와 30대의 1인당 연간 독서권수를 분수 비교하면 30대 $\frac{131}{686}$과 20대 $\frac{140}{741}$의 차이는 $\frac{9}{55}$이고 이는 30대보다 작기 때문에 20대보다 30대가 더 크다.

ㄷ. (X) 서부지역과 남부지역의 13세 이상 인구비가 5:4라면, 독서인구는 서부지역 43.0×5=215명이고 남부지역이 54.4×4=217.6명이므로 전자가 후자보다 적다.

ㄹ. (O) 독서인구 1인당 연간 독서권수가 16.8권이라면 가중평균 원리 상 독서인구 남:여 26:21이다. 13세 이상 인구는 여자가 $\frac{21}{57}$이고 남자는 $\frac{26}{57}$ 이하이므로 13세 이상 인구는 남자가 여자보다 많다. 이는 남자의 독서인구 비율이 57%보다 작은지만 판단하면 된다. 분수 비교로 하더라도 여자가 남자보다 높다는 것을 어렵지 않게 판단할 수 있다.

⏱ 빠른 문제 풀이 Tip

문제에서 13세 이상 인구의 독서 현황에 대한 자료라고 하였고 각주에서 '독서인구 비율'은 13세 이상 인구 중 독서인구(1년 동안 1권 이상 독서를 한 사람)의 비율이라고 했으므로 〈표〉에서 주어진 독서인구 1인당 연간 독서권수 대비 1인당 연간 독서권수의 비율로 판단할 수 있다.

[정답] ③

39

다음 〈표〉는 Z리그 A~G족구팀의 경기 결과이다. 〈표〉와 〈조건〉에 근거한 〈보기〉의 설명 중 옳은 것만을 모두 고르면?

〈표〉 Z리그 족구팀 세트 스코어와 최종 승점

팀 \ 구분	1경기	2경기	3경기	4경기	5경기	6경기	승패	최종 승점
A	0:2	0:2	( )	( )	( )	0:2	2승 4패	6
B	2:1	2:0	0:2	1:2	0:2	1:2	2승 4패	7
C	1:2	2:0	0:2	2:1	2:0	2:1	4승 2패	11
D	2:0	1:2	2:0	2:0	2:0	2:1	5승 1패	15
E	( )	( )	1:2	0:2	( )	0:2	3승 3패	( )
F	0:2	0:2	2:0	2:0	2:0	2:0	4승 2패	12
G	1:2	2:0	0:2	0:2	0:2	1:2	1승 5패	5

※ 세트 스코어에서 앞의 수가 해당 팀이 획득한 세트 수임.

─────〈조 건〉─────

○ 한 팀이 다른 모든 팀과 각각 1번씩 경기한다.
○ 한 경기에서 2세트를 먼저 획득한 팀이 승리한다.
○ 세트 스코어가 2:0인 경우 승리팀에 승점 3점 및 패배팀에 승점 0점을 부여하고, 세트 스코어가 2:1인 경우 승리팀에 승점 2점 및 패배팀에 승점 1점을 부여한다.
○ 경기한 총 세트 수는 A와 G가 같다.

─────〈보 기〉─────

ㄱ. 모든 팀 최종 승점의 합은 60점 이상이다.
ㄴ. E가 승리한 경기의 세트 스코어는 모두 2:1이다.
ㄷ. A가 2:0으로 승리한 경기 수는 1개이다.

① ㄱ
② ㄱ, ㄴ
③ ㄱ, ㄷ
④ ㄴ, ㄷ
⑤ ㄱ, ㄴ, ㄷ

📝 문제풀이

39 조건 판단형   난이도 ★★★★★

ㄱ. (O) 21경기×3점=63점이다. 따라서 모든 팀 최종 승점의 합은 60점 이상이다.

ㄴ. (O) 모든 팀 최종 승점의 합은 63점이고 현재 E를 제외한 승점의 합은 56점이다. 따라서 E는 최종 승점이 7점이 되어야 하므로 현재 승점 1점에 남은 3경기를 모두 2:1로 이겨야 경기당 2점을 얻어 3승이 되므로 E가 승리한 경기의 세트 스코어는 모두 2:1이다.

ㄷ. (O) 경기한 총 세트 수는 A와 G가 같고 G의 총 세트 수는 14세트이다. 따라서 A 역시 14세트가 되어야 하므로 3, 4, 5경기의 세트 수 합이 8이 되어야 한다. 2승으로 6점을 얻으려면 2:0(+3점), 2:1(+2점), 1:2(+1점) 조합이어야 세트 수 합이 8이다. 따라서 A가 2:0으로 승리한 경기 수는 1개이다.

⏱ 빠른 문제 풀이 Tip

• A~G 7개팀 모두 다른 팀과 각각 1번씩 경기하므로 팀당 6경기씩 해야 한다. 2팀이 1경기씩 하는 것이므로 총 경기 수는 21경기이다. 이는 $_7C_2$로 도출할 수도 있다. 또는 승수의 합이나 패수의 합을 더해도 21경기가 도출된다.

• 세트 스코어에 따라 승점이 달라지지만 1경기당 2개 팀이 가져가는 승점의 합은 3점으로 동일하다.

[정답] ⑤

40

다음 〈표〉는 '갑'국의 친환경 농작물 생산 현황에 대한 자료이다. 이에 대한 〈보기〉의 설명 중 옳은 것만을 모두 고르면?

〈표 1〉 연도별 친환경 농작물 재배농가, 재배면적, 생산량

(단위: 천 호, 천 ha, 천 톤)

연도\구분	2016	2017	2018	2019
재배농가	53	135	195	221
재배면적	53	106	174	205
생산량	798	1,786	2,188	2,258

〈표 2〉 연도별 친환경 농작물 생산방법별 재배면적

(단위: 천 ha)

연도\생산방법	2016	2017	2018	2019
유기농	9	11	13	17
무농약	14	37	42	69
저농약	30	58	119	119

※ 친환경 농작물 생산방법은 유기농, 무농약, 저농약으로 구성됨.

〈표 3〉 2019년 친환경 농작물별 생산량의 생산방법별 구성비

(단위: %)

친환경 농작물\생산방법	곡류	과실류	채소류
유기농	11	27	18
무농약	17	67	28
저농약	72	6	54
합계	100	100	100

※ 친환경 농작물은 곡류, 과실류, 채소류로 구성됨.

─── 〈보 기〉 ───

ㄱ. 재배농가당 재배면적은 매년 감소한다.
ㄴ. 친환경 농작물 재배면적 중 '무농약'의 비중은 매년 증가한다.
ㄷ. 2019년 친환경 농작물 생산방법별 재배면적당 생산량은 '유기농'이 '저농약'보다 많다.
ㄹ. 2019년 친환경 농작물별 생산량 비(곡류:과실류:채소류)가 1:2:3이라면, 친환경 농작물 생산방법 중 '저농약'의 생산량이 가장 많다.

① ㄱ
② ㄹ
③ ㄱ, ㄴ
④ ㄴ, ㄷ
⑤ ㄷ, ㄹ

무료특강
2024
2023
2022
2021
2020
2019
2018
2017
2016
2015
2014
2013
2012
해커스PSAT 5급 PSAT 김용훈 자료해석 13개년 기출문제집

📝 문제풀이

40 분수 비교형

난이도 ★★★★★

ㄱ. (X) 2017년 대비 2018년 재배농가의 증가율은 50% 미만이지만 재배면적의 증가율은 50% 이상이므로 재배농가당 재배면적은 증가하였다. 따라서 재배농가당 재배면적은 매년 감소하지 않는다.

ㄴ. (X) 친환경 농작물 재배면적 중 '무농약'의 비중은 2017년 30% 이상에서 2018년 30% 미만으로 매년 증가하지 않고 있다.

ㄷ. (O) 2019년 친환경 농작물 생산방법별 재배면적은 '유기농'이 17천 ha, '저농약'이 119천 ha로 7배 차이가 난다. 곡류, 과실류, 채소류의 구성에 따라 유기농과 저농약의 생산량이 달라지기 때문에 확정할 수 없지만 곡류의 비중대로 유기농이 11%로 최소, 저농약이 72%로 최대라 하더라도 7배 미만 차이가 나기 때문에 2019년 친환경 농작물 생산방법별 재배면적당 생산량은 '유기농'이 '저농약'보다 많다.

ㄹ. (O) 2019년 친환경 농작물별 생산량 비(곡류:과실류:채소류)가 1 : 2 : 3이라면, 친환경 농작물 생산방법 중 '저농약'의 생산량은 72+6×2+54×3=246천 톤으로 가장 많다. 농작물 종류별로 구성비의 차이를 도출한 다음 생산량 비를 곱해서 비교할 수도 있다.

[정답] ⑤

2019년 기출문제

총평

· 순수 자료비교인 곱셈 비교와 분수 비교 자체를 묻는 문제가 14문제 출제되어 전체 문제의 35%를 차지하였다.

· 매칭형이 2문제, 빈칸형이 6문제, 각주 판단형이 8문제, 조건 판단형이 2문제로 자료판단에서 18문제가 출제되었다. 각주판단 및 조건 판단형이 10문제로 전체 문제의 25%를 차지하고 있어 이 두 가지 유형의 접근에 따라 시간 배분이 결정되었을 가능성이 높다.

· 보고서 검토·확인형은 2문제, 표-차트 변환형이 4문제 출제되어 전체의 15% 비중을 차지하고 있다. 특히 표-차트 변환형은 4문제이기 때문에 적어도 2문제 이상을 해결해야 한다.

· 세트문제는 19-20번, 39-40번으로 출제되었고 각주 판단형, 분수 비교형과 표-차트 변환형으로 각각 세트문제 2문제당 5분 이내로 소요되는 난도로 출제되었다.

· 전체적인 난도는 ★★★☆☆ 정도로 출제되었으며 선택지 개수에 영향을 받지 않고 스스로의 판단이 확실했다면 멘탈 유지가 가능하였을 것으로 보인다. 시간이 3분 이상 소요되는 고난도 문제를 초반에 잘 넘어가서 시간 관리에 어느 정도 성공했다면 80점 이상을 받을 수 있다.

01

다음 〈표〉는 2016년 경기도 10개 시의 문화유산 보유건수 현황에 대한 자료이다. 이에 대한 설명으로 옳은 것은?

〈표〉 경기도 10개 시의 유형별 문화유산 보유건수 현황

(단위: 건)

시 ＼ 유형	국가 지정 문화재	지방 지정 문화재	문화재 자료	등록 문화재	합
용인시	64	36	16	4	120
여주시	24	32	11	3	70
고양시	16	35	11	7	69
안성시	13	42	13	0	68
남양주시	18	34	11	4	67
파주시	14	28	9	12	63
성남시	36	17	3	3	59
화성시	14	26	9	0	49
수원시	14	24	8	2	48
양주시	11	19	9	0	39
전체	224	293	100	35	( )

※ 문화유산은 국가 지정 문화재, 지방 지정 문화재, 문화재 자료, 등록 문화재로만 구성됨.

① '등록 문화재'를 보유한 시는 6개이다.
② 유형별 전체 보유건수가 가장 많은 문화유산은 '국가 지정 문화재'이다.
③ 파주시 문화유산 보유건수 합은 전체 문화유산 보유건수 합의 10% 이하이다.
④ '문화재 자료' 보유건수가 가장 많은 시는 안성시다.
⑤ '국가 지정 문화재'의 시별 보유건수 순위는 '문화재 자료'와 동일하다.

📝 문제풀이

01 빈칸형　　　　　　　난이도 ★★☆☆☆

① (X) '등록 문화재'를 보유한 시는 용인시, 여주시, 고양시, 남양주시, 파주시, 성남시, 수원시로 총 7개이다.

② (X) 유형별 전체 보유건수는 '국가 지정 문화재' 224건보다 '지방 지정 문화재' 293건이 더 많다.

③ (O) 파주시 문화유산 보유건수 합 63건은 전체 문화유산 보유건수 합 652건의 10% 이하이다. 10개 시이므로 파주시 63건을 기준으로 각 시와의 편차를 도출하면 +57, +7, +6, +5, +4, −4, −14, −15, −24이다. 편차의 합을 더하면 0보다 크기 때문에 파주시는 전체의 10% 이하라고 판단할 수 있다.

④ (X) '문화재 자료' 보유건수는 안성시 13건보다 용인시 16건이 더 많다.

⑤ (X) '국가 지정 문화재'와 '문화재 자료'의 시별 보유건수 순위를 검토하면 1위는 용인시로 동일하지만 2위는 각각 성남시와 안성시로 다르다.

[정답] ③

02

다음 〈표〉는 2018년 '갑'국 도시 A~F의 폭염주의보 발령일수, 온열질환자 수, 무더위 쉼터 수 및 인구수에 관한 자료이다. 이에 대한 〈보기〉의 설명 중 옳은 것만을 모두 고르면?

〈표〉 도시별 폭염주의보 발령일수, 온열질환자 수, 무더위 쉼터 수 및 인구수

구분 도시	폭염주의보 발령일수 (일)	온열 질환자 수 (명)	무더위 쉼터 수 (개)	인구수 (만 명)
A	90	55	92	100
B	30	18	90	53
C	50	34	120	89
D	49	25	100	70
E	75	52	110	80
F	24	10	85	25
전체	( )	194	597	417

─〈보 기〉─

ㄱ. 무더위 쉼터가 100개 이상인 도시 중 인구수가 가장 많은 도시는 C이다.
ㄴ. 인구수가 많은 도시일수록 온열질환자 수가 많다.
ㄷ. 온열질환자 수가 가장 적은 도시와 인구수 대비 무더위 쉼터 수가 가장 많은 도시는 동일하다.
ㄹ. 폭염주의보 발령일수가 전체 도시의 폭염주의보 발령일수 평균보다 많은 도시는 2개이다.

① ㄱ, ㄴ
② ㄱ, ㄷ
③ ㄴ, ㄹ
④ ㄱ, ㄷ, ㄹ
⑤ ㄴ, ㄷ, ㄹ

📝 문제풀이

02 빈칸형   난이도★★★☆☆

ㄱ. (O) 무더위 쉼터가 100개 이상인 도시 C, D, E 중 인구수는 C가 89만 명으로 가장 많다.

ㄴ. (X) C와 E를 비교하면 인구수는 C가 89만 명으로 E의 80만 명보다 더 많지만 온열질환자 수는 C가 34명으로 E의 52명보다 더 적다. 따라서 인구수가 많은 도시일수록 온열질환자 수가 많지 않다.

ㄷ. (O) 온열질환자 수는 F가 가장 적고 인구수 대비 무더위 쉼터 수 역시 F가 85/25=3.4로 가장 많다. F의 인구수 대비 무더위 쉼터 수가 유일하게 3을 넘는다.

ㄹ. (O) 전체 도시의 폭염주의보 발령일수 합은 318일로 평균폭염주의보 발령일수는 318/6=53일이다. 따라서 전체 도시의 폭염주의보 발령일수 평균보다 많은 도시는 90일 A와 75일 E로 2개이다. 전체 도시의 평균폭염주의보 발령일수 평균을 도출할 때 가평균을 이용하면 시간을 줄일 수 있다. C의 50을 기준으로 편차를 도출하면 +40, -20, 0, -1, +25, -26이므로 이를 모두 더하면 +18이다. 도시의 수인 6으로 나눈 값 3을 50에 더하면 53이 도출된다.

[정답] ④

03

다음 〈그림〉과 〈표〉는 '갑'국의 재생에너지 생산 현황에 관한 자료이다. 이에 대한 〈보기〉의 설명 중 옳은 것만을 모두 고르면?

〈그림〉 2011~2018년 재생에너지 생산량

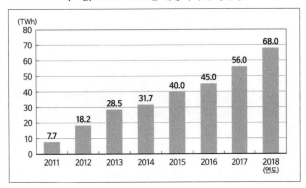

〈표〉 2016~2018년 에너지원별 재생에너지 생산량 비율

(단위: %)

에너지원＼연도	2016	2017	2018
폐기물	61.1	60.4	55.0
바이오	16.6	17.3	17.5
수력	10.3	11.3	15.1
태양광	10.9	9.8	8.8
풍력	1.1	1.2	3.6
계	100.0	100.0	100.0

〈보 기〉

ㄱ. 2012~2018년 재생에너지 생산량은 매년 전년대비 10% 이상 증가하였다.

ㄴ. 2016~2018년 에너지원별 재생에너지 생산량 비율의 순위는 매년 동일하다.

ㄷ. 2016~2018년 태양광을 에너지원으로 하는 재생에너지 생산량은 매년 증가하였다.

ㄹ. 수력을 에너지원으로 하는 재생에너지 생산량은 2018년이 2016년의 3배 이상이다.

① ㄱ, ㄴ
② ㄱ, ㄷ
③ ㄱ, ㄹ
④ ㄴ, ㄷ
⑤ ㄴ, ㄹ

📑 **문제풀이**

03 곱셈 비교형   난이도★★★☆☆

ㄱ. (O) 2012~2018년 재생에너지 생산량은 2012년부터 136.4%, 56.5%, 11.2%, 26.2%, 12.5%, 24.4%, 21.4% 증가하여 매년 전년대비 10% 이상 증가하였다.

ㄴ. (X) 2016년에는 수력보다 태양광의 비율이 더 높지만 2017년과 2018년에는 수력이 태양광보다 비율이 더 높다. 따라서 2016~2018년 에너지원별 재생에너지 생산량 비율의 순위는 매년 동일하지 않다.

ㄷ. (O) 태양광을 에너지원으로 하는 재생에너지 생산량은 2016년 4.9Twh, 2017년 5.5Twh, 2018년 6.0Twh로 매년 증가하였다. 곱셈 비교로 판단하면 2016년 45×10.9, 2017년 56×9.8, 2018년 68×8.8이다. 재생에너지 생산량 증가율은 모두 20% 이상이고 태양광 비율의 역방향 증가율은 모두 20% 미만이므로 전자가 후자보다 더 높다.

ㄹ. (X) 수력을 에너지원으로 하는 재생에너지 생산량은 2018년 10.3Twh가 2016년 4.6Twh의 3배 이상이 되지 못한다. 45×10.3×3≤55×15.1이 성립하는지 판단한다. 10.3×3은 15.1의 2배 이상이지만 55는 45의 2배 미만이다.

[정답] ②

04

다음 〈표〉는 2013~2018년 커피전문점 A~F 브랜드의 매출액과 점포수에 관한 자료이다. 이를 이용하여 작성한 그래프로 옳지 않은 것은?

〈표〉 2013~2018년 커피전문점 브랜드별 매출액과 점포수

(단위: 억 원, 개)

구분	브랜드 \ 연도	2013	2014	2015	2016	2017	2018
매출액	A	1,094	1,344	1,710	2,040	2,400	2,982
	B	–	–	24	223	1,010	1,675
	C	492	679	918	1,112	1,267	1,338
	D	–	129	197	335	540	625
	E	–	155	225	873	1,082	577
	F	–	–	–	–	184	231
	전체	1,586	2,307	3,074	4,583	6,483	7,428
점포수	A	188	233	282	316	322	395
	B	–	–	17	105	450	735
	C	81	110	150	190	208	252
	D	–	71	111	154	208	314
	E	–	130	183	218	248	366
	F	–	–	–	–	71	106
	전체	269	544	743	983	1,507	2,168

① 전체 커피전문점의 전년대비 매출액과 점포수 증가폭 추이

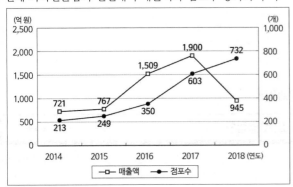

② 2018년 커피전문점 브랜드별 점포당 매출액

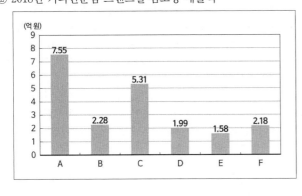

③ 2017년 매출액 기준 커피전문점 브랜드별 점유율

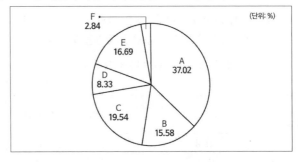

④ 2017년 대비 2018년 커피전문점 브랜드별 매출액의 증가량

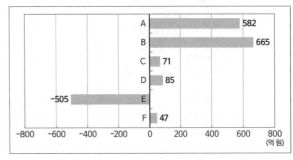

⑤ 전체 커피전문점의 연도별 점포당 매출액

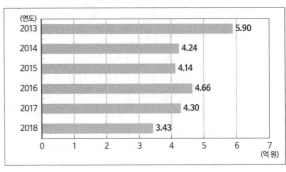

📝 문제풀이

04 표-차트 변환형

난이도 ★★★☆☆

① (X) 전체 커피전문점의 전년대비 점포수의 증가폭은 275, 199, 240, 524, 661 개로 옳지 않다. 2014, 2017, 2018년을 검토할 때 일의 자리 수치만 검토하더라도 옳지 않다는 것을 어렵지 않게 판단할 수 있다.

> ⏱ **빠른 문제 풀이 Tip**
> 〈표〉의 내용이 거의 그대로 사용된 ①, ④부터 검토하고 비율을 재구성한 ②, ③, ⑤는 후순위로 검토한다.

[정답] ①

05

다음 〈표〉는 A, B 기업의 경력사원채용 지원자 특성에 관한 자료이다. 이에 대한 〈보기〉의 설명 중 옳은 것만을 모두 고르면?

〈표〉 경력사원채용 지원자 특성

(단위: 명)

지원자 특성	기업	A 기업	B 기업
성별	남성	53	57
	여성	21	24
최종 학력	학사	16	18
	석사	19	21
	박사	39	42
연령대	30대	26	27
	40대	25	26
	50대 이상	23	28
관련 업무 경력	5년 미만	12	18
	5년 이상~10년 미만	9	12
	10년 이상~15년 미만	18	17
	15년 이상~20년 미만	16	9
	20년 이상	19	25

※ A 기업과 B 기업에 모두 지원한 인원은 없음.

〈보 기〉
- ㄱ. A 기업 지원자 중, 남성 지원자의 비율은 관련 업무 경력이 10년 이상인 지원자의 비율보다 높다.
- ㄴ. 최종학력이 석사 또는 박사인 B 기업 지원자 중 관련 업무 경력이 20년 이상인 지원자는 7명 이상이다.
- ㄷ. 기업별 여성 지원자의 비율은 A 기업이 B 기업보다 높다.
- ㄹ. A, B 기업 전체 지원자 중 40대 지원자의 비율은 35% 미만이다.

① ㄱ, ㄴ
② ㄱ, ㄷ
③ ㄴ, ㄷ
④ ㄴ, ㄹ
⑤ ㄷ, ㄹ

📝 문제풀이

05 최소여집합형 난이도★★★☆☆

ㄱ. (X) A 기업 지원자 중, 남성 지원자의 비율은 관련 업무 경력이 10년 이상인 지원자의 비율과 같다. 〈보기〉에서 묻는 비율의 분모인 A 기업 지원자 전체가 동일하므로 남성의 수와 경력이 10년 이상 인원 수를 비교하면 된다.

ㄴ. (O) 최종학력이 석사 또는 박사인 B 기업 지원자는 63명이고 관련 업무 경력이 20년 미만인 지원자는 56명이다. 만약 관련 업무 경력이 20년 미만인 지원자 56명 모두 최종학력이 석사 또는 박사라 하더라도 63−56=7명은 최종학력이 석사 또는 박사이면서 동시에 관련 업무 경력이 20년 이상인 지원자의 최솟값이 된다.

관련 업무 경력이 20년 이상인 B 기업 지원자가 25명이므로 최종학력이 학사인 18명 모두 경력이 20년 이상이라면 25−18=7명은 관련 업무 경력이 20년 이상이면서 동시에 최종학력이 석사 또는 박사인 지원자의 최솟값이 된다고 판단할 수도 있다.

ㄷ. (X) 기업별 여성 지원자의 비율은 A 기업 $\frac{21}{74}$≒28.4%가 B 기업 $\frac{24}{81}$≒29.6%보다 낮다. 상대비인 여성/남성의 비율로 판단하면 A는 $\frac{21}{53}$, B는 $\frac{24}{57}$이므로 분수 비교를 좀 더 쉽게 할 수 있다.

ㄹ. (O) A, B 기업 전체 지원자 155명 중 40대 지원자 51명이 차지하는 비율은 $\frac{51}{155}$≒32.%로 35% 미만이다. 51의 3배가 155보다 작기 때문에 $\frac{51}{155}$은 33.3%보다 작다는 것을 어렵지 않게 판단할 수 있다.

[정답] ④

06

다음 〈표〉는 가정용 정화조에서 수집한 샘플의 수중 질소 성분 농도를 측정한 자료이다. 이에 대한 〈보기〉의 설명 중 옳은 것만을 모두 고르면?

〈표〉 수집한 샘플의 수중 질소 성분 농도

(단위: mg/L)

항목 샘플	총질소	암모니아성 질소	질산성 질소	유기성 질소	TKN
A	46.24	14.25	2.88	29.11	43.36
B	37.38	6.46	( )	25.01	( )
C	40.63	15.29	5.01	20.33	35.62
D	54.38	( )	( )	36.91	49.39
E	41.42	13.92	4.04	23.46	37.38
F	( )	( )	5.82	( )	34.51
G	30.73	5.27	3.29	22.17	27.44
H	25.29	12.84	( )	7.88	20.72
I	( )	5.27	1.12	35.19	40.46
J	38.82	7.01	5.76	26.05	33.06
평균	39.68	( )	4.34	( )	35.34

※ 1) 총질소 농도＝암모니아성 질소 농도＋질산성 질소 농도＋유기성 질소 농도
2) TKN 농도＝암모니아성 질소 농도＋유기성 질소 농도

〈보 기〉

ㄱ. 샘플 A의 총질소 농도는 샘플 I의 총질소 농도보다 높다.
ㄴ. 샘플 B의 TKN 농도는 30mg/L 이상이다.
ㄷ. 샘플 B의 질산성 질소 농도는 샘플 D의 질산성 질소 농도보다 낮다.
ㄹ. 샘플 F는 암모니아성 질소 농도가 유기성 질소 농도보다 높다.

① ㄱ, ㄴ
② ㄱ, ㄷ
③ ㄴ, ㄷ
④ ㄱ, ㄷ, ㄹ
⑤ ㄴ, ㄷ, ㄹ

📑 문제풀이

06 빈칸형   난이도 ★★★☆☆

ㄱ. (O) 샘플 A의 총질소 농도는 46.24mg/L로 샘플 I의 총질소 농도 41.58mg/L보다 높다. 이는 각주 1)에 따라 총질소 농도＝암모니아성 질소 농도＋질산성 질소 농도＋유기성 질소 농도이므로 A와 I의 총질소 농도를 구성하는 세부 구성요소 간 차이값으로 도출한다. 암모니아성 질소 농도는 A가 I보다 +8.98 더 많고 질산성 질소 농도 역시 A가 I보다 +1.76 더 많으며 유기성 질소 농도는 A가 I보다 -6.08 더 적다. 따라서 차이값의 합이 (+)이므로 A가 I보다 더 높다.

ㄴ. (O) 샘플 B의 TKN 농도는 31.47mg/L로 30mg/L 이상이다. 이는 각주 2)에 따라 TKN 농도＝암모니아성 질소 농도＋유기성 질소 농도이므로 B의 암모니아성 질소 농도＋유기성 질소 농도＝6.46+25.01＞30이라는 것을 쉽게 판단할 수 있다.

ㄷ. (X) 샘플 B의 질산성 질소 농도는 5.91mg/L로 샘플 D의 질산성 질소 농도 4.99mg/L보다 낮다. 각주 1)과 2)를 연결해서 검토하면 질산성 질소 농도는 총질소 농도-TKN 농도이므로 어렵지 않게 도출 가능하다.

ㄹ. (X) 주어진 〈표〉의 정보를 토대로 샘플 F의 암모니아성 질소 농도와 유기성 질소 농도를 정확하게 판단할 수 없다.
〈표〉의 빈칸을 채우면 아래와 같다. 회색 음영은 채울 수 없는 부분이다.

항목 샘플	총질소	암모니아성 질소	질산성 질소	유기성 질소	TKN
A	46.24	14.25	2.88	29.11	43.36
B	37.38	6.46	(5.91)	25.01	(31.47)
C	40.63	15.29	5.01	20.33	35.62
D	54.38	(12.48)	(4.99)	36.91	49.39
E	41.42	13.92	4.04	23.46	37.38
F	(40.33)	( )	5.82	( )	34.51
G	30.73	5.27	3.29	22.17	27.44
H	25.29	12.84	(4.57)	7.88	20.72
I	(41.58)	5.27	1.12	35.19	40.46
J	38.82	7.01	5.76	26.05	33.06
평균	39.68	( )	4.34	( )	35.34

⏱ 빠른 문제 풀이 Tip

선택지 5개 중 4개에 ㄷ이 포함되더라도 ㄷ이 정답이 아닐 수도 있다. 즉 선택지에 포함된 특정 〈보기〉가 옳을 확률보다 스스로의 판단을 믿어라.

[정답] ①

07

다음 〈표〉는 '갑'국 A~J 지역의 대형종합소매업 현황에 대한 자료이다. 이에 대한 〈보기〉의 설명 중 옳은 것만을 모두 고르면?

〈표〉 지역별 대형종합소매업 현황

지역 \ 구분	사업체 수 (개)	종사자 수 (명)	매출액 (백만 원)	건물 연면적 (㎡)
A	47	6,731	4,878,427	1,683,092
B	33	4,173	2,808,881	1,070,431
C	35	4,430	3,141,552	1,772,698
D	18	2,247	1,380,511	677,288
E	22	3,152	1,804,262	765,096
F	19	2,414	1,473,698	633,497
G	147	18,287	11,625,278	5,032,741
H	17	1,519	861,094	364,296
I	19	2,086	1,305,468	535,880
J	16	1,565	879,172	326,373
전체	373	46,604	30,158,343	12,861,392

〈보 기〉

ㄱ. 사업체당 종사자 수가 100명 미만인 지역은 모두 2개이다.

ㄴ. 사업체당 매출액은 G 지역이 가장 크다.

ㄷ. I 지역의 종사자당 매출액은 E 지역의 종사자당 매출액보다 크다.

ㄹ. 건물 연면적이 가장 작은 지역이 매출액도 가장 작다.

① ㄱ, ㄷ

② ㄱ, ㄹ

③ ㄴ, ㄷ

④ ㄴ, ㄹ

⑤ ㄱ, ㄴ, ㄷ

📝 문제풀이

07 분수 비교형　　　　　　　　　　난이도 ★★★☆☆

ㄱ. (O) 사업체당 종사자 수가 100명 미만인 지역은 H와 J로 2개이다. 사업체 수의 100배보다 종사자 수가 더 작은 지역을 찾는다.

ㄴ. (X) 사업체당 매출액은 G 지역 79,084백만 원/개보다 A 지역 103,796백만 원/개가 더 크다. 매출액의 만의 자리 이하 자릿수 5개를 지우고 사업체 수와 비교하면 G보다 A가 더 크다는 것을 쉽게 판단할 수 있다.

ㄷ. (O) 종사자당 매출액은 I 지역 626이 E 지역 572보다 크다. 유효숫자 3자리로 분수 비교하면 I 지역은 $\frac{130}{208}$, E 지역은 $\frac{18}{315}$이므로 0.6 기준으로 비교한다.

ㄹ. (X) 건물 연면적은 J 지역이 가장 작지만 매출액은 H 지역이 가장 작다.

[정답] ①

08

다음 〈표〉는 1996~2015년 생명공학기술의 기술분야별 특허건수
와 점유율에 관한 자료이다. 〈표〉와 〈조건〉에 근거하여 A~D에
해당하는 기술분야를 바르게 나열한 것은?

〈표〉 1996~2015년 생명공학기술의 기술분야별 특허건수와 점유율

(단위: 건, %)

구분 기술분야	전세계 특허건수	미국 점유율	한국 특허건수	한국 점유율
생물공정기술	75,823	36.8	4,701	6.2
A	27,252	47.6	1,880	( )
생물자원탐색기술	39,215	26.1	6,274	16.0
B	170,855	45.6	7,518	( )
생물농약개발기술	8,122	42.8	560	6.9
C	20,849	8.1	4,295	( )
단백질체기술	68,342	35.1	3,622	5.3
D	26,495	16.8	7,127	( )

※ 해당국의 점유율(%) = $\dfrac{\text{해당국의 특허건수}}{\text{전세계 특허건수}} \times 100$

〈조 건〉

○ '발효식품개발기술'과 '환경생물공학기술'은 미국보다 한국의
  점유율이 높다.
○ '동식물세포배양기술'에 대한 미국 점유율은 '생물농약개발기
  술'에 대한 미국 점유율보다 높다.
○ '유전체기술'에 대한 한국 점유율과 미국 점유율의 차이는
  41%p 이상이다.
○ '환경생물공학기술'에 대한 한국의 점유율은 25% 이상이다.

	A	B	C	D
①	동식물세포배양기술	유전체기술	발효식품개발기술	환경생물공학기술
②	동식물세포배양기술	유전체기술	환경생물공학기술	발효식품개발기술
③	발효식품개발기술	유전체기술	동식물세포배양기술	환경생물공학기술
④	유전체기술	동식물세포배양기술	발효식품개발기술	환경생물공학기술
⑤	유전체기술	동식물세포배양기술	환경생물공학기술	발효식품개발기술

📝 **문제풀이**

08 매칭형   난이도★★★★☆

• 네 번째 〈조건〉에서 '환경생물공학기술'에 대한 한국의 점유율은 25% 이상
  이라고 하였으므로 한국 특허건수의 4배가 전세계 특허건수보다 많은 기술
  분야를 찾으면 D이다. 따라서 '환경생물공학기술'은 D로 확정이고, ②, ⑤
  는 제거된다.

• 첫 번째 〈조건〉에서 '발효식품개발기술'과 '환경생물공학기술'은 미국보다
  한국의 점유율이 높다고 하였으므로 '환경생물공학기술'인 D를 제외하고 판
  단하면 C이다. 따라서 '발효식품개발기술'은 C로 확정이므로 ③은 제거된
  다. C는 미국의 점유율이 8.1%이고 한국의 특허건수가 전세계특허건수에서
  차지하는 비율인 점유율이 20% 이상이다.

• 선택지 ①과 ④가 남았으므로 A와 B를 구별해야 하는데 두 번째 〈조건〉은
  A와 B 모두 C보다 미국점유율이 높기 때문에 굳이 검토하지 않아도 된다.

• 네 번째 〈조건〉에서 '유전체기술'에 대한 한국 점유율과 미국 점유율의 차
  이는 41%p 이상이라고 하였으므로 한국 점유율을 도출하면 A는 6.9%, B는
  4.4%이다. 따라서 한국 점유율과 미국 점유율의 차이는 A가 47.6−6.9＜41
  이고 B는 45.6−4.4＞41이므로 '유전체기술'은 B이다. A의 경우 6.6% 이하,
  B의 경우 4.6% 이하가 되어야 한국 점유율과 미국 점유율의 차이는 41%p
  이상이 된다.

[정답] ①

09

다음 〈표〉와 〈그림〉은 2017년 지역별 정보탐색에 관한 자료이다. 이에 대한 설명으로 옳은 것은?

〈표〉 지역별 인구수 및 정보탐색 시도율과 정보탐색 성공률

(단위: 명, %)

구분 지역	인구수		정보탐색 시도율		정보탐색 성공률	
성별	남	여	남	여	남	여
A	5,800	4,200	35.0	39.0	90.1	91.6
B	1,000	800	28.0	30.0	92.9	95.8
C	2,500	3,000	15.0	25.0	88.0	92.0
D	4,000	3,500	37.0	40.0	91.2	92.9
E	4,800	3,200	42.0	45.0	87.3	84.7
F	6,000	6,500	20.0	33.0	81.7	93.2
G	1,200	900	35.0	28.0	95.2	95.2
H	1,400	1,600	16.0	13.0	89.3	91.3

※ 1) 정보탐색 시도율(%)= $\dfrac{\text{정보탐색 시도자수}}{\text{인구수}} \times 100$

2) 정보탐색 성공률(%)= $\dfrac{\text{정보탐색 성공자수}}{\text{정보탐색 시도자수}} \times 100$

〈그림〉 지역별 정보탐색 시도율과 정보탐색 성공률 분포

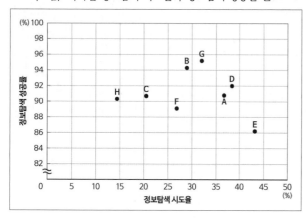

① 인구수 대비 정보탐색 성공자수의 비율은 B 지역이 D 지역보다 높다.
② 인구수 대비 정보탐색 성공자수의 비율이 가장 낮은 지역은 H 지역이다.
③ 정보탐색 시도율이 높은 지역일수록 정보탐색 성공률도 높다.
④ 인구수가 가장 작은 지역과 남성 정보탐색 성공자수가 가장 작은 지역은 동일하다.
⑤ D 지역의 여성 정보탐색 성공자수는 C 지역의 여성 정보탐색 성공자수의 2배 이상이다.

📝 문제풀이

09 각주 판단형   난이도★★★★☆

① (X) 인구수 대비 정보탐색 성공자수의 비율은 결국 시도율×성공률이므로 B 지역 94×28은 D 지역 92×38보다 낮다.

② (O) 인구수 대비 정보탐색 성공자수의 비율은 H 지역이 약 90×14로 가장 낮은 지역이다. 세로축 한 칸 차이보다 가로축 한 칸 차이가 더 크다는 점을 고려해서 판단한다.

③ (X) 〈그림〉의 분포를 보면 정보탐색 시도율이 높은 지역일수록 정보탐색 성공률이 높지 않다.

④ (X) 인구수가 가장 작은 지역은 B지역이고 남성 정보탐색 성공자수는 B가 1,000×28.0×92.9=260명으로 H의 1,400×16.0×89.3=200명보다 더 많다. 따라서 동일하지 않다.

⑤ (X) D 지역의 여성 정보탐색 성공자수는 3,500×40.0×92.9=1,301명으로 C 지역의 여성 정보탐색 성공자수 3,000×25.0×92.0=690명의 2배 이상이 되지 못한다.

⏱ 빠른 문제 풀이 Tip

인구수, 시도율, 성공률이 주어졌기 때문에 각주에서 직접 주어지지 않은 항목을 체크하면 시도자수와 성공자수이다. 각주를 정리하여 이를 식으로 시도자수=시도율×인구수이고 성공자수=성공률×시도자수=성공률×시도율×인구수가 된다.

[정답] ②

10

다음 〈표〉는 '갑'국 축구 국가대표팀 코치(A~F)의 분야별 잠재능력을 수치화한 것이다. 각 코치가 맡은 모든 분야를 체크(∨)로 표시할 때, 〈표〉와 〈조건〉에 부합하는 코치의 역할 배분으로 가능한 것은?

〈표〉 코치의 분야별 잠재능력

분야\코치	체력	전술	수비	공격
A	18	20	18	15
B	18	16	15	20
C	16	18	20	15
D	20	16	15	18
E	20	18	16	15
F	16	14	20	20

―〈조 건〉―

○ 각 코치는 반드시 하나 이상의 분야를 맡는다.

○ 코치의 분야별 투입능력 = $\dfrac{\text{코치의 분야별 잠재능력}}{\text{코치가 맡은 분야의 수}}$

○ 각 분야별로 그 분야를 맡은 모든 코치의 분야별 투입능력 합은 24 이상이어야 한다.

①
분야\코치	체력	전술	수비	공격
A	∨	∨		∨
B		∨	∨	
C	∨			
D		∨	∨	
E	∨			∨
F			∨	∨

②
분야\코치	체력	전술	수비	공격
A		∨		
B		∨	∨	∨
C	∨		∨	
D	∨	∨		
E	∨			∨
F			∨	

③
분야\코치	체력	전술	수비	공격
A		∨	∨	
B				∨
C	∨	∨		∨
D	∨		∨	
E		∨		∨
F	∨		∨	

④
분야\코치	체력	전술	수비	공격
A		∨	∨	
B		∨		∨
C			∨	
D	∨			∨
E			∨	∨
F	∨	∨		

⑤
분야\코치	체력	전술	수비	공격
A	∨			∨
B				∨
C	∨	∨	∨	
D		∨	∨	∨
E	∨			
F		∨	∨	

📝 문제풀이

10 조건 판단형
난이도 ★★★★★

① (X) 공격분야의 경우 A+E+F가 15/3+15/2+20/2=22.5로 24를 넘지 못한다.

② (X) 공격분야의 경우 B+D+E가 20/3+18/3+15/2≒20.2로 24를 넘지 못한다.

③ (X) 체력분야의 경우 C+D+F가 16/3+20/2+16/2≒23.3으로 24를 넘지 못한다.

④ (O) 체력분야 24.7, 전술분야 25, 수비분야 34.3, 공격분야 24로 모든 코치의 분야별 투입능력의 합은 24 이상이다.

⑤ (X) 전술분야의 경우 C+D+F가 18/3+16/3+14/2≒18.3으로 24를 넘지 못한다.

⏱ 빠른 문제 풀이 Tip

〈조건〉에 따라 각 코치는 반드시 하나 이상의 분야를 맡으며, 코치의 분야별 투입능력=코치의 분야별 잠재능력/코치가 맡은 분야의 수이고, 각 분야별로 그 분야를 맡은 모든 코치의 분야별 투입능력 합은 24 이상이어야 한다는 3가지를 모두 만족하여야 한다. 발문에서 '가능한 것'을 묻고 있으므로 선택지소거법으로 답을 도출한다.

[정답] ④

11

다음 〈표〉는 2014~2018년 '갑'국의 범죄 피의자 처리 현황에 대한 자료이다. 이에 대한 설명으로 옳은 것은?

〈표〉 범죄 피의자 처리 현황

(단위: 명)

구분 연도	처리	처리 결과		기소 유형	
		기소	불기소	정식재판 기소	약식재판 기소
2014	33,654	14,205	( )	( )	12,239
2015	26,397	10,962	15,435	1,972	( )
2016	28,593	12,287	( )	( )	10,050
2017	31,096	12,057	19,039	2,619	( )
2018	38,152	( )	( )	3,513	10,750

※ 1) 모든 범죄 피의자는 당해년도에 처리됨.
   2) 범죄 피의자에 대한 처리 결과는 기소와 불기소로만 구분되며, 기소 유형은 정식재판기소와 약식재판기소로만 구분됨.
   3) 기소율(%)= $\dfrac{\text{기소 인원}}{\text{처리 인원}} \times 100$

① 2015년 이후 처리 인원이 전년대비 증가한 연도에는 기소 인원도 전년대비 증가한다.

② 2018년 기소 인원과 기소율은 2014년보다 모두 증가하였다.

③ 2017년 불기소 인원은 2018년보다 많다.

④ 2014년 불기소 인원은 정식재판기소 인원의 10배 이상이다.

⑤ 처리 인원 중 정식재판기소 인원과 약식재판기소 인원의 합이 차지하는 비율은 매년 50% 미만이다.

📝 문제풀이

11 빈칸형   관련문제: 12년 04번   난이도 ★★★☆☆

① (X) 2017년에는 처리 인원이 전년대비 증가하였으나 기소 인원은 전년대비 감소한다.

② (X) 2018년 기소 인원 14,263명은 2014년 14,205명에서 증가하였으나 기소율은 2014년 42.2%에서 2018년 37.7%로 감소하였다.

③ (X) 2017년 불기소 인원 19,039명은 2018년 23,889명보다 적다.

④ (X) 2014년 불기소 인원 19,449명은 정식재판기소 인원 1,966명의 10배인 19,660명 이상이 되지 못한다.

⑤ (O) 처리 인원 중 정식재판기소 인원과 약식재판기소 인원의 합이 차지하는 비율은 기소율이므로 2014년부터 42.2%, 41.5%, 43.0%, 38.8%, 37.4%로 매년 50% 미만이다. 처리 인원은 기소와 불기소 인원의 합이므로 기소 인원보다 불기소 인원이 더 많다면 기소율은 항상 50% 미만이 된다.

[정답] ⑤

12

다음 〈그림〉과 〈표〉는 연도별 의약품 국내시장 현황과 세계 지역별 의약품 시장규모에 관한 자료이다. 이에 대한 〈보기〉의 설명 중 옳은 것만을 모두 고르면?

〈그림〉 2006~2015년 의약품 국내시장 현황

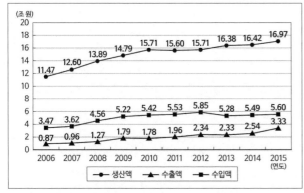

※ 국내시장규모＝생산액－수출액＋수입액

〈표〉 2013~2014년 세계 지역별 의약품 시장규모

(단위: 십억 달러, %)

지역 \ 연도 구분	2013 시장규모	2013 비중	2014 시장규모	2014 비중
북미	362.8	38.3	405.6	39.5
유럽	219.8	( )	228.8	22.3
아시아(일본 제외), 호주, 아프리카	182.6	19.3	199.2	19.4
일본	80.5	8.5	81.6	7.9
라틴 아메리카	64.5	( )	72.1	7.0
기타	37.4	3.9	39.9	3.9
전체	947.6	100.0	( )	100.0

〈보 기〉

ㄱ. 2013년 의약품 국내시장규모에서 수입액이 차지하는 비중은 전년대비 감소하였다.

ㄴ. 2008~2015년 동안 의약품 국내시장규모는 전년대비 매년 증가하였다.

ㄷ. 2014년 의약품 세계 전체 시장규모에서 유럽이 차지하는 비중은 전년대비 감소하였다.

ㄹ. 2014년 의약품 세계 전체 시장규모는 전년대비 5% 이상 증가하였다.

① ㄱ, ㄴ
② ㄱ, ㄹ
③ ㄱ, ㄴ, ㄷ
④ ㄱ, ㄷ, ㄹ
⑤ ㄴ, ㄷ, ㄹ

📝 문제풀이

12 빈칸형 난이도★★★★☆

ㄱ. (O) 의약품 국내시장규모에서 수입액이 차지하는 비중은 2012년 5.85/19.22 ≒30.4%에서 2013년 5.28/19.33≒27.3%로 전년대비 감소하였다. 의약품 국내시장규모에서 수입액이 차지하는 비중은 일종의 전체비이므로 이를 상대비인 {수입액/(생산액－수출액)} 비율로 바꿔서 판단해도 된다. 2012년에 비해 2013년은 생산액 증가폭은 +0.67, 수출액 감소폭은 －0.01, 수입액 감소폭은 －0.57이므로 (생산액－수출액)인 분모는 증가, 분자인 수입액은 감소했다. 따라서 비중은 감소했다고 판단할 수 있다.

ㄴ. (X) 의약품 국내시장규모는 2010년 19.35조 원에서 2011년 19.17조 원으로 감소하였다. 따라서 2008~2015년 동안 의약품 국내시장규모는 전년대비 매년 증가하지 않았다.

ㄷ. (O) 의약품 세계 전체 시장규모에서 유럽이 차지하는 비중은 2013년 219.8/947.6≒23.2%에서 2014년 22.3%로 감소하였다. 기타의 비중이 2013년과 2014년이 3.9%로 동일하므로 기타의 시장규모 증가율을 도출하면 37.4십억 달러에서 39.9십억 달러로 약 6.7% 증가하였다. 이를 5% 이상 증가율이라고 보면 유럽의 경우 219.8십억 달러에서 228.8십억 달러로 약 4.1% 증가하여 5% 미만 증가하였다. 따라서 유럽의 경우 비중이 동일한 기타의 증가율보다 작기 때문에 전체에서 차지하는 비중이 감소하였다고 판단할 수 있다.

ㄹ. (O) 의약품 세계 전체 시장규모는 2013년 947.6십억 달러에서 2014년 1,027.2십억 달러로 8.4% 증가하여 전년대비 5% 이상 증가하였다. 전체 중 기타의 비중이 3.9%로 동일하므로 분자인 기타의 증가율과 분모인 전체의 증가율이 동일해야 한다. 기타의 증가율이 5% 이상이므로 전체의 증가율도 5% 이상이다. 참고로 기타 증가율 6.7%와 전체 증가율 8.4%가 다른 이유는 소수점 첫째 자리로 판단했기 때문이다. 실제 기타 비중은 2013년 약 3.9468%이고 2014년 약 3.8843%이다.

⏱ 빠른 문제 풀이 Tip

2013년과 2014년 기타의 비중이 동일하기 때문에 이를 기준으로 타 지역의 비중을 판단하자.

[정답] ④

13

다음 〈표〉는 2014~2018년 '갑'국의 예산 및 세수 실적과 2018년 세수항목별 세수 실적에 관한 자료이다. 이에 대한 설명으로 옳지 않은 것은?

〈표 1〉 2014~2018년 '갑'국의 예산 및 세수 실적

(단위: 십억 원)

구분 연도	예산액	징수결정액	수납액	불납결손액
2014	175,088	198,902	180,153	7,270
2015	192,620	211,095	192,092	8,200
2016	199,045	208,745	190,245	8
2017	204,926	221,054	195,754	2,970
2018	205,964	237,000	208,113	2,321

〈표 2〉 2018년 '갑'국의 세수항목별 세수 실적

(단위: 십억 원)

구분 세수항목	예산액	징수결정액	수납액	불납결손액
총 세수	205,964	237,000	208,113	2,321
내국세	183,093	213,585	185,240	2,301
교통·에너지 ·환경세	13,920	14,110	14,054	10
교육세	5,184	4,922	4,819	3
농어촌 특별세	2,486	2,674	2,600	1
종합 부동산세	1,281	1,709	1,400	6

※ 1) 미수납액 = 징수결정액 - 수납액 - 불납결손액

2) 수납비율(%) = $\frac{수납액}{예산액} \times 100$

① 미수납액이 가장 큰 연도는 2018년이다.

② 수납비율이 가장 높은 연도는 2014년이다.

③ 2018년 내국세 미수납액은 총 세수 미수납액의 95% 이상을 차지한다.

④ 2018년 세수항목 중 수납비율이 가장 높은 항목은 종합부동산세이다.

⑤ 2018년 교통·에너지·환경세 미수납액은 교육세 미수납액보다 크다.

📝 문제풀이

13 각주 판단형

난이도 ★★★☆☆

① (O) 미수납액은 2018년이 26,566십억 원으로 가장 크다.

② (O) 수납비율은 2014년이 102.9%로 가장 높다. 예산액보다 수납액이 많은 2014년과 2018년만 비교하면 시간을 줄일 수 있다. 즉 비교대상을 잘 선정 했다면 2014년 수납비율은 2018년에 비해 높다고 바꿔서 볼 수 있다.

③ (O) 2018년 내국세 미수납액은 26,044십억 원으로 총 세수 미수납액 26,566 십억 원의 약 98%를 차지한다. 내국세를 제외한 나머지 4가지 세수항목 의 미수납액 합은 46+100++73+303=522십억 원으로 총 세수 미수납액 26,566십억 원의 5% 미만이라고 판단할 수 있다.

④ (O) 2018년 세수항목 중 수납비율은 종합부동산세가 109.3%로 가장 높다.

⑤ (X) 2018년 교통·에너지·환경세 미수납액은 46십억 원으로 교육세 미수 납액 100십억 원보다 작다.

[정답] ⑤

14

다음 〈그림〉과 〈표〉는 '갑'국 맥주 소비량 및 매출액 현황에 관한 자료이다. 이에 대한 〈보고서〉의 설명 중 옳지 않은 것은?

〈그림〉 2010~2018년 국산맥주 소비량 및 수입맥주 소비량

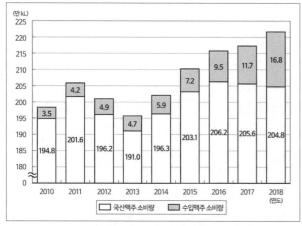

※ 맥주 소비량(만 kL)=국산맥주 소비량+수입맥주 소비량

〈표〉 '갑'국 전체 맥주 매출액 대비 브랜드별 맥주 매출액 비중 순위

(단위: %)

순위	2017년			2018년		
	브랜드명	비중	비고	브랜드명	비중	비고
1	파아스	37.4	국산	파아스	32.3	국산
2	하이프	15.6	국산	하이프	15.4	국산
3	드로이C	7.1	국산	클라우스	8.0	국산
4	막스	6.6	국산	막스	4.7	국산
5	프라이	6.5	국산	프라이	4.3	국산
6	아사리	3.3	수입	드로이C	4.1	국산
7	하이네펜	3.2	수입	R맥주	4.0	수입
8	R맥주	3.0	수입	아사리	3.8	수입
9	호가튼	2.0	수입	하이네펜	3.4	수입
10	갓포로	1.3	수입	파울러나	1.9	수입

〈보고서〉

⊙ '갑'국 맥주 소비량은 2014년 이후 매년 꾸준하게 증가되어, 2013년 총 195만 7천 kL였던 맥주 소비량이 2018년에는 221만 6천 kL에 이르렀다. 이는 수입맥주 소비량의 증가가 주요 원인 중 한 가지로 파악된다. ⓒ 2010년 '갑'국 맥주 소비량 중 2% 미만이었던 수입맥주 소비량 비중이 2018년에는 7% 이상이 되었다. ⓒ 2014~2018년 '갑'국 수입맥주 소비량의 전년대비 증가율 역시 매년 커지고 있다.

2017년과 2018년 브랜드별 '갑'국 맥주시장 매출액 비중순위를 살펴보면 국산맥주 브랜드가 1~5위를 차지하여 매출액 비중 순위에서 강세를 나타냈다. 그럼에도 불구하고 ⓔ 맥주 매출액 상위 10개 브랜드 중 수입맥주 브랜드가 '갑'국 전체 맥주 매출액에서 차지하는 비중은 2017년보다 2018년에 커졌다. 그리고 ⓜ '갑'국 전체 맥주 매출액에서 상위 5개 브랜드가 차지하는 비중은 2017년에 비해 2018년에 작아졌다.

① ㄱ
② ㄴ
③ ㄷ
④ ㄹ
⑤ ㅁ

문제풀이

14 분수 비교형

관련문제: 15년 27번   난이도 ★★★☆☆

ㄱ. (O) 〈그림〉에서 '갑'국 맥주 소비량은 2014~2016년 동안 국산맥주와 수입맥주 소비량 각각 증가하고 있고, 2016~2018년 동안에는 국산맥주 소비량은 다소 감소하고 있지만 수입맥주 소비량이 그보다 더 많이 증가하고 있으므로 전체 맥주 소비량은 2014년 이후 매년 꾸준하게 증가하고 있다.

ㄴ. (O) 2010년 '갑'국 맥주 소비량 중 수입맥주 소비량 비중은 3.5/(194.8+3.5)≒1.8%로 2% 미만이었고 2018년에는 16.8/(16.8+204.8)≒7.6%로 7% 이상이 되었다.

ㄷ. (X) '갑'국 수입맥주 소비량의 전년대비 증가율은 2016년 31.9%에서 2017년 23.2%로 작아졌다. 따라서 2014~2018년 '갑'국 수입맥주 소비량의 전년대비 증가율 역시 매년 커지고 있지 않다. 수입맥주 소비량은 매년 증가하고 있지만 전년대비 증가폭은 2016년 23에 비해 2017년 22로 감소하고 있으므로 전년대비 증가율은 감소한다고 쉽게 판단할 수 있다.

ㄹ. (O) 맥주 매출액 상위 10개 브랜드 중 수입맥주 브랜드가 '갑'국 전체 맥주 매출액에서 차지하는 비중은 2017년 12.8%에서 2018년 13.1%로 커졌다.

ㅁ. (O) '갑'국 전체 맥주 매출액에서 상위 5개 브랜드가 차지하는 비중은 2017년 73.2%에 비해 2018년 64.7%로 작아졌다.

[정답] ③

15

다음 〈표〉는 우리나라 근로장려금과 자녀장려금 신청 현황에 관한 자료이다. 이에 대한 설명으로 옳지 않은 것은?

〈표 1〉 2011~2015년 전국 근로장려금 및 자녀장려금 신청 현황

(단위: 천 가구, 십억 원)

구분 / 연도	근로장려금만 신청		자녀장려금만 신청		근로장려금과 자녀장려금 모두 신청			
	가구 수	금액	가구 수	금액	가구 수	금액		
						근로	자녀	소계
2011	930	747	1,210	864	752	712	762	1,474
2012	1,020	719	1,384	893	692	882	765	1,647
2013	1,060	967	1,302	992	769	803	723	1,526
2014	1,658	1,419	1,403	975	750	715	572	1,287
2015	1,695	1,155	1,114	775	608	599	451	1,050

※ 1) 장려금은 근로장려금과 자녀장려금으로만 구성됨.
2) 단일 연도에 같은 종류의 장려금을 중복 신청한 가구는 없음.

〈표 2〉 2015년 지역별 근로장려금 및 자녀장려금 신청 현황

(단위: 천 가구, 십억 원)

구분 / 지역	근로장려금만 신청		자녀장려금만 신청		근로장려금과 자녀장려금 모두 신청		
	가구 수	금액	가구 수	금액	가구 수	금액	
						근로	자녀
서울	247	174	119	95	83	86	57
인천	105	72	79	52	40	39	30
경기	344	261	282	188	144	144	106
강원	71	44	42	29	23	23	17
대전	58	35	38	26	21	20	16
충북	59	36	41	29	20	20	16
충남	70	43	46	33	24	23	19
세종	4	3	4	2	2	2	1
광주	62	39	43	31	24	23	18
전북	91	59	54	40	31	30	25
전남	93	58	51	38	29	28	24
대구	93	64	59	39	33	32	23
경북	113	75	68	47	36	34	27
부산	126	88	70	45	37	35	26
울산	26	15	20	13	10	10	7
경남	109	74	79	54	40	39	30
제주	24	15	19	14	11	11	9

① 장려금을 신청한 가구의 수는 2011~2014년 동안 매년 증가하였다.

② 근로장려금과 자녀장려금을 모두 신청한 가구의 가구당 장려금 총 신청 금액이 가장 큰 연도는 2012년이다.

③ 2015년 자녀장려금만 신청한 가구 중 경기 지역 가구가 차지하는 비중은 20% 이상이다.

④ 2015년 각 지역에서, 근로장려금과 자녀장려금을 모두 신청한 가구의 가구당 근로장려금 신청 금액은 근로장려금만 신청한 가구의 가구당 근로장려금 신청 금액보다 크다.

⑤ 2015년 근로장려금을 신청한 가구의 가구당 근로장려금 신청금액은 부산이 전국보다 크다.

📝 **문제풀이**

15 분수 비교형　　　　　　　　　난이도★★★★☆

① (O) 장려금을 신청한 가구의 수는 2011~2014년까지 매년 2,892, 3,096, 3,131, 3,811천 가구로 증가하였다. 2015년까지가 아니라 2014년까지라는 점을 주의한다.

② (O) 근로장려금과 자녀장려금을 모두 신청한 가구의 가구당 장려금 총 신청 금액은 2012년이 2.38백만 원으로 가장 크다. 2012년만 유일하게 금액 소계가 가구수의 2배 이상이다.

③ (O) 2015년 자녀장려금만 신청한 가구 1,114천 가구 중 경기 지역 가구 282천 가구가 차지하는 비중 $\frac{282}{1,114}$ ≒25.3%는 20% 이상이다.

④ (O) 2015년 각 지역에서, 근로장려금과 자녀장려금을 모두 신청한 가구의 가구당 근로장려금 신청 금액은 모두 0.9백만 원 이상이지만 근로장려금만 신청한 가구의 가구당 근로장려금 신청 금액은 모두 0.9백만 원 미만이므로 전자가 후자보다 크다.

⑤ (X) 2015년 근로장려금을 신청한 가구의 가구당 근로장려금 신청금액은 부산이 약 0.75백만 원으로 전국 0.76백만 원보다 작다.

[정답] ⑤

16

다음 〈표〉와 〈그림〉은 우리나라의 에너지 유형별 1차에너지 생산과 최종에너지 소비에 관한 자료이다. 이에 대한 〈보기〉의 설명으로 옳지 않은 것은?

〈표 1〉 2008~2012년 1차에너지의 유형별 생산량

(단위: 천 TOE)

연도\유형	석탄	수력	신재생	원자력	천연가스	합
2008	1,289	1,196	5,198	32,456	236	40,375
2009	1,171	1,213	5,480	31,771	498	40,133
2010	969	1,391	6,064	31,948	539	40,911
2011	969	1,684	6,618	33,265	451	42,987
2012	942	1,615	8,036	31,719	436	42,748

※ 국내에서 생산하는 1차에너지 유형은 제시된 5가지로만 구성됨.

〈그림〉 2012년 1차에너지의 지역별 생산량 비중(TOE 기준)

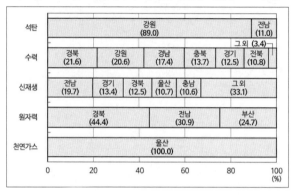

〈표 2〉 유형별 최종에너지 소비 추이(2008~2012년)와 지역별 최종에너지 소비(2012년)

(단위: 천 TOE)

연도·지역\유형	석탄	석유제품	천연 및 도시가스	전력	열	신재생	합
2008	26,219	97,217	19,765	33,116	1,512	4,747	182,576
2009	23,895	98,370	19,459	33,925	1,551	4,867	182,067
2010	29,164	100,381	21,640	37,338	1,718	5,346	195,587
2011	33,544	101,976	23,672	39,136	1,702	5,833	205,863
2012	31,964	101,710	25,445	40,127	1,751	7,124	208,121
서울	118	5,863	4,793	4,062	514	218	15,568
부산	62	3,141	1,385	1,777	–	104	6,469
대구	301	1,583	970	1,286	80	214	4,434
인천	54	6,798	1,610	1,948	–	288	10,698
광주	34	993	630	699	–	47	2,403
대전	47	945	682	788	–	51	2,513
울산	451	19,357	2,860	2,525	–	336	25,529
경기	335	10,139	5,143	8,625	1,058	847	26,147
강원	1,843	1,875	312	1,368	–	644	6,042
충북	1,275	2,044	752	1,837	59	471	6,438
충남	5,812	17,184	1,454	3,826	5	143	28,424
전북	27	2,177	846	1,846	–	337	5,233
전남	11,675	21,539	975	2,450	–	2,251	38,890
경북	9,646	3,476	1,505	3,853	–	879	19,359
경남	284	3,873	1,515	2,839	35	266	8,812
제주	–	721	13	332	–	28	1,094
기타	–	2	–	66	–	–	68

※ 국내에서 소비하는 최종에너지 유형은 제시된 6가지로만 구성됨.

① 2008년 대비 2012년의 생산량 증가율이 가장 큰 1차에너지 유형은 천연가스이다.

② 2012년 1차에너지를 가장 많이 생산한 지역에서는 같은 해 최종에너지 중 석유제품을 가장 많이 소비하였다.

③ 2012년 석탄 1차에너지 생산량은 2012년 경기 지역의 신재생 1차에너지 생산량보다 적다.

④ 2012년에 1차에너지 생산량이 최종에너지 소비량의 합보다 많은 지역이 존재한다.

⑤ 2008년 대비 2012년의 소비량 증가율이 가장 큰 최종에너지 유형은 신재생이다.

📝 문제풀이

16 곱셈 비교형　　　　　　　　　　　　　난이도★★★★☆

① (O) 〈표 1〉에서 2008년 대비 2012년의 생산량 증가율이 가장 큰 1차에너지 유형은 200/236≒84.7%인 천연가스이다. 감소한 석탄과 원자력을 제외하고 증가율은 수력이 50% 미만, 신재생이 60% 미만으로 천연가스가 유일하게 80% 이상의 증가율을 보이고 있다.

② (X) 〈표 1〉에서 2012년 1차에너지 생산량이 가장 많은 유형은 원자력이므로 이를 기준으로 판단한다. 〈그림〉에서 원자력의 생산량 비중이 가장 높은 지역은 경북이고 경북의 1차에너지 생산량은 31,719×44.4%≒14,083천 TOE이다. 따라서 실질적으로 비교가 될만한 지역은 생산량이 31,719×30.9%+942×11.0%인 전남이다. 원자력 생산량의 실제 크기 차이 31,719×13.5%가 전남의 석탄 생산량 942×11.0%보다 크기 때문에 경북이 가장 크다고 판단할 수 있다. 하지만 경북의 경우 〈표 2〉의 최종에너지 중 석유제품 3,476천 TOE보다 석탄 9,646천 TOE를 더 많이 소비하였다. 따라서 2012년 1차에너지를 가장 많이 생산한 지역 경북에서는 같은 해 최종에너지 중 석유제품을 가장 많이 소비하지 않았다.

③ (O) 〈표 1〉에서 2012년 석탄 1차에너지 생산량 942천 TOE는 〈그림〉의 2012년 경기 지역의 신재생 1차에너지 생산량 8,036×13.4%≒1,077천 TOE보다 적다. 8,000의 13%는 1,000 이상이므로 어렵지 않게 판단할 수 있다.

④ (O) 〈그림〉에서 부산의 경우 2012년에 1차에너지 생산량 31,719×24.7%≒7,834천 TOE가 〈표 2〉 최종에너지 소비량의 합 6,469천 TOE보다 많다. 30,000의 24%는 7,200이므로 6,469보다 많다고 어렵지 않게 판단할 수 있다.

⑤ (O) 〈표 2〉에서 2008년 대비 2012년의 소비량 증가율이 가장 큰 최종에너지 유형은 신재생(2,377/4,747≒50.1%)이다. 신재생을 제외한 나머지 유형은 모두 30% 미만이라는 기준으로 판단한다.

[정답] ②

17

다음 〈표〉는 '갑'국의 전기자동차 충전요금 산정기준과 계절별 부하 시간대에 대한 자료이다. 이에 대한 설명으로 옳은 것은?

〈표 1〉 전기자동차 충전요금 산정기준

월 기본요금 (원)	전력량 요율(원/kWh)			
	계절 시간대	여름 (6~8월)	봄 (3~5월), 가을 (9~10월)	겨울 (1~2월, 11~12월)
2,390	경부하	57.6	58.7	80.7
	중간부하	145.3	70.5	128.2
	최대부하	232.5	75.4	190.8

※ 1) 월 충전요금(원) = 월 기본요금
　　+(경부하 시간대 전력량 요율×경부하 시간대 충전 전력량)
　　+(중간부하 시간대 전력량 요율×중간부하 시간대 충전 전력량)
　　+(최대부하 시간대 전력량 요율×최대부하 시간대 충전 전력량)
　2) 월 충전요금은 해당 월 1일에서 말일까지의 충전 전력량을 사용하여 산정함.
　3) 1시간에 충전되는 전기자동차의 전력량은 5kWh임.

〈표 2〉 계절별 부하 시간대

계절 시간대	여름 (6~8월)	봄 (3~5월), 가을 (9~10월)	겨울 (1~2월, 11~12월)
경부하	00:00~09:00 23:00~24:00	00:00~09:00 23:00~24:00	00:00~09:00 23:00~24:00
중간부하	09:00~10:00 12:00~13:00 17:00~23:00	09:00~10:00 12:00~13:00 17:00~23:00	09:00~10:00 12:00~17:00 20:00~22:00
최대부하	10:00~12:00 13:00~17:00	10:00~12:00 13:00~17:00	10:00~12:00 17:00~20:00 22:00~23:00

① 모든 시간대에서 봄, 가을의 전력량 요율이 가장 낮다.
② 월 100kWh를 충전했을 때 월 충전요금의 최댓값과 최솟값 차이는 16,000원 이하이다.
③ 중간부하 시간대의 총 시간은 6월 1일과 12월 1일이 동일하다.
④ 22시 30분의 전력량 요율이 가장 높은 계절은 여름이다.
⑤ 12월 중간부하 시간대에만 100kWh를 충전한 월 충전요금은 6월 경부하 시간대에만 100kWh를 충전한 월 충전요금의 2배 이상이다.

📝 문제풀이

17 각주 판단형　　　　　　　　　　난이도★★★☆☆

① (X) 경부하 시간대는 봄, 가을의 전력량 요율보다 여름이 더 낮다. 따라서 모든 시간대에서 봄, 가을의 전력량 요율이 가장 낮지는 않다.

② (X) 월 100kWh를 충전했을 때 월 충전요금의 최댓값은 여름의 최대부하 시간대 2,390+232.5×100원이고 최솟값은 여름의 경부하 시간대 2,390+57.6×100원이므로 이 둘의 차이는 16,000원 이상이다. 기본요금은 동일하고 전력량 역시 100kWh로 동일하므로 충전요금의 차이가 16,000원 이하가 되려면 전력량 요율의 차이가 160 이하이면 된다. 따라서 232.5-57.6=174.9>160이므로 옳지 않음을 간단히 판단할 수 있다.

③ (O) 중간부하 시간대의 총 시간은 여름인 6월 1일이 09:00~10:00(1시간), 12:00~13:00(1시간), 17:00~23:00(6시간)으로 총 8시간이고 겨울인 12월 1일이 09:00~10:00(1시간), 12:00~17:00(5시간), 20:00~22:00(2시간)으로 총 8시간이다.

④ (X) 22시 30분의 전력량 요율은 여름이 중간부하 시간대로 145.3원/kWh이고 겨울은 최대부하 시간대로 190.8원/kWh이다. 따라서 여름이 가장 높지 않다.

⑤ (X) 12월 중간부하 시간대에만 100kWh를 충전한 월 충전요금 2,390+128.2×100=15,210원은 6월 경부하 시간대에만 100kWh를 충전한 월 충전요금 2,390+57.6×100=8,150원의 2배 이상이 되지 못한다. ②와 달리 차이가 아닌 2배 이상인지 묻고 있으므로 기본요금을 더한 값을 고려해서 판단해야 한다.

[정답] ③

18

다음 〈표〉는 2010~2016년 '갑'국의 신설법인 현황에 대한 자료이다. 〈표〉를 이용하여 작성한 그래프로 옳지 않은 것은?

〈표〉 2010~2016년 '갑'국의 신설법인 현황

(단위: 개)

업종 연도	농림 수산업	제조업	에너지 공급업	건설업	서비스업	전체
2010	1,077	14,818	234	6,790	37,393	60,312
2011	1,768	15,557	299	6,593	40,893	65,110
2012	2,067	17,733	391	6,996	46,975	74,162
2013	1,637	18,721	711	7,069	47,436	75,574
2014	2,593	19,509	1,363	8,145	53,087	84,697
2015	3,161	20,155	967	9,742	59,743	93,768
2016	2,391	19,037	1,488	9,825	63,414	96,155

① 2016년 신설법인의 업종별 구성비

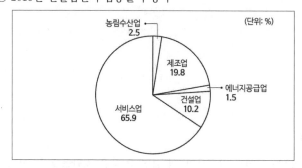

② 2011~2016년 제조업 및 서비스업 신설법인 수 추이

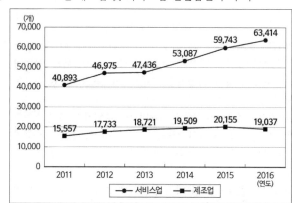

③ 2011~2016년 건설업 신설법인 수의 전년대비 증가율 추이

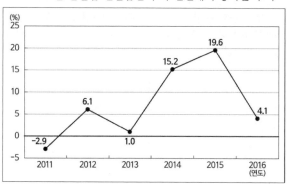

④ 2011~2016년 신설법인 중 서비스업 신설법인 비율

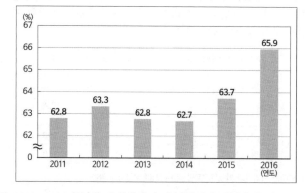

⑤ 2011~2016년 전체 신설법인 수의 전년대비 증가율 추이

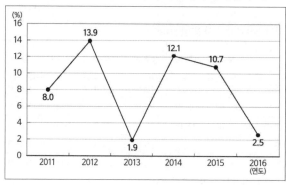

📑 문제풀이

18 표-차트 변환형

난이도 ★★★★★

③ 2016년의 전년대비 증가율이 4.1%로 표시되어 있는데 실제로는 9,742개에서 9,825개로 +83 증가했기 때문에 83/9,742<1%이다.

[정답] ③

[19~20] 다음 〈표〉는 2019년 2월에 '갑'국 국민 중 표본을 추출하여 2017년, 2018년 고용형태와 소득분위의 변화를 조사한 자료이다. 다음 물음에 답하시오.

〈표 1〉 2017년에서 2018년 표본의 고용형태 변화비율

(단위: %)

구분		2018년		합계
		사업가	피고용자	
2017년	사업가	80	20	100
	피고용자	30	70	100

※ 고용형태는 사업가와 피고용자로만 나누어지며 실업자는 없음.

〈표 2〉 고용형태 변화 유형별 표본의 소득분위 변화

(단위: %)

I. 사업가(2017년) → 사업가(2018년)

2018년 2017년	1분위	2분위	3분위	4분위	5분위	합계
1분위	40.0	35.0	10.0	10.0	5.0	100.0
2분위	10.0	55.0	25.0	5.0	5.0	100.0
3분위	5.0	15.0	45.0	25.0	10.0	100.0
4분위	5.0	5.0	20.0	45.0	25.0	100.0
5분위	0.0	0.0	5.0	15.0	80.0	100.0

II. 사업가(2017년) → 피고용자(2018년)

2018년 2017년	1분위	2분위	3분위	4분위	5분위	합계
1분위	70.0	30.0	0.0	0.0	0.0	100.0
2분위	25.0	55.0	15.0	5.0	0.0	100.0
3분위	5.0	25.0	50.0	15.0	5.0	100.0
4분위	5.0	10.0	20.0	50.0	15.0	100.0
5분위	0.0	5.0	5.0	15.0	75.0	100.0

III. 피고용자(2017년) → 피고용자(2018년)

2018년 2017년	1분위	2분위	3분위	4분위	5분위	합계
1분위	85.0	10.0	5.0	0.0	0.0	100.0
2분위	15.0	65.0	15.0	5.0	0.0	100.0
3분위	5.0	20.0	60.0	15.0	0.0	100.0
4분위	0.0	5.0	15.0	65.0	15.0	100.0
5분위	0.0	0.0	5.0	15.0	75.0	100.0

IV. 피고용자(2017년) → 사업가(2018년)

2018년 2017년	1분위	2분위	3분위	4분위	5분위	합계
1분위	50.0	40.0	5.0	5.0	0.0	100.0
2분위	10.0	60.0	20.0	5.0	5.0	100.0
3분위	5.0	20.0	50.0	20.0	5.0	100.0
4분위	0.0	10.0	20.0	50.0	20.0	100.0
5분위	0.0	0.0	5.0	35.0	60.0	100.0

※ 1) '가(2017년)→나(2018년)'는 고용형태 변화 유형을 나타내며, 2017년 고용형태 '가'에서 2018년 고용형태 '나'로 변화된 것을 의미함.
2) 소득분위는 1~5분위로 구분하며, 숫자가 클수록 분위가 높음.
3) 각 고용형태 변화 유형 내에서 2017년 소득분위별 인원은 동일함.

19

'갑'국 표본의 2017년 고용형태에서 사업가와 피고용자가 각각 5,000명일 때, 위 〈표〉를 근거로 한 〈보기〉의 설명 중 옳은 것만을 모두 고르면?

〈보 기〉

ㄱ. 2017년 사업가에서 2018년 피고용자로 고용형태가 변화된 사람 중에서 2018년에 소득 1분위에 속하는 사람은 모두 210명이다.
ㄴ. 2018년 고용형태가 사업가인 사람은 6,000명이다.
ㄷ. 2017년 피고용자에서 2018년 사업가로 고용형태가 변화된 사람 중에서 2017년 소득 2분위에서 2018년 소득분위가 높아진 사람은 모두 90명이다.
ㄹ. 동일한 표본에 대해, 2017년에서 2018년 고용형태 변화비율과 같은 비율로 2018년에서 2019년 고용형태가 변화된다면 2019년 피고용자의 수는 2018년에 비해 감소한다.

① ㄱ, ㄴ ② ㄷ, ㄹ
③ ㄱ, ㄴ, ㄷ ④ ㄱ, ㄷ, ㄹ
⑤ ㄴ, ㄷ, ㄹ

20

위 〈표〉를 근거로 한 〈보기〉의 설명 중 옳은 것만을 모두 고르면?

〈보 기〉

ㄱ. 2017년 소득 1분위이면서 2018년 소득분위가 2017년 소득분위보다 높아진 사람의 비율은, '사업가(2017년)→사업가(2018년)' 유형이 '사업가(2017년)→피고용자(2018년)' 유형보다 높다.
ㄴ. 2017년 소득 3분위이면서 2018년 소득분위가 2017년 소득분위보다 높아진 사람의 비율은, '피고용자(2017년)→사업가(2018년)' 유형이 '피고용자(2017년)→피고용자(2018년)' 유형보다 높다.
ㄷ. 고용형태 변화 유형 네 가지 중에서 2017년과 2018년 사이에 소득분위가 변동되지 않은 사람의 비율이 가장 높은 유형은 '사업가(2017년)→피고용자(2018년)'이다.
ㄹ. 고용형태 변화 유형 네 가지 중에서 2018년에 소득 5분위인 사람의 비율이 가장 높은 유형은 '사업가(2017년)→사업가(2018년)'이다.

① ㄱ, ㄷ ② ㄴ, ㄹ
③ ㄷ, ㄹ ④ ㄱ, ㄴ, ㄷ
⑤ ㄱ, ㄴ, ㄹ

📝 문제풀이

19 각주 판단형   난이도★★★★☆

ㄱ. (O) 각주 3)에서 각 고용형태 변화 유형 내에서 2017년 소득분위별 인원은 동일하다고 하였으므로 2017년 사업가에서 2018년 피고용자로 고용형태가 변화된 사람 1,000명 중에서 2017년 기준 각 분위별 사람 수는 200명으로 모두 동일하다. 따라서 2018년에 소득 1분위에 속하는 사람은 200×70% +200×25%+200×5%+200×5%+200×0%=210명이다. 2017년 소득분위별 인원은 동일하므로 200명을 공통으로 2018년 분위별 비율합인 105%를 곱해서 바로 도출 가능하다.

ㄴ. (X) 2018년 고용형태가 사업가인 사람은 사업가(2017년)→사업가(2018년) 4,000명과 피고용자(2017년)→사업가(2018년) 1,500명을 합한 5,500명이다.

ㄷ. (O) 2017년 피고용자에서 2018년 사업가로 고용형태가 변화된 사람 1,500명 중에서 2017년 소득 2분위는 300명이다. 2017년 소득 2분위에서 2018년 3~5분위로 소득분위가 높아진 사람은 20+5+5=30%이므로 300×0.3=90명이다.

ㄹ. (O) 동일한 표본에 대해, 2017년에서 2018년 고용형태 변화비율과 같은 비율로 2018년에서 2019년 고용형태가 변화된다면 2019년 피고용자의 수는 4,250명으로 2018년 4,500명에 비해 감소한다.

구분		2019년		합계(명)
		사업가	피고용자	
2018년	사업가	4,400(80%)	1,100(20%)	5,500
	피고용자	1,350(30%)	3,150(70%)	4,500
합		5,750명	4,250명	

⏱ 빠른 문제 풀이 Tip

2017년 고용형태에서 사업가와 피고용자가 각각 5,000명이라고 하였으므로 〈표 1〉을 통해 사업가(2017년)→사업가(2018년) 4,000명, 사업가(2017년)→피고용자(2018년) 1,000명, 피고용자(2017년)→피고용자(2018년) 3,500명, 피고용자(2017년)→사업가(2018년) 1,500명임을 도출한다.

[정답] ④

📝 문제풀이

20 각주 판단형   난이도★★★★☆

ㄱ. (O) 2017년 소득 1분위이면서 2018년 소득분위가 2017년 소득분위보다 높아진 사람의 비율은, '사업가(2017년)→사업가(2018년)' 유형(I)이 35.0+10.0+10.0+5.0=60%로 '사업가(2017년)→피고용자(2018년)' 유형(II) 30.0+0.0+0.0+0.0=30%보다 높다.

ㄴ. (O) 2017년 소득 3분위이면서 2018년 소득분위가 2017년 소득분위보다 높아진 사람의 비율은, '피고용자(2017년)→사업가(2018년)' 유형(IV)이 20.0+5.0 =25%로 '피고용자(2017년)→피고용자(2018년)' 유형(III) 15.0+0.0=15%보다 높다.

ㄷ. (X) 고용형태 변화 유형 네 가지 중에서 2017년과 2018년 사이에 소득분위가 변동되지 않은 사람의 비율은 '사업가(2017년)→피고용자(2018년)' 유형(II) 70.0+5.0+50.0+50.0+75.0보다 '피고용자(2017년)→피고용자(2018년)' 유형(III) 85.0+65.0+60.0+65.0+75.0이 더 높다.

ㄹ. (O) 고용형태 변화 유형 네 가지 중에서 2018년에 소득 5분위인 사람의 비율은 '사업가(2017년)→사업가(2018년)' 유형(I)이 5.0+5.0+10.0+ 25.0+80.0으로 가장 높다.

[정답] ⑤

21

다음 〈표〉와 〈보고서〉는 A시 대기오염과 그 영향에 관한 자료이다. 제시된 〈표〉 이외에 〈보고서〉를 작성하기 위해 추가로 필요한 자료만을 〈보기〉에서 모두 고르면?

〈표 1〉 A시 연평균 미세먼지 농도

(단위: μg/m³)

연도	2012	2013	2014	2015	2016	2017	2018	평균
농도	61.30	55.37	54.04	49.03	46.90	41.08	44.57	50.32

〈표 2〉 A시 연평균 기온 및 상대습도

(단위: ℃, %)

연도 구분	2012	2013	2014	2015	2016	2017	2018	평균
기온	13.28	12.95	12.95	12.14	12.07	12.27	12.56	12.60
상대습도	62.25	59.45	61.10	62.90	59.54	56.63	60.02	60.27

〈보고서〉

A시 부설연구원은 2012~2018년 A시 사망자를 대상으로 대기오염으로 인한 사망영향을 연구하였다. 2012~2018년 연평균 미세먼지 농도는 평균 50.32μg/m³이었다. 연도별로는 2012년에 가장 높은 61.30μg/m³이었고, 2013년부터 지속적으로 감소하여 2017년 가장 낮은 41.08μg/m³를 나타내었다. 2018년에는 2017년에 비해 다소 증가하여 44.57μg/m³이었다.

연구대상 기간 동안 전체 연령집단, 65세 미만 연령집단, 65세 이상 연령집단의 연간 일일 사망자 수는 각각 평균 96.65명, 27.35명, 69.30명이었다. 전체 연령집단의 연간 일일 사망자 수는 2012년 93.61명에서 2018년 102.97명으로 증가하였다. 65세 미만 연령 집단의 연간 일일 사망자 수는 2012년 29.13명에서 2018년 26.09명으로 감소하였다. 65세 이상 연령집단의 연간 일일 사망자 수는 2012년 64.48명에서 2018년 76.88명으로 증가하였다.

2012~2018년 A시의 연평균 기온은 평균 12.60℃이었고, 2012년은 13.28℃로 다소 높았으며, 2016년은 12.07℃로 다소 낮은 기온을 나타내었다. 연구대상 기간 동안 연평균 상대습도는 평균 60.27%이었으며, 전체적으로 56.63~62.90% 수준이었다.

〈보 기〉

ㄱ. A시 연간 일일 사망자 수

(단위: 명)

연도	2012	2013	2014	2015	2016	2017	2018	평균
사망자 수	93.61	92.24	92.75	96.59	97.21	101.19	102.97	96.65

ㄴ. A시 연간 미세먼지 경보발령일수

(단위: 일)

연도	2012	2013	2014	2015	2016	2017	2018
일수	37	32	33	25	26	30	29

ㄷ. A시 연간 심혈관계 응급환자 수

(단위: 명)

연도	2012	2013	2014	2015	2016	2017	2018
환자 수	36,775	34,972	34,680	35,112	35,263	36,417	37,584

ㄹ. A시 65세 이상 연령집단의 연간 일일 사망자 수

(단위: 명)

연도	2012	2013	2014	2015	2016	2017	2018	평균
사망자 수	64.48	64.40	65.19	68.72	70.35	75.07	76.88	69.30

① ㄱ, ㄴ
② ㄱ, ㄷ
③ ㄱ, ㄹ
④ ㄴ, ㄷ
⑤ ㄷ, ㄹ

📝 문제풀이

21 보고서 검토·확인형　　　　　　　　　　난이도★☆☆☆☆

ㄱ. 〈보고서〉 두 번째 문단 첫 번째 문장과 두 번째 문장 '연구대상 기간 동안 전체 연령집단, 65세 미만 연령집단, 65세 이상 연령집단의 연간 일일 사망자 수는 각각 평균 96.65명, 27.35명, 69.30명이었다. 전체 연령집단의 연간 일일 사망자 수는 2012년 93.61명에서 2018년 102.97명으로 증가하였다.'를 작성하기 위해서는 [A시 연간 일일 사망자 수]가 추가로 필요하다.

ㄹ. 〈보고서〉 두 번째 문단 네 번째 문장 '65세 이상 연령집단의 연간 일일 사망자 수는 2012년 64.48명에서 2018년 76.88명으로 증가하였다.'를 작성하기 위해서는 [A시 65세 이상 연령집단의 연간 일일 사망자 수]가 추가로 필요하다.

[정답] ③

22

다음 〈그림〉은 2015~2018년 사용자별 사물인터넷 관련 지출액에 관한 자료이다. 이에 대한 설명으로 옳지 않은 것은?

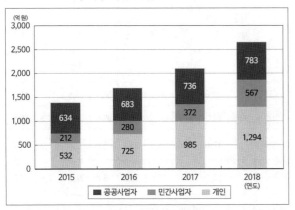

〈그림〉 사물인터넷 관련 지출액

※ 사용자는 공공사업자, 민간사업자, 개인으로만 구성됨.

① 2016~2018년 동안 '공공사업자' 지출액의 전년대비 증가폭이 가장 큰 해는 2017년이다.

② 2018년 사용자별 지출액의 전년대비 증가율은 '개인'이 가장 높다.

③ 2016~2018년 동안 사용자별 지출액의 전년대비 증가율은 매년 '공공사업자'가 가장 낮다.

④ '공공사업자'와 '민간사업자'의 지출액 합은 매년 '개인'의 지출액보다 크다.

⑤ 2018년 모든 사용자의 지출액 합은 2015년 대비 80% 이상 증가하였다.

📝 문제풀이

22 분수 비교형	난이도 ★★☆☆☆

① (O) 2016~2018년 동안 '공공사업자' 지출액의 전년대비 증가폭은 2017년이 +53으로 2016년 +49, 2018년 +47에 비해 가장 크다.

② (X) 2018년 사용자별 지출액의 전년대비 증가율은 '개인' 309/985≒31.4% 보다 '민간사업자' 195/372≒52.4%가 더 높다. 민간사업자는 절반 이상, 개인은 절반 미만의 기준으로 판단한다.

③ (O) 2016~2018년 동안 사용자별 지출액의 전년대비 증가율은 매년 '공공사업자'가 10% 미만으로 가장 낮다.

④ (O) 2015년부터 '공공사업자'와 '민간사업자'의 지출액 합은 846, 963, 1,108, 1,350억 원으로 매년 '개인'의 지출액 532, 725, 985, 1,294억 원보다 크다.

⑤ (O) 모든 사용자의 지출액 합은 2015년 1,378억 원에서 2018년 2,644억 원으로 1,266/1,378≒91.9% 증가하여 80% 이상 증가하였다.

[정답] ②

23

다음 〈보고서〉는 2017년과 2018년 청소년활동 참여 실태에 관한 자료이다. 〈보고서〉의 내용과 부합하는 자료만을 〈보기〉에서 모두 고르면?

─〈보고서〉─

2018년 청소년활동 9개 영역 중 '건강·보건활동'의 참여경험(93.6%)이 가장 높게 나타났고, 다음으로 '문화예술활동'(85.2%), '모험개척활동'(57.8%) 순으로 높게 나타났다. 반면, 2017년과 2018년 모두 '교류활동'의 참여경험 비율이 가장 낮게 나타났다. 이와 더불어 2018년 향후 가장 참여를 희망하는 청소년활동으로는 '문화예술활동'(22.5%), '진로탐색·직업체험활동'(21.5%)의 순으로 높게 조사되었다.

2018년 청소년활동 참여형태에 대한 9개 항목 중 '학교에서 단체로 참여'라는 응답(46.0%)이 가장 높게 나타났으며, 다음으로 '교내 동아리활동으로 참여', '개인적으로 참여'의 순으로 높게 나타났다. 2018년 청소년활동을 가장 희망하는 시간대는 '학교 수업시간 중'(43.7%)으로 조사되었고, '기타'를 제외하고는 '방과후'가 가장 낮은 비율로 조사되었다.

2018년 청소년활동에 대한 '전반적 만족도'는 3.37점으로 2017년보다 상승한 것으로 확인되었고, '지도자 만족도'가 '활동내용 만족도'보다 더 높은 것으로 나타났다. 또한, 2018년 청소년활동 정책 인지도 점수는 최소 1.15점에서 최대 1.42점으로 나타났다.

─〈보기〉─

ㄱ. 청소년활동 영역별 참여경험 및 향후 참여희망 비율(2017~2018년)

(단위: %)

영역 구분 / 연도		건강·보건활동	과학정보활동	교류활동	모험개척활동	문화예술활동	봉사활동	진로탐색·직업체험활동	환경보존활동	자기계발활동
참여경험	2017	93.7	53.6	26.5	55.7	79.7	55.4	63.8	42.4	41.3
	2018	93.6	61.2	33.9	57.8	85.2	62.9	72.5	48.8	50.8
향후 참여희망	2017	9.7	11.6	3.6	16.4	21.1	5.0	21.0	1.7	4.7
	2018	8.2	11.1	3.0	17.0	22.5	5.4	21.5	1.8	3.5

ㄴ. 청소년활동 희망시간대(2018년)

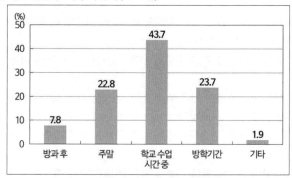

ㄷ. 청소년활동 참여형태(2017~2018년)

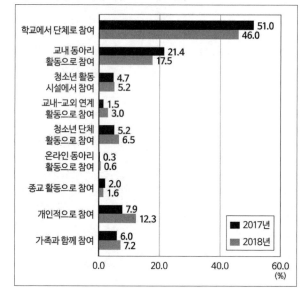

ㄹ. 청소년활동 정책 인지도 점수(2017~2018년)

(단위: 점)

연도 항목	2017	2018
청소년수련활동인증제	1.24	1.27
국제청소년성취포상제	1.14	1.15
청소년어울림마당	1.40	1.42
청소년특별회의	1.28	1.30
청소년참여위원회	1.35	1.37
청소년운영위원회	1.41	1.44
청소년활동정보서비스	1.31	1.32
대한민국청소년박람회	1.29	1.28
청소년수련활동신고제	1.18	1.20

※ 점수가 높을수록 인지도가 높음.

① ㄴ, ㄷ
② ㄴ, ㄹ
③ ㄷ, ㄹ
④ ㄱ, ㄴ, ㄷ
⑤ ㄱ, ㄷ, ㄹ

📑 문제풀이

23 보고서 검토·확인형
난이도 ★★☆☆☆

ㄱ. (X) 첫 번째 문단 첫 번째 문장에서 2018년 청소년활동 9개 영역 중 '건강·보건활동'의 참여경험(93.6%)이 가장 높게 나타났고, 다음으로 '문화예술활동'(85.2%), '모험개척활동'(57.8%) 순으로 높게 나타났다고 하였으나 '모험개척활동'(57.8%)에 비해 '진로탐색·직업체험활동'(72.5%)이 더 높다.

ㄴ. (O) 두 번째 문단 두 번째 문장에서 2018년 청소년활동을 가장 희망하는 시간대는 '학교 수업시간 중'(43.7%)으로 조사되었고, '기타'를 제외하고는 '방과 후'가 가장 낮은 비율로 조사되었다고 하였으므로 부합하는 자료이다.

ㄷ. (O) 두 번째 문단 첫 번째 문장에서 2018년 청소년활동 참여형태에 대한 9개 항목 중 '학교에서 단체로 참여'라는 응답(46.0%)이 가장 높게 나타났으며, 다음으로 '교내 동아리활동으로 참여', '개인적으로 참여'의 순으로 높게 나타났다고 하였으므로 부합하는 자료이다.

ㄹ. (X) 세 번째 문단 두 번째 문장에서 또한, 2018년 청소년활동 정책 인지도 점수는 최소 1.15점에서 최대 1.42점으로 나타났다고 하였으나 청소년운영위원회가 1.44로 최대이다.

[정답] ①

24

다음 〈표〉는 2015~2018년 A~D국 초흡수성 수지의 기술분야별 특허출원에 대한 자료이다. 〈표〉를 이용하여 작성한 그래프로 옳지 않은 것은?

〈표〉 2015~2018년 초흡수성 수지의 특허출원 건수

(단위: 건)

국가	기술분야	2015	2016	2017	2018	합
A	조성물	5	8	11	11	35
	공정	3	2	5	6	16
	친환경	1	3	10	13	27
B	조성물	4	4	2	1	11
	공정	0	2	5	8	15
	친환경	3	1	3	1	8
C	조성물	2	5	5	6	18
	공정	7	8	7	6	28
	친환경	3	5	3	3	14
D	조성물	1	2	1	2	6
	공정	1	3	3	2	9
	친환경	5	4	4	2	15
계		35	47	59	61	202

※ 기술분야는 조성물, 공정, 친환경으로만 구성됨.

① 2015~2018년 국가별 초흡수성 수지의 특허출원 건수 비율

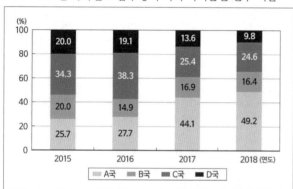

② 공정 기술분야의 국가별, 연도별 초흡수성 수지의 특허출원 건수

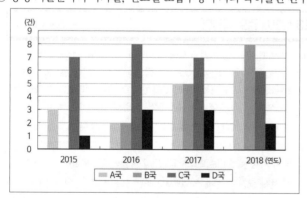

③ A~D국 전체의 초흡수성 수지 특허출원 건수의 연도별 구성비

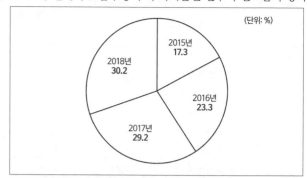

④ 2015~2018년 기술분야별 초흡수성 수지 특허출원 건수 합의 국가별 비중

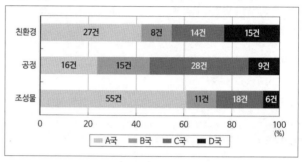

⑤ A~D국 전체의 초흡수성 수지 특허출원 건수의 전년대비 증가율

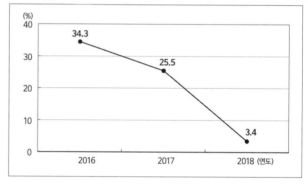

문제풀이

24 표-차트 변환형 난이도 ★★☆☆☆

④의 경우 A국의 조성물 건수가 55건으로 표시되어 있다. 〈표〉에서 확인하면 35건이므로 옳지 않다.

[정답] ④

25

다음 〈표〉는 수면제 A~D를 사용한 불면증 환자 '갑'~'무'의 숙면시간을 측정한 결과이다. 이에 대한 〈보기〉의 설명 중 옳은 것만을 모두 고르면?

〈표〉 수면제별 숙면시간

(단위: 시간)

수면제＼환자	갑	을	병	정	무	평균
A	5.0	4.0	6.0	5.0	5.0	5.0
B	4.0	4.0	5.0	5.0	6.0	4.8
C	6.0	5.0	4.0	7.0	( )	5.6
D	6.0	4.0	5.0	5.0	6.0	( )

〈보 기〉

ㄱ. 평균 숙면시간이 긴 수면제부터 순서대로 나열하면 C, D, A, B 순이다.

ㄴ. 환자 '을'과 환자 '무'의 숙면시간 차이는 수면제 C가 수면제 B보다 크다.

ㄷ. 수면제 B와 수면제 D의 숙면시간 차이가 가장 큰 환자는 '갑'이다.

ㄹ. 수면제 C의 평균 숙면시간보다 수면제 C의 숙면시간이 긴 환자는 2명이다.

① ㄱ, ㄴ

② ㄱ, ㄷ

③ ㄴ, ㄹ

④ ㄱ, ㄴ, ㄷ

⑤ ㄴ, ㄷ, ㄹ

📝 문제풀이

25 평균 개념형
난이도★★☆☆☆

ㄱ. (O) 평균 숙면시간이 긴 수면제부터 순서대로 나열하면 C(5.6), D(5.2), A(5.0), B(4.8) 순이다. 수면제 D의 평균 숙면시간은 5.0시간이고, 가평균을 기준으로 환자별 편차를 고려하면 갑 +1.0, 을 −1.0, 무 −1.0으로 편차의 합은 −1.0이다. 따라서 평균은 5.0−1.0/5=5.2시간이다.

ㄴ. (X) 수면제 C의 환자 무의 숙면시간은 6.0시간이다. 따라서 환자 '을'과 환자 '무'의 숙면시간 차이는 수면제 C(1.0)가 수면제 B(2.0)보다 작다.

ㄷ. (O) 수면제 B와 수면제 D의 숙면시간 차이가 가장 큰 환자는 '갑'(2시간)이다.

ㄹ. (X) 수면제 C의 평균 숙면시간 5.6보다 수면제 C의 숙면시간이 긴 환자는 갑 6.0시간, 정 7.0시간, 무 6.0시간으로 3명이다. 평균 5.6시간을 기준으로 환자별 편차를 도출하면 갑 +0.4, 을 −0.6, 병 −1.6, 정 +1.4로 무를 제외한 편차의 합이 −0.40이다. 따라서 무 역시 평균보다 길다는 것을 판단할 수 있다.

⏱ 빠른 문제 풀이 Tip

평균 5.6을 기준으로 환자별 편차를 도출하면 갑 +0.4, 을 −0.6, 병 −1.6, 정+1.4로 무를 제외한 편차의 합이 −0.40이다. 따라서 무는 평균 5.6의 편차 +0.4를 고려한 6.0이다.

[정답] ②

26

다음 〈표〉는 2018년 A~C 지역의 0~11세 인구 자료이다. 이에 대한 〈보기〉의 설명 중 옳은 것만을 모두 고르면??

〈표 1〉 A~C 지역의 0~5세 인구(2018년)

(단위: 명)

나이 \ 지역	0	1	2	3	4	5	합
A	104,099	119,264	119,772	120,371	134,576	131,257	729,339
B	70,798	76,955	74,874	73,373	80,575	76,864	453,439
C	3,219	3,448	3,258	3,397	3,722	3,627	20,671
계	178,116	199,667	197,904	197,141	218,873	211,748	1,203,449

〈표 2〉 A~C 지역의 6~11세 인구(2018년)

(단위: 명)

나이 \ 지역	6	7	8	9	10	11	합
A	130,885	124,285	130,186	136,415	124,326	118,363	764,460
B	77,045	72,626	76,968	81,236	75,032	72,584	455,491
C	3,682	3,530	3,551	3,477	3,155	2,905	20,300
계	211,612	200,441	210,705	221,128	202,513	193,852	1,240,251

※ 1) 인구 이동 및 사망자는 없음.
2) 나이=당해연도－출생연도

〈보 기〉

ㄱ. 2016년에 출생한 A, B 지역 인구의 합은 2015년에 출생한 A, B 지역 인구의 합보다 크다.

ㄴ. C 지역의 0~11세 인구 대비 6~11세 인구 비율은 2018년이 2017년보다 높다.

ㄷ. 2018년 A~C 지역 중, 5세 인구가 가장 많은 지역과 5세 인구 대비 0세 인구의 비율이 가장 높은 지역은 동일하다.

ㄹ. 2019년에 C 지역의 6~11세 인구의 합은 전년대비 증가한다.

① ㄱ, ㄴ
② ㄱ, ㄷ
③ ㄱ, ㄹ
④ ㄴ, ㄷ
⑤ ㄴ, ㄹ

📝 문제풀이

26 분수 비교형　　　　　　　　　　난이도 ★★★☆☆

ㄱ. (O) 2016년에 출생한 인구의 나이는 2세이므로 A, B 지역 인구의 합은 119,772+74,874=194,646명이고 2015년에 출생한 인구의 나이는 3세이므로 A, B 지역 인구의 합은 120,371+73,373=193,744명이다. 따라서 전자가 후자보다 크다.

ㄴ. (X) 〈표〉에서 제시한 정보만 가지고는 2017년의 0~11세 인구를 정확히 파악할 수 없다. 따라서 C 지역의 0~11세 인구 대비 6~11세 인구 비율은 2018년이 2017년보다 높은지 판단할 수 없다.

ㄷ. (X) 2018년 A~C 지역 중, 5세 인구가 가장 많은 지역은 A이고 5세 인구 대비 0세 인구의 비율이 가장 높은 지역은 B(92.1%)이므로 동일하지 않다. 5세 대비 0세의 비율을 판단할 때 A는 약 80%이고 B의 경우 90% 이상이라는 점을 판단하여 비교한다.

ㄹ. (O) 2019년에 C 지역의 6~11세 인구의 합은 2018년 기준 5~10세 인구의 합과 동일하다. 따라서 2019년에 C 지역의 6~11세 인구의 합을 전년도와 비교하면 2018년 기준 5세 인구와 11세 인구의 차이와 동일하다. 따라서 +3,627-2,905>0이므로 전년대비 증가한다.

⏱ 빠른 문제 풀이 Tip

각주 2)에 따라 나이는 당해연도(2018)-출생연도이므로 출생연도는 당해연도인 (2018-나이)로 판단한다.

[정답] ③

27

다음 〈표〉는 한국전쟁 당시 참전한 유엔군의 참전현황 및 피해인원에 관한 자료이다. 이에 대한 설명으로 옳은 것은?

〈표〉 한국전쟁 당시 참전한 유엔군의 참전현황 및 피해인원

(단위: 명)

구분 국가	참전현황		피해인원				
	참전 인원	참전군	전사· 사망	부상	실종	포로	전체
미국	1,789,000	육군, 해군, 공군	36,940	92,134	3,737	4,439	137,250
영국	56,000	육군, 해군	1,078	2,674	179	977	4,908
캐나다	25,687	육군, 해군, 공군	312	1,212	1	32	1,557
터키	14,936	육군	741	2,068	163	244	3,216
호주	8,407	육군, 해군, 공군	339	1,216	3	26	1,584
필리핀	7,420	육군	112	229	16	41	398
태국	6,326	육군, 해군, 공군	129	1,139	5	0	1,273
네덜란드	5,322	육군, 해군	120	645	0	3	768
콜롬비아	5,100	육군, 해군	163	448	0	28	639
그리스	4,992	육군, 공군	192	543	0	3	738
뉴질랜드	3,794	육군, 해군	23	79	1	0	103
에티오피아	3,518	육군	121	536	0	0	657
벨기에	3,498	육군	99	336	4	1	440
프랑스	3,421	육군, 해군	262	1,008	7	12	1,289
남아공	826	공군	34	0	0	9	43
룩셈부르크	83	육군	2	13	0	0	15
계	1,938,330	–	40,667	104,280	4,116	5,815	154,878

① 미국의 참전인원은 다른 모든 국가의 참전인원의 합보다 15배 이상 많다.
② 참전인원 대비 전체 피해인원 비율이 가장 큰 국가는 터키이다.
③ 공군이 참전한 국가 중 해당 국가의 전체 피해인원 대비 '부상' 인원의 비율이 가장 큰 국가는 태국이다.
④ '전사·사망' 인원은 육군만 참전한 모든 국가의 합이 공군만 참전한 모든 국가의 합의 30배 이하이다.
⑤ '실종' 인원이 '포로' 인원보다 많은 국가는 4개국이다.

📝 문제풀이

27 분수 비교형   난이도 ★★★☆☆

① (X) 미국의 참전인원은 1,789천 명으로 다른 모든 국가의 참전인원의 합 1,938−1,789≒149천 명의 15배인 약 2,250천 명 이상 많지 않다.

② (X) 참전인원 대비 전체 피해인원 비율은 터키(약 21.5%)보다 프랑스(37.7%)가 더 크다. 따라서 가장 큰 국가는 터키가 아니다. 터키는 20%를 조금 넘는 수준이라 30% 미만이고 프랑스는 30% 이상인 점을 고려하여 비교한다.

③ (O) 공군이 참전한 국가는 미국, 캐나다, 호주, 태국, 그리스, 남아공이다. 이 중 해당 국가의 전체 피해인원 대비 '부상' 인원의 비율은 태국이 89.5%로 가장 크다. 태국을 제외한 국가는 모두 80% 미만이고 태국만 유일하게 약 90%이다.

④ (X) '전사·사망' 인원은 육군만 참전한 터키, 필리핀, 에티오피아, 벨기에, 룩셈부르크의 합 1,075명이 공군만 참전한 남아공 34명의 30배 이상이다.

⑤ (X) '실종' 인원이 '포로' 인원보다 많은 국가는 태국, 뉴질랜드, 벨기에 3개국이다.

[정답] ③

28

다음 〈표〉는 '갑'국의 가사노동 부담형태에 대한 설문조사 결과
이다. 이에 대한 〈보고서〉의 내용 중 옳은 것만을 모두 고르면?

〈표〉 가사노동 부담형태에 대한 설문조사 결과

(단위: %)

구분	부담형태	부인전담	부부공동분담	남편전담	가사도우미활용
성별	남성	87.9	8.0	3.2	0.9
	여성	89.9	7.0	2.1	1.0
연령대	20대	75.6	19.4	4.1	0.9
	30대	86.4	10.4	2.5	0.7
	40대	90.7	6.4	1.9	1.0
	50대	91.1	5.9	2.6	0.4
	60대 이상	88.4	6.7	3.5	1.4
경제활동상태	취업자	90.1	6.7	2.3	0.9
	미취업자	87.4	8.6	3.0	1.0

※ '갑'국 20세 이상 기혼자 100,000명(남성 45,000명, 여성 55,000명)을 대상으로 동일
시점에 조사하였으며 무응답과 중복응답은 없음.

〈보고서〉

○ 성별
  – 가사도우미를 활용한다고 응답한 남성의 비율은 0.9%로
  가사도우미를 활용한다고 응답한 여성의 비율 1.0%와 비
  슷한 수준임.
  – ㉠ 가사노동을 부인이 전담한다고 응답한 남성과 여성의
  응답자 수 차이는 8,500명 이상임.

○ 연령대
  – 가사노동을 부부가 공동으로 분담한다고 응답한 비율은 20
  대가 다른 연령대에 비해 높음.
  – ㉡ 연령대가 높을수록 가사노동을 부부가 공동으로 분담한
  다고 응답한 비율이 낮음.

○ 경제활동상태
  – ㉢ 가사노동 부담형태별로 살펴보면, 취업자와 미취업자가
  응답한 비율의 차이는 '부인전담'에서 가장 크고, 다음으로
  '부부 공동분담', '남편전담', '가사도우미 활용'의 순으로
  나타남.
  – ㉣ 가사노동을 '부인전담' 또는 '남편전담'으로 응답한 비율
  의 합은 취업자가 미취업자에 비해 낮음.

① ㄱ, ㄴ
② ㄱ, ㄷ
③ ㄱ, ㄹ
④ ㄴ, ㄷ
⑤ ㄷ, ㄹ

📝 문제풀이

28 곱셈 비교형
난이도★★☆☆☆

ㄱ. (O) 가사노동을 부인이 전담한다고 응답한 남성과 여성의 응답자 수 차이
는 55,000×0.899－45,000×0.879≒9,890명으로 8,500명 이상이다. 여성
의 비율 89.9%를 남성의 비율과 동일하게 87.9%로 바꿔 보더라도 최소
10,000×0.879=8,790명 차이가 난다. 따라서 원래 비율대로 하면 반드시
8,500명 이상이 된다고 판단할 수 있다.

ㄴ. (X) 50대 5.9%에 비해 60대 이상 6.7%이 더 높기 때문에 연령대가 높을
수록 가사노동을 부부가 공동으로 분담한다고 응답한 비율이 낮지 않다.

ㄷ. (O) 가사노동 부담형태별로 살펴보면, 취업자와 미취업자가 응답한 비율의
차이는 '부인전담'이 2.7%p로 가장 크고, 다음으로 '부부 공동분담' 1.9%p,
'남편전담' 0.7%p, '가사도우미 활용' 0.1%p의 순이다.

ㄹ. (X) 가사노동을 '부인전담' 또는 '남편전담'으로 응답한 비율의 합은 취업자
가 90.1+2.3=92.4%로 미취업자 87.4+3.0=90.4%에 비해 높다.

[정답] ②

29

다음 〈표〉는 2014년 우리나라의 전자상거래물품 수입통관 현황에 대한 자료이다. 이에 대한 〈보고서〉의 설명 중 옳지 않은 것은?

〈표 1〉 1회당 구매금액별 전자상거래물품 수입통관 현황

(단위: 천 건)

1회당 구매금액	수입통관 건수
50달러 이하	3,885
50달러 초과 100달러 이하	5,764
100달러 초과 150달러 이하	4,155
150달러 초과 200달러 이하	1,274
200달러 초과 1,000달러 이하	400
1,000달러 초과	52
합계	15,530

〈표 2〉 품목별 전자상거래물품 수입통관 현황

(단위: 천 건)

품목 \ 구분	일반·간이 신고	목록통관	합
의류	524	2,438	2,962
건강식품	2,113	0	2,113
신발	656	1,384	2,040
기타식품	1,692	0	1,692
화장품	883	791	1,674
핸드백	869	395	1,264
완구인형	249	329	578
가전제품	89	264	353
시계	195	132	327
서적류	25	132	157
기타	1,647	723	2,370
전체	8,942	6,588	15,530

〈보고서〉

2014년 우리나라의 전자상거래물품 수입통관 현황을 ㉠1회당 구매금액별로 보았을 때, '50달러 초과 100달러 이하'인 수입통관 건수의 비중이 전체의 35% 이상으로 가장 크고, '50달러 이하'가 25%, '100달러 초과 150달러 이하'가 27%, '150달러 초과 200달러 이하'가 8%였다. 그리고 ㉡1회당 구매금액이 200달러 이하인 전자상거래물품의 수입통관 총 건수가 200달러 초과인 수입통관 총 건수의 30배 이상으로, 국내 소비자들은 대부분 200달러 이하의 소액물품 위주로 구입하고 있는 것으로 나타났다. '1,000달러 초과' 고가물품의 경우, 전체의 0.3% 정도로 비중은 작았으나 총 5만 2천 건 규모로 2009년 대비 767% 증가하며 전체 해외 직접 구매 증가 수준(330%)에 비해 상대적으로 2009년에 비해 크게 증가한 것으로 나타났다. 이는 최근 세금을 내더라도 가격차이 및 제품 다양성 등으로 인해 고가의 물품을 구매하는 경우가 증가하고 있기 때문으로 분석된다.

㉢ 품목별 수입통관 건수의 비중은 '의류'가 전체 수입통관 건수의 15% 이상으로 가장 크고, 그 다음으로 기타를 제외하고 '건강식품', '신발' 순이었다. ㉣'핸드백', '가전제품', '시계'의 3가지 품목의 수입통관 건수의 합은 전체의 12% 이상을 차지하였다. ㉤수입통관을 일반·간이 신고로 한 물품 중에서 식품류('건강식품'과 '기타식품') 건수는 절반 이상을 차지하였다.

① ㄱ   ② ㄴ

③ ㄷ   ④ ㄹ

⑤ ㅁ

📝 문제풀이

29 분수 비교형   난이도 ★★★☆☆

ㄱ. (O) 1회당 구매금액별로 보았을 때 전체 중 '50달러 초과 100달러 이하'인 수입통관 건수의 비중은 5,764/15,530≒37.1%로 35% 이상이며 가장 크다.

ㄴ. (O) 200달러 초과인 수입통관 총 건수는 400+52=452건이고 1회당 구매금액이 200달러 이하인 전자상거래물품의 수입통관 총 건수는 15,530-452=15,078건이므로 30배 이상이다.

ㄷ. (O) 품목별 수입통관 건수의 비중은 '의류'가 2,962건으로 전체 수입통관 건수 15,530건 중 차지하는 비중이 2,962/15,530≒19.1%로 15% 이상이며 가장 크다.

ㄹ. (O) '핸드백', '가전제품', '시계'의 3가지 품목의 수입통관 건수의 합은 1,264+353+327=1,944건으로 전체 15,530건의 12.5%로 12% 이상을 차지하였다.

ㅁ. (X) 수입통관을 일반·간이 신고로 한 물품 중에서 식품류('건강식품'과 '기타식품') 건수는 2,113+1,692=3,805건으로 전체 8,942건의 절반 이상을 차지하지 못하고 있다.

[정답] ⑤

30

다음 〈표〉와 〈그림〉은 '갑'요리대회 참가자의 종합점수 및 항목별 득점기여도 산정 방법과 항목별 득점 결과이다. 이에 대한 〈보기〉의 설명 중 옳은 것만을 모두 고르면?

〈표〉 참가자의 종합점수 및 항목별 득점기여도 산정 방법

○ 종합점수=(항목별 득점×항목별 가중치)의 합계

○ 항목별 득점기여도= $\dfrac{항목별\ 득점×항목별\ 가중치}{종합점수}$

항목	가중치
맛	6
향	4
색상	4
식감	3
장식	3

〈그림〉 전체 참가자의 항목별 득점 결과

(단위: 점)

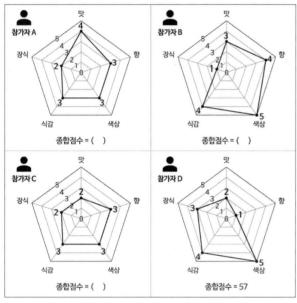

※ 종합점수가 클수록 순위가 높음.

〈보 기〉

ㄱ. 참가자 A의 '색상' 점수와 참가자 D의 '장식' 점수가 각각 1점씩 상승하여도 전체 순위에는 변화가 없다.

ㄴ. 참가자 B의 '향' 항목 득점기여도는 참가자 A의 '색상' 항목 득점기여도보다 높다.

ㄷ. 참가자 C는 모든 항목에서 1점씩 더 득점하더라도 가장 높은 순위가 될 수 없다.

ㄹ. 순위가 높은 참가자일수록 '맛' 항목 득점기여도가 높다.

① ㄱ, ㄴ
② ㄱ, ㄷ
③ ㄱ, ㄹ
④ ㄴ, ㄷ
⑤ ㄴ, ㄹ

📝 문제풀이

30 조건 판단형   난이도★★★★☆

ㄱ. (O) 참가자 A의 '색상' 점수와 참가자 D의 '장식' 점수가 각각 1점씩 상승하여도 가중치 적용 차이 값의 합은 A가 +4로 +16이 되고 D가 +3으로 +9가 된다. 따라서 전체 순위에는 변화가 없다.

ㄴ. (O) 참가자 B의 '향' 항목 득점기여도는 3×4/63이고 참가자 A의 '색상' 항목 득점기여도는 4×4/69이므로 전자가 후자보다 높다.

ㄷ. (X) 참가자 C는 모든 항목에서 1점씩 더 득점하면 가중치 적용 차이 값의 합이 +20이므로 가장 높은 순위가 될 수 있다.

ㄹ. (X) 순위는 가중치 적용 차이값의 합으로 도출하였듯이 B, A, D, C순이다. '맛' 항목 득점기여도의 순서는 A(4/63), B(3/69), C(2/51), A(2/57)이다. 따라서 순위가 높은 참가자일수록 '맛' 항목 득점기여도가 높지 않다. 분자에 가중치 6은 공통으로 적용되는 수치이므로 이를 제외하고 판단하자.

⏱ 빠른 문제 풀이 Tip

가중치가 동일한 항목끼리 묶어 판단하자. 또한 참가자 D의 종합점수가 주어져 있으니 이를 참고하여 비교하자. 동일한 가중치끼리 묶어 득점의 차이를 정리하면 아래와 같다.

가중치	A	B	C	D
6(맛)	+2	+1	0	0
4(향, 색감)	0	+3	0	0
3(식감, 장식)	0	0	0	+2
가중치 적용 차이값의 합	+12	+18	0	+6

[정답] ①

31

다음 〈표〉는 2018년 5~6월 A군의 휴대폰 모바일 앱별 데이터 사용량에 관한 자료이다. 이에 대한 설명으로 옳은 것은?

〈표〉 2018년 5~6월 모바일 앱별 데이터 사용량

월 앱 이름	5월	6월
G인터넷	5.3GB	6.7GB
HS쇼핑	1.8GB	2.1GB
톡톡	2.4GB	1.5GB
앱가게	2.0GB	1.3GB
뮤직플레이	94.6MB	570.0MB
위튜브	836.0MB	427.0MB
쉬운지도	321.0MB	337.0MB
JJ멤버십	45.2MB	240.0MB
영화예매	77.9MB	53.1MB
날씨정보	42.8MB	45.3MB
가계부	–	27.7MB
17분운동	–	14.8MB
NEC뱅크	254.0MB	9.7MB
알람	10.6MB	9.1MB
지상철	5.0MB	7.8MB
어제뉴스	2.7MB	1.8MB
S메일	29.7MB	0.8MB
JC카드	–	0.7MB
카메라	0.5MB	0.3MB
일정관리	0.3MB	0.2MB

※ 1) '–'는 해당 월에 데이터 사용량이 없음을 의미함.
  2) 제시된 20개의 앱 외 다른 앱의 데이터 사용량은 없음.
  3) 1GB(기가바이트)는 1,024MB(메가바이트)에 해당함.

① 5월과 6월에 모두 데이터 사용량이 있는 앱 중 5월 대비 6월 데이터 사용량의 증가량이 가장 큰 앱은 '뮤직플레이'이다.

② 5월과 6월에 모두 데이터 사용량이 있는 앱 중 5월 대비 6월 데이터 사용량이 감소한 앱은 9개이고 증가한 앱은 8개이다.

③ 6월에만 데이터 사용량이 있는 모든 앱의 총 데이터 사용량은 '날씨정보'의 6월 데이터 사용량보다 많다.

④ 'G인터넷'과 'HS쇼핑'의 5월 데이터 사용량의 합은 나머지 앱의 5월 데이터 사용량의 합보다 많다.

⑤ 5월과 6월에 모두 데이터 사용량이 있는 앱 중 5월 대비 6월 데이터 사용량 변화율이 가장 큰 앱은 'S메일'이다.

📑 문제풀이

31 분수 비교형   난이도 ★★★☆☆

① (X) 5월과 6월에 모두 데이터 사용량이 있는 앱 중 5월 대비 6월 데이터 사용량의 증가량은 '뮤직플레이'가 570-94=476MB이지만 G인터넷의 경우 6.7-5.3=1.4GB로 더 크다. 따라서 가장 큰 앱은 '뮤직플레이'가 아니다.

② (X) 5월과 6월에 모두 데이터 사용량이 있는 앱 중 5월 대비 6월 데이터 사용량이 감소한 앱은 톡톡, 앱가게, 위튜브, 영화예매, NEC뱅크, 알람, 어제뉴스, S메일, 카메라, 일정관리 10개이고 증가한 앱은 G인터넷, HS쇼핑, 뮤직플레이, 쉬운지도, JJ멤버십, 날씨정보, 지상철 7개이다.

③ (X) 6월에만 데이터 사용량이 있는 앱은 가계부, 17분운동, JC카드이고 이들 앱의 총 데이터 사용량은 27.7+14.8+0.7=43.2MB로 '날씨정보'의 6월 데이터 사용량 45.3MB보다 적다.

④ (O) 'G인터넷'과 'HS쇼핑'의 5월 데이터 사용량의 합은 7.1GB이고 나머지 앱의 5월 데이터 사용량의 합은 대략적으로 2.4+2.0=4.4GB에 나머지를 모두 더해도 2.0GB보다 작기 때문에 더 많다.

⑤ (X) 5월과 6월에 모두 데이터 사용량이 있는 앱 중 'S메일'의 5월 대비 6월 데이터 사용량 변화율은 29.7→0.8로 100% 미만이지만 뮤직플레이의 경우 5배(400%) 이상 증가하였다. 따라서 가장 큰 앱은 'S메일'이 아니다.

⏱ 빠른 문제 풀이 Tip

각주 3)에 따라 GB와 MB 단위를 구분해서 검토하자.

[정답] ④

32

다음 〈표〉는 2016~2018년 '갑'국 매체 A~D의 종사자 현황 자료이다. 이와 〈조건〉을 근거로 2018년 전체 종사자가 많은 것부터 순서대로 나열하면?

〈표〉 매체 A~D의 종사자 현황

(단위: 명)

연도	구분 매체	정규직			비정규직		
		여성	남성	소계	여성	남성	소계
2016	A	6,530	15,824	22,354	743	1,560	2,303
	B	3,944	12,811	16,755	1,483	1,472	2,955
	C	3,947	7,194	11,141	900	1,650	2,550
	D	407	1,226	1,633	31	57	88
2017	A	5,957	14,110	20,067	1,017	2,439	3,456
	B	2,726	11,280	14,006	1,532	1,307	2,839
	C	3,905	6,338	10,243	1,059	2,158	3,217
	D	370	1,103	1,473	41	165	206
2018	A	6,962	17,279	24,241	966	2,459	3,425
	B	4,334	13,002	17,336	1,500	1,176	2,676
	C	6,848	10,000	16,848	1,701	2,891	4,592
	D	548	1,585	2,133	32	593	625

―――――― 〈조 건〉 ――――――

○ 2017년과 2018년 '통신'의 비정규직 종사자는 전년대비 매년 증가하였다.
○ 2017년 여성 종사자가 가장 많은 매체는 '종이신문'이다.
○ 2018년 '방송'의 정규직 종사자 수 대비 비정규직 종사자 수의 비율은 20% 미만이다.
○ 2016년에 비해 2017년에 남성 종사자가 감소했고 여성 종사자가 증가한 매체는 '인터넷신문'이다.

① 종이신문 – 방송 – 인터넷신문 – 통신
② 종이신문 – 인터넷신문 – 방송 – 통신
③ 통신 – 종이신문 – 인터넷신문 – 방송
④ 통신 – 인터넷신문 – 종이신문 – 방송
⑤ 인터넷신문 – 방송 – 종이신문 – 통신

📑 문제풀이

32 매칭형	난이도★★☆☆☆

• 먼저 2018년 전체 종사자가 많은 것부터 순서대로 나열하면 A, C, B, D 순이다.

• 두 번째 〈조건〉에서 2017년 여성 종사자가 가장 많은 매체는 '종이신문'이라고 하였으므로 5,957+1,017명으로 유일하게 6천 명을 초과하는 A가 종이신문이다. 따라서 ③, ④, ⑤가 제거된다.

• 네 번째 〈조건〉에서 2016년에 비해 2017년에 남성 종사자가 감소했고 여성 종사자가 증가한 매체인 '인터넷신문'은 C이다.

따라서 2018년 전체 종사자가 많은 순서는 종이신문–인터넷신문–방송–통신이다.

[정답] ②

33

다음 〈표〉는 성별, 연령대별 전자금융서비스 인증수단 선호도에 관한 자료이다. 이에 대한 설명으로 옳지 않은 것은?

〈표〉 성별, 연령대별 전자금융서비스 인증수단 선호도 조사결과

(단위: %)

구분	인증수단	휴대폰 문자 인증	공인 인증서	아이핀	이메일	전화 인증	신용 카드	바이오 인증
성별	남성	72.2	69.3	34.5	23.1	22.3	21.1	9.9
	여성	76.6	71.6	27.0	25.3	23.9	20.4	8.3
연령대	10대	82.2	40.1	38.1	54.6	19.1	12.0	11.9
	20대	73.7	67.4	36.0	24.1	25.6	16.9	9.4
	30대	71.6	76.2	29.8	15.7	28.0	22.3	7.8
	40대	75.0	77.7	26.7	17.8	20.6	23.3	8.6
	50대	71.9	79.4	25.7	21.1	21.2	26.0	9.4
전체		74.3	70.4	30.9	24.2	23.1	20.8	9.2

※ 1) 응답자 1인당 최소 1개에서 최대 3개까지의 선호하는 인증수단을 선택했음.
2) 인증수단 선호도는 전체 응답자 중 해당 인증수단을 선호한다고 선택한 응답자의 비율임.
3) 전자금융서비스 인증수단은 제시된 7개로만 한정됨.

① 연령대별 인증수단 선호도를 살펴보면, 30대와 40대 모두 아이핀이 3번째로 높다.

② 전체 응답자 중 선호 인증수단을 3개 선택한 응답자 수는 40% 이상이다.

③ 선호하는 인증수단으로, 신용카드를 선택한 남성 수는 바이오인증을 선택한 남성 수의 3배 이하이다.

④ 20대와 50대간의 인증수단별 선호도 차이는 공인인증서가 가장 크다.

⑤ 선호하는 인증수단으로, 이메일을 선택한 20대 모두가 아이핀과 공인인증서를 동시에 선택했다면, 신용카드를 선택한 20대 모두가 아이핀을 동시에 선택한 것이 가능하다.

문제풀이

33 각주 판단형
난이도 ★★★★☆

① (O) 30대와 40대 모두 인증수단 선호도가 높은 순서부터 나열하면 공인인증서, 휴대폰 문자인증, 아이핀 순이다. 따라서 연령대별 30대와 40대 모두 아이핀이 3번째로 높다.

② (O) 각주 1)에서 응답자 1인당 최소 1개에서 최대 3개까지의 선호하는 인증수단을 선택했다고 하였으므로 전체 인증수단 선호도를 모두 더하면 252.9%가 도출된다. 따라서 전체 응답자 중 선호 인증수단을 3개 선택한 응답자 수는 52.9%로 40% 이상이다.

③ (O) 선호하는 인증수단으로 신용카드를 선택한 남성 수는 21.1%를 차지하고 바이오인증을 선택한 남성 수는 9.9%를 차지하므로 전자는 후자의 3배 이하이다.

④ (O) 20대와 50대 간의 인증수단별 선호도 차이는 공인인증서가 79.4−67.4=12.0%p로 가장 크다.

⑤ (X) 선호하는 인증수단으로 이메일을 선택한 20대 24.1% 모두가 아이핀(36.0%)과 공인인증서(67.4%)를 동시에 선택했다면 나머지 인증수단을 선택한 20대 중 아이핀을 선택할 수 있는 비중은 36.0−24.1=11.9%이다. 따라서 신용카드를 선택한 20대 16.9% 모두가 아이핀 나머지인 11.9%를 동시에 선택하는 것은 불가능하다.

[정답] ⑤

34

다음 〈표〉는 3D기술 분야 특허등록건수 상위 10개국의 국가별 영향력지수와 기술력지수를 나타낸 자료이다. 이에 대한 〈보기〉의 설명 중 옳은 것만을 모두 고르면?

〈표〉 3D기술 분야 특허등록건수 상위 10개국의 국가별 영향력지수와 기술력지수

국가 \ 구분	특허등록건수(건)	영향력지수	기술력지수
미국	500	( )	600.0
일본	269	1.0	269.0
독일	( )	0.6	45.0
한국	59	0.3	17.7
네덜란드	( )	0.8	24.0
캐나다	22	( )	30.8
이스라엘	( )	0.6	10.2
태국	14	0.1	1.4
프랑스	( )	0.3	3.9
핀란드	9	0.7	6.3

※ 1) 해당국가의 기술력지수＝해당국가의 특허등록건수×해당국가의 영향력지수

2) 해당국가의 영향력지수＝$\frac{해당국가의 피인용비}{전세계 피인용비}$

3) 해당국가의 피인용비＝$\frac{해당국가의 특허피인용건수}{해당국가의 특허등록건수}$

4) 3D기술 분야의 전세계 피인용비는 10임.

─────〈보 기〉─────

ㄱ. 캐나다의 영향력지수는 미국의 영향력지수보다 크다.

ㄴ. 프랑스와 태국의 특허피인용건수의 차이는 프랑스와 핀란드의 특허피인용건수의 차이보다 크다.

ㄷ. 특허등록건수 상위 10개국 중 한국의 특허피인용건수는 네 번째로 많다.

ㄹ. 네덜란드의 특허등록건수는 한국의 특허등록건수의 50% 미만이다.

① ㄱ, ㄴ
② ㄱ, ㄷ
③ ㄴ, ㄹ
④ ㄱ, ㄷ, ㄹ
⑤ ㄴ, ㄷ, ㄹ

문제풀이

34 각주 판단형   난이도★★★★☆

ㄱ. (O) 캐나다의 영향력지수 30.8/22은 미국의 영향력지수 600/500=1.2보다 크다.

ㄴ. (O) 특허피인용건수는 결국 기술력지수에 10배를 한 것과 동일하므로 특허피인용건수 차이 비교는 기술력지수 차이 비교와 동일하다. 따라서 프랑스와 태국의 특허피인용건수의 차이는 약 3.9−1.40고 프랑스와 핀란드의 특허피인용건수의 차이는 약 6.3−3.90므로 전자 2.5가 후자 2.4보다 크다.

ㄷ. (X) 특허피인용건수 순서는 기술력지수 순서와 동일하므로 특허등록건수 상위 10개국 중 한국의 특허피인용건수는 네 번째가 아닌 여섯 번째로 많다.

ㄹ. (X) 네덜란드의 특허등록건수 30건은 한국의 특허등록건수 59건의 50% 초과이다.

⏱ 빠른 문제 풀이 Tip

문제에서 주는 정보인 유증상자＝감염자+비감염자라는 점을 체크하자.

[정답] ①

35

다음 〈표〉는 2013~2017년 A~E국의 건강보험 진료비에 관한 자료이다. 이에 대한 〈보기〉의 설명 중 옳은 것만을 모두 고르면?

〈표 1〉 A국의 건강보험 진료비 발생 현황

(단위: 억 원)

구분	연도	2013	2014	2015	2016	2017
의료기관	소계	341,410	360,439	390,807	419,353	448,749
	입원	158,365	160,791	178,911	190,426	207,214
	외래	183,045	199,648	211,896	228,927	241,534
약국	소계	120,969	117,953	118,745	124,897	130,844
	처방	120,892	117,881	118,678	124,831	130,775
	직접조제	77	72	66	66	69
계		462,379	478,392	509,552	544,250	579,593

〈표 2〉 A국의 건강보험 진료비 부담 현황

(단위: 억 원)

구분	연도	2013	2014	2015	2016	2017
공단부담		345,652	357,146	381,244	407,900	433,448
본인부담		116,727	121,246	128,308	136,350	146,145
계		462,379	478,392	509,552	544,250	579,593

〈표 3〉 국가별 건강보험 진료비의 전년대비 증가율

(단위: %)

국가	연도	2013	2014	2015	2016	2017
B		16.3	3.6	5.2	4.5	5.2
C		10.2	8.6	7.8	12.1	7.3
D		4.5	3.5	1.8	0.3	2.2
E		5.4	−0.6	7.6	6.3	5.5

─── 〈보 기〉 ───

ㄱ. 2016년 건강보험 진료비의 전년대비 증가율은 A국이 C국보다 크다.

ㄴ. 2014~2017년 동안 A국의 건강보험 진료비 중 약국의 직접조제 진료비가 차지하는 비중은 전년대비 매년 감소한다.

ㄷ. 2013~2017년 동안 A국 의료기관의 입원 진료비 중 공단부담 금액은 매년 3조 8천억 원 이상이다.

ㄹ. B국의 2012년 대비 2014년 건강보험 진료비의 비율은 1.2 이상이다.

① ㄱ, ㄴ
② ㄴ, ㄷ
③ ㄷ, ㄹ
④ ㄱ, ㄴ, ㄹ
⑤ ㄴ, ㄷ, ㄹ

📑 문제풀이

35 분수 비교형

난이도 ★★★★☆

ㄱ. (X) 2016년 건강보험 진료비의 전년대비 증가율은 A국이 509,552억 원에서 544,250억 원으로 증가하여 10% 미만이다. 따라서 C국 12.1%보다 작다.

ㄴ. (O) 2014~2017년 동안 A국의 건강보험 진료비는 매년 증가하고 약국의 직접조제 진료비는 2015년까지 감소하다 2016년은 불변이고 2017년에 증가하였으므로 2016년 대비 2017년 비중을 분수 비교하여 판단한다. 유효숫자를 2자리로 보면 분자인 약국의 직접조제 진료비는 66에서 69로 +3이고 분모인 진료비는 54에서 58로 +4이므로 분모의 증가율이 더 높다. 따라서 2014~2017년 동안 A국의 건강보험 진료비 중 약국의 직접조제 진료비가 차지하는 비중은 전년대비 매년 감소한다.

ㄷ. (O) 2013~2017년 동안 A국 본인부담 금액이 모두 의료기관의 입원 진료비라고 가정하면 입원-본인부담의 금액은 A국 의료기관의 입원 진료비 중 공단부담 금액의 최솟값이 된다. 따라서 입원-본인부담의 금액이 38,000억 원 이상인지 판단하면 되므로 2013~2017년 동안 A국 의료기관의 입원 진료비 중 공단부담 금액은 매년 3조 8천억 원 이상이다.

ㄹ. (O) 〈표 3〉에서 전년대비 증가율이 주어져 있으므로 2012년을 100이라고 하면 2013년은 100×1.163=116.3이고 2014년은 116.3×1.036=120.50이다. 따라서 B국의 2012년 대비 2014년 건강보험 진료비의 비율은 120.5/100≒1.2 이상이다.

[정답] ⑤

36

다음 〈보고서〉와 〈표〉는 2015년 '갑'국의 수출입 현황에 대한 자료이다. 이에 대한 설명으로 옳지 않은 것은?

〈보고서〉

○ 2015년 '갑'국의 총 수출액에서 전자제품은 29.9%, 석유제품은 16.2%, 기계류는 11.2%, 농수산물은 6.3%를 차지한다.

○ 2015년 '갑'국의 총 수입액에서 전자제품은 23.7%, 농수산물은 12.5%, 기계류는 11.2%, 플라스틱은 3.8%를 차지한다.

〈표 1〉 '갑'국의 수출입액 상위 10개 국가 현황

(단위: 억 달러, %)

순위	수출			수입		
	국가명	수출액	'갑'국의 총 수출액에 대한 비율	국가명	수입액	'갑'국의 총 수입액에 대한 비율
1	싱가포르	280	14.0	중국	396	18.0
2	중국	260	13.0	싱가포르	264	12.0
3	미국	188	9.4	미국	178	8.1
4	일본	180	9.0	일본	161	7.3
5	태국	114	5.7	태국	121	5.5
6	홍콩	100	5.0	대만	106	4.8
7	인도	82	4.1	한국	97	4.4
8	인도네시아	76	3.8	인도네시아	86	3.9
9	호주	72	3.6	독일	70	3.2
10	한국	64	3.2	베트남	62	2.8

※ 무역수지는 수출액에서 수입액을 뺀 값으로, 이 값이 양(+)이면 흑자, 음(−)이면 적자임.

〈표 2〉 '갑'국의 대(對) '을'국 수출입액 상위 5개 품목 현황

(단위: 백만 달러, %)

순위	수출			수입		
	품목명	금액	전년대비 증가율	품목명	금액	전년대비 증가율
1	천연가스	2,132	33.2	농수산물	1,375	305.2
2	집적회로 반도체	999	14.5	집적회로 반도체	817	19.6
3	농수산물	861	43.0	평판 디스플레이	326	45.6
4	개별소자 반도체	382	40.6	기타정밀 화학원료	302	6.6
5	컴퓨터부품	315	14.9	합성고무	269	5.6

① 2015년 '갑'국의 수출액 상위 10개 국가 중 2015년 '갑'국과의 교역에서 무역수지 흑자를 기록한 국가는 4개국이다.

② 2014년 '갑'국의 대(對) '을'국 집적회로반도체 수출액은 수입액보다 크다.

③ 2015년 '갑'국의 무역수지는 적자이다.

④ 2015년 '갑'국의 전체 농수산물 수출액에서 '을'국에 대한 농수산물 수출액이 차지하는 비율은 2015년 '갑'국의 전체 농수산물 수입액에서 '을'국으로부터의 농수산물 수입액이 차지하는 비율보다 작다.

⑤ 2015년 '갑'국의 전자제품 수출액은 수입액보다 크다.

📝 문제풀이

36 분수 비교형

난이도 ★★★★★

① (O) 어느 국가의 입장에서 흑자인지 판단해야 한다. 즉 '갑'국과의 교역에서 무역수지 흑자를 기록하려면 '갑'국 입장에서 적자를 기록해야 한다. 따라서 2015년 '갑'국의 수출액 상위 10개 국가 중 2015년 '갑'국과의 교역에서 무역수지 흑자를 기록한 국가는 중국(396−260), 태국(121−114), 한국(97−64), 인도네시아(86−76) 4개국이다.

② (O) 2014년 '갑'국의 대 '을'국 집적회로반도체 수출액 $\frac{999}{1.145}$는 수입액 $\frac{817}{1.196}$보다 크다.

③ (O) 〈표 1〉에서 6위 홍콩의 갑국 수출액은 100억 달러이고 갑국의 총 수출액에 대한 비율이 5.0%이다. 따라서 갑국의 총 수출액은 2,000억 달러이다. 마찬가지로 5위 태국의 갑국 수입액은 121억 달러이고 갑국의 총 수입액에 대한 비율이 5.5%이다. 따라서 갑국의 총 수입액은 2,200억 달러이다. 결국 2015년 '갑'국의 무역수지는 2,000−2,200<0이므로 적자이다.

④ (X) 2015년 '갑'국의 전체 농수산물 수출액에서 '을'국에 대한 농수산물 수출액이 차지하는 비율은 $\frac{861}{2,000} \times 6.3\%$이고 2015년 '갑'국의 전체 농수산물 수입액에서 '을'국으로부터의 농수산물 수입액이 차지하는 비율은 $\frac{1,375}{2,200} \times 12.5\%$이다. 따라서 전자는 후자보다 크다.

⑤ (O) 2015년 '갑'국의 전자제품 수출액은 2,000×29.9%이므로 수입액 2,200×23.7%보다 크다.

[정답] ④

37

다음 〈보고서〉와 〈표〉는 '갑'국의 부동산 투기 억제 정책과 세대유형별 주택담보대출에 관한 자료이다. 이에 대한 〈보기〉의 내용 중 옳은 것만을 모두 고르면?

〈보고서〉

'갑'국 정부는 심화되는 부동산 투기를 억제하고자 2017년 8월 2일에 부동산 대책을 발표하였다. 부동산 대책에 의해 투기지역의 주택을 구매할 때 구매 시점부터 적용되는 세대유형별 주택담보대출비율(LTV)과 총부채상환비율(DTI)은 2017년 8월 2일부터 〈표 1〉과 같이 변경 적용되며, 2018년 4월 1일부터는 DTI 산출 방식이 변경 적용된다.

〈표 1〉 세대유형별 LTV, DTI 변경 내역

(단위: %)

구분 세대유형	LTV		DTI	
	변경 전	변경 후	변경 전	변경 후
서민 실수요 세대	70	50	60	50
주택담보대출 미보유 세대	60	40	50	40
주택담보대출 보유 세대	50	30	40	30

※ 1) 구매하고자 하는 주택을 담보로 한 신규 주택담보대출 최대금액은 LTV에 따른 최대금액과 DTI에 따른 최대금액 중 작은 금액임.

2) $LTV(\%) = \dfrac{\text{신규 주택담보대출 최대금액}}{\text{주택공시가격}} \times 100$

3) 2018년 3월 31일까지의 DTI 산출방식

$DTI(\%) = \dfrac{\left(\begin{array}{c}\text{신규 주택담보대출} \\ \text{최대금액의 연 원리금 상환액}\end{array} + \begin{array}{c}\text{기타 대출} \\ \text{연 이자 상환액}\end{array}\right)}{\text{연간소득}} \times 100$

4) 2018년 4월 1일부터의 DTI 산출방식

$DTI(\%) = \dfrac{\left(\begin{array}{c}\text{신규 주택담보대출 최대} \\ \text{금액의 연 원리금 상환액}\end{array} + \begin{array}{c}\text{기 주택담보대출} \\ \text{연 원리금 상환액}\end{array} + \begin{array}{c}\text{기타 대출} \\ \text{연 이자 상환액}\end{array}\right)}{\text{연간소득}} \times 100$

〈표 2〉 A~C 세대의 신규 주택담보대출 금액산출 근거

(단위: 만 원)

세대	세대유형	기 주택담보 대출 연 원리금 상환액	기타 대출 연 이자 상환액	연간소득
A	서민 실수요 세대	0	500	3,000
B	주택담보대출 미보유 세대	0	0	6,000
C	주택담보대출 보유 세대	1,200	100	10,000

※ 1) 신규 주택담보대출 최대금액의 연 원리금 상환액은 신규 주택담보대출 최대금액의 10%임.

2) 기 주택담보대출 연 원리금 상환액, 기타 대출 연 이자상환액, 연간소득은 변동 없음.

〈보 기〉

ㄱ. 투기지역의 공시가격 4억 원인 주택을 2017년 10월에 구매하는 A 세대가 구매 시점에 적용받는 신규 주택담보대출 최대금액은 2억 원이다.

ㄴ. 투기지역의 공시가격 4억 원인 주택을 2017년 10월에 구매하는 B 세대가 2017년 6월에 구매할 때와 비교하여 구매 시점에 적용받는 신규 주택담보대출 최대금액의 감소폭은 1억 원 미만이다.

ㄷ. 투기지역의 공시가격 4억 원인 주택을 구매하는 C 세대가 2018년 10월 구매 시점에 적용받는 신규 주택담보대출 최대금액은 2017년 10월 구매 시점에 적용받는 신규 주택담보대출 최대금액보다 작다.

① ㄱ
② ㄴ
③ ㄱ, ㄷ
④ ㄴ, ㄷ
⑤ ㄱ, ㄴ, ㄷ

📝 문제풀이

37 각주 판단형　　　　　　　　　　　　난이도 ★★★★★

ㄱ. (X) 투기지역의 공시가격 4억 원인 주택을 2017년 10월에 구매하는 A 세대의 LTV는 변경 후 50%이므로 신규 주택담보대출 최대금액은 4억×0.5=2억 원이다. DTI 역시 변경 후 50%가 적용되므로 신규 주택담보대출 최대금액은 각주 3)이 적용되어

$$\frac{('신규\ 주택담보대출\ 최대금액의\ 연\ 원리금\ 상환액'+500)}{3,000}×100=500$$이다. 이를 정리하면 '신규 주택담보대출 최대금액의 연 원리금 상환액'=0.1×'신규 주택담보대출 최대금액'=1,000만 원이므로 신규 주택담보대출 최대금액은 1억 원이다. 따라서 투기지역의 공시가격 4억 원인 주택을 2017년 10월에 구매하는 A 세대가 구매 시점에 적용받는 신규 주택담보대출 최대금액은 2억 원이 아닌 1억 원이다.

ㄴ. (O) 투기지역의 공시가격 4억 원인 주택을 2017년 10월에 구매하는 B 세대의 LTV에 따른 최대금액은 4억×0.4(변경 후)=1.6억 원이다. DTI에 따른 최대금액은 각주 3)이 적용되어

$$\frac{'신규\ 주택담보대출\ 최대금액의\ 연\ 원리금\ 상환액'}{6,000}×100=40\%$$이고 '신규 주택담보대출 최대금액의 연 원리금 상환액'=0.1×'신규 주택담보대출 최대금액'=2,400만 원이므로 신규 주택담보대출 최대금액은 2.4억 원이다. 따라서 2017년 10월에 구매하는 B 세대의 신규 주택담보대출 최대금액은 1.6억 원이다. 2017년 6월에 구매할 때 LTV에 따른 최대금액은 4억×0.6(변경 전)=2.4억 원이다. DTI에 따른 최대금액은 변경 전 비율이 각주 3)에 적용되어 $$\frac{'신규\ 주택담보대출\ 최대금액의\ 연\ 원리금\ 상환액'}{6,000}만\ 원×100=50\%$$이고 '신규 주택담보대출 최대금액의 연 원리금 상환액'=0.1×'신규 주택담보대출 최대금액'=3,000만 원이므로 신규 주택담보대출 최대금액은 3억 원이다. 따라서 2017년 6월에 구매하는 B 세대의 신규 주택담보대출 최대금액은 2.4억 원이다. 결국 B 세대의 신규 주택담보대출 최대금액의 감소폭은 0.8억 원으로 1억 원 미만이다.

ㄷ. (X) 투기지역의 공시가격 4억 원인 주택을 2018년 10월에 구매하는 C 세대는 LTV의 경우 변경 후 30%가 적용되므로 신규 주택담보대출 최대금액은 4억×0.3=1.2억 원이다. DTI 역시 변경 후 30%가 적용되므로 신규 주택담보대출 최대금액은 각주 4)를 적용한

$$\frac{('신규\ 주택담보대출\ 최대금액의\ 연\ 원리금\ 상환액'+1,200+100)}{10,000}×100=30\%$$이다. 이를 정리하면 '신규 주택담보대출 최대금액의 연 원리금 상환액'=0.1×'신규 주택담보대출 최대금액'=1,700만 원이므로 신규 주택담보대출 최대금액은 1.7억 원이다. 따라서 2018년 10월 구매 시점에 적용받는 신규 주택담보대출 최대금액은 1.2억 원이다. 2017년 10월에 구매하는 C 세대는 LTV의 경우 변경 후 30%가 적용되므로 신규 주택담보대출 최대금액은 4억×0.3=1.2억 원으로 동일하다. DTI 역시 변경 후 30%가 적용되지만 신규 주택담보대출 최대금액은 각주 3)을 적용한

$$\frac{('신규\ 주택담보대출\ 최대금액의\ 연\ 원리금\ 상환액'+100)}{10,000}×100=30\%$$이다. 이를 정리하면 '신규 주택담보대출 최대금액의 연 원리금 상환액'=0.1×'신규 주택담보대출 최대금액'=2,900만 원이므로 신규 주택담보대출 최대금액은 2.9억 원이다. 따라서 2017년 10월 구매 시점에 적용받는 신규 주택담보대출 최대금액은 1.2억 원이다. 결국 투기지역의 공시가격 4억 원인 주택을 구매하는 C 세대가 2018년 10월 구매 시점에 적용받는 신규 주택담보대출 최대금액과 2017년 10월 구매 시점에 적용받는 신규 주택담보대출 최대금액은 1.2억 원으로 동일하다.

> ⏱ **빠른 문제 풀이 Tip**
>
> 〈보기〉에서 묻는 신규 주택담보대출 최대금액은 〈표 1〉의 각주 1)에 따라 LTV에 따른 최대금액과 DTI에 따른 최대금액 중 작은 금액이므로 두 가지 최대금액을 도출하여 비교해야 한다. 또한 〈표 2〉의 각주 1)에 따라 신규 주택담보대출 최대금액의 연 원리금 상환액은 신규 주택담보대출 최대금액의 10%이므로 신규 주택담보대출 최대금액의 연 원리금 상환액=0.1×신규 주택담보대출 최대금액이다.

[정답] ②

38

다음 〈표〉는 2013년과 2016년에 A~D 국가 전체 인구를 대상으로 통신 가입자 현황을 조사한 자료이다. 이에 대한 설명으로 옳은 것은??

〈표〉 국가별 2013년과 2016년 통신 가입자 현황

(단위: 만 명)

연도 구분 국가	2013				2016			
	유선 통신 가입자	무선 통신 가입자	유·무선 통신 동시 가입자	미 가입자	유선 통신 가입자	무선 통신 가입자	유·무선 통신 동시 가입자	미 가입자
A	( )	4,100	700	200	1,600	5,700	400	100
B	1,900	3,000	300	400	1,400	( )	100	200
C	3,200	7,700	( )	700	3,000	5,500	1,100	400
D	1,100	1,300	500	100	1,100	2,500	800	( )

※ 유·무선 통신 동시 가입자는 유선 통신 가입자와 무선 통신 가입자에도 포함됨.

① A국의 2013년 인구 100명당 유선 통신 가입자가 40명이라면, 유선 통신 가입자는 2,200만 명이다.

② B국의 2013년 대비 2016년 무선 통신 가입자 수의 비율이 1.5라면, 2016년 무선 통신 가입자는 5,000만 명이다.

③ C국의 2013년 인구 100명당 무선 통신 가입자가 77명이라면, 유·무선 통신 동시 가입자는 1,600만 명이다.

④ D국의 2013년 대비 2016년 인구 비율이 1.5라면, 2016년 미가입자는 100만 명이다.

⑤ 2013년 유선 통신만 가입한 인구는 B국이 D국의 3배 이상이다.

📑 문제풀이

38 빈칸형   난이도★★★★☆

① (X) A국의 2013년 인구 100명당 유선 통신 가입자가 40명이라면, 유선 통신 가입자는 2,200만 명이라고 하였으므로 유선 통신 가입자에 2,200만 명을 대입해서 접근한다. 그렇다면 A국의 전체 인구는 2,200+4,100−700+200=5,800만 명이 되므로 인구 100명당 유선 통신 가입자 수는 (2,200/5,800)×100≒37.9명이다.

② (X) B국의 2013년 대비 2016년 무선 통신 가입자 수의 비율이 1.5라면, 2013년 무선 통신 가입자가 3,000만 명이므로 2016년 무선 통신 가입자는 5,000만 명이 아닌 4,500만 명이다.

③ (O) C국의 2013년 인구 100명당 무선 통신 가입자가 77명이라면, 유·무선 통신 동시 가입자는 1,600만 명이라고 하였으므로 ①과 동일하게 유·무선 통신 동시 가입자는 1,600만 명으로 대입한다. 그렇다면 C국 전체인구는 3,200+7,700−1,600+700=10,000만 명=1억 명이므로 인구 100명당 무선 통신 가입자는 7,700/10,000×100=77명이다.

④ (X) D국의 2013년 인구는 1,100+1,300−500+100=2,000만 명이므로 D국의 2013년 대비 2016년 인구 비율이 1.5라면 2016년 D국의 인구는 3,000만 명이다. 따라서 2016년 D국의 미가입자가 100만 명이라면 1,100+2,500−800+100=3,000이 성립해야 하는데 2,900≠3,000이므로 옳지 않다. D국의 미가입자는 200만 명이다.

⑤ (X) 2013년 유선 통신만 가입한 인구는 B국이 1,900−300=1,600만 명으로 D국 1,100−500=600만 명의 3배인 1,800만 명 이상이 되지 못한다.

⏱ 빠른 문제 풀이 Tip

각주에서 유·무선 통신 동시 가입자는 유선 통신 가입자와 무선 통신 가입자에도 포함된다고 하였으므로 각 국가의 전체인구 식은 유선통신가입자+무선통신가입자−유무선통신동시가입자+미가입자가 된다.

[정답] ③

[39~40] 다음 〈표〉는 2016~2018년 A국 10대 수출품목의 수출액에 관한 자료이다. 다음 물음에 답하시오.

〈표 1〉 A국 10대 수출품목의 수출액 비중과 품목별 세계수출시장 점유율(금액기준)

(단위: %)

품목 \ 구분 / 연도	A국의 전체 수출액에서 차지하는 비중			품목별 세계수출시장에서 A국의 점유율		
	2016	2017	2018	2016	2017	2018
백색가전	13.0	12.0	11.0	2.0	2.5	3.0
TV	14.0	14.0	13.0	10.0	20.0	25.0
반도체	10.0	10.0	15.0	30.0	33.0	34.0
휴대폰	16.0	15.0	13.0	17.0	16.0	13.0
2,000cc 이하 승용차	8.0	7.0	8.0	2.0	2.0	2.3
2,000cc 초과 승용차	6.0	6.0	5.0	0.8	0.7	0.8
자동차용 배터리	3.0	4.0	6.0	5.0	6.0	7.0
선박	5.0	4.0	3.0	1.0	1.0	1.0
항공기	1.0	2.0	3.0	0.1	0.1	0.1
전자부품	7.0	8.0	9.0	2.0	1.8	1.7
계	83.0	82.0	86.0	—	—	—

※ A국의 전체 수출액은 매년 변동 없음.

〈표 2〉 A국 백색가전의 세부 품목별 수출액 비중

(단위: %)

세부 품목 \ 연도	2016	2017	2018
일반세탁기	13.0	10.0	8.0
드럼세탁기	18.0	18.0	18.0
일반냉장고	17.0	12.0	11.0
양문형냉장고	22.0	26.0	28.0
에어컨	23.0	25.0	26.0
공기청정기	7.0	9.0	9.0
계	100.0	100.0	100.0

39

위 〈표〉에 대한 〈보기〉의 설명 중 옳은 것만을 모두 고르면?

─── 〈보 기〉 ───

ㄱ. 2016년과 2018년 선박의 세계수출시장 규모는 같다.

ㄴ. 2017년과 2018년 A국의 전체 수출액에서 드럼세탁기가 차지하는 비중은 전년대비 매년 감소한다.

ㄷ. 2017년과 2018년 A국의 10대 수출품목 모두 품목별 세계수출시장에서 A국의 점유율은 전년대비 매년 증가한다.

ㄹ. 2018년 항공기 세계수출시장 규모는 A국 전체 수출액의 15배 이상이다.

① ㄱ, ㄴ
② ㄱ, ㄷ
③ ㄴ, ㄷ
④ ㄴ, ㄹ
⑤ ㄴ, ㄷ, ㄹ

📑 문제풀이

39 분수 비교형	난이도★★★★☆

ㄱ. (X) 2016년과 2018년 선박 세계수출시장에서 A국의 점유율은 1.0%로 동일하지만 A국의 전체 수출액에서 선박이 차지하는 품목은 5.0%와 3.0%로 다르기 때문에 2016년과 2018년 선박의 세계수출시장 규모는 같지 않다. A국의 전체 수출액은 매년 변동이 없기 때문에 A국의 전체 수출액이 매년 100억 원이라고 가정하면 2016년과 2018년 선박 수출액은 각각 5억 원, 3억 원이고 이는 각각 세계시장에서 차지하는 비중이 1%로 동일하기 때문에 선박의 세계수출시장 규모는 2016년 500억 원, 2018년 300억 원으로 같지 않다.

ㄴ. (O) 〈표 2〉에서 2016~2018년 동안 백색가전에서 드럼세탁기가 차지하는 비중은 18.0%로 일정하고 동일 기간동안 A국 전체 수출액에서 백색가전에 차지하는 비중은 13.0, 12.0, 11.0%로 감소하고 있기 때문에 2017년과 2018년 A국의 전체 수출액에서 드럼세탁기가 차지하는 비중은 13×18, 12×18, 11×18로 전년대비 매년 감소한다.

ㄷ. (X) 휴대폰과 전자부품은 전년대비 매년 하락하고 있으므로 2017년과 2018년 A국의 10대 수출품목 모두 품목별 세계수출시장에서 A국의 점유율은 전년대비 매년 증가하고 있지 않다.

ㄹ. (O) A국의 전체 수출액에서 항공기가 차지하는 비중은 A항공기/A전체수출액=3.0%이고 항공기 세계수출시장에서 A국의 점유율은 A항공기/전세계항공기=0.1%이다. 따라서 A항공기가 분자이므로 이에 관해서 정리하면 2018년 항공기 세계수출시장 규모는 A항공기/0.1이고 A국 전체 수출액은 A항공기/3.0이므로 15배 이상이 된다. A항공기를 X라고 하면 X/0.1 ≥ X/3×15가 성립하는지 판단하면 된다.

⏱ 빠른 문제 풀이 Tip

〈표 1〉의 각주에서 A국의 전체 수출액은 매년 변동이 없다는 점을 고려해서 접근하자. 또한 〈표 1〉의 비중과 점유율 식을 구성하여 서로 어떤 관계에 있는지 체크해야 한다.

[정답] ④

40

위 〈표〉를 이용하여 작성한 그래프로 옳지 않은 것은?

① TV의 세계수출시장 규모 대비 A국 전체 수출액의 비율

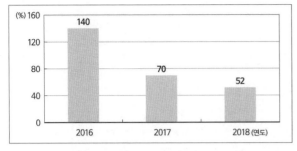

② 2016년 A국의 전체 수출액에서 각 품목이 차지하는 비중

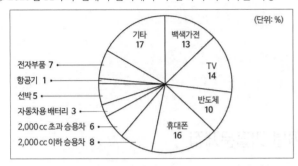

③ A국 백색가전 세부 품목별 수출액 비중

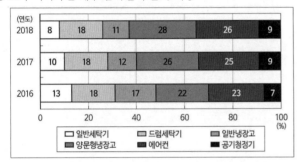

④ 2016~2018년 A국 품목별 세계수출시장 점유율

⑤ 2017~2018년 A국 품목별 수출액의 전년대비 증가율

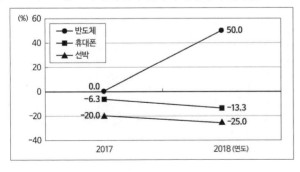

📝 **문제풀이**

40 표-차트 변환형　　　　　　난이도★★★☆☆

① (X) TV의 세계수출시장 규모 대비 A국 전체 수출액의 비율은 (품목별 세계
수출시장에서 A국의 점유율)/(A국의 전체 수출액에서 차지하는 비중)으로
판단해야 한다. 따라서 2016년 71%, 2017년 143%, 2018년 192%이다. 그래프
는 (A국의 전체 수출액에서 차지하는 비중) / (품목별 세계수출시장에서 A
국의 점유율)을 나타내고 있다.

[정답] ①

▌해커스PSAT **5급 PSAT 김용훈 자료해석** 13개년 기출문제집

PSAT 교육 1위, 해커스PSAT **psat.Hackers.com**

2018년 기출문제

총평

· 순수 자료비교인 곱셈 비교와 분수 비교 자체를 묻는 문제가 11문제 출제되었다.

· 매칭형이 2문제, 빈칸형이 4문제, 각주 판단형이 10문제, 조건 판단형이 7문제로 자료판단에서 23문제가 출제되어 가장 큰 비중을 차지하였다. 특히 각주 판단형 문제가 10문제 출제되어 평소에 각주의 식을 변환하는 연습을 많이 해야 시간을 효율적으로 관리할 수 있었을 것이다.

· 보고서 검토·확인형은 1문제 출제되었지만 표-차트 변환형이 출제되지 않아 자료검토·변환 문제의 출제 비중이 낮았다.

· 세트문제는 12~13번, 29~30번으로 출제되었고 각주 판단형과 빈칸형, 그리고 조건 판단형과 각주 판단형으로 각각 세트문제 2문제당 5분 이상 소요되는 난도로 출제되었다.

· 전체적인 난도는 ★★★★☆ 정도로 출제되었으며 각주 판단형과 조건 판단형 문제에서 시간이 많이 소요되는 문제가 다수 출제되어 효율적인 시간 관리가 어려웠을 것으로 보인다. 시간 내에 해결하지 못한 문제가 많아 80점 이상을 받기 힘든 난이도였기 때문에 2분 내에 풀어야 할 문제와 패스해야 할 문제의 기준을 확실히 정해 시간을 효율적으로 관리하는 연습을 하여야 한다.

자료해석

01

다음 〈표〉는 '갑'~'무' 도시에 위치한 두 브랜드(해피카페, 드림카페)의 커피전문점 분포에 대한 자료이다. 이에 대한 〈보기〉의 설명으로 옳은 것만을 모두 고르면?

〈표〉 '갑'~'무' 도시별 커피전문점 분포

(단위: 개)

브랜드	도시 구분	갑	을	병	정	무	평균
해피카페	점포수	7	4	2	( )	4	4
	|편차|	3	0	2	1	0	( )
드림카페	점포수	( )	5	( )	5	2	4
	|편차|	2	1	2	1	2	1.6

※ \|편차\|는 해당 브랜드 점포수 평균에서 각 도시의 해당 브랜드 점포수를 뺀 값의 절댓값임.

─〈보 기〉─

ㄱ. '해피카페' \|편차\|의 평균은 '드림카페' \|편차\|의 평균보다 크다.

ㄴ. '갑' 도시의 '드림카페' 점포수와 '병' 도시의 '드림카페' 점포수는 다르다.

ㄷ. '정' 도시는 '해피카페' 점포수가 '드림카페' 점포수보다 적다.

ㄹ. '무' 도시에 있는 '해피카페' 중 1개 점포가 '병' 도시로 브랜드의 변경 없이 이전할 경우, '해피카페' \|편차\|의 평균은 변하지 않는다.

① ㄱ, ㄷ
② ㄴ, ㄷ
③ ㄷ, ㄹ
④ ㄱ, ㄴ, ㄹ
⑤ ㄴ, ㄷ, ㄹ

📑 문제풀이

01 평균 개념형　　　　　　난이도★★★☆☆

ㄱ. (X) '해피카페' \|편차\|의 평균은 $\frac{5}{6}$=1.2로 '드림카페' \|편차\|의 평균 1.6보다 작다.

ㄴ. (O) \|편차\|가 절댓값이라는 점에 주의한다. '을'과 '정'의 편차 합은 +2이고 '무'는 -2이다. 따라서 '갑'과 '병'의 \|편차\| 값은 같지만 부호가 다르기 때문에 '갑' 도시의 '드림카페' 점포수와 '병' 도시의 '드림카페' 점포수는 다르다. 점포수는 하나가 6개면 다른 하나는 2가 된다.

ㄷ. (O) 해피카페 편차의 합이 0이 되어야 한다는 점을 이용한다. '갑'이 +3, '병'이 -2이므로 0이 되려면 '정'도 -1이 되어야 한다. 따라서 '정' 도시는 '해피카페' 점포수는 3개로 '드림카페' 점포수 5개보다 적다.

ㄹ. (O) '무' 도시에 있는 '해피카페' 중 1개 점포가 '병' 도시로 브랜드의 변경 없이 이전할 경우, '병'의 \|편차\|는 1이 되고 '무'의 \|편차\| 역시 1이 되므로 변경 후 '무'와 '병'의 \|편차\| 합은 변경 전 값인 2로 동일하다. 따라서 '해피카페' \|편차\|의 평균은 변하지 않는다. 만약 '무'의 1개 점포가 '병'으로 이전하는 것이 아니라 '을'로 이전하는 경우에는 \|편차\|의 평균이 바뀌게 된다. 변경 전 \|편차\|의 합은 0이지만 변경 후 \|편차\|의 합은 2가 되기 때문이다. 따라서 점포수가 변할 때 항상 \|편차\|의 평균이 동일하다는 보장이 없다. 이는 편차 값이 절댓값으로 주어져 있기 때문이다.

⏱ 빠른 문제 풀이 Tip

• 기본적인 통계개념인 평균과 편차의 절댓값을 묻는 문제이다. \|편차\|를 통해 괄호 안에 들어갈 수치를 쉽게 판단할 수 있다.

• 평균의 기본적인 성격인 항목들의 편차 합이 0이 된다는 점을 이용하자.

[정답] ⑤

02

다음 〈표〉는 2016년과 2017년 추석교통대책기간 중 고속도로 교통현황에 관한 자료이다. 이에 대한 〈보고서〉의 내용 중 옳은 것만을 모두 고르면?

〈표 1〉 일자별 고속도로 이동인원 및 교통량

(단위: 만 명, 만 대)

연도\구분\일자	2016 이동인원	2016 교통량	2017 이동인원	2017 교통량
D-5	-	-	525	470
D-4	-	-	520	439
D-3	-	-	465	367
D-2	590	459	531	425
D-1	618	422	608	447
추석 당일	775	535	809	588
D+1	629	433	742	548
D+2	483	346	560	433
D+3	445	311	557	440
D+4	-	-	442	388
D+5	-	-	401	369
계	3,540	2,506	6,160	4,914

※ 2016년, 2017년 추석교통대책기간은 각각 6일(D-2~D+3), 11일(D-5~D+5)임.

〈표 2〉 고속도로 구간별 최대 소요시간 현황

연도	서울-대전 귀성	서울-대전 귀경	서울-부산 귀성	서울-부산 귀경	서울-광주 귀성	서울-광주 귀경	서서울-목포 귀성	서서울-목포 귀경	서울-강릉 귀성	서울-강릉 귀경
2016	4:15	3:30	7:15	7:20	7:30	5:30	8:50	6:10	5:00	3:40
2017	4:00	4:20	7:50	9:40	7:00	7:50	7:00	9:50	4:50	5:10

※ 'A:B'에서 A는 시간, B는 분을 의미함. 예를 들어, 4:15는 4시간 15분을 의미함.

─〈보고서〉─

　　ⓐ2017년 추석교통대책기간 중 총 고속도로 이동인원은 6,160만 명으로 전년대비 70% 이상 증가하였으나, ⓑ1일 평균 이동인원은 560만 명으로 전년대비 10% 이상 감소하였다. 2017년 추석 당일 고속도로 이동인원은 사상 최대인 809만 명으로 전년대비 약 4.4% 증가하였다. 2017년 추석연휴기간의 증가로 나들이 차량 등이 늘어 추석교통대책기간 중 1일 평균 고속도로 교통량은 약 447만 대로 전년대비 6% 이상 증가하였다. 특히 ⓒ추석 당일 고속도로 교통량은 588만 대로 전년대비 9% 이상 증가하였다. ⓓ2017년 고속도로 최대 소요시간은 귀성의 경우, 제시된 구간에서 전년보다 모두 감소하였으며, 특히 서서울-목포 7시간, 서울-광주 7시간이 걸려 전년대비 각각 1시간 50분, 30분 감소하였다. 반면 귀경의 경우, 서서울-목포 9시간 50분, 서울-부산 9시간 40분으로 전년대비 각각 3시간 40분, 2시간 20분 증가하였다.

① ㄱ, ㄴ
② ㄱ, ㄷ
③ ㄴ, ㄷ
④ ㄴ, ㄹ
⑤ ㄷ, ㄹ

📑 문제풀이

02 분수 비교형　　　　　　　　난이도 ★★★☆☆

ㄱ. (O) 2017년 추석교통대책기간 중 총 고속도로 이동인원은 6,160만 명이고 2016년 3,540만 명에 비해 2,620만명 증가하여 약 74% 증가하였다. 먼저 3,540만 명의 70% 이상 증가했는지 묻고 있으므로 계산을 편하게 하기 위해 숫자를 크게 잡고 비교한다. 즉, 3,600만 명의 70%인 2,520만 명 이상 증가했다면 옳은 설명으로 판단할 수 있다. 3,540+2,520=6,060이므로 타당하다.

ㄴ. (X) 1일 평균 이동인원은 2016년 $\frac{3,540}{6}$=590만 명이고 2017년 $\frac{6,160}{11}$=560만 명이므로 30만 명 감소하여 전년대비 10% 이상 감소하지 못하였다. 총 이동인원을 각주에 주어진 6일과 11일로 나누어야 한다는 점을 파악했다면 패스하는 것이 낫다. 특히 수치가 딱 떨어지지 않는 경우라면 무조건 넘겨야 한다.

ㄷ. (O) 추석 당일 고속도로 교통량은 2017년 588만 대로 2016년 535만 대에 비해 약 9.9%로 9% 이상 증가하였다. 9%를 계산하기보다 판단하기 쉬운 10%를 이용하자. 535의 10%는 53.50이고 이를 535에 더하면 588.5로 588을 초과하게 된다. 여기서 약 1%인 5를 제외하면 대략 583으로 588보다 작기 때문에 옳은 설명으로 판단하면 된다.

ㄹ. (X) 2017년 고속도로 최대 소요시간은 귀성의 경우, 서울-부산 구간에서 전년보다 증가하였기 때문에 제시된 구간에서 전년보다 모두 감소하지 않았다.

> ⏱ 빠른 문제 풀이 Tip
> • 자료가 복잡하게 주어져 있지만 제목, 각주 정도만 체크하고 곧바로 〈보고서〉로 들어가자.
> • 증가율을 세세하게 묻는 경우 어림산으로 접근하자.

[정답] ②

03

다음 〈그림〉은 2004~2017년 '갑'국의 엥겔계수와 엔젤계수를 나타낸 자료이다. 이에 대한 설명으로 옳은 것은?

〈그림〉 2004~2017년 엥겔계수와 엔젤계수

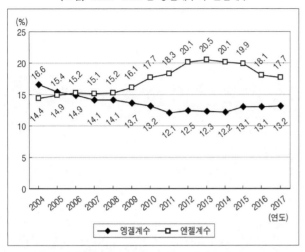

※ 1) 엥겔계수(%)= 식료품비 / 가계지출액 ×100

　2) 엔젤계수(%)= 18세 미만 자녀에 대한 보육·교육비 / 가계지출액 ×100

　3) 보육·교육비에는 식료품비가 포함되지 않음.

① 2008~2013년 동안 엔젤계수의 연간 상승폭은 매년 증가한다.
② 2004년 대비 2014년, 엥겔계수 하락폭은 엔젤계수 상승폭보다 크다.
③ 2006년 이후 매년 18세 미만 자녀에 대한 보육·교육비는 식료품비를 초과한다.
④ 2008~2012년 동안 매년 18세 미만 자녀에 대한 보육·교육비 대비 식료품비의 비율은 증가한다.
⑤ 엔젤계수는 가장 높은 해가 가장 낮은 해에 비해 7.0%p 이상 크다.

📝 문제풀이

03 각주 판단형　　　　　　　　　난이도 ★★☆☆☆

① (X) 여러 기간의 경향을 묻는 경우에는 먼저 그림에서 눈에 잘 띄는 연도부터 검토하고, 그게 잘 보이지 않는다면 가장 최근 연도부터 검토하는 것이 확률적으로 답을 찾을 가능성이 높다. 엔젤계수의 2012년 전년대비 상승폭은 1.8%p이지만 2013년의 전년대비 상승폭은 0.4%p에 불과하다. 따라서 2008~2013년 동안 엔젤계수의 연간 상승폭은 매년 증가하지 않는다.

② (X) 2004년 대비 2014년 엥겔계수 하락폭은 16.6-12.2=4.4로 엔젤계수 상승폭 20.1-14.4=5.7보다 작다.

③ (O) 엥겔계수와 엔젤계수의 분모가 같기 때문에 18세 미만 자녀에 대한 보육·교육비와 식료품비의 비교는 각각 엔젤계수와 엥겔계수로 비교할 수 있다. 그래프를 보면 2006년 이후 엔젤계수가 엥겔계수보다 매년 더 높다는 것을 쉽게 판단할 수 있다. 따라서 2006년 이후 매년 18세 미만 자녀에 대한 보육·교육비는 식료품비를 초과한다.

④ (X) 엥겔계수와 엔젤계수의 분모가 같기 때문에 역시 18세 미만 자녀에 대한 보육·교육비 대비 식료품비의 비율은 엔젤계수 대비 엥겔계수의 비율로 판단할 수 있다. 2008~2011년 동안 매년 엔젤계수는 상승, 엥겔계수는 하락하고 있으며 2012년에는 전년대비 엔젤계수의 증가율(18.3에서 20.1로 약 10% 증가)이 엥겔계수의 증가율(20.1에서 20.5로 증가율이 2% 미만)보다 크기 때문에 그 비율은 매년 감소하고 있다. 따라서 2008~2012년 동안 매년 18세 미만 자녀에 대한 보육·교육비 대비 식료품비의 비율은 증가하고 있지 않다.

⑤ (X) 엔젤계수는 가장 높은 해는 2013년 20.5%이고 가장 낮은 해는 2004년 14.4%이므로 6.1%p 차이가 난다. 따라서 7.0%p 이상 크지 않다.

> ⏱ **빠른 문제 풀이 Tip**
> • 용어가 비슷하기 때문에 그래프에 흰색 네모 표식은 엔젤계수이고 검정 마름모는 엥겔계수라는 것을 표시해서 시각화하자.
> • 각주를 보면 엥겔계수와 엔젤계수의 분수식이 주어져 있다. 분모가 같기 때문에 각 식의 분자를 묻게 되면 계수 자체로 비교가 가능하다는 점을 체크하자.

[정답] ③

04

다음 〈표〉는 2017년 스노보드 빅에어 월드컵 결승전에 출전한 선수 '갑'~'정'의 심사위원별 점수에 관한 자료이다. 이에 대한 〈보기〉의 설명 중 옳은 것만을 모두 고르면?

〈표〉 선수 '갑'~'정'의 심사위원별 점수

(단위: 점)

선수	시기	심사위원				평균점수	최종점수
		A	B	C	D		
갑	1차	88	90	89	92	89.5	183.5
	2차	48	55	60	45	51.5	
	3차	95	96	92	( )	( )	
을	1차	84	87	87	88	( )	( )
	2차	28	40	41	39	39.5	
	3차	81	77	79	79	( )	
병	1차	74	73	85	89	79.5	167.5
	2차	89	88	88	87	88.0	
	3차	68	69	73	74	( )	
정	1차	79	82	80	85	81.0	( )
	2차	94	95	93	96	94.5	
	3차	37	45	39	41	40.0	

※ 1) 각 시기의 평균점수는 심사위원 A~D의 점수 중 최고점과 최저점을 제외한 2개 점수의 평균임.

　2) 각 선수의 최종점수는 각 선수의 1~3차 시기 평균점수 중 최저점을 제외한 2개 점수의 합임.

───〈보 기〉───

ㄱ. 최종점수는 '정'이 '을'보다 낮다.

ㄴ. 3차 시기의 평균점수는 '갑'이 '병'보다 낮다.

ㄷ. '정'이 1차 시기에서 심사위원 A~D에게 10점씩 더 높은 점수를 받는다면, 최종점수가 가장 높다.

ㄹ. 1차 시기에서 심사위원 C는 4명의 선수 모두에게 심사위원 A보다 높은 점수를 부여했다.

① ㄱ

② ㄷ

③ ㄹ

④ ㄱ, ㄴ

⑤ ㄷ, ㄹ

📑 문제풀이

04 빈칸형　　　　　　　　　난이도★★★☆☆

- ㄱ. (X) 최종점수는 각주 2)에 따라 1~3차 시기 평균점수 중 최저점을 제외한 나머지 2개 점수의 합이므로 '을'의 2차 평균점수와 '정'의 3차 평균점수를 제외한 다음 비교한다. 여기서 핵심은 '을'의 1차 및 3차 점수를 구체적으로 도출하는 것이 아니라 '정'보다 큰지 작은지만 판단하면 된다는 것이다. '을'의 1차 평균점수는 90점 미만이기 때문에 '정'의 2차 평균점수보다 작고, '을'의 3차 평균점수는 81점 미만이기 때문에 '정'의 1차 평균점수보다 작다. 따라서 최종점수는 '정'이 '을'보다 높다.

- ㄴ. (X) 3차 시기의 평균점수는 '갑'의 경우 183.5-89.5=94.0점이고 '병'은 이보다 더 낮다는 것을 주어진 숫자만 보고도 쉽게 판단할 수 있다. 따라서 3차 시기의 평균점수는 '갑'이 '병'보다 높다.

- ㄷ. (O) '정'이 1차 시기에서 심사위원 A~D에게 10점씩 더 높은 점수를 받는다면 최종점수는 185.5점이 된다. 이는 '갑'이나 '병'보다 높고 '을'보다도 더 높기 때문에 최종점수가 가장 높다.

- ㄹ. (O) 1차 시기에서 심사위원 C는 4명의 선수 모두에게 심사위원 A보다 높은 점수를 부여했다는 것은 〈표〉에 있는 숫자를 보고 쉽게 판단할 수 있다. 유일하게 괄호 안 숫자를 도출하지 않고 판단할 수 있는 간단한 〈보기〉이다. 만약 첫 턴에 이 문제를 접근했다면 이것부터 검토해야 한다. 결과적으로 ㄹ을 쉽게 파악할 수 있고 ㄷ을 검토하면 답이 도출된다.

⏱ 빠른 문제 풀이 Tip

- 괄호가 많고 각주의 조건을 잘 이해해야 풀 수 있는 문제이기 때문에 시간이 오래 걸릴 것 같거나 잘 이해가 되지 않는다면 첫 턴에 넘기고 두 번째 턴 이후에 해결하자. 만약 첫 턴에서 접근한다면 괄호를 채우지 않고도 판단할 수 있는 〈보기〉부터 검토하자.

- 평균점수는 4개 중 최저점과 최고점 2개를 제외한 나머지 두 값의 평균이고 최종점수는 3개 중 최저점 1개를 제외한 나머지 값의 합이다.

[정답] ⑤

05

다음 〈표〉는 방한 중국인 관광객에 관한 자료이다. 〈보고서〉를 작성하기 위해 〈표〉 이외에 추가로 필요한 자료만을 〈보기〉에서 모두 고르면?

〈표 1〉 2016~2017년 월별 방한 중국인 관광객수

(단위: 만 명)

월 년	1	2	3	4	5	6	7	8	9	10	11	12	계
2016	60	47	80	80	78	95	87	102	107	106	55	54	951
2017	15	15	18	17	17	20	15	21	13	19	12	13	195

※ 2017년 자료는 추정값임.

〈표 2〉 2016년 방한 중국인 관광객 1인당 관광 지출액

(단위: 달러)

구분	쇼핑	숙박·교통	식음료	기타	총지출
개별	1,430	422	322	61	2,235
단체	1,296	168	196	17	1,677
전체	1,363	295	259	39	1,956

※ 전체는 방한 중국인 관광객 1인당 관광 지출액임.

〈보고서〉

　2017년 3월부터 7월까지 5개월간 전년 동기간 대비 방한 중국인 관광객수는 300만 명 이상 감소한 것으로 추정된다. 해당 규모에 2016년 기준 전체 방한 중국인 관광객 1인당 관광 지출액인 1,956달러를 적용하면 중국인의 한국 관광 포기로 인한 지출 감소액은 약 65.1억 달러로 추정된다.

　2017년 전년대비 연간 추정 방한 중국인 관광객 감소 규모는 약 756만 명이며, 추정 지출 감소액은 약 147.9억 달러로 나타난다. 이는 각각 2016년 중국인 관광객을 제외한 연간 전체 방한 외국인 관광객수의 46.3%, 중국인 관광객 지출액을 제외한 전체 방한 외국인 관광객 총 지출액의 55.8% 수준이다.

　2017년 산업부문별 추정 매출 감소액을 살펴보면, 도소매업의 매출액 감소가 전년대비 108.9억 달러로 가장 크고, 다음으로 식음료업, 숙박업 순으로 나타났다.

〈보　기〉

ㄱ. 2016년 방한 외국인 관광객의 국적별 1인당 관광 지출액
ㄴ. 2016년 전체 방한 외국인 관광객수 및 지출액 현황
ㄷ. 2016년 산업부문별 매출액 규모 및 구성비
ㄹ. 2017년 산업부문별 추정 매출액 규모 및 구성비

① ㄱ, ㄷ
② ㄴ, ㄷ
③ ㄴ, ㄹ
④ ㄱ, ㄴ, ㄹ
⑤ ㄴ, ㄷ, ㄹ

문제풀이

05 보고서 검토·확인형

난이도 ★★☆☆☆

〈보고서〉

　2017년 3월부터 7월까지 5개월간 전년 동기간 대비 방한 중국인 관광객수는 300만 명 이상 감소한 것으로 추정된다. 해당 규모에 2016년 기준 전체 방한 중국인 관광객 1인당 관광 지출액인 1,956달러를 적용하면 중국인의 한국 관광 포기로 인한 지출 감소액은 약 65.1억 달러로 추정된다.

　2017년 전년대비 연간 추정 방한 중국인 관광객 감소 규모는 약 756만 명이며, 추정 지출 감소액은 약 147.9억 달러로 나타난다. 이는 각각 ⓒ 2016년 중국인 관광객을 제외한 연간 전체 방한 외국인 관광객수의 46.3%, 중국인 관광객 지출액을 제외한 전체 방한 외국인 관광객 총 지출액의 55.8% 수준이다.

　ⓒ, ⓔ 2017년 산업부문별 추정 매출 감소액을 살펴보면, 도소매업의 매출액 감소가 전년대비 108.9억 달러로 가장 크고, 다음으로 식음료업, 숙박업 순으로 나타났다.

ㄴ. 2016년 중국인 관광객을 제외한 연간 전체 방한 외국인의 관광객수와 지출액 현황이 추가로 주어져야 각각 그 비율을 판단할 수 있다.

ㄷ, ㄹ. 2017년 산업부문별 추정 매출 감소액을 산업부문별로 검토하는 부분이기 때문에 2016년과 2017년 자료가 모두 추가로 필요하다.

⏱ 빠른 문제 풀이 Tip

- 〈보고서〉를 작성하기 위해 추가로 필요한 자료를 찾는 문제이므로 도출 가능성을 기준으로 판단하자. 즉 〈보고서〉의 내용이 〈표〉만 가지고 도출 가능하다면 추가로 필요하지 않지만 도출 가능성이 없다면 추가로 필요한 자료가 된다.
- 각 〈표〉에서 직접 도출할 수 있는 정보도 있는 반면, 〈표 1〉과 〈표 2〉가 결합되어 간접적으로 도출할 수 있는 정보도 있기 때문에 이를 체크해야 한다.

[정답] ⑤

다음 〈표〉는 조선시대 태조~선조 대 동안 과거 급제자 및 '출신신분이 낮은 급제자' 중 '본관이 없는 자', '3품 이상 오른 자'에 대한 자료이다. 이에 대한 〈보기〉의 설명 중 옳은 것만을 모두 고르면?

〈표〉 조선시대 과거 급제자

(단위: 명)

왕대	전체 급제자	출신신분이 낮은 급제자		
			본관이 없는 자	3품 이상 오른 자
태조·정종	101	40	28	13
태종	266	133	75	33
세종	463	155	99	40
문종·단종	179	62	35	16
세조	309	94	53	23
예종·성종	478	106	71	33
연산군	251	43	21	13
중종	900	188	39	69
인종·명종	470	93	10	26
선조	1,112	186	11	40

※ 급제자는 1회만 급제한 것으로 가정함.

─〈보 기〉─

ㄱ. 태조·정종 대에 '출신신분이 낮은 급제자' 중 '본관이 없는 자'의 비율은 70%이지만, 선조 대에는 그 비율이 10% 미만이다.

ㄴ. 태조·정종 대의 '출신신분이 낮은 급제자' 가운데 '본관이 없는 자'이면서 '3품 이상 오른 자'는 한 명 이상이다.

ㄷ. '전체 급제자'가 가장 많은 왕 대에 '출신신분이 낮은 급제자'도 가장 많다.

ㄹ. 중종 대의 '전체 급제자' 중에서 '출신신분이 낮은 급제자'가 차지하는 비율은 20% 미만이다.

① ㄱ, ㄴ

② ㄱ, ㄷ

③ ㄴ, ㄷ

④ ㄱ, ㄴ, ㄹ

⑤ ㄴ, ㄷ, ㄹ

📝 문제풀이

06 최소여집합형 난이도 ★★☆☆☆

ㄱ. (O) 태조·정종 대에 '출신신분이 낮은 급제자' 중 '본관이 없는 자'의 비율은 $\frac{40}{28}$=70%이지만, 선조 대에는 그 비율이 $\frac{11}{116}$<10%이다.

ㄴ. (O) 태조·정종 대의 '출신신분이 낮은 급제자' 가운데 '본관이 없는 자'는 28명이고 '3품 이상 오른 자'는 13명이다. 즉, '출신신분이 낮은 급제자' 중 '3품 이상 오르지 못한 자'는 40-13=27명이고 이들 모두 '본관이 없는 자'라고 하더라도 적어도 28-27=1명은 반드시 '출신신분이 낮은 급제자' 가운데 '본관이 없는 자'이면서 '3품 이상 오른 자'가 된다. 따라서 태조·정종 대의 '출신신분이 낮은 급제자' 가운데 '본관이 없는 자'이면서 '3품 이상 오른 자'는 한 명 이상이다. 최소여집합을 공식처럼 적용하면 본관이 없는 자 = A, 3품 이상 오른 자 = B이고 A-B^c=1이 된다.

ㄷ. (X) '전체 급제자'가 가장 많은 왕은 선조이고 '출신신분이 낮은 급제자'는 선조 186명보다 중종 188명이 더 많다.

ㄹ. (X) 중종 대의 '전체 급제자' 중에서 '출신신분이 낮은 급제자'가 차지하는 비율은 $\frac{188}{900}$>20%이다.

⏱ 빠른 문제 풀이 Tip

- 전체 급제자=출신신분이 낮은 급제자+출신신분이 낮지 않은 급제자로 구성되어 있지만, 출신신분이 낮은 급제자 중 본관이 없는 자와 3품 이상 오른 자의 합이 출신신분이 낮은 급제자의 숫자와 일치하지 않는다는 점을 체크하자.
- 출신신분이 낮은 급제자 ≠ 본관이 없는 자+3품 이상 오른 자 이므로 복수응답의 가능성, 즉 본관이 없는 자 이면서 3품 이상 오른자가 있을 가능성도 염두에 두자.

[정답] ①

07

다음 〈그림〉과 〈표〉는 2010~2014년 '갑'국 상업용 무인기의 국내 시장 판매량 및 수출입량과 '갑'국 A사의 상업용 무인기 매출액에 대한 자료이다. 이에 대한 〈보기〉의 설명 중 옳은 것만을 모두 고르면?

〈그림〉 '갑'국 상업용 무인기의 국내 시장 판매량

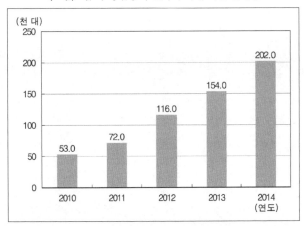

〈표 1〉 '갑'국 상업용 무인기 수출입량

(단위:천 대)

연도 구분	2010	2011	2012	2013	2014
수출량	1.2	2.5	18.0	67.0	240.0
수입량	1.1	2.0	3.5	4.2	5.0

※ 1) 수출량은 국내 시장 판매량에 포함되지 않음.
  2) 수입량은 당해 연도 국내 시장에서 모두 판매됨.

〈표 2〉 '갑'국 A사의 상업용 무인기 매출액

(단위: 백만 달러)

연도	2010	2011	2012	2013	2014
매출액	4.3	43.0	304.4	1,203.1	4,348.4

─〈보 기〉─

ㄱ. 2014년 상업용 무인기의 국내 시장 판매량 대비 수입량의 비율은 3.0% 이하이다.
ㄴ. 2011~2014년 동안 상업용 무인기 국내 시장 판매량의 전년대비 증가율이 가장 큰 해는 2012년이다.
ㄷ. 2011~2014년 동안 상업용 무인기 수입량의 전년대비 증가율이 가장 작은 해에는 상업용 무인기 수출량의 전년대비 증가율이 가장 크다.
ㄹ. 2012년 '갑'국 상업용 무인기 수출량의 전년대비 증가율과 2012년 '갑'국 A사의 상업용 무인기 매출액의 전년대비 증가율의 차이는 30%p 이하이다.

① ㄱ, ㄴ
② ㄷ, ㄹ
③ ㄱ, ㄴ, ㄷ
④ ㄱ, ㄴ, ㄹ
⑤ ㄴ, ㄷ, ㄹ

📝 **문제풀이**

07 분수 비교형　　　　　　　난이도★★★★☆

ㄱ. (O) 2014년 국내 시장 판매량은 202천 대이고 수입량은 5.0천 대이므로 상업용 무인기의 국내 시장 판매량 대비 수입량의 비율은 $\frac{5}{202}$로 3.0% 이하이다. ㄱ을 먼저 검토했다면 선택지 배열 상 ㄴ은 검토하지 않아도 된다.

ㄴ. (O) 〈표 1〉에서 2011~2014년 동안 상업용 무인기 국내 시장 판매량의 전년 대비 증가율은 2012년이 유일하게 50% 이상으로 가장 크다. 전년 대비 증가율은 2012년이 72에서 44 증가하여 50%를 넘고 나머지 연도는 50% 미만임을 어렵지 않게 판단할 수 있다.

ㄷ. (X) 2011~2014년 동안 상업용 무인기 수입량의 전년대비 증가율은 2014년이 $\frac{8}{42}$로 유일하게 20% 미만으로 가장 작지만 상업용 무인기 수출량의 전년대비 증가율은 2014년(67→240으로 4배 미만)보다 2012년(2.5→18.0으로 7배 이상)이 더 크다. 상업용 무인기 수입량의 전년대비 증가율이 어느 해가 가장 작은지 판단하기 어렵다면 상업용 무인기 수출량의 전년대비 증가율이 가장 큰 해를 먼저 찾은 다음 역으로 판단한다.

ㄹ. (O) 2012년 '갑'국 상업용 무인기 수출량의 전년대비 증가율은 7배 이상이고 2012년 '갑'국 A사의 상업용 무인기 매출액의 전년대비 증가율은 43.0에서 304.4로 역시 7배 이상이다. 따라서 7배를 넘는 부분은 공통이므로 이를 제외하고 나머지 부분만 비교하면 2012년 '갑'국 상업용 무인기 수출량의 전년대비 증가율은 $7+\frac{0.5}{2.5}$로 7배+20%이고 2012년 '갑'국 A사의 상업용 무인기 매출액의 전년대비 증가율은 $7+\frac{3.4}{43.0}$로 7배+10% 이하이다. 따라서 양자 간 증가율의 차이는 30%p 이하이다.

⏱️ **빠른 문제 풀이 Tip**
• 항목이 여러 가지이므로 제목, 단위 각주를 체크해서 혼동하지 않게 주의하자. 〈표 1〉은 판매량, 〈표 2〉는 수출입량, 〈표 3〉은 매출액이다.
• 증가율이 100%를 넘는 매우 큰 경우에 공통인 부분을 제외하고 차이가 나는 나머지 부분만 비교하자.

[정답] ④

08

다음 〈표〉는 '갑'시 자격시험 접수, 응시 및 합격자 현황이다. 이에 대한 설명으로 옳은 것은?

〈표〉 '갑'시 자격시험 접수, 응시 및 합격자 현황

(단위: 명)

구분	종목	접수	응시	합격
산업기사	치공구설계	28	22	14
	컴퓨터응용가공	48	42	14
	기계설계	86	76	31
	용접	24	11	2
	전체	186	151	61
기능사	기계가공조립	17	17	17
	컴퓨터응용선반	41	34	29
	웹디자인	9	8	6
	귀금속가공	22	22	16
	컴퓨터응용밀링	17	15	12
	전산응용기계제도	188	156	66
	전체	294	252	146

※ 1) 응시율(%)=$\frac{응시자수}{접수자수} \times 100$

2) 합격률(%)=$\frac{합격자수}{응시자수} \times 100$

① 산업기사 전체 합격률은 기능사 전체 합격률보다 높다.

② 산업기사 종목을 합격률이 높은 것부터 순서대로 나열하면 치공구설계, 컴퓨터응용가공, 기계설계, 용접 순이다.

③ 산업기사 전체 응시율은 기능사 전체 응시율보다 낮다.

④ 산업기사 종목 중 응시율이 가장 낮은 것은 컴퓨터응용가공이다.

⑤ 기능사 종목 중 응시율이 높은 종목일수록 합격률도 높다.

문제풀이

08 분수 비교형 난이도 ★★★☆☆

① (X) 산업기사 전체 합격률은 $\frac{61}{151}$≒40.4%이고 기능사 전체 합격률은 $\frac{146}{252}$ ≒57.9%이므로 전자가 후자보다 낮다.

② (X) 산업기사 종목 중 합격률이 가장 높은 것은 치공구설계(50% 이상)이고 가장 낮은 것은 용접(20% 미만)이다. 또한 컴퓨터응용가공은 $\frac{14}{42}$<40%이지만 기계설계는 $\frac{31}{76}$>40%이므로 기계설계가 컴퓨터응용가공보다 합격률이 더 높다. 산업기사 종목을 합격률이 높은 것부터 순서대로 나열하면 치공구설계, 기계설계, 컴퓨터응용가공, 용접 순이 된다.

③ (O) 산업기사 전체 응시율은 $\frac{151}{186}$≒81.2%로 기능사 전체 응시율 $\frac{252}{294}$≒85.7%보다 낮다. 응시율로 판단하지 않고 100-응시율=미응시율이라는 개념으로 더 쉽게 판단할 수도 있다. 미응시율은 산업기사 전체가 $\frac{35}{186}$이고 기능사 전체가 $\frac{42}{294}$로 $\frac{35}{186}$>$\frac{42}{294}$이다. 따라서 응시율은 산업기사가 기능사보다 더 낮다.

④ (X) 산업기사 종목 중 컴퓨터응용가공의 응시율은 50% 이상이지만 용접의 경우 50% 미만이다. 따라서 산업기사 종목 중 응시율이 가장 낮은 것은 컴퓨터응용가공이 아니라 용접이다. 용접을 제외한 나머지 산업기사 종목은 모두 50%를 넘는다.

⑤ (X) 기능사 종목 중 귀금속 가공의 응시율은 100%이지만 합격률은 $\frac{16}{22}$<80%으로 응시율이 100% 미만인 컴퓨터 응용선반의 합격률 $\frac{29}{34}$>80%보다 더 낮다. 따라서 기능사 종목 중 응시율이 높은 종목일수록 합격률도 높다는 관계는 성립하지 않는다. 응시율과 합격률을 모두 검토해야 하므로 ⑤를 가장 나중에 판단한다.

⏱ 빠른 문제 풀이 Tip
- 각주로 식이 2개 주어져 있으므로 〈표〉를 통해 그 구조를 먼저 파악하자.
- 모든 선택지가 응시율 또는 합격률을 도출 또는 비교해야 하므로 상대적으로 계산을 덜하게 되는 것부터 접근하자.

[정답] ③

09

다음 〈표〉는 서울시 10개구의 대기 중 오염물질 농도 및 오염물질별 대기환경지수 계산식에 관한 것이다. 이에 대한 〈보기〉의 설명 중 옳은 것만을 모두 고르면?

〈표 1〉 대기 중 오염물질 농도

지역 \ 오염물질	미세먼지 ($\mu g/m^3$)	초미세먼지 ($\mu g/m^3$)	이산화질소 (ppm)
종로구	46	36	0.018
중구	44	31	0.019
용산구	49	35	0.034
성동구	67	23	0.029
광진구	46	10	0.051
동대문구	57	25	0.037
중랑구	48	22	0.041
성북구	56	21	0.037
강북구	44	23	0.042
도봉구	53	14	0.022
평균	51	24	0.033

〈표 2〉 오염물질별 대기환경지수 계산식

오염물질 \ 계산식	조건	계산식
미세먼지 ($\mu g/m^3$)	농도가 51 이하일 때	0.9×농도
	농도가 51 초과일 때	1.0×농도
초미세먼지 ($\mu g/m^3$)	농도가 25 이하일 때	2.0×농도
	농도가 25 초과일 때	1.5×(농도−25)+51
이산화질소 (ppm)	농도가 0.04 이하일 때	1,200×농도
	농도가 0.04 초과일 때	800×(농도−0.04)+51

※ 통합대기환경지수는 오염물질별 대기환경지수 중 최댓값임.

─〈보 기〉─

ㄱ. 용산구의 통합대기환경지수는 성동구의 통합대기환경지수보다 작다.

ㄴ. 강북구의 미세먼지 농도와 초미세먼지 농도는 각각의 평균보다 낮고, 이산화질소 농도는 평균보다 높다.

ㄷ. 중랑구의 통합대기환경지수는 미세먼지의 대기환경지수와 같다.

ㄹ. 세 가지 오염물질 농도가 각각의 평균보다 모두 높은 구는 2개 이상이다.

① ㄱ, ㄴ

② ㄱ, ㄷ

③ ㄷ, ㄹ

④ ㄱ, ㄴ, ㄹ

⑤ ㄴ, ㄷ, ㄹ

📝 문제풀이

09 각주 판단형　　　　　　　난이도 ★★☆☆☆

ㄱ. (O) 먼저 미세먼지의 대기환경지수는 용산구가 49×0.9<50이고 성동구가 67이다. 초미세먼지의 대기환경지수는 용산구가 1.5×(35−25)+51=66, 성동구가 23×2=46이다. 마지막으로 이산화질소의 대기환경지수는 용산구가 0.034×1,200, 성동구가 0.029×1,200이다. 따라서 용산구의 통합대기환경지수 66은 성동구의 통합대기환경지수 67보다 작다. 이산화질소의 경우 두 구 모두 50을 넘지 못하기 때문에 굳이 계산하지 않아도 된다.

ㄴ. (O) 〈표 1〉에서 쉽게 확인할 수 있다. 강북구의 미세먼지 농도와 초미세먼지 농도는 각각 44μg/m³, 23μg/m³으로 각각의 평균 51μg/m³, 24μg/m³보다 낮고, 이산화질소 농도는 0.042ppm으로 평균 0.033ppm보다 높다.

ㄷ. (X) 중랑구의 통합대기환경지수는 미세먼지의 대기환경지수와 같다면 중랑구의 미세먼지 대기환경지수가 가장 큰 값으로 도출되어야 한다. 미세먼지 대기환경지수는 48×0.9이고 초미세먼지의 대기환경지수는 23×2=46으로 48×0.9보다 더 크다. 따라서 중랑구의 통합대기환경지수는 미세먼지의 대기환경지수와 같지 않다. 만약 이산화질소 식을 먼저 봤다면 800×(농도−0.04)+51이므로 무조건 51보다 크다는 것을 알 수 있을 것이다. 그렇다면 48×0.9<51이므로 쉽게 판단할 수 있다.

ㄹ. (X) 세 가지 오염물질 농도가 각각의 평균보다 모두 높은 구는 동대문구가 유일하므로 2개 이상이 되지 않는다.

⏱ 빠른 문제 풀이 Tip

〈표 2〉에 복잡한 계산식이 주어져 있으므로 이를 검토해야 하는 〈보기〉보다 〈표 1〉의 오염물질 농도만 가지고 판단이 되는 〈보기〉를 먼저 검토하자. 따라서 대기환경지수를 묻는 〈보기〉보다 오염물질 농도 자체를 비교하는 〈보기〉부터 본다면 결과적으로 답이 쉽게 도출된다.

[정답] ①

10

다음 〈표〉는 상표심사 목표조정계수와 상표심사과 직원의 인사 발령에 관한 자료이다. 이에 대한 〈보기〉의 설명 중 옳은 것만을 모두 고르면?

〈표 1〉 상표심사과 근무월수별 상표심사 목표조정계수

교육이수여부	직급	자격증유무	1개월차	2개월차	3개월차	4개월차	5개월차	6개월차	7개월차 이후
이수	일반직 5·6급	유	0.3	0.4	0.6	0.8	0.9	1.0	1.0
		무	0.3	0.3	0.4	0.6	0.8	0.9	
	경채 5·6급		0.2	0.3	0.3	0.5	0.5	0.5	
미이수			직급과 자격증 유무가 동일한 교육이수자의 근무월수에 해당하는 상표심사 목표조정계수의 70%						

※ 상표심사 목표점수(점)=150(점)×상표심사 목표조정계수

〈표 2〉 상표심사과 인사 발령 명단

이름	교육이수 여부	직급	자격증 유무
최연중	이수	일반직 6급	무
권순용	이수	경채 6급	무
정민하	미이수	일반직 5급	유
안필성	미이수	경채 5급	무

─〈보 기〉─

ㄱ. 근무 3개월차 상표심사 목표점수가 높은 사람부터 순서대로 나열하면 정민하, 최연중, 권순용, 안필성이다.

ㄴ. 상표심사과 인사 발령자 중 5급의 근무 5개월차 상표심사 목표점수의 합은 6급의 근무 5개월차 상표심사 목표점수의 합보다 크다.

ㄷ. 근무 3개월차 대비 근무 4개월차 상표심사 목표점수의 증가율은 정민하가 최연중보다 크다.

ㄹ. 정민하와 안필성이 교육을 이수한 후 발령 받았다면, 근무 3개월차 상표심사 목표점수의 두 사람 간 차이는 40점 이상이다.

① ㄱ, ㄴ
② ㄱ, ㄹ
③ ㄴ, ㄷ
④ ㄱ, ㄷ, ㄹ
⑤ ㄴ, ㄷ, ㄹ

📝 문제풀이

10 분수 비교형

난이도 ★★★★☆

ㄱ. (O) 근무 3개월차 상표심사 목표조정계수는 최연중이 0.4, 권순용이 0.3, 정민하가 0.6×0.7=0.42, 안필성이 0.3×0.7=0.21이다. 따라서 근무 3개월차 상표심사 목표점수가 높은 사람부터 순서대로 나열하면 정민하(0.42), 최연중(0.4), 권순용(0.3), 안필성(0.21)이다.

ㄴ. (X) 5급은 모두 미이수로 70%만 고려해야 된다는 점을 반드시 체크해야 한다. 상표심사과 인사 발령자 중 5급의 근무 5개월차 상표심사 목표조정계수는 정민하 0.9, 안필성이 0.5로 합은 1.4×0.7=0.98이고 6급의 근무 5개월차 상표심사 목표조정계수는 최연중이 0.8, 권순용이 0.5로 1.30이다. 따라서 상표심사과 인사 발령자 중 5급의 근무 5개월차 상표심사 목표점수의 합은 6급의 근무 5개월차 상표심사 목표점수의 합보다 작다.

ㄷ. (X) 정민하의 목표조정계수는 근무 3개월차가 0.6×0.7=0.420이고 근무 4개월차가 0.8×0.7=0.56으로 증가율이 33.3%이고 최연중의 목표조정계수는 근무 3개월차가 0.4이고 근무 4개월차가 0.6으로 증가율이 50%이다. 따라서 근무 3개월차 대비 근무 4개월차 상표심사 목표점수의 증가율은 정민하가 최연중보다 작다. 정민하의 경우 교육 미이수이므로 구체적인 상표심사 목표점수를 도출하는 경우에는 0.7을 고려해야 하지만 증가율을 묻고 있기 때문에 고려하지 않고 0.6에서 0.8로의 증가율로만 판단해도 된다. 따라서 이렇게 본다면 증가폭이 동일하기 때문에 증가율은 정민하보다 최연중이 크다.

ㄹ. (O) 정민하와 안필성이 교육을 이수한 후 발령 받았다면, 근무 3개월차 상표심사 목표조정계수는 정민하가 0.6, 안필성이 0.30이다. 따라서 근무 3개월차 상표심사 목표점수의 두 사람 간 차이는 150×0.3=45점으로 40점 이상이다.

⏱ 빠른 문제 풀이 Tip

• 익숙하지 않은 주제이므로 문제 자체가 잘 이해되지 않는다면 첫 턴에 넘기고 두 번째 턴 이후로 풀자.

• 상표심사 목표점수는 상표심사 목표조정계수에 150점이 곱해지는 구조이므로 상표심사 목표점수를 구체적으로 묻지 않는다면 상표심사 목표조정계수의 대소 비교로 판단할 수 있다.

• 목표조정계수는 기본적으로 근무월수에 따라 차이가 나지만 여기에 자격증 유무와 교육이수여부가 추가적으로 고려되어야 한다. 즉 직급이 5급인지 6급인지 판단하는 것은 무의미하며, 특히 경채의 경우에는 자격증 유무와 무관하다.

• 교육 미이수의 경우 70%만 고려해야 하므로 정민하와 안필성의 경우 주의하자.

[정답] ②

11

다음 〈그림〉은 2013~2017년 '갑'기업의 '가', '나'사업장의 연간 매출액에 대한 자료이고, 다음 〈보고서〉는 2018년 '갑'기업의 '가', '나'사업장의 직원 증원에 대한 내부 검토 내용이다. 〈그림〉과 〈보고서〉를 근거로 2018년 '가', '나'사업장의 증원인원별 연간 매출액을 추정한 결과로 옳은 것은?

〈그림〉 2013~2017년 '갑'기업 사업장별 연간 매출액

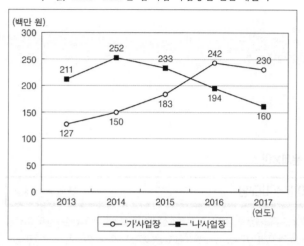

〈보고서〉

○ 2018년 '가', '나'사업장은 각각 0~3명의 직원을 증원할 계획임.

○ 추정 결과, 직원을 증원하지 않을 경우 '가', '나'사업장의 2017년 대비 2018년 매출액 증감률은 각각 10% 이하일 것으로 예상됨.

○ 직원 증원이 없을 때와 직원 3명을 증원할 때의 2018년 매출액 차이는 '나'사업장이 '가'사업장보다 클 것으로 추정됨.

○ '나'사업장이 2013~2017년 중 최대 매출액을 기록했던 2014년보다 큰 매출액을 기록하기 위해서는 2018년에 최소 2명의 직원을 증원해야 함.

①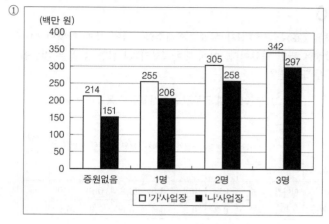

②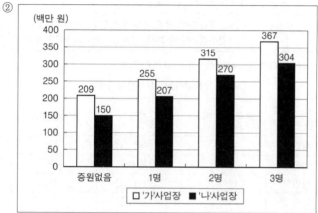

③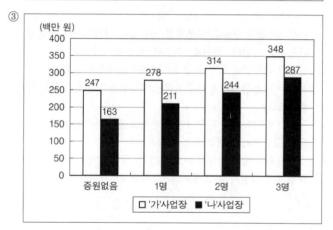

④

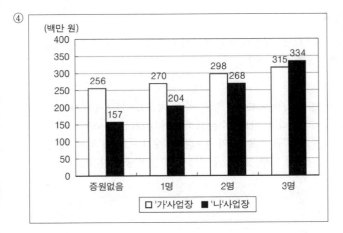

(백만 원)

□ '가'사업장 ■ '나'사업장

⑤

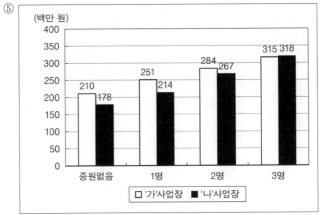

(백만 원)

□ '가'사업장 ■ '나'사업장

부록정답
2024
2023
2022
2021
2020
2019
2018
2017
2016
2015
2014
2013
2012
해커스PSAT 5급 PSAT 김용훈 자료해석 13개년 기출문제집

📝 문제풀이

11 조건 판단형
난이도★★★★☆

- 〈보고서〉 두 번째 문단에서 직원을 증원하지 않을 경우 '가', '나'사업장의 2017년 대비 2018년 매출액 증감률은 각각 10% 이하일 것으로 예상된다고 하였으므로 2018년 매출액은 '가'는 217~253백만 원, '나'는 144~176백만 원 범위 내에 존재해야 한다. 따라서 '증원없음' 항목의 '가' 매출액이 256백만 원인 ④와 '나' 매출액이 178백만 원인 ⑤는 소거된다.

- 〈보고서〉에서 직원 증원이 없을 때와 직원 3명을 증원할 때의 2018년 매출액 차이는 '나'사업장이 '가'사업장보다 클 것으로 추정된다고 하였으므로 '증원없음'과 '3명'의 차이, 즉 '가' 367-209=158백만 원의 경우가 '나' 304-150=154백만 원보다 더 큰 ② 역시 소거된다.

- 〈보고서〉에서 '나'사업장이 2013~2017년 중 최대 매출액을 기록했던 2014년보다 큰 매출액을 기록하기 위해서는 2018년에 최소 2명의 직원을 증원해야 한다고 하였으므로, '나'의 '2명' 매출액 244백만 원이 2014년 252백만 원보다 더 적은 ③ 역시 소거된다.

> ⏱ 빠른 문제 풀이 **Tip**
> - 〈그림〉과 〈보고서〉를 통해 가능한 그래프를 찾는 새로운 패턴의 문제이다.
> - 옳은 그래프는 1가지뿐이므로 옳은 부분을 확인하는 접근방법보다는 옳지 않은 부분을 제거하는 방향으로 접근하자.

[정답] ①

[12~13] 다음 〈표〉는 대학 평판도에 관한 자료이다. 〈표〉를 보고 물음에 답하시오.

〈표 1〉 대학 평판도 지표별 가중치

지표	지표 설명	가중치
가	향후 발전가능성이 높은 대학	10
나	학생 교육이 우수한 대학	5
다	입학을 추천하고 싶은 대학	10
라	기부하고 싶은 대학	5
마	기업의 채용선호도가 높은 대학	10
바	국가·사회 전반에 기여가 큰 대학	5
사	지역 사회에 기여가 큰 대학	5
	가중치 합	50

〈표 2〉 A~H 대학의 평판도 지표점수 및 대학 평판도 총점

(단위: 점)

대학 지표	A	B	C	D	E	F	G	H
가	9	8	7	3	6	4	5	8
나	6	8	5	8	7	7	8	8
다	10	9	10	9	( )	9	10	9
라	4	6	6	6	( )	( )	( )	6
마	4	6	6	6	( )	( )	8	6
바	10	9	10	3	6	4	5	9
사	8	6	4	( )	7	8	9	5
대학 평판도 총점	( )	( )	( )	( )	410	365	375	( )

※ 1) 지표점수는 여론조사 결과를 바탕으로 각 지표별로 0~10 사이의 점수를 1점 단위로 부여함.
 2) 지표환산점수(점) = 지표별 가중치 × 지표점수
 3) 대학 평판도 총점은 해당 대학 지표환산점수의 총합임.

12

A~D 대학을 대학 평판도 총점이 높은 대학부터 순서대로 나열하면?

① A, B, C, D
② A, B, D, C
③ B, A, C, D
④ B, A, D, C
⑤ C, A, B, D

13

E~H 대학의 평판도와 관련하여 다음 〈보기〉의 설명 중 옳은 것만을 모두 고르면?

〈보 기〉

ㄱ. E 대학은 지표 '다', '라', '마'의 지표점수가 동일하다.
ㄴ. 지표 '라'의 지표점수는 F 대학이 G 대학보다 높다.
ㄷ. H 대학은 지표 '나'의 지표환산점수가 지표 '마'의 지표환산점수보다 대학 평판도 총점에서 더 큰 비중을 차지한다.

① ㄴ
② ㄱ, ㄴ
③ ㄱ, ㄷ
④ ㄴ, ㄷ
⑤ ㄱ, ㄴ, ㄷ

📝 문제풀이

12 각주 판단형　　　　　　　　　　　난이도 ★★★☆☆

총점을 계산하면 다음과 같다.

A : 90+30+100+20+40+50+40=370점

B : 80+40+90+30+60+45+30=375점

C : 70+25+100+30+60+50+20=355점

D : 30+40+90+30+60+15+?=265+?

위와 같이 도출되는데 D의 경우 가중치가 5인 지표 '사'의 지표점수가 최대점인 10점이라 하더라도 가장 작다.

• 위와 같이 구체적으로 단순 계산하는 방법은 시간이 오래걸리고 꼼꼼히 봐야 하므로 효율적인 방법이 아니다. 또한 선택지 자체도 일종의 순서나열형이므로 구체적인 점수를 도출하지 않아도 순서 정도는 차이값으로 판단할 수 있다. 가중치가 10인 지표 '가', '다', '마'만 별도로 분류한 다음 최빈값 위주로 기준을 설정해 차이값을 판단하면 아래와 같다.

지표 ＼ 대학	A	B	C	D
가(9기준)	0	−1	−2	−6
다(9기준)	1	0	1	0
마(6기준)	−2	0	0	0
차이값의 합	−1	−1	−1	−6

또한 가중치가 5인 나머지 지표들의 최빈값 위주 차이값도 아래와 같다.

지표 ＼ 대학	A	B	C	D
나(8기준)	−2	0	−3	0
라(6기준)	−2	0	0	0
바(10기준)	0	−1	0	−7
사(8기준)	0	−2	−4	?
차이 값의 합	−4	−3	−7	−7+?

따라서 굳이 차이값의 합 역시 계산하지 않더라도 큰 순서부터 차례대로 나열하면 B, A, C, D 순서임을 쉽게 파악할 수 있다.

⏱ 빠른 문제 풀이 Tip

• 가중치도 다르고 빈칸이 많아서 대학 평판도 총점을 구체적으로 도출하는 것은 시간이 많이 필요하다.

• 가중치가 같은 지표끼리 묶은 다음 대학별로 차이값을 통해 대소 비교를 하는 것이 시간 절약에 도움이 된다.

[정답] ③

📝 문제풀이

13 빈칸형　　　　　　　　　　　난이도 ★★★☆☆

ㄱ. (O) E 대학의 가중치가 5인 '나'+'바'+'사'의 지표점수 합은 20점이고 가중치가 10인 '가'의 지표점수는 6점이므로 괄호를 제외한 지표환산점수는 20×5+6×10=160점이다. 대학 평판도 총점이 410점이므로 나머지 '다', '라', '마'의 지표점수 합은 250점이 되어야 한다. '다'와 '마'의 가중치는 10이고 '라'의 가중치는 5이므로 지표점수는 모두 10점이 되어야 한다. 따라서 E 대학은 지표 '다', '라', '마'의 지표점수가 동일하다. 직관적으로 파악하기 힘들다면 식으로 접근해도 된다. 지표환산점수의 미지수는 '라'의 가중치가 5이므로 x로 두고 '다'와 '마'의 가중치는 10이므로 각각 $2x$로 두자. 따라서 $5x$=250이므로 x=50이 된다.

ㄴ. (O) 지표 '라'의 지표점수는 먼저 괄호가 하나인 G 대학부터 도출한다. 10×23+22×5+라=375점이고 지표 '라'의 지표환산점수는 35점이므로 G 대학 지표 '라'의 지표점수는 7점이다. F 대학의 경우 10×13+19×5+라+마=365점이므로 라+마=140점이다. 지표 '라'의 가중치는 5이고 지표 '마'의 가중치는 10이므로 만약 '마'의 지표점수가 만점인 10점이 되어 '마'의 지표환산점수가 100점이라 하더라도 지표 '라'의 지표환산점수는 최소 40점이므로 F 대학 지표 '라'의 지표점수 최솟값은 8점이다. 따라서 지표 '라'의 지표점수는 F 대학이 G 대학보다 항상 높다. 복잡해서 시간이 가장 오래 걸리므로 ㄷ을 먼저 검토했다면 계산하지 않아도 된다.

ㄷ. (X) H 대학의 지표점수는 지표 '나'가 8점, 지표 '마'가 6점이지만 가중치는 지표 '나'가 5로, 지표 '마'의 10보다 작기 때문에 지표 '나'의 지표환산점수가 지표 '마'의 지표환산점수보다 대학 평판도 총점에서 더 큰 비중을 차지하지 않는다. ㄱ, ㄴ에 비해 쉽게 판단할 수 있는 ㄷ부터 접근했다면 ㄴ을 검토하지 않고 곧바로 이어 ㄱ만 검토하고 답을 도출할 수 있다.

⏱ 빠른 문제 풀이 Tip

• 빈칸이 많기 때문에 최대한 채우지 않으면서 판단할 수 있는 〈보기〉부터 접근하자.

• 가중치를 적용해 지표환산점수를 도출하는 경우에도 가중치가 동일한 것끼리 묶어서 보자.

[정답] ②

14

다음 〈표〉는 2011~2015년 군 장병 1인당 1일 급식비와 조리원 충원인원에 관한 자료이다. 이에 대한 설명으로 옳지 않은 것은?

〈표〉 군 장병 1인당 1일 급식비와 조리원 충원인원

구분 \ 연도	2011	2012	2013	2014	2015
1인당 1일 급식비(원)	5,820	6,155	6,432	6,848	6,984
조리원 충원인원(명)	1,767	1,924	2,024	2,123	2,195
전년대비 물가상승률(%)	5	5	5	5	5

※ 2011~2015년 동안 군 장병 수는 동일함.

① 2012년 이후 군 장병 1인당 1일 급식비의 전년대비 증가율이 가장 큰 해는 2014년이다.

② 2012년의 조리원 충원인원이 목표 충원인원의 88%라고 할 때, 2012년의 조리원 목표 충원인원은 2,100명보다 많다.

③ 2012년 이후 조리원 충원인원의 전년대비 증가율은 매년 감소한다.

④ 2011년 대비 2015년의 군 장병 1인당 1일 급식비의 증가율은 2011년 대비 2015년의 물가상승률보다 낮다.

⑤ 군 장병 1인당 1일 급식비의 5년(2011~2015년) 평균은 2013년 군 장병 1인당 1일 급식비보다 작다.

📝 문제풀이

14 분수 비교형　　　　　　　　　　　　난이도 ★★★☆☆

① (O) 군 장병 1인당 1일 급식비의 전년대비 증가율은 2014년이 약 6.5%로 2012년 5.8%, 2013년 4.5%, 2015년 2.0%에 비해 가장 크다. 따라서 2012년 이후 군 장병 1인당 1일 급식비의 전년대비 증가율이 가장 큰 해는 2014년 이다. 시간 소요가 큰 선택지이다. 5%를 기준으로 판단한다고 해도 2012년 역시 5% 이상이기 때문에 상당히 계산을 정밀하게 해야 판단할 수 있기 때문이다.

② (O) 만약 2012년의 조리원 목표 충원인원이 2,100명이고 2012년의 조리원 충원인원이 목표 충원인원의 88%라고 한다면 조리원 충원인원은 1,848명 이다. 2012년 조리원 충원인원이 1,924명이므로 2012년의 조리원 목표 충원 인원은 2,100명보다 많다고 판단할 수 있다.

③ (O) 전년대비 증가율이 매년 감소하는지 묻고 있으므로 먼저 조리원 충원인 원이 매년 증가하는지 판단한 다음 그 증가폭이 매년 감소하는지 검토한다. 2012년 이후 조리원 충원인원은 매년 증가하고 있고 그 증가폭은 157, 100, 99, 72명으로 감소하고 있다. 따라서 2012년 이후 조리원 충원인원의 전년 대비 증가율은 매년 감소한다.

④ (O) 먼저 2011년 대비 2015년의 군 장병 1인당 1일 급식비의 증가율은 $\frac{1,164}{5,820}$=0.2로 20%이다. 2012년 이후 전년대비 물가상승률은 매년 5%로 일 정하므로 2011년 대비 2015년의 물가상승률은 반드시 20% 이상이 된다. 따 라서 2011년 대비 2015년의 군 장병 1인당 1일 급식비의 증가율은 2011년 대 비 2015년의 물가상승률보다 낮다.

⑤ (X) 먼저 2013년 군 장병 1인당 1일 급식비는 6,432원이므로 이를 기준으로 해서 나머지 연도와의 차이값을 통해 판단한다. 2013년 기준 2011년 5,820 은 −612, 2012년 6,155는 −277이고 2014년 6,848은 +416, 2015년 6,984는 +552이다. 따라서 2013년을 제외한 나머지 4개 연도의 차이값 합은 (+)가 되므로 군 장병 1인당 1일 급식비의 5년(2011~2015년) 평균은 2013년 군 장 병 1인당 1일 급식비보다 크다. 구체적으로 도출하면 군 장병 1인당 1일 급식 비의 5년(2011~2015년) 평균은 6,448원이다.

⏱ 빠른 문제 풀이 Tip

전년대비 물가상승률이 5%로 매년 동일하게 주어진 점을 주목하자. 그렇 다면 연평균 물가상승률이 5%보다 클지 작을지 생각한다면 문제에 접근 하기 쉬워진다.

[정답] ⑤

15

다음 〈표〉와 〈그림〉은 2015년과 2016년 '갑'~'무'국의 경상수지에 관한 자료이다. 이와 〈조건〉을 이용하여 A~E에 해당하는 국가를 바르게 나열한 것은?

〈표〉 국가별 상품수출액과 서비스수출액

(단위: 백만 달러)

국가	연도 항목	2015	2016
A	상품수출액	50	50
	서비스수출액	30	26
B	상품수출액	30	40
	서비스수출액	28	34
C	상품수출액	60	70
	서비스수출액	40	46
D	상품수출액	70	62
	서비스수출액	55	60
E	상품수출액	50	40
	서비스수출액	27	33

〈그림 1〉 국가별 상품수지와 서비스수지

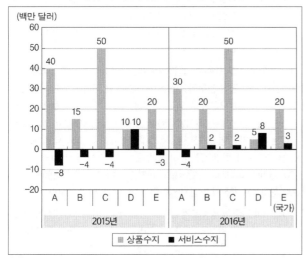

※ 상품(서비스)수지 = 상품(서비스)수출액 - 상품(서비스)수입액

〈그림 2〉 국가별 본원소득수지와 이전소득수지

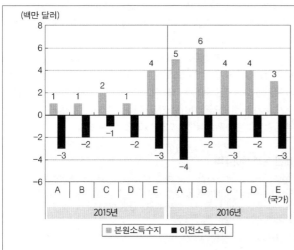

〈조 건〉

○ 2015년 대비 2016년의 상품수입액 증가폭이 동일한 국가는 '을'국과 '정'국이다.

○ 2015년과 2016년의 서비스수입액이 동일한 국가는 '을'국, '병'국, '무'국이다.

○ 2015년 본원소득수지 대비 상품수지 비율은 '병'국이 '무'국의 3배이다.

○ 2016년 '갑'국과 '병'국의 이전소득수지는 동일하다.

	A	B	C	D	E
①	을	병	정	갑	무
②	을	무	갑	정	병
③	정	갑	을	무	병
④	정	병	을	갑	무
⑤	무	을	갑	정	병

📑 문제풀이

15 매칭형	난이도 ★★★★☆

• 주어진 자료는 수출액과 수지에 관한 자료이므로 수출액과 수지의 차이를 묻는 〈조건〉은 차이값을 통해 비교적 복잡하게 접근해야 하므로 첫 번째 〈조건〉과 두 번째 〈조건〉은 후순위로 접근한다. 이에 따라 〈그림 2〉에서 쉽게 판단 가능한 네 번째 〈조건〉부터 검토하면 2016년 '갑'국과 '병'국의 이전소득수지는 동일하다고 하였으므로 갑과 병이 될 수 있는 조합은 (D, B) 또는 (C, E)가 된다. 따라서 ③이 제거된다.

• 세 번째 〈조건〉에서 2015년 본원소득수지 대비 상품수지 비율은 '병'국이 '무'국의 3배라고 하였으므로 (B, E)가 (병, 무)인 ①, ④부터 검토한다. 본원소득수지는 〈그림 2〉에 있고 상품수지는 〈그림 1〉에 있으니 헷갈리지 않게 시각적으로 표시해서 비교하자. B는 15/1=15이고 E는 20/4=5이므로 정확히 3배가 되기 때문에 가능한 조합이다. ②, ⑤는 병이 본원소득수지 대비 상품수지 비율이 가장 낮은 E가 되어야 하므로 가능한 조합이 없기 때문에 제거한다.

• A와 C가 각각 을 또는 정이 되어야 하므로 첫 번째 〈조건〉은 검토할 필요가 없게 된다. 따라서 두 번째 〈조건〉에서 2015년과 2016년의 서비스수입액이 동일한 국가는 '을'국, '병'(B)국, '무'(E)국이라고 하였으므로 A와 C만 검토한다. 서비스수입액=서비스수출액-서비스수지이므로 A는 2015년 38백만 달러, 2016년 30백만 달러로 다르기 때문에 을은 C가 된다. C는 2015년과 2016년 모두 44백만 달러로 동일하다.

⏱ 빠른 문제 풀이 Tip

• 매칭형 문제이므로 어떤 〈조건〉을 먼저 검토하느냐에 따라 풀이 시간이 달라진다.

• 경우의 수를 생각해서 상대적으로 확정 가능한 〈조건〉 위주로 풀어내거나 판단하기 쉬운 〈조건〉부터 접근하자.

[정답] ④

16

다음 〈표〉는 A~E 리조트의 1박 기준 일반요금 및 회원할인율에 관한 자료이다. 이에 대한 〈보기〉의 설명 중 옳은 것만을 모두 고르면?

〈표 1〉 비수기 및 성수기 일반요금(1박 기준)

(단위: 천 원)

구분＼리조트	A	B	C	D	E
비수기 일반요금	300	250	200	150	100
성수기 일반요금	500	350	300	250	200

〈표 2〉 비수기 및 성수기 회원할인율(1박 기준)

(단위: %)

구분	회원유형＼리조트	A	B	C	D	E
비수기 회원할인율	기명	50	45	40	30	20
	무기명	35	40	25	20	15
성수기 회원할인율	기명	35	30	30	25	15
	무기명	30	25	20	15	10

※ 회원할인율(%) = $\dfrac{일반요금 - 회원요금}{일반요금} \times 100$

〈보 기〉

ㄱ. 리조트 1박 기준, 성수기 일반요금이 낮은 리조트일수록 성수기 무기명 회원요금이 낮다.

ㄴ. 리조트 1박 기준, B 리조트의 회원요금 중 가장 높은 값과 가장 낮은 값의 차이는 125,000원이다.

ㄷ. 리조트 1박 기준, 각 리조트의 기명 회원요금은 성수기가 비수기의 2배를 넘지 않는다.

ㄹ. 리조트 1박 기준, 비수기 기명 회원요금과 비수기 무기명 회원요금 차이가 가장 작은 리조트는 성수기 기명 회원요금과 성수기 무기명 회원요금 차이도 가장 작다.

① ㄱ, ㄴ

② ㄱ, ㄷ

③ ㄷ, ㄹ

④ ㄱ, ㄴ, ㄹ

⑤ ㄴ, ㄷ, ㄹ

📝 문제풀이

16 각주 판단형   난이도 ★★★★★

ㄱ. (O) 성수기 일반요금은 A>B>C>D>E 순이다. 회원요금은 $\dfrac{1-회원할인율}{100}$ ×일반요금이므로 성수기 무기명 회원할인율이 A에서 E로 갈수록 커진다면 (1-회원할인율)은 성수기 일반요금의 순서와 동일해진다. 하지만 성수기 회원할인율이 A>B>C>D>E 순이므로 (1-회원할인율)은 A<B<C<D<E 순이다. 따라서 곱셈 비교로 판단을 해야 한다. 회원요금 식에서 100으로 나눠주는 것은 공통이므로 고려하지 않아도 되고 성수기 일반요금의 숫자 0을 하나 빼서 간단히 정리해 (1-회원할인율)×일반요금으로 나타내면 A는 70×50, B는 75×35, C는 80×30, D는 85×25, E는 90×200이다. 따라서 성수기 무기명 회원요금이 많은 순서를 정리하면 A>B>C>D>E 순이므로 성수기 일반요금이 낮은 리조트일수록 성수기 무기명 회원요금이 낮다.

먼저 성수기 일반요금 순서를 파악하고 회원요금 식을 정리하면 A→E로 (1-회원할인율)이 5만큼 커지고 있고 일반요금은 E→B로 5만큼 커지고, B→A로 15만큼 커졌으므로 곱셈 비교를 굳이 구체적으로 할 필요도 없이 쉽게 파악할 수 있다.

ㄴ. (O) 회원요금을 모두 도출한 다음에 비교할 것이 아니라 먼저 B 리조트의 회원요금이 가장 높은 경우와 가장 낮은 경우부터 골라내야 한다. 비수기 보다 성수기의 일반요금이 더 높고 회원할인율은 기명이 더 높기 때문에 가장 높은 경우는 성수기 무기명 350천 원×75%=262,500원이고 가장 낮은 경우는 비수기 기명 250천 원×55%=137,500원이다. 따라서 리조트 1박 기준, B 리조트의 회원요금 중 가장 높은 값과 가장 낮은 값의 차이는 125,000원이다. 어렵지는 않은 〈보기〉이지만 구체적 금액 차이를 묻고 있으므로 꼼꼼하게 계산하고 싶지 않다면 ㄷ이나 ㄹ부터 검토하자.

ㄷ. (X) 리조트 1박 기준, E 리조트의 성수기 기명 회원요금은 200×85%=170천 원이고 비수기 기명 회원요금은 100×80%=80천 원이다. 또한 A 리조트의 성수기 기명 회원요금은 500×65%=325천 원이고 비수기 기명 회원요금은 300×50%=150천 원이다. 따라서 A와 E의 경우 리조트 1박 기준, 기명 회원요금은 성수기가 비수기의 2배를 넘는다.

ㄹ. (O) 복잡해 보이는 〈보기〉지만 의외로 구조를 살펴보면 간단하다. E 리조트가 비수기 일반요금이 가장 낮은데 기명과 무기명의 비수기 회원할인율의 차이 역시 5%p로 가장 작다. 또한 성수기 일반요금도 E 리조트가 가장 낮은데 기명과 무기명의 성수기 회원할인율의 차이도 5%p로 가장 작다. 따라서 계산할 필요도 없이 E 리조트가 1박 기준, 비수기 기명 회원요금과 비수기 무기명 회원요금 차이가 가장 작고 리조트는 성수기 기명 회원요금과 성수기 무기명 회원요금 차이도 가장 작다. ㄱ부터 검토했다면 ㄴ보다는 ㄹ부터 검토하는게 확률적으로 답을 빨리 찾을 수 있다.

> ⏱ **빠른 문제 풀이 Tip**
>
> 제목, 단위, 각주를 체크하면 결국 각주 식을 볼 때 자료에서 주어지지 않은 항목은 회원요금이기 때문에 〈보기〉에서 이를 물어볼 가능성이 아주 크다. 실제로 〈보기〉를 보면 모든 〈보기〉가 회원요금을 묻고 있으므로 각주의 식을 회원요금에 관한 식으로 정리해주자.
>
> 회원할인율=$\left(1-\dfrac{회원요금}{일반요금}\right)\times100$이므로 이를 회원요금에 관한 식으로 정리해 주면 회원요금=$\left(1-\dfrac{회원할인율}{100}\right)\times$일반요금이 된다.

[정답] ④

17

다음 〈그림〉과 〈규칙〉은 아마추어 야구대회에 참가한 A~E팀이 현재까지 치른 경기의 중간 결과와 대회 규칙을 나타낸 것이다. 이에 대한 〈보기〉의 설명 중 옳은 것만을 모두 고르면?

〈그림〉 아마추어 야구대회 중간 결과

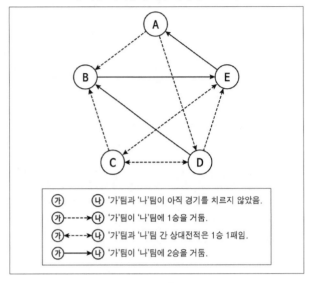

가 ── 나	'가'팀과 '나'팀이 아직 경기를 치르지 않았음.
가 ┈▶ 나	'가'팀이 '나'팀에 1승을 거둠.
가 ┈┈▶ 나	'가'팀과 '나'팀 간 상대전적이 1승 1패임.
가 ──▶ 나	'가'팀이 '나'팀에 2승을 거둠.

─〈규 칙〉─
○ 야구대회 기간 동안 A~E팀은 자신을 제외한 모든 팀과 두 번씩 경기를 하며, 각 경기에 무승부는 없다.
○ 최종 승수는 모든 경기를 치른 후 팀별로 집계한다.

─〈보 기〉─
ㄱ. 현재까지 치러지지 않은 경기는 모두 여섯 경기이다.
ㄴ. 현재까지 가장 많은 경기를 치른 팀은 B팀이다.
ㄷ. A팀이 남은 경기를 모두 승리한다면, 다른 팀들의 남은 경기 결과에 관계없이 A팀의 최종 승수가 가장 많다.
ㄹ. A팀이 남은 경기를 모두 승리하고 E팀이 남은 경기를 모두 패배한다면, D팀의 최종 승수는 4승이다.

① ㄱ, ㄴ
② ㄱ, ㄷ
③ ㄴ, ㄹ
④ ㄱ, ㄷ, ㄹ
⑤ ㄴ, ㄷ, ㄹ

📝 문제풀이

17 조건 판단형
난이도★★★★☆

ㄱ. (O) 〈규칙〉에서 각 팀은 자신을 제외한 모든 팀과 두 번씩 경기를 한다고 하였으므로 전체 경기 수는 20경기이다. 만약 한 번씩만 경기를 한다면 10경기가 된다. 이는 $_5C_2$로 접근해도 되고 A가 4경기, B가 3경기, C가 2경기, D가 1경기라는 점으로 접근해도 된다. 〈그림〉의 화살표가 의미하는 바를 참고로 하여 팀별 승패 현황을 정리하면 A는 2승 2패, B는 2승 4패, C는 3승 2패, D는 4승 2패, E는 3승 4패이다. 따라서 승수와 패수의 합 모두 14이므로 현재까지 14경기가 치러졌고, 총 20경기이므로 치러지지 않은 경기는 여섯 경기가 된다.

ㄴ. (X) 현재까지 가장 많은 경기를 치른 팀은 B팀(6경기)이 아니라 E팀(7경기)이다.

ㄷ. (O) 현재 A팀은 2승 2패로 B팀과 1경기, C팀과 2경기, D팀과 1경기를 남겨두고 있으므로 모두 이기면 6승 2패가 된다. 이렇게 되면 B팀은 최대 3승, C팀은 남은 경기를 모두 A에게 졌으므로 3승, D팀은 최대 5승, E팀은 최대 4승이 가능하다. 따라서 A팀이 남은 경기를 모두 승리한다면, 다른 팀들의 남은 경기 결과에 관계없이 A팀의 최종 승수가 가장 많게 된다.

ㄹ. (X) 현재 A팀은 2승 2패이고 E는 3승 4패이다. 화살표를 토대로 판단하면 E는 현재 D와 한 경기를 남겨두고 있으므로 A팀을 고려하지 않더라도 현재 D는 4승 2패이므로 E팀이 남은 1경기를 패배한다면, D팀은 적어도 5승이 된다. A가 모두 이기는 상황까지 고려하면 D팀은 최종적으로 5승 3패가 된다.

⏱ 빠른 문제 풀이 Tip
• 〈그림〉의 승패 결과를 정리한 다음 접근해야 오히려 문제 해결이 쉬워진다.
• 스포츠 경기 문제이므로 전체 경기 수, 승패 마진 등을 고려하여 접근하자.

[정답] ②

18

다음 〈표〉는 특별·광역·특별자치시의 도로현황이다. 이를 바탕으로 〈조건〉을 모두 만족하는 두 도시 A, B를 비교한 것으로 옳은 것은?

〈표〉 특별·광역·특별자치시의 도로현황

구분	면적 (㎢)	인구 (천 명)	도로 연장 (km)	포장 도로 (km)	도로 포장률 (%)	면적당 도로 연장 (km/㎢)	인구당 도로 연장 (km/천 명)	자동차 대수 (천 대)	자동차당 도로 연장 (km/천 대)	도로 보급률
서울	605	10,195	8,223	8,223	100.0	13.59	0.81	2,974	2.76	3.31
부산	770	3,538	3,101	3,022	97.5	4.03	0.88	1,184	2.62	1.88
대구	884	2,506	2,627	2,627	100.0	2.97	1.05	1,039	2.53	1.76
인천	1,041	2,844	2,743	2,605	95.0	2.63	0.96	1,142	2.40	1.59
광주	501	1,469	1,806	1,799	99.6	3.60	1.23	568	3.18	2.11
대전	540	1,525	2,077	2,077	100.0	3.85	1.36	606	3.43	2.29
울산	1,060	1,147	1,760	1,724	98.0	1.66	1.53	485	3.63	1.60
세종	465	113	412	334	81.1	0.89	3.65	53	7.77	1.80
전국	100,188	50,948	106,440	87,798	82.5	1.06	2.09	19,400	5.49	1.49

─〈조 건〉─

○ 자동차당 도로연장은 A시와 B시 모두 전국보다 짧다.
○ A시 인구는 B시 인구의 2배 이상이다.
○ A시는 B시에 비해 면적이 더 넓다.
○ A시는 B시에 비해 도로포장률이 더 높다.

① 자동차 대수: A<B
② 도로보급률: A<B
③ 면적당 도로연장: A>B
④ 인구당 도로연장: A>B
⑤ 자동차당 도로연장: A>B

📑 문제풀이

18 조건 판단형　　　　　　　　　난이도★★★★☆

- 첫 번째 〈조건〉에서 자동차당 도로연장은 A시와 B시 모두 전국보다 짧다고 했으므로 세종시는 제외된다.

- 나머지 〈조건〉을 보면 모두 A시는 B시보다 인구도 2배 이상 많고 면적도 더 넓고 도로포장률도 더 높다. 따라서 남은 세 가지 조건을 동시에 고려해 보자. 먼저 100% 항목이 있는 도로포장률 조건에서 서울, 대구, 대전을 제외하면 B시가 될 수 있는 도시는 부산, 인천, 광주, 울산이다. 여기서 면적 조건을 보면 울산의 면적이 가장 넓기 때문에 역시 B시가 될 수 없다. 인천도 울산 다음으로 면적이 넓지만 인구는 더 적기 때문에 나머지 부산, 광주 중 하나가 B시가 된다. B시가 부산이라면 A시가 될 수 있는 도시는 없고 B시가 광주라면 A시는 사실상 도로포장률이 더 높은 서울만이 가능하다.

따라서 A는 서울, B는 광주이다.

> ⏱ **빠른 문제 풀이 Tip**
> - 먼저 〈조건〉에 따라 A와 B시를 먼저 찾아야 한다.
> - 매칭형 문제와 마찬가지로 〈조건〉을 보는 순서를 나름대로 정해서 접근해야 한다.

[정답] ③

2024
2023
2022
2021
2020
2019
2018
2017
2016
2015
2014
2013
2012

19

다음 〈표〉는 소프트웨어 A~E의 제공 기능 및 가격과 사용자별 필요 기능 및 보유 소프트웨어에 관한 자료이다. 이에 대한 〈보기〉의 설명 중 옳은 것만을 모두 고르면?

〈표 1〉 소프트웨어별 제공 기능 및 가격

(단위: 원)

구분 소프트웨어	기능										가격
	1	2	3	4	5	6	7	8	9	10	
A	○		○		○		○	○		○	79,000
B		○	○	○		○			○	○	62,000
C	○	○	○	○	○	○		○	○		58,000
D		○				○	○		○		54,000
E	○		○	○	○	○	○	○			68,000

※ 1) ○: 소프트웨어가 해당 번호의 기능을 제공함을 뜻함.
　2) 각 기능의 가격은 해당 기능을 제공하는 모든 소프트웨어에서 동일하며, 소프트웨어의 가격은 제공 기능 가격의 합임.

〈표 2〉 사용자별 필요 기능 및 보유 소프트웨어

구분 사용자	기능										보유 소프트웨어
	1	2	3	4	5	6	7	8	9	10	
갑			○		○		○	○			A
을		○	○	○		○			○	○	B
병	○		○					○			( )

※ 1) ○: 사용자가 해당 번호의 기능이 필요함을 뜻함.
　2) 각 사용자는 소프트웨어 A~E 중 필요 기능을 모두 제공하는 1개의 소프트웨어를 보유함.
　3) 각 소프트웨어는 여러 명의 사용자가 동시에 보유할 수 있음.

──〈보 기〉──

ㄱ. '갑'의 필요 기능을 모두 제공하는 소프트웨어 중 가격이 가장 낮은 것은 E이다.
ㄴ. 기능 1, 5, 8의 가격 합과 기능 10의 가격 차이는 3,000원 이상이다.
ㄷ. '을'의 보유 소프트웨어와 '병'의 보유 소프트웨어로 기능 1~10을 모두 제공하려면, '병'이 보유할 수 있는 소프트웨어는 E뿐이다.

① ㄱ
② ㄱ, ㄴ
③ ㄱ, ㄷ
④ ㄴ, ㄷ
⑤ ㄱ, ㄴ, ㄷ

📝 문제풀이

19 각주 판단형　　　　　　　　난이도 ★★★★☆

ㄱ. (O) '갑'의 필요 기능은 3, 5, 7, 8번이고 이를 모두 제공하는 소프트웨어는 A와 E이므로 이 중 가격이 가장 낮은 것은 E이다.

ㄴ. (O) 먼저 소프트웨어 중 기능 1, 5, 8은 있지만 기능 10은 없는 것과 기능 1, 5, 8은 없지만 기능 10이 있는 것을 찾아야 한다. 먼저 기능 1, 5, 8은 있지만 기능 10이 없는 소프트웨어는 C와 E이고 기능 1, 5, 8은 없지만 기능 10이 있는 소프트웨어는 B이다. 따라서 B와 차이를 통해 나머지 기능 2, 3, 4, 6, 7, 9를 제거하고, 유의미하게 기능 1, 5, 8의 합과 기능 10의 차이를 비교할 수 있는 C와 비교해 보자. 결국 소프트웨어 C 중 B와 공통인 기능을 제외하면 기능 1, 5, 8의 합과 기능 10의 차이만 남게 된다. 따라서 기능 1, 5, 8의 가격 합과 기능 10의 가격 차이는 소프트웨어 B와 C의 가격 차이인 4,000원으로 3,000원 이상이 된다.

ㄷ. (X) 먼저 '병'의 필요 기능은 1, 3, 8이므로 보유 가능한 소프트웨어는 A, C, E이다. 이 중 '을'의 보유 소프트웨어 B와 결합하여 기능 1~10을 모두 제공하려면, '병'이 보유할 수 있는 소프트웨어는 E뿐만 아니라 A도 가능하다.

⏱ 빠른 문제 풀이 Tip

- 각주의 해석이 중요한 문제이다. 특히 각 소프트웨어의 가격은 해당 소프트웨어가 가지고 있는 기능의 합이라는 점을 체크해야 한다.
- 이런 유형의 문제는 직관적으로 구조가 보이면 쉽게 답이 도출되지만 보이지 않으면 시간만 잡아먹는 문제이므로 후순위로 두고 접근하자.

[정답] ②

20

다음 〈표〉는 2016년 10월, 2017년 10월 순위 기준 상위 11개국의 축구 국가대표팀 순위 변동에 관한 자료이다. 이에 대한 설명으로 옳은 것은?

〈표〉 축구 국가대표팀 순위 변동

구분 순위	2016년 10월			2017년 10월		
	국가	점수	등락	국가	점수	등락
1	아르헨티나	1,621	–	독일	1,606	↑1
2	독일	1,465	↑1	브라질	1,590	↓1
3	브라질	1,410	↑1	포르투갈	1,386	↑3
4	벨기에	1,382	↓2	아르헨티나	1,325	↓1
5	콜롬비아	1,361	–	벨기에	1,265	↑4
6	칠레	1,273	–	폴란드	1,250	↓1
7	프랑스	1,271	↑1	스위스	1,210	↓3
8	포르투갈	1,231	↓1	프랑스	1,208	↑2
9	우루과이	1,175	–	칠레	1,195	↓2
10	스페인	1,168	↑1	콜롬비아	1,191	↓2
11	웨일스	1,113	↑1	스페인	1,184	–

※ 1) 축구 국가대표팀 순위는 매월 발표됨.
　2) 등락에서 ↑, ↓, –는 전월 순위보다 각각 상승, 하락, 변동없음을 의미하고, 옆의 숫자는 전월대비 순위의 상승폭 혹은 하락폭을 의미함.

① 2016년 10월과 2017년 10월에 순위가 모두 상위 10위 이내인 국가 수는 9개이다.
② 2017년 10월 상위 10개 국가 중, 2017년 9월 순위가 2016년 10월 순위보다 낮은 국가는 높은 국가보다 많다.
③ 2017년 10월 상위 5개 국가의 점수 평균이 2016년 10월 상위 5개 국가의 점수 평균보다 높다.
④ 2017년 10월 상위 11개 국가 중 전년 동월 대비 점수가 상승한 국가는 전년 동월 대비 순위도 상승하였다.
⑤ 2017년 10월 상위 11개 국가 중 2017년 10월 순위가 전월 대비 상승한 국가는 전년 동월 대비 상승한 국가보다 많다.

📝 문제풀이

20 각주 판단형　　　　　　　　　　　난이도 ★★★★★

① (X) 2016년 10월과 2017년 10월에 순위가 모두 상위 10위 이내인 국가 수가 9개가 되려면 두 순위 중 하나의 순위에서 상위 10위 이내인 국가가 1개만 존재해야 한다. 우루과이와 스페인은 2016년 10월 상위 10위 이내이지만 2017년 10월에는 상위 10위 이내가 아니다. 일반적으로 이와 같은 선택지를 검토할 때는 순위가 낮은 항목 위주로 검토해야 한다.

② (O) 2017년 10월 상위 10개 국가 중 2017년 9월 순위가 2016년 10월 순위보다 낮은 국가는 아르헨티나, 벨기에, 프랑스, 칠레, 콜롬비아로 5개국이며 2017년 9월 순위가 2016년 10월 순위보다 높은 국가는 브라질, 포르투갈, 폴란드, 스위스로 4개국이다. 따라서 2017년 10월 상위 10개 국가 중 2017년 9월 순위가 2016년 10월 순위보다 낮은 국가는 높은 국가보다 많다. 독일은 2017년 9월 순위와 2016년 10월 순위가 2위로 같다.

③ (X) 2017년 10월 상위 5개 국가와 2016년 10월 상위 5개 국가의 동순위 간 점수 차이를 판단하면 2016년 10월에 비해 2017년 10월 1위는 -15, 2위는 +125, 3위는 -24, 4위는 -57, 5위는 -96이므로 1~5위의 점수 차이 합은 (-)이다. 따라서 2017년 10월 상위 5개 국가의 점수 평균이 2016년 10월 상위 5개 국가의 점수 평균보다 낮다.

④ (X) 2017년 10월 상위 11위 국가인 스페인은 전년 동월 대비 점수가 1,168에서 1,184로 상승하였지만 전년 동월 대비 순위는 10위에서 11위로 하락하였다.

⑤ (X) 2017년 10월 상위 11개 국가 중 2017년 10월 순위가 전월 대비 상승한 국가는 독일, 포르투갈, 벨기에, 프랑스로 4개국이다. 반면 전년 동월 대비 순위가 상승한 국가는 독일, 브라질, 포르투갈, 폴란드, 스위스로 5개국이다. 따라서 2017년 10월 상위 11개 국가 중 2017년 10월 순위가 전월 대비 상승한 국가는 전년 동월 대비 상승한 국가보다 적다.

⏱ 빠른 문제 풀이 Tip

• 순위 자료가 주어져 있으므로 판단할 수 있는 것과 그렇지 않은 항목을 구분하자.
• 비교 시점을 명확히 해야 실수를 줄일 수 있다. 전년 동월대비와 전월 대비의 차이를 염두에 두고 접근하자.
• 주어진 자료는 상위 11개국이고 선택지에서 10위 이내를 묻는 경우가 있으므로 주의하자.

[정답] ②

21

다음 〈그림〉은 우리나라의 지역별 한옥건설업체수 현황이다. 이에 대한 〈보기〉의 설명 중 옳은 것만을 모두 고르면?

〈그림〉 지역별 한옥건설업체수 현황

(단위: 개)

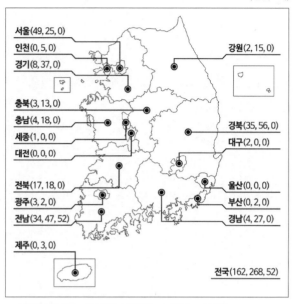

※ 1) 한옥건설업체는 설계업체, 시공업체, 자재업체로 구분됨.
　2) 지역명(A, B, C)의 A, B, C는 해당 지역 한옥건설업체의 설계업체수, 시공업체수, 자재업체수를 각각 의미함.
　3) 수도권은 서울, 인천, 경기로 구성됨.

─────〈보 기〉─────
ㄱ. 설계업체수가 시공업체수보다 많은 지역의 수는 한옥건설업체가 없는 지역의 수보다 많다.
ㄴ. 전국의 설계업체수는 시공업체수보다 많다.
ㄷ. 수도권 시공업체 중 서울 시공업체가 차지하는 비중은 전국 설계업체 중 수도권 설계업체가 차지하는 비중보다 크다.
ㄹ. 설계업체수 기준, 상위 2개 지역의 설계업체수 합은 전국 설계업체수의 50% 미만이다.

① ㄱ, ㄴ
② ㄱ, ㄷ
③ ㄴ, ㄹ
④ ㄱ, ㄷ, ㄹ
⑤ ㄴ, ㄷ, ㄹ

📝 문제풀이

21 분수 비교형　　　　　　　　난이도★★☆☆☆

ㄱ. (O) 설계업체수가 시공업체수보다 많은 지역은 서울, 세종, 광주, 대구로 4개 지역이고 한옥건설업체가 없는 지역의 수는 대전, 울산으로 2개 지역이다. 따라서 설계업체수가 시공업체수보다 많은 지역이 한옥건설업체가 없는 지역의 수보다 많다. 계산을 요하지는 않지만 전체 지역을 비교해야 하기 때문에 시간이 오래 걸린다.

ㄴ. (X) 전국 수치는 그림의 우측 하단에 표시되어 있기 때문에 쉽게 파악할 수 있다. 전국의 설계업체수는 162개로 시공업체수 268개보다 적다.

ㄷ. (O) 수도권 시공업체 중 서울 시공업체가 차지하는 비중은 $\frac{25}{67}$이고 전국 설계업체 중 수도권 설계업체가 차지하는 비중은 $\frac{57}{162}$이므로 전자는 후자보다 크다.

ㄹ. (X) 설계업체수 기준, 상위 2개 지역은 서울과 경북이고 이들의 설계업체수 합은 49+35=84개로 전국 설계업체수 162개의 50% 이상이다.

⏱ 빠른 문제 풀이 Tip

• 지도와 수치가 동시에 나온 다소 한 번에 파악하기 쉽지 않은 〈그림〉 자료이기 때문에 필요한 정보만 선별하자.
• 각주의 의미를 통해 정확하게 판단하자.

[정답] ②

22

다음 〈표〉와 〈그림〉은 2015년 A~D국의 산업별 기업수와 국내총생산(GDP)에 대한 자료이다. 이와 〈조건〉에 근거하여 A~D에 해당하는 국가를 바르게 나열한 것은?

〈표〉A~D국의 산업별 기업수

(단위: 개)

국가＼산업	전체	제조업	서비스업	기타
A	3,094,595	235,093	2,283,769	575,733
B	3,668,152	396,422	2,742,627	529,103
C	2,975,674	397,171	2,450,288	128,215
D	3,254,196	489,530	2,747,603	17,063

〈그림〉A~D국의 전체 기업수와 GDP

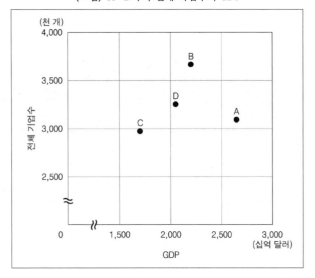

〈조 건〉

○ '갑'~ '정'국 중 전체 기업수 대비 서비스업 기업수의 비중이 가장 큰 국가는 '갑'국이다.
○ '정'국은 '을'국보다 제조업 기업수가 많다.
○ '을'국은 '병'국보다 전체 기업수는 많지만 GDP는 낮다.

	A	B	C	D
①	갑	정	을	병
②	을	병	정	갑
③	병	을	갑	정
④	병	을	정	갑
⑤	정	을	병	갑

📝 문제풀이

22 매칭형   난이도 ★★★☆☆

• 첫 번째 〈조건〉 '갑'~ '정'국 중 전체 기업수 대비 서비스업 기업수의 비중이 가장 큰 국가는 '갑'국이라고 하였으므로 〈표〉를 통해 서비스업/전체의 비중을 판단한다. (제조업+기타)를 묶어서 접근하면 이는 상대비로 판단할 수 있고 결국 서비스업/전체의 비중이 가장 큰 국가는 {서비스업/(제조업+기타)}의 비중이 가장 큰 국가와 동일하다. 따라서 서비스업의 수가 가장 많고 (제조업+기타)의 합이 가장 적은 D국이 '갑'국이 된다. 이에 따라 ①, ③이 제거된다.

• 두 번째 〈조건〉 '정'국은 '을'국보다 제조업 기업수가 많다고 하였으므로 선택지 배열을 참고하여 판단하면 제조업 기업수는 A보다 B가 더 많기 때문에 ⑤는 제거된다.

• 세 번째 〈조건〉 '을'국은 '병'국보다 전체 기업수는 많지만 GDP는 낮다고 하였으므로 ②, ④를 고려하면 '을'국은 B, '병'국은 A이다.

⏱ 빠른 문제 풀이 Tip

• 매칭형 문제이므로 가장이라는 키워드가 포함된 〈조건〉부터 검토하자.
• 선택지 배열을 참고하여 답을 도출하는 시간을 줄이자.

[정답] ④

23

다음 〈표〉는 임진왜란 전기·후기 전투 횟수에 관한 자료이다. 이에 대한 설명으로 옳지 않은 것은?

〈표〉 임진왜란 전기·후기 전투 횟수

(단위: 회)

구분	시기	전기		후기		합계
		1592년	1593년	1597년	1598년	
전체 전투		70	17	10	8	105
공격 주체	조선측 공격	43	15	2	8	68
	일본측 공격	27	2	8	0	37
전투 결과	조선측 승리	40	14	5	6	65
	일본측 승리	30	3	5	2	40
조선의 전투인력 구성	관군 단독전	19	8	5	6	38
	의병 단독전	9	1	0	0	10
	관군·의병 연합전	42	8	5	2	57

① 전체 전투 대비 일본측 공격 비율은 임진왜란 전기에 비해 임진왜란 후기가 낮다.

② 조선측 공격이 일본측 공격보다 많았던 해에는 항상 조선측 승리가 일본측 승리보다 많았다.

③ 전체 전투 대비 관군 단독전 비율은 1598년이 1592년의 2배 이상이다.

④ 1592년 조선이 관군·의병 연합전으로 거둔 승리는 그 해 조선측 승리의 30% 이상이다.

⑤ 1598년에는 관군 단독전 중 조선측 승리인 경우가 있다.

📝 문제풀이

23 최소여집합형

난이도 ★★★☆☆

① (X) 전체 전투 대비 일본측 공격 비율은 임진왜란 전기가 29/87≒33.3%이고 임진왜란 후기가 8/18≒44.4%이므로 전자가 후자보다 높다. 상대비로 판단하면 전기가 29/58=50%이고 후기가 8/10=80%이므로 좀 더 빠르게 판단 가능하다.

② (O) 조선측 공격이 일본측 공격보다 많았던 해에는 1592, 1593, 1598년이고 모두 조선측 승리가 일본측 승리보다 많았다.

③ (O) 전체 전투 대비 관군 단독전 비율은 1598년이 6/8=75%이고 1592년이 19/70≒27.1%이므로 2배 이상이다. 1598년이 6/8=75%로 딱 떨어지는 비율임을 감안하여 2배 이상의 관계가 되려면 1592년 19/70이 75%의 절반인 37.5% 미만인지 확인하면 된다. 19/70은 30% 미만이므로 옳은 설명임을 쉽게 판단할 수 있다.

④ (O) 1592년 조선측 승리는 40회이므로 이 중 관군 단독전과 의병 단독전 19+9=28회가 모두 포함되더라도 최소한 40−28=12회는 1592년 조선이 관군·의병 연합전으로 거둔 승리이다. 따라서 1592년 조선이 관군·의병 연합전으로 거둔 승리는 그 해 조선측 승리 40회의 30%인 12회 이상이다.

⑤ (O) 1598년 관군 단독전 6회 중 일본측 승리 2회가 포함되어 있다면 적어도 6−2=4회는 관군 단독전 중 조선측 승리인 최소 횟수이다. 따라서 1598년에는 관군 단독전 중 조선측 승리인 경우가 있다.

⏱ 빠른 문제 풀이 Tip

최소여집합의 경우 A−B^c>0으로 판단한다.

[정답] ①

24

다음 〈표〉는 인공지능(AI)의 동물식별 능력을 조사한 결과이다. 이에 대한 〈보기〉의 설명으로 옳은 것만을 모두 고르면?

〈표〉 AI의 동물식별 능력 조사 결과

(단위: 마리)

AI 식별 결과 \ 실제	개	여우	돼지	염소	양	고양이	합계
개	457	10	32	1	0	2	502
여우	12	600	17	3	1	2	635
돼지	22	22	350	2	0	3	399
염소	4	3	3	35	1	2	48
양	0	0	1	1	76	0	78
고양이	3	6	5	2	1	87	104
전체	498	641	408	44	79	96	1,766

─〈보 기〉─

ㄱ. AI가 돼지로 식별한 동물 중 실제 돼지가 아닌 비율은 10% 이상이다.

ㄴ. 실제 여우 중 AI가 여우로 식별한 비율은 실제 돼지 중 AI가 돼지로 식별한 비율보다 낮다.

ㄷ. 전체 동물 중 AI가 실제와 동일하게 식별한 비율은 85% 이상이다.

ㄹ. 실제 염소를 AI가 고양이로 식별한 수보다 양으로 식별한 수가 많다.

① ㄱ, ㄴ
② ㄱ, ㄷ
③ ㄴ, ㄷ
④ ㄱ, ㄷ, ㄹ
⑤ ㄴ, ㄷ, ㄹ

📝 문제풀이

24 분수 비교형　　　　　　　　　　　　난이도 ★★☆☆☆

ㄱ. (O) AI가 돼지로 식별한 동물 408마리 중 실제 돼지로 식별한 350마리를 제외한 나머지는 58마리이다. 따라서 AI가 돼지로 식별한 동물 중 실제 돼지가 아닌 비율은 58/408로 10% 이상이다.

ㄴ. (X) 실제 여우 635마리 중 AI가 여우로 600마리 식별하였으므로 비율은 600/635 > 90%이고 실제 돼지 399마리 중 AI가 돼지로 350마리 식별하였으므로 비율은 350/399 < 90%이다. 따라서 전자는 후자보다 높다.

ㄷ. (O) AI가 실제와 동일하게 식별한 동물은 457+600+350+35+76+ 87=1,605 마리이다. 따라서 전체 동물 1,766마리 중 AI가 실제와 동일하게 식별한 1,605마리가 차지하는 비율은 1,605/1,766≒94.1%로 85% 이상이다.

ㄹ. (X) 실제 염소를 AI가 고양이로 식별한 수는 2마리로 양으로 식별한 수 1마리가 적다.

⏱ 빠른 문제 풀이 Tip

짝표의 형태이므로 실제 합계는 맨 우측 '합계' 수치를 검토해야 하고 AI식별 결과는 맨 아래 '전체' 수치를 검토해야 한다.

[정답] ②

25

다음 〈표〉는 2015~2017년 A 대학 재학생의 교육에 관한 영역별 만족도와 중요도 점수이다. 이에 대한 〈보기〉의 설명 중 옳은 것만을 모두 고르면?

〈표 1〉 2015~2017년 영역별 만족도 점수

(단위: 점)

영역 \ 연도	2015	2016	2017
교과	3.60	3.41	3.45
비교과	3.73	3.50	3.56
교수활동	3.72	3.52	3.57
학생복지	3.39	3.27	3.31
교육환경 및 시설	3.66	3.48	3.56
교육지원	3.57	3.39	3.41

〈표 2〉 2015~2017년 영역별 중요도 점수

(단위: 점)

영역 \ 연도	2015	2016	2017
교과	3.74	3.54	3.57
비교과	3.77	3.61	3.64
교수활동	3.89	3.82	3.81
학생복지	3.88	3.73	3.77
교육환경 및 시설	3.84	3.69	3.73
교육지원	3.78	3.63	3.66

※ 해당영역별 요구충족도(%)= $\dfrac{\text{해당영역 만족도 점수}}{\text{해당영역 중요도 점수}} \times 100$

─────〈보 기〉─────

ㄱ. 중요도 점수가 높은 영역부터 차례대로 나열하면 그 순서는 매년 동일하다.

ㄴ. 2017년 만족도 점수는 각 영역에서 전년보다 높다.

ㄷ. 만족도 점수가 가장 높은 영역과 가장 낮은 영역의 만족도 점수 차이는 2016년이 2015년보다 크다.

ㄹ. 2017년 요구충족도가 가장 높은 영역은 교과 영역이다.

① ㄱ, ㄴ
② ㄱ, ㄷ
③ ㄷ, ㄹ
④ ㄱ, ㄴ, ㄹ
⑤ ㄴ, ㄷ, ㄹ

📑 문제풀이

25 분수 비교형

난이도 ★★★☆☆

ㄱ. (O) 중요도 점수가 높은 영역부터 차례대로 나열하면 교수활동, 학생복지, 교육환경 및 시설, 교육지원, 비교과, 교과 순으로 2015~2017년 동안 매년 그 순서가 동일하다.

ㄴ. (O) 〈표 1〉에서 2017년 만족도 점수는 각 영역에서 전년보다 높다는 것을 쉽게 확인할 수 있다.

ㄷ. (X) 만족도 점수가 가장 높은 영역과 가장 낮은 영역의 만족도 점수 차이는 2016년 3.52(교수활동)-3.27(학생복지)=0.25가 2015년 3.73(비교과)-3.39(학생복지)=0.34보다 작다.

ㄹ. (X) 2017년 요구충족도는 교과 영역이 345/357≒96.6%로 비교과 영역 356/364≒97.8%보다 작다. 분모와 분자를 바꿔 반대해석으로 접근하면 교과 영역은 357/345=1+(12/345)이고 비교과 영역은 364/357=1+(7/357)이므로 1을 제외한 나머지 부분만 비교하면 교과 영역이 더 높다는 것을 알 수 있다. 따라서 요구충족도는 반대로 비교과 영역이 더 높다.

[정답] ①

26

다음 〈보고서〉는 2015년 A국의 노인학대 현황에 관한 것이다. 〈보고서〉의 내용과 부합하는 자료만을 〈보기〉에서 모두 고르면?

─〈보고서〉─

2015년 1월 1일부터 12월 31일까지 한 해 동안 전국 29개 지역의 노인보호전문기관에 신고된 전체 11,905건의 노인학대 의심사례 중에 학대 인정사례는 3,818건으로 나타났다. 이는 전년대비 학대 인정사례 건수가 8% 이상 증가한 것이다.

학대 인정사례 3,818건을 신고자 유형별로 살펴보면 신고의무자에 의해 신고된 학대 인정사례는 707건, 비신고의무자에 의해 신고된 학대 인정사례는 3,111건이었다. 신고의무자에 의해 신고된 학대 인정사례 중 사회복지전담 공무원의 신고에 의한 학대 인정사례가 40% 이상으로 나타났다. 비신고의무자에 의해 신고된 학대 인정사례 중에서는 관련기관 종사자의 신고에 의한 학대 인정사례가 48% 이상으로 가장 높았고, 학대행위자 본인의 신고에 의한 학대 인정사례의 비율이 가장 낮았다.

또한 3,818건의 학대 인정사례를 발생장소별로 살펴보면 기타를 제외하고 가정 내 학대가 85.8%로 가장 높게 나타났으며, 다음으로 생활시설 5.4%, 병원 2.3%, 공공장소 2.1%의 순으로 나타났다. 학대 인정사례 중 병원에서의 학대 인정사례 비율은 2012~2015년 동안 매년 감소한 것으로 나타났다.

한편, 학대 인정사례를 가구형태별로 살펴보면 2012~2015년 동안 매년 학대 인정사례 건수가 가장 많은 가구형태는 노인단독가구였다.

─〈보 기〉─

ㄱ. 2015년 신고자 유형별 노인학대 인정사례 건수

(단위: 건)

신고자 유형		건수
신고의무자		707
	의료인	44
	노인복지시설 종사자	178
	장애노인시설 종사자	16
	가정폭력 관련 종사자	101
	사회복지전담 공무원	290
	노숙인 보호시설 종사자	31
	구급대원	9
	재가장기요양기관 종사자	38
비신고의무자		3,111
	학대피해노인 본인	722
	학대행위자 본인	8
	친족	567
	타인	320
	관련기관 종사자	1,494

ㄴ. 2014년과 2015년 노인보호전문기관에 신고된 노인학대 의심사례 신고 건수와 구성비

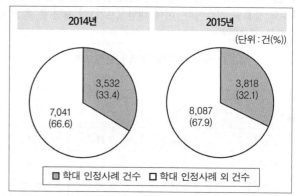

※ 구성비는 소수점 아래 둘째 자리에서 반올림한 값임.

ㄷ. 발생장소별 노인학대 인정사례 건수와 구성비

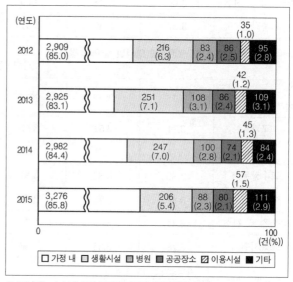

※ 구성비는 소수점 아래 둘째 자리에서 반올림한 값임.

ㄹ. 가구형태별 노인학대 인정사례 건수

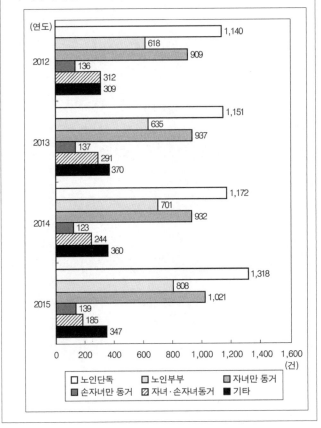

① ㄱ, ㄹ
② ㄴ, ㄷ
③ ㄱ, ㄴ, ㄷ
④ ㄱ, ㄴ, ㄹ
⑤ ㄴ, ㄷ, ㄹ

📑 문제풀이

26 분수 비교형   난이도★★★★☆

ㄱ. (O) 두 번째 문단에서 신고의무자에 의해 신고된 학대 인정사례 중 사회복지전담 공무원의 신고에 의한 학대 인정사례는 290/707≒41.1%이므로 40% 이상이다. 비신고의무자에 의해 신고된 학대 인정사례 중 관련기관 종사자의 신고에 의한 학대 인정사례는 1,494/3,111≒48.0%로 48% 이상이다. 구체적인 비율을 두 가지 묻는 문단이므로 실전에서는 후순위로 검토한다.

ㄴ. (O) 첫 번째 문단에서 학대 인정사례 건수의 전년대비 증가율은 286/3,532 ≒8.1%이므로 8% 이상이다. 답을 도출하기 위해 ㄴ은 반드시 검토해야 하는데 먼저 3,500의 8%는 280이므로 나머지 32의 8%인 2.56보다 6이 더 크기 때문에 8% 이상이라고 쉽게 판단할 수 있다.

ㄷ. (X) 세 번째 문단에서 학대 인정사례 중 병원에서의 학대 인정사례 비율은 2012년 6.3%에 비해 2013년 7.1%로 증가한다.

ㄹ. (O) 네 번째 문단에서 2012∼2015년 동안 매년 학대 인정사례 건수는 노인단독 가구가 가장 많음을 쉽게 확인할 수 있다.

⏱ 빠른 문제 풀이 Tip
〈보고서〉의 내용을 토대로 〈보기〉의 자료와 일치하는지 판단해야 하는 내용이 여러 항목일 경우 모두 검토해야 한다.

[정답] ④

27

다음 〈자료〉와 〈표〉는 2017년 11월말 기준 A지역 청년통장 사업 참여인원에 관한 자료이다. 이에 대한 〈보기〉의 설명 중 옳은 것만을 모두 고르면?

─〈자 료〉─

○ 청년통장 사업에 참여한 근로자의 고용형태별, 직종별, 근무연수별 인원

1) 고용형태

(단위: 명)

전체	정규직	비정규직
6,500	4,591	1,909

2) 직종

(단위: 명)

전체	제조업	서비스업	숙박 및 음식점업	운수업	도·소매업	건설업	기타
6,500	1,280	2,847	247	58	390	240	1,438

3) 근무연수

(단위: 명)

전체	6개월 미만	6개월 이상 1년 미만	1년 이상 2년 미만	2년 이상
6,500	1,669	1,204	1,583	2,044

〈표〉 청년통장 사업별 참여인원 중 유지인원 현황

(단위: 명)

사업명	참여인원	유지인원	중도해지인원
청년통장 I	500	476	24
청년통장 II	1,000	984	16
청년통장 III	5,000	4,984	16
전체	6,500	6,444	56

─〈보 기〉─

ㄱ. 청년통장 사업에 참여한 근로자의 70% 이상이 정규직 근로자이다.

ㄴ. 청년통장 사업에 참여한 정규직 근로자 중 근무연수가 2년 이상인 근로자의 비율은 2% 이상이다.

ㄷ. 청년통장 사업에 참여한 정규직 근로자 중 제조업과 서비스업을 제외한 직종의 근로자는 450명보다 적다.

ㄹ. 참여인원 대비 유지인원 비율은 청년통장 I이 가장 높고 다음으로 청년통장 II, 청년통장 III 순이다.

① ㄱ, ㄴ

② ㄱ, ㄷ

③ ㄱ, ㄹ

④ ㄴ, ㄹ

⑤ ㄷ, ㄹ

📝 문제풀이

27 최소여집합형

난이도 ★★★☆☆

ㄱ. (O) 청년통장 사업에 참여한 근로자 6,500명 중 정규직 근로자는 4,591명이므로 4,591/6,500≒70.6%이다. 따라서 청년통장 사업에 참여한 근로자의 70% 이상이 정규직 근로자이다.

ㄴ. (O) 청년통장 사업에 참여한 정규직 근로자는 4,591명이고 근무연수가 2년 이상인 근로자는 2,044명이다. 만약 청년통장 사업에 참여한 비정규직 근로자는 1,909명 모두 근무연수가 2년 이상이라면 청년통장 사업에 참여한 정규직 근로자 중 근무연수가 2년 이상인 근로자의 최솟값은 2,044-1,909=135명이다. 따라서 청년통장 사업에 참여한 정규직 근로자 중 근무연수가 2년 이상인 근로자의 비율은 135/4,591≒2.9%로 2% 이상이다.

ㄷ. (X) 제조업과 서비스업 직종 근로자 합 1,280+2,847=4,127명 모두 정규직이라고 가정하면 청년통장 사업에 참여한 정규직 근로자 중 제조업과 서비스업을 제외한 직종의 근로자는 최소 4,591-4,127=464명이다. 따라서 450명보다 많다.

ㄹ. (X) 참여인원 대비 유지인원 비율은 청년통장 I이 95.2%, 청년통장 II가 98.4%, 청년통장 III이 99.68%이다. 따라서 청년통장 III이 가장 높고 다음으로 청년통장 II, 청년통장 I 순이다. 참여인원 대비 중도해지인원 비율로 반대해석하면 비율을 도출하지 않고도 쉽게 판단할 수 있다.

[정답] ①

28

다음 〈표〉는 A 기업 지원자의 인턴 및 해외연수 경험과 합격여부에 관한 자료이다. 이에 대한 〈보기〉의 설명 중 옳은 것만을 모두 고르면?

〈표〉 A 기업 지원자의 인턴 및 해외연수 경험과 합격여부

(단위: 명, %)

인턴 경험	해외연수 경험	합격여부		합격률
		합격	불합격	
있음	있음	53	414	11.3
	없음	11	37	22.9
없음	있음	0	16	0.0
	없음	4	139	2.8

※ 1) 합격률(%)$=\dfrac{\text{합격자수}}{\text{합격자수}+\text{불합격자수}}\times100$

2) 합격률은 소수점 아래 둘째 자리에서 반올림한 값임.

〈보 기〉

ㄱ. 해외연수 경험이 있는 지원자가 해외연수 경험이 없는 지원자보다 합격률이 높다.

ㄴ. 인턴 경험이 있는 지원자가 인턴 경험이 없는 지원자보다 합격률이 높다.

ㄷ. 인턴 경험과 해외연수 경험이 모두 있는 지원자 합격률은 인턴 경험만 있는 지원자 합격률의 2배 이상이다.

ㄹ. 인턴 경험과 해외연수 경험이 모두 없는 지원자와 인턴경험만 있는 지원자 간 합격률 차이는 30%p보다 크다.

① ㄱ, ㄴ

② ㄱ, ㄷ

③ ㄴ, ㄷ

④ ㄱ, ㄴ, ㄹ

⑤ ㄴ, ㄷ, ㄹ

📑 문제풀이

28 분수 비교형 ★★☆☆☆ 난이도 ★★☆☆☆

ㄱ. (O) 해외연수 경험이 있는 지원자의 수는 53+414+16=483명이므로 해외연수 경험이 있는 지원자의 합격률은 53/483≒11.0%이다. 해외연수 경험이 없는 지원자의 수는 11+37+4+139=191명이므로 해외연수 경험이 없는 지원자의 합격률은 15/191≒7.9%이다. 따라서 해외연수 경험이 있는 지원자의 합격률이 더 높다.

ㄴ. (O) 인턴 경험이 있는 지원자의 합격률은 11.3~22.9%로 인턴 경험이 없는 지원자의 합격률 0.0~2.8%보다 높다. 인턴 경험 있음과 없음의 전체 합격률은 해외연수 경험이 있음과 없음의 합격률 범위에서 결정된다. 따라서 인턴경험 있음의 합격률은 최소 11.3%이므로 인턴경험 없음의 최대 합격률 2.8%보다 크기 때문에 별도 계산없이 판단할 수 있다.

ㄷ. (X) 인턴 경험과 해외연수 경험이 모두 있는 지원자의 합격률 11.3%은 인턴 경험만 있는 지원자의 합격률 22.9%의 2배 이상이 되지 못한다. 오히려 더 작다.

ㄹ. (X) 인턴 경험과 해외연수 경험이 모두 없는 지원자의 합격률 2.8%과 인턴 경험만 있는 지원자의 합격률 22.9%의 차이는 20.1%p이므로 30%p보다 작다. 〈표〉에 제시된 지원자 모두 합격률이 30% 미만이므로 그 차이가 30%p 이상일 수 없다.

⏱ 빠른 문제 풀이 Tip

〈보기〉에서 묻는 인턴 경험 유무와 해외연수 경험 유무에 대한 수치를 정확하게 판단한다.

[정답] ①

[29~30] 다음 〈표〉와 〈그림〉은 2015~2017년 '갑'국 철강산업의 온실가스 배출량 및 철강 생산량에 관한 자료이다. 〈표〉와 〈그림〉을 보고 물음에 답하시오.

〈표〉 업체별·연도별 온실가스 배출량

(단위: 천tCO2eq.)

구분\업체	배출량				예상 배출량
	2015년	2016년	2017년	3년 평균 (2015~2017년)	2018년
A	1,021	990	929	980	910
B	590	535	531	552	524
C	403	385	361	383	352
D	356	( )	260	284	257
E	280	271	265	272	241
F	168	150	135	151	132
G	102	101	100	( )	96
H	92	81	73	82	71
I	68	59	47	58	44
J	30	29	28	( )	24
기타	28	27	20	25	22
전체	3,138	2,864	( )	2,917	2,673

〈그림〉 업체 A~J의 3년 평균(2015~2017년) 철강 생산량과 온실가스 배출량

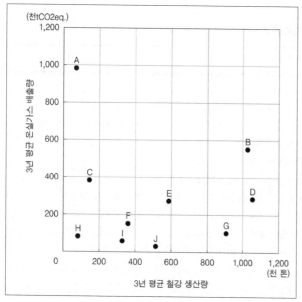

※ 온실가스 배출 효율성 = $\dfrac{\text{3년 평균 철강 생산량}}{\text{3년 평균 온실가스 배출량}}$

29

위 〈표〉와 〈그림〉에 대한 〈보기〉의 설명 중 옳은 것만을 모두 고르면?

〈보 기〉

ㄱ. 2015~2017년 동안 매년 온실가스 배출량 기준 상위 2개 업체가 해당년도 전체 온실가스 배출량의 50% 이상을 차지하고 있다.

ㄴ. 2015~2017년 동안 철강산업의 전체 온실가스 배출량은 매년 감소하였다.

ㄷ. 업체 A~J 중 2015~2017의 온실가스 배출 효율성이 가장 낮은 업체는 J이고, 가장 높은 업체는 A이다.

ㄹ. 2015~2017년 동안 업체 A~J 각각의 온실가스 배출량은 매년 감소하였다.

① ㄱ, ㄴ
② ㄱ, ㄷ
③ ㄱ, ㄴ, ㄷ
④ ㄱ, ㄴ, ㄹ
⑤ ㄴ, ㄷ, ㄹ

📝 문제풀이

29 분산·물방울형   난이도 ★★★☆☆

ㄱ. (O) 먼저 2016년 D의 배출량 236천tCO2eq.와 2017년 전체 배출량 2,749천tCO2eq.를 도출해야 정확하게 판단할 수 있다. 3년 평균과 각 연도별 배출량의 편차 합이 0이라는 원리를 이용하면 D의 경우 3년 평균 284를 기준으로 2015년 +72, 2017년 -24이므로 2016년은 284-48=236천tCO2eq.이다. 2017년 전체 배출량은 3년 평균 2,917을 기준으로 2015년 +221, 2016년 -53이므로 2017년은 2,917-168=2,749천tCO2eq.이다. 따라서 2015~2017년 동안 매년 온실가스 배출량 기준 상위 2개 업체는 A, B이고 이 두 업체는 2015년 1,611/3,138≒51.3%, 2016년 1,525/2,864≒53.3%, 2017년 1,460/2,749≒53.1%이므로 해당년도 전체 온실가스 배출량의 50% 이상을 차지하고 있다. A와 B의 합에 2배를 곱한 값이 전체 이상인지 판단하자.

ㄴ. (O) 2017년 전체 배출량을 도출하였으므로 2015~2017년 동안 철강산업의 전체 온실가스 배출량은 3,138, 2,864, 2,749천tCO2eq.로 매년 감소하고 있다는 것을 쉽게 판단할 수 있다.

ㄷ. (X) 2015~2017년의 온실가스 배출 효율성은 〈그림〉에서 원점과 각 업체별 점을 잇는 선분의 기울기 역수로 판단할 수 있다. 따라서 업체 A~J 중 2015~2017년의 온실가스 배출 효율성이 가장 낮은 업체는 A이고, 가장 높은 업체는 J이다.

ㄹ. (X) D의 경우 356, 236, 260천tCO2eq.로 2017년은 전년대비 증가하기 때문에 2015~2017년 동안 D의 온실가스 배출량은 매년 감소하지 않는다.

[정답] ①

30

위 〈표〉와 〈그림〉의 내용과 〈분배규칙〉을 바탕으로 작성한 〈보고서〉의 설명 중 옳은 것만을 모두 고르면?

〈분배규칙〉

○ 해당년도 업체별 온실가스 배출권(천tCO2eq.) =

해당년도 온실가스 배출권 총량 × $\dfrac{\text{해당 업체의 직전 3년 평균 온실가스 배출량}}{\text{철강산업 전체의 직전 3년 평균 온실가스 배출량}}$

〈보고서〉

2015～2017년 동안 철강산업의 업체별 온실가스 배출량을 조사하였다. 조사결과 ⊙ 매년 온실가스 배출량 기준 상위 3개 업체의 순위에는 변화가 없었으며, 상위 10개 업체가 철강산업 전체 온실가스 배출량의 90% 이상을 차지하였다. 철강 생산량과 온실가스 배출량의 관계를 살펴보면, 3년 평균(2015～2017년)을 기준으로 할 때 ⊙ D 업체는 E 업체에 비하여 철강 1톤을 생산하는 데 50% 이상의 온실가스를 더 배출하는 등 업체별 온실가스 배출 효율성에 큰 차이가 있다.

현황 조사를 기반으로 온실가스배출권거래제도의 시행을 위하여 철강산업의 온실가스 배출량 기준 상위 10개 업체를 온실가스배출권거래제도 적용대상 업체로 선정하여 2018년도 온실가스 배출권 총량 2,600천tCO2eq.를 〈분배규칙〉에 따라 업체별로 분배하였다.

분배결과, ⊙ B 업체는 C 업체보다 더 많은 온실가스 배출권을 할당받았다. 온실가스배출권거래제도에서는 온실가스 배출권보다 더 많은 양의 온실가스를 배출한 업체는 거래시장에서 배출권 부족분을 구매해야 한다. 반대로, 배출권보다 적은 양을 배출한 업체는 배출권 잉여분을 시장에 판매하는 것이 가능하다. 2018년도 업체별 온실가스 예상 배출량을 기준으로 살펴보면, ⊙ G 업체의 예상 배출량은 온실가스 배출권보다 많아 배출권을 구매하는 것이 필요할 것으로 예상된다.

① ㄱ, ㄴ
② ㄱ, ㄹ
③ ㄱ, ㄴ, ㄷ
④ ㄱ, ㄷ, ㄹ
⑤ ㄴ, ㄷ, ㄹ

📝 문제풀이

30 조건 판단형   난이도★★★★☆

ㄱ. (O) 2016년 D의 배출량이 236천tCO2eq.이므로 2015～2017년 동안 매년 온실가스 배출량 기준 상위 3개 업체는 A, B, C로 순위가 동일하다.

ㄴ. (X) 〈그림〉에서 원점과 각 업체별 점을 잇는 선분의 기울기는 $\dfrac{\text{3년 평균 온실가스 배출량}}{\text{3년 평균 철강생산량}}$ 이다. 따라서 D 업체보다 E 업체의 기울기가 더 크기 때문에 철강 1톤을 생산하는 데 배출하는 온실가스는 D보다 E가 더 많다.

ㄷ. (O) 〈분배규칙〉의 식 구조를 분석하면 '해당년도 온실가스 배출권 총량'과 '철강산업 전체의 직전 3년 평균 온실가스 배출량'은 업체별로 동일하기 때문에 결국 온실가스 배출권은 직전 3년 평균 온실가스 배출량이 많을수록 더 많이 할당받게 된다. 따라서 3년 평균(2015～2017) 온실가스 배출량은 B가 552천tCO2eq.로 C의 383천tCO2eq.보다 많기 때문에 B의 온실가스 배출권 할당량이 C보다 많다.

ㄹ. (O) G 업체의 예상 배출량은 96천tCO2eq.이며 G 업체의 3년 평균 온실가스 배출량은 $\dfrac{102+101+100}{3}=101$천tCO2eq.이다. 따라서 G 업체의 온실가스 배출권 할당량은 $2,600×\dfrac{101}{2,917}=90$천tCO2eq.이므로 G 업체의 예상 배출량 96천tCO2eq.는 온실가스 배출권 90천tCO2eq.보다 많다. $2,600×\dfrac{101}{2,917}>96$인지 판단하자. 식을 변형하여 $2,600×101>2,917×96$이 성립하는지 곱셈 비교로 어렵지 않게 판단할 수 있다.

> ⏱ **빠른 문제 풀이 Tip**
>
> 〈분배규칙〉식을 구성하는 해당년도 온실가스 배출권 총량은 〈보고서〉 중 유일하게 밑줄이 포함되지 않은 두 번째 문단에 주어져있다.

[정답] ④

31

다음 〈그림〉과 〈표〉는 '갑'시에서 '을'시로의 이동에 대한 자료이다. 이와 다음 〈계산식〉을 적용하여 이동방법 A, B, C를 이동비용이 적은 것부터 순서대로 나열하면?

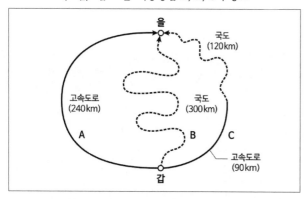

〈그림〉 '갑'→'을' 이동방법 A, B, C의 경로

〈표〉 '갑'→'을' 이동방법별 주행관련 정보

구분＼이동방법 이용도로	A 고속도로	B 국도	C 고속도로	C 국도
거리(km)	240	300	90	120
평균속력(km/시간)	120	60	90	60
주행시간(시간)	2.0	( )	1.0	( )
평균연비(km/L)	12	15	12	15
연료소비량(L)	( )	20.0	7.5	( )
휴식시간(시간)	1.0	1.5	0.5	0.5
통행료(원)	8,000	0	5,000	0

〈계산식〉

○ 이동비용 = 시간가치 + 연료비 + 통행료
○ 시간가치 = 소요시간(시간) × 1,500(원/시간)
○ 소요시간 = 주행시간 + 휴식시간
○ 연료비 = 연료소비량(L) × 1,500(원/L)

① A, B, C
② B, A, C
③ B, C, A
④ C, A, B
⑤ C, B, A

📑 문제풀이

31 조건 판단형   난이도★★★★☆

- 빈칸에 들어갈 수치를 도출하면 A의 고속도로에서의 연료소비량은 $\frac{240}{12}$ =20L이며 B의 국도에서의 주행시간은 $\frac{300}{60}$ =5시간이다. 그리고 C의 국도에서의 주행시간은 $\frac{120}{60}$ =2시간이며 국도에서의 연료소비량은 $\frac{120}{15}$ =8L이다. 이때 시간가치와 연료비는 공통적으로 소요시간과 연료소비량에 1,500을 곱하므로 소요시간과 연료소비량을 먼저 더한 다음 1,500을 곱해 도출하자. 이를 정리하면 다음과 같다.

비용＼이동방법	A	B	C
소요시간=주행시간 +휴식시간(시간)	2.0+1.0 =3.0	5.0+1.5 =6.5	1.5+2.5 =4.0
연료소비량(L)	20.0	20.0	15.5
시간가치+연료비	23.0×1,500 =34,500원	26.5×1,500= 39,750원	19.5×1,500= 29,250원
통행료	8,000원	0원	5,000원
이동비용	42,500원	39,750원	34,250원

따라서 이동비용이 적은 것부터 순서대로 나열하면 C, B, A이다.

- 통행료를 1,500원의 배수로 바꿔서 보면 좀 더 계산을 줄일 수 있다. A의 통행료 8,000원은 1,500원의 5~6배, C의 통행료 5,000원은 1,500원의 3~4배이므로 이를 소요시간과 연료소비량에 더해서 크기를 판단하면 1,500원을 곱하지 않아도 비교 가능하다. 따라서 A는 23.0+5~6=28~29, B는 26.5, C는 19.5+3~4=22.5~23.5이므로 이동비용이 적은 순서는 동일하게 C, B, A 순으로 판단할 수 있다.

> ⏱ 빠른 문제 풀이 Tip
> - 거리, 속력, 시간의 관계를 묻는 문제이다.
> - 단위의 구조를 토대로 식을 분석하는 것도 문제 푸는 데 도움이 된다.
> - 이동비용이 적은 것부터 순서대로 나열한 것을 고르는 것이므로 이동비용이 많은 것부터 순서대로 나열한 것을 잘못 고르는 실수를 하지 않아야 한다.

[정답] ⑤

32

다음 〈표〉와 〈그림〉은 기계 100대의 업그레이드 전·후 성능지수에 관한 자료이다. 이에 대한 설명으로 옳은 것은?

〈표〉 업그레이드 전·후 성능지수별 대수

(단위: 대)

구분 \ 성능지수	65	79	85	100
업그레이드 전	80	5	0	15
업그레이드 후	0	60	5	35

※ 성능지수는 네 가지 값(65, 79, 85, 100)만 존재하고, 그 값이 클수록 성능지수가 향상됨을 의미함.

〈그림〉 성능지수 향상폭 분포

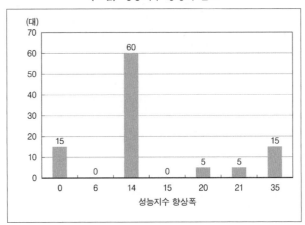

※ 1) 업그레이드를 통한 성능 감소는 없음.
　2) 성능지수 향상폭＝업그레이드 후 성능지수－업그레이드 전 성능지수

① 업그레이드 후 1대당 성능지수는 업그레이드 전 1대당 성능지수에 비해 20 이상 향상되었다.
② 업그레이드 전 성능지수가 65이었던 기계의 15%가 업그레이드 후 성능지수 100이 된다.
③ 업그레이드 전 성능지수가 79이었던 모든 기계가 업그레이드 후 성능지수 100이 된 것은 아니다.
④ 업그레이드 전 성능지수가 100이 아니었던 기계 중, 업그레이드를 통한 성능지수 향상폭이 0인 기계가 있다.
⑤ 업그레이드를 통한 성능지수 향상폭이 35인 기계 대수는 업그레이드 전 성능지수가 100이었던 기계 대수와 같다.

📝 문제풀이

32 각주 판단형
난이도 ★★★★☆

① (X) 업그레이드 전 1대당 성능지수에 비해 업그레이드 후 1대당 성능지수는
$\frac{60 \times 14 + 20 \times 5 + 21 \times 5 + 35 \times 15}{100} = 15.7$만큼 향상되었다. 따라서 업그레이드 후 1대당 성능지수는 업그레이드 전 1대당 성능지수에 비해 20 미만 향상되었다. 성능지수 향상폭 20을 기준으로 편차를 도출하여 대수를 곱한 다음 그 합이 (+)라면 20 이상 향상된 것이라고 볼 수 있다. 따라서 $-6 \times 60 + 1 \times 5 + 15 \times 15 < 0$이므로 20 미만 향상된 것이라 판단할 수 있다.

② (X) 업그레이드 전 성능지수가 65였던 기계가 업그레이드 후 성능지수가 100이 되는 경우는 성능지수가 35만큼 상승한 것이므로 15대이다. 따라서 업그레이드 전 성능지수가 65였던 기계 중 업그레이드 후 성능지수가 100이 된 기계 15대의 비중은 $\frac{15}{80} \times 100 = 18.75\%$이다.

③ (X) 업그레이드 전 성능지수가 79였던 기계가 업그레이드 후 성능지수가 100이 되는 경우는 성능지수가 21만큼 상승한 것이므로 5대이다. 따라서 〈그림〉에서 성능지수가 21만큼 상승한 기계 대수는 5대이므로 업그레이드 전 성능지수가 79였던 5대 모두 업그레이드 후 성능지수 100이 된 것이다.

④ (X) 각주 1)에서 업그레이드를 통한 성능 감소는 없다고 하였으므로 업그레이드 전 성능지수 100이었던 기계 15대는 성능지수 향상폭이 0인 15대와 동일하다. 따라서 성능지수 향상폭이 0인 기계는 모두 업그레이드 전 성능지수가 100인 기계이다.

⑤ (O) 업그레이드를 통한 성능지수 향상폭이 35인 기계는 15대이고 업그레이드 전 성능지수가 100이었던 기계 대수도 15대이므로 같다.

⏱ 빠른 문제 풀이 Tip
각주 1)에서 성능 감소는 없다는 점을 반드시 체크한다.

[정답] ⑤

33

다음 〈표〉는 하진이의 10월 모바일 쇼핑 구매내역이다. 이에 대한 설명으로 옳은 것은?

〈표〉 10월 모바일 쇼핑 구매내역

(단위: 원, 포인트)

상품	주문금액	할인금액		결제금액	
요가용품세트	45,400	즉시할인 쿠폰할인	4,540 4,860	신용카드 +포인트	32,700 3,300 =36,000
가을스웨터	57,200	즉시할인 쿠폰할인	600 7,970	신용카드 +포인트	48,370 260 =48,630
샴푸	38,800	즉시할인 쿠폰할인	0 ( )	신용카드 +포인트	34,300 1,500 =35,800
보온병	9,200	즉시할인 쿠폰할인	1,840 0	신용카드 +포인트	7,290 70 =7,360
전체	150,600	22,810		127,790	

※ 1) 결제금액(원)=주문금액−할인금액

2) 할인율(%)= $\dfrac{\text{할인금액}}{\text{주문금액}} \times 100$

3) 1포인트는 결제금액 1원에 해당함.

① 전체 할인율은 15% 미만이다.

② 할인율이 가장 높은 상품은 '보온병'이다.

③ 주문금액 대비 신용카드 결제금액 비율이 가장 낮은 상품은 '요가용품세트'이다.

④ 10월 전체 주문금액의 3%가 11월 포인트로 적립된다면, 10월 구매로 적립된 11월 포인트는 10월 동안 사용한 포인트보다 크다.

⑤ 결제금액 중 포인트로 결제한 금액이 차지하는 비율이 두 번째로 낮은 상품은 '가을스웨터'이다.

📋 문제풀이

33 각주 판단형
난이도★★★★☆

① (X) 전체 할인율은 22,810/150,600≒15.1%이므로 15% 이상이다. 주문금액 15만 원의 15%가 22,500원이고 600원의 15%가 90원에 불과하다는 점을 고려하면 22,810원은 15% 이상이 된다고 볼 수 있다.

② (X) '보온병'의 할인율은 1,840/9,200=20%이지만 '요가용품세트'의 할인율은 9,400/45,400≒20.7%로 할인율이 더 높다. '요가용품세트'의 주문금액은 45,400원이므로 이의 20%는 9,080원이다. 따라서 9,400원은 20% 이상이라고 판단하면 된다. 따라서 '보온병'의 할인율이 가장 높지는 않다.

③ (O) 주문금액 대비 신용카드 결제금액의 비율은 '요가용품세트' 32,700/45,400≒72.0%, '가을스웨터' 48,370/57,200≒84.6%, '샴푸' 34,300/38,800≒88.4%, '보온병' 7,290/9,200≒79.2%이므로 '요가용품세트'가 가장 낮다. '요가용품세트'의 경우 주문금액 45,400원의 80%는 36,000원 이상이므로 신용카드 결제금액의 비율이 80% 미만이라는 것을 알 수 있다. 따라서 80% 이상인 '가을스웨터', '샴푸'를 제외하고 보온병이 80%에 근접하는 비율이라는 것을 도출하여 비교한다.

④ (X) 10월 전체 주문금액 150,600원의 3%는 4,518원이므로 적립된 11월 포인트는 4,518포인트이다. 10월 동안 사용한 포인트는 3,300+260+1,500+70=5,130포인트이므로 10월 구매로 적립된 11월 포인트는 10월 동안 사용한 포인트보다 작다.

⑤ (X) 결제금액 중 포인트로 결제한 금액이 차지하는 비율은 '요가용품세트' 3,300/36,000≒9.2%, '가을스웨터' 260/48,630≒0.5%, '샴푸' 1,500/35,800≒4.2%, 보온병 70/7,360≒0.9%이다. 따라서 결제금액 중 포인트로 결제한 금액이 차지하는 비율이 두 번째로 낮은 상품은 '가을스웨터'가 아니라 '보온병'이다. 1% 이상인 요가용품세트와 샴푸를 제외하고 1% 미만인 보온병과 가을스웨터를 비교하면 어렵지 않게 판단 가능하다.

[정답] ③

34

다음 〈그림〉은 A시와 B시의 시민단체 사회연결망 분석도이다. 이에 대한 〈보기〉의 설명 중 옳은 것만을 모두 고르면?

〈그림〉A시와 B시의 시민단체 사회연결망 분석도

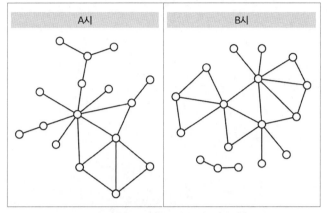

※ 1) 'O—O'에서 'O'는 시민단체, '—'은 두 시민단체 간 직접연결을 나타냄.
2) 각 시민단체의 연결중심성은 해당 시민단체에 직접연결된 다른 시민단체수임.
3) 각 시의 연결망 밀도 = $\dfrac{2 \times \text{해당 시의 직접연결 개수 총합}}{\text{해당 시의 시민단체수} \times (\text{해당 시의 시민단체수}-1)}$

―――〈보 기〉―――
ㄱ. 연결중심성이 가장 큰 시민단체는 A시에 있다.
ㄴ. 연결중심성이 1인 시민단체수는 A시가 B시보다 많다.
ㄷ. 시민단체수는 A시가 B시보다 많다.
ㄹ. 연결망 밀도는 A시가 B시보다 크다.

① ㄱ, ㄴ
② ㄱ, ㄹ
③ ㄴ, ㄷ
④ ㄱ, ㄴ, ㄹ
⑤ ㄴ, ㄷ, ㄹ

📝 문제풀이

34 각주 판단형   난이도 ★★★☆☆

ㄱ. (O) 연결중심이 8인 시민단체가 가장 크고 이는 A시에 있다.

ㄴ. (O) 연결중심성이 1인 시민단체수는 A시가 7개, B시가 6개이므로 A시가 B시보다 많다.

ㄷ. (X) 시민단체수는 A시 16개가 B시 17개보다 적다.

ㄹ. (X) 직접연결 개수 총합은 A시가 19개, B시가 22개이다. 따라서 연결망 밀도는 A시 (2×19)/16×15≒0.158이 B시 (2×22)/17×16≒0.162보다 크다. 분자의 '2×'가 공통이고 분모의 16이 공통이므로 이를 제외하고 비교하면 A시 19/15가 B시 22/17보다 작다.

[정답] ①

35

다음 〈표〉는 '갑'패스트푸드점의 메인·스낵·음료 메뉴의 영양성분에 관한 자료이다. 이에 대한 설명으로 옳은 것은?

〈표 1〉 메인 메뉴 단위당 영양성분표

구분 메뉴	중량 (g)	열량 (kcal)	성분함량			
			당 (g)	단백질 (g)	포화지방 (g)	나트륨 (mg)
치즈버거	114	297	7	15	7	758
햄버거	100	248	6	13	5	548
새우버거	197	395	9	15	5	882
치킨버거	163	374	6	15	5	719
불고기버거	155	399	13	16	2	760
칠리버거	228	443	7	22	5	972
베이컨버거	242	513	15	26	13	1,197
스페셜버거	213	505	8	26	12	1,059

〈표 2〉 스낵 메뉴 단위당 영양성분표

구분 메뉴	중량 (g)	열량 (kcal)	성분함량			
			당 (g)	단백질 (g)	포화지방 (g)	나트륨 (mg)
감자튀김	114	352	0	4	4	181
조각치킨	68	165	0	10	3	313
치즈스틱	47	172	0	6	6	267

〈표 3〉 음료 메뉴 단위당 영양성분표

구분 메뉴	중량 (g)	열량 (kcal)	성분함량			
			당 (g)	단백질 (g)	포화지방 (g)	나트륨 (mg)
콜라	425	143	34	0	0	19
커피	400	10	0	0	0	0
우유	200	130	9	6	5	100
오렌지주스	175	84	18	0	0	5

① 중량 대비 열량의 비율이 가장 낮은 메인 메뉴는 새우버거이다.
② 모든 메인 메뉴는 나트륨 함량이 당 함량의 50배 이상이다.
③ 서로 다른 두 메인 메뉴를 한 단위씩 주문한다면, 총 단백질 함량은 항상 총 포화지방 함량의 두 배 이상이다.
④ 메인 메뉴 각각의 단위당 중량은 모든 스낵 메뉴의 단위당 중량 합보다 작다.
⑤ 메인 메뉴, 스낵 메뉴 및 음료 메뉴 각각 한 단위씩 주문하여 총 열량이 500kcal 이하가 되도록 할 때 주문할 수 있는 음료 메뉴는 커피뿐이다.

📑 문제풀이

35 분수 비교형	난이도★★★☆☆

① (X) 새우버거의 중량은 197g이고 열량은 395kcal로 중량 대비 열량의 비율이 2를 초과한다. 따라서 비율 2를 기준으로 할 때 2 미만인 메뉴가 있는지 찾아보면 되고 칠리버거의 경우 열량이 중량의 2배 미만이기 때문에 중량 대비 열량의 비율이 가장 낮다.

② (X) 단위에 주의해야 한다. 당의 단위는 (g)이고 나트륨의 단위는 (mg)이므로 오히려 모든 메인 메뉴는 나트륨 함량이 당 함량보다 더 적다. 단위를 체크하지 않고 숫자만 본다면 오답으로 고르기 쉽다.

③ (O) 모든 메인 메뉴는 단백질 함량이 포화지방 함량의 2배 이상이므로 서로 다른 두 메인 메뉴를 한 단위씩 주문한다면 어떤 메뉴를 선택하더라도 총 단백질 함량은 항상 총 포화지방 함량의 두 배 이상이 된다.

④ (X) 모든 스낵 메뉴의 단위당 중량 합은 114+68+47=229g로 메인메뉴 중 베이컨버거 242g보다 작다.

⑤ (X) 메인 메뉴, 스낵 메뉴 및 음료 메뉴 각각 한 단위씩 주문하여 총 열량이 500kcal 이하가 되도록 하려면 열량이 가장 낮은 메뉴를 골라야 한다. 메인 메뉴는 햄버거, 스낵 메뉴는 조각치킨을 고르면 248+165=413kcal이다. 따라서 87kcal 이하의 음료를 주문할 수 있으므로 커피뿐만 아니라 84kcal인 오렌지주스도 주문 가능하다.

⏱ 빠른 문제 풀이 Tip
- 항상 제목, 단위, 각주를 체크해야 한다. 성분 중 나트륨의 단위가 다른 것에 주목하자.
- 〈표〉가 3개나 주어져 있고 검토해야 할 숫자도 많기 때문에 봐야할 자료를 좁혀서 검토하자.

[정답] ③

36

다음 〈표〉와 〈선정절차〉는 '갑'사업에 지원한 A~E 유치원 현황과 사업 선정절차에 대한 자료이다. 이에 대한 〈보기〉의 설명 중 옳은 것만을 모두 고르면?

〈표〉 A~E 유치원 현황

| 유치원 | 원아수 (명) | 교직원수(명) | | | 교사 평균 경력 (년) | 시설현황 | | | | 통학 차량 대수 (대) |
| | | 교사 | | 사무 직원 | | 교실 | | 놀이터 면적 (㎡) | 유치원 총면적 (㎡) | |
		정교사	준교사			수 (개)	총면적 (㎡)			
A	132	10	2	1	2.1	5	450	2,400	3,800	3
B	160	5	0	1	4.5	7	420	200	1,300	2
C	120	4	3	0	3.1	5	420	440	1,000	1
D	170	2	10	2	4.0	7	550	300	1,500	2
E	135	4	5	1	2.9	6	550	1,000	2,500	2

※ 여유면적=유치원 총면적−교실 총면적−놀이터 면적

─〈선정절차〉─

○ 1단계: 아래 4개 조건을 모두 충족하는 유치원을 예비 선정한다.
 − 교실조건: 교실 1개당 원아수가 25명 이하여야 한다.
 − 교사조건: 교사 1인당 원아수가 15명 이하여야 한다.
 − 차량조건: 통학 차량 1대당 원아수가 100명 이하여야 한다.
 − 여유면적조건: 여유면적이 650㎡ 이상이어야 한다.
○ 2단계: 예비 선정된 유치원 중 교사평균경력이 가장 긴 유치원을 최종 선정한다.

─〈보 기〉─

ㄱ. A 유치원은 교사조건, 차량조건, 여유면적조건을 충족한다.
ㄴ. '갑'사업에 최종 선정되는 유치원은 D이다.
ㄷ. C 유치원은 원아수를 15% 줄이면 차량조건을 충족하게 된다.
ㄹ. B 유치원이 교사경력 4.0년 이상인 준교사 6명을 증원한다면 B 유치원이 '갑'사업에 최종 선정된다.

① ㄱ, ㄴ
② ㄱ, ㄷ
③ ㄷ, ㄹ
④ ㄱ, ㄴ, ㄹ
⑤ ㄴ, ㄷ, ㄹ

📝 문제풀이

36 조건 판단형 　　　　　　　　　　난이도 ★★★★☆

ㄱ. (O) A 유치원은 교사조건 132<12×15, 차량조건 132<3×100, 여유면적조건 450+2,400+650<3,800을 모두 충족한다.

ㄴ. (O) 1단계 4개 조건 중 A는 교실조건, B는 교사조건, C는 차량조건과 여유면적조건을 충족하지 못하므로 예비 선정된 유치원은 D와 E가 된다. 따라서 이 중 교사평균경력이 더 긴 D 유치원이 '갑'사업에 최종 선정된다. 어렵지는 않지만 ㄱ을 먼저 판단했다면 ㄴ과 ㄷ 둘 중 하나만 검토하면 되므로 시간이 오래 걸리겠다는 생각이 들면 ㄷ을 검토하자.

ㄷ. (X) C 유치원은 차량조건을 충족하려면 원아수를 20명 이상 줄여야 한다. 원아수는 120명이므로 15%인 18명을 줄인다고 하더라도 차량조건을 충족하지 못한다.

ㄹ. (O) 증원 전 B 유치원은 교사조건을 제외하면 다른 조건은 모두 충족했으므로 교사경력 4.0년 이상인 준교사 6명을 증원한다면 교사조건을 만족하게 되고 교사평균경력도 무조건 D의 4.0년보다 크게 되므로 B 유치원이 '갑'사업에 최종 선정된다.

⏱ 빠른 문제 풀이 Tip

- 선정절차가 두 단계로 구성되어 있는 문제이고 이러한 유형은 보통 1단계를 통과한 항목이 2개 이상이며 그 중 2단계 기준을 적용해서 선정하는 경우가 많다.
- 〈표〉의 구성이 복잡하기 때문에 1단계에서 요구하는 조건의 숫자를 〈표〉에 옮겨 적은 다음 판단하는 것이 편하다.
- 1단계의 각 조건들을 판단할 때에도 나눗셈 또는 차이 값으로 판단하는 것보다 곱셈 또는 더한 값으로 파악하자.

[정답] ④

37

다음 〈표〉는 18세기 조선의 직업별 연봉 및 품목별 가격에 관한 자료이다. 이에 대한 설명으로 옳지 않은 것은?

〈표 1〉 18세기 조선의 직업별 연봉

구분		곡물(섬)		면포(필)	현재 원화가치(원)
		쌀	콩		
관료	정1품	25	3	–	5,854,400
	정5품	17	1	–	3,684,800
	종9품	7	1	–	1,684,800
궁녀	상궁	11	1	–	( )
	나인	5	1	–	1,284,800
군인	기병	7	2	9	( )
	보병	3	–	9	1,500,000

〈표 2〉 18세기 조선의 품목별 가격

품목	곡물(1섬)		면포 (1필)	소고기 (1근)	집(1칸)	
	쌀	콩			기와집	초가집
가격	5냥	7냥 1전 2푼	2냥 5전	7전	21냥 6전 5푼	9냥 5전 5푼

※ 1냥=10전=100푼

① 18세기 조선의 1푼의 가치는 현재 원화가치로 환산할 경우 400원과 같다.

② '기병' 연봉은 '종9품' 연봉보다 많고 '정5품' 연봉보다 적다.

③ '정1품' 관료의 12년치 연봉은 100칸의 기와집 가격보다 적다.

④ '상궁' 연봉은 '보병' 연봉의 2배 이상이다.

⑤ '나인'의 1년치 연봉으로 살 수 있는 소고기는 40근 이상이다.

문제풀이

37 빈칸형 난이도★★★★☆

① (O) 현재 원화가치가 딱 떨어지게 제시된 '보병'의 경우로 판단한다. 쌀 3섬과 면포 9필이므로 3×500+9×250=3,750푼이 150만 원과 동일하다. 따라서 18세기 조선의 1푼의 가치는 현재 원화가치로 환산할 경우 400원과 같다.

② (O) 먼저 '기병' 연봉은 '종9품' 연봉보다 콩 1섬과 면포 9필이 더 많기 때문에 '정5품' 연봉과 비교만 하면 된다. 여기서도 차이가 나는 부분만 검토하면 '기병'은 '정5품' 보다 쌀 10섬에 해당하는 500×10푼이 적고 콩 1섬과 면포 9필에 해당하는 712+250×9푼이 더 많다. 따라서 '기병' 연봉은 '종9품' 연봉보다 많고 '정5품' 연봉보다 적다.

③ (O) 먼저 기와집 1칸의 가격이 2,160푼이므로 100칸의 기와집 가격은 216,000푼이다. '정1품' 관료의 12년치 연봉은 12×(25×500+712×3)이므로 '정1품' 관료의 12년치 연봉은 100칸의 기와집 가격보다 적다.

④ (X) 먼저 비교를 쉽게 하기 위해서 '보병' 연봉의 2배인 쌀 6섬과 면포 18필로 기준을 세워 차이가 나는 부분 위주로 비교한다. '상궁' 연봉은 '보병' 연봉의 2배보다 쌀 5섬과 콩 1섬에 해당하는 5×500+712푼이 더 많고 면포 9필에 해당하는 250×9푼이 더 적다. 따라서 '상궁' 연봉은 '보병' 연봉의 2배 미만이다.

⑤ (O) '나인'의 1년치 연봉은 쌀 5섬과 콩 1섬이므로 5×500+712푼이기 때문에 살 수 있는 소고기는 40근(=70×40푼) 이상이다.

⏱ 빠른 문제 풀이 Tip
- 조선시대의 화폐단위와 현재 원화가치가 제시된 단위 환산 문제의 성격을 지니고 있으므로 간단하게 비교할 수 있는 선택지부터 해결하자.
- 조선의 직업끼리 연봉을 비교하는 경우 공통적인 부분을 제외하고 차이가 나는 부분 위주로 검토하자.
- 1냥=10전=100푼이므로 냥, 전의 단위는 모두 푼으로 바꿔 접근하자.

[정답] ④

38

다음 〈표〉는 '갑'국의 인구 구조와 노령화에 대한 자료이다. 이에 대한 〈보기〉의 설명 중 옳은 것만을 모두 고르면?

〈표 1〉 인구 구조 현황 및 전망

(단위: 천 명, %)

연도	총인구	유소년인구 (14세 이하)		생산가능인구 (15~64세)		노인인구 (65세 이상)	
		인구수	구성비	인구수	구성비	인구수	구성비
2000	47,008	9,911	21.1	33,702	71.7	3,395	7.2
2010	49,410	7,975	( )	35,983	72.8	5,452	11.0
2016	51,246	( )	( )	( )	( )	8,181	16.0
2020	51,974	( )	( )	( )	( )	9,219	17.7
2030	48,941	5,628	11.5	29,609	60.5	( )	28.0

※ 2020년, 2030년은 예상치임.

〈표 2〉 노년부양비 및 노령화지수

(단위: %)

구분 \ 연도	2000	2010	2016	2020	2030
노년부양비	10.1	15.2	( )	25.6	46.3
노령화지수	34.3	68.4	119.3	135.6	243.5

※ 1) 노년부양비(%) = $\frac{노인인구}{생산가능인구} \times 100$

2) 노령화지수(%) = $\frac{노인인구}{유소년인구} \times 100$

─────〈보 기〉─────

ㄱ. 2020년 대비 2030년의 노인인구 증가율은 55% 이상으로 예상된다.

ㄴ. 2016년에는 노인인구가 유소년인구보다 많다.

ㄷ. 2016년 노년부양비는 20% 이상이다.

ㄹ. 2020년 대비 2030년의 생산가능인구 감소폭은 600만 명 이상일 것으로 예상된다.

① ㄱ, ㄷ

② ㄴ, ㄷ

③ ㄴ, ㄹ

④ ㄱ, ㄴ, ㄷ

⑤ ㄴ, ㄷ, ㄹ

📝 **문제풀이**

38 빈칸형

난이도 ★★★★

ㄱ. (X) 총인구와 유소년인구, 생산가능인구가 주어져 있으므로 2030년 노인인구는 대략 13,700천 명이다. 따라서 노인인구는 2020년 9,219천 명의 55%인 약 4,600+460=5,060천 명 미만 증가하여 2030년 13,700천 명이 되었으므로 증가율은 55% 이상이 되지 못한다.

ㄴ. (O) 노인인구와 유소년인구의 관계를 알려주는 항목은 각주 2)에 제시된 노령화지수이다. 2016년에는 노령화지수가 119.3%로 100을 넘기 때문에 당연히 노인인구가 유소년인구보다 많다.

ㄷ. (O) 2016년 노년부양비를 판단하려면 2016년 생산가능인구수 또는 구성비 항목이 필요하므로 이를 도출한다. 2016년 노령화지수가 119.3%로 120%에 가까운 비율이라는 점을 이용하면 노인인구:유소년인구=6 : 5이다. 2016년 노인인구의 구성비가 17.7%로 약 18%이기 때문에 유소년인구는 약 15%이다. 따라서 생산가능인구의 구성비는 약 67%이고 이렇게 본다면 2016년 노년부양비는 $\frac{16}{67}$으로 20% 이상이라고 판단할 수 있다.

반대로 생각해서 접근해보면 노인인구 구성비가 16%이므로 노년부양비가 20% 이상이 되려면 생산가능인구의 구성비가 80% 이하가 되어야 한다. 만약 생산가능인구의 구성비가 80%를 초과한다면 필연적으로 유소년인구의 구성비가 4% 미만이 되므로 유소년인구와 노인인구의 상대적인 비율을 나타내는 노령화지수가 400%를 초과하게 된다. 실제 노령화지수는 119.3%이므로 노년부양비는 20% 이상이라고 어렵지 않게 판단할 수 있다.

ㄹ. (O) 2030년 생산가능인구가 29,609천 명으로 주어져 있으므로 2020년 생산가능인구가 35,609천 명 이상이 되는지 판단한다. 2020년 생산가능인구를 도출하려면 노년부양비 25.6%와 노인인구 9,219천 명을 이용하면 된다. 각주 1)을 변형하면 생산가능인구 = $\frac{노인인구}{노년부양비}$가 되므로 2020년 생산가능인구는 36,000천 명을 넘는다고 쉽게 판단할 수 있다. 따라서 2020년 대비 2030년의 생산가능인구 감소폭은 600만 명 이상일 것으로 예상된다. 25.6%를 약 $\frac{1}{4}$로 생각하면 쉽게 판단할 수 있다.

⏱ **빠른 문제 풀이 Tip**

• 빈칸이 많은 괄호제시형 문제이므로 괄호를 어느 정도로 채워서 문제를 해결할 것인지 생각하고 접근해야 한다. 즉 모든 괄호를 채운 다음 문제를 풀어야겠다는 생각은 지양하자.

• 각주에서 노년부양비와 노령화지수만 주어졌기 때문에 이를 통해 생산인구 또는 유소년인구를 판단할 수 있어야 한다.

[정답] ⑤

39

다음 〈그림〉은 '갑'노선(A~E역)의 무궁화호 운행 다이어그램이고, 〈정보〉는 무궁화호, 새마을호, 고속열차의 운행에 관련된 자료이다. 이에 대한 〈보기〉의 설명 중 옳은 것만을 모두 고르면?

〈그림〉 '갑'노선의 무궁화호 운행 다이어그램

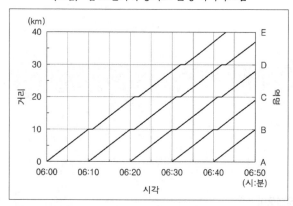

〈정 보〉

○ 무궁화호, 새마을호, 고속열차는 시발역인 A역을 출발한 후 모든 역에 정차하며, 각 역에서 정차 시간은 1분이다.
○ 새마을호의 역간 속력은 120km/시간이고 고속열차의 역간 속력은 240km/시간이다. 각 열차의 역간 속력은 일정하다.
○ A역에서 06시 00분에 첫 무궁화호가 출발하고, 06시 05분에 첫 새마을호와 첫 고속열차가 출발한다.
○ 무궁화호, 새마을호, 고속열차는 동일노선의 각각 다른 선로와 플랫폼을 이용하며 역간 운행 거리는 동일하다.
○ 열차의 길이는 무시한다.

〈보 기〉

ㄱ. 첫 무궁화호가 C역에 도착하기 6분 전에 첫 고속열차는 D역에 정차해 있다.
ㄴ. 첫 새마을호의 D역 출발 시각과 06시 10분에 A역을 출발한 무궁화호의 C역 도착 시각은 같다.
ㄷ. 고속열차가 C역을 출발하여 E역에 도착하는 데 6분이 소요된다.

① ㄱ
② ㄴ
③ ㄷ
④ ㄱ, ㄷ
⑤ ㄱ, ㄴ, ㄷ

📝 문제풀이

39 조건 판단형   난이도★★★★★

ㄱ. (O) 무궁화는 역 간 이동시간이 10분이므로 첫 무궁화호가 C역에 도착하는 시간은 정차 시간을 더하면 6시 21분이다. 따라서 첫 무궁화호가 C역에 도착하기 6분 전은 6시 15분이다. 첫 고속열차는 A역에서 6시 5분에 출발해서 D역에 7.5+2=9.5분 후에 도착하게 된다. 따라서 6시 14분 30초부터 6시 15분 30초까지 1분간 D역에 정차해 있으므로 첫 무궁화호가 C역에 도착하기 6분 전인 6시 15분에 첫 고속열차는 D역에 정차해 있다.

ㄴ. (X) 첫 새마을호는 A역에서 6시 5분에 출발하므로 D역에는 15+2=17분 후에 도착하게 된다. 따라서 첫 새마을호의 D역 출발 시각은 6시 23분이다. 06시 10분에 A역을 출발한 무궁화호는 C역에 20+1=21분 후에 도착한다. 따라서 6시 31분으로 두 기차의 도착 시각은 같지 않다.

ㄷ. (O) 고속열차의 역 간 이동시간은 2.5분이고 각 역에서 정차 시간은 1분이므로 고속열차가 C역을 출발하여 E역에 도착하는 데 6분이 소요된다.

> ⏱ **빠른 문제 풀이 Tip**
> • 〈그림〉의 무궁화호 운행 다이어그램을 통해 역 간 거리와 무궁화 호의 출발 및 도착 현황을 파악할 수 있지만 문제 구성 자체가 기본적인 거리, 시간, 속력 간 관계를 묻고 있기 때문에 역 간 거리가 10㎞이고 무궁화호의 역 간 이동 시간이 10분이라는 사실만 파악하면 된다.
> • 〈정보〉에서 새마을호와 고속열차의 속력을 주었기 때문에 역 간 거리를 알고 있는 이상 역 간 이동 시간 새마을호 5분, 고속열차 2.5분을 도출할 수 있다.
> • ㄱ과 ㄴ처럼 비교하는 〈보기〉보다는 명확하게 하나의 대상만 묻는 ㄷ부터 해결하자.

[정답] ④

40

다음 〈표〉는 A업체에서 판매한 전체 주류와 주세에 관한 자료이다. 이에 대한 〈보기〉의 설명 중 옳은 것만을 모두 고르면?

〈표 1〉 주류별 판매량과 판매가격

(단위: 천 병, 원)

구분 \ 주류	탁주	청주	과실주
판매량	1,500	1,000	1,600
병당 판매가격	1,500	1,750	1,000

〈표 2〉 주세 계산시 주류별 공제금액과 세율

(단위: 백만 원, %)

구분 \ 주류	탁주	청주	과실주
공제금액	450	350	400
세율	10	20	15

※ 주류별 세율(%) = $\dfrac{\text{주류별 주세}}{\text{주류별 판매액} - \text{주류별 공제금액}} \times 100$

〈보 기〉

ㄱ. 탁주, 청주는 판매량과 병당 판매가격이 각각 10% 증가하고 과실주는 변화가 없다면, A업체의 주류별 판매액 합은 15% 증가한다.

ㄴ. 탁주의 주세는 과실주의 주세보다 크다.

ㄷ. 각 주류의 판매량과 공제금액이 각각 10% 증가할 경우, A업체의 주류별 주세 합은 708백만 원이다.

ㄹ. 각 주류의 판매량은 각각 10% 증가하고 각 주류의 병당 판매가격은 각각 10% 하락한 경우, A업체의 주류별 판매액 합은 5,544백만 원이다.

① ㄱ, ㄴ
② ㄱ, ㄷ
③ ㄱ, ㄹ
④ ㄴ, ㄷ
⑤ ㄷ, ㄹ

📝 문제풀이

40 조건 판단형

난이도 ★★★★★

ㄱ. (O) 판매량과 병당 판매가격이 각각 10% 증가한다면 판매액(판매량×병당 판매가격)은 21% 증가하게 된다. 변화 전 판매액은 탁주 2,250백만 원, 청주 1,750백만 원, 과실주 1,600백만 원으로 판매액 합은 5,600백만 원이다. 탁주, 청주는 판매량과 병당 판매가격이 각각 10% 증가하고 과실주는 변화가 없다면, A업체의 주류별 판매액 합은 1.21(2,250+1,750)+1,600=6,440백만 원이 된다. 따라서 변화 전 5,600백만 원에 비해 560+280=840백만 원 증가하였으므로 15% 증가한다. 판매액을 도출하고 각각 10% 증가하였다는 의미가 곱한 값의 21% 증가하였다는 의미임을 파악하였더라도 구체적으로 증가율을 도출해야 하기 때문에 다른 〈보기〉부터 검토하는 것이 낫다.

ㄴ. (X) 주세=세율×(판매액-공제금액)이므로 탁주의 주세는 180백만 원, 과실주의 주세 역시 180백만 원으로 같다.

ㄷ. (X) 청주의 주세는 280백만 원이고 탁주와 과실주의 주세를 참고하여 주류별 주세 합은 640백만 원으로 도출할 수 있다. 각 주류의 판매량과 공제금액이 각각 10% 증가할 경우, A업체의 주류별 주세 합은 708백만 원이 아닌 704백만 원이 된다.

ㄹ. (O) 판매액=판매량×병당 판매가격이므로 각 주류의 판매량은 각각 10% 증가하고 각 주류의 병당 판매가격은 각각 10% 하락한 경우에는 1.1판매량×0.9병당 판매가격=0.99판매액이 된다. 따라서 현재 판매액 5,600백만 원에서 1%인 56백만 원을 제외하면 A업체의 주류별 판매액 합은 5,544백만 원이 된다.

⏱ 빠른 문제 풀이 Tip

- 각주에 주어진 주류별 세율의 식을 변형해서 주류별 주세에 관한 식으로 정리하자.
- 주류별 판매액이 직접 주어져 있지 않지만 병당 판매가격과 판매량의 곱으로 도출되는 것임을 빠르게 파악해야 한다.
- 〈표 1〉은 단위가 천 병, 원이고 〈표 2〉는 단위가 백만 원이다. 따라서 판매액-공제금액을 도출하기 위해 단위를 맞출 필요가 있다.

[정답] ③

■ 해커스PSAT **5급 PSAT 김용훈 자료해석** 13개년 기출문제집

2017년 기출문제

총평

· 순수 자료비교인 곱셈 비교와 분수 비교 자체를 묻는 문제가 15문제 출제되어 전체 문제의 35% 이상을 차지하였다.

· 매칭형이 2문제, 빈칸형이 5문제, 각주 판단형이 4문제, 조건 판단형이 8문제로 자료판단에서 19문제가 출제되었다. 각주 판단형 및 조건 판단형이 12문제로 전체 문제의 25% 이상을 차지하고 있지만 난도 자체는 높은 편이 아니라서 효율적인 시간 관리가 가능했을 것으로 본다.

· 보고서 검토·확인형은 2문제, 표-차트 변환형이 1문제 출제되어 전체의 10% 미만 비중을 차지하고 있다.

· 세트문제는 19-20번, 39-40번으로 출제되었고 곱셈 비교형과 표-차트 변환형, 평균 개념형과 보고서 검토·확인형으로 각각 세트문제 2문제당 4분 이내로 소요되는 난도로 출제되었다.

· 전체적인 난도는 ★★☆☆ 정도로 출제되었으며 난도가 낮은 문제에 대한 실수가 없다면 80점 이상 고득점이 가능하다. 고난도 문제의 비중이 평년에 비해 낮았기 때문에 실제로 90점 이상 획득한 수험생이 많았다. 2013년과 더불어 5급 공채 PSAT 시험 역대 가장 쉬웠다고 평가받는 문제 구성이다.

01

다음 〈표〉는 8개 기관의 장애인 고용 현황이다. 〈표〉와 〈조건〉에 근거하여 A~D에 해당하는 기관을 바르게 나열한 것은?

〈표〉 기관별 장애인 고용 현황

(단위: 명, %)

기관	전체 고용인원	장애인 고용의무인원	장애인 고용인원	장애인 고용률
남동청	4,013	121	58	1.45
A	2,818	85	30	1.06
B	22,323	670	301	1.35
북동청	92,385	2,772	1,422	1.54
C	22,509	676	361	1.60
D	19,927	598	332	1.67
남서청	53,401	1,603	947	1.77
북서청	19,989	600	357	1.79

※ 장애인 고용률(%)= $\dfrac{\text{장애인 고용인원}}{\text{전체 고용인원}} \times 100$

〈조 건〉

○ 동부청의 장애인 고용의무인원은 서부청보다 많고, 남부청보다 적다.
○ 장애인 고용률은 서부청이 가장 낮다.
○ 장애인 고용의무인원은 북부청이 남부청보다 적다.
○ 동부청은 남동청보다 장애인 고용인원은 많으나, 장애인 고용률은 낮다.

	A	B	C	D
①	동부청	서부청	남부청	북부청
②	동부청	서부청	북부청	남부청
③	서부청	동부청	남부청	북부청
④	서부청	동부청	북부청	남부청
⑤	서부청	남부청	동부청	북부청

📝 문제풀이

01 매칭형	난이도★★☆☆☆

• 두 번째 〈조건〉에서 장애인 고용률은 서부청이 가장 낮다고 하였으므로 장애인 고용률이 1.06인 A가 서부청이 된다.

• 남동청이 주어져 있으므로 네 번째 〈조건〉부터 보면 동부청은 남동청보다 장애인 고용인원은 많으나, 장애인 고용률은 낮으므로 B가 동부청이 된다. B, C, D 모두 남동청보다 장애인 고용인원이 많기 때문에 사실상 장애인 고용률이 1.45보다 낮은 기관을 찾으면 된다.

• 두 번째 〈조건〉에서 나머지 C와 D 중 장애인 고용의무인원은 D가 C보다 적다. 따라서 북부청은 D, 남부청은 C가 된다.

⏱ 빠른 문제 풀이 Tip

• 첫 번째 〈조건〉 '동부청의 장애인 고용의무인원은 서부청보다 많고, 남부청보다 적다.'와 같이 세 가지 항목을 동시에 비교하는 〈조건〉이나 정보는 가급적 가장 후순위로 검토하자.
• 매칭형 문제이므로 경우의 수가 적은 확실한 〈조건〉부터 분석하자.
• 일부 항목이 주어진 경우에는 해당 항목을 활용하자.

[정답] ③

02

다음 〈표〉는 미국이 환율조작국을 지정하기 위해 만든 요건별 판단기준과 '가'~'카'국의 2015년 자료이다. 이에 대한 〈보기〉의 설명 중 옳은 것만을 모두 고르면?

〈표 1〉 요건별 판단기준

요건	A	B	C
	현저한 대미무역수지 흑자	상당한 경상수지 흑자	지속적 환율시장 개입
판단 기준	대미무역수지 200억 달러 초과	GDP 대비 경상수지 비중 3% 초과	GDP 대비 외화자산 순매수액 비중 2% 초과

※ 1) 요건 중 세 가지를 모두 충족하면 환율조작국으로 지정됨.
2) 요건 중 두 가지만을 충족하면 관찰대상국으로 지정됨.

〈표 2〉 환율조작국 지정 관련 자료(2015년)

(단위: 10억 달러, %)

항목\국가	대미무역수지	GDP 대비 경상수지 비중	GDP 대비 외화자산 순매수액 비중
가	365.7	3.1	−3.9
나	74.2	8.5	0.0
다	68.6	3.3	2.1
라	58.4	−2.8	−1.8
마	28.3	7.7	0.2
바	27.8	2.2	1.1
사	23.2	−1.1	1.8
아	17.6	−0.2	0.2
자	14.9	−3.3	0.0
차	14.9	14.6	2.4
카	−4.3	−3.3	0.1

─ 〈보 기〉 ─

ㄱ. 환율조작국으로 지정되는 국가는 없다.
ㄴ. '나'국은 A요건과 B요건을 충족한다.
ㄷ. 관찰대상국으로 지정되는 국가는 모두 4개이다.
ㄹ. A요건의 판단기준을 '대미무역수지 200억 달러 초과'에서 '대미무역수지 150억 달러 초과'로 변경하여도 관찰대상국 및 환율조작국으로 지정되는 국가들은 동일하다.

① ㄱ, ㄴ
② ㄱ, ㄷ
③ ㄴ, ㄹ
④ ㄷ, ㄹ
⑤ ㄴ, ㄷ, ㄹ

📝 **문제풀이**

02 각주 판단형   난이도 ★★☆☆☆

- ㄱ. (X) 세 가지 모두 충족하면 환율조작국으로 지정된다. 따라서 '다'국이 이에 해당한다.

- ㄴ. (O) '나'국은 대미무역수지가 742억 달러로 A요건을 충족하고 GDP 대비 경상수지 비중이 8.5%로 B요건 역시 충족한다.

- ㄷ. (O) 관찰대상국으로 지정되는 국가는 '가', '나', '마', '차' 4개이다. '가', '나', '마' 3국은 A와 B요건 충족이고 '차'는 B와 C요건 충족이다. '다'는 세 가지 조건 모두 충족이므로 이에 해당되지 않는다.

- ㄹ. (O) A요건의 판단기준을 '대미무역수지 200억 달러 초과'에서 '대미무역수지 150억 달러 초과'로 변경한다면 이에 영향을 받는 국가는 '아'뿐이다. 변경 전 '아'국은 어느 요건에도 충족하지 못하지만 변경 후라고 하더라도 A조건 하나만 충족되기 때문에 관찰대상국 및 환율조작국으로 지정되지 않는다는 점이 동일하다.

⏱ **빠른 문제 풀이 Tip**

- 각주에서 설명하는 환율조작국과 관찰대상국의 의미를 구분하자.
- 관찰대상국의 경우 요건 두 가지만 충족하면 되므로 (A, B)뿐만 아니라 (A, C), (B, C)요건을 충족해도 관찰대상국으로 지정된다는 점을 간과하지 말자.
- 〈표 2〉의 단위가 10억 달러라는 점을 반드시 체크해야 한다. A요건에서 묻는 것이 200억 달러 초과이므로 〈표 2〉에서 수치로 보면 20 초과인 국가가 이에 해당한다.

[정답] ⑤

03

다음 〈표〉는 6개 광종의 위험도와 경제성 점수에 관한 자료이다. 〈표〉와 〈분류기준〉을 이용하여 광종을 분류할 때, 〈보기〉의 설명 중 옳은 것만을 모두 고르면?

〈표〉 6개 광종의 위험도와 경제성 점수

(단위: 점)

항목＼광종	금광	은광	동광	연광	아연광	철광
위험도	2.5	4.0	2.5	2.7	3.0	3.5
경제성	3.0	3.5	2.5	2.7	3.5	4.0

─〈분류기준〉─

위험도와 경제성 점수가 모두 3.0점을 초과하는 경우에는 '비축필요광종'으로 분류하고, 위험도와 경제성 점수 중 하나는 3.0점 초과, 다른 하나는 2.5점 초과 3.0점 이하인 경우에는 '주시광종'으로 분류하며, 그 외는 '비축제외광종'으로 분류한다.

─〈보 기〉─

ㄱ. '주시광종'으로 분류되는 광종은 1종류이다.

ㄴ. '비축필요광종'으로 분류되는 광종은 '은광', '아연광', '철광'이다.

ㄷ. 모든 광종의 위험도와 경제성 점수가 현재보다 각각 20% 증가하면, '비축필요광종'으로 분류되는 광종은 4종류가 된다.

ㄹ. '주시광종' 분류기준을 '위험도와 경제성 점수 중 하나는 3.0점 초과, 다른 하나는 2.5점 이상 3.0점 이하'로 변경한다면, '금광'과 '아연광'은 '주시광종'으로 분류된다.

① ㄱ, ㄷ

② ㄱ, ㄹ

③ ㄷ, ㄹ

④ ㄱ, ㄴ, ㄷ

⑤ ㄴ, ㄷ, ㄹ

📝 문제풀이

03 조건 판단형   난이도★★☆☆☆

ㄱ. (O) '주시광종'으로 분류되는 광종은 아연광 1종류이다.

ㄴ. (X) '비축필요광종'으로 분류되는 광종은 '은광', '철광'이다. '아연광'은 위험도가 3.0이라 초과하지 못한다.

ㄷ. (O) 모든 광종의 위험도와 경제성 점수가 현재보다 각각 20% 증가하면, '비축필요광종'으로 분류되는 광종은 현재 '은광'과 '철광' 2종류에 '연광'과 '아연광' 2종류가 추가되어 4종류가 된다.

ㄹ. (X) '주시광종' 분류기준을 '위험도와 경제성 점수 중 하나는 3.0점 초과, 다른 하나는 2.5점 이상 3.0점 이하'로 변경한다면, '아연광'은 '주시광종'으로 분류되지만 '금광'은 여전히 경제성이 3.0으로 초과하지 못하기 때문에 '비축제외광종'이다.

⏱ 빠른 문제 풀이 Tip

초과와 이상을 개념을 확실히 숙지하자.

[정답] ①

04

다음 〈표〉는 중학생의 주당 운동시간 현황을 조사한 자료이다. 이에 대한 〈보기〉의 설명 중 옳은 것만을 모두 고르면?

〈표〉 중학생의 주당 운동시간 현황

(단위: %, 명)

구분		남학생			여학생		
		1학년	2학년	3학년	1학년	2학년	3학년
1시간 미만	비율	10.0	5.7	7.6	18.8	19.2	25.1
	인원수	118	66	87	221	217	281
1시간 이상 2시간 미만	비율	22.2	20.4	19.7	26.6	31.3	29.3
	인원수	261	235	224	312	353	328
2시간 이상 3시간 미만	비율	21.8	20.9	24.1	20.7	18.0	21.6
	인원수	256	241	274	243	203	242
3시간 이상 4시간 미만	비율	34.8	34.0	23.4	30.0	27.3	14.0
	인원수	409	392	266	353	308	157
4시간 이상	비율	11.2	19.0	25.2	3.9	4.2	10.0
	인원수	132	219	287	46	47	112
합계	비율	100.0	100.0	100.0	100.0	100.0	100.0
	인원수	1,176	1,153	1,138	1,175	1,128	1,120

─〈보 기〉─

ㄱ. '1시간 미만' 운동하는 3학년 남학생 수는 '4시간 이상' 운동하는 1학년 여학생 수보다 많다.

ㄴ. 동일 학년의 남학생과 여학생을 비교하면, 남학생 중 '1시간 미만' 운동하는 남학생의 비율이 여학생 중 '1시간 미만' 운동하는 여학생의 비율보다 각 학년에서 모두 낮다.

ㄷ. 남학생과 여학생 각각, 학년이 높아질수록 3시간 이상 운동하는 학생의 비율이 낮아진다.

ㄹ. 모든 학년별 남학생과 여학생 각각에서, '3시간 이상 4시간 미만' 운동하는 학생의 비율이 '4시간 이상' 운동하는 학생의 비율보다 높다.

① ㄱ, ㄴ
② ㄱ, ㄹ
③ ㄴ, ㄷ
④ ㄷ, ㄹ
⑤ ㄱ, ㄴ, ㄷ

📝 문제풀이

04 분수 비교형
난이도★☆☆☆☆

ㄱ. (O) '1시간 미만' 운동하는 3학년 남학생 수는 87명으로 '4시간 이상' 운동하는 1학년 여학생 수 46명보다 많다.

ㄴ. (O) 동일 학년의 남학생과 여학생을 비교하면, 남학생 중 '1시간 미만' 운동하는 남학생의 비율이 여학생 중 '1시간 미만' 운동하는 여학생의 비율보다 1학년 10.0<18.8, 2학년 5.7<19.2, 3학년 7.6<25.1로 각 학년에서 모두 낮다.

ㄷ. (X) 남학생의 경우 3시간 이상 운동하는 학생의 비율은 1학년 34.8+11.2보다 2학년 34.0+19.00이 더 높다.

ㄹ. (X) 남학생의 경우 '3시간 이상 4시간 미만' 운동하는 학생의 비율 23.4%가 '4시간 이상' 운동하는 학생의 비율 25.2%보다 낮다.

⏱ 빠른 문제 풀이 Tip

- 비율을 묻는지 인원수를 묻는지 정확하게 매칭하자.
- '3시간 이상' 구간의 경우 '3시간 이상 4시간 미만'과 '4시간 이상' 구간의 합으로 비교해야 한다.

[정답] ①

05

다음 〈표〉는 둘씩 짝지은 A~F 대학 현황 자료이다. 〈조건〉을 근거로 A−B, C−D, E−F 대학을 순서대로 바르게 짝지어 나열한 것은?

〈표〉 둘씩 짝지은 대학 현황

(단위: %, 명, 달러)

짝지은 대학	A−B		C−D		E−F	
	A	B	C	D	E	F
입학허가율	7	12	7	7	9	7
졸업률	96	96	96	97	95	94
학생 수	7,000	24,600	12,300	28,800	9,270	27,600
교수 1인당 학생 수	7	6	6	8	9	6
연간 학비	43,500	49,500	47,600	45,300	49,300	53,000

――――〈조 건〉――――

○ 짝지어진 두 대학끼리만 비교한다.
○ 졸업률은 야누스가 플로라보다 높다.
○ 로키와 토르의 학생 수 차이는 18,000명 이상이다.
○ 교수 수는 이시스가 오시리스보다 많다.
○ 입학허가율은 토르가 로키보다 높다.

	A−B	C−D	E−F
①	오시리스 − 이시스	플로라 − 야누스	토르 − 로키
②	이시스 − 오시리스	플로라 − 야누스	로키 − 토르
③	로키 − 토르	이시스 − 오시리스	야누스 − 플로라
④	로키 − 토르	플로라 − 야누스	오시리스 − 이시스
⑤	야누스 − 플로라	이시스 − 오시리스	토르 − 로키

📑 문제풀이

05 매칭형   난이도★★☆☆☆

- 두 번째 〈조건〉에서 졸업률은 야누스가 플로라보다 높다고 하였으므로 졸업률이 동일한 A−B는 제외한다. 이에 따라 선택지 ⑤가 소거된다.
- 세 번째 〈조건〉에서 로키와 토르의 학생 수 차이는 18,000명 이상이라고 하였으므로 차이가 18,000명 미만인 A−B는 제외한다. 이에 따라 선택지 ③, ④가 소거된다.
- 다섯 번째 〈조건〉에 따르면 입학허가율은 토르가 로키보다 높으므로 E는 토르, F는 로키이다.

⏱ 빠른 문제 풀이 Tip

- 선택지가 매칭형으로 주어져 있으므로 첫 번째 〈조건〉에서 짝지어진 두 대학끼리만 비교하고 나머지는 선택지를 참고하여 쉬운 〈조건〉부터 확인하자.
- 옳은 조합을 찾는 것보다 부합하지 않는 조합을 지워나가는 것도 한 가지 방법이다.

[정답] ①

06

다음 〈표〉는 2016년 1~6월 월말종가기준 A, B사의 주가와 주가지수에 대한 자료이다. 이에 대한 〈보기〉의 설명 중 옳은 것만을 모두 고르면?

〈표〉 A, B사의 주가와 주가지수(2016년 1~6월)

구분		1월	2월	3월	4월	5월	6월
주가(원)	A사	5,000	( )	5,700	4,500	3,900	( )
	B사	6,000	( )	6,300	5,900	6,200	5,400
주가지수		100.00	( )	109.09	( )	91.82	100.00

※ 1) 주가지수 = $\dfrac{\text{해당 월 A사의 주가} + \text{해당 월 B사의 주가}}{\text{1월 A사의 주가} + \text{1월 B사의 주가}} \times 100$

2) 해당 월의 주가 수익률(%) = $\dfrac{\text{해당 월의 주가} - \text{전월의 주가}}{\text{전월의 주가}} \times 100$

〈보 기〉

ㄱ. 3~6월 중 주가지수가 가장 낮은 달에 A사와 B사의 주가는 모두 전월 대비 하락하였다.

ㄴ. A사의 주가는 6월이 1월보다 높다.

ㄷ. 2월 A사의 주가가 전월 대비 20% 하락하고 B사의 주가는 전월과 동일하면, 2월의 주가지수는 전월 대비 10% 이상 하락한다.

ㄹ. 4~6월 중 A사의 주가 수익률이 가장 낮은 달에 B사의 주가는 전월 대비 하락하였다.

① ㄱ, ㄴ

② ㄱ, ㄷ

③ ㄴ, ㄷ

④ ㄴ, ㄹ

⑤ ㄷ, ㄹ

📝 문제풀이

06 각주 판단형   난이도★★★★☆

ㄱ. (X) 3~6월 중 주가지수가 가장 낮은 달은 A사와 B사의 주가 합이 가장 낮은 5월이다. 5월의 A사 주가는 전월 대비 하락하였지만 B사의 주가는 전월 대비 상승하였다.

ㄴ. (O) A사의 1월과 6월 주가지수가 100.00으로 동일하므로 1월과 6월 A사와 B사의 주가 합 역시 동일하다. 따라서 A사의 주가는 6월이 5,600원으로 1월 5,000원보다 높다.

ㄷ. (X) 2월 A사의 주가가 전월 대비 20% 하락하면 4,000원이고 B사의 주가는 전월과 동일하면 6,000원이다. 2월의 주가지수는 $\dfrac{1,000}{11,000}$ 만큼 하락하므로 전월 대비 10% 미만 하락한다. 이는 A사의 주가 하락폭 5,000원의 20%인 1,000원이 결국 주가지수를 구성하는 분모 11,000의 10% 이상인 1,100원 이상이 되는가의 문제이다.

ㄹ. (O) 4~6월 중 A사의 주가 수익률이 가장 낮은 달은 4월이고 B사의 주가는 5,900원으로, 전월 6,300원 대비 하락하였다. 이는 수익률을 수식으로 도출하지 않고도 판단할 수 있다. A사의 주가는 6월에 상승하였으므로 제외하고, 4월은 20% 이상 감소하였지만 5월은 20% 미만 감소하였다.

> ⏱ **빠른 문제 풀이 Tip**
> - 각주 1)의 주가지수 식이 복잡한 것처럼 보이지만 결국 1월 A사와 B사 주가의 합은 일정하므로 해당 월 A사와 B사의 주가 합이 클수록 주가지수도 당연히 높다.
> - 각주 2)의 주가 수익률 역시 변화율 개념으로 접근하면 이해하기 어렵지 않다.

[정답] ④

07

다음 〈표〉는 2012년 34개국의 국가별 1인당 GDP와 학생들의 수학성취도 자료이고, 〈그림〉은 〈표〉의 자료를 그래프로 나타낸 것이다. 이에 대한 〈보기〉의 설명 중 옳은 것만을 모두 고르면?

〈표〉 국가별 1인당 GDP와 수학성취도

(단위: 천 달러, 점)

국가	1인당 GDP	수학성취도
룩셈부르크	85	490
카타르	77	( )
싱가포르	58	573
미국	47	481
노르웨이	45	489
네덜란드	42	523
아일랜드	41	501
호주	41	504
덴마크	41	500
캐나다	40	518
스웨덴	39	478
독일	38	514
핀란드	36	519
일본	35	536
프랑스	34	495
이탈리아	32	485
스페인	32	484
한국	29	554
이스라엘	27	466
포르투갈	26	487
체코	25	499
헝가리	21	477
폴란드	20	518
러시아	20	482
칠레	17	423
아르헨티나	16	388
터키	16	448
멕시코	15	413
말레이시아	15	421
불가리아	14	439
브라질	13	391
태국	10	427
인도네시아	5	( )
베트남	4	511

〈그림〉 국가별 1인당 GDP와 수학성취도

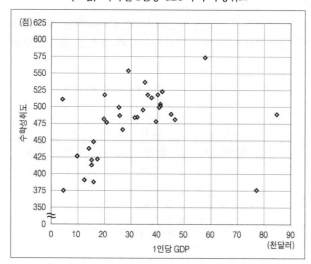

※ 국가별 학생 수는 동일하지 않고, 각 국가의 수학성취도는 해당국 학생 전체의 수학성취도 평균이며, 34개국 학생 전체의 수학성취도 평균은 500점임.

〈보 기〉

ㄱ. 1인당 GDP가 체코보다 높은 국가 중에서 수학성취도가 체코보다 높은 국가의 수와 낮은 국가의 수는 같다.

ㄴ. 수학성취도 하위 7개 국가의 1인당 GDP는 모두 2만 달러 이하이다.

ㄷ. 1인당 GDP 상위 5개 국가 중에서 수학성취도가 34개국 학생 전체의 평균보다 높은 국가는 1개이다.

ㄹ. 수학성취도 상위 2개 국가의 1인당 GDP 차이는 수학성취도 하위 2개 국가의 1인당 GDP 차이보다 크다.

① ㄱ, ㄴ ② ㄱ, ㄷ
③ ㄴ, ㄷ ④ ㄴ, ㄹ
⑤ ㄱ, ㄷ, ㄹ

📝 문제풀이

07 분산·물방울형   난이도 ★★★☆☆

ㄱ. (O) 1인당 GDP가 체코보다 낮은 국가는 13개이므로 34개국 중 1인당 GDP가 체코보다 높은 국가는 20개이다. 〈그림〉에서 수학성취도는 약 500점이면서 1인당 GDP가 25천 달러인 점을 찾아 그 점을 기준으로 우상방 또는 우하방에 있는 점의 개수가 10개인지 확인한다. 500 근처에 있는 아일랜드, 호주, 덴마크 정도만 〈표〉에서 확인해주면 된다.

ㄴ. (X) 〈그림〉에서 수학성취도가 가장 낮은 375점 중 1인당 GDP가 70천 달러를 넘는 국가가 존재한다. 이를 〈표〉에서 확인하면 카타르임을 알 수 있다.

ㄷ. (O) 〈그림〉에서 1인당 GDP 상위 5개 국가 중 3번째 국가의 수학성취도는 34개국 학생 전체의 평균인 500보다 높다. 이를 〈표〉에서 확인하면 싱가포르임을 알 수 있다.

ㄹ. (X) 〈그림〉에서 수학성취도 상위 2개 국가의 1인당 GDP 차이는 약 30천 달러이지만 수학성취도 하위 2개 국가의 1인당 GDP 차이는 70천 달러를 초과하므로 전자보다 후자가 더 크다.

⏱ 빠른 문제 풀이 Tip

〈표〉의 국가와 〈그림〉의 국가가 일대일 매칭 관계이므로 국가의 수를 판단할 때는 〈그림〉으로 하자.

[정답] ②

08

다음 〈표〉는 축구팀 '가'~'다' 사이의 경기 결과이다. 이에 대한 〈보기〉의 설명 중 옳은 것만을 모두 고르면?

〈표〉 경기 결과

기록 팀	승리 경기수	패배 경기수	무승부 경기수	총득점	총실점
가	2	( )	( )	( )	2
나	( )	( )	( )	4	5
다	( )	( )	1	2	8

※ 각 팀이 나머지 두 팀과 각각 한 번씩만 경기를 한 결과임.

―〈보 기〉―

ㄱ. '가'의 총득점은 8점이다.
ㄴ. '나'와 '다'의 경기 결과는 무승부이다.
ㄷ. '가'는 '나'와의 경기에서 3:2로 승리했다.
ㄹ. '가'는 '다'와의 경기에서 5:0으로 승리했다.

① ㄱ, ㄷ
② ㄱ, ㄹ
③ ㄴ, ㄷ
④ ㄴ, ㄹ
⑤ ㄴ, ㄷ, ㄹ

📝 문제풀이

08 분수 비교형   난이도 ★★★☆☆

ㄱ. (X) 총득점과 총실점이 동일해야 하므로 '가'의 총득점은 9점이다.

ㄴ. (O) '가'는 승리 경기수가 2경기이므로 '나'와 '다'의 경기에서 모두 이겼고 '다'는 무승부 경기수가 1경기 있으므로 '나'와의 경기가 무승부였음을 알 수 있다. 따라서 '나'와 '다'의 경기 결과는 무승부이다.

ㄷ. (O), ㄹ. (X) '가'의 총득점이 9점이므로 '가'가 '나'와의 경기에서 3:2로 승리했다면 '다'와의 경기는 6:0으로 승리한 것이 된다. 그렇게 된다면 '나'는 '가'에게 2:3으로 패배한 것이 되고 '나'와 '다'는 2:2로 무승부하였다는 결론에 이르게 된다. 결국 '가'는 '다'와의 경기에서 6:0으로 승리했다.

⏱ 빠른 문제 풀이 Tip

- ㄱ을 먼저 검토했다면 선택지 조합상 ㄴ은 검토하지 않아도 된다.
- 괄호가 많은 스포츠 경기 문제이다. 경우의 수를 생각하자.
- 세 팀 간 경기이므로 총득점과 총실점이 같다는 점을 이용하면 수월하게 시작할 수 있다.

[정답] ③

09

다음 〈표〉는 2008~2013년 '갑'국 농·임업 생산액과 부가가치 현황에 대한 자료이다. 이에 대한 〈보기〉의 설명 중 옳은 것만을 모두 고르면?

〈표 1〉 농·임업 생산액 현황

(단위: 10억 원, %)

구분 \ 연도		2008	2009	2010	2011	2012	2013
농·임업 생산액		39,663	42,995	43,523	43,214	46,357	46,648
분야별 비중	곡물	23.6	20.2	15.6	18.5	17.5	18.3
	화훼	28.0	27.7	29.4	30.1	31.7	32.1
	과수	34.3	38.3	40.2	34.7	34.6	34.8

※ 1) 분야별 비중은 농·임업 생산액 대비 해당 분야의 생산액 비중임.
2) 곡물, 화훼, 과수는 농·임업의 일부 분야임.

〈표 2〉 농·임업 부가가치 현황

(단위: 10억 원, %)

구분 \ 연도		2008	2009	2010	2011	2012	2013
농·임업 부가가치		22,587	23,540	24,872	26,721	27,359	27,376
GDP 대비 비중	농업	2.1	2.1	2.0	2.1	2.0	2.0
	임업	0.1	0.1	0.2	0.1	0.2	0.2

※ 1) GDP 대비 비중은 GDP 대비 해당 분야의 부가가치 비중임.
2) 농·임업은 농업과 임업으로만 구성됨.

---〈보 기〉---

ㄱ. 농·임업 생산액이 전년보다 작은 해에는 농·임업 부가가치도 전년보다 작다.
ㄴ. 화훼 생산액은 매년 증가한다.
ㄷ. 매년 곡물 생산액은 과수 생산액의 50% 이상이다.
ㄹ. 매년 농업 부가가치는 농·임업 부가가치의 85% 이상이다.

① ㄱ, ㄴ
② ㄱ, ㄷ
③ ㄴ, ㄷ
④ ㄴ, ㄹ
⑤ ㄷ, ㄹ

📝 문제풀이

09 분수 비교형	난이도★★☆☆☆

ㄱ. (X) 2011년 농·임업 생산액은 2010년에 비해 작지만 2011년 농·임업 부가가치는 2010년에 비해 크다.

ㄴ. (O) 농·임업 생산액과 화훼 비중이 모두 증가한 해를 제외하고 판단하면 2008년 대비 2009년은 농·임업 생산액의 증가율이 더 크고 2010년 대비 2011년 역시 화훼 비중의 증가율이 더 크다. 따라서 화훼 생산액은 매년 증가한다.

ㄷ. (X) 2010년 곡물 생산 비중은 15.6%로 과수 생산 비중 40.2%의 50% 미만이다. 따라서 2010년 곡물 생산액은 과수 생산액의 50% 이상이 되지 못한다.

ㄹ. (O) 매년 GDP 대비 농·임업 부가가치 비중은 2.2%로 일정하고 상대적으로 작은 2.0%인 해만 검토해도 매년 농업 부가가치는 농·임업 부가가치의 85% 이상이라고 어렵지 않게 판단할 수 있다.

> ⏱ **빠른 문제 풀이 Tip**
> • 각주의 의미를 통해 〈표〉의 구조를 파악하자. 〈표 1〉의 각주 2)는 각 비중의 합이 100%가 되지 않는다는 점을 알려주고 있다.
> • 〈표 2〉의 각주 2)에서는 농·임업은 농업과 임업의 합이라는 점을 알려주고 있다.

[정답] ④

10

다음 〈표〉는 A~F로만 구성된 '갑'반 학생의 일대일채팅방 참여 현황을 표시한 자료이다. 〈보기〉의 설명 중 〈표〉와 〈규칙〉에 근거하여 옳은 것만을 모두 고르면?

〈표〉 '갑'반의 일대일채팅방 참여 현황

학생	F	E	D	C	B
A	0	1	0	0	1
B	1	1	0	1	
C	1	0	1		
D	0	1			
E	0				

※ 학생들이 참여할 수 있는 모든 일대일채팅방의 참여 여부를 '0'과 '1'로 표시함.

〈규 칙〉

○ 서로 다른 두 학생이 동일한 일대일채팅방에 참여하고 있으면 '1'로, 그 이외의 경우에는 '0'으로 나타내며, 그 값을 각 학생이 속한 행 또는 열이 만나는 곳에 표시한다.

○ 학생 수가 n일 때 학생들이 참여할 수 있는 모든 일대일채팅 방의 개수는 $\frac{n(n-1)}{2}$이다.

○ 일대일채팅방 밀도 = $\dfrac{\text{학생들이 참여하고 있는 일대일채팅방의 개수}}{\text{학생들이 참여할 수 있는 모든 일대일채팅방의 개수}}$

〈보 기〉

ㄱ. 참여하고 있는 일대일채팅방의 수가 가장 많은 학생은 B이다.

ㄴ. A는 C와 일대일채팅방에 참여하고 있지 않지만, A는 B와, B는 C와 일대일채팅방에 참여하고 있다.

ㄷ. '갑'반의 일대일채팅방 밀도는 0.6 이상이다.

ㄹ. '갑'반으로 전학 온 새로운 학생 G가 C, D와만 각각 일대일채팅방에 참여한다면, '갑'반의 일대일채팅방 밀도는 낮아진다.

① ㄱ, ㄴ
② ㄱ, ㄷ
③ ㄴ, ㄹ
④ ㄷ, ㄹ
⑤ ㄱ, ㄴ, ㄹ

📝 문제풀이

10 조건 판단형   난이도 ★★★☆☆

ㄱ. (O) B는 A, C, E, F 4명과 일대일채팅방에 참여하고 있으므로 가장 많다.

ㄴ. (O) A는 C와 0으로 일대일채팅방에 참여하고 있지 않지만, A는 B와, B는 C와 각각 1로 일대일채팅방에 참여하고 있다.

ㄷ. (X) '갑'반의 학생수는 현재 6명이므로 학생들이 참여할 수 있는 모든 일대일채팅방의 개수는 15개이다. 그리고 현재 학생들이 참여하고 있는 일대일채팅방의 개수는 8개이므로 '갑'반의 일대일채팅방 밀도는 $\frac{8}{15}$로 0.6 이상이 되지 못한다.

ㄹ. (O) '갑'반으로 전학 온 새로운 학생 G가 C, D와만 각각 일대일채팅방에 참여한다면, '갑'반의 학생수는 6명에서 7명이 되므로 학생들이 참여할 수 있는 모든 일대일채팅방의 개수는 21개이다. 그리고 학생들이 참여하고 있는 일대일채팅방의 개수 역시 8개에서 10개로 증가하므로 '갑'반의 일대일채팅방 밀도는 $\frac{10}{21}$이 된다. 따라서 '갑'반의 일대일채팅방 밀도는 $\frac{8}{15}$에서 $\frac{10}{21}$으로 낮아진다. 일대일채팅방 밀도는 분수 비교를 직접 하지 않고 0.5를 기준으로 판단할 수도 있다.

⏱ 빠른 문제 풀이 **Tip**

• 규칙에서 의도하고자 하는 핵심을 파악하자. 모든 일대일 채팅방의 개수는 학생수가 일정하다면 고정이고 학생들이 참여하고 있는 일대일 채팅방의 개수는 표에 제시된 '1'의 개수 합이다.

• 표의 가로축(행)과 세로축(열)이 비대칭이라는 점을 파악하자.

[정답] ⑤

11

다음 〈표〉는 '갑'국 맥주 수출 현황에 관한 자료이다. 〈보고서〉를 작성하기 위해 〈표〉 이외에 추가로 필요한 자료만을 〈보기〉에서 모두 고르면?

〈표〉 주요 국가에 대한 '갑'국 맥주 수출액 및 증가율

(단위: 천 달러, %)

구분	2013년	전년 대비 증가율	2014년	전년 대비 증가율	2015년	전년 대비 증가율	2016년 상반기	전년 동기간 대비 증가율
맥주 수출 총액	72,251	6.5	73,191	1.3	84,462	15.4	48,011	3.7
일본	33,007	12.4	32,480	−1.6	35,134	8.2	19,017	0.8
중국	8,482	35.9	14,121	66.5	19,364	37.1	11,516	21.8
이라크	2,881	35.3	4,485	55.7	7,257	61.8	4,264	−15.9
싱가포르	8,641	21.0	3,966	−54.1	6,790	71.2	2,626	−31.3
미국	3,070	3.6	3,721	21.2	3,758	1.0	2,247	26.8
호주	3,044	4.2	3,290	8.1	2,676	−18.7	1,240	−25.1
타이	2,119	9.9	2,496	17.8	2,548	2.1	1,139	−12.5
몽골	5,465	−16.4	2,604	−52.4	1,682	−35.4	1,005	−27.5
필리핀	3,350	−49.9	2,606	−22.2	1,558	−40.2	2,257	124.5
러시아	740	2.4	886	19.7	771	−13.0	417	−10.6
말레이시아	174	144.0	710	308.0	663	−6.6	1,438	442.2
베트남	11	−	60	445.3	427	611.7	101	−57.5

〈보고서〉

중국으로의 수출 증가에 힘입어 2015년 '갑'국의 맥주 수출액이 맥주 수출을 시작한 1992년 이래 역대 최고치를 기록하였다. 또한 2016년 상반기도 역대 동기간 대비 최고치를 기록하고 있다. 2015년 맥주 수출 총액은 약 8천 4백만 달러로 전년 대비 15.4% 증가하였다. 2013년 대비 2015년 맥주 수출 총액은 16.9% 증가하여, 같은 기간 '갑'국 전체 수출액이 5.9% 감소한 것에 비하면 주목할 만한 성과이다. 2016년 상반기 맥주 수출 총액은 약 4천 8백만 달러로 전년 동기간 대비 3.7% 증가하였다.

2015년 '갑'국의 주요 맥주 수출국은 일본(41.6%), 중국(22.9%), 이라크(8.6%), 싱가포르(8.0%), 미국(4.4%) 순으로, 2012년부터 '갑'국의 맥주 수출액이 가장 큰 상대 국가는 일본이다. 2015년 일본으로의 맥주 수출액은 약 3천 5백만 달러로 전년 대비 8.2% 증가하였다. 특히 중국으로의 맥주 수출액은 2013년부터 2015년까지 매년 두 자릿수 증가율을 기록하여, 2014년부터 중국이 싱가포르를 제치고 '갑'국 맥주 수출 대상국 중 2위로 자리매김하였다. 또한, 베트남으로의 맥주 수출액은 2013년 대비 2015년에 약 39배로 증가하여 베트남이 새로운 맥주 수출 시장으로 부상하고 있다.

〈보 기〉

ㄱ. 1992~2012년 연도별 '갑'국의 연간 맥주 수출 총액
ㄴ. 1992~2015년 연도별 '갑'국의 상반기 맥주 수출액
ㄷ. 2015년 상반기 '갑'국의 국가별 맥주 수출액
ㄹ. 2013~2015년 연도별 '갑'국의 전체 수출액

① ㄱ, ㄴ
② ㄱ, ㄷ
③ ㄴ, ㄹ
④ ㄱ, ㄴ, ㄹ
⑤ ㄴ, ㄷ, ㄹ

📑 **문제풀이**

11 보고서 검토·확인형　　　　　　　난이도★★☆☆☆

ㄱ. 〈보고서〉 첫 번째 문단 첫 번째 문장에서 '중국으로의 수출 증가에 힘입어 2015년 '갑'국의 맥주 수출액이 맥주 수출을 시작한 1992년 이래 역대 최고치를 기록하였다.'라고 했으므로 [1992~2012년 연도별 '갑'국의 연간 맥주 수출 총액]이 필요하다.

ㄴ. 〈보고서〉 첫 번째 문단 두 번째 문장과 세 번째 문장에서 '또한 2016년 상반기도 역대 동기간 대비 최고치를 기록하고 있다. 2015년 맥주 수출 총액은 약 8천 4백만 달러로 전년 대비 15.4% 증가하였다.'라고 했으므로 [1992~2015년 연도별 '갑'국의 상반기 맥주 수출액]이 필요하다.

ㄷ. [2015년 상반기 '갑'국의 국가별 맥주 수출액]은 〈보고서〉에서 언급하고 있지 않으므로 추가로 필요하지 않다.

ㄹ. 〈보고서〉 첫 번째 문단 네 번째 문장에서 '2013년 대비 2015년 맥주 수출 총액은 16.9% 증가하여, 같은 기간 '갑'국 전체 수출액이 5.9% 감소한 것에 비하면 주목할 만한 성과이다.'라고 했으므로 [2013~2015년 연도별 '갑'국의 전체 수출액]이 필요하다.

⏱ **빠른 문제 풀이 Tip**

- 추가로 필요한 자료를 찾는 문제이므로 일단 연도와 항목을 가볍게 체크하자.
- 〈보고서〉 내용 중 〈표〉에 직접 제시되지 않은 항목 위주로 찾자.

[정답] ④

12

다음 〈표〉는 A국의 2000~2013년 알코올 관련 질환 사망자 수에 대한 자료이다. 이에 대한 설명으로 옳은 것은?

〈표〉 알코올 관련 질환 사망자 수

(단위: 명)

구분 연도	남성		여성		전체	
	사망자 수	인구 10만 명당 사망자 수	사망자 수	인구 10만 명당 사망자 수	사망자 수	인구 10만 명당 사망자 수
2000	2,542	10.7	156	0.7	2,698	5.9
2001	2,870	11.9	199	0.8	3,069	6.3
2002	3,807	15.8	299	1.2	4,106	8.4
2003	4,400	18.2	340	1.4	4,740	9.8
2004	4,674	19.2	374	1.5	5,048	10.2
2005	4,289	17.6	387	1.6	4,676	9.6
2006	4,107	16.8	383	1.6	4,490	9.3
2007	4,305	17.5	396	1.6	4,701	9.5
2008	4,243	17.1	400	1.6	4,643	9.3
2009	4,010	16.1	420	1.7	4,430	8.9
2010	4,111	16.5	424	1.7	( )	9.1
2011	3,996	15.9	497	2.0	4,493	9.0
2012	4,075	16.2	474	1.9	( )	9.1
2013	3,955	15.6	521	2.1	4,476	8.9

※ 인구 10만 명당 사망자 수는 소수점 아래 둘째 자리에서 반올림한 값임.

① 2010년과 2012년의 전체 사망자 수는 같다.
② 여성 사망자 수는 매년 증가한다.
③ 매년 남성 인구 10만 명당 사망자 수는 여성 인구 10만 명당 사망자 수의 8배 이상이다.
④ 남성 인구 10만 명당 사망자 수가 가장 많은 해의 전년대비 남성 사망자 수 증가율은 5% 이상이다.
⑤ 전체 사망자 수의 전년대비 증가율은 2001년이 2003년보다 높다.

📝 문제풀이

12 분수 비교형

난이도 ★★☆☆☆

① (X) 2010년과 2012년의 전체 사망자 수는 각각 4,111+424명과 4,075+474명으로 여성은 50명 차이가 나지만 남성은 50명 미만 차이가 나기 때문에 같지 않다. 2010년과 2012년의 전체 인구 10만 명당 사망자 수가 같다는 것에 헷갈리지 않도록 유의한다.

② (X) 2012년 여성 사망자 수는 474명으로 2011년 497명에 비해 감소하였다. 따라서 매년 증가하지 않는다.

③ (X) 2011년 남성 인구 10만 명당 사망자 수는 15.9명으로 여성 인구 10만 명당 사망자 수 2.0의 8배 이상이 되지 못한다.

④ (O) 남성 인구 10만 명당 사망자 수는 2004년이 19.2명으로 가장 많다. 2003년 남성 사망자 수는 4,400명이고 2004년에 4,674명으로 274명 증가하였기 때문에 증가율은 5% 이상이 된다.

⑤ (X) 전체 사망자 수의 전년대비 증가율은 2001년이 400명 미만 증가하여 15% 미만의 증가율을 보이는 반면, 2003년은 600명 이상 증가하여 15% 이상의 증가율을 보이고 있다. 따라서 2001년이 2003년보다 낮다. 구체적으로 계산하면 2001년은 2,698명에서 371명 증가하여 약 13.7%의 증가율을 보이는 반면, 2003년은 4,106명에서 634명 증가하여 약 15.4%의 증가율을 보이고 있다.

⏱ 빠른 문제 풀이 Tip

• 사망자 수와 인구 10만 명당 비율이 주어져 있으므로 둘 중 무엇을 묻는 것인지 명확하게 하자.
• 상당히 많은 해의 시계열 자료이므로 연도 매칭을 실수하지 않게 주의한다.
• 여러 연도의 경향을 물을 때는 예외가 되는 연도를 찾자.

[정답] ④

13

다음 〈그림〉은 '갑'소독제 소독실험에서 소독제 누적주입량에 따른 병원성미생물 개체수의 변화를 나타낸 것이다. 〈그림〉과 〈실험정보〉에 근거한 〈보기〉의 설명 중 옳은 것만을 모두 고르면?

〈그림〉 소독제 누적주입량에 따른 병원성미생물 개체수 변화

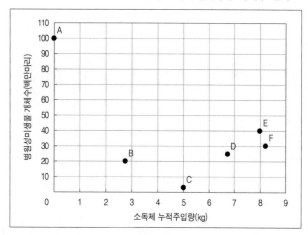

────〈실험정보〉────

○ 이 실험은 1회 시행한 단일 실험임.

○ 실험 시작시점(A)에서 측정한 값과, 이후 5시간 동안 소독제를 주입하면서 매 1시간이 경과하는 시점을 순서대로 B, C, D, E, F라고 하고 각 시점에서 측정한 값을 표시하였음.

○ 소독효율(마리/kg)=
$$\frac{\text{시작시점(A) 병원성미생물 개체수 − 측정시점 병원성미생물 개체수}}{\text{측정시점의 소독제 누적주입량}}$$

○ 구간 소독속도(마리/시간)=
$$\frac{\text{구간의 시작시점 병원성미생물 개체수 − 구간의 종료시점 병원성미생물 개체수}}{\text{두 측정시점 사이의 시간}}$$

────〈보 기〉────

ㄱ. 실험시작 후 2시간이 경과한 시점의 소독효율이 가장 높다.

ㄴ. 소독효율은 F가 D보다 낮다.

ㄷ. 구간 소독속도는 B∼C 구간이 E∼F 구간보다 낮다.

① ㄱ

② ㄴ

③ ㄷ

④ ㄴ, ㄷ

⑤ ㄱ, ㄴ, ㄷ

📝 문제풀이

13 조건 판단형   난이도★★★★☆

ㄱ. (X) 실험시작 후 2시간이 경과한 시점은 C에서 측정한 소독효율값이다. 약 $\frac{94}{5}$이고 1시간이 경과한 시점에서 B의 소독효율은 $\frac{80}{2.8}$이다. 따라서 소독효율은 B가 C보다 더 높다. 구체적으로 계산하지 않고 20을 기준으로 대략적으로 검토해도 판단 가능하다.

ㄴ. (O) 식의 숫자를 대입해서 비교하려 하지 말고 식의 구조를 고려하여 판단한다. A의 개체수는 일정한 상황에서 D는 F에 비해 개체가 적고 누적 주입량 역시 적다. 따라서 소독효율 식의 분자가 D가 더 큰 반면 분모는 더 작기 때문에 당연히 소독효율이 F가 D보다 낮다.

ㄷ. (X) 역시 식의 구조를 고려하여 판단한다. 구간 소독속도 식의 분모를 보면 두 측정시점 사이의 시간이므로 B∼C 구간과 E∼F 구간의 시간은 1시간으로 동일하다. 결국 B∼C 구간과 E∼F 구간의 개체수 차이가 클수록 소독속도 역시 크게 되므로 구간 소독속도는 B∼C 구간이 E∼F 구간보다 높다.

> ⏱ **빠른 문제 풀이 Tip**
> • 실험정보에서 주어지는 식을 파악하고 풀이한다. 소독효율의 A 개체수는 100으로 일정하다.
> • 각 시점의 간격은 1시간으로 동일하다는 점을 기억하자. 소독제 누적주입량과 헷갈리지 말자. 특히 구간 소독속도를 비교할 때 주의해야 한다.
> • 소독효율은 기울기로도 판단할 수 있다. 식을 재구성해서 생각해보자.

[정답] ②

14

다음 〈표〉는 2006~2012년 '갑'국의 문화재 국외반출 허가 및 전시 현황에 관한 자료이다. 이에 대한 설명으로 옳은 것은?

〈표〉 문화재 국외반출 허가 및 전시 현황

(단위: 건, 개)

연도	전시건수			국외반출 허가 문화재 수량		
	국가별 전시건수 (국가:건수)	계		지정문화재 (문화재 종류:개수)	비지정 문화재	계
2006	일본:6, 중국:1, 영국:1, 프랑스:1, 호주:1	10		국보:3, 보물:4, 시도지정문화재:1	796	804
2007	일본:10, 미국:5, 그리스:1, 체코:1, 중국:1	18		국보:18, 보물:3, 시도지정문화재:1	902	924
2008	일본:5, 미국:3, 벨기에:1, 영국:1	10		국보:5, 보물:10	315	330
2009	일본:9, 미국:8, 중국:3, 이탈리아:3, 프랑스:2, 영국:2, 독일:2, 포르투갈:1, 네덜란드:1, 체코:1, 러시아:1	33		국보:2, 보물:13	1,399	1,414
2010	일본:9, 미국:5, 영국:2, 러시아:2, 중국:1, 벨기에:1, 이탈리아:1, 프랑스:1, 스페인:1, 브라질:1	24		국보:3, 보물:11	1,311	1,325
2011	미국:3, 일본:2, 호주:2, 중국:1, 타이완:1	9		국보:4, 보물:12	733	749
2012	미국:6, 중국:5, 일본:5, 영국:2, 브라질:1, 독일:1, 러시아:1	21		국보:4, 보물:9	1,430	1,443

※ 1) 지정문화재는 국보, 보물, 시도지정문화재만으로 구성됨.
  2) 동일년도에 두 번 이상 전시된 국외반출 허가 문화재는 없음.

① 연도별 국외반출 허가 문화재 수량 중 지정문화재 수량의 비중이 가장 큰 해는 2011년이다.

② 2007년 이후, 연도별 전시건수 중 미국 전시건수 비중이 가장 작은 해에는 프랑스에서도 전시가 있었다.

③ 국가별 전시건수의 합이 10건 이상인 국가는 일본, 미국, 영국이다.

④ 보물인 국외반출 허가 지정문화재의 수량이 가장 많은 해는 전시건 당 국외반출 허가 문화재 수량이 가장 많은 해와 동일하다.

⑤ 2009년 이후, 연도별 전시건수가 많을수록 국외반출 허가 문화재 수량도 많다.

📝 문제풀이

14 분수 비교형　　　　　　　　　　　　난이도★★★☆☆

① (X) 반대해석하여 연도별 국외반출 허가 문화재 수량 중 비지정문화재 수량의 비중이 가장 작은 해가 2011년인지 검토한다. 2011년 $\frac{733}{749}$보다 2008년 $\frac{315}{330}(=\frac{630}{660})$가 더 작다. 따라서 연도별 국외반출 허가 문화재 수량 중 지정문화재 수량의 비중은 2011년보다 2008년이 더 크다.

② (O) 2007년 이후, 연도별 전시건수 중 미국 전시건수 비중이 가장 작은 해는 2010년이며 프랑스에서도 전시가 있었다. 이는 2008년과 2011년은 30%를 넘고, 2007년, 2009년, 2012년에는 약 30%, 2010년은 20%를 살짝 상회하는 수준이므로 2010년이 가장 낮은 비중인 것을 어렵지 않게 판단할 수 있다. 또한 프랑스에서 전시가 있었던 해를 먼저 찾아서 미국 전시건수 비중이 가장 낮은 지역으로 판단하는 것이 시간을 줄이는 데 도움이 된다.

③ (X) 일본과 미국은 국가별 전시건수의 합이 10건 이상이지만 영국은 8건으로 10건 이상이 되지 못한다.

④ (X) 보물인 국외반출 허가 지정문화재의 수량이 가장 많은 해는 2009년이고 전시건 당 국외반출 허가 문화재 수량은 2009년 $\frac{1,414}{33}$보다 2006년 $\frac{804}{10}$이 더 높다. 따라서 동일하지 않다. 계가 비슷한 2009년과 2012년을 비교하면 더 쉽게 판단할 수 있다.

⑤ (X) 전시건수가 가장 많은 해는 2009년이지만 국외반출 허가 문화재 수량은 2012년이 더 많다.

⏱ 빠른 문제 풀이 Tip

- 정리가 확실하게 된 〈표〉가 아니므로 필요한 항목을 잘 골라내서 검토해야 한다.
- 비중 판단 시 분수 비교를 하나하나 하지 말고 기준을 세워 비교하자.

[정답] ②

15

다음 〈표〉는 '갑'국의 4대 범죄 발생건수 및 검거건수에 대한 자료이다. 이에 대한 설명으로 옳지 않은 것은?

〈표 1〉 2009~2013년 4대 범죄 발생건수 및 검거건수

(단위: 건, 천 명)

구분 연도	발생건수	검거건수	총인구	인구 10만 명당 발생건수
2009	15,693	14,492	49,194	31.9
2010	18,258	16,125	49,346	( )
2011	19,498	16,404	49,740	39.2
2012	19,670	16,630	50,051	39.3
2013	22,310	19,774	50,248	44.4

〈표 2〉 2013년 4대 범죄 유형별 발생건수 및 검거건수

(단위: 건)

구분 범죄 유형	발생건수	검거건수
강도	5,753	5,481
살인	132	122
절도	14,778	12,525
방화	1,647	1,646
계	22,310	19,774

① 인구 10만 명당 4대 범죄 발생건수는 매년 증가한다.

② 2010년 이후, 전년대비 4대 범죄 발생건수 증가율이 가장 낮은 연도와 전년대비 4대 범죄 검거건수 증가율이 가장 낮은 연도는 동일하다.

③ 2013년 발생건수 대비 검거건수 비율이 가장 낮은 범죄 유형의 발생건수는 해당 연도 4대 범죄 발생건수의 60% 이상이다.

④ 4대 범죄 발생건수 대비 검거건수 비율은 매년 80% 이상이다.

⑤ 2013년 강도와 살인 발생건수의 합이 4대 범죄 발생건수에서 차지하는 비율은 2013년 강도와 살인 검거건수의 합이 4대 범죄 검거건수에서 차지하는 비율보다 높다.

📝 문제풀이

15 분수 비교형   난이도 ★★★☆☆

① (O) 2010년 인구 10만 명당 발생건수는 약 37.0건이고, 2010년과 2011년 모두 총인구 증가율에 비해 발생건수의 증가율이 더 높다. 따라서 인구 10만 명당 4대 범죄 발생건수는 매년 증가한다.

② (O) 2010년 이후, 전년대비 4대 범죄 발생건수 증가율이 가장 낮은 연도와 전년대비 4대 범죄 검거건수 증가율이 가장 낮은 연도는 2012년으로 동일하다. 증가율의 분모가 되는 건수 차이는 크지 않은 반면 분자인 증가폭이 200대로 가장 작다.

③ (O) 2013년 발생건수 대비 검거건수 비율이 가장 낮은 범죄 유형은 절도이며 발생건수는 해당 연도 4대 범죄 발생건수 22,310건의 60% 이상인 14,778건이다.

④ (O) 4대 범죄 발생건수 대비 검거건수 비율은 2009년부터 92%, 88%, 84%, 85%, 89%로 매년 80% 이상이다.

⑤ (X) 2013년 강도와 살인 발생건수의 합이 4대 범죄 발생건수에서 차지하는 비율은 $\frac{5,855}{22,310} ≒ 26.4\%$이므로 2013년 강도와 살인 검거건수의 합이 4대 범죄 검거건수에서 차지하는 비율 $\frac{5,603}{19,774} ≒ 28.3\%$보다 낮다. 이는 구체적으로 계산하지 않아도 판단 가능하지만, 계산을 하게 되더라도 $\frac{59}{233}$와 $\frac{56}{198}$의 분수 비교 정도로 가볍게 비교한다.

⏱ 빠른 문제 풀이 **Tip**

- 어떤 선택지부터 검토할 것인지가 중요하다.
- 분수 비교 시 기준을 정해서 먼저 비교하자.

[정답] ⑤

유형공략

2024
2023
2022
2021
2020
2019
2018
2017
2016
2015
2014
2013
2012

해커스PSAT 5급 PSAT 김용훈 자료해석 13개년 기출문제집

16

다음 〈표〉와 〈그림〉은 2013년 '갑'국의 자동차 매출에 관한 자료이다. 이에 대한 설명으로 옳은 것은?

〈표〉 2013년 10월 월매출액 상위 10개 자동차의 매출 현황

(단위: 억 원, %)

순위	자동차	월매출액		
			시장점유율	전월대비 증가율
1	A	1,139	34.3	60
2	B	1,097	33.0	40
3	C	285	8.6	50
4	D	196	5.9	50
5	E	154	4.6	40
6	F	149	4.5	20
7	G	138	4.2	50
8	H	40	1.2	30
9	I	30	0.9	150
10	J	27	0.8	40

※ 시장점유율(%)= $\dfrac{해당 자동차 월매출액}{전체 자동차 월매출 총액} \times 100$

〈그림〉 2013년 I 자동차 누적매출액

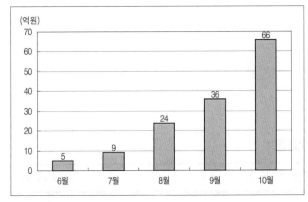

※ 월매출액은 해당 월 말에 집계됨.

① 2013년 9월 C 자동차의 월매출액은 200억 원 이상이다.

② 2013년 10월 월매출액 상위 5개 자동차의 순위는 전월과 동일하다.

③ 2013년 6월부터 2013년 9월 중 I 자동차의 월매출액이 가장 큰 달은 9월이다.

④ 2013년 10월 월매출액 상위 5개 자동차의 10월 월매출액 기준 시장점유율은 80% 이하이다.

⑤ 2013년 10월 '갑'국의 전체 자동차 매출액 총액은 4,000억 원 이하이다.

📝 문제풀이

16 분수 비교형   난이도★★★☆☆

① (X) 직접 2013년 9월 C 자동차의 월매출액을 도출하려고 하지 말고 선택지에서 주어진 수치를 이용한다. 2013년 9월 C 자동차의 월매출액이 200억원이라면 전월대비 증가율이 50%이므로 10월의 매출액은 300억 원 이상이 되어야 하지만 285억 원이다. 따라서 2013년 9월 C 자동차의 월매출액은 200억 원 이상이 되지 못한다.

② (X) 1위 A와 2위 B를 비교하면 10월은 1,139억 원, 1,097억 원으로 크게 차이가 나지 않지만, 전월대비 증가율을 고려하면 9월은 B가 A보다 더 많다. 따라서 2013년 10월 월매출액 상위 5개 자동차의 순위는 전월과 동일하지 않다. 구체적으로 계산하면 9월 매출액은 A가 약 711.88억 원, B가 약 783.57억 원이다.

③ (X) 〈그림〉은 누적매출액이므로 월 매출액을 도출하려면 당월에서 전월 수치를 빼주면 된다. 9월은 12억 원이지만 8월은 15억 원으로 9월보다 8월이 더 크다.

④ (X) 2013년 10월 월매출액 상위 5개 자동차의 10월 월매출액 기준 시장점유율은 34.3+33.0+8.6+5.9+4.6=86.4%로 80% 이상이다.

⑤ (O) A의 매출액이 1,139억 원으로 시장점유율 34.3%를 차지하고 있다. 따라서 2013년 10월 '갑'국의 전체 자동차 매출액 총액은 4,000억 원 이하이다.

⏱ 빠른 문제 풀이 Tip

• 시장점유율 항목을 이용하여 전체 매출액을 추론할 수 있어야 한다.
• 전월대비 증가율의 상대적 크기 비교를 통하여 구체적으로 도출하지 않고도 9월의 매출액 크기를 판단할 수 있어야 한다.

[정답] ⑤

17

식물학자 '갑'은 2016년 2월 14일 A지역에 위치한 B지점에 X식물을 파종하였다. 다음 〈조건〉과 〈표〉를 근거로 산정한 X식물의 발아예정일로 옳은 것은?

─── 〈조 건〉 ───

○ A지역 기온측정 기준점의 고도는 해발 110m이고, B지점의 고도는 해발 710m이다.

○ A지역의 날씨는 지점에 관계없이 동일하나, 기온은 고도에 의해서 변한다. 지점의 고도가 10m 높아질 때마다 기온은 0.1℃씩 낮아진다.

○ 발아예정일 산정방법
1) 파종 후, 일 최고기온이 3℃ 이상인 날이 연속 3일 이상 존재한다.
2) 1)을 만족한 날 이후, 일 최고기온이 0℃ 이하인 날이 1일 이상 존재한다.
3) 2)를 만족한 날 이후, 일 최고기온이 3℃ 이상인 날이 존재한다.
4) 발아예정일은 3)을 만족한 최초일에 6일을 더한 날이다. 단, 1)을 만족한 최초일 다음날부터 3)을 만족한 최초일 사이에 일 최고기온이 0℃ 이상이면서 비가 온 날이 있다면 그 날 수만큼 발아예정일이 앞당겨진다.

〈표〉 2016년 A지역의 날씨 및 기온측정 기준점의 일 최고기온

날짜	일 최고기온 (℃)	날씨	날짜	일 최고기온 (℃)	날씨
2월 15일	3.8	맑음	3월 6일	7.9	맑음
2월 16일	3.3	맑음	3월 7일	8.0	비
2월 17일	2.7	흐림	3월 8일	5.8	비
2월 18일	4.0	맑음	3월 9일	6.5	맑음
2월 19일	4.9	흐림	3월 10일	5.3	흐림
2월 20일	5.2	비	3월 11일	4.8	맑음
2월 21일	8.4	맑음	3월 12일	6.8	맑음
2월 22일	9.1	맑음	3월 13일	7.7	흐림
2월 23일	10.1	맑음	3월 14일	8.7	맑음
2월 24일	8.9	흐림	3월 15일	8.5	비
2월 25일	6.2	비	3월 16일	6.1	흐림
2월 26일	3.8	흐림	3월 17일	5.6	맑음
2월 27일	0.2	흐림	3월 18일	5.7	비
2월 28일	0.5	맑음	3월 19일	6.2	흐림
2월 29일	7.6	맑음	3월 20일	7.3	맑음
3월 1일	7.8	맑음	3월 21일	7.9	맑음
3월 2일	9.6	맑음	3월 22일	8.6	흐림
3월 3일	10.7	흐림	3월 23일	9.9	맑음
3월 4일	10.9	맑음	3월 24일	8.2	흐림
3월 5일	9.2	흐림	3월 25일	11.8	맑음

① 2016년 3월 7일
② 2016년 3월 8일
③ 2016년 3월 19일
④ 2016년 3월 27일
⑤ 2016년 3월 29일

📝 문제풀이

17 조건 판단형   난이도★★★★☆

· A와 B의 차이는 600m이므로 기온 차이는 6℃이다. 즉 A지역에 비해 B지역의 온도가 6℃ 더 낮으므로 〈조건〉의 세 번째 발아예정일 산정방법의 기온을 +6℃하여 계산한다.

· 첫 번째 파종 후, 일 최고기온이 3℃ 이상인 날이 연속 3일 이상 존재해야 하므로 일 최고기온이 연속 3일 동안 9℃ 이상인 최초의 날을 찾는다. 3월 2일부터 4일까지이다.

· 첫 번째 조건을 만족한 날 이후, 즉 3월 4일 이후 일 최고기온이 0℃ 이하인 날이 1일 이상 존재해야 하므로 3월 4일 이후 6℃ 이하인 최초의 날을 찾는다. 이는 5.8℃인 3월 8일이다.

· 두 번째 조건을 만족한 날 이후, 일 최고기온이 3℃ 이상인 날이 존재해야 하므로 일 최고기온이 9℃인 최초의 날을 찾는다. 이는 9.9℃인 3월 23일이다.

· 발아예정일은 세 번째 조건을 만족한 최초일에 6일을 더한 날이다. 따라서 3월 29일이지만 첫 번째 조건을 만족한 최초일 다음날인 3월 5일부터 세 번째 조건을 만족한 최초일인 3월 23일 사이에 일 최고기온이 0℃ 이상이면서 비가 온 날이 있다면 그 날 수만큼 발아예정일이 앞당겨진다. 이 조건을 만족한 날은 3월 7일과 3월 15일 2일이므로 발아예정일은 최종적으로 3월 27일이 된다.

⏱ 빠른 문제 풀이 Tip

A지역과 B지역의 차이가 얼마인지 판단하여 이를 〈표〉에서 검토하자.

[정답] ④

18

다음 〈표〉는 2013~2015년 기업역량개선사업에 선정된 업체와 선정 업체의 과제 이행 실적에 대한 자료이다. 이에 대한 〈보기〉의 설명 중 옳은 것만을 모두 고르면?

〈표 1〉 산업별 선정 업체 수

(단위: 개)

산업 연도	엔지니어링	바이오	디자인	미디어
2013	3	2	3	6
2014	2	2	2	6
2015	2	5	5	3

※ 기업역량개선사업은 2013년 시작되었고, 전 기간 동안 중복 선정된 업체는 없음.

〈표 2〉 선정 업체의 연도별 과제 이행 실적 건수

(단위: 건)

연도	2013	2014	2015	전체
과제 이행 실적	12	24	19	55

※ 선정 업체가 이행하는 과제 수에는 제한이 없음.

〈표 3〉 선정 업체의 3년간(2013~2015년) 과제 이행 실적별 분포

(단위: 개)

과제 이행 실적	없음	1건	2건	3건	4건	5건	전체
업체 수	15	11	4	9	1	1	41

─〈보 기〉─

ㄱ. 매년 선정 업체 중 디자인 업체가 차지하는 비중은 증가하였다.

ㄴ. 2013년 선정 업체 중 당해 연도 과제 이행 실적이 한 건도 없는 업체는 3개 이상이다.

ㄷ. 산업별 선정 업체 수의 3년간 합이 많은 산업부터 순서대로 나열하면 미디어, 디자인, 바이오, 엔지니어링 순이다.

ㄹ. 전체 선정 업체 중 3년간 과제 이행 실적 건수 상위 15개 업체의 과제 이행 실적 건수는 전체 과제 이행 실적 건수의 80%를 차지하였다.

① ㄱ, ㄴ

② ㄱ, ㄷ

③ ㄴ, ㄷ

④ ㄷ, ㄹ

⑤ ㄴ, ㄷ, ㄹ

📝 문제풀이

18 분수 비교형

난이도★★★★★

ㄱ. (X) 선정 업체 중 디자인 업체가 차지하는 비중은 2013년 $\frac{3}{14}$에서 2014년 $\frac{2}{12}$로 감소하였다. 따라서 매년 선정 업체 중 디자인 업체가 차지하는 비중이 증가하지는 않았다.

ㄴ. (O) 2013년 선정 업체는 〈표 1〉에서 14개이고 2013년 과제 이행 실적 건수는 〈표 2〉에서 12건이다. 〈표 2〉 각주에서 선정 업체가 이행하는 과제 수에는 제한이 없다고 하였으므로 14개 업체가 12건을 이행했다면 1개 이상 이행한 업체도 있고 과제 이행 실적이 없는 업체도 존재하게 된다. 만약 〈표 3〉의 1건만 이행한 11개 업체가 모두 2013년 업체라 하더라도 〈표 2〉에서 2013년 과제 이행 실적은 12건이므로 적어도 2건인 업체가 1개 있어야 한다(1건 10개+2건 1개=11개 업체 12건). 따라서 과제 이행 실적이 한 건도 없는 업체는 적어도 3개 이상이 되어야 한다. 11개 업체가 모두 2013년이 아니라 그 중 일부만 2013년 업체라고 한다면 이행 실적이 한 건도 없는 업체는 3개를 넘게 된다. 예를 들어 2013년 1건만 이행한 업체가 8개이고 2건 이행한 업체가 2개가 되면 한 건도 없는 업체는 4개가 된다.

ㄷ. (O) 산업별 선정 업체 수의 3년간 합이 많은 산업부터 순서대로 나열하면 미디어 15개, 디자인 10개, 바이오 9개, 엔지니어링 7개 순이다.

ㄹ. (O) 전체 선정 업체 중 3년간 과제 이행 실적 건수 상위 15개 업체의 과제 이행 실적 건수는 44건으로 전체 과제 이행 실적 건수 55건의 80%를 차지하였다.

⏱ 빠른 문제 풀이 Tip

• 〈표 1〉의 합과 〈표 3〉의 합이 같으므로 연계하여 검토하자.
• 〈표 2〉의 이행 실적 건수는 〈표 3〉의 실적별 업체수 곱을 합한 것이다.

[정답] ⑤

[19~20] 다음 〈표〉는 훈련대상별 훈련성과에 관한 자료이다. 〈표〉를 보고 물음에 답하시오.

〈표 1〉 훈련대상별 훈련실시인원과 자격증취득인원

(단위: 명)

구분 \ 훈련대상	전직실업자	신규실업자	지역실업자	영세자영업자	새터민
훈련실시인원	9,013	3,005	7,308	3,184	1,301
자격증취득인원	4,124	1,230	3,174	487	617

※ 1) 훈련대상은 '전직실업자', '신규실업자', '지역실업자', '영세자영업자', '새터민'으로 구성됨.
　2) 훈련대상별 훈련실시인원의 중복은 없음.

〈표 2〉 훈련대상별 자격증취득인원의 성·연령대·최종학력별 구성비

(단위: %)

구분 \ 훈련대상		전직실업자	신규실업자	지역실업자	영세자영업자	새터민
성	남	45	63	44	58	40
	여	55	37	56	42	60
연령대	20대	5	17	18	8	21
	30대	13	32	21	24	25
	40대	27	27	27	22	18
	50대	45	13	23	31	22
	60대 이상	10	11	11	15	14
최종학력	중졸이하	4	8	12	32	34
	고졸	23	25	18	28	23
	전문대졸	19	28	31	16	27
	대졸	38	21	23	15	14
	대학원졸	16	18	16	9	2

※ 소수점 아래 첫째 자리에서 반올림한 값임.

〈표 3〉 훈련대상·최종학력별 훈련실시인원 및 자격증취득률

(단위: 명, %)

구분 \ 훈련대상		전직실업자	신규실업자	지역실업자	영세자영업자	새터민	전체
최종학력	중졸이하	1,498(11)	547(18)	865(44)	1,299(12)	499(42)	4,708(21)
	고졸	1,790(53)	854(36)	1,099(52)	852(16)	473(30)	5,068(42)
	전문대졸	2,528(31)	861(40)	1,789(55)	779(10)	203(82)	6,160(38)
	대졸	2,305(68)	497(52)	2,808(26)	203(36)	108(80)	5,921(46)
	대학원졸	892(74)	246(90)	747(68)	51(86)	18(70)	1,954(74)

※ 1) 자격증취득률(%) = $\frac{\text{자격증취득인원}}{\text{훈련실시인원}} \times 100$
　2) ( ) 안 수치는 자격증취득률을 의미함.
　3) 소수점 아래 첫째 자리에서 반올림한 값임.

19

위 〈표〉에 대한 설명으로 옳은 것은?

① 고졸 전직실업자인 자격증취득인원은 전문대졸 지역실업자인 자격증취득인원보다 적다.
② 남성 자격증취득인원은 훈련대상 중 신규실업자가 가장 많다.
③ 신규실업자의 최종학력별 자격증취득률은 고졸이 대졸보다 높다.
④ 영세자영업자의 자격증취득률은 연령대 중 50대가 가장 낮다.
⑤ 전체 대졸 자격증취득인원 대비 훈련대상별 대졸 자격증취득인원의 비율이 가장 낮은 훈련대상은 새터민이다.

📝 문제풀이

19 곱셈 비교형　　　　　　　　　　　　　난이도★★★☆☆

① (O) 고졸 전직실업자인 자격증취득인원은 1,790×53%이고 전문대졸 지역실업자인 자격증취득인원은 1,789×55%이므로 전자는 후자보다 적다. 4,124×23%와 3,174×31%를 비교해도 동일하지만 〈표 3〉의 수치로 검토하는 것이 훨씬 간단하다.

② (X) 〈표 2〉에서 남성 자격증취득인원은 훈련대상 중 신규실업자의 비율이 63%로 가장 높지만 〈표 1〉의 자격증 취득인원을 고려하면 전직실업자보다 적다.

③ (X) 〈표 3〉에서 신규실업자의 최종학력별 자격증취득률은 고졸이 36%로 대졸 52%보다 낮다.

④ (X) 연령대별 훈련실시인원과 자격증취득인원을 알 수 없으므로 영세자영업자의 자격증취득률은 연령대 중 50대가 가장 낮은지 판단할 수 없다.

⑤ (X) 전체 대졸 자격증취득인원 대비 훈련대상별 대졸 자격증취득인원의 비율을 묻고 있지만 전체 대졸 자격증취득인원이 공통으로 분모가 되므로 자격증취득인원을 비교한다. 대졸 새터민 108×80%보다 영세 자영업자 203×36%가 더 적다. 따라서 전체 대졸 자격증취득인원 대비 훈련대상별 대졸 자격증취득인원의 비율은 새터민보다 영세 자영업자가 더 낮다.

> ⏱ **빠른 문제 풀이 Tip**
> - 선택지에서 묻는 내용이 어떤 〈표〉에 있는지 정확하게 매칭할 수 있어야 한다.
> - 〈표 1〉은 인원, 〈표 2〉는 구성비, 〈표 3〉은 인원 및 취득률에 관한 자료이므로 관련이 있는 항목끼리 매칭하자.

[정답] ①

20

위 〈표〉의 내용과 부합하는 것만을 〈보기〉에서 모두 고르면?

─────〈보 기〉─────

ㄱ. 훈련대상별 자격증취득인원

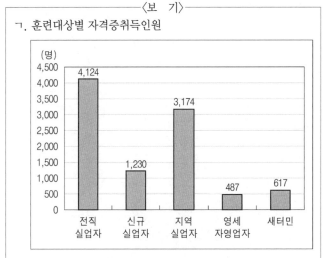

ㄴ. 훈련대상·성별 자격증취득률

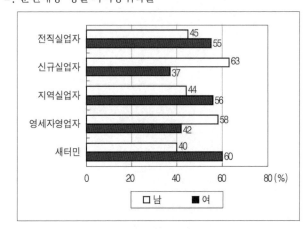

ㄷ. 중졸이하 자격증취득인원의 훈련대상별 구성비

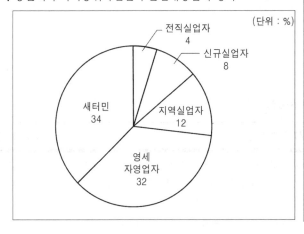

ㄹ. 새터민 자격증취득인원의 연령대별 누적 구성비

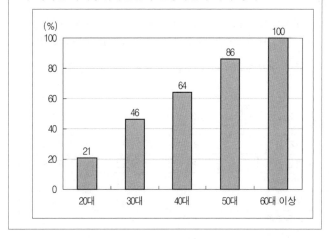

① ㄱ, ㄴ   ② ㄱ, ㄷ

③ ㄱ, ㄹ   ④ ㄴ, ㄷ

⑤ ㄴ, ㄹ

📑 문제풀이

20 표-차트 변환형   난이도★★★☆☆

- ㄱ은 〈표 1〉의 자격증취득인원이 그대로 반영되었고 ㄹ역시 누적 구성비이지만 〈표 2〉의 구성비가 거의 그대로 반영되어 있는 그래프이다.

- ㄴ은 훈련실시인원의 훈련대상별 성별 인원을 판단할 수 없으므로 알 수 없는 그래프이다.

- ㄷ은 중졸이하를 훈련대상별로 구성비를 만들어야 하므로 〈표 2〉의 비율을 그대로 가져오면 안 된다. 비율 합의 세로 방향이기 때문에 다시 재구성하여 구성비로 바꿔야 한다. 원그래프의 숫자 합이 90%밖에 되지 않는다는 점으로 판단할 수도 있다.

> #### ⏱ 빠른 문제 풀이 **Tip**
> - 표-차트 변환형 문제이므로 자료의 수치가 그대로 적용된 그래프부터 검토하자.
> - 판단할 수 있는 것인지 판단할 수 없는 것인지 구분할 수 있어야 한다.

[정답] ③

21

다음 〈표〉는 2013~2015년 A국의 13대 수출 주력 품목에 관한 자료이다. 이에 대한 〈보기〉의 설명 중 옳은 것만을 모두 고르면?

〈표 1〉 전체 수출액 대비 13대 수출 주력 품목의 수출액 비중

(단위: %)

연도 품목	2013	2014	2015
가전	1.83	2.35	2.12
무선통신기기	6.49	6.42	7.28
반도체	8.31	10.04	11.01
석유제품	9.31	8.88	6.09
석유화학	8.15	8.35	7.11
선박류	10.29	7.09	7.75
섬유류	2.86	2.81	2.74
일반기계	8.31	8.49	8.89
자동차	8.16	8.54	8.69
자동차부품	4.09	4.50	4.68
철강제품	6.94	6.22	5.74
컴퓨터	2.25	2.12	2.28
평판디스플레이	5.22	4.59	4.24
계	82.21	80.40	78.62

〈표 2〉 13대 수출 주력 품목별 세계수출시장 점유율

(단위: %)

연도 품목	2013	2014	2015
가전	2.95	3.63	2.94
무선통신기기	6.77	5.68	5.82
반도체	8.33	9.39	8.84
석유제품	5.60	5.20	5.18
석유화학	8.63	9.12	8.42
선박류	24.55	22.45	21.21
섬유류	2.12	1.96	1.89
일반기계	3.19	3.25	3.27
자동차	5.34	5.21	4.82
자동차부품	5.55	5.75	5.50
철강제품	5.47	5.44	5.33
컴퓨터	2.23	2.11	2.25
평판디스플레이	23.23	21.49	18.50

─────〈보 기〉─────

ㄱ. 13대 수출 주력 품목 중 2014년 수출액이 큰 품목부터 차례대로 나열하면 반도체, 석유제품, 자동차, 일반기계, 석유화학, 선박류 등의 순이다.

ㄴ. 13대 수출 주력 품목 중 2013년에 비해 2015년에 전체 수출액 대비 수출액 비중이 상승한 품목은 총 7개이다.

ㄷ. 13대 수출 주력 품목 중 세계수출시장 점유율 상위 5개 품목의 순위는 2013년과 2014년이 동일하다.

① ㄱ
② ㄴ
③ ㄱ, ㄴ
④ ㄴ, ㄷ
⑤ ㄱ, ㄴ, ㄷ

22

다음 〈그림〉은 2012~2015년 '갑'국 기업의 남성육아휴직제 시행 현황에 관한 자료이다. 이에 대한 설명으로 옳은 것은?

〈그림〉 남성육아휴직제 시행기업수 및 참여직원수

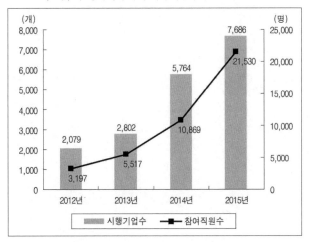

① 2013년 이후 전년보다 참여직원수가 가장 많이 증가한 해와 시행 기업수가 가장 많이 증가한 해는 동일하다.

② 2015년 남성육아휴직제 참여직원수는 2012년의 7배 이상이다.

③ 시행기업당 참여직원수가 가장 많은 해는 2015년이다.

④ 2013년 대비 2015년 시행기업수의 증가율은 참여직원수의 증가 율보다 높다.

⑤ 2012~2015년 참여직원수 연간 증가인원의 평균은 6,000명 이하 이다.

📝 문제풀이

22 분수 비교형	난이도★★☆☆☆

① (X) 2013년 이후 전년보다 참여직원수가 가장 많이 증가한 해는 2015년이지 만 시행기업수가 가장 많이 증가한 해는 2014년으로 서로 동일하지 않다.

② (X) 2015년 남성육아휴직제 참여직원수는 21,530명으로 2012년 3,197명의 7 배 이상이 되지 않는다.

③ (O) 시행기업당 참여직원수가 가장 많은 해는 해당 비율이 2명을 초과하는 2015년이다.

④ (X) 2013년 대비 2015년 시행기업수의 증가율은 3배 미만이지만 참여직원 수의 증가율은 3배 이상이므로 전자가 후자보다 낮다.

⑤ (X) 2012~2015년 3년 동안 참여직원수의 증가인원은 18,000명 이상이므로 연간 증가인원의 평균은 6,000명 이상이다.

⏱ 빠른 문제 풀이 Tip
· 분수 비교 시 식을 써서 곧바로 풀이하기 보다는 기준을 잡아서 비교하자.
· 〈표〉가 아닌 〈그림〉이므로 시각적인 부분을 활용하자.

[정답] ③

23

다음 〈표〉는 질병진단키트 A~D의 임상실험 결과 자료이다. 〈표〉와 〈정의〉에 근거하여 〈보기〉의 설명 중 옳은 것만을 모두 고르면?

〈표〉 질병진단키트 A~D의 임상실험 결과

(단위: 명)

A	질병 있음	없음		B	질병 있음	없음
판정				판정		
양성	100	20		양성	80	40
음성	20	100		음성	40	80

C	질병 있음	없음		D	질병 있음	없음
판정				판정		
양성	80	30		양성	80	20
음성	30	100		음성	20	100

※ 질병진단키트 당 피실험자 240명을 대상으로 임상실험한 결과임.

〈정　의〉
○ 민감도: 질병이 있는 피실험자 중 임상실험 결과에서 양성 판정된 피실험자의 비율
○ 특이도: 질병이 없는 피실험자 중 임상실험 결과에서 음성 판정된 피실험자의 비율
○ 양성 예측도: 임상실험 결과 양성 판정된 피실험자 중 질병이 있는 피실험자의 비율
○ 음성 예측도: 임상실험 결과 음성 판정된 피실험자 중 질병이 없는 피실험자의 비율

〈보　기〉
ㄱ. 민감도가 가장 높은 질병진단키트는 A이다.
ㄴ. 특이도가 가장 높은 질병진단키트는 B이다.
ㄷ. 질병진단키트 C의 민감도와 양성 예측도는 동일하다.
ㄹ. 질병진단키트 D의 양성 예측도와 음성 예측도는 동일하다.

① ㄱ, ㄴ
② ㄱ, ㄷ
③ ㄴ, ㄷ
④ ㄱ, ㄷ, ㄹ
⑤ ㄴ, ㄷ, ㄹ

📑 문제풀이

23 조건 판단형	난이도★★★☆☆

ㄱ. (O) 민감도가 가장 높은 질병진단키트는 A가 $\frac{100}{120}$으로 유일하게 80%를 넘는다. B와 C는 80% 미만이고, D는 80%이다. 따라서 A가 가장 높다.

ㄴ. (X) 특이도는 B가 $\frac{80}{120}$이지만 A가 $\frac{100}{120}$으로 더 높다. 따라서 특이도가 가장 높은 질병진단키트는 B가 아니다. 〈표〉의 구조가 대칭이므로 사실상 민감도가 가장 높은 키트가 특이도 역시 가장 높음을 알 수 있다.

ㄷ. (O) 질병진단키트 C의 민감도와 양성 예측도는 $\frac{80}{110}$으로 동일하다.

ㄹ. (X) 질병진단키트 D의 양성 예측도는 $\frac{80}{100}$이고 음성 예측도는 $\frac{120}{140}$이므로 서로 동일하지 않다.

⏱ 빠른 문제 풀이 Tip

• 〈표〉의 임상실험 결과를 보면 A~D 모두 일정한 대칭 구조로 되어있다. 이를 파악하면 좀 더 간단하게 비교할 수 있다.
• 〈정의〉에서 비율을 묻고 있지만 각주에서 모두 240명을 대상으로 한 결과라고 하였으므로 모수가 같다면 숫자만으로 비교 가능하다.

[정답] ②

24

다음 〈표〉는 결함이 있는 베어링 610개의 추정 결함원인과 실제 결함원인에 관한 자료이다. 이에 대한 〈보기〉의 설명 중 옳은 것만을 모두 고르면?

〈표〉 베어링의 추정 결함원인과 실제 결함원인

(단위: 개)

실제 결함원인 \ 추정 결함원인	불균형 결함	내륜 결함	외륜 결함	정렬불량 결함	볼결함	합
불균형결함	87	9	14	6	14	130
내륜결함	12	90	11	6	15	134
외륜결함	6	8	92	14	4	124
정렬불량결함	5	2	5	75	16	103
볼결함	5	7	11	18	78	119
계	115	116	133	119	127	610

※ 1) 전체인식률 = $\dfrac{\text{추정 결함원인과 실제 결함원인이 동일한 베어링의 개수}}{\text{결함이 있는 베어링의 개수}}$

2) 인식률 = $\dfrac{\text{추정 결함원인과 실제 결함원인이 동일한 베어링의 개수}}{\text{추정 결함원인에 해당되는 베어링의 개수}}$

3) 오류율 = 1 − 인식률

─────〈보 기〉─────

ㄱ. 전체인식률은 0.8 이상이다.

ㄴ. '내륜결함' 오류율은 '외륜결함' 오류율보다 낮다.

ㄷ. '불균형결함' 인식률은 '외륜결함' 인식률보다 낮다.

ㄹ. 실제 결함원인이 '정렬불량결함'인 베어링 중에서, 추정 결함원인이 '불균형결함'인 베어링은 추정 결함원인이 '볼결함'인 베어링보다 적다.

① ㄱ, ㄴ
② ㄱ, ㄷ
③ ㄴ, ㄷ
④ ㄴ, ㄹ
⑤ ㄴ, ㄷ, ㄹ

📝 문제풀이

24 반대해석형
난이도 ★★☆☆☆

ㄱ. (X) 전체인식률은 $\dfrac{422}{610}$로 0.8 이상이 되지 못한다.

ㄴ. (O) '내륜결함' 오류율이 '외륜결함' 오류율보다 낮으려면 각주 3)에 의해 '내륜결함' 인식률은 '외륜결함' 인식률보다 높아야 한다. '내륜결함' 인식률은 $\dfrac{90}{116}$으로 '외륜결함' 인식률 $\dfrac{92}{133}$보다 높다. 따라서 '내륜결함' 오류율은 '외륜결함' 오류율보다 낮다.

ㄷ. (X) '불균형결함' 인식률은 $\dfrac{87}{115}$로 '외륜결함' 인식률 $\dfrac{92}{133}$보다 낮다. 이는 70%를 기준으로 판단하면 간단히 해결할 수 있다.

ㄹ. (O) 실제 결함원인이 '정렬불량결함'인 베어링 중에서, 추정 결함원인이 '불균형결함'인 베어링은 5개로 추정 결함원인이 '볼결함'인 베어링 16개보다 적다.

⏱ 빠른 문제 풀이 Tip

- 각주에 식이 복잡하기 때문에 이를 적용해서 해결해야 하는 선택지보다 〈표〉에 있는 수치 자체만 가지고 비교할 수 있는 선택지부터 검토하자.
- 전체인식률과 인식률은 분자가 같고 분모가 다르다. 또한 각주 3)에 의해 인식률과 오류율의 합은 1.00이다.

[정답] ④

25

다음 〈표〉는 학생 '갑'~'정'의 시험 성적에 관한 자료이다. 〈표〉와 〈순위산정방식〉을 이용하여 순위를 산정할 때, 〈보기〉의 설명 중 옳은 것만을 모두 고르면?

〈표〉 '갑'~'정'의 시험 성적

(단위: 점)

학생 \ 과목	국어	영어	수학	과학
갑	75	85	90	97
을	82	83	79	81
병	95	75	75	85
정	89	70	91	90

〈순위산정방식〉

○ A방식: 4개 과목의 총점이 높은 학생부터 순서대로 1, 2, 3, 4위로 하되, 4개 과목의 총점이 동일한 학생의 경우 국어 성적이 높은 학생을 높은 순위로 함.

○ B방식: 과목별 등수의 합이 작은 학생부터 순서대로 1, 2, 3, 4위로 하되, 과목별 등수의 합이 동일한 학생의 경우 A방식에 따라 산정한 순위가 높은 학생을 높은 순위로 함.

○ C방식: 80점 이상인 과목의 수가 많은 학생부터 순서대로 1, 2, 3, 4위로 하되, 80점 이상인 과목의 수가 동일한 학생의 경우 A방식에 따라 산정한 순위가 높은 학생을 높은 순위로 함.

〈보 기〉

ㄱ. A방식과 B방식으로 산정한 '병'의 순위는 동일하다.

ㄴ. C방식으로 산정한 '정'의 순위는 2위이다.

ㄷ. '정'의 과학점수만 95점으로 변경된다면, B방식으로 산정한 '갑'의 순위는 2위가 된다.

① ㄱ
② ㄴ
③ ㄷ
④ ㄱ, ㄴ
⑤ ㄱ, ㄴ, ㄷ

📝 문제풀이

25 조건 판단형

난이도 ★★★★☆

• A방식으로 도출할 때 점수는 갑이 347점, 을이 325점, 병이 330점, 정이 340점이다. 이와 같이 단순히 합하여 도출해도 상관없지만 아래와 같이 과목별로 가장 점수가 낮은 학생을 기준으로 차이값을 이용해서 순위를 도출하는 방법도 있다. 두 가지 방법 모두 갑, 정, 병, 을 순이다.

학생 \ 과목	국어	영어	수학	과학	차이값
갑	75(0)	85(+15)	90(+15)	97(+16)	+46
을	82(+7)	83(+13)	79(+4)	81(0)	+24
병	95(+20)	75(+5)	75(0)	85(+4)	+29
정	89(+14)	70(0)	91(+16)	90(+9)	+39

• B방식으로 도출하면 과목별 등수의 합은 갑이 8, 을이 12, 병이 11, 정이 9이다. 따라서 A방식과 마찬가지로 갑, 정, 병, 을 순이다. 이때 등수의 합이 작을수록 순위가 높다는 점을 주의한다.

• C방식으로 도출하면 갑, 을, 정 3명이 3과목으로 동일하다. 따라서 갑, 정, 을, 병 순이다.

ㄱ. (O) A방식과 B방식으로 산정한 '병'의 순위는 3위로 동일하다.

ㄴ. (O) C방식으로 산정한 '정'의 순위는 2위이다.

ㄷ. (X) '정'의 과학점수만 95점으로 변경된다 하더라도 여전히 과학 과목의 순위는 2위로 동일하다. 따라서 B방식으로 산정한 '갑'의 순위에는 변함이 없다.

> ⏱ **빠른 문제 풀이 Tip**
>
> • 방식을 이해해야 풀 수 있는 계산형 문제이므로 가급적 첫 턴에는 넘어가도록 하자.
>
> • A, B, C방식은 당연히 차이가 난다. 하지만 공통점이 있다면 B나 C로 동일한 순위가 발생하면 A의 순위에 따른다는 점이 같다.

[정답] ④

26

다음 〈그림〉은 '갑'국 4대 유통업태의 성별, 연령대별 구매액 비중에 대한 자료이다. 이에 대한 〈보기〉의 설명 중 옳은 것만을 모두 고르면?

〈그림〉 '갑'국 4대 유통업태의 성별, 연령대별 구매액 비중

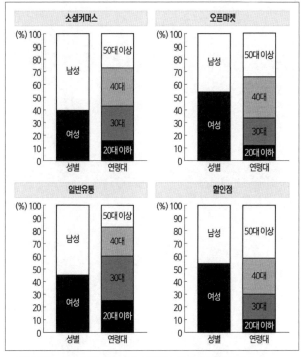

※ 유통업태는 소셜커머스, 오픈마켓, 일반유통, 할인점으로만 구성됨.

〈보 기〉

ㄱ. 유통업태별 전체 구매액 중 50대 이상 연령대의 구매액 비중이 가장 큰 유통업태는 할인점이다.
ㄴ. 유통업태별 전체 구매액 중 여성의 구매액 비중이 남성보다 큰 유통업태 각각에서는 40세 이상의 구매액 비중이 60% 이상이다.
ㄷ. 4대 유통업태 각각에서 50대 이상 연령대의 구매액 비중은 20대 이하보다 크다.
ㄹ. 유통업태별 전체 구매액 중 40세 미만의 구매액 비중이 50% 미만인 유통업태에서는 여성의 구매액 비중이 남성보다 크다.

① ㄱ, ㄴ
② ㄱ, ㄷ
③ ㄴ, ㄷ
④ ㄱ, ㄴ, ㄹ
⑤ ㄴ, ㄷ, ㄹ

📑 문제풀이

26 분수 비교형   난이도★★☆☆☆

ㄱ. (O) 유통업태별 전체 구매액 중 50대 이상 연령대의 구매액 비중이 가장 큰 유통업태는 할인점이다. 이는 눈으로 쉽게 판단 가능하다.

ㄴ. (O) 유통업태별 전체 구매액 중 여성의 구매액 비중이 남성보다 큰 유통업태는 오픈마켓과 할인점이고 각각 40세 이상(40대+50대 이상)의 구매액 비중이 60% 이상이다. 30대 이하의 비중이 40% 이하인지 판단하여 도출할 수도 있다.

ㄷ. (X) 일반유통의 경우 50대 이상 연령대의 구매액 비중은 20대 이하보다 작다.

ㄹ. (X) 유통업태별 전체 구매액 중 40세 미만(30대 이하)의 구매액 비중이 50% 미만인 유통업태는 소셜커머스, 오픈마켓, 할인점이고 이 중 소셜커머스의 경우 여성의 구매액 비중이 남성보다 작다.

⏱ 빠른 문제 풀이 Tip

- 이하와 미만을 구분할 수 있어야 한다.
- 〈표〉가 아닌 〈그림〉이고 정확한 수치로 판단하는게 아닌 문제이므로 세로축 눈금으로 대략적인 판단을 하자.

[정답] ①

27

다음 〈표〉는 A제품을 생산·판매하는 '갑'사의 1~3주차 A제품 주문량 및 B부품 구매량에 관한 자료이다. 〈조건〉에 근거하여 매주 토요일 판매완료 후 남게 되는 A제품의 재고량을 주차별로 바르게 나열한 것은?

〈표〉 A제품 주문량 및 B부품 구매량

(단위: 개)

구분 \ 주	1주차	2주차	3주차
A제품 주문량	0	200	450
B부품 구매량	500	900	1,100

※ 1) 1주차 시작 전 A제품과 B부품의 재고는 없음.
　 2) 한 주의 시작은 월요일임.

〈조　건〉

○ A제품은 매주 월요일부터 금요일까지 생산하고, A제품 1개 생산 시 B부품만 2개가 사용된다.
○ B부품은 매주 일요일에 일괄구매하고, 그 다음 주 A제품 생산에 남김없이 모두 사용된다.
○ 생산된 A제품은 매주 토요일에 해당주차 주문량만큼 즉시 판매되고, 남은 A제품은 이후 판매하기 위한 재고로 보유한다.

	1주차	2주차	3주차
①	0	50	0
②	0	50	50
③	50	50	50
④	250	0	0
⑤	250	50	50

📝 문제풀이

27 조건 판단형

난이도★★★☆☆

• 첫 번째 〈조건〉에 따라 A제품은 매주 월요일부터 금요일까지 생산하고, A제품 1개 생산 시 B부품만 2개가 사용된다. 따라서 1주차에 B부품 구매량이 500개이므로 1주차 A제품 생산량이 250개라고 착각을 유발할 수 있다. 하지만 두 번째 〈조건〉에서 B부품은 매주 일요일에 일괄구매하고, 그 다음 주 A제품 생산에 남김없이 모두 사용된다고 하였고 각주 2)에서 한 주의 시작은 월요일, 1주차 A제품 생산량은 0이므로 재고량 역시 0이 된다.

• 두 번째 〈조건〉에서 생산된 A제품은 매주 토요일에 해당주차 주문량만큼 즉시 판매되고, 남은 A제품은 이후 판매하기 위한 재고로 보유한다고 되어 있다. 따라서 2주차에는 A제품 주문량이 200개이고 1주차에 주문한 B부품으로 A제품 250개를 생산할 수 있으므로 2주차 A제품 재고량은 250-200=50개이다.

• 2주차 B부품 구매량이 900개이므로 3주차 A생산량은 450개이고 A제품 주문량이 450개이므로 여기서 재고량이 0이라고 착각할 수 있다. 하지만 2주차 A제품 재고량이 50개 존재하고 이는 세 번째 〈조건〉대로 이후 판매하기 위한 재고로 보유하는 것이므로 3주차 A제품 재고량은 50개가 된다.

⏱ 빠른 문제 풀이 Tip

• 주어진 〈조건〉에서 시점을 정확하게 인지해야 한다.
• 각주 2)에서 한 주의 시작은 월요일이라고 명시하고 있다. 즉 〈조건〉과 각 주만 제대로 해석해도 문제를 풀 수 있는 실마리를 모두 제공하고 있다.

[정답] ②

28

다음 〈표〉는 세조 재위기간 중 지역별 흉년 현황을 나타낸 것이다. 이에 대한 설명으로 옳지 않은 것은?

〈표〉 세조 재위기간 중 지역별 흉년 현황

지역 재위년	경기	황해	평안	함경	강원	충청	경상	전라	흉년 지역 수
세조1	×	×	×	×	×	○	×	×	1
세조2	○	×	×	×	×	○	○	×	3
세조3	○	×	×	×	×	○	○	○	4
세조4	○	( )	( )	( )	×	( )	×	( )	4
세조5	○	( )	○	○	○	×	×	×	( )
세조8	×	×	×	×	○	×	×	×	1
세조9	×	○	×	( )	×	×	×	×	2
세조10	○	×	×	○	○	○	×	×	4
세조12	○	○	○	×	○	○	×	×	5
세조13	○	×	( )	×	○	×	×	( )	3
세조14	○	○	×	×	○	( )	( )	×	4
흉년 빈도	8	5	( )	2	7	6	( )	1	

※ 1) ○ (×): 해당 재위년 해당 지역이 흉년임(흉년이 아님)을 의미함.
2) 〈표〉에 제시되지 않은 재위년에는 흉년인 지역이 없음.

① 흉년 빈도가 네 번째로 높은 지역은 평안이다.
② 흉년 지역 수는 세조5년이 세조4년보다 많다.
③ 경기, 황해, 강원 3개 지역의 흉년 빈도 합은 흉년 빈도 총합의 55% 이상이다.
④ 충청의 흉년 빈도는 경상의 2배이다.
⑤ 흉년 지역 수가 5인 재위년의 횟수는 총 2번이다.

📝 문제풀이

28 빈칸형   난이도 ★★★☆☆

지역 재위년	경기	황해	평안	함경	강원	충청	경상	전라	흉년 지역 수
세조1	×	×	×	×	×	○	×	×	1
세조2	○	×	×	×	×	○	○	×	3
세조3	○	×	×	×	×	○	○	○	4
세조4	○	(○)	(○)	(×)	(×)	(○)	×	(×)	4
세조5	○	(○)	○	○	○	×	×	×	(5)
세조8	×	×	×	×	○	×	×	×	1
세조9	×	○	×	×	×	×	×	×	2
세조10	○	×	×	○	○	○	×	×	4
세조12	○	○	○	×	○	○	×	×	5
세조13	○	×	○	×	○	×	×	(×)	3
세조14	○	○	×	×	○	(×)	(○)	×	4
흉년 빈도	8	5	(4)	2	7	6	(3)	1	

먼저 세조8년의 함경 또는 전라 지역의 괄호부터 채우자. 세조4년은 나머지를 채우면 자연스럽게 완성된다.

① (×) 흉년 빈도가 네 번째로 높은 지역은 평안이 아닌 황해이다. 평안은 다섯 번째로 높은 지역이다.

② (○) 흉년 지역 수는 세조5년이 5개로 세조4년 4개보다 많다.

③ (○) 경기, 황해, 강원 3개 지역의 흉년 빈도 합은 20으로 흉년 빈도 총합 36의 55% 이상이다. 이때 경기+황해+평안이 아니라 경기+황해+강원임을 유의한다.

④ (○) 충청의 흉년 빈도는 6으로 경상 3의 2배이다.

⑤ (○) 흉년 지역 수가 5인 재위년은 세조5년과 세조12년으로 그 횟수는 총 2번이다.

⏱ 빠른 문제 풀이 **Tip**

• 괄호가 등장하는 문제는 최대한 빈칸을 채우지 않고 접근해야 하지만 선택지에서 채울 수밖에 없게 자료를 구성하는 경우에는 채우고 시작하는 것이 오히려 편할 수 있다.
• 괄호를 채울 때에도 채우기 쉬운 빈칸부터 보자.

[정답] ①

29

다음 〈그림〉과 〈표〉는 우리나라 10대 전략기술 분야의 기술수준과 기술격차를 나타낸 것이다. 이에 대한 〈보고서〉의 설명 중 옳은 것만을 모두 고르면?

〈그림〉 우리나라 10대 전략기술 분야의 최고기술보유국 대비 기술수준과 기술격차

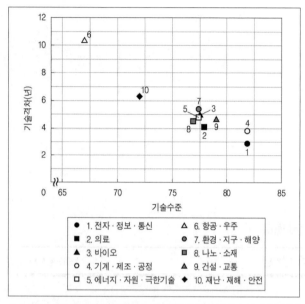

※ 1) 기술수준은 비교대상국가(지역)의 기술 발전 정도를 100으로 볼 때 특정국가(지역)의 해당 기술 발전 정도임.
2) 기술격차는 특정국가(지역)가 비교대상국가(지역)의 기술 발전 정도에 도달하는데 소요될 것으로 예측되는 시간임. 단, 음수의 경우 비교대상국가(지역)가 특정국가(지역)의 기술 발전 정도에 도달하는데 그 절댓값만큼의 시간이 소요됨을 의미함.

〈표〉 10대 전략기술 분야별 우리나라의 기술격차

(단위: 년)

분야＼기술격차	대(對)중국 기술격차	대(對)일본 기술격차	대(對)미국 기술격차	대(對)EU 기술격차
전자·정보·통신	−2.4	1.3	2.9	1.0
의료	−1.9	2.2	4.1	2.6
바이오	−2.5	3.1	5.0	3.5
기계·제조·공정	−2.3	2.7	3.8	2.9
에너지·자원·극한기술	−1.3	3.3	4.8	3.9
항공·우주	4.5	5.4	10.4	7.6
환경·지구·해양	−2.9	4.1	5.4	4.9
나노·소재	−1.2	3.4	4.5	2.8
건설·교통	−2.8	4.0	4.7	3.9
재난·재해·안전	−1.9	4.2	6.3	3.6

〈보고서〉

㉠최고기술보유국 대비 우리나라 10대 전략기술 분야 기술수준의 평균은 75 이하이고, 기술격차의 평균은 4년 이상인 것으로 나타났다. ㉡최고기술보유국 대비 우리나라의 기술수준은 전자·정보·통신과 기계·제조·공정 분야가 80 이상이고 항공·우주 분야는 70 미만이다. 기술격차가 가장 작은 분야는 전자·정보·통신이고 기술격차가 가장 큰 분야는 항공·우주 분야로 기술격차가 10년 이상인 것으로 조사되었다. 우리나라는 일본, 미국, EU에 비하여 분야별로 최소 1년에서 최대 10.4년까지 뒤쳐져 있다. ㉢우리나라의 대(對)중국 기술격차를 보면, 우리나라가 모든 10대 전략기술 분야에서 중국보다 앞서 있으며, 특히 환경·지구·해양 분야에서 2.9년 앞서 있는 것으로 나타났다. 미국은 우리나라뿐 아니라 중국, 일본, EU와 비교했을 때 모든 10대 전략기술 분야에서 최고기술을 보유한 국가인 것으로 나타났다. ㉣일본의 기술 발전 정도는 모든 10대 전략기술 분야에서 미국에 뒤쳐져 있으나, 전자·정보·통신, 나노·소재, 건설·교통, 재난·재해·안전의 분야에서는 EU보다 앞서 있는 것으로 나타났다.

① ㄱ, ㄴ
② ㄱ, ㄹ
③ ㄴ, ㄷ
④ ㄴ, ㄹ
⑤ ㄷ, ㄹ

📝 문제풀이

29 각주 판단형 　　　　　　　　　　난이도★★★☆☆

㉠ (X) 기술수준 75를 기준으로 이보다 낮은 6번과 10번과의 (−)격차 합보다 대부분 75보다 높은 나머지 항목과의 (+)격차 합을 비교하면 전자보다 후자가 더 크기 때문에 평균은 75 이상이다.

㉡ (O) 〈그림〉에서 보면 최고기술보유국 대비 우리나라의 기술수준은 전자·정보·통신(●)과 기계·제조·공정(○) 분야가 80 이상이고 항공·우주 분야(△)는 70 미만이다.

㉢ (X) 우리나라가 모든 10대 전략기술 분야에서 중국보다 앞서 있으려면 대(對)중국 기술격차가 모두 (−)여야 한다. 〈표〉의 우리나라의 대(對)중국 기술격차를 보면, 항공·우주의 경우 기술격차가 4.5년이므로 우리나라보다 중국이 더 앞서있다.

㉣ (O) 〈표〉에서 우리나라를 기준으로 기술 격차를 나타내고 있으므로 대(對)일본 기술격차보다 대(對)미국 기술격차가 더 크다면 일본의 기술 발전 정도는 모든 10대 전략기술 분야에서 미국에 뒤쳐져 있는 셈이 된다. 또한 전자·정보·통신, 나노·소재, 건설·교통, 재난·재해·안전의 분야에서는 대(對)일본 기술격차가 대(對)EU 기술격차보다 크기 때문에 앞서 있는 것으로 판단할 수 있다.

⏱️ 빠른 문제 풀이 Tip

- 각주 1)은 〈그림〉의 가로축 변수인 기술수준이 일종의 지수임을 알려주고 있다.
- 각주 2)는 기술격차는 시간의 격차이므로 〈표〉에서 우리나라를 기준으로 한 격차이므로 중국, 일본, 미국, EU간 상대적인 비교를 할 수 있음을 간접적으로 제시하고 있다.

[정답] ④

30

다음 〈그림〉은 2013년 A~D국의 항목별 웰빙지수에 관한 자료이다. 이에 대한 설명으로 옳지 않은 것은?

〈그림〉 2013년 A~D국의 항목별 웰빙지수

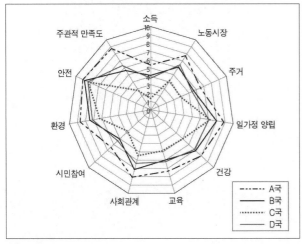

※ 1) 웰빙지수는 항목별로 0~10으로 표시되고, 숫자가 클수록 지수가 높으며, 그래프의 0~10 사이 간격은 균등함.

2) 종합웰빙지수 = $\dfrac{\text{각 항목 웰빙지수의 합}}{\text{전체 항목 수}}$

① A국의 종합웰빙지수는 7 이상이다.
② B국과 D국의 종합웰빙지수 차이는 1 미만이다.
③ D국의 웰빙지수가 B국보다 높은 항목의 수는 전체 항목 수의 50% 미만이다.
④ A국과 C국에서 웰빙지수가 가장 낮은 항목은 동일하다.
⑤ A국과 C국의 웰빙지수 차이가 가장 작은 항목과 B국과 D국의 웰빙지수 차이가 가장 작은 항목은 동일하다.

📝 문제풀이

30 각주 판단형 난이도 ★★★☆☆

① (O) 각주 2) 식으로 굳이 계산하지 않더라도 판단 가능하다. A국의 웰빙지수 중 7을 넘지 못하는 항목은 소득, 주거, 시민참여이지만 나머지 항목의 지수가 7을 훨씬 넘기 때문에 A국의 종합웰빙지수는 7 이상임을 어렵지 않게 판단할 수 있다.

② (O) 이 역시 식으로 계산하지 않고도 판단할 수 있다. 〈그림〉에서 B국과 D국의 웰빙지수 차이는 거의 모든 항목에서 1칸 미만으로 보인다. 따라서 B국과 D국의 종합웰빙지수 차이는 1 미만이라고 어렵지 않게 판단 가능하다.

③ (O) 전체 항목의 수는 11개이므로 D국의 웰빙지수가 B국보다 높은 항목의 수가 6개 미만이라면 전체 항목 수의 50% 미만이 된다. D국의 웰빙지수가 B국보다 높은 항목은 노동시장, 교육, 시민참여, 주관적 만족도로 4개이다. 따라서 전체 항목 수의 50% 미만이다.

④ (O) A국과 C국에서 웰빙지수가 가장 낮은 항목은 소득으로 동일하다.

⑤ (X) A국과 C국의 웰빙지수 차이가 가장 작은 항목은 안전이 1칸 미만이지만 B국과 D국의 웰빙지수 차이가 가장 작은 항목은 안전보다 거의 붙어 있는 건강이나 교육이 차이가 더 작다. 따라서 동일하지 않다.

⏱ 빠른 문제 풀이 Tip

각주에서 종합웰빙지수 식을 주고 있으므로 그림인 방사형차트에서 이를 직관적으로 판단할 수 없다면 종합웰빙지수 자체를 묻는 선택지를 나중에 검토하자.

[정답] ⑤

31

다음 〈보고서〉와 〈표〉는 2014년 A국의 공적개발원조에 대한 자료이다. 이에 대한 〈보기〉의 설명 중 옳은 것만을 모두 고르면?

〈보고서〉

2014년 A국이 공여한 전체 공적개발원조액은 19억 1,430만 달러로 GDP 대비 0.13%를 기록하였다. 공적개발원조액의 지역별 배분을 살펴보면 북아프리카 5.4%, 사하라 이남 아프리카 20.0%, 오세아니아·기타 아시아 32.4%, 유럽 0.7%, 중남미 7.5%, 중앙아시아·남아시아 21.1%, 기타 지역 12.9%로 나타났다.

〈표〉 2014년 A국 공적개발원조 수원액 상위 10개국 현황

(단위: 백만 달러)

순위	국가명	수원액
1	베트남	215
2	아프가니스탄	93
3	탄자니아	68
4	캄보디아	68
5	방글라데시	61
6	모잠비크	57
7	필리핀	55
8	스리랑카	52
9	에티오피아	35
10	인도네시아	34
	계	738

〈보 기〉

ㄱ. 수원액 상위 10개국의 수원액 합은 A국 GDP의 0.04% 이상이다.

ㄴ. '사하라 이남 아프리카'에 대한 공적개발원조액은 수원액 상위 10개국의 수원액 합보다 크다.

ㄷ. '오세아니아·기타 아시아'에 대한 공적개발원조액은 '사하라 이남 아프리카', '북아프리카', '중남미'에 대한공적개발원조액 합보다 크다.

ㄹ. 수원액 상위 10개국을 제외한 국가들의 수원액 합은 베트남 수원액의 5배 이상이다.

① ㄱ, ㄴ
② ㄱ, ㄹ
③ ㄴ, ㄷ
④ ㄷ, ㄹ
⑤ ㄱ, ㄷ, ㄹ

📝 문제풀이

31 분수 비교형
난이도 ★★☆☆☆

ㄱ. (O) 수원액 상위 10개국의 수원액 합은 7억 3,800만 달러이고 A국 GDP는 약 1조 4,725억 3,846만 달러이다. 따라서 GDP의 약 0.05%로서 0.04% 이상이다. 〈보고서〉에서 A국이 공여한 전체 공적개발원조액은 19억 1,430만 달러로 GDP 대비 0.13%라고 하였으므로 여기에 공적개발원조액 중 상위 10개국이 차지하는 비중을 고려하면 빠르게 해결할 수 있다. 따라서 $\frac{73}{191}$ ×0.13%가 0.04%인지 확인하면 되고 $\frac{73}{191}$ 은 $\frac{1}{3}$ 보다 큰 수치이므로 $\frac{73}{191}$ ×0.13%≥0.04%이다.

ㄴ. (X) '사하라 이남 아프리카'에 대한 공적개발원조액은 19억 1,430만 달러의 20%이므로 4억 달러를 넘지 못한다 이에 반해 수원액 상위 10개국의 수원액 합은 7억 3,800만 달러이므로 전자는 후자보다 작다.

ㄷ. (X) '오세아니아·기타 아시아'에 대한 공적개발원조액은 32.4%를 차지하지만 '사하라 이남 아프리카' 20.0%, '북아프리카' 5.4%, '중남미' 7.5%의 대한공적개발원조액 합은 32.9%이므로 전자는 후자보다 작다.

ㄹ. (O) 수원액 상위 10개국을 제외한 국가들의 수원액 합은 19억 1,430만 달러−7억 3,800만 달러=11억 7,630만 달러이다. 따라서 이는 베트남 수원액 2억 1,500만 달러의 5배 이상이다.

⏱ **빠른 문제 풀이 Tip**
• 어떤 〈보기〉부터 검토하는지에 따라 풀이 시간과 난이도가 결정된다.
• 〈보고서〉와 〈표〉의 관계에 주목하자.

[정답] ②

32

다음 〈표〉와 〈그림〉은 2011~2015년 국가공무원 및 지방자치단체공무원 현황에 관한 자료이다. 이에 대한 설명으로 옳지 않은 것은?

〈표〉 국가공무원 및 지방자치단체공무원 현황

(단위: 명)

구분 \ 연도	2011	2012	2013	2014	2015
국가공무원	621,313	622,424	621,823	634,051	637,654
지방자치단체공무원	280,958	284,273	287,220	289,837	296,193

〈그림〉 국가공무원 및 지방자치단체공무원 중 여성 비율

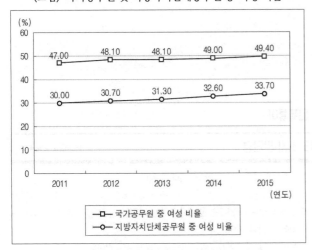

① 매년 국가공무원 중 여성 수는 지방자치단체공무원 중 여성 수의 3배 이상이다.

② 지방자치단체공무원 중 여성 수는 매년 증가하였다.

③ 매년 국가공무원 중 여성 수는 지방자치단체공무원 수보다 많다.

④ 국가공무원 중 남성 수는 2013년이 2012년보다 적다.

⑤ 국가공무원 중 여성 비율과 지방자치단체공무원 중 여성 비율의 차이는 매년 감소한다.

📝 **문제풀이**

32 곱셈 비교형   난이도★★★☆☆

① (O) 2011~2014년 동안 〈표〉에서 국가와 지자체 공무원 수는 2배 이상 차이가 나고 〈그림〉에서 각 여성 비율은 1.5배 차이가 난다. 2015년 역시 〈표〉에서 국가와 지자체 공무원 수는 2.1배 이상 차이가 나고 〈그림〉에서 각 여성 비율은 1.5배 가까이 차이가 난다. 따라서 매년 국가공무원 중 여성 수는 지방자치단체공무원 중 여성 수의 3배 이상이다.

② (O) 지방자치단체 공무원 수와 지방자치단체공무원 중 여성 비율 각각 매년 증가하고 있으므로 지방자치단체공무원 중 여성 수 역시 매년 증가하고 있다.

③ (O) 2011~2014년 국가공무원 중 여성 수는 매년 29만 명 이상이고 2015년도 30만 명 이상이므로 매년 국가공무원 중 여성 수는 지방자치단체공무원 수보다 많다.

④ (O) 2012년과 2013년 국가공무원 중 여성 비율이 48.10%로 동일하므로 남성 비율 역시 51.90%로 동일하다. 국가 공무원 수가 2012년 622,424명에서 2013년 621,823명으로 감소하였으므로 국가공무원 중 남성 수는 2013년이 2012년보다 적다.

⑤ (X) 국가공무원 중 여성 비율과 지방자치단체공무원 중 여성 비율의 차이는 2011년 17.00%p였지만 2012년 17.40%p로 증가하였다. 따라서 매년 감소하지는 않는다.

⏱ **빠른 문제 풀이 Tip**
• 〈표〉는 공무원 수, 〈그림〉은 공무원 중 여성의 비율을 주고 있으므로 여성 공무원 수를 묻는 선택지는 가장 나중에 검토하자.
• 〈표〉에서 국가와 지자체 공무원 수는 2배 이상 차이가 나는 반면 〈그림〉에서 각 여성 비율은 1.5배 차이가 난다.

[정답] ⑤

33

'갑'은 2017년 1월 전액 현금으로만 다음 〈표〉와 같이 지출하였다. 만약 '갑'이 2017년 1월에 A~C신용카드 중 하나만을 발급받아 할인 전 금액이 〈표〉와 동일하도록 그 카드로만 지출하였다면, 〈신용카드별 할인혜택〉에 근거한 할인 후 예상청구액이 가장 적은 카드부터 순서대로 나열한 것은?

〈표〉 2017년 1월 지출내역

(단위: 만 원)

분류	세부항목		금액	합
교통비	버스·지하철 요금		8	20
	택시 요금		2	
	KTX 요금		10	
식비	외식비	평일	10	30
		주말	5	
	카페 지출액		5	
	식료품 구입비	대형마트	5	
		재래시장	5	
의류 구입비	온라인		15	30
	오프라인		15	
여가 및 자기계발비	영화관람료 (1만 원/회×2회)		2	30
	도서구입비 (2만 원/권×1권, 1만 5천 원/권×2권, 1만 원/권×3권)		8	
	학원 수강료		20	

─────〈신용카드별 할인혜택〉─────

○ A신용카드
 - 버스·지하철, KTX 요금 20% 할인(단, 할인액의 한도는 월 2만 원)
 - 외식비 주말 결제액 5% 할인
 - 학원 수강료 15% 할인
 - 최대 총 할인한도액은 없음.
 - 연회비 1만 5천 원이 발급시 부과되어 합산됨.

○ B신용카드
 - 버스·지하철, KTX 요금 10% 할인(단, 할인액의 한도는 월 1만 원)
 - 온라인 의류구입비 10% 할인
 - 도서구입비 권당 3천 원 할인(단, 권당 가격이 1만 2천 원 이상인 경우에만 적용)
 - 최대 총 할인한도액은 월 3만 원
 - 연회비 없음.

○ C신용카드
 - 버스·지하철, 택시 요금 10% 할인(단, 할인액의 한도는 월 1만 원)
 - 카페 지출액 10% 할인
 - 재래시장 식료품 구입비 10% 할인
 - 영화관람료 회당 2천 원 할인(월 최대 2회)
 - 최대 총 할인한도액은 월 4만 원
 - 연회비 없음.

※ 1) 할부나 부분청구는 없음.
   2) A~C신용카드는 매달 1일부터 말일까지의 사용분에 대하여 익월 청구됨.

① A-B-C
② A-C-B
③ B-A-C
④ B-C-A
⑤ C-A-B

📝 문제풀이

33 조건 판단형	난이도 ★★★★☆

- A신용카드의 경우 할인 금액은 아래와 같다.
  - 버스·지하철, KTX 요금 20% 할인이라 3만 6천 원이 할인되어야 하지만 할인액의 한도가 월 2만 원이므로 2만 원만 할인된다.(−2.0) 이때 택시는 제외라는 점에 유의한다.
  - 외식비 주말 결제액 5% 할인이므로 2,500원 할인이다.(−0.25)
  - 학원 수강료 15% 할인이므로 3만 원 할인이다.(−3.0)
  - 최대 총 할인한도액은 없지만 연회비 1만 5천 원이 발급시 부과되어 합산되므로 총 할인액 5.25−1.5=3.75만 원이 할인 금액이 된다.

- B신용카드의 경우 할인 금액은 아래와 같다.
  - 버스·지하철, KTX 요금 10% 할인이라 1만 8천 원이 할인되어야 하지만 할인액의 한도는 월 1만 원이므로 1만 원만 할인된다.(−1.0) 역시 택시는 제외라는 점에 유의한다.
  - 온라인 의류구입비 10% 할인이므로 1만 5천 원 할인이다.(−1.5)
  - 도서구입비 권당 3천 원 할인이지만 권당 가격이 1만 2천 원 이상인 경우에만 적용되므로 3권만 할인된다. 따라서 9천 원 할인이다.(−0.9)
  - 총 할인액은 3만 4천 원이지만 최대 총 할인한도액이 월 3만 원이므로 3만 원이 할인금액이 된다.

- C신용카드의 경우 할인 금액은 아래와 같다.
  - 버스·지하철, 택시 요금 10% 할인이므로 1만 원 할인된다.(−1.0) 이때는 KTX가 제외되므로 한도 이하이다.
  - 카페 지출액 10% 할인이므로 5천 원 할인된다.(−0.5)
  - 재래시장 식료품 구입비 10% 할인이므로 5천 원 할인된다.(−0.5)
  - 영화관람료 회당 2천 원 할인이므로 4천 원 할인된다.(−0.4)
  - 최대 총 할인한도액은 월 4만 원이지만 총 할인액이 2만 4천 원이므로 한도 이하이다.

⏱ 빠른 문제 풀이 Tip

- 문제에서 할인 전 금액이 동일하게 카드로만 지출하였다고 하여 마치 〈표〉의 지출내역 금액을 구체적으로 고려해야 할 것 같지만 그렇지 않다. 신용카드별 할인 금액만 도출하여 비교하자.
- 각 신용카드별 할인혜택 중 예외조항이나 한도를 주의하면서 비교하자.

[정답] ①

34

다음 〈표〉는 '갑'국 A공무원의 보수 지급 명세서이다. 이에 대한 설명으로 옳지 않은 것은?

〈표〉 보수 지급 명세서

(단위: 원)

실수령액:( )			
보수		공제	
보수항목	보수액	공제항목	공제액
봉급	2,530,000	소득세	160,000
중요직무급	150,000	지방소득세	16,000
시간외수당	510,000	일반기여금	284,000
정액급식비	130,000	건강보험료	103,000
직급보조비	250,000	장기요양보험료	7,000
보수총액	( )	공제총액	( )

※ 실수령액＝보수총액－공제총액

① '봉급'이 '보수총액'에서 차지하는 비중은 70% 이상이다.

② '일반기여금'이 15% 증가하면 '공제총액'은 60만 원 이상이 된다.

③ '실수령액'은 '봉급'의 1.3배 이상이다.

④ '건강보험료'는 '장기요양보험료'의 15배 이하이다.

⑤ '공제총액'에서 '일반기여금'이 차지하는 비중은 '보수총액'에서 '직급보조비'가 차지하는 비중의 6배 이상이다.

📝 문제풀이

34 빈칸형
난이도★★★☆☆

① (O) '봉급' 253만 원이 '보수총액' 357만 원에서 차지하는 비중은 $\frac{253}{357}$ ≒70.86%이므로 70% 이상이다.

② (O) '공제총액'은 57만 원이고 '일반기여금'이 28만 4천 원이므로 '일반기여금'이 15% 증가하면 28,400+14,200=42,600원 증가하므로 '공제총액'은 61만 2,600원으로 60만 원 이상이 된다. 현재 '공제총액'이 57만 원이므로 60만 원 이상이 되려면 일반기여금의 15%가 3만 원 이상인지 판단하면 된다. 즉 일반기여금이 20만 원 이상인지 묻는 것과 동일하다.

③ (X) '실수령액' 300만 원은 '봉급' 253만 원의 1.3배인 328만 9천 원 이상이 되지 못한다. 253×0.3≦47이 옳은지 묻는 것과 동일하다.

④ (O) '건강보험료' 103,000원은 '장기요양보험료' 7,000원의 15배인 105,000원 이하이다.

⑤ (O) '공제총액'에서 '일반기여금'이 차지하는 비중인 $\frac{286}{570}$ 은 50% 정도이고 '보수총액'에서 '직급보조비'가 차지하는 비중인 $\frac{250}{3,570}$ 은 8% 미만이므로 전자는 후자의 6배 이상이다.

⏱ 빠른 문제 풀이 Tip

- 보수총액은 357만 원이고 공제총액이 57만 원이므로 실수령액은 300만 원이다.
- 괄호를 채우지 않고도 판단할 수 있는 선택지부터 검토하자.

[정답] ③

35

다음 〈표〉는 A~D지역으로만 이루어진 '갑'국의 2015년 인구 전입·전출과 관련한 자료이다. 이에 대한 〈보고서〉의 내용 중 옳은 것만을 모두 고르면?

〈표 1〉 2015년 인구 전입·전출

(단위: 명)

전출지 \ 전입지	A	B	C	D
A		190	145	390
B	123		302	260
C	165	185		110
D	310	220	130	

※ 1) 전입·전출은 A~D지역 간에서만 이루어짐.
  2) 2015년 인구 전입·전출은 2015년 1월 1일부터 12월 31일까지 발생하며, 동일인의 전입·전출은 최대 1회만 가능함.
  3) 예시: 〈표 1〉에서 '190'은 A지역에서 190명이 전출하여 B지역으로 전입하였음을 의미함.

〈표 2〉 2015, 2016년 지역별 인구

(단위: 명)

지역 \ 연도	2015	2016
A	3,232	3,105
B	3,120	3,030
C	2,931	( )
D	3,080	( )

※ 1) 인구는 매년 1월 1일 0시를 기준으로 함.
  2) 인구변화는 전입·전출에 의해서만 가능함.

〈보고서〉

  '갑'국의 지역간 인구 이동을 파악하기 위해 2015년의 전입·전출을 분석한 결과 총 2,530명이 주소지를 이전한 것으로 파악되었다. '갑'국의 4개 지역 가운데 ㉠ 전출자 수가 가장 큰 지역은 A이다. 반면, ㉡ 전입자 수가 가장 큰 지역은 A, B, D 지역으로부터 총 577명이 전입한 C이다. 지역간 인구 이동은 지역경제 활성화에 따른 일자리 수요와 밀접하게 연관된다. 2015년 인구이동 결과, ㉢ 2016년 인구가 가장 많은 지역은 D이며, ㉣ 2015년과 2016년의 인구 차이가 가장 큰 지역은 A이다.

① ㄱ, ㄴ
② ㄱ, ㄷ
③ ㄴ, ㄹ
④ ㄷ, ㄹ
⑤ ㄱ, ㄷ, ㄹ

🗒 문제풀이

35 빈칸형   난이도 ★★★☆☆

전출지 \ 전입지	A	B	C	D	계
A		190	145	390	725
B	123		302	260	685
C	165	185		110	460
D	310	220	130		660
계	598	595	577	760	2,530

㉠ (O) 전출자 수가 가장 큰 지역은 A가 725명이다.

㉡ (X) C지역은 A, B, D 지역으로부터 총 577명이 전입하였지만 가장 큰 지역이 아니라 가장 작은 지역이다.

㉢ (O) 2016년 C지역은 전입자−전출자=117명이므로 인구는 2,931+117명이고 D지역은 전입자−전출자=100명이므로 인구는 3,080+100명이다. 따라서 2016년 인구가 가장 많은 지역은 D가 3,180명이다.

㉣ (O) 2015년과 2016년의 인구 차이가 가장 큰 지역은 A가 3,232−3,105=127명이다.

⏱ 빠른 문제 풀이 Tip

- 〈표 1〉은 짝표이고 이를 토대로 〈표 2〉의 괄호를 판단해야 한다.
- 〈표 1〉의 전출지 합과 전입지 합을 도출한 다음 판단하자.

[정답] ⑤

36

다음 〈표〉는 '갑', '을' 기업의 부가가치세 결의서이다. 이에 대한 설명으로 옳지 않은 것은?

〈표 1〉 '갑' 기업의 부가가치세 결의서

(단위: 천 원)

구분 \ 연도	2014	2015	전년대비 증가액
과세표준	150,000	( )	20,000
매출세액(a)	15,000	( )	2,000
매입세액(b)	7,000	( )	0
납부예정세액(c) (=a−b)	8,000	( )	( )
경감·공제세액(d)	0	( )	0
기납부세액(e)	1,500	( )	2,000
확정세액 (=c−d−e)	6,500	( )	( )

〈표 2〉 '을' 기업의 부가가치세 결의서

(단위: 천 원)

구분 \ 연도	2014	2015	전년대비 증가액
과세표준	190,000	130,000	−60,000
매출세액(a)	19,000	13,000	−6,000
매입세액(b)	14,000	16,000	2,000
납부예정세액(c) (=a−b)	5,000	( )	−8,000
경감·공제세액(d)	4,000	0	−4,000
기납부세액(e)	0	0	0
확정세액 (=c−d−e)	1,000	( )	−4,000

※ 1) 확정세액이 음수이면 환급 받고, 양수이면 납부함.
2) 매출세액=과세표준×매출세율

① 2014년과 2015년 매출세율은 10%이다.
② '갑' 기업의 확정세액은 2014년에 비해 2015년에 증가하였다.
③ 2015년 '을' 기업은 300만 원을 환급 받는다.
④ '갑' 기업의 납부예정세액은 2014년에 비해 2015년에 20% 이상 증가하였다.
⑤ 2015년 매출세율이 15%라면, 2015년 '갑' 기업의 확정세액은 '을' 기업의 4배 이상이다.

📝 문제풀이

36 빈칸형　　　　난이도 ★★★★☆

① (O) 과세표준은 매출세액의 10배이므로 2014년과 2015년 매출세율은 10%이다.

② (X) 2015년 '갑' 기업의 과세표준은 170,000천 원이고 매출세액(a)은 17,000천 원이다. 매입세액(b)은 2014년과 동일한 7,000천 원이고 납부예정세액(c)은 10,000천 원이다. 경감·공제세액(d)은 2014년과 동일한 0원이고 기납부세액(e)은 3,500천 원이다. 따라서 '갑' 기업의 확정세액은 2014년과 2015년 모두 6,500천 원으로 동일하다. 〈표〉의 구조를 보면, 선택지에서 묻는 확정세액은 c−d−e인데 이는 사실 a−b−d−e이다. b와 d는 증가액이 0으로 동일하고 a와 e는 증가액이 2,000원으로 동일하다. 그렇다면 확정세액 역시 동일할 수밖에 없다.

③ (O) 2015년 '을' 기업은 확정세액이 −3,000천 원이고 각주 1)에 따라 음수이면 환급받게 되므로 300만 원을 환급 받는다.

④ (O) '갑' 기업의 납부예정세액은 2014년 8,000천 원에 비해 2015년 10,000천 원으로 25% 증가하였으므로 20% 이상 증가하였다.

⑤ (O) 2015년 매출세율이 15%라면, '갑' 기업의 매출세액(a)은 170,000×0.15=25,500천 원이다. 매입세액(b)은 7,000천 원이고 납부예정세액(c)은 18,500천 원이다. 경감·공제세액(d)은 2014년과 동일한 0원이고 기납부세액(e)은 3,500천 원이므로 2015년 '갑' 기업의 확정세액은 15,000천 원이다. '을' 기업의 매출세액(a)은 130,000×0.15=19,500천 원이다. 매입세액(b)은 16,000천 원이고 납부예정세액(c)은 3,500천 원이다. 경감·공제세액(d)과 기납부세액(e)은 각각 0원이므로 2015년 '을' 기업의 확정세액은 3,500천 원이다. 따라서 2015년 '갑' 기업의 확정세액 15,000천 원은 '을' 기업 3,500천 원의 4배인 14,000천 원 이상이다.

⏱ 빠른 문제 풀이 Tip
• 〈표〉의 구분 항목에서 식을 주고 있으므로 이에 따라서 괄호를 하나하나 채워서 판단하자.
• 전년대비 증가액 항목 역시 활용하자.

[정답] ②

37

다음 〈표〉는 2014~2016년 추석연휴 교통사고에 관한 자료이다. 이에 대한 〈보고서〉의 설명 중 옳은 것만을 모두 고르면?

〈표 1〉 추석연휴 및 평소 주말교통사고 현황

(단위: 건, 명)

구 분	추석연휴 하루평균			평소 주말 하루평균		
	사고	부상자	사망자	사고	부상자	사망자
전체교통사고	487.4	885.1	11.0	581.7	957.3	12.9
졸음운전사고	7.8	21.1	0.6	8.2	17.1	0.3
어린이사고	45.4	59.4	0.4	39.4	51.3	0.3

※ 2014~2016년 동안 평균 추석연휴기간은 4.7일이었으며, 추석연휴에 포함된 주말의 경우 평소 주말 통계에 포함시키지 않음.

〈표 2〉 추석 전후 일자별 하루평균 전체교통사고 현황

(단위: 건, 명)

구분	추석연휴전날	추석전날	추석당일	추석다음날
사고	822.0	505.3	448.0	450.0
부상자	1,178.0	865.0	1,013.3	822.0
사망자	17.3	15.3	10.0	8.3

─────〈보고서〉─────

2014~2016년 추석 전후 발생한 교통사고를 분석한 결과, 추석연휴전날에 교통사고가 많이 발생한 것으로 나타났다. ㉠추석연휴전날에는 평소 주말보다 하루평균 사고건수는 240.3건, 부상자 수는 220.7명 많았고, 사망자 수는 30% 이상 많은 것으로 나타났다. ㉡교통사고 건당 부상자 수와 교통사고 건당 사망자 수는 각각 추석당일이 추석전날보다 많았다.

㉢졸음운전사고를 살펴보면, 추석연휴 하루평균 사고건수는 평소 주말보다 적었으나 추석연휴 하루평균 부상자 수와 사망자 수는 평소 주말보다 각각 많았다. 특히 ㉣졸음운전사고의 경우 평소 주말 대비 추석연휴 하루평균 사망자의 증가율은 하루평균 부상자의 증가율의 10배 이상이었다. 시간대별로는 졸음운전사고가 14~16시에 가장 많이 발생했다.

㉤어린이사고의 경우 평소 주말보다 추석연휴 하루평균 사고건수는 6.0건, 부상자 수는 8.1명, 사망자 수는 0.1명 많은 것으로 나타났다.

① ㄱ, ㄴ, ㄹ
② ㄱ, ㄷ, ㄹ
③ ㄱ, ㄷ, ㅁ
④ ㄴ, ㄷ, ㅁ
⑤ ㄴ, ㄹ, ㅁ

📝 문제풀이

37 분수 비교형	난이도★★★☆☆

㉠ (O) 추석연휴전날에는 평소 주말보다 하루평균 사고건수는 822.0−581.7=240.3건, 부상자 수는 1,178.0−957.3=220.7명 많았고 사망자 수는 17.3명으로 평소 12.9명보다 30% 이상 많은 것으로 나타났다. 13명의 30%는 3.9명이므로 4명이라고 해도 17명이다.

㉡ (X) 교통사고 건당 부상자 수는 추석당일 $\frac{1,013.3}{448.0}$이 추석전날 $\frac{865.0}{505.3}$보다 많았지만 교통사고 건당 사망자 수는 추석당일 $\frac{10.0}{448.0}$이 추석전날 $\frac{15.3}{505.3}$보다 적었다.

㉢ (O) 졸음운전사고를 살펴보면, 추석연휴 하루평균 사고건수는 7.8건으로 평소 주말 8.2건보다 적었으나 추석연휴 하루평균 부상자 수와 사망자 수는 21.1명, 0.6명으로 평소 주말 17.1명, 0.3명보다 각각 많았다.

㉣ (X) 졸음운전사고의 경우 평소 주말 대비 추석연휴 하루평균 사망자는 0.3명에서 0.6명으로 100% 증가하였다. 이는 하루평균 부상자 17.1명에서 21.1명으로 4.0명 증가하여 10% 이상 증가하였으므로 10배 이상이 되지 못한다.

㉤ (O) 어린이사고의 경우 평소 주말보다 추석연휴 하루평균 사고건수는 45.4−39.4=6.0건, 부상자 수는 59.4−51.3=8.1명, 사망자 수는 0.4−0.3=0.1명 많은 것으로 나타났다.

⏱ 빠른 문제 풀이 **Tip**

· 〈표〉는 하루평균 수치이다.
· 뺄셈보다는 덧셈으로 판단하자.

[정답] ③

38

다음 〈그림〉은 A기업의 2011년과 2012년 자산총액의 항목별 구성비를 나타낸 자료이다. 이에 대한 〈보기〉의 설명 중 옳은 것만을 모두 고르면?

〈그림〉 자산총액의 항목별 구성비

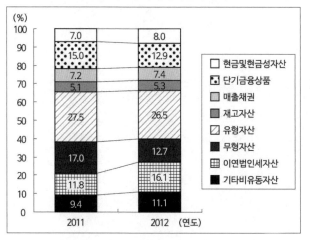

※ 1) 자산총액은 2011년 3,400억 원, 2012년 2,850억 원임.
   2) 유동자산＝현금및현금성자산＋단기금융상품＋매출채권＋재고자산

─── 〈보 기〉 ───

ㄱ. 2011년 항목별 금액의 순위가 2012년과 동일한 항목은 4개이다.
ㄴ. 2011년 유동자산 중 '단기금융상품'의 구성비는 45% 미만이다.
ㄷ. '현금및현금성자산' 금액은 2012년이 2011년보다 크다.
ㄹ. 2011년 대비 2012년에 '무형자산' 금액은 4.3% 감소하였다.

① ㄱ, ㄴ
② ㄱ, ㄷ
③ ㄴ, ㄷ
④ ㄱ, ㄴ, ㄹ
⑤ ㄴ, ㄷ, ㄹ

📑 문제풀이

38 분수 비교형	난이도 ★★★☆☆

ㄱ. (O) 2011년 항목별 금액의 순위가 2012년과 동일한 항목은 1위 '유형자산', 3위 '단기금융상품', 5위 '기타비유동자산', 8위 '재고자산' 4개이다.

ㄴ. (O) 2011년 유동자산 중 '단기금융상품'의 구성비는 $\frac{15.0}{34.3}$≒43.7%로 45% 미만이다. 34.3의 50%는 약 17.2%이고 여기서 5%인 1.7을 빼도 15.0보다는 크다.

ㄷ. (X) '현금및현금성자산' 금액은 2011년 3,400×7%가 2012년 2,850×8%보다 크다.

ㄹ. (X) 2011년 대비 2012년에 '무형자산' 금액은 3,400×17.0%=578억 원에서 2,850×12.7%=361.95억 원으로 약 37.4% 감소하였다. 이 〈보기〉의 출제자의 의도는 비중의 차이인 4.3%p를 함정으로 낸 것임을 파악해야 한다. 3,400×17.0%에서 2,850×12.7%으로 자산총액과 비중 모두 10% 이상 감소하였음에도 불구하고 4.3% 감소하였다고 했으므로 옳지 않은 설명이다.

⏱ 빠른 문제 풀이 Tip

자산총액은 실제 금액으로 주어진 것이지만 자산총액의 항목은 구성비로 주어져 있으므로 항목별 실제 금액은 곱셈 비교로 도출해야 한다.

[정답] ①

[39~40] 다음 〈표〉는 6세 미만 영유아 1,000명의 공공재 문화시설 유형별 이용률을 조사한 결과이다. 〈표〉를 보고 물음에 답하시오.

〈표〉 영유아 소속 가구소득수준별 영유아의 공공재 문화시설 유형별 이용률

(단위: %)

기간 영유아 소속 가구소득 수준 시설유형	출생 후 현재까지			최근 1년 동안		
	일반 가구 영유아	저소득 가구 영유아	전체	일반 가구 영유아	저소득 가구 영유아	전체
일반도서관	24.0	23.0	23.8	21.0	19.5	20.7
어린이도서관	25.3	13.0	22.8	22.5	11.5	20.3
일반박물관	26.0	16.5	24.1	18.3	11.0	16.8
어린이박물관	22.0	8.0	19.2	17.0	4.5	14.5
일반미술관	8.6	7.5	8.4	6.6	3.5	6.0
어린이미술관	7.5	1.5	6.3	5.1	0.5	4.2
문예회관	15.3	10.5	14.3	11.8	7.5	10.9
어린이놀이터	95.8	93.5	95.3	95.0	92.5	94.5

※ 1) 조사대상 중 무응답은 없으며, 조사대상 기간 중 한 번이라도 이용한 적이 있으면 이용한 것으로 집계함.
2) 일반가구란 가구소득수준을 기준으로 저소득가구를 제외한 모든 가구를 지칭함.
3) 소수점 아래 둘째 자리에서 반올림한 값임.

39

위 〈표〉에 대한 〈보기〉의 설명 중 옳은 것만을 모두 고르면?

― 〈보 기〉 ―

ㄱ. 일반가구 영유아 수는 저소득가구 영유아 수의 3배 이상이다.
ㄴ. 출생 후 현재까지 일반도서관을 이용한 적이 있는 일반가구 영유아 중에 최근 1년 동안 일반도서관을 이용하지 않은 영유아는 30명 미만이다.
ㄷ. 전체 영유아의 출생 후 현재까지 공공재 문화시설 유형별 이용률 순위와 전체 영유아의 최근 1년 동안 공공재 문화시설 유형별 이용률 순위는 동일하다.
ㄹ. 출생 후 현재까지 일반가구 영유아의 이용률이 가장 낮은 공공재 문화시설 유형과 최근 1년 동안 저소득가구 영유아의 이용률이 가장 낮은 공공재 문화시설 유형은 동일하다.

① ㄱ, ㄴ
② ㄱ, ㄷ
③ ㄷ, ㄹ
④ ㄱ, ㄴ, ㄹ
⑤ ㄴ, ㄷ, ㄹ

문제풀이

39 평균 개념형
난이도★★★☆☆

ㄱ. (O) 어느 시설유형으로 검토해 보더라도 전체와 일반가구 영유와 이용률의 차이보다 전체와 저소득가구 영유아 이용률의 차이가 3배 이상 크다. 따라서 가중평균 논리에 의해 일반가구 영유아 수는 저소득가구 영유아 수의 3배 이상이라고 판단할 수 있다.

ㄴ. (O) ㄱ에서 판단하였지만 가중평균을 이용하면 일반가구 : 저소득가구=4 : 1 수준이다. 각주 3)에 의해 소수점 아래 셋째 자리까지 감안하면 약 4배라고 판단할 수 있다. 따라서 일반가구 영유아는 전체 약 800명 정도 되므로 출생 후 현재까지 '일반도서관을 이용한 적이 있는 일반가구 영유아는 800×24.0%=192명이고 최근 1년 동안 일반도서관을 이용한 적이 있는 일반가구 영유아는 800×21.0%=168명이다. 따라서 출생 후 현재까지 일반도서관을 이용한 적이 있는 일반가구 영유아 중에 최근 1년 동안 일반도서관을 이용하지 않은 영유아는 192-168=24명 정도로 30명 미만이다.

ㄷ. (X) 전체 영유아의 출생 후 현재까지 공공재 문화시설 유형별 이용률 2위는 24.1%인 일반박물관이지만 전체 영유아의 최근 1년 동안 공공재 문화시설 유형별 이용률 2위는 일반도서관으로 동일하지 않다.

ㄹ. (O) 출생 후 현재까지 일반가구 영유아의 이용률이 가장 낮은 공공재 문화시설 유형과 최근 1년 동안 저소득가구 영유아의 이용률이 가장 낮은 공공재 문화시설 유형은 '어린이미술관'으로 동일하다.

⏱ 빠른 문제 풀이 Tip
• 매칭에 유의하자.
• 각주 2)에 따르면 전체 가구=일반가구 영유아+저소득가구 영유아로 생각하면 된다.

[정답] ④

40

다음 〈보고서〉는 위 〈표〉와 추가적인 자료를 바탕으로 작성한 것이다. 〈보기〉에서 〈보고서〉의 내용과 부합하지 않는 자료만을 모두 고르면?

〈보고서〉

○ 전체 영유아의 출생 후 현재까지의 공공재 문화시설 유형별 이용률은 어린이놀이터가 95.3%로 가장 높았고, 어린이미술관이 6.3%로 가장 낮았다. 이를 가구소득수준별로 살펴보면, 일반가구 영유아와 저소득가구 영유아 모두 출생 후 현재까지의 공공재 문화시설 유형별 이용률 중 어린이놀이터 이용률이 가장 높았고, 어린이미술관 이용률이 가장 낮았다.

○ 출생 후 현재까지의 소비재 문화시설 유형별 이용률의 경우 일반가구 영유아와 저소득가구 영유아 모두 놀이공원 이용률이 가장 높았고, 키즈카페 이용률이 가장 낮았다. 소비재 문화시설 유형 각각에서 일반가구 영유아의 이용률이 저소득가구 영유아의 이용률보다 높았다.

○ 영유아의 공공재 문화시설 유형별 최초 이용 시기를 살펴보면, 90% 이상의 영유아가 어린이놀이터를 이용하기 시작한 시기는 만 3세가 되기 전이며, 나머지 모든 공공재 문화시설 유형들은 만 4세가 되기 전에 90% 이상의 영유아가 이용하기 시작하는 것으로 나타났다.

○ 영유아의 최근 1년 동안 공공재 문화시설 유형별 이용률 역시 출생 후 현재까지 공공재 문화시설 유형별 이용률과 동일하게 어린이놀이터 이용률이 가장 높았고, 가구소득수준별로도 일반가구 영유아와 저소득가구 영유아 모두 어린이놀이터 이용률이 가장 높았다.

○ 소비재 문화시설의 경우 최근 1년 동안 영유아의 극장 이용목적은 관람이 가장 큰 비중을 차지하였고 키즈카페 이용목적은 놀이활동이 가장 큰 비중을 차지하였다.

〈보 기〉

ㄱ. 영유아의 공공재 문화시설 유형별 최초 이용 시기

(단위: %)

최초 이용 시기 / 시설 유형	만 0세 이상 만 1세 미만	만 1세 이상 만 2세 미만	만 2세 이상 만 3세 미만	만 3세 이상 만 4세 미만	만 4세 이상 만 5세 미만	만 5세 이상 만 6세 미만	계
일반도서관	0.8	10.1	24.8	34.5	24.4	5.4	100.0
어린이도서관	0.9	11.1	26.1	39.4	19.0	3.5	100.0
일반박물관	0.4	10.9	21.8	39.3	23.0	4.6	100.0
어린이박물관	0.5	12.2	21.7	42.3	18.5	4.8	100.0
일반미술관	1.2	15.5	22.6	38.1	15.5	7.1	100.0
어린이미술관	0.0	9.7	17.7	33.9	32.3	6.4	100.0
문예회관	2.8	13.3	30.8	33.6	16.1	3.4	100.0
어린이놀이터	13.5	60.1	20.3	5.5	0.4	0.2	100.0

ㄴ. 가구소득수준별 영유아의 출생 후 현재까지 소비재 문화시설 유형별 이용률

(단위: %)

영유아 소속 가구소득 수준 / 시설유형	일반가구 영유아	저소득가구 영유아	전체
극장	51.5	34.0	48.0
놀이공원	71.9	65.5	70.6
키즈카페	53.1	33.0	49.1
수족관 및 동·식물원	65.6	49.5	62.4

ㄷ. 영유아의 최근 1년 동안 소비재 문화시설 유형별 이용 목적

(단위: %)

이용 목적 / 시설 유형	관람	프로 그램 참여	놀이 활동	독서· 대출	지식 습득	가족과 시간 향유	부모 휴식	계
극장	74.3	1.9	7.1	0.0	0.5	14.3	1.9	100.0
놀이공원	4.1	1.2	47.3	0.0	0.5	44.3	2.6	100.0
키즈카페	2.0	3.9	74.8	0.2	1.1	8.0	10.0	100.0
수족관 및 동·식물원	22.9	2.5	7.9	0.2	7.4	58.7	0.4	100.0

① ㄱ
② ㄴ
③ ㄱ, ㄴ
④ ㄴ, ㄷ
⑤ ㄱ, ㄴ, ㄷ

📑 문제풀이

40 보고서 검토·확인형 　　　　　난이도 ★★☆☆☆

ㄱ. (X) 〈보고서〉 세 번째 문단에서 '나머지 모든 공공재 문화시설 유형들은 만 4세가 되기 전에 90% 이상의 영유아가 이용하기 시작하는 것으로 나타났다.'라고 하였으나 어린이놀이터를 제외한 나머지 모든 공공재 문화시설 유형들은 만 4세가 아닌 만 5세가 되기 전에 90% 이상의 영유아가 이용하기 시작하는 것으로 나타났다. 만 4세가 되기 전까지 이용률은 일반도서관~어린이미술관은 각각 70% 이상, 문예회관은 80% 이상이다.

ㄴ. (X) 〈보고서〉 두 번째 문단에서 '키즈카페 이용률이 가장 낮았다.'라고 하였으나 일반가구 영유아의 경우 가장 낮은 시설유형은 키즈카페가 아닌 극장이다.

ㄷ. (O) 영유아의 최근 1년 동안 소비재 문화시설 유형별 이용 목적은 다섯 번째 문단에서 설명하고 있다.

> ⏱️ **빠른 문제 풀이 Tip**
> • 추가적인 자료를 바탕으로 일치부합 여부를 묻는 문제이므로 옳지 않은 부분을 판단해야 한다. 즉, 추가로 필요한 자료를 단순히 찾는 유형이 아님에 주의하자.
> • 〈보기〉 판단에 필요 없는 〈보고서〉 문단은 과감히 패스하고 필요한 부분만 발췌독하자. 〈보고서〉 첫 번째 문단과 네 번째 문단은 〈표〉에 이미 설명되어 있는 내용이다.

[정답] ③

2016년 기출문제

총평

- 순수 자료비교인 곱셈 비교와 분수 비교 자체를 묻는 문제가 14문제 출제되었다.
- 매칭형이 2문제, 빈칸형이 2문제, 각주 판단형이 5문제, 조건 판단형이 10문제로 자료판단에서 19문제가 출제되어 가장 큰 비중을 차지하였다. 특히 조건 판단형 문제가 10문제 출제되었고 대부분 고난도 문제라 시간을 효율적으로 관리하기 힘들었을 것이다.
- 보고서 검토·확인형은 2문제 출제되었고 표-차트 변환형이 출제되지 않았다.
- 세트문제는 19-20번, 39-40번으로 출제되었고 보고서 검토·확인형과 조건 판단형, 그리고 분수 비교형과 각주 판단형으로 각각 세트문제 2문제당 5분 이내 소요되는 난도로 출제되었다.
- 전체적인 난도는 ★★★★★ 정도로 출제되었으며 10번대 후반 문제와 30번대 문제가 전체적으로 고난도라 효율적인 시간 관리가 어려웠을 것으로 본다. 시간 내에 해결하지 못한 문제가 많아 80점 이상을 받기 힘든 난도라고 볼 수 있기 때문에 2분 내에 풀어야 할 문제와 패스해야 할 문제의 기준을 확실히 정해 시간을 효율적으로 관리하는 연습을 하여야 한다.

01

다음 〈표〉와 〈그림〉은 조선시대 A군의 조사시기별 가구수 및 인구수와 가구 구성비에 대한 자료이다. 이에 대한 〈보기〉의 설명 중 옳은 것만을 모두 고르면?

〈표〉 A군의 조사시기별 가구수 및 인구수

(단위: 호, 명)

조사시기	가구수	인구수
1729년	1,480	11,790
1765년	7,210	57,330
1804년	8,670	68,930
1867년	27,360	144,140

〈그림〉 A군의 조사시기별 가구 구성비

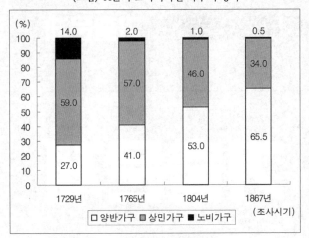

— 〈보 기〉 —

ㄱ. 1804년 대비 1867의 가구당 인구수는 증가하였다.
ㄴ. 1765년 상민가구 수는 1804년 양반가구 수보다 적다.
ㄷ. 노비가구 수는 1804년이 1765년보다는 적고 1867년보다는 많다.
ㄹ. 1729년 대비 1765년에 상민가구 구성비는 감소하였고 상민가구 수는 증가하였다.

① ㄱ, ㄴ
② ㄱ, ㄷ
③ ㄴ, ㄹ
④ ㄱ, ㄷ, ㄹ
⑤ ㄴ, ㄷ, ㄹ

📝 문제풀이

01 분수 비교형

난이도 ★★☆☆☆

ㄱ. (X) 1804년 대비 1867년의 가구당 인구수는 $\frac{68,930}{8,670}$ ≒7.95명에서 $\frac{144,140}{27,360}$ ≒5.27명으로 감소하였다.

가구당 인구수를 구체적으로 도출하지 않고 분수 비교로 간단하게 판단할 수도 있다. 분모인 가구수는 8,670과 27,360으로 약 3배 차이가 나지만 분자인 인구수는 68,930과 144,140으로 약 2배 차이가 난다. 즉 분모가 분자보다 배수의 차이가 더 크기 때문에 분수의 수치는 작아진 것이다. 따라서 가구당 인구수는 감소하였다.

ㄴ. (O) 1765년 상민가구 수는 7,210×57.0%≒4,109.7호이고 1804년 양반가구 수는 8,670×53.0%=4595.1호이다. 따라서 1765년 상민가구 수는 1804년 양반가구 수보다 적다.

구체적으로 도출하지 않고 곱셈 비교로 판단할 수도 있다. 가구수는 1804년 8,670호가 1765년 7,210호보다 1,460호 더 많으므로 약 20% 정도 더 많다. 구성비는 1765년 상민이 57.0%로 1804년 양반 53.0%보다 4%p 더 많으므로 10% 미만이다. 따라서 구성비의 증가율이 가구수의 증가율보다 작기 때문에 1765년 상민가구 수는 1804년 양반가구 수보다 적다.

ㄷ. (X) 노비가구 수는 1804년 8,670×1.0%≒86.7호가 1765년 7,210×2.0%≒144.2호보다는 적고 1867년 27,360×0.5≒136.8호보다도 적다.

구체적으로 도출하지 않고 곱셈 비교로 판단할 수도 있다. 더구나 노비가구의 구성비는 1867년 0.5, 1804년 1.0, 1765년 2.0으로 배수관계가 딱 떨어지는 수치구조이다. 1804년 가구수 8,670호는 1765년 가구수 7,210호의 2배 미만이고 1867년 가구수 27,360호는 1804년 가구수 8,670호의 2배 이상이기 때문에 노비가구 수는 1804년이 3개 연도 중 가장 적다.

ㄹ. (O) 1729년 대비 1765년에 상민가구 구성비는 59.0%에서 57.0%로 감소하였고 상민가구 수는 1,480×59.0%≒873.2호에서 7,210×57.0%≒4109.7호로 증가하였다.

구체적으로 도출하지 않고 곱셈 비교로 판단할 수도 있다. 1729년과 1765년 상민가구 구성비는 거의 차이 없지만 가구수는 4배 이상 차이가 나기 때문에 상민가구 수가 증가하였다고 판단하면 된다.

⏱ 빠른 문제 풀이 Tip

• 〈표〉는 전체 가구수와 인구수, 〈그림〉은 가구 구성비이므로 양반, 상민, 노비 유형별로 실제 가구수를 묻는다면 곱셈비교로 판단하자.
• 선택지의 보기 조합 개수에 흔들리지 말자. ㄱ을 검토했다면 ㄷ만 검토하여 답을 도출하자.

[정답] ③

02

다음 〈표〉는 2010~2012년 남아공, 멕시코, 브라질, 사우디, 캐나다, 한국의 이산화탄소 배출량에 대한 자료이다. 다음 〈조건〉을 근거로 하여 A~D에 해당하는 국가를 바르게 나열한 것은?

〈표〉 2010~2012년 국가별 이산화탄소 배출량

(단위: 천만 톤, 톤/인)

국가	구분 \ 연도	2010	2011	2012
한국	총배출량	56.45	58.99	59.29
	1인당 배출량	11.42	11.85	11.86
멕시코	총배출량	41.79	43.25	43.58
	1인당 배출량	3.66	3.74	3.75
A	총배출량	37.63	36.15	37.61
	1인당 배출량	7.39	7.01	7.20
B	총배출량	41.49	42.98	45.88
	1인당 배출량	15.22	15.48	16.22
C	총배출량	53.14	53.67	53.37
	1인당 배출량	15.57	15.56	15.30
D	총배출량	38.85	40.80	44.02
	1인당 배출량	1.99	2.07	2.22

※ 1인당 배출량(톤/인)= $\dfrac{총배출량}{인구}$

〈조 건〉

○ 1인당 이산화탄소 배출량이 2011년과 2012년 모두 전년대비 증가한 국가는 멕시코, 브라질, 사우디, 한국이다.
○ 2010~2012년 동안 매년 인구가 1억 명 이상인 국가는 멕시코와 브라질이다.
○ 2012년 인구는 남아공이 한국보다 많다.

	A	B	C	D
①	남아공	사우디	캐나다	브라질
②	남아공	브라질	캐나다	사우디
③	캐나다	사우디	남아공	브라질
④	캐나다	브라질	남아공	사우디
⑤	캐나다	남아공	사우디	브라질

📝 문제풀이

02 매칭형

난이도 ★★★☆☆

- 첫 번째 〈조건〉에서 1인당 이산화탄소 배출량이 2011년과 2012년 모두 전년 대비 증가한 국가는 멕시코와 한국을 제외하면 B와 D이다. 따라서 B 또는 D는 브라질 또는 사우디이다. 이에 따라 선택지 ⑤가 제거되고, A 또는 C는 남아공 또는 캐나다임이 도출된다.

- 세 번째 〈조건〉에서 2012년 인구를 비교하면 먼저 한국은 $\dfrac{59.29}{11.86}$이다. 남아공이 한국보다 많다고 하였으므로 A와 C를 비교하자. A는 $\dfrac{37.61}{7.20}$이고 C는 $\dfrac{53.37}{15.30}$이다. 따라서 A가 남아공이고 C가 캐나다이다. 위에서 서술한대로 한국과 비교하여 곧바로 판단할 수 있어야 한다. 인구는 1인당 배출량 대비 총배출량이므로 한국은 약 5, A는 5 초과, C는 4 미만이다. 한국과 C를 비교하더라도 적어도 남아공이 C는 아니라는 것은 쉽게 구분할 수 있다.

- 두 번째 〈조건〉에서 2010~2012년 동안 매년 인구가 1억 명 이상인 국가는 멕시코와 브라질이라고 하였으므로 B 또는 D 중 1억 명이 넘는 국가를 찾는다. B의 인구는 매년 3천만 명 미만이지만 D의 인구는 매년 약 2억 명이다. 따라서 D는 브라질, B는 사우디가 된다.

  사실 위와 같이 인구를 도출하지 않고도 쉽게 파악할 수 있다. 먼저 멕시코의 수치 구조를 보자. 1인당 배출량 대비 총 배출량이 매년 10을 넘는다. 그 다음 B와 D를 보자. B는 매년 3을 넘지 못하고 D는 매년 약 20이다. 멕시코와 나머지 국가 1개가 매년 인구가 1억 명 이상이라고 하였으므로 브라질은 D이다.

⏱ 빠른 문제 풀이 Tip

- 매칭형 문제이므로 선택지의 배열을 참고하자.
- 한국과 멕시코는 직접 제시된 국가이기 때문에 〈조건〉에서 한국이나 멕시코를 언급하는 경우에는 고려하지 않아도 된다.
- 조건을 분석하는 순서를 정하는 경우 판단하기 쉬운 것 또는 경우의 수가 적은 것부터 검토하자.

[정답] ①

03

다음 〈그림〉과 〈표〉를 이용하여 〈보고서〉를 작성하였다. 제시된 〈그림〉과 〈표〉 이외에 추가로 필요한 자료만을 〈보기〉에서 모두 고르면?

〈그림〉 박사학위 취득자의 성별, 전공계열별 고용률 현황

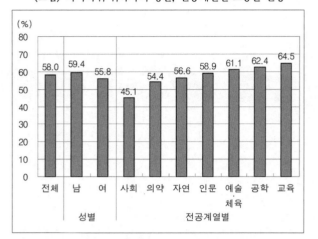

〈표〉 박사학위 취득자 중 취업자의 고용형태별 직장유형 구성비율

(단위: %)

직장유형 \ 고용형태	전체	정규직	비정규직
대학	54.2	9.3	81.1
민간기업	24.9	64.3	1.2
공공연구소	10.3	8.5	11.3
민간연구소	3.3	6.4	1.5
정부 · 지자체	1.9	2.4	1.7
기타	5.4	9.1	3.2
계	100.0	100.0	100.0

〈보고서〉

박사학위 취득자의 전체 고용률은 58.0%이었다. 전공계열 중 교육계열의 고용률이 가장 높고 그 다음으로 공학계열, 예술 · 체육계열, 인문계열의 순으로 나타났으며, 사회계열, 의약계열과 자연계열의 고용률은 상대적으로 낮았다.

박사학위 취득자 중 취업자의 직장유형 구성비율을 살펴보면 대학이 가장 높았고, 그 다음으로 민간기업, 공공연구소 등의 순이었다.

박사학위 취득자 중 취업자의 고용형태를 살펴보면, 여성 취업자 중 비정규직 비율은 75% 이상이었다. 전공계열별로는 인문계열의 비정규직 비율이 가장 높고, 그 다음으로 예술 · 체육계열, 의약계열, 사회계열, 자연계열, 교육계열, 공학계열 순으로 나타났다. 정규직은 과반수가 민간기업에 소속된 반면, 비정규직은 80% 이상이 대학에 소속된 것으로 나타났다.

박사학위 취득자 중 취업자의 고용형태에 따라 평균 연봉 차이가 큰 것으로 나타났다. 정규직 취업자의 직장유형을 기타를 제외하고 평균 연봉이 높은 것부터 순서대로 나열하면 민간기업, 민간연구소, 공공연구소, 대학, 정부 · 지자체 순이었다. 또한, 비정규직 내에서도 직장유형별 평균 연봉의 편차가 크게 나타났다.

〈보 기〉

ㄱ. 박사학위 취득자 중 취업자의 전공계열별 고용형태
ㄴ. 박사학위 취득자 중 취업자의 성별, 전공계열별 평균 연봉
ㄷ. 박사학위 취득자 중 취업자의 고용형태별, 직장유형별 평균 연봉
ㄹ. 박사학위 취득자 중 취업자의 성별 고용형태
ㅁ. 박사학위 취득자 중 비정규직 여성 취업자의 전공계열별 평균 근속기간

① ㄱ, ㄴ, ㄷ
② ㄱ, ㄷ, ㄹ
③ ㄱ, ㄷ, ㅁ
④ ㄴ, ㄷ, ㄹ
⑤ ㄴ, ㄹ, ㅁ

📝 문제풀이

03 보고서 검토 · 확인형

난이도 ★★☆☆☆

- 〈보고서〉 세 번째 문단 첫 번째 문장에서 '박사학위 취득자 중 취업자의 고용형태를 살펴보면, 여성 취업자 중 비정규직 비율은 75% 이상이었다.'라고 했으나 〈그림〉과 〈표〉만 가지고는 여성 취업자의 비정규직 비율을 파악할 수 없다. 따라서 [ㄹ. 박사학위 취득자 중 취업자의 성별 고용형태]가 추가로 필요하다. 이에 따라 선택지 ①, ③이 제거된다.

- 〈보고서〉 세 번째 문단 두 번째 문장에서 전공계열별로는 인문계열의 비정규직 비율이 가장 높다고 했으나 〈그림〉과 〈표〉만 가지고는 인문계열의 비정규직 비율을 파악할 수 없다. 따라서 [ㄱ. 박사학위 취득자 중 취업자의 전공계열별 고용형태]가 추가로 필요하다. 이에 따라 선택지 ④, ⑤가 제거된다.

- 〈보고서〉 네 번째 문단 두 번째 문장에서 '정규직 취업자의 직장유형을 기타를 제외하고 평균 연봉이 높은 것부터 순서대로 나열하면 민간기업, 민간연구소, 공공연구소, 대학, 정부 · 지자체 순이었다. 또한, 비정규직 내에서도 직장유형별 평균 연봉의 편차가 크게 나타났다.'고 했으나 〈그림〉과 〈표〉만 가지고는 정규직 취업자와 비정규직 취업자(고용형태별)의 평균 연봉을 판단할 수 없다. 따라서 [ㄷ. 박사학위 취득자 중 취업자의 고용형태별, 직장유형별 평균 연봉]이 추가로 필요하다.

⏱ **빠른 문제 풀이 Tip**

〈표〉의 제목과 항목을 꼼꼼히 보고 〈보고서〉에 처음으로 언급되거나 제시된 표만 가지고 판단할 수 없는 부분이 추가로 필요한 자료이다. 즉 실제 수치가 〈표〉의 내용과 일치하는지 꼼꼼하게 검토할 필요까지는 없는 문제 유형이다.

[정답] ②

04

영희가 다음의 〈규칙〉에 따라 아래의 〈그림〉을 작성하였을 때, 영희가 사용한 두 자연수 n과 m의 합을 구하면?

─────〈규 칙〉─────
○ 원주를 (n−1) 등분하여 '등분점'을 찍는다.
○ '등분점' 중 임의의 한 점부터 반시계 방향으로 각 점에 순서대로 1, 2, …, n−1의 번호를 붙인다.
○ 임의의 '등분점' P를 선택해 P의 번호에 m을 곱한 수를 n으로 나눈 나머지를 구하여, 그 값을 번호로 가지는 '등분점'을 P의 '대응점'이라 한다. 단, $2 \leq m \leq \frac{n}{2}$이다.
○ 각 '등분점'과 그 '등분점'의 '대응점'을 선으로 연결한다.

〈그림〉

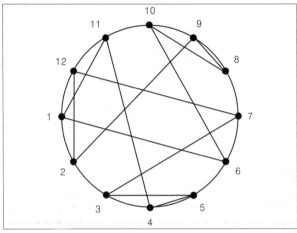

① 15
② 16
③ 17
④ 18
⑤ 19

📑 문제풀이

04 조건 판단형
난이도★★★★★

- 원주를 12개로 등분하여 '등분점'을 찍었으므로 (n−1)=12이다. 따라서 n=13이다.

- m과 n은 자연수이므로 세 번째 조건에 따라 m은 2~6 사이의 자연수가 된다. 또한 나머지가 대응점이라고 했으므로 10의 대응점을 역산하면 10에 연결된 수가 6과 8이므로 n의 일의 자리 수를 곱했을 때 일의 자리수가 4이거나 2인 A가 나오므로 13×8이나 13×4가 된다. 전자는 104로 m이 11이고 후자는 52로 m은 6이 된다. 따라서 m=6이다. 이때 10의 경우 10−n의 일의 자리 수 곱하기 A가 나머지이므로 찾기 쉽다. 또한 n(13)의 배수에 대응점을 더한 숫자가 등분점과 m의 곱이 되어야 한다.

- P×m=n×A+대응점이므로 n=13, P=10이면 대응점은 6 또는 8이다. 10m=13A+(6 또는 8)이고 2≤m≤6이므로 13의 배수 중 일의 자리가 4 또는 2인 경우의 수를 통해서 m은 6임을 알 수 있다.

따라서 n과 m의 합은 19이다.

⏱ 빠른 문제 풀이 Tip
파악하기 쉽지 않은 신유형 문제이다. 2분 이상 소요될 것 같으면 일단 체크하고 넘어가자.

[정답] ⑤

05

다음 〈표〉와 〈보고서〉는 2012~2013년 '갑'국의 철도사고 및 운행장애 발생 현황과 원인분석에 관한 자료이다. 이를 근거로 아래의 (가)~(마)에 알맞은 수를 바르게 나열한 것은?

〈표 1〉 철도사고 및 운행장애 발생 현황

(단위: 건)

구분		연도	2012	2013	전년대비 증감
철도 사고	철도교통 사고	열차사고	0	0	0
		철도교통 사상사고	(가)	( )	+4
	철도안전 사고	철도화재 사고	0	0	0
		철도안전 사상사고	(나)	( )	−1
		철도시설 파손사고	0	0	0
운행 장애	위험사건		0	0	0
	지연운행		5	3	−2
	기타		0	0	0

〈표 2〉 철도안전사상사고 피해자 유형별 사고 건수 및 피해정도별 피해자 수

(단위: 건, 명)

구분 연도	피해자 유형별 사고 건수			피해정도별 피해자 수		
	승객	비승객 일반인	직원	사망	중상	경상
2012	( )	( )	( )	1	4	4
2013	( )	( )	8	1	(다)	4

〈표 3〉 사고원인별 운행장애 발생 현황

(단위: 건)

사고원인 연도	차량 탈선	규정 위반	급전 장애	신호 장애	차량 고장	기타
2012	( )	( )	( )	(라)	2	( )
2013	1	( )	( )	( )	( )	(마)
전년대비 증감	+1	−1	−1	−1	−2	+2

─〈보고서〉─

○ 2013년 철도교통사상사고는 전년대비 4건이 증가하였으며, 이 중 '투신자살'이 27건으로 전체 철도교통사상사고 건수의 90%를 차지함

○ 2013년 철도안전사상사고 1건당 피해자 수는 1명으로 전년과 동일하였고, 피해자 유형은 모두 '직원'임

○ 2013년에는 '규정위반', '급전장애', '신호장애', '차량고장'을 제외한 원인으로 모두 3건의 운행장애가 발생함

	(가)	(나)	(다)	(라)	(마)
①	26	9	2	1	1
②	26	9	3	1	2
③	26	10	2	2	2
④	27	9	2	2	1
⑤	27	10	3	2	2

📝 문제풀이

05 빈칸형
난이도★★★☆☆

- 〈보고서〉 첫 번째 문단에서 2013년 철도교통사상사고는 전년대비 4건이 증가하였으며, 이 중 '투신자살'이 27건으로 전체 철도교통사상사고 건수의 90%를 차지한다고 했고, 〈표 1〉에 전년대비 증감 +4가 직접 제시되어 있다. 핵심은 '투신자살이 27건이다.'가 아니라 투신자살 '27건이 전체 철도교통사상사고의 90%'라는 점이 더 중요하다. 따라서 2013년 전체 철도교통사상사고는 30건이고 이는 전년대비 4건 증가하였으므로 2012년 (가)는 26이다. 이에 따라 선택지 ④, ⑤가 제거된다.

- 〈보고서〉 두 번째 문단에서 2013년 철도안전사상사고 1건당 피해자 수는 1명으로 전년과 동일하고, 피해자 유형은 모두 '직원'이라고 했으므로, 〈표 2〉에서 승객이나 비승객일반인 사고건수는 각각 0이다. 또한 철도안전사상사고 1건당 피해자 수는 1명이 되어야 하므로 피해정도별 피해자 수의 합이 직원인 8명과 같아야 한다. 따라서 중상 (다)에 들어갈 숫자는 3이 된다. 이에 따라 선택지 ①, ③이 제거된다. 1건당 피해자 수가 1명으로 2012년=2013년 동일하므로 2012년 사고 건수는 9건으로 (나)에 들어갈 숫자는 9가 된다.

- 〈보고서〉 세 번째 문단에서 2013년에는 '규정위반', '급전장애', '신호장애', '차량고장'을 제외한 원인으로 모두 3건의 운행장애가 발생한다고 했고, 〈표 3〉에서 2013년 사고원인은 차량탈선과 기타만 존재하므로 이의 합이 3이어야 한다. 따라서 기타 (마)의 숫자는 2가 된다.

- 마지막으로 남은 2012년 신호장애 건수 (라)의 경우 2013년 신호장애 건수가 0이므로 (라)에 들어갈 숫자는 1이 된다.

⏱ 빠른 문제 풀이 Tip

- 〈표〉가 3개나 제시되어 있고 괄호도 엄청나게 많다. 이 경우에는 〈표〉제목 차이 정도만 확인해서 각 자료의 성격만 대략 파악하고 바로 〈보고서〉를 검토하자.
- 〈보고서〉 내용은 차례대로 검토해도 상관없지만 좀 더 간단하게 파악하기 쉬운 것부터 하자.

[정답] ②

06

다음 〈그림〉은 국내 7개 권역별 전국 대비 면적, 인구, 산업 생산액 비중 현황을 나타낸 것이다. 이를 토대로 〈보기〉에 제시된 각 항목의 값이 두 번째로 큰 권역을 바르게 나열한 것은?

〈그림〉 권역별 전국 대비 면적, 인구, 산업 생산액 비중 현황

(단위: %)

a	면적 비중
b	인구 비중
c	총생산액 비중
d	농·임·어업 생산액 비중
e	제조업 생산액 비중

※ 비중은 전국을 100으로 했을 때 각 권역의 비중임.

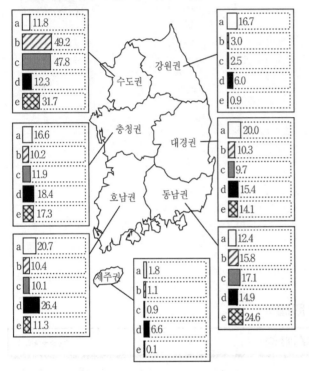

─〈보 기〉─

ㄱ. 면적 대비 총생산액
ㄴ. 면적 대비 농·임·어업 생산액
ㄷ. 인구 대비 제조업 생산액

	ㄱ	ㄴ	ㄷ
①	충청권	동남권	동남권
②	충청권	호남권	대경권
③	동남권	동남권	대경권
④	동남권	호남권	대경권
⑤	동남권	호남권	동남권

📝 문제풀이

06 분수 비교형

난이도★★★☆☆

ㄱ. '면적 대비 총생산액'이므로 $\frac{c}{a}$의 비율이다. 두 번째로 큰 권역은 선택지 상 충청권 또는 동남권이므로 일단 가장 큰 권역을 찾는다. 수도권이 4 이상으로 가장 크고 충청권은 1 미만, 동남권은 1 이상이므로 면적 대비 총생산액이 두 번째로 큰 권역은 동남권이다. 이에 따라 선택지 ①, ②가 제거된다.

ㄴ. '면적 대비 농·임·어업 생산액'이므로 $\frac{d}{a}$의 비율이다. 두 번째로 큰 권역은 동남권 또는 호남권이므로 가장 큰 권역을 찾는다. 제주권이 3 이상으로 가장 크고 동남권 $\frac{14.9}{12.4}$보다 호남권 $\frac{26.4}{20.7}$가 더 크기 때문에 면적 대비 농·임·어업 생산액이 두 번째로 큰 권역은 호남권이다. 이에 따라 선택지 ③이 제거된다. 동남권과 호남권을 비교할 때 여러 가지 방식으로 접근할 수 있지만 일단 둘 다 1을 넘기 때문에 1을 초과하는 부분만 생각해볼 수 있다. 동남권은 $\frac{2.5}{12.4}$, 호남권은 $\frac{5.7}{20.7}$이다. 분자는 2배 이상, 분모는 2배 미만이므로 호남권이 더 크다고 판단하면 된다.

ㄷ. '인구 대비 제조업 생산액'이므로 $\frac{e}{b}$의 비율이다. 두 번째로 큰 권역은 대경권 또는 동남권이므로 역시 가장 큰 권역을 찾는다. 충청권이 $\frac{17.3}{10.2}$으로 가장 크고 대경권 $\frac{14.1}{10.3}$보다 동남권 $\frac{24.6}{15.8}$이 더 크기 때문에 인구 대비 제조업 생산액이 두 번째로 큰 권역은 동남권이다. 분수를 비교할 때, 충청권은 약 1.7로 분자가 분모보다 약 70% 더 많고 대경권은 약 1.4로 분자가 분모보다 약 40% 더 많다고 비교할 수 있다. 동남권은 분자 24.6이 분모 15.8보다 50% 이상 더 많기 때문에 대경권보다 동남권이 더 크다고 판단하면 된다.

⏱ 빠른 문제 풀이 Tip

• 문제에서 묻는 것은 두 번째로 큰 권역이라는 점을 반드시 체크하자.
• 범례를 보면 모두 비중이지만 비중 자체가 전국을 100으로 했을 때 각 권역이 차지하는 부분이므로 실수처럼 간주해도 된다.
• 매칭형 문제이므로 선택지의 배열을 참고하고, 선택지의 개수에 흔들리지 말자.

[정답] ⑤

07

다음 〈표〉는 금융기관별, 개인신용등급별 햇살론 보증잔액 현황에 관한 자료이다. 〈그림〉은 〈표〉를 이용하여 6개 금융기관 중 2개 금융기관의 개인신용등급별 햇살론 보증잔액 구성비를 나타낸 것이다. 〈그림〉의 금융기관 A와 B를 바르게 나열한 것은?

〈표〉 금융기관별, 개인신용등급별 햇살론 보증잔액 현황

(단위: 백만 원)

금융기관 / 개인신용등급	농협	수협	축협	신협	새마을금고	저축은행	합
1	2,425	119	51	4,932	7,783	3,785	19,095
2	6,609	372	77	14,816	22,511	16,477	60,862
3	8,226	492	176	18,249	24,333	27,133	78,609
4	20,199	971	319	44,905	53,858	72,692	192,944
5	41,137	2,506	859	85,086	100,591	220,535	450,714
6	77,749	5,441	1,909	147,907	177,734	629,846	1,040,586
7	58,340	5,528	2,578	130,777	127,705	610,921	935,849
8	11,587	1,995	738	37,906	42,630	149,409	244,265
9	1,216	212	75	1,854	3,066	1,637	8,060
10	291	97	2	279	539	161	1,369
계	227,779	17,733	6,784	486,711	560,750	1,732,596	3,032,353

〈그림〉 금융기관 A와 B의 개인신용등급별 햇살론 보증잔액 구성비

(단위: %)

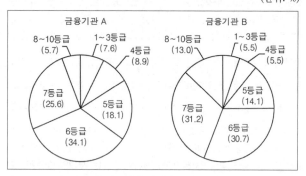

※ 1) '1~3등급'은 개인신용등급 1, 2, 3등급을 합한 것이고, '8~10등급'은 개인신용등급 8, 9, 10등급을 합한 것임.
2) 보증잔액 구성비는 소수점 둘째 자리에서 반올림한 값임.

	A	B
①	농협	수협
②	농협	축협
③	수협	신협
④	저축은행	수협
⑤	저축은행	축협

📝 **문제풀이**

07 매칭형 난이도★★★☆☆

- 먼저 A는 농협, 수협, 저축은행 셋 중 하나이므로 3개 금융기관의 합계부터 확인한다. 농협은 227,779백만 원, 수협은 17,733백만 원, 저축은행은 1,732,596백만 원이다. 〈그림〉 왼쪽에서 금융기관 A의 구성비 중 7등급인 25.6%를 보자. 즉 위 3개 금융기관 중 7등급의 수치에 4배를 하였을때 합계에 근접해야 한다. 농협 58×4=232≒실제 약 228, 수협 55×4=220≠실제 약 177, 저축은행 61×4=244≠실제 약 1730이므로 A는 농협이다. 이에 따라 선택지 ③, ④, ⑤가 제거된다.

- B의 경우 6등급 30.7%와 7등급 31.2%의 격차가 0.5%p로 거의 같다는 점을 이용한다. 수협은 6등급이 5,441백만 원, 7등급이 5,528백만 원이고 축협은 6등급이 1,909백만 원, 7등급 2,578백만 원이므로 상대적으로 수협이 축협보다 차이가 훨씬 작다. 따라서 B는 수협이다.
  1~3등급과 4등급의 비중이 5.5%로 동일하다는 점을 이용할 수도 있으나 수협은 119+372+492=983≒971백만 원이고 축협은 51+77+176=304≒319백만 원이므로 판단하기 쉽지 않다. 혹시 이를 파악하였다 하더라도 실제 수치를 통해 판단하기 쉽지 않다면 6등급과 7등급 관계와 같이 다른 등급을 이용하여 판단한다.

⏱️ **빠른 문제 풀이 Tip**
- 〈표〉와 〈그림〉을 비교할 때 어떤 등급으로 비교할 것인지 생각해보자.
- 매칭형 문제이므로 선택지 배열을 참고하자.

[정답] ①

08

다음 〈표〉는 우리나라의 시·군 중 2013년 경지 면적, 논 면적, 밭 면적 상위 5개 시·군에 대한 자료이다. 이에 대한 〈보기〉의 설명 중 옳은 것만을 모두 고르면?

〈표〉 경지 면적, 논 면적, 밭 면적 상위 5개 시·군

(단위: ha)

구분	순위	시·군	면적
경지 면적	1	해남군	35,369
	2	제주시	31,585
	3	서귀포시	31,271
	4	김제시	28,501
	5	서산시	27,285
논 면적	1	김제시	23,415
	2	해남군	23,042
	3	서산시	21,730
	4	당진시	21,726
	5	익산시	19,067
밭 면적	1	제주시	31,577
	2	서귀포시	31,246
	3	안동시	13,231
	4	해남군	12,327
	5	상주시	11,047

※ 1) 경지 면적=논 면적+밭 면적
   2) 순위는 면적이 큰 시·군부터 순서대로 부여함.

─── 〈보 기〉 ───

ㄱ. 해남군의 논 면적은 해남군 밭 면적의 2배 이상이다.
ㄴ. 서귀포시의 논 면적은 제주시 논 면적보다 크다.
ㄷ. 서산시의 밭 면적은 김제시 밭 면적보다 크다.
ㄹ. 상주시의 논 면적은 익산시 논 면적의 90% 이하이다.

① ㄱ, ㄴ
② ㄴ, ㄷ
③ ㄴ, ㄹ
④ ㄱ, ㄷ, ㄹ
⑤ ㄴ, ㄷ, ㄹ

📑 문제풀이

08 분수 비교형
난이도 ★★★☆☆

ㄱ. (X) 해남군 전체 경지면적은 35,369ha이고 해남군의 논 면적은 23,042ha이다. 전체 경지 면적=논+밭이므로 해남군의 밭 면적은 12,000ha 이상이다. 따라서 해남군의 논 면적은 해남군 밭 면적의 2배 이상이 되지 않는다.

ㄴ. (O) 서귀포시의 논 면적은 31,271−31,246=25ha로 제주시 논 면적 31,585−31,577=8ha보다 크다.

ㄷ. (O) 서산시의 밭 면적은 27,285−21,730≒5,500ha이고 김제시 밭 면적은 28,501−23,415≒5,100ha이다. 따라서 서산시의 밭 면적은 김제시 밭 면적보다 크다.

ㄹ. (O) 익산시 논 면적은 19,067ha이다. 상주시의 경우 밭 면적만 11,047ha로 제시되어 있고 경지 면적과 논 면적은 직접 제시되어 있지 않다. 그렇다고 해서 논 면적을 파악할 수 없는 건 아니다. 경지 면적과 밭 면적 각각 직접 제시되지 않았다면 6위 이하의 순위라는 의미이므로 5위 수치를 기준으로 가정한다. 경지 면적 5위 수치인 27,285ha에서 상주시 밭 면적 11,047ha를 빼면 상주시의 논 면적 최댓값은 약 16,000ha이다. 실제는 상주시의 경지 면적이 이보다 더 작기 때문에 상주시의 논 면적은 16,000ha보다 더 작다고 보면 된다. 익산의 논 면적은 19,067ha이므로 90%는 약 17,100ha이다. 따라서 익산시의 논 면적은 상주시의 논 면적은 익산시 논 면적의 90% 이하이다.

⏱ 빠른 문제 풀이 Tip

- 상위 5개 순위만 제시된 전형적인 순위자료이다. 즉 이와 같은 순위자료가 제시될 때 과거 기출에서 주로 어떤 점을 물었는지 대비하였다면 어렵지 않게 해결할 수 있다.
- 〈보기〉에서 직접 제시된 수치를 묻는 경우부터 검토하자.
- 직접 제시되지 않은 경우의 면적을 판단할 때에는 직접 제시된 가장 낮은 순위의 면적, 즉 각각의 5순위 면적을 기준으로 하자.

[정답] ⑤

09

다음 〈표〉는 2012년 어린이집 및 유치원의 11개 특별활동프로그램 실시 현황에 관한 자료이다. 이에 대한 〈보기〉의 설명 중 옳은 것만을 모두 고르면?

〈표〉 어린이집 및 유치원의 11개 특별활동프로그램 실시 현황

(단위: %, 개, 명)

구분 특별활동프로그램	어린이집			유치원		
	실시율	실시기관 수	파견강사 수	실시율	실시기관 수	파견강사 수
미술	15.7	6,677	834	38.5	3,250	671
음악	47.0	19,988	2,498	62.7	5,294	1,059
체육	53.6	22,794	2,849	78.2	6,600	1,320
과학	6.0	( )	319	27.9	( )	471
수학	2.9	1,233	206	16.2	1,366	273
한글	5.8	2,467	411	15.5	1,306	291
컴퓨터	0.7	298	37	0.0	0	0
교구	15.2	6,464	808	15.5	1,306	261
한자	0.5	213	26	3.7	316	63
영어	62.9	26,749	6,687	70.7	5,968	1,492
서예	1.0	425	53	0.6	51	10

※ 1) 해당 특별활동프로그램 실시율(%)=
$\dfrac{\text{해당 특별활동프로그램 실시 어린이집(유치원) 수}}{\text{특별활동프로그램 실시 전체 어린이집(유치원) 수}} \times 100$

2) 어린이집과 유치원은 각각 1개 이상의 특별활동프로그램을 실시하며, 2012년 특별활동프로그램 실시 전체 어린이집 수는 42,527개이고, 특별활동프로그램 실시 전체 유치원 수는 8,443개임.

〈보 기〉

ㄱ. 특별활동프로그램 실시율이 40% 이상인 특별활동프로그램 수는 어린이집과 유치원이 동일하다.

ㄴ. 어린이집의 특별활동프로그램 중 실시기관 수 대비 파견강사 수의 비율은 '영어'가 '음악'보다 높다.

ㄷ. 파견강사 수가 많은 특별활동프로그램부터 순서대로 나열하면, 어린이집과 유치원의 특별활동프로그램 순위는 동일하다.

ㄹ. 특별활동프로그램 중 '과학' 실시기관 수는 유치원이 어린이집보다 많다.

① ㄱ, ㄴ

② ㄱ, ㄷ

③ ㄷ, ㄹ

④ ㄱ, ㄴ, ㄹ

⑤ ㄴ, ㄷ, ㄹ

📝 문제풀이

09 분수 비교형	난이도★★☆☆☆

ㄱ. (O) 특별활동프로그램 실시율이 40% 이상인 특별활동프로그램은 어린이집과 유치원이 '음악', '체육', '영어' 3개로 동일하다.

ㄴ. (O) 어린이집의 특별활동프로그램 중 실시기관 수 대비 파견강사 수의 비율은 '영어'가 $\dfrac{6,687}{26,749}$≒25.0%로 '음악' $\dfrac{2,498}{19,988}$≒12.5%보다 높다. 분모가 되는 실시기관 수는 영어가 음악보다 약 30% 더 많지만 분자가 되는 파견강사 수는 영어가 음악보다 2배 이상 많으므로 실시기관 수 대비 파견강사 수의 비율은 '영어'가 '음악'보다 높음을 판단할 수 있다.

ㄷ. (X) 파견강사 수가 많은 특별활동프로그램부터 순서대로 나열하면, 어린이집과 유치원의 특별활동프로그램 순위는 1~4위 까지는 영어–체육–음악–미술 순으로 동일하지만 어린이집의 5위는 '교구'로, 유치원의 5위인 '과학'과 순위가 서로 다르다.

ㄹ. (X) 각주 1)에 따라 특별활동프로그램 실시 어린이집(유치원) 수=실시율×특별활동프로그램 실시 전체 어린이집(유치원) 수이다. 특별활동프로그램 중 '과학' 실시기관 수는 유치원이 8,443×27.9%≒2,356개이고 어린이집이 42,527×6.0%≒2,552개로 유치원이 어린이집보다 적다.

전형적인 곱셈 비교형이므로 다음과 같이 판단할 수도 있다. 어린이집 42,527개는 유치원 8,443의 5배 정도이지만, 유치원 실시율 27.9%는 어린이집 실시율 6.0%의 5배 미만이다. 따라서 유치원이 어린이집보다 적다.

⏱ 빠른 문제 풀이 Tip

• 〈보기〉에서 어린이집을 묻는지 유치원을 묻는지 정확히 매칭하자.

• 각주에서 주는 정보인 42,567개와 8,443개를 반드시 체크하자.

[정답] ①

10

다음 〈그림〉과 〈표〉는 2000~2009년 A기업과 주요 5개 기업의 택배평균단가와 A기업 택배물량에 대한 자료이다. 이에 대한 설명으로 옳은 것은?

〈그림〉 A기업과 주요 5개 기업의 택배평균단가

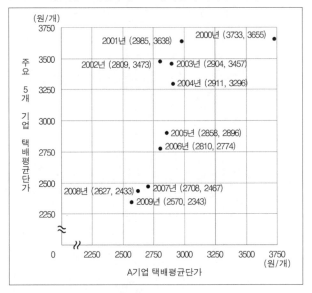

※ 1) 택배평균단가(원/개) = $\frac{택배매출액}{택배물량}$

2) A기업택배평균단가 비교지수 = $\frac{A기업\ 택배평균단가}{주요\ 5개\ 기업\ 택배평균단가}$ ×100

3) 주요 5개 기업에 A기업은 포함되지 않음.

4) (,) 안의 수치는 각각 A기업 택배평균단가, 주요 5개 기업 택배평균단가를 의미함.

〈표〉 A기업 택배물량

(단위: 천 개)

연도	2000	2001	2002	2003	2004	2005	2006	2007	2008	2009
택배물량	2,709	12,710	22,127	25,613	35,016	49,595	68,496	83,336	99,417	111,035

① 2000~2009년 동안 A기업 택배평균단가 비교지수가 가장 작은 해는 2002년이다.

② 2007~2009년 동안 A기업 택배매출액은 매년 상승하여 2009년에는 3,000억 원 이상이다.

③ 2000~2009년 동안 주요 5개 기업의 택배평균단가보다 A기업 택배평균단가가 높았던 해는 낮았던 해보다 더 많다.

④ 2003~2006년 동안 전년대비 A기업 택배물량 증가율이 가장 높았던 해는 2006년이다.

⑤ 2000~2009년 동안 A기업 택배평균단가가 가장 높은 해는 2000년이고, 주요 5개 기업 택배평균단가가 가장 높은 해는 2001년이다.

📑 문제풀이

10 분산·물방울형   난이도 ★★★☆☆

① (O) 2000~2009년 동안 A기업 택배평균단가 비교지수가 가장 작은 해는 원점을 잇는 선분의 기울기가 가장 큰 2002년이다. 분산형 차트에서 빈번하게 묻는 3가지 항목 중 하나인 $\frac{x}{y}$ 문제이다. 이 문제는 ①번 선택지를 답으로 고른 후 바로 넘어가야 한다.

② (X) 택배매출액은 각주 1)에 따라 택배평균단가×택배매출액을 도출해야 한다. 2007년 83,336×2,708≒225,673,888천 원, 2008년 99,417×2,627≒260,174,289천 원, 2009년 111,035×2,570≒285,359,950천 원이다. 2007~2009년 동안 A기업 택배매출액은 매년 상승하였지만 2009년에는 약 2,853억 원으로 3,000억 원을 넘지 못한다.

이 선택지가 까다로운 이유는 2007~2009년 동안 매년 상승하였는지 여부와 더불어 2009년에 3,000억 원 이상인지 도출하여야 하기 때문이다. A기업 택배평균단가는 약 27, 26, 25로 감소율이 낮지만 택배물량은 83, 99, 111로 상대적으로 증가율이 높다. 또한 2009년 역시 3,000억 원=300십억 원으로 묻고 있으므로 단위를 십억 원으로 맞춰서 0.111십억×2,570이 300억 원을 넘을 수 있을지 정도로 판단해야 한다.

③ (X) 그림 자체가 정사각형이므로 x=y인 선분을 그어 우하방에 있는 점의 개수와 좌상방에 있는 점의 개수를 비교한다. 2000~2009년 동안 주요 5개 기업의 택배평균단가보다 A기업 택배평균단가가 높았던 해는 우하방에 위치한 점으로 2000년, 2006년, 2007년, 2008년, 2009년으로 10개년도 중 5개이다. 따라서 낮았던 해와 동일하다. 실제로 좌상방에 위치한 점은 2001년, 2002년, 2003년, 2004년, 2005년 5개로 같다.

④ (X) 2006년의 전년대비 A기업 택배물량 증가율은 $\frac{18,901}{49,595}$≒38.1%이다. 이와 비교대상이 될 만한 연도는 2005년이며, 전년대비 증가율은 $\frac{14,579}{35,016}$≒41.6%이다. 따라서 2003~2006년 동안 전년대비 A기업 택배물량 증가율은 2006년보다 2005년이 더 높기 때문에 가장 높았던 해는 2006년이 아니다. 2006년의 경우 50에서 68로 18 증가하였기 때문에 40% 미만이지만 2005년의 경우 35에서 49로 14 이상 증가하였기 때문에 40%를 넘는다.

⑤ (X) 2000~2009년 동안 A기업 택배평균단가와 주요 5개 기업 택배평균단가가 가장 높은 해는 2000년으로 동일하다.

⏱ 빠른 문제 풀이 Tip

· 분산형 차트 문제이므로 빈번하게 묻는 3가지를 떠올리고, x와 y의 대소 비교, x와 y의 상대적 비율, x와 y의 합 또는 차를 시각적으로 해결할 수 있어야 한다.

· 자리수 0이 3개씩 증가할 때마다 천, 백만, 십억, 조 임을 알고 있다면 이를 응용하여 자리수를 통일해 비교하자.

[정답] ①

부록설계

2024
2023
2022
2021
2020
2019
2018
2017
2016
2015
2014
2013
2012

해커스PSAT 5급 PSAT 김용훈 자료해석 13개년 기출문제집

11

다음 〈표〉는 A카페의 커피 판매정보에 대한 자료이다. 한 잔만을 더 판매하고 영업을 종료한다고 할 때, 총이익이 정확히 64,000원이 되기 위해서 판매해야 하는 메뉴는?

〈표〉 A카페의 커피 판매정보

(단위: 원, 잔)

구분 메뉴	한 잔 판매 가격	현재 까지의 판매량	한 잔당 재료 (재료비)				
			원두 (200)	우유 (300)	바닐라시럽 (100)	초코시럽 (150)	카라멜시럽 (250)
아메리카노	3,000	5	○	×	×	×	×
카페라떼	3,500	3	○	○	×	×	×
바닐라라떼	4,000	3	○	○	○	×	×
카페모카	4,000	2	○	○	×	○	×
카라멜 마끼아또	4,300	6	○	○	○	×	○

※ 1) 메뉴별 이익=(메뉴별 판매가격 −메뉴별 재료비)×메뉴별 판매량
2) 총이익은 메뉴별 이익의 합이며, 다른 비용은 고려하지 않음.
3) A카페는 5가지 메뉴만을 판매하며, 메뉴별 한 잔 판매가격과 재료비는 변동 없음.
4) ○: 해당 재료 한 번 사용.
　×: 해당 재료 사용하지 않음.

① 아메리카노
② 카페라떼
③ 바닐라라떼
④ 카페모카
⑤ 카라멜마끼아또

📝 문제풀이

11 각주 판단형 　　　　　　　　　　　　　난이도★★★★☆

- 아메리카노의 이익=15,000−1,000=14,000원
- 카페라떼의 이익=10,500−1,500=9,000원
- 바닐라라떼의 이익=12,000−1,800=10,200원
- 카페모카의 이익=8,000−1,300=6,700원
- 카라멜 마끼아또의 이익=25,800−5,100=20,700원

따라서 현재 시점에서의 총이익은 60,600원이다. 추가로 3,400원 이익이 발생해야 하므로 바닐라라떼(4,000−600)를 판매해야 한다. 백의 자리 숫자를 보면 600원으로 끝나므로 한잔 당 이익이 400원으로 끝나는 메뉴를 찾으면 좀 더 시간을 줄일 수 있다.

> ⏱ **빠른 문제 풀이 Tip**
> - 총 매출이 아닌 총이익을 64,000원으로 맞춰야 한다는 점을 기억하자.
> - 식 구조 자체가 판매가격에서 재료비를 뺀 후 판매량의 곱을 해야 하므로 메뉴별로 이익을 도출하여 비교하자.

[정답] ③

12

다음 〈표〉는 A지역 공무원 150명을 대상으로 설문조사를 실시한 뒤, 제출된 설문지의 문항별 응답 결과를 정리한 것이다. 〈표〉와 〈조건〉을 적용한 〈보기〉의 설명 중 옳은 것만을 모두 고르면?

〈표〉 설문지 문항별 응답 결과

(단위: 명)

문항	응답결과 응답속성	응답수	문항	응답결과 응답속성	응답수
성	남자	63	소속기관	고용센터	71
성	여자	63	소속기관	시청	3
연령	29세 이하	13	소속기관	고용노동청	41
연령	30~39세	54	직급	5급 이상	4
연령	40~49세	43	직급	6~7급	28
연령	50세 이상	15	직급	8~9급	44
학력	고졸 이하	6	직무유형	취업지원	34
학력	대졸	100	직무유형	고용지원	28
학력	대학원 재학 이상	18	직무유형	기업지원	27
근무기간	2년 미만	19	직무유형	실업급여 상담	14
근무기간	2년 이상 5년 미만	24	직무유형	외국인 채용	8
근무기간	5년 이상 10년 미만	21	직무유형	기획 총괄	5
근무기간	10년 이상	23	직무유형	기타	8

─────〈조 건〉─────

○ 설문조사는 동일 시점에 조사 대상자별로 독립적으로 이루어졌다.
○ 설문조사 대상자 1인당 1부의 동일한 설문지를 배포하였다.
○ 설문조사 문항별로 응답 거부는 허용된 반면 복수 응답은 허용되지 않았다.
○ 배포된 150부의 설문지 중 제출된 130부로 문항별 응답 결과를 정리하였다.

─────〈보 기〉─────

ㄱ. 배포된 설문지 중 제출된 설문지 비율은 85% 이상이다.
ㄴ. 전체 설문조사 대상자의 학력 분포에서 '고졸 이하'의 비율이 가장 낮다.
ㄷ. 제출된 설문지의 문항별 응답률은 '직무유형'이 '소속기관'보다 높다.
ㄹ. '직급' 문항 응답자 중 '8~9급' 비율은 '근무기간' 문항 응답자 중 5년 이상이라고 응답한 비율보다 높다.

① ㄱ, ㄴ
② ㄱ, ㄹ
③ ㄴ, ㄷ
④ ㄱ, ㄷ, ㄹ
⑤ ㄴ, ㄷ, ㄹ

📝 문제풀이

12 조건 판단형   난이도★★★☆☆

ㄱ. (O) 배포된 설문지 중 제출된 설문지 비율은 $\frac{130}{150} ≒ 86.7\%$이므로 85% 이상이다. $\frac{2}{12}$가 15% 이하인지 판단하면 더 빠르게 판단할 수 있다. $15^2 = 2250$이므로 $15 × 0.15 = 2.250$이다. 분자가 2이므로 15% 이하이다. 분수 비교로 한다면 $\frac{13}{15} = \frac{78}{90}$이 $\frac{85}{100}$를 넘는지 비교하여 판단할 수 있다.

ㄴ. (X) 전체 '응답자' 130명의 학력 분포 중에서 '고졸 이하'의 비율이 가장 낮다. 하지만 전체 '설문조사 대상자' 150명의 학력 분포에서 '고졸 이하'의 비율이 가장 낮은지는 판단할 수 없다. 응답 거부한 20명의 학력 분포를 파악할 수 없기 때문이다. 만약 26명 모두 고졸이라면 대학원 재학 이상의 비율이 가장 낮을 수도 있다.

ㄷ. (O) 제출된 설문지의 문항별 응답률을 묻고 있지만 모든 설문지의 제출된 설문지는 130부로 동일하므로 응답수로 비교하면 된다. '직무유형'은 $34+28+27+14+8+5+8=124$명으로 '소속기관' $71+3+41=115$명보다 많다. 따라서 제출된 설문지의 문항별 응답률은 '직무유형'이 '소속기관'보다 높다.

ㄹ. (O) '직급' 문항 응답자 중 '8~9급' 비율은 $\frac{44}{76} ≒ 57.9\%$로 '근무기간' 문항 응답자 중 5년 이상이라고 응답한 비율 $\frac{44}{86} ≒ 51.2\%$보다 높다. 이는 $\frac{a}{a+b}$ 구조이므로 $\frac{a}{b}$ 비율로 판단할 수도 있다. '직급' 문항 응답자 중 '8~9급' 비율은 '5~7급' 응답자 대비 '8~9급' 비율 $\frac{44}{32}$로, '근무기간' 문항 응답자 중 5년 이상이라고 응답한 비율은 5년 미만 응답자 대비 5년 이상 응답자의 비율 $\frac{44}{43}$로 비교한다. 분자가 44로 같으니 분모가 더 작은 전자의 비율이 더 크다.

> ⏱ **빠른 문제 풀이 Tip**
> • 설문조사 대상자는 150명이지만 응답자는 130명이라는 점을 체크하자.
> • 설문조사가 독립적으로 이루어지고 1인당 1부 배포하였으며 응답 거부는 허용되지만 복수응답은 허용되지 않았으므로 각 문항별 인원수의 합계는 130으로 생각하자. 예를 들어 '성'문항에서 남성과 여성은 각각 63명이고 응답거부는 나머지 4명이 된다.

[정답] ④

13

다음 〈표〉는 A국 전체 근로자의 회사 규모 및 근로자 직급별 출퇴근 소요시간 분포와 유연근무제도 유형별 활용률에 관한 자료이다. 이에 대한 설명으로 옳은 것은?

〈표 1〉 회사 규모 및 근로자 직급별 출퇴근 소요시간 분포

(단위: %)

규모 및 직급	출퇴근 소요시간	30분 이하	30분 초과 60분 이하	60분 초과 90분 이하	90분 초과 120분 이하	120분 초과 150분 이하	150분 초과 180분 이하	180분 초과	전체
규모	중소기업	12.2	34.6	16.2	17.4	8.4	8.5	2.7	100.0
	중견기업	22.8	35.7	16.8	16.3	3.1	3.4	1.9	100.0
	대기업	21.0	37.7	15.3	15.6	4.7	4.3	1.4	100.0
직급	대리급 이하	20.5	37.3	15.4	13.8	5.0	5.3	2.6	100.0
	과장급	16.9	31.6	16.7	19.9	5.6	7.7	1.7	100.0
	차장급 이상	12.6	36.3	18.3	19.3	7.3	4.2	1.9	100.0

〈표 2〉 회사 규모 및 근로자 직급별 유연근무제도 유형별 활용률

(단위: %)

규모 및 직급	유연근무제도 유형	재택 근무제	원격 근무제	탄력 근무제	시차 출퇴근제
규모	중소기업	10.4	54.4	15.6	41.7
	중견기업	29.8	11.5	39.5	32.0
	대기업	8.6	23.5	19.9	27.0
직급	대리급 이하	0.7	32.0	23.6	29.0
	과장급	30.2	16.3	27.7	28.7
	차장급 이상	14.2	26.4	25.1	33.2

① 출퇴근 소요시간이 60분 이하인 근로자 수는 출퇴근 소요시간이 60분 초과인 근로자 수보다 모든 직급에서 많다.
② 출퇴근 소요시간이 90분 초과인 대리급 이하 근로자 비율은 탄력근무제를 활용하는 대리급 이하 근로자 비율보다 낮다.
③ 출퇴근 소요시간이 120분 이하인 과장급 근로자 중에는 원격근무제를 활용하는 근로자가 있다.
④ 원격근무제를 활용하는 중소기업 근로자 수는 탄력근무제와 시차출퇴근제 중 하나 이상을 활용하는 중소기업 근로자 수보다 적다.
⑤ 출퇴근 소요시간이 60분 이하인 차장급 이상 근로자 수는 원격근무제와 탄력근무제 중 하나 이상을 활용하는 차장급 이상 근로자 수보다 적다.

📝 **문제풀이**

13 최소여집합형

난이도 ★★★☆☆

① (X) 〈표 1〉에 따라 출퇴근 소요시간이 60분 이하인 근로자 수가 출퇴근 소요시간이 60분 초과인 근로자 수보다 많으려면 출퇴근 소요시간이 60분 이하인 근로자 비율이 50%를 넘어야 한다. 대리급 이하만 50%를 넘고 과장급과 차장급 이상은 50% 미만이다. 따라서 과장급과 차장급 이상의 직급에서는 출퇴근 소요시간이 60분 이하인 근로자 수는 출퇴근 소요시간이 60분 초과인 근로자 수보다 적다.

② (X) 〈표 1〉과 〈표 2〉에서 일단 판단하기 쉬운 것부터 확인한다. 탄력근무제를 활용하는 대리급 이하 근로자 비율은 23.6%이고 출퇴근 소요시간이 90분 초과인 대리급 이하 근로자 비율은 13.8+5.0+5.3+2.6=26.7%이다. 따라서 출퇴근 소요시간이 90분 초과인 대리급 이하 근로자 비율은 탄력근무제를 활용하는 대리급 이하 근로자 비율보다 높다.

③ (O) 〈표 1〉과 〈표 2〉에서 출퇴근 소요시간이 120분 이하인 과장급 근로자의 비율은 16.9+31.6+16.7+19.9=85.0%이다. 과장급 근로자 중 원격근무제를 활용하는 비율은 16.3%이므로 과장급 근로자 중 원격근무제를 활용하지 않는 비율은 100−16.3=83.7%이다. 따라서 만약 과장급 근로자 중 원격근무제를 활용하지 않는 사람 모두 출퇴근 소요시간이 120분 이하라 하더라도 그 차이 만큼인 85.0−83.7=1.3%는 출퇴근 소요시간이 120분 이하인 과장급 근로자 중 원격근무제를 활용하는 근로자 비율의 최솟값이 된다. 따라서 출퇴근 소요시간이 120분 이하인 과장급 근로자 중에는 원격근무제를 활용하는 근로자가 반드시 존재한다. 출퇴근 소요시간이 120분 이하인 과장급 근로자를 A, 과장급 근로자 중 원격근무제를 활용하는 근로자를 B라고 하면 $A > B^c$의 경우를 만족하는지 판단하면 된다.

④ (X) 원격근무제를 활용하는 중소기업 근로자 비율은 54.4%이다. 탄력근무제와 시차출퇴근제 중 하나 이상을 활용하는 중소기업 근로자 비율은 시차출퇴근제를 활용하는 근로자 비율이 최소, 둘 다 이용하는 근로자 비율이 최대로 41.7~57.3% 범위 내에 존재하지만 구체적으로 도출할 수 없다. 따라서 판단할 수 없다.

⑤ (X) 출퇴근 소요시간이 60분 이하인 차장급 이상 근로자 비율은 12.6+36.3=48.9%이다. 원격근무제와 탄력근무제 중 하나 이상을 활용하는 차장급 이상 근로자 비율은 원격근무제를 이용하는 비율이 최소, 둘 다 이용하는 근로자 비율이 최대로 26.4~51.5% 범위 내에 존재하므로 역시 구체적으로 도출할 수 없다. 따라서 판단할 수 없다.

⏱ **빠른 문제 풀이 Tip**

- 〈표 1〉과 〈표 2〉 각각 비율만 제시된 자료이므로 비교할 수 있는 경우와 비교할 수 없는 경우를 구분하자.
- 〈표 1〉은 가로 합이 100%인 비율자료이지만 〈표 2〉는 유연근무제도를 이용하는 활용률에 관한 자료이므로 각각 독립적으로 구성된 비율이다.
- 반드시, 적어도, 최소한의 최소여집합을 도출하는 경우 $A > B^c$인지 확인하자.

[정답] ③

14

다음 〈표〉는 품목별 한우의 2015년 10월 평균가격, 전월, 전년 동월, 직전 3개년 동월 평균가격을 제시한 자료이다. 이에 대한 설명으로 옳은 것은?

〈표〉 품목별 한우 평균가격(2015년 10월 기준)

(단위: 원/kg)

품목		2015년 10월 평균가격	전월 평균가격	전년 동월 평균가격	직전 3개년 동월 평균가격
구분	등급				
거세우	1등급	17,895	18,922	14,683	14,199
	2등급	16,534	17,369	13,612	12,647
	3등급	14,166	14,205	12,034	10,350
비거세우	1등급	18,022	18,917	15,059	15,022
	2등급	16,957	16,990	13,222	12,879
	3등급	14,560	14,344	11,693	10,528

※ 1) 거세우, 비거세우의 등급은 1등급, 2등급, 3등급만 있음.
   2) 품목은 구분과 등급의 조합임. 예를 들어, 구분이 거세우이고 등급이 1등급이면 품목은 거세우 1등급임.

① 거세우 각 등급에서의 2015년 10월 평균가격이 비거세우 같은 등급의 2015년 10월 평균가격보다 모두 높다.

② 모든 품목에서 전월 평균가격은 2015년 10월 평균가격보다 높다.

③ 2015년 10월 평균가격, 전월 평균가격, 전년 동월 평균가격, 직전 3개년 동월 평균가격은 비거세우 1등급이 다른 모든 품목에 비해 높다.

④ 직전 3개년 동월 평균가격 대비 전년 동월 평균가격의 증가폭이 가장 큰 품목은 거세우 2등급이다.

⑤ 전년 동월 평균가격 대비 2015년 10월 평균가격 증감률이 가장 큰 품목은 비거세우 2등급이다.

문제풀이

14 분수 비교형
난이도 ★★☆☆☆

① (X) 거세우 각 등급에서의 2015년 10월 평균가격이 비거세우 같은 등급의 2015년 10월 평균가격보다 모두 낮다는 것을 쉽게 비교할 수 있다.

② (X) 비거세우 3등급의 경우 전월 평균가격은 14,344원으로 2015년 10월 평균가격 14,560보다 낮다.

③ (X) 전월 평균가격의 경우 비거세우 1등급 18,917원보다 거세우 1등급이 18,922원으로 더 높다.

④ (X) 직전 3개년 동월 평균가격 대비 전년 동월 평균가격의 증가폭은 거세우 2등급이 13,612−12,647=965원이지만 바로 아래에 있는 거세우 3등급이 1,684원으로 더 높다. 거세우 2등급의 증가폭은 1,000원 미만으로 판단하여 증가폭이 1,000원을 넘는 품목이 있는지 빠르게 찾는다.

⑤ (O) 전년 동월 평균가격 대비 2015년 10월 평균가격이 모든 품목에서 증가하였으므로 증가율이 가장 큰 품목을 도출한다. 비거세우 2등급이 $\frac{3,735}{13,222}$ ≒28.2%이다. 거세우 1등급 21.9%, 거세우 2등급 21.5%, 거세우 3등급 17.7%, 비거세우 1등급 19.7%, 비거세우 3등급 24.5%로 전년 동월 평균가격 대비 2015년 10월 평균가격 증감률이 가장 큰 품목은 비거세우 2등급이다.

실전에서는 이와 같은 선택지는 풀지 않고 넘어가는 것이 효율적이다. ①~④를 검토하는 시간과 ⑤번 하나를 검토하는 시간을 비교하면 전자가 훨씬 더 적다. 단순 비교 또는 증감폭을 비교할 것인가, 아니면 증감률을 비교할 것인가는 선택의 문제지만 사소한 선택 하나가 문제 푸는 시간을 줄일 수 있고 이러한 시간이 세이브 되어야 올해와 같은 난도 어려운 문제를 접근할 시간이 확보된다.

빠른 문제 풀이 Tip

• 각주 2)의 해석대로 품목은 구분-등급을 결합하여 통칭하는 단어이다.
• 시점이 4개 주어져 있다. 비교 대상을 명확하게 하자.

[정답] ⑤

15

다음 〈표〉는 학생 6명의 A~E과목 시험 성적 자료의 일부이다. 이에 대한 〈보기〉의 설명 중 옳은 것만을 모두 고르면?

〈표〉 학생 6명의 A~E과목 시험 성적

(단위: 점)

과목／학생	A	B	C	D	E	평균
영희	( )	14	13	15	( )	( )
민수	12	14	( )	10	14	13.0
수민	10	12	9	( )	18	11.8
은경	14	14	( )	17	( )	( )
철민	( )	20	19	17	19	18.6
상욱	10	( )	16	( )	16	( )
계	80			84	( )	( )
평균	( )	14.5	14.5	( )	( )	( )

※ 1) 과목별 시험 점수 범위는 0~20점이고, 모든 과목 시험에서 결시자는 없음.
2) 학생의 성취도수준은 5개 과목 시험 점수의 산술평균으로 결정함.
 − 시험 점수 평균이 18점 이상 20점 이하: 수월수준
 − 시험 점수 평균이 15점 이상 18점 미만: 우수수준
 − 시험 점수 평균이 12점 이상 15점 미만: 보통수준
 − 시험 점수 평균이 12점 미만: 기초수준

〈보 기〉

ㄱ. 영희의 성취도수준은 E과목 시험 점수가 17점 이상이면 '우수수준'이 될 수 있다.

ㄴ. 은경의 성취도수준은 E과목 시험 점수에 따라 '기초수준'이 될 수 있다.

ㄷ. 상욱의 시험 점수는 B과목은 13점, D과목은 15점이므로, 상욱의 성취도수준은 '보통수준'이다.

ㄹ. 민수의 C과목 시험 점수는 철민의 A과목 시험 점수보다 높다.

① ㄱ, ㄴ
② ㄱ, ㄷ
③ ㄱ, ㄹ
④ ㄴ, ㄷ
⑤ ㄴ, ㄹ

📑 문제풀이

15 빈칸형
난이도★★★★★

ㄱ. (O) ㄹ에서 철민이의 A과목 점수를 도출하였다면 영희의 A과목점수는 16점임을 쉽게 도출할 수 있다. E과목이 17점이면 합계는 16+14+13+15+17=75점이므로 우수수준(총점 기준 75점 이상 90점 미만)이 된다. 따라서 영희의 성취도수준은 E과목 시험 점수가 17점 이상이면 '우수수준'이 될 수 있다.

ㄴ. (X) C과목 평균은 14.5점이므로 총점은 14.5×6=87점이다. ㄹ에서 민수의 C과목 점수 15점을 도출했다면 은경의 C과목 점수는 15점임을 파악할 수 있다. 따라서 은경의 A~D과목 점수 합은 14+14+15+17=60점이므로 은경의 성취도수준은 E과목 시험 점수가 0점이라 하더라도 '기초수준'(총점 60점 미만)이 될 수 없다.

ㄷ. (O) 먼저 B의 평균이 14.5점이므로 B의 총점은 14.5×6=87점이다. 영희~철민의 B과목 점수 합은 14+14+12+14+20=74점이므로 상욱의 시험 점수는 B과목이 13점이 된다. 수민이의 평균은 11.8점이고 총점은 11.8×5=59점이므로 수민이의 D과목 점수는 10점이다. 따라서 D과목 총점 84점에서 영희~철민의 점수 합을 빼면 상욱이의 D과목은 15점이므로 상욱의 총점은 10+13+16+15+16=70점이다. 따라서 상욱의 성취도수준은 '보통수준'(총점 60점 이상 75점 미만)이다.

ㄹ. (X) 민수의 평균은 13.0점이므로 각 과목이 평균과 얼마나 차이가 나는지 검토한다. A가 −1, B가 +1, D가 −3, E가 +1로 C를 제외하면 그 합이 −2이기 때문에 C는 +2가 되어야 한다. 따라서 민수의 C과목 시험 점수는 15점이다. 철민의 평균은 18.6점이므로 민수처럼 도출해도 무방하지만 총점이 18.6×5=93점이므로 여기서 B~E의 합 20+19+17+19=75점을 빼면 철민의 A과목 시험 점수가 18점이 도출된다. 따라서 민수의 C과목 시험 점수는 철민의 A과목 시험 점수보다 낮다. 빈칸 2개만 도출하면 되고 상대적으로 다른 〈보기〉에 비해 비교 대상이 명확하기 때문에 ㄹ을 가장 먼저 검토하는 것이 좋다.

⏱ 빠른 문제 풀이 Tip

- 빈칸형 문제이므로 평균과 합계 간 관계를 통해 점수를 판단하자. 따라서 빠르게 판단할 수 있는 것부터 골라서 보자.
- 어떤 〈보기〉부터 검토할 것인지는 해당 〈보기〉의 판단 범위를 감안하여 결정하자. 즉, 가장 쉬운 〈보기〉를 하나 골라서 도출한 다음 이와 연결되는 선택지를 찾아서 보자.
- 평균이 소수점 첫째자리 까지 있는 경우에는 5과목이므로 가평균을 이용하는 것보다 5배하여 총점으로 판단하는 것이 더 간편할 수 있다.
- 각주 2)의 경우 성취도수준을 시험 점수 평균의 범위로 주어졌지만 5과목이므로 필요에 따라 총점의 범위로 환산하여 검토하면 더 빠르게 문제를 해결할 수 있다.

[정답] ②

16

다음 〈표〉는 K국 '갑'~'무' 공무원의 국외 출장 현황과 출장 국가별 여비 기준을 나타낸 자료이다. 〈표〉와 〈조건〉을 근거로 출장여비를 지급받을 때, 출장 여비를 가장 많이 지급받는 출장자부터 순서대로 바르게 나열한 것은?

〈표 1〉 K국 '갑'~'무' 공무원 국외 출장 현황

출장자	출장 국가	출장 기간	숙박비 지급 유형	1박 실지출 비용 ($/박)	출장시 개인 마일리지 사용여부
갑	A	3박 4일	실비지급	145	미사용
을	A	3박 4일	정액지급	130	사용
병	B	3박 5일	실비지급	110	사용
정	C	4박 6일	정액지급	75	미사용
무	D	5박 6일	실비지급	75	사용

※ 각 출장자의 출장 기간 중 매박 실지출 비용은 변동 없음.

〈표 2〉 출장 국가별 1인당 여비 지급 기준액

출장국가 \ 구분	1일 숙박비 상한액($/박)	1일 식비($/일)
A	170	72
B	140	60
C	100	45
D	85	35

〈조 건〉

○ 출장 여비($)＝숙박비＋식비
○ 숙박비는 숙박 실지출 비용을 지급하는 실비지급 유형과 출장국가 숙박비 상한액의 80%를 지급하는 정액지급 유형으로 구분
 • 실비지급 숙박비($)＝(1박 실지출 비용)×('박' 수)
 • 정액지급 숙박비($)
  ＝(출장국가 1일 숙박비 상한액)×('박' 수)×0.8
○ 식비는 출장시 개인 마일리지 사용여부에 따라 출장 중 식비의 20% 추가지급
 • 개인 마일리지 미사용시 지급 식비($)
  ＝(출장국가 1일 식비)×('일' 수)
 • 개인 마일리지 사용시 지급 식비($)
  ＝(출장국가 1일 식비)×('일' 수)×1.2

① 갑, 을, 병, 정, 무
② 갑, 을, 병, 무, 정
③ 을, 갑, 정, 병, 무
④ 을, 갑, 병, 무, 정
⑤ 을, 갑, 무, 병, 정

📑 문제풀이

16 조건 판단형   난이도★★★★★

〈조건〉에 따라 〈표〉를 정리하면 다음과 같다.

출장자	출장 국가	출장 기간	숙박비 지급 유형	숙박비	식비
갑	A	3박 4일	실비지급	145×3	72×4
을	A	3박 4일	정액지급	170×3×0.8 =136×3	72×4×1.2
병	B	3박 5일	실비지급	110×3	60×5×1.2
정	C	4박 6일	정액지급	100×4×0.8	45×6
무	D	5박 6일	실비지급	75×5	35×6×1.2

• 먼저 가장 큰 출장자를 결정하기 위해 갑과 을을 비교한다. 갑과 을은 출장기간이 3박 4일로 동일하므로 숙박비와 식비 지급 유형에서 차이가 나는 부분만 검토한다. 식비는 을이 갑보다 72×4×0.2=56.6$가 더 많고 숙박비는 갑이 을보다 9×3=27$ 더 많기 때문에 출장 여비는 갑보다 을이 더 많다. 이에 따라 선택지 ①, ②가 제거된다.

• 선택지가 3개 남아있으므로 사실상 병, 정, 무를 각각 비교해야 한다. 여기서 단순히 병의 출장기간이 짧다고 출장 여비도 적을 것이라는 생각을 하면 오산이다. 병, 정, 무 출장기간이 각기 다르기 때문에 갑과 을 경우와는 다르게 출장 기간끼리 비슷하게 묶지 말고 숙박비와 식비 지급방식이 유사한 병과 무를 먼저 비교해야 한다. 병과 무 둘 다 숙박비 실비지급이고 식비 역시 마일리지 사용이므로 위 정리된 〈표〉의 식만 보더라도 병은 무보다 숙박비도 많고 식비도 각각 더 많다. 따라서 병이 무보다 많다. 이에 따라 선택지 ⑤가 제거된다.

• 마지막으로 병과 정을 비교한다. 위 정리된 〈표〉의 식을 보면 숙박비와 식비 역시 각각 병이 정보다 더 많다.

⏱ 빠른 문제 풀이 Tip

• 순서나열형이므로 선택지의 배열을 반드시 참고로 하자.
• 〈조건〉을 보면 숙박비 지급 유형이 2개로 나뉘고 식비 지급 유형도 2개로 나뉜다. 양자의 차이점 위주로 검토하자.

[정답] ④

17

다음 〈표〉와 〈조건〉은 고객기관 유형별 기관수와 고객기관 유형별 공공데이터 자체활용 및 제공 현황이고, 〈그림〉은 공공데이터의 제공 경로를 나타낸다. 이에 대한 〈보기〉의 설명 중 옳은 것만을 모두 고르면?

〈표〉 고객기관 유형별 기관수

(단위: 개)

유형	기관수
1차 고객기관	600
2차 고객기관	300

〈조 건〉

○ 모든 1차 고객기관은 공공데이터 원천기관으로부터 제공받은 공공데이터를 보유하고 있으며, 1차 고객기관은 공공데이터를 자체활용만 하는 기관과 자체활용 없이 개인고객 또는 2차 고객기관에게 공공데이터를 제공하는 기관으로 구분된다.

○ 1차 고객기관 중 25%는 공공데이터를 자체활용만 한다.

○ 1차 고객기관 중 50%는 2차 고객기관에게 공공데이터를 제공하고, 1차 고객기관 중 60%는 개인고객에게 공공데이터를 제공한다.

○ 2차 고객기관 중 30%는 공공데이터를 자체활용만 하고, 70%는 개인고객에게 공공데이터를 제공한다.

○ 1차 고객기관으로부터 공공데이터를 제공받지 않는 2차 고객기관은 없다.

〈그림〉 공공데이터의 제공 경로

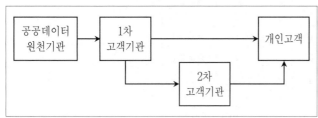

〈보 기〉

ㄱ. 개인고객에게 공공데이터를 제공하는 기관의 수는 1차 고객기관이 2차 고객기관보다 크다.

ㄴ. 공공데이터를 자체활용만 하는 기관의 수는 1차 고객기관이 2차 고객기관보다 크다.

ㄷ. 1차 고객기관 중 개인고객에게만 공공데이터를 제공하는 기관의 수는 1차 고객기관의 25%이다.

ㄹ. 1차 고객기관 중 개인고객에게만 공공데이터를 제공하는 기관의 수는 1차 고객기관 중 2차 고객기관에게만 공공데이터를 제공하는 기관의 수에 비해 70% 이상 더 크다.

① ㄱ, ㄴ
② ㄱ, ㄷ
③ ㄴ, ㄹ
④ ㄱ, ㄴ, ㄷ
⑤ ㄱ, ㄴ, ㄹ

📝 문제풀이

17 조건 판단형   난이도★★★★☆

먼저 〈조건〉을 간략히 정리하면 다음과 같다.

• 첫 번째 〈조건〉에서 1차 고객기관은 자체활용 또는 제공하는(개인고객 또는 2차 고객기관) 기관 두 종류로 구분된다는 것을 알 수 있다.

• 두 번째 〈조건〉에서 1차 고객기관 중 25%인 150개는 공공데이터를 자체활용만 한다. 따라서 개인고객 또는 2차 고객기관에 공공데이터를 제공하는 1차 고객기관은 450개이다.

• 세 번째 조건에서 1차 고객기관 중 50%인 300개는 2차 고객기관에게 공공데이터를 제공하고, 1차 고객기관 중 60%인 360개는 개인고객에게 공공데이터를 제공한다. 여기서 주의해야 할 점은 2차 고객기관에 공공데이터를 제공하는 300개 기관과 개인고객에거 공공데이터를 제공하는 360개 기관의 합은 공공데이터를 자체활용 150개를 제외한 공공데이터를 제공하는 기관 450개보다 많다는 점이다.

• 네 번째 조건에서 2차 고객기관 중 30%인 90개는 공공데이터를 자체활용만 하고, 70%인 210개는 개인고객에게 공공데이터를 제공한다.

• 다섯 번째 조건에서 1차 고객기관으로부터 공공데이터를 제공받지 않는 2차 고객기관은 없다.

ㄱ. (O) 개인고객에게 공공데이터를 제공하는 기관의 수는 1차 고객기관이 360개로 2차 고객기관 210개보다 크다.

ㄴ. (O) 공공데이터를 자체활용만 하는 기관의 수는 1차 고객기관이 150개로 2차 고객기관 90개보다 크다.

ㄷ. (O) 1차 고객기관 중 공공데이터를 자체활용하는 150개를 제외하고 공공데이터를 제공하는 기관 450개 중 2차 고객기관에 공공데이터를 제공하는 기관은 300개이다. 따라서 1차 고객기관 중 개인고객에게'만' 공공데이터를 제공하는 기관의 수는 450−300=150개이므로 1차 고객기관 600개의 25%가 된다.

ㄹ. (X) 1차 고객기관 중 개인고객에게'만' 공공데이터를 제공하는 기관의 수는 150개이고 1차 고객기관 중 2차 고객기관에게'만' 공공데이터를 제공하는 기관의 수는 450−360=90개이므로 60개가 더 많다. 따라서 70%(63개) 이상 더 크지 않다.

⏱ 빠른 문제 풀이 Tip

• 〈조건〉을 잘 이해하여 경우의 수가 발생한다는 사실을 판단해야 한다.

• 〈표〉의 수치는 1차와 2차 고객기관 전체 수치이다. 이 중 개인고객에게 공공데이터를 제공하는 기관과 〈보기〉에서 묻는 개인고객에게'만' 공공데이터를 제공하는 기관의 차이를 구분해야 한다.

[정답] ④

18

다음 〈표〉는 A도시 주민 일일 통행 횟수의 통행목적에 따른 시간대별 비율을 정리한 자료이다. 이에 대한 〈보기〉의 설명 중 옳은 것만을 모두 고르면?

〈표〉 일일 통행 횟수의 통행목적에 따른 시간대별 비율

(단위: %)

시간대\통행목적	업무	여가	쇼핑	전체통행
00:00~03:00	3.00	1.00	1.50	2.25
03:00~06:00	4.50	1.50	1.50	3.15
06:00~09:00	40.50	1.50	6.00	24.30
09:00~12:00	7.00	12.00	30.50	14.80
12:00~15:00	8.00	9.00	31.50	15.20
15:00~18:00	24.50	7.50	10.00	17.60
18:00~21:00	8.00	50.00	14.00	16.10
21:00~24:00	4.50	17.50	5.00	6.60
계	100.00	100.00	100.00	100.00

※ 1) 전체통행은 업무, 여가, 쇼핑의 3가지 통행목적으로만 구성되며, 각각의 통행은 하나의 통행목적을 위해서만 이루어짐.
2) 모든 통행은 각 시간대 내에서만 출발과 도착이 모두 이루어짐.

〈보 기〉

ㄱ. 업무목적 통행 비율이 하루 중 가장 높은 시간대와 전체통행 횟수가 하루 중 가장 많은 시간대는 동일하다.

ㄴ. 일일 통행목적별 통행 횟수는 '업무', '쇼핑', '여가' 순으로 많다.

ㄷ. 여가목적 통행 비율이 하루 중 가장 높은 시간대의 여가목적 통행 횟수는 09:00~12:00시간대의 전체통행 횟수보다 많다.

ㄹ. 쇼핑목적 통행 비율이 하루 중 가장 높은 시간대의 쇼핑목적 통행 횟수는 같은 시간대의 업무목적 통행 횟수의 2.5배 이상이다.

① ㄱ, ㄴ
② ㄱ, ㄷ
③ ㄱ, ㄴ, ㄷ
④ ㄱ, ㄴ, ㄹ
⑤ ㄴ, ㄷ, ㄹ

유형공략

2024
2023
2022
2021
2020
2019
2018
2017
2016
2015
2014
2013
2012

해커스PSAT 5급 PSAT 김용훈 자료해석 13개년 기출문제집

📝 **문제풀이**

18 평균 개념형

난이도 ★★★★★

먼저 업무, 여가, 쇼핑의 각 횟수가 전체에서 얼마나 차지하는지 검토한다. 03:00~06:00 시간대의 여가와 쇼핑 비율이 1.50로 같으므로 이를 이용한다. 업무 4.50%와 여가+쇼핑 1.50%의 가중평균인 전체통행 비중이 3.15%이므로 업무:(여가+쇼핑)=11:9의 관계가 도출된다. 즉 전체 통행이 20이라면 업무는 11, 여가와 쇼핑의 합이 9가 된다. 전체에서 업무가 차지하는 비중은 55%이고 여가와 쇼핑의 합이 차지하는 비중이 45%가 된다.

이후 여가:쇼핑의 비중을 도출한다. 03:00~06:00 시간대의 '업무:여가:쇼핑'의 비중을 1.5로 각각 나누면 3:1:1의 관계가 된다. 00:00~03:00 시간대와의 차이를 이용하면 전체에서 쇼핑이 차지하는 비중이 30%가 됨을 알 수 있다. 따라서 여가가 차지하는 비중은 15%이다.

ㄱ. (O) 업무목적 통행 비율이 하루 중 가장 높은 시간대는 06:00~09:00인 40.50%이고 전체통행 횟수가 하루 중 가장 많은 시간대 역시 06:00~09:00에 24.30%로 동일하다.

ㄴ. (O) 일일 통행목적별 통행 횟수는 '업무'=55%, '쇼핑'=30%, '여가'=15% 순으로 많다.

ㄷ. (X) 먼저 09:00~12:00시간대의 전체통행 횟수는 14.80%이고 여가목적 통행 비율은 18:00~21:00시간대에서 50.00%로 가장 높고 통행 횟수는 50.00%×0.15=7.5%이므로 여가목적 통행 비율이 하루 중 가장 높은 시간대의 여가목적 통행 횟수는 09:00~12:00시간대의 전체통행 횟수보다 많지 않다.

ㄹ. (X) 쇼핑목적 통행 비율이 하루 중 가장 높은 시간대는 12:00~15:00이다. 쇼핑목적 통행 횟수는 31.50%×0.3=9.45%이고, 같은 시간대의 업무목적 통행 횟수는 8.00%×0.55=4.4%이므로 2.5배 이상이 되지 않는다.

⏱️ **빠른 문제 풀이 Tip**

업무를 a, 여가를 b, 쇼핑을 c라고 한다면 0~3시 시간대를 3a+b+1.5c=2.25(a+b+c)로 표현할 수 있다. 3~6시 시간대 역시 4.5a+1.5b+1.5c=3.15(a+b+c)로 표현할 수 있다. 두 번째 식의 양변을 1.5로 나누면 3a+b+c=2.1(a+b+c)로 정리할 수 있으므로 이를 이용하여 a, b, c의 비중을 도출한다.

[정답] ①

[19~20] 다음 〈표〉는 '갑'국 호수 A와 B의 2013년 8월 10~16일 수온, 수질측정, 조류예보 및 해제 현황과 2008~2012년 조류예보 발령 현황에 대한 자료이다. 〈표〉를 보고 물음에 답하시오.

〈표 1〉 호수별 수온, 수질측정, 조류예보 및 해제 현황(2013년 8월 10~16일)

| 호수 | 측정월일 | 수온 (℃) | 수질측정항목 | | 조류예보 및 해제 |
			클로로필 농도 (mg/m³)	남조류 세포수 (개/mL)	
A	8월 10일	27.6	16.9	917	-
	8월 11일	27.5	29.4	4,221	주의보
	8월 12일	26.2	30.4	5,480	주의보
	8월 13일	25.2	40.1	8,320	경보
	8월 14일	23.9	20.8	1,020	주의보
	8월 15일	20.5	18.0	328	주의보
	8월 16일	21.3	13.8	620	해제
B	8월 10일	24.2	21.7	4,750	-
	8월 11일	25.2	28.5	1,733	주의보
	8월 12일	26.1	30.5	5,315	주의보
	8월 13일	23.8	21.5	1,312	( )
	8월 14일	22.1	16.8	389	( )
	8월 15일	18.6	10.3	987	( )
	8월 16일	17.8	5.8	612	( )

※ 수질측정은 매일 각 호수별로 동일시간, 동일지점, 동일한 방법으로 1회만 수행함.

〈표 2〉 2008~2012년 호수별 조류예보 발령 현황

(단위: 일)

호수	구분	2008년	2009년	2010년	2011년	2012년
A	주의보	7	0	21	14	28
	경보	0	0	0	0	0
	대발생	0	0	0	0	0
B	주의보	49	35	28	35	14
	경보	7	0	21	42	0
	대발생	7	0	0	14	0

19

다음 〈보고서〉를 작성하기 위해 위 〈표〉 이외에 추가로 필요한 자료만을 〈보기〉에서 모두 고르면?

─〈보고서〉─

2013년 8월 10~16일 동안 호수 B의 수온이 호수 A의 수온보다 매일 낮았다. 그리고, 8월 10~12일 동안 호수 B의 클로로필 농도는 증가하다가 8월 13~16일 동안 감소하였다. 호수 B의 남조류 세포수는 8월 10~13일 동안 증감을 반복하다가 8월 14~16일 동안 1,000개/mL 이하로 유지되었다.

2008~2013년 호수 A와 B에서 클로로필 농도와 남조류 세포수의 월일별 증감 방향은 일치하지 않았으나, 호수 내 질소의 농도와 인의 농도를 월일별로 살펴보면 밀접한 상관관계가 있었다.

2008~2013년 조류예보 발령 현황을 보면 호수 A에는 2009년을 제외하면 매년 '주의보'가 발령되었고 호수 B에는 '경보'와 '대발생'도 발령되었다. '주의보'가 발령되는 시기는 주로 8월에서 10월까지 집중되어 있으며, 동절기인 12월에는 '주의보' 발령이 없었다.

─〈보 기〉─

ㄱ. 2008~2013년 호수 A와 B의 월일별 질소 및 인 농도 측정 현황

ㄴ. 2008~2013년 호수 A와 B의 월일별 수위측정 현황

ㄷ. 2008~2013년 호수 A와 B의 월일별 조류예보 발령 현황

ㄹ. 2008~2013년 호수 A와 B의 월일별 수온측정 현황

ㅁ. 2008~2013년 호수 A와 B의 월일별 클로로필 농도 및 남조류 세포수 측정 현황

① ㄱ, ㄷ
② ㄱ, ㄷ, ㅁ
③ ㄴ, ㄷ, ㅁ
④ ㄱ, ㄴ, ㄹ, ㅁ
⑤ ㄱ, ㄷ, ㄹ, ㅁ

📝 문제풀이

19 보고서 검토·확인형
난이도 ★★☆☆☆

• 〈보고서〉 두 번째 문단 첫 번째 문장 전단에서 2008~2013년 호수 A와 B에서 클로로필 농도와 남조류 세포수의 월일별 증감 방향은 일치하지 않았다고 했으므로 [ㅁ. 2008~2013년 호수 A와 B의 월일별 클로로필 농도 및 남조류 세포수 측정 현황]이 필요하다.

• 〈보고서〉 두 번째 문단 첫 번째 문장 후단에서 호수 내 질소의 농도와 인의 농도를 월일별로 살펴보면 밀접한 상관관계가 있었다고 했으므로 [ㄱ. 2008~2013년 호수 A와 B의 월일별 질소 및 인 농도 측정 현황]이 필요하다.

• 〈보고서〉 세 번째 문단 두 번째 문장에서 '주의보'가 발령되는 시기는 주로 8월에서 10월까지 집중되어 있으며, 동절기인 12월에는 '주의보' 발령이 없었다고 했으므로 [ㄷ. 2008~2013년 호수 A와 B의 월일별 조류예보 발령 현황]이 필요하다.

⏱ 빠른 문제 풀이 Tip

〈표〉의 제목과 항목을 꼼꼼히 보고 〈보고서〉에 처음으로 언급되거나 제시된 〈표〉만 가지고 판단할 수 없는 부분이 추가로 필요한 자료이다. 즉 실제 수치가 〈표〉의 내용과 일치하는지 꼼꼼하게 검토할 필요까지는 없는 문제 유형이다.

[정답] ②

20

위 〈표〉와 다음 〈표 3〉 그리고 〈조류예보 및 해제 발령 절차〉를 이용하여 2013년 8월 13~15일 호수 B의 조류예보 및 해제 발령 결과를 바르게 나열한 것은?

〈표 3〉 조류예보 수질측정항목 수치의 단계별 기준

수질측정항목＼단계	주의보	경보	대발생
클로로필 농도(mg/㎥)	15 이상	25 이상	100 이상
남조류 세포수(개/mL)	500 이상	5,000 이상	1,000,000 이상

※ '갑'국에서는 조류예보 수질측정항목으로 '클로로필 농도'와 '남조류 세포수'만 사용함.

─〈조류예보 및 해제 발령 절차〉─

○ 예보 당일 및 전일 조류예보 수질측정항목 수치의 단계별 기준에 의거, 다음과 같이 조류예보 또는 '해제'를 발령함

○ 예보 당일 및 전일의 수질측정항목(클로로필 농도와 남조류 세포수) 측정수치 4개를 획득함

○ 아래 5개 조건 만족여부를 순서대로 판정하고 조건을 만족하면 해당 발령 후 예보 당일 '조류예보 및 해제 발령 절차'를 종료함

　1) 측정수치 4개가 모두 대발생 단계 기준을 만족하면 '대발생' 발령

　2) 측정수치 4개가 모두 경보 단계 기준을 만족하면 '경보' 발령

　3) 측정수치 4개가 모두 주의보 단계 기준을 만족하면 '주의보' 발령

　4) 측정수치 4개 중 2개 이상이 주의보 단계 기준을 만족하지 못하면 '해제' 발령

　5) 위 1)~4)를 만족하지 못하면 예보 전일과 동일한 발령을 유지

	8월 13일	8월 14일	8월 15일
①	경보	주의보	해제
②	경보	주의보	주의보
③	주의보	주의보	주의보
④	주의보	주의보	해제
⑤	주의보	경보	주의보

📝 문제풀이

20 조건 판단형　　　　　　　　　　난이도★★★☆☆

• 8월 13일의 전일 및 당일 수질측정항목은 다음과 같다.

측정월일	클로로필 농도	남조류 세포수
8월 12일	30.5	5,315
8월 13일	21.5	1,312

클로로필 농도는 8월 12일 30.5mg/㎥로 경보, 8월 13일 21.5mg/㎥로 주의보이고, 남조류 세포수는 8월 12일 5,315개/mL로 경보, 8월 13일 1,312개/mL로 주의보이다. 따라서 4가지 측정수치 중 경보 2개, 주의보 2개이므로 3번째 조건인 모두 주의보 단계 기준을 만족한 것이 되어서 8월 13일에는 주의보를 발령한다.

• 8월 14일의 전일 및 당일 수질측정항목은 다음과 같다.

측정월일	클로로필 농도	남조류 세포수
8월 13일	21.5	1,312
8월 14일	16.8	389

클로로필 농도는 8.13일 21.5mg/㎥, 8월 14일 16.8mg/㎥로 둘 다 주의보이고, 남조류 세포수는 8월 13일 1,312개/mL로 주의보, 8월 14일 389개/mL로 주의보 단계 기준 미만이다. 따라서 4가지 측정수치 중 주의보가 3개이므로 5개 조건 중 1)~4) 모두 만족하지 못하게 되어 예보 전일과 동일한 발령을 유지하게 된다. 따라서 8월 14일에는 주의보를 발령한다.

• 8월 15일의 전일 및 당일 수질측정항목은 다음과 같다.

측정월일	클로로필 농도	남조류 세포수
8월 14일	16.8	389
8월 15일	10.3	987

클로로필 농도는 8월 14일 16.8mg/㎥로 주의보, 8.15일 10.3mg/㎥로 주의보 수준 미만이고, 남조류 세포수는 8월 14일 389개/mL로 주의보 수준 미만, 8월 15일 987개/mL로 주의보이다. 따라서 4가지 측정수치 중 주의보가 2개이므로 4번째 조건인 2개 이상이 주의보 단계 기준을 만족하지 못하게 되어 해제를 발령하게 된다.

⏱ 빠른 문제 풀이 **Tip**

• 수질측정항목은 클로로필 농도와 남조류 세포수 2가지이지만 측정수치는 각각 당일뿐만 아니라 전일을 포함하므로 총 4개이다.

• 4개 모두 만족하여야 해당 조류예보를 하며, 2개 이상이 주의보 단계 기준을 만족하지 못하면 해제 발령을 한다. 또한 1)~4) 조건 중 하나를 만족하지 못하면 예보 전일과 동일하다는 사실을 기억하자.

[정답] ④

21

다음 〈표〉는 2007~2013년 동안 '갑'국의 흡연율 및 금연계획률에 관한 자료이다. 이에 대한 설명으로 옳은 것은?

〈표 1〉 성별 흡연율

(단위: %)

연도 성별	2007	2008	2009	2010	2011	2012	2013
남성	45.0	47.7	46.9	48.3	47.3	43.7	42.1
여성	5.3	7.4	7.1	6.3	6.8	7.9	6.1
전체	20.6	23.5	23.7	24.6	25.2	24.9	24.1

〈표 2〉 소득수준별 남성 흡연율

(단위: %)

연도 소득수준	2007	2008	2009	2010	2011	2012	2013
최상	38.9	39.9	38.7	43.5	44.1	40.8	36.6
상	44.9	46.4	46.4	45.8	44.9	38.6	41.3
중	45.2	49.6	50.9	48.3	46.6	45.4	43.1
하	50.9	55.3	51.2	54.2	53.9	48.2	47.5

〈표 3〉 금연계획률

(단위: %)

연도 구분	2007	2008	2009	2010	2011	2012	2013
금연계획률	59.8	56.9	( )	( )	56.3	55.2	56.5
단기 금연계획률	19.4	( )	18.2	20.8	20.2	19.6	19.3
장기 금연계획률	40.4	39.2	39.2	32.7	( )	35.6	37.2

※ 1) 흡연율(%) = $\frac{흡연자 수}{인구 수} \times 100$

　2) 금연계획률(%) = $\frac{금연계획자 수}{흡연자 수} \times 100$ = 단기 금연계획률 + 장기 금연계획률

① 매년 남성 흡연율은 여성 흡연율의 6배 이상이다.
② 매년 소득수준이 높을수록 남성 흡연율은 낮다.
③ 2007~2010년 동안 매년 소득수준이 높을수록 여성 흡연자 수는 적다.
④ 2008~2010년 동안 매년 금연계획률은 전년대비 감소한다.
⑤ 2011년의 장기 금연계획률은 2008년의 단기 금연계획률의 두 배 이상이다.

📑 문제풀이

21 각주 판단형　　　　　　　　　　　　난이도 ★★☆☆☆

① (X) 2012년의 경우 남성 흡연율은 43.7%로 여성 흡연율 7.9%의 6배 이상이 되지 않는다. 문제에서 옳은 것 하나만 고르라고 하였고 매년 현황을 묻고 있으므로 반례를 찾는 방향으로 검토할 수도 있다. 여성 흡연율이 다른 해에 비해 높은 연도 위주로 검토하면 빨리 찾을 수 있다.

② (X) 2012년의 경우 소득수준 '최상'은 40.8%로 소득수준 '상' 38.6%에 비해 남성 흡연율이 높다.

③ (X) 소득수준과 여성 흡연자 수의 관계는 주어진 자료만으로는 판단할 수 없다.

④ (X) 금연계획률은 2008년 56.9%에서 2009년 18.2+39.2=57.4%로 증가한다.

⑤ (O) 2011년의 장기 금연계획률은 56.3-20.2=36.1%로 2008년 단기 금연계획률 56.9-39.2=17.7%의 2배 이상이다.

⏱ 빠른 문제 풀이 Tip

· 〈표〉가 3개 등장하는 문제이므로 자료 간 관계를 대략적으로 파악하자. 〈표 1〉은 성별 구분, 〈표 2〉는 남성의 소득수준별 구분, 〈표 3〉은 단기와 장기 금연계획률이며 모두 비율 자료이다.

· 각주를 통해 파악할 수 있는 정보와 파악할 수 없는 정보를 구별하자.

[정답] ⑤

22

다음 〈그림〉은 A국의 세계시장 수출점유율 상위 10개 산업에 관한 자료이다. 이에 대한 〈보기〉의 설명 중 옳은 것만을 모두 고르면?

〈그림 1〉 A국의 세계시장 수출점유율 상위 10개 산업(2008년)

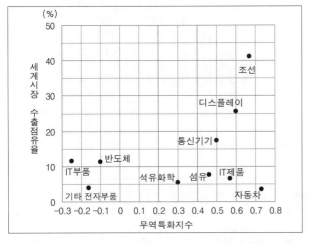

〈그림 2〉 A국의 세계시장 수출점유율 상위 10개 산업(2013년)

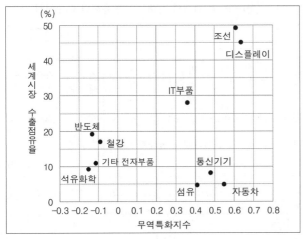

※ 1) 세계시장 수출점유율(%) = $\dfrac{\text{A국 해당산업 수출액}}{\text{세계 해당산업 수출액}} \times 100$

2) 무역특화지수 = $\dfrac{\text{A국 해당산업 수출액} - \text{A국 해당산업 수입액}}{\text{A국 해당산업 수출액} + \text{A국 해당산업 수입액}}$

〈보 기〉

ㄱ. 2008년 세계시장 수출점유율 상위 10개 산업 중에서 2013년 세계시장 수출점유율이 2008년에 비해 하락한 산업은 모두 3개이다.

ㄴ. 세계시장 수출점유율 상위 10개 산업 중에서 세계시장 수출점유율이 10% 이상이면서 무역특화지수가 0.3 이하인 산업은 2008년과 2013년 각각 3개이다.

ㄷ. 세계시장 수출점유율 상위 10개 산업 중에서 A국 수출액보다 A국 수입액이 큰 산업은 2008년에 3개, 2013년에 4개이다.

ㄹ. 2008년 세계시장 수출점유율 상위 5개 산업 중에서 2013년 무역특화지수가 2008년에 비해 증가한 산업은 모두 2개이다.

① ㄱ, ㄴ   ② ㄱ, ㄷ

③ ㄴ, ㄹ   ④ ㄱ, ㄷ, ㄹ

⑤ ㄴ, ㄷ, ㄹ

📝 문제풀이

22 각주 판단형   난이도★★★☆☆

ㄱ. (O) 2008년 세계시장 수출점유율 상위 10개 산업 중에서 2013년 세계시장 수출점유율이 2008년에 비해 하락한 산업은 통신기기, 섬유, IT제품으로 3개이다.

ㄴ. (X) 세계시장 수출점유율 상위 10개 산업 중에서 세계시장 수출점유율이 10% 이상이면서 무역특화지수가 0.3 이하인 산업은 2013년 반도체, 철강, 기타 전자부품으로 3개이지만 2008년에는 IT부품과 반도체 2개이다. 2008년 석유화학은 세계시장 수출점유율이 10% 미만이므로 이에 해당하지 않는다.

ㄷ. (O) 각주 2)의 식에서 수출액보다 수입액이 더 크다면 분자가 수출액-수입액이므로 (-)가 된다. 따라서 무역특화지수가 0보다 작은 산업을 찾으면 세계시장 수출점유율 상위 10개 산업 중에서 A국 수출액보다 A국 수입액이 큰 산업은 2008년은 IT부품, 반도체, 기타 전자부품 3개이고 2013년은 반도체, 철강, 기타 전자부품, 석유화학 4개이다.

ㄹ. (O) 2008년 세계시장 수출점유율 상위 5개 산업은 조선, 디스플레이, 통신기기, 반도체, IT부품이다. 이 중에서 2013년 무역특화지수가 2008년에 비해 증가한 산업은 IT부품과 디스플레이로 2개이다.

⏱ 빠른 문제 풀이 Tip

• 분산형 차트와 각주, 그리고 순위가 결합된 복합형 문제이다. 세 가지 포인트에서 묻는 점을 명확하게 인지하고 문제를 풀어야 한다. 즉, 분산형 차트에서 전형적으로 묻는 3가지와 각주의 구조, 그리고 순위자료가 제시될 때 조심해야 할 점을 생각하자.

• 〈그림 1〉과 〈그림 2〉에서 제시된 상위 10개 산업의 종류가 일치하지 않음을 파악해야 한다. 또한 IT제품과 IT부품과 같이 항목 명칭이 비슷한 것도 주의하자.

[정답] ④

23

다음 〈보고서〉는 2005~2013년 신고 접수된 노(老)−노(老)학대 현황에 관한 자료이다. 〈보고서〉의 내용과 부합하지 않는 것은?

〈보고서〉

노(老)−노(老)학대란 노인인 학대행위자가 노인을 학대하는 것을 의미한다. 노(老)−노(老)학대는 주로 고령 부부 간의 배우자 학대, 고령 자녀 및 며느리에 의한 부모 학대, 그리고 노인이 본인 스스로를 돌보지 않는 자기방임 유형의 학대로 나타난다.

신고 접수된 노(老)−노(老)학대행위 건수는 2005~2013년 동안 매년 증가하였다. 2013년에 신고 접수된 노(老)−노(老)학대행위 건수는 총 1,374건으로, 이 건수는 학대행위자 수와 동일하였다. 또한 2013년 신고 접수된 노(老)−노(老)학대행위 건수는 2005년 신고 접수된 노(老)−노(老)학대행위 건수의 300% 이상 증가하였다.

2013년 신고 접수된 노(老)−노(老)학대행위의 가구형태별 비율을 살펴보면, '노인 단독' 가구형태가 36.3%로 가장 높고, '노인 부부' 가구형태가 33.0%, '자녀 동거' 가구형태가 17.4%의 비율을 나타내고 있다. 노(老)−노(老)학대의 가구형태 중에는 '자녀, 손자녀 동거', '손자녀 동거'와 같이 손자녀가 포함된 가구도 있다.

2013년 노(老)−노(老)학대의 학대행위자 유형별 학대행위 건수를 살펴보면, '아들'에 의한 학대가 '딸'에 의한 학대의 3배 이상이고 '며느리'에 의한 학대가 '사위'에 의한 학대의 4배 이상이다. '손자녀'에 의한 학대는 한 건도 없다.

2013년 노(老)−노(老)학대의 학대행위자 직업 유형을 살펴보면 '무직'이 70.0% 이상으로 가장 많은 비율을 차지하고 있다. '공무원', '전문직', '사무종사자' 합은 '무직'을 제외한 직업 유형에 속한 학대행위자의 10.0% 미만이다.

2013년 노(老)−노(老)학대를 신고한 신고자 유형을 살펴보면, 비신고의무자의 신고 건수가 전체 신고 건수의 75.0% 이상이다. 비신고의무자의 세부유형을 신고 건수가 많은 것부터 순서대로 나열하면 '관련기관', '학대피해노인 본인', '친족', '친족 외 타인', '학대행위자 본인' 순이다.

① 2005~2013년 노(老)−노(老)학대행위 건수

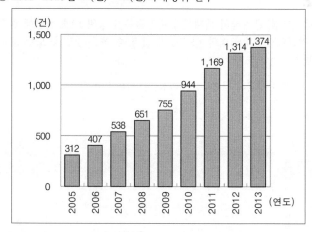

② 2013년 노(老)−노(老)학대행위의 가구형태별 비율

(단위: %)

가구형태	노인 단독	노인 부부	자녀 동거	자녀, 손자녀 동거	손자녀 동거	기타	계
비율	36.3	33.0	17.4	3.9	2.2	7.2	100.0

③ 2013년 노(老)−노(老)학대의 학대행위자 유형별 학대행위 건수

(단위: 건)

| 학대행위자 유형 | 피해자 본인 | 친족 | | | | | | | 친족 외 타인 | 기관 | 계 |
		배우자	아들	며느리	딸	사위	손자녀	친척	소계			
건수	370	530	198	29	53	6	0	34	850	122	32	1,374

④ 2013년 노(老)−노(老)학대의 학대행위자 직업 유형

(단위: 명)

직업 유형	인원수
공무원	5
전문직	30
기술공	9
사무종사자	9
판매종사자	36
농·어·축산업 종사자	99
기능종사자	11
기계조작원	2
노무종사자	79
자영업자	72
기타	7
무직	1,015
계	1,374

⑤ 2013년 노(老)−노(老)학대의 신고자 유형별 신고 건수

(단위: 건)

신고자 유형	세부유형	건수
신고 의무자	의료인	15
	노인 복지시설 종사자	70
	장애인 복지시설 종사자	0
	가정폭력관련 종사자	41
	사회복지전담 공무원	122
	사회복지관, 부랑인 및 노숙인 보호시설 관련 종사자	11
	구급대원	4
	재가 장기요양기관 종사자	13
	건강가정지원센터 종사자	0
	소계	276
비신고 의무자	학대피해노인 본인	327
	학대행위자 본인	5
	친족	180
	친족 외 타인	113
	관련기관	473
	소계	1,098
합계		1,374

📑 문제풀이

23 반대해석형

난이도★★★☆☆

① (O) 300% 이상 증가하였다고 하였으므로 4배 이상 증가하였는지 판단한다. 1,374는 312의 4배 이상이 된다.

② (O) 수치를 그대로 확인하면 알 수 있다.

③ (O) 아들 198건은 딸 53건의 3배 이상이고 며느리 29건은 사위 6건의 4배 이상이다.

④ (X) 먼저 무직은 1,015명으로 전체 1,374명의 70%(962명) 이상이다. 하지만 무직을 제외하게 되면 1,374−1,015=359명이므로 공무원, 전문직, 사무종사자의 합은 5+30+9=44명이므로 10% 이상이다. 70% 판단할 때 1,374로 하지 않고 1,400으로 판단하면 빠르게 비교할 수 있다.

⑤ (O) 비신고의무자 1,098명은 전체 1,374명의 75%인 1,030.5명 이상이다. 이때 합계=신고+비신고이므로 비신고가 전체의 75% 이상이 되려면 신고가 전체의 25% 이하가 되어야 한다. 따라서 '신고×3≦비신고'가 만족하는가 여부로 276×3≦1,098을 간단하게 파악할 수 있다.

> ⏱️ **빠른 문제 풀이 Tip**
>
> • '∼% 이상 증가하였다.'라는 표현이 등장하는 경우 배수로 전환할 때 유의하자. '100% 증가=2배 증가'를 기억하면 어렵지 않다.
>
> • 75%를 묻는 경우 반대해석하여 25%를 생각하자. 비율로 따지면 3:1 관계에 있다.

[정답] ④

24

다음 〈그림〉은 2000~2014년 A국의 50~64세 장년층의 고용 실태를 조사한 자료이다. 이에 대한 〈보고서〉의 설명 중 옳은 것만을 모두 고르면?

〈그림 1〉 전체 고용률과 장년층 고용률 추이(2000~2014년)

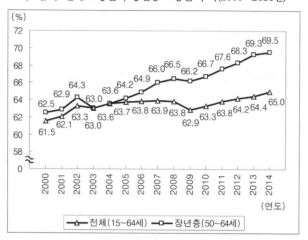

〈그림 2〉 장년층 재취업자 고용 형태(2013년)

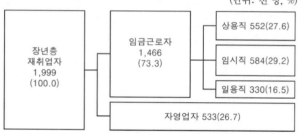

〈그림 3〉 장년층 재취업 전후 직종 구성비(2013년)

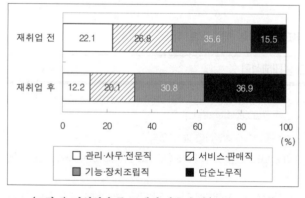

〈그림 4〉 자영업자 중 50대의 비중 추이(2009~2014년)

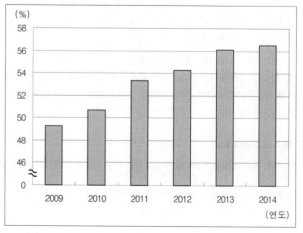

<보고서>

A국의 2000~2014년 장년층의 고용실태를 조사한 내용은 다음과 같다. ㉠장년층 고용률은 2005년 이후 매년 전체 고용률보다 높고 2009년 이후 지속적으로 상승하고 있다. ㉡전체 고용률과 장년층 고용률의 차이를 연도별로 비교하면 2013년 전체 고용률과 장년층 고용률의 차이가 조사기간 중 두 번째로 크다.

장년층 고용이 양적으로는 확대되고 있는 반면, 장년층이 조기퇴직한 후 재취업 및 창업 과정을 거치며 고용의 질은 악화되고 있다. ㉢2013년 장년층 재취업자 중 임금근로자의 고용 형태를 비중이 높은 것부터 순서대로 나열하면 임시직, 상용직, 일용직 순이다. 또한, ㉣2013년 장년층 재취업 전 직종 구성비에서 단순노무직이 차지하는 비중은 15.5%로 가장 낮으나, 장년층 재취업 후 직종 구성비에서 단순노무직이 차지하는 비중은 36.9%로 가장 높다.

한편, 자영업종에 대한 과다진입으로 자영업 영세화가 심화되고 베이비붐 세대의 퇴직까지 본격화되고 있다. ㉤2009년 이후 자영업자 중 50대의 비중이 50.0% 이상이고 이 비중은 매년 증가하고 있다.

① ㄱ, ㄴ, ㄷ
② ㄱ, ㄷ, ㄹ
③ ㄱ, ㄷ, ㅁ
④ ㄴ, ㄷ, ㄹ
⑤ ㄴ, ㄹ, ㅁ

📝 문제풀이

24 분수 비교형
난이도 ★★☆☆☆

ㄱ. (O) 장년층 고용률과 전체 고용률은 2004년에 같고 2005년 이후 매년 전체 고용률보다 높으며 2009년 이후에는 매년 지속적으로 상승하고 있다.

ㄴ. (X) 전체 고용률과 장년층 고용률의 차이는 2013년이 69.3-64.4=4.9%p로 가장 크다.

ㄷ. (O) 2013년 장년층 재취업자 중 임금근로자의 고용 형태를 비중이 높은 것부터 순서대로 나열하면 임시직(29.2), 상용직(27.6), 일용직(16.5) 순이다.

ㄹ. (O) 2013년 장년층 재취업 전 직종 구성비에서 단순노무직이 차지하는 비중은 15.5%로 가장 낮으나, 장년층 재취업 후 직종 구성비에서 단순노무직이 차지하는 비중은 36.9%로 가장 높다.

ㅁ. (X) 2009년 이후 자영업자 중 50대의 비중이 매년 증가하고 있지만 2009년에는 50% 미만이다.

⏱️ 빠른 문제 풀이 Tip

- 〈그림〉이 4개나 주어진 자료이므로 특징을 가볍게 체크하자.
- 검토하기 용이한 선택지 위주로 빠르게 접근하자.

[정답] ②

25

다음 〈그림〉은 2013년과 2014년 침해유형별 개인정보 침해경험을 설문조사한 결과이다. 이에 대한 설명으로 옳은 것은?

〈그림〉 침해유형별 개인정보 침해경험 설문조사 결과

(단위: %)

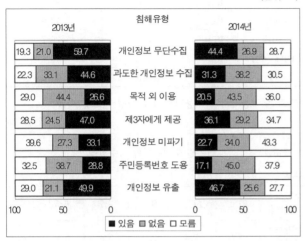

① '있음'으로 응답한 비율이 큰 침해유형부터 순서대로 나열하면 2013년과 2014년의 순서는 동일하다.

② 2014년 '개인정보 무단수집'을 '있음'으로 응답한 비율은 '개인정보 미파기'를 '있음'으로 응답한 비율의 2배 이상이다.

③ 2014년 '있음'으로 응답한 비율의 전년대비 감소폭이 가장 큰 침해유형은 '과도한 개인정보 수집'이다.

④ 2014년 '모름'으로 응답한 비율은 모든 침해유형에서 전년대비 증가하였다.

⑤ 2014년 '있음'으로 응답한 비율의 전년대비 감소율이 가장 큰 침해유형은 '주민등록번호 도용'이다.

📝 문제풀이

25 분수 비교형	난이도 ★★☆☆☆

① (X) '있음'으로 응답한 비율이 가장 작은 침해유형은 2013년 '목적 외 이용'이지만 2014년은 '주민등록번호 도용'이다. 따라서 2013년과 2014년의 순서는 동일하지 않다.

② (X) 2014년 '개인정보 무단수집'을 '있음'으로 응답한 비율은 44.4%이고 '개인정보 미파기'를 '있음'으로 응답한 비율은 22.7%이므로 2배 이상이 되지 않는다.

③ (X) 2014년 '있음'으로 응답한 비율의 전년대비 감소폭은 '과도한 개인정보 수집'이 44.6−31.3=13.3%로 '개인정보 무단수집' 59.7−44.4=15.3%보다 더 작다.

④ (X) '개인정보 유출'의 경우 '모름'으로 응답한 비율은 2013년 29.0%에서 2014년 27.7%로 감소하였다.

⑤ (O) 2014년 '있음'으로 응답한 비율의 전년대비 감소율은 '주민등록번호 도용'이 $\frac{28.8-17.1}{28.8}$≒40.6%로 가장 크다. 이보다 더 큰 증가율을 보이는 항목은 없다. 이와 같은 문제는 감소폭과 감소율의 관계를 생각하면서 접근하면 수월하다. 감소폭은 '주민등록번호 도용' 11.7%p보다 '개인정보 무단수집' 15.3%p가 더 크다. 하지만 감소율은 반대이다.

⏱ 빠른 문제 풀이 Tip

- 선택지가 묻는 것이 단순 비교인지 복잡한 비율 비교인지 파악하여 좀 더 파악하기 용이한 것부터 검토하자.
- 2013년과 2014년 있음, 없음, 모름의 위치가 다르기 때문에 색깔이 같은 것끼리 매칭하여 파악하자.
- 감소폭이 가장 크다고 해서 감소율이 반드시 크다는 법은 없고 반대로 감소율이 가장 크다고 해서 감소폭 역시 반드시 크다는 법은 없다. 기출에서는 전통적으로 이 두 관계를 묻는 선택지가 자주 등장한다.

[정답] ⑤

26

다음 〈보고서〉는 국내 스마트폰 이용 행태를 조사한 자료이다. 〈보고서〉의 내용과 부합하지 않는 것은?

―――〈보고서〉―――

전체 응답자 중 스마트폰 이용자는 3,701명, 스마트폰 비이용자는 2,740명이었다. 각 응답자는 모든 문항에 응답하였다.

스마트폰 이용자의 연령대별 비율을 살펴본 결과, 가장 높은 비율을 차지하는 연령대의 비율과 가장 낮은 비율을 차지하는 연령대의 비율 차이는 25.5%p이다. 그리고 스마트폰 비이용자 중 40대 이상의 비율이 84.0%이다.

스마트폰 이용자와 비이용자의 TV 시청 빈도를 살펴본 결과, 스마트폰 이용자 중 매일 TV를 시청하는 사람은 2,000명 이상이다. TV를 시청하지 않는 스마트폰 비이용자가 TV를 시청하지 않는 스마트폰 이용자보다 적다.

스마트폰 선택 시 고려하는 요소를 응답 비율이 높은 것부터 순서대로 나열하면 '단말기 브랜드', '이동통신사', '가격', '디자인', '운영체제' 순이다. '단말기 브랜드'와 '이동통신사'를 모두 고려한다는 응답 비율은 전체 응답의 55.9%이다.

스마트폰 이용자의 콘텐츠별 이용 상황 비율을 살펴본 결과, 'TV 프로그램', '라디오 프로그램', '영화', '기타' 각각에서 '이동 중' 이용의 비율이 가장 높다. 그리고 '영화' 콘텐츠를 '이동 중'에만 이용하는 사람의 비율은 최소 20.8%, 최대 51.5%이다.

한편, 스마트폰 비이용자의 스마트폰 비이용 이유를 살펴본 결과, '불필요해서'를 선택한 사람과 '이용요금이 비싸서'를 선택한 사람의 합은 1,800명 이상이다. 또한 '관심이 없어서'라고 응답한 사람의 비율은 15.7%이다.

① 연령대별 스마트폰 이용자와 비이용자

(단위: %)

연령대	비율	스마트폰 이용자	스마트폰 비이용자
10대 이하	11.6	15.3	6.5
20대	15.3	24.9	2.3
30대	18.9	27.6	7.2
40대	19.8	21.4	17.8
50대	15.9	8.7	25.7
60대 이상	18.5	2.1	40.5
계	100.0	100.0	100.0

② 스마트폰 이용자와 비이용자의 TV 시청 빈도별 비율

(단위: %)

TV시청 빈도 \ 구분	매일	1주일에 5~6일	1주일에 3~4일	1주일에 1~2일	시청안함	합
스마트폰 이용자	61.1	14.3	9.4	8.7	6.5	100.0
스마트폰 비이용자	82.0	7.4	3.9	3.4	3.3	100.0

③ 스마트폰 선택 시 고려 요소

(단위: 건)

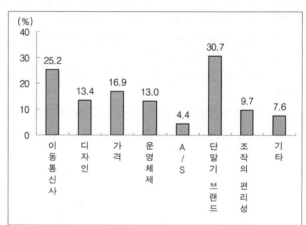

※ 복수응답 가능.

④ 스마트폰 이용자의 콘텐츠별 이용 상황

(단위: %)

이용 상황 \ 콘텐츠	이동 중	약속 대기 중	집에서	회사 및 학교에서	기타
TV 프로그램	50.3	32.2	26.4	16.8	2.8
라디오 프로그램	57.9	32.7	22.6	15.9	3.4
영화	51.5	34.3	30.0	11.1	3.8
기타	42.3	32.0	37.3	20.4	5.2

※ 복수응답 가능.

⑤ 스마트폰 비이용자의 스마트폰 비이용 이유

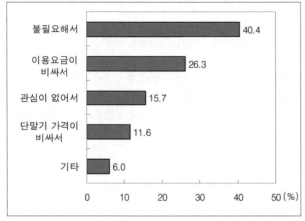

※ 복수응답 없음.

📑 문제풀이

26 분수 비교형	난이도 ★★★☆☆

① (O) 가장 높은 비율을 차지하는 연령대는 30대 27.6%이고 가장 낮은 비율을 차지하는 연령대는 60대 이상 2.1%이므로 비율 차이는 25.5%p이다. 그리고 스마트폰 비이용자 중 40대 이상의 비율이 17.8+25.7+40.5=84.0%이다. 이는 30대 이하의 비율이 6.5+2.3+7.2=16.0%인지 확인해도 된다.

② (O) 스마트폰 이용자 중 매일 TV를 시청하는 사람은 3,701×61.1%≒2,261명으로 2,000명 이상이다. 응답자와 시청안함 비율 각각 비이용자가 이용자보다 작기 때문에 TV를 시청하지 않는 스마트폰 비이용자가 TV를 시청하지 않는 스마트폰 이용자보다 적다.

③ (X) '단말기 브랜드'와 '이동통신사'를 모두 고려한다는 응답 비율은 정확하게 도출할 수 없다. 55.9%는 단순히 '단말기 브랜드'와 '이동통신사' 비율의 합이다. 이때 '단말기 브랜드'와 '이동통신사'를 모두 고려한다는 응답 비율을 생각해보면, '이동통신사'를 고려한다는 응답 비율 25.2%는 넘을 수 없다. 각 응답자는 모든 문항에 응답하였으므로 '단말기 브랜드'와 '이동통신사'를 제외한 나머지 고려 요소가 복수응답이 아니라고 가정하면 최대 65%이다. 따라서 '단말기 브랜드'와 '이동통신사' 중 적어도 하나 이상이 고려요소인 응답자는 35%이다. 즉, 모두 고려하는 최댓값은 55.9-35=20.9%이다. 또한 '단말기 브랜드'와 '이동통신사' 고려 비율의 합이 55.9%밖에 되지 않기 때문에 둘 다 고려한다는 응답자는 존재하지 않을 수 있다. 따라서 '단말기 브랜드'와 '이동통신사'를 모두 고려한다는 응답 비율은 최소 0%, 최대 20.9%가 된다.

④ (O) '영화' 콘텐츠를 '이동 중'에만 이용하는 사람의 비율은 〈표〉에 제시된 수치인 51.5%를 넘을 수 없다. 또한 '약속 대기 중', '집에서', '회사 및 학교에서', '기타'의 비율 합 34.3+30.0+11.1+3.8=79.2%는 적어도 '이동 중'에만 이용하는 사람의 비율이 될 수 없으므로 100.0-79.2=20.8%가 최솟값이 된다. 따라서 최소 20.8%, 최대 51.5%이다.

⑤ (O) '불필요해서'를 선택한 사람과 '이용요금이 비싸서'를 선택한 사람의 비율 합은 40.4+26.3=66.7%이다. 따라서 당연히 합은 1,800명 이상이 된다. 2,700명의 3분의 2는 900명이므로 2,740명의 66.7%는 당연히 900명을 넘음을 빠르게 판단할 수 있다.

⏱ 빠른 문제 풀이 Tip

• 선택지 자료는 모두 비율만 제시되어 있다. 따라서 〈보고서〉 첫 번째 문단에 제시된 정보인 이용자 3,701명과 비이용자 2,740명의 정보를 반드시 체크해야 한다.

• 선택지 ③, ④, ⑤ 하단의 각주 복수응답 '가능'과 '없음'의 차이를 파악하자.

[정답] ③

27

다음 〈표〉는 일본에서 조사한 1897~1910년 대한제국의 무역에 관한 자료이다. 이에 대한 〈보기〉의 설명 중 옳은 것만을 모두 고르면?

〈표 1〉 1897~1910년 무역상대국별 수출액

(단위: 천 엔)

연도\국가	일본	청	러시아	기타	전체
1897	8,090	736	148	0	8,974
1898	4,523	1,130	57	0	5,710
1899	4,205	685	107	0	4,997
1900	7,232	1,969	239	0	9,440
1901	7,443	821	261	17	8,542
1902	6,660	1,555	232	21	8,468
1903	7,666	1,630	310	63	9,669
1904	5,800	1,672	3	56	7,531
1905	5,546	2,279	20	72	7,917
1906	7,191	1,001	651	60	8,903
1907	12,919	3,220	787	58	16,984
1908	10,916	2,247	773	177	14,113
1909	12,053	3,203	785	208	16,249
1910	15,360	3,026	1,155	373	19,914

〈표 2〉 1897~1910년 무역상대국별 수입액

(단위: 천 엔)

연도\국가	일본	청	러시아	기타	전체
1897	6,432	3,536	100	0	10,068
1898	6,777	4,929	111	0	11,817
1899	6,658	3,471	98	0	10,227
1900	8,241	2,582	117	0	10,940
1901	9,110	5,639	28	0	14,777
1902	8,664	4,851	21	157	13,693
1903	11,685	5,648	128	950	18,411
1904	19,255	5,403	165	2,580	27,403
1905	24,041	6,463	111	2,357	32,972
1906	23,223	4,394	56	2,632	30,305
1907	29,524	5,641	67	6,379	41,611
1908	23,982	4,882	45	12,116	41,025
1909	21,821	4,473	44	10,310	36,648
1910	25,238	3,845	18	10,681	39,782

─────〈보 기〉─────

ㄱ. 전체 수입액이 가장 큰 해의 러시아 상대 수출액은 전년대비 20% 이상 증가한다.

ㄴ. 전체 수출액에서 기타가 차지하는 비중은 1901년 이후 매년 높아진다.

ㄷ. 1898~1910년 동안 청으로부터의 수입액이 전년보다 큰 모든 해에 전체 수입액도 전년보다 크다.

ㄹ. 전체 수출액과 전체 수입액 각각에서 일본이 차지하는 비중은 매년 60% 이상이다.

① ㄱ, ㄴ
② ㄱ, ㄷ
③ ㄴ, ㄷ
④ ㄴ, ㄹ
⑤ ㄱ, ㄷ, ㄹ

📝 문제풀이

27 분수 비교형 난이도★★★☆☆

ㄱ. (O) 전체 수입액이 가장 큰 해는 41,611천 엔인 1907년이고 러시아 상대 수출액은 787천 엔으로 1906년 651천 엔에 비해 136천 엔 증가하였으므로 20% 이상 증가하였다. 전체 수입액이 가장 큰 해를 묻고선 러시아 상대 수출액을 묻고 있다. 전체 수입액이 가장 큰 해인 1907년을 찾고서 러시아 상대 수입액인 56과 67을 비교하는 실수를 하지 않도록 유의한다.

ㄴ. (X) 1905년에 비해 1906년에는 전체 수출액은 증가하지만 기타는 감소하고 있다. 따라서 비중을 굳이 계산하지 않아도 1906년에는 전년대비 전체 수출액에서 기타가 차지하는 비중이 감소하였음을 쉽게 판단할 수 있다. 매년 비중을 계산하려 들지 말고 기타와 전체 항목의 연도별 증감방향부터 확인한다.

ㄷ. (O) 1898~1910년 동안 청으로부터의 수입액이 전년보다 큰 해는 1898, 1901, 1903, 1905, 1907년이다. 전체 수입액도 전년보다 커지고 있다.

ㄹ. (X) 1908년의 경우 전체 수입액은 41,025천 엔이고 일본으로부터의 수입액은 23,982천 엔이다. 따라서 일본이 차지하는 비중이 60% 미만이다. 전체 수입액은 증가 추세에 있다. 따라서 일본이 전년대비 감소한 해를 찾아서 비교하면 빠르게 찾을 수 있다.

⏱ 빠른 문제 풀이 Tip

• 〈보기〉에서 '수출액'을 묻는지 '수입액'을 묻는지 정확하게 매칭하자.

• 매년 경향을 묻는 경우 검토 대상을 확정하기가 쉽지 않다. 이 경우에는 자료의 흐름을 감지하자.

[정답] ②

28

다음 〈표〉는 A회사의 연도별 임직원 현황에 관한 자료이다. 이에 대한 〈보기〉의 설명 중 옳은 것만을 모두 고르면?

〈표〉 A회사의 연도별 임직원 현황

(단위: 명)

구분	연도	2013	2014	2015
국적	한국	9,566	10,197	9,070
	중국	2,636	3,748	4,853
	일본	1,615	2,353	2,749
	대만	1,333	1,585	2,032
	기타	97	115	153
	계	15,247	17,998	18,857
고용형태	정규직	14,173	16,007	17,341
	비정규직	1,074	1,991	1,516
	계	15,247	17,998	18,857
연령	20대 이하	8,914	8,933	10,947
	30대	5,181	7,113	6,210
	40대 이상	1,152	1,952	1,700
	계	15,247	17,998	18,857
직급	사원	12,365	14,800	15,504
	간부	2,801	3,109	3,255
	임원	81	89	98
	계	15,247	17,998	18,857

─────〈보 기〉─────

ㄱ. 매년 일본, 대만 및 기타 국적 임직원 수의 합은 중국 국적 임직원 수보다 많다.
ㄴ. 매년 전체 임직원 중 20대 이하 임직원이 차지하는 비중은 50% 이상이다.
ㄷ. 2014년과 2015년에 전년대비 임직원 수가 가장 많이 증가한 국적은 모두 중국이다.
ㄹ. 국적이 한국이면서 고용형태가 정규직이고 직급이 사원인 임직원은 2014년에 5,000명 이상이다.

① ㄱ, ㄴ
② ㄱ, ㄷ
③ ㄴ, ㄹ
④ ㄱ, ㄷ, ㄹ
⑤ ㄴ, ㄷ, ㄹ

📑 문제풀이

28 최소여집합형
난이도★★★☆☆

ㄱ. (O) 일본, 대만 및 기타 국적 임직원 수의 합과 중국 국적 임직원 수를 비교하면 일본+대만+기타의 합은 2013년 2,900명 이상, 2014년 3,800명 이상, 2015년 4,900명 이상으로 중국보다 매년 더 많다.

ㄴ. (X) 2014년의 경우 전체 임직원 17,998명 중 20대 이하 임직원 8,933명이 차지하는 비중은 50% 이상이 되지 않는다. 18,000과 9,000을 비교할 때, 17,998은 18,000에 2만큼 부족한 숫자이지만 8,933은 9,000에 67이나 부족한 숫자이다. 이를 활용하면 빠르게 판단할 수 있다.

ㄷ. (O) 2014년과 2015년에 중국의 전년대비 임직원 수는 매년 1,100명 정도 증가하고 있다. 이보다 더 많이 증가한 국적은 존재하지 않는다.

ㄹ. (O) 2014년 한국 국적 임직원은 10,197명이다. 고용 형태는 정규직 아니면 비정규직이므로 비정규직 1,991명 모두 한국 국적이라고 해도 적어도 10,197−1,991=8,206명은 한국 국적인 정규직 임원이다. 직급 역시 사원, 간부, 임원 3가지 중 하나이므로 간부와 임원의 합 3,109+89=3,198명 모두 한국 국적이라고 가정하면 8,206−3,198=5,008명은 적어도 국적이 한국이면서 고용형태가 정규직이고 직급이 사원인 임직원 수의 최솟값이 된다. 따라서 5,000명 이상이다.

⏱ 빠른 문제 풀이 Tip

• 임직원 수의 합은 같지만 분류 기준이 국적, 고용형태, 연령, 직급 4가지로 서로 다른 자료이다. 이 경우 최소여집합을 묻는 경우가 많다.
• 최소여집합의 판단은 결국 경우의 수를 파악하는 것이다.

[정답] ④

29

다음 〈표〉는 2013년 '갑'국의 식품 수입액 및 수입건수 상위 10개 수입상대국 현황을 나타낸 자료이다. 이에 대한 설명 중 옳은 것은?

〈표〉 2013년 '갑'국의 식품 수입액 및 수입건수 상위 10개 수입 상대국 현황

(단위: 조 원, 건, %)

수입액				수입건수			
순위	국가	금액	점유율	순위	국가	건수	점유율
1	중국	3.39	21.06	1	중국	104,487	32.06
2	미국	3.14	19.51	2	미국	55,980	17.17
3	호주	1.10	6.83	3	일본	15,884	4.87
4	브라질	0.73	4.54	4	프랑스	15,883	4.87
5	태국	0.55	3.42	5	이탈리아	15,143	4.65
6	베트남	0.50	3.11	6	태국	12,075	3.70
7	필리핀	0.42	2.61	7	독일	11,699	3.59
8	말레이시아	0.36	2.24	8	베트남	10,558	3.24
9	영국	0.34	2.11	9	영국	7,595	2.33
10	일본	0.17	1.06	10	필리핀	7,126	2.19
-	기타국가	5.40	33.53	-	기타국가	69,517	21.33

① 식품의 총 수입액은 17조 원 이상이다.
② 수입액 상위 10개 수입상대국의 식품 수입액 합이 전체 식품 수입액에서 차지하는 비중은 70% 이상이다.
③ 식품 수입액 상위 10개 수입상대국과 식품 수입건수 상위 10개 수입상대국에 모두 속하는 국가 수는 6개이다.
④ 식품 수입건수당 식품 수입액은 중국이 미국보다 크다.
⑤ 중국으로부터의 식품 수입건수는 수입건수 상위 10개 수입상대국으로부터의 식품 수입건수 합의 45% 이하이다.

📝 문제풀이

29 분수 비교형

난이도 ★★★☆☆

① (X) 식품의 총 수입액은 16.1조 원으로 17조 원 미만이다. 선택지에서 묻는 숫자는 17조 원이 100%이다. 점유율 중 판단이 쉬운 수치를 찾으면, 일본의 금액 0.17조 원이 1.06%이므로 17조 원은 100%가 넘는다. 따라서 식품의 총 수입액은 17조 원을 넘지 못함을 빠르게 판단할 수 있다.

② (X) 수입액 상위 10개 국가에 포함되지 못한 기타 국가가 차지하는 비중이 33.53%이다. 즉 수입액 상위 10개 수입상대국의 식품 수입액 합이 전체 식품 수입액에서 차지하는 비중은 70% 미만이라는 의미와 같다.

③ (X) 식품 수입액 상위 10개 수입상대국과 식품 수입건수 상위 10개 수입상대국에 모두 속하는 국가는 중국, 미국, 태국, 베트남, 필리핀, 영국, 일본으로 7개이다.

④ (X) 식품 수입건수당 식품 수입액은 중국 $\frac{3.39}{104,487}$이 미국 $\frac{3.14}{55,980}$보다 작다. 이때 점유율의 상대적 비율로 판단한다면, 중국은 $\frac{21.06}{32.06}$, 미국은 $\frac{19.51}{17.17}$이다. 이에 따라 중국은 미국보다 작음을 빠르게 판단할 수 있다.

⑤ (O) 상위 10개 수입상대국이 '갑'국의 식품 수입건수 전체 중 차지하는 비중은 기타 국가를 제외한 점유율이므로 100.00-21.33=78.67%이다. 중국의 점유율은 32.06%이므로 $\frac{32.06}{78.67}$≒40.75%이다. 따라서 중국으로부터의 식품 수입건수는 수입건수 상위 10개 수입상대국으로부터의 식품 수입건수 합의 45% 이하이다. 78.67%의 절반은 약 39.33%이고 여기서 5% 수치인 3.9를 빼더라도 35%보다 크다. 따라서 중국 32.06은 45% 이하라고 어렵지 않게 판단할 수 있다.

⏱ 빠른 문제 풀이 Tip

- 수입액과 수입건수 각각의 수치에 함께 제시된 비율 항목인 점유율을 적극적으로 이용하여 판단하자.
- 실질적으로 기타 국가의 점유율은 상위 10개 국가를 제외한 비율이다. 이를 이용하면 문제를 좀 더 쉽게 접근할 수 있다.

[정답] ⑤

30

다음 〈표〉는 A국의 농·축·수산물 안전성 조사결과에 관한 자료이다. 이에 대한 〈보기〉의 설명 중 옳은 것만을 모두 고르면?

〈표 1〉 2014년 A국의 단계별 농·축·수산물 안전성 조사결과

(단위: 건)

구분 단계	농산물		축산물		수산물	
	조사 건수	부적합 건수	조사 건수	부적합 건수	조사 건수	부적합 건수
생산단계	91,211	1,209	418,647	1,803	12,922	235
유통단계	55,094	516	22,927	106	8,988	49
총계	146,305	1,725	441,574	1,909	21,910	284

〈표 2〉 A국의 연도별 농·축·수산물 생산단계 안전성 조사결과

(단위: 건)

구분 연도	농산물		축산물		수산물	
	조사 실적 지수	부적합 건수	조사 실적 지수	부적합 건수	조사 실적 지수	부적합 건수
2011	84	( )	86	( )	84	( )
2012	87	( )	92	( )	91	( )
2013	99	( )	105	( )	92	( )
2014	100	1,209	100	1,803	100	235

※ 1) 해당년도 조사실적지수 = $\frac{\text{해당년도 조사건수}}{\text{2014년 조사건수}} \times 100$

　단, 조사실적지수는 소수점 첫째 자리에서 반올림한 값임.

　2) 부적합건수비율(%) = $\frac{\text{부적합건수}}{\text{조사건수}} \times 100$

―――――〈보 기〉―――――

ㄱ. 2014년 생산단계에서의 부적합건수비율은 농산물이 수산물보다 낮다.

ㄴ. 2011년 대비 2012년 생산단계 조사건수 증가량은 수산물이 농산물보다 많다.

ㄷ. 2013년 생산단계 안전성 조사결과에서, 농산물 부적합건수비율이 축산물 부적합건수비율의 10배라면 부적합건수는 농산물이 축산물의 2배 이상이다.

ㄹ. 2012~2014년 동안 농·축·수산물 각각의 생산단계 조사건수는 전년대비 매년 증가한다.

① ㄱ, ㄴ
② ㄱ, ㄷ
③ ㄱ, ㄹ
④ ㄴ, ㄹ
⑤ ㄷ, ㄹ

📝 문제풀이

30 각주 판단형　　　　　　　난이도★★★☆☆

ㄱ. (O) 2014년 생산단계에서의 부적합건수비율은 농산물이 $\frac{1,209}{91,211}$≒1.3%로 수산물 $\frac{235}{12,922}$≒1.8%보다 낮다. 분자인 부적합건수는 농산물이 수산물의 7배 미만이지만 분모인 조사건수는 농산물이 수산물의 7배 이상이다.

ㄴ. (X) 2011년 대비 2012년 생산단계 조사건수 증가량은 수산물이 12,922×7%로 농산물 91,211×3%보다 적다. 조사건수는 7배 이상 차이나지만 조사실적지수의 차이값은 약 2배이다.

ㄷ. (O) 각주 2)에 따라 부적합건수=부적합건수비율×조사건수이므로 생산단계 안전성 조사결과에서 농산물 부적합건수비율이 축산물 부적합건수비율의 10배라면 2013년 부적합건수는 농산물이 91,211×0.99×100이고 축산물은 418,647×1.05가 된다. 정리하면 912,110×0.99≥ 418,647×1.05×2이므로 전자는 후자의 2배 이상이다. 1.05는 0.99의 5% 더 큰 수치지만 912천 건은 840천 건의 10% 가까이 큰 수로 판단하면 된다.

ㄹ. (X) 축산물의 조사실적지수는 2013년 105에서 2014년 100으로 감소하므로 생산단계 조사건수는 감소하게 된다.

> ⏱ **빠른 문제 풀이 Tip**
> ・〈표 2〉의 조사실적 지수는 2014년 100을 기준으로 나타낸 것이므로 비율처럼 생각하자.
> ・〈표 2〉의 괄호로 제시된 부적합건수의 빈칸을 미리 채우지는 말자. 〈보기〉에서 필요한 부분만 판단하자.

[정답] ②

31

다음 〈그림〉은 '갑' 택지지구의 개발 적합성 평가 기초 자료이다. 〈조건〉을 이용하여 '갑' 택지지구 내 A~E 지역의 개발 적합성 점수를 계산했을 때, 개발 적합성 점수가 가장 낮은 지역과 가장 높은 지역을 바르게 나열한 것은?

〈그림〉 '갑' 택지지구의 개발 적합성 평가 기초 자료

A~E 지역 위치

	A			
		B		
C				
	D			
				E

토지이용 유형
(1-산림, 2-농지, 3-주택지)

1	1	2	2	2
1	2	2	2	3
2	2	2	3	3
2	2	3	3	3
2	3	3	3	3

경사도(%)

15	15	20	20	20
15	15	20	20	20
10	15	15	15	20
10	10	15	15	15
10	10	10	15	15

토지소유 형태
(1-국유지, 2-사유지)

2	2	2	2	2
1	1	1	1	1
1	1	1	1	1
2	2	2	2	2
2	2	2	2	2

※ 음영 지역(■)은 개발제한구역을 의미함.

― 〈조건〉 ―

○ 평가 점수＝(0.6×토지이용 기준 점수)＋(0.4×경사도 기준 점수)
○ 토지이용 기준 점수는 유형에 따라 산림 5점, 농지 8점, 주택지 10점이다.
○ 경사도 기준 점수는 경사도 10%이면 10점, 나머지는 5점이다.
○ 개발 적합성 점수는 토지소유 형태가 사유지이면 '평가 점수'의 80%를 부여하고, 국유지이면 100%를 부여한다. 단, 토지소유 형태와 상관없이 개발제한구역의 개발 적합성 점수는 0점으로 한다.

	가장 낮은 지역	가장 높은 지역
①	A	B
②	A	C
③	A	E
④	D	C
⑤	D	E

📝 문제풀이

31 조건 판단형　　　　　　　　난이도★★☆☆☆

- A와 D를 비교하기 전에 A와 D의 공통점과 차이점을 살펴보자. 사유지라는 점에 공통점이 있는데 D의 경우 개발제한구역에 해당하여 마지막 〈조건〉에 의하면 개발 적합성 점수가 0이 된다. 따라서 D가 가장 낮은 지역이 된다. 이에 따라 선택지 ①, ②, ③이 제거된다.

- 실질적으로 비교를 해야 하는 항목은 C와 E이다. C와 E는 모든 항목에서 각각 다르기 때문에 평가 점수를 계산한다. C는 농지이므로 8×0.6=4.8점이고 경사도가 10%이므로 10×0.4=4점이다. 게다가 국유지이므로 최종 점수는 8.8점이다. E의 경우 주택지이므로 10×0.6=6.0점이고 경사도가 15%이므로 5×0.4=2.0점이다. 다만 E의 경우 사유지 이므로 8.0의 80%만 부여해야 한다. 따라서 E보다 C가 더 크므로 C가 가장 높은 지역이 된다.

⏱ 빠른 문제 풀이 Tip

- 선택지 배열을 참고로 하자. 어차피 가장 낮은 지역은 A 또는 D 중 하나이다. 그렇다면 A와 D부터 비교하자.
- 가장 낮은 지역이 결정되었다면 가장 높은 지역도 양자 간 공통점과 차이점 위주로 파악하자.

[정답] ④

32

다음 〈표〉는 2008~2012년 한국을 포함한 OECD 주요국의 공공복지예산에 관한 자료이다. 이에 대한 〈보기〉의 설명 중 옳은 것만을 모두 고르면?

〈표 1〉 2008~2012년 한국의 공공복지예산과 분야별 GDP 대비 공공복지예산 비율

(단위: 십억 원, %)

구분 연도	공공복지예산	분야별 GDP 대비 공공복지예산 비율					
		노령	보건	가족	실업	기타	합
2008	84,466	1.79	3.28	0.68	0.26	1.64	7.65
2009	99,856	1.91	3.64	0.74	0.36	2.02	8.67
2010	105,248	1.93	3.74	0.73	0.29	1.63	8.32
2011	111,090	1.95	3.73	0.87	0.27	1.52	8.34
2012	124,824	2.21	3.76	1.08	0.27	1.74	9.06

〈표 2〉 2008~2012년 OECD 주요국의 GDP 대비 공공복지예산 비율

(단위: %)

연도 국가	2008	2009	2010	2011	2012
한국	7.65	8.67	8.32	8.34	9.06
호주	17.80	17.80	17.90	18.20	18.80
미국	17.00	19.20	19.80	19.60	19.70
체코	18.10	20.70	20.80	20.80	21.00
영국	21.80	24.10	23.80	23.60	23.90
독일	25.20	27.80	27.10	25.90	25.90
핀란드	25.30	29.40	29.60	29.20	30.00
스웨덴	27.50	29.80	28.30	27.60	28.10
프랑스	29.80	32.10	32.40	32.00	32.50

─────〈보 기〉─────

ㄱ. 2011년 한국의 실업분야 공공복지예산은 4조 원 이상이다.

ㄴ. 한국의 공공복지예산 중 보건분야 예산이 차지하는 비중은 2011년과 2012년에 전년대비 감소한다.

ㄷ. 매년 한국의 노령분야 공공복지예산은 가족분야 공공복지예산의 2배 이상이다.

ㄹ. 2009~2012년 동안 OECD 주요국 중 GDP 대비 공공복지예산 비율이 가장 높은 국가와 가장 낮은 국가 간의 비율 차이는 전년대비 매년 증가한다.

① ㄱ, ㄹ

② ㄴ, ㄷ

③ ㄴ, ㄹ

④ ㄱ, ㄴ, ㄷ

⑤ ㄱ, ㄷ, ㄹ

📝 문제풀이

32 분수 비교형　　　　　　　　　　　난이도 ★★★★☆

ㄱ. (X) 2011년 한국의 실업분야 공공복지예산=실업 분야의 GDP 대비 공공복지예산 비율×GDP이므로 먼저 GDP를 도출해야 한다. GDP는 직접 제시된 항목이 아니므로 〈표 1〉의 공공복지예산과 〈표 2〉의 GDP 대비 공공복지예산 비율을 통해 도출 가능하다. 2011년 한국의 GDP=$\frac{111,090십억}{8.34\%}$이므로 약 1,332조 140억 원이 된다. 따라서 2011년 한국의 실업분야 공공복지예산은 1,332조 140억 원×0.27%≒3,596십억 원으로 3조 5,960억 원이다. 즉, 4조 원 미만이다.

위와 같이 먼저 GDP를 도출해서 계산하지 않고 식을 먼저 정리하여 판단할 수도 있다. 2011년 한국의 실업분야 공공복지예산=실업 분야의 GDP 대비 공공복지예산 비율×$\frac{공공복지예산}{GDP\ 대비\ 공공복지예산\ 비율}$이 된다. 따라서 ×0.27%=113조 900억 원×$\frac{111,090십억}{8.34\%}$이다. $\frac{27}{834}$은 $\frac{1}{30}$보다 더 작은 수치이고 공공복지예산도 120조 원을 넘지 못하므로 한국의 실업분야 공공복지예산은 4조 원 미만이라는 것을 어렵지 않게 판단할 수 있다.

ㄴ. (O) 한국의 공공복지예산 중 보건분야 예산이 차지하는 비중은 $\frac{보건분야예산}{공공복지예산}=\frac{GDP\ 대비\ 보건분야예산}{GDP\ 대비\ 공공복지예산}$으로 판단 가능하다. 따라서 2010년 $\frac{3.74}{8.34}$, 2011년 $\frac{3.73}{8.34}$, 2012년 $\frac{3.76}{9.06}$이므로 매년 감소하고 있다.

ㄷ. (O) 각 연도별 한국의 노령분야 공공복지예산과 가족분야 공공복지예산을 비교하고 있으므로 노령분야의 GDP 대비 공공복지예산 비율과 가족분야의 GDP 대비 공공복지예산 비율로 비교 가능하다. 따라서 매년 한국의 노령분야 공공복지예산은 가족분야 공공복지예산의 2배 이상이다.

ㄹ. (X) 2009~2012년 동안 OECD 주요국 중 GDP 대비 공공복지예산 비율이 가장 높은 국가는 프랑스이고 가장 낮은 국가는 한국이다. 2011년에는 전년대비 한국의 비율은 증가하는 반면 프랑스의 비율은 감소하기 때문에 비율 차이는 전년대비 감소하게 된다.

> ⏱ **빠른 문제 풀이 Tip**
> • 〈표 1〉과 〈표 2〉에서 주어지는 항목의 관계를 파악하자.
> • 계산이 주어진 경우에도 계산 자체를 빨리 하는 것보다 자료에서 식을 어떻게 구성하는지가 더 중요하다.

[정답] ②

33

다음 〈표〉는 스마트폰 기종별 출고가 및 공시지원금에 대한 자료이다. 〈조건〉과 〈정보〉를 근거로 A~D에 해당하는 스마트폰 기종 '갑'~'정'을 바르게 나열한 것은?

〈표〉 스마트폰 기종별 출고가 및 공시지원금

(단위: 원)

구분 기종	출고가	공시지원금
A	858,000	210,000
B	900,000	230,000
C	780,000	150,000
D	990,000	190,000

─〈조 건〉─

○ 모든 소비자는 스마트폰을 구입할 때 '요금할인' 또는 '공시지원금' 중 하나를 선택한다.
○ 사용요금은 월정액 51,000원이다.
○ '요금할인'을 선택하는 경우의 월 납부액은 사용요금의 80%에 출고가를 24(개월)로 나눈 월 기기값을 합한 금액이다.
○ '공시지원금'을 선택하는 경우의 월 납부액은 출고가에서 공시지원금과 대리점보조금(공시지원금의 10%)을 뺀 금액을 24(개월)로 나눈 월 기기값에 사용요금을 합한 금액이다.
○ 월 기기값, 사용요금 이외의 비용은 없고, 10원 단위 이하 금액은 절사한다.
○ 구입한 스마트폰의 사용기간은 24개월이고, 사용기간 연장이나 중도해지는 없다.

─〈정 보〉─

○ 출고가 대비 공시지원금의 비율이 20% 이하인 스마트폰 기종은 '병'과 '정'이다.
○ '공시지원금'을 선택하는 경우의 월 납부액보다 '요금할인'을 선택하는 경우의 월 납부액이 더 큰 스마트폰 기종은 '갑' 뿐이다.
○ '공시지원금'을 선택하는 경우 월 기기값이 가장 작은 스마트폰 기종은 '정'이다.

	A	B	C	D
①	갑	을	정	병
②	을	갑	병	정
③	을	갑	정	병
④	병	을	정	갑
⑤	정	병	갑	을

📝 문제풀이

33 조건 판단형

난이도 ★★★★★

- 가장 먼저 확인해야 할 정보는 첫 번째 〈정보〉이다. 맨 위에 있으니 가장 먼저 확인해야 하는 것이 아니라 별도 계산 필요 없이 〈표〉에 직접 제시된 출고가 대비 공시지원금 비율을 묻기 때문이다. 출고가 대비 공시지원금의 비율이 20% 이하가 되려면 출고가가 공시지원금의 5배 이상이 되어야 한다. 따라서 C 또는 D는 '병' 또는 '정'이 되고 A 또는 B는 '갑' 또는 '을'이 된다. 이에 따라 선택지 ④, ⑤가 제거된다.

- 세 번째 〈정보〉에서 '공시지원금'을 선택하는 경우 월 기기값이 가장 작은 스마트폰 기종은 '정'이라고 하였으므로 C와 D만 비교한다. '공시지원금'을 선택하는 경우 월 기기값은 출고가에서 공시지원금과 대리점보조금(공시지원금의 10%)을 뺀 금액을 24(개월)로 나눈 금액이므로 '출고가−공시지원금×1.1'을 비교하자. C는 (78−16.5)만 원이고 D는 (99−20.9)만 원이다. C는 60만 원대이고 D는 70만 원대이므로 C는 '정', D는 '병'이다. 이에 따라 선택지 ②가 제거된다.

- 두 번째 〈정보〉에서 '공시지원금'을 선택하는 경우의 월 납부액보다 '요금할인'을 선택하는 경우의 월 납부액이 더 큰 스마트폰 기종이 A와 B 둘 중 어느 것인지 판단한다. '공시지원금'을 선택하는 경우 A는 ($\frac{85.8+23.1}{24}$+5.1)만 원이고 B는 ($\frac{90.0+25.3}{24}$+5.1)만 원이다. '요금할인'을 선택하는 경우 A는 (5.1×0.8+$\frac{85.8}{24}$)만 원이고 B는 (5.1×0.8+$\frac{90}{24}$)만 원이다. '공시지원금'을 선택하는 경우의 월 납부액보다 '요금할인'을 선택하는 경우의 월 납부액이 더 큰 스마트폰 기종은 B이므로 B는 '갑', A는 '을'이 된다. 이는 결국 '사용요금의 80%인 5.1×0.2만 원'보다 '공시지원금×1.1배를 24로 나눈 값'이 더 큰 것은 A와 B 중 어느 것인지 묻는 것과 동일하다.

⏱ 빠른 문제 풀이 Tip

- 알파벳 매칭형 문제이므로 〈정보〉 중에서 가장 간단하게 판단할 수 있는 것부터 보자.
- 출고가와 공시지원금을 비교하는 경우 차이가 나는 부분만 비교하자. 결국 비교 대상이 무엇인지 빨리 캐치해야 한다.

[정답] ③

34

다음 〈표〉는 1908년 대한제국의 내각 직원 수에 관한 자료이다. 〈조건〉의 설명에 근거하여 〈보기〉의 내용 중 옳은 것만을 모두 고르면?

〈표〉 1908년 대한제국의 내각 직원 수

(단위: 명)

구분			직원 수
본청	경비국		(A)
	대신관방	문서과	7
		비서과	3
		회계과	4
		소계	14
	법제국	총무과	1
		관보과	3
		기록과	(B)
		법제과	5
		소계	( )
	외사국	총무과	(C)
		번역과	3
		외사과	3
		소계	7
법전조사국	경비과		(D)
	서무과		(E)
	회계과		5
	조사과		12
	소계		( )
표훈원	경비과		1
	제장과		6
	서무과		4
	소계		( )
문관전고소			9
전체			99

※ 내각은 본청, 법전조사국, 표훈원, 문관전고소만으로 구성되어 있음.

〈조 건〉

○ 본청 경비국 직원 수(A)는 법전조사국 서무과 직원 수(E)의 1.5배이다.

○ 법전조사국 경비과 직원 수(D)는 본청 경비국 직원 수(A)에 본청 법제국 기록과 직원 수(B)를 합한 것과 같다.

○ 법전조사국 경비과 직원 수(D)는 본청 법제국 기록과 직원 수(B)의 3배와 본청 외사국 총무과 직원 수(C)를 합한 것과 같다.

○ 법전조사국 서무과 직원 수(E)는 본청 외사국 총무과 직원 수(C)의 2배와 본청 법제국 기록과 직원 수(B)를 합한 것과 같다.

〈보 기〉

ㄱ. 표훈원 직원 수는 내각 전체 직원 수의 $\frac{1}{9}$이다.

ㄴ. 법전조사국 서무과 직원 수와 표훈원 서무과 직원 수의 합은 법전조사국 조사과 직원 수보다 크다.

ㄷ. 법전조사국 직원 수는 내각 전체 직원 수의 30% 미만이다.

ㄹ. A+B+C+D의 값은 27이다.

① ㄱ, ㄴ ② ㄱ, ㄷ
③ ㄱ, ㄹ ④ ㄴ, ㄷ
⑤ ㄴ, ㄹ

📝 문제풀이

34 조건 판단형 난이도★★★★★

〈조건〉을 정리하면 다음과 같다.

A=1.5E, D=A+B, D=3B+C, E=2C+B

또한 A~E 중 〈표〉에서 직접 도출할 수 있는 C=1이라는 정보부터 정리한다. C=1을 대입하여 〈조건〉의 식을 다시 정리하면 다음과 같다.

A=1.5E, D=A+B, D=3B+1, E=2+B

이에 따라 E=2+B를 중심으로 나머지 식을 B와 E에 관해서 정리한다. D=A+B 식에 A=1.5E와 D=3B+1을 대입하면 3B+1=1.5E+B로 정리할 수 있고 이는 2B+1=1.5E가 된다. 여기에 E=2+B 식을 대입하면 B=4가 도출된다. 따라서 E=6, A=9, D=13이다.

ㄱ. (O) 〈조건〉을 검토하지 않아도 판단 가능하다. 표훈원 직원 수는 11명이므로 내각 전체 직원 수 99명의 $\frac{1}{9}$이다.

ㄴ. (X) 법전조사국 서무과 직원 수와 표훈원 서무과 직원 수의 합은 E+4=10명이므로 법전조사국 조사과 직원 수 12명보다 작다.

ㄷ. (X) 법전조사국 직원 수는 D(13)+E(6)+5+12=36명이므로 내각 전체 직원 수 99명의 30%를 넘는다.

ㄹ. (O) A+B+C+D=9+4+1+13=27명이다.

⏱ 빠른 문제 풀이 Tip

A~E까지 전부 다 도출한 다음 〈보기〉를 검토할 것이 아니라 〈보기〉를 먼저 보고 일단 쉽게 판단할 수 있는 것부터 추려낸 다음에 검토하자.

[정답] ③

35

다음 〈정보〉와 〈표〉는 2014년 '부패영향평가' 의뢰기한 준수도 평가에 관한 자료이다. '갑'~'무' 기관을 평가한 결과 '무' 기관이 3위를 하였다면 '무' 기관의 G 법령안 '부패영향평가' 의뢰일로 가능한 날짜는?

〈정 보〉

○ 각 기관은 소관 법령을 제정·개정하기 위하여 법령안을 제출하여 '부패영향평가'를 의뢰한다.
○ 각 기관의 '부패영향평가' 의뢰기한 준수도는 각 기관이 의뢰한 법령안들의 의뢰시기별 평가점수 평균이고, 순위는 평가점수 평균이 높은 기관부터 순서대로 부여한다.
○ 법령안의 의뢰시기별 평가점수
 − 관계기관 협의일 이전: 10점
 − 관계기관 협의일 후 입법예고 시작일 이전: 5점
 − 입법예고 시작일 후 입법예고 마감일 이전: 3점
 − 입법예고 마감일 후: 0점

〈표 1〉 2014년 '갑'~'무' 기관의 의뢰시기별 '부패영향평가' 의뢰 현황

(단위: 건)

구분 기관	의뢰시기별 법령안 건수				
	관계기관 협의일 이전	관계기관 협의일 후 입법예고 시작일 이전	입법예고 시작일 후 입법예고 마감일 이전	입법예고 마감일 후	합
갑	8	0	12	7	27
을	40	0	6	0	46
병	12	8	3	0	23
정	24	3	20	3	50
무	( )	( )	( )	( )	7

※ 예) '갑' 기관의 '부패영향평가' 의뢰기한 준수도:

$$\frac{(8건 \times 10점)+(0건 \times 5점)+(12건 \times 3점)+(7건 \times 0점)}{27}=4.30$$

〈표 2〉 2014년 '무' 기관 소관 법령안별 관련 입법절차 일자 및 '부패영향평가' 의뢰일

법령안	관계기관 협의일	입법예고 시작일	입법예고 마감일	'부패영향평가' 의뢰일
A	1월 3일	1월 17일	2월 24일	1월 8일
B	2월 20일	2월 26일	4월 7일	2월 24일
C	3월 20일	3월 26일	5월 7일	3월 7일
D	3월 11일	3월 14일	4월 23일	3월 10일
E	4월 14일	5월 29일	7월 11일	5월 30일
F	7월 14일	7월 21일	8월 25일	8월 18일
G	9월 19일	10월 15일	11월 28일	( )

① 9월 17일
② 10월 6일
③ 11월 20일
④ 12월 1일
⑤ 12월 8일

📝 **문제풀이**

35 조건 판단형

난이도 ★★★★★

- 문제에서 '무' 기관이 3위를 하였다는 정보를 주고 있으므로 먼저 갑~정의 순위부터 검토하자. 관계기관 협의일 이전의 점수가 가장 높은 10점이 많을수록 순위가 높을 것이라는 추론을 할 수 있다. 사실상 전체건수의 합 대부분이 10점인 '을' 기관이 1위이며 10점이 절반가량인 '병'은 $\frac{169}{23}$, '정'은 $\frac{315}{50}$가 된다. 따라서 2위는 '병' 기관, 4위가 '정' 기관이 된다. 평균을 비교하는 것이므로 먼저 '병'의 수치에 2배를 하여 분모 건수를 비슷하게 맞춰 준 다음 5점짜리와 3점짜리의 합만 비교해도 '병'이 '정'보다 크다는 것을 어렵지 않게 판단할 수 있다.

- 무의 A~F 점수의 합은 36점이므로 $\frac{36+G}{7}$가 4위 '정'의 $\frac{316}{50}$보다 더 커야한다. '정' 기관은 6을 넘는 수치이므로 G는 무조건 10점을 받아야 이보다 더 크다. 따라서 '무' 기관의 G 법령안 '부패영향평가' 의뢰일은 반드시 관계기관 협의일 이전이 되어야 한다. 따라서 9월 19일 이전인 9월 17일만 가능하다.

⏱ **빠른 문제 풀이 Tip**

- 문제 자체에서 주는 정보가 많아 처리하는 시간이 오래 걸릴 수 있다. 먼저 문제의 의도를 명확하게 파악하자.
- 각주에 예시가 주어져 있지만 말 그대로 예시이므로 참고만 하자. 예시와 같이 계산하여 푸는 문제가 아니라는 점만 기억하자.
- 법령안의 의뢰시기별 평가점수 격차를 통해 평균을 계산하지 않고 가장 큰 기관을 판단할 수 있어야 한다.

[정답] ①

36

다음 〈보고서〉는 A~E 국가 중 하나인 '갑'국의 일일평균 TV 시청시간별, 성별 사망률 간의 관계를 분석한 것이고, 〈표〉는 A~E 국가의 일일평균 TV 시청시간별, 성별 사망률에 대한 자료이다. 이를 근거로 '갑'국에 해당하는 국가를 A~E에서 고르면?

〈보고서〉

'갑'국의 일일평균 TV 시청시간에 따른 남녀사망률의 차이는 다음과 같다. 첫째, 남성과 여성 모두 일일평균 TV 시청시간이 길면 사망률이 높다. 둘째, 일일평균 TV 시청시간의 증가에 따른 사망률의 증가폭은 남성이 여성보다 컸으나, 일일평균 TV 시청시간이 증가함에 따라 남성과 여성 간 사망률 증가폭의 차이는 줄어들었다. 셋째, 남성과 여성 모두 TV를 일일평균 8시간 시청했을 때 사망률이 TV를 일일평균 2시간 시청했을 때 사망률의 1.65배 이상이다. 넷째, TV를 일일평균 6시간 시청했을 때 남성과 여성의 사망률 차이는 TV를 일일평균 2시간 시청했을 때 남성과 여성의 사망률 차이의 2배 이상이다.

〈표〉 A~E 국가의 일일평균 TV 시청시간별, 성별 사망률

(단위: %)

국가 \ 일일평균 TV 시청시간 성별	2시간 남	2시간 여	4시간 남	4시간 여	6시간 남	6시간 여	8시간 남	8시간 여
A	5.8	6.3	8.1	7.7	10.5	9.3	12.7	10.8
B	7.1	4.2	7.8	4.5	9.5	5.9	11.4	7.5
C	6.8	7.7	10.2	9.8	13.0	11.4	14.8	13.1
D	5.3	2.5	8.0	4.8	12.6	4.6	15.1	7.2
E	6.2	4.7	7.3	5.0	8.8	5.8	11.5	7.5

① A
② B
③ C
④ D
⑤ E

📝 문제풀이

36 분수 비교형 　　　　　　　　　　　　　난이도★★★★★

- 첫째, 남성과 여성 모두 일일평균 TV 시청시간이 길면 사망률이 높다고 하였으므로 시청시간이 높을수록 사망이 상승하는 관계가 나타나야 한다. D국 여성의 경우 4시간 4.8%에서 6시간 4.6%로 감소하므로 '갑'국에 해당하지 않는다.

- 둘째, 일일평균 TV 시청시간이 증가함에 따라 남성과 여성 간 사망률 증가폭의 차이는 줄어들었다고 하였다. B국의 경우 일일평균 TV 시청시간이 4시간에서 6시간으로 늘어남에 따라 남성은 1.7%p, 여성은 1.4%p 증가하여 증가폭 차이는 0.3%p이다. 시청시간이 6시간에서 8시간으로 늘어나는 경우 남성은 1.9%p, 여성은 1.6%p 증가하여 증가폭 차이는 0.3%p로 동일하다. 따라서 B국 역시 '갑'국에 해당하지 않는다.

- 셋째, 남성과 여성 모두 TV를 일일평균 8시간 시청했을 때 사망률이 TV를 일일평균 2시간 시청했을 때 사망률의 1.65배 이상이 되어야 한다. E국 여성의 경우 2시간 4.7%에서 8시간 7.5%로 2.8%p 증가하여 1.65배 이상이 되지 않는다. 따라서 E국 역시 '갑'국에 해당하지 않는다.
  1.65배는 0.65를 더한 것과 같으므로 0.667, 즉 3분의 2를 더한 것과 동일하다고 보면 된다. 따라서 4.7의 66.7%는 일단 3.0은 넘어야 하므로 2시간 4.7%의 1.65배 이상이 되려면 7.7은 넘어야 한다.

- 넷째, TV를 일일평균 6시간 시청했을 때 남성과 여성의 사망률 차이는 TV를 일일평균 2시간 시청했을 때 남성과 여성의 사망률 차이의 2배 이상이라고 하였다. C국의 경우 6시간 시청시 남녀 사망률 차이는 13.0-11.4=1.6이고 2시간 시청시 차이는 7.7-6.8=0.9이므로 2배 이상이 되지 않는다. 따라서 C국 역시 '갑'국에 해당하지 않는다.

⏱ 빠른 문제 풀이 Tip

- 〈보고서〉 차례대로 첫째~넷째 순서로 검토해도 상관없지만 판단이 가장 쉬운 넷째부터 보는 것도 좋은 선택이 된다.

[정답] ①

37

다음 〈표〉는 A국의 2008년과 2012년 의원 유형별, 정당별 전체 의원 및 여성 의원에 관한 자료이다. 이에 대한 〈보기〉의 설명 중 옳은 것만을 모두 고르면?

〈표 1〉 2008년 의원 유형별, 정당별 전체 의원 및 여성 의원

(단위: 명)

의원 유형	구분	가	나	다	라	기타	전체
비례대표 의원	전체 의원 수	44	38	16	20	70	188
	여성 의원 수	21	18	6	10	25	80
지역구 의원	전체 의원 수	230	209	50	51	362	902
	여성 의원 수	16	21	2	7	17	63

〈표 2〉 2012년 의원 유형별, 정당별 전체 의원 및 여성 의원

(단위: 명, %)

의원 유형	구분	가	나	다	라	기타	전체
비례대표 의원	전체 의원 수	34	42	18	17	74	185
	여성 의원 비율	41.2	54.8	27.8	35.3	40.5	42.2
지역구 의원	전체 의원 수	222	242	60	58	344	926
	여성 의원 비율	7.2	12.4	10.0	13.8	4.1	8.0

※ 1) 의원 유형은 비례대표의원과 지역구의원으로만 구성됨.
2) 비율은 소수점 둘째 자리에서 반올림한 값임.

─〈보 기〉─

ㄱ. 2012년 A국 전체 의원 중 여성 의원의 비율은 15% 이하이다.
ㄴ. 2008년 정당별 지역구의원 중 여성 의원 비율은 '기타'를 제외하고 '라' 정당이 가장 높다.
ㄷ. 2008년 대비 2012년의 '가' 정당 여성 의원 비율은 비례대표의원 유형과 지역구의원 유형에서 모두 감소하였다.
ㄹ. 2008년 대비 2012년에 여성 지역구의원 수는 '가'~'라' 정당에서 모두 증가하였다.

① ㄱ, ㄴ
② ㄱ, ㄷ
③ ㄴ, ㄷ
④ ㄴ, ㄹ
⑤ ㄱ, ㄴ, ㄹ

37 분수 비교형   난이도 ★★★★☆

ㄱ. (O) 먼저 2012년 A국 전체 의원은 1,111명이다. 이 중 여성 의원이 비율이 15% 이하가 되려면 166명 이하가 되어야 한다. 여성 의원은 비례대표 의원 중 여성 의원 수 185×42.2%≒78명과 지역구 의원 중 여성 의원 수 926×8.0%≒74명이므로 약 152명이다. 따라서 2012년 A국 전체 의원 중 여성 의원의 비율은 15% 이하이다. 비례대표 여성 의원 수와 지역구 여성 의원수 각각 185×42.2%와 926×8.0%이므로 80명을 넘지 못하므로 합하여도 165명 이하임을 쉽게 알 수 있다.

ㄴ. (O) 2008년 정당별 지역구의원 중 여성 의원 비율은 '기타'를 제외하면 '라' 정당이 약 14%이다. '다'보다 높은 것은 쉽게 판단 가능하고, 지역구 의원 51명과 여성 의원 7명을 각각 4배하여 '가', '나'와 비교하면 역시 라가 더 높은 것을 쉽게 판단할 수 있다. 따라서 '라' 정당이 가장 높다.

ㄷ. (X) '가' 정당 여성 의원 비율은 비례대표의원 유형의 경우 2008년 $\frac{21}{44}$ ≒47.7%에서 2012년 41.2%로 감소하였지만 지역구의원 유형의 경우에는 2008년 $\frac{16}{230}$ ≒6.9%에서 2012년 7.2%로 증가하였다. 이는 $\frac{22}{44}$가 정확히 50%라는 점에서 $\frac{21}{44}$은 50%에 근접하는 40% 후반의 수치이므로 41.2%로 감소하였다고 판단하면 되고, 23×7=161이므로 $\frac{16}{230}$이 7%를 넘지 못한다는 점에 착안하면 쉽게 판단할 수 있다.

ㄹ. (X) '가' 정당의 경우 2008년 대비 2012년에 여성 지역구의원 수는 16명으로 동일하다. 각주 2)에서 비율은 소수점 둘째 자리에서 반올림한 값이라고 하였으므로 〈표 1〉의 '가' 정당 지역구 의원 여성 16명을 전체 230명으로 나누게 되면 7%에 근접한 수치가 나온다. 사람 수는 소수점이 존재할 수가 없기 때문에 2008년과 2012년이 동일함을 판단할 수 있다. 나머지 정당도 마찬가지로 '나' 정당은 242명의 12.4%이므로 21명보다는 많다는 것을 알 수 있으며, '다' 정당은 2명에서 6명으로, '라' 정당은 7명에서 58명의 13.8%이므로 7명은 넘는다는 것을 어렵지 않게 판단할 수 있다.

⏱ 빠른 문제 풀이 Tip
• 〈표 1〉은 여성 의원 수가 직접 제시된 자료이지만 〈표 2〉는 여성 의원 수가 아닌 여성 의원 비율이 제시된 자료라는 점에 유의하자.
• 〈표 1〉과 〈표 2〉를 비교하는 경우 여성 의원 수로 비교하는 경우가 더 용이한 정당이 있는 반면 여성 의원 비율로 비교하는 것이 더 용이한 정당이 있기 때문에 상황에 맞게 비교하자.

[정답] ①

38

다음 〈표〉는 A~C 차량의 연료 및 경제속도 연비, 연료별 리터당 가격에 관한 자료이다. 〈조건〉을 적용하였을 때, A~C 차량 중 두 번째로 높은 연료비가 소요되는 차량과 해당 차량의 연료비를 바르게 나열한 것은?

〈표 1〉 A~C 차량의 연료 및 경제속도 연비

(단위: km/L)

구분 차량	연료	경제속도 연비
A	LPG	10
B	휘발유	16
C	경유	20

※ 차량 경제속도는 60km/h 이상 90km/h 미만임.

〈표 2〉 연료별 리터당 가격

(단위: 원/L)

연료	LPG	휘발유	경유
리터당 가격	1,000	2,000	1,600

─〈조 건〉─

○ A~C 차량은 모두 아래와 같이 각 구간을 한 번씩 주행하고, 각 구간별 주행속도 범위 내에서만 주행한다.

구간	1구간	2구간	3구간
주행거리 (km)	100	40	60
주행속도 (km/h)	30 이상 60 미만	60 이상 90 미만	90 이상 120 미만

○ A~C 차량의 주행속도별 연비적용률은 다음과 같다.

차량	주행속도(km/h)	연비적용률(%)
A	30 이상 60 미만	50.0
	60 이상 90 미만	100.0
	90 이상 120 미만	80.0
B	30 이상 60 미만	62.5
	60 이상 90 미만	100.0
	90 이상 120 미만	75.0
C	30 이상 60 미만	50.0
	60 이상 90 미만	100.0
	90 이상 120 미만	75.0

※ 연비적용률이란 경제속도 연비 대비 주행속도 연비를 백분율로 나타낸 것임.

	차량	연료비
①	A	27,500원
②	A	31,500원
③	B	24,500원
④	B	35,000원
⑤	C	25,600원

📝 문제풀이

38 조건 판단형   난이도★★★★★

• 연료비의 대소 관계를 판단해야 하므로 일단 연료와 경제속도 연비가 서로 다른 세 차량의 차이점을 동일하게 맞추는 작업부터 한다. 구간별 주행거리는 동일하므로 차량의 경제속도 연비에 따른 연료 가격과 연비 적용률을 비교하자. A는 경제속도 연비가 10km/L이고 연료비가 1L당 1,000원이므로 1,000원어치 LPG로 10km를 주행할 수 있다는 의미이다. 즉 연비적용률이 100%인 경우 1km를 주행하기 위해 100원이 필요하다. B는 경제속도 연비가 16km/L이고 연료비가 1L당 2,000원이므로 2,000원어치 휘발유로 16km를 주행하므로 1,000원어치 휘발유로 8km를 주행할 수 있다는 의미이다. 즉 연비적용률이 100%인 경우 1km를 주행하기 위해 125원이 필요하다. C는 경제속도 연비가 20km/L이고 연료비가 1L당 1,600원이므로 1,600원어치 경유로 20km를 주행하므로 800원어치 경유로 10km를 주행할 수 있다는 의미이다. 즉 연비적용률이 100%인 경우 1km를 주행하기 위해 80원이 필요하다.

• 구간별 주행거리가 같기 때문에 연비 적용률 차이만 보고 판단하자. 기본적으로 동일 거리 주행 시 A는 C보다 연료비가 25% 더 들고 1, 2구간은 연비 적용률까지 동일하며 3구간에서 연비적용률은 A가 C보다 5%p더 높기 때문에 굳이 계산하지 않더라도 연료비는 A가 C보다 많다는 것을 알 수 있다. 기본적으로 동일 거리를 주행 시 B는 A보다 연료비가 25% 더 들고 3구간 연비 적용률이 조금 더 낮지만 1구간 연비 적용률이 이보다 더 높기 때문에 B가 A보다 더 많다는 것을 판단할 수 있다. 이렇게 보면 연료비는 B>A>C 순서가 된다.

• 두 번째로 높은 연료비가 소요되는 차량 A의 연료비를 계산하면 1구간 100km는 50%의 연비적용률로 1L당 5km밖에 주행하지 못한다. 따라서 1km를 주행하기 위해 200원이 필요하다. 2구간 40km는 연비적용률 100%이므로 4,000원이 필요하고 3구간 60km는 연비적용률이 80%이므로 1L당 8km를 주행할 수 있다. 따라서 60km를 주행하려면 7.5L가 필요하므로 7,500원이 필요하다. 따라서 연료비는 20,000+4,000+7,500=31,500원이다. 이와 같은 방식으로 계산하면 B는 20,000+5,000+10,000=35,000원이고, C는 16,000+3,200+6,400=25,600원이다.

> ⏱ 빠른 문제 풀이 **Tip**
>
> • 문제에서 주어진 상황을 이해하자. 세 차량 중 두 번째로 연료비가 높은 차량을 찾은 다음 해당 차량의 연료비를 찾는 것이므로 일단 세 차량의 연료비를 모두 계산할 것이 아니라 셋 중 누가 두 번째인지 정도만 판단하자.
> • 두 번째로 높은 연료비가 소요되는 차량을 찾았으면 해당 차량의 경제속도 연비에 따른 리터당 가격을 고려하여 계산하면 된다.
> • 연비적용률의 개념상 연비가 높을수록 연료비가 적게 들어가고 낮을수록 연료비가 많이 들어간다고 생각하자. 연비 단위 자체가 리터당 주행거리를 의미하기 때문이다.

[정답] ②

[39~40] 다음 〈그림〉과 〈표〉는 2010~2014년 '갑'국 초·중·고등학교 학생의 사교육에 관한 자료이다.

〈그림〉 2010~2014년 연간 사교육비 및 전체 학생수

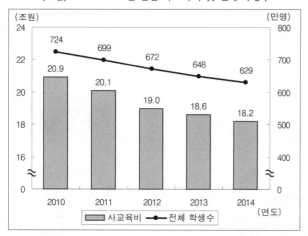

〈표 1〉 2010~2014년 학교급별 연간 사교육비

(단위: 억 원)

연도\학교급	2010	2011	2012	2013	2014
초등학교	97,080	90,461	77,554	77,375	75,949
중학교	60,396	60,006	61,162	57,831	55,678
고등학교	51,242	50,799	51,679	50,754	50,671
전체	208,718	201,266	190,395	185,960	182,298

〈표 2〉 2010~2014년 학교급별 학생 1인당 월평균 사교육비

(단위: 만 원/인)

연도\학교급	2010	2011	2012	2013	2014
초등학교	24.5	24.1	21.9	23.2	23.2
중학교	25.5	26.2	27.6	26.7	27.0
고등학교	21.8	21.8	22.4	22.3	23.0

※ 학생 1인당 월평균 사교육비(만원/인) = $\dfrac{\text{(학교급별)연간 사교육비}}{\text{(학교급별)전체 학생수}} \div 12\text{(개월)}$

〈표 3〉 2010~2014년 학교급별 사교육 참여율

(단위: %)

연도\학교급	2010	2011	2012	2013	2014
초등학교	86.8	84.6	80.9	81.8	81.1
중학교	72.2	71.0	70.6	69.5	69.1
고등학교	52.8	51.6	50.7	49.2	49.5

※ 사교육 참여율(%) = $\dfrac{\text{(학교급별)사교육 참여 학생수}}{\text{(학교급별)전체 학생수}} \times 100$

39

위 〈그림〉과 〈표〉에 대한 〈보기〉의 설명 중 옳은 것만을 모두 고르면?

─────〈 보 기 〉─────

ㄱ. 2011~2014년 동안 학생 1인당 연간 사교육비는 전년대비 매년 증가한다.

ㄴ. 2011~2014년 동안 초등학교 연간 사교육비의 전년대비 증감률은 고등학교 연간 사교육비의 전년대비 증감률보다 매년 크다.

ㄷ. 2011~2014년 동안 초등학교 학생 1인당 월평균 사교육비의 전년대비 증감률이 가장 큰 해에는 중학교 학생 1인당 월평균 사교육비의 전년대비 증감률도 가장 크다.

ㄹ. 2011~2014년 동안 사교육 참여율이 전년대비 매년 감소한 학교급은 중학교 뿐이다.

① ㄱ, ㄴ   ② ㄱ, ㄷ

③ ㄴ, ㄷ   ④ ㄴ, ㄹ

⑤ ㄷ, ㄹ

40

위 자료와 아래의 〈표 4〉를 이용하여, A~C 과목별로 2014년 사교육 참여 학생 1인당 월평균 사교육비가 가장 큰 학교급을 바르게 나열한 것은?

〈표 4〉 2014년 학교급별, 과목별 사교육비 비중

(단위: %)

과목\학교급	A	B	C	기타	합
초등학교	25	30	40	5	100
중학교	15	40	40	5	100
고등학교	15	40	35	10	100

	A과목	B과목	C과목
①	초등학교	초등학교	중학교
②	중학교	초등학교	고등학교
③	초등학교	고등학교	고등학교
④	중학교	고등학교	초등학교
⑤	고등학교	중학교	초등학교

📝 문제풀이

39 분수 비교형 난이도 ★★★☆☆

ㄱ. (X) 〈그림〉에서 학생 1인당 연간 사교육비는 2011년 $\frac{20.1}{699}$≒0.0288, 2012년 $\frac{19.0}{672}$≒0.0283으로 감소하였으므로 매년 증가하는 것은 아니다.

ㄴ. (X) 〈표 1〉에서 2013년 초등학교 연간 사교육비의 전년대비 증감률은 $\frac{77,375-77,554}{77,375}$로 고등학교 연간 사교육비의 전년대비 증감률 $\frac{50,754-51,679}{51,679}$보다 작다.

2012~2013년 초등학교보다 고등학교의 연간 사교육비가 더 적지만 증감폭은 고등학교가 더 크기 때문에 증감률 역시 초등학교보다 고등학교가 더 크다.

ㄷ. (O) 학생 1인당 월평균 사교육비가 크게 변동이 없으므로 증감폭이 가장 큰 해를 찾는다. 〈표 2〉에서 2011~2014년 동안 초등학교 학생 1인당 월평균 사교육비의 전년대비 증감률은 2012년이 $\frac{21.9-24.1}{24.1}$로 가장 크고, 중학교 학생 1인당 월평균 사교육비의 전년대비 증감률도 2012년이 $\frac{27.6-26.2}{26.2}$로 가장 크다.

ㄹ. (O) 〈표 3〉에서 2011~2014년 동안 사교육 참여율이 전년대비 매년 감소한 학교급은 중학교 뿐이다. 초등학교는 2013년 증가, 고등학교는 2014년 증가하고 있다.

> ⏱ **빠른 문제 풀이 Tip**
> • 〈표〉가 3개 주어진 자료이므로 어떤 자료를 제시하고 있는지 파악하여 〈보기〉에서 묻는 자료를 올바르게 매칭하자.
> • 증감 현황을 묻고 있으므로 증가 또는 감소 중 더 큰 쪽을 판단하면 된다.

[정답] ⑤

📝 문제풀이

40 각주 판단형 난이도 ★★★★☆

• 〈표 2〉의 2014년 학교급별 1인당 월평균 사교육비에서 〈표 3〉의 사교육 참여율을 나누면 사교육 참여학생 1인당 월평균 사교육비가 도출된다. 따라서 초등학교는 $\frac{23.2}{0.8}$≒29, 중학교는 $\frac{27.0}{0.7}$≒38, 고등학교는 $\frac{23.0}{0.5}$≒46이다. 이때 81.1%를 0.8, 69.1%를 0.7, 49.5%를 0.5로 단순화하자.

• A과목의 경우 초등학교의 비중이 25%로 중·고등학교 15%에 비해 $\frac{10}{15}$(=60% 이상)더 크지만 사교육 참여학생 1인당 월평균 사교육비는 고등학교 46이 초등학교 29보다 약 50% 더 크다. 따라서 A과목은 초등학교가 가장 크다.

• B과목은 초등학교와 고등학교의 비교이므로 29×30%와 46×40%를 비교하면 고등학교가 더 크다.

> ⏱ **빠른 문제 풀이 Tip**
> • 1인당 월평균 사교육비가 가장 큰 학교급을 묻고 있으므로 〈표 2〉와 사교육 참여 학생 1인당 비율을 묻고 있으므로 〈표 3〉을 함께 참고하여야 한다.
> • 새롭게 주어진 〈표 4〉의 경우 학교급별 과목 A~C 그리고 기타의 비중 합이 100%인 자료이다.

[정답] ③

2015년 기출문제

총평

· 순수 자료비교인 곱셈 비교와 분수 비교 자체를 묻는 문제가 15문제로 40% 정도의 비중을 차지하고 있다. 따라서, 2015년에는 기본적인 곱셈비교와 분수비교를 숙달해야 고득점이 가능했다.

· 매칭형이 3문제, 빈칸형이 3문제, 각주 판단형이 5문제, 조건 판단형이 5문제로 자료판단에서 16문제가 출제되어 비교적 무난한 비중을 차지하고 있다.

· 보고서 검토·확인형 3문제, 표-차트 변환형 1문제가 출제되어 10% 비중을 차지하고 있다. 특히 보고서 검토·확인형 문제 난도가 상대적으로 까다롭게 출제되었다.

· 세트문제는 12~13번, 29-30번으로 출제되었고 빈칸형과 보고서 검토·확인형, 그리고 빈칸형과 분수 비교형으로 각각 세트문제 2문제당 5분 이상 소요되는 난도로 출제되었다.

· 전체적인 난도는 ★★★★☆ 정도로 출제되었으며 각주 판단형과 조건 판단형 문제에서 시간이 많이 소요되는 문제가 다수 출제되어 효율적인 시간 관리가 어려웠을 것으로 본다. 시간 내에 해결하지 못한 문제가 많아 80점 이상을 받기 힘든 난도라고 볼 수 있기 때문에 2분 내에 풀어야 할 문제와 패스해야 할 문제의 기준을 확실히 정해 시간을 효율적으로 관리하는 연습을 하여야 한다.

01

다음 〈표〉는 2009년과 2010년 정부창업지원금 신청자를 대상으로 직업과 창업단계를 조사한 자료이다. 이에 대한 〈보기〉의 설명 중 옳은 것만을 모두 고르면?

〈표 1〉 정부창업지원금 신청자의 직업 구성

(단위: 명, %)

직업	2009년		2010년		합계	
	인원	비율	인원	비율	인원	비율
교수	34	4.2	183	12.5	217	9.6
연구원	73	9.1	118	8.1	191	8.4
대학생	17	2.1	74	5.1	91	4.0
대학원생	31	3.9	93	6.4	124	5.5
회사원	297	37.0	567	38.8	864	38.2
기타	350	43.6	425	29.1	775	34.3
계	802	100.0	1,460	100.0	2,262	100.0

〈표 2〉 정부창업지원금 신청자의 창업단계

(단위: 명, %)

창업단계	2009년		2010년		합계	
	인원	비율	인원	비율	인원	비율
예비창업 단계	79	9.9	158	10.8	237	10.5
기술개발 단계	291	36.3	668	45.8	959	42.4
시제품 제작 단계	140	17.5	209	14.3	349	15.4
시장진입 단계	292	36.4	425	29.1	717	31.7
계	802	100.0	1,460	100.0	2,262	100.0

※ 복수응답 및 무응답은 없음.

〈보 기〉

ㄱ. '기타'를 제외한 직업별 2010년 정부창업지원금 신청자 수의 전년대비 증가율이 두 번째로 높은 직업은 대학생이다.
ㄴ. 기술개발단계에 있는 신청자 수 비중의 연도별 차이는 시장진입단계에 있는 신청자 수 비중의 연도별 차이보다 크다.
ㄷ. 2010년 조사에서 전년보다 신청자 수는 증가하고 신청자 수 비중은 감소한 창업단계는 시장진입단계뿐이다.

① ㄱ
② ㄴ
③ ㄱ, ㄴ
④ ㄴ, ㄷ
⑤ ㄱ, ㄴ, ㄷ

📝 문제풀이

01 분수 비교형   난이도 ★★☆☆☆

ㄱ. (O) 〈표 1〉 2010년의 전년대비 증가율을 비교하면 기타를 제외하고 연구원과 회사원의 경우에는 2배 미만이다. 대학원생은 3배이고 교수와 대학생을 5배 기준으로 비교하면 교수는 5배 이상이고 대학생은 5배 미만이다. 따라서 2010년의 전년대비 증가율이 두 번째로 높은 직업은 대학생이다.

ㄴ. (O) 〈표 2〉 기술개발단계에 있는 신청자 수 비중은 2009년 36.3%, 2010년 45.8%로 연도별 차이는 9.5%p이고, 시장진입단계에 있는 신청자 수 비중은 2009년 36.4%, 2010년 29.1%로 연도별 차이가 7.3%p이다. 따라서 신청자 수 비중의 연도별 차이는 기술개발단계가 시장진입단계보다 크다.

ㄷ. (X) 〈표 2〉 2010년 조사에서 전년보다 신청자 수는 증가하고 신청자 수 비중이 감소한 창업단계는 시장진입단계뿐만 아니라 인원이 140명에서 209명으로 증가하고 비중이 17.5%에서 14.3%로 감소한 시제품 제작단계 역시 포함된다.

⏱ 빠른 문제 풀이 Tip

인원과 비율이 함께 제시된 표이다. 〈표 2〉의 각주에 제시된 '복수응답 및 무응답은 없음.'의 의미는 창업단계는 총 4단계이며 서로 중복되는 인원은 존재하지 않고, 표에 제시된 4단계 이외는 고려하지 않아도 된다는 뜻이다.

[정답] ③

02

다음 〈표〉는 18세기 부여 지역의 토지 소유 및 벼 추수 기록을 나타낸 자료이다. 이에 대한 〈보기〉의 설명 중 옳은 것만을 모두 고르면?

〈표〉 18세기 부여 지역의 토지 소유 및 벼 추수 기록

위치	소유주	작인	면적(두락)	계약량	수취량
도장동	송득매	주서방	8	4석	4석
도장동	자근노음	검금	7	4석	4석
불근보	이풍덕	막산	5	2석 5두	1석 3두
소삼	이풍덕	동이	12	7석 10두	6석
율포	송치선	주적	7	4석	1석 10두
부야	홍서방	주적	6	3석 5두	2석 10두
잠방평	쾌득	명이	7	4석	2석 1두
석을고지	양서방	수양	10	7석	4석 10두
계			62	36석 5두	26석 4두

※ 작인: 실제로 토지를 경작한 사람

〈보 기〉

ㄱ. '석'을 '두'로 환산하면 1석은 15두이다.
ㄴ. 계약량 대비 수취량의 비율이 가장 높은 토지의 위치는 '도장동', 가장 낮은 토지의 위치는 '불근보'이다.
ㄷ. 작인이 '동이', '명이', '수양'인 토지 중 두락당 계약량이 가장 큰 토지의 작인은 '수양'이고, 가장 작은 토지의 작인은 '동이'이다.

① ㄱ
② ㄴ
③ ㄱ, ㄷ
④ ㄴ, ㄷ
⑤ ㄱ, ㄴ, ㄷ

📝 문제풀이

02 분수 비교형 　　관련문제: 2007년 37번　　난이도★★★★☆

ㄱ. (O) 수취량의 계는 26석 4두이고 8개 항목의 수취량을 모두 더하면 24석 34두가 된다. 즉, 2석 4두와 34두가 같은 양이므로 1석은 15두가 된다. 이는 계약량으로 판단해도 무방하다.

ㄴ. (X) '도장동'의 경우 계약량과 수취량이 같으므로 계약량 대비 수취량의 비율이 1이다. '도장동'을 제외하면 계약량보다 수취량이 더 많은 위치는 존재하지 않으므로 계약량 대비 수취량의 비율은 '도장동'이 1로 가장 높다. '불근보'의 계약량 대비 수취량의 비율은 $\frac{1석 3두}{2석 5두} = \frac{18두}{35두}$이고 이는 $\frac{1}{2}$보다 높다. 따라서 계약량 대비 수취량의 비율이 $\frac{1}{2}$보다 낮은 위치를 찾아보면 '율포'의 수취량 1석 10두가 계약량 4석의 절반 미만이므로 이에 해당한다. 따라서 가장 낮은 토지의 위치는 '율포'이다.

ㄷ. (X) 작인이 '동이', '명이', '수양'인 토지 중 두락당 계약량이 가장 큰 토지의 작인은 '수양'이 $\frac{7석}{10두락} = \frac{105두}{10두락}$이고, 가장 작은 토지의 작인은 '동이'($\frac{7석 10두}{12두락} = \frac{115두}{12두락}$)가 아닌 '명이'($\frac{4석}{7두락} = \frac{60두}{7두락}$)이다. 수양은 유일하게 두락당 10석을 넘기 때문에 가장 크고, 동이는 두락당 8~9석, 명이는 두락당 7~8석이다.

⏱ 빠른 문제 풀이 Tip

• 석과 두의 관계를 빨리 파악해야 한다.
• 위치가 '도장동'인 소유주는 '송득매'와 '자근노음' 2명이고, 소유주가 '이풍덕'인 위치는 '불근보'와 '소삼' 2곳이다.

[정답] ①

03

다음 〈표〉를 이용하여 〈보고서〉를 작성하였다. 제시된 〈표〉 이외에 추가로 필요한 자료만을 〈보기〉에서 모두 고르면?

〈표 1〉 2011년 우리나라의 지역별 도서 현황

구분\지역	도서 수(개)			도서 인구밀도 (명/km²)	도서 면적 (km²)
	합	유인도서	무인도서		
부산	45	3	42	3,613.8	41.90
인천	150	39	111	215.2	119.95
울산	3	0	3	0.0	0.03
경기	46	5	41	168.5	4.65
강원	32	0	32	0.0	0.24
충남	255	34	221	102.5	164.26
전북	103	25	78	159.1	37.00
전남	2,219	296	1,923	104.2	867.10
경북	49	4	45	146.6	73.00
경남	537	76	461	110.4	125.91
제주	63	8	55	300.5	15.56
전국	3,502	490	3,012	−	1,449.60

※ 도서 인구밀도는 해당 지역 유·무인도서 전체를 기준으로 계산한 값임.

〈표 2〉 연도별 도서 지역 여객선 수송 현황

(단위: 천 명, %)

연도	2005	2006	2007	2008	2009	2010	2011
수송인원	11,100	11,574	12,634	14,162	14,868	14,308	14,264
전년대비 증가율	4.2	4.3	9.2	12.1	5.0	−3.8	−0.3

─────〈보고서〉─────

2011년 기준 전국 도서 수는 총 3,502개로, 이 중 유인도서는 14.0%인 490개, 무인도서는 86.0%인 3,012개이다. 반면 도서 면적을 기준으로 보면 유인도서가 전국 총 도서 면적의 96.9%로 대부분을 차지하고 있다.

지역별 분포를 보면 전남에 속한 도서는 2,219개로 전국 도서의 63.4%를 차지하고 있으며, 전북은 전남, 경남, 충남, 인천에 이어 다섯 번째로 많은 도서를 보유하고 있으나, 도서 면적은 경북, 부산보다 작다.

전국 도서인구는 2011년 기준 약 32만 명으로, 부산의 도서인구가 가장 많고 지역별 인구대비 도서인구 비율은 전남이 10.2%로 가장 많다.

2011년 여객선을 이용한 도서 지역 총 수송인원은 약 1,426만 명으로, 2009년 이후 매년 수송인원이 감소하고 있는 반면, 관광객, 귀성객 등 도서 지역 거주민이 아닌 수송인원은 같은 기간 연평균 15% 증가한 것으로 나타났다.

─────〈보 기〉─────

ㄱ. 2011년 전국 무인도서 면적
ㄴ. 2011년 전국 도서인구 수
ㄷ. 2011년 지역별 인구 수
ㄹ. 2009~2011년 도서 지역 여객선 수송인원 중 도서 지역 거주민 비율
ㅁ. 2009~2011년 도서 지역 관광객 수

① ㄱ, ㄴ, ㄷ
② ㄱ, ㄴ, ㄹ
③ ㄱ, ㄷ, ㄹ
④ ㄱ, ㄷ, ㅁ
⑤ ㄴ, ㄷ, ㅁ

📝 **문제풀이**

03 보고서 검토·확인형
난이도 ★★★☆☆

ㄱ. 〈보고서〉 첫 번째 문단에서 '도서 면적을 기준으로 보면 유인도서가 전국 총 도서 면적의 96.9%로 대부분을 차지하고 있다'고 했으므로 유인도서와 무인도서의 면적을 비교하기 위해서는 [2011년 전국 무인도서 면적 자료]가 추가로 필요하다.

ㄷ. 〈보고서〉 세 번째 문단에서 '지역별 인구대비 도서인구 비율은 전남이 10.2%로 가장 많다'고 했으므로 이를 판단하려면 [2011년 지역별 인구 수] 자료가 추가로 필요하다.

ㄹ. 〈보고서〉 네 번째 문단에서 '도서 지역 거주민이 아닌 수송인원은 같은 기간 연평균 15% 증가한 것으로 나타났다'고 했으므로 이를 판단하려면 [2009~2011년 도서 지역 여객선 수송인원 중 도서 지역 거주민 비율]이 추가로 필요하다.

⏱ **빠른 문제 풀이 Tip**

- 표의 제목과 항목을 꼼꼼히 보고 보고서에 처음으로 언급되거나 제시된 표만 가지고 판단할 수 없는 부분이 추가로 필요한 자료이다. 즉 실제 수치가 표의 내용과 일치하는지 꼼꼼하게 검토할 필요까지는 없는 문제 유형이다.
- 〈표 1〉에서 유인도서와 무인도서로 나누어져 있는 항목은 '도서 수'뿐이라는 점을 체크하자.

[정답] ③

04

다음 〈표〉는 2014년 정부3.0 우수사례 경진대회에 참가한 총 5개 부처에 대한 심사결과 자료이다. 〈조건〉을 적용하여 최종심사점수를 계산할 때 다음 설명 중 옳은 것은?

〈표〉 부처별 정부3.0 우수사례 경진대회 심사결과

구분 \ 부처	A	B	C	D	E
서면심사점수(점)	73	79	83	67	70
현장평가단 득표수(표)	176	182	172	145	137
최종심사점수(점)	( )	( )	90	( )	55

※ 현장평가단 총 인원수는 200명임.

〈조 건〉

○ 최종심사점수＝(서면심사 최종반영점수)＋(현장평가단 최종반영점수)
○ 서면심사 최종반영점수

점수순위	1위	2위	3위	4위	5위
최종반영점수(점)	50	45	40	35	30

※ 점수순위는 서면심사점수가 높은 순서임.

○ 현장평가단 최종반영점수

득표율	90% 이상	80% 이상 90% 미만	70% 이상 80% 미만	60% 이상 70% 미만	60% 미만
최종반영점수(점)	50	40	30	20	10

※ 득표율(%)＝$\dfrac{\text{현장평가단 득표수}}{\text{현장평가단 총 인원수}} \times 100$

① 현장평가단 최종반영점수에서 30점을 받은 부처는 E이다.
② E만 현장평가단으로부터 3표를 더 받는다면 최종심사점수의 순위가 바뀌게 된다.
③ A만 서면심사점수를 5점 더 받는다면 최종심사점수의 순위가 바뀌게 된다.
④ 서면심사점수가 가장 낮은 부처는 최종심사점수도 가장 낮다.
⑤ 서면심사 최종반영점수와 현장평가단 최종반영점수간의 차이가 가장 큰 부처는 C이다.

문제풀이

04 조건 판단형 　　관련문제: 2017년 25번 　난이도★★★★★

서면심사 최종반영점수는 서면심사점수가 높은 순서인 C, B, A, E, D 순서대로 50, 45, 40, 35, 30점을 받는다. 또한 현장평가단 최종반영점수는 득표율이 90% 이상(득표수 180 이상)인 B가 50점, 득표율이 80% 이상 90% 미만(득표수 160 이상 180 미만)인 A와 C가 40점이다. D는 득표수가 140 이상 160 미만인 구간에 해당하므로 30점, E는 득표율이 60% 이상 70% 미만이므로 20점을 받는다. 이에 따라 최종심사점수는 A 80점, B 95점, C 90점, D 60점, E 55점이다.

① (X) 현장평가단 최종반영점수에서 30점을 받으려면 득표율이 70% 이상 80% 미만이어야 한다. 즉 각주에서 현장 평가단 총 인원수가 200명이라고 주어져 있으므로 현장평가단 득표수가 140명 이상 160명 미만인 부처가 이에 해당한다. 따라서 부처 D이다.

② (O) E만 현장평가단으로부터 3표를 더 받는다면 E의 현장평가단 득표수가 140표로 현장평가단 최종반영점수가 20점에서 30점으로 상승하게 된다. 따라서 E의 최종심사점수는 55점에서 65점이 되므로 60점인 D와 순위가 바뀌게 된다.

③ (X) A만 서면심사점수를 5점 더 받는다면 78점이 되지만 B의 79점보다 낮다. 즉 서면심사점수 순서가 바뀌지 않으므로 최종심사점수의 순위 역시 바뀌지 않는다.

④ (X) 서면심사점수는 67점인 D가 가장 낮은 부처이고 최종심사점수는 E가 55점으로 가장 낮다.

⑤ (X) 서면심사 최종반영점수와 현장평가단 최종반영점수 간의 차이는 C가 50−40=10점, E가 35−20=15점이므로 차이가 가장 큰 부처는 C가 아니라 E이다.

⏱ 빠른 문제 풀이 Tip
현장평가단 최종반영점수가 득표율 구간으로 제시되어 있지만 현장 평가단 총 인원수가 200명이므로 이를 현장평가단 득표수 구간으로 바꿔준다면 쉽게 해결할 수 있다.

[정답] ②

05

다음은 '갑'국의 2012년 국제협력기금 조성 및 운용에 대한 〈보고서〉이다. 아래 〈보고서〉에 제시된 내용과 부합하지 않는 것은?

〈보고서〉

국제협력기금은 정부출연금, 정부외출연금, 공자기금예수금, 운용수익 등으로 조성되며 2007년부터 2009년까지 운용수익이 전년보다 증가하고 있음에도 불구하고 동 기간 동안 총 조성액은 매년 감소하였다. 그러나 2013년에는 정부출연금을 제외한 모든 항목의 금액이 전년보다 증가하여 총 조성액도 증가하였다. 2012년 1~9월까지 국제협력기금 조성액 중 공자기금예수금은 4,000억 원으로 전체의 75% 이상을 차지하였다.

2012년 국제협력기금 여유자금은 단기자산과 중장기자산으로 나뉘어 운용되고 있는데, 중장기자산의 비중은 단기자산의 비중보다 높다. 또한 국제협력기금 여유자금 운용 실적에서 운용수익률이 높은 것부터 순서대로 나열하면 실적배당형, 확정금리형, 유동성자산, 현금성자산이다. 2012년 분기별 운용수익률은 단기자산의 경우 3분기가 가장 높고, 중장기자산의 경우 1분기가 가장 높으며 전체 자산의 운용수익률은 1분기가 가장 높고 4분기가 가장 낮다.

2013년 국제협력기금 지출계획의 기금지원 중 무상지원이 유상지원보다 높은 비중을 차지하고 있으며 운용비용은 전체 지출계획의 0.3% 이하로 가장 낮은 비중을 차지하고 있다. 또한 2013년 국제협력기금 수입계획은 전기이월금의 비중이 가장 높아 전체 수입계획 합계의 45% 이상을 차지하고 있다.

① 연도별 국제협력기금 조성액 현황

(단위: 백만 원)

연도	정부 출연금	정부외 출연금	공자기금 예수금	운용 수익	총 조성액
2013	105,500	3	530,000	162,300	797,803
2012	112,800	2	400,000	51,236	564,038
2011	0	2	104,400	38,276	142,678
2010	0	0	875,000	51,238	926,238
2009	0	56	81,000	74,354	155,410
2008	650,000	52	147,500	49,274	846,826
2007	500,000	75	584,591	38,859	1,123,525
2006	650,000	15	940,000	36,619	1,626,634
2005	500,000	33	460,000	31,178	991,211

② 2012년 1~9월 국제협력기금 조성액 현황

(단위: 백만 원)

내역	정부 출연금	정부외 출연금	공자기금 예수금	운용 수익	총 조성액
금액	84,800	2	400,000	39,599	524,401

③ 2012년 국제협력기금 여유자금의 자산구성 및 운용 실적

구분		2012년 실적		
		평잔(억 원)	비중(%)	운용수익률(%)
단기 자산	현금성자산	91	1.0	3.35
	유동성자산	3,749	39.2	4.28
	소계	3,840	40.1	4.26
중장기 자산	확정금리형	1,672	17.5	4.39
	실적배당형	4,053	42.4	5.32
	소계	5,725	59.9	4.98
합계		9,565	100.0	4.71

④ 2012년 국제협력기금 분기별, 자산별 운용수익률 추이

(단위: %)

단기자산				중장기자산				전체			
1분기	2분기	3분기	4분기	1분기	2분기	3분기	4분기	1분기	2분기	3분기	4분기
4.11	4.23	4.42	4.26	7.68	4.95	5.49	4.98	6.54	4.75	5.08	4.71

⑤ 2013년 국제협력기금 수입 및 지출계획

(단위: 억 원)

수입		지출	
구분	계획	구분	계획
정부출연금	2,000	기금지원	10,979
정부외출연금	1	무상지원	8,487
공자기금예수금	7,000	유상지원	2,492
운용수익	264	운용비용	53
대출금회수	484	공자기금예수금상환	6,515
기타수입금	1,330	기타지출금	704
전기이월금	7,172	–	–
합계	18,251	합계	18,251

📝 **문제풀이**

05 반대해석형 난이도★★★☆☆

⑤ (X) 세 번째 문단 마지막 줄에 따르면 2013년 국제협력기금 수입계획은 전기이월금이 다른 항목에 비해 가장 많으므로 비중이 가장 높지만 전체 수입계획 합계의 45% 미만이다. 18,000의 40%가 7,200이므로 7,172는 18,251의 45%에 미치지 못하는 수치이다.

[정답] ⑤

06

다음 〈표〉는 '가' 대학 2013학년도 2학기 경영정보학과의 강좌별 성적분포를 나타낸 것이다. 이에 대한 〈보기〉의 설명 중 옳은 것만을 모두 고르면?

〈표〉 2013학년도 2학기 경영정보학과의 강좌별 성적분포

(단위: 명)

분야	강좌	담당교수	교과목명	A+	A0	B+	B0	C+	C0	D+	D0	F	수강인원
전공기초	DBA-01	이성재	경영정보론	3	6	7	6	3	2	0	0	0	27
	DBA-02	이민부	경영정보론	16	2	29	0	15	0	0	0	0	62
	DBA-03	정상훈	경영정보론	9	9	17	13	8	10	0	0	0	66
	DEA-01	황욱태	회계학원론	8	6	16	4	9	6	0	0	0	49
전공심화	MIC-01	이향옥	JAVA 프로그래밍	4	2	6	5	2	0	2	0	4	25
	MIG-01	김신재	e-비즈니스 경영	13	0	21	1	7	3	0	0	1	46
	MIH-01	황욱태	IT거버넌스	4	4	7	7	6	0	1	0	0	29
	MIO-01	김호재	CRM	14	0	23	8	2	0	2	0	0	49
	MIP-01	이민부	유비쿼터스 컴퓨팅	14	5	15	2	6	0	0	0	0	42
	MIZ-01	정상훈	정보보안관리	8	8	15	9	2	0	0	0	0	42
	MSB-01	이성재	의사결정시스템	2	1	4	1	3	2	0	0	1	14
	MSD-01	김신재	프로젝트관리	3	3	6	4	1	1	0	1	0	19
	MSX-01	우희준	소셜네트워크서비스	9	7	32	7	0	0	0	0	0	55

─── 〈보 기〉 ───

ㄱ. A(A+, A0)를 받은 학생 수가 가장 많은 강좌는 전공심화 분야에 속한다.

ㄴ. 전공기초 분야의 강좌당 수강인원은 전공심화 분야의 강좌당 수강인원보다 많다.

ㄷ. 각 강좌별 수강인원 중 A+를 받은 학생의 비율이 가장 낮은 강좌는 황욱태 교수의 강좌이다.

ㄹ. 전공기초 분야에 속하는 각 강좌에서는 A(A+, A0)를 받은 학생 수가 C(C+, C0)를 받은 학생 수보다 많다.

① ㄱ, ㄴ
② ㄱ, ㄷ
③ ㄱ, ㄹ
④ ㄴ, ㄹ
⑤ ㄷ, ㄹ

📑 문제풀이

06 분수 비교형   관련문제: 2008년 25번   난이도 ★★★☆☆

ㄱ. (O) A(A+, A0)를 받은 학생 수는 유비쿼터스 컴퓨팅이 19명으로 가장 많다. 따라서 전공심화 분야에 속한다.

ㄴ. (O) 강좌당 수강인원은 전공기초 분야가 $\frac{204}{4}$, 전공심화 분야가 $\frac{321}{9}$이다. 따라서 전공기초 분야의 강좌당 수강인원이 더 많다. 전공기초는 51이고 전공심화 중 소셜네트워크 서비스를 제외하면 모두 51보다 작다. 따라서 가평균 개념을 생각하면 굳이 계산하지 않더라도 강좌당 수강인원은 전공기초가 전공심화보다 크다.

ㄷ. (X) 각 강좌별 수강인원 중 A+를 받은 학생의 비율은 먼저 황욱태 교수의 회계학원론(DEA-01)이 $\frac{8}{49}$, IT거버넌스(MIH-01)가 $\frac{4}{29}$이므로 회계학원론보다 IT거버넌스의 비율이 더 낮다. 이보다 더 낮은 비율을 보이는 강좌를 찾아보면 이성재 교수의 경영정보론(DBA-01)이 $\frac{3}{27}$이다. 따라서 각 강좌별 수강인원 중 A+를 받은 학생의 비율이 가장 낮은 강좌는 적어도 황욱태 교수의 강좌는 아니므로 옳지 않은 설명이다.

ㄹ. (X) 전공기초 분야 중 정상훈 교수의 경영정보론(DBA-03)의 경우에는 A(A+, A0)를 받은 학생 수와 C(C+, C0)를 받은 학생 수 모두 18명으로 같다.

> ⏱ **빠른 문제 풀이 Tip**
> • 황욱태 교수의 강좌는 전공기초의 회계학원론과 전공심화의 IT거버넌스 2개인 점을 체크하자.
> • 문제 해결에 있어서 필수적인 부분은 아니지만 교과목명이 경영정보론인 강좌가 3개인 점, 이성재·이민부·정상훈·김신재 교수의 강좌가 각각 2가지씩이라는 점도 체크하자.

[정답] ①

07

다음 〈표〉는 2013년 복지부정 신고센터의 분야별 신고 현황과 처리결과에 관한 자료이다. 이에 대한 〈보기〉의 설명 중 옳은 것만을 모두 고르면?

〈표 1〉 복지부정 신고센터의 분야별 신고상담 및 신고접수 현황

(단위: 건)

구분 \ 분야	보건복지	고용노동	여성가족	교육	보훈	산업	기타	합
신고상담	605	81	5	6	11	12	1,838	2,558
신고접수	239	61	7	6	5	2	409	729

〈표 2〉 복지부정 신고센터에 신고접수된 건의 분야별 처리결과

(단위: 건)

처리결과 \ 분야	보건복지	고용노동	여성가족	교육	보훈	산업	기타	합
이첩	58	18	2	3	0	1	123	205
송부	64	16	3	1	4	0	79	167
내부처리	117	27	2	2	1	1	207	357
전체	239	61	7	6	5	2	409	729

─── 〈보 기〉 ───

ㄱ. 전체 신고상담 건수는 전체 신고접수 건수의 3배 이상이다.
ㄴ. 전체 신고접수 건수 대비 분야별 신고접수 건수의 비율이 가장 높은 분야는 기타를 제외하면 보건복지 분야이다.
ㄷ. 분야별 전체 신고접수 건수 중 '이첩' 건수의 비중이 가장 큰 분야는 여성가족 분야이다.
ㄹ. '내부처리' 건수는 전체 신고상담 건수의 15% 이상이다.

① ㄱ, ㄴ
② ㄱ, ㄷ
③ ㄴ, ㄷ
④ ㄱ, ㄴ, ㄹ
⑤ ㄴ, ㄷ, ㄹ

📝 문제풀이

07 분수 비교형　　　　관련문제: 2016년 27번　　난이도 ★★☆☆☆

ㄱ. (O) 〈표 1〉에 다르면 전체 신고상담 건수는 2,558건, 전체 신고접수 건수는 729건이므로 3배 이상이다.

ㄴ. (O) 전체 신고접수 건수 대비 분야별 신고접수 건수의 비율을 묻고 있지만 단순히 신고접수 건수가 가장 많은 분야를 찾으면 된다. 〈표 1〉에 따르면 보건복지 분야가 239건으로 가장 많다. 따라서 전체 신고접수 건수 대비 분야별 신고접수 건수의 비율이 가장 높은 분야는 기타를 제외하면 보건복지 분야이다.

ㄷ. (X) 〈표 2〉에서 분야별 전체 신고접수 건수 중 '이첩' 건수의 비중은 여성가족 분야가 $\frac{2}{7}$이다. $\frac{1}{7}$이 약 14.3%임을 적용한다면 $\frac{2}{7}$는 30% 미만이다. 이보다 더 큰 분야를 찾아보면 교육 분야가 $\frac{3}{6}$으로 50%이다. 따라서 분야별 전체 신고접수 건수 중 '이첩' 건수의 비중은 여성가족 분야보다 교육분야가 더 크므로 적어도 가장 큰 분야는 여성가족 분야가 아니다.

ㄹ. (X) 분모가 되는 항목이 전체 신고접수 건수가 아닌 전체 신고상담 건수임에 주의한다. 전체 신고상담 건수는 2,558건이고 '내부처리' 건수는 357건이다. $\frac{357}{2,558}$은 15%를 넘지 못한다. 문제에서 15% 이상인지 여부를 묻고 있으므로 2,558건보다 더 작지만 비교하기 편한 수치인 2,500을 기준으로 하면 더 빠르게 판단할 수 있다. 2,500의 10%+5%는 250+125=375이고 이는 분자인 357보다 크다. 따라서 2,500보다 더 큰 수인 2,558의 15%인 수치에 비해 357은 더 작을 수밖에 없다.

⏱️ 빠른 문제 풀이 Tip

〈표 1〉과 〈표 2〉는 별개의 표가 아니다. 〈표 2〉는 〈표 1〉의 신고접수 현황을 처리결과로 구분하여 세분화하였다. 〈표 1〉의 분야별 신고접수 건수와 〈표 2〉의 분야별 전체 처리결과 건수의 수치가 같다는 점에 유의한다.

[정답] ①

08

다음 〈표〉는 직육면체 형태를 가진 제빙기 A~H에 관한 자료이다. 이에 대한 〈보기〉의 설명 중 옳은 것만을 모두 고르면?

〈표〉 제빙기별 세부제원

제빙기	1일 생산량 (kg)	저장량 (kg)	길이(mm)			냉각방식	생산가능 얼음형태
			가로	세로	높이		
A	46	15	633	506	690	공냉식	사각
B	375	225	560	830	1,785	수냉식	가루
C	100	55	704	520	1,200	수냉식	사각
D	620	405	1,320	830	2,223	수냉식	반달
E	240	135	560	830	2,040	수냉식	사각
F	120	26	640	600	800	공냉식	가루
G	225	130	560	830	1,936	수냉식	반달
H	61	26	633	506	850	수냉식	사각

※ 바닥면적＝가로×세로

─〈보 기〉─

ㄱ. 수냉식 제빙기 중 저장량 대비 1일 생산량이 가장 큰 것은 H이다.

ㄴ. 모든 제빙기는 1일 생산량이 클수록 저장량도 크다.

ㄷ. 높이가 1.7m 이하인 제빙기 중 반달형태의 얼음을 생산할 수 있는 제빙기는 없다.

ㄹ. 부피가 가장 작은 제빙기의 바닥면적보다 더 작은 바닥면적을 가진 제빙기는 없다.

① ㄱ, ㄴ

② ㄱ, ㄷ

③ ㄴ, ㄹ

④ ㄱ, ㄷ, ㄹ

⑤ ㄴ, ㄷ, ㄹ

📝 문제풀이

08 곱셈 비교형 난이도 ★★★☆☆

ㄱ. (O) 수냉식 제빙기 중 저장량 대비 1일 생산량은 H가 $\frac{62}{26} > 2$이다. 공냉식 A와 F를 제외한 나머지 제빙기 중 1일 생산량이 저장량의 2배를 넘는 수냉식 제빙기는 보이지 않으므로 수냉식 제빙기 중 저장량 대비 1일 생산량이 가장 큰 것은 H이다.

ㄴ. (X) C와 F를 비교해 보면 1일 생산량은 C<F이지만 저장량은 C>F이다. 따라서 모든 제빙기가 항상 1일 생산량이 클수록 저장량이 큰 관계에 있지는 않다.

ㄷ. (O) 반달형태의 얼음을 생산할 수 있는 제빙기의 높이는 D가 2,223mm, G가 1,936mm이고 이들은 모두 높이가 1,700mm 이상이다. 따라서 1.7m (1,700mm) 이하인 제빙기 중 반달형태의 얼음을 생산할 수 있는 제빙기는 없다.

ㄹ. (O) 부피를 묻고 있지만 가로, 세로, 높이 모두 가장 작은 A가 부피 역시 가장 작다고 쉽게 판단할 수 있다. A의 바닥면적이 633×506이고 이보다 더 작은(미만인) 바닥면적을 가진 제빙기는 존재하지 않는다. H는 A와 633×506으로 같다.

⏱ 빠른 문제 풀이 Tip

• 부피＝가로×세로×높이＝바닥면적×높이
• 1.0m=100cm=1,000mm

위 공식을 적용하여 구한다. 또한 '항상', '언제나'와 같은 표현인 '~할수록 ~하다'의 경우에는 이를 판단하는 방법은 두 가지이다. 첫 번째는 두 항목의 순서를 매긴 후 그 순서가 일치하는지 보이는 것이고, 두 번째는 성립하지 않는 반례 하나를 찾아내 이를 깨트려 주면 된다.

[정답] ④

09

다음 〈표〉와 〈그림〉은 2008~2011년 연도별 노인돌봄종합서비스 이용 및 매출 현황을 나타낸 자료이다. 이에 대한 설명으로 옳지 않은 것은?

〈표 1〉 연도별 전국 노인돌봄종합서비스 이용 현황

구분 \ 연도	2008	2009	2010	2011
이용횟수(건)	104,712	88,794	229,100	253,211
이용자수(명)	11,159	8,421	25,482	28,108
이용시간(시간)	313,989	272,423	775,986	777,718

〈그림〉 연도별 전국 노인돌봄종합서비스 매출 현황

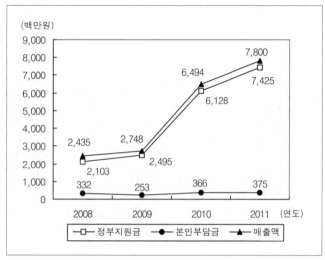

※ 매출액＝정부지원금＋본인부담금

〈표 2〉 연도별 7대 도시 노인돌봄종합서비스 이용자수

(단위: 명)

도시 \ 연도	2008	2009	2010	2011
서울	1,570	2,071	2,626	2,488
부산	1,010	1,295	2,312	2,305
대구	513	960	1,191	1,276
인천	269	624	873	1,017
대전	290	389	777	813
광주	577	530	796	785
울산	150	162	327	415
계	4,379	6,031	8,902	9,099

① 전국 노인돌봄종합서비스의 이용자수 대비 이용횟수가 가장 높은 연도는 2009년이다.
② 전국 노인돌봄종합서비스 매출액에서 본인부담금이 차지하는 비중은 매년 감소하였다.
③ 2008년 서울과 부산의 노인돌봄종합서비스 이용자수 합은 2008년 7대 도시 노인돌봄종합서비스 이용자수 합의 절반 이상이다.
④ 전국 노인돌봄종합서비스의 이용시간당 매출액은 매년 증가하였다.
⑤ 2010년 7대 도시 중 노인돌봄종합서비스 이용자수의 전년대비 증가율이 가장 큰 도시는 울산이다.

📝 문제풀이

| **09 분수 비교형** | 관련문제: 2013 외교관 37번 | 난이도 ★★★☆☆ |

① (O) 〈표 1〉에서 전국 노인돌봄종합서비스의 이용자수 대비 이용횟수는 2009년만 $\frac{88,794}{8,421}$로 유일하게 10을 넘고 2008, 2010, 2011년은 10 미만이다. 따라서 전국 노인돌봄종합서비스의 이용자수 대비 이용횟수가 가장 높은 연도는 2009년이다.

② (O) 〈그림〉의 각주에서 '매출액＝정부지원금＋본인부담금'이므로 전국 노인돌봄종합서비스 매출액에서 본인부담금이 차지하는 비중의 크기 비교는 정부지원금 대비 본인부담금 비율의 크기 비교로 가능하다. 따라서 정부지원금의 전년대비 증가율이 본인부담금의 전년대비 증가율보다 매년 크다면 매출액에서 본인부담금이 차지하는 비중이 감소한 것과 동일하게 된다. 2009년은 전년대비 정부지원금은 증가, 본인부담금은 감소하였고, 2010년은 정부지원금은 전년대비 2배 이상 증가, 본인부담금은 2배 미만 증가, 2011년 정부지원금은 전년대비 20% 이상 증가, 본인부담금은 20% 미만 증가하였다.

③ (O) 〈표 2〉에서 2008년 서울과 부산의 노인돌봄종합서비스 이용자수 합은 1,570+1,010=2,580명이고 2008년 7대 도시 노인돌봄종합서비스 이용자수 합은 4,379명이므로 절반 이상이다.

④ (X) 전국 노인돌봄종합서비스의 이용시간당 매출액이 매년 증가하려면 이용시간의 전년대비 증가율보다 매출액의 전년대비 증가율이 더 커야 한다. 2010년의 경우 이용시간은 272,423에서 775,986으로 증가하였고 매출액은 2,748에서 6,494로 증가하였다. 자리수가 다르지만 앞에서 세 자리 유효숫자만 떼어서 비교하면 이용시간은 272→776이고 매출액은 275→6490이므로 굳이 계산을 한다거나 분수식을 설정하지 않더라도 증가율의 대소를 비교할 수 있다. 따라서 2010년에는 이용시간의 전년대비 증가율이 매출액의 전년대비 증가율보다 더 크다. 따라서 전국 노인돌봄종합서비스의 이용시간당 매출액이 매년 증가하지는 않았다.

⑤ (O) 〈표 2〉에서 2010년 7대 도시 중 노인돌봄종합서비스 이용자수의 전년대비 증가율은 울산이 162명에서 327명으로 2배 이상 증가하였다. 나머지 7대 도시 중 2배 이상 증가한 도시는 존재하지 않으므로 2010년 7대 도시 중 노인돌봄종합서비스 이용자수의 전년대비 증가율이 가장 큰 도시는 울산이다.

⏱ 빠른 문제 풀이 Tip

- $\frac{a}{a+b}$의 크기 비교는 $\frac{a}{b}$의 크기 비교로 가능하다.
- 계산과정이 필요 없는 문제이므로 기준을 설정해서 비교하자.

[정답] ④

10

다음 〈표〉는 A국 기업의 회계기준 적용에 관한 자료이다. 이에 대한 설명으로 옳지 않은 것은?

〈표 1〉 A국 기업의 회계기준 적용 현황

(단위: 개, %)

회계기준 \ 연도 \ 구분	2011 기업수	2011 비율	2012 기업수	2012 비율
국제회계기준	2,851	15.1	3,097	15.9
의무기업 (상장기업)	1,709	9.1	1,694	8.7
선택기업 (비상장기업)	1,142	6.0	1,403	7.2
일반회계기준 (비상장기업)	16,027	84.9	16,366	84.1
전체	18,878	100.0	19,463	100.0

※ 상장기업은 국제회계기준을 의무적용해야 하며, 비상장기업은 국제회계기준과 일반회계기준 중 하나를 적용해야 함.

〈표 2〉 2011년 A국 비상장기업의 자산규모별 회계기준 적용 현황

(단위: 개, %)

자산규모 \ 회계기준 \ 구분	국제회계기준 기업수	국제회계기준 비율	일반회계기준 기업수	일반회계기준 비율	합 기업수	합 비율
2조 원 이상	38	73.1	14	26.9	52	100.0
5천억 원 이상 2조 원 미만	80	36.9	137	63.1	217	100.0
1천억 원 이상 5천억 원 미만	285	18.8	1,231	81.2	1,516	100.0
1천억 원 미만	739	4.8	14,645	95.2	15,384	100.0
계	1,142	−	16,027	−	17,169	−

① 2011년 국제회계기준을 적용한 비상장기업의 80% 이상이 자산규모 5천억원 미만이다.

② 2011년 자산규모가 2조 원 이상인 비상장기업 중, 일반회계기준을 적용한 기업 수보다 국제회계기준을 적용한 기업 수가 더 많다.

③ 2012년 전체 기업 대비 국제회계기준을 적용한 기업의 비율은 2011년에 비해 증가하였다.

④ 2012년 비상장기업의 수는 2011년에 비해 증가하였다.

⑤ 2012년 비상장기업 중 국제회계기준을 적용한 비상장기업이 차지하는 비율은 전년에 비해 2%p 이상 증가하였다.

📝 문제풀이

10 분수 비교형
난이도 ★★★☆☆

① (O) 〈표 2〉에서 2011년 국제회계기준을 적용한 비상장기업의 수는 1,142개이고 이 중 자산규모가 5천억 원 미만인 기업은 285+739=1,024개이다. $\frac{1,024}{1,142}$ 는 80% 이상이다. 또는 반대해석하여 판단할 수도 있다. 자산규모가 5천억 원 이상인 기업(118개)이 1,142개의 20% 이하인지 구하면 빠르게 판단 가능하다.

② (O) 〈표 2〉에서 2011년 자산규모가 2조 원 이상인 비상장기업 중, 일반회계기준을 적용한 기업 수는 38개(73.1%), 국제회계기준을 적용한 기업 수는 14개(26.9%)이다.

③ (O) 〈표 1〉에서 전체 기업 대비 국제회계기준을 적용한 기업의 비율은 2011년에 9.1+6.0=15.1%, 2012년에 8.7+7.2=15.9%이므로 2012년에는 전년에 비해 증가하였다. 국제회계기준의 하위 항목이 의무기업과 상장기업 둘 뿐이므로 위와 같이 더해도 상관없지만 항목의 수가 3개 이상인 경우에는 더해서 비교하지 말고 격차로 비교할 수도 있다. 즉, 2012년에는 전년대비 의무기업의 비율은 0.4%p 감소하였지만 선택기업의 비율은 1.2%p 증가하였기 때문에 이들의 합은 +0.8%p이므로 증가한 것이라고 판단할 수 있다.

④ (O) 〈표 1〉에서 2012년 국제회계기준과 일반회계기준의 비상장기업의 수 모두 각각 전년대비 증가하였기 때문에 전체 비상장기업의 수는 증가하였다.

⑤ (X) 〈표 1〉에서 비상장기업 중 국제회계기준을 적용한 비상장기업이 차지하는 비율은 2011년이 $\frac{1,142}{17,169} \fallingdotseq 6.65\%$, 2012년이 $\frac{1,403}{17,769} \fallingdotseq 7.89\%$이므로 전년에 비해 2%p 미만 증가하였다. 비율로 비교할 수도 있는데, 2011년이 $\frac{7.2}{91.3} \fallingdotseq 6.6\%$로 2012년이 $\fallingdotseq 7.88\%$로 8%이므로 2%p 이상 증가하지는 않았다.

> ⏱ **빠른 문제 풀이 Tip**
>
> • 〈표 1〉의 비율은 세로방향으로 합이 100%이고, 〈표 2〉의 비율은 가로방향으로 합이 100%인 자료이다.
> • 이 문제의 〈표 1〉과 〈표 2〉 역시 별개의 표가 아니다. 〈표 2〉는 〈표 1〉의 2011년 비상장기업의 회계기준 적용 기업의 수를 자산규모별로 세분화 한 자료이다. 특히 〈표 1〉의 분야별 신고접수 건수와 〈표 2〉의 분야별 전체 처리결과 건수의 수치가 같다.
> • 표에서 실제 수치와 비율이 함께 주어지는 경우에는 비율을 이용하여 판단하라는 의미가 내포되어 있다.

[정답] ⑤

11

다음 〈표〉는 25~54세 기혼 비취업여성 현황과 기혼여성의 경력단절 사유에 관한 자료이다. 이를 이용하여 작성한 그래프로 옳지 않은 것은?

〈표 1〉 연령대별 기혼 비취업여성 현황

(단위: 천 명)

연령대	기혼여성	기혼비취업여성	실업자	비경제활동인구
25~29세	570	306	11	295
30~34세	1,403	763	20	743
35~39세	1,818	862	23	839
40~44세	1,989	687	28	659
45~49세	2,010	673	25	648
50~54세	1,983	727	20	707
계	9,773	4,018	127	3,891

※ 기혼여성은 취업여성과 비취업여성으로 분류됨.

〈표 2〉 기혼 경력단절여성의 경력단절 사유 분포

(단위: 천 명)

연령대	개인·가족 관련 이유				육아	가사	합
	결혼	임신·출산	자녀교육	기타			
25~29세	179	85	68	1	25	58	9	246
30~34세	430	220	137	10	63	189	21	640
35~39세	457	224	107	29	97	168	55	680
40~44세	339	149	38	24	128	71	74	484
45~49세	322	113	14	12	183	32	80	434
50~54세	323	88	10	7	218	20	78	421
계	2,050	879	374	83	714	538	317	2,905

※ 1) 기혼 경력단절여성은 기혼 비취업여성 중에서 개인·가족 관련 이유, 육아, 가사 등의 이유로 인해 직장을 그만둔 상태에 있는 여성임.
　 2) 경력단절 사유에 복수로 응답한 경우는 없음.

① 연령대별 기혼여성 중 경제활동인구

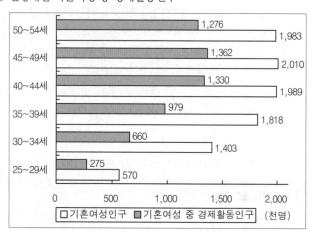

※ 경제활동인구＝취업자＋실업자

② 연령대별 기혼여성 중 비취업여성과 경력단절여성

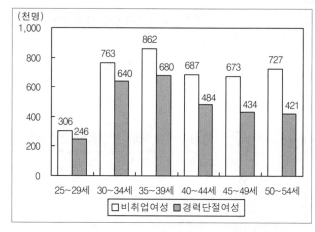

③ 25~54세 기혼 취업여성의 연령대 구성비

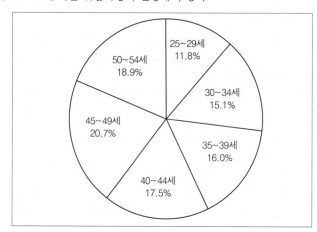

④ 30~39세 기혼 경력단절여성의 경력단절 사유 분포

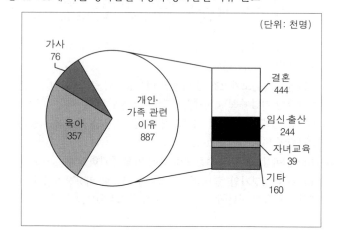

⑤ 25~54세 기혼 경력단절여성의 연령대 구성비

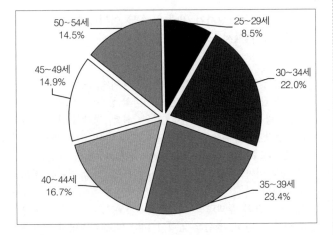

📑 문제풀이

11 표-차트 변환형   난이도★★★★☆

① (O) 〈표 1〉에서 기혼여성인구는 그대로 비교하면 되고, '기혼여성=취업여성 +비취업여성'과 '경제활동인구=취업자+실업자'의 관계를 고려하면 '기혼 여성 중 경제활동인구=기혼여성−기혼 비취업여성 중 비경제활동인구' 이다.

② (O) 비취업여성은 〈표 1〉, 경력단절여성은 〈표 2〉의 합을 그대로 비교하여 확인할 수 있다.

③ (X) 먼저 25~54세 전체 기혼 취업여성은 기혼여성−기혼 비취업여성이므로 9,773−4,018=5,755천 명이다. 그래프의 비중은 연령대별로 비슷비슷한데 25~29세의 비율이 11.8%로 표시되어 있다. 따라서 실제 25~29세 취업여 성은 적어도 570천 명 이상이어야 하지만, 실제 〈표 1〉에서 검토하면 570− 306=264천 명으로 10%에 미치지 못하는 것을 파악할 수 있다. 해당 연령 대간 크기 비교를 통해 판단하면 그래프에서는 40~44세의 비율이 17.5% 로 50~54세의 비율 18.9%보다 작게 표시되어 있지만 〈표 1〉에서 실제 취 업여성은 40~44세가 1,989−687=1,302천 명으로 50~54세 1,983−727= 1,256천 명보다 더 많다.

④ (O) 30~39세 기혼 경력단절 여성의 수는 〈표 2〉의 30~34세와 35~39세 의 구간을 합하여 확인할 수 있다.

⑤ (O) 〈표 2〉의 연령대별 합의 배수관계를 통해 확인할 수 있다.

⏱ 빠른 문제 풀이 Tip
먼저 표의 수치가 그대로 들어간 그림부터 빠르게 비교하자.

[정답] ③

[12~13] 다음 〈표〉는 2009년 8개 지역의 상·하수도 보급 및 하수도요금 현황에 대한 자료이다. 〈표〉를 보고 물음에 답하시오.

〈표 1〉 지역별 상·하수도 보급 현황

구분 / 지역	인구 (천 명)	상수도 급수인구 (천 명)	상수도 보급률 (%)	상수도 1일급수량 (천 m³)	하수도 처리인구 (천 명)	하수도 보급률 (%)
전국	50,642	47,338	93.5	15,697	45,264	89.4
강원	1,526	1,313	86.0	579	1,175	( )
충북	1,550	1,319	85.1	477	1,208	77.9
충남	2,075	1,483	71.5	526	1,319	( )
전북	1,874	1,677	89.5	722	1,486	79.3
전남	1,934	1,426	73.7	497	1,320	( )
경북	2,705	2,260	83.5	966	1,946	71.9
경남	3,303	2,879	87.2	1,010	2,732	82.7
제주	568	568	100.0	196	481	84.7

※ 1) 상수도 보급률(%) = $\dfrac{\text{상수도 급수인구}}{\text{인구}} \times 100$

  2) 하수도 보급률(%) = $\dfrac{\text{하수도 처리인구}}{\text{인구}} \times 100$

〈표 2〉 지역별 하수도요금 현황

구분 / 지역	연간 부과량 (천 m³)	연간 부과액 (백만 원)	부과량당 평균요금 (원/m³)	부과량당 처리총괄원가 (원/m³)	하수도요금 현실화율 (%)
전국	4,948,576	1,356,072	274.0	715.6	38.3
강원	110,364	21,625	195.9	658.5	( )
충북	124,007	40,236	324.5	762.6	42.6
충남	127,234	34,455	270.8	1,166.3	( )
전북	163,574	30,371	185.7	688.0	27.0
전남	155,169	22,464	144.8	650.6	( )
경북	261,658	61,207	233.9	850.9	27.5
경남	283,188	65,241	230.4	808.9	28.5
제주	50,029	13,113	262.1	907.4	28.9

※ 하수도요금 현실화율(%) = $\dfrac{\text{부과량당 평균요금}}{\text{부과량당 처리총괄원가}} \times 100$

12

위 〈표〉의 8개 지역에 대한 〈보기〉의 설명 중 옳은 것만을 모두 고르면?

〈보 기〉

ㄱ. 상수도 보급률이 가장 낮은 지역이 하수도 보급률도 가장 낮다.

ㄴ. 하수도 보급률이 가장 높은 지역이 하수도요금 현실화율은 가장 낮다.

ㄷ. 하수도요금 부과량당 평균요금이 가장 높은 지역이 하수도요금 현실화율도 가장 높다.

ㄹ. 상수도 급수인구당 1일급수량이 가장 많은 지역이 상수도 급수인구는 가장 적다.

① ㄱ, ㄴ
② ㄱ, ㄷ
③ ㄴ, ㄹ
④ ㄱ, ㄷ, ㄹ
⑤ ㄴ, ㄷ, ㄹ

13

다음 〈보고서〉를 작성하기 위해 위 〈표〉 이외에 추가로 필요한 자료만을 〈보기〉에서 모두 고르면?

〈보고서〉

○ 2009년 전국의 상수도 보급률은 93.5%이며, 제주의 경우 상수도 보급률은 100%에 달한다. 전국의 상수도 급수인구당 1일급수량은 0.33m³ 수준인데, 강원, 전북, 경북의 상수도 급수인구당 1일급수량은 전국보다 0.07m³ 이상 많다. 한편, 전국 상수도요금은 m³당 610.2원인데, 경남이 m³당 760.4원으로 가장 비싸고, 충북이 m³당 476.9원으로 가장 저렴한 것으로 나타났다.

○ 하수도요금의 부과량당 처리총괄원가의 경우 전남은 m³당 650.6원인 반면, 충남은 m³당 1,166.3원으로 지역적 편차가 매우 크다. 하수도요금과 처리총괄원가 간 격차는 하수도요금 현실화율을 낮추는 원인으로 해당 지역의 재정에 부정적인 영향을 미치고 있다. 예를 들어, 하수도요금 현실화율이 전국보다 낮은 전남의 재정자립도는 21.7%에 불과하며, 하수도 처리인구당 연간 부과액도 17,018.2원으로 전남이 전국보다 낮다.

○ 2009년 전국의 상수도 연간 급수량 규모는 5,729,405천m³인데 비해 하수도 연간 부과량 규모는 4,948,576천m³로, 상수도 연간 급수량에서 하수도 연간 부과량이 차지하는 비중은 86.4%로 나타났다. 특히, 상수도 급수인구 대비 하수도 처리인구 비율이 전국보다 낮은 제주는 전체 주민의 15% 이상이 하수도 처리 서비스를 받지 못하는 것으로 나타났다.

〈보 기〉

ㄱ. 지역별 상수도 급수인구당 1일급수량

ㄴ. 지역별 상수도요금

ㄷ. 광역지자체별 재정자립도

ㄹ. 하수도 처리인구당 연간 부과액

ㅁ. 지역별 상수도 급수인구 대비 하수도 처리인구 비율

① ㄱ, ㄴ
② ㄴ, ㄷ
③ ㄴ, ㄷ, ㄹ
④ ㄴ, ㄹ, ㅁ
⑤ ㄷ, ㄹ, ㅁ

2023
2023
2022
2021
2020
2019
2018
2017
2016
2015
2014
2013
2012

📝 문제풀이

| **12 빈칸형** | 관련문제: 2011년 33번   난이도★★★☆☆ |

ㄱ. (O) 〈표 1〉에서 상수도 보급률이 가장 낮은 지역은 충남이다. 하수도 보급률의 경우 강원, 전남과 비교하면 되는데 강원($\frac{1,175}{1,526}$)의 경우 70%가 넘고, 전남과 충남은 둘 다 하수도 보급률이 60%대이지만 전남은 충남보다 분모가 되는 인구는 더 적으면서 분자가 되는 하수도 처리인구가 더 많기 때문에 하수도 보급률이 가장 낮은 지역이 된다.

ㄴ. (X) 〈표 1〉에서 하수도 보급률이 가장 높은 지역은 제주인데 〈표 2〉에서 하수도요금 현실화율은 제주가 28.9%으로 괄호의 지역을 제외하더라도 경남, 경북, 전북보다도 낮다. 따라서 하수도요금 현실화율이 가장 낮은 지역은 제주가 아니다.

ㄷ. (O) 〈표 2〉에서 하수도요금 부과량당 평균요금이 가장 높은 지역은 충북이다. 하수도요금 현실화율은 충북이 42.6%로 괄호인 강원, 충남, 전남을 제외하고는 가장 높다. 40%를 기준으로 강원이 $\frac{195.9}{658.5}$, 충남이 $\frac{270.8}{1,166.3}$, 전남이 $\frac{144.8}{650.6}$로 모두 40%를 넘지 못하는 것을 쉽게 판단할 수 있다.

ㄹ. (X) 〈표 1〉에서 먼저 상수도 급수인구가 가장 적은 지역은 제주이고 상수도 급수인구당 1일급수량은 제주($\frac{196}{568}$)보다 강원, 전북, 경북이 더 많다. 따라서 제주의 급수인구는 가장 적지만 상수도 급수인구당 1일급수량이 가장 많은 지역은 아니다.

⏱ 빠른 문제 풀이 Tip

먼저 괄호의 수치를 채우고 문제를 풀지 말고 〈보기〉에서 요구하는 부분부터 채우면서 판단하자.

[정답] ②

📝 문제풀이

| **13 보고서 검토·확인형** | 난이도★★☆☆☆ |

ㄴ. 〈보고서〉 첫 번째 문단 '한편, 전국 상수도요금은 ㎥당 610.2원인데, 경남이 ~, 충북이 ~ 나타났다.'를 작성하기 위해 [지역별 상수도 요금]이 추가로 필요하다.

ㄷ. 〈보고서〉 두 번째 문단 '전국보다 낮은 전남의 재정자립도는 21.7%에 불과하며,'를 작성하기 위해 [광역지자체별 재정자립도] 자료가 추가로 필요하다.

ㄹ. [하수도 처리인구당 연간 부과액]은 〈표 1〉 하수도 처리인구와 〈표 2〉 연간 부과액 항목으로 판단 가능하다. 따라서 〈보고서〉 작성을 위해 추가로 필요한 자료가 아니다.

⏱ 빠른 문제 풀이 Tip

추가로 필요한 자료를 찾는 문제 역시 12번 문제와 같은 방식으로 해결하자. 즉, 〈표〉의 제목과 항목을 꼼꼼히 보고 〈보고서〉에 처음으로 언급되거나 제시된 〈표〉만 가지고 판단할 수 없는 부분이 추가로 필요한 자료가 되므로 실제 수치가 〈표〉의 내용과 일치하는지 꼼꼼하게 검토할 필요까지는 없는 문제 유형이다.

[정답] ②

14

다음 〈표〉는 민속마을 현황에 관한 자료이다. 〈표〉와 〈보기〉에 근거하여 B, D, E에 해당하는 민속마을을 바르게 나열한 것은?

〈표 1〉 민속마을별 지정면적

(단위: 천 ㎡)

구분	A	B	C	고성왕곡	D	E	영주무섬
지정면적	7,200	794	969	180	197	201	669

〈표 2〉 민속마을별 건물 현황

(단위: 개)

구분	A	B	C	고성왕곡	D	E	영주무섬
와가	162	18	180	39	57	117	37
초가	211	370	220	99	151	11	57
기타	85	287	78	9	28	98	22
계	458	675	478	147	236	226	116

〈표 3〉 민속마을별 입장료 현황

(단위: 원)

구분	A	B	C	고성왕곡	D	E	영주무섬
성인	3,000	무료	4,000	무료	2,000	무료	무료
청소년	1,500		2,000		1,000		
아동	1,000		1,500		1,000		

─── 〈보 기〉 ───

○ 초가수가 와가수의 2배 이상인 곳은 '아산외암', '성읍민속', '고성왕곡'이다.

○ 성인 15명, 청소년 2명, 아동 8명의 입장료 총합이 56,000원인 곳은 '안동하회'이다.

○ 지정면적 천 ㎡당 총 건물수가 가장 많은 곳은 '아산외암'이다.

○ '경주양동'의 지정면적은 '성주한개'와 '영주무섬'의 지정면적을 합한 것보다 크다.

	B	D	E
①	성읍민속	아산외암	성주한개
②	성읍민속	아산외암	경주양동
③	성읍민속	안동하회	경주양동
④	아산외암	성읍민속	성주한개
⑤	아산외암	성읍민속	안동하회

📑 문제풀이

14 매칭형

난이도 ★★★☆☆

- 두 번째 〈보기〉와 네 번째 〈보기〉는 경우의 수가 발생할 수 있으므로 먼저 첫 번째 또는 세 번째 〈보기〉부터 검토한다.

- 세 번째 〈보기〉가 '가장'이라는 표현이 포함되어 있으므로 가장 경우의 수가 적은 〈보기〉이지만 〈표 1〉과 〈표 2〉를 같이 검토해야 하므로 이보다 판단하기 더 쉬운 첫 번째 〈보기〉부터 검토한다. 초가수가 와가수의 2배인 곳은 표에서 직접 제시한 '고성왕곡'을 제외하면 '아산외암' 또는 '성읍민속'이 B 또는 D가 된다. 이에 따라 선택지 ③이 제거된다.

- 세 번째 〈보기〉 지정면적 천 ㎡당 총 건물수는 D와 E만이 1을 넘고, D($\frac{236}{197}$)가 E($\frac{226}{201}$)보다 더 크다. 따라서 '아산외암'은 D이고, 이에 따라 선택지 ④, ⑤가 제거된다.

- 결국 선택지 ①, ②만 남게 되므로 E에 해당하는 민속마을이 '성주한개'인지 '경주양동'인지만 판단하면 된다. '경주양동'의 지정면적은 '성주한개'와 '영주무섬'의 지정면적을 합한 것보다 크다고 하였으므로 '경주양동' > '성주한개'+'영주무섬'(669)가 되어야 하는데 만약 E가 '경주양동'=201이라면 위 부등식을 만족하지 못한다. 따라서 E는 '성주한개'가 된다.

⏱ 빠른 문제 풀이 Tip

- 경우의 수가 적거나 확실하게 판단할 수 있는 보기부터 검토하자.
- 선택지의 배열을 반드시 참고한다.

[정답] ①

15

다음 〈표〉는 2006~2010년 국내 버스운송업의 업체 현황에 관한 자료이다. 〈표〉와 〈보기〉를 근거로 A, B, D에 해당하는 유형을 바르게 나열한 것은?

〈표〉 국내 버스운송업의 유형별 업체수, 보유대수, 종사자수

(단위: 개, 대, 명)

유형	구분 \ 연도	2006	2007	2008	2009	2010
A	업체수	10	10	8	8	8
	보유대수	2,282	2,159	2,042	2,014	1,947
	종사자수	5,944	5,382	4,558	4,381	4,191
B	업체수	99	98	96	92	90
	보유대수	2,041	1,910	1,830	1,730	1,650
	종사자수	3,327	3,338	3,341	3,353	3,400
C	업체수	105	95	91	87	84
	보유대수	7,907	7,529	7,897	7,837	7,901
	종사자수	15,570	14,270	14,191	14,184	14,171
D	업체수	325	339	334	336	347
	보유대수	29,239	30,036	30,538	30,732	32,457
	종사자수	66,191	70,253	70,404	71,126	74,427

─〈보 기〉─

○ 시내버스와 농어촌버스의 종사자수는 각각 매년 증가한 반면, 시외일반버스와 시외고속버스 종사자수는 각각 매년 감소하였다.
○ 2010년 업체당 종사자수가 2006년에 비해 감소한 유형은 시외고속버스이다.
○ 농어촌버스의 업체당 보유대수는 매년 감소하였다.

	A	B	D
①	농어촌버스	시외고속버스	시내버스
②	농어촌버스	시내버스	시외고속버스
③	시외일반버스	농어촌버스	시내버스
④	시외고속버스	시내버스	농어촌버스
⑤	시외고속버스	농어촌버스	시내버스

📝 문제풀이

15 매칭형 　　관련문제: 2016년 2번　난이도★★★☆☆

- 알파벳 매칭 유형은 〈보기〉에서 주는 정보의 문장이 길수록 오히려 판단하기 쉬운 경향이 있다.

- 첫 번째 〈보기〉를 보면 B 또는 D는 시내버스 또는 농어촌버스가 되고, A 또는 C는 시외일반버스 또는 시외고속버스가 된다. 이에 따라 선택지 ①, ②가 제거된다.

- 두 번째 〈보기〉에서 A와 C 중 2010년 업체당 종사자수가 2006년에 비해 감소한 유형은 A가 되므로 시외고속버스는 A가 된다. 이에 따라 선택지 ③이 제거된다.

- 세 번째 〈보기〉에서 업체당 보유대수는 D의 경우 2008년에 전년대비 증가하고 있다. 이는 분모인 업체수가 감소하고, 분자인 보유대수가 증가한 것을 통해 알 수 있다. 따라서 업체당 보유대수가 매년 감소한 B가 농어촌버스이다.

⏱ 빠른 문제 풀이 Tip

- 경우의 수가 적거나 확실하게 판단할 수 있는 〈보기〉부터 검토하자.
- 선택지의 배열을 반드시 참고한다.

[정답] ⑤

16

다음 〈표〉는 군별, 연도별 A소총의 신규 배치량에 관한 자료이다. 이에 대한 〈보기〉의 설명 중 옳은 것만을 모두 고르면?

〈표〉 군별, 연도별 A소총의 신규 배치량

(단위: 정)

연도 군	2011	2012	2013	2014
육군	3,000	2,450	2,000	0
해군	600	520	450	450
공군	0	30	350	150
전체	3,600	3,000	2,800	600

〈보 기〉

ㄱ. 2011~2014년 육군의 A소총 신규 배치량이 매년 600정 더 많다면, 해당기간 육·해·공군 전체의 A소총 연평균 신규 배치량은 3,100정이다.

ㄴ. 연도별 육·해·공군 전체의 A소총 신규 배치량 중 해군의 A소총 신규 배치량이 차지하는 비중이 가장 작은 해는 2011년이다.

ㄷ. A소총 1정당 육군은 590만 원, 해군은 560만 원, 공군은 640만 원으로 매입하여 배치했다면, 육·해·공군 전체의 A소총 1정당 매입가격은 2011년이 2014년보다 낮다.

① ㄱ
② ㄴ
③ ㄱ, ㄴ
④ ㄱ, ㄷ
⑤ ㄴ, ㄷ

📝 문제풀이

16 평균 개념형   관련문제: 2013년 6번   난이도 ★★★★☆

ㄱ. (O) 2011~2014년 육군의 A소총 신규 배치량이 매년 600정 더 많다면, 해당기간인 4년 동안 총 2,400정 증가하게 된다. 따라서 현재 10,000정 +2,400정=12,400정이 되므로 육·해·공군 전체의 A소총 연평균 신규 배치량은 3,100정이다.

ㄴ. (X) 연도별 육·해·공군 전체의 A소총 신규 배치량 중 해군의 A소총 신규 배치량이 차지하는 비중은 2011년 $\frac{1}{3,600}=\frac{1}{6}$이지만 2013년 $\frac{1}{7}<\frac{450}{2,800}<\frac{1}{6}$이므로 가장 작은 해는 2011년이 아니다.

ㄷ. (X) 수치 그대로 계산할 경우 $\frac{3,000\times590+600\times560}{3,600}$과 $\frac{450\times560+150\times640}{600}$을 비교해야 한다. 일단 분모를 600으로 정리한 뒤 분자만 비교하면 다음과 같다.

$10\times59+2\times56$, $9\times56+3\times64$

→ 10×59, $7\times56+3\times64$

→ $7\times59+3\times59$, $7\times56+3\times64$

→ 7×3, 3×5

→ $7\times3 > 3\times5$

따라서 육·해·공군 전체의 A소총 1정당 매입가격은 2011년이 2014년보다 높다.

가중평균 개념을 이용하여 좀 더 간단히 비교할 수도 있다. 2011년은 600의 배수이고 2014년은 150의 배수라는 점을 파악했다면 $\frac{3,000\times590+600\times560}{3,600}$과 $\frac{450\times560+150\times640}{600}$의 비교임을 알 수 있다. 2011년은 $\frac{1}{6}\times590+\frac{1}{6}\times560$이므로 1정당 매입가격은 560~590 사이에 존재하며 그 간격은 30이다. 590에 가중치 $\frac{5}{6}$, 560에 가중치 $\frac{1}{6}$이 부여된 셈이므로 간격 30을 6등분하여 560에서 25만큼 크고 590에서 5만큼 작은 585가 도출된다. 이와 마찬가지로 2013년은 $\frac{3}{4}\times560+\frac{1}{4}\times6400$이므로 1정당 매입가격은 560~640사이에 존재하며 그 간격은 80이다. 560에 가중치 $\frac{3}{4}$, 640에 가중치 $\frac{1}{4}$이 부여된 셈이므로 간격 80을 4등분하여 560에서 20만큼 크고 640에서 60만큼 작은 580이 도출된다. 따라서 2011년 585가 2014년 580보다 크다고 판단할 수도 있다.

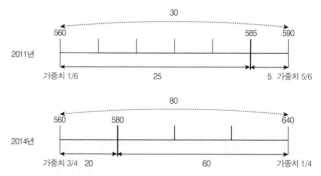

⏱ 빠른 문제 풀이 Tip

- 순수한 계산문제가 아니므로 구조를 파악하자.
- 물론 계산만으로도 해결할 수 있지만 출제의도와 수치 간 관계를 파악한다면 어렵지 않게 시간을 절약하면서 해결할 수 있다.

[정답] ①

17

다음 〈표〉는 조선시대 화포인 총통의 종류별 제원에 관한 자료이다. 이에 대한 설명으로 옳지 않은 것은?

〈표〉 조선시대 총통의 종류별 제원

제원 \ 종류		천자총통	지자총통	현자총통	황자총통
전체길이(cm)		129.0	89.5	79.0	50.4
약통길이(cm)		35.0	25.1	20.3	13.5
구경	내경(cm)	17.6	10.5	7.5	4.0
	외경(cm)	22.5	15.5	13.2	9.4
사정거리		900보 ( )	800보 (1.01km)	800보 (1.01km)	1,100보 (1.39km)
사용되는 화약무게		30냥 (1,125g)	22냥 (825g)	16냥 (600g)	12냥 (450g)
총통무게		452근8냥 (271.5kg)	155근 (93.0kg)	89근 (53.4kg)	36근 ( )
제조년도		1555	1557	1596	1587

① 전체길이가 짧은 총통일수록 사용되는 화약무게가 가볍다.
② 황자총통의 총통무게는 21.0kg 이하이다.
③ 제조년도가 가장 늦은 총통이 내경과 외경의 차이가 가장 크다.
④ 전체길이 대비 약통길이의 비율이 가장 큰 총통은 지자총통이다.
⑤ 천자총통의 사정거리는 1.10km 이상이다.

📑 문제풀이

17 빈칸형   난이도 ★★★★☆

① (O) '~할수록 ~하다'의 문제이다. 전체길이가 짧은 총통인 황자총통 – 현자총통 – 지자총통 – 천자총통 순서대로 화약무게 역시 가볍다.

② (X) 수치가 비교적 간단한 지자총통의 총통무게를 바탕으로 계산하자. 155근 : 93kg=36근 : X이므로 X≒21.6kg이다. 따라서 황자총통의 총통무게는 21.0kg 이상이다. 현자총통의 89근=53.4kg을 이용하면 좀 더 쉽게 판단할 수 있다. 즉 8.9근=5.34kg이므로 이를 4배하면 황자총통 36근보다 작지만 5.34×4 > 21.0kg이다.

③ (O) 현자총통의 제조년도는 1596년으로 가장 늦고 내경과 외경의 차이 역시 5.7cm로 가장 크다.

④ (O) 전체길이 대비 약통길이의 비율은 지자총통이 $\frac{25.1}{89.5}$이고 천자총통 $\frac{35.0}{129.0}$, 현자총통 $\frac{20.3}{79.0}$, 황자총통 $\frac{13.5}{50.4}(=\frac{27.0}{100.8})$이다. 분수비교를 하는 방법 중 분자와 분모의 증가율 크기로 비교하는 증가율 법에 따라서 천자총통과는 분자 10 차이, 분모 약 40 차이이므로 40% 기준으로 비교, 현자총통과는 분자 약 5 차이, 분모 약 10 차이이므로 20% 기준으로 비교, 황자총통과는 괄호 안 수치로 비교하면 분자 약 2 차이, 분모 약 11 차이이므로 전체길이 대비 약통길이의 비율이 가장 큰 총통은 지자총통이다.

⑤ (O) 천자총통의 사정거리를 도출할 때 표에 주어진 수치로 판단한다. 800보와 1,100보의 거리 차인 300보는 0.38km이므로 100보는 약 0.12~0.13km가 된다. 1.10km 이상인지 묻고 있으므로 100보를 0.12km라 하더라도 900보는 1.13km를 넘는다. 따라서 천자총통의 사정거리는 1.10km 이상이다. 800보가 1.01km이므로 80보는 약 0.1km이다. 즉 880보가 1.1km 이상이 된다.

⏱ 빠른 문제 풀이 Tip

• '항상', '언제나'와 같은 표현인 '~할수록 ~하다'의 경우에는 이를 판단하는 방법이 두 가지이다. 첫 번째는 두 항목의 순서를 매긴 후 그 순서가 일치하는지 보이는 것이고, 두 번째는 성립하지 않는 반례 하나를 찾아내 이를 깨트려 주면 된다.
• 비례식 관계를 설정해서 풀어갈 것인지 주변의 수치관계를 이용하여 풀어갈 것인지 잘 선택하자.

[정답] ②

18

다음 〈표〉는 2011년과 2012년 친환경인증 농산물의 생산 현황에 관한 자료이다. 이에 대한 설명으로 옳지 않은 것은?

〈표〉 종류별, 지역별 친환경인증 농산물 생산 현황

(단위: 톤)

| 구분 | | 2012년 | | | | 2011년 |
| | | 합 | 인증형태 | | | |
			유기 농산물	무농약 농산물	저농약 농산물	
종류	곡류	343,380	54,025	269,280	20,075	371,055
	과실류	341,054	9,116	26,850	305,088	457,794
	채소류	585,004	74,750	351,340	158,914	753,524
	서류	41,782	9,023	30,157	2,602	59,407
	특용작물	163,762	6,782	155,434	1,546	190,069
	기타	23,253	14,560	8,452	241	20,392
	계	1,498,235	168,256	841,513	488,466	1,852,241
지역	서울	1,746	106	1,544	96	1,938
	부산	4,040	48	1,501	2,491	6,913
	대구	13,835	749	3,285	9,801	13,852
	인천	7,663	1,093	6,488	82	7,282
	광주	5,946	144	3,947	1,855	7,474
	대전	1,521	195	855	471	1,550
	울산	10,859	408	5,142	5,309	13,792
	세종	1,377	198	826	353	0
	경기도	109,294	13,891	71,521	23,882	126,209
	강원도	83,584	17,097	52,810	13,677	68,300
	충청도	159,495	29,506	64,327	65,662	207,753
	전라도	611,468	43,330	443,921	124,217	922,641
	경상도	467,259	52,567	176,491	238,201	457,598
	제주도	20,148	8,924	8,855	2,369	16,939
	계	1,498,235	168,256	841,513	488,466	1,852,241

① 2012년 친환경인증 농산물 종류 중 전년대비 생산 감소량이 세 번째로 큰 농산물은 곡류이다.

② 2012년 친환경인증 농산물의 종류별 생산량에서 무농약 농산물 생산량이 차지하는 비중은 서류가 곡류보다 크다.

③ 2012년 전라도와 경상도에서 생산된 친환경인증 채소류 생산량의 합은 적어도 16만 톤 이상이다.

④ 2012년 각 지역내에서 인증형태별 생산량 순위가 서울과 같은 지역은 인천과 강원도 뿐이다.

⑤ 2012년 친환경인증 농산물의 생산량이 전년대비 30% 이상 감소한 지역은 총 2곳이다.

📝 문제풀이

18 최소여집합형　　　　　　난이도 ★★★☆☆

① (O) 곡류의 전년대비 생산 감소량 약 28,000톤보다 큰 농산물 종류가 2개 인지 검토하면 된다. 곡류보다 전년대비 생산 감소량이 큰 종류는 각각 10 만 톤 이상 감소한 과실류와 채소류뿐이다. 따라서 2012년 친환경인증 농산물 종류 중 전년대비 생산 감소량이 세 번째로 큰 농산물은 곡류이다.

② (X) 2012년 친환경인증 농산물의 종류별 생산량에서 무농약 농산물 생산량 이 차지하는 비중은 서류가 $\frac{30,157}{41,782}$ 곡류가 $\frac{269,280}{343,380}$ 이고 자리수를 맞춰서 비교하면 $\frac{30}{42} < \frac{27}{34}$ 이다. 따라서 2012년 친환경인증 농산물의 종류별 생산량에서 무농약 농산물 생산량이 차지하는 비중은 서류가 곡류보다 작다.

③ (O) 2012년 전체 친환경인증 농산물 생산량 약 150만 톤 중 전라도와 경상 도에서 생산된 농산물 생산량의 합은 약 108만 톤이다. 채소류 생산량이 약 58만 톤이고 전체에서 채소류가 아닌 농산물 생산량은 약 92만 톤이 되므 로 채소류가 아닌 농산물 생산량 모두 전라도와 경상도에서 생산되었다 하 더라도 차이값인 108−92=약 16만 톤은 전라도와 경상도에서 생산된 친환 경인증 채소류 생산량의 최솟값이 된다. 따라서 적어도 16만 톤 이상이고, 정확히 계산하면 165,496톤이 도출된다.

④ (O) 2012년 서울의 인증형태별 생산량 순위는 무농약 − 유기 − 저농약 순이 다. 이와 같은 지역은 인천과 강원도뿐이다. 지역별로 검토할 때 무농약 생 산량이 가장 많으면서 저농약보다 유기의 생산량이 많은 지역을 찾으면 된 다.

⑤ (O) 2012년 친환경인증 농산물의 생산량이 전년대비 30% 이상 감소한 지역 은 부산($\frac{29}{69}$≒40% 이상)과 전라도($\frac{312}{923}$≒30% 이상) 2곳이다.

⏱ 빠른 문제 풀이 Tip

• 분수 비교를 빨리빨리 할 수 있는 것도 중요하지만, 그 이전에 이 선택지 를 풀 것인지 말 것인지 구분하는 것이 더욱 중요하다. ①의 경우 감소폭 을 묻는 것이고 종류 역시 6가지이므로 검토해도 무방하지만, ⑤의 경우 감소율을 물으면서 14개 지역을 검토하라는 의미이므로 사실상 패스하여 나중에 검토하거나 아예 검토하지 말아야 한다.

• 일반적으로 선택지나 〈보기〉에서 비율의 개수를 묻는 경우에는 넘어가 도록 하자.

[정답] ②

19

교수 A~C는 주어진 〈조건〉에서 학생들의 보고서를 보고 공대생 여부를 판단하는 실험을 했다. 아래 〈그림〉은 각 교수가 공대생으로 판단한 학생의 집합을 나타낸 벤다이어그램이며, 〈표〉는 실험 결과에 따라 교수 A~C의 정확도와 재현도를 계산한 것이다. 이에 대한 〈보기〉의 설명 중 옳은 것만을 모두 고르면?

〈조 건〉

○ 학생은 총 150명이며, 이 중 100명만 공대생이다.
○ 학생들은 모두 1인당 1개의 보고서를 제출했다.
○ 실험에 참가하는 교수 A~C는 150명 중 공대생의 비율을 알지 못한다.

〈그림〉 교수 A~C가 공대생으로 판단한 학생들의 집합

(단위: 명)

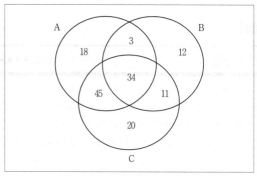

〈표〉 교수 A~C의 정확도와 재현도

교수	정확도	재현도
A	( )	( )
B	1	( )
C	$\dfrac{8}{11}$	$\dfrac{4}{5}$

※ 1) 정확도 = $\dfrac{\text{공대생으로 판단한 학생 중에서 공대생 수}}{\text{공대생으로 판단한 학생 수}}$

2) 재현도 = $\dfrac{\text{공대생으로 판단한 학생 중에서 공대생 수}}{\text{전체 공대생 수}}$

〈보 기〉

ㄱ. A, B, C 세 교수 모두가 공대생이 아니라고 공통적으로 판단한 학생은 7명이다.
ㄴ. A, C 두 교수 모두가 공대생이라고 공통적으로 판단한 학생들 중에서 공대생의 비율은 60% 이상이다.
ㄷ. A 교수의 재현도는 $\dfrac{1}{2}$ 이상이다.

① ㄱ
② ㄴ
③ ㄱ, ㄴ
④ ㄴ, ㄷ
⑤ ㄱ, ㄴ, ㄷ

📝 문제풀이

19 조건 판단형   난이도★★★★★

ㄱ. (O) 〈그림〉의 원 안 숫자를 모두 더하면 143명이다. 다시 말하면 전체 학생 150명 중 7명은 A, B, C 세 교수 모두 공대생이 아니라고 공통적으로 판단한 학생의 숫자를 의미한다.

ㄴ. (O) 〈그림〉에서 A, C 두 교수 모두가 공대생이라고 공통적으로 판단한 학생의 수는 45+34=79명이다. 이들 중에서 공대생의 비율을 판단하려면 먼저 B의 정확도와 C의 정확도를 파악할 필요가 있는데, B의 정확도가 1이라는 것은 〈그림〉에서 B가 공대생으로 판단한 학생 60명 모두 실제 공대생이라는 의미이다. 따라서 A, B, C 모두 공대생으로 판단한 학생 34명은 실제로도 공대생이 된다. 여기서 C의 정확도가 $\dfrac{8}{11}$이므로 C가 공대생으로 판단한 학생 110명 중 실제 공대생은 80명이고 이미 B와 C가 공통적으로 판단한 34+11=45은 실제 공대생의 숫자이므로 나머지 65명, 즉 C만이 공대생으로 판단한 20명과 B를 제외한 A와 C가 동시에 공대생으로 판단한 45명의 합 중 실제 공대생의 숫자는 35명이다. 따라서 A, C 두 교수 모두가 공대생이라고 공통적으로 판단한 학생들 79명 중에서 실제 공대생의 숫자는 최소 34+15=49명이고 최대 34+35=69명이다. 비율 $\dfrac{49}{79}$는 60% 이상이므로 옳다.

ㄷ. (O) A 교수의 재현도가 $\dfrac{1}{2}$ 이상이 되려면 A가 공대생으로 판단한 학생 중에서 실제 공대생의 수는 50명 이상이 되어야 한다. 이미 ㄴ에서 판단한 바와 같이 B의 정확도가 1이므로 A와 B가 공대생으로 동시에 판단한 37명과 B를 제외한 A와 C가 동시에 공대생으로 판단한 45명 중 최소 15명은 실제 공대생이므로 이를 더하면 37+15=52명이다. 따라서 A 교수의 재현도는 $\dfrac{1}{2}$ 이상이다.

⏱ 빠른 문제 풀이 Tip

문제의 길이도 길고 〈조건〉도 3가지가 주어지며 〈그림〉은 평소에 자주 접하지 않는 벤다이어그램에다 〈표〉에는 괄호까지 있다. 거기에 각주에서 정확도와 재현도 2개의 식을 주기 때문에 이 문제를 처음 접할 때 복잡하고 막막한 생각이 들 것이다. 그러나 〈그림〉이 각 교수가 공대생으로 판단한 학생들의 집합임을 확인하였다면 〈그림〉의 수치는 정확도의 분모가 된다는 것을 어렵지 않게 파악할 수 있다. 또한 정확도와 재현도의 분자가 '공대생으로 판단한 학생 중에서 공대생 수'로 같다. 여기까지 검토하고 〈보기〉를 확인하자.

[정답] ⑤

20

A씨는 서울사무소에서 출발하여 정부세종청사로 출장을 가려고 한다. 〈그림〉과 〈표〉는 서울사무소에서 정부세종청사까지의 이동경로와 이용 가능한 교통수단에 따른 소요시간 및 비용이다. 아래의 〈조건〉에 맞는 이동방법은?

〈그림〉 이동경로 및 이용 가능 교통수단

〈표〉 교통수단별 1km당 소요시간 및 비용

교통수단	소요시간	비용
일반버스	5분/km	200원/km
택시	2분/km	1,500원/km
KTX	18초/km	300원/km
무궁화호	1분/km	150원/km
고속버스	1분/km	250원/km

─〈조 건〉─

○ 총 교통비는 편도로 32,000원을 넘지 않아야 한다.
○ 총 소요시간은 편도로 2시간 20분을 넘지 않아야 한다.
○ 〈표〉에 주어진 교통수단별 소요시간과 비용 이외의 다른 소요시간과 비용은 고려하지 않는다.

① 택시를 타고 서울역으로 이동하여 무궁화호를 타고 오송역으로 이동 후 일반버스를 탄다.
② 일반버스를 타고 서울역으로 이동하여 무궁화호를 타고 오송역으로 이동 후 일반버스를 탄다.
③ 일반버스를 타고 서울역으로 이동하여 KTX를 타고 오송역으로 이동 후 일반버스를 탄다.
④ 일반버스를 타고 강남고속버스터미널로 이동하여 고속버스를 타고 세종시 터미널로 이동 후 택시를 탄다.
⑤ 택시를 타고 강남고속버스터미널로 이동하여 고속버스를 타고 세종시 터미널로 이동 후 택시를 탄다.

📝 문제풀이

20 조건 판단형 난이도★★★★★

서울사무소에서 서울역이나 강남고속버스터미널로 가거나 오송역 또는 세종시터미널에서 정부세종청사로 갈 때 택시를 이용하게 되면 일반버스에 비해 시간은 절반 이상 줄어들지만 비용이 7배 이상 더 들게 된다. 또한 서울역에서 오송역까지 무궁화호를 타게 되면 KTX보다 비용은 절반밖에 들지 않지만 시간은 3배 이상 걸리게 된다. 이러한 점에 착안하여 시간제한이나 비용제한에 걸리지 않을 것 같은 선택지 위주로 검토한다.

① 택시(5km) – 무궁화(100km) – 일반버스(8km)
② 일반버스(5km) – 무궁화(100km) – 일반버스(8km)
  비용은 초과하지 않겠지만 시간제한에 걸릴 가능성이 높다. 실제 계산해보면 총 소요시간은 2시간 20분=140분을 넘는 165분이다. 만약 무궁화호+버스(오송역→정부세종청사) 조합은 140분이므로 무조건 시간 제한에 걸린다는 점을 파악할 수 있다.
③ 일반버스(5km) – KTX(100km) – 일반버스(8km)
  KTX를 이용하였기 때문에 비용조건에 초점을 맞춰서 보자. 서울역→오송역 구간만 30,000원이 들고 나머지 이동수단은 모두 일반버스로 하였기 때문에 거리가 10km를 초과하면 비용조건을 만족하지 못한다. 실제 13km이동하였기 때문에 32,600원이 들게 된다.
④ 일반버스(8km) – 고속버스(90km) – 택시(4km)
⑤ 택시(8km) – 고속버스(90km) – 택시(4km)
  고속버스는 무궁화호와 시간은 같으면서 비용은 KTX와 50원 차이밖에 나지 않는다. 따라서 비용과 시간 두 가지를 모두 고려해야 한다. 다만 ⑤의 경우 고속버스 이동 외에 모두 택시를 이용하였으므로 비용제한에 걸릴 가능성이 높다는 점을 파악했다면 실제 계산은 선택지 ④번만 하면 된다.

④에서 소요시간은 40+90+8=138분이고 비용은 1,600+22,500+6,000=30,100원이다. 따라서 〈조건〉에 맞는 이동방법이다.

⏱ 빠른 문제 풀이 Tip

• 어렵지는 않지만 정직하게 풀이하면 시간이 오래 걸리는 계산 유형의 문제이다. 경로가 2가지인데다 각 경로별로 이동수단 역시 2가지씩 존재하며 시간과 비용을 동시에 고려해야 하기 때문이다. 이를 쉽게 해결하려면 표의 수치관계를 파악하여 시간 또는 비용 한 가지만 고려하게끔 선택지를 골라서 보자.
• 〈조건〉에서 시간과 교통비 제한이 있다는 점을 이용하자. 즉 시간이 적게 들지만 비용이 비싼 KTX나 택시를 이용하는 경로는 비용초과를 하는지 여부에 초점을 맞추고, 시간은 오래 걸리지만 비용이 저렴한 일반버스나 무궁화호의 경우에는 시간초과를 하는지 여부에 초점을 맞추면 좀 더 편하게 해결할 수 있다.

[정답] ④

21

다음 〈표〉를 이용하여 〈보고서〉를 작성하였다. 제시된 〈표〉 이외에 〈보고서〉를 작성하기 위해 추가로 필요한 자료만을 〈보기〉에서 모두 고르면?

〈표 1〉 2010~2011년 '갑'지역 구별 지역내 총생산

(단위: 억 원)

구 연도	A	B	C	D	E	F
2010	3,046	3,339	2,492	1,523	5,442	8,473
2011	2,834	3,253	2,842	1,579	5,660	8,642

※ '갑'지역은 A~F구로 구성됨.

〈표 2〉 2010~2011년 '갑'지역 경제활동부문별 지역내 총생산

(단위: 억 원)

부문 연도	제조업	도소매업	임대업	건설업	서비스업	금융업	기타
2010	6,873	3,737	3,070	1,687	2,531	2,320	4,397
2011	7,221	3,603	3,137	1,581	2,585	2,383	4,300

─────────〈보고서〉─────────

2011년 '갑'지역의 지역내 총생산은 2조 4,810억 원으로 전년대비 2.0% 증가하였지만, 2011년 국가 경제성장률인 3.3%보다 낮았다.

구별로는 4개 구의 2011년 지역내 총생산이 전년대비 증가하였으나, A구와 B구에서는 감소한 것으로 나타났다. 2011년 구별 지역내 총생산은 F구가 8,642억 원으로 규모가 가장 컸고, D구가 1,579억 원으로 가장 작았다.

2010~2011년 '갑'지역 경제활동부문별 지역내 총생산을 보면, 제조업이 성장을 주도한 것으로 나타났다. 2011년 제조업의 지역내 총생산의 전년대비 증가율은 2010년에 비해 감소하였으나 5% 이상이었다. 그리고 2011년에는 서비스업과 금융업 등이 전년대비 플러스(+) 성장한 반면, 같은 기간 도소매업과 건설업은 마이너스(−) 성장으로 부진한 것으로 나타났다.

─────────〈보 기〉─────────

ㄱ. '갑'지역의 2009년 경제활동부문별 지역내 총생산
ㄴ. 2011년 국가 경제성장률
ㄷ. 2010~2011년 '갑'지역 구별 제조업부문 지역내 총생산
ㄹ. 2009년 '갑'지역의 구별 지역내 총생산

① ㄱ, ㄴ
② ㄱ, ㄷ
③ ㄴ, ㄷ
④ ㄴ, ㄹ
⑤ ㄷ, ㄹ

📝 문제풀이

21 보고서 검토·확인형

난이도 ★★☆☆☆

ㄱ. 세 번째 문단에서 '2010~2011년 '갑'지역 경제활동부문별 지역내 총생산을 보면, 제조업이 성장을 주도한 것으로 나타났다.'고 했으므로 ['갑'지역의 2009년 경제활동부문별 지역내 총생산] 자료가 추가로 필요하다. 만약이를 놓쳤다면 ㄱ이 아닌 ㄹ을 답으로 잘못 고를 가능성이 있다.

ㄴ. 첫 번째 문단에서 '2011년 국가 경제성장률인 3.3%보다 낮았다.'고 했으므로 [2011년 국가 경제성장률] 자료가 추가로 필요하다.

> ⏱ **빠른 문제 풀이 Tip**
> 〈표〉의 제목과 항목을 꼼꼼히 보고 〈보고서〉에 처음으로 언급되거나 제시된 표만 가지고 판단할 수 없는 부분이 추가로 필요한 자료이다. 즉 실제 수치가 표의 내용과 일치하는지 꼼꼼하게 검토할 필요까지는 없는 문제 유형이다.

[정답] ①

22

다음 〈표〉는 2011~2013년 개인정보분쟁조정위원회에 접수된 개인정보에 대한 분쟁사건 접수유형 및 조정결정 현황에 관한 자료이다. 이에 대한 설명으로 옳지 않은 것은?

〈표 1〉 개인정보에 대한 분쟁사건의 접수유형 구성비

(단위: %)

접수유형 \ 연도	2011	2012	2013
이용자 동의 없는 개인정보수집	9.52	11.89	12.14
과도한 개인정보수집	0.79	0.70	2.89
목적 외 이용 및 제3자 제공	15.08	49.65	24.86
개인정보취급자에 의한 훼손·침해·누설	3.17	1.40	2.31
개인정보보호 기술적·관리적 조치 미비	57.14	13.29	15.03
수집 또는 제공받은 목적 달성 후 개인정보 미파기	3.97	6.99	7.51
열람·정정·삭제 또는 처리정지요구 불응	1.59	0.70	7.51
동의철회·열람·정정을 수집보다 쉽게 해야 할 조치 미이행	0.00	0.70	0.58
개인정보·사생활침해 일반	3.17	3.50	1.73
기타	5.57	11.18	25.44

※ 주어진 값은 소수점 아래 셋째 자리에서 반올림한 값임.

〈표 2〉 개인정보에 대한 분쟁사건 조정결정 현황

(단위: 건)

조정결정 \ 연도			2011	2012	2013
조정 전 합의			21	32	40
위원회 분쟁조정	인용결정	조정성립	30	29	14
		조정불성립	19	15	10
	기각결정		55	20	8
	각하결정		1	47	101
계			126	143	173

※ 조정결정은 접수된 분쟁사건만을 대상으로 하며, 접수된 모든 분쟁사건은 당해년도에 조정결정이 이루어짐.

① '목적 외 이용 및 제3자 제공' 건수는 2012년이 2013년의 2배 이하이다.

② '기타'를 제외한 접수유형 중 '이용자 동의 없는 개인정보수집' 건수는 매년 세 번째로 많다.

③ '위원회 분쟁조정' 대비 '인용결정' 건수의 비율은 매년 하락하였다.

④ 2011년 '인용결정' 대비 '조정불성립' 건수의 비율은 2012년 '위원회 분쟁조정' 대비 '각하결정' 건수의 비율보다 낮다.

⑤ '조정 전 합의' 건수가 분쟁사건 조정결정에서 차지하는 비율은 '목적 외 이용 및 제3자 제공'이 접수유형에서 차지하는 비율보다 매년 낮다.

📝 문제풀이

22 분수 비교형   난이도 ★★★☆☆

① (O) 〈표 1〉에서 '목적 외 이용 및 제3자 제공' 건수는 2012년 143×49.65%, 2013년 173×24.86%이므로 2012년이 2013년의 2배 이하이다. 이는 2013년 비율의 2배가 2012년 비율을 넘고 2012년 합계보다 2013년 합계가 더 많은 것을 통해서도 확인할 수 있다.

② (O) '기타'를 제외한 접수유형 중 '이용자 동의 없는 개인정보수집' 건수가 매년 세 번째로 많은지 묻고 있지만 개별연도 내에서의 접수유형 간에 비교하는 것이므로 〈표 2〉의 '계' 수치를 고려하지 않고 〈표 1〉의 비율 크기로만 비교 가능하다. 2011~2013년 동안 매년 '기타'를 제외한 접수유형 중 '이용자 동의 없는 개인정보수집'의 비율보다 '목적 외 이용 및 제3자 제공'과 '개인정보보호 기술적·관리적 조치 미비'의 비율이 각각 더 크다. 따라서 '기타'를 제외한 접수유형 중 '이용자 동의 없는 개인정보수집' 건수는 매년 세 번째로 많다.

③ (O) '위원회 분쟁조정'을 A+B, '인용결정'을 A라고 하고 '기각결정+각하결정'을 B라고 한다면 '위원회 분쟁조정' 대비 '인용결정' 건수의 비율($\frac{A}{A+B}$)은 '기각결정+각하결정' 대비 '인용결정' 건수의 비율($\frac{A}{B}$)로 판단 가능하다. 분모(B)인 '기각결정+각하결정'의 건수는 매년 각각 56, 67, 109건으로 증가하고 있고 분자(A)인 '인용결정'(=조정성립+조정불성립) 건수는 매년 각각 49, 44, 24건으로 감소하고 있으므로 '기각결정+각하결정' 대비 '인용결정' 건수의 비율($\frac{A}{B}$)은 매년 하락한다. 따라서 '위원회 분쟁조정' 대비 '인용결정' 건수의 비율($\frac{A}{A+B}$)은 매년 하락하였다.

④ (O) 2011년 '인용결정' 대비 '조정불성립' 건수의 비율은 $\frac{19}{49}$이고 2012년 '위원회 분쟁조정' 대비 '각하결정' 건수의 비율은 $\frac{47}{111}$이므로 40%를 기준으로 판단한다면 전자가 후자보다 낮다.

⑤ (X) 2011년 '조정 전 합의' 건수가 분쟁사건 조정결정에서 차지하는 비율은 $\frac{21}{126}=\frac{1}{6}≒16.7\%$이고 '목적 외 이용 및 제3자 제공'이 접수유형에서 차지하는 비율은 15.08%이다.

⏱ 빠른 문제 풀이 Tip

• 〈표 1〉은 접수유형의 비율만 제시된 표, 〈표 2〉는 조정결정의 수치만 제시된 표이므로 별도의 단서가 없다면 〈표 1〉의 경우에는 항목의 연도 간 비교가 원칙적으로 불가능하다.

• 하지만 〈표 2〉의 각주에서 '조정결정은 접수된 분쟁사건만을 대상으로 하며, 접수된 모든 분쟁사건은 당해년도에 조정결정이 이루어짐.'이 주어져 있으므로 〈표 2〉의 합계 수치를 〈표 1〉에 적용시킬 수 있다. 따라서 〈표 1〉 역시 항목의 연도 간 비교가 가능해진다.

• $\frac{A}{A+B}$의 비율 하락 여부는 $\frac{A}{B}$하락 여부로 판단하자.

[정답] ⑤

23

다음 〈표〉는 수자원 현황에 대한 자료이다. 이를 바탕으로 작성한 〈보고서〉의 내용 중 옳은 것만을 모두 고르면?

〈표 1〉 지구상 존재하는 물의 구성

구분		부피(백 만km³)	비율(%)
총량		1,386.1	100.000
해수(바닷물)		1,351.0	97.468
담수	빙설(빙하, 만년설 등)	24.0	1.731
	지하수	11.0	0.794
	지표수(호수, 하천 등)	0.1	0.007

〈표 2〉 세계 각국의 강수량

구분	한국	일본	미국	영국	중국	캐나다	세계 평균
연평균 강수량 (mm)	1,245	1,718	736	1,220	627	537	880
1인당 강수량 (m³/년)	2,591	5,107	25,022	4,969	4,693	174,016	19,635

〈표 3〉 주요 국가별 1인당 물사용량

국가	독일	덴마크	프랑스	영국	일본	이탈리아	한국	호주
1인당 물사용량 (ℓ/일)	132	246	281	323	357	383	395	480

──〈보고서〉──

급격한 인구증가와 지구온난화로 인하여 인류가 사용할 수 있는 물의 양이 줄어들면서 물 부족 문제가 심화되고 있다. ㉠지구상에 존재하는 물의 97% 이상이 해수이고, 나머지는 담수의 형태로 존재한다. ㉡담수의 3분의 2 이상은 빙하, 만년설 등의 빙설이고, 나머지도 대부분 땅속에 있어 손쉽게 이용 가능한 지표수는 매우 적다.

최근 들어 강수량 및 확보 가능한 수자원이 감소되고 있는 실정이다. UN 조사에 따르면 이러한 상황이 지속될 경우 20년 후 세계 인구의 3분의 2는 물 스트레스 속에서 살게 될 것으로 전망된다. ㉢한국의 경우, 연평균 강수량은 세계평균의 1.4배 이상이지만, 1인당 강수량은 세계평균의 12% 미만이다. 또한 연 강수량의 3분의 2가 여름철에 집중되어 수자원의 계절별, 지역별 편중이 심하다.

이와 같이 수자원 확보의 어려움에 직면하고 있으나 ㉣한국의 1인당 물사용량은 독일의 2.5배 이상이며, 프랑스의 1.4배 이상으로 오히려 다른 나라에 비해 높은 편이다.

① ㄱ, ㄴ
② ㄱ, ㄷ
③ ㄷ, ㄹ
④ ㄱ, ㄴ, ㄹ
⑤ ㄴ, ㄷ, ㄹ

📝 문제풀이

23 분수 비교형   난이도 ★★★☆☆

㉠ (O) 〈표 1〉에서 해수 비율은 97.468%이다.

㉡ (O) 〈표 1〉 담수의 3분의 2 이상이 빙하, 만년설이 되려면 지하수와 지표수(호수, 하천 등)의 합이 담수의 3분의 1 이하가 되어야 한다. 따라서 {(지하수+지표수(호수, 하천 등)}×2 < 빙설(빙하, 만년설 등)을 만족하면 된다.

㉢ (X) 가급적 건드리지 말아야 하는 보기이다. 하지만 만약에 이를 해결해야 한다면 아래와 같이 간단하게 비교해보자. 〈표 2〉에서 한국의 연평균 강수량 1,245가 세계평균 880mm의 1.4배 이상이 된다. 하지만 한국의 1인당 강수량 2,591mm은 세계평균 19,635의 12% 이상이다. 19,635의 12% 미만인지 묻고 있으므로 19,635보다 좀 더 큰 20,000에 0.12를 곱하여 계산을 수월하게 할 수도 있다. 2,400보다 2,591이 더 크다는 것은 세계 평균 강수량이 20,000mm일 때도 한국이 세계 평균의 12% 이상이므로 실제 세계 평균 강수량 19,635mm의 12%를 당연히 넘게 된다. 따라서 12% 미만이 아니다.

㉣ (O) 〈표 3〉 한국의 1인당 물사용량 395ℓ는 독일 132ℓ의 2.5배인 264(2배)+66(절반)=330ℓ 이상이며, 프랑스 281ℓ의 1.4배인 281+112.4(281의 40%)=393.4ℓ 이상이다.

⏱ 빠른 문제 풀이 **Tip**

선택지 추리기를 할 때 어떤 것을 보아야 하는지는 개인의 선택이지만 어떤 〈보기〉를 검토하는가에 따라 시간이 달라진다. 아주 쉬운 ㉠을 해결했을 때 ㉡을 볼 것인가 아니면 ㉢을 볼 것인가? ㉡이 ㉠과 붙어있기 때문에도 ㉡을 봐야겠지만 수치구조를 본다면 ㉡은 3분의 2를 판단하는 것이고 ㉢은 1.4배, 12%를 판단해야 한다. 만약 ㉡과 ㉢의 순서가 바뀌어 있다 하더라도 여러분들은 어떤 보기를 선택해야 할지 판단할 수 있어야 한다.

[정답] ④

24

다음 〈그림〉은 2003년과 2013년 대학 전체 학과수 대비 계열별 학과수 비율과 대학 전체 입학정원 대비 계열별 입학정원 비율을 나타낸 자료이다. 이에 대한 설명으로 옳은 것은?

〈그림 1〉 대학 전체 학과수 대비 계열별 학과수 비율

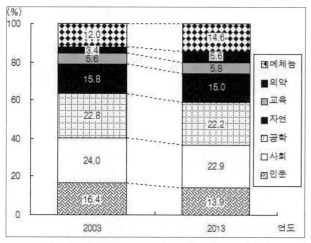

※ 대학 전체 학과수는 2003년 9,500개, 2013년 11,000개임.

〈그림 2〉 대학 전체 입학정원 대비 계열별 입학정원 비율

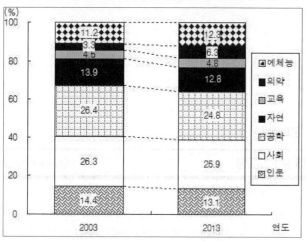

※ 대학 전체 입학정원은 2003년 327,000명, 2013년 341,000명임.

① 2013년 인문계열의 입학정원은 2003년 대비 5% 이상 감소하였다.
② 계열별 입학정원 순위는 2003년과 2013년에 동일하다.
③ 2003년 대비 2013년 학과수의 증가율이 가장 높은 계열은 예체능이다.
④ 2013년 예체능, 의약, 교육 계열 학과수는 2003년에 비해 각각 증가하였으나 나머지 계열의 학과수의 합계는 감소하였다.
⑤ 2003년과 2013년을 비교할 때, 계열별 학과수 비율의 증감방향과 계열별 입학정원 비율의 증감방향은 일치하지 않는다.

📝 문제풀이

24 곱셈 비교형 난이도 ★★★★☆

① (O) 〈그림 2〉에서 인문계열의 입학정원은 2003년 327천 명×14.4%=47,088 명이고 2013년 341천 명×13.1%=44,671명이다. 따라서 $\frac{2,417}{47,088}×100≒5.13\%$ 이므로 5% 이상 감소하였다.

② (X) 〈그림 2〉에서 2003년에는 의약(3.3)보다 교육(4.5)의 비율이 더 크지만 2013년에는 교육(4.8)보다 의약(6.3)이 더 크다. 따라서 계열별 입학정원 순위는 2003년과 2013년에 동일하지 않다.

③ (X) 〈그림 1〉의 각주에서 전체 학과수가 각각 주어져 있고 계열의 학과 구성 비율이 주어져 있으므로 선택지에서 요구하는 학과수 증가율을 비교하려면 원칙적으로 '연도별 학과수×계열별 구성 비율'을 각각 도출하여 비교해야 한다. 하지만 2003년 대비 2013년 학과수가 9,500개에서 11,000개로 증가하였고 전 계열에 연도별 학과수가 공통적으로 곱해져 있기 때문에 학과수의 증가율 비교시 단순히 '학과수 비율'의 증가율로 비교해도 순서는 동일하다. 예체능 비율이 12.0%→14.6%로 20%대의 증가율을 보이고 있지만, 의약 비율이 3.4%→5.6%로 50% 이상의 증가율을 보이고 있어 예체능의 증가율보다 더 높다. 따라서 2003년 대비 2013년 학과수의 증가율이 가장 높은 계열은 예체능이 아니다.

④ (X) 〈그림 1〉에서 2003년에 비해 2013년 전체 학과수가 증가하였고 2013년 예체능, 의약, 교육 계열 학과수 비율 역시 2003년에 비해 각각 증가하고 있으므로 예체능, 의약, 교육의 학과수는 각각 증가하였다. 나머지 계열의 학과수 합계는 각 연도별 학과수에 나머지 계열 학과수 비율 합의 곱셈 비교를 통해 파악 가능하다. 즉 2003년 9,500×79%와 2013년 11,000×74%를 비교하면 2003년 보다 2013년에 증가하였다는 것을 파악할 수 있다. 따라서 나머지 계열의 학과수의 합계 역시 증가하였다.

⑤ (X) 계열별 학과수 비율과 계열별 입학정원 비율은 예체능, 의약, 교육 계열의 경우 각각 증가하였고 나머지 자연, 공학, 사회, 인문 계열의 경우 각각 감소하였다. 따라서 계열별 학과수 비율의 증감방향과 계열별 입학정원 비율의 증감방향은 일치하고 있다.

⏱ 빠른 문제 풀이 Tip

• 〈그림 1〉은 학과수, 〈그림 2〉는 입학정원에 관한 자료이다.
• 선택지 ①에서 곧바로 정답이 나오지만 ①부터 풀이하기는 쉽지 않다. 오히려 ②, ③, ④, ⑤를 빠르게 검토하는 것이 ① 하나 검토하는 시간보다 적게 걸릴 수도 있다.

[정답] ①

25

다음 〈표〉와 〈그림〉은 15~19세기 조선시대 문과급제자의 급제 시기와 당시 거주지를 조사한 자료이다. 이를 바탕으로 작성한 〈보고서〉의 내용으로 옳지 않은 것은?

〈표 1〉 조선시대 문과급제자의 시기별 규모

(단위: 명)

구분	15세기	16세기 전반	16세기 후반	17세기 전반	17세기 후반	18세기 전반	18세기 후반	19세기 전반	19세기 후반	전체
문과급제자 수	950	910	938	1,307	1,460	1,832	1,673	1,552	2,170	12,792

〈표 2〉 조선시대 문과급제자의 시도별, 지역단위별 거주지 분포

(단위: 명, %)

지역단위＼시도	서울	경기	충청	경상	전라	황해	강원	함경	평안	합
경	5,502	—	—	—	—	—	—	—	—	5,502
부	—	406	—	64	104	—	—	123	230	927
대도호부	—	—	—	236	—	—	126	21	56	439
목	—	213	551	366	242	67	102	21	396	1,958
도호부	—	195	—	335	256	67	73	104	176	1,206
군	—	138	351	389	183	44	3	—	169	1,277
현	—	198	426	360	295	2	25	—	177	1,483
계 (비율)	5,502 (43.0)	1,150 (9.0)	1,328 (10.4)	1,750 (13.7)	1,080 (8.4)	180 (1.4)	329 (2.6)	269 (2.1)	1,204 (9.4)	12,792 (100.0)

〈그림〉 조선시대 문과급제자의 시기별 서울 거주자 비율

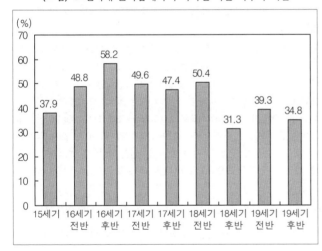

※ 비율은 소수점 아래 둘째 자리에서 반올림한 값임.

─── 〈보고서〉 ───

조선시대 관료지배층의 성격을 이해하기 위하여 문과급제자의 시기별, 지역별 거주지에 대하여 조사하였다. 우선 시기별로 문과급제자 전체의 규모를 살펴보면 ㉠15~19세기 조선시대 문과급제자 수는 매 세기마다 증가하였다. 이는 조선사회가 안정되어 갈수록 관료지배층이 점차 두터워지고 있음을 보여준다. 특히, 16세기에는 직전 세기에 비하여 문과급제자가 2배 가까이 되었다.

조선 문과급제자 거주지를 분석한 결과, 일부 지역의 집중현상이 나타났다. ㉡하삼도(충청, 경상, 전라) 중 충청, 경상이 각각 전국 문과급제자 중 10% 이상을 차지한 반면, 전라는 평안보다 적었다. 지역 집중현상은 서울에서 특히 두드러지는데 전체 문과급제자 12,792명 중 서울 거주자는 5,502명에 달했으며, ㉢18세기에는 서울 거주 문과급제자 수가 15세기의 3.5배 이상이었다.

한편 지역단위별로도 문과급제자 수의 차이가 발생하였는데, 이는 조선시대에는 지역단위에 따라 향교의 교생 수가 결정되었던 것에 기인한다. ㉣목 단위에 거주하는 문과급제자 수는 전체의 15% 이상이었으며, 도호부, 군, 현에 거주하는 문과급제자 수는 각각 전체의 10%를 하회한다. ㉤목－도호부－군의 순으로 문과급제자 수가 작아지는 시도는 총 3개이다.

① ㉠   ② ㉡
③ ㉢   ④ ㉣
⑤ ㉤

📝 문제풀이

25 분수 비교형   난이도★★★☆☆

㉠ (O) 〈표 1〉에서 세기별로 전반과 후반의 합을 비교하지 말고 각각 증가폭과 감소폭으로 비교하여 쉽게 확인할 수 있다.

㉡ (O) 〈표 2〉에서 전체에서 차지하는 비중으로 쉽게 확인할 수 있다.

㉢ (O) 〈표 1〉과 〈그림〉에서 서울 거주 문과급제자는 15세기 950×37.9%이고 18세기는 1,832×50.4%≒923+1,673×31.3%≒524이다. 구체적으로 계산할 때 우선 계산하기 편한 수치로 어림수를 설정한다. 15세기는 950×37.9% ≒360이지만 950×40%=380으로 좀 더 높게 설정하고, 18세기를 1,800× 50%+1,600×30%=900+480=1,380으로 좀 더 낮게 설정하면 380×3.5 =1,330 < 1,380이 된다. 실제 15세기 서울 거주 문과급제자 수는 380명보다 더 적고 18세기 서울 거주 문과급제자 수는 1,380명보다 많다. 따라서 18세기 서울 거주 문과급제자 수가 15세기 3.5배 이상이 된다.

㉣ (X) 〈표 2〉에서 전체 문과급제자 수는 12,792명이고 목에 거주 문과급제자 수는 1,958명이므로 15% 이상이고, 도호부와 군에 거주하는 문과급제자 수는 10%를 하회하지만 현에 거주하는 문과급제자 수는 1,483명으로 전체 12,792명의 10%를 상회한다.

㉤ (O) 목－도호부－군의 순으로 문과급제자 수가 작아지는 시도는 경기, 강원, 평안이다.

⏱ 빠른 문제 풀이 Tip

- 자료가 3개 이상 제시되는 경우 각 자료의 제목을 체크하여 보기에서 어떤 자료를 찾아가야 하는지 주소를 정해놓는 정도로 보자.
- 〈보기〉에서 2가지 이상을 묻는 경우에는 보통 앞부분보다 뒷부분에 답이 있을 확률이 높다. 즉 옳지 않은 것을 묻는 문제에서 답이 되는 〈보기〉가 2가지 이상을 묻는 경우에는 앞부분은 옳지만 복잡한 것을, 그리고 뒷부분에서는 옳지 않은 것이지만 쉽게 판단 가능한 것을 묻는 패턴이 자주 반복적으로 출제된다.

[정답] ④

2023 2023 2022 2021 2020 2019 2018 2017 2016 2015 2014 2013 2012

해커스PSAT 5급 PSAT 김용훈 자료해석 13개년 기출문제집

26

다음 〈표〉는 통근 소요시간에 따른 5개 지역(A~E) 통근자 수의 분포를 나타낸 자료이다. 이에 대한 〈보기〉의 설명 중 옳은 것만을 모두 고르면?

〈표〉 통근 소요시간에 따른 지역별 통근자 수 분포

(단위: %)

소요 시간 지역	30분 미만	30분 이상 1시간 미만	1시간 이상 1시간 30분 미만	1시간 30분 이상 3시간 미만	합
A	30.6	40.5	22.0	6.9	100.0
B	40.6	32.8	17.4	9.2	100.0
C	48.3	38.8	9.7	3.2	100.0
D	67.7	26.3	4.4	1.6	100.0
E	47.2	34.0	13.4	5.4	100.0

※ 각 지역 통근자는 해당 지역에 거주하는 통근자를 의미함.

─〈보 기〉─

ㄱ. 통근 소요시간이 1시간 미만인 통근자 수는 A~E지역 전체 통근자 수의 70% 이상이다.

ㄴ. A~E지역 중 통근 소요시간이 1시간 이상인 통근자의 수가 가장 많은 지역은 A이다.

ㄷ. E지역 통근자의 평균 통근 소요시간은 22분 이상이다.

ㄹ. 통근 소요시간이 30분 이상인 통근자 수 대비 30분 이상 1시간 미만인 통근자 수의 비율이 가장 높은 지역은 C이다.

① ㄱ, ㄴ
② ㄱ, ㄷ
③ ㄱ, ㄹ
④ ㄴ, ㄷ
⑤ ㄷ, ㄹ

📝 문제풀이

26 분수 비교형

난이도 ★★★☆☆

ㄱ. (O) A~E지역 모두 통근 소요시간이 1시간 미만인 통근자 수는 각각 70% 이상이다. 따라서 통근 소요시간이 1시간 미만인 통근자 수는 A~E지역 전체 통근자 수의 70% 이상이 된다.
평균의 개념을 적용하여 판단할 수도 있다. 통근 소요시간이 1시간 미만인 통근자 수가 A~E지역 전체 통근자 수에서 차지하는 비중은 최솟값인 A지역이 71.1% 이상, 최댓값인 D지역이 94.0% 이하가 된다. 즉 71.1~94.0% 사이에 존재한다.

ㄴ. (X) A~E지역 중 통근 소요시간이 1시간 이상인 통근자의 구성비가 가장 큰 지역은 A이지만, 지역별 전체 통근자 수가 주어져 있지 않으므로 판단할 수 없는 내용이다.

ㄷ. (O) E지역 통근자의 평균 통근 소요시간은 22분 이상이라는 의미는 E지역 통근자의 평균 통근 소요시간의 최솟값이 22분인지 판단하는 것과 동일하다. 따라서 소요시간 구간별로 최솟값을 잡아 계산하면 된다. 30분 미만은 제외하고 30분 이상 1시간미만은 34.0%이므로 30×0.34=10.2분, 1시간 이상 1시간 30분 미만은 13.4%이므로 60×0.134≒7.8분, 1시간 30분 이상 3시간 미만은 5.4%이므로 90×0.054≒4.5분이다. 따라서 약 10.2+7.8+4.5=22.5분이므로 22분 이상이 된다. 이때 계산하기 편한 어림수를 설정하되 문제에서 '~이상'인지 묻고 있으므로 제시된 수치보다 좀 더 낮게 설정하면 된다.

ㄹ. (X) 통근 소요시간이 30분 이상인 통근자 수(X+Y) 대비 30분 이상 1시간 미만인 통근자 수(X)의 비율($\frac{X}{X+Y}$)을 묻고 있지만 이는 1시간 이상인 통근자 수(Y) 대비 30분 이상 1시간 미만인 통근자 수(X)의 비율($\frac{X}{Y}$)로 비교하는 것과 결과가 동일하다. 따라서 C지역은 $\frac{38.8}{12.9}$이고 D지역은 $\frac{26.3}{6.0}$이므로 C지역보다 D지역의 비율이 더 높다. 따라서 1시간 이상인 통근자 수(Y) 대비 30분 이상 1시간 미만인 통근자 수(X)의 비율($\frac{X}{Y}$)이 C보다 D가 더 높으므로 통근 소요시간이 30분 이상인 통근자 수(X+Y) 대비 30분 이상 1시간 미만인 통근자 수(X)의 비율($\frac{X}{X+Y}$) 역시 C보다 D가 더 높다.

⏱ 빠른 문제 풀이 Tip

- 가로 합이 100%인 표이므로 각 지역 내에서 소요시간 별 통근자 수는 비교할 수 있지만 소요시간이 같은 통근자 수의 지역 간 비교는 불가능하다.
- $\frac{X}{X+Y}$는 $\frac{X}{Y}$로 판단할 수 있다.

[정답] ②

27

다음 〈표〉는 2006~2010년 A국의 가구당 월평균 교육비 지출액에 대한 자료이다. 이에 대한 설명으로 옳은 것은?

〈표〉 연도별 가구당 월평균 교육비 지출액

(단위: 원)

유형 \ 연도		2006	2007	2008	2009	2010
정규 교육비	초등교육비	14,730	13,255	16,256	17,483	17,592
	중등교육비	16,399	20,187	22,809	22,880	22,627
	고등교육비	47,841	52,060	52,003	61,430	66,519
	소계	78,970	85,502	91,068	101,793	106,738
학원 교육비	학생 학원교육비	128,371	137,043	160,344	167,517	166,959
	성인 학원교육비	7,798	9,086	9,750	9,669	9,531
	소계	136,169	146,129	170,094	177,186	176,490
기타 교육비		7,203	9,031	9,960	10,839	13,574
전체 교육비		222,342	240,662	271,122	289,818	296,802

① 2007~2010년 '전체 교육비'의 전년대비 증가율은 매년 상승하였다.

② '전체 교육비'에서 '기타 교육비'가 차지하는 비중이 가장 큰 해는 2009년이다.

③ 2008~2010년 '초등교육비', '중등교육비', '고등교육비'는 각각 매년 증가하였다.

④ '학원교육비'의 전년대비 증가율은 2009년이 2008년보다 작다.

⑤ '고등교육비'는 매년 '정규교육비'의 60% 이상이다.

📑 문제풀이

27 분수 비교형   관련문제: 2012년 20, 25, 27번   난이도★★★☆☆

① (X) 2007~2010년 '전체 교육비'의 전년대비 증가율이므로 2006~2010년 '전체 교육비' 항목의 증가폭을 확인한다. 2008년에는 전년대비 약 30만 원 증가했지만 2009년에는 전년대비 약 18만 원 증가하였다. 따라서 2008년에 비해 2009년 '전체 교육비'의 전년대비 증가율은 하락하였다.

② (X) '전체 교육비'에서 '기타 교육비'가 차지하는 비중은 2009년 약 $\frac{11}{290}$이지만 2007년에는 약 $\frac{9}{241}$로 2009년보다 더 크다.

③ (X) '중등교육비'는 2009년 22,880원에 비해 2010년에는 22,627원으로 감소하였다.

④ (O) 이 선택지도 ①과 마찬가지로 전년대비 증가율을 분수형태로 비교하지 않고도 판단할 수 있다. 2008년의 전년대비 증가폭은 약 24,000원이지만 2009년의 전년대비 증가폭은 약 7,000원 이므로 '학원교육비'의 전년대비 증가율은 2009년이 2008년보다 작다.

⑤ (X) 2008년 '정규교육비'에서 '고등교육비'가 차지하는 비중은 약 $\frac{52}{91}$이므로 60% 이상이 되지 않는다.

⏱ 빠른 문제 풀이 Tip

- 전년대비 증가율 항목이 매년 상승하였는지 묻는 〈보기〉는 해당 항목의 증가폭을 보면 대부분 쉽게 판단할 수 있다.
- 즉, 해당 항목이 매년 전년대비 증가하고 있지만 증가폭 자체가 감소한다면 증가율은 감소한 것이 된다. 증가율 비교 시 증가폭이 분자가 되고 분모가 이전연도 수치가 되기 때문이다. 분모가 커지는데 분자가 작아진다면 분수 역시 작아지게 된다.

[정답] ④

28

다음 〈표〉는 2012년 5월 공항별 운항 및 수송현황에 관한 자료이다. 〈표〉와 〈보기〉를 근거로 하여 A~E에 해당하는 공항을 바르게 나열한 것은?

〈표〉 공항별 운항 및 수송현황

공항 \ 구분	운항편수(편)	여객수(천 명)	화물량(톤)
인천	20,818	3,076	249,076
A	11,924	1,836	21,512
B	6,406	( )	10,279
C	11,204	1,820	21,137
D	( )	108	1,582
광주	944	129	1,290
E	771	121	1,413
전체	52,822	7,924	306,289

※ 전체 공항은 광주, 김포, 김해, 대구, 인천, 제주, 청주공항으로 구성됨.

〈보 기〉

○ 김포공항과 제주공항 여객수의 합은 인천공항 여객수보다 많다.
○ 화물량이 많은 공항부터 순서대로 나열하면 제주공항이 세 번째이다.
○ 김해공항 여객수는 광주공항 여객수의 6배 이상이다.
○ 운항편수가 적은 공항부터 순서대로 나열하면 대구공항이 두 번째이다.
○ 광주공항과 청주공항 운항편수의 합은 전체 운항편수의 5% 미만이다.

	A	B	C	D	E
①	김포	김해	제주	대구	청주
②	김포	김해	제주	청주	대구
③	김포	청주	제주	대구	김해
④	제주	청주	김포	김해	대구
⑤	제주	김해	김포	청주	대구

📝 문제풀이

28 매칭형 　　　　　　　　　　　　　　　난이도★★★★☆

- 두 번째 〈보기〉에서 화물량이 많은 공항부터 순서대로 나열하면 제주공항이 세 번째라고 하였으므로 C가 제주공항이 된다. 이에 따라 선택지 ④, ⑤가 제거되며, A는 김포공항이다.

- 네 번째 〈보기〉는 순서에 관한 정보가 담겨있지만 D의 운항편수가 괄호 처리되어 있으므로 두 번째 〈보기〉보다는 경우의 수가 많은 〈보기〉이다. 즉 D가 771 미만이라면 대구는 E이고, D가 771과 944 사이라면 D가 대구이다. 전체 운항편수 52,822건 중 D를 제외한 나머지 공항의 합은 52,067건으로 D는 755건이다. 따라서 대구공항은 E이고, 이에 따라 선택지 ①, ③이 제거된다.

⏱ **빠른 문제 풀이 Tip**

- 경우의 수가 적거나 확실하게 판단할 수 있는 〈보기〉부터 검토하자. 즉, 순서를 정할 수 있는 〈보기〉가 경우의 수가 없는 확실한 〈보기〉이다. 예를 들면 '가장 크다.', '가장 적다.', '세 번째이다.' 등이다.
- 선택지의 배열을 반드시 참고한다.

[정답] ②

[29~30] 다음 〈표〉와 〈그림〉은 '갑'국의 A~H 정당에 대한 10월 및 11월 정당 지지도와 지지정당 변화를 나타낸 자료이다. 다음 〈표〉와 〈그림〉을 보고 물음에 답하시오.

〈표〉 10월 및 11월의 정당 지지도 조사 결과

(단위: %)

정당	지지도	
	10월 조사	11월 조사
A	( )	5.9
B	( )	6.0
C	26.4	24.8
D	( )	4.5
E	39.8	42.3
F	( )	5.7
G	5.1	6.1
H	(가)	4.7

※ 1) 무응답 및 복수응답은 없으며, 동일한 응답자 1,000명에 대하여 10월과 11월에 조사되었음.
2) 10월과 11월의 조사 시기에 '갑'국에는 8개의 정당만 존재함.

〈그림〉 10월과 11월 조사간 응답자의 지지정당 변화

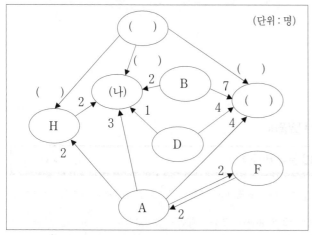

(단위 : 명)

※ 예시: 'A $\overset{2}{\rightarrow}$ H'는 10월 조사에서 A정당을 지지했던 응답자 중 2명이 11월 조사에서 H정당으로 지지정당을 바꾼 것을 의미함.

29

주어진 〈표〉와 〈그림〉을 이용하여 (가)에 들어갈 지지도와 (나)에 들어갈 정당 이름을 순서대로 바르게 나열한 것은?

	(가)	(나)
①	4.0	E
②	4.0	G
③	4.0	C
④	4.3	E
⑤	4.3	G

30

〈표〉와 〈그림〉의 내용을 바탕으로 작성한 〈보고서〉의 설명 중 옳은 것만을 모두 고르면?

〈보고서〉

11월 정당 지지도 조사 결과, E정당에 대한 지지도가 42.3%로 가장 높게 나타난 반면, D정당 지지도는 4.5%로 가장 낮게 나타났다. ㉠11월 조사에서 두 번째로 지지율이 높게 나타난 C정당을 지지한다는 응답자수는 전월대비 6% 이상 감소하였다. ㉡11월 조사에서는 E, G, H 정당을 지지한다는 응답자 수가 전체의 50% 이상으로 나타났다. ㉢10월 조사에서 A~D의 4개 정당 중 하나를 지지했던 응답자 중 25명이 11월 조사에서는 지지정당을 E정당으로 바꾸었다. ㉣11월 조사에 따르면, 10월에 비해 지지도가 상승한 모든 정당들에서는 다른 정당으로 지지자가 이탈하지 않고 다른 정당으로부터 새로운 지지자가 유입되는 현상이 나타났다.

① ㄱ, ㄴ
② ㄱ, ㄷ
③ ㄴ, ㄹ
④ ㄷ, ㄹ
⑤ ㄱ, ㄴ, ㄷ

문제풀이

29 빈칸형   관련문제: 2010년 7, 8번   난이도★★★★☆

- 〈표〉에서 당연히 10월 정당 지지도의 합과 11월 정당 지지도의 합이 100%로 동일하다는 것을 파악하였다면 각 정당별 지지도 변화 양상으로 (가)에 들어갈 지지도의 판단도 가능하다. 〈그림〉에서 각 정당의 응답자 증감현황을 보면 A와 B는 각각 −9명, C는 −16명, D는 −5명, E는 +25명, F는 0명, G는 +10명이므로 H를 제외한 증감폭 합은 −4명이 된다. 따라서 H가 10월 조사 대비 11월 조사에서 4명이 증가한 것이므로 10월 H의 지지도는 4.3%이다.

- 다음으로 (나)에 들어갈 정당은 10월 대비 지지도가 증가한 정당이므로 E 또는 G가 된다. 10월 대비 11월지지 응답자는 E가 25명 증가, G가 10명 증가이므로 (나)에 들어갈 정당은 G가 된다. 오른쪽 괄호 처리된 정당은 11명 이상 증가하였기 때문에 G가 될 수 없다.

> ### ⏱ 빠른 문제 풀이 **Tip**
> - 〈표〉와 〈그림〉의 관계에 주목하자.
> - 응답자 1,000명이므로 1명당 0.1%꼴이다.

[정답] ⑤

문제풀이

30 분수 비교형   난이도★★★☆☆

㉠ (O) C지지율의 전월대비 감소율은 $\frac{1.6}{26.4}$으로 약 6.06%이므로 옳은 설명이다.

㉡ (O) 11월 조사에서 E, G, H의 지지도 합은 53.1%로 50% 이상이므로 옳은 설명이다.

㉢ (O) 지지정당을 E로 바꾼 사람은 25명이고 이 중 A에서 4명, B에서 7명, D에서 4명으로 맨 위 괄호로 처리된 정당을 제외하면 15명이다. (나)인 G는 10명 증가해야 하므로 맨 위 괄호로 처리된 정당 C에서 2명 이동해야 하고 오른쪽 괄호 처리된 정당은 E이므로 역시 C에서 10명 이동해야 한다. 따라서 옳은 설명이다.

㉣ (X) H의 경우에는 지지자가 이탈하였다.

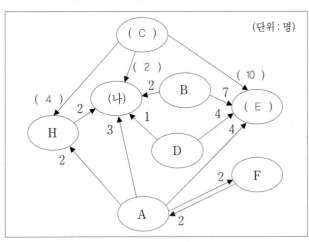

[정답] ⑤

31

다음 〈그림〉은 우리나라 광역지자체 간 산업연관성을 나타낸 자료이다. 이에 대한 〈보기〉의 설명 중 옳은 것만을 모두 고르면?

〈그림〉 광역지자체의 타지역 전방연관성 및 타지역 후방연관성

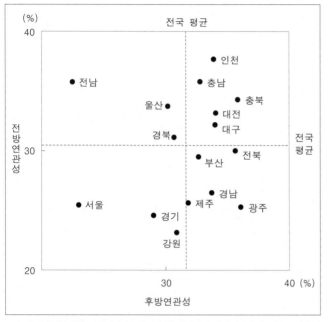

※ 1) 타지역(자기지역) 전방연관성은 한 지역의 생산이 타지역(자기지역) 생산에 의해 어느 정도 유발되는지를, 타지역(자기지역) 후방연관성은 한 지역의 생산이 타지역(자기지역) 생산을 어느 정도 유발시키는지를 의미함.
　2) 자기지역 전방연관성＋타지역 전방연관성＝100%
　3) 자기지역 후방연관성＋타지역 후방연관성＝100%

─────〈보　기〉─────
ㄱ. 타지역 전방연관성이 가장 큰 지역은 인천이다.
ㄴ. 자기지역 전방연관성과 자기지역 후방연관성이 각각의 전국 평균보다 큰 지역은 인천, 충남, 충북, 대전, 대구이다.
ㄷ. 경남의 자기지역 전방연관성은 강원의 자기지역 후방연관성보다 작다.
ㄹ. 인천, 부산, 대구, 대전, 광주, 울산은 각각 자기지역 전방연관성이 타지역 전방연관성보다 크다.

① ㄱ, ㄴ
② ㄱ, ㄷ
③ ㄱ, ㄹ
④ ㄴ, ㄷ
⑤ ㄷ, ㄹ

📑 문제풀이

31 각주 판단형　　　　　　　　　　난이도★★★☆☆

ㄱ. (O) 타지역 전방연관성은 세로축이므로 가장 높은 위치에 있는 인천이 가장 큰 지역이다.

ㄴ. (X) 인천, 충남, 충북, 대전, 대구는 자기지역 전방연관성과 자기지역 후방연관성이 각각의 전국 평균보다 큰 지역이 아니라 타지역 전방연관성과 타지역 후방연관성이 각각의 전국 평균보다 큰 지역이다.

ㄷ. (X) 경남의 타지역 전방연관성은 20~30% 사이의 수치이므로 자기지역 전방연관성은 60~70% 사이의 수치이다. 강원의 타지역 후방연관성은 30~40% 사이의 수치이므로 자기지역 후방연관성은 50~60% 사이의 수치이다. 따라서 경남의 자기지역 전방연관성은 약 74%로 강원의 자기지역 후방연관성 약 69%보다 크다.

ㄹ. (O) 각주 2)에서 자기지역 전방연관성＋타지역 전방연관성＝100%이므로 자기지역 전방연관성이 타지역 전방연관성보다 크다는 의미는 타지역 전방연관성이 50% 미만이라는 의미와 같다. 〈그림〉 자체의 세로축 최대치가 40%이므로 인천, 부산, 대구, 대전, 광주, 울산뿐만 아니라 모든 광역지자체가 각각 자기지역 전방연관성이 타지역 전방연관성보다 크다.

⏱ 빠른 문제 풀이 Tip

• 〈그림〉에서 타지역 전방연관성과 타지역 후방연관성에 대한 자료를 제시하고 있으므로 이를 직접적으로 묻는 〈보기〉인 ㄱ과 ㄹ부터 해결하자.
• 〈그림〉에 제시된 모든 광역지자체의 타지역 전방연관성과 타지역 후방연관성은 각각 40% 미만이라는 점을 파악하자. 즉, 이는 모든 광역지자체의 자기지역 전방연관성과 자기지역 후방연관성이 각각 60%를 넘는다는 의미와 같다.

[정답] ③

32

다음 〈표〉는 일제강점기 어느 해의 부별, 국적별 인구분포를 나타낸 자료이다. 이에 대한 설명으로 옳은 것은?

〈표〉 일제강점기 부별, 국적별 인구분포

(단위: 명, %)

지역	부	전체	조선인	외국인								조선인 비중	일본인 비중
				일본	중국	영국	미국	소련	프랑스	독일	기타		
북부지역	평양부	140,703	116,899	20,073	3,534	14	176	6	0	0	1	83.1	14.3
	원산부	42,760	32,241	9,260	1,218	2	16	1	1	16	5	75.4	21.7
	함흥부	43,851	34,191	8,984	667	7	0	0	0	1	1	78.0	20.5
	청진부	35,925	25,639	8,873	1,402	0	0	8	1	2	0	71.4	24.7
	신의주부	48,047	31,445	7,526	9,071	0	5	0	0	0	0	65.4	15.7
	진남포부	38,296	32,073	5,333	887	0	3	0	0	0	0	83.8	13.9
중부지역	경성부	394,234	279,865	105,639	8,275	98	175	113	27	9	33	71.0	26.8
	인천부	68,126	52,971	11,758	3,372	1	7	2	6	9	0	77.8	17.3
	개성부	49,520	47,722	1,531	242	0	25	0	0	0	0	96.4	3.1
남부지역	부산부	146,092	97,558	47,761	737	9	4	15	0	3	5	66.8	32.7
	대구부	93,314	73,060	19,426	792	5	17	1	10	0	3	78.3	20.8
	군산부	26,320	16,894	8,707	718	0	0	1	0	0	0	64.2	33.1
	목포부	34,688	26,335	7,922	416	0	13	2	0	0	0	75.9	22.8
	마산부	27,885	22,189	5,587	102	6	0	0	1	0	0	79.6	20.0
합계		1,189,761	889,082	268,380	31,433	142	441	149	46	40	48	—	—

※ 복수국적자 및 무국적자는 없음.

① 각 부에서 조선인과 일본인을 합한 인구는 해당 부 전체 인구의 90%를 넘는다.
② 외국인 수가 세 번째로 많은 부는 대구부이다.
③ 함흥부와 청진부는 외국인 국적 종류 수가 같다.
④ 각 부의 전체 인구에서 일본인을 제외한 외국인이 차지하는 비중이 가장 큰 부는 일본인 수가 가장 적은 부이다.
⑤ 지역별로 보면, 가장 많은 수의 중국인이 거주하는 지역은 북부지역이고, 가장 많은 수의 일본인이 거주하는 지역은 남부지역이다.

33

다음 〈그림〉과 〈표〉는 '갑' 도시 지하철의 역간 거리와 출발역에서 도착역까지의 소요시간에 관한 자료이다. 이에 대한 〈보기〉의 설명 중 옳은 것만을 모두 고르면?

〈그림〉 인접한 두 지하철역 간 거리

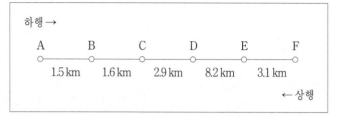

〈표〉 출발역에서 도착역까지의 소요시간

출발역 도착역	A	B	C	D	E	F
A		1분 52초	4분 6초	7분 6초	13분 41초	16분 51초
B	1분 44초		1분 49초	4분 49초	11분 24초	14분 34초
C	3분 55초	1분 46초		2분 35초	9분 10초	12분 20초
D	6분 55초	4분 46초	2분 35초		6분 10초	9분 20초
E	13분 30초	11분 21초	9분 10초	6분 10초		2분 45초
F	16분 49초	14분 40초	12분 29초	9분 29초	2분 54초	

※ 1) 지하철은 모든 역에서 정차함.
  2) 두 역 사이의 소요시간에는 출발역과 도착역을 제외하고 중간에 경유하는 모든 역에서의 정차시간이 포함되어 있음. 예를 들어, 〈표〉에서 B열과 D행이 만나는 4분 46초는 B역에서 출발하여 C역까지의 소요시간 1분 46초, C역에서의 정차시간, C역에서 D역까지의 소요시간 2분 35초가 더해진 것임.

─────〈 보 기 〉─────
ㄱ. 하행의 경우 B역에서의 정차시간은 25초이다.
ㄴ. 인접한 두 역간 거리가 짧을수록 두 역간 하행의 소요시간도 짧다.
ㄷ. 인접한 두 역간 상행과 하행의 소요시간이 동일한 구간은 C↔D 구간뿐이다.

① ㄱ
② ㄴ
③ ㄱ, ㄴ
④ ㄴ, ㄷ
⑤ ㄱ, ㄴ, ㄷ

📑 문제풀이

33 각주 판단형　　　　　　　　　　난이도★★★☆☆

ㄱ. (O) 각주 2)를 근거로 하행의 경우 B역에서의 정차시간은 A→C 구간의 소요시간 3분 55초에서 A→B 구간의 소요시간 1분 44초와 B→C 구간의 소요시간 1분 46초의 합을 빼주면 된다. 따라서 하행의 경우 B역에서의 정차시간은 25초이다.

ㄴ. (O) 인접한 두 역간 거리는 A↔B(1.5km), B↔C(1.6km), C↔D(2.9km), E↔F(3.1km), D↔E(8.2km) 순으로 길어지고 두 역간 하행의 소요시간 역시 A↔B(1분 44초), B↔C(1분 46초), C↔D(2분 35초), E↔F(2분 54초), D↔E(6분 10초) 순으로 길어진다. 따라서 인접한 두 역간 거리가 짧을수록 두 역간 하행의 소요시간도 짧다.

ㄷ. (X) 인접한 두 역간 상행과 하행의 소요시간이 동일한 구간은 C↔D 구간(2분 35초)과 D↔E 구간(6분 10초)이다.

[정답] ③

34

다음 〈표〉는 '갑'국 택시요금체계의 변화와 승객 S의 연도별 택시이용횟수에 대한 자료이다. 이에 대한 〈보기〉의 설명 중 옳은 것만을 모두 고르면?

〈표 1〉 택시요금체계의 변화

(단위: 원, m)

변경연도	기본요금	초과요금 기준거리
1998	1,000	360
2001	1,400	300
2005	1,800	240
2009	2,400	150
2013	3,000	120

※ 1) 택시요금은 최초 2km까지의 기본요금과 2km를 초과한 후 기준거리에 도달할 때마다 매번 100원씩 가산되는 초과요금의 합임. 예를 들어, 1998년에 3km 택시이용 시, '택시요금 = 기본요금(1,000원) + 초과요금(200원)'임.
2) 요금체계 변경은 제시된 변경연도의 1월 1일에 이루어졌음.

〈표 2〉 승객 S의 연도별 택시 이용횟수

(단위: 회)

연도	전체	2km 이하 이용횟수	2km 초과거리별 이용횟수					
			120m 미만	120m 이상 150m 미만	150m 이상 240m 미만	240m 이상 300m 미만	300m 이상 360m 미만	360m 이상 480m 미만
1998	10	3	1	2	1	0	1	2
2003	7	1	0	1	0	3	1	1
2006	7	0	4	0	1	1	1	0
2011	7	1	1	0	2	0	3	0
2013	9	1	3	0	1	2	1	1

※ 〈표〉 이외의 택시 이용내역은 없음.

─────〈보 기〉─────

ㄱ. 승객 S가 기본요금만을 지불하고 택시를 이용한 횟수는 주어진 기간 중 총 24회이다.
ㄴ. 2013년에 승객 S가 지불한 총 금액 중에서 기본요금의 합은 1998년의 3배이다.
ㄷ. 매년 2.6km를 택시로 1회 이동하는 경우, 1999~2013년 전년대비 택시요금 증가액이 가장 큰 해는 2013년이다.
ㄹ. 승객 S가 지불한 택시요금의 최곳값과 최젓값의 차이는 2,300원이다.

① ㄱ, ㄴ
② ㄱ, ㄹ
③ ㄴ, ㄷ
④ ㄱ, ㄷ, ㄹ
⑤ ㄴ, ㄷ, ㄹ

📝 문제풀이

34 각주 판단형　　　관련문제: 2008년 36번　난이도★★★★☆

ㄱ. (O) 승객 S가 기본요금만을 지불하고 택시를 이용한 횟수를 판단하기 위해서는 〈표 1〉의 변경연도 기준 초과요금 기준거리를 감안하여 〈표 2〉의 이용횟수를 판단해야 한다. 1998년은 360m 미만까지이므로 8회, 2003년은 300m 미만까지이므로 5회, 2006년은 240m 미만까지이므로 역시 5회, 2011년은 150m 미만까지이므로 2회, 2013년은 120m 미만까지이므로 4회이다. 따라서 승객 S가 기본요금만을 지불하고 택시를 이용한 횟수는 주어진 기간 중 총 24회이다.

ㄴ. (X) 승객 S가 지불한 총 금액 중에서 기본요금의 합은 〈표 2〉의 전체 이용횟수에 〈표 1〉의 해당 변경연도의 기본요금을 곱해서 비교하면 된다. 승객 S가 지불한 총 금액 중에서 기본요금의 합은 2013년 9×3,000=27,000원이고 1998년 10×1,000=10,000원이다. 따라서 3배가 되지 않는다.

ㄷ. (X) 매년 2.6km를 택시로 1회 이동하는 경우 요금은 기본요금(2km)+추가요금(600m)이 된다. 매년 2.6km를 택시로 1회 이동하는 경우 전년대비 택시요금 증가액은 2013년이 3,000+100×5=3,500원으로 2009년(~2012)의 2,400+100×4=2,800에 비해 700원 증가하였다. 하지만 2009년에는 2005년(~2008)의 1,800+100×2=2,000에 비해 800원 증가하였으므로 매년 2.6km를 택시로 1회 이동하는 경우, 1999~2013년 전년대비 택시요금 증가액이 가장 큰 해는 2013년이 아닌 2009년이다. 초과요금이 얼마씩 더 가산되는지 판단하자. 참고로 각 연도별 2.6km를 택시로 1회 이동할 때의 요금은 다음과 같다.

변경연도	기본요금	초과요금 기준거리	가산금	2.6km 이용요금
1998	1,000	360	+100	1,100
2001	1,400	300	+200	1,600
2005	1,800	240	+200	2,000
2009	2,400	150	+400	2,800
2013	3,000	120	+500	3,500

ㄹ. (O) 승객 S가 지불한 택시요금의 최곳값은 2013년 360m 이상 480m 미만 이용했던 3,000+100×3=3,300원이고 최젓값은 1998년 기본거리만 이용한 1,000원이다. 따라서 둘의 차이는 2,300원이다.

⏱ 빠른 문제 풀이 Tip

각주 1)에서 초과요금은 초과요금 기준거리를 넘어야 부과된다는 점을 기억하자. 예를 들어 2013년 360m 이상 480m 미만의 거리를 이용하는 경우 480m를 넘지 못하였으므로 초과요금 기준거리 120m를 4번이 아닌 3번 도달한 것이다.

[정답] ②

35

다음 〈표〉와 〈그림〉은 '갑'공장의 재료 매입 실적 및 운반비 관련 자료이다. 이를 이용하여 톤당 산지가격을 계산할 때 A~E 중 톤당 산지가격이 가장 높은 재료는?

〈표〉 '갑'공장의 재료 매입 실적

(단위: 톤, 만 원)

재료	매입량	총 매입가격	산지
A	200	10,800	가
B	100	5,300	나
C	200	12,800	다
D	200	11,600	가
E	100	5,100	라

※ 재료의 총 매입가격=(톤당 산지가격+톤당 운반비)×매입량(톤)

〈그림 1〉 '갑'공장과 재료 산지 간 운반경로 및 거리

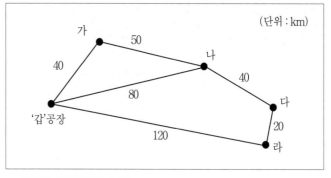

※ 주어진 경로로만 운반할 수 있음.

〈그림 2〉 최단거리별 재료의 톤당 운반비

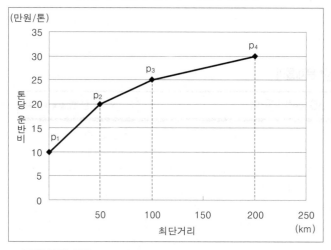

※ 1) $\overline{P_1 P_2}$, $\overline{P_2 P_3}$, $\overline{P_3 P_4}$는 각각 직선임.
  2) 톤당 운반비는 재료의 산지로부터 '갑'공장까지의 운반경로의 최단거리를 위 그림에 적용하여 결정함.

① A
② B
③ C
④ D
⑤ E

📝 문제풀이

35 각주 판단형

난이도 ★★★★☆

- 〈표〉의 각주에서 재료의 총 매입가격=(톤당 산지가격+톤당 운반비)×매입량(톤)이므로

  톤당 산지가격=$\dfrac{\text{재료의 총 매입가격}}{\text{매입량}}$-톤당 운반비가 된다.

  따라서 $\dfrac{\text{재료의 총 매입가격}}{\text{매입량}}$은 A가 54, B가 53, C가 64, D가 58, E가 51이다.

- 〈그림 2〉의 각주 2)에서 톤당 운반비는 재료의 산지로부터 '갑'공장까지의 운반경로의 최단거리를 위 그림에 적용하여 결정한다고 하였으므로 〈그림 1〉에서 최단거리를 도출하면 A(가)가 40km, B(나)가 80km, C(다)가 120km, D(가)가 40km, E(라)가 120km가 된다. 여기서 최단거리가 같다면 톤당 운반비가 같기 때문에 최단거리가 같은 A와 D 중 D가 더 크고 C와 E 중 C가 더 크기 때문에 B, C, D 셋 중 톤당 산지가격이 가장 높은 재료가 어떤 것인지 판단해 주면 된다.

- 〈그림 2〉의 각주 1)에서 각 선분은 직선이라고 하였으므로 최단거리가 80km인 B의 톤당 운반비는 23만 원/톤, 최단거리가 120km인 C의 톤당 운반비는 26만 원/톤, 최단거리가 40km인 D의 톤당 운반비는 18만 원/톤이 된다. 따라서 톤당 산지가격은 D가 58-18=40만 원/톤으로 가장 높은 재료가 된다.

⏱ 빠른 문제 풀이 Tip

- 문제에서 결국 묻는 것은 톤당 산지가격이기 때문에 〈표〉의 각주를 통해 식을 정리하자.
- 최단거리가 같다면 톤당 운반비가 같다는 점을 이용한다면 비교대상을 줄일 수 있다.

[정답] ④

36

다음 〈표〉는 어느 대학의 재학생 및 교원 현황에 관한 자료이다. 〈환산교수 수 산정 규정〉을 적용하여 이 대학의 2014학년도 2학기 환산교수 1인당 학생 수를 소수점 아래 첫째 자리까지 구하면?

〈표 1〉 2014학년도 2학기 재학생 현황

(단위: 명)

구분	재학생 수
학부	310
대학원	60

※ 1) 환산교수 1인당 학생 수 = $\dfrac{\text{가중치 적용 재학생 수}}{\text{환산교수 수}}$

　 2) 가중치 적용 재학생 수 = 학부 재학생 수 + (대학원 재학생 수×1.5)

〈표 2〉 교원 현황

(단위: 학점)

교원	2014학년도 강의학점		구분	학력	전문 자격증
	1학기	2학기			
A	3	3	전임교수	박사	−
B	6	3	시간강사	박사수료	−
C	0	3	전임교수	박사	회계사
D	3	6	시간강사	석사	−
E	3	3	초빙교수	박사	−
F	6	3	전임교수	박사	−
G	3	0	전임교수	박사	−
H	3	3	시간강사	박사수료	변호사
I	3	0	명예교수	박사	−
J	6	3	초빙교수	석사	−
K	6	3	시간강사	박사수료	회계사
L	3	3	시간강사	석사	변리사

〈환산교수 수 산정 규정〉

○ 전임교수인 경우
　 − 학력, 전문자격증 보유 및 강의학점에 관계없이 1로 계산
○ 전임교수가 아닌 경우
　 (1) 직전학기와 해당학기의 두 학기 강의학점 합계가 9학점 이상이고, 박사수료 또는 박사학위를 갖고 있는 자는 1로 계산
　 (2) (1)을 만족하지 못하면서 다음의 a) 또는 b)에 해당하는 자는 다음과 같이 계산
　　 a) 겸임교수, 명예교수, 석좌교수, 초빙교수
　　 b) 직전학기와 해당학기 각각 3학점 이상 강의하는 전문자격증(회계사, 변호사, 변리사) 소지자

해당학기 강의학점 수	환산교수 수
0~5	$\dfrac{\text{해당학기 강의학점 수}}{6}$
6	1

○ 위에 해당하지 않는 경우는 0으로 계산

① 40.0　　　　② 45.0　　　　③ 50.0
④ 53.3　　　　⑤ 57.1

📝 **문제풀이**

36 조건 판단형　　　　　　　난이도★★★★★

- 환산교수 1인당 학생 수를 도출하려면 먼저 간단하게 도출할 수 있는 가중치 적용 재학생 수를 구한다. 가중치 적용 재학생 수 = 학부 재학생 수 + (대학원 재학생 수×1.5)이고 학부 310명, 대학원 60명이므로 가중치 적용 재학생 수는 400명이다.
- 〈환산교수 수 산정 규정〉에서 전임교수인 A, C, F, G는 각각 1이고 전임교수는 아니지만 직전학기와 해당학기의 두 학기 강의학점 합계가 9학점 이상이고, 박사수료 또는 박사학위를 갖고 있는 B, K 역시 1이다.
- 전임교수가 아니면서 (1)을 만족하지는 않지만 명예교수 또는 초빙교수이며 2학기 학점이 3인 E, J는 각각 0.50이고, 직전학기와 해당학기 각각 3학점 이상 강의하는 전문자격증소지자 H(변호사)와 L (변리사) 역시 0.50이다. 규정에 해당하지 않는 교원은 D이다.
　따라서 이를 모두 합하면 환산교수 수는 8이므로 환산교수 1인당 학생수는 $\dfrac{400}{8}$=50.0명이다.

⏱ **빠른 문제 풀이 Tip**

〈환산교수 수 산정 규정〉에서 전임교수가 아닌 경우 (2)의 계산에서 D를 제외한 해당학기 강의학점 수가 6 이상인 교원은 없다. 즉 (1)에서는 직전+해당학기 합계 9학점 이상이 기준인 반면 (2)에서는 해당학기 강의학점만 가지고 판단한다.

[정답] ③

37

다음 〈그림〉은 A산림경영구의 벌채 예정 수종 현황에 대한 자료이다. 이에 대한 〈보기〉의 설명 중 옳은 것만을 모두 고르면?

〈그림〉 A산림경영구의 벌채 예정 수종 현황

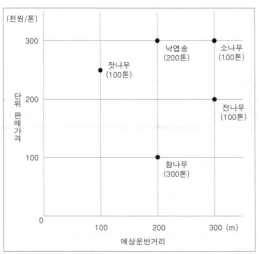

※ (   )안의 숫자는 벌채예정량을 나타냄.

〈수종별 벌채 가능 판단기준〉

○ 예상이익금이 0원을 초과하면 벌채 가능하다.
○ 예상이익금(천 원)＝
  벌채예정량(톤)×단위 판매가격(천 원/톤)－예상운반비(천 원)
○ 예상운반비(천 원)＝
  벌채예정량(톤)×예상운반거리(m)×운반비 단가(천 원/(톤·m))
○ 운반비 단가는 1천 원/(톤·m) 이다.

〈보 기〉

ㄱ. 벌채 가능한 수종은 잣나무, 낙엽송뿐이다.
ㄴ. 소나무의 경우 벌채예정량이 2배가 되면 벌채 가능하다.
ㄷ. 운반비 단가가 2천 원/(톤·m)이라면 벌채 가능한 수종은 잣나무뿐이다.
ㄹ. 전나무의 경우 단위 판매가격이 30만 원/톤을 초과하면 벌채 가능하다.

① ㄱ, ㄴ
② ㄱ, ㄷ
③ ㄴ, ㄹ
④ ㄷ, ㄹ
⑤ ㄱ, ㄷ, ㄹ

📝 문제풀이

37 분산·물방울형	난이도 ★★★★☆

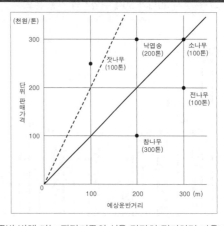

ㄱ. (O) 수종별 벌채 가능 판단기준의 식을 간단히 정리하면 다음과 같다.
  예상이익금＝벌채예정량×단위 판매가격－예상운반비
  → 예상이익금＝벌채예정량×단위 판매가격－벌채예정량×예상운반거리×운반비 단가
  → 예상이익금＝벌채예정량(단위 판매가격－예상운반거리)
  따라서 예상 이익금이 0원을 초과하는 경우는 단위 판매가격＞예상운반거리의 관계를 만족하면 되므로 〈그림〉에서 단위 판매가격＝예상운반거리의 보조선(실선)을 그어 보조선보다 좌상방에 위치한 점이 벌채 가능한 수종이 된다. X=Y의 선분보다 원점과 각점을 잇는 선분의 기울기가 더 커야 한다. 따라서 벌채 가능한 수종은 잣나무, 낙엽송뿐이다.

ㄴ. (X) ㄱ의 정리된 식을 참고하면 벌채예정량과 벌채 가능여부는 직접적인 관계가 없다. 벌채 가능여부는 단위 판매가격과 예상운반거리에 영향을 받는다.

ㄷ. (O) 운반비 단가가 2천 원/(톤·m)이라면 단위 판매가격＞예상운반거리×2의 관계가 만족(Y＞2X)해야 한다. 따라서 판단의 근거가 되는 보조선은 위 그림에서 점선이 되며, 점선을 기준으로 좌상방에 위치한 잣나무만 벌채 가능한 수종이 된다.

ㄹ. (O) 전나무의 경우 단위 판매가격이 30만 원/톤을 초과한다면 위 그림에서 기준이 되는 보조선(실선)의 좌상방에 위치하게 된다. 즉, 소나무(30만 원/톤)가 위치한 점보다 더 위에 존재하게 되므로 벌채 가능하다.

⏱ 빠른 문제 풀이 Tip

• 수종별 벌채 가능 판단기준의 식을 간단히 정리하자.
• 〈그림〉의 단위 판매가격과 예상운반거리의 단위는 다르지만 수치는 동일하다는 점에 유의하여 풀이한다.

[정답] ⑤

38

다음 〈표〉와 〈그림〉은 A시 30대와 50대 취업자의 최종학력, 직종 분포이다. 이에 대한 설명으로 옳은 것은?

〈표〉 A시 30대와 50대 취업자의 최종학력 분포

(단위: %)

구분	최종학력	미취학	초등학교 졸업	중학교 졸업	고등학교 졸업	대학 졸업 이상
전체	30대	0.10	0.10	0.40	14.50	84.90
	50대	0.76	9.55	16.56	41.92	31.21
남성	30대	0.10	0.10	0.50	15.50	83.80
	50대	0.60	6.60	12.80	39.30	40.70
여성	30대	0.10	0.10	0.30	13.50	86.00
	50대	0.90	12.00	19.70	44.10	23.30

※ 주어진 값은 소수점 아래 셋째 자리에서 반올림한 값임.

〈그림〉 A시 30대와 50대 취업자의 직종 분포

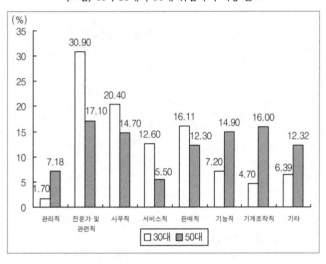

① 서비스직 취업자 수는 30대가 50대보다 많다.
② 30대 기능직 취업자 수가 최종학력이 고등학교 졸업인 30대 남성 취업자 수보다 많다.
③ 모든 30대 판매직 취업자의 최종학력은 고등학교 졸업 이하이다.
④ 최종학력이 중학교 졸업인 50대 취업자 수가 50대 기계조작직 취업자 수보다 적다.
⑤ 50대 취업자 수는 남성이 여성보다 적다.

📝 **문제풀이**

38 평균 개념형

난이도 ★★★★☆

① (X) 서비스직 취업자 비율은 30대가 50대보다 크지만 각 연령대별 취업인구가 주어져 있지 않는 한 30대와 50대 서비스직 취업자 수의 많고 적음은 판단할 수 없다.

② (X) 최종학력이 고등학교 졸업인 30대 전체 비율은 14.50%이고 30대 남성의 비율은 15.50%, 30대 여성의 비율은 13.50%이다. 즉 전체비율과 남성 비율의 격차와 전체비율과 여성비율의 격차가 동일하므로 최종학력이 고등학교 졸업인 30대 남성과 여성의 취업자 수는 동일하다. 따라서 전체에서 최종학력이 고등학교 졸업인 30대 남성의 비율 15.50%의 절반인 7.75%는 30대 기능직 취업자의 비율인 7.20%보다 크다. 따라서 30대 기능직 취업자 수가 최종학력이 고등학교 졸업인 30대 남성 취업자 수보다 적다. (예를 들어 30대 전체 취업자 수를 2,000명이라고 가정하면 남성과 여성 취업자는 각각 1,000명이다. 따라서 30대 기능직 취업자 수는 2,000명의 7.2%인 144명이고 30대 고졸 남성 취업자 수는 1,000명의 15.5%이므로 155명이다. 따라서 두 항목을 비교할 수 있다.)

③ (X) 30대 판매직 취업자의 비율은 16.11%이고 30대 최종학력이 고등학교 졸업 이하인 비율은 15.10%이므로 30대 최종학력이 고등학교 졸업 이하인 취업자 모두 판매직이라 하더라도 나머지 30대 판매직 취업자 1.01%의 최종학력은 반드시 대학 졸업 이상이 된다. 따라서 모든 30대 판매직 취업자의 최종학력이 고등학교 졸업 이하는 아니다.

④ (X) 최종학력이 중학교 졸업인 50대 취업자 수는 50대 취업자의 16.56%이고 50대 기계조작직 취업자 수는 50대 취업자의 16.00%이므로 전자가 후자보다 취업자 수가 많다.

⑤ (O) 남성과 여성의 50대 취업자 수 대소를 판단하려면 가중평균 개념을 적용하여 전체 취업자 수의 비율과 남성과 여성의 취업자수 비율 차이로 판단 가능하다. 즉, 50대 전체 취업자 비율과 해당 성별의 취업자 비율 격차가 더 작은 쪽이 취업자 수가 더 많다. 미취학 - 초등학교 졸업 - 중학교 졸업 - 고등학교 졸업 - 대학 졸업 이상 순으로 전체와 남성의 취업자 구성비 격차는 0.16 - 2.95 - 3.76 - 2.62 - 9.49차이가 나고, 전체와 여성의 취업자 구성비 격차는 0.14 - 2.45 - 3.14 - 2.18 - 7.91차이가 난다. 따라서 50대의 모든 최종학력 구간에서 각각 |전체-남성|의 차이보다 |전체-여성|의 차이가 작기 때문에 최종학력 구간 중 어느 하나만 검토하더라도 확인할 수 있다. 따라서 50대 취업자 수는 남성이 여성보다 적다.

⏱ **빠른 문제 풀이 Tip**

• 〈표〉와 〈그림〉 모두 A시의 각 연령대 인원 전체를 기준으로 비율화 한 자료이다. 따라서 동일 연령대 내에서 최종학력이나 직종 비교는 가능하지만 최종학력의 세대간 비교나 직종의 세대간 비교는 불가능하다.
• 〈표〉와 〈그림〉의 기준은 다르지만 〈표〉의 전체 취업자 최종학력 분포와 〈그림〉의 직종분포 간 비교는 가능하다. 하지만 〈표〉의 남성과 여성 구분은 각 세대별 동일성별 내에서만 비교가능하며 〈표〉의 남성 또는 여성 항목을 〈그림〉의 직종과 직접적으로 비교 불가능하다.
• 선택지에서 직접적으로 묻고 있는 부분은 아니지만 A시 30대 취업자는 남성과 여성의 수가 동일하다.

[정답] ⑤

39

다음 〈표〉는 창호, 영숙, 기오, 준희가 홍콩 여행을 하며 지출한 경비에 관한 자료이다. 지출한 총 경비를 네 명이 동일하게 분담하는 정산을 수행할 때 〈그림〉의 A, B, C에 해당하는 금액을 바르게 나열한 것은?

〈표〉 여행경비 지출 내역

구분	지출자	내역	금액	단위
숙박	창호	호텔비	400,000	원
교통	영숙	왕복 비행기	1,200,000	
기타	기오	간식1	600	홍콩달러
		중식1	700	
		관광지1 입장권	600	
		석식	600	
		관광지2 입장권	1,000	
		간식2	320	
		중식2	180	

※ 환율은 1홍콩달러당 140원으로 일정하다고 가정함.

〈그림〉 여행경비 정산 관계도

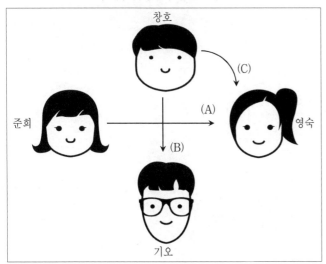

※ 돈은 화살표의 방향으로 각각 1회만 이동함.

	A	B	C
①	540,000원	20,000원	120,000원
②	540,000원	20,000원	160,000원
③	540,000원	40,000원	100,000원
④	300,000원	40,000원	100,000원
⑤	300,000원	20,000원	120,000원

📋 문제풀이

39 조건 판단형

난이도★★★★☆

창호는 40만 원, 영숙은 120만 원을 지출하였고 기오는 56만 원(140원/홍콩달러×4,000홍콩달러)를 지출하였으므로 총 경비는 216만 원이 된다. 이를 네 명이서 동일하게 분담하려면 1인당 분담금액은 54만 원씩이다. 따라서 준희는 영숙에게 54만 원(A)을 주고 창호는 기오에게 2만 원(B), 영숙에게 54-40-2=12만 원(C)을 주면 정산이 완료된다.

[정답] ①

40

아래 〈그림〉은 마을 A~E 간의 가능 이동로를 보여주며, 〈표〉는 주어진 〈조건〉에 따라 '갑'이 매 회차 이동 후 각 마을에 숨어있을 확률을 구한 자료이다. 이에 대한 〈보기〉의 설명 중 옳은 것만을 모두 고르면?

〈그림〉 마을 A~E 간 가능 이동로

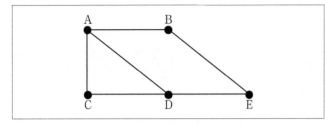

〈조 건〉

○ 1회차 이동 후 '갑'이 각 마을(A~E)에 숨어있을 확률은 각각 $\frac{1}{5}$로 동일하다.

○ '갑'은 2회차부터 매 회차, 숨어있던 마을에서 인접한 마을로 반드시 이동하며, 이 때 인접한 마을이란 다른 마을을 경유하지 않고 가능 이동로만으로 이동할 수 있는 마을을 의미한다. 예를 들어 B와 인접한 마을은 A, E이다.

○ '갑'이 인접한 마을로 이동 시 각 마을로 이동할 확률은 동일하다.

〈표〉 매 회차 이동 후 '갑'이 각 마을에 숨어있을 확률

마을 이동차수	A	B	C	D	E
1회차	$\frac{1}{5}$	$\frac{1}{5}$	$\frac{1}{5}$	$\frac{1}{5}$	$\frac{1}{5}$
2회차	$\frac{4}{15}$	$\frac{1}{6}$	$\frac{2}{15}$	$\frac{4}{15}$	$\frac{1}{6}$
3회차	$\frac{43}{180}$	$\frac{31}{180}$	( )	$\frac{43}{180}$	$\frac{31}{180}$
4회차	$\frac{55}{216}$	( )	( )	( )	( )

※ 예) 3회차 이동 후 '갑'이 B에 숨어있을 확률=(2회차 이동 후 A에 숨어있을 확률×A에서 B로 이동할 확률)+(2회차 이동 후 E에 숨어 있을 확률×E에서 B로 이동할 확률)

$$=(\frac{4}{15}\times\frac{1}{3})=(\frac{1}{6}\times\frac{1}{2})=\frac{31}{180}$$

〈보 기〉

ㄱ. '갑'이 A에 숨어있을 확률은 1회차 이동 후부터 3회차 이동 후까지 매 회차 증가하였다.

ㄴ. '갑'이 C에 숨어있을 확률은 3회차 이동 후보다 4회차 이동 후가 더 낮다.

ㄷ. 4회차 이동 후 '갑'이 B에 숨어있을 확률과 E에 숨어있을 확률은 동일하다.

ㄹ. 3회차 이동 후 '갑'이 숨어있을 확률이 가장 낮은 곳은 C이다.

① ㄱ, ㄴ
② ㄱ, ㄷ
③ ㄴ, ㄷ
④ ㄴ, ㄹ
⑤ ㄷ, ㄹ

📝 문제풀이

40 조건 판단형
난이도★★★★★

ㄱ. (X) 가장 간단한 보기이며 단순한 분수비교로 판단 가능하다. '갑'이 A에 숨어있을 확률은 2회차 이동 후 $\frac{4}{15}=\frac{40}{150}$이지만 3회차 이동 후 $\frac{43}{180}$으로 감소하였다. 따라서 매 회차 증가하지는 않았다.

ㄴ. (O) '갑'이 C에 숨어있을 확률은 3회차 이동 후 $\frac{32}{180}$이고(ㄹ해설 참조) 4회차 이동 후는(3회차 이동 후 A에 숨어있을 확률×A에서 C로 이동할 확률)+(3회차 이동 후 D에 숨어있을 확률×D에서 C로 이동할 확률)이므로($\frac{43}{180}$×$\frac{1}{3}$)+($\frac{43}{180}$×$\frac{1}{3}$)=($\frac{43}{180}$×$\frac{1}{3}$)×2=$\frac{43}{270}$이다. 따라서 '갑'이 C에 숨어있을 확률은 3회차 이동 후보다 4회차 이동 후가 더 낮다. 식을 복잡하게 전개하였지만 결국 A와 D의 2회차 확률인 $\frac{4}{15}$와 3회차 확률인 $\frac{43}{180}$의 대소비교이다.

ㄷ. (O) 4회차 이동 후 '갑'이 B에 숨어있을 확률은 (3회차 이동 후 A에 숨어있을 확률×A에서 B로 이동할 확률)+(3회차 이동 후 E에 숨어있을 확률×E에서 B로 이동할 확률)이므로 ($\frac{43}{180}$×$\frac{1}{3}$)+($\frac{31}{180}$×$\frac{1}{2}$)이다.

4회차 이동 후 '갑'이 E에 숨어있을 확률은 (3회차 이동 후 B에 숨어있을 확률×B에서 E로 이동할 확률)+(3회차 이동 후 D에 숨어있을 확률×D에서 E로 이동할 확률)이므로 ($\frac{31}{180}$×$\frac{1}{2}$)+($\frac{43}{180}$×$\frac{1}{3}$)이다. 따라서 4회차 이동 후 '갑'이 B에 숨어있을 확률과 E에 숨어있을 확률은 동일하다. B와 E는 2개의 마을에 접해있다는 공통점이 있고, 회차별 숨어있을 확률이 A와 D가 동일하고 B와 E가 동일하다는 점을 파악했다면 계산하지 않고도 판단 가능하다.

ㄹ. (X) 3회차 이동 후 C에 '갑'이 숨어있을 확률을 도출하려면 (2회차 이동 후 A에 숨어있을 확률×A에서 C로 이동할 확률)+(2회차 이동 후 D에 숨어있을 확률×D에서 C로 이동할 확률)을 도출하면 된다. 〈표〉에서 2회차 이동 후 A와 D에 있을 확률이 $\frac{4}{15}$로 동일하고 A와 D는 3개의 마을과 각각 연결되어 있다는 점을 파악했다면 3회차 이동 후 C에 '갑'이 숨어있을 확률은 ($\frac{4}{15}$×$\frac{1}{3}$)+($\frac{4}{15}$×$\frac{1}{3}$)=($\frac{4}{15}$×$\frac{1}{3}$)×2=$\frac{8}{45}=\frac{32}{180}$가 된다. 따라서 3회차 이동 후 '갑'이 숨어있을 확률이 가장 낮은 곳은 C가 아닌 B 또는 E이다. 각 회차별로 확률의 합이 1이라는 점을 파악했다면 결국 3회차의 분자는 180-43-31-43-31=32이므로 3회차는 $\frac{32}{180}$라고 접근 가능하다.

⏱️ **빠른 문제 풀이 Tip**

• 〈그림〉에서 주목해야 할 점은 A와 D만 각각 3개의 마을과 연결되어 있고 나머지 B, C, E는 2개의 마을과 연결되어 있다는 점이다.

• 〈조건〉의 세 가지는 이해하기 어렵지는 않다. 〈표〉와 함께 본다면 해석하기 어렵지 않으며 세 번째 〈조건〉에서 인접마을로 이동 시 각 마을로 이동할 확률이 동일하다는 점은 〈표〉의 예시에서도 확인할 수 있다.

• 아무리 어려워 보이고 복잡해 보이는 문제라도 선택지나 〈보기〉 전부 다 그렇지는 않다. 적어도 하나 정도는 문제를 제대로 파악하지 않더라도 해결할 수 있다. 가장 쉬운 ㄱ을 해결한 다음 〈보기〉를 보면 ㄴ과 ㄹ이 연관성이 있고 3회차 C를 도출해야겠다는 생각을 해야 한다.(이 문제는 ㄱ과 ㄹ만 보고 풀어야 시간 내에 해결 가능하다)

• 각 회차별 확률의 합이 1이라는 점을 파악했다면 문제의 접근이 좀 더 수월해진다.

[정답] ③

2014년 기출문제

총평

- 순수 자료비교인 곱셈 비교와 분수 비교 자체를 묻는 문제가 16문제 출제되어 전체 문제의 40%를 차지하였다. 따라서 기본적인 곱셈 비교와 분수 비교를 꾸준히 연습하여 자유자재로 적용할 수 있도록 준비가 되어 있어야 한다.
- 매칭형이 5문제, 빈칸형이 3문제, 각주 판단형이 6문제, 조건 판단형이 4문제로 자료판단에서 18문제가 출제되었다. 각주 판단형 및 조건 판단형이 10문제로 전체 문제의 25%를 차지하고 있어 이 두 가지 유형의 접근에 따라 시간 배분이 결정되었을 가능성이 높다.
- 보고서 검토·확인형은 2문제, 표-차트 변환형이 1문제 출제되었다.
- 세트문제는 16-17번, 37-38번으로 출제되었고 매칭형과 분수 비교형, 분수 비교형과 보고서 검토·확인형으로 각각 세트문제 2문제당 4분 이내로 소요되는 난도로 출제되었다.
- 전체적인 난도는 ★★★☆☆ 정도로 출제되었으며 시간이 3분 이상 소요되는 고난도 문제 비중이 적기 때문에 실수만 하지 않았다면 80점 이상을 받을 수 있다.

01

다음 〈표〉와 〈그림〉은 소나무재선충병 발생지역에 대한 자료이다. 이를 이용하여 계산할 때, 고사한 소나무 수가 가장 많은 발생지역은?

〈표〉 소나무재선충병 발생지역별 소나무 수

(단위: 천 그루)

발생지역	소나무 수
거제	1,590
경주	2,981
제주	1,201
청도	279
포항	2,312

〈그림〉 소나무재선충병 발생지역별 감염률 및 고사율

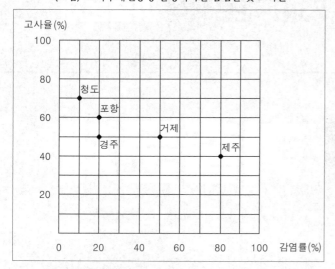

※ 1) 감염률(%) = $\frac{발생지역의 감염된 소나무 수}{발생지역의 소나무 수} \times 100$

2) 고사율(%) = $\frac{발생지역의 고사한 소나무 수}{발생지역의 감염된 소나무 수} \times 100$

① 거제
② 경주
③ 제주
④ 청도
⑤ 포항

📝 문제풀이

01 각주 판단형　　　　　　　　난이도 ★★★★☆

〈그림〉 하단의 각주에 주어진 '감염률'과 '고사율' 그리고 표에 주어진 '발생지역별 소나무 수'를 통해서 고사한 소나무 수를 도출할 수 있다. 즉 설문에서 요구하는 '고사한 소나무 수'는 고사한 소나무 수 = 감염률×고사율×발생지역별 소나무 수이다.

① 거제 0.5×0.5×1,590=397.5
② 경주 0.2×0.5×2,981=298.1
③ 제주 0.8×0.4×1,201=384.32
④ 청도 0.1×0.7× 279=19.53
⑤ 포항 0.2×0.6×2,312=277.44

따라서 거제가 가장 많다.

⏱ 빠른 문제 풀이 Tip

이 문제의 핵심은 지역 간 비교를 통해 어느 지역이 가장 높은지 판단하는 것이므로 아래와 같이 수치를 간단히 해서 비교하면 더 쉽게 판단할 수 있다.

① 거제 5×5×16=25x16
② 경주 2×5×30=10x30
③ 제주 8×4×12=32x12
④ 청도 1×7× 2=7x2
⑤ 포항 2×6×23=12x23

최종적으로 거제와 제주만 비교하면 되며, 거제가 가장 많다.

[정답] ①

02

다음 〈표〉와 〈그림〉은 2008~2012년 A지역의 임가소득 현황을 나타낸 자료이다. 이에 대한 〈보기〉의 설명 중 옳은 것만을 모두 고르면?

〈표〉 A지역의 임가소득 현황

(단위:천 원, %)

연도 구분	2008	2009	2010	2011	2012
임가소득	27,288	27,391	27,678	28,471	29,609
경상소득	24,436	( )	( )	25,803	26,898
임업소득	8,203	7,655	7,699	8,055	8,487
임업외소득	11,786	11,876	12,424	12,317	13,185
이전소득	4,447	4,348	4,903	5,431	5,226
비경상소득	2,852	3,512	2,652	2,668	2,711
임업의존도	30.1	27.9	27.8	( )	( )

※ 1) 임가소득＝경상소득＋비경상소득

2) 경상소득＝임업소득＋임업외소득＋이전소득

3) 임업의존도(%)＝$\dfrac{\text{임업소득}}{\text{임가소득}}\times100$

〈그림〉 A지역의 임업소득 현황

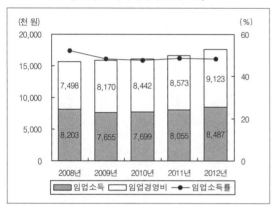

※ 1) 임업소득＝임업총수입－임업경영비

2) 임업소득률(%)＝$\dfrac{\text{임업소득}}{\text{임업총수입}}\times100$

〈보 기〉

ㄱ. 임업소득률이 50% 이상인 연도는 2008년뿐이다.

ㄴ. 임업의존도는 2008년부터 2010년까지 매년 감소하다가 이후 매년 증가한다.

ㄷ. 2012년 임업총수입의 전년대비 증가율은 5% 이하이다.

ㄹ. 경상소득은 2008년부터 2012년까지 매년 증가한다.

① ㄱ, ㄴ

② ㄱ, ㄹ

③ ㄴ, ㄷ

④ ㄱ, ㄴ, ㄹ

⑤ ㄴ, ㄷ, ㄹ

📑 문제풀이

02 각주 판단형　　　　　　　난이도★★★☆☆

ㄱ. (O) 〈그림〉의 각주 2)식을 보면 임업소득률(%)＝$\dfrac{\text{임업소득}}{\text{임업총수입}}\times1000$고, 각주 1)식에서 임업소득＝임업총수입－임업경영비 이므로 이를 정리하면 임업총수입＝임업소득＋임업경영비가 된다. 따라서 각주 2)식을 변형하면 임업소득률(%)＝$\dfrac{\text{임업소득}}{\text{임업소득}＋\text{임업경영비}}$가 된다. 여기서 임업소득률이 50% 이상인 연도라는 의미는 임업소득이 임업경영비보다 많은 연도를 찾는 것과 같다. 따라서 2008년뿐이다.

ㄴ. (O) 〈표〉에서 직접 주어진 임업의존도를 통해 2008~2010년 동안에는 매년 감소하고 있음을 알 수 있다. 각주 3)의 임업의존도(%)＝$\dfrac{\text{임업소득}}{\text{임가소득}}\times100$ 식을 통해 2010년과 2011년을 비교하면 분모인 임가소득의 증가율 $\dfrac{8}{277}$보다 분자인 임업소득의 증가율 $\dfrac{35}{770}$이 더 크다. 또한 2011년과 2012년을 비교하면 역시 분모인 임가소득의 증가율 $\dfrac{11}{285}$보다 분자인 임업소득의 증가율 $\dfrac{44}{805}$이 더 크다. 따라서 2011년 이후에는 임업의존도는 전년대비 증가하게 된다. 임업의존도를 구성하고 있는 임업소득과 임가소득의 연도별 차이가 크지 않다는 점을 파악했다면 후순위로 풀이한다.

ㄷ. (X) 임업총수입＝임업소득＋임업경영비이므로 2012년은 17,610천 원이고, 2011년은 16,628천 원이다. 따라서 임업총수입의 증가율은 $\dfrac{10}{188}\times100>5\%$ 이다.

ㄹ. (X) 경상소득＝임업소득＋임업외소득＋이전소득이므로 각 항목의 증감을 연도별로 비교하면 된다. 2009년에는 2008년에 비해 임업외소득은 90천 원 증가하였으나 이전소득이 99천 원 감소, 임업소득이 548천 원 감소하였으므로 경상소득은 감소하게 된다.

⏱ 빠른 문제 풀이 Tip

• A＝B＋C인 경우 $\dfrac{B}{A}\times100\geqq50\%$을 묻는 경우 2B≧A로 판단한다.

• ㄷ의 경우 임업총수입을 구성하는 임업소득과 임업경영비 각각의 전년대비 증가율이 5% 초과라면 임업총수입의 전년대비 증가율 역시 5% 초과이다.

[정답] ①

03

다음 〈표〉는 2010~2012년 농림수산식품 수출액 순위 상위 10개 품목에 대한 자료이다. 다음 〈조건〉을 근거로 하여 A~E에 들어갈 5개 품목(궐련, 김, 라면, 면화, 사과)을 바르게 나열한 것은?

〈표〉 농림수산식품 수출액 순위 상위 10개 품목

(단위: 천 톤, 백만 불)

순위	2010년			2011년			2012년		
	품목	수출물량	수출액	품목	수출물량	수출액	품목	수출물량	수출액
1	배	10.5	24.3	인삼	0.7	37.8	인삼	0.5	22.3
2	인삼	0.4	23.6	배	7.7	19.2	배	6.5	20.5
3	(A)	7.3	15.2	유자차	5.7	12.6	(C)	1.6	18.4
4	김치	37.5	15.0	(C)	0.6	8.1	유자차	7.0	14.6
5	유자차	4.8	9.7	비스킷	1.8	7.9	비스킷	2.4	8.8
6	비스킷	1.8	7.2	(B)	3.5	7.4	(E)	0.5	8.7
7	(B)	5.4	6.9	(A)	2.1	6.2	고등어	4.7	7.0
8	(C)	0.4	5.7	(D)	2.0	6.0	(B)	4.9	6.7
9	(D)	1.8	5.2	(E)	0.4	5.9	(D)	1.8	5.3
10	(E)	0.4	4.8	펄프	8.4	5.4	(A)	1.0	3.7

─── 〈조 건〉 ───

○ 궐련과 김은 매년 수출액이 증가하였다.
○ 2011년 면화의 수출물량은 전년보다 감소하였으나 수출액은 전년보다 증가하였다.
○ 사과의 수출액은 매년 감소하였다.
○ 2010년에는 김이 라면보다 수출액이 적었으나, 2012년에는 김이 라면보다 수출액이 많았다.

	A	B	C	D	E
①	라면	궐련	면화	사과	김
②	라면	사과	면화	김	궐련
③	사과	라면	궐련	면화	김
④	사과	면화	김	라면	궐련
⑤	사과	면화	궐련	라면	김

📝 문제풀이

03 매칭형 난이도★★☆☆☆

- 세 번째 〈조건〉에서 매년 수출액이 감소한 품목은 (A)이다. 따라서 (A)는 사과이고, 선택지 ①, ②는 제거된다.

- 두 번째 〈조건〉에서 2011년에 수출물량은 전년에 비해 감소하였으나 수출액은 증가한 품목은 (B)뿐이다. 따라서 (B)는 면화이고, 선택지 ③이 제거된다.

- (D)는 라면이고 선택지 ④와 ⑤의 차이는 (C) 또는 (E)가 궐련 또는 김 중 어느 품목인지 구분하는 것이다. 따라서 첫 번째 〈조건〉을 검토할 필요가 없으므로 네 번째 조건을 본다.

- 네 번째 〈조건〉에서 2010년에는 (D)보다 순위가 낮았으나 2012년에 (D)보다 순위가 높은 품목은 (E)뿐이다. 따라서 (D)는 라면, (E)는 김이 된다.

⏱ 빠른 문제 풀이 **Tip**

'연도별 순위를 참고하여 판단한다. 즉 A~E의 순위만 고려하면 2010년은 A-B-C-D-E, 2011년 C-B-A-D-E, 2012년 C-E-B-D-A이다.

[정답] ⑤

04

다음 〈표〉는 각각 3명의 아동이 있는 A와 B가구의 11월 학원등록 현황에 대한 자료이다. 이에 대한 설명으로 옳지 않은 것은?

〈표 1〉 A가구 아동의 11월 학원등록 현황

아동＼학원	갑	을	병
송이	○	○	−
세미	○	−	−
휘경	−	○	○

〈표 2〉 B가구 아동의 11월 학원등록 현황

아동＼학원	갑	을	병
민준	○	○	○
재경	−	○	−
유라	−	−	○

※ 1) ○: 학원에 등록한 경우, −: 학원에 등록하지 않은 경우
　2) 표에 나타나지 않은 학원에는 등록하지 않음.
　3) A, B가구 아동의 12월 학원등록 현황은 11월과 동일함.

〈표 3〉 11월 학원별 1개월 수강료

(단위: 원)

학원	갑	을	병
수강료	80,000	60,000	90,000

※ 1) 학원등록은 매월 1일에 1개월 단위로만 가능함.
　2) 별도의 가정이 없으면, 12월의 학원별 1개월 수강료는 11월과 동일함.

① 11월 가구별 총 수강료는 B가구가 A가구보다 1만 원 더 많다.

② 총 수강료가 가장 많은 아동의 11월 수강료는 총 수강료가 가장 적은 아동의 11월 수강료의 3배 이상이다.

③ 학원 '을'이 12월 수강료를 10% 인상한다면 A가구의 12월 총 수강료는 11월에 비해 12,000원 증가한다.

④ 학원 '갑', '을', '병'이 한 가구에서 아동 2명 이상 등록 시 12월 수강료를 20% 할인한다면 11월과 12월 총 수강료 차이는 B가구가 A가구보다 크다.

⑤ 학원 '을'과 '병'이 12월 수강료를 10% 할인한다면 12월 총 수강료는 A가구보다 B가구가 18,000원 더 많다.

📑 문제풀이

04 각주 판단형

난이도★★★☆☆

① (O) '을'학원에 다니는 아동은 A와 B 가구 2명으로 동일하다. 또한 '갑'학원에 다니는 아동은 A가구가 B가구에 비해 1명 더 많으므로 +8만 원, '병'학원에 다니는 아동은 B가구가 A가구에 비해 1명 더 많으므로 +9만 원이다. 따라서 11월 가구별 총 수강료 차이는 1만 원이다.

② (O) 11월 수강료 중 총 수강료가 가장 많은 아동은 민준이 23만 원이고 가장 적은 아동은 재경이 6만 원이다. 따라서 3배 이상 차이가 난다.

③ (O) '을'학원의 11월 수강료는 60,000원이고 A가구 아동 중에서 2명이 등록하였으므로 12월 수강료가 전월에 비해 10% 증가한다면 12,000원 증가하게 된다.

④ (O) 한 가구에서 아동 2명 이상 등록 시 12월 수강료를 20% 할인하므로 11월에 비해 12월에는 A가구가 B가구에 비해 '갑'학원에 다니는 아동 2명 만큼인 32,000원이 더 감소하고 B가구는 A가구에 비해 '병'학원에 다니는 아동 2명 만큼인 36,000원 더 감소하게 된다. 따라서 총 수강료의 월별 차이는 B가구가 A가구보다 더 크게 된다. 1인당 20%씩 2명분의 할인폭을 계산하는 것처럼 보이지만 사실 '병'학원의 수강료가 '갑'학원의 수강료보다 비싸므로 현재 주어진 상황에서는 당연히 A가구보다 B가구의 할인폭이 더 클 수밖에 없다.

⑤ (X) 11월 총 수강료는 B가구가 A가구보다 1만 원이 더 많은 상황에서 학원 '을'과 '병'이 12월 수강료를 10% 할인한다면 12월 총 수강료의 할인폭은 11월에 비해 A가구보다 B가구가 9,000원 더 많다. 따라서 A가구와 B가구의 수강료 차이가 줄어들게 된다. 즉, A가구보다 B가구가 1,000원 더 많게 된다.

⏱ 빠른 문제 풀이 Tip

- 기호형 문제이므로 가구별 비교 시 공통적인 부분을 제외한 차이가 나는 부분 위주로 비교하자.
- 즉, 모든 수강료를 정확하게 산출하는 것이 아니라 항목 간 금액 차이가 얼마나 나는지 비교하는 것이 핵심이다.

[정답] ⑤

05

다음 〈표〉는 A지역에서 판매된 가정용 의료기기의 품목별 판매량에 관한 자료이다. 이에 대한 〈보기〉의 설명 중 옳은 것만을 모두 고르면?

〈표〉 가정용 의료기기 품목별 판매량 현황

(단위: 천 개)

판매량 순위	품목	판매량		
			국내산	국외산
1	체온계	271	228	43
2	부항기	128	118	10
3	혈압계	100	( )	( )
4	혈당계	84	61	23
5	개인용 전기자극기	59	55	4
6위 이하		261	220	41
전체		( )	( )	144

〈보 기〉

ㄱ. 전체 가정용 의료기기 판매량 중 국내산 혈압계가 차지하는 비중은 8% 미만이다.

ㄴ. 전체 가정용 의료기기 판매량 중 국내산이 차지하는 비중은 80% 이상이다.

ㄷ. 가정용 의료기기 판매량 상위 5개 품목 중 국외산 대비 국내산 비율이 가장 큰 품목은 개인용 전기자극기이다.

ㄹ. 국외산 가정용 의료기기 중 판매량이 네번째로 많은 의료기기는 부항기이다.

① ㄱ, ㄴ
② ㄱ, ㄷ
③ ㄴ, ㄷ
④ ㄴ, ㄹ
⑤ ㄷ, ㄹ

문제풀이

05 빈칸형
난이도 ★★★★☆

ㄱ. (X) 전체 가정용 의료기기 판매량은 903천 개이고 국내산 혈압계의 판매량은 77천 개이므로 비중은 $\frac{77}{903}$≒8.5%이다. 빈칸의 괄호를 모두 채워야 하는 〈보기〉이므로 후순위로 풀이한다.

ㄴ. (O) 전체 가정용 의료기기 판매량 중 국내산이 차지하는 비중이 80% 이상이려면 전체 가정용 의료기기 판매량 중 국외산이 차지하는 비중은 20% 이하가 되어야 한다. 즉 전체 국내산 가정용 의료기기 판매량이 국외산 144천 개보다 4배 이상 많아야 하고 국내산 혈압계 판매량을 감안하지 않더라도 이보다는 많다. 따라서 전체 가정용 의료기기 판매량 중 국내산이 차지하는 비중은 80% 이상이 된다. 전체 가정용 의료기기 판매량이 국외산의 5배 이상인지 검토해도 무방하다.

ㄷ. (O) 가정용 의료기기 판매량 상위 5개 품목에 한정하여 보면 국외산 대비 국내산 비율은 개인용 전기자극기가 $\frac{55}{4}$>13이다. 부항기는 12 미만이므로 혈압계 역시 10 미만이다.

ㄹ. (X) 국외산 가정용 의료기기 중에서 6위 이하 품목 중 판매량이 10천 개를 초과하는 품목이 존재할 수도 있다. 따라서 알 수 없는 〈보기〉이다. 〈표〉의 판매량 순위는 전체=국내산+국외산 순위이므로 국외산 자체의 판매량 순위는 정확하게 판단할 수 없다.

⏱ 빠른 문제 풀이 Tip

· 〈보기〉에서 필요한 빈칸만 채우고 문제를 해결하려고 노력하자.
· ㄴ의 계산은 '국내산 의료기기의 판매량이 국외산보다 4배 이상 많다.'라고 바꿔 생각한다면 쉽게 해결할 수 있다.
· ㄹ은 국외산 혈압계 수치와 무관하게 국외산 부항기의 수치가 국외산 6위 이하의 합보다 작기 때문에 판단할 수 없다.

[정답] ③

06

다음 〈표〉는 3개 부처(A~C)의 인재선발 기준, 전공적합점수, 지원자(갑~기)의 성적, 전공 및 지원 부처를 나타낸 것이다. 〈선발 방식〉에 따라 B부처에 선발된 지원자는?

〈표 1〉 각 부처별 선발인원 및 인재선발 기준 가중치

부처	선발인원 (명)	가중치		
		연수원 성적	면접 성적	전공적합점수
A	2	0.5	0.4	0.1
B	2	0.4	0.6	0.0
C	2	0.5	0.5	0.0

〈표 2〉 전공적합점수

(단위: 점)

전공	경영	경제	행정	기타
점수	100	100	50	0

〈표 3〉 지원자 성적, 전공 및 지원 부처

(단위: 점)

지원자	연수원 성적	면접 성적	전공	지원 부처
갑	70	80	정치외교	A, B
을	90	60	경영	A, B
병	80	80	경제	B, C
정	70	50	행정	A, C
무	90	50	경영	A, C
기	70	50	경제	B, C

─〈선발 방식〉─
○ 각 부처는 해당 부처에 지원한 지원자 중에서 선발함.
○ A부처가 2명을 먼저 선발한 후 B부처가 남은 지원자 중 2명을 선발하며, 마지막으로 C부처가 남은 지원자 2명을 선발함.
○ 각 부처는 지원자의 연수원 성적, 면접 성적, 전공적합점수에 가중치를 부여하여 계산한 점수의 합이 높은 지원자부터 순서대로 선발함.
  예) A부처 기준 '갑'의 점수의 합=70점×0.5+80점×0.4+0점×0.1=67점

① 갑, 을
② 갑, 병
③ 갑, 기
④ 을, 병
⑤ 을, 기

📑 문제풀이

06 조건 판단형　　　　　　　　　　　　난이도 ★★★☆☆

• 먼저 선발방식에 따라 지원부처란에 A를 기입한 지원자의 점수를 계산하면 다음과 같다.
  갑 70×0.5+80×0.4+ 0×0.1=67점
  을 90×0.5+60×0.4+100×0.1=79점
  정 70×0.5+50×0.4+ 50×0.1=60점
  무 90×0.5+50×0.4+100×0.1=75점
  따라서 A부처에 선발된 지원자는 '을'과 '무'가 된다.

• 을과 무를 제외한 나머지 지원자 중 B부처에 지원하지 않은 정을 제외하고 다시 계산하면
  갑 70×0.4+80×0.6=76점
  병 80×0.4+80×0.6=80점
  기 70×0.4+50×0.6=58점
  B부처에 선발된 지원자는 '갑'과 '병'이 된다.

> ⏱ **빠른 문제 풀이 Tip**
> A부처에 선발될 수 있는 '갑', '을', '정', '무' 중 '을'은 '정'이나 '무'보다는 연수원 성적, 면접성적, 전공적합점수 각각 높거나 같다. 따라서 '을'은 A부처에 반드시 선발되므로 선택지 ②, ③ 중 하나가 답이 된다. 따라서 '갑'은 B부처에 반드시 선발되며 나머지 '병'과 '기'를 비교하면 연수원 성적과 면접성적 모두 '병'이 높으므로 B부처에 선발된 지원자는 '갑'과 '병'이 된다.

[정답] ②

07

다음은 2009~2011년 우리나라의 세금 체납정리에 관한 〈보고서〉이다. 〈보고서〉에 제시된 내용과 부합하지 않는 자료는?

─〈보고서〉─

○ 2009년 우리나라 국세결손처분 비율은 4.6%로 EU 주요국 중 영국, 오스트리아, 독일, 프랑스에 비해 4배 이상 높다. 반면, 미정리체납액 비율은 2.7%로 영국, 오스트리아, 프랑스에 비해 낮다.

○ 2009~2011년 동안 세수실적 대비 미정리체납액 비율은 부가가치세가 국세보다 매년 높다.

○ 2009~2011년 동안 부가가치세는 소득세 및 법인세보다 세수실적 대비 미정리체납액 비율이 매년 더 높다.

○ 2011년 부가가치세 체납액정리 현황을 보면, 현금정리가 44.3%로 가장 큰 비중을 차지하고, 그 다음으로 미정리, 결손정리, 기타정리의 순으로 큰 비중을 차지하고 있다.

○ 2011년 주요세목 체납정리 현황에서 건당금액의 경우 각 분야에서 법인세가 소득세 및 부가가치세보다 높다.

① 우리나라 및 EU 주요국의 체납처분 현황(2009년)

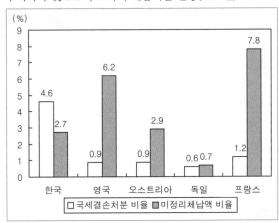

② 국세와 부가가치세의 미정리체납액 추이

(단위: 억 원, %)

구분		2009년	2010년	2011년
국세	세수실적(a)	1,543,305	1,660,149	1,801,532
	미정리체납액(b)	41,659	49,257	54,601
	비율($\frac{b}{a}\times100$)	2.7	3.0	3.0
부가가치세	세수실적(a)	469,915	491,212	519,068
	미정리체납액(b)	15,148	15,982	17,815
	비율($\frac{b}{a}\times100$)	3.2	3.3	3.4

③ 주요 세목의 세수실적 대비 미정리체납액 비율

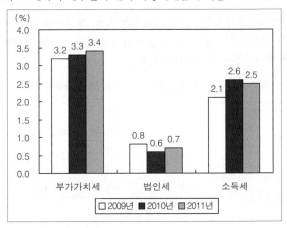

④ 부가가치세 체납액정리 현황(2011년)

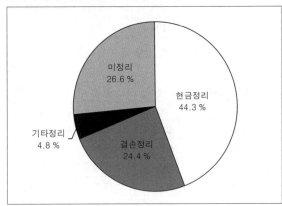

⑤ 주요세목 체납정리 현황(2011년)

(단위: 건, 억 원, 만 원)

분야	구분 세목	소득세	법인세	부가가치세
현금정리	건수	398,695	35,947	793,901
	금액	7,619	3,046	29,690
	건당금액	191	847	374
결손정리	건수	86,383	9,919	104,913
	금액	21,314	5,466	16,364
	건당금액	2,467	5,511	1,560
기타정리	건수	19,218	1,000	70,696
	금액	2,507	318	3,201
	건당금액	1,305	3,180	453
미정리	건수	322,349	22,265	563,646
	금액	10,362	3,032	17,815
	건당금액	321	1,362	316

📝 **문제풀이**

07 분수 비교형   난이도 ★★☆☆☆

①번 그래프의 우리나라 국세결손처분 비율은 4.6%이고 영국과 오스트리아가 0.9%, 독일이 0.6%, 프랑스 1.2%이므로 영국, 오스트리아, 독일에 비해서는 4배 이상 높지만, 프랑스에 비해서는 4배 이상 높지 않다.

[정답] ①

08

다음 〈표〉는 어느 해 지방자치단체별 신기술 A의 도입 현황에 대한 조사 결과이다. 이에 대한 〈보기〉의 설명 중 옳은 것만을 모두 고르면?

〈표〉 지방자치단체별 신기술 A의 도입 현황 조사 결과

(단위: 개, %)

구분		지방자치 단체 수	응답			미응답	도입률	응답률
			도입	미도입	소계			
광역 지방 자치 단체	시	8	7	1	8	0	87.5	100.0
	도	9	7	1	8	1	77.8	88.9
	소계	17	14	2	16	1	( )	94.1
기초 지방 자치 단체	시	74	( )	15	66	8	68.9	( )
	군	84	( )	22	78	6	66.7	( )
	구	69	43	19	62	7	62.3	( )
	소계	227	150	56	206	21	( )	90.7
전체		244	164	58	222	22	67.2	91.0

※ 1) 신기술 A의 도입 여부는 광역지방자치단체 시, 도와 기초지방자치단체 시, 군, 구가 각각 결정함.

2) 도입률(%) = $\dfrac{\text{'도입'으로 응답한 지방자치단체 수}}{\text{지방자치단체 수}} \times 100$

3) 응답율(%) = $\dfrac{\text{응답한 지방자치단체 수}}{\text{지방자치단체 수}} \times 100$

〈보 기〉

ㄱ. 기초지방자치단체 중에서는 군의 응답률이 가장 높다.
ㄴ. 미응답한 구가 모두 '도입'으로 응답한다면 구의 도입률은 75% 이상이다.
ㄷ. 기초지방자치단체 중에서 '도입'으로 응답한 기초지방자치단체 수는 군이 시보다 많다.
ㄹ. 광역지방자치단체의 도입률은 기초지방자치단체의 도입률보다 10%p 이상 높다.

① ㄱ, ㄴ
② ㄱ, ㄷ
③ ㄴ, ㄹ
④ ㄱ, ㄷ, ㄹ
⑤ ㄴ, ㄷ, ㄹ

📝 문제풀이

08 빈칸형

난이도 ★★★★

ㄱ. (O) 응답률이 아닌 반대개념인 미응답률로 풀이한다. 즉, 응답률이 가장 높으려면 미응답률이 가장 낮으면 되므로 시 $\dfrac{8}{74}$, 군 $\dfrac{6}{84}$, 구 $\dfrac{7}{69}$이 된다. 즉 시와 구는 10%를 넘고 군은 10%를 넘지 못하므로 군의 미응답률이 가장 낮다. 따라서 군의 응답률이 가장 높다.

ㄴ. (X) 미응답한 구는 7개이고 모두 '도입'으로 응답한다면 구의 도입률은 $\dfrac{43+7}{69} \times 100 ≒ 72.5\%$가 된다. $\dfrac{50}{69}$과 75%인 $\dfrac{75}{100}$를 비교하면 분자는 50% 증가율을 보이고 분모는 50% 미만의 증가율을 보이므로 $\dfrac{50}{69}$보다 $\dfrac{75}{100}$가 더 작다.

ㄷ. (O) '도입'으로 응답한 지방자치단체의 수는 시 51개, 군 56개이다. 따라서 군이 시보다 더 많다.

ㄹ. (O) 광역지방자치단체의 도입률은 $\dfrac{14}{17} ≒ 82.4\%$이고 기초지방자치단체의 도입률은 $\dfrac{150}{227} ≒ 66.1\%$이다. 따라서 광역지방자치단체의 도입률이 기초지방자치단체의 도입률보다 10%p 이상 더 높다. 위와 같이 도출할 수도 있지만 $\dfrac{14}{17} = 1 - \dfrac{3}{17}$이고 $\dfrac{3}{17}$이 10%대의 비율이라는 점을 파악했다면 $\dfrac{14}{17}$는 80%대의 비율이 된다. 또한 $\dfrac{150}{227} = 1 - \dfrac{77}{227}$이고 $\dfrac{77}{227}$이 30%대의 비율이라는 점을 파악했다면 $\dfrac{150}{227}$은 60%대의 비율이다. 따라서 양자의 차이는 적어도 10%p 이상 차이가 난다.

⏱ 빠른 문제 풀이 Tip

ㄹ은 평균 개념을 적용하여 판단하면 기초지방자치단체의 도입률은 가장 낮은 구의 62.3%보다는 높고 가장 높은 시의 68.9%보다는 낮다. 따라서 기초 지방자치단체의 도입률은 62.3~68.9% 사이에 존재한다. 광역지방자치단체 역시 77.8~87.5% 사이에 존재하지만 시와 도의 지방자치단체 수가 각각 8개, 9개로 1개 차이밖에 나지 않는다면 광역지방자치단체의 도입률은 80%를 넘는다고 판단할 수 있다. 따라서 10%p 이상 차이가 난다고 판단할 수 있다.

[정답] ④

09

다음 〈그림〉은 2005~2009년 A지역 도서관 현황에 관한 자료이다. 이에 대한 〈보기〉의 설명 중 옳은 것만을 모두 고르면?

〈그림 1〉 도서관 수와 좌석 수 추이

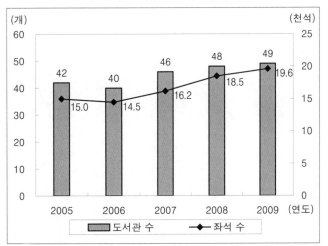

〈그림 2〉 장서 수와 연간이용자 수 추이

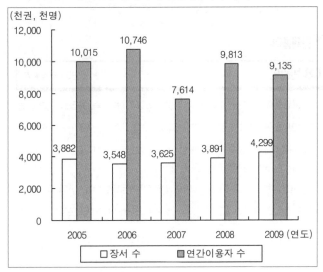

─────────〈보 기〉─────────

ㄱ. 2007년 도서관 수는 전년보다 증가하였지만 도서관당 좌석 수는 전년보다 감소하였다.

ㄴ. 연간이용자 수가 가장 적은 해와 도서관당 연간이용자 수가 가장 적은 해는 같다.

ㄷ. 2008년 도서관 수의 전년대비 증가율은 장서 수의 전년대비 증가율보다 높다.

ㄹ. 2009년 장서 수, 연간이용자 수, 도서관 수, 좌석 수 중 전년대비 증가율이 가장 큰 항목은 장서 수이다.

① ㄱ, ㄹ

② ㄴ, ㄷ

③ ㄱ, ㄴ, ㄷ

④ ㄱ, ㄴ, ㄹ

⑤ ㄴ, ㄷ, ㄹ

📝 문제풀이

09 분수 비교형 난이도 ★★★☆☆

ㄱ. (O) 2007년 도서관 수는 46개로 2006년 40개에 비해 증가하였지만 도서관당 좌석 수는 $\frac{14.5}{40}$≒36.3%에서 $\frac{16.2}{46}$≒35.2%로 전년에 비해 감소하였다.

ㄴ. (O) 연간이용자 수는 2007년에 7,614천 명으로 가장 적었고, 도서관당 연간이용자 역시 $\frac{7,614}{46}$≒165.5천 명으로 가장 적었다.

ㄷ. (X) 2008년 도서관 수의 전년대비 증가율은 $\frac{2}{46}$≒4.3%이고, 장서 수의 전년대비 증가율은 $\frac{266}{3,625}$≒7.3%이다. 따라서 장서 수의 전년대비 증가율이 도서관 수의 전년대비 증가율보다 높다.

ㄹ. (O) 2009년의 전년대비 증가율은 장서 수 $\frac{408}{3,891}$≒10.5%, 연간이용자 수는 (-) 증가율, 도서관 수 $\frac{1}{48}$≒2%, 좌석 수 $\frac{1.1}{18.5}$≒5.9%이다. 따라서 장서 수의 전년대비 증가율이 가장 크다.

⏱ 빠른 문제 풀이 Tip

- ㄴ은 2007년의 비교대상이 되는 연도가 연간이용자와 도서관 수 모두 더 많은 2008, 2009년이다.
- ㄷ의 경우 도서관 수의 유효숫자를 460과 480, 장서 수의 유효숫자를 362와 389라는 세 자릿수로 통일하면 증가 폭 만으로도 대소 비교를 할 수 있다.

[정답] ④

10

다음 〈표〉는 '갑' 아파트 '가' 세대의 관리비 부과내역, 전기, 수도, 온수 사용량과 세대별 일반관리비 산출근거를 나타낸 자료이다. 이에 대한 설명으로 옳지 않은 것은?

〈표 1〉 2013년 8월, 9월 '가' 세대의 관리비 상세 부과내역

(단위: 원)

항목	8월	9월
전기료	93,618	52,409
수도료	17,595	27,866
일반관리비	33,831	36,187
경비비	30,760	33,467
장기수선충당금	20,502	20,502
급탕비	15,816	50,337
청소비	11,485	12,220
기타	18,413	17,472
합계	242,020	250,460

〈표 2〉 '가' 세대의 관리비 부과액 및 전기, 수도, 온수 사용량 추이

연월	관리비(원)	전기(kWh)	수도(톤)	온수(톤)
2012년 9월	211,040	269	34	9
2012년 10월	231,380	241	29	12
2012년 11월	352,700	316	33	18
2012년 12월	469,260	379	30	16
2013년 1월	494,550	340	32	18
2013년 2월	464,080	336	35	21
2013년 3월	387,820	290	37	21
2013년 4월	301,640	306	34	20
2013년 5월	265,010	349	34	19
2013년 6월	252,160	316	35	16
2013년 7월	251,430	374	35	15
2013년 8월	242,020	483	29	8
2013년 9월	250,460	391	42	15
합계	4,173,550	4,390	439	208

〈표 3〉 세대별 관리비 상세 부과내역 중 일반관리비 산출근거 자료

세대유형	세대별 면적 (㎡)	세대 수	세대유형 총 면적 (㎡)
A	76.3	390	( )
B	94.9	90	( )
C	104.8	210	( )
D	118.9	90	10,701
E	146.4	180	( )
합계	–	960	97,359

※ 1) 세대유형 총 면적(㎡)=(해당 세대유형)세대별 면적×(해당 세대 유형)세대 수
2) 단위면적당 일반관리비(원/㎡)= $\dfrac{아파트일반관리비\ 총액}{세대유형\ 총\ 면적의\ 합계}$
3) 세대별 일반관리비(원)=단위면적당 일반관리비×세대별 면적
4) 세대별 면적은 소수점 아래 둘째 자리에서 반올림함.

① 2013년 8월 '가' 세대 관리비 전체에서 전기료가 차지하는 비중은 40% 이하이다.

② 2013년 9월 '갑' 아파트 일반관리비 총액이 24,065,198원이면, '가' 세대의 세대 유형은 D이다.

③ 2013년 2월부터 8월까지 '가' 세대의 관리비는 매월 감소한다.

④ '가' 세대의 2012년 10월부터 2013년 9월까지의 월평균 온수사용량보다 온수사용량이 많은 달은 6개이다.

⑤ C의 세대유형 총 면적은 세대유형 총 면적의 합계의 25% 이하이다.

📝 문제풀이

10 각주 판단형 난이도★★★☆☆

① (O) 2013년 8월 '가'세대 관리비 전체는 242,020원이고 이 중 전기료는 93,618원이므로 비중은 $\dfrac{94}{242}$≒38.8%이다.

② (X) 각주 2)의 식과 3)의 식 모두 단위면적당 일반관리비 항목이 포함되어 있으므로 각주 3)식은 $\dfrac{세대별\ 일반관리비}{세대별\ 면적}=\dfrac{아파트일반관리비\ 총액}{세대유형\ 총\ 면적의\ 합계}$이 된다. 2013년 9월 '갑'아파트 일반관리비 총액이 24,065,198원, '가'세대의 9월 일반관리비는 36,187원, 세대유형 총 면적의 합계는 97,359㎡이므로 '가'세대의 세대 유형이 D가 되려면 $\dfrac{36,187}{118.9}=\dfrac{24,065,198}{97,359}$을 만족해야 한다. 이를 간략히 정리하면 $\dfrac{36}{119}\neq\dfrac{24}{97}$이므로 성립하지 않는다. 118.9자리에 146.4가 들어가면 성립한다. 따라서 세대유형 E가 된다.

③ (O) 2013년 2월부터 8월까지 매월 지속적으로 감소하고 있다.

④ (O) 2012년 10월부터 2013년 9월까지 총 온수량은 208-9=199톤이고 총 12개월로 나눠주면 월평균 온수사용량은 약 16.6톤이 되므로 월평균 온수사용량보다 온수사용량이 많은 달은 2012년 11월과 2013년 1, 2, 3, 4, 5월이 된다.

⑤ (O) 세대유형 총 면적의 합계는 97,359㎡이고 C의 세대유형 총 면적을 도출하면 104.8×210=22,008㎡이므로 25% 이하이다.

⏱ 빠른 문제 풀이 Tip

⑤번은 $\dfrac{22,008}{97,359}≒\dfrac{22}{97}<\dfrac{22}{88}=\dfrac{1}{4}$=25%로 빠르게 판단할 수 있다.

[정답] ②

11

다음 〈표〉는 한국, 중국, 일본 3개국의 배타적경제수역(EEZ) 내 조업현황을 나타낸 것이다. 이에 대한 설명으로 옳은 것은?

〈표〉 한국, 중국, 일본의 배타적경제수역(EEZ) 내 조업현황

(단위: 척, 일, 톤)

해역	어선 국적	구분	2010년 12월	2011년 11월	2011년 12월
한국 EEZ	일본	입어척수	30	70	57
		조업일수	166	1,061	277
		어획량	338	2,176	1,177
	중국	입어척수	1,556	1,468	1,536
		조업일수	27,070	28,454	27,946
		어획량	18,911	9,445	21,230
중국 EEZ	한국	입어척수	68	58	62
		조업일수	1,211	789	1,122
		어획량	463	64	401
일본 EEZ	한국	입어척수	335	242	368
		조업일수	3,992	1,340	3,236
		어획량	5,949	500	8,233

① 2011년 12월 중국 EEZ 내 한국어선 조업일수는 전월대비 감소하였다.

② 2011년 11월 한국어선의 일본 EEZ 입어척수는 전년 동월 대비 감소하였다.

③ 2011년 12월 일본 EEZ 내 한국어선의 조업일수는 같은 기간 중국 EEZ 내 한국어선 조업일수의 3배 이상이다.

④ 2011년 12월 일본어선의 한국 EEZ 내 입어척수당 조업일수는 전년 동월 대비 증가하였다.

⑤ 2011년 11월 일본어선과 중국어선의 한국 EEZ 내 어획량 합은 같은 기간 중국 EEZ와 일본 EEZ 내 한국어선 어획량 합의 20배 이상이다.

📑 문제풀이

11 분수 비교형　　　　　　　난이도 ★★★☆☆

① (X) 중국 EEZ 내 한국어선 조업일수는 2011년 11월 789일에서 2011년 12월 1,122일로 전월대비 증가하였다.

② (X) 한국어선의 일본 EEZ 입어척수는 2011년 11월 242척이지만 전년 동월인 2010년 11월의 자료는 제시되지 않아 판단할 수 없는 선택지이다.

③ (X) 2011년 12월 일본 EEZ 내 한국어선의 조업일수는 3,236일이고 동기간 중국 EEZ 내 한국어선 조업일수는 1,122일이므로 3배 미만이다.

④ (X) 일본어선의 한국 EEZ 내 입어척수당 조업일수는 2011년 12월 $\frac{166}{30}$에서 2010년 12월 $\frac{277}{57}$로 감소하였다. 분모인 입어척수는 30에서 57로 약 2배 가까이 증가하였지만 분자인 조업일수는 166에서 277로 111증가하여 약 66% 증가하였다.

⑤ (O) 2011년 11월 일본어선과 중국어선의 한국 EEZ 내 어획량 합은 2,176+9,445=11,621톤이고, 같은 기간 중국 EEZ와 일본 EEZ 내 한국어선의 어획량 합은 64+500=564톤이므로 20배 이상이다. 64와 500을 각각 20배 하면 1,280과 10,000이 된다. 따라서 11,280이 11,621보다 작기 때문에 20배가 넘는다고 판단할 수 있다.

⏱ 빠른 문제 풀이 Tip

2011년 12월 기준 전월 자료인 2011년 11월과 전년 동월 자료인 2010년 12월 자료만 제시되었으므로 2011년 11월 기준 전년 동월 자료인 2010년 11월처럼 알 수 없는 내용을 묻는 선택지에 주의한다.

[정답] ⑤

12

다음 〈표〉는 일제강점기 중 1930~1936년 소작쟁의 현황에 관한 자료이다. 이에 대한 〈보기〉의 설명 중 옳지 않은 것만을 모두 고르면?

〈표 1〉 소작쟁의 참여인원

(단위: 명)

구분\연도	1930	1931	1932	1933	1934	1935	1936
지주	860	1,045	359	1,693	6,090	22,842	29,673
마름	0	0	0	586	1,767	3,958	3,262
소작인	12,151	9,237	4,327	8,058	14,597	32,219	39,518
전체	13,011	10,282	4,686	10,337	22,454	59,019	72,453

〈표 2〉 지역별 소작쟁의 발생건수

(단위: 건)

지역\연도	1930	1931	1932	1933	1934	1935	1936
강원도	4	1	6	4	92	734	2,677
경기도	95	54	24	119	321	1,873	1,299
경상도	230	92	59	300	1,182	5,633	7,040
전라도	240	224	110	1,263	5,022	11,065	7,712
충청도	139	315	92	232	678	3,714	8,136
평안도	5	1	0	16	68	1,311	1,733
함경도	0	0	0	2	3	263	404
황해도	13	10	14	41	178	1,241	947
전국	726	697	305	1,977	7,544	25,834	29,948

─〈보 기〉─

ㄱ. 소작쟁의 발생 건당 참여인원이 가장 적은 해는 1936년이다.
ㄴ. 1932년 이후 소작쟁의 발생건수가 매년 증가한 지역은 5곳이다.
ㄷ. 전체 소작쟁의 참여인원 중 지주가 차지하는 비중은 매년 증가하였다.
ㄹ. 1930년에 비해 1936년에 전국 소작쟁의 발생건수에서 지역별 소작쟁의 발생건수가 차지하는 비중이 증가한 지역은 5곳이다.

① ㄱ, ㄴ
② ㄱ, ㄹ
③ ㄷ, ㄹ
④ ㄱ, ㄴ, ㄷ
⑤ ㄴ, ㄷ, ㄹ

📝 문제풀이

12 분수 비교형
난이도 ★★★☆☆

ㄱ. (X) 1936년 소작쟁의 발생 건당 참여인원은 $\frac{72,453}{29,948}$이므로 약 2.4명이다. 〈표 1〉에 제시된 연도 중 3을 초과하는 연도를 제외하면 1935년이 비교대상이 되는데 1935년 소작쟁의 발생 건당 참여인원은 $\frac{59,019}{29,834}$이므로 약 2.28명에 불과하다. 따라서 1935년이 가장 적다.

ㄴ. (X) 1932년 이후 소작쟁의 발생건수가 매년 증가한 지역은 경상도, 충청도, 평안도, 함경도 총 4곳이다. 1930년이 아닌 1932년 이후라는 점에 주의하자.

ㄷ. (X) 전체 소작쟁의 참여인원 중 지주가 차지하는 비중은 1931년에는 $\frac{1,045}{10,282}$로 10%를 넘지만 1932년에는 $\frac{359}{4,686}$로 10% 미만이다. 따라서 1932년에는 전년대비 감소하고 있으므로 매년 증가하고 있지는 않다.

ㄹ. (O) 전국 소작쟁의 발생건수는 1930년 726건에 비해 1936년 29,948건으로 약 40배 증가하였다. 지역별로 1930년 대비 1936년 소작쟁의 발생건수의 증가율이 40배를 넘는 지역은 강원도(4→2,677로 600배 이상), 충청도(139→8,136으로 50배 이상), 평안도(5→1,733으로 300배 이상), 함경도(0→404), 황해도(13→947로 70배 이상) 총 5곳이다. 1930년 함경도의 발생건수가 0건이므로 1936년 함경도의 발생건수가 1건이라도 발생했다면 전국에서 차지하는 비중은 무조건 증가하게 된다.

⏱ 빠른 문제 풀이 Tip

ㄱ은 유효숫자만 설정하여 비교하면 1935년은 $\frac{59}{26}$, 1936년은 $\frac{72}{30}$이다. 분자인 72는 59에 비해 20% 이상 큰 수치지만 분모인 30은 26에 비해 20% 미만 큰 수치이므로 1935년보다 1936년이 더 크다. 따라서 적어도 1936년이 가장 적은 해는 아니라고 판단하면 된다.

[정답] ④

13

다음 〈표〉는 연간 유지보수 비용을 산정하기 위한 TMP(Total Maintenance Point) 계산 기준과 유지보수 대상 시스템(A~D)의 특성 및 소프트웨어 개발비에 대한 자료이다. 이 〈표〉와 〈공식〉에 근거하여 연간 유지보수 비용이 높은 시스템부터 순서대로 바르게 나열한 것은?

〈표 1〉 TMP 계산 기준

구 분 유지보수 대상 시스템의 특성	기준	점수(점)
연간 유지보수 횟수	5회 미만	0
	5회 이상 12회 미만	20
	12회 이상	35
연간 자료처리 건수	10만 건 미만	0
	10만 건 이상 50만 건 미만	10
	50만건 이상	25
타시스템 연계 수	없음	0
	1개	5
	2개 이상	10
실무지식 필요 정도	별도지식 불필요	0
	기초지식 필요	5
	전문실무능력 필요	10
분산처리 유형	실시 않음	0
	통합하의 분산처리	10
	순수 분산처리	20

〈표 2〉 유지보수 대상 시스템의 특성 및 소프트웨어 개발비

시스템	연간 유지 보수 횟수	연간 자료 처리 건수	타시스템 연계 수	실무지식 필요 정도	분산처리 유형	소프트웨어 개발비 (백만 원)
A	3회	30만 건	없음	별도지식 불필요	통합하의 분산처리	200
B	4회	20만 건	3개	별도지식 불필요	통합하의 분산처리	100
C	2회	8만 건	없음	별도지식 불필요	실시 않음	210
D	13회	60만 건	3개	전문실무 능력 필요	순수 분산처리	100

─── 〈공 식〉 ───
- TMP는 유지보수 대상 시스템의 각 특성별 점수의 합
- 유지보수 난이도 $= (10 + \dfrac{TMP}{20}) \times \dfrac{1}{100}$
- 연간 유지보수 비용 = 유지보수 난이도 × 소프트웨어 개발비

① A, C, B, D
② A, C, D, B
③ B, C, D, A
④ B, D, C, A
⑤ B, D, A, C

📝 문제풀이

13 조건 판단형
난이도 ★★★☆☆

TMP를 도출하면 A가 20, B가 30, C가 0, D가 100이다. 이를 바탕으로 연간 유지보수 비용을 정석적으로 도출하면 다음과 같다.

A $(10+1) \times 2 = 22$

B $(10+1.5) \times 1 = 11.5$

C $(10+0) \times 2.1 = 21$

D $(10+5) \times 1 = 15$

따라서 연간 유지보수 비용이 높은 시스템부터 순서대로 나열하면 A, C, D, B이다.

⏱ 빠른 문제 풀이 Tip

- 다만 이 문제는 순서배열형 이므로 위와 같이 계산하지 말고 연간 유지보수 비용 식의 구조를 파악해서 계산 없이 판단해 보자. 먼저 연간 유지보수 비용 식을 정리해서 보면 $(10 + \dfrac{TMP}{20}) \times \dfrac{1}{100} \times$ 소프트웨어 개발비이고 $(10 + \dfrac{TMP}{20})$를 제외한 '$\dfrac{1}{100} \times$ 소프트웨어 개발비' 만 본다면 A와 C는 2이상이고 B와 D는 1이 된다. 소프트웨어 개발비를 100으로 나눈 이 수치를 '가중치' 개념으로 본다면 TMP 수치보다 가중치가 연간 유지보수 비용을 결정하는데 더 큰 영향력을 가지고 있다는 것을 알 수 있다. 즉 TMP값이 100점이고 소프트웨어 개발비가 100만 원으로 가중치가 1인 경우보다는 TMP값이 0점이고 소프트웨어 개발비가 200만 원으로 가중치가 2인 경우가 연간 유지보수 비용이 더 높을 수밖에 없다. 이를 식으로 표현하면 다음과 같다.

$(10 + \dfrac{100}{200}) \times 1 = 15 < (10 + \dfrac{0}{20}) \times 2 = 20$

- 따라서 A와 B 둘 중 가중치가 더 큰 A가 B보다 연간 유지보수 비용이 더 크므로 선택지 ③, ④, ⑤는 제거된다. B와 D는 소프트웨어 개발비가 100만 원으로 동일하므로 결과적으로 TMP값이 큰 시스템이 연간 유지보수 비용이 더 높다. D는 B보다 유지보수 대상 시스템의 각 특성별 점수가 모두 높기 때문에 연간 유지보수 비용 역시 B보다 D가 더 높다.

[정답] ②

14

다음 〈표〉는 2011년 장기요양기관 평가결과에 대한 자료이다. 이에 대한 〈보기〉의 설명 중 옳은 것만을 모두 고르면?

〈표 1〉 등급별 기관수 및 등급산정기준

(단위: 개소)

등급	기관	등급산정기준
A	319	종합점수 순위 상위 10% 이내
B	639	종합점수 순위 상위 10% 초과 30% 이내
C	1,278	종합점수 순위 상위 30% 초과 70% 이내
D	639	종합점수 순위 상위 70% 초과 90% 이내
E	320	종합점수 순위 상위 90% 초과 100% 이내
계	3,195	–

〈표 2〉 기관규모별 평가결과

(단위: 개소, 점)

기관규모	기관	종합점수 평균	영역별 점수 평균				
			기관운영	환경·안전	권리·책임	급여제공과정	급여제공결과
전 체	3,195	75.9	73.2	81.5	76.9	73.5	74.3
30인 이상	1,144	84.4	82.9	88.9	83.8	83.8	82.4
10인 이상 30인 미만	915	74.7	72.0	80.1	76.3	72.3	72.9
10인 미만	1,136	68.3	64.3	75.2	70.3	64.2	67.4

※ 1) 개별기관의 종합점수는 5개 영역별 점수의 평균값임.

　2) 각 기관규모의 종합점수(영역별 점수) 평균

　　$= \dfrac{\text{각 기관규모 내 개별기관의 종합점수(영역별 점수)의 합}}{\text{각 기관규모의 기관수}}$

〈표 3〉 종합점수별 기관분포

(단위: 개소, %)

합	90점 이상		80점 이상 90점 미만		70점 이상 80점 미만		60점 이상 70점 미만		60점 미만	
	기관	비율	기관	비율	기관	비율	기관	비율	기관	비율
3,195	693	21.7	798	25.0	700	21.9	448	14.0	556	17.4

─────〈보 기〉─────

ㄱ. '30인 이상' 기관 중 C, D 또는 E 등급을 받은 기관이 있다.

ㄴ. '80점 이상 90점 미만' 종합점수를 받은 기관 중, B등급을 받은 기관수는 C등급을 받은 기관수의 50% 이상이다.

ㄷ. 모든 영역에서 '10인 미만' 기관의 영역별 점수 평균은 '30인 이상' 기관의 영역별 점수 평균보다 각각 낮다.

ㄹ. 모든 기관규모에서 '기관운영' 영역의 영역별 점수 평균은 '급여제공과정' 영역의 영역별 점수 평균보다 각각 낮다.

① ㄱ, ㄴ

② ㄱ, ㄷ

③ ㄱ, ㄹ

④ ㄱ, ㄴ, ㄷ

⑤ ㄴ, ㄷ, ㄹ

📝 **문제풀이**

14 최소여집합형　　　　난이도★★★★☆

ㄱ. (O) 〈표 1〉에서 기관규모가 '30인 이상' 기관은 1,144개소이고 A 또는 B 등급을 받은 기관은 319+639=958개소이다. 만약 A 또는 B 등급을 받은 기관 958개소 모두 '30인 이상' 기관이라면 1,144−958=186개소는 최소한 30인 이상 기관 중 C, D 또는 E 등급을 받은 기관의 수가 된다. 적어도(최소한) 몇 개 있는지 묻는 것이 아닌 반드시 존재하는가 묻고 있으므로 '30인 이상' 기관의 수>C, D 또는 E 등급을 받은 기관 이외의 수를 판단하면 된다.

ㄴ. (X) 80점 이상 90점 미만을 받은 종합점수를 받은 기관을 판단하려면 먼저 90점 이상인 기관 중 A등급을 받은 기관과 B등급을 받은 기관의 수를 판단해야 한다. 〈표 1〉과 〈표 3〉을 통해 90점 이상인 기관 693개소 중 A등급을 받은 기관은 319개소임을 파악할 수 있으므로 90점 이상인 기관 중 B등급을 받은 기관은 693−319=374개소이다. B등급을 받은 기관은 639개소이므로 80점 이상 90점 미만 기관 중 B등급을 받은 기관은 639−374=265개소이다. 즉 80점 이상 90점 미만 기관 798개소 중 B등급을 받은 기관은 265개소이므로 C등급을 받은 기관의 수는 798−265=533개소이다. 따라서 B등급을 받은 기관수는 C등급을 받은 기관수의 50%를 넘지 못한다.

ㄷ. (O) 〈표 2〉를 통해 알 수 있다.

ㄹ. (X) 〈표 2〉에서 기관규모가 10인 미만에서는 '기관운영' 영역의 점수 평균이 '급여제공과정' 영역의 점수 평균보다 더 높다.

⏱️ **빠른 문제 풀이 Tip**

ㄴ의 경우 비율로 판단하면 90점 이상인 기관이 21.7%이므로 이 중 A등급을 받은 기관 10%를 제외하면 90점 이상인 기관 중 B등급을 받은 기관이 차지하는 비중은 21.7−10.0=11.7%이다. B등급을 받은 기관은 20%이므로 80점 이상 90점 미만 기관 중 B등급을 받은 기관은 20.0−11.7=8.3%이다. 즉 80점 이상 90점 미만 기관 25.0% 중 B등급을 받은 기관이 8.3%이므로 C등급을 받은 기관의 비율은 25.0−8.3=16.7%이다. 따라서 이렇게 보더라도 B등급을 받은 기관수는 C등급을 받은 기관수의 50%를 넘지 못한다.

[정답] ②

15

다음 〈표〉는 2008~2012년 서울시 주요 문화유적지 A~D의 관람객 수에 대한 자료이다. 〈보고서〉의 내용을 근거로 A~D에 해당하는 문화유적지를 바르게 나열한 것은?

〈표 1〉 관람료별 문화유적지 관람객 수 추이

(단위: 천 명)

문화유적지	관람료	2008	2009	2010	2011	2012
A	유료	673	739	1,001	1,120	1,287
A	무료	161	139	171	293	358
B	유료	779	851	716	749	615
B	무료	688	459	381	434	368
C	유료	370	442	322	275	305
C	무료	618	344	168	148	111
D	유료	1,704	2,029	2,657	2,837	3,309
D	무료	848	988	1,161	992	1,212

※ 유료(무료) 관람객 수＝외국인 유료(무료) 관람객수＋내국인 유료(무료) 관람객 수

〈표 2〉 외국인 유료 관람객 수 추이

(단위: 천 명)

문화유적지	2008	2009	2010	2011	2012
A	299	352	327	443	587
B	80	99	105	147	167
C	209	291	220	203	216
D	773	1,191	1,103	1,284	1,423

〈보고서〉

최근 문화유적지를 찾는 관람객이 늘어나면서 문화재청에서는 서울시 4개 주요 문화유적지(경복궁, 덕수궁, 종묘, 창덕궁)를 찾는 관람객 수를 매년 집계하고 있다. 그 결과, 2008년 대비 2012년 4개 주요 문화유적지의 전체 관람객 수는 약 30% 증가하였다.

이 중 경복궁과 창덕궁의 유료 관람객 수는 매년 무료 관람객 수의 2배 이상이었다. 유료 관람객을 내국인과 외국인으로 나누어 분석해 보면, 창덕궁의 내국인 유료 관람객 수는 매년 증가하였다.

이런 추세와 달리, 덕수궁과 종묘의 유료 관람객 수와 무료 관람객 수는 각각 2008년보다 2012년에 감소한 것으로 나타났다. 특히 종묘는 전체 관람객 수가 매년 감소하여 국내외 홍보가 필요한 것으로 분석되었다.

	A	B	C	D
①	창덕궁	덕수궁	종묘	경복궁
②	창덕궁	종묘	덕수궁	경복궁
③	경복궁	덕수궁	종묘	창덕궁
④	경복궁	종묘	덕수궁	창덕궁
⑤	경복궁	창덕궁	종묘	덕수궁

📝 **문제풀이**

15 매칭형　　　　　　　　　　난이도 ★★★★☆

- 〈보고서〉 두 번째 문단에서 '경복궁과 창덕궁의 유료 관람객 수는 매년 무료 관람객 수의 2배 이상이었다.'고 하였으므로 경복궁 또는 창덕궁은 A 또는 D이다.

- 〈보고서〉 두 번째 문단에서 '창덕궁의 내국인 유료 관람객 수는 매년 증가하였다.'고 하였으므로 A는 창덕궁, D는 경복궁이다.

  2008년과 2009년을 비교해보면
  A 유료 증가폭 27+39=66 ＞ A 외국인 유료 증가폭 1+52=53
  D 유료 증가폭 300+25=325 ＜ D 외국인 유료 증가폭 27+391＞400
  전체＝내국인+외국인이므로
  전체(내국인+외국인) 증가폭 ＞ 외국인 증가폭→ 내국인 유료 증가
  전체(내국인+외국인) 증가폭 ＜ 외국인 증가폭→ 내국인 유료 감소

- 〈보고서〉 세 번째 문단에서 '종묘는 전체 관람객 수가 매년 감소'라고 하였으므로 C는 종묘, B는 덕수궁이다.

⏱ **빠른 문제 풀이 Tip**

자료해석영역의 〈보고서〉 문제에서 필요한 부분은 주로 수치가 표시된 부분이므로 〈보고서〉에서 필요한 내용만 발췌해서 읽는다.

〈보고서〉

최근 문화유적지를 찾는 관람객이 늘어나면서 문화재청에서는 서울시 4개 주요 문화유적지(경복궁, 덕수궁, 종묘, 창덕궁)를 찾는 관람객 수를 매년 집계하고 있다. 그 결과, 2008년 대비 2012년 4개 주요 문화유적지의 전체 관람객 수는 약 30% 증가하였다.

이 중 경복궁과 창덕궁의 유료 관람객 수는 매년 무료 관람객 수의 2배 이상이었다. 유료 관람객을 내국인과 외국인으로 나누어 분석해 보면, 창덕궁의 내국인 유료 관람객 수는 매년 증가하였다.

이런 추세와 달리, 덕수궁과 종묘의 유료 관람객 수와 무료 관람객 수는 각각 2008년보다 2012년에 감소한 것으로 나타났다. 특히 종묘는 전체 관람객 수가 매년 감소하여 국내외 홍보가 필요한 것으로 분석되었다.

A~D와 각각 문화유적지를 매칭하는 문제이므로 첫 번째 문단과 같이 모든 문화유적지의 전체 관람객이 30% 증가하였다거나, B 또는 C가 덕수궁 또는 종묘 둘 중 하나임을 파악한 상태에서 세 번째 문단처럼 덕수궁과 종묘 각각 감소하였다는 부분은 사실상 필요하지 않은 정보이다.

[정답] ①

다음 〈표〉는 동일한 산업에 속한 기업 중 '갑', '을', '병', '정', '무'의 경영현황과 소유구조에 관한 자료이고, 〈정보〉는 기업 '갑'~'무'의 경영현황에 대한 설명이다.

〈표 1〉 경영현황

(단위: 억 원)

기업	자기자본	자산	매출액	순이익
A	500	1,200	1,200	48
B	400	600	800	80
C	1,200	2,400	1,800	72
D	600	1,200	1,000	36
E	200	800	1,400	28
산업 평균	650	1,500	1,100	60

〈표 2〉 소유구조

(단위: %, 명, 천 주, 억 원)

구분 기업	대주주 지분율	대주주 주주수	소액주주 지분율	소액주주 주주수	기타주주 지분율	기타주주 주주수	총발행 주식수	시가 총액
A	40	3	40	2,000	20	20	3,000	900
B	20	1	50	2,500	30	30	2,000	500
C	50	2	20	4,000	30	10	10,000	500
D	30	2	30	3,000	40	10	1,000	600
E	15	5	40	8,000	45	90	5,000	600

※ 1) 해당 주주의 지분율(%) = $\dfrac{\text{해당 주주의 보유주식수}}{\text{총발행주식수}} \times 100$
   2) 시가총액 = 1주당 가격 × 총발행주식수
   3) 해당 주주의 주식시가평가액 = 1주당 가격 × 해당 주주의 보유주식수
   4) 전체 주주는 대주주, 소액주주, 기타주주로 구성함.

〈정 보〉

○ '병'의 매출액은 산업 평균 매출액보다 크다.
○ '갑'의 자산은 '무'의 자산의 70% 미만이다.
○ '정'은 매출액 순위와 순이익 순위가 동일하다.
○ 자기자본과 산업 평균 자기자본의 차이가 가장 작은 기업은 '을'이다.

16

위 〈표〉와 〈정보〉의 내용을 근거로 자산대비 매출액 비율이 가장 작은 기업과 가장 큰 기업을 바르게 나열한 것은?

	가장 작은 기업	가장 큰 기업
①	을	병
②	정	갑
③	정	병
④	무	을
⑤	무	병

17

위 〈표〉의 내용을 근거로 〈보기〉의 설명 중 옳은 것만을 모두 고르면?

〈보 기〉

ㄱ. 소액주주수가 가장 적은 기업에서 기타주주의 1인당 보유주식수는 30,000주이다.
ㄴ. 전체 주주수는 E가 C보다 적다.
ㄷ. B의 대주주의 보유주식수는 400,000주이다.
ㄹ. 기타주주 주식시가평가액의 합은 A가 D보다 크다.

① ㄱ, ㄴ
② ㄱ, ㄷ
③ ㄱ, ㄹ
④ ㄴ, ㄹ
⑤ ㄷ, ㄹ

📝 문제풀이

16 매칭형 　　　　　　　　　　　　　난이도★★★★☆

- 먼저 자산대비 매출액 비율을 도출하면 A가 1, B가 $\frac{3}{4}$, C가 $\frac{3}{4}$, D가 $\frac{5}{6}$, E가 $\frac{7}{4}$이다. 따라서 가장 작은 기업은 C, 가장 큰 기업은 E이다.

- 네 번째 〈정보〉에서 자기자본과 산업 평균 자기자본의 차이가 가장 작은 기업은 D로서 650−600=50만큼 차이가 난다. D가 '을'이므로 '을'이 포함된 선택지 ①, ④는 제거된다.

- 세 번째 〈정보〉에서 매출액 순위와 순이익 순위가 동일한 기업은 3위인 A와 4위인 D이다. 따라서 A는 '정'이므로, '정'이 포함된 선택지 ②, ③은 제거된다.

- 첫 번째 〈정보〉에서 해당 기업의 매출액이 산업 평균 매출액보다 큰 기업은 A, C, E이다. 따라서 C 또는 E가 '병'이 된다.

- 두 번째 〈정보〉에서 '갑'의 자산은 '무'의 자산의 70% 미만이라고 하였으므로 B·C·E 중 자산이 가장 많은 C가 '무'일 수밖에 없다. 첫 번째 〈정보〉와 연계하여 판단하면 E는 '병', B는 '갑'이 된다. 따라서 자산대비 매출액 비율이 가장 작은 기업은 '무'(C)이고 가장 큰 기업은 '병'(E)이다.

> ⏱ **빠른 문제 풀이 Tip**
> - 경우의 수가 가장 적게 발생하는 〈정보〉부터 시작하자. '가장' 등 순서를 알려주는 〈정보〉가 경우의 수 적게 발생하는 확정 가능한 〈정보〉이다.
> - 자산대비 매출액 비율이 가장 작은 기업과 가장 큰 기업을 각각 고르는 문제이므로 자산과 매출액이 같아 비율이 정확히 1인 A는 제외한다.

[정답] ⑤

📝 문제풀이

17 분수 비교형 　　　　　　　　　　　난이도★★★☆☆

- ㄱ. (O) 소액주주수가 가장 적은 기업은 A이고, A의 기타주주 1인당 보유주식수는 $\frac{3,000주 \times 0.2}{20명}$=30,000주이다.

- ㄴ. (X) E의 전체 주주수는 8,095명이고, C의 전체 주주수는 4,012명이다.

- ㄷ. (O) B의 대주주가 보유하는 주식수는 2,000천주×0.2=400천주, 즉 400,000주이다.

- ㄹ. (X) 기타주주 주식시가평가액의 합은 A가 $\frac{900}{3,000} \times (3,000 \times 0.2)$=180이고 D가 $\frac{600}{1,000} \times (1,000 \times 0.4)$=240이다. 따라서 D가 A보다 더 크다.

> ⏱ **빠른 문제 풀이 Tip**
> - 총발행주식수의 단위가 천 주이다.
> - 각주 2)와 3)에 공통적으로 들어가는 항목이 '1주당 가격'임을 파악하자.

[정답] ②

18

다음 〈표〉는 2006~2007년 제조업의 1992년 각 동일 분기 대비 노동시간, 산출, 인건비의 비율에 대한 자료이다. 이에 대한 〈보기〉의 설명 중 옳은 것만을 모두 고르면?

〈표〉 1992년 각 동일 분기 대비 제조업의 노동시간, 산출, 인건비의 비율

(단위: %)

연도	분기	노동시간 비율	노동시간당 산출 비율	노동시간당 인건비 비율	1인당 인건비 비율
2006	1	85.3	172.4	170.7	99.0
	2	85.4	172.6	169.5	98.2
	3	84.8	174.5	170.3	97.6
	4	84.0	175.4	174.6	98.3
2007	1	83.5	177.0	176.9	100.0
	2	83.7	178.7	176.4	98.7
	3	83.7	180.6	176.4	97.6
	4	82.8	182.5	179.7	98.5

─── 〈보 기〉 ───

ㄱ. 1992년 노동시간당 산출은 매 분기 증가하였다.

ㄴ. 2007년 2분기의 1인당 인건비는 2007년 1분기에 비해 감소하였다.

ㄷ. 2007년 각 분기별 노동시간당 산출은 2006년 동기에 비해 모두 증가하였다.

ㄹ. 2007년 3분기의 노동시간당 인건비는 2006년 동기에 비해 6.1% 증가하였다.

① ㄱ

② ㄷ

③ ㄱ, ㄴ

④ ㄴ, ㄹ

⑤ ㄷ, ㄹ

📑 문제풀이

18 빈칸형

난이도★★★☆☆

ㄱ. (X) 〈표〉에 제시된 2006년과 2007년 노동시간당 산출 비율은 1992년 동일 분기 대비 자료이므로 상대적인 비교만 가능하다. 1992년 산출이 직접적으로 제시되어 있지 않은 이상 알 수 없는 보기이다.

ㄴ. (X) 1992년 동일분기 대비 자료이므로 2007년 분기별 비교는 불가능하다.

ㄷ. (O) 2006년과 2007년 모두 1992년 대비 자료이므로 2006년과 2007년 동일분기 간 비교는 가능하다.

ㄹ. (X) 2007년 3분기의 노동시간당 인건비 비율이 2006년 동기에 비해 6.1%p 증가하였으므로 노동시간당 인건비는 $\frac{6.1}{170.3} \times 100 ≒ 3.6\%$ 증가하였다.

2007년 3분기는 2006년 3분기에 비해 노동시간당 인건비 비율이 6.1%p 증가한 것이다. 일단 '170.3%에서 176.4로 6.1% 증가하였다'라고 표현하였으므로 틀렸다고 보면 된다.

⏱ 빠른 문제 풀이 Tip

자료 자체가 1992년 동일분기 대비 자료이기 때문에 2006년과 2007년 동일분기 비교는 가능하지만 해당연도 내의 분기별 비교는 불가능하다.

[정답] ②

19

다음 〈표〉는 4가구(A~D)로 구성된 '갑' 마을의 빈곤지수 산출을 위한 기초자료이다. 빈곤지수를 아래 〈산정방식〉에 따라 계산할 때, 〈보기〉의 설명 중 옳은 것만을 모두 고르면?

〈표〉 빈곤지수 산출 기초자료

항목	점수	가구			
		A	B	C	D
5년 이상의 교육을 받지 못한 구성원이 있음	3	아니요	예	아니요	예
학령기 아동 중 미취학아동이 있음	3	아니요	예	아니요	아니요
영양부족상태에 있는 구성원이 있음	3	아니요	아니요	예	아니요
유아기에 사망한 아이가 있음	3	예	예	아니요	예
집에 전기가 공급되지 않음	1	아니요	아니요	예	예
집에 위생시설이 완비되어 있지 않음	1	아니요	아니요	예	아니요
집에 식수 공급이 되지 않음	1	아니요	아니요	예	아니요
집 내부가 외부와 차단되지 않음	1	아니요	아니요	아니요	아니요
조리시 청결하지 않은 연료를 사용함	1	예	예	예	예
차, 자전거, 오토바이가 일체 없음	1	아니요	예	아니요	예
가구 구성원수	−	6	9	9	3

〈산정 방식〉

○ 가구의 결핍계수
= 가구에서 '예'라고 답한 항목 점수의 합
○ 빈곤가구
= 가구의 결핍계수가 5.5보다 큰 가구
○ 마을의 빈곤상태비중
$$= \frac{\text{빈곤가구의 결핍계수의 합}}{\text{모든 가구 구성원수의 합}} \times \frac{5}{9}$$
○ 마을의 결핍강도
$$= \frac{\text{빈곤가구의 (결핍계수×구성원수)의 합}}{\text{빈곤가구의 가구 구성원수의 합} \times 10} \times \frac{5}{9}$$
○ 마을의 빈곤지수
= 마을의 빈곤상태비중 × 마을의 결핍강도

〈보 기〉

ㄱ. 가구의 결핍계수가 큰 가구부터 순서대로 나열하면 B, D, C, A 이다.
ㄴ. '갑' 마을의 빈곤상태비중은 결핍강도보다 크다.
ㄷ. '갑' 마을의 빈곤지수는 0.3보다 크다.
ㄹ. 가구 A가 다른 마을로 전출하게 되면, '갑' 마을의 빈곤지수는 상승한다.

① ㄱ, ㄴ
② ㄴ, ㄷ
③ ㄱ, ㄴ, ㄹ
④ ㄱ, ㄷ, ㄹ
⑤ ㄱ, ㄴ, ㄷ, ㄹ

📝 문제풀이

19 조건 판단형   난이도 ★★★★☆

ㄱ. (O) 가구에서 '예'라고 답한 항목 점수의 합은 A가구가 4, B가구가 11, C가구가 7, D가구가 9이다. 따라서 B, D, C, A 순이다.

ㄴ. (O) 빈곤상태비중 $= \frac{\text{빈곤가구의 결핍계수의 합}}{\text{모든 가구 구성원수의 합}} \times \frac{5}{9}$ 이고 모든 가구 구성원수의 합은 6+9+9+3=27이고 빈곤가구인 B, C, D의 결핍계수의 합은 11+7+9=27로 같다. 따라서 '갑' 마을의 빈곤상태비중은 $\frac{5}{9}$ 가 된다.

마을의 결핍강도 $= \frac{\text{빈곤가구의 (결핍계수×구성원수)의 합}}{\text{빈곤가구의 가구 구성원수의 합} \times 10} \times \frac{5}{9}$ 이다. 이 중 빈곤가구의 가구 구성원수의 합은 21이므로 분모에 들어가는 수치는 21×10=210이고 빈곤가구의 (결핍계수×구성원수)는 B가구가 9×11, C가구가 9×7, D가구가 3×9이므로 합은 21×9=189가 된다. 따라서 '갑' 마을의 결핍강도는 $\frac{189}{210} \times \frac{5}{9} = \frac{5}{10}$ 이 된다. 즉 '갑' 마을의 빈곤상태비중이 결핍강도보다 더 크다.

ㄷ. (X) '갑' 마을의 빈곤지수 $\frac{5}{9} \times \frac{5}{10} = \frac{5}{18} < 0.3$ 이 된다.

ㄹ. (O) 가구 A가 다른 마을로 전출하게 되면 '갑' 마을의 빈곤지수를 구성하는 빈곤상태비중의 분모인 모든 가구 구성원수의 합이 감소하게 되므로 빈곤지수는 상승하게 된다.

⏱ 빠른 문제 풀이 Tip

- ㄴ을 비교하는 경우 빈곤상태비중과 결핍강도의 식에 동일하게 포함되어 있는 $\frac{5}{9}$ 를 제외하고 계산한다.
- ㄹ의 판단시 가구 A가 포함되어 있는 빈곤상태비중의 분모만 고려한다.

[정답] ③

20

다음 〈표〉는 2008~2012년 커피 수입 현황에 대한 자료이다. 〈보고서〉 내용 중 〈표〉와 일치하는 것만을 모두 고르면?

〈표〉 2008~2012년 커피 수입 현황

(단위: 톤, 천 달러)

구분	연도	2008	2009	2010	2011	2012
생두	중량	97.8	96.9	107.2	116.4	100.2
	금액	252.1	234.0	316.1	528.1	365.4
원두	중량	3.1	3.5	4.5	5.4	5.4
	금액	37.1	42.2	55.5	90.5	109.8
커피 조제품	중량	6.3	5.0	5.5	8.5	8.9
	금액	42.1	34.6	44.4	98.8	122.4

※ 1) 커피는 생두, 원두, 커피 조제품으로만 구분됨.

2) 수입단가 = $\dfrac{금액}{중량}$

〈보고서〉

○ 커피 전체
  - ㉠ 커피 수입금액은 2008년부터 2011년까지 매년 증가하다가 2012년에 감소
  - 커피 수입중량은 2012년에 전년대비 12.1% 감소
○ 생두
  - 2011년 생두 수입금액은 전년대비 증가했으나 2012년에는 전년대비 30.8% 감소, ㉡ 2012년 원두 수입중량 대비 생두 수입중량 비율은 2008년에 비해 감소
  - ㉢ 생두 수입단가는 2011년에 전년대비 50% 이상 상승한 후 2012년에 전년대비 하락
○ 원두
  - ㉣ 2009~2012년 동안 원두 수입금액의 전년대비 증가율은 2011년에 최대
  - 원두 수입단가는 원두 고급화로 인해 매년 상승
○ 커피 조제품
  - 전년대비 커피 조제품 수입금액은 2009년 감소했다가 2010년 증가 후, 2011년 전년대비 222.5%가 되었음
  - ㉤ 2012년 커피 조제품 수입단가는 2008년 대비 200% 이상의 증가율을 보임

① ㄱ, ㄴ
② ㄱ, ㄹ
③ ㄷ, ㅁ
④ ㄴ, ㄷ, ㄹ
⑤ ㄴ, ㄹ, ㅁ

문제풀이

20 분수 비교형

난이도 ★★★☆☆

㉠ (X) 커피=생두+원두+커피 조제품이고, 2008년에 비해 2009년 원두의 수입금액은 5.1천 달러 증가했지만 생두의 수입금액이 18.1천 달러 감소, 커피 조제품의 수입금액이 7.5천 달러 감소하였으므로 커피 수입금액은 감소하였다. 원두의 증가폭에 비해 생두와 커피의 감소폭이 크다는 점을 확인하자.

㉡ (O) 원두 수입중량 대비 생두 수입중량의 비율은 2008년 $\dfrac{97.8}{3.1}$, 2012년 $\dfrac{100.2}{5.4}$이므로 감소하였다. 분자의 증가폭은 2.4, 분모의 증가폭은 2.3으로 거의 같지만 분자에 비해 분모가 상대적으로 훨씬 작은 숫자이므로 분모의 증가율이 크다.

㉢ (O) 생두의 수입단가는 2010년 $\dfrac{316.1}{107.2}$, 2011년 $\dfrac{528.1}{116.4}$, 2012년 $\dfrac{365.4}{100.2}$이다. 2011년 대비 2012년 분모의 감소율보다 분자의 감소율이 더 크므로 하락하였다는 것은 옳지만, 2010년 대비 2011년 50% 이상 상승하였다는 것을 파악하려면 $\dfrac{316.1}{107.2} \times 1.5 = \dfrac{474.15}{107.2} < \dfrac{528.1}{116.4}$를 비교하면 된다. 따라서 옳은 〈보기〉이다. 316.1로 계산하려 하지 말고 계산하기 편한 좀 더 높은 숫자를 설정한다. 320으로 하면 1.5배가 4800이 된다. 480으로 보아도 분자는 10% 이상 증가, 분모는 10% 미만 증가가 된다.

㉣ (O) 원두 수입금액의 전년대비 증가율은 2011년 약 80%로 다른 연도에 비해 가장 높다.

㉤ (X) 커피 조제품 수입단가는 2008년 $\dfrac{42.1}{6.3}$, 2012년 $\dfrac{122.4}{8.9}$이므로 200% 이상 증가하였는지 파악하려면 $\dfrac{42.1}{6.3} \times 3 = \dfrac{126.3}{6.3} > \dfrac{122.4}{8.9}$를 비교하면 된다.

🕐 빠른 문제 풀이 Tip

50% 이상은 1.5배 이상, 200% 이상은 3배 이상임을 파악한다.

[정답] ④

21

다음 〈그림〉은 어느 대학의 A~G 전공분야별 과목 수와 영어강의 과목 비율을 나타낸 것이다. 이에 대한 〈보기〉의 설명 중 옳은 것만을 모두 고르면?

〈그림 1〉 전공분야별 과목 수

(단위: 개)

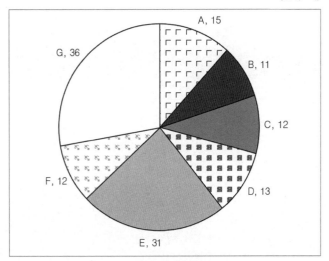

〈그림 2〉 전공분야별 영어강의 과목 비율

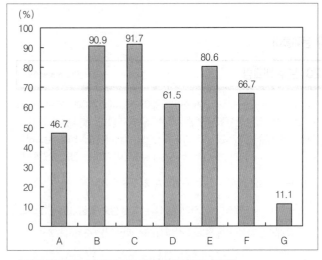

※ 1) 영어강의 과목은 전공분야 과목 중 영어로 진행되는 과목임.

2) 영어강의 과목 비율(%) = $\dfrac{\text{전공분야별 영어강의 과목 수}}{\text{전공분야별 과목 수}} \times 100$

3) 영어강의 과목 비율은 소수점 아래 둘째 자리에서 반올림 함.

4) 이 대학에 A~G 전공분야 과목 이외의 과목은 없음.

〈보 기〉

ㄱ. E 전공분야의 과목 수는 이 대학 전체 과목 수의 25% 이상이다.

ㄴ. 영어강의 과목 수가 두 번째로 적은 전공분야는 A이다.

ㄷ. D 전공분야의 영어강의 과목 수는 G 전공분야 영어강의 과목 수의 2배 이상이다.

ㄹ. 영어강의 과목 수는 이 대학 전체 과목 수의 50% 이상이다.

① ㄱ, ㄴ   ② ㄴ, ㄷ

③ ㄷ, ㄹ   ④ ㄱ, ㄴ, ㄹ

⑤ ㄴ, ㄷ, ㄹ

📝 문제풀이

21 곱셈 비교형   난이도 ★★★★☆

ㄱ. (X) 이 대학 전체 과목 수는 130개이고 E 전공분야의 과목 수는 31개이므로 25% 미만이다.

ㄴ. (O) 영어강의 과목 수는 G 전공분야가 4개로 가장 적고 A 전공분야가 7개로서 두 번째로 적다.

ㄷ. (O) D 전공분야의 영어강의 과목 수는 8개. G 전공분야의 영어강의 과목 수는 4개이므로 2배 이상이다.

ㄹ. (O) 영어강의 과목 수는 총 73개이므로 전체 과목 수 130개의 50% 이상이다.

⏱ 빠른 문제 풀이 Tip

• 영어강의 과목 수 = 과목 수 × 영어강의 과목 비율이다. G의 경우 36의 11.1%이므로 4이고, F의 경우 12의 66.7%이므로 8이다.

• 전공분야별 과목 수는 E와 G가 30개 이상으로 비슷하고, 나머지는 약 10개로 비슷하다.

• 전공분야별 영어강의 과목 비율은 A와 G만 50% 미만이다.

[정답] ⑤

22

다음 〈표〉는 2010년 국가기록원의 '비공개기록물 공개 재분류 사업' 결과 및 현황이다. 이에 대한 설명으로 옳지 않은 것은?

〈표 1〉 비공개기록물 공개 재분류 사업 결과

(단위: 건)

구분	합	재분류 결과			
		공개			비공개
		소계	전부공개	부분공개	
계	2,702,653	1,298,570	169,646	1,128,924	1,404,083
30년 경과 비공개기록물	1,199,421	1,079,690	33,012	1,046,678	119,731
30년 미경과 비공개기록물	1,503,232	218,880	136,634	82,246	1,284,352

〈표 2〉 30년 경과 비공개기록물 중 비공개로 재분류된 기록물의 비공개 사유별 현황

(단위: 건)

합	비공개 사유						
	법령상 비밀	국방 등 국익침해	국민의 생명 등 공익침해	재판 관련 정보	공정한 업무수행 지장	개인 사생활 침해	특정인의 이익침해
119,731	619	313	54,329	18,091	24	46,298	57

① 2010년 '비공개기록물 공개 재분류 사업' 대상 전체 기록물 중 절반 이상이 다시 비공개로 재분류되었다.

② 30년 경과 비공개기록물 중 전부공개로 재분류된 기록물 건수가 30년 경과 비공개기록물 중 '개인 사생활 침해' 사유에 해당하여 비공개로 재분류된 기록물 건수보다 적다.

③ 30년 경과 비공개기록물 중 공개로 재분류된 기록물의 비율이 30년 미경과 비공개기록물 중 비공개로 재분류된 기록물의 비율보다 낮다.

④ 재분류 건수가 많은 것부터 순서대로 나열하면, 30년 경과 비공개기록물은 부분공개, 비공개, 전부공개 순이고 30년 미경과 비공개기록물은 비공개, 전부공개, 부분공개 순이다.

⑤ 30년 경과 비공개기록물 중 '국민의 생명 등 공익침해'와 '개인 사생활 침해' 사유에 해당하여 비공개로 재분류된 기록물 건수의 합은 2010년 '비공개기록물 공개 재분류 사업' 대상 전체 기록물의 5% 이하이다.

📑 문제풀이

22 분수 비교형

난이도 ★★★☆☆

① (O) 2010년 '비공개기록물 공개 재분류 사업' 대상 전체 기록물은 2,702,653건이고 이 중 다시 비공개로 재분류된 건수는 1,404,083건이므로 2,702,653×0.5≒1,350,000 ≤ 1,404,083이다.

② (O) 30년 경과 비공개기록물 중 전부공개로 재분류된 기록물 건수는 33,012건이고 30년 경과 비공개기록물 중 '개인 사생활 침해' 사유에 해당하여 비공개로 재분류된 기록물 건수는 46,298건이므로 전자가 후자보다 적다.

③ (X) 30년 경과 비공개기록물 중 공개로 재분류된 기록물의 비율은 $\frac{1,079,690}{1,199,421} ≒ 0.90$이고 30년 미경과 비공개기록물 중 비공개로 재분류된 기록물의 비율은 $0.85 ≒ \frac{1,284,352}{1,503,232}$이므로 전자가 후자보다 높다. 유효 숫자를 잡아서 비교하면 $\frac{108}{120}$과 $\frac{128}{150}$의 비교이다. 즉, 90%를 기준으로 이를 넘는지 넘지 못하는지 판단한다.

④ (O) 재분류 건수가 많은 것부터 순서대로 나열하면, 30년 경과 비공개기록물은 부분공개 1,046,678건, 비공개 119,731건, 전부공개 33,012건 순이고 30년 미경과 비공개기록물은 비공개 1,284,352건, 전부공개 136,634건, 부분공개 82,246건 순이다.

⑤ (O) 30년 경과 비공개기록물 중 '국민의 생명 등 공익침해'와 '개인 사생활 침해' 사유에 해당하여 비공개로 재분류된 기록물 건수의 합은 54,329+46,298=100,627건이고 비공개기록물 공개 재분류 사업 대상 전체 기록물은 2,702,653건이므로 $\frac{54,329+54,329}{2,702,653} × 100 = 3.7\% ≤ 5\%$이다.

270만 건의 5%를 넘으려면 적어도 13만 건 이상이 되어야 한다.

[정답] ③

23

다음 〈표〉는 2010학년도 학교폭력 심의 현황 및 피해·가해학생 조치 현황에 관한 자료이다. 〈보고서〉를 작성하기 위해 〈표〉 이외에 추가로 필요한 자료만을 〈보기〉에서 모두 고르면?

〈표 1〉 2010학년도 학교폭력 심의 현황

(단위: 건, 명)

학교급 \ 구분	심의건수	피해학생수	가해학생수
초등학교	231	294	657
중학교	5,376	10,363	14,179
고등학교	2,216	3,091	5,113
계	7,823	13,748	19,949

〈표 2〉 2010학년도 피해학생 조치 현황

(단위: 명)

학교급 \ 구분	심리상담	일시보호	치료요양	학급교체	전학권고	안정조치	기타조치
초등학교	240	4	14	2	2	5	27
중학교	8,063	521	327	11	28	436	977
고등학교	2,264	110	249	10	43	167	248
계	10,567	635	590	23	73	608	1,252

〈표 3〉 2010학년도 가해학생 조치 현황

(단위: 명)

학교급 \ 구분	서면사과	접촉금지	교내봉사	사회봉사	특별교육	출석정지	기타조치
초등학교	222	70	150	24	102	13	76
중학교	1,176	547	5,444	2,393	2,366	1,157	1,096
고등학교	451	199	1,617	1,071	969	225	581
계	1,849	816	7,211	3,488	3,437	1,395	1,753

※ 피해(가해)학생에 대한 조치는 중복되지 않는 것으로 함.

〈보고서〉

2010학년도 학교폭력 현황을 살펴보면 학교폭력 심의건수는 중학교가 가장 많아 중학교에 대한 집중교육이 요구된다. 중학교의 학교폭력 심의건수는 5,376건으로 전년대비 40.5% 증가하였다. 2010학년도 학교폭력 가해학생수는 피해학생수보다 많아, 여러 학생이 한 학생에게 폭력을 행사하는 경우가 많음을 알 수 있다.

2010학년도 학교폭력 피해학생에 대한 조치를 보면 심리상담이 가장 많고, 일시보호가 그 다음으로 많은 것으로 나타났다. 가해학생에 대한 조치를 보면 초등학교는 서면사과가 가장 많고, 중학교는 교내봉사가 가장 많았다. 고등학교의 경우 가해학생에 대한 조치는 교내봉사, 사회봉사, 특별교육의 순으로 많았으며, 기타조치 중 퇴학조치보다는 전학조치가 많았다. 가해학생에 대한 전체 조치 중 교내봉사와 사회봉사의 합은 절반 이상을 차지하고 있다.

〈보 기〉

ㄱ. 2009학년도 피해학생수와 가해학생수
ㄴ. 2009학년도 피해학생 조치 유형의 구성비
ㄷ. 2009학년도 학교급별 학교폭력 심의건수
ㄹ. 2010학년도 학교폭력 심의건당 평균 피해학생수
ㅁ. 2010학년도 학교급별 가해학생에 대한 전학 및 퇴학 조치수

① ㄱ, ㄷ
② ㄴ, ㄹ
③ ㄷ, ㅁ
④ ㄱ, ㄴ, ㅁ
⑤ ㄷ, ㄹ, ㅁ

📝 문제풀이

23 보고서 검토·확인형   난이도 ★★☆☆☆

- 〈보고서〉 첫 번째 문단 '중학교의 학교폭력 심의건수는 5,376건으로 전년대비 40.5% 증가하였다.'를 작성하기 위해서는 [2009학년도 학교급별 학교폭력 심의건수]가 추가로 필요하다.
- 〈보고서〉 두 번째 문단 '기타조치 중 퇴학조치보다는 전학조치가 많았다.'를 작성하기 위해서는 [2010학년도 학교급별 가해학생에 대한 전학 및 퇴학 조치수]가 추가로 필요하다.

⏱ 빠른 문제 풀이 Tip

〈표〉의 제목과 구분 항목을 확인하자. 주어진 자료에는 나타나지 않지만 〈보고서〉에 처음으로 언급되거나 제시된 〈표〉만 가지고 판단할 수 없는 부분이 추가로 필요한 자료이다. 즉 〈보고서〉의 실제 수치가 〈표〉의 내용과 부합하는지 꼼꼼하게 검토할 필요까지는 없는 문제 유형이다.

〈보고서〉

2010학년도 학교폭력 현황을 살펴보면 학교폭력 심의건수는 중학교가 가장 많아 중학교에 대한 집중교육이 요구된다. <u>중학교의 학교폭력 심의건수는 5,376건으로 전년대비 40.5% 증가하였다.</u> 2010학년도 학교폭력 가해학생수는 피해학생수보다 많아, 여러 학생이 한 학생에게 폭력을 행사하는 경우가 많음을 알 수 있다.

2010학년도 학교폭력 피해학생에 대한 조치를 보면 심리상담이 가장 많고, 일시보호가 그 다음으로 많은 것으로 나타났다. 가해학생에 대한 조치를 보면 초등학교는 서면사과가 가장 많고, 중학교는 교내봉사가 가장 많았다. 고등학교의 경우 가해학생에 대한 조치는 교내봉사, 사회봉사, 특별교육의 순으로 많았으며, <u>기타조치 중 퇴학조치보다는 전학조치가 많았다.</u> 가해학생에 대한 전체 조치 중 교내봉사와 사회봉사의 합은 절반 이상을 차지하고 있다.

[정답] ③

24

다음 〈표〉는 조선시대 지역별·시기별 시장 수에 관한 자료이다. 이에 대한 〈보기〉의 설명 중 옳은 것만을 모두 고르면?

〈표〉 조선시대 지역별·시기별 시장 수

(단위: 개)

지역 ＼ 읍수 ＼ 시기	읍수	1770년	1809년	1830년	1908년
경기도	34	101	102	93	102
충청도	53	157	157	158	162
전라도	53	216	214	188	216
경상도	71	276	276	268	283
황해도	23	82	82	109	82
평안도	42	134	134	143	134
강원도	26	68	68	51	68
함경도	14	28	28	42	28
전국	316	1,062	1,061	1,052	1,075

※ 읍 수는 시기에 따라 변동이 없고, 시장은 읍에만 있다고 가정함.

─〈보 기〉─

ㄱ. 1770년 대비 1908년의 시장 수 증가율이 가장 큰 지역은 경상도이다.

ㄴ. 각 지역별로 시장 수를 살펴보면 3개 이상의 시기에서 시장 수가 같은 지역은 4곳이다.

ㄷ. 시기별 시장 수 하위 5개 지역의 시장 수 합은 해당 시기 전체 시장 수의 50% 미만이다.

ㄹ. 1830년 각 지역의 읍당 시장 수를 살펴보면 함경도의 읍당 시장 수는 다섯번째로 많다.

① ㄱ, ㄹ
② ㄴ, ㄷ
③ ㄴ, ㄹ
④ ㄱ, ㄴ, ㄷ
⑤ ㄴ, ㄷ, ㄹ

📝 문제풀이

24 분수 비교형	난이도 ★★★☆☆

ㄱ. (X) 1770년 대비 1908년 시장 수가 증가한 지역은 경기도, 충청도, 경상도이며 충청도의 증가율 $\frac{5}{157}$과 경상도의 증가율 $\frac{7}{276}$을 비교하면 충청도가 더 크다. 8개도 중 증가율이 가장 큰 지역을 묻고 있지만 사실상 비교대상은 경기도와 충청도이며, 경상도와 유의미하게 비교대상이 되는 지역은 충청도 뿐이다.

ㄴ. (O) 황해도, 평안도, 강원도, 함경도의 시장 수는 각각 82개, 134개, 68개, 28개로 1770년, 1809년, 1908년에 모두 동일하다.

ㄷ. (O) 시장 수 하위 5개 지역은 시기별로 경기도, 황해도, 평안도, 강원도, 함경도이고 이들 시장 수의 합은 해당 시기 전국 시장 수의 절반을 넘지 못한다. 지역이 총 8개이므로 하위 5개 지역의 시장 수 합이 전국 시장 수의 50% 미만인지 파악하는 것보다 상위 3개 지역의 시장 수 합이 전국 시장 수의 50%를 넘는지 파악하는 편이 더 용이하다. 모든 시기에서 상위 3개 지역은 충청도, 전라도, 경상도이고 이들의 합은 각 시기별로 전국 시장 수의 50%를 넘는다.

ㄹ. (O) 1830년 함경도의 읍당 시장 수가 3이므로 나머지 지역이 3을 초과하는지 아니면 미만인지만 파악하면 된다. 전라도, 경상도, 황해도, 평안도 4개 지역이 3을 초과하므로 함경도는 다섯 번째로 많다. '1830년 읍당 시장 수가 3을 초과하는 지역은 4곳이다.'라고 묻는 것과 동일하다.

⏱ 빠른 문제 풀이 Tip

ㄷ. 반대해석하여 [시기별 시장 수 상위 3개 지역의 시장 수 합은 해당 시기 전체 시장 수의 50% 초과이다.]로 해석한다.

ㄹ. 각 지역의 읍당 시장 수가 3을 초과하는 지역이 4개인지 판단하거나 또는 읍당 시장 수가 3 미만인 지역이 3개인지 판단한다.

[정답] ⑤

25

다음 〈표〉는 2005~2010년 IT산업 부문별 생산규모 추이에 관한 자료이다. 이에 대한 〈보고서〉의 설명 중 옳은 것만을 모두 고르면?

〈표〉 2005~2010년 IT산업 부문별 생산규모 추이

(단위: 조 원)

구분	연도	2005	2006	2007	2008	2009	2010
정보통신서비스	통신서비스	37.4	38.7	40.4	42.7	43.7	44.3
	방송서비스	8.2	9.0	9.7	9.3	9.5	10.3
	융합서비스	3.5	4.2	4.9	6.0	7.4	8.8
	소계	49.1	51.9	55.0	58.0	60.6	63.4
정보통신기기	통신기기	43.4	43.3	47.4	61.2	59.7	58.2
	정보기기	14.5	13.1	10.1	9.8	8.6	9.9
	음향기기	14.2	15.3	13.6	14.3	13.7	15.4
	전자부품	85.1	95.0	103.6	109.0	122.4	174.4
	응용기기	27.7	29.2	29.9	32.2	31.0	37.8
	소계	184.9	195.9	204.6	226.5	235.4	295.7
소프트웨어		19.2	21.1	22.1	26.2	26.0	26.3
합계		253.2	268.9	281.7	310.7	322.0	385.4

───〈보고서〉───

국가경제 성장의 핵심 역할을 하는 IT산업은 정보통신서비스, 정보통신기기, 소프트웨어 부문으로 구분된다. ㉠2010년 IT산업의 생산규모는 전년대비 15% 이상 증가한 385.4조 원을 기록하였다. 한편, 소프트웨어 산업은 경기위축에 선행하고 경기회복에 후행하는 산업적 특성 때문에 전년대비 2% 이하의 성장에 머물렀다.

2010년 정보통신서비스 생산규모는 IPTV 등 신규 정보통신서비스 확대로 전년대비 4.6% 증가한 63.4조 원을 기록하였다. ㉡2010년 융합서비스는 전년대비 생산규모 증가율이 정보통신서비스 중 가장 높았고, 정보통신서비스에서 차지하는 생산규모 비중도 가장 컸다.

IT산업 전체의 생산을 견인하고 있는 정보통신기기 생산규모는 통신기기를 제외한 다른 품목의 생산 호조에 따라 2010년 전년대비 25.6% 증가하였다. 한편, ㉢2006~2010년 동안 정보통신기기 생산규모에서 통신기기, 정보기기, 음향기기, 전자부품, 응용기기가 차지하는 비중의 순위는 매년 변화가 없었다. 2010년 전자부품 생산규모는 174.4조 원으로 정보통신기기 전체 생산규모의 59.0%를 차지한다. 전자부품 중 반도체와 디스플레이 패널의 생산규모는 전년대비 각각 48.6%, 47.4% 증가하여 전자부품 생산을 주도하였다. ㉣2005~2010년 동안 정보통신기기 부문에서 전자부품과 응용기기 각각의 생산규모는 매년 증가하였다.

① ㄱ, ㄴ
② ㄱ, ㄷ
③ ㄱ, ㄹ
④ ㄴ, ㄹ
⑤ ㄷ, ㄹ

📝 문제풀이

25 분수 비교형 난이도 ★★☆☆☆

ㄱ. (O) 2009년 322.0조 원의 1.15배는 370.3 < 385.4조 원이다. 322의 10%는 32.2이고 5%는 16.1이므로 15%는 48.30이다. 꼼꼼하게 계산하지 않아도 322+32+16 < 385임을 어렵지 않게 판단할 수 있다.

ㄴ. (X) 2010년 융합서비스는 전년대비 생산규모 증가율이 $\frac{1.4}{7.4} \times 100 ≒ 18.9\%$로 정보통신서비스 중 가장 높았지만 정보통신서비스에서 차지하는 생산규모 비중은 가장 작다. 숫자가 가장 작은 항목의 증가폭이 가장 큰 경우 증가율이 가장 높다.

ㄷ. (O) 2006~2010년 동안 매년 정보통신기기 생산규모가 큰 순서대로 나열하면 전자부품, 통신기기, 응용기기, 음향기기, 정보기기 순이다.

ㄹ. (X) 응용기기의 경우 2009년에는 2008년에 비해 생산규모가 감소하였다.

⏱ 빠른 문제 풀이 Tip

㉢ 판단 시 2005년이 아닌 2006년부터 검토한다는 점을 주의한다.

[정답] ②

26

다음 〈표〉는 화학경시대회 응시생 A~J의 성적 관련 자료이다. 이에 대한 설명 중 옳은 것만을 모두 고르면?

〈표〉 화학경시대회 성적 자료

구분 응시생	정답 문항수	오답 문항수	풀지 않은 문항수	점수(점)
A	19	1	0	93
B	18	2	0	86
C	17	1	2	83
D	( )	2	1	( )
E	( )	3	0	( )
F	16	1	3	78
G	16	( )	( )	76
H	( )	( )	( )	75
I	15	( )	( )	71
J	( )	( )	( )	64

※ 1) 총 20문항으로 100점 만점임.
2) 정답인 문항에 대해서는 각 5점의 득점, 오답인 문항에 대해서는 각 2점의 감점이 있고, 풀지 않은 문항에 대해서는 득점과 감점이 없음.

─〈보 기〉─

ㄱ. 응시생 I의 '풀지 않은 문항수'는 3이다.
ㄴ. '풀지 않은 문항수'의 합은 20이다.
ㄷ. 80점 이상인 응시생은 5명이다.
ㄹ. 응시생 J의 '오답 문항수'와 '풀지 않은 문항수'는 동일하다.

① ㄱ, ㄴ
② ㄱ, ㄷ
③ ㄱ, ㄹ
④ ㄴ, ㄷ
⑤ ㄴ, ㄹ

📝 문제풀이

26 빈칸형   난이도★★★☆☆

ㄱ. (O) 응시생 I의 정답 문항수는 15개이고 점수가 71점이므로 오답 문항수는 2개, 풀지 않은 문항수는 3개이다.

ㄷ. (X) D와 E의 정답 문항수는 17개이므로 D는 81점, E는 79점이다. 따라서 80점 이상은 A, B, C, D로 총 4명이다.

ㄴ. (X), ㄹ. (O) '풀지않은 문항수'는 G는 2, H는 5, I는 3이므로 J를 제외한다면 총 16개가 된다. 여기서 J의 '오답 문항수'와 '풀지 않은 문항수'가 같다면 둘 다 4문제씩이고 정답 문항수가 12개이므로 점수는 52점이 되어야 한다. 하지만 표에서 J의 점수는 64점이므로 '정답 문항수'는 14개, '오답 문항수'와 '풀지 않은 문항수'는 각각 3개씩이다.

⏱ 빠른 문제 풀이 Tip

오답 문항에 대해서는 각 2점 감점이므로 점수의 홀수 여부에 영향을 미치는 요인은 정답 문항수가 홀수인지 여부이다.

[정답] ③

27

다음 〈표〉는 '갑' 국 국회의원의 SNS(소셜네트워크서비스) 이용자 수 현황에 대한 자료이다. 이를 이용하여 작성한 그래프로 옳지 않은 것은?

〈표〉 '갑' 국 국회의원의 SNS 이용자 수 현황

(단위: 명)

구분	정당	당선 횟수별				당선 유형별		성별	
		초선	2선	3선	4선 이상	지역구	비례대표	남자	여자
여당	A	82	29	22	12	126	19	123	22
야당	B	29	25	13	6	59	14	59	14
	C	7	3	1	1	7	5	10	2
합계		118	57	36	19	192	38	192	38

① 국회의원의 여야별 SNS 이용자 수

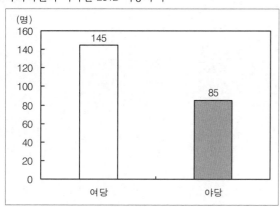

② 남녀 국회의원의 여야별 SNS 이용자 구성비

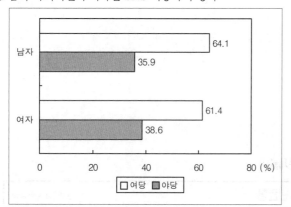

※ 소수점 아래 둘째 자리에서 반올림함.

③ 여당 국회의원의 당선 유형별 SNS 이용자 구성비

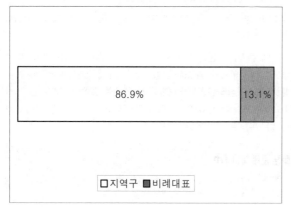

※ 소수점 아래 둘째 자리에서 반올림함.

④ 야당 국회의원의 당선 횟수별 SNS 이용자 구성비

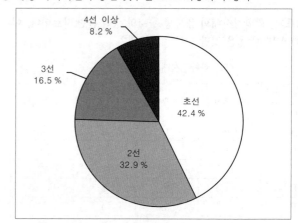

※ 소수점 아래 둘째 자리에서 반올림함.

⑤ 2선 이상 국회의원의 정당별 SNS 이용자 수

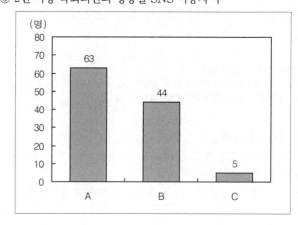

📑 문제풀이

27 표-차트 변환형   난이도★★★☆☆

②의 그림에서 여자 국회의원의 경우 여당과 야당의 국회의원 수는 22 : 16이므로 구성비는 57.9 : 42.1이 된다. 즉 남자와 여자 모두 여당의 비율이 60%를 넘는 것으로 되어 있지만 여자의 경우에는 60%를 넘지 못한다.

⏱ 빠른 문제 풀이 Tip

〈표〉의 수치를 그대로 표현한 선택지 ①, ⑤부터 먼저 검토한다.

[정답] ②

28

다음 〈표〉는 2011~2012년 5개 비철금속의 품목별 목표재고일수와 수입수요량에 대한 자료이다. 이에 대한 설명으로 옳은 것은?

〈표〉 품목별 목표재고일수와 수입수요량

(단위: 일, 톤)

품목	목표 재고일수	수입수요량	
		2011년	2012년
알루미늄	40	89,000	92,000
구리	80	39,000	34,000
납	40	1,400	4,400
아연	60	9,400	8,400
니켈	60	18,200	22,200

※ 1) 목표재고량(톤) = $\dfrac{\text{전년도 수입수요량}}{365일}$ × 목표재고일수

2) 별도의 가정이 없으면, 품목별 목표재고일수는 매년 동일함.

① 2013년 5개 품목 목표재고량의 합계는 2012년보다 증가한다.
② 2013년 목표재고량이 전년보다 감소한 품목의 수는 3개이다.
③ 2013년 목표재고량이 가장 큰 품목은 구리이다.
④ 납의 2013년 목표재고일수가 10일로 줄어들면, 같은 해 납의 목표재고량은 전년보다 증가한다.
⑤ 2012년 목표재고량은 구리가 납의 50배 이하이다.

📝 문제풀이

28 각주 판단형
난이도★★★☆☆

먼저 수치를 간단히 해야 한다. 즉, 목표 재고일수를 40일은 2일, 80일은 4일, 60일은 3일로 간단히 하고 수입수요량의 십의 자리 이하를 버리고 계산해야 한다.

① (O) 간단히 계산하면 알루미늄은 60 증가, 구리는 200 감소, 납은 60 증가, 아연은 30 감소, 니켈은 120 증가하므로 목표재고량의 합계는 10 증가한다.

② (X) 구리(−200)와 아연(−30)이 감소하였다.

③ (X) 구리(34×4)보다 알루미늄(92×2)이 더 크다.

④ (X) 납의 2013년 목표일수가 10일로 줄어들면 2013년 목표재고량은 44×10=4400이고, 2012년 목표재고량은 14×40=560이므로 전년보다 감소한다.

⑤ (X) 2012년 목표재고량은 구리 4×390=1,560, 납 2×14=280이므로 50배 이상이다.

⏱ 빠른 문제 풀이 Tip
각주 1)의 목표재고량 식을 구성하는 365를 제외하고 곱셈비교로 판단한다.

[정답] ①

29

다음 〈표〉는 2005~2010년 6개 국가(A~F)의 R&D 투자현황에 대한 자료이다. 다음 〈조건〉을 근거로 하여 B와 C에 해당하는 국가를 바르게 나열한 것은?

〈표 1〉 국가별 R&D 투자액 및 GDP 대비 R&D 투자액 비중

(단위: 십억 달러, %)

연도 국가	2005	2006	2007	2008	2009	2010
A	71.1 (1.32)	83.9 (1.39)	96.4 (1.40)	111.2 (1.47)	140.6 (1.70)	160.5 (1.76)
B	39.8 (2.11)	40.2 (2.11)	40.6 (2.08)	41.4 (2.12)	42.9 (2.27)	43.0 (2.24)
C	64.3 (2.51)	67.6 (2.54)	69.6 (2.53)	74.7 (2.69)	74.4 (2.82)	76.9 (2.80)
D	128.7 (3.31)	134.8 (3.41)	139.9 (3.46)	138.7 (3.47)	126.9 (3.36)	128.6 (3.26)
E	34.1 (1.72)	35.4 (1.74)	37.4 (1.77)	37.2 (1.78)	37.0 (1.84)	36.7 (1.80)
F	325.9 (2.59)	342.3 (2.65)	357.8 (2.72)	374.2 (2.86)	368.3 (2.91)	368.9 (2.83)

※ ( ) 안의 수치는 국가별 GDP에서 R&D 투자액이 차지하는 비중을 나타냄.

〈표 2〉 투자재원별 R&D 투자액 비중

(단위: %)

국가	투자재원 / 연도	2005	2006	2007	2008	2009	2010
A	정부	26.3	24.7	24.6	23.6	23.4	24.0
	민간	67.0	69.1	70.4	71.7	71.7	71.7
	기타	6.7	6.2	5.0	4.7	4.9	4.3
B	정부	38.6	38.5	38.1	38.9	38.7	37.0
	민간	51.9	52.3	52.3	50.8	52.3	53.5
	기타	9.5	9.2	9.6	10.3	9.0	9.5
C	정부	28.4	27.5	27.5	28.4	29.8	30.3
	민간	67.6	68.3	68.1	67.3	66.1	65.6
	기타	4.0	4.2	4.4	4.3	4.1	4.1
D	정부	16.8	16.2	15.6	15.6	17.7	17.2
	민간	76.1	77.1	77.7	78.2	75.3	75.9
	기타	7.1	6.7	6.7	6.2	7.0	6.9
E	정부	32.7	31.9	30.9	30.7	32.6	32.3
	민간	42.1	45.2	46.0	45.4	44.5	44.0
	기타	25.2	22.9	23.1	23.9	22.9	23.7
F	정부	29.8	29.9	29.1	30.2	32.5	32.5
	민간	63.7	64.3	64.9	63.7	61.0	61.0
	기타	6.5	5.8	6.0	6.1	6.5	6.5

〈조 건〉

○ 2005년 정부재원에 의한 R&D 투자액 상위 2개 국가는 '무'와 '정'이다.
○ R&D 투자액이 매년 증가한 국가는 '갑'과 '을'이다.
○ 2010년 민간재원에 의한 R&D 투자액 하위 2개 국가는 '을'과 '기'이다.
○ 2007년 이후 R&D 투자액 중 민간투자 비중이 매년 감소한 국가는 '병'과 '기'이다.
○ 2010년 GDP 상위 2개 국가는 '갑'과 '무'이다.

	B	C
①	갑	병
②	갑	무
③	을	병
④	을	기
⑤	병	기

📝 **문제풀이**

29 매칭형   난이도★★★★☆

- 두 번째 〈조건〉에서 R&D 투자액이 매년 증가한 국가는 A와 B이다. 따라서 A 또는 B가 '갑' 또는 '을'이다.
- 네 번째 〈조건〉에서 2007년 이후 R&D 투자액 중 민간투자 비중이 매년 감소한 국가는 C와 E이다. 따라서 C 또는 E가 '병' 또는 '기'이다.
- 세 번째 〈조건〉에서 2010년 민간재원에 의한 R&D 투자액 하위 2개 국가는 B와 E이다. 따라서 B 또는 E가 '을' 또는 '기'이다.
- 결과적으로 B는 '을'이 되고 C는 '병'이 된다.

⏱ **빠른 문제 풀이 Tip**

제시된 수치로 확인할 수 있는 두 번째와 네 번째 조건부터 판단한다.

[정답] ③

30

다음 〈그림〉은 2000~2009년 A국의 수출입액 현황을 나타낸 자료이다. 이에 대한 설명으로 옳지 않은 것은?

〈그림〉 A국의 수출입액 현황 (2000~2009년)

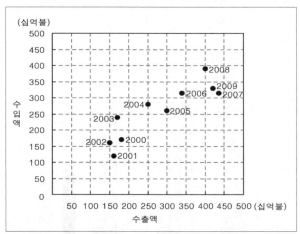

※ 1) 무역규모＝수출액＋수입액
　 2) 무역수지＝수출액－수입액

① 무역규모가 가장 큰 해는 2008년이고, 가장 작은 해는 2001년이다.
② 수출액 대비 수입액의 비율이 가장 높은 해는 2003년이다.
③ 무역수지 적자폭이 가장 큰 해는 2003년이며, 흑자폭이 가장 큰 해는 2007년이다.
④ 2001년 이후 전년대비 무역규모가 감소한 해는 수출액도 감소하였다.
⑤ 수출액이 가장 큰 해는 2007년이고, 수입액이 가장 큰 해는 2008년이다.

📑 문제풀이

30 분산·물방울형　　　　관련문제: 2010년 7, 8번　　난이도 ★★★☆☆

① (O) 무역규모를 k라고 하면 y(수입액)=−x(수출액)+k 가 되므로 기울기가 −1인 직선이 원점에서 가장 멀리 떨어진 2008년이 무역규모가 가장 크고, 가장 가까운 2001년이 무역규모가 가장 작다.

② (O) 원점과 각 연도의 점을 잇는 선분의 기울기가 가장 큰 해인 2003년이 수출액 대비 수입액 비율이 가장 높다.

③ (O) '수출액=수입액'인 보조선을 그린 후 우측에서 수직거리가 가장 긴 2007년의 흑자폭이 가장 크고 좌측에서 수직거리가 가장 긴 2008년의 적자폭이 가장 크다.

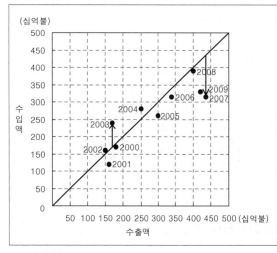

④ (X) 2009년에는 2008년에 비해 무역규모가 감소하였지만 수출액은 증가하였다.

⑤ (O) 수출액은 2007년이 가장 크고, 수입액은 2008년이 가장 크다.

> ⏱ **빠른 문제 풀이 Tip**
> 분산형 차트의 경우 기울기 또는 기울기 역수를 묻는 선택지부터 판단한다.

[정답] ④

다음 〈보고서〉는 2009~2012년 A국의 근로장려금에 관한 조사 결과이다. 〈보고서〉의 내용과 부합하지 않는 자료는?

〈보고서〉

정부는 2009년부터 근로자 가구를 대상으로 부양자녀수와 총급여액에 따라 산정된 근로장려금을 지급함으로써 근로유인을 제고하고 실질소득을 지원하고 있다.

2009년 이후 근로장려금 신청가구 중에서 수급가구가 차지하는 비율은 매년 80% 이상을 기록하여 신청한 가구의 대부분이 혜택을 받고 있는 것으로 조사되었다.

수급가구를 가구구성별로 부부가구와 단독가구로 구분할 때, 수급가구 중 부부가구가 차지하는 비중은 2009년 이후 계속 70%대를 유지하다가 2012년 80%를 돌파하였다.

2012년부터 지급대상이 확대되어 60대 이상 1인 가구도 근로장려금 신청이 가능해졌다. 이에 따라 2012년 60대 이상 수급가구는 전년의 25배 이상이 되었다.

근로형태별 근로장려금 수급가구는 상용근로자 수급가구 보다 일용근로자 수급가구가 더 많았으며, 일용근로자 수급가구가 전체 수급가구에서 차지하는 비율은 2009년부터 매년 65% 이상을 차지했다.

2009년에는 수급가구 중 자녀 2인 가구의 비율이 가장 높았으나 2010년과 2011년에는 자녀 1인 가구의 비율이 가장 높았던 것으로 조사되었다.

① 연도별 근로장려금 신청 및 수급가구 현황

(단위: 천 가구)

구분	2009년	2010년	2011년	2012년
신청가구	724	677	667	913
수급가구	591	566	542	735
미수급가구	133	111	125	178

② 가구구성별 근로장려금 수급가구 분포

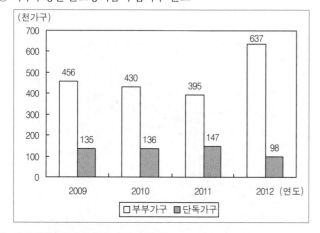

③ 연령대별 근로장려금 수급가구 분포

(단위: 천 가구)

구분	합	30대 미만	30대	40대	50대	60대 이상
2009년	591	44	243	260	41	3
2010년	566	39	223	254	46	4
2011년	542	34	207	249	48	4
2012년	735	23	178	270	160	104

④ 근로형태별 근로장려금 수급가구 분포

(단위: 천 가구)

구분	합	상용근로자	일용근로자
2009년	591	235	356
2010년	566	228	338
2011년	542	222	320
2012년	735	259	476

⑤ 부양자녀수별 근로장려금 수급가구 비중

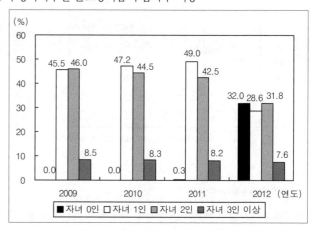

📝 문제풀이

31 반대해석형

난이도 ★★★☆☆

〈보고서〉의 5번째 문단에서 일용근로자 수급가구가 전체 수급가구에서 차지하는 비율은 2009년부터 매년 65% 이상을 차지한다고 되어있지만, 2009년 비율은 $\frac{356}{591} \times 100 ≒ 60\%$에 불과하다.

⏱ **빠른 문제 풀이 Tip**

①, ② 80% 이상→4배 이상으로 판단한다.
④ 65%를 판단 시 이를 66.7%로 간주하여, 일용근로자가 상용근로자의 2배 이상인지 판단한다.

[정답] ④

32

다음 〈표〉는 어느 해 12월말 기준 '가' 지역의 개설 및 등록 의료기관 수에 대한 자료이다. 〈표〉와 〈조건〉을 근거로 하여 A~D에 해당하는 의료기관을 바르게 나열한 것은?

〈표〉 '가' 지역의 개설 및 등록 의료기관 수

(단위: 개소)

의료기관	개설 의료기관 수	등록 의료기관 수
A	2,784	872
B	( )	141
C	1,028	305
D	( )	360

※ 등록률(%) = $\dfrac{\text{등록 의료기관 수}}{\text{개설 의료기관 수}} \times 100$

〈조 건〉

○ 등록률이 30% 이상인 의료기관은 '종합병원'과 '치과'이다.
○ '종합병원' 등록 의료기관 수는 '안과' 등록 의료기관 수의 2.5배 이상이다.
○ '치과' 등록 의료기관 수는 '한방병원' 등록 의료기관 수보다 작다.

	A	B	C	D
①	한방병원	종합병원	안과	치과
②	한방병원	종합병원	치과	안과
③	종합병원	치과	안과	한방병원
④	종합병원	치과	한방병원	안과
⑤	종합병원	안과	한방병원	치과

📝 문제풀이

32 매칭형   난이도 ★★☆☆☆

• 두 번째 〈조건〉에서 등록 의료기관 수가 가장 적은 B는 종합병원이 될 수 없다. 따라서 A가 종합병원이 되며 A는 안과의 2.5배 이상이어야 하므로 D는 안과가 될 수 없다.

• 선택지 ③과 ⑤가 남게 되는데 세 번째 〈조건〉의 치과와 한방병원 등록 의료기관 수를 각각 대입해보면 ③만 가능하다.

⏱ 빠른 문제 풀이 Tip

B와 D의 개설 의료기관 수를 판단할 수 없으므로 등록 의료기관 수를 비교하는 두 번째와 세 번째 조건 위주로 판단한다.

[정답] ③

33

다음 〈표〉는 2013년말 미국기업, 중국기업, 일본기업이 A씨에게 제시한 2014~2016년 연봉이고, 〈그림〉은 2014~2016년 예상환율을 나타낸 자료이다. 이에 대한 설명으로 옳지 않은 것은?

〈표〉 각 국의 기업이 A씨에게 제시한 연봉

구분	미국기업	중국기업	일본기업
연봉	3만 달러	26만 위안	290만 엔

〈그림〉 2014~2016년 예상환율

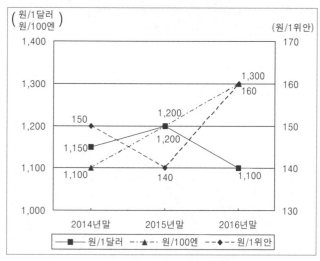

※ 1) 각 국의 기업은 제시한 연봉을 해당국 통화로 매년말 연 1회 지급함.
　 2) 해당년 원화환산 연봉은 각 국의 기업이 제시한 연봉에 해당년말 예상환율을 곱하여 계산함.

① 2014년 원화환산 연봉은 중국기업이 가장 많다.
② 2015년 원화환산 연봉은 일본기업이 가장 적다.
③ 2016년 원화환산 연봉은 일본기업이 미국기업보다 많다.
④ 2015년 대비 2016년 중국기업의 원화환산 연봉의 증가율은 2014년 대비 2016년 일본기업의 원화환산 연봉의 증가율보다 크다.
⑤ 2015년 대비 2016년 미국기업의 원화환산 연봉의 감소율은 2014년 대비 2015년 중국기업의 원화환산 연봉의 감소율보다 크다.

📝 문제풀이

33 곱셈 비교형　　　　　　　　　　난이도★★★★

- 국가별 기업의 연봉 단위가 각각 다르고 자리수도 다르게 제시되어 있으므로 원화환산 연봉을 구하려면 이를 통일시켜 보아야 한다. 즉 A씨에게 제시한 연봉이 미국기업은 30,000달러, 중국기업은 260,000위안, 일본기업은 2,900,000엔이므로 각각 환율을 곱한 수치의 자리수를 맞춰주면 된다.

- 2014년 말을 기준으로 보면 원화환산 연봉은 다음과 같이 나타낼 수 있다.
미국 30(천 달러)×1,150(원/1달러)=30,000×1.15달러
중국 260(천 위안)×150(원/1위안)=26,000×1.5위안
일본 2,900(천 엔)×1,100(원/100엔)=29,000×1.1엔
이를 정리하여 표로 나타낸다.

구 분	2014년	2015년	2016년
미국기업	30×1.15	30×1.2	30×1.1
중국기업	26×1.5	26×1.4	26×1.6
일본기업	29×1.1	29×1.2	29×1.3

① (O) 정리된 표의 수치로 보면 2014년에는 중국기업이 39로 가장 많다.

② (O) 정리된 표의 수치로 보면 2015년에는 일본기업이 34.8로 가장 적다.

③ (O) 정리된 표의 수치로 보면 2016년에 일본기업이 37.7이고 미국기업은 33이므로 일본기업이 더 많다.

④ (X) 정리된 표의 수치를 이용하면 2015년 대비 2016년 중국기업의 원화환산 연봉의 증가율은 $\frac{0.2}{1.4}≒14.3\%$이고 2014년 대비 2016년 일본기업의 원화환산 연봉의 증가율은 $\frac{0.2}{1.1}≒18.2\%$이므로 후자가 더 크다.

⑤ (O) 정리된 표의 수치를 이용하면 2015년 대비 2016년 미국기업의 원화환산 연봉의 감소율은 $\frac{0.1}{1.2}≒8.3\%$이고 2014년 대비 2015년 중국기업의 원화환산 연봉의 증가율은 $\frac{0.5}{1.5}≒6.7\%$이므로 전자가 더 크다.

⏱ 빠른 문제 풀이 Tip

국가별 기업의 원화환산 연봉의 연도별 증가율은 결국 예상환율의 증가율을 묻는 것과 같다.

[정답] ④

34

다음 〈표〉와 〈그림〉은 A항구의 수입·수출·환적·연안화물의 품목별 처리량 순위와 처리화물 현황에 대한 자료이다. 이에 대한 〈보기〉의 설명 중 옳지 않은 것만을 모두 고르면?

〈표〉 2012년 수입·수출·환적·연안화물의 품목별 처리량 순위

(단위: 만 톤)

구분 순위	수입화물 품목	처리량	수출화물 품목	처리량	환적화물 품목	처리량	연안화물 품목	처리량
1	원유 석유류	8,192	원유 석유류	3,953	화학 제품	142	원유 석유류	1,518
2	화학 제품	826	차량 부품	1,243	원유 석유류	93	화학 제품	285
3	광석류	384	화학 제품	811	차량 부품	20	시멘트	183
4	철강 제품	255	시멘트	260	광석류	2	철강 제품	148
5위 이하		707		522		3		151
계	−	10,364	−	6,789	−	260	−	2,285

※ A항구의 처리화물은 수입화물, 수출화물, 환적화물, 연안화물로만 구성됨.

〈그림〉 2009~2012년 처리화물 현황

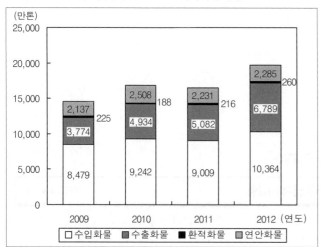

─〈보 기〉─

ㄱ. 2012년 광석류의 수입화물 처리량 대비 광석류의 수출화물 처리량은 80% 이하이다.
ㄴ. 수입화물 처리량은 매년 전체 처리량의 절반 이하이다.
ㄷ. 2011년 대비 2012년의 처리량 증가율은 수출화물이 수입화물보다 크다.
ㄹ. 2012년 차량부품의 전체 처리량은 화학제품의 전체 처리량보다 많다.

① ㄱ, ㄷ
② ㄱ, ㄹ
③ ㄴ, ㄹ
④ ㄱ, ㄴ, ㄷ
⑤ ㄴ, ㄷ, ㄹ

📝 문제풀이

34 분수 비교형　　　　　　　　　　난이도★★★☆☆

ㄱ. (O) 2012년 광석류의 수입화물 처리량은 384만 톤이고, 수출화물 처리량은 정확한 수치가 제시되어 있지 않다. 하지만 수출화물 처리량이 4위인 시멘트가 260만 톤이므로 광석류의 수입화물 처리량 대비 수출화물 처리량의 비율은 $\frac{260}{384} \times 100 ≒ 67.7\%$ 이하임을 알 수 있다. 따라서 80% 이하가 된다.

ㄴ. (X) 〈그림〉에서 매년 수입화물을 제외한 나머지 화물의 처리량 합보다 수입화물 처리량이 더 크다. 시각적으로 판단한다.

ㄷ. (O) 2011년 대비 2012년의 처리량 증가율은 수출화물이 $\frac{1,707}{5,082} \times 100 ≒ 33.6\%$이고, 수입화물이 $\frac{1,355}{9,009} \times 100 ≒ 15\%$이므로 수출화물이 더 크다. 2011년 수입화물 9,009만 톤보다 수출화물 5,082만 톤이 더 적지만 2012년의 전년대비 증가폭은 수입화물보다 수출화물이 더 많기 때문에 굳이 계산하지 않아도 2011년 대비 2012년 처리량 증가율은 수출화물이 수입화물보다 크다는 것을 파악할 수 있다.

ㄹ. (X) 2012년 화학제품 전체 처리량은 826+811+142+285=2,064만톤 이고 차량부품의 수출화물 처리량은 1,243만 톤이다. 차량부품의 나머지 처리량은 제시되어 있지 않지만 수입화물, 환적화물, 연안화물의 4위 생산량을 최댓값으로 산정한다면 255+2+148=405만 톤이므로 최대 1,243+405=1,648만 톤에 불과하다. 따라서 화학제품의 전체 처리량이 더 많다.

⏱ 빠른 문제 풀이 Tip

5위 이하의 품목 처리량을 판단할 수 없는 경우에는 제시된 4위 품목의 처리량을 기준으로 판단한다.

[정답] ③

2024
2023
2022
2021
2020
2019
2018
2017
2016
2015
2014
2013
2012

해커스PSAT 5급 PSAT 김용훈 자료해석 13개년 기출문제집

35

다음 〈표〉는 조선시대 부산항의 1881~1890년 무역현황에 대한 자료이다. 이에 대한 설명으로 옳지 않은 것은?

〈표 1〉 부산항의 연도별 무역규모

(단위: 천 원)

연도	수출액 (A)	수입액 (B)	무역규모 (A+B)
1881	1,158	1,100	2,258
1882	1,151	784	1,935
1883	784	731	1,515
1884	253	338	591
1885	184	333	517
1886	205	433	638
1887	394	659	1,053
1888	412	650	1,062
1889	627	797	1,424
1890	1,908	1,433	3,341

〈표 2〉 부산항의 연도별 수출액 비중 상위(1~3위) 상품 변화 추이

(단위: %)

연도	1위	2위	3위
1881	쌀(32.8)	우피(15.1)	대두(14.3)
1882	대두(25.1)	우피(16.4)	면포(9.0)
1883	대두(24.6)	우피(21.2)	금(7.7)
1884	우피(31.9)	금(23.7)	대두(17.9)
1885	우피(54.0)	대두(12.4)	해조(8.5)
1886	우피(52.9)	대두(23.4)	쌀(5.8)
1887	대두(44.2)	우피(28.5)	쌀(15.5)
1888	대두(44.2)	우피(23.3)	생선(7.3)
1889	대두(45.3)	우피(14.4)	쌀(8.1)
1890	쌀(61.7)	대두(20.8)	생선(3.0)

※ ( ) 안의 수치는 해당년도의 부산항 전체 수출액에서 상품별 수출액이 차지하는 비중을 나타냄.

〈표 3〉 부산항의 연도별 수입액 비중 상위(1~3위) 상품 변화 추이

(단위: %)

연도	1위	2위	3위
1881	금건(44.7)	한냉사(30.3)	구리(6.9)
1882	금건(65.6)	한냉사(26.8)	염료(5.7)
1883	금건(33.3)	한냉사(24.3)	구리(12.2)
1884	금건(34.0)	한냉사(9.9)	쌀(7.5)
1885	금건(58.6)	한냉사(8.1)	염료(3.2)
1886	금건(53.4)	쌀(15.0)	한냉사(5.3)
1887	금건(55.4)	면려(10.1)	소금(5.0)
1888	금건(36.1)	면려(24.1)	쌀(5.1)
1889	금건(43.3)	면려(9.5)	쌀(6.7)
1890	금건(38.0)	면려(16.5)	가마니(3.7)

※ ( ) 안의 수치는 해당년도의 부산항 전체 수입액에서 상품별 수입액이 차지하는 비중을 나타냄.

① 각 연도의 무역규모에서 수입액이 차지하는 비중이 50% 이상인 연도의 횟수는 총 6번이다.
② 1884년의 우피 수출액은 1887년 쌀의 수출액보다 적다.
③ 수출액 비중 상위(1~3위) 내에 포함된 횟수가 가장 많은 상품은 대두이다.
④ 1882년 이후 수출액의 전년대비 증감방향과 무역규모의 전년대비 증감방향은 매년 동일하다.
⑤ 무역규모 중 한냉사 수입액이 차지하는 비중은 1887년에 1884년보다 감소하였다.

📑 문제풀이

35 곱셈 비교형	난이도 ★★★☆☆

① (O) 1884~1889년 동안에는 수입액이 수출액보다 더 많다. 따라서 무역규모에서 수입액이 차지하는 비중이 50% 이상인 해는 6개 연도이다.

② (X) 1884년 우피 수출액은 253×0.319이고 1887년 쌀의 수출액은 394×0.155이므로 1887년 쌀의 수출액이 1994년 우피 수출액보다 많다. 394는 253의 2배 미만이지만 0.319는 0.155의 2배 이상이다.

③ (O) 대두는 매년 수출액 비중 상위(1~3위) 내에 유일하게 포함된 품목이다.

④ (O) 수출액과 무역규모 모두 1882~1885년 동안에는 각각 매년 감소하지만 1885~1890년 동안에는 각각 매년 증가하고 있다. 따라서 전년대비 증감방향은 매년 동일하다.

⑤ (O) 무역규모 중 한냉사 수입액이 차지하는 비중은 1884년에는 $\frac{338 \times 9.9\%}{591}$ ≒5.6%이다. 1887년에는 한냉사 수입 비중이 상위(1~3위) 내에 포함되어 있지 않지만 3위 소금의 비중 5.0%이므로 이보다 더 낮으므로 최대 $\frac{659 \times 6.0\%}{1,053}$ ≒3.1%이다. 따라서 1887년에는 1884년에 비해 감소하였다. 1884년은 1887년에 비해 분모는 거의 절반 정도이고 분자는 거의 같다.

> **⏱ 빠른 문제 풀이 Tip**
> ① 수출액보다 수입액이 더 많은 연도를 찾는 것과 동일하다.
> ⑤ 1887년 한냉사 수입액 비중은 3위인 소금의 5.0%를 기준으로 판단한다.

[정답] ②

36

다음 〈표〉는 2011년 A국의 학교급별 특수학급 현황을 나타낸 것이다. 이에 대한 〈보기〉의 설명 중 옳은 것만을 모두 고르면?

〈표〉 2011년 A국의 학교급별 특수학급 현황

(단위: 개교)

학교급	구분	학교 수	장애학생 배치학교 수	특수학급 설치학교 수
초등학교	국공립	5,868	4,596	3,668
	사립	76	16	4
중학교	국공립	2,581	1,903	1,360
	사립	571	309	52
고등학교	국공립	1,335	1,013	691
	사립	948	494	56
전체	국공립	9,784	7,512	5,719
	사립	1,595	819	112

※ 특수학급 설치율(%)= $\dfrac{\text{특수학급 설치학교 수}}{\text{장애학생 배치학교 수}} \times 100$

〈보 기〉

ㄱ. 특수학급 설치율은 국공립초등학교가 사립초등학교보다 4배 이상 높다.

ㄴ. 모든 학교급에서 국공립학교의 특수학급 설치율은 50% 이상이다.

ㄷ. 전체 사립학교와 전체 국공립학교의 특수학급 설치율 차이는 50%p 이상이다.

ㄹ. 학교 수에서 장애학생 배치학교 수가 차지하는 비율은 사립 초등학교가 사립고등학교보다 낮다.

① ㄴ, ㄷ
② ㄷ, ㄹ
③ ㄱ, ㄴ, ㄷ
④ ㄱ, ㄴ, ㄹ
⑤ ㄴ, ㄷ, ㄹ

📑 문제풀이

36 분수 비교형   난이도★★★☆☆

ㄱ. (X) 특수학급 설치율은 국공립초등학교가 $\dfrac{3,668}{4,596} \times 100 ≒ 79.8\%$이고 사립초등학교가 $\dfrac{4}{16} \times 100 = 25\%$이다. 따라서 전자는 후자의 4배 이상이 되지 않는다.

ㄴ. (O) 국공립학교의 장애학생 배치학교 수 < 특수학급 설치학교 수 × 2

ㄷ. (O) 전체 사립학교의 특수학급 설치율은 $\dfrac{112}{819} \times 100 ≒ 13.7\%$이고, 전체 국공립학교의 특수학급 설치율은 $\dfrac{5,719}{7,512} \times 100 ≒ 76.1\%$이다. 따라서 50% 이상 차이가 난다.

ㄹ. (O) 학교 수에서 장애학생 배치학교 수가 차지하는 비율은 사립초등학교 $\dfrac{16}{76}$이고 사립고등학교는 $\dfrac{494}{948}$이므로 전자가 후자보다 더 낮다.

⏱ 빠른 문제 풀이 Tip

ㄱ. 사립초등학교 특수학급 설치율이 25%이므로 국공립초등학교가 4배 이상이 되려면 100% 이상이 되어야 한다. 즉 특수학급 설치학교 수가 장애학생 배치학교 수 이상이 되어야 옳은 선지가 된다.

ㄷ. 전체 사립학교의 특수학급 설치율이 20% 미만이고 전체 국공립학교의 특수학급 설치율이 70% 이상이므로 두 비율의 차이는 50%p 이상이다.

[정답] ⑤

[37~38] 다음 〈표〉는 A국의 전체 산업과 보건복지산업 취업자 현황에 관한 자료이다.

〈표 1〉 2009~2010년 전체 산업과 보건복지산업 취업자 수

(단위: 천 명)

산업 \ 연도	2009	2010
전체 산업	23,684	24,752
보건복지산업	1,971	2,127
보건업 및 사회복지서비스업	1,153	1,286
기타 보건복지산업	818	841

〈표 2〉 2010년 전체 산업과 보건복지산업 종사형태별 취업자 수

(단위: 천 명)

산업 \ 종사형태	상용 근로자	임시 및 일용 근로자	무급가족 종사자	기타 근로자 및 종사자	합
전체 산업	10,716	7,004	1,364	5,668	24,752
보건복지산업	1,393	184	76	474	2,127
보건업 및 사회복지서비스업	1,046	90	2	148	1,286
보건업	632	36	1	90	759
사회복지서비스업	414	54	1	58	527
기타 보건복지산업	347	94	74	326	841

〈표 3〉 2007~2010년 보건복지산업 종사형태별 취업자 수

(단위: 천 명)

종사형태 \ 연도	2007	2008	2009	2010
상용근로자	1,133	1,207	1,231	1,393
임시 및 일용근로자	129	160	169	184
무급가족종사자	68	78	85	76
기타 근로자 및 종사자	415	466	486	474

37

위 〈표〉에 대한 〈보기〉의 설명 중 옳은 것만을 모두 고르면?

〈보 기〉

ㄱ. 2010년 보건업 취업자 중 상용근로자의 비율은 2010년 보건복지산업 취업자 중 상용근로자의 비율보다 높다.

ㄴ. 보건복지산업의 상용근로자 수 대비 임시 및 일용근로자 수의 비율은 2008~2010년 동안 매년 상승하였다.

ㄷ. 2009년 대비 2010년 취업자 수의 증가율은 전체 산업이 보건복지산업보다 낮다.

ㄹ. 보건업 및 사회복지서비스업 취업자 중 상용근로자의 비율이 2009년과 2010년에 동일하다고 가정하면 2009년 보건업 및 사회복지서비스업에 종사하는 상용근로자는 100만 명 이상이다.

① ㄱ, ㄷ
② ㄱ, ㄹ
③ ㄴ, ㄷ
④ ㄱ, ㄴ, ㄹ
⑤ ㄴ, ㄷ, ㄹ

38

위 〈표〉를 이용하여 〈보고서〉를 작성하였다. 제시된 〈표〉 이외에 〈보고서〉를 작성하기 위해 추가로 필요한 자료만을 〈보기〉에서 모두 고르면?

〈보고서〉

2010년 보건복지산업 취업자는 212만 7천명으로 2009년에 비해 15만 6천명 증가하였다. 특히 보건업 및 사회복지서비스업 취업자가 2009년보다 13만 3천명 증가하여 보건복지산업 취업자 수 증가의 85% 이상을 차지하였다. 세부 업종별로는 2009년에 비해 2010년 보육시설업 취업자가 가장 많이 증가하였고, 병·의원, 기타 비거주 복지서비스업, 미용업 순으로 취업자가 증가하였다. 2010년 보건복지산업의 여성 취업자는 151만 1천명, 남성 취업자는 61만 6천명으로 여성 취업자가 남성 취업자보다 2배 이상 많았다. 2010년 보건복지산업 취업자의 종사형태를 전체 산업과 비교할 때, 상용근로자 비율은 더 높고 임시 및 일용근로자 비율은 더 낮았다. 보건복지산업 취업자 중 무급가족종사자의 비율은 2007년 이후 매년 증가하다가 2010년에는 전년대비 10% 이상 감소하였다.

〈보 기〉

ㄱ. 2010년 보건복지산업 남성 취업자 수

ㄴ. 2009년 기타 보건복지산업 종사형태별 취업자 수

ㄷ. 2009년 보건업 및 사회복지서비스업 취업자 수

ㄹ. 2009~2010년 보건복지산업 세부 업종별 취업자 수

ㅁ. 2010년 보건업 및 사회복지서비스업 종사형태별 취업자 수

① ㄱ, ㄹ
② ㄴ, ㄷ
③ ㄱ, ㄷ, ㄹ
④ ㄱ, ㄹ, ㅁ
⑤ ㄴ, ㄷ, ㅁ

📝 문제풀이

37 분수 비교형	난이도 ★★★☆☆

ㄱ. (O) 〈표 2〉에서 2010년 보건업 취업자 중 상용근로자의 비율은 $\frac{632}{759}$× 100≒83.3%이고 보건복지산업 취업자 중 상용근로자의 비율은 $\frac{1,393}{2,127}$ ×100≒65.5%이다. 따라서 전자가 후자보다 더 높다.

ㄴ. (X) 〈표 3〉에서 보건복지산업의 상용근로자 수 대비 임시 및 일용근로자 수 의 비율은 2008년이 $\frac{160}{1,207}$×100≒13.3%, 2009년이 $\frac{169}{1,231}$×100≒13.7%, 2010년이 $\frac{184}{1,393}$×100≒13.2%이다. 따라서 2010년에는 2009년에 비해 감 소하였다.

ㄷ. (O) 〈표 1〉에서 2009년 대비 2010년 취업자 수의 증가율은 전체산업이 $\frac{1,068}{23,384}$×100≒4.5%, 보건복지산업이 $\frac{156}{1,971}$×100≒7.9%이다. 따라서 전자 보다 후자가 더 높다.

ㄹ. (X) 〈표 1〉과 〈표 2〉에 따르면 2010년 보건업 및 사회복지서비스업 취업자 중 사용근로자의 비율이 $\frac{1,046}{1,286}$×100≒81.3%이고 2009년 보건업 및 사회 복지서비스업 취업자 수가 1,153천 명이므로 상용근로자의 수는 1,153×0.813 ≒937천 명이다. 따라서 100만 명 이하이다.

> ⏱ **빠른 문제 풀이 Tip**
>
> ㄹ에서 두 비율이 동일하다면 분모인 보건업 및 사회복지서비스업 취업자 수 1,153에서 1,286으로 10% 이상 증가율과 분자인 상용근로자 수 증가율이 동일해야 한다는 점을 이용하여 판단한다.

[정답] ①

📝 문제풀이

38 보고서 검토·확인형	난이도 ★★☆☆☆

• 세 번째 문장을 작성하기 위해 [2009~2010년 보건복지산업 세부 업종별 취 업자 수]가 필요하다.

• 네 번째 문장을 작성하기 위해 [2010년 보건복지산업 남성 취업자 수]가 필 요하다.

> ⏱ **빠른 문제 풀이 Tip**
>
> 보기 ㄷ, ㅁ은 모두 주어진 표에서 도출할 수 있는 내용으로 추가로 필요 한 자료가 아니다.

[정답] ①

39

다음 〈표〉는 A회사의 직급별 1인당 해외 여비지급 기준액과 해외 출장계획을 나타낸 자료이다. 이에 대한 〈보기〉의 설명 중 옳지 않은 것만을 모두 고르면?

〈표 1〉 직급별 1인당 해외 여비지급 기준액

직급	숙박비($/박)	일비($/일)
부장 이상	80	90
과장 이하	40	70

〈표 2〉 해외 출장계획

구분	내용
출장팀	부장 2인, 과장 3인
출장기간	3박 4일
예산한도	$4,000

※ 1) 해외 출장비＝숙박비＋일비＋항공비
2) 출장기간이 3박 4일이면 숙박비는 3박, 일비는 4일을 기준으로 지급함.
3) 항공비는 직급에 관계없이 왕복기준 1인당 $200을 지급함.

〈보 기〉

ㄱ. 1인당 항공비를 50% 더 지급하면 출장팀의 해외 출장비는 예산한도를 초과한다.
ㄴ. 직급별 1인당 일비 기준액을 $10씩 증액하면 출장팀의 해외 출장비가 $200 늘어난다.
ㄷ. 출장기간을 4박 5일로 늘려도 출장팀의 해외 출장비는 예산한도를 초과하지 않는다.
ㄹ. 부장 이상 1인당 숙박비, 일비 기준액을 각 $10씩 줄이면, 부장 1명을 출장팀에 추가해도 출장팀의 해외 출장비는 예산한도를 초과하지 않는다.

① ㄱ, ㄷ
② ㄱ, ㄹ
③ ㄴ, ㄷ
④ ㄴ, ㄹ
⑤ ㄱ, ㄷ, ㄹ

문제풀이

39 각주 판단형 난이도 ★★★★★

현재 출장 팀의 해외 출장비는 다음과 같이 정리해 볼 수 있다.

직급	숙박비 ×3	일비 ×4
부장 ×2	80(×6)	90(×8)
과장 ×3	40(×9)	70(×12)

따라서 해외 출장비는 480+720+360+840+200×5＝$3,400 이다.

ㄱ. (X) 1인당 항공비를 50% 더 지급하면 1인당 $300씩 지급되므로 해외출장비가 $500 증가하게 된다. 따라서 $3,900이므로 예산한도인 $4,000을 초과하지 않는다.

ㄴ. (O) 직급별 1인당 일비 기준액을 $10씩 증액하면

직급	숙박비 ×3	일비 ×4
부장 ×2	80(×6)	100(×8)
과장 ×3	40(×9)	80(×12)

가 되므로 해외 출장비는 80+120＝$200 늘어난다.

ㄷ. (X) 출장기간을 4박 5일로 늘리면 다음과 같다.

직급	숙박비 ×4	일비 ×5
부장 ×2	80(×8)	90(×10)
과장 ×3	40(×12)	70(×15)

해외 출장비는 640+900+480+1,050+200×5＝$4,070이다. 따라서 예산한도를 초과하게 된다.

ㄹ. (O) 부장 이상 1인당 숙박비, 일비 기준액을 각 $10씩 줄이고 부장 1명을 추가하면 다음과 같다.

직급	숙박비 ×3	일비 ×4
부장 ×3	70(×9)	80(×12)
과장 ×3	40(×9)	70(×12)

해외 출장비는 630+960+360+840+200×6＝$3,990이다. 따라서 예산한도를 초과하지 않는다.

⏱ 빠른 문제 풀이 Tip

ㄴ을 제외한 모든 보기가 예산 한도 초과를 묻고 있기 때문에 초기 조건에서 예산이 얼마인지 도출한 후 판단한다.

[정답] ①

40

다음 〈표〉는 A국 5개 산(가~마) 시작고도의 일 최저기온과 해당 산의 고도에 관한 자료이다. 〈규칙〉에 따라 단풍 절정기 시작날짜를 정할 때, 〈표 1〉의 날짜 중 단풍 절정기 시작날짜가 가장 늦은 산은?

〈표 1〉 A국 5개 산 시작고도의 일 최저기온

(단위: ℃)

날짜 \ 산	가	나	다	라	마
10월 11일	8.5	8.7	10.9	10.1	10.1
10월 12일	8.7	9.2	9.7	9.1	9.5
10월 13일	7.5	8.5	8.5	9.5	8.4
10월 14일	7.1	7.2	7.7	8.7	7.9
10월 15일	8.1	7.9	7.5	7.6	7.5
10월 16일	8.9	8.5	9.7	10.1	9.7
10월 17일	7.1	7.5	9.5	10.1	9.0
10월 18일	6.5	7.0	8.7	9.0	7.7
10월 19일	6.0	6.9	8.7	8.9	7.4
10월 20일	5.4	6.4	7.3	7.9	8.4
10월 21일	4.5	6.3	7.5	7.1	7.3
10월 22일	5.7	6.1	8.1	6.5	7.1
10월 23일	6.4	5.7	7.2	6.4	6.9
10월 24일	4.5	5.7	6.9	6.2	6.5
10월 25일	3.2	4.5	6.3	5.8	6.8
10월 26일	2.8	3.1	6.5	5.6	5.3
10월 27일	2.1	2.4	5.9	5.5	4.5
10월 28일	1.4	1.5	4.1	5.2	3.7
10월 29일	0.7	0.8	3.2	4.7	4.0

※ 각 산의 동일한 고도에서는 기온이 동일하다고 가정함.

〈표 2〉 A국 5개 산의 고도

(단위: m)

고도 \ 산	시작고도(S)	정상고도(T)
가	500	1,600
나	400	1,400
다	200	900
라	100	700
마	300	1,800

─────〈규 칙〉─────

○ 특정 고도의 일 최저기온이 최초로 5℃ 이하로 내려가면 해당 고도에서 단풍이 들기 시작한다.
○ 각 산의 단풍 절정기 시작날짜는 해당 산의 고도 H(= 0.8S+0.2T)에서 단풍이 들기 시작하는 날짜이다.
○ 고도가 10m 높아질 때마다 기온이 0.07℃씩 하강한다.

① 가　　　　　② 나　　　　　③ 다
④ 라　　　　　⑤ 마

📝 문제풀이

40 조건 판단형　　　　　난이도★★★★★

• 각 산의 시작고도와 단풍 절정기 시작날짜를 알 수 있는 해당 산의 고도 H의 차이를 구하면 다음과 같다. 또한 고도가 10m 높아질 때마다 기온이 0.07℃씩 하강하므로 각 산 H의 온도 하강 폭 역시 다음과 같다.

가 720-500=220m　　0.07×22=1.54℃
나 600-400=200m　　0.07×20=1.40℃
다 340-200=140m　　0.07×14=0.98℃
라 220-100=120m　　0.07×12=0.84℃
마 600-300=300m　　0.07×30=2.10℃

• H 고도의 일 최저기온이 최초로 5℃ 이하로 내려가는 경우에 단풍 절정기 날짜가 시작되므로 A국 5개 산의 단풍 절정기 시작날짜의 일 최저기온과 해당 날짜는 다음과 같다.

가 6.54℃　　　　　10월 18일(6.5℃)
나 6.40℃　　　　　10월 20일(6.4℃)
다 5.98℃　　　　　10월 27일(5.9℃)
라 5.84℃　　　　　10월 25일(5.8℃)
마 7.10℃　　　　　10월 22일(7.1℃)

따라서 '다' 산의 단풍 절정기 시작 날짜가 10월 27일로 가장 늦다.

⏱ 빠른 문제 풀이 Tip

표 1의 시작고도 자료를 토대로 H고도에서 최초로 5℃ 이하인 날짜를 찾아야 하기 때문에 H고도와 시작고도의 차이를 구해 기온 하강폭을 계산한 다음 해당고도에서 단풍이 들기 시작하는 날짜를 찾아야 한다.

[정답] ③

2013년 기출문제

총평

· 순수 자료비교인 곱셈 비교와 분수 비교 자체를 묻는 문제가 16문제 출제되어 전체 문제의 40%를 차지하였다.

· 매칭형이 2문제, 빈칸형이 4문제, 각주 판단형이 9문제, 조건 판단형이 3문제로 자료판단에서 18문제가 출제되었다. 각주 판단형 및 조건 판단형이 12문제로 전체 문제의 25% 이상을 차지하고 있지만 난도 자체는 높은 편이 아니라서 효율적인 시간관리가 가능했을 것으로 본다.

· 보고서 검토·확인형은 1문제, 표-차트 변환형이 3문제 출제되어 전체의 10% 비중을 차지하고 있다.

· 세트문제는 17-18번, 23-24번으로 출제되었고 각주 판단형, 표-차트 변환형과 분수 비교형으로 각각 세트문제 2문제당 5분 이내로 소요되는 난도로 출제되었다.

· 전체적인 난도는 ★★☆☆☆ 정도로 출제되었으며 전반적으로 고난도 문제가 거의 없기 때문에 난도가 낮은 문제에 대한 실수가 없다면 80점 이상 고득점이 가능하다. 실제로 90점 이상 획득한 수험생이 많았던 해이다. 2023년, 2017년 기출과 더불어 5급 공채 시험 역대 가장 쉬웠다고 평가받는 문제 구성이다.

01

다음 〈표〉는 2006~2008년 동안 국립공원 내 사찰의 문화재 관람료에 관한 자료이다. 이에 대한 설명 중 옳은 것은?

〈표〉 국립공원 내 사찰의 문화재 관람료

(단위: 원)

국립공원	사찰	2006년	2007년	2008년
지리산	쌍계사	1,800	1,800	1,800
	화엄사	2,200	3,000	3,000
	천은사	1,600	1,600	1,600
	연곡사	1,600	2,000	2,000
경주	불국사	0	0	4,000
	석굴암	0	0	4,000
	기림사	0	0	3,000
계룡산	동학사	1,600	2,000	2,000
	갑사	1,600	2,000	2,000
	신원사	1,600	2,000	2,000
한려해상	보리암	1,000	1,000	1,000
설악산	신흥사	1,800	2,500	2,500
	백담사	1,600	0	0
속리산	법주사	2,200	3,000	3,000
내장산	내장사	1,600	2,000	2,000
	백양사	1,800	2,500	2,500
가야산	해인사	1,900	2,000	2,000
덕유산	백련사	1,600	0	0
	안국사	1,600	0	0
오대산	월정사	1,800	2,500	2,500
주왕산	대전사	1,600	2,000	2,000
치악산	구룡사	1,600	2,000	2,000
소백산	희방사	1,600	2,000	2,000
월출산	도갑사	1,400	2,000	2,000
변산반도	내소사	1,600	2,000	2,000

※ 해당 연도 내에서는 관람료를 유지한다고 가정함.

① 문화재 관람료가 한 번도 변경되지 않은 사찰은 4곳이다.

② 2006년과 2008년에 문화재 관람료가 가장 높은 사찰은 동일하다.

③ 지리산국립공원 내 사찰에서 전년대비 2007년의 문화재 관람료 증가율이 가장 높은 사찰은 화엄사이다.

④ 설악산국립공원 내 사찰에서는 2007년부터 문화재 관람료를 받지 않고 있다.

⑤ 문화재 관람료가 매년 상승한 사찰은 1곳이다.

📝 문제풀이

01 분수 비교형   난이도 ★★☆☆☆

① (X) 한 번도 변경되지 않은 사찰은 쌍계사, 천은사, 보리암으로 총 3곳이다.

② (X) 2006년에 가장 높은 사찰은 화엄사와 법주사(2,200원)이나, 2008년에 가장 높은 사찰은 불국사와 석굴암(4,000원)이다.

③ (O) 화엄사와 연곡사가 각각 증가했는데, 각각의 증가율은 화엄사 $\frac{8}{22}(=\frac{4}{11})$ > 연곡사 $\frac{4}{16}$ 이므로 화엄사의 증가율이 더 높다.

④ (X) 설악산 내 백담사만 해당한다.

⑤ (X) 매년 상승한 사찰은 한 곳도 없다.

⏱ 빠른 문제 풀이 Tip

관람료가 없는 사찰을 제외하고 2006년→2007년 관람료, 2007년→2008년 관람료는 불변이라는 점을 고려하여 판단한다.

[정답] ③

02

다음 〈그림〉은 2010년 세계 인구의 국가별 구성비와 OECD 국가별 인구를 나타낸 자료이다. 2010년 OECD 국가의 총 인구 중 미국 인구가 차지하는 비율이 25%일 때, 이에 대한 〈보기〉의 설명 중 옳은 것을 모두 고르면?

〈그림 1〉 2010년 세계 인구의 국가별 구성비

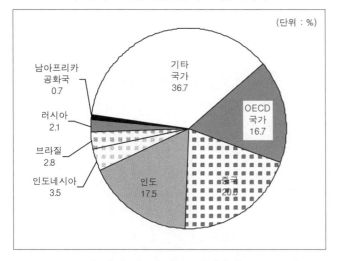

〈그림 2〉 2010년 OECD 국가별 인구

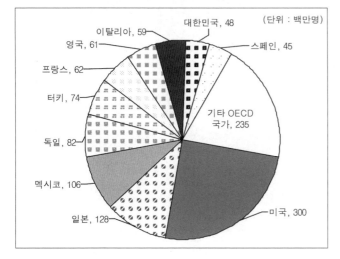

─〈보 기〉─

ㄱ. 2010년 세계 인구는 70억 명 이상이다.
ㄴ. 2010년 기준 독일 인구가 매년 전년대비 10% 증가한다면, 독일 인구가 최초로 1억 명 이상이 되는 해는 2014년이다.
ㄷ. 2010년 OECD 국가의 총 인구 중 터키 인구가 차지하는 비율은 5% 이상이다.
ㄹ. 2010년 남아프리카공화국 인구는 스페인 인구보다 적다.

① ㄱ, ㄴ
② ㄱ, ㄷ
③ ㄱ, ㄹ
④ ㄴ, ㄷ
⑤ ㄷ, ㄹ

📝 문제풀이

| **02 분수 비교형** | 난이도★★★☆☆ |

ㄱ. (O) 〈그림 2〉에서 미국의 인구가 3억 명이고 이는 OECD 국가의 총 인구 중 25%이므로 OECD 국가의 총 인구는 12억 명이 된다. 세계 인구에서 차지하는 OECD국가의 비율이 16.7%(약 $\frac{1}{6}$)이므로 2010년 세계 인구는 약 72억 명이다.

ㄴ. (X) 2010년 독일인구가 8,200만 명이므로 2011년에는 약 9,000만 명. 2012년에는 약 9,900만 명이다. 따라서 2013년에 1억 명이 넘는다.

ㄷ. (O) 미국이 3억 명이므로 터키가 7,400만 명이면 이는 미국의 약 $\frac{1}{4}$에 해당한다. 미국이 25%라고 했으므로 터키는 약 6.25%가 된다.

ㄹ. (X) 스페인의 인구는 45백만 명으로 미국의 15%에 해당한다. 따라서 스페인이 세계인구의 국가별 구성비에서 차지하는 비율은 16.7%×25%×15%≒0.63%이다.

⏱ 빠른 문제 풀이 Tip

2010년 OECD 국가의 총 인구 중 미국 인구가 차지하는 비율이 25%이고 미국의 실제 인구가 3억 명이기 때문에 OECD인구가 12억 명이라는 점을 이용하여 문제를 해결한다.

[정답] ②

03

다음 〈표〉는 2009~2011년 동안 ○○편의점의 판매량 상위 10개 상품에 대한 자료이다. 〈조건〉을 이용하여 〈표〉의 B, C, D에 해당하는 상품을 바르게 나열한 것은?

〈표〉 2009~2011년 ○○편의점의 판매량 상위 10개 상품

순위＼연도	2009	2010	2011
1	바나나우유	바나나우유	바나나우유
2	(A)	(A)	딸기맛사탕
3	딸기맛사탕	딸기맛사탕	(A)
4	(B)	(B)	(D)
5	맥주	맥주	(B)
6	에너지음료	(D)	(E)
7	(C)	(E)	(C)
8	(D)	에너지음료	맥주
9	카라멜	(C)	에너지음료
10	(E)	초콜릿	딸기우유

※ 순위의 숫자가 클수록 순위가 낮음을 의미함.

〈조 건〉

○ 캔커피와 주먹밥은 각각 2009년과 2010년 사이에 순위 변동이 없다가 모두 2011년에 순위가 하락하였다.
○ 오렌지주스와 참치맛밥은 매년 순위가 상승하였다.
○ 2010년에는 주먹밥이 오렌지주스보다 판매량이 더 많았지만 2011년에는 오렌지주스가 주먹밥보다 판매량이 더 많았다.
○ 생수는 캔커피보다 매년 순위가 낮았다.

	B	C	D
①	주먹밥	생수	오렌지주스
②	주먹밥	오렌지주스	생수
③	캔커피	생수	참치맛밥
④	생수	주먹밥	참치맛밥
⑤	캔커피	오렌지주스	생수

📝 문제풀이

03 매칭형　　　　　　　　　　　　　난이도 ★★☆☆☆

- 첫 번째 〈조건〉에서 캔커피와 주먹밥은 A 또는 B임을 알 수 있다.
- 두 번째 〈조건〉에서 오렌지주스와 참치맛밥은 D 또는 E임을 알 수 있으므로 C는 생수이다.
- 세 번째 〈조건〉을 보면 2011년도에 D가 B보다 순위가 높으므로 D는 오렌지주스, B는 주먹밥이 된다.

⏱ 빠른 문제 풀이 **Tip**
연도별 A–B–C–D–E의 순서를 정리하여 선택지를 고려해 판단한다.

[정답] ①

04

다음 〈그림〉은 2010년과 2011년의 갑 회사 5개 품목(A~E)별 매출액, 시장점유율 및 이익률을 나타내는 그래프이다. 이에 대한 〈보기〉의 설명 중 옳은 것을 모두 고르면?

〈그림 1〉 2010년 A~E의 매출액, 시장점유율, 이익률

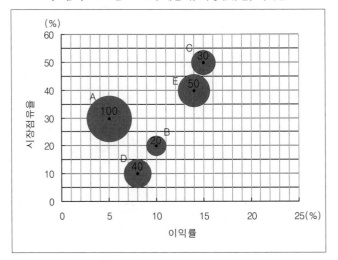

〈그림 2〉 2011년 A~E의 매출액, 시장점유율, 이익률

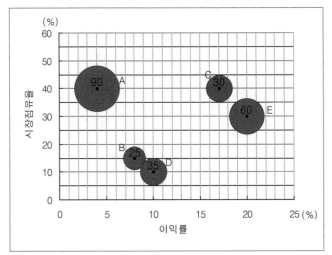

※ 1) 원의 중심좌표는 각각 이익률과 시장점유율을 나타내고, 원 내부값은 매출액(억 원)을 의미하며, 원의 면적은 매출액에 비례함.

2) 이익률(%) = $\frac{이익}{매출액} \times 100$

3) 시장점유율(%) = $\frac{매출액}{시장규모} \times 100$

―――〈보 기〉―――

ㄱ. 2010년보다 2011년 매출액, 이익률, 시장점유율 3개 항목이 모두 큰 품목은 없다.

ㄴ. 2010년보다 2011년 이익이 큰 품목은 3개이다.

ㄷ. 2011년 A품목의 시장규모는 2010년보다 크다.

ㄹ. 2011년 시장규모가 가장 큰 품목은 전년보다 이익이 작다.

① ㄱ, ㄴ
② ㄱ, ㄷ
③ ㄴ, ㄹ
④ ㄷ, ㄹ
⑤ ㄱ, ㄴ, ㄷ

📝 문제풀이

04 분산·물방울형   난이도★★★☆☆

ㄱ. (O) 2010년보다 2011년에 우상방에 위치한 품목이 존재하지 않는다.

ㄴ. (O) '이익=이익률×매출액'이므로 이익의 변화를 판단하면 A가 5에서 3.6, B가 2에서 2, C가 4.5에서 5.4, D가 3.2에서 3.5, E가 7에서 12이다. 따라서 2010년보다 2011년 이익이 큰 품목은 C, D, E로 3개이다.

ㄷ. (X) 시장규모=$\frac{매출액}{시장점유율}$이므로 매출액이 클수록, 시장점유율이 작을수록 시장규모가 크다. 2010년에 비해 2011년에는 시장점유율은 증가하였지만 매출액이 감소하였으므로 시장규모는 2010년이 더 크다.

ㄹ. (X) 2011년 시장규모가 가장 큰 품목을 먼저 찾아야 한다. 시장점유율이 같지만 원의 크기가 다른 A와 C를 비교하고 원의 크기가 같지만 시장점유율의 크기가 다른 C와 D를 비교한 다음 서로 붙어 있는 B와 D, 그리고 C와 E를 상호비교하면 시장규모가 가장 큰 품목은 D임을 알 수 있다.

⏱ 빠른 문제 풀이 Tip

자료에서 주어진 매출액, 시장점유율, 이익률을 각주에서 체크한다음 이익과 시장규모에 대한 식으로 변환하여 판단한다.

[정답] ①

05

어느 기업에서 3명의 지원자(종현, 유호, 은진)에게 5명의 면접위원(A, B, C, D, E)이 평가점수와 순위를 부여하였다. 비율 점수법과 순위점수법을 적용한 결과가 〈표〉와 같을 때, 이에 대한 설명으로 옳은 것은?

〈표 1〉 비율점수법 적용 결과

(단위: 점)

면접위원 지원자	A	B	C	D	E	전체합	중앙3합
종현	7	8	6	6	1	28	19
유호	9	7	6	3	8	( )	( )
은진	5	8	7	2	6	( )	( )

※ 중앙3합은 5명의 면접위원이 부여한 점수 중 최곳값과 최젓값을 제외한 3명의 점수를 합한 값임.

〈표 2〉 순위점수법 적용 결과

(단위: 순위, 점)

면접위원 지원자	A	B	C	D	E	순위점수합
종현	2	1	2	1	3	11
유호	1	3	3	2	1	( )
은진	3	2	1	3	2	( )

※ 순위점수는 1순위에 3점, 2순위에 2점, 3순위에 1점을 부여함.

① 순위점수합이 가장 큰 지원자는 '종현'이다.
② 비율점수법 중 중앙3합이 가장 큰 지원자는 순위점수합도 가장 크다.
③ 비율점수법 적용 결과에서 평가점수의 전체합과 중앙3합이 큰 값부터 등수를 정하면 지원자의 등수는 각각 같다.
④ 비율점수법 적용 결과에서 평가점수의 전체합이 가장 큰 지원자는 '은진'이다.
⑤ 비율점수법 적용 결과에서 중앙3합이 높은 값부터 등수를 정하면 2등은 '유호'이다.

📑 문제풀이

05 빈칸형	난이도★★☆☆☆

① (O) 순위점수합은 종현이 11점, 유호가 10점, 은진이 9점이 되므로 종현이 가장 크다.
② (X) 중앙3합이 가장 큰 지원자는 유호이고 순위점수합이 가장 큰 지원자는 종현이다.
③ (X) 종현, 유호, 은진 순서대로 전체합은 28, 33, 28점이고, 중앙3합은 19, 21, 18이다.
④ (X) 전체합이 가장 큰 지원자는 유호이다.
⑤ (X) 중앙3합이 높은 값부터의 등수로 2등은 종현이다.

⏱ 빠른 문제 풀이 Tip
순위점수는 순위의 숫자 크기와 반대로 점수가 부여된다는 점을 주의한다.

[정답] ①

06

다음 〈표〉와 〈그림〉은 2010년 성별·장애등급별 등록 장애인 현황을 나타낸 것이다. 이에 대한 〈보기〉의 설명 중 옳은 것을 모두 고르면?

〈표〉 2010년 성별 등록 장애인 수

(단위: 명, %)

구분 \ 성별	여성	남성	전체
등록 장애인 수	1,048,979	1,468,333	2,517,312
전년대비 증가율	0.50	5.50	( )

〈그림〉 2010년 성별·장애등급별 등록 장애인 수

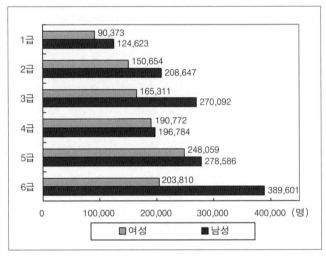

※ 장애등급은 1~6급으로만 구분되며, 미등록 장애인은 없음

〈보　기〉

ㄱ. 2010년 전체 등록 장애인 수의 전년대비 증가율은 4% 미만이다.

ㄴ. 전년대비 2010년 등록 장애인 수가 가장 많이 증가한 장애등급은 6급이다.

ㄷ. 장애등급 5급과 6급의 등록 장애인 수의 합은 전체 등록 장애인 수의 50% 이상이다.

ㄹ. 등록 장애인 수가 가장 많은 장애등급의 남성 장애인 수는 등록 장애인 수가 가장 적은 장애등급의 남성 장애인 수의 3배 이상이다.

ㅁ. 성별 등록 장애인 수 차이가 가장 작은 장애등급과 가장 큰 장애등급의 여성 장애인 수의 합은 여성 전체 등록 장애인 수의 40% 미만이다.

① ㄱ, ㄴ
② ㄱ, ㄹ
③ ㄱ, ㄹ, ㅁ
④ ㄴ, ㄷ, ㅁ
⑤ ㄷ, ㄹ, ㅁ

📝 문제풀이

06 분수 비교형

난이도 ★★★☆☆

ㄱ. (O) 가중평균을 이용하면 여자와 남자의 비율이 대략 2:3이므로 전체 증가율과의 차이 비는 3:2가 된다. 따라서 전년대비 증가율의 폭이 5%p 이므로 이는 여성의 0.5보다 3%p만큼 더 크거나 남성의 5.5보다 2%p만큼 더 작은 약 3.5%가 전체등록 장애인 수의 전년대비 증가율이 된다.

ㄴ. (X) 〈표〉에서는 성별 전년대비 증가율만 제시되어 있으므로 등급별 증가율은 알 수 없다.

ㄷ. (X) 어림산하면 248 + 278 + 204 + 390≒1,120명으로 50% 이하가 된다.

ㄹ. (O) 등록 장애인 수가 가장 많은 등급은 6급으로 38만 명이 넘고 가장 적은 등급은 1급으로 약 12만 명이므로 3배 이상이다.

ㅁ. (O) 성별 등록 장애인 수 차이가 가장 작은 등급은 4급이고 가장 큰 등급은 6급이므로 어림산하면 191 + 204 = 395천 명이다. 여성 등록장애인 수가 1,048천 명이므로 40% 미만이다.

[정답] ③

07

다음 〈표〉는 2006년과 2011년에 조사된 A국 전체 10개 원자로의 안전도 평가 결과를 나타낸 자료이다. 이에 대한 〈보기〉의 설명 중 옳은 것을 모두 고르면?

〈표 1〉 2006년 원자로 안전도 평가 결과

부문 분야 원자로	안전운영		안전설비 신뢰도			안전방벽			
	원자로 정지	출력 변동	안전 주입	비상 발전기	보조 급수	핵연료 건전성	냉각제	격납 건전성	비상 대책
1호기	●	●	●	●	▣	●	◕	◑	●
2호기	◕	●	●	◑	●	●	◕	●	◑
3호기	●	◕	◕	●	●	●	●	●	●
4호기	◑	●	●	●	▣	●	●	●	●
5호기	●	◕	◑	●	●	●	▣	▣	◕
6호기	●	◕	●	●	●	●	●	●	●
7호기	●	●	●	●	▣	●	◑	●	▣
8호기	●	◕	●	●	▣	●	◑	●	◕
9호기	▣	●	◑	▣	●	◑	●	●	●
10호기	●	▣	◑	●	◕	▣	●	●	●

〈표 2〉 2011년 원자로 안전도 평가 결과

부문 분야 원자로	안전운영		안전설비 신뢰도			안전방벽			
	원자로 정지	출력 변동	안전 주입	비상 발전기	보조 급수	핵연료 건전성	냉각제	격납 건전성	비상 대책
1호기	◕	●	◑	●	▣	●	◕	◑	◑
2호기	●	▣	●	◑	●	●	●	●	◑
3호기	●	●	◑	◕	◕	●	●	●	●
4호기	◕	◑	●	◑	▣	●	●	●	●
5호기	●	◕	◑	●	●	●	▣	●	●
6호기	◕	●	◑	◕	●	●	●	●	▣
7호기	◕	◕	●	●	▣	●	◑	◕	▣
8호기	●	◕	▣	◕	●	●	◑	●	●
9호기	▣	●	◑	◕	●	◑	●	●	●
10호기	●	●	◕	●	◕	▣	●	●	●

※ 1) ●(우수, 3점), ◑(양호, 2점), ◕(보통, 1점), ▣(주의, 0점)의 순으로 점수를 부여하여 안전도를 평가함.
2) 분야별 안전도 점수는 해당분야의 각 원자로 안전도 점수의 합임.

—— 〈보 기〉 ——

ㄱ. 2006년과 2011년 모두 원자로 안전도 평가의 모든 분야에서 '보통' 이상의 평가점수를 받은 원자로는 3호기뿐이다.

ㄴ. 2006년과 2011년 각각 7호기는 원자로 안전도 평가 분야 중 2개 분야에서 '주의' 평가를 받았는데, 이는 2006년과 2011년 각각 전체 '주의' 평가 건수의 15% 이상이다.

ㄷ. 2006년과 2011년 각각 '안전설비 신뢰도' 부문에서는 '비상발전기' 분야의 안전도 점수가 가장 높았다.

ㄹ. 2006년 대비 2011년 '양호' 평가 건수의 증가율은 '보통' 평가 건수의 증가율보다 낮다.

① ㄱ, ㄴ
② ㄴ, ㄹ
③ ㄷ, ㄹ
④ ㄱ, ㄴ, ㄷ
⑤ ㄱ, ㄷ, ㄹ

📝 문제풀이

07 각주 판단형　　　　　　　　　　난이도 ★★★☆☆

ㄱ. (O) 네모가 하나도 없는 원자로를 찾으면 된다. 2006년은 2, 3, 6호기이고 2011년은 3호기만 해당한다.

ㄴ. (O) 7호기가 각각 2개년도에서 2개의 '주의' 평가를 받았으므로 각 년도의 총 네모기호의 개수만 찾으면 된다. 2006년도에는 11개, 2011년도에는 10개이므로 각각 $\frac{2}{11}$, $\frac{2}{10}$로 15%가 넘는 것을 쉽게 확인할 수 있다.

ㄷ. (X) 2006년도의 '안전주입'과 '비상발전기'만 비교한다. 완전히 꽉찬 동그라미인 '우수'의 개수가 각각 7, 5개이고, '비상발전기'의 경우 '주의'까지 포함되어 있으니 비슷한 도형을 하나씩 서로 지우면 '안전주입'의 점수가 더 높다는 것을 확인할 수 있다.

ㄹ. (X) 2006년에 '양호' 평가 건수는 12건에서 2011년에 22건으로 증가, '보통' 평가 건수는 11건에서 16건으로 증가하였다. 따라서 '양호' 평가 건수의 증가율이 더 높다.

⏱ 빠른 문제 풀이 Tip

분야별 점수 비교 시 똑같은 기호를 지워나가면서 최종적으로 남는 기호의 점수로만 비교한다.

[정답] ①

08

다음 〈표〉는 A국 최종에너지 소비량에 대한 자료이다. 이에 대한 〈보기〉의 설명 중 옳은 것을 모두 고르면?

〈표 1〉 2008~2010년 유형별 최종에너지 소비량 비중

(단위: %)

유형\연도	석탄 무연탄	석탄 유연탄	석유제품	도시가스	전력	기타
2008	2.7	11.6	53.3	10.8	18.2	3.4
2009	2.8	10.3	54.0	10.7	18.6	3.6
2010	2.9	11.5	51.9	10.9	19.1	3.7

〈표 2〉 2010년 부문별 유형별 최종에너지 소비량

(단위: 천TOE)

유형\연도	석탄 무연탄	석탄 유연탄	석유제품	도시가스	전력	기타	합
산업	4,750	15,317	57,451	9,129	23,093	5,415	115,155
가정·상업	901	4,636	6,450	11,105	12,489	1,675	37,256
수송	0	0	35,438	188	1,312	0	36,938
기타	0	2,321	1,299	669	152	42	4,483
계	5,651	22,274	100,638	21,091	37,046	7,132	193,832

※ TOE는 석유 환산 톤수를 의미함.

─〈보 기〉─

ㄱ. 2008~2010년 동안 전력 소비량은 매년 증가한다.

ㄴ. 2010년에는 산업부문의 최종에너지 소비량이 전체 최종에너지 소비량의 50% 이상을 차지한다.

ㄷ. 2008~2010년 동안 석유제품 소비량 대비 전력 소비량의 비율이 매년 증가한다.

ㄹ. 2010년에는 산업부문과 가정·상업부문에서 유연탄 소비량 대비 무연탄 소비량의 비율이 각각 25% 이하이다.

① ㄱ, ㄴ

② ㄱ, ㄹ

③ ㄴ, ㄷ

④ ㄴ, ㄹ

⑤ ㄷ, ㄹ

문제풀이

08 분수 비교형 난이도★★★☆☆

ㄱ. (X) 2008~2010년 동안 전력 소비량 비중은 매년 증가하지만 최종에너지 합이 연도별로 주어지지 않았기 때문에 구체적인 전력 소비량이 매년 증가하는지는 판단할 수 없다.

ㄴ. (O) 〈표 2〉의 산업부문 합과 계의 합을 비교하면 50%가 넘는 것을 쉽게 확인할 수 있다.

ㄷ. (O) $\frac{전력}{석유제품}$ 이므로 2008년은 전년대비 증가하고, 2009년 역시 분수 비교하면 분자의 증가율 $\frac{4}{182}$가 분모의 증가율 $\frac{7}{533}$보다 크기 때문에 증가한다.

ㄹ. (X) 유연탄 소비량 대비 무연탄 소비량의 비율은 산업부문이 $\frac{4,750}{15,317}$으로 25% 초과이고, 가정·상업부문이 $\frac{901}{4,636}$으로 25% 미만이다.

[정답] ③

09

다음 〈그림〉은 서로 다른 4개 물질 A~D에 대하여 4개의 실험기관이 각각 농도를 측정한 결과이다. 이에 대한 설명으로 옳지 않은 것은?

〈그림〉 4개 물질의 농도 실험 결과

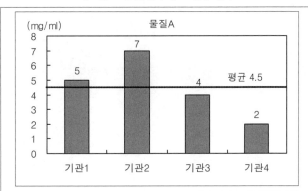

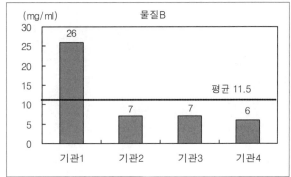

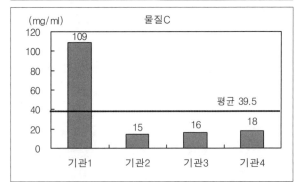

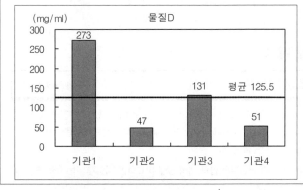

※ 1) 유효농도: 각 실험기관에서 측정한 농도의 평균
2) 실험오차 = |실험결과 − 유효농도|
3) 실험오차율(%) = $\dfrac{\text{실험오차}}{\text{유효농도}} \times 100$

① 물질A에 대한 기관2와 기관4의 실험오차율은 동일하다.
② 물질C에 대한 실험오차율은 기관1이 가장 크다.
③ 물질A에 대한 기관2의 실험오차율은 물질B에 대한 기관1의 실험오차율보다 작다.
④ 물질B에 대한 기관1의 실험오차율은 물질B에 대한 기관2, 3, 4의 실험오차율 합보다 크다.
⑤ 기관1의 실험 결과를 제외하면, 4개 물질의 유효농도 값은 제외하기 이전보다 모두 작아진다.

📝 문제풀이

09 평균 개념형
난이도 ★★★☆☆

① (O) 같은 물질 간 실험오차율은 곧 실험결과와 유효농도 간 차이의 절댓값과 같다. 따라서 물질A의 기관2와 기관4의 결과가 모두 평균과 차이가 2.5로 동일하니 실험오차율 역시 동일하다.

② (O) 물질C에 대한 실험오차율 역시 기관1의 실험결과가 평균과 가장 차이가 크므로 실험오차율 역시 가장 크게 된다.

③ (O) 물질A에 대한 기관2의 실험오차율은 $\dfrac{2.5}{4.5} \times 100$이고 물질B에 대한 기관1의 실험오차율은 $\dfrac{14.5}{11.5} \times 100$ 이므로 전자가 더 작다.

④ (X) 물질B에 대한 기관 간 비교이므로 실험오차율의 대소비교는 결국 실험오차의 비교와 같다. 따라서 기관1은 14.50이고, 기관2, 3, 4의 합은 4.5 + 4.5 + 5.5 = 14.50이므로 동일하다. 물질B의 실험오차는 기관1이 (+), 기관 2~4는 모두 (−)이므로 격차의 합은 당연히 0이 되어야 한다. 따라서 실험오차율 합은 같을 수밖에 없다.

⑤ (O) 기관1의 실험결과가 모두 평균치를 웃돌고 있으므로 이를 제외하면 평균수치인 유효농도의 값은 당연히 작아진다.

⏱ 빠른 문제 풀이 Tip

- 각 물질 농도 실험 결과 그래프의 세로축 수치가 다르게 표시되어 있다.
- 동일한 물질 내에서 평균인 유효농도가 동일하므로 결국 실험오차율 비교는 실험오차로 판단할 수 있다. 이는 그림 상에서 막대그래프와 평균값 차이의 절댓값으로 판단 가능하다.

[정답] ④

10

다음 〈표〉는 A무역회사 해외지사의 수출 상담실적에 관한 자료이다. 이에 대한 설명으로 옳지 않은 것은?

〈표〉 A무역회사 해외지사의 수출 상담실적

(단위: 건, %)

연도 해외지사	2008	2009	2010	2011년 1~11월	
					전년동기 대비증감률
칠레	352	284	472	644	60.4
싱가포르	136	196	319	742	154.1
독일	650	458	724	810	22.4
태국	3,630	1,995	1,526	2,520	80.0
미국	307	120	273	1,567	526.8
인도	0	2,333	3,530	1,636	−49.4
영국	8	237	786	12,308	1,794.1
합계	5,083	5,623	7,630	20,227	197.3

① 2010년 12월 태국지사 수출 상담실적은 100건 이상이다.

② 전년대비 2010년 수출 상담실적 건수가 가장 많이 늘어난 해외지사는 인도지사이다.

③ 2009~2011년 동안 A무역회사 해외지사의 수출 상담실적 건수 합계는 매년 증가하였다.

④ 2008~2010년 동안 매년 싱가포르지사와 미국지사의 수출 상담실적 건수의 합은 독일지사의 수출 상담실적 건수보다 적다.

⑤ 2011년 12월 칠레지사 수출 상담실적이 256건이라면, 2011년 연간 칠레지사 수출 상담실적 건수는 전년대비 100% 이상 증가한다.

📝 문제풀이

10 분수 비교형 난이도 ★★★☆☆

① (O) 2010년 1~11월 태국지사의 수출 상담실적을 구하면 $\frac{2520}{1.8}$=1,400건이다. 따라서 2010년도 12월 태국지사의 수출 상담실적은 1,526−1,400=126건이 된다.

② (O) 전년대비 2010년 수출 상담실적 건수는 인도지사가 1,197건 증가로 가장 많다.

③ (O) 2011년은 12월 수치가 주어지지 않았지만 11월까지의 합이 2010년 전체보다 많기 때문에 비교할 수 있다.

④ (O) 2008~2010년 동안 매년 싱가포르지사와 미국지사의 수출 상담실적 건수의 합은 600건 미만으로 매년 600건 이상인 독일지사의 수출 상담실적 건수보다 적다.

⑤ (X) 칠레지사의 2011년 12월의 실적이 256건이면 2011년도 총합은 900건이 된다. 2010년도가 472건이므로 건수의 증가율은 전년대비 100% 이하가 된다.

⏱ 빠른 문제 풀이 Tip

2011년도의 경우 1~11월까지만 수치가 제시되었고 대신 2011년 1~11월의 전년 동기 대비 증감률이 주어졌으므로 2010년 동기간 수출 상담실적을 판단할 수 있다.

[정답] ⑤

11

다음 〈표〉와 〈조건〉은 A시 버스회사 보조금 지급에 관한 자료이다. 이에 대한 〈보기〉의 설명 중 옳은 것을 모두 고르면?

〈표〉 대당 운송수입금별 버스회사 수

(단위: 개)

대당 운송수입금	버스회사 수
600천 원 이상	24
575천 원 이상 600천 원 미만	6
550천 원 이상 575천 원 미만	12
525천 원 이상 550천 원 미만	9
500천 원 이상 525천 원 미만	6
475천 원 이상 500천 원 미만	7
450천 원 이상 475천 원 미만	10
425천 원 이상 450천 원 미만	5
400천 원 이상 425천 원 미만	11
375천 원 이상 400천 원 미만	4
350천 원 이상 375천 원 미만	13
325천 원 이상 350천 원 미만	15
300천 원 이상 325천 원 미만	9
275천 원 이상 300천 원 미만	4
250천 원 이상 275천 원 미만	4
250천 원 미만	11
계	150

─── 〈조 건〉 ───

○ 버스의 표준운송원가는 대당 500천 원이다.
○ 대당 운송수입금이 표준운송원가의 80% 미만인 버스회사를 보조금 지급대상으로 한다.
○ 대당 운송수입금이 표준운송원가의 50% 이상 80% 미만인 버스회사에는 표준운송원가와 대당 운송수입금의 차액의 50%를 대당 보조금으로 지급한다.
○ 대당 운송수입금이 표준운송원가의 50% 미만인 버스회사에는 표준운송원가의 25%를 대당 보조금으로 지급한다.

─── 〈보 기〉 ───

ㄱ. 보조금 지급대상 버스회사 수는 60개이다.
ㄴ. 표준운송원가를 625천 원으로 인상한다면, 보조금 지급대상 버스회사 수는 93개가 된다.
ㄷ. 버스를 30대 보유한 버스회사의 대당 운송수입금이 200천 원이면, 해당 버스회사가 받게 되는 총 보조금은 3,750천 원이다.
ㄹ. 대당 운송수입금이 각각 230천 원인 버스회사와 380천 원인 버스회사가 받게 되는 대당 보조금의 차이는 75천 원이다.

① ㄱ, ㄴ
② ㄴ, ㄷ
③ ㄷ, ㄹ
④ ㄱ, ㄴ, ㄷ
⑤ ㄱ, ㄷ, ㄹ

📑 문제풀이

11 조건 판단형   난이도★★★★☆

ㄱ. (O) 표준운송원가인 대당 500천 원의 80% 미만인 구간이 보조금 지급대상이므로 400천 원 미만 칸을 포함한 그 아래의 버스회사 수는 모두 60개이다.

ㄴ. (O) 표준운송원가를 625천 원으로 인상하면 이의 80%가 500천 원이 되므로 33개의 회사수가 증가하여 93개가 된다.

ㄷ. (O) 표준운송원가의 50% 미만인 버스회사는 표준운송원가의 25%인 125원을 대당 보조금으로 지급받게 되므로 125×30대 = 3,750천 원이 된다.

ㄹ. (X) 대당 운송수입금이 230천 원인 버스회사는 표준운송원가의 25%인 125천 원을 대당 보조금으로 받고, 대당 운송수입금이 380천 원인 버스회사는 표준운송원가와 대당 운송수입금의 차액의 50%이므로 (500−380)×0.5 = 60천 원이 대당 보조금의 크기가 된다. 따라서 양자 간 차이는 65천 원이다.

> ⏱ **빠른 문제 풀이 Tip**
>
> 보조금 지급대상이 되는 대당 운송수입금별 버스회사 수의 구간을 파악하고 보조금 지급대상이 되는 구간도 50~80%구간과 50% 미만 구간으로 나뉘니 이를 구별하여 정리한다.

[정답] ④

12

다음 〈그림〉은 각각 유권자 5명으로 구성된 집단(A~C)의 소득 및 '가' 정당 지지도를 나타낸 것이다. 이에 대한 〈보기〉의 설명 중 옳은 것을 모두 고르면?

〈그림〉 소득 및 '가' 정당 지지도

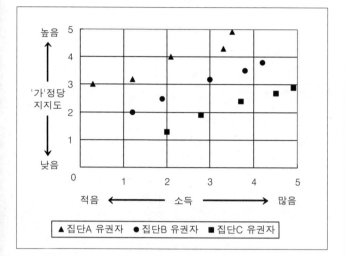

─〈보 기〉─

ㄱ. 평균소득은 집단A가 집단B보다 적다.
ㄴ. '가' 정당 지지도의 평균은 집단B가 집단C보다 높다.
ㄷ. 소득이 많은 유권자일수록 '가' 정당 지지도가 낮다.
ㄹ. 평균소득이 많은 집단이 평균소득이 적은 집단보다 '가' 정당 지지도의 평균이 높다.

① ㄱ, ㄴ
② ㄱ, ㄹ
③ ㄴ, ㄷ
④ ㄱ, ㄴ, ㄹ
⑤ ㄴ, ㄷ, ㄹ

부록별책 | 2024 | 2023 | 2022 | 2021 | 2020 | 2019 | 2018 | 2017 | 2016 | 2015 | 2014 | 2013 | 2012 | 해커스PSAT 5급 PSAT 김용훈 자료해석 13개년 기출문제집

📝 문제풀이

12 분수 비교형   난이도 ★★☆☆☆

ㄱ, ㄴ. (O) 평균소득과 소득을 집단별로 비교한다면 하나하나 계산하지 말고 5개중 4개가 비슷하니 나머지 하나씩만 비교한다면 쉽게 판단 가능하다.

ㄷ. (X) 각 집단별로 점의 분포가 우상향하고 있으므로 그렇지 않다.

ㄹ. (X) 평균소득이 많아도 '가' 정당 지지도가 낮은 유권자가 존재한다.

[정답] ①

13

다음 〈표〉는 2012년 ○○ 방송 A개그프로그램의 코너별 시청률과 시청률 순위에 관한 자료이다. 이에 대한 설명으로 옳은 것은?

〈표 1〉 코너별 시청률 및 시청률 순위(7월 마지막 주)

코너명	시청률(%)		시청률 순위	
	금주	전주	금주	전주
체포왕자	27.6	−	1	−
세가지	27.5	22.2	2	13
멘붕학교	27.2	23.2	3	10
생활의 문제	26.9	30.7	4	1
비겁한 녀석들	26.5	26.3	5	4
아이들	26.4	30.4	6	2
편한 진실	25.8	25.5	7	6
비극배우들	25.7	24.5	8	7
엄마와 딸	25.6	23.9	9	8
김여사	24.7	23.6	10	9
예술성	19.2	27.8	11	3
어색한 친구	17.7	−	12	−
좋지 아니한가	16.7	22.7	13	11
합기도	14.6	18.8	14	14

〈표 2〉 코너별 시청률 및 시청률 순위(10월 첫째 주)

코너명	시청률(%)		시청률 순위	
	금주	전주	금주	전주
험담자	27.4	−	1	−
생활의 문제	27.0	19.6	2	7
김여사	24.9	21.9	3	3
엄마와 딸	24.5	20.4	4	5
돼지의 품격	23.4	23.2	5	1
비극배우들	22.7	22.5	6	2
편한 진실	21.6	21.1	7	4
체포왕자	21.4	16.5	8	12
멘붕학교	21.4	19.6	8	7
비겁한 녀석들	21.1	19.1	10	9
어색한 친구	20.7	19.0	11	10
세가지	19.8	19.9	12	6
아이들	18.2	17.8	13	11
합기도	15.1	12.6	14	14

※ 1) A개그프로그램은 매주 14개의 코너로 구성됨.
　2) '−'가 있는 코너는 금주에 신설된 코너를 의미함.

① 7월 마지막 주~10월 첫째 주 동안 신설된 코너는 3개이다.
② 신설 코너를 제외하고, 10월 첫째 주에는 전주보다 시청률이 낮은 코너가 없다.
③ 7월 마지막 주와 10월 첫째 주 시청률이 모두 20% 미만인 코너는 '합기도'뿐이다.
④ 신설된 코너와 폐지된 코너를 제외하고, 7월 마지막 주와 10월 첫째 주의 전주 대비 시청률 상승폭이 가장 큰 코너는 동일하다.
⑤ 시청률 순위 상위 5개 코너의 시청률 산술평균은 10월 첫째 주가 7월 마지막 주보다 높다.

14

정당별 득표수가 〈표〉와 같을 때, 다음 〈배분방식〉을 이용하여 시의회 의석(6석)을 정당(A~D)에 배분하려고 한다. 이 때, B 정당과 C 정당에 배분되는 의석수를 바르게 나열한 것은?

〈표〉 정당별 득표수

정당	득표수
A	10,000
B	6,000
C	2,000
D	1,300

─〈배분방식〉─

○ 단계 1: 득표수가 가장 많은 정당에 1석을 배분한다.

○ 단계 2: 각 정당별로 '$\dfrac{\text{정당 득표수}}{\text{배분된 누적 의석수}+1}$'를 계산하고, 미배분 의석 중 1석을 이 값이 가장 큰 정당에 배분한다.

○ 단계 3: 시의회 의석이 모두 배분될 때까지 단계 2를 반복한다.

─〈배분예시〉─

두 번째 의석까지 배분 후 정당별 누적의석수

구분＼정당	A	B	C	D
첫 번째 의석 배분 후	1	0	0	0
두 번째 의석 배분 후	1	1	0	0

	B	C
①	1	0
②	1	1
③	2	0
④	2	1
⑤	3	0

📝 **문제풀이**

14 조건 판단형
난이도★★★★☆

단계 1에서 득표수가 가장 많은 A정당에 1석을 배분한 다음, 단계 2의 $\dfrac{\text{정당 득표수}}{\text{배분된 누적 의석수}+1}$를 순차적으로 도출하면 다음과 같다.

의석	A	B	C	D
1	10,000	6,000	2,000	1,300
2	5,000	6,000	2,000	1,300
3	5,000	3,000	2,000	1,300
4	3,333	3,000	2,000	1,300
5	2,500	3,000	2,000	1,300
6	2,500	2,000	2,000	1,300

A정당은 4석, B정당은 2석, C와 D정당은 의석수가 하나도 없게 된다.

[정답] ③

15

다음 〈표〉는 지역별 건축 및 대체에너지 설비투자 현황에 관한 자료이다. 이에 대한 〈보기〉의 설명 중 옳은 것을 모두 고르면?

〈표〉 지역별 건축 및 대체에너지 설비투자 현황

(단위: 건, 억 원, %)

| 지역 | 건축 건수 | 건축 공사비 (A) | 대체에너지 설비투자액 | | | | 대체에너지 설비투자 비율 (B/A)×100 |
			태양열	태양광	지열	합(B)	
가	12	8,409	27	140	336	503	5.98
나	14	12,851	23	265	390	678	( )
다	15	10,127	15	300	210	525	( )
라	17	11,000	20	300	280	600	5.45
마	21	20,100	30	600	450	1,080	( )

※ 건축공사비 내에 대체에너지 설비투자액은 포함되지 않음.

〈보 기〉

ㄱ. 건축 건수 1건당 건축공사비가 가장 많은 곳은 '나' 지역이다.

ㄴ. '가'~'마' 지역의 대체에너지 설비투자 비율은 각각 5% 이상이다.

ㄷ. '라' 지역에서 태양광 설비투자액이 210억 원으로 줄어도 대체에너지 설비투자 비율은 5% 이상이다.

ㄹ. 대체에너지 설비투자액 중 태양광 설비투자액 비율이 가장 높은 지역은 대체에너지 설비투자 비율이 가장 낮다.

① ㄱ, ㄴ
② ㄱ, ㄷ
③ ㄴ, ㄷ
④ ㄴ, ㄹ
⑤ ㄷ, ㄹ

📝 문제풀이

15 빈칸형	난이도 ★★★☆☆

ㄱ. (X) 건축 건수 1건당 건축공사비는 '나' 지역 12,851/14억 원보다 '마' 지역 20,100/21억 원이 더 많다. 건축 건수 1건당 건축공사비의 경우 '나' 지역의 분모와 분자에 각각 1.5배를 하여 분모인 건축 건수를 21로 동일하게 만들면 '마' 지역과 쉽게 비교가 된다.

ㄴ. (O) 〈표〉에 직접 제시된 '가'와 '라' 지역을 제외하고 나머지 지역의 대체에너지 설비투자 비율을 도출하면 '나' 5.3%, '다' 5.2%, '마' 5.4%로 각각 5% 이상이다.

ㄷ. (X) '라' 지역에서 태양광 설비투자액이 210억 원으로 줄어들면 합(B)은 510억 원으로 감소한다. 따라서 대체에너지 설비투자 비율은 약 4.6%가 된다.

ㄹ. (O) 대체에너지 설비투자액 중 태양광 설비투자액 비율이 가장 높은 지역은 '다' 지역이고 대체에너지 설비투자 비율이 가장 낮은 지역 역시 '다' 지역이다.

⏱ 빠른 문제 풀이 Tip

$\frac{B}{A}×100 ≧ 5\%$ 이상이 되는지 판단하는 경우에는 A의 일의 자리는 버린 후 반으로 나눠서 B보다 작으면 5% 이상이 된다고 판단할 수 있다.

[정답] ④

16

다음 〈그림〉과 〈표〉는 창업보육센터의 현황에 대한 자료이다. 이에 대한 〈보기〉의 설명 중 옳지 않은 것을 모두 고르면?

〈그림〉 연도별 창업보육센터 수 및 지원금액

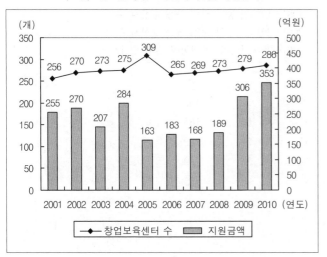

〈표〉 연도별 창업보육센터당 입주업체 수 및 매출액

(단위: 개, 억 원)

구분 \ 연도	2008	2009	2010
창업보육센터당 입주업체 수	16.6	17.1	16.8
창업보육센터당 입주업체 매출액	85.0	91.0	86.7

※ 한 업체는 1개의 창업보육센터에만 입주함.

─〈보 기〉─

ㄱ. 2010년 전년대비 창업보육센터 지원금액 증가율은 2010년 전년대비 창업보육센터 수 증가율의 5배 이상이다.

ㄴ. 2010년 창업보육센터의 전체 입주업체 수는 전년보다 적다.

ㄷ. 창업보육센터당 지원금액이 가장 적은 해는 2005년이며 가장 많은 해는 2010년이다.

ㄹ. 창업보육센터 입주업체의 전체 매출액은 2008년 이후 매년 증가하였다.

① ㄱ, ㄴ
② ㄱ, ㄷ
③ ㄴ, ㄷ
④ ㄴ, ㄹ
⑤ ㄷ, ㄹ

📝 문제풀이

16 분수 비교형

난이도 ★★★☆☆

ㄱ. (O) 2010년의 지원금액 증가율은 $\frac{47}{306}$ ≒15%가 넘고, 보육센터 수의 증가율은 $\frac{7}{279}$ ≒2.5%이므로 5배 이상이다.

ㄴ. (X) '전체 입주업체의 수=창업보육센터의 수×보육센터당 입주업체 수'로 구할 수 있는데 창업보육센터의 수 증가율은 약 2.5%이고, 보육센터당 입주업체 수의 감소율은 $\frac{3}{171}$으로 2%에 미치지 못한다. 따라서 2010년도 전체 입주업체 수는 전년보다 크다.

ㄷ. (O) 창업보육센터당 지원금액은 2005년이 0.52억 원으로 가장 적고 2010년이 1.23억 원으로 가장 많다. 선 그래프와 막대그래프 간 간격을 참고하여 판단할 수 있다.

ㄹ. (X) '입주업체 전체 매출액 = 창업보육센터당 입주업체 매출액×보육센터의 수'인데 보육센터의 수는 계속 증가하고 창업보육센터당 입주업체 매출액도 2008년에서 2009년으로 넘어가는 시기에 증가하고 있다. 역시 2010년에 전년대비 보육센터의 증가율이 2.5% 증가하지만, 보육센터당 입주업체 매출액은 4% 이상 감소하므로 입주업체 전체 매출액은 감소하게 된다.

⏱ 빠른 문제 풀이 Tip

〈그림〉에서 좌축의 단위 '개'는 창업보육센터 수의 단위이고 우축의 단위 '억 원'은 지원금액의 단위이다.

[정답] ④

[17~18] 다음 〈표〉는 1901~2010년 동안 A상의 수상 결과와 1981~2010년 동안 분야별 수상자 현황을 나타낸 자료이다.

〈표 1〉 1901~2010년 기간별·분야별 A상의 수상 결과

(단위: 회, %)

구분\기간	전체 수상 횟수	분야별 공동 수상 횟수				공동 수상 비율
		생리·의학상	물리학상	화학상	합	
1901~1910	30	2	3	0	5	16.7
1911~1920	15	0	1	1	2	13.3
1921~1930	27	3	2	1	6	22.2
1931~1940	24	3	3	4	10	41.7
1941~1950	24	6	0	2	8	33.3
1951~1960	30	6	8	3	17	56.7
1961~1970	( )	9	5	4	18	60.0
1971~1980	30	9	9	5	23	76.7
1981~1990	30	8	8	6	22	73.3
1991~2000	30	8	8	6	22	73.3
2001~2010	( )	9	10	8	27	90.0
계	300	63	57	40	160	( )

※ 1) 공동 수상 비율(%) = $\dfrac{\text{공동 수상 횟수}}{\text{전체 수상 횟수}} \times 100$

2) 공동 수상 비율은 소수점 아래 둘째자리에서 반올림한 값임.

3) 모든 수상자는 연도 및 분야에 관계없이 1회만 수상함.

〈표 2〉 1901~2010년 분야별 A상의 공동 수상 결과

(단위: 회)

구분		수상분야			합
		생리·의학상	물리학상	화학상	
전체 수상 횟수		100	100	100	300
공동 수상 횟수	2인 공동 수상	31	29	22	82
	3인 공동 수상	32	28	18	78
	소계	63	57	40	160

〈표 3〉 1981~2010년 기간별·분야별 A상의 수상자 현황

(단위: 명)

구분\기간	분야별 수상자 수			합
	생리·의학상	물리학상	화학상	
1981~1990	23	23	19	65
1991~2000	21	22	20	63
2001~2010	27	29	25	81
계	71	74	64	209

17

〈표〉의 내용을 바탕으로 〈보기〉의 ㄱ~ㄷ에 해당하는 값을 바르게 나열한 것은?

〈보 기〉

ㄱ. 1981~1990년 동안 전체 공동 수상자 수
ㄴ. 2001~2010년 동안 전체 단독 수상자 수
ㄷ. 1901~2010년 동안 물리학상 전체 수상자 수

	ㄱ	ㄴ	ㄷ
①	55	3	189
②	57	5	185
③	55	5	189
④	57	3	189
⑤	57	3	185

18

〈표〉에 대한 〈보기〉의 설명 중 옳은 것을 모두 고르면?

〈보 기〉

ㄱ. 1901~2010년 동안 생리·의학상 분야의 2인 공동 수상 횟수는 생리·의학상 분야 전체 수상 횟수의 30% 이상이다.

ㄴ. 1901~2010년 동안 화학상 분야의 단독 수상자 수는 물리학상 분야 단독 수상자 수의 1.5배 이상이다.

ㄷ. 1901~2010년 동안 전체 수상자 중 단독 수상자의 비율은 50% 이상이다.

ㄹ. 1921~1930년 동안 전체 단독 수상 횟수는 1941~1950년 동안 전체 단독 수상 횟수보다 5회 더 많다.

ㅁ. 2001~2010년 동안 전체 단독 수상 횟수는 1901~2010년 동안 전체 단독 수상 횟수의 3% 이하이다.

① ㄱ, ㄷ
② ㄱ, ㄴ, ㅁ
③ ㄱ, ㄹ, ㅁ
④ ㄴ, ㄷ, ㄹ
⑤ ㄷ, ㄹ, ㅁ

기출문제

2024

2023

2022

2021

2020

2019

2018

2017

2016

2015

2014

2013

2012

해커스PSAT 5급 PSAT 김용훈 자료해석 13개년 기출문제집

📝 문제풀이

17 각주 판단형   난이도★★★★☆

ㄱ. 〈표 3〉에서 1981~1990년 동안 수상자의 총합은 65명이고, 〈표 1〉에서 동기간 단독수상 횟수는 8회이므로 전체 공동 수상자 수는 57명이 된다.

ㄴ. 〈표 1〉에서 2001~2010년 동안 공동수상비율이 90%이고 공동수상 횟수가 27회이므로 전체수상횟수는 30회이다. 따라서 단독수상횟수는 3회이다.

ㄷ. 〈표 2〉에서 1901~2010년 동안 물리학상 수상 결과를 토대로 29×2인 공동 +28×3인 공동+43(단독 수상)=185명이다.

⏱ 빠른 문제 풀이 Tip
단독 수상 횟수=단독 수상자 수이고 공동 수상 횟수<공동 수상자 수이다. 전체=단독+공동이므로 공동 수상자 수를 도출할 때 전체 - 단독의 구조를 활용한다.

[정답] ⑤

📝 문제풀이

18 각주 판단형   난이도★★★☆☆

ㄱ. (O) 1901~2010년 동안 생리 · 의학상 분야의 2인 공동 수상 횟수는 31회이고, 생리 · 의학상 분야 전체 수상 횟수는 100회이므로 30% 이상이다.

ㄴ. (X) 1901~2010년 동안 화학상 분야의 단독 수상자 수는 60명이고 물리학상 분야 단독 수상자 수는 43명이다.

ㄷ. (X) 전체 수상 횟수의 총계는 300회이고 공동 수상 횟수의 총계는 160회이므로 전체 수상 횟수 중 단독 수상 횟수의 비율은 $\frac{140}{300}$이다. 따라서 전체 수상자 중 단독 수상자의 비율은 이보다 더 낮기 때문에 50% 이하이다.

ㄹ. (O) 1921~1930년 동안 전체 단독 수상 횟수는 21회, 1941~1950년 동안 전체 단독 수상 횟수는 16회이다.

ㅁ. (O) 2001~2010년 동안 전체 단독 수상 횟수는 3회이고, 1901~2010년 동안 전체 단독 수상 횟수는 140회이므로 3% 이하이다.

[정답] ③

19

다음 〈보고서〉는 2012년 2분기말 외국인 국내토지 소유현황에 관한 것이다. 〈보고서〉의 내용과 부합하지 않는 자료는?

─〈보고서〉─

2012년 2분기말 현재 외국인의 국내토지 소유면적은 224,715 천㎡, 금액으로는 335,018억 원인 것으로 조사되었다. 면적 기준으로 2012년 1분기말 대비 2,040천㎡, 보유필지수로는 1분기말 대비 3% 미만 증가한 것이다.

국적별로는 기타 지역을 제외하고 토지 소유면적이 넓은 것부터 나열하면 미국, 유럽, 일본, 중국 순이며, 미국 국적 외국인은 외국인 국내토지 소유면적의 50% 이상을 소유하였다. 용도별로 외국인 국내토지 소유면적을 넓은 것부터 나열하면 임야·농지, 공장용지, 주거용지, 상업용지, 레저용지 순이며, 이 중 주거용지, 상업용지, 레저용지 토지 면적의 합이 외국인 국내토지 소유면적의 10% 이상인 것으로 나타나 부동산 투기에 대한 지속적인 감시가 필요할 것으로 판단된다.

토지 소유 주체별로는 개인이 전체 외국인 소유 토지의 60% 이상을 차지하고 있으며, 특히 개인 소유 토지의 57.1%를 차지하고 있는 외국국적 교포의 토지 소유면적이 법인 및 외국정부단체 등이 소유한 토지 면적보다 더 넓은 것으로 나타났다. 외국인이 소유하고 있는 지역별 토지 면적을 넓은 것부터 나열하면 전남, 경기, 경북 순이고 이들 지역에서의 보유 면적의 합은 전체 외국인 국내토지 소유면적의 40%를 상회하고 있어 향후 집중적인 모니터링이 요구된다.

① 2012년 2분기말 주체별 외국인 국내토지 소유현황

구분	합	개인			법인			외국정부단체 등
		소계	외국국적 교포	순수 외국인	소계	합작법인	순수 외국법인	
면적(천 ㎡)	224,715	137,040	128,252	8,788	87,173	71,810	15,363	502
비율(%)	100.0	61.0	57.1	3.9	38.8	32.0	6.8	0.2

② 외국인 국내토지 소유현황

구분	2011년 4분기말	2012년 1분기말	2012년 2분기말
면적(천 ㎡)	221,899	222,675	224,715
금액(억 원)	310,989	323,109	335,018
필지수(필)	79,992	81,109	82,729

③ 2012년 2분기말 국적별 외국인 국내토지 소유현황

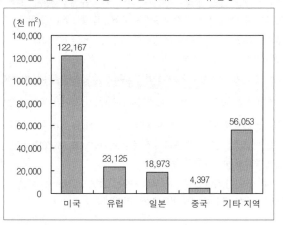

④ 2012년 2분기말 용도별 외국인 국내토지 소유현황

구분	임야·농지	공장용지	주거용지	상업용지	레저용지	합
면적(천 ㎡)	133,088	67,141	14,973	5,871	3,642	224,715

⑤ 2012년 2분기말 시도별 외국인 국내토지 소유현황

시도명	면적(천 ㎡)	비율(%)
서울	2,729	1.2
부산	5,738	2.6
대구	1,792	0.8
인천	4,842	2.2
광주	3,425	1.5
대전	837	0.4
울산	5,681	2.5
세종	867	0.4
경기	37,615	16.7
강원	18,993	8.5
충북	12,439	5.5
충남	22,313	9.9
전북	7,462	3.3
전남	37,992	16.9
경북	35,081	15.6
경남	17,058	7.6
제주	9,851	4.4
계	224,715	100.0

📝 문제풀이

19 분수 비교형 난이도 ★★★☆☆

〈보고서〉의 세 번째 문단에 나오는 '개인소유 토지의 57.1%를 차지하고 있는 외국국적 교포의 토지소유면적'을 '외국인 국내토지 소유면적 전체의 57.1%를 차지하고 있는 외국국적 교포의 토지소유면적'으로 바꾸어야 옳은 표현이다. 실제로 개인 소유 토지 중 외국국적 교포의 토지 소유면적이 차지하는 비중은 90%를 넘는다.

[정답] ①

20

다음 〈표〉는 2007~2011년 A 연구기관의 직종별 인력 현황에 관한 자료이다. 이를 정리한 것으로 옳지 않은 것은?

〈표〉A 연구기관의 직종별 인력 현황

구분	연도	2007	2008	2009	2010	2011
정원 (명)	연구 인력	80	80	85	90	95
	지원 인력	15	15	18	20	25
	계	95	95	103	110	120
현원 (명)	연구 인력	79	79	77	75	72
	지원 인력	12	14	17	21	25
	계	91	93	94	96	97
박사 학위 소지자 (명)	연구 인력	52	53	51	52	55
	지원 인력	3	3	3	3	3
	계	55	56	54	55	58
평균 연령 (세)	연구 인력	42.1	43.1	41.2	42.2	39.8
	지원 인력	43.8	45.1	46.1	47.1	45.5
평균 연봉 지급액 (만 원)	연구 인력	4,705	5,120	4,998	5,212	5,430
	지원 인력	4,954	5,045	4,725	4,615	4,540

① 연도별 지원 인력의 충원율

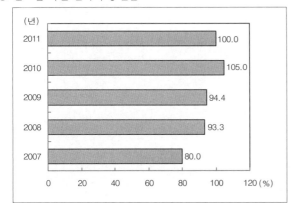

※ 충원율(%) = $\frac{현원}{정원} \times 100$

② 직종별 현원의 구성비율

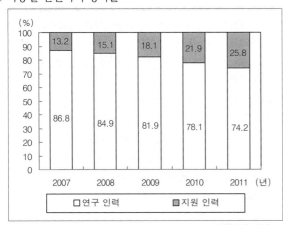

③ 지원 인력(현원) 중 박사 학위 소지자 비율

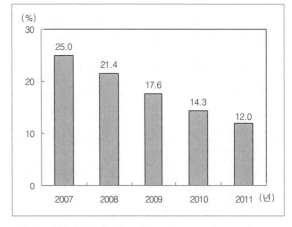

④ 직종별 현원의 평균 연령

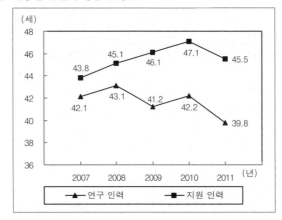

⑤ 연봉 지급 총액(현원)의 직종별 구성비율

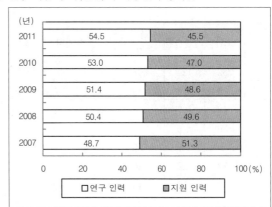

📝 문제풀이

20 표-차트 변환형
난이도★★★★☆

⑤ '평균연봉 지급액의 직종별 구성비율'을 그래프로 표시한 것이다. 연봉 지급 총액(현원)의 직종별 구성비율을 도출하려면 〈표〉에 제시되어 있는 '현원 인력(명)×평균연봉 지급액(만 원)'을 계산해야 한다.

> ⏱ 빠른 문제 풀이 Tip
>
> 〈표〉의 그래프 변환문제를 해결하는 순서는 다음과 같다.
> 1. 선택지 그래프의 제목과 내용이 일치하는지 확인한다.
> 2. 선택지 그래프의 내용이 〈표〉를 통해 알 수 있는 정보인지 확인한다.
> 3. 〈표〉의 수치가 그대로 적용된 그래프 먼저 검토한다.
> 4. 그래프와 〈표〉의 세부내용을 비교한다.(특징을 잡아서 비교한다.)

[정답] ⑤

21

다음 〈표〉는 2010년 지역별 등산사고 발생현황에 대한 자료이다. 이에 대한 〈보기〉의 설명 중 옳지 않은 것을 모두 고르면?

〈표 1〉 2010년 월별 등산사고 발생현황

(단위: 건)

월 지역	1	2	3	4	5	6	7	8	9	10	11	12	합
서울	133	135	72	103	134	104	112	112	124	125	126	74	1,354
부산	3	0	0	4	0	2	0	3	3	0	6	5	26
대구	6	5	3	4	3	4	5	2	5	5	6	5	53
인천	19	11	6	11	22	5	8	16	12	20	11	6	147
광주	2	4	3	4	2	2	3	3	10	9	8	7	57
대전	13	9	4	8	3	9	9	11	6	13	9	4	108
울산	9	6	5	6	10	10	17	16	17	15	23	6	140
경기	7	14	9	20	20	15	14	26	23	30	13	7	198
강원	36	19	12	16	38	38	42	27	51	43	24	12	358
충북	3	7	7	13	11	2	2	5	15	24	13	4	106
충남	1	1	2	1	2	2	0	0	0	3	0	2	14
전북	18	13	10	12	32	12	17	15	9	22	22	6	188
전남	13	12	11	14	15	8	18	16	18	31	24	3	183
경북	0	2	1	0	0	1	0	1	1	1	0	0	7
경남	11	7	2	9	11	10	11	15	32	18	20	20	166
제주	2	1	0	0	2	0	2	1	0	0	0	1	9
전체	276	246	147	225	315	224	260	269	326	359	305	162	3,114

〈표 2〉 2010년 발생원인별 등산사고 발생현황

(단위: 건)

발생원인 지역	조난	개인질환	실족· 추락	안전수칙 불이행	기타	합
서울	232	124	497	0	501	1,354
부산	4	4	10	2	6	26
대구	18	7	6	15	7	53
인천	30	6	31	0	80	147
광주	0	7	50	0	0	57
대전	13	22	36	1	36	108
울산	0	18	43	0	79	140
경기	12	13	120	21	32	198
강원	91	36	109	18	104	358
충북	22	14	40	7	23	106
충남	0	4	4	0	6	14
전북	8	5	116	10	49	188
전남	28	11	33	65	46	183
경북	2	2	2	0	1	7
경남	25	19	15	21	86	166
제주	0	0	9	0	0	9
전체	485	292	1,121	160	1,056	3,114

※ 등산사고 1건당 발생원인은 1개로 한정함.

〈보 기〉

ㄱ. 2010년 3월, 9월, 10월에 발생한 등산사고건수의 합은 전체 등산사고건수의 30% 이상이다.

ㄴ. 2010년 서울에서 발생한 등산사고건수는 2월에 가장 많으며, 12월에 가장 적다.

ㄷ. 2010년 등산사고 발생원인 중 조난이 해당지역 전체 등산사고건수의 25% 이상인 지역의 수는 3개이다.

ㄹ. 기타를 제외하고, 2010년 발생원인별 전체 등산사고건수는 실족·추락이 가장 많고 안전수칙불이행이 가장 적다.

ㅁ. 2010년 매월 등산사고가 발생한 지역의 수는 13개이다.

① ㄱ, ㄴ, ㄷ
② ㄱ, ㄴ, ㅁ
③ ㄱ, ㄹ, ㅁ
④ ㄴ, ㄷ, ㄹ
⑤ ㄷ, ㄹ, ㅁ

문제풀이

21 분수 비교형
난이도 ★★★☆☆

ㄱ. (X) 2010년 전체 등산사고건수의 30%가 되려면 900건이 넘어야 하는데 3, 9, 10월의 합은 147+326+359=832건이다.

ㄴ. (X) 2010년 서울에서 발생한 등산사고건수는 2월에 135건으로 가장 많지만 12월 74건보다 3월 72건이 더 적다.

ㄷ. (O) 2010년 등산사고 발생원인 중 조난이 해당지역 전체 등산사고건수의 25% 이상인 지역은 대구(34.0%), 강원(25.4%), 경북(28.6%)으로 3개이다.

ㄹ. (O) 기타를 제외하고, 2010년 발생원인별 전체 등산사고건수는 실족·추락이 1,121건으로 가장 많고 안전수칙불이행이 160건으로 가장 적다.

ㅁ. (X) 2010년 매월 등산사고가 발생한 지역은 부산, 충남, 경북, 제주를 제외한 12개 지역이다.

빠른 문제 풀이 Tip

〈표〉의 내용이 많지만 〈보기〉에서 요구하는 정보는 많지 않다.
ㄷ. 조난건수×4≥합으로 판단한다.
ㅁ. 0이 있는 지역을 제외한 나머지 지역의 개수로 판단한다.

[정답] ②

22

다음 〈표〉는 2003~2009년 주요 국가의 연도별 이산화탄소 배출량을 나타낸 자료이다. 이에 대한 〈보기〉의 설명 중 옳은 것을 모두 고르면?

〈표〉 주요 국가의 연도별 이산화탄소 배출량

(단위: 백만 TC)

연도 국가	2003	2004	2005	2006	2007	2008	2009
중국	2,244.1	3,022.1	3,077.2	5,103.1	6,071.8	6,549.0	6,877.2
미국	4,868.7	5,138.7	5,698.1	5,771.7	5,762.7	5,586.8	5,195.0
인도	582.3	776.6	972.5	1,160.4	1,357.2	1,431.3	1,585.8
러시아	2,178.8	1,574.5	1,505.5	1,516.2	1,578.5	1,593.4	1,532.6
일본	1,064.4	1,147.9	1,184.0	1,220.7	1,242.3	1,152.6	1,092.9
독일	950.4	869.4	827.1	811.8	800.1	804.1	750.2
이란	179.6	252.3	316.7	426.8	500.8	522.7	533.2
캐나다	432.3	465.2	532.8	558.8	568.0	551.1	520.7
한국	229.3	358.6	437.7	467.9	490.3	501.7	515.5
영국	549.3	516.6	523.8	533.1	521.5	512.1	465.8
전세계	20,966.3	21,791.6	23,492.9	27,188.3	29,047.9	29,454.0	28,999.4

※ 1) 주요 국가는 2009년 이산화탄소 배출량 상위 10개국을 의미함.
  2) TC(탄소톤)는 이산화탄소 배출량 측정단위임.

─────── 〈보 기〉 ───────

ㄱ. 전세계 이산화탄소 배출량은 매년 증가하였다.
ㄴ. 2009년 이산화탄소 배출량이 가장 많은 국가는 중국이며, 2009년 중국의 이산화탄소 배출량은 전세계 이산화탄소 배출량의 20% 이상이다.
ㄷ. 러시아의 2003년과 2009년 이산화탄소 배출량 차이는 이란의 2003년과 2009년 이산화탄소 배출량 차이보다 크다.
ㄹ. 2003년 대비 2009년 한국 이산화탄소 배출량의 증가율은 100% 이상이다.

① ㄱ, ㄴ
② ㄴ, ㄷ
③ ㄷ, ㄹ
④ ㄱ, ㄴ, ㄹ
⑤ ㄴ, ㄷ, ㄹ

📑 문제풀이

22 분수 비교형   난이도 ★★☆☆☆

ㄱ. (X) 전세계 이산화탄소 배출량은 2009년에 감소하였다.

ㄴ. (O) 2009년 전세계의 이산화탄소 배출량 29,000백만 TC 중 중국 6,877.2이 차지하는 비중은 20% 이상이다.

ㄷ. (O) 러시아의 2003년과 2009년 이산화탄소 배출량 차이는 646.2백만 TC로 이란의 2003년과 2009년 이산화탄소 배출량 차이 353.6백만 TC보다 크다.

ㄹ. (O) 한국 이산화탄소 배출량은 2003년 229.3백만 TC에서 2009년 515.5백만 TC로 2배 이상 증가했기 때문에 증가율은 100% 이상이다.

[정답] ⑤

[23~24] 다음 〈표〉는 2005년과 2010년에 시행된 수도권 전체 (서울, 인천, 경기) 주민들에 대한 통행특성 조사의 응답자 특성 및 조사 결과이다.

〈표 1〉 수도권 주민 통행특성 조사의 응답자 특성

연도	구분		지역			수도권 전체
			서울	인천	경기	
2005	응답자(명)		236,898	74,528	250,503	561,929
	운전면허 보유 여부	보유(명)	110,092	30,404	104,285	244,781
		비보유(명)	126,806	44,124	146,218	317,148
	응답자 중 취업자(명)		99,065	29,026	95,945	224,036
	가구당 평균 차량 대수(대)		0.72	0.74	0.83	0.77
2010	응답자(명)		317,148	73,503	318,681	709,332
	운전면허 보유 여부	보유(명)	157,005	33,303	155,245	345,553
		비보유(명)	160,143	40,200	163,436	363,779
	응답자 중 취업자(명)		141,881	28,970	135,893	306,744
	가구당 평균 차량 대수(대)		0.75	0.83	0.85	0.80

〈표 2〉 응답자 통행특성 조사 결과

구분\지역\연도	일일 평균 통행시간(분)		일일 평균 통행거리(km)		일일 평균 통행횟수(회)	
	2005	2010	2005	2010	2005	2010
서울	83.41	83.48	21.13	20.40	2.64	2.59
인천	75.79	75.65	19.41	19.16	2.62	2.60
경기	76.29	78.52	22.45	24.54	2.57	2.58
수도권 전체	79.23	80.44	21.49	22.13	2.61	2.59

23

위 〈표〉의 자료를 정리한 것으로 옳지 않은 것은?

① 응답자의 지역별 구성비(2005년)

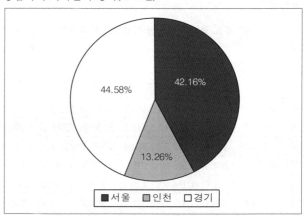

② 지역별 응답자의 운전면허 보유율

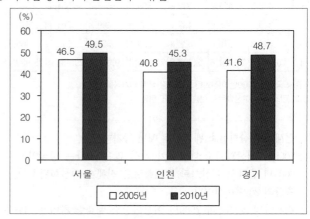

③ 응답자 중 취업자의 지역별 구성비

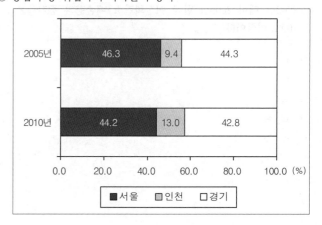

④ 지역별 응답자의 가구당 평균 차량 대수

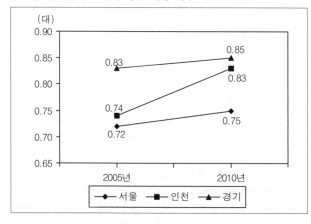

⑤ 지역별 응답자의 일일 평균 통행거리

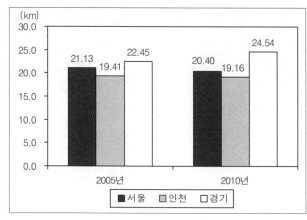

24

위 〈표〉에 대한 〈보기〉의 설명 중 옳은 것을 모두 고르면?

<보 기>

ㄱ. 2005년 기준, 응답자 수가 가장 적은 지역은 해당연도 응답자 일일 평균 통행거리가 수도권 전체 중 가장 짧다.

ㄴ. 2010년 기준, 응답자의 운전면허 보유율이 가장 높은 지역은 해당연도 응답자 일일 평균 통행시간이 수도권 전체 중 가장 길다.

ㄷ. 2010년 기준, 가구당 평균 차량 대수가 가장 적은 지역은 해당연도 응답자 일일 평균 통행횟수가 수도권 전체 중 가장 많다.

ㄹ. 2005년 기준, 응답자 중 취업자 비율이 가장 높은 지역은 해당연도 응답자 가구당 평균 차량 대수가 수도권 전체 중 가장 적다.

① ㄱ, ㄴ, ㄷ
② ㄱ, ㄴ, ㄹ
③ ㄱ, ㄷ, ㄹ
④ ㄴ, ㄷ, ㄹ
⑤ ㄱ, ㄴ, ㄷ, ㄹ

📝 문제풀이

24 분수 비교형   난이도★★★☆☆

ㄱ. (O) 인천이 응답자 수가 가장 적다.

ㄴ. (O) 보유율 비교 시 인천은 상대적으로 서울이나 경기보다 낮으므로 두 지역만 비교하면 서울임을 쉽게 알 수 있다.

ㄷ. (X) 가구당 평균 차량 대수가 가장 적은 지역은 서울이지만 응답자 일일 평균 통행횟수가 가장 많은 지역은 인천이다.

ㄹ. (O) 둘 다 서울이다.

⏱ 빠른 문제 풀이 Tip

ㄴ. 문제 23번의 선택지 ② 그래프를 참조한다.

ㄷ. ㄹ. 문제 23번의 선택지 ④ 그래프를 참조한다.

[정답] ②

📝 문제풀이

23 표-차트 변환형   난이도★★★★☆

③ 2010년 인천의 응답자 중 취업자의 지역별 구성비가 수도권 전체에서 차지하는 비율이 13.0%로 표시되어 있다. 하지만 〈표〉의 수치를 통해 계산하면 10% 미만임을 알 수 있다. 즉, 2005년도와 2010년도의 그래프가 서로 뒤바뀌어 있다.

[정답] ③

25

A유전자와 아동기 가정폭력 경험 수준이 청소년의 반사회적 인격장애와 품행장애 발생에 미치는 영향을 평가하기 위해 청소년을 A유전자 보유 여부에 따라 2개 집단('미보유', '보유')으로 구성한 다음, 각 집단을 아동기 가정폭력 경험 수준에 따라 다시 3개 집단('낮음', '중간', '높음')으로 구분하였다. 다음 〈그림〉은 이 6개 집단의 반사회적 인격장애 발생 비율과 품행장애 발생 비율에 대한 자료이다. 이에 대한 〈보기〉의 설명 중 옳은 것을 모두 고르면?

〈그림 1〉 청소년의 반사회적 인격장애 발생 비율

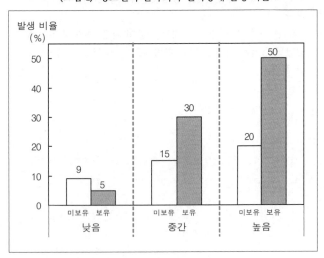

〈그림 2〉 청소년의 품행장애 발생 비율

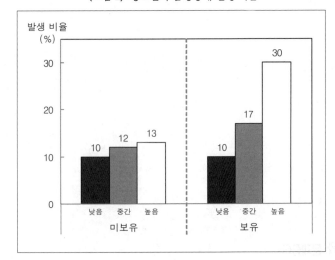

〈보 기〉

ㄱ. 청소년의 반사회적 인격장애 발생 비율은 A유전자 '보유' 집단과 '미보유' 집단 각각, 아동기 가정폭력 경험 수준이 높아질수록 높다.

ㄴ. 청소년의 반사회적 인격장애 발생 비율은 아동기 가정폭력 경험 수준 집단 각각, A유전자 '미보유' 집단이 A유전자 '보유' 집단에 비해 낮다.

ㄷ. 청소년의 품행장애 발생 비율은 아동기 가정폭력 경험 수준 집단 각각, A유전자 '미보유' 집단이 A유전자 '보유' 집단보다 낮다.

ㄹ. 청소년의 품행장애 발생 비율은 A유전자 '보유' 집단 중 아동기 가정폭력 경험 수준이 '높음'인 집단이 가장 높다.

ㅁ. A유전자 '보유' 집단과 '미보유' 집단 간 청소년의 반사회적 인격장애 발생 비율의 차이는 아동기 가정폭력 경험 수준이 높아질수록 크다.

① ㄱ, ㄴ
② ㄱ, ㄹ
③ ㄱ, ㄹ, ㅁ
④ ㄴ, ㄷ, ㄹ
⑤ ㄴ, ㄷ, ㅁ

📝 **문제풀이**

25 분수 비교형 난이도 ★★★★☆

ㄱ. (○) 〈그림 1〉의 그래프 추이를 보면 타당하다.

ㄴ. (X) '낮음'의 경우에는 그렇지 않다.

ㄷ. (X) '낮음'의 경우에 같다.

ㄹ. (○) 〈그림 2〉에서 판단할 수 있다.

ㅁ. (○) 〈그림 1〉에서 각각 4, 15, 30으로 커지고 있다.

⏱ **빠른 문제 풀이 Tip**
〈그림 1〉과 〈그림 2〉의 가로축 기준이 다름에 유의한다.

[정답] ③

26

다음 〈표〉는 A~E 마을 주민의 재산상황을 나타낸 자료이다. 이에 대한 〈보기〉의 설명 중 옳은 것을 모두 고르면?

〈표〉 A~E 마을 주민의 재산상황

(단위: 가구, 명, ha, 마리)

마을	가구 수	주민 수	재산유형					
			경지		젖소		돼지	
			면적	가구당 면적	개체 수	가구당 개체 수	개체 수	가구당 개체 수
A	244	1,243	( )	6.61	90	0.37	410	1.68
B	130	572	1,183	9.10	20	0.15	185	1.42
C	58	248	( )	1.95	20	0.34	108	1.86
D	23	111	( )	2.61	12	0.52	46	2.00
E	16	60	( )	2.75	8	0.50	20	1.25
전체	471	2,234	( )	6.40	150	0.32	769	1.63

※ 소수점 아래 셋째 자리에서 반올림한 값임.

〈보 기〉

ㄱ. C 마을의 경지면적은 D 마을과 E 마을 경지면적의 합보다 크다.
ㄴ. 가구당 주민 수가 가장 많은 마을은 가구당 돼지 수도 가장 많다.
ㄷ. A 마을의 젖소 수가 80% 감소한다면, A~E 마을 전체 젖소 수는 A~E 마을 전체 돼지 수의 10% 이하가 된다.
ㄹ. 젖소 1마리당 경지면적과 돼지 1마리당 경지면적은 모두 D 마을이 E 마을보다 좁다.

① ㄱ, ㄴ
② ㄱ, ㄷ
③ ㄱ, ㄹ
④ ㄴ, ㄷ
⑤ ㄷ, ㄹ

📑 문제풀이

26 빈칸형   난이도 ★★★☆☆

ㄱ. (O) 어림산하면 C 마을의 경지면적은 58×1.95≒113ha, D와 E마을의 합은 23×2.6+16×2.75≒104ha이므로 C가 더 크다.

ㄴ. (X) 가구당 돼지 수가 가장 많은 마을은 D이고, 가구당 주민 수가 가장 많은 마을은 5명 이상인 A이다.

ㄷ. (X) A마을의 젖소 수가 80% 감소하면 전체 젖소 개체수는 78마리가 되고, 전체 돼지 개체수는 769마리이므로 10% 이상이다.

ㄹ. (O) $\frac{경지면적}{젖소\ 개체수} = \frac{가구당면적}{가구당\ 개체수}$이므로 D는 E보다 분모인 가구당 개체수가 더 많고 분자인 가구당 면적이 더 작기 때문에 경지면적을 구하지 않고도 쉽게 비교 가능하다.

[정답] ③

27

다음 〈그림〉은 2012년 주요 곡물(쌀, 밀, 옥수수, 콩)의 국가별 생산량 비율에 대한 자료이다. 〈그림〉을 이용하여 보고서를 작성할 때, 추가로 필요한 자료를 〈보기〉에서 모두 고르면?

〈그림〉 주요 곡물의 국가별 생산량 비율

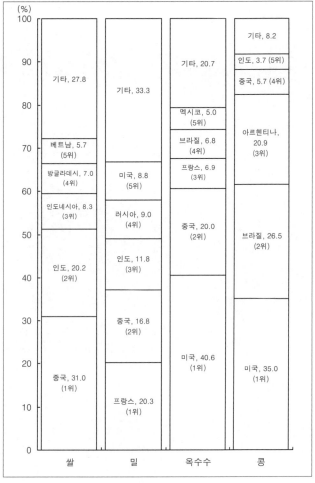

※ 기타는 상위 5개국 이외의 국가 집합임.

〈보고서〉

○ 쌀 생산량 상위 5개국은 모두 아시아 국가이며, 쌀 수출량 상위 3개국도 모두 아시아 국가이다.
○ 밀 생산량 상위 5개국의 밀 평균 가격은 해당 국가들의 쌀 평균 가격보다 낮다.
○ 미국의 옥수수 생산량은 세계 생산량의 40.6%이며, 바이오연료용 옥수수 수요량은 지속적으로 증가하고 있다.
○ 주요 곡물 중 생산량 상위 5개국 비중의 합이 가장 큰 것은 콩이다.

〈보 기〉

ㄱ. 아시아 국가별 주요 곡물 수요량
ㄴ. 주요 곡물의 국가별 수출량
ㄷ. 국가별 주요 곡물의 가격
ㄹ. 국가별 바이오연료용 곡물의 수요량 추이

① ㄱ, ㄴ   ② ㄴ, ㄷ
③ ㄷ, ㄹ   ④ ㄴ, ㄷ, ㄹ
⑤ ㄱ, ㄴ, ㄷ, ㄹ

📑 문제풀이

27 보고서 검토·확인형   난이도 ★★☆☆☆

〈보고서〉를 보면 첫 번째의 후반부에 수출량이 새로이 등장한다. 따라서 [ㄴ. 주요 곡물의 국가별 수출량]이 추가되어야 한다. 두 번째에서는 밀의 평균가격이 나오므로 [ㄷ. 국가별 주요 곡물의 가격]이 추가되어야 한다. 세 번째에서 바이오연료용 옥수수 수요량이 등장하므로 [ㄹ. 국가별 바이오연료용 곡물의 수요량 추이]가 추가되어야 한다. 네 번째 상위 5개국 비중의 합은 그림 자체에서 도출 가능하다.

[정답] ④

28

다음 〈표〉와 〈그림〉은 '갑'국 스마트폰 단말기의 시장점유율과 스마트폰 사용자의 단말기 교체 현황을 나타낸 자료이다. 이에 대한 설명으로 옳지 않은 것은?

〈표〉 2011년 1월 스마트폰 단말기의 시장점유율

(단위: %)

스마트폰 단말기	A	B	C
시장점유율	51	30	19

※ 1) 특정 스마트폰 단말기 시장점유율(%)= $\dfrac{\text{특정 스마트폰 단말기 사용자 수}}{\text{전체 스마트폰 단말기 사용자 수}} \times 100$

2) 스마트폰 단말기는 A, B, C만 있음.

〈그림〉 2011년 1~7월 동안 스마트폰 사용자의 단말기 교체 현황

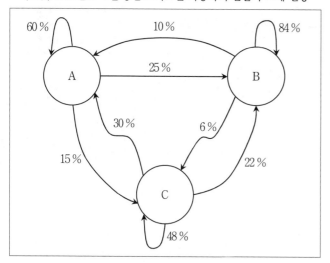

※ 1) $\overset{X\%}{\underset{가}{\frown}}$: '가' 사용자 중 X%가 '가'를 그대로 사용하는 것을 나타냄.

2) 가 $\xrightarrow{X\%}$ 나 : '가' 사용자 중 X%가 '나'로 교체하는 것을 나타냄.

3) 2011년 1~7월 동안 스마트폰 단말기 신규 사용자나 사용 중지자는 없음.

4) 모든 사용자는 동시에 두 개 이상의 스마트폰 단말기를 사용할 수 없으며 최대 1회만 교체 가능함.

① 2011년 1월 '갑'국 스마트폰 단말기 사용자가 150만 명이라면 2011년 1월 C스마트폰 단말기 사용자는 30만 명 이하이다.

② 2011년 7월 B스마트폰 단말기 사용자는 2011년 1월보다 증가하였다.

③ 2011년 1~7월 동안 C스마트폰 단말기에서 A로 교체한 사용자 수보다 A스마트폰 단말기에서 C로 교체한 사용자 수가 많았다.

④ 2011년 1월 '갑'국 스마트폰 단말기 사용자가 150만 명이라면 2011년 1~7월 동안 B스마트폰 단말기에서 A로 교체한 사용자는 4만 5천 명이다.

⑤ 2011년 1~7월 동안 스마트폰 단말기 전체 사용자의 40% 이상이 다른 스마트폰 단말기로 교체하였다.

📝 문제풀이

28 각주 판단형　　　　　　　　　　난이도 ★★★★☆

① (O) 시장의 실제 사용자가 150만 명이라면 C의 시장점유율이 19%이므로 30만 명 이하가 된다.

② (O) 1월에 B의 점유율 30%에서 7월에도 B를 사용하는 비율이 84%이므로 대략 25%가 조금 넘는다. 거기에다 A에서 B로 넘어온 비율 51%× 25%와 C에서 B로 넘어온 비율 19%× 22%를 더하면 7월의 B 점유율은 30%를 넘는다.

③ (O) C에서 A로 넘어온 비율 19%× 30%와 A에서 C로 넘어간 비율 51%× 15%를 비교하면 후자가 더 많다.

④ (O) 1~7월 동안 B스마트폰 단말기에서 A로 교체한 사용자는 150만 명× 30%×10%=4만 5천 명이다.

⑤ (X) 다른 스마트폰 단말기로 교체한 사용자 비중은 A가 51%×40%, B가 30%×16%, C가 19%×52%로 각각 더하면 40% 미만이다.

⏱ 빠른 문제 풀이 Tip

⑤ 2011년 1~7월 동안 스마트폰 단말기 전체 사용자의 60% 이하가 동일한 스마트폰 단말기로 유지하였다.

[정답] ⑤

29

다음 〈표〉는 일제강점기 1934~1937년의 지역별 산업용재 생산량 추이를 나타낸 것이다. 이에 대한 〈보기〉의 설명 중 옳지 않은 것을 모두 고르면?

〈표〉 일제강점기의 지역별 산업용재 생산량 추이

(단위: 톤, %)

지방	도	1934	1935	1936	1937
남부	충북	13,995	22,203	18,212	33,902
	충남	86,652	72,710	36,751	38,334
	전북	76,293	91,780	79,143	67,732
	전남	86,571	113,406	147,874	206,631
	경북	87,708	115,219	107,791	97,714
	경남	93,412	130,518	123,008	94,154
	소계 (비중)	444,631 (14.6)	545,836 (16.0)	512,779 (12.0)	538,467 (12.9)
중부	경기	54,151	45,418	43,352	49,657
	강원	183,119	239,854	255,173	281,244
	황해	91,312	79,774	81,851	120,973
	소계 (비중)	328,582 (10.8)	365,046 (10.7)	380,376 (8.9)	451,874 (10.8)
북부	평남	126,249	140,336	127,819	153,281
	평북	914,750	927,381	1,039,252	1,024,969
	함남	807,425	752,338	1,206,096	975,422
	함북	428,403	687,582	1,013,869	1,030,237
	소계 (비중)	2,276,827 (74.6)	2,507,637 (73.4)	3,387,036 (79.1)	3,183,909 (76.3)
합계 (비중)		3,050,040 (100.0)	3,418,519 (100.0)	4,280,191 (100.0)	4,174,250 (100.0)

─────〈보 기〉─────

ㄱ. 1937년 도별 산업용재 생산량은 충남을 제외하고 모두 1934년보다 크다.

ㄴ. 전체 산업용재 생산량 대비 북부지방 생산량 비중은 1934년 74.6%에서 1937년 76.3%로 증가하였다.

ㄷ. 전체 산업용재 생산량 대비 남부지방 생산량 비중은 1934년 14.6%에서 1937년 12.9%로 감소하였고 남부지방의 생산량도 감소하였다.

ㄹ. 산업용재 생산량 비중이 높은 지방부터 나열하면 매년 북부, 남부, 중부 순이다.

ㅁ. 산업용재의 도별 생산량에서, 1934년에 비해 1937년 생산량이 가장 크게 증가한 도는 함북이다.

① ㄱ, ㄷ
② ㄱ, ㄹ
③ ㄴ, ㄹ
④ ㄱ, ㄷ, ㅁ
⑤ ㄴ, ㄷ, ㅁ

30

다음 〈표〉는 콩 교역 및 생산에 관한 통계자료이다. 이에 대한 〈보기〉의 설명 중 옳지 않은 것을 모두 고르면?

〈표 1〉 콩 수출량 및 수입량 상위 10개국

(단위: 만 톤)

수출국	수출량	수입국	수입량
미국	3,102	중국	1,819
브라질	1,989	네덜란드	544
아르헨티나	871	일본	517
파라과이	173	독일	452
네덜란드	156	멕시코	418
캐나다	87	스페인	310
중국	27	대만	169
인도	24	벨기에	152
우루과이	18	한국	151
볼리비아	12	이탈리아	144

〈표 2〉 콩 생산량 상위 10개국의 생산현황

순위	국가별	재배면적 (만 ha)	생산량 (만 톤)	단위재배면적당 생산량 (톤/ha)
1	미국	2,994	8,562.8	2.86
2	브라질	( )	4,916.6	2.29
3	아르헨티나	1,395	3,194.6	2.29
4	중국	1,058	( )	1.68
5	인도	755	702.2	0.93
6	파라과이	167	380.8	2.28
7	캐나다	120	290.4	2.42
8	볼리비아	65	154.1	2.37
9	인도네시아	55	71.0	1.29
10	이탈리아	15	50.3	3.35
	기타	390	512.3	1.31
	세계전체	9,161	20,612.3	( )

※ 단위재배면적당 생산량은 소수점 아래 셋째 자리에서 반올림한 값임.

─〈보 기〉─

ㄱ. 중국은 세계에서 콩 수입량이 가장 많은 국가로서, 콩 수입량이 생산량보다 많다.

ㄴ. 브라질의 콩 재배면적은 아르헨티나와 중국의 콩 재배면적을 합친 것보다 넓다.

ㄷ. 미국, 브라질, 아르헨티나 3개국의 콩 생산량 합은 세계 전체 콩 생산량의 80% 이상이다.

ㄹ. 콩 생산량 상위 10개국 중 단위재배면적당 콩 생산량이 세계전체의 단위재배면적당 콩 생산량보다 적은 국가의 수는 4개이다.

① ㄱ, ㄴ   ② ㄱ, ㄷ   ③ ㄴ, ㄷ
④ ㄴ, ㄹ   ⑤ ㄷ, ㄹ

📝 문제풀이

30 빈칸형   난이도 ★★★★☆

ㄱ. (O) 중국은 세계에서 콩 수입량이 1,819만 톤으로 가장 많고 콩 생산량은 1.68×1,058≒1,777.4만 톤이므로 콩 수입량이 생산량보다 많다.

ㄴ. (X) 아르헨티나와 중국의 재배면적 합이 2,453만 ha이고 브라질의 재배면적은 4,916.6/2.29≒2,147만 ha이므로 브라질이 더 좁다.

ㄷ. (O) 미국, 브라질, 아르헨티나 3개국의 콩 생산량 합은 16,674만 톤으로 세계 전체 콩 생산량 20,612.3만 톤의 80.9%이므로 80% 이상이다.

ㄹ. (X) 세계전체의 '단위지배면적당 생산량'은 $\frac{20,612.3}{9,161}$≒2.25만 톤/ha이므로, 이보다 적은 국가는 중국, 인도, 인도네시아로 총 3개이다.

⏱ 빠른 문제 풀이 Tip

• 〈표 1〉과 〈표 2〉의 수출량, 수입량, 생산량의 단위가 '만 톤'으로 동일하다.
• ㄹ에서 국가의 수 산정 시 기타는 제외한다.

[정답] ④

31

다음 〈표〉는 블로그 이용자와 트위터 이용자를 대상으로 설문조사한 결과이다. 이를 정리한 〈보기〉의 그림 중 옳은 것을 모두 고르면?

〈표〉 블로그 이용자와 트위터 이용자 대상 설문조사 결과

(단위: %)

구 분		블로그 이용자	트위터 이용자
성	남자	53.4	53.2
	여자	46.6	46.8
연령	15~19세	11.6	13.1
	20~29세	23.3	47.9
	30~39세	27.4	29.5
	40~49세	25.0	8.4
	50~59세	12.7	1.1
교육수준	중졸 이하	2.0	1.6
	고졸	23.4	14.7
	대졸	66.1	74.4
	대학원 이상	8.5	9.3
소득수준	상	5.5	3.6
	중	74.2	75.0
	하	20.3	21.4

※ 15세 이상 60세 미만의 1,000명의 블로그 이용자와 2,000명의 트위터 이용자를 대상으로 하여 동일시점에 각각 독립적으로 조사하였으며 무응답과 응답자의 중복은 없음.

─── 〈보 기〉 ───

ㄱ. 트위터와 블로그의 성별 이용자 수

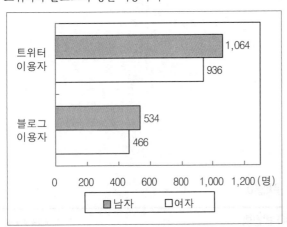

ㄴ. 교육수준별 트위터 이용자 수 대비 블로그 이용자 수

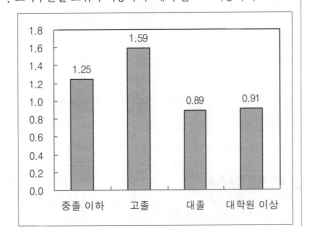

ㄷ. 블로그 이용자와 트위터 이용자의 소득수준별 구성비

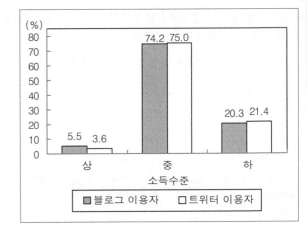

ㄹ. 연령별 블로그 이용자와 트위터 이용자의 구성비

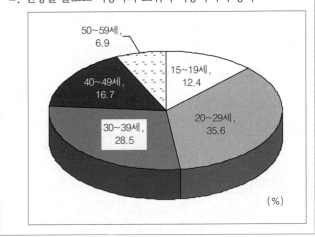

① ㄱ, ㄴ
② ㄱ, ㄷ
③ ㄴ, ㄷ
④ ㄴ, ㄹ
⑤ ㄷ, ㄹ

📝 문제풀이

31 표-차트 변환형　　　　　　　난이도★★★★☆

ㄴ. (X) 그래프는 $\dfrac{\text{블로그 이용자의 비율}}{\text{트위터 이용자의 비율}}$ 를 나타낸 것이다.

ㄹ. (X) 이 그래프에서는 블로그 이용자와 트위터 이용자의 비율을 단순히 산술평균한 수치를 보여주고 있다. 실제로는 블로그 이용자 : 트위터 이용자 =1 : 2를 고려하여 비율을 도출하여야 한다.

⏱ **빠른 문제 풀이 Tip**

블로그 이용자 : 트위터 이용자=1 : 2의 비라는 점을 이용한다.

[정답] ②

32

다음 〈표〉는 A회사 보안요원 5명의 개인암호 및 암호 입력횟수이다. 5개 알파벳 문자(a, c, e, f, s) 중, 보안요원이 암호를 입력할 때 두 번째로 많이 입력한 알파벳 문자는?

〈표〉 A회사 보안요원 5명의 개인암호 및 암호 입력횟수

보안요원	개인암호	암호 입력횟수
김○태	character_1	83
전○훈	design#2	363
박○영	form%3	503
윤○희	function@4	430
성○진	history#5	165

※ 각 보안요원은 자신의 개인암호만을 입력하고, 입력 시 오류는 없음.

① a
② c
③ e
④ f
⑤ s

📝 문제풀이

32 각주 판단형　　　　난이도★★★☆☆

알파벳 입력횟수를 구하면 다음과 같다.

① a 83×2=166

② c 83×2+430=596

③ e 83+363=446

④ f 503+430=933

⑤ s 363+165=528

⏱ 빠른 문제 풀이 **Tip**

83 → 1, 363 → 4, 503 → 6, 430 → 5, 165 → 2로 바꿔 판단하면 계산 시간을 줄일 수 있다.

[정답] ②

33

다음 〈그림〉과 〈표〉는 2010년과 2011년 8개 기업 간의 직접거래관계와 직접거래액을 표시한 것이다. 이에 대한 〈보기〉의 설명 중 옳은 것을 모두 고르면?

〈그림 1〉 2010년 직접거래관계

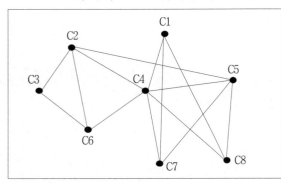

〈그림 2〉 2011년 직접거래관계

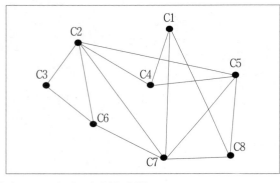

※ 1) 점 C1, C2, …, C8은 8개 기업을 의미함.
   2) 두 점 사이의 직선은 두 기업이 직접거래관계에 있음을 나타냄.

〈표 1〉 2010년 직접거래액

(단위: 억 원)

구분	C1	C2	C3	C4	C5	C6	C7	C8	합
C1		0	0	10	0	0	6	4	20
C2	0		6	5	6	5	0	0	22
C3	0	6		0	0	4	0	0	10
C4	10	5	0		3	5	7	2	32
C5	0	6	0	3		0	5	6	20
C6	0	5	4	5	0		0	0	14
C7	6	0	0	7	5	0		0	18
C8	4	0	0	2	6	0	0		12

〈표 2〉 2011년 직접거래액

(단위: 억 원)

구분	C1	C2	C3	C4	C5	C6	C7	C8	합
C1		0	0	10	0	0	7	3	20
C2	0		6	7	7	6	2	0	28
C3	0	6		0	0	4	0	0	10
C4	10	7	0		3	0	0	0	20
C5	0	7	0	3		0	5	10	25
C6	0	6	4	0	0		4	0	14
C7	7	2	0	0	5	4		3	21
C8	3	0	0	0	10	0	3		16

〈보 기〉

ㄱ. 2010년에 비해 2011년 직접거래관계의 수가 가장 많이 증가한 기업은 C7이고, 가장 많이 감소한 기업은 C4이다.

ㄴ. 2010년에 비해 2011년 직접거래액의 합이 가장 많이 증가한 기업은 C2이고, 가장 많이 감소한 기업은 C4이다.

ㄷ. 2010년과 2011년 직접거래관계의 수가 동일한 기업은 총 4개이다.

ㄹ. 2010년에 비해 2011년 총 직접거래관계의 수와 총 직접거래액은 모두 증가하였다.

① ㄱ, ㄴ
② ㄱ, ㄷ
③ ㄴ, ㄷ
④ ㄱ, ㄴ, ㄹ
⑤ ㄴ, ㄷ, ㄹ

📝 문제풀이

33 각주 판단형   난이도 ★★★☆☆

ㄱ. (O) 〈그림〉을 비교하면 C7이 3개에서 5개로 가장 많이 증가하고, C4가 6개에서 3개로 가장 많이 감소하였다.

ㄴ. (O) 거래액은 C2가 6억 원 증가, C4가 12억 원 감소하였다.

ㄷ. (X) 직접거래관계수가 동일한 기업은 C1, C3, C5, C6, C8 총 5개이다.

ㄹ. (X) 직접거래관계수는 14회로 동일하고 직접거래액은 총 6억 원 증가했다.

⏱ 빠른 문제 풀이 Tip

• 〈그림〉에서 보면 2010년 대비 2011년은 C4를 중심으로 변화하고 있으므로 이를 중심으로 판단한다.
• 〈표〉에서 보면 두 개 모두 대각선을 기준으로 대칭인 짝표 구조이다.
• ㄹ은 0이 아닌 숫자의 개수를 비교한다.

[정답] ①

34

다음 〈표〉는 2008~2010년 동안 A지역의 용도별 물 사용량 현황을 나타낸 것이다. 이에 대한 〈보기〉의 설명 중 옳지 않은 것을 모두 고르면?

〈표〉 A지역의 용도별 물 사용량 현황

(단위: ㎥, %, 명)

연도 구분 / 용도	2008 사용량	2008 비율	2009 사용량	2009 비율	2010 사용량	2010 비율
생활용수	136,762	56.2	162,790	56.2	182,490	56.1
가정용수	65,100	26.8	72,400	25.0	84,400	26.0
영업용수	11,000	4.5	19,930	6.9	23,100	7.1
업무용수	39,662	16.3	45,220	15.6	47,250	14.5
욕탕용수	21,000	8.6	25,240	8.7	27,740	8.5
농업용수	45,000	18.5	49,050	16.9	52,230	16.1
공업용수	61,500	25.3	77,900	26.9	90,300	27.8
총 사용량	243,262	100.0	289,740	100.0	325,020	100.0
사용인구	379,300		430,400		531,250	

※ 1명당 생활용수 사용량(㎥/명)= $\dfrac{\text{생활용수 총 사용량}}{\text{사용인구}}$

─── 〈보 기〉 ───

ㄱ. 총 사용량은 2009년과 2010년 모두 전년대비 15% 이상 증가하였다.

ㄴ. 1명당 생활용수 사용량은 매년 증가하였다.

ㄷ. 농업용수 사용량은 매년 증가하였다.

ㄹ. 가정용수와 영업용수 사용량의 합은 업무용수와 욕탕용수 사용량의 합보다 매년 크다.

① ㄱ, ㄴ
② ㄴ, ㄷ
③ ㄴ, ㄹ
④ ㄱ, ㄴ, ㄹ
⑤ ㄱ, ㄷ, ㄹ

📝 문제풀이

34 분수 비교형
난이도★★☆☆☆

ㄱ. (X) 2010년에는 2009년에 비해 총 사용량이 약 35,280㎥ 증가하였지만 이는 289,740㎥의 12.2%이므로 15% 이하이다.

ㄴ. (X) 1명당 생활용수 사용량을 유효숫자로 나타내면 2009년 163/430≒37.8%에서 2010년 183/351≒34.4%로 감소하였다.

ㄷ. (O) 농업용수 사용량이 매년 증가하였다는 것을 쉽게 판단할 수 있다.

ㄹ. (O) 비율의 합으로 비교할 수 있다. 즉 가정용수와 영업용수 사용량 비율의 합은 매년 30% 이상이고 업무용수와 욕탕용수 사용량 비율의 합은 매년 30% 미만이므로 전자가 후자보다 매년 크다.

[정답] ①

35

다음 〈보고서〉는 2010년 기초노령연금 수급 현황에 관한 조사결과이다. 〈보고서〉의 내용과 부합하지 않는 자료는?

〈보고서〉

보건복지부의 자료에 의하면 2010년 12월 말 현재 65세 이상 노인 중 약 373만 명에게 기초노령연금이 지급된 것으로 나타났다.

시도별 기초노령연금 수급률은 전남이 85.5%로 가장 높았고 그 다음이 경북(80.4%), 전북(79.3%), 경남(77.8%) 순이며, 서울(51.3%)이 가장 낮았다. 시군구별 기초노령연금 수급률은 전남 완도군이 94.1%로 가장 높았고 서울 서초구는 26.5%로 가장 낮았다. 특히 농어촌의 57개 지역과 대도시의 14개 지역은 기초노령연금 수급률이 80%를 넘었다.

여성(65.1%)이 남성(34.9%)보다 기초노령연금 혜택을 더 많이 받는 것으로 나타났는데, 이는 여성의 평균수명이 남성보다 더 길기 때문인 것으로 보인다. 기초노령연금을 받는 노인 중 70대가 수급자의 49.7%를 차지해 가장 비중이 높았다. 연령대별 수급자 비율을 큰 것부터 나열하면 80대, 90대, 70대 순이고, 80대의 경우 82.3%가 기초노령연금을 수령하였다.

① 2010년 시도별 기초노령연금 수급률

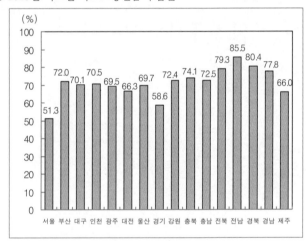

② 2010년 기초노령연금 수급자의 연령대별 구성비율

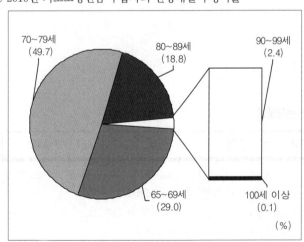

③ 2010년 시군구별 기초노령연금 수급률(상위 5개 및 하위 5개)

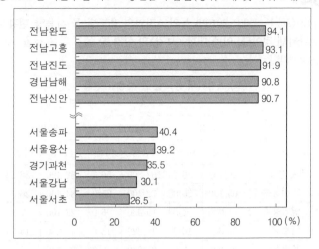

④ 2010년 연령대별 기초노령연금 수급자 비율

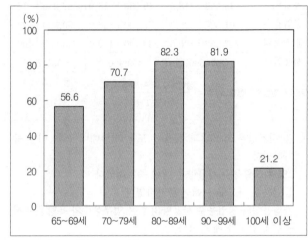

⑤ 2010년 기초노령연금 수급률별·도시규모별 지역 수

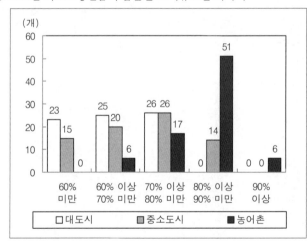

📝 문제풀이

35 분수 비교형
난이도★★☆☆☆

〈보고서〉의 2번째 문단에서 '대도시의 14개 지역'이라고 표현되어 있는데 ⑤의 그래프는 중소도시를 14개 지역으로 표시하였다.

[정답] ⑤

36

다음 〈표〉는 갑 자동차 회사의 TV 광고모델 후보 5명에 대한 자료이다. 〈조건〉을 적용하여 광고모델을 선정할 때, 총 광고효과가 가장 큰 모델은?

〈표〉 광고모델별 1년 계약금 및 광고 1회당 광고효과

(단위: 만 원)

광고모델	1년 계약금	1회당 광고효과	
		수익 증대 효과	브랜드 가치 증대 효과
지후	1,000	100	100
문희	600	60	100
석이	700	60	110
서현	800	50	140
슬이	1,200	110	110

〈조 건〉

○ 광고효과는 수익 증대 효과와 브랜드 가치 증대 효과로만 구성된다.

총 광고효과＝1회당 광고효과×1년 광고횟수

1회당 광고효과＝1회당 수익 증대 효과
　　　　　　　＋1회당 브랜드 가치 증대 효과

○ 1회당 광고비는 20만 원으로 고정되어 있다.

$$1년 광고횟수＝\frac{1년 광고비}{1회당 광고비}$$

○ 1년 광고비는 3,000만 원(고정값)에서 1년 계약금을 뺀 금액이다.

1년 광고비＝3,000만 원－1년 계약금

※ 광고는 TV를 통해서만 1년 내에 모두 방송됨.

① 지후
② 문희
③ 석이
④ 서현
⑤ 슬이

📝 문제풀이

36 조건 판단형
난이도 ★★★☆☆

광고모델별 광고효과를 계산하면 다음과 같다.

① 지후 100×200＝20,000만 원

② 문희 120×160＝19,200만 원

③ 석이 115×170＝19,550만 원

④ 서현 110×190＝20,900만 원

⑤ 슬이 90×220＝19,800만 원

⏱ 빠른 문제 풀이 Tip
• 총 광고효과 식에서 공통인 '1회당 광고비'를 제외하고 판단한다.
• 1회당 광고효과×(3,000만 원－1년 계약금)의 곱셈 비교로 판단할 수 있다.

[정답] ④

37

다음 〈표〉는 일제강점기의 1910년대 전국 및 경인지역의 무역 현황에 대한 자료이다. 이에 대한 〈보기〉의 설명 중 옳은 것을 모두 고르면?

〈표 1〉 1910년대 전국의 무역 현황

(단위: 천 원)

년	수출	이출	수출 및 이출	수입	이입	수입 및 이입
1910	4,535	15,379	19,914	14,438	25,345	39,783
1911	5,516	13,341	18,857	20,029	34,058	54,087
1912	5,617	15,369	20,986	26,359	40,756	67,115
1913	5,922	25,314	31,236	31,618	40,429	72,047
1914	6,448	28,587	35,035	24,648	39,047	63,695
1915	9,320	40,901	50,221	18,159	41,535	59,694
1916	14,855	42,964	57,819	22,675	52,459	75,134
1917	20,233	64,726	84,959	31,396	72,696	104,092
1918	18,698	137,205	155,903	43,152	117,273	160,425
1919	22,099	199,849	221,948	98,159	184,918	283,077

〈표 2〉 1910년대 경인지역의 무역 현황

(단위: 천 원)

년	수출 및 이출		수입 및 이입		년	수출 및 이출		수입 및 이입	
	서울	인천	서울	인천		서울	인천	서울	인천
1910	201	4,055	6,338	12,667	1915	1,040	8,131	11,445	12,833
1911	182	3,908	8,515	16,526	1916	2,235	7,139	14,763	17,394
1912	170	3,788	11,640	18,489	1917	2,244	9,869	19,065	21,294
1913	336	5,818	11,050	17,589	1918	4,382	15,655	29,271	29,083
1914	631	5,256	11,137	14,217	1919	4,880	26,375	51,834	64,613

※ 1) 이출(입): 일본에 대한 수출(입)
2) 수출(입): 일본 이외 국가에 대한 수출(입)
3) 무역규모=(수출 및 이출)+(수입 및 이입)

─────〈보 기〉─────

ㄱ. 1910년대에 전국의 무역규모는 매년 증가했다.
ㄴ. 1919년에 전국의 수출 및 이출에서 이출이 차지하는 비중은 1910년보다 크다.
ㄷ. 1919년에 경인지역 수출 및 이출에서 서울이 차지하는 비중은 1910년보다 크다.
ㄹ. 1915년 경인지역을 제외한 전국의 수입 및 이입은 경인지역 수입 및 이입의 2배 이상이다.

① ㄱ
② ㄴ, ㄷ
③ ㄷ, ㄹ
④ ㄱ, ㄴ, ㄷ
⑤ ㄴ, ㄷ, ㄹ

📝 문제풀이

37 분수 비교형

난이도★★★☆☆

ㄱ. (X) 무역규모는 1913년 103,283천 원에서 1914년 98,730천 원으로 감소한다.

ㄴ. (O) 전국의 수출 및 이출에서 이출이 차지하는 비중은 1910년 15,379/19,914 ≒77.2%에서 1919년 199,849/221,948≒90.0%로 증가하였다. 전체비라고 할 수 있는 전국의 수출 및 이출에서 이출이 차지하는 비중의 크기 비교는 상대비인 수출 대비 이출의 비중 크기 비교로 판단 가능하다. 따라서 1910년은 이출이 수출의 4배 미만, 1919년은 이출이 수출의 9배 이상이므로 1910년에 비해 1919년이 더 크다고 좀 더 쉽게 판단할 수 있다.

ㄷ. (O) 경인지역 수출 및 이출에서 서울이 차지하는 비중은 1910년 4.7%보다 1919년 15.6%가 더 크다. 상대비인 서울/인천의 비율로 판단할 수도 있다. 1910년은 인천이 서울의 약 20배이고 1919년은 인천이 서울의 약 5~6배이므로 1910년보다 1919년이 더 크다.

ㄹ. (X) 1915년 경인지역을 제외한 전국의 수입 및 이입은 59,694−24,278=35,416천 원으로 경인지역 수입 및 이입 24,278의 2배인 48,556천 원 이상이 되지 못한다. 경인지역을 제외한 전국의 수입 및 이입은 경인지역 수입 및 이입의 2배 이상이려면 전국의 수입 및 이입이 경인지역 수입 및 이입의 3배 이상이 되어야 한다. 1915년 서울과 인천의 수입 및 이입은 약 24,000천 원이므로 전국의 수입 및 이입이 72,000천 원보다 커야 한다.

[정답] ②

38

다음 〈그림〉은 OECD 국가의 대학졸업자 취업에 관한 자료이다. A~L 국가 중 '전체 대학졸업자' 대비 '대학졸업자 중 취업자' 비율이 OECD 평균보다 높은 국가만으로 바르게 짝지어진 것은?

〈그림〉 OECD 국가의 대학졸업자 취업률 및 경제활동인구 비중

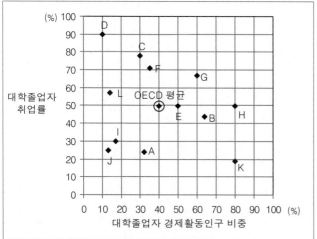

※ 1) 대학졸업자 취업률(%) = $\dfrac{\text{대학졸업자 중 취업자}}{\text{대학졸업자 중 경제활동인구}} \times 100$

2) 대학졸업자의 경제활동인구 비중(%) = $\dfrac{\text{대학졸업자 중 경제활동인구}}{\text{전체 대학졸업자}} \times 100$

① A, D
② B, C
③ D, H
④ G, K
⑤ H, L

📝 문제풀이

38 각주 판단형   난이도 ★★★★☆

$\dfrac{\text{대학졸업자 중 취업자}}{\text{전체 대학졸업자}}$ = 각주 1)×각주 2)이므로 OECD 평균인 20% 이상인 국가는 B, C, E, F, G, H 이다.

[정답] ②

39

다음 〈표〉와 〈조건〉은 주식매매 수수료율과 증권거래세율에 대한 자료이다. 이에 대한 〈보기〉의 설명 중 옳은 것을 모두 고르면?

〈표 1〉 주식매매 수수료율과 증권거래세율

(단위: %)

구분＼연도	2001	2003	2005	2008	2011
주식매매 수수료율	0.1949	0.1805	0.1655	0.1206	0.0993
유관기관 수수료율	0.0109	0.0109	0.0093	0.0075	0.0054
증권사 수수료율	0.1840	0.1696	0.1562	0.1131	0.0939
증권거래세율	0.3	0.3	0.3	0.3	0.3

〈표 2〉 유관기관별 주식매매 수수료율

(단위: %)

유관기관＼연도	2001	2003	2005	2008	2011
한국거래소	0.0065	0.0065	0.0058	0.0045	0.0032
예탁결제원	0.0032	0.0032	0.0024	0.0022	0.0014
금융투자협회	0.0012	0.0012	0.0011	0.0008	0.0008
합계	0.0109	0.0109	0.0093	0.0075	0.0054

〈조 건〉
○ 주식매매 수수료는 주식 매도 시 매도자에게, 매수 시 매수자에게 부과됨.
○ 증권거래세는 주식 매도 시에만 매도자에게 부과됨.

※ 1) 주식거래 비용＝주식매매 수수료＋증권거래세
   2) 주식매매 수수료＝주식매매 대금×주식매매 수수료율
   3) 증권거래세＝주식매매 대금×증권거래세율

〈보 기〉
ㄱ. 2001년에 '갑'이 주식을 매수한 뒤 같은 해에 동일한 가격으로 전량 매도했을 경우, 매수 시 주식거래 비용과 매도 시 주식거래 비용의 합에서 증권사 수수료가 차지하는 비중은 50%를 넘지 않는다.
ㄴ. 2005년에 '갑'이 1,000만 원 어치의 주식을 매수할 때 '갑'에게 부과되는 주식매매 수수료는 16,550원이다.
ㄷ. 모든 유관기관은 2011년 수수료율을 2008년보다 10% 이상 인하하였다.
ㄹ. 2011년에 '갑'이 주식을 매도할 때 '갑'에게 부과되는 주식거래 비용에서 유관기관 수수료가 차지하는 비중은 2% 이하이다.

① ㄱ, ㄴ
② ㄱ, ㄷ
③ ㄴ, ㄷ
④ ㄴ, ㄹ
⑤ ㄷ, ㄹ

📝 **문제풀이**

39 각주 판단형   난이도★★★★☆

ㄱ. (X) 매도 시에는 '주식거래 비용'이 들고, 매수 시에는 '주식매매 수수료'만 든다는 점을 감안하면 갑이 동일한 양을 매수한 다음 전량 매도하는 경우 총 비용＝2×주식매매수수료＋증권거래세이다. 증권사 수수료 역시 주식매매 수수료의 일종이므로 주식거래 비용의 합에서 증권사 수수료가 차지하는 비중은 $(0.1840 \times 2)/(0.3 + 0.1949 \times 2) \approx \frac{0.37}{0.69} \geq 50\%$이다.

ㄴ. (O) 2005년의 주식매매 수수료율이 0.1655%이므로 1,000만 원 주식을 매수하면 수수료는 16,550원이다.

ㄷ. (X) 금융투자협회는 2008년과 2011년이 동일하다.

ㄹ. (O) 2011년에 '갑'이 주식을 매도할 때 '갑'에게 부과되는 주식거래 비용에서 유관기관 수수료가 차지하는 비중은 $\frac{0.0054}{0.3 + 0.0993} = 54/3,993 \leqq 2\%$이다.

⏱ **빠른 문제 풀이 Tip**
〈조건〉을 매도 시와 매수 시로 바꿔 정리한 다음 접근한다.

[정답] ④

40

다음 〈표〉는 ○○지역의 해수욕장 수질기준 및 해수욕장별 수질 조사 결과이다. 〈조건〉을 이용하여 〈표 3〉의 A~D에 해당하는 해수욕장을 바르게 나열한 것은?

〈표 1〉 해수욕장 수질기준

(단위: 점)

총 점	4~8	9~12	13~16
수질기준	적합	관리요망	부적합

※ 1) 수질기준 총점은 조사항목별 점수의 합을 의미함.
  2) 대장균군수가 1,000MPN/100ml 이상인 경우 수질기준 총점과 관계없이 '부적합'으로 봄.

〈표 2〉 해수욕장 수질 조사항목별 점수

(단위: mg/l)

| 점 수 | 조사항목 | | | |
	부유 물질량	화학적 산소요구량	암모니아 질소	총인
1	10 이하	1 이하	0.15 이하	0.03 이하
2	10 초과 20 이하	1 초과 2 이하	0.15 초과 0.3 이하	0.03 초과 0.05 이하
3	20 초과 30 이하	2 초과 4 이하	0.3 초과 0.5 이하	0.05 초과 0.09 이하
4	30 초과	4 초과	0.5 초과	0.09 초과

〈표 3〉 해수욕장별 수질 조사 결과

해수욕장	부유 물질량 (mg/l)	화학적 산소 요구량 (mg/l)	암모니아 질소 (mg/l)	총인 (mg/l)	대장균 군수 (MPN /100ml)
A	27.4	3.7	0.144	0.084	1,432
B	9.2	1.4	0.021	0.021	33
박재	32.3	4.3	0.038	0.097	884
C	31.0	1.7	0.187	0.037	16
D	2.9	0.9	0.019	0.016	2

──────〈조 건〉──────

○ 수질기준이 '적합'인 해수욕장은 '서지'와 '호민'이다.

○ 부유물질량의 항목점수가 총인의 항목점수보다 큰 해수욕장은 '남현'이다.

○ 수질기준이 '부적합'인 해수욕장은 '박재'와 '수련'이다.

○ '수련'해수욕장 수질기준 총점은 '서지'해수욕장 수질기준 총점의 두 배이다.

	A	B	C	D
①	수련	서지	호민	남현
②	수련	호민	남현	서지
③	남현	호민	수련	서지
④	서지	수련	남현	호민
⑤	수련	서지	남현	호민

📝 **문제풀이**

40 매칭형

난이도 ★★★★☆

• 세 번째 〈조건〉에서 박재와 수련이 부적합이라고 하였으므로 선택지 조합상 A에 수련이 포함된 선택지가 3개라는 점을 고려하여 A가 수련인지 확인한다. 각주 2)에서 대장균군수가 1,000MPN/100ml 이상인 경우 총점과 상관없이 부적합이므로 A는 수련이 된다. 이에 따라 선택지 ③, ⑤가 제거된다.

• 세 번째 〈조건〉에서 부유물질량의 항목점수가 총인의 항목점수보다 큰 해수 욕장은 '남현'이라고 하였으므로 부유물질량은 4점이고 총인은 2점인 C가 남현이 된다. 이에 따라 선택지 ①이 제거된다.

• 세 번째 〈조건〉에서 수질기준이 '적합'인 해수욕장은 '서지'와 '호민'이라고 하였으므로 총점을 도출하면 A는 10점, B는 5점으로 B는 서지가 된다.

🕐 **빠른 문제 풀이 Tip**

'박재'를 언급하는 세번째 〈조건〉부터 검토한다.

[정답] ⑤

2012년 기출문제

총평

- 순수 자료비교인 곱셈 비교와 분수 비교 자체를 묻는 문제가 16문제로 40%의 비중을 차지하고 있다. 따라서 기본적인 곱셈 비교와 분수 비교를 숙달해야 고득점이 가능하였다.

- 매칭형이 3문제, 빈칸형이 3문제, 각주 판단형이 9문제, 조건 판단형이 2문제로 자료판단에서 17문제가 출제되어 비교적 무난한 비중을 차지하고 있다.

- 보고서 검토·확인형 문제가 출제되지 않았으며 표-차트 변환형 2문제가 출제되어 상대적으로 까다롭게 출제되었다.

- 세트문제는 7-8번, 31-32번으로 출제되었고 곱셈 비교형, 그리고 표-차트 변환형과 곱셈 비교형으로 각각 세트문제 2문제당 5분 이상 소요되는 난도로 출제되었다.

- 전체적인 난도는 ★★★★ 정도로 출제되었으며 각주 판단형과 조건 판단형 문제에서 시간이 많이 소요되는 문제가 다수 출제되어 효율적인 시간 관리가 어려웠을 것으로 본다. 시간 내에 해결하지 못한 문제가 많아 80점 이상을 받기 힘든 난도라고 볼 수 있기 때문에 2분 내에 풀어야 할 문제와 패스해야 할 문제의 기준을 확실히 정해 시간을 효율적으로 관리하는 연습을 하여야 한다.

01

다음 〈표〉는 초등학교 한자교육 관련 조사 결과에 대한 자료이다. 이에 근거하여 정리한 것으로 옳지 않은 것은?

〈표 1〉 초등학교 한자교육 적정 한자 수에 대한 응답자 유형별 응답 분포

(단위: 명, %)

적정 한자 수 응답자 유형	300자 미만	300~ 450자 미만	450~ 600자 미만	600~ 750자 미만	750~ 900자 미만	900자 이상	무응답	합
교사	825 (30.5)	786 (29.1)	594 (22.0)	169 (6.3)	146 (5.4)	75 (2.8)	106 (3.9)	2,701 (100.0)
학부모	298 (11.8)	542 (21.5)	491 (19.5)	229 (9.1)	367 (14.6)	523 (20.7)	71 (2.8)	2,521 (100.0)
계	1,123 (21.5)	1,328 (25.4)	1,085 (20.8)	398 (7.6)	513 (9.8)	598 (11.5)	177 (3.4)	5,222 (100.0)

〈표 2〉 초등학교 한자교육 적정 담당주체에 대한 응답자 유형별 응답 분포

(단위: 명, %)

담당 주체 응답자 유형	담임 교사	교과 전담 교사	방과후 학교 교사	보조 교사	기타	무응답	합
교사	1,568 (58.1)	414 (15.3)	348 (12.9)	180 (6.7)	58 (2.1)	133 (4.9)	2,701 (100.0)
학부모	468 (18.6)	1,604 (63.6)	230 (9.1)	96 (3.8)	40 (1.6)	83 (3.3)	2,521 (100.0)
계	2,036 (39.0)	2,018 (38.6)	578 (11.1)	276 (5.3)	98 (1.9)	216 (4.1)	5,222 (100.0)

〈표 3〉 초등학교 한자교육 적정 시간에 대한 응답자 유형별 응답 분포

(단위: 명, %)

응답자 유형 적정 시간	교사		학부모	
	수	비율	수	비율
주당 30분	1,146	42.4	189	7.5
주당 1시간	1,085	40.2	702	27.8
주당 2시간	299	11.1	1,489	59.1
주당 3시간	26	1.0	95	3.8
주당 4시간	9	0.3	15	0.6
무응답	136	5.0	31	1.2
계	2,701	100.0	2,521	100.0

① 적정 한자 수에 대한 응답자 유형별 응답 비율 분포

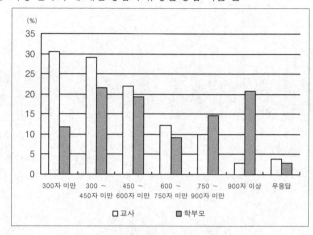

② 적정 한자 수 750~900자 미만 응답에 대한 응답자 구성비

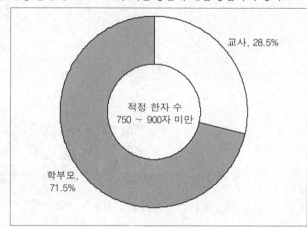

③ 적정 담당주체 응답에 대한 응답자 구성비

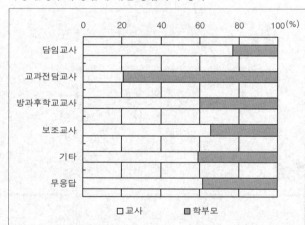

④ 적정 담당주체에 대한 교사 응답자의 응답 비율 분포

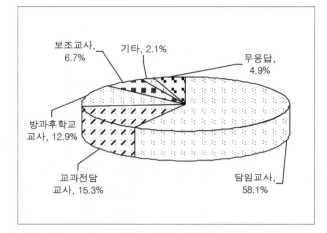

⑤ 적정 시간에 대한 응답자 유형별 응답 빈도 분포

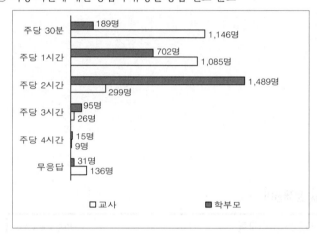

📝 문제풀이

01 표-차트 변환형   난이도★★★☆☆

① (X) 〈표 1〉의 적정 한자 수가 '600~750자 미만'의 경우 교사의 비율(6.3)보다 학부모의 비율(9.1)이 더 높다. 하지만 그래프에서는 학부모보다 교사의 비율이 더 높게 나타나 있다. '750~900자 미만'의 경우 역시 교사의 비율이 잘못 표시되어 있다.

② (O) 〈표 1〉에 제시된 비율을 그대로 묻는 것이 아니라 '750~900자 미만'으로 응답한 사람 513명 중 응답자 유형이 교사인 146명과 학부모 367명의 구성비를 묻는 것이다.

③ (O) 〈표 2〉의 각 담당주체 별 합계 중 응답자 유형이 교사인 경우와 학부모인 경우를 나누어 구성비를 산정한 후 비교하면 된다.

④ (O) 〈표 2〉에 제시된 비율 그대로 비교하면 된다.

⑤ (O) 〈표 3〉에 제시된 응답자 유형별 사람 수를 비교하면 된다.

⏱ 빠른 문제 풀이 Tip

〈표〉의 그래프 변환 문제는 〈표〉의 수치가 그대로 적용된 선택지를 먼저 판단한 후 가공된 자료가 적용된 선택지를 분석해야 한다.

[정답] ①

02

다음 〈그림〉은 1998~2007년 동안 어느 시의 폐기물 처리 유형별 처리량 추이에 대한 자료이다. 이에 대한 〈보기〉의 설명 중 옳은 것을 모두 고르면?

〈그림 1〉 생활폐기물 처리 유형별 처리량 추이

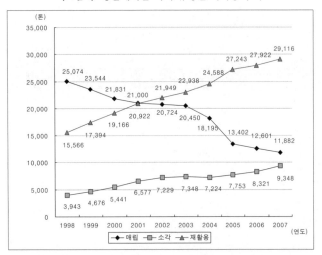

〈그림 2〉 사업장폐기물 처리 유형별 처리량 추이

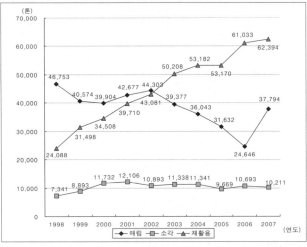

※ 1) 폐기물 처리 유형은 매립, 소각, 재활용으로만 구분됨.

2) 매립률(%) = $\dfrac{\text{매립량}}{\text{매립량+소각량+재활용량}}$ × 100

3) 재활용률(%) = $\dfrac{\text{재활용량}}{\text{매립량+소각량+재활용량}}$ × 100

─────────〈보 기〉─────────

ㄱ. 생활폐기물과 사업장폐기물 각각의 재활용량은 매년 증가하고 매립량은 매년 감소하고 있다.

ㄴ. 생활폐기물 전체 처리량은 매년 증가하고 있다.

ㄷ. 2006년 생활폐기물과 사업장폐기물 각각 매립률이 25% 이상이다.

ㄹ. 사업장폐기물의 재활용률은 1998년에 40% 미만이나 2007년에는 60% 이상이다.

ㅁ. 2007년 생활폐기물과 사업장폐기물의 전체 처리량은 각각 전년대비 증가하였다.

① ㄱ, ㄷ   ② ㄴ, ㄹ

③ ㄷ, ㅁ   ④ ㄱ, ㄴ, ㄹ

⑤ ㄷ, ㄹ, ㅁ

📝 문제풀이

02 분수 비교형	난이도 ★★★☆☆

ㄱ. (X) 생활폐기물과 사업장폐기물 각각의 재활용량은 매년 증가하고 있지만 사업장폐기물의 매립량은 1999, 2000, 2003~2006년에 감소하고 있다.

ㄴ. (X) 생활폐기물 전체 처리량은 매립량, 소각량, 재활용량의 합으로 구성되는데 2004년과 2005년을 비교해 보면 소각과 재활용량 합의 증가폭보다 매립의 감소폭이 더 크다. 따라서 2005년에는 2004년에 비해 생활폐기물 전체 처리량이 감소하고 있다.

ㄷ. (O) 2006년 생활폐기물의 매립률은 $\dfrac{12,601}{48,844}$ × 100 ≒ 25.8%이고, 사업장폐기물의 매립률은 $\dfrac{24,646}{96,372}$ × 100 ≒ 25.6%이다. 따라서 각각 매립률은 25% 이상이다.

ㄹ. (X) 사업장폐기물의 재활용률은 1998년 $\dfrac{24,088}{78,182}$ × 100 ≒ 30.8%이므로 40% 미만이지만, 2007년 $\dfrac{62,394}{110,399}$ × 100 ≒ 56.5%이므로 60% 이상이 되지 않는다.

ㅁ. (O) 2007년 생활폐기물과 사업장폐기물의 전체 처리량은 각 세부유형별로 증가폭의 합이 감소폭에 비해 크다. 따라서 각각 전년대비 증가하였다.

⏱ 빠른 문제 풀이 Tip

- 먼저 〈보기〉에서 그림에 제시된 유형별 처리량을 직접 묻는지, 아니면 각주의 식을 바탕으로 한 처리율을 묻는 것인지 판단한 후 처리량을 묻는 ㄱ, ㄴ, ㅁ을 먼저 검토한다.
- ㄷ에서 매립률이 25% 이상인지 묻고 있으므로 '소각량+재활용량'이 매립량의 3배 미만인지 검토한다.
- ㄹ에서 40% 미만은 '매립량+소각량'이 재활용량의 1.5배 이상인지 검토하고(재활용량이 '매립량+소각량'의 $\frac{2}{3}$ 미만인지 검토하는 것과 동일하다), 60% 이상은 재활용량이 '매립량+소각량'의 1.5배 이상인지 검토한다.

[정답] ③

03

다음 〈그림〉은 지난 3년 동안 A~Q기업 간에 발생한 소송관계를 나타낸 것이다. 이에 대한 설명 중 옳지 않은 것은?

〈그림〉 지난 3년 동안 A~Q기업 간의 소송관계도

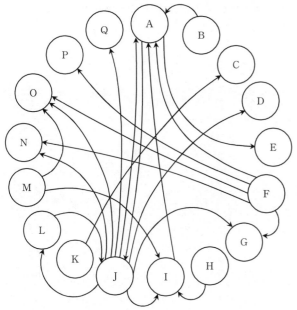

※ '→'는 기업 간의 소송관계를 나타냄. 예를 들어, B→A는 B기업이 원고가 되어 A기업을 피고로 한 번의 소송을 제기했음을 의미함.

① 소송을 제기하지 않은 기업의 수는 8개이다.

② 가장 많은 수의 기업으로부터 소송을 제기받은 기업은 A기업이다.

③ J기업은 가장 많은 8개의 소송을 제기했다.

④ 소송을 제기하기만 하고 소송을 제기받지 않은 기업의 수는 4개이다.

⑤ 서로가 소송을 제기한 경우는 A기업과 J기업, L기업과 J기업의 경우뿐이다.

📝 문제풀이

03 각주 판단형	난이도 ★★★☆☆

① (O) 소송을 제기하지 않은 기업의 수는 C, D, E, G, N, O, P, Q 총 8개이다.

② (O) 기업으로부터 제기받은 소송의 수는 A가 4개로 가장 많다.

③ (O) 〈그림〉에서 확인할 수 있다.

④ (X) 소송을 제기하기만 하고 제기받지는 않은 기업은 B, F, H, K, M으로 총 5개이다.

⑤ (O) 〈그림〉에서 확인할 수 있다.

⏱ 빠른 문제 풀이 Tip

화살표를 기준으로 주는 기업과 받는 기업을 명확히 구분해야 한다. 어렵진 않지만 집중력이 떨어지면 틀리기 쉬운 유형이다.

[정답] ④

04

다음 〈표〉는 A시와 B시의 민원접수 및 처리 현황에 대한 자료이다. 이에 대한 설명으로 옳은 것은?

〈표〉 A, B시의 민원접수 및 처리 현황

(단위: 건)

구분	민원접수	처리 상황		완료된 민원의 결과	
		미완료	완료	수용	기각
A시	19,699	( )	18,135	( )	3,773
B시	40,830	( )	32,049	23,637	( )

※ 1) 접수된 민원의 처리 상황은 '미완료'와 '완료'로만 구분되며, 완료된 민원의 결과는 '수용'과 '기각'으로만 구분됨.

2) 수용비율(%) = $\dfrac{\text{수용건수}}{\text{완료건수}} \times 100$

① A시는 B시에 비해 '민원접수' 건수가 적고, 시민 1인당 '민원접수' 건수도 B시에 비해 적다.

② '수용' 건수는 B시가 A시에 비해 많고, 수용비율도 B시가 A시에 비해 높다.

③ '미완료' 건수는 B시가 A시의 5배를 넘지 않는다.

④ B시의 '민원접수' 건수 대비 '수용' 건수의 비율은 50% 미만이다.

⑤ A시와 B시 각각의 '민원접수' 건수 대비 '미완료' 건수의 비율은 10%p 이상 차이가 난다.

---

04 빈칸형　　　　　　　　　　난이도 ★★★☆☆

① (X) A시는 B시에 비해 '민원접수' 건수는 적지만, 시민의 수를 알 수 없으므로 시민 1인당 '민원접수' 건수는 비교할 수 없다.

② (X) '수용' 건수는 B시(23,637건)가 A시(14,362건)에 비해 많지만, 수용비율은 B시(약 73.8%)가 A시(약 79.2%)에 비해 낮다.

③ (X) '미완료' 건수는 B시가 8,781건, A시가 1,564건이므로 5배를 넘는다.

④ (X) B시의 '민원접수' 건수 대비 '수용' 건수의 비율은 약 57.9%이다.

⑤ (O) '민원접수' 건수 대비 '미완료' 건수의 비율은 A시가 약 7.9%이고 B시는 약 21.5%이므로 10%p 이상 차이가 난다.

⏱ **빠른 문제 풀이 Tip**

먼저 알 수 없는 정보를 구별해서 해당 선택지를 제거해야 한다. 선택지 ③에서 A시의 미완료 건수가 약 1,500여 건이 됨을 알 수 있으므로 5배인 약 7,500을 B시의 완료 건수와 더해도 B시의 민원건수에 미치지 못함을 알 수 있다. 또한 선택지 ⑤에서도 A시의 비율이 10% 미만이고 B시의 비율이 20% 이상이므로 정확한 비율을 도출하지 않아도 양자 간의 차이가 10%p 이상임을 알 수 있다.

[정답] ⑤

05

다음 〈표〉는 6개 부서로 이루어진 어느 연구소의 부서별 항목별 예산과 인원 현황을 나타낸 자료이다. 이에 대한 설명 중 옳은 것은?

〈표 1〉 부서별 항목별 예산 내역

(단위: 만 원)

부서	항목	2010년 예산	2011년 예산
A	인건비	49,560	32,760
	기본경비	309,617	301,853
	사업비	23,014,430	41,936,330
	소계	23,373,607	42,270,943
B	인건비	7,720	7,600
	기본경비	34,930	33,692
	사업비	7,667,570	9,835,676
	소계	7,710,220	9,876,968
C	인건비	7,420	7,420
	기본경비	31,804	31,578
	사업비	2,850,390	3,684,267
	소계	2,889,614	3,723,265
D	인건비	7,420	7,600
	기본경비	24,050	25,672
	사업비	8,419,937	17,278,382
	소계	8,451,407	17,311,654
E	인건비	6,220	6,220
	기본경비	22,992	24,284
	사업비	2,042,687	4,214,300
	소계	2,071,899	4,244,804
F	인건비	4,237,532	3,869,526
	기본경비	865,957	866,791
	사업비	9,287,987	15,042,762
	소계	14,391,476	19,779,079
전체		58,888,223	97,206,713

〈표 2〉 2010년 부서별 직종별 인원

(단위: 명)

부서	정·현원		직종별 현원				
	정원	현원	일반직	별정직	개방형	계약직	기능직
A	49	47	35	3	1	4	4
B	32	34	25	0	1	6	2
C	18	18	14	0	0	2	2
D	31	29	23	0	0	0	6
E	15	16	14	0	0	1	1
F	75	72	38	1	0	8	25
계	220	216	149	4	2	21	40

※ 2010년 이후 부서별 직종별 인원 수의 변동은 없다.

① 모든 부서 중 정원이 가장 많은 부서와 가장 적은 부서의 2011년 예산을 합하면 2011년 전체 예산의 30% 이상이다.

② 2011년 부서별 인건비 예산 합은 2011년 전체 예산의 3% 미만이다.

③ 2010년 현원 1인당 기본경비 예산이 가장 적은 부서는 B이다.

④ 2011년 각 부서의 현원과 일반직을 비교할 때, 현원 대비 일반직 비중이 가장 큰 부서는 2011년 모든 부서 중 기본경비 예산이 가장 적다.

⑤ 2011년 사업비는 모든 부서에서 전년에 비해 증가하였으며, 그 중 A부서의 전년대비 사업비 증가율이 가장 높았다.

📝 문제풀이

05 분수 비교형
난이도★★★★☆

① (X) 모든 부서 중 정원이 가장 많은 부서와 가장 적은 부서는 각각 E와 F이고 이들의 2011년 예산을 합하면 24,023,883만 원이므로 2011년 전체 예산 97,206,713만 원의 30% 미만이다.

② (X) 2011년 부서별 인건비 예산 합은 3,931,126만 원이므로 2011년 전체 예산 97,206,713만 원의 3% 이상이다.

③ (X) 2010년 현원이 상대적으로 많지만 기본경비 예산이 적은 부서 위주로 비교하면 현원 1인당 기본경비 예산은 B가 $\frac{34,930}{34}$만 원, D가 $\frac{24,050}{29}$만 원이다. 따라서 D가 가장 적다.

④ (O) 2011년 모든 부서 중 기본경비 예산이 가장 적은 부서는 E(24,284만 원)이고, 현원 대비 일반직 비중이 가장 큰 부서 역시 E(87.5%)이다.

⑤ (X) 2011년 사업비는 모든 부서에서 전년에 비해 증가하였지만, 그 중 전년 대비 사업비 증가율이 가장 높은 부서는 2배 이상 증가한 D 또는 E가 된다.

⏱ 빠른 문제 풀이 Tip

④ 하나의 선택지에서 두 가지 이상을 묻고 있으므로 빨리 파악할 수 있는 것부터 검토한다. 즉, 현원 대비 일반직 비중보다는 기본경비 예산 비교가 더 쉽다.

[정답] ④

06

다음 〈표〉는 1885~1892년 동안 조선의 대청·대일 무역규모를 나타낸 자료이다. 이에 대한 설명 중 옳지 않은 것은?

〈표〉 조선의 대청·대일 무역규모

(단위: 달러)

연도	조선의 수출액			조선의 수입액		
	대청	대일	비 (청:일본)	대청	대일	비 (청:일본)
1885	9,479	377,775	2:98	313,342	1,377,392	19:81
1886	15,977	488,041	3:97	455,015	2,064,353	18:82
1887	18,873	783,752	2:98	742,661	2,080,787	26:74
1888	71,946	758,238	9:91	860,328	2,196,115	28:72
1889	109,789	1,122,276	9:91	1,101,585	2,299,118	32:68
1890	70,922	3,475,098	2:98	1,660,075	3,086,897	35:65
1891	136,464	3,219,887	4:96	2,148,294	3,226,468	40:60
1892	149,861	2,271,628	6:94	2,055,555	2,555,675	45:55

※ 무역수지 = 수출액 − 수입액

① 1891년에 대일 무역수지는 적자이다.

② 1885~1892년 동안 매년 조선의 대일 수출액은 같은 해 조선의 대청 수출액의 10배 이상이다.

③ 1885~1892년 동안 매년 조선의 대일 수입액은 같은 해 조선의 대청 수입액보다 크다.

④ 1886~1892년 동안 조선의 대청·대일 수입액 전체에서 대일 수입액이 차지하는 비중은 매년 감소한다.

⑤ 1885~1892년 동안 조선의 대일 수입액과 조선의 대청 수입액의 차이가 가장 큰 해는 1890년이다.

📝 문제풀이

06 분수 비교형	난이도 ★★★☆☆

① (O) 수출액과 수입액 자체로 판단해야 한다. 1891년 대일 수출액보다 대일 수입액이 더 많다.

② (O) 비(청 : 일본)로 판단한다. 매년 조선의 대일 수출액은 같은 해 조선의 대청 수출액의 10배 이상이 되려면 청 : 일본의 관계가 10 이하 : 90 이상인지 판단하면 된다.

③ (O) 비(청 : 일본)로 판단한다. 매년 조선의 대일 수입액은 같은 해 조선의 대청 수입액보다 크려면 비(청 : 일본)의 관계가 50 이하 : 50 이상인지 판단하면 된다.

④ (O) 비(청 : 일본)로 판단한다. 조선의 대청·대일 수입액 전체에서 대일 수입액이 차지하는 비중이 매년 감소하려면 비(청 : 일본)의 일본 수치가 매년 감소하면 된다.

⑤ (X) 수입액 자체의 크기로 판단한다. 1890년은 약 140만 달러 차이인데 반해 1886년에는 150만 달러 이상 차이가 난다.

> ⏱ **빠른 문제 풀이 Tip**
> • 각 수출액과 수입액이 주어져 있음에도 비(청:일본) 항목이 따로 주어져 있는 이유를 생각해 보자.
> • 다년도의 시계열 자료가 등장하는 경우 연도의 범위에 주의하자.

[정답] ⑤

[07~08] 다음 〈그림〉과 〈표〉는 A~E국의 건설시장에 관한 자료이다. 〈그림〉과 〈표〉를 보고 물음에 답하시오.

〈그림 1〉 건설시장의 부문별 시장규모 구성비(2010년)

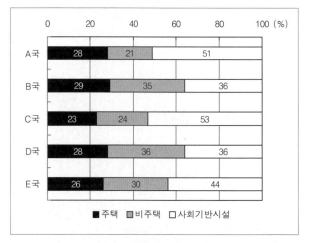

〈그림 2〉 건설시장의 주택부문에서 층수별 시장규모 구성비(2010년)

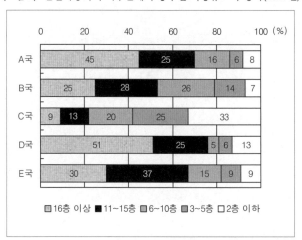

〈표 1〉 건설시장의 주택부문에서 16층 이상 시장규모 비율(2006~2010년)

(단위: %)

연도\국가	A	B	C	D	E
2006	20	20	8	15	37
2007	27	22	10	23	35
2008	33	27	11	33	32
2009	37	28	10	45	31
2010	45	25	9	51	30

〈표 2〉 건설시장의 시장규모(2010년)

(단위: 조 원)

국가	A	B	C	D	E
시장규모	50	150	100	200	250

07

다음 중 2010년 A~E국의 건설시장의 주택부문 시장규모를 순서대로 나열할 때 가장 큰 국가인 (가)국과 A~E국의 건설시장 주택부문 중 16층 이상 시장규모를 순서대로 나열할 때 두 번째로 작은 국가인 (나)국을 바르게 연결한 것은?

	(가)국	(나)국
①	B	C
②	D	A
③	D	C
④	E	A
⑤	E	C

08

위의 자료에 대한 〈보기〉의 설명 중 옳은 것을 모두 고르면?

〈보 기〉

ㄱ. 2010년 A~E 각국의 건설시장에서 주택부문 시장규모 비율이 각각 가장 낮다.

ㄴ. 2010년 C국의 건설시장 시장규모에서 주택부문이 차지하는 비율은 23%이고, D국의 건설시장의 주택부문 층수별 시장규모에서 16층 이상이 차지하는 비율은 51%이다.

ㄷ. 2006~2010년 동안 건설시장의 주택부문에서 16층 이상 시장규모 비율이 매년 증가한 국가 수는 2개이다.

ㄹ. 2010년 A~E국 중, 건설시장의 주택부문에서 3~10층 시장규모를 순서대로 나열할 때 시장규모가 가장 큰 국가는 B국이다.

① ㄱ, ㄴ
② ㄴ, ㄷ
③ ㄷ, ㄹ
④ ㄱ, ㄴ, ㄷ
⑤ ㄴ, ㄷ, ㄹ

07 곱셈 비교형

난이도★★★☆☆

(가)국 B(29×3), D(28×4), E(26×5)를 비교하면 E가 가장 크다.

(나)국 A(1×28×45) > C(2×23×9)이고 건설시장 규모가 두 번째로 작은 C보다 16층 이상 구성비가 더 작은 국가가 없으므로 C가 가장 작고 A가 두 번째로 작다.

⏱ 빠른 문제 풀이 Tip

- 시장규모의 정확한 수치를 묻는 선택지가 하나도 없으므로 대소비교로 판단 가능하다. 따라서 시장규모를 각각 1, 3, 2, 4, 5 로 간소화하자.
- 상대적으로 건설시장 구성비보다 층수별 구성비의 국가 간 배율차이가 더 크게 난다.

[정답] ④

📄 문제풀이

08 곱셈 비교형

난이도★★★☆☆

ㄱ. (X) 〈그림 1〉에서 A국은 주택 26%보다 비주택이 21%로 더 낮다.

ㄴ. (O) 비율 자체의 크기를 묻고 있으므로 〈그림 1, 2〉의 수치 그대로 판단한다.

ㄷ. (O) 〈표 1〉에서 A와 D가 매년 건설시장의 주택부문에서 16층 이상 시장규모 비율이 증가하고 있다.

ㄹ. (O) 〈표 2〉, 〈그림 1, 2〉에서 B(40×3×29)와 1000이 넘는 E(24×5×26)를 비교한다.

[정답] ⑤

09

다음 〈표〉는 2011년 국내 6개 유망 벤처기업의 매출액과 CEO 연봉에 대한 자료이다. 〈표〉와 〈보기〉를 근거로 하여 (A)~(E)에 해당하는 벤처기업을 바르게 나열한 것은?

〈표〉 2011년 국내 6개 유망 벤처기업의 매출액과 CEO 연봉

(단위: 억 원)

벤처기업	매출액	CEO 연봉
(A)	( )	9.5
(B)	155	7.5
(C)	445	( )
(D)	600	( )
(E)	290	8.5
TB기술	185	5.0

───〈보 기〉───

ㄱ. GF환경의 매출액은 6개 기업 중 매출액 하위 3개 기업의 매출액 합과 동일하다.

ㄴ. GF환경 CEO는 매출액의 2.5%를 연봉으로 받는다.

ㄷ. 과천파밍 CEO 연봉은 TB기술 CEO 연봉의 2배이다.

ㄹ. OH케미컬 CEO는 블루테크 CEO보다 매출액 대비 연봉이 높다.

ㅁ. KOREDU와 TB기술의 매출액 합은 과천파밍의 매출액과 동일하다.

	(A)	(B)	(C)	(D)	(E)
①	KOREDU	OH케미컬	과천파밍	GF환경	블루테크
②	KOREDU	과천파밍	GF환경	블루테크	OH케미컬
③	KOREDU	블루테크	과천파밍	GF환경	OH케미컬
④	OH케미컬	블루테크	GF환경	과천파밍	KOREDU
⑤	OH케미컬	블루테크	GF환경	KOREDU	과천파밍

📑 문제풀이

09 매칭형   난이도★★★★☆

- ㄷ에서 과천파밍은 C 또는 D임을 알 수 있다. 이에 따라 선택지 ②, ⑤가 제거된다.

- 선택지 배열상 KOREDU가 A 또는 E이므로 만약 KOREDU가 E라고 가정하면 290+185≠445억 원 또는 600억 원으로 ㅁ을 만족하는 선택지가 없다. 따라서 KOREDU는 A가 된다. 이에 따라 선택지 ④가 제거되고 ①, ③만 남게 되므로 과천파밍이 C, GF환경이 D이다.

- ㄹ에서 B 7.5/155 > E 8.5/290이므로 B는 OH케미컬, E는 블루테크이다.

⏱ 빠른 문제 풀이 Tip

A~E와 TB기술이 주어져 있으므로 TB기술이 포함되어 있는 ㄷ부터 검토하면서 선택지를 적극적으로 활용하자.

[정답] ①

10

다음 〈표〉는 '갑'팀 구성원(가~라)의 보유 역량 및 수행할 작업 (A~G)과 작업별 필요 역량에 대한 자료이다. 이에 대한 설명으로 옳지 않은 것은?

〈표 1〉 '갑'팀 구성원의 보유 역량

(○: 보유)

역량 \ 구성원	가	나	다	라
자기개발	○	○		
의사소통	○		○	○
수리활용		○		○
정보활용	○		○	
문제해결		○	○	
자원관리	○			
기술활용	○	○		
대인관계			○	○
문화이해	○		○	
변화관리	○	○	○	○

〈표 2〉 수행할 작업과 작업별 필요 역량

(○: 필요)

작업 \ 역량	자기개발	의사소통	수리활용	정보활용	문제해결	자원관리	기술활용	대인관계	문화이해	변화관리
A		○						○		○
B					○			○	○	
C					○	○				
D		○		○	○					○
E	○				○					○
F		○	○					○		
G		○				○				○

※ 각 작업별 필요 역량을 모두 보유하고 있는 구성원만이 해당 작업을 수행할 수 있음.

① '갑'팀 구성원 중 D작업을 수행할 수 있는 사람은 G작업도 수행할 수 있다.
② '갑'팀 구성원 중 A작업을 수행할 수 있는 사람이 F작업을 수행하기 위해서는 기존 보유 역량 외에 '의사소통' 역량이 추가로 필요하다.
③ '갑'팀 구성원 중 E작업을 수행할 수 있는 사람은 다른 작업을 수행할 수 없다.
④ '갑'팀 구성원 중 B작업을 수행할 수 있는 사람이 '기술활용' 역량을 추가로 보유하면 G작업을 수행할 수 있다.
⑤ '갑'팀 구성원 중 C작업을 수행할 수 있는 사람은 없다.

📝 문제풀이

10 각주 판단형	난이도★★★☆☆

① (○) '갑'팀 구성원 중 D작업을 수행할 수 있는 '가'는 의사소통, 기술활용, 변화관리 역량을 지니고 있기 때문에 G작업도 수행할 수 있다.

② (×) A와 F의 차이는 의사소통과 변화관리 유무이다. '갑'팀 구성원 중 A작업을 수행할 수 있는 '나'는 F작업을 수행하기 위한 모든 역량을 보유하고 있으므로 기존 보유 역량 외에 '의사소통' 역량이 추가로 필요하지 않다.

③ (○) '갑'팀 구성원 중 E작업을 수행할 수 있는 '나'의 경우 '의사소통' 역량이 없으므로 D, F, G를 수행할 수 없고, '대인관계' 역량이 없으므로 A, B를 수행할 수 없으며 '문화이해' 역량이 없으므로 B도 수행할 수 없다. 따라서 E 이외에 다른 작업을 수행할 수 없다.

④ (○) '갑'팀 구성원 중 B작업을 수행할 수 있는 '다'의 경우 '의사소통'과 '변화관리' 역량은 보유하고 있기 때문에 '기술활용' 역량을 추가로 보유하면 G작업을 수행할 수 있다.

⑤ (○) '갑'팀 구성원 중 C작업을 수행하기 위한 '문제해결'과 '자원관리' 역량을 동시에 지니고 있는 사람은 없다.

⏱ 빠른 문제 풀이 Tip

• 기호가 등장하는 〈표〉로, 상황판단형 문제이다.
• 경우의 수를 판단해야 한다.

[정답] ②

11

다음 〈보고서〉는 일제강점기 경기도 인구 변화에 관한 것이다. 〈보기〉에서 아래 〈보고서〉를 작성하는데 있어서 잘못 인용된 자료를 모두 고르면?

─〈보고서〉─

○ 일제강점기 경기도 인구는 1910년 142만 3,051명, 1931년 206만 160명, 1942년 322만 3,856명으로 조사 연도마다 매번 증가하였다. 경기도 인구가 전국 인구에서 차지하는 비중은 1910년 13% 미만에서 1942년에는 15% 이상으로 증가하였다.

○ 1910~1942년 동안 5차례 실시된 인구조사 결과에 따르면 각 조사 연도마다 전국 인구는 증가추세였으나, 남녀인구는 각각 1,500만 명에는 이르지 못하였다. 조사 연도 대부분 남성인구가 여성인구에 비해 많았으나 1942년 조사에서 여성인구가 남성인구를 초과하였다.

○ 경기도 내 일본인 수는 1910년 5만 4,760명, 1931년 10만 323명, 1942년 20만 6,627명으로, 1910년 대비 1942년의 경기도 전체 인구의 증가율보다 경기도 내 일본인의 증가율이 더 큰 것으로 나타났다. 1942년 경기도 내 일본인의 인구는 경기도 내 중국인의 인구와 비교할 때 2배 이상으로 조사되었다.

○ 1912년, 1931년, 1942년 경기도 내 조선인들이 가장 많이 종사하였던 업종은 농축산업이었으며, 1912년 대비 1942년의 공업종사자 수는 9배 이상이었다.

─〈보 기〉─

ㄱ. 일제강점기 경기도 인구 변화

(단위: 명)

구분	1910년	1931년	1942년
경기도 인구	1,423,051	2,060,160	3,223,856
전국 인구	13,313,017	20,262,958	26,361,401

ㄴ. 일제강점기 전국 인구 및 성별인구 변화

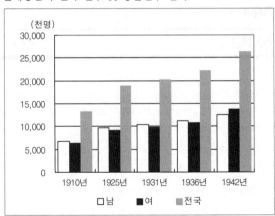

ㄷ. 일제강점기 경기도 내 일본인과 중국인 인구 변화

(단위: 명)

구분	1910년	1931년	1942년
경기도 내 일본인	54,760	100,323	206,627
경기도 내 중국인	70,342	94,206	100,756
경기도 인구	1,423,051	2,060,160	3,223,856

ㄹ. 일제강점기 경기도 내 업종별 조선인 종사자 수

(단위: 명)

구분	1912년	1931년	1942년
농축산업	1,096,971	1,282,133	1,483,718
공업	31,933	81,646	310,895
상업	150,328	226,319	492,545
광업	0	0	28,972
기타	126,286	148,783	333,236
계	1,405,518	1,738,881	2,649,366

① ㄱ
② ㄱ, ㄴ
③ ㄱ, ㄹ
④ ㄴ, ㄷ
⑤ ㄴ, ㄷ, ㄹ

📝 문제풀이

11 분수 비교형 난이도★★★☆☆

ㄱ. (X) 약 1,300만 명의 13%이므로 132를 적용하여 비교한다. 15% 역시 10%+ 5%이므로 132와 142,260(10%)+130(5%)=390(15%)과 320의 비교이다. 따라서 15% 이상 증가한 것이 아니다.

ㄴ. (O) 흰색 막대 그래프와 검은색 막대 그래프 모두 각각 모든 조사연도에서 15,000천 명, 즉 1,500만 명에 미치지 못한다.

ㄷ. (O) 경기도 인구 증가율은 2배를 약간 넘고 경기도 내 일본인 증가율은 3배 이상이다.

ㄹ. (O) 32,000×9≦311,000이 성립하는지 확인한다.

[정답] ①

12

다음 〈표〉는 저탄소 녹색성장 10대 기술분야의 특허 출원 및 등록 현황에 대한 자료이다. 이에 대한 〈보기〉의 설명 중 옳지 않은 것을 모두 고르면?

〈표〉 저탄소 녹색성장 10대 기술분야의 특허 출원 및 등록 현황

(단위: 건)

연도 기술분야	2009		2010		2011	
구분	출원	등록	출원	등록	출원	등록
태양광/열/전지	1,079	1,534	898	1,482	1,424	950
수소바이오/연료전지	1,669	900	1,527	1,227	1,393	805
CO_2포집저장처리	552	478	623	409	646	371
그린홈/빌딩/시티	792	720	952	740	867	283
원전플랜트	343	294	448	324	591	282
전력IT	502	217	502	356	484	256
석탄가스화	107	99	106	95	195	88
풍력	133	46	219	85	363	87
수력 및 해양에너지	126	25	176	45	248	33
지열	15	7	23	15	36	11
전체	5,318	4,320	5,474	4,778	6,247	3,166

─〈보기〉─

ㄱ. 2009~2011년 동안 출원건수와 등록건수가 모두 매년 증가한 기술분야는 없다.

ㄴ. 2010년에 전년대비 출원건수가 감소한 기술분야에서는 2011년 전년대비 등록건수도 감소하였다.

ㄷ. 2011년 등록건수가 많은 상위 3개 기술분야의 등록건수 합은 2011년 전체 등록건수의 70% 이상을 차지한다.

ㄹ. 2011년 출원건수가 전년대비 50% 이상 증가한 기술분야의 수는 3개이다.

① ㄱ, ㄴ
② ㄱ, ㄷ
③ ㄴ, ㄹ
④ ㄱ, ㄷ, ㄹ
⑤ ㄴ, ㄷ, ㄹ

📝 문제풀이

12 분수 비교형	난이도★★★☆☆

ㄱ. (X) '풍력'의 경우 매년 출원건수와 등록건수가 각각 증가하고 있다.

ㄴ. (O) 2010년에 전년대비 출원건수가 감소한 기술분야는 '태양광/열/전지', '수소바이오/연료전지', '석탄가스화'이고 이 세가지 기술분야 모두 2011년의 전년대비 등록건수 역시 각각 감소하였다.

ㄷ. (X) 2011년 등록건수가 많은 상위 3개 기술분야는 '태양광/열/전지', '수소바이오/연료전지', 'CO_2포집저장처리'이고 이들의 등록건수 합은 950+805+371=2,126건이다. 2011년 전체 등록건수는 3,166건이므로 비중은 $\frac{2,126}{3,166}$ ≒ 67.1%로 70% 미만이다. 이때 3,000의 70%는 2,100이므로 나머지 166과 26 간의 관계에 주목한다.

ㄹ. (X) 2011년 출원건수가 전년대비 50% 이상 증가한 기술분야의 수는 '태양광/열/전지', '석탄가스화', '풍력', '지열'로 총 4개이다. 2010년 출원건수의 절반을 2010년 출원건수에 더한 값이 2011년 출원건수와 비교하여 더 작아야 한다.

⏱ 빠른 문제 풀이 Tip

- ㄷ, ㄹ, ㄱ의 순서대로 검토한다.
- 〈보기〉에서 어느 연도를 지칭하는지 또한 출원인지 등록인지 정확하게 매칭시켜야 한다.

[정답] ④

13

다음 〈그림 1〉은 1인당 실질부가가치와 취업자 수 증가율에 따른 국가 유형 구분을 나타낸 것이다. 〈그림 2〉는 〈그림 1〉을 주요 국가의 통신업과 금융업에 적용하여 작성된 자료이다. 이에 대한 〈보기〉의 설명 중 옳은 것을 모두 고르면?

〈그림 1〉 1인당 실질부가가치와 취업자 수 증가율에 따른 국가 유형 구분

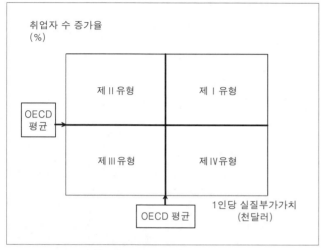

※ OECD 평균은 해당 업종의 OECD 회원국 평균을 나타냄.

〈그림 2〉 주요 국가의 통신업 및 금융업의 1인당 실질부가가치와 취업자 수 증가율

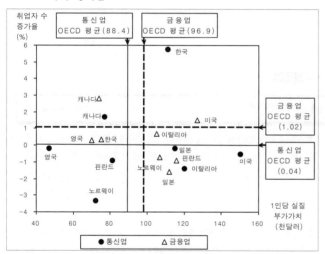

─────〈보 기〉─────

ㄱ. 한국과 일본의 통신업의 경우, 1인당 실질부가가치는 통신업의 OECD평균보다 각각 높다.

ㄴ. 한국의 경우 통신업의 1인당 실질부가가치와 취업자 수 증가율은 각각 금융업의 1인당 실질부가가치와 취업자 수 증가율보다 크다.

ㄷ. 통신업의 제Ⅲ유형에 속한 국가의 수와 금융업의 제Ⅳ유형에 속한 국가의 수는 같다.

ㄹ. 국가 유형에 따라 구분한 결과 통신업 유형과 금융업 유형이 동일한 국가의 수는 4개이다.

ㅁ. 금융업에서 미국의 1인당 실질부가가치는 캐나다의 1인당 실질부가가치에 비하여 2배 이상이다.

① ㄱ, ㄴ, ㄹ
② ㄱ, ㄴ, ㅁ
③ ㄱ, ㄷ, ㄹ
④ ㄴ, ㄷ, ㅁ
⑤ ㄷ, ㄹ, ㅁ

📝 문제풀이

13 분산·물방울형
난이도 ★★★☆☆

ㄱ. (O) 한국과 일본의 통신업의 경우, 1인당 실질부가가치가 통신업의 OECD 평균보다 각각 높게 나타나려면 한국과 일본의 검은 원 표식이 각각 실선 우측에 위치해야 한다.

ㄴ. (O) 한국의 통신업의 1인당 실질부가가치와 취업자 수 증가율이 각각 금융업의 1인당 실질부가가치와 취업자 수 증가율보다 크려면 한국의 검은 원 표식이 한국의 세모 표식보다 우상방에 위치해야 한다.

ㄷ. (X) 통신업의 제Ⅲ 유형에 속한 국가는 영국, 핀란드, 노르웨이로 3개국이고 금융업의 제Ⅳ 유형에 속한 국가의 수는 이탈리아, 노르웨이, 일본, 핀란드로 4개국이다.

ㄹ. (O) 통신업 유형과 금융업 유형이 동일한 국가는 캐나다(Ⅱ 유형), 영국(Ⅲ 유형), 이탈리아(Ⅳ 유형), 일본(Ⅳ 유형)으로 4개이다. 중첩된 부분에 주의해서 판단한다.

ㅁ. (X) 금융업에서 미국의 1인당 실질부가가치는 약 120~130천 달러이고 캐나다의 1인당 실질부가가치는 약 70~80천 달러이다. 따라서 금융업에서 미국의 1인당 실질부가가치는 캐나다의 1인당 실질부가가치에 비해 2배 이상이 되지 않는다.

⏱ 빠른 문제 풀이 Tip

· 기준이 2가지인 분산형 그래프를 해석하는 문제이다.
· ㄱ, ㄴ, ㅁ의 순서대로 검토한다.
· 중첩된 부분에 주의해서 판단하자.

[정답] ①

14

다음 〈표〉는 농구대회의 중간 성적에 대한 자료이다. 이에 대한 설명 중 옳지 않은 것은?

〈표〉 농구대회 중간 성적(2012년 2월 25일 현재)

순위	팀	남은 경기수	전체		남은 홈 경기수	홈 경기		최근 10경기		최근 연승 연패
			승수	패수		승수	패수	승수	패수	
1	A	6	55	23	2	33	7	9	1	1 패
2	B	6	51	27	4	32	6	6	4	3 승
3	C	6	51	27	3	30	9	9	1	1 승
4	D	6	51	27	3	16	23	5	5	1 승
5	E	5	51	28	2	32	8	7	3	1 패
6	F	6	47	31	3	28	11	7	3	1 패
7	G	6	47	31	4	20	18	8	2	2 승
8	H	6	46	32	3	23	16	6	4	2 패
9	I	6	40	38	3	22	17	4	6	2 승
10	J	6	39	39	2	17	23	3	7	3 패
11	K	5	35	44	3	16	23	2	8	4 패
12	L	6	27	51	3	9	30	2	8	6 패
13	M	6	24	54	3	7	32	1	9	8 패
14	N	6	17	61	3	7	32	5	5	1 승
15	O	6	5	73	3	1	38	1	9	3 패

※ 1) '최근 연승 연패'는 최근 경기까지 몇 연승(연속으로 이김), 몇 연패(연속으로 짐)를 했는지를 뜻함. 단, 연승 또는 연패하지 않은 경우 최근 1경기의 결과만을 기록함.
2) 각 팀은 홈과 원정 경기를 각각 42경기씩 총 84경기를 하며, 무승부는 없음.
3) 순위는 전체 경기 승률이 높은 팀부터 1위에서 15위까지 차례로 결정되며, 전체 경기 승률이 같은 경우 홈 경기 승률이 낮은 팀이 해당 순위보다 하나 더 낮은 순위로 결정됨.
4) 전체(홈 경기) 승률 = $\dfrac{\text{전체(홈 경기) 승수}}{\text{전체(홈 경기) 승수} + \text{전체(홈 경기) 패수}}$

① A팀은 최근에 치른 1경기만 지고 그 이전에 치른 9경기를 모두 이겼다.
② I팀의 최종 순위는 남은 경기 결과에 따라 8위가 될 수 있다.
③ L팀과 M팀은 각 팀이 치른 최근 5경기에서 서로 경기를 치르지 않았다.
④ 남은 경기 결과에 따라 1위 팀은 변경될 수 있다.
⑤ 2012년 2월 25일 현재 순위 1~3위인 팀의 홈 경기 승률은 각각 0.8 이상이다.

📝 **문제풀이**

14 각주 판단형　　　　　　　　　　난이도 ★★★☆☆

① (O) A팀은 최근 10경기 승수 9, 패수 1이고 최근연승연패가 1패이다. 따라서 최근에 치른 1경기만 지고 그 이전에 치른 9경기를 모두 이긴 것이 된다.

② (O) 남은 경기를 I가 전승하고 H가 전패하면 46승 38패로 동률을 이루지만 홈 경기 승수가 I는 25, H는 23이 되므로 I팀의 최종 순위는 남은 경기 결과에 따라 8위가 될 수 있다.

③ (O) 최근 연승연패가 L이 6패, M이 8패이므로 L팀과 M팀은 각 팀이 치른 최근 5경기에서 서로 경기를 치르지 않았다. 최근 5경기에 서로 경기를 치렀다면 두 팀 중 적어도 한 팀의 최근 연승연패 항목이 5패 미만이 되어야 한다.

④ (O) 현재 1위 A와 2위 B의 승수 차이가 4이고 6경기 남았으므로 A가 남은 경기를 모두 패하고 B가 남은 경기를 모두 승리하면 남은 경기에 따라 1위 팀이 변경 가능하다.

⑤ (X) 홈 경기 승률이 0.8 이상이라는 의미는 승수가 패수의 4배 이상이 되어야 한다는 의미이다. A와 B는 승수가 패수의 4배 이상으로 홈 경기 승률이 0.8 이상이지만 C는 승수 30, 패수 9로 홈 경기 승률이 0.8 미만이다.

⏱ **빠른 문제 풀이 Tip**

• 각주 2)에 따라 홈과 원정 경기를 각각 42경기씩 총 84경기를 하며, 무승부는 없으므로 각 팀별로 남은 경기수+승수+패수=84이고, 남은 홈경기수+홈경기 승수+홈경기 패수=42가 된다.
• 각주 3)과 4)에 따라 전체 경기 승률이 같은 경우 홈 경기 승률이 낮은 팀이 해당 순위보다 하나 더 낮은 순위로 결정되고 무승부가 존재하지 않으므로 남은 경기수가 같다면 승률은 승수가 더 많은 팀이 높다.

[정답] ⑤

15

다음 〈표〉는 문화체육관광부의 문화산업부문 예산 추이와 문화산업부문 세부 분야별 예산 추이에 대한 자료이다. 이에 대한 〈보기〉의 설명 중 옳지 않은 것을 모두 고르면?

〈표 1〉 문화체육관광부 문화산업부문 예산 추이

(단위: 억 원, %)

연도	문화체육관광부 예산	문화산업부문 담당국			
		산업국		미디어국	
		예산	문화체육관광부 예산 대비 비중	예산	문화체육관광부 예산 대비 비중
1998	7,574	168	2.2	−	−
1999	8,563	1,000	11.7	−	−
2000	11,707	1,787	15.3	−	−
2001	12,431	1,474	11.9	−	−
2002	13,985	1,958	14.0	−	−
2003	14,864	1,890	12.7	−	−
2004	15,675	1,725	11.0	−	−
2005	15,856	1,911	12.1	−	−
2006	17,385	1,363	7.8	890	5.1
2007	14,250	1,284	9.0	693	4.9
2008	15,136	1,508	9.9	558	3.7

※ 문화산업부문 담당국은 산업국과 미디어국으로만 구분됨.

〈표 2〉 문화산업부문 세부 분야별 예산 추이

(단위: 억 원, %)

세부 분야	2005년		2006년		2007년		2008년	
	금액	비율	금액	비율	금액	비율	금액	비율
문화산업기반육성	223	11.7	289	12.8	65	3.3	419	20.3
출판	340	17.8	798	35.4	498	25.2	174	8.4
미디어							283	13.7
영상	319	16.7	337	15.0	254	12.9	167	8.1
영상만화	45	2.3	61	2.7	70	3.5	53	2.5
게임	232	12.1	141	6.3	156	7.9	158	7.7
음악			30	1.3	27	1.4	27	1.3
방송광고	214	11.2	88	3.9	131	6.6	101	4.9
문화콘텐츠	538	28.2	445	19.8	701	35.4	494	23.9
저작권	0	0.0	64	2.8	75	3.8	190	9.2
합계	1,911	100.0	2,253	100.0	1,977	100.0	2,066	100.0

※ '게임', '음악'은 2006년에, '출판', '미디어'는 2008년에 각각 세부 분야로 분리되었음.

〈보 기〉

ㄱ. 2006~2008년 동안 문화체육관광부 예산에서 문화산업부문이 차지하는 비중은 매년 증가하였다.

ㄴ. 1999년 문화산업부문 예산이 문화체육관광부 예산에서 차지하는 비중은 전년대비 9.5% 증가하였다.

ㄷ. 2008년에는 산업국과 미디어국 각각 전년대비 예산증가율이 문화체육관광부 전년대비 예산증가율보다 작다.

ㄹ. 2008년 문화산업부문 세부 분야 중 문화콘텐츠 분야에 가장 많은 예산이 배정되었으며 이어서 문화산업기반육성, 미디어, 저작권, 출판 분야 순으로 예산이 많이 배정되었다.

① ㄴ, ㄷ
② ㄱ, ㄴ, ㄷ
③ ㄱ, ㄴ, ㄹ
④ ㄱ, ㄷ, ㄹ
⑤ ㄴ, ㄷ, ㄹ

📝 문제풀이

15 분수 비교형   난이도★★★☆☆

ㄱ. (X) 2007년에 비해 2008년의 산업국 비중은 0.9%p 증가했지만 미디어국의 비중이 1.2%p 감소하였으므로 문화체육관광부 예산에서 문화산업부문이 차지하는 비중은 0.3%p 감소한 것이 된다. 산업국 비중의 증가폭보다 미디어국 비중의 감소폭이 더 크다는 점만 파악하면 된다.

ㄴ. (X) 9.5%가 아닌 9.5%p이다.

ㄷ. (X) 산업국의 문화체육관광부 예산 대비 비중이 2007년 9.0%에서 2008년 9.9%로 증가했다는 의미는 2008년 산업국의 전년대비 예산증가율이 문화체육관광부의 전년대비 예산증가율보다 크다는 의미와 같다.

ㄹ. (O) 〈표〉에서 확인할 수 있다.

⏱ 빠른 문제 풀이 Tip

산업국과 미디어국의 문화체육 관광부 예산 대비 비중 항목을 이용하여 문제를 해결한다.

[정답] ②

16

다음 〈그림〉과 〈표〉는 어느 연구소의 직원채용절차에 대한 자료이다. 이를 근거로 1일 총 접수건수를 처리하기 위한 각 업무단계별 총 처리비용이 두 번째로 큰 업무단계는?

〈그림〉 직원채용절차

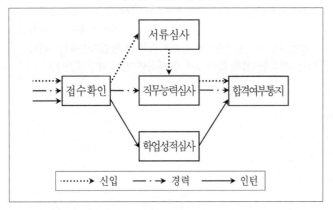

〈표 1〉 지원유형별 1일 접수건수

지원유형	접수(건)
신입	20
경력	18
인턴	16

〈표 2〉 업무단계별 1건당 처리비용

업무단계	처리비용(원)
접수확인	500
서류심사	2,000
직무능력심사	1,000
학업성적심사	1,500
합격여부통지	400

※ 1) 직원채용절차에서 중도탈락자는 없음.
 2) 업무단계별 1건당 처리비용은 지원유형에 관계없이 동일함.

① 접수확인
② 서류심사
③ 직무능력심사
④ 학업성적심사
⑤ 합격여부통지

📑 문제풀이

16 곱셈 비교형   난이도★★★☆☆

신입, 경력, 인턴의 1일 접수건수를 각각 10, 9, 8로 간단히 하여 계산한다. 또한 업무단계별 1건당 처리비용이 대략 500의 배수이므로 접수확인 1, 서류심사 4, 직무능력검사 2, 학업성적심사 3, 합격여부통지 0.8(1 이하)로 간단히 하여 계산한다.

- 접수확인: 27×1
- 서류심사: 10×4
- 직무능력심사: 19×2
- 학업성적심사: 8×3
- 합격여부통지: 27×0.8

따라서 처리비용이 가장 큰 것은 서류심사이고 두 번째로 큰 것은 직무능력심사이다.

⏱ 빠른 문제 풀이 Tip

관계도가 등장하는 계산 문제이다. 접수 건수와 처리비용이 특정 수치의 배수 구조라면 이를 간소화하여 계산한다.

[정답] ③

17

다음 〈표〉와 〈그림〉은 '가'국의 수출입액 현황에 관한 자료이다. 이에 대한 〈보기〉의 설명 중 옳지 않은 것을 모두 고르면?

〈표〉 '가'국의 대상 지역별 수출입액 현황(2010~2011년)

(단위: 억 원, %)

구분	2010년			2011년			2011년 수출입액의 전년대비 증감률
	수출액	수입액	수출입액	수출액	수입액	수출입액	
아시아	939,383	2,320,247	3,259,630 (88.4)	900,206	2,096,471	2,996,677 (89.8)	−8.1
유럽	67,648	89,629	157,277 (4.3)	60,911	92,966	153,877 (4.6)	−2.2
미주	83,969	153,112	237,081 (6.4)	60,531	103,832	164,363 (4.9)	−30.7
아프리카	12,533	19,131	31,664 (0.9)	13,266	7,269	20,535 (0.7)	−35.1
전체	1,103,533	2,582,119	3,685,652 (100.0)	1,034,914	2,300,538	3,335,452 (100.0)	−9.5

※ 수출입액=수출액+수입액

〈그림 1〉 '가'국의 대 유럽 수출입액 상위 6개국(2010년)

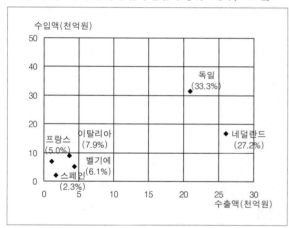

〈그림 2〉 '가'국의 대 유럽 수출입액 상위 6개국(2011년)

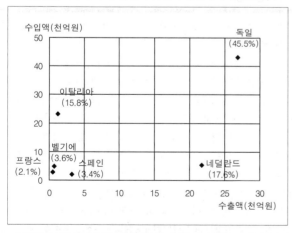

※ 1) '가'국의 유럽에 대한 전체 수출입액 중 해당국이 차지하는 수출입액의 비중이 큰 순서에 따라 상위 6개국을 선정함.
2) ( )안의 수치는 '가'국의 유럽에 대한 전체 수출입액 중 해당국이 차지하는 수출입액의 비중을 나타냄.

〈보 기〉

ㄱ. 2011년 '가'국의 아시아에 대한 수출입액은 전년대비 1.4%p 증가하여 2011년 전체 수출입액의 89.8%를 차지하였다.

ㄴ. 2011년 '가'국의 아시아, 유럽, 미주, 아프리카에 대한 수출입액은 각각 전년대비 감소하였다.

ㄷ. 2011년 '가'국의 유럽에 대한 수출입액은 전년대비 2.2% 감소하였고, 수출액은 전년대비 5.9% 감소하였으나, 수입액은 전년대비 3.7% 증가하였다.

ㄹ. 2011년 '가'국의 유럽에 대한 전체 수출입액 중 수출입액 상위 5개국이 차지하는 수출입액은 85.0% 이상이었다.

ㅁ. 2011년 '가'국의 네덜란드에 대한 수입액 대비 수출액 비율은 전년에 비해 감소하였고, 네덜란드에 대한 수출액은 유럽에 대한 전체 수출액의 17.6%를 차지하였다.

① ㄱ, ㄴ, ㄹ
② ㄱ, ㄷ, ㄹ
③ ㄱ, ㄷ, ㅁ
④ ㄴ, ㄷ, ㅁ
⑤ ㄴ, ㄹ, ㅁ

📝 문제풀이

17 분산·물방울형 　　　　　　　　난이도 ★★★☆☆

ㄱ. (X) 아시아에 대한 수출입액의 비율만 보면 88.4%에서 89.8%로 1.4%p 증가하였다고 착각할 수 있다. 그러나 수출입액 자체의 증감 현황을 묻고 있으므로 3,259,630억 원에서 2,996,677억 원으로 감소하였다고 판단하여야 한다.

ㄴ. (O) 모든 지역에서 감소하고 있다.

ㄷ. (X) 2011년 '가'국의 유럽에 대한 수출액은 67,648억 원에서 60,911억 원으로 6,737억 원 감소하였다. 따라서 전년대비 5.9% 감소한 것이 아니라 약 10% 감소한 것이 된다.

ㄹ. (O) 〈그림 2〉의 프랑스를 제외한 비율의 합이 85.9%이므로 2011년 '가'국의 유럽에 대한 전체 수출입액 중 수출입액 상위 5개국이 차지하는 수출입액의 비중은 85.0% 이상이다.

ㅁ. (X) 2011년 '가'국의 네덜란드에 대한 수입액 대비 수출액 비율은 전년에 비해 증가하였다. 원점과 네덜란드를 잇는 선분의 기울기가 감소하면 수입액 대비 수출액 비율은 증가하고, 수출액 대비 수입액 비율이 감소하게 된다.

⏱ 빠른 문제 풀이 Tip

수출입액 항목의 괄호 안 비율은 각 연도별 전체 수출입액에 대한 비율이다. 즉, 비율 자료가 제시된 경우 100%가 되는 기준을 확인하자.

[정답] ③

18

다음 〈표〉는 5종류 작물(A~E)의 재배 특성에 대한 자료이다. 이에 근거한 〈보기〉의 설명 중 옳은 것을 모두 고르면?

〈표〉 작물별 재배 특성

재배 특성 작물	1㎡당 파종 씨앗 수 (개)	발아율 (%)	1㎡당 연간 수확물 (개)	수확물 개당 무게(g)
A	60	25	40	20
B	80	25	100	15
C	50	20	30	30
D	25	20	10	60
E	50	16	20	50

※ 1) 모든 재배 결과는 항상 〈표〉의 특성을 따른다고 가정함.

2) 발아율(%)= $\dfrac{\text{발아한 씨앗 수}}{\text{파종 씨앗 수}}$ ×100

3) 연간 수확물(개)=1㎡당 연간 수확물(개) × 재배면적(㎡)

〈보 기〉

ㄱ. 20㎡의 밭에 C의 씨앗을 파종할 때, 발아한 씨앗 수는 200 개이다.

ㄴ. 100㎡의 밭 전체면적을 1/5씩 나누어 서로 다른 작물의 씨 앗을 각각 파종하면, 밭 전체 연간 수확물의 총무게는 94kg 이하이다.

ㄷ. 5종류의 작물을 각각 연간 3kg씩 수확하기 위해 필요한 밭의 총면적은 16㎡보다 작다.

ㄹ. 100㎡의 밭 전체면적 절반에 E의 씨앗을 파종하고 남은 면적 을 1/4씩 나누어 나머지 작물의 씨앗을 각각 파종하면, 밭 전 체 연간 수확물의 총무게는 96kg 이상이다.

① ㄱ, ㄷ
② ㄱ, ㄹ
③ ㄴ, ㄷ
④ ㄴ, ㄹ
⑤ ㄷ, ㄹ

📝 문제풀이

18 각주 판단형	난이도★★★★★

ㄱ. (O) 20㎡의 밭에 C의 씨앗을 파종할 때, 발아한 씨앗 수는 50×0.2×20 ㎡=200개이다.

ㄴ. (X) 100㎡의 밭 전체면적을 1/5씩 나누면 각 작물별로 20㎡씩 파종하면 된 다. 1㎡당 연간 수확물의 총 무게는 A작물 0.8kg, B작물 1.5kg, C작물 0.9kg, D작물 0.6kg, E작물 1.0kg이므로 밭 전체 연간 수확물의 총무게는 4.8× 20=96kg이다. 따라서 밭 전체 연간 수확물의 총무게는 94kg 이상이다.

ㄷ. (X) 5종류의 작물을 각각 연간 3kg씩 수확하기 위해 필요한 밭의 면적은 A 작물 0.8×3↑, B작물 1.5×2, C작물 0.9×3↑, D작물 0.6×5, E작물 1.0×3 이므로 필요한 밭의 총면적은 16㎡보다 커야 한다.

ㄹ. (O) 100㎡의 밭 전체면적 절반에 E의 씨앗을 파종하고 남은 면적을 1/4씩 나누어 나머지 작물의 씨앗을 각각 파종하면, E는 50㎡이고 나머지 A~D 밭은 12.5㎡이다. 따라서 밭 전체 연간 수확물의 총무게는 1.0×50+3.8×12.5 =97.5kg이므로 96kg 이상이다.

⏱ 빠른 문제 풀이 Tip

〈보기〉에서 묻는 것이 1㎡당 연간 수확물의 총 무게(kg)이므로 표의 1㎡당 연 간 수확물과 수확물 개당 무게(g)를 이용하여 도출하자.

[정답] ②

19

다음 〈표〉는 2009년 주요 환경영향인자별 등급을 정하기 위한 자료이다. 아래 〈등급산정방식〉에 따라 등급을 산정할 때, 각 〈표〉의 (A)~(C)를 바르게 짝지은 것은?

┌─────〈등급산정방식〉─────
○ '전문가순위값'은 전문가들의 투표를 거쳐 득표 수가 많은 인자 순서대로 1부터 7까지 부여한다.
○ '평균중요도순위값'은 인자별 4년(2005~2008년)간 중요도의 평균값이 큰 순서대로 1부터 7까지 부여한다.
○ '최종등급'은 인자별로 '종합순위값'을 구한 후, 작은 값부터 1부터 7까지 차례로 등급을 부여하되, '종합순위값'이 동일하면 '평균중요도순위값'이 작은 인자부터 등급을 부여한다.

※ 종합순위값＝전문가순위값＋평균중요도순위값－7

〈표 1〉 환경영향인자별 전문가 투표 결과

인자	득표수	전문가순위값
수질	25	( )
지형 · 지질	11	( )
대기질	13	( )
(A)	27	1
자연경관	6	7
소음	10	( )
(B)	8	( )
합계	100	

〈표 2〉 환경영향인자별 연도별 중요도

인자	연도				평균 중요도 순위값
	2005	2006	2007	2008	
지형 · 지질	70	50	70	60	1
동식물상	30	30	20	30	( )
자연경관	50	70	50	70	( )
대기질	60	40	60	40	( )
수질	40	60	40	50	( )
소음	20	20	30	10	( )
문화재	10	10	10	20	7

〈표 3〉 환경영향인자별 최종등급

인자	최종등급
지형 · 지질	1
동식물상	( )
자연경관	( )
대기질	(C)
수질	( )
소음	6
문화재	( )

	(A)	(B)	(C)
①	동식물상	문화재	2
②	문화재	동식물상	2
③	동식물상	문화재	3
④	문화재	동식물상	3
⑤	동식물상	문화재	4

📝 문제풀이

19 매칭형　　　　　　　　　　난이도★★★★★

- 〈표 1〉의 전문가순위값은 득표수가 많은 순서대로 부여하므로 괄호 안의 값만 도출하면 수질이 2, 지형 · 지질이 4, 대기질이 3, 소음이 5, (B)가 6이 된다.

- 〈표 2〉의 평균중요도순위값은 4년간 평균값이 큰 순서대로 부여하지만 모든 인자가 4개 연도로 동일하므로 합으로 비교 가능하다. 따라서 대략적인 차이값을 비교한다. 괄호 안의 값을 도출하면 동식물상이 5, 자연경관이 2, 대기질이 3, 수질이 4, 소음이 6이다.

- 최종등급은 종합순위값으로 부여하며 동일하게 －7을 계산하는 것은 공통사항이므로 고려하지 않는다. 〈표 1〉의 (A) 또는 (B)가 동식물상 또는 문화재 중 하나이므로 만약 동식물상이 (B)가 된다면 최종등급이 6인 소음과 종합순위값이 같다. 따라서 평균중요도순위값으로 판단을 하면 동식물상(5)이 소음(6)보다 높게 되어 동식물상의 최종등급이 6, 소음의 최종등급이 7이 되어야 하지만 〈표 3〉에 따르면 소음의 최종등급이 6이 되어야 하므로 동식물상은 (B)가 될 수 없다. 따라서 동식물상은 (A), 문화재는 (B)가 된다. 이 경우 동식물상, 대기질, 수질의 종합순위값이 동일하고 평균중요도순위값이 대기질, 수질, 동식물상 순이므로 대기질의 최종등급인 (C)의 값은 2가 된다.

[정답] ①

20

다음 〈표〉는 2006~2009년 사업자 유형별 등록 현황에 대한 자료이다. 이에 대한 〈보기〉의 설명 중 옳은 것을 모두 고르면?

〈표〉 2006~2009년 사업자 유형별 등록 현황

(단위: 천 명)

유형	연도	2006	2007	2008	2009
법인사업자	등록사업자	420	450	475	( )
	신규등록자	65	( )	75	80
	폐업신고자	35	45	( )	55
일반사업자	등록사업자	2,200	( )	2,405	2,455
	신규등록자	450	515	( )	450
	폐업신고자	350	410	400	( )
간이사업자	등록사업자	1,720	1,810	( )	1,950
	신규등록자	380	440	400	( )
	폐업신고자	310	( )	315	305
면세사업자	등록사업자	500	515	540	565
	신규등록자	105	100	105	105
	폐업신고자	95	85	80	80
전체 등록사업자		4,840	5,080	5,315	5,470

※ 1) 사업자 유형은 법인사업자, 일반사업자, 간이사업자, 면세사업자로만 구분됨.
2) 각 유형의 사업자 수는 해당 유형의 등록사업자 수를 의미함.
3) 당해년도등록사업자 수＝직전년도 등록사업자 수＋당해년도 신규 등록자 수－당해년도 폐업신고자 수

─〈보 기〉─

ㄱ. 2007~2009년 동안 전체 등록사업자 수의 전년대비 증가율은 매년 감소하였다.

ㄴ. 2006~2009년 동안 일반사업자 중에서 폐업신고자 수가 가장 많았던 연도와 법인사업자 중에서 폐업신고자 수가 가장 많았던 연도는 일치한다.

ㄷ. 2006~2009년 동안 전체 등록사업자 수 중 간이사업자 수와 면세사업자 수가 차지하는 비중의 합은 매년 50% 이상이다.

ㄹ. 2005~2009년 동안 전체 등록사업자 수 중 면세사업자 수가 차지하는 비중은 매년 10% 이상이다.

① ㄱ
② ㄱ, ㄴ
③ ㄱ, ㄹ
④ ㄴ, ㄷ
⑤ ㄷ, ㄹ

📝 문제풀이

20 각주 판단형
난이도★★★★☆

ㄱ. (O) 2007~2009년 동안 전체 등록사업자 수의 전년대비 증가폭이 240, 235, 155천 명으로 감소하고 있다. 따라서 전체 등록사업자 수는 매년 증가하지만 증가폭이 감소하는 경우에는 증가율 역시 감소하므로 매년 감소한 것이 된다.

ㄴ. (X) 일반사업자 중에서 폐업신고자 수는 2007년이 410천 명, 2009년이 400천 명으로 2007년이 가장 많았지만 법인사업자 중에서 폐업신고자 수는 45천 명으로 2009년 55천 명보다 적다. 따라서 2007년은 법인사업자 중에서 폐업신고자 수가 가장 많았던 연도가 아니므로 서로 일치하지 않는다.

ㄷ. (X) 2009년의 경우 전체 등록사업자 5,470천 명 중 간이사업자 수와 면세사업자 수의 합은 1,950+565=2,515천 명이므로 50%에 미치지 못한다.

ㄹ. (O) 2006~2009년 동안 전체 등록사업자 수 중 면세사업자 수가 차지하는 비중은 매년 10% 이상임을 어렵지 않게 판단할 수 있다. 2005년의 전체 등록사업자 수는 390+2,100+1,650+490=4,630천 명이고 이 중 면세사업자 수는 490이므로 역시 10% 이상이 된다.

⏱ 빠른 문제 풀이 Tip

각주 식을 정리하면 당해년도등록사업자 수와 직전년도등록사업자 수 차이는 당해년도신규 등록자 수와 당해년도 폐업신고자 수와 같다.

[정답] ③

21

다음 〈표〉는 2001~2005년 국방부의 감사 횟수 및 감사실적을 처분 종류별, 업무 종류별, 결함 원인별로 나타낸 자료이다. 이에 대한 〈보기〉의 설명 중 옳은 것을 모두 고르면?

〈표 1〉 처분 종류별 감사실적 건수

(단위: 건)

연도	감사 횟수	감사 실적	징계	경고	시정	주의	개선	통보	권고
			\multicolumn{7}{c}{처분 종류}						
2001	43	1,039	25	52	231	137	124	271	199
2002	42	936	15	65	197	203	106	179	171
2003	36	702	19	54	140	152	57	200	80
2004	38	560	10	62	112	99	56	168	53
2005	35	520	9	39	107	92	55	171	47

〈표 2〉 업무 종류별 감사실적 건수

(단위: 건)

연도	감사 실적	행정 일반	인사	정훈 교육	의무	군수 시설	방위 산업	예산 국고금	기타
2001	1,039	419	63	3	27	424	54	0	49
2002	936	217	43	9	29	448	60	64	66
2003	702	192	35	2	3	195	101	132	42
2004	560	164	10	9	6	162	56	122	31
2005	520	167	0	3	2	194	72	60	22

〈표 3〉 결함 원인별 감사실적 건수

(단위: 건)

연도	감사 실적	제도결함	관계규정 이해부족	감독소홀	운영 불합리	기타
2001	1,039	36	15	52	739	197
2002	936	17	72	70	686	91
2003	702	12	143	72	407	68
2004	560	21	64	45	385	45
2005	520	18	21	8	452	21

─── 〈보 기〉 ───

ㄱ. 감사 횟수당 '감사실적' 건수는 매년 감소했다.

ㄴ. 2005년 '군수시설' 업무 감사에서 결함 원인이 '운영불합리'인 경우는 126건 이상이다.

ㄷ. 2002~2005년 동안 전년대비 증감방향이 '감사실적' 건수의 전년대비 증감방향과 동일한 처분 종류는 세 가지이다.

ㄹ. 2005년 결함원인이 '운영불합리'인 건수의 당해년도 '감사실적' 건수 대비 비중은 2001년 처분 종류가 '시정'인 건수의 당해년도 '감사실적' 건수 대비 비중보다 작다.

① ㄱ, ㄴ
② ㄱ, ㄷ
③ ㄴ, ㄷ
④ ㄷ, ㄹ
⑤ ㄴ, ㄷ, ㄹ

📝 문제풀이

21 최소여집합형

난이도★★★☆☆

ㄱ. (X) 감사 횟수당 '감사실적' 건수는 2005년 $\frac{520}{35}$에 2004년 $\frac{560}{38}$보다 감소하였다. $\frac{520}{35}$과 각각 분자 분모 차이값인 $\frac{40}{3}$을 비교하면 $\frac{520}{35}$이 더 크다. 따라서 $\frac{560}{38}$보다 $\frac{520}{35}$이 더 큰 수치이다.

ㄴ. (O) 군수시설 업무 감사 194건 중 운영불합리 이외의 합은 520−452=68건 이다. 즉, 68건 모두 군수시설 업무 감사라 하더라도 194−68=126건은 적어도 2005년 '군수시설' 업무 감사에서 결함 원인이 '운영불합리'인 경우이다.

ㄷ. (O) 2002~2005년 동안 '감사실적' 건수는 매년 감소하였다. 이와 증감방향이 동일한 처분은 시정, 개선, 권고 세 가지이다.

ㄹ. (X) 2005년 결함원인이 '운영불합리'인 건수의 당해년도 '감사실적' 건수 대비 비중은 $\frac{452}{520}$이고 2001년 처분 종류가 '시정'인 건수의 당해년도 '감사실적' 건수 대비 비중은 $\frac{231}{1,039}$이다. 따라서 전자가 후자보다 크다.

⏱ 빠른 문제 풀이 Tip

감사실적이 동일한 〈표〉가 3개 주어졌지만 감사횟수는 〈표 1〉에만 있다. 합계가 같은 자료가 제시되는 경우 반드시, 적어도, 최소한의 최소여집합을 묻는 경우가 많다.

[정답] ③

22

다음 〈표〉는 A지역 전체 가구를 대상으로 원자력발전소 사고 전·후 식수 조달원 변경에 대해 사고 후 설문조사한 결과이다. 이에 대한 설명 중 옳은 것은?

〈표〉 원자력발전소 사고 전·후 A지역 조달원별 가구 수

(단위: 가구)

사고 전 조달원 \ 사고 후 조달원	수돗물	정수	약수	생수
수돗물	40	30	20	30
정수	10	50	10	30
약수	20	10	10	40
생수	10	10	10	40

※ A지역 가구의 식수 조달원은 수돗물, 정수, 약수, 생수로 구성되며, 각 가구는 한 종류의 식수 조달원만 이용함.

① 사고 전에 식수 조달원으로 정수를 이용하는 가구 수가 가장 많다.
② 사고 전에 비해 사고 후에 이용 가구 수가 감소한 식수 조달원의 수는 3개이다.
③ 사고 전·후 식수 조달원을 변경한 가구 수는 전체 가구 수의 60% 이하이다.
④ 사고 전에 식수 조달원으로 정수를 이용하던 가구는 사고 후에도 정수를 이용한다.
⑤ 각 식수 조달원 중에서 사고 전·후에 이용 가구 수의 차이가 가장 큰 것은 생수이다.

📑 문제풀이

22 분수 비교형   난이도★★★☆☆

① (X) 사고 전에 식수 조달원으로 정수를 이용하는 가구 수는 100가구지만 수돗물을 이용하는 가구가 120가구로 더 많다.

② (X) 사고 전에 비해 사고 후에 이용 가구 수가 감소한 식수 조달원은 수돗물과 약수로 2개이다.

③ (X) 전체 370가구 중 사고 전·후 식수 조달원을 변경하지 않은 가구 수는 140가구이므로 전체 가구 수의 40% 이하이다. 따라서 사고 전·후 식수 조달원을 변경한 가구 수 230가구는 전체 가구 수의 60% 이상이다.

④ (X) 사고 전 식수 조달원으로 정수를 이용하던 100가구 중 50가구만 사고 후에도 정수를 이용한다.

⑤ (O) 각 식수 조달원 중에서 사고 전·후에 이용 가구 수는 생수가 70가구로 차이가 가장 크다.

⏱ 빠른 문제 풀이 **Tip**

짝표이지만 수치자료이고 각 조달원별로 합계가 주어져 있지 않았다. 따라서 조달원 별 합계를 묻는 선택지를 굳이 검토할 필요는 없다.

[정답] ⑤

23

다음 〈표〉는 6명 학생들의 지난 달 독서 현황을 나타낸 자료이다. 이에 대한 〈보기〉의 설명 중 옳은 것을 모두 고르면?

〈표〉학생별 독서 현황

구분＼학생	지호	영길	다솜	대현	정은	관호
성별	남	남	여	남	여	남
독서량(권)	0	2	6	4	8	10

〈보 기〉

ㄱ. 학생들의 평균 독서량은 5권이다.
ㄴ. 남학생이면서 독서량이 5권 이상인 학생 수는 전체 남학생 수의 50% 이상이다.
ㄷ. 독서량이 2권 이상인 학생 중 남학생 비율은 전체 학생 중 여학생 비율의 2배 이상이다.
ㄹ. 여학생이거나 독서량이 7권 이상인 학생 수는 전체 학생 수의 50% 이상이다.

① ㄱ, ㄴ
② ㄱ, ㄷ
③ ㄱ, ㄹ
④ ㄴ, ㄷ
⑤ ㄴ, ㄹ

📝 문제풀이

23 분수 비교형   난이도★★☆☆☆

ㄱ. (O) 학생은 6명이고 총 독서량은 30권이므로 평균 독서량은 5권이다.

ㄴ. (X) 남학생이면서 독서량이 5권 이상인 학생은 관호뿐이고 전체 남학생은 4명이므로 25%이다.

ㄷ. (X) 독서량이 2권 이상인 학생 5명 중 남학생은 3명이므로 60%이고 전체 학생 6명 중 여학생은 2명이므로 약 33%이다. 따라서 전자는 후자의 2배 이상이 되지 않는다.

ㄹ. (O) 여학생이거나 독서량이 7권 이상인 학생은 다솜, 정은, 관호 3명이므로 전체 학생 6명의 50%이다.

⏱️ 빠른 문제 풀이 Tip

'～이면서 ～인 학생'은 교집합으로 판단하고, '～이거나 ～인 학생'은 합집합으로 판단한다.

[정답] ③

24

다음 〈표〉는 어느 금융기관의 업종별 Exposure 추이를 나타낸 것이다. 이에 대한 〈보기〉의 설명 중 옳은 것을 모두 고르면?

〈표〉 업종별 Exposure 추이(2009~2011년)

(단위: %, %p)

연도 구분 업종	2009			2010			2011		
	대출 비중	매출 비중	Exposure	대출 비중	매출 비중	Exposure	대출 비중	매출 비중	Exposure
어·광업	0.86	0.14	0.72	0.96	0.13	0.83	0.57	0.12	0.45
음식료품	6.33	3.36	2.97	5.92	3.16	2.76	4.81	3.02	1.79
섬유의복	4.61	1.00	3.61	3.93	0.92	3.01	3.45	0.90	2.55
종이목재	4.41	0.93	3.48	4.69	0.87	3.82	2.86	0.80	2.06
화학	13.64	12.50	1.14	12.93	13.25	−0.32	10.24	13.27	−3.03
의약품	5.17	0.87	4.30	5.14	0.93	4.21	4.15	0.96	3.19
비금속광물	2.77	1.26	1.51	3.13	1.13	2.00	2.20	1.08	1.12
철강금속	9.87	7.49	2.38	9.57	7.64	1.93	7.14	7.13	0.01
기계	6.07	2.34	3.73	6.28	2.51	3.77	11.22	2.59	8.63
전기전자	13.75	20.95	−7.20	14.13	19.99	−5.86	20.88	19.5	1.38
의료정밀	1.02	0.44	0.58	0.91	0.49	0.42	2.04	0.54	1.50
운수장비	8.20	13.35	−5.15	8.28	13.68	−5.40	6.42	13.72	−7.30
담배제조업	1.45	0.90	0.55	1.5	0.77	0.73	1.65	0.71	0.94
유통업	8.37	9.77	−1.40	7.61	9.53	−1.92	6.24	10.57	−4.33
전기가스업	1.48	5.94	−4.46	1.24	6.3	−5.06	0.85	6.49	−5.64
건설업	3.91	6.44	−2.53	4.84	6.64	−1.80	3.58	6.60	−3.02
운수창고업	3.89	4.43	−0.54	4.03	4.35	−0.32	2.19	4.22	−2.03
통신업	1.07	5.26	−4.19	1.16	5.19	−4.03	0.85	5.03	−4.18
관광업	3.13	2.63	0.50	3.75	2.52	1.23	8.66	2.75	5.91
전체	100.00	100.00	−	100.00	100.00	−	100.00	100.00	−

※ 1) Exposure(%p) = 대출비중(%) − 매출비중(%)
   2) Over Exposure는 Exposure>0을 의미함.
   3) 소수점 아래 셋째 자리에서 반올림한 값임.

〈보 기〉

ㄱ. 2010년 전년대비 Exposure와 2011년 전년대비 Exposure가 모두 증가한 업종 수는 4개이다.

ㄴ. 2009~2011년 동안 전체 업종 수에서 Over Exposure에 해당하는 업종 수가 차지하는 비중은 매년 60%를 초과한다.

ㄷ. 2010년 대비 2011년 대출비중 증가폭이 가장 큰 업종이 2010년 대비 2011의 Exposure 증가폭도 가장 크다.

ㄹ. 2009년 대비 2010년 매출비중 감소폭이 가장 큰 업종이 2009년 대비 2010 Exposure 증가폭도 가장 크다.

ㅁ. 운수장비업종의 2010년과 2011년 대출비중의 전년대비 증감방향은 2010년과 2011년 Exposure의 전년대비 증감방향과 각각 일치한다.

① ㄱ, ㄴ, ㄹ
② ㄱ, ㄷ, ㄹ
③ ㄱ, ㄷ, ㅁ
④ ㄴ, ㄷ, ㅁ
⑤ ㄴ, ㄹ, ㅁ

📝 문제풀이

24 각주 판단형   난이도★★★★☆

ㄱ. (O) 2010년 전년대비 Exposure와 2011년 전년대비 Exposure가 모두 증가한 업종은 기계, 전기전자, 담배제조업, 관광업으로 4개이다.

ㄴ. (X) 각 연도별로 19개 업종 중 Over Exposure에 해당하는 업종 수가 차지하는 비중이 매년 60%를 초과하려면 Exposure가 (−)인 업종이 차지하는 비중이 40% 미만이 되어야 한다. 따라서 매년 Exposure가 (−)인 업종이 7개 이하인지 판단한다. 2010년의 경우 Exposure가 (−)인 업종이 8개이므로 전체 업종 수에서 Over Exposure에 해당하는 업종 수가 차지하는 비중은 60%를 초과하지 못한다.

ㄷ. (O) 2010년 대비 2011년 대출비중 증가폭이 가장 큰 업종은 전기전자이고 2010년 대비 2011년의 Exposure 증가폭도 가장 크다.

ㄹ. (O) 2009년 대비 2010년 매출비중 감소폭이 가장 큰 업종 역시 전기전자이고 2009년 대비 2010년 Exposure 증가폭도 가장 크다.

ㅁ. (X) 운수장비업종의 2010년과 2011년 대출비중의 전년대비 증감방향은 증가, 감소이지만 2010년과 2011년 Exposure의 전년대비 증감방향은 감소, 감소로 각각 일치하지 않는다.

[정답] ②

25

다음 〈표〉는 정부의 스마트워크 추진과제별 예산 계획과 스마트워크 유형별 취업인구수 추정치이다. 이에 대한 설명 중 옳지 않은 것은?

〈표 1〉 스마트워크 추진과제별 예산 계획(2012~2017년)

(단위: 억 원)

추진과제	세부과제	2012	2013	2014	2015	2016	2017	합
워크센터 구축	공공부문 워크센터 구축	12	48	120	120	0	0	300
	서비스 환경조성	2	24	66	97	97	97	383
	글로벌 허브 구축	0	8	8	8	0	0	24
모바일 워크 활성화	모바일 업무환경 조성	0	15	15	0	0	0	30
	모바일 행정 서비스 강화	0	20	30	30	0	0	80
	재택·원격근무 장비지원	40	19	27	30	33	35	184
	모바일 서비스 기반 마련	0	15	15	15	0	0	45
원격 협업 이용 활성화	통합 커뮤니케이션 체계 구축	0	7	10	13	0	0	30
	공공부문 영상회의	0	20	20	20	0	0	60
보안 업무 환경 정비	공공부문 서버기반 컴퓨팅	0	15	15	20	0	0	50
	서버기반 컴퓨팅 연구개발	0	10	10	10	0	0	30
제도 개혁	스마트워크제도 개선	1	1	1	1	1	1	6
	직무 및 성과분석	0	10	10	10	10	10	50
기타	민간부문 지원	0	4	4	4	4	4	20
	사회적 일자리 확대	0	2	2	2	2	2	10
	대국민 홍보	0	2	2	2	2	2	10
계		55	220	355	382	149	151	1,312

〈표 2〉 스마트워크 유형별 취업인구수 추정치(2012~2017년)

(단위: 천 명)

구분		2012	2013	2014	2015	2016	2017
재택 근무	공공	39	58	85	116	149	184
	민간	343	480	686	1,029	1,715	2,881
	소계	382	538	771	1,145	1,864	3,065
스마트 워크센터	공공	1	2	4	6	6	7
	민간	3	37	62	125	125	125
	소계	4	39	66	131	131	132
모바일 워크	공공	6	9	13	27	54	102
	민간	25	1,000	1,500	2,800	2,500	3,300
	소계	31	1,009	1,513	2,827	2,554	3,402

※ 스마트워크는 재택근무, 스마트워크센터, 모바일워크로만 이루어지며, 중복하여 취업한 인구는 없음.

① 2017년에는 스마트워크 취업인구수가 650만 명 이상일 것으로 추정된다.

② 2012~2017년 동안 추진과제 중 '제도개혁'에 투입되는 예산의 합은 세부과제 중 '대국민 홍보'에 투입되는 예산의 합의 5배를 초과한다.

③ 추진과제 중 2012~2017년 6년간 투입되는 예산의 합이 가장 큰 추진과제는 '워크센터 구축'이며, 세부과제 중 2012년에 비해 2017년 예산이 가장 많이 증가한 세부과제는 '서비스 환경조성'이다.

④ 2012~2017년 동안 스마트워크 추진 예산이 가장 많이 투입되는 해에는 전년에 비해 증가한 전체 스마트워크 취업인구수도 가장 많다.

⑤ 2014~2017년 동안 세부과제 '재택·원격근무 장비지원'에 투입되는 예산의 전년대비 증가율은 매년 감소한다.

📝 **문제풀이**

25 분수 비교형　　　　　난이도 ★★★☆☆

① (O) 2017년에는 스마트워크 취업인구수가 6,500천 명 이상이다.

② (O) 2012~2017년 동안 추진과제 중 '제도개혁'에 투입되는 예산의 합은 56억 원이고 이는 세부과제 중 '대국민 홍보'에 투입되는 예산의 합 10억 원의 5배를 초과한다.

③ (O) 추진과제 중 2012~2017년 6년간 투입되는 예산은 '워크센터 구축'이 300+383+24로 가장 크며, 세부과제 중 2012년에 비해 2017년 예산은 '서비스 환경조성' 세부과제가 2억 원→383억 원으로 증가폭이 가장 크다.

④ (X) 2012~2017년 동안 스마트워크 추진 예산이 가장 많이 투입되는 해는 2015년이지만 전년에 비해 증가한 전체 스마트워크 취업인구수가 가장 많은 해는 2017년이다.

⑤ (O) 2014~2017년 동안 세부과제 '재택·원격근무 장비지원'에 투입되는 예산은 매년 증가하지만 전년대비 증가폭이 지속적으로 감소 혹은 동일하므로 전년대비 증가율은 매년 감소한다.

⏱ **빠른 문제 풀이 Tip**

• 인구 단위 '천 명'을 선택지에서 묻는 단위와 통일시키자.
• ④를 제외하면 모두 표 1개만 보고 해결하는 선택지이다.

[정답] ④

26

다음 〈표〉는 A기업 직원의 직무역량시험 영역별 점수 상위 5명의 자료이다. 이에 대한 〈보기〉의 설명 중 옳은 것을 모두 고르면?

〈표〉 A기업 직원의 직무역량시험 영역별 점수 상위 5명

(단위: 점)

순위	논리		추리		윤리	
	이름	점수	이름	점수	이름	점수
1	하선행	94	신경은	91	양선아	97
2	성혜지	93	하선행	90	박기호	95
3	김성일	90	성혜지	88	황성필	90
4	양선아	88	황성필	82	신경은	88
5	황성필	85	양선아	76	하선행	84

※ 1) A기업 직원 중 같은 이름을 가진 직원은 없음.
2) 전체 순위는 '총점(세 영역 점수의 합)'이 높은 순서대로 정함.
3) A기업 직무역량시험 영역은 논리, 추리, 윤리로만 구성됨.
4) A기업 직원 전체는 세 영역에 모두 응시함.

─〈보 기〉─

ㄱ. A기업 직원 중 총점이 가장 높은 직원은 하선행이다.
ㄴ. 양선아는 총점을 기준으로 A기업 전체 순위 2위이다.
ㄷ. 신경은의 총점은 260점을 초과하지 못한다.
ㄹ. A기업 직무역량시험의 시험 합격 최저점이 총점 기준 251점이라면 김성일은 불합격이다.

① ㄱ, ㄴ
② ㄱ, ㄹ
③ ㄴ, ㄷ
④ ㄱ, ㄷ, ㄹ
⑤ ㄴ, ㄷ, ㄹ

📝 문제풀이

26 각주 판단형　　　　　　　　　　난이도★★★☆☆

ㄱ. (O) 하선행의 총점은 268점이고 경우의 수를 따져보더라도 이보다 높은 A기업 직원은 없다. 총점을 도출하려 하지 말고 격차로 비교하면 더 쉽게 판단할 수 있다. 하선행은 논리 1위이고 추리는 2위이지만 1위 신경은과 점수 차이는 1점에 불과하다. 윤리가 84점이지만 4위 신경은과 4점 차이이고 신경은은 논리에서 5위 이내에 포함되어 있지 않으므로 신경은보다는 하선행의 총점이 높다. 황성필과 비교하면 하선행이 논리에서 +9점, 추리에서 +9점, 윤리에서 −6점이므로 하선행 > 황성필이고 박기호는 논리와 추리 각각 5위 이내에 포함되어 있지 않으므로 역시 하선행보다 낮다. 양선아와 비교하면 하선행이 논리 +6점, 추리 +14점, 윤리 −13점이므로 역시 하선행 > 양선아이다.

ㄴ. (X) 양선아의 총점은 261점이고 성혜지의 논리와 추리점수의 합은 181점이다. 만약 성혜지의 윤리 점수가 83점이라면 총점은 264점이므로 A기업 전체 순위 2위는 양선아가 아닌 성혜지가 될 수도 있다. 양선아가 윤리 5위 점수 대비 +13점이지만 성혜지의 경우 양선아보다 논리 +5점, 추리 +12점로 총 +17점이다.

ㄷ. (X) 신경은의 추리와 윤리 점수 합은 179점이고 논리의 경우에는 5위 안에 포함되어 있지 않다. 하지만 논리점수 5위가 85점이므로 만약 신경은의 논리 점수가 84점이라면 총점은 263점이므로 260점을 초과한다.

ㄹ. (O) 김성일의 논리점수가 90점이고 추리와 윤리 각각 5위 안에 포함되어 있지 않다. 만약 김성일의 추리와 윤리 점수가 각각 5위 점수인 76점, 84점이라고 한다면 김성일의 총점은 250점이므로 A기업 직무역량시험의 시험 합격 최저점이 총점 기준 251점이라면 김성일은 불합격이다.

⏱ 빠른 문제 풀이 Tip

• 직접적으로 제시되지 않은 수치라 하여도 추론 가능한지 아니면 판단할 수 없는지 고려하여야 한다.
• 순위 문제에서는 순위권 밖의 항목 판단에 중점을 두자.
• 경우의 수가 발생하는 〈보기〉는 맨 나중에 검토하자.

[정답] ②

27

다음 〈그림〉과 〈표〉는 어느 나라의 이동통신시장 추이에 대한 자료이다. 이에 대한 〈보기〉의 설명 중 옳지 않은 것을 모두 고르면?

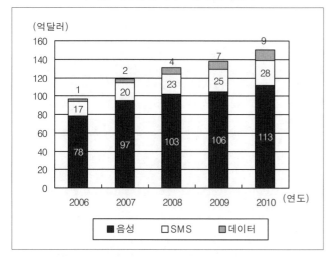

〈그림〉 이동통신 서비스 유형별 매출액

〈표 1〉 4대 이동통신사업자 매출액

(단위: 백만 달러)

구분	A사	B사	C사	D사	합계
2008년	3,701	3,645	2,547	2,958	12,851
2009년	3,969	3,876	2,603	3,134	13,582
2010년	3,875	4,084	2,681	3,223	13,863
2011년 1~9월	2,709	3,134	1,956	2,154	9,953

〈표 2〉 이동전화 가입대수 및 보급률

(단위: 백만 대, %)

구분	2006년	2007년	2008년	2009년	2010년
가입대수	52.9	65.9	70.1	73.8	76.9
보급률	88.8	109.4	115.5	121.0	125.3

※ 보급률(%) = $\dfrac{\text{이동전화 가입대수}}{\text{전체 인구}} \times 100$

─────〈보 기〉─────

ㄱ. 2007~2010년 동안 이동통신 서비스 유형 중 데이터 매출액의 전년대비 증가율은 매년 50% 이상이다.

ㄴ. 2010년 이동전화 보급률은 가입대수의 증가와 전체 인구의 감소에 따라 125.3%에 달한다.

ㄷ. 2007~2010년 동안 이동전화 가입대수의 전년대비 증가율은 매년 감소한다.

ㄹ. 2011년 10~12월 동안 4대 이동통신사업자의 월별 매출액이 당해년도 1~9월까지의 월평균 매출액을 유지한다면 2011년 매출액 합계는 전년도보다 감소할 것이다.

① ㄱ, ㄴ
② ㄱ, ㄷ
③ ㄱ, ㄹ
④ ㄴ, ㄹ
⑤ ㄷ, ㄹ

📑 문제풀이

27 분수 비교형 난이도 ★★★☆☆

ㄱ. (X) 〈그림〉에서 데이터 매출액은 2009년 7억 달러이지만 2010년은 9억 달러에 불과하므로 50% 이상 증가한 것이 아니다. 2010년은 10.5억 달러 이상이 되어야 한다.

ㄴ. (X) 〈표 2〉와 각주에 따르면 가입대수가 증가하였고 보급률 역시 125.3%이다. 하지만 전체 인구는 2009년 $\dfrac{73.8}{121.0}$에 비해 2010년은 $\dfrac{76.9}{125.3}$로 증가하고 있다. 전체 인구가 감소하려면 가입대수 증가율보다 보급률의 증가율이 더 높아야 한다.

ㄷ. (O) 〈표 2〉에서 2007~2010년 동안 이동전화 가입대수의 전년대비 증가폭이 13.0, 4.2, 3.7, 3.1백만 대로 감소하고 있으므로 매년 증가는 하고 있지만 증가율 자체는 감소하고 있다.

ㄹ. (O) 2011년 10~12월 동안 4대 이동통신사업자의 월별 매출액이 당해년도 1~9월까지의 월평균 매출액 9,953백만 달러를 유지한다면 9,953의 1/3만큼 더하여 2011년 매출액 합계를 도출하면 된다. 이는 13,200백만 달러이므로 2010년 13,863백만 달러보다 감소하게 된다.

⏱ 빠른 문제 풀이 Tip

· 50% 이상이다=1.5배 이상이다.

· 증가는 하고 있지만 매년 증가폭이 감소 혹은 일정하다면 증가율은 매년 감소하게 된다.

[정답] ①

28

다음 〈표〉는 국내에 취항하는 12개 항공사의 여객 및 화물 운항 실적을 나타낸 자료이다. 이에 대한 〈보기〉의 설명 중 옳은 것을 모두 고르면?

〈표〉 국내 취항 항공사의 여객 및 화물 운항 실적

구분	항공사	취항 노선 수 (개)	운항횟수 (회)	여객운항 횟수 (회)	화물 운항횟수 (회)
국내 항공사	A	137	780	657	123
	B	88	555	501	54
	국내항공사 전체	225	1,335	1,158	177
외국 항공사	C	5	17	13	4
	D	3	5	0	5
	E	4	7	7	0
	F	4	18	14	4
	G	12	14	0	14
	H	13	31	0	31
	I	12	28	0	28
	J	9	76	75	1
	K	10	88	82	6
	L	17	111	102	9
	외국항공사 전체	89	395	293	102

※ 1) 운항횟수 = 여객운항횟수 + 화물운항횟수

2) 여객지수 = $\dfrac{여객운항횟수}{운항횟수}$ = 1 − 화물지수

3) 국내에 취항하는 항공사의 수는 총 12개임.

4) 각 항공사 간 취항노선의 중복과 공동운항은 없음.

─────〈보 기〉─────

ㄱ. 화물지수가 1인 항공사의 수가 여객지수가 1인 항공사의 수보다 많다.

ㄴ. 여객지수가 B항공사보다 큰 외국항공사의 수는 4개이다.

ㄷ. 국내항공사가 취항하는 전체 노선 수 중 A항공사가 취항하는 노선 수가 차지하는 비중은 65%를 넘는다.

ㄹ. '국내항공사 전체'의 여객지수가 '외국항공사 전체'의 여객지수보다 크다.

① ㄱ, ㄴ

② ㄱ, ㄷ

③ ㄴ, ㄹ

④ ㄱ, ㄴ, ㄷ

⑤ ㄱ, ㄴ, ㄹ

📑 문제풀이

28 반대해석형   난이도 ★★★☆☆

ㄱ. (O) 화물지수가 1인 항공사는 D, G, H, I 4개이고 여객지수가 1인 항공사는 E 1개이다. 화물지수가 1인 항공사는 여객지수가 0인 항공사와 동일하고 여객지수가 1인 항공사는 화물지수가 0인 항공사와 동일하다. 따라서 ㄱ은 다음과 같이 바꿔서 볼 수 있다.

'화물지수가 1인 항공사의 수가 여객지수가 1인 항공사의 수보다 많다.'

→ '여객지수가 0인 항공사의 수가 화물지수가 0인 항공사의 수보다 많다.'

→ '여객운항횟수가 0인 항공사의 수가 화물운항횟수가 0인 항공사의 수보다 많다.'

ㄴ. (O) 여객지수가 B항공사보다 큰 외국항공사를 찾는 것보다 화물지수가 B항공사보다 작은 외국항공사를 찾는 편이 더 쉽다. B의 화물지수는 약 0.1이며 이보다 작은 외국항공사는 E, J, K, L 총 4개이다.

ㄷ. (X) 국내항공사가 취항하는 전체 노선 수 중 A항공사가 취항하는 노선 수가 차지하는 비중은 $\dfrac{137}{225}$ × 100 ≒ 60.9%이므로 65%를 넘지 못한다. 이때 65%는 약 66.7%, 즉 $\dfrac{2}{3}$ 이상인지 판단하면 된다. 즉, ㄷ은 A의 취항 노선 수가 B의 2배 이상인지 판단하면 된다.

ㄹ. (O) '국내항공사 전체'의 여객지수는 약 86.7%이고 '외국항공사 전체'의 여객지수는 약 74.2%이므로 전자가 후자보다 더 크다. '국내항공사 전체'의 여객지수와 '외국항공사 전체'의 여객지수를 '국내항공사 전체'의 화물지수와 '외국항공사 전체'의 화물지수로 바꿔서 판단한다.

⏱ **빠른 문제 풀이 Tip**

여객지수 + 화물지수 = 1이므로 반대해석을 활용하여 판단한다.

[정답] ⑤

29

다음 〈표〉는 세계 주요 지진의 인명피해 현황을 나타낸 자료이다. 〈표〉와 〈보고서〉의 내용을 근거로 하여 A~F에 해당하는 지진을 바르게 나열한 것은?

〈표〉 세계 주요 지진의 인명피해 현황

지진	발생년도	지진의 규모(M)	사망자 수(명)	부상자 수(명)
A	1976	7.5	240,000	799,000
B	1995	6.9	5,500	37,000
C	1999	7.6	2,400	8,700
D	2001	7.6	20,000	166,000
E	2003	6.9	27,000	30,000
F	2008	7.9	69,000	374,000

※ M은 리히터 지진규모의 단위임.

〈보고서〉

　세계 주요 지진에 의한 인명피해 현황을 통해 지진에 대한 철저한 대비가 얼마나 중요한지 알 수 있다. 예를 들어, '가'지진과 '나'지진의 규모는 동일하나 '가'지진에 의한 사망자 수가 '나'지진에 의한 사망자 수의 4배 이상이었다. 이는 '나'지진이 건물 내진 설계와 주민 대피 훈련이 잘 이루어지는 국가에서 발생한데 반해, '가'지진은 건물 내진 설계와 주민 대피 훈련이 미흡한 국가에서 발생하였기 때문이다.

　또한 '다'지진은 '가'지진보다 지진의 규모가 크지만 사망자 수와 부상자 수는 각각 적게 발생하였는데, 이는 '다'지진 또한 건물 내진 설계와 주민 대피 훈련이 잘 이루어지는 국가에서 발생하였기 때문이다. 따라서, '바'지진에 의한 사망자 수가 같은 규모 지진인 '다'지진에 의한 사망자 수보다 8배 이상 발생하였음을 볼 때, '다'지진이 발생한 국가보다 '바'지진이 발생한 국가의 건물 내진 설계와 주민 대피 훈련이 부족하였음을 추측할 수 있다.

　한편 동일한 국가에서 발생한 '라'지진과 '마'지진의 경우, 비록 지진의 규모는 '마'지진이 크지만 '마'지진에 의한 사망자 수는 '라'지진에 의한 사망자 수의 30% 이하이다. 이는 '라'지진 발생 이후 해당 국가에서 건물의 내진 설계를 강화하고 주민들에게 지진에 대한 경각심을 꾸준히 높여 왔기 때문이다.

	A	B	C	D	E	F
①	가	나	다	바	라	마
②	다	가	마	바	나	라
③	다	나	바	마	가	라
④	라	나	다	바	가	마
⑤	마	나	다	바	가	라

📑 문제풀이

29 매칭형　　　　　　　　　　　　　　난이도 ★★☆☆☆

- 〈보고서〉의 첫 번째 문단에서 '가'지진과 '나'지진의 규모는 동일하나 '가'지진에 의한 사망자 수가 '나'지진에 의한 사망자 수의 4배 이상이었다고 했으므로 (나, 가)의 조합이 될 수 있는 것은 (C, D) 또는 (B, E)이다. 이에 따라 선택지 ①, ②가 제거된다.

- 〈보고서〉의 두 번째 문단에서 '다'지진은 '가'지진보다 지진의 규모가 크지만 사망자 수와 부상자 수는 각각 적게 발생하였다고 했으므로 다는 C이다. 이에 따라 선택지 ③이 제거되고, 라와 마가 A또는 F이다.

- 〈보고서〉의 세 번째 문단에서 동일한 국가에서 발생한 '라'지진과 '마'지진의 경우, 지진의 규모는 '마'지진이 크다고 했으므로 라는 A이고, 마는 F가 된다.

⏱ 빠른 문제 풀이 Tip

- 〈표〉의 〈보고서〉 변환을 통한 알파벳 매칭형 문제이므로 경우의 수가 적은 정보부터 판단하자.
- 〈보고서〉는 발췌독이다. 따라서 답을 도출하는데 있어 필요하지 않은 부분은 과감하게 생략하면서 검토하자.

[정답] ④

30

다음 〈보고서〉는 우리나라 광물자원 현황에 관한 내용이다. 〈보고서〉의 내용과 부합하지 않는 것을 〈보기〉에서 모두 고르면?

─〈보고서〉─

2006년 말 우리나라 광물자원 매장량을 살펴보면 비금속광이 국내 광물자원 매장량의 85.0% 이상을 차지하고 있다. 비금속광 중에는 5대 광종의 매장량이 비금속광 매장량의 95.0% 이상을 점유하고 있다.

주요 비금속광 중 석회석, 백운석, 대리석은 매장량 가운데 가채매장량이 차지하는 비중이 각각 70.0%를 초과하고 있다. 백운석의 가채매장량은 석회석 가채매장량의 5.0%에 미달하고 있다.

이들 광물 매장량의 지역별 분포를 살펴보면 석회석의 경우 강원도에 매장량의 79.5%가 집중되어 있다. 강원도에 이어 석회석이 많이 매장된 지역은 충북이며, 그 다음은 경북이다. 백운석과 대리석의 지역별 매장량도 각각 강원, 충북, 경북 순으로 많았다.

이와 같이 석회석 자원이 지역적으로 편재되어 있어 광산도 강원도에 집중되어 있다. 석회석 광산 수는 강원도가 전체 석회석 광산 수의 50.0%를 초과하고 품위별로도 강원도가 고품위, 저품위 광산 수의 50.0%를 각각 초과한다.

※ 가채매장량: 매장량(확정매장량+추정매장량) 중 채굴할 수 있는 매장량.

─〈보 기〉─

ㄱ. 2006년 말 국내 광물자원 매장량 및 가채매장량 현황

(단위: 백만 톤, %)

구 분		매장량		가채매장량	
			구성비		구성비
금속광		115	0.9	90	1.0
비금속광	5대 광종	11,548	87.7	8,671	94.4
	기타	132	1.0	96	1.0
	소계	11,680	88.7	8,767	95.4
석탄광		1,367	10.4	331	3.6
계		13,162	100.0	9,188	100.0

ㄴ. 2006년 말 국내 석회석, 백운석, 대리석 매장량 및 가채매장량 현황

(단위: 천 톤)

구분	매장량			가채매장량
	확정	추정		
석회석	515,815	8,941,163	9,456,978	7,146,062
백운석	2,353	448,574	450,927	340,136
대리석	0	65,709	65,709	47,566
계	518,168	9,455,446	9,973,614	7,533,764

ㄷ. 2006년 말 석회석, 백운석, 대리석의 지역별 매장량 현황

(단위: 천 톤, %)

구분	석회석			백운석	대리석	합	구성비
	고품위	저품위	소계				
강원	1,346,838	6,343,016	7,689,854	212,315	29,080	7,931,249	79.5
경기	0	410	410	13,062	2,970	16,442	0.2
경북	129,833	34,228	164,061	118,626	420	283,107	2.8
전남	0	2,492	2,492	0	0	2,492	0.0
전북	9,563	7,992	17,555	11,566	0	29,121	0.3
충남	12,740	5,866	18,606	6,952	598	26,156	0.3
충북	163,006	1,400,994	1,564,000	88,406	32,641	1,685,047	16.9
계	1,661,980	7,794,998	9,456,978	450,927	65,709	9,973,614	100.0

ㄹ. 2006년 말 석회석의 품위별 지역별 광산 수 현황

(단위: 개)

품위	지역	광산 수
고품위	강원	48
	경북	14
	전북	5
	충남	6
	충북	25
	소계	98
저품위	경기	1
	강원	47
	경북	8
	전남	4
	전북	5
	충남	3
	충북	18
	소계	86
전체		184

① ㄱ
② ㄴ
③ ㄷ
④ ㄴ, ㄹ
⑤ ㄷ, ㄹ

부록부

2024
2023
2022
2021
2020
2019
2018
2017
2016
2015
2014
2013
2012

해커스PSAT 5급 PSAT 김용훈 자료해석 13개년 기출문제집

📝 문제풀이

30 분수 비교형

난이도★★★☆☆

ㄱ. (O) 2006년 말 우리나라 광물자원 매장량 중 비금속광이 국내 광물자원 매장량의 88.7%를 차지하고 있다. 또한 비금속광 중 5대 광종의 매장량이 비금속광 매장량에서 차지하는 비율은 $\frac{87.7}{88.7}$ ≒98.9%이다. 이는 반대해석하여 비금속광 88.7%중 5대 광종을 제외한 기타 매장량의 비율 1.0%가 비금속광 매장량의 5.0% 미만을 점유하고 있는지 파악하는 것이 더 쉽다.

ㄴ. (O) 주요 비금속광 중 석회석, 백운석, 대리석은 매장량 가운데 가채매장량이 차지하는 비중이 각각 약 75.6%, 75.4%, 72.4%이므로 모두 70%를 초과하고 있다. 또한 백운석의 가채매장량은 석회석 가채매장량의 약 4.8%이다. 이는 매장량 중 가채매장량이 차지하는 비중이 각각 70%를 넘는지 정도로 판단한다. 백운석의 가채매장량은 석회석 가채매장량의 절반하고 0을 하나 뺀 것보다 작으므로 5% 미만이다.

ㄷ. (X) 석회석의 경우 강원도의 매장량의 79.5%가 집중되어 있는 것이 아니라 석회석, 백운석, 대리석의 합 중 강원도에 3가지 비금속광의 합이 차지하는 비중이 $\frac{7,931,249}{9,973,614}$ ≒79.5%이다. 실제로 석회석의 경우 강원도에 매장량의 $\frac{7,689,854}{9,456,978}$ ≒81.3%가 집중되어 있다. 또한 백운석의 지역별 매장량은 강원, 충북, 경북 순이 아닌 강원, 경북, 충북 순으로 많다.

ㄹ. (X) 강원도의 고품위 석회석 광산 수는 48개로 전체 고품위 석회석 광산 수 98개의 50.0%를 초과하지 않는다.

[정답] ⑤

[31~32] 다음 〈표〉는 2008년 5~10월 한·중·일 3국의 관광 현황에 대한 자료이다. 〈표〉를 보고 물음에 답하시오.

〈표 1〉 2008년 5~10월 한·중·일 3국 간 관광객 수 및 전년 동월 대비 증감률

(단위: 천 명, %)

국적	여행국		5월	6월	7월	8월	9월	10월
한국	중국	관광객 수	381	305	327	342	273	335
		증감률	−9	−22	−27	−29	−24	−19
	일본	관광객 수	229	196	238	248	160	189
		증감률	−8	−3	−6	−9	−21	−15
중국	한국	관광객 수	91	75	101	115	113	105
		증감률	9	−4	6	−5	7	−5
	일본	관광객 수	75	62	102	93	94	87
		증감률	6	−1	0	−6	1	−5
일본	한국	관광객 수	191	183	177	193	202	232
		증감률	8	4	8	−3	5	3
	중국	관광객 수	284	271	279	281	275	318
		증감률	−17	−20	−15	−21	−17	−10

※ 증감률은 전년동월대비 증감률을 의미함.

〈표 2〉 2008년 5~10월 한국의 관광수지 및 전년 동월 대비 증감률

(단위: 백만 달러, %)

구분		5월	6월	7월	8월	9월	10월
총관광수입	금액	668	564	590	590	780	1,301
	증감률	38	31	38	14	102	131
총관광지출	금액	1,172	1,259	1,534	1,150	840	595
	증감률	−10	−9	2	−25	−30	−57
총관광수지	금액	−504	−695	−944	−560	−60	706
	증감률	38	27	13	44	93	187

※ 증감률은 전년동월대비 증감률을 의미함.

〈표 3〉 2008년 5~10월 관광객 1인당 평균 관광지출 및 전년 동월 대비 증감률

(단위: 달러, %)

구분		5월	6월	7월	8월	9월	10월
중국인 관광객 한국 내 지출	금액	1,050	900	1,050	1,010	930	600
	증감률	20	10	5	−5	−15	−40
일본인 관광객 한국 내 지출	금액	1,171	1,044	1,038	1,016	1,327	2,000
	증감률	27	27	28	15	92	130
한국인 관광객 해외지출	금액	1,066	1,259	1,350	988	1,026	637
	증감률	−9	−3	16	−15	−13	−50

※ 증감률은 전년동월대비 증감률을 의미함.

31

〈표〉를 기초로 작성한 〈보기〉의 그림 중 옳지 않은 것을 모두 고르면?

─〈보 기〉─

ㄱ. 2007년 6~8월 중국, 일본을 방문한 한국인 관광객 수 누계

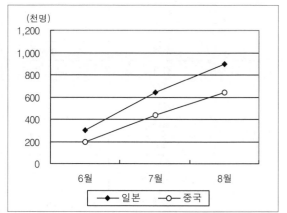

ㄴ. 2008년 10월 한국의 총관광지출에서 중국·일본과 타지역 관광지출의 구성비

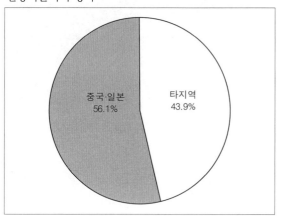

ㄷ. 2008년 한국의 국가관광지출성향

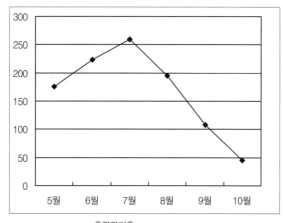

$$※ 국가관광지출성향 = \frac{총관광지출}{총관광수입} \times 100$$

ㄹ. 2007년 10월과 2008년 10월의 중국인 및 일본인 관광객의 한국 내 1인당 평균 관광지출액 비교

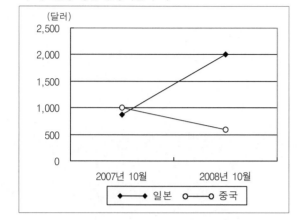

① ㄱ, ㄴ
② ㄱ, ㄷ
③ ㄴ, ㄷ
④ ㄴ, ㄹ
⑤ ㄷ, ㄹ

32

위의 〈표〉에 대한 〈보기〉의 설명 중 옳은 것을 모두 고르면?

─────〈보 기〉─────

ㄱ. 2008년 5월 중국인 및 일본인 관광객의 한국 내 전체 관광지출은 해당 월 한국의 총관광수지 절대값의 절반 이상이다.

ㄴ. 2008년 6월 한국인 관광객의 일본 내 전체 관광지출은 한국인 관광객이 중국에서 지출한 전체 관광지출의 60% 이상이다.

ㄷ. 2008년 일본인 관광객의 한국 내 전체 관광지출은 7월보다 8월에 더 많다.

ㄹ. 2008년 10월 중국인 및 일본인 관광객의 한국 내 전체 관광지출은 해당 월 한국의 총관광수입의 50% 이상이다.

① ㄱ, ㄴ
② ㄱ, ㄷ
③ ㄴ, ㄷ
④ ㄴ, ㄹ
⑤ ㄷ, ㄹ

📝 문제풀이

31 표-차트 변환형　　　　　　　　난이도★★★★★

ㄱ. (X) 그래프의 2007년 6월 항목을 검토해보면 일본은 200천 명 중반, 중국은 약 200천 명이다. 〈표 1〉에서 2008년 6월 중국은 305천 명이고 이 수치는 2007년 6월 대비 22% 감소한 것이다. 즉, 중국의 2007년 6월은 2008년 6월 수치인 305천 명보다는 커야 한다. 현재 그래프는 중국과 일본이 바뀌어 있다.

ㄴ. (X) 〈표 1〉에서 2008년 10월 한국인 관광객의 중국과 일본 각각의 관광객 수는 각각 335, 189천 명으로 파악 가능하지만 〈표 3〉에서 한국인 관광객의 1인당 평균 관광지출은 중국과 일본으로 구분되어 있지 않다. 따라서 파악할 수 없는 그래프이다.

⏱ 빠른 문제 풀이 Tip

〈표 2〉 총 관광지출=〈표 1〉 관광객 수×〈표 3〉 1인당 평균 관광지출의 관계이다. 하지만 〈표 3〉의 한국인 관광객 해외지출은 중국과 일본이 별도로 구분되어 있지 않다. 따라서 판단할 수 없는 〈보기〉를 구분해야 한다.

[정답] ①

📝 문제풀이

32 곱셈 비교형　　　　　　　　난이도★★★★★

ㄱ. (O) 먼저 간단한 계산부터 한다. 2008년 5월 한국의 총관광수지 절댓값은 504백만 달러이고 절반은 252백만 달러가 된다. 2008년 5월 중국인 및 일본인 관광객의 한국 내 전체 관광지출은 단위를 고려하면 관광객수(천명)×1인당 평균 관광지출(천 달러)=전체 관광지출(백만 달러)이므로 91×1,050+191×1,171>282백만 달러인 수치이다. 따라서 절반 이상이 된다.

ㄴ. (X) 〈표 1〉에서 2008년 6월 한국인 관광객의 중국과 일본 각각의 관광객 수는 각각 305, 196천 명으로 파악 가능하지만 〈표 3〉에서 한국인 관광객의 1인당 평균 관광지출은 중국과 일본으로 구분되어 있지 않다. 따라서 판단할 수 없다.

ㄷ. (O) 2008년 일본인 관광객의 한국 내 전체 관광지출은 7월 177×1,0380이고 8월 193×1,0160이므로 7월보다 8월에 더 많다. 177에서 193은 16 증가로 5% 이상 증가이고, 1,016에서 1,038은 22 증가로 5% 미만 증가이다.

ㄹ. (X) 2008년 10월 한국의 총관광수입은 1,301백만 달러이고 이의 50%는 약 650백만 달러이다. 2008년 10월 중국인 및 일본인 관광객의 한국 내 전체 관광지출은 105×0.6+232×2.0=63+464=527백만 달러이므로 50% 미만이다.

⏱ 빠른 문제 풀이 Tip

〈표 1〉의 단위가 천 명이고 〈표 3〉의 단위가 달러이지만 금액이 천 단위임을 감안하여 어림산하자.

[정답] ②

33

다음 〈표〉는 연령집단별 인구구성비 변화에 대한 자료이다. 이에 대한 〈보기〉의 설명 중 옳은 것을 모두 고르면?

〈표〉 연령집단별 인구구성비 변화

(단위: %)

연령집단	연도							
	1960	1970	1980	1985	1990	1995	2000	2005
15세 미만	42.9	42.1	( )	( )	25.7	23.0	21.0	19.1
15~65세 미만	53.8	54.6	62.3	65.8	( )	( )	( )	( )
65세 이상	( )	( )	3.9	4.3	5.0	5.9	7.3	9.3
계	100.0	100.0	100.0	100.0	100.0	100.0	100.0	100.0

─〈보 기〉─

ㄱ. 1990, 1995, 2000, 2005년 해당년도 전체 인구에서 15~65세 미만 인구 비율은 각각 70% 이상이다.

ㄴ. 2000년 15세 미만 인구 100명당 65세 이상 인구는 30명 이상이다.

ㄷ. 2005년 65세 이상 인구는 1985년 65세 이상 인구의 2배 이상이다.

ㄹ. 1980년 이후 조사년도마다 전체 인구에서 15세 미만 인구의 비율은 감소하고 전체 인구에서 65세 이상 인구의 비율은 증가한다.

① ㄱ, ㄴ
② ㄱ, ㄷ
③ ㄴ, ㄷ
④ ㄴ, ㄹ
⑤ ㄷ, ㄹ

📝 문제풀이

33 빈칸형
난이도★★☆☆☆

ㄱ. (X) 1990, 1995, 2000, 2005년 해당년도 전체 인구에서 15~65세 미만 인구 비율이 각각 70% 이상이려면 15세 미만 인구 비율과 65세 이상 인구 비율의 합이 30% 이하가 되어야 한다. 1990년의 경우 15세 미만 인구 비율과 65세 이상 인구 비율의 합이 25.7+5.0=30.7%이므로 15~65세 미만 인구의 비율은 70% 이하가 된다.

ㄴ. (O) 2000년 15세 미만 인구 비율은 21.0%이고 65세 이상 인구 비율은 7.3%이다. 2000년 15세 미만 인구 비율 대비 65세 이상 인구 비율이 $\frac{7.3}{21.0}$이므로 2000년 15세 미만 인구 100명당 65세 이상 인구는 $\frac{7.3}{21.0} \times 100 \geqq 30$이 된다.

ㄷ. (X) 각 연도별 전체 인구 100%를 기준으로 하여 비율화한 자료이므로 연도 간 인구수의 비교는 판단 불가능하다.

ㄹ. (O) 1980년 대비 1985년 15~65세 미만 인구 비율과 65세 미만 인구 비율 모두 각각 증가하므로 15세 미만 인구 비율은 감소하였고 15세 미만 인구 비율은 1985년 29.9%, 1990년 25.7%이므로 감소하고 있다.

⏱ 빠른 문제 풀이 Tip

연도내 연령집단별 합이 100%인 비율자료이므로 반대해석을 통해 판단한다.

[정답] ④

다음 〈표〉는 A회사의 버스 종류별 1대당 1일 총운송비용과 승객 수를 나타낸 자료이다. 이에 대한 〈보기〉의 설명 중 옳은 것을 모두 고르면?

〈표 1〉 버스 종류별 1대당 1일 총운송비용 내역

(단위: 원)

부문	항목	일반버스	굴절버스	저상버스
가동비	운전직 인건비	331,400	331,400	331,400
	연료비	104,649	160,709	133,133
	타이어비	3,313	8,282	4,306
	소계	439,362	500,391	468,839
보유비	관리직 인건비	42,638	42,638	42,638
	차량보험료	16,066	21,641	16,066
	차량 감가상각비	23,944	104,106	24,057
	차고지비	3,029	4,544	3,029
	기타관리비	40,941	40,941	40,941
	정비비	9,097	45,484	13,645
	소계	135,715	259,354	140,376
총운송비용		575,077	759,745	609,215

〈표 2〉 버스 종류별 1대당 1일 승객 수

(단위: 명)

버스 종류	일반버스	굴절버스	저상버스
승객 수	800	1,000	900

※ 1) 버스 1대당 1일 순이익=버스 1대당 1일 승객 요금합－버스 1대당 1일 총운송비용
2) 버스 1대당 1일 승객 요금합=버스 1대당 1일 승객 수×승객당 버스요금
3) 승객당 버스요금은 900원임.
4) A회사는 일반버스, 굴절버스, 저상버스 각 1대씩만 보유·운행함.

〈보　기〉

ㄱ. 일반버스와 굴절버스 간의 운송비용 항목 중 비용 차이가 가장 큰 항목은 차량감가상각비이다.
ㄴ. 버스 종류별로 1대당 1일 순이익이 30만 원이 안 될 경우, 그 차액을 정부가 보전해 주는 정책을 시행한다면 A회사에서 가장 많은 보조금을 받는 버스 종류는 굴절버스이다.
ㄷ. 굴절버스는 다른 버스 종류에 비해 총운송비용에서 가동비가 차지하는 비중이 낮다.
ㄹ. 모든 버스 종류별로 정비비가 각각 10%씩 절감된다면, 총운송비용의 감소 비율이 가장 큰 버스 종류는 저상버스이다.

① ㄱ, ㄴ
② ㄴ, ㄹ
③ ㄱ, ㄴ, ㄷ
④ ㄱ, ㄷ, ㄹ
⑤ ㄴ, ㄷ, ㄹ

📑 **문제풀이**

34 각주 판단형　　　　　　　　　　난이도★★★★☆

ㄱ. (O) 일반버스와 굴절버스 간의 차량감가상각비 차이는 약 8만 원이다. 따라서 8만 원을 기준으로 더 큰 항목이 있는지 검토하면 된다. 사실상 운송비용 항목의 값이 8만 원 이하인 항목은 비교대상이 되지 않는다.

ㄴ. (O) 버스 종류별로 1대당 1일 순이익이 30만 원이 안 될 경우, 그 차액을 정부가 보전해 주는 정책을 시행할 때 보조금을 많이 받으려면 버스 1대당 1일 승객 요금합－버스 1대당 1일 총운송비용의 차이가 가장 작아야 한다. 일반버스는 720,000－575,077=144,923원, 굴절버스는 900,000－759,745=140,255원, 저상버스는 810,000－609,215=200,785원이다. 따라서 A회사에서 가장 많은 보조금을 받는 버스 종류는 굴절버스이다.

ㄷ. (O) 총운송비용=가동비+보유비이므로 총운송비용에서 가동비가 차지하는 비중의 대소크기는 보유비 대비 가동비의 비율 크기로 판단 가능하다. 일반버스는 $\frac{439}{136}$, 굴절버스는 $\frac{500}{259}$, 저상버스는 $\frac{469}{140}$로 유일하게 굴절버스만 2 미만이다. 따라서 굴절버스는 다른 버스 종류에 비해 총운송비용에서 가동비가 차지하는 비중이 낮다. 이는 총운송비용에서 가동비가 차지하는 비중을 70% 기준으로 판단하여도 무방하다.

ㄹ. (X) 정비비가 각각 10%씩 절감될 때 총운송비용의 감소 비율이 가장 큰 버스 종류를 묻고 있지만 사실상 $\frac{정비비}{총운송비용}$의 비율이 가장 큰 버스 종류가 어떤 것인지 판단하면 된다. 즉, 정비비가 몇 %절감되었는지와 무관하게 위 비율로 판단한다. 일반버스는 $\frac{9}{575}$, 굴절버스는 $\frac{45}{760}$, 저상버스는 $\frac{14}{609}$이므로 저상버스보다 굴절버스가 더 크다. 따라서 모든 버스 종류별로 정비비가 각각 10%씩 절감된다면, 총운송비용의 감소 비율이 가장 큰 버스 종류는 저상버스가 아닌 굴절버스이다.

⏱ **빠른 문제 풀이 Tip**

버스 1대당 1일 순이익을 묻는 ㄴ을 검토하지 않는다고 가정하면 〈표 2〉와 각주 1)~3)의 검토가 필요하지 않게 된다.

[정답] ③

35

다음 〈표〉는 미국의 942개 기업의 임원 9,950명에 대해 조사한 자료이다. 이에 대한 설명으로 옳지 않은 것은?

〈표 1〉 기업 내 여성임원 수에 따른 기업 수 분포

기업 내 여성임원 수(명)	기업 수(개)	비율(%)
0	450	( )
1	276	29.30
2	148	15.71
3	44	4.67
4	12	1.27
5	6	0.64
6	4	0.42
7	1	0.11
8	1	0.11
계	942	100.00

〈표 2〉 기업의 성별 임원 근무 현황

구분		평균	최소값	최대값
남성	연령(세)	51.07	26	91
	회사근속기간(년)	10.70	0	72
	현직위 근무기간(년)	3.45	0	53
	기업당 임원 수(명)	9.69	2	50
여성	연령(세)	46.70	29	78
	회사근속기간(년)	8.08	0	46
	현직위 근무기간(년)	2.62	0	17
	기업당 임원 수(명)	0.87	0	8

〈표 3〉 임원직급별 인원 수 현황

임원 직급	직급별 인원 수(명)			임원의 직급별 비중(%)	
	전체	남성	여성	남성	여성
1	1,119	1,112	7	12.18	0.85
2	424	417	7	4.57	0.85
3	2,955	2,766	189	30.30	23.02
4	3,385	3,032	353	33.21	43.00
5	1,719	1,499	220	16.42	26.80
6	326	287	39	3.14	4.75
7	22	16	6	0.18	0.73
계	9,950	9,129	821	100.00	100.00

※ 임원직급은 '1'이 최상위직급이며, '7'이 최하위직급임.

① 여성임원이 없는 기업 수는 조사대상 기업 수의 절반 이하이다.
② 조사대상 기업 중 임원 수가 가장 적은 기업은 임원이 2명이다.
③ 조사대상 임원 중에서 가장 연령이 낮은 임원은 남성이지만, 평균 연령은 남성임원이 여성임원보다 높다.
④ 각 직급에서 직급별 전체임원 수 대비 여성임원 수 비율이 가장 높은 직급은 7급이며, 가장 낮은 직급은 1급이다.
⑤ 임원의 직급별 비중은 남녀 모두 4급이 가장 크다.

36

다음 〈표〉는 A~D광역시의 경찰지구대 수 및 교통안전 준수율과 교통안전문화 조사에 대한 자료이다. 이에 대한 설명 중 옳은 것은?

〈표 1〉 경찰지구대 수 및 교통안전 준수율 현황(2007~2008년)

(단위: 개, %)

광역시	경찰 지구대 수		이륜차 승차자 안전모 착용률		안전띠 착용률		횡단보도 정지선 준수율	
	2007년	2008년	2007년	2008년	2007년	2008년	2007년	2008년
A	24	26	66.59	70.04	68.37	68.21	63.03	73.27
B	53	51	71.05	72.66	64.32	66.08	64.65	71.65
C	86	86	68.51	70.52	61.97	63.34	66.03	73.53
D	69	69	80.14	83.03	79.80	78.94	64.44	71.00

〈표 2〉 2008년 교통안전문화 조사영역, 조사항목 및 조사방법

조사영역	조사항목	조사방법
운전행태	- 횡단보도 정지선 준수율 - 안전띠 착용률	• 아래와 같이 1일 3회를 격일로 실시 오전 07:30~09:00 오후 13:00~14:00 야간 18:00~19:30
	- 이륜차 승차자 안전모 착용률	• 아래와 같이 1일 2회를 격일로 실시 오전 10:00~11:30 오후 15:00~16:30
보행행태	- 횡단보도 신호 준수율	• 아래와 같이 1일 2회를 격일로 실시 (1일 3시간) 오전 10:00~11:30 오후 15:00~16:30
어린이 안전	- 등하교길 안전도	• 아래와 같이 1일 2회를 격일로 실시 오전 08:00~09:00 오후 15:00~16:00

※ 교통안전문화 조사는 월~일요일까지 조사방법에 따라 이루어짐.

① 2008년 횡단보도 신호 준수율 조사는 한 주에 최대 12시간 이루어진다.

② 2008년 경찰지구대 수가 두 번째로 많은 광역시는 2008년 이륜차 승차자 안전모 착용률, 안전띠 착용률, 횡단보도 정지선 준수율이 모두 다른 광역시에 비해 가장 높다.

③ 2008년 안전띠 착용률의 전년대비 증감폭이 가장 큰 광역시는 C이다.

④ 2008년 안전띠 착용률이 전년보다 감소한 광역시의 2008년 경찰지구대 수의 합은 90개 이하이다.

⑤ 2008년 이륜차 승차자 안전모 착용률의 전년대비 증감폭이 가장 작은 광역시가 2008년 횡단보도 정지선 준수율의 전년대비 증감폭도 가장 작다.

문제풀이

36 각주 판단형   난이도 ★★★☆☆

① (O) 〈표 2〉에서 2008년 횡단보도 신호 준수율 조사는 1일 2회 격일로 실시되며 하루에 3시간씩 이루어진다. 최대 일주일에 4회 월, 수, 금, 일 가능하므로 한 주에 이루어지는 최댓값은 12시간이다.

② (X) 〈표 1〉에서 2008년 경찰지구대 수가 두 번째로 많은 광역시는 D이지만 2008년 횡단보도 정지선 준수율은 71.00으로 다른 광역시에 비해 가장 낮다.

③ (X) 〈표 1〉에서 2008년 안전띠 착용률의 전년대비 증감폭은 C(1.37%p)보다 B(1.76%p)가 더 크다.

④ (X) 〈표 1〉에서 2008년 안전띠 착용률이 전년보다 감소한 광역시는 A와 D이고 이들의 2008년 경찰지구대 수의 합 A+D=69+26=95개이므로 90개 이상이다.

⑤ (X) 〈표 1〉에서 2008년 이륜차 승차자 안전모 착용률의 전년대비 증감폭이 가장 작은 광역시는 B(1.61%p)이지만 2008년 횡단보도 정지선 준수율의 전년대비 증감폭은 B(7.00%p)보다 D(6.56%p)가 더 작다.

빠른 문제 풀이 Tip

• 최대, 최소라는 표현이 선택지에 포함된 경우, 경우의 수를 검토하자.
• 2007년인지 2008년인지 확실하게 매칭하자.
• 한 선택지에서 2개 이상의 항목을 묻는 경우 맨 마지막 항목부터 검토하자.

[정답] ①

37

다음 〈표〉는 '가'야구단 선수 중 9명(A~I)의 성적 및 연봉에 대한 자료이다. '가'야구단이 아래 〈연봉산정공식〉을 적용하여 개별 선수의 연봉을 산정한다고 할 때, 이에 대한 〈보기〉의 설명 중 옳은 것을 모두 고르면?

〈표〉 '가'야구단 9명 선수의 성적 및 연봉

(연봉단위: 만 달러)

선수	타석	득점	홈런	타점	볼넷	삼진	타율	OPS	조정 전 연봉	조정 계수	최종 연봉
A	600	115	40	125	74	159	0.320	0.990	1,065.5	2.5	2,663.8
B	224	34	0	10	10	30	0.300	0.685	352.8	0.5	176.4
C	480	67	10	62	58	103	0.290	0.790	657.5	1.5	986.3
D	450	50	3	45	25	40	0.275	0.660	598.5	1.0	598.5
E	260	24	5	46	21	35	0.275	0.740	480.5	1.0	480.5
F	84	10	2	11	14	16	0.270	0.770	281.5	0.5	140.8
G	200	20	4	26	25	50	0.252	0.725	( )	( )	( )
H	200	32	4	26	26	50	0.252	0.710	( )	( )	( )
I	310	30	16	47	22	71	0.230	0.717	476.6	1.0	476.6

〈연봉산정공식〉

○ 최종연봉＝조정 전 연봉×조정계수
○ 조정 전 연봉＝타석×0.5＋득점×2＋홈런×4＋타점×3＋볼넷－삼진×2＋타율×300＋OPS×150
○ 조정계수는 다음 〈표〉의 조건에 따라 5개 등급으로 구분되며, 선수 성적이 각 등급의 5개 조건 중 3개 이상 충족하는 가장 큰 조정계수를 적용한다.

〈표〉 조정계수 결정 조건

등급	조건	조정 계수
1	500타석 이상, 100득점 이상, 30홈런 이상, 100타점 이상, 타율 0.300 이상	2.5
2	400타석 이상, 75득점 이상, 20홈런 이상, 75타점 이상, 타율 0.290 이상	2.0
3	300타석 이상, 50득점 이상, 15홈런 이상, 60타점 이상, 타율 0.280 이상	1.5
4	250타석 이상, 40득점 이상, 10홈런 이상, 40타점 이상, 타율 0.270 이상	1.0
5	250타석 미만, 40득점 미만, 10홈런 미만, 40타점 미만, 타율 0.270 미만	0.5

〈보 기〉

ㄱ. '가'야구단 9명 선수 중 A의 최종연봉이 가장 높다.
ㄴ. H의 최종연봉이 G의 최종연봉보다 15만 달러 이상 높다.
ㄷ. '가'야구단 9명 선수의 최종연봉 합계와 조정 전 연봉 합계의 차이는 1,000만 달러 이상이다.
ㄹ. C의 득점과 타점이 모두 20점씩 늘고 다른 성적은 변동이 없다면, C의 최종연봉은 현재 최종연봉(986.3만 달러)보다 500만 달러 이상 증가한다.

① ㄱ, ㄴ
② ㄱ, ㄷ
③ ㄴ, ㄹ
④ ㄱ, ㄷ, ㄹ
⑤ ㄴ, ㄷ, ㄹ

📝 문제풀이

37 조건 판단형
난이도★★★★★

ㄱ. (O) '가'야구단 9명 선수 중 A의 최종연봉이 2,663.8만 달러로 가장 높다. G와 H의 경우 C보다 모든 성적이 낮고 삼진까지 고려해도 G와 H는 C보다 연봉이 낮을 수밖에 없다. 따라서 A가 가장 연봉이 높다.

ㄴ. (X) H와 G의 차이점 위주로 검토한다. H는 G보다 득점 12점, 볼넷 1개가 더 많고(+25) G는 H보다 OPS가 0.015 높다(+2.25). 따라서 H는 G보다 조정 전 연봉이 22.75만 달러 더 높고 조정계수가 H와 G 모두 0.50이므로 11.375만 달러 차이가 난다. 따라서 15만 달러 이하이다. 조정계수가 0.50이므로 조정 전 연봉이 30만 달러 이상 차이가 난다고 비교해도 된다.

ㄷ. (O) 차이가 나는 부분 위주로 증감폭의 합을 비교한다. 조정계수가 1.0인 D, E, I는 제외하고 증가폭은 A가 +1598.3, C가 +328.8로 1927.1만 달러이고 감소폭은 B가 －176.4, F가 －140.8, G가 －171.7, H가 G만큼인 －171.7이라 하더라도 증감폭은 1,000을 넘는다. 따라서 '가'야구단 9명 선수의 최종연봉 합계와 조정 전 연봉 합계의 차이는 1,000만 달러 이상이다.

ㄹ. (O) C의 득점과 타점이 20씩 늘면 조정 전 연봉이 100만 달러 증가함과 동시에 조정계수도 1.5에서 2.0으로 상승한다. 따라서 757.5×2＞1,500만 달러이다.

⏱ 빠른 문제 풀이 Tip
· 조정 전 연봉 항목에서 삼진만 (－)임을 기억하자.
· 〈조정계수 결정 조건〉에서 타석, 득점, 홈런, 타점, 타율 5가지 항목을 모두 검토하는 것이 아니다. 〈연봉산정공식〉 세 번째 동그라미도 명시하였듯이 위 5가지 항목 중 3개 이상이 해당 등급의 조건을 충족하는지 정도만 파악하자.

[정답] ④

38

다음 〈표〉는 출산여성의 임신기간 중 약물 복용횟수와 정상아 및 기형아 출산 현황에 대한 자료이다. 이에 대한 〈보기〉의 설명 중 옳은 것을 모두 고르면?

〈표〉 약물 복용횟수와 정상아 및 기형아 출산 현황

(단위: 회, 명)

약물 복용횟수	출산여성 수		
	정상아 출산	기형아 출산	합계
0	15,952	48	16,000
1	12,460	40	12,500
2	792	8	800
3	194	6	200
4	38	2	40
5 이상	12	3	15

※ 1) 모든 출산여성은 정상아 또는 기형아 중 1명만 출산하였음.

2) 기형발생률(%) = $\dfrac{\text{약물 복용횟수 해당 구간의 기형아 출산여성 수}}{\text{약물 복용횟수 해당 구간의 출산여성 수}}$ × 100

3) 기형발생 오즈(odds) = $\dfrac{\text{기형발생률}}{100 - \text{기형발생률}}$

〈보 기〉

ㄱ. 기형발생률은 약물 복용횟수가 1회인 경우가 0회인 경우보다 0.02%p 더 높다.

ㄴ. 약물 복용횟수가 2회 이하인 경우의 기형발생률은 1.62%이다.

ㄷ. 약물 복용횟수가 1회씩 증가할수록 기형발생률의 증가폭이 커진다.

ㄹ. 기형발생 오즈(odds)는 약물 복용횟수가 4회인 경우가 2회인 경우보다 5배 이상 높다.

① ㄱ, ㄴ
② ㄱ, ㄷ
③ ㄱ, ㄹ
④ ㄴ, ㄷ
⑤ ㄴ, ㄹ

📑 문제풀이

38 분수 비교형
난이도 ★★★☆☆

ㄱ. (O) 약물 복용횟수가 1회인 경우의 기형발생률은 0.32%이고 0회인 경우의 기형발생률은 0.3%이다. 따라서 0.02%p 차이가 난다.

ㄴ. (X) 1.62%는 단순히 약물 복용횟수가 2회 이하인 경우의 기형발생률 합 (0.3+0.32+1.0)이다. 약물 복용횟수가 2회 이하인 경우의 기형발생률은 $\dfrac{96}{29,300}$ × 100으로 도출해야 한다.

ㄷ. (X) 기형발생률은 약물 복용횟수가 2회 1%, 3회 3%, 5회 5%이다. 따라서 증가폭이 2%p로 동일하다. 약물 복용횟수가 5회 이상인 경우에는 판단할 수 없다.

ㄹ. (O) 기형발생 오즈(odds)는 약물 복용횟수가 4회인 경우 $\dfrac{5}{95}$이고 2회인 경우 $\dfrac{1}{99}$이므로 5배 이상 높다.

⏱ 빠른 문제 풀이 Tip
• 각주의 식과 〈표〉의 항목을 비교하여 도출하자.
• ㄹ을 검토하지 않는다면 각주 3)의 식을 파악할 필요가 없다.

[정답] ③

39

다음 〈표〉는 대학생 1,000명을 대상으로 성형수술에 대해 설문 조사한 결과이다. 이에 대한 설명으로 옳은 것은?

〈표 1〉 성형수술 희망 응답자의 성별 비율

(단위: %)

남성	여성	전체
30.0	37.5	33.0

※ 설문조사 대상자 중 미응답자는 없음.

〈표 2〉 희망 성형수술 유형별 비율

(단위: %)

성형수술 유형 ＼ 성별	남성	여성
코 성형	40	44
눈 성형	50	62
치아교정	25	30
피부 레이저 시술	25	30
지방흡입	15	22
기타	5	10

※ 성형수술을 희망하는 사람만 희망 성형수술 유형에 대해 응답하였음(복수응답 가능).

① 성형수술을 희망하는 여성응답자 수가 성형수술을 희망하는 남성응답자 수보다 많다.

② 설문조사에 참여한 여성응답자 수가 남성응답자 수보다 많다.

③ 치아교정을 희망하는 응답자는 피부 레이저 시술도 희망한다.

④ 코 성형을 희망하는 남성응답자 수가 코 성형을 희망하는 여성응답자 수보다 많다.

⑤ 치아교정을 희망하는 여성응답자 수가 피부 레이저 시술을 희망하는 남성응답자 수보다 많다.

📝 문제풀이

39 평균 개념형

만약 전체 대학생 수 중에서 남녀의 비율이 정확히 5:5가 된다면 성형수술 희망 응답자의 전체 비율은 30.0%와 37.5%의 산술평균인 33.75%가 되어야 한다. 하지만 전체 비율이 33%이므로 전체 대학생 수 중 남성의 비율이 더 높다는 것을 알 수 있다.

수학적으로 전체 대학생 수에서 가중치를 고려하여 남성과 여성의 수를 도출하려면 다음과 같은 식을 세워서 도출해야 한다.

x+y=1,000
0.3x+0.375y=0.33(x+y)

하지만 가중평균의 경우 가중치와 가중거리는 서로 반비례한다는 것을 알면 조금 더 쉽게 도출할 수 있다. 즉, 전체 33.0%에서 남성 30.0%과의 차이는 3.0%p이고 여성 37.5%와의 차이는 4.5%p만큼 차이가 난다. 다시 말하면 남성과 여성의 비율의 4.5 : 3.0=3 : 2의 비율로 존재하고 전체 대학생 1,000명 중 남성은 600명, 여성은 400명이 된다.

따라서 남성 600명 중 성형수술 희망 비율이 30.0%이므로 성형수술 희망 남성의 수는 180명이고 여성 400명 중 성형수술 희망 비율이 37.5%이므로 성형수술 희망 여성의 수는 150명이 된다. 이를 더하면 330명이 되고 전체 대학생 수 1,000명 중 성형수술 희망 비율이 33.0%이므로 330명으로 동일함을 확인할 수 있다.

① (X) 여성 150명, 남성 180명이다.

② (X) 여성 400명, 남성 600명이다.

③ (X) 판단할 수 없다.

④ (O) 72명으로 66명보다 많다.

⑤ (X) 45명으로 같다.

⏱ 빠른 문제 풀이 Tip

가중평균 개념을 이용한 계산문제이다. 전체와 부분의 차이는 가중치와 반비례한다는 점을 이용하자.

[정답] ④

40

다음 〈조건〉, 〈그림〉, 〈경기 결과〉에 근거하여 A~C에 해당하는 팀 (나)~(라)를 바르게 연결한 것은?

---〈조 건〉---
○ 가산점을 포함한 3개 종목의 획득 점수(종합 점수)가 가장 높은 팀이 종합 우승, 다음으로 높은 팀이 종합 준우승을 차지한다.
○ 종합 점수가 같은 팀이 2개 이상일 때는 공동 수상한다.
○ 각 종목별 경기에서 우승과 준우승은 1회의 토너먼트로 결정되며, 공동 우승과 공동 준우승은 없다.
○ 경기종목은 축구, 야구, 농구 3개이며, 종목별 우승팀에게는 70점, 준우승팀에게는 50점의 점수가 주어진다.
○ 경기에 참가한 (가)~(라)팀의 3개 종목 토너먼트 대진표는 동일하다.

〈그림〉 토너먼트 대진표

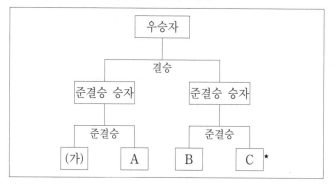

※ C*에 배정된 팀에게 종목별로 10점의 가산점이 주어짐.

---〈경기 결과〉---
○ 두 종목 이상에서 우승한 팀은 없었다.
○ (가)는 축구에서 우승하였다.
○ (나)와 (다)는 야구에서 결승에 진출하였다.
○ (라)는 농구에서 준우승하였다.
○ (나)는 종합 우승하고 (다)와 (라)는 공동으로 종합 준우승하였다.

	A	B	C
①	(나)	(다)	(라)
②	(나)	(라)	(다)
③	(다)	(나)	(라)
④	(다)	(라)	(나)
⑤	(라)	(나)	(다)

📝 문제풀이

| 40 조건 판단형 | 난이도★★★★★ |

경기결과를 정리하면 아래 음영 처리된 부분과 같다.

	축구	야구	농구	종합	점수
가	70	×	×	×	70
나	×	50	70	우승	120
다	×	70	×	준우승	70+30
라	50	×	50	준우승	100

따라서 C에 들어갈 팀은 (다)이고 경기 결과 세 번째 항목에서 (나)와 (다)는 야구에서 결승에 진출하였으므로 (나)는 B가 될 수 없다.

⏱ 빠른 문제 풀이 Tip
• 〈조건〉 분석을 통해 경우의 수를 판단한다.
• C위치에는 총점 30점의 가산점이 주어진다는 점을 파악하자.

[정답] ②

해커스PSAT

5급 PSAT
김용훈 자료해석
13개년 기출문제집

개정 3판 1쇄 발행 2024년 8월 26일

지은이	김용훈
펴낸곳	해커스패스
펴낸이	해커스PSAT 출판팀

주소	서울특별시 강남구 강남대로 428 해커스PSAT
고객센터	1588-4055
교재 관련 문의	gosi@hackerspass.com
	해커스PSAT 사이트(psat.Hackers.com) 1:1 문의 게시판
학원 강의 및 동영상강의	psat.Hackers.com

ISBN	979-11-7244-290-3 (13320)
Serial Number	03-01-01

PSAT 교육 1위,
해커스PSAT psat.Hackers.com

┌┤┐ 해커스PSAT

· **해커스PSAT 학원 및 인강**(교재 내 인강 할인쿠폰 수록)

공무원 교육 1위,
해커스공무원 gosi.Hackers.com

┌┤┐ 해커스공무원

· 시간 관리 연습에 최적화된 **실전 연습 OCR 답안지**

한경비즈니스 2024 한국품질만족도 교육(온·오프라인 PSAT학원) 1위
한경비즈니스 2024 한국품질만족도 교육(온·오프라인 공무원학원) 1위